KB064068

변호사시험 대비

진도별 기출지문 OX

선택형 민사법

(민법 / 민사소송법 / 상법)

고시계사

PREFACE

전국의 25개 법학전문대학원이 출범한지가 2018년도 이래로 어언 10년이 지났습니다. 그리고 2018년도 제7회 변호사시험의 합격자발표가 지난 4월 20일에 있었는데, 합격률은 응시자 대비 49.35%로 급락하였습니다. 변호사시험을 준비하고 있는 원생들에게 더 큰 문제는 앞으로의 합격률은 계속 떨어진 것이라는 어두운 전망입니다.

기존의 사법시험은 객관식 시험과 주관식 시험을 각각 제1차시험과 제2차시험으로 시기를 달리하여 시행되었던 시험인데 반하여, 변호사시험의 경우는 우선 방대한 시험의 범위와 선택형과 사례형 및 기록형 시험 모두를 하루의 시험으로 치르게 됨으로써 변호사시험을 준비하는 원생들이 가지는 심적 부담은 매우 큰 것으로 생각됩니다.

이러한 부담스런 시험의 시행방식에다가 생소한 기록형 문제까지 소화하여야 하니, 그 어려움은 두말할 필요가 없습니다.

다른 시험에서도 동일하겠지만, 특히 변호사시험에서의 최종마무리 정리를 얼마나 잘 하느냐에 따라 당락이 좌우되고 있는 현실을 보건데, 변호사시험을 앞두고 짧은 시간에 그 동안 공부하였던 내용을 전반적으로 총 정리할 수 있는 효율적이고 과학적인 수험교재가 절대적으로 필요합니다.

이러한 이유로 지난 65년간 법조인 양성을 위한 양질의 정보제공을 해오고 있는 月刊『考試界』와 도서출판『考試界社』에서 2012년도 제1회 변호사시험부터 2018년도 제7회 변호사시험의 기출문제를 모아『진도별 기출지문 OX문제집』을 이번에 출간하게 되었습니다.

기출문제는 시험을 준비하는 과정에서 향후에 '어느 분야, 어떤 형식, 어떤 내용'으로 출제될 수 있는 것인지를 미리 예측해 줄 수 있는 나침반과 같은 역할을 합니다.

이 책의 특장점은 다음과 같습니다.

1. 기본서를 학습한 후 해당 부분의 중요쟁점을 쉽게 파악할 수 있도록 기출문제를 OX지문 형식으로 만들어 각 지문을 기본서의 진도별로 재배열하였습니다.

2. 기본서 학습 후 진도별 기출 지문을 풀어보면서 복습의 효율성을 올릴 수 있고, 출제 빈도를 확인함으로써 학습의 강약 조절이 가능할 것입니다.

3. 기출문제 특성상 향후 변호사시험에서 지문이 반복되어 출제될 수 있는 점을 고려하여 제1회부터 제7회까지 지문하나라도 소홀함이 없이 정확한 해설을 명기하였습니다.

4. 지문의 정답에 도움이 되는 법률조문은 조문박스와 글씨체를 볼드체로 처리하여 실제로 법전을 찾아보는 것보다 더 효율적으로 공부할 수 있도록 배려하였습니다.

5. 판례원문이 길거나 관련판례가 많더라도 기출지문에서 요구되는 핵심부분을 굵은 볼드체로 글자체를 달리하여 중요한 부분을 곧바로 파악할 수 있도록 하였습니다.

6. 중요판례의 경우 판시사항도 판결요지와 함께 부가하여 기출지문의 의미를 정확하게 파악할 수 있도록 배려하였습니다.

아무쪼록 변호사시험을 준비하는 모든 로스쿨원생들에게 이 책이 한 알의 밀알이 되어 '변호사시험 합격'이라는 열매를 맺었으면 합니다.

끝으로 이 책을 출간하는데 많은 도움을 주신 2017년도 사법시험 합격자 분들과 제6회 변호사시험 합격자분들, 그리고 많은 정보와 조언을 주신 각 대학교의 변호사시험반의 조교님들께도 감사의 말씀을 드립니다.

2018년 5월

고시계 편집국

※ 참고사항

기출문제에서의 문제자체는 전혀 손을 대지 않고 원본 그대로의 형태를 유지하였습니다. 다만 【사례】에 해당하는 부분에서의 질문부분에는 약간의 수정을 가하여 기출지문 OX 문제에 맞도록 변형하였습니다.

CONTENTS

민 법

제1편 민법총칙

제1장 | 서 론 3
제2장 | 권리의 주체 5
제3장 | 권리의 객체 22
제4장 | 권리변동과 법률행위 24
제5장 | 법률행위의 대리 43
제6장 | 법률행위의 무효와 취소 54
제7장 | 법률행위의 부관 60
제8장 | 기 간 62
제9장 | 소멸시효 62

제2편 물권법

제1장 | 물권법 총론 81
제2장 | 점유권 98
제3장 | 소유권 101
제4장 | 용익물권 138
제1절 지상권 138
제2절 지역권 144
제3절 전세권 144

제5장 | 담보물권 152
제1절 총 설 152
제2절 유치권 152
제3절 질 권 160
제4절 저당권 164
제5절 비전형담보물권 182

제3편 채권총론

제1장 | 서 론 197
제2장 | 채권의 목적 199
제3장 | 채권의 효력 203
제4장 | 채권자치제 223
제5장 | 제3자에 의한 채권침해 224
제6장 | 책임재산의 보전 224
제7장 | 다수당사자의 채권관계 251
제8장 | 채권양도와 채무인수 265
제9장 | 채권의 소멸 284

제4편 채권각론

제1장 | 계약총론 307

제1절 계약의 자유와 그 제한 307
제2절 계약의 성립 307
제3절 쌍무계약의 일반적 효력 307
제4절 제3자를 위한 계약 310
제5절 계약의 해제 · 해지 314

제2장 | 계약각론 327

제1절 증 여 327
제2절 매 매 327
제3절 교 환 334
제4절 소비대차 334
제5절 사용대차 336
제6절 임대차 336
제7절 고 용 351
제8절 도 급 351
제9절 현상광고 354

제10절 위 임 354
제11절 임 치 354
제12절 조 합 356
제13절 종신정기금 360
제14절 화 해 360

제3장 | 사무관리 361
제4장 | 부당이득 363
제5장 | 불법행위 376

제5편 친족·상속법

제1장 | 서 론 391
제2장 | 친족법 394
제3장 | 상속법 418

민사소송법

제1편 총 론

제1장 | 민사소송 441
제1장 | 민사소송법 441

제2편 소송의 주체

제1장 | 법 원 442
제2장 | 당사자 448

제3편 제1심 소송절차

제1장 | 소송의 개시와 심리의 대상 465
제2장 | 변 론 481
제3장 | 증 거 510

제4편 소송의 종료

제1장 | 총 설 529
제2장 | 당사자의 행위에 의한 소송종료 529
제3장 | 종국판결에 의한 종료 532

제5편 병합소송

제1장 | 복수청구소송 550
제2장 | 다수당사자소송 557

제6편 상소심절차 578

제7편 재심절차 583

제8편 간이소송절차 586

제9편 전자소송 586

상 법

제1편 상법총칙

제1장 | 상법입문 589
제2장 | 기업의 인적 요소 589
제3장 | 기업의 물적 요소 590

제2편 상행위법

제1장 | 통 칙 600
제2장 | 상행위법 각칙 613

제3편 보험법

제1장 | 보험과 보험법 621

제2장 | 보험계약 621

제3장 | 손해보험 630

제4장 | 인보험 635

제4편 어음법 · 수표법

제1장 | 어음법·수표법 개관 636

제2장 | 어음·수표행위 637

제3장 | 어음·수표상의 권리의무의 발생 642

제4장 | 어음·수표상의 권리의 이전 646

제5장 | 어음·수표상의 권리의 소멸 653

제6장 | 어음·수표법의 특수한 쟁점 654

제5편 회사법

제1장 | 통 칙 657

제2장 | 주식회사 658

제1절 주식회사의 기초 658

제2절 설 립 659

제3절 주식과 주주 667

제4절 기 관 697

제5절 기업재무 761

제6절 기업구조조정 773

제3장 | 주식회사 이외의 회사 780

최근 7년간(제1회~제7회)간 민사법 기출문제 분석

지문형식별 출제분야

항목 / 년도	사례형	판례형	지문조합형	5지선다형	조문형	문제개수
2012년 제1회	22문제	13문제	3문제	32문제	0	70문제
2013년 제2회	21문제	14문제	10문제	25문제	0	70문제
2014년 제3회	27문제	8문제	26문제	9문제	0	70문제
2015년 제4회	11문제	22문제	14문제	21문제	2문제	70문제
2016년 제5회	23문제	12문제	21문제	14문제	0	70문제
2017년 제6회	25문제	14문제	11문제	20문제	0	70문제
2018년 제7회	29문제	14문제	12문제	16문제	0	70문제
합 계	158문제	97문제	97문제	137문제	2	490문제

지문별 출제분야

항목 / 년도	이 론	판 례	조 문	기 타	총 지문 수
2012년 제1회	1	160	14	0	175
2013년 제2회	4	142	14	0	160
2014년 제3회	6	116	24	0	146
2015년 제4회	8	114	35	0	157
2016년 제5회	3	125	18	0	146
2017년 제6회	3	176	44	0	223
2018년 제7회	5	180	38	0	223
합 계	30	1,013	187	0	1,230

민 법

제1편 민법총칙

제1장 서 론

제2장 권리의 주체

제3장 권리의 객체

제4장 권리변동과 법률행위

제5장 법률행위의 대리

제6장 법률행위의 무효와 취소

제7장 법률행위의 부관

제8장 기 간

제9장 소멸시효

제1장 서 론

사례 【1~5】

A 회사는 토지 소유자인 乙의 동의 없이 그 토지의 상공에 고압송전선이 통과하도록 시설을 설치하여 사용하고 있으며, 甲은 이러한 사실을 알면서 乙로부터 그 토지를 매수하여 소유권이전등기를 경료하고 이를 농지로 이용하고 있다. 甲이 토지를 취득한 때부터 13년이 경과한 시점에 A 회사를 상대로 송전선의 철거를 구하고자 한다. 이와 관련한 법률관계에 대한 설명으로 옳지 않은 것은?(다툼이 있는 경우 판례에 의함)

변호사시험 제3회

1 **甲이 송전선의 철거를 구하는 것은 소유권에 기한 물권적 청구권을 행사는 것이므로 소멸시효에 걸리지 않는다.**

해설 소유권은 제162조에 의해 소멸시효에 걸리지 않는다. 그리고 통설은 소유권의 절대성과 항구성을 이유로 소유권은 물론 소유권에 기한 물권적 청구권도 소멸시효에 걸리지 않는다고 본다.

정답 – O

2 **甲이 송전선이 토지 위를 통과하고 있다는 점을 알고서 토지를 취득하였다고 하여 그 토지에 대한 소유권의 행사가 제한된 상태를 용인하였다고 할 수 없으므로, 甲이 송전선 철거를 구하는 것은 신의성실의 원칙에 반하지 않는다.**

해설 『송전선이 토지 위를 통과하고 있다는 점을 알고서 토지를 취득하였다고 하여 그 취득자가 그 소유 토지에 대한 소유권의 행사가 제한된 상태를 용인하였다고 할 수 없으므로, 그 취득자의 송전선 철거 청구 등 권리행사가 신의성실의 원칙에 반하지 않는다』(대판 1995. 8. 25, 94다27069).

정답 – O

3 **甲의 권리행사에 실효의 법리를 적용하기 위해서는 종전 토지 소유인인 乙이 자신의 권리를 행사하지 아니하였다는 사정을 고려하여 판단하여야 한다.**

해설 『실효의 원칙이라 함은 권리자가 장기간에 걸쳐 그 권리를 행사하지 아니함에 따라 그 의무자인 상대방이 더 이상 권리자가 그 권리를 행사하지 아니할 것으로 신뢰할 만한 정당한 기대를 가지게 되는 경우에 새삼스럽게 권리자가 그 권리를 행사하는 것은 법질서 전체를 지배하는 신의성실의 원칙에 위반되어 허용되지 않는다는 것을 의미하는 것이므로, **종전 토지 소유자가 자신의 권리를 행사하지 않았다는 사정은 그 토지의 소유권을 적법하게 취득한 새로운 권리자에게 실효의 원칙을 적용함에 있어서 고려하여야 할 것은 아니다**』(대판 1995. 8. 25, 94다27069).

정답 – X

4 **甲의 권리행사가 권리남용에 해당하기 위해서는 그러한 권리행사가 주관적으로 그 목적이 오로지 상대방에게 고통을 주고 손해를 입히려는 데 있을 뿐만 아니라 객관적으로는 사회질서에 위반된 것으로 인정되어야 한다.**

해설 『주관적으로는 그 목적이 오직 상대방에게 고통을 주고 손해를 입히려는 데 있고, 객관적으로는 사회질서에 위반된 것이어서 권리남용에 해당한다』(대판 1999. 9. 7, 99다27613 등).

정답 – O

5 **甲이 송전선의 철거를 구하는 소송을 제기한 경우, 법원은 A회사의 주장이 없더라도 甲의 청구가 권리남용에 해당하는지 여부를 직권으로 판단할 수 있다.**

해설 『신의성실의 원칙은 강행법규적 성질을 가지므로 당사자의 주장이 없더라도 법원이 직권으로 그 위반 여부를 판단할 수 있다』(대판 1995. 12. 22, 94다42129).

정답 – O

제2장 권리의 주체

1 **법정대리인이 재산의 범위를 정하여 미성년자에게 처분을 허락하였다면, 법정대리인은 그 재산의 처분에 관하여 스스로 유효한 대리행위를 할 수 없다.** 변호사시험 제3회

해설 법정대리인이 범위를 정하여 처분을 허락한 재산은 미성년자가 임의로 처분할 수 있다(제6조). **법정대리인의 허락이 있다고 하여 미성년자가 성년자로 되는 것은 아니므로,** 법정대리인 스스로 대리행위를 할 수 있다. 정답 – X

2 **법정대리인이 미성년자에게 영업의 종류를 특정하여 영업을 허락하였다면, 법정대리인은 허락한 영업과 관련된 행위를 스스로 대리할 수 없다.** 변호사시험 제3회

해설 미성년자가 법정대리인으로부터 허락을 얻은 특정한 영업에 관하여 **성년자와 동일한 행위능력이 있다**(제8조 제1항). 따라서 당해 영업과 관련하여서는 법정대리인의 대리권도 소멸한다. 정답 – O

3 **피후견인의 신상과 재산에 관한 모든 사정을 고려하여, 성년후견인과 마찬가지로 미성년후견인도 여러 명 둘 수 있다.** 변호사시험 제3회

해설 미성년자에게 친권자가 없거나, 친권자가 법률행위의 대리권과 재산관리권을 행사할 수 없는 경우에는 미성년후견인을 두어야 한다(제928조). **미성년후견인의 수는 한 명으로 하고(제930조 제1항)**, 피후견인의 법정대리인이 된다(제938조 제1항). 정답 – X

4 **후견인과 피후견인 미성년자 사이에 이해상반되는 행위를 하는 경우, 후견감독인이 선임된 때에도 후견인은 특별대리인의 선임을 청구하여야 한다.** 변호사시험 제3회

해설 미성년자에게 친권자가 없어 후견인이 선임된 경우에도 제921조(이해상반행위)는 준용된다. 다만 **후견감독인이 선임된 경우**에는, **그가 피후견인(미성년자)을 대리하여 특별대리인의 역할을 수행할 것**이므로 특별대리인을 따로 선임할 필요는 없다(제940조의6 제3항, 제949조의 3). 정답 – X

5 **제한능력자가 속임수로써 법정대리인의 동의가 있는 것으로 믿게 하여 법률행위를 한 경우, 그 행위를 취소할 수 없다.** 변호사시험 제3회

해설

〔제17조(제한능력자의 속임수)〕 ① 제한능력자가 속임수로써 자기를 능력자로 믿게 한 경우에는 그 행위를 취소할 수 없다. ② **미성년자나 피한정후견인이 속임수로써 법정대리인의 동의가 있는 것으로 믿게 한 경우**에도 제1항과 같다.

→ 따라서 피성년후견인의 법률행위는 원칙적으로 취소할 수 있으므로(제10조 제1항), 그가 속임수로써 법정대리인의 동의가 있는 것으로 믿게 하더라도 제17조 제2항은 적용되지 않는다. 그러나 **피성년후견인이 속임수로써 능력자로 믿게 한 때에는 제17조 제1항이 적용**된다. 정답 – X

6 **미성년자가 법률행위를 할 때 단순히 자신이 성년자라고 말하였을 뿐 그 이상의 적극적인 속임수를 사용하지 않은 경우 법정대리인은 위 법률행위를 취소할 수 없다.** 변호사시험 제5회

해설 판례는 『사술은 적극적 사기수단이라고 하면서 **단순히 자신을 능력자로 사언함은 사술에 해당하지 않는다는** 입장이다』(대판 1971. 12. 14, 71다2405). 정답 – X

7 **미성년자가 법정대리인으로부터 허락을 얻은 특정한 영업에 관해서는 법정대리인의 대리권이 소멸하고, 법정대리인은 그가 한 허락을 취소할 수 없다.** 변호사시험 제5회

해설 법정대리인은 그가 행한 영업의 허락을 **취소 또는 제한할 수 있다**(제8조 제2항 본문). 정답 – X

8 **미성년자의 친권자인 모(母)가 자기 오빠의 제3자에 대한 채무의 담보로 미성년자 소유의 부동산에 근저당권을 설정하는 행위는 특별대리인 선임을 필요로 하는 이해상반행위에 해당하지 않는다.** 변호사시험 제5회

해설 『미성년자의 친권자인 모가 자기 오빠의 제3자에 대한 채무의 담보로 미성년자 소유의 부동산에 근저당권을 설정하는 행위가, 채무자를 위한 것으로서 미성년자에게는 불이익만을 주는 것이라고 하더라도, 민법 제921조 제1항에 규정된 "법정대리인인 친권자와 그 자 사이에 이해상반되는 행위"라고 볼 수는 없다』(대판 1991. 11. 26, 91다32466). 정답 – O

9 **공동상속인인 친권자와 미성년인 수인의 자(子) 사이에 상속재산 분할협의를 하게되는 경우에는 미성년자 각자마다 특별대리인을 선임하여 그 각 특별대리인이 각 미성년자인 자(子)를 대리하여 상속재산분할의 협의를 해야 한다.** 변호사시험 제5회

해설 『민법 제921조의 '이해상반행위란 행위의 객관적 성질상 친권자와 자 사이 또는 친권에 복종하는 수인의 자 사이에 이해의 대립이 생길 우려가 있는 행위를 가리키는 것으로서 친권자의 의도나 그 행위의 결과 실제로 이해의 대립이 생겼는가의 여부는 묻지 아니한다. 공동상속재산분할협의는 행위의 객관적 성질상 상속인 상호간에 이해의 대립이 생길 우려가 있는 행위라고 할 것이므로 **공동상속인인 친권자와 미성년인 수인의 자 사이에 상속재산분할협의를 하게 되는 경우**에는 **미성년자 각자마다 특별대리인을 선임하여 각 특별대리인이 각 미성년자인 자를 대리하여 상속재산분할의 협의를 하여야 한다**』(대판 1993. 4. 13, 92다54524).

정답 – O

10 **미성년자 甲이 법정대리인 乙의 동의 없이 신용카드회사 丙과 신용카드 이용계약을 체결하고 그 카드를 이용하여 丁으로부터 구입한 물품의 대금을 丙이 지급한 이후에 甲이 丙과의 신용카드 이용계약을 취소하더라도 이는 신의칙에 위배되지 않으며, 이 경우 甲이 丁과의 매매계약을 취소하지 않고 위 물품을 모두 소비하였다면 더 이상 현존이익이 존재하지 않으므로 甲은 丙에게 부당이득반환의무를 부담하지 않는다.** 변호사시험 제7회

해설 『미성년자가 신용카드발행인과 사이에 신용카드 이용계약을 체결하여 신용카드거래를 하다가 신용카드 이용계약을 취소하는 경우 미성년자는 그 행위로 인하여 받은 이익이 현존하는 한도에서 상환할 책임이 있는바, **신용카드 이용계약이 취소됨에도 불구하고 신용카드회원과 해당 가맹점 사이에 체결된 개별적인 매매계약은 특별한 사정이 없는 한 신용카드 이용계약취소와 무관하게 유효하게 존속한다 할 것이고, 신용카드발행인이 가맹점들에 대하여 그 신용카드사용대금을 지급한 것은 신용카드 이용계약과는 별개로 신용카드발행인과 가맹점 사이에 체결된 가맹점 계약에 따른 것으로서 유효하므로**, 신용카드발행인의 가맹점에 대한 신용카드이용대금의 지급으로써 신용카드회원은 자신의 가맹점에 대한 매매대금 지급채무를 법률상 원인 없이 면제받는 이익을 얻었으며, 이러한 이익은 금전상의 이득으로서 특별한 사정이 없는 한 현존하는 것으로 추정된다』(대판 2005. 4. 15, 2003다60297,60303,60310,60327).

정답 – X

11 **미성년자 甲 소유의 부동산에 관해 증여를 원인으로 하여 甲의 친권자 乙 명의의 소유권이전등기가 경료된 경우에는, 이를 위해 필요한 특별대리인 선임이 있었던 것으로 추정된다.** 변호사시험 제7회

해설 『전 등기명의인이 미성년자이고 당해 부동산을 친권자에게 증여하는 행위가 이해상반행위라 하더라도 일단 친권자에게 이전등기가 경료된 이상, 특별한 사정이 없는 한, 그 이전등기에 관하여 필요한 절차를 적법하게 거친 것으로 추정된다』(대판 2002. 2. 5, 2001다72029).

정답 – O

12 **공동상속인인 친권자가 다른 공동상속인인 수인의 미성년자의 법정대리인인 경우, 그 친권자의 대리행위에 의하여 성립된 상속재산분할협의는 공동상속인인 수인의 미성년자 전원에 의한 적법한 추인이 없는 한 무효이다.** 변호사시험 제7회

해설 『상속재산에 대하여 소유의 범위를 정하는 내용의 공동상속재산 분할협의는 그 행위의 객관적 성질상 상속인 상호간 이해의 대립이 생길 우려가 없다고 볼만한 특별한 사정이 없는 한 민법 제921조의 이해상반되는 행위에 해당한다. 그리고 피상속인의 사망으로 인하여 1차 상속이 개시되고 그 1차 상속인 중 1인이 다시 사망하여 2차 상속이 개시된 후 1차 상속의 상속인들과 2차 상속의 상속인들이 1차 상속의 상속재산에 관하여 분할협의를 하는 경우에 2차 상속인 중에 수인의 미성년자가 있다면 이들 미성년자 각자마다 특별대리인을 선임하여 각 특별대리인이 각 미성년자를 대리하여 상속재산 분할협의를 하여야 하고, 만약 2차 상속의 공동상속인인 친권자가 수인의 미성년자 법정대리인으로서 상속재산 분할협의를 한다면 이는 민법 제921조에 위배되는 것이며, 이러한 대리행위에 의하여 성립된 상속재산 분할협의는 피대리자 전원에 의한 추인이 없는 한 전체가 무효이다』(대판 2011. 3. 10, 2007다17482).

정답 － O

13 **제한능력자의 상대방이 제한능력자가 능력자가 된 후에 그에게 1개월 이상의 기간을 정하여 그 취소할 수 있는 행위를 추인할 것인지 여부의 확답을 촉구한 경우, 능력자로 된 사람이 그 기간 내에 확답을 발송하지 아니하면 그 행위를 추인한 것으로 본다.** 변호사시험 제4회

해설

〔제15조(제한능력자의 상대방의 확답을 촉구할 권리)〕 ① 제한능력자의 상대방은 제한능력자가 능력자가 된 후에 그에게 1개월 이상의 기간을 정하여 그 취소할 수 있는 행위를 추인할 것인지 여부의 확답을 촉구할 수 있다. 능력자로 된 사람이 그 기간 내에 확답을 발송하지 아니하면 그 행위를 추인한 것으로 본다.

정답 － O

14 **제한능력자가 맺은 계약은 추인이 있을 때까지 상대방이 그 의사표시를 철회할 수 있지만, 상대방이 계약 당시에 제한능력자임을 알았을 경우에는 그러하지 아니하다.** 변호사시험 제4회

해설

〔제16조(제한능력자의 상대방의 철회권과 거절권)〕 ① 제한능력자가 맺은 계약은 추인이 있을 때까지 상대방이 그 의사표시를 철회할 수 있다. 다만, 상대방이 계약 당시에 제한능력자임을 알았을 경우에는 그러하지 아니하다.

정답 － O

15 **제한능력자의 법률행위가 취소된 경우, 제한능력자는 그 행위로 인하여 받은 이익이 현존하는 한도에서는 상환할 책임이 있다.** 변호사시험 제4회

해설

> 〔제141조(취소의 효과)〕 취소된 법률행위는 처음부터 무효인 것으로 본다. 다만, 제한능력자는 그 행위로 인하여 받은 이익이 현존하는 한도에서 상환할 책임이 있다.

정답 – O

16 **피성년후견인이 행한 법률행위가 일상생활에 필요하고 그 대가가 과도하지 아니한 경우, 성년후견인은 이를 취소할 수 없다.** 변호사시험 제4회

해설

> 〔제10조(피성년후견인의 행위와 취소)〕 ① 피성년후견인의 법률행위는 취소할 수 있다. ④ 제1항에도 불구하고 일용품의 구입 등 일상생활에 필요하고 그 대가가 과도하지 아니한 법률행위는 성년후견인이 취소할 수 없다.

정답 – O

17 **부도난 회사의 채권자들이 채권단을 조직하여 대표자를 선임하고 채권회수에 관한 권한을 위임하였더라도, 정관을 제정하거나 사단으로서 실체를 가지기 위한 조직행위가 없었다면 그 채권단을 권리능력 없는 사단으로 볼 수 없다.** 변호사시험 제1회

해설 판례는 부도난 회사의 채권자들이 조직한 채권단이 **비법인사단으로서의 실체를 갖추지 못했다는 이유로** 그 당사자능력을 부인하였다. 『민사소송법 제48조가 비법인의 당사자능력을 인정하는 것은 법인이 아닌 사단이나 재단이라도 사단 또는 재단으로서의 실체를 갖추고 대표자 또는 관리인을 통하여 사회적 활동이나 거래를 하는 경우에는, 그로 인하여 발생하는 분쟁은 그 단체의 이름으로 당사자가 되어 소송을 통하여 해결하게 하고자 함에 있다 할 것이므로 여기서 말하는 사단이라 함은 일정한 목적을 위하여 조직된 다수인의 결합체로서 대외적으로 사단을 대표할 기관에 관한 정함이 있는 단체를 말한다』(대판 1999. 4. 23, 99다4504). 정답 – O

18 **권리능력 없는 사단은 특별한 규정이 있는 경우를 제외하고는 일반적으로 법인격이 인정되지 아니하므로, 법원은 임시이사의 선임에 관한 민법 제63조를 준용하여 임시이사를 선임할 수 없다.** 변호사시험 제1회

해설 권리능력 없는 사단은 법인등기를 하지 않았을 뿐 법인의 실질을 갖고 있는 것이다. 따라서 사단법인에 관한 규정 중에서 법인격을 전제로 하는 것(법인등기)을 제외하고는 법인격 없는 사단에 유추적용해야 한다. 최근 전원합의체 판결은 『**제63조 "이사가 없거나 결원이 있는 경우에 이로 인하여 손해가 생길 염려 있는 때에 는 법원은 이해관계인이나 검사의 청구에 의하여 임시이사를 선임하여야 한다."는 법인의 조직과 활동에 관한 것으로서 법인격을 전제로 하는 조항은 아니므로,** 법인 아닌 사단에도 유추적용될 수 있다』〔대결(전합) 2009.11.19, 자 2008마699〕고 견해를 변경하였다. 정답 – X

19 **권리능력 없는 사단이 당사자인 소송에서 대표자에게 적법한 대표권이 있는지 여부는 소송요건에 관한 것으로서 법원의 직권조사사항이므로, 법원에게 판단의 기초자료인 사실과 증거를 직권으로 탐지할 의무까지는 없다 하더라도, 이미 제출된 자료에 의하여 대표권의 적법성에 의심이 갈 만한 사정이 엿보인다면 법원은 그에 관하여 심리·조사할 의무가 있다.** 변호사시험 제1회

해설 권리능력 없는 사단의 당사자 소송에서 대표자의 대표권은 소송대리인에 대한 자격에 관한 것으로서 소송요건에 관한 것이므로 직권조사사항이다. 판례에 의하면 **직권조사사항은 직권조사방식(당사자의 사실의 주장 및 증거제출 책임은 요구하므로 직권탐지의무는 배제되고, 자백의 구속력도 인정되지 않는 방식)에 의하므로 직권탐지의무까지는 없더라도 현출된 자료에서 의심되는 사정이 있으면 심리·조사할 의무는 인정된다.** 『종중이 당사자인 사건에 있어서 **그 종중의 대표자에게 적법한 대표권이 있는지 여부는 소송요건에 관한 것으로서 법원의 직권조사사항**이므로, 법원으로서는 그 판단의 기초자료인 사실과 증거를 직권으로 탐지할 의무까지는 없다 하더라도, 이미 제출된 자료들에 의하여 그 대표권의 적법성에 의심이 갈만한 사정이 엿보인다면 상대방이 이를 구체적으로 지적하여 다투지 않더라도 이에 관하여 심리, 조사할 의무가 있다』(대판 1991. 10. 11, 91다21039).

정답 - O

20 **권리능력 없는 사단인 교회의 소속 교인의 일부가 종전의 교회에서 탈퇴하여 별도의 교회를 설립하고 새로운 교단에 들어가는 경우, 사단법인 정관변경에 준하여 의결권을 가진 교인 3분의 2 이상의 찬성에 의한 결의의 요건을 갖추었다면, 종전 교회의 재산은 탈퇴한 교인들의 총유로 귀속된다.** 변호사시험 제1회

해설 교인들의 집단 탈퇴시 교회재산의 귀속관계[이하 대판(전합) 2006. 4. 20, 2004다37775]

(1) 원칙 : 『**일부 교인들이 교회를 탈퇴하여 그 교회 교인으로서의 지위를 상실하게 되면** 탈퇴가 개별적인 것이든 집단적인 것이든 종전 교회의 총유 재산의 관리처분에 관한 의결에 참가할 수 있는 지위나 그 재산에 대한 사용·수익권을 상실하고, 종전 교회는 잔존 교인들을 구성원으로 하여 실체의 동일성을 유지하면서 존속하며 **종전 교회의 재산은 그 교회에 소속된 잔존 교인들의 총유로 귀속됨이 원칙**이다』

(2) 예외 : 『소속 교단에서의 탈퇴 내지 소속 교단의 변경은 사단법인 정관변경에 준하여 **의결권을 가진 교인 2/3 이상의 찬성에 의한 결의**를 필요로 하고(제42조 제1항 유추적용), **그 결의요건을 갖추어 소속 교단을 탈퇴하거나 다른 교단으로 변경한 경우에** 종전 교회의 실체는 교단을 탈퇴한 교회로서 존속하고 **종전 교회 재산은 위 탈퇴한 교회 소속 교인들의 총유로 귀속**된다』

정답 - O

21 **권리능력 없는 사단의 대표자가 직무에 관하여 타인에게 손해를 가한 경우, 그 사단은 그로 인하여 타인이 입은 손해를 배상할 책임이 있다.** 변호사시험 제1회

해설 대표기관의 불법행위로 인한 사단의 배상책임(제35조)의 규정은 법인격을 전제로 하는 규정이 아니므로 비법인 사단에게도 유추적용된다. **주택조합과 같은 비법인사단의 대표자가 직무에 관하여 타인에게 손해를 가한 경우 그 사단은 민법 제35조 제1항의 유추적용에 의하여 그 손해를 배상할 책임이 있으며**, 비법인사단의 대표자의 행위가 대표자 개인의 사리를 도모하기 위한 것이었거나 혹은 법령의 규정에 위배된 것이었다 하더라도 외관상, 객관적으로 직무에 관한 행위라고 인정할 수 있는 것이라면 민법 제35조 제1항의 직무에 관한 행위에 해당한다』(대판 2003.7 .25, 2002다27088). 정답 - O

22 **종중을 대표할 권한 없는 자가 종중을 대표하여 한 소송행위는 효력이 없으나 나중에 종중이 총회의결에 따라 위 소송행위를 추인하면 그 행위시로 소급하여 유효하게 되며, 이 경우 무권대리행위에 대한 추인의 경우에 있어 배타적 권리를 취득한 제3자에 대하여 그 추인의 소급효를 제한하고 있는 민법 제133조 단서의 규정은 적용될 여지가 없다.** 변호사시험 제3회

해설 『종중을 대표할 권한 없는 자가 종중을 대표하여 한 소송행위는 그 효력이 없으나 나중에 종중이 총회결의에 따라 위 소송행위를 추인하면 그 행위시로 소급하여 유효하게 되며 이 경우 민법 제133조 단서의 규정은 무권대리행위에 대한 추인의 경우에 있어 배타적 권리를 취득한 제3자에 대하여 그 추인의 소급효를 제한하고 있는 것으로서 위와 같은 **하자있는 소송행위에 대한 추인의 경우에는 적용될 여지가 없는 것**이다』(대판 1991. 11. 8, 91다25383).

정답 - O

23 **법인 아닌 사단이 타인 간의 금전채무를 보증하는 행위는 총유물의 관리 · 처분행위라고 볼 수 없다.** 변호사시험 제4회

해설 『민법 제275조, 제276조 제1항에서 말하는 총유물의 관리 및 처분이라 함은 총유물 그 자체에 관한 이용·개량행위나 법률적·사실적 처분행위를 의미하는 것이므로, **비법인사단이 타인 간의 금전채무를 보증하는 행위**는 총유물 그 자체의 관리·처분이 따르지 아니하는 **단순한 채무부담행위에 불과**하여 이를 **총유물의 관리·처분행위라고 볼 수는 없다**』(대판 2007. 4. 19, 2004다60072). 정답 - O

24 **법인 아닌 사단은 대표자가 있는 경우에는 그 사단의 이름으로 민사소송의 당사자가 될 수 있다.** 변호사시험 제5회

해설 법인 아닌 사단의 경우에도 대표자가 정해져 있으면 소송상의 당사자 능력을 가진다(민사소송법 제52조). 정답 - O

25 **대표자가 있는 법인 아닌 사단에 속하는 부동산의 등기에 관하여는 그 사단을 등기권리자 또는 등기의무자로 한다.** 변호사시험 제5회

해설 부동산 등기법은 제26조 제1항에서 종중, 문중, 그 밖에 대표자나 관리인이 있는 법인 아닌 사단이나 재단을 등기권리자 또는 등기의무자로 한다고 규정하고 있다. 정답 - O

26 **법인 아닌 사단의 구성원들의 집단적 탈퇴로써 사단이 2개로 분열되고 분열되기 전 사단의 재산이 분열된 각 사단들의 구성원들에게 각각 총유적으로 귀속되는 결과를 초래하는 형태의 법인 아닌 사단의 분열은 허용되지 않는다.** 변호사시험 제5회

해설 『우리 민법이 사단법인에 있어서 구성원의 탈퇴나 해산은 인정하지만 **사단법인의 구성원들이 2개의 법인으로 나뉘어 각각 독립한 법인으로 존속하면서 종전 사단법인에게 귀속되었던 재산을 소유하는 방식의 사단법인의 분열은 인정하지 아니한다. 그 법리는 법인 아닌 사단에 대하여도 동일하게 적용되며, 법인 아닌 사단의 구성원들의 집단적 탈퇴로써 사단이 2개로 분열되고 분열되기 전 사단의 재산이 분열된 각 사단들의 구성원들에게 각각 총유적으로 귀속되는 결과를 초래하는 형태의 법인 아닌 사단의 분열은 허용되지 않는다.** 교회가 법인 아닌 사단으로서 존재하는 이상, 그 법률관계를 둘러싼 분쟁을 소송적인 방법으로 해결함에 있어서는 법인 아닌 사단에 관한 민법의 일반 이론에 따라 교회의 실체를 파악하고 교회의 재산 귀속에 대하여 판단하여야 하고, 이에 따라 법인 아닌 사단의 재산관계와 그 재산에 대한 구성원의 권리 및 구성원 탈퇴, 특히 집단적인 탈퇴의 효과 등에 관한 법리는 교회에 대하여도 동일하게 적용되어야 한다. 따라서 교인들은 교회 재산을 총유의 형태로 소유하면서 사용·수익할 것인데, 일부 교인들이 교회를 탈퇴하여 그 교회 교인으로서의 지위를 상실하게 되면 탈퇴가 개별적인 것이든 집단적인 것이든 이와 더불어 종전 교회의 총유 재산의 관리처분에 관한 의결에 참가할 수 있는 지위나 그 재산에 대한 사용·수익권을 상실하고, 종전 교회는 잔존 교인들을 구성원으로 하여 실체의 동일성을 유지하면서 존속하며 종전 교회의 재산은 그 교회에 소속된 잔존 교인들의 총유로 귀속됨이 원칙이다. 그리고 교단에 소속되어 있던 지교회의 교인들의 일부가 소속 교단을 탈퇴하기로 결의한 다음 종전 교회를 나가 별도의 교회를 설립하여 별도의 대표자를 선정하고 나아가 다른 교단에 가입한 경우, 그 교회는 종전 교회에서 집단적으로 이탈한 교인들에 의하여 새로이 법인 아닌 사단의 요건을 갖추어 설립된 신설 교회라 할 것이어서, 그 교회 소속 교인들은 더 이상 종전 교회의 재산에 대한 권리를 보유할 수 없게 된다』〔대판(전합) 2006. 4. 20, 2004다37775〕. 판례의 견해를 변경하여 교회의 분열을 부정하였다. 정답 - O

27 **법인 아닌 사단의 대표자가 그 사단이 타인 간의 금전채무를 보증한다는 내용의 계약을 체결하면서 사원총회의 결의를 거치지 않았다면 특별한 사정이 없는 한 위 계약은 무효가 된다.** 변호사시험 제5회

해설 [다수의견] 『민법 제275조, 제276조 제1항에서 말하는 총유물의 관리 및 처분이라 함은 총유물 그 자체에 관한 이용·개량행위나 법률적·사실적 처분행위를 의미하는 것이므로, **비법인사단이 타인 간의 금전채무를 보증하는 행위는 총유물 그 자체의 관리·처분이 따르지 아니하는 단순한 채무부담행위에 불과**하여 이를 총유물의 관리·처분행위라고 볼 수는 없다』〔대판(전합) 2007. 4. 19, 2004다60072〕. 정답 – X

28 **법인 아닌 사단의 사원이 존재하지 않게 된 경우에도 그 법인 아닌 사단은 청산사무가 완료될 때까지 청산의 목적범위 내에서 권리의무의 주체가 된다.** 변호사시험 제6회

해설 『비법인사단에 대하여는 사단법인에 관한 민법규정 중 법인격을 전제로 하는 것을 제외한 규정들을 유추적용하여야 할 것이므로 **비법인사단인 교회의 교인이 존재하지 않게 된 경우 그 교회는 해산하여 청산절차에 들어가서 청산의 목적범위 내에서 권리·의무의 주체가 되며**, 이 경우 해산 당시 그 비법인사단의 총회에서 향후 업무를 수행할 자를 선정하였다면 민법 제82조 제1항을 유추하여 그 선임된 자가 청산인으로서 청산 중의 비법인사단을 대표하여 청산업무를 수행하게 된다』(대판 2003. 11. 14, 2001다32687). 정답 – O

29 **① 법인 아닌 사단의 대표자가 정관에 규정된 대표권 제한에 위반하여 법률행위를 한 경우, 그 상대방이 대표권 제한 및 그 위반 사실을 알았거나 과실로 인해 알지 못한 때에는 그 법률행위는 무효이다.**
② 법인 아닌 사단의 정관에 특별한 규정이 없는 경우 법인 아닌 사단의 대표자가 타인 간의 금전채무를 보증하기 위해 사원총회 결의를 거칠 필요는 없다. 변호사시험 제6회

해설 『민법 제275조, 제276조 제1항에서 말하는 총유물의 관리 및 처분이라 함은 총유물 그 자체에 관한 이용·개량행위나 법률적·사실적 처분행위를 의미하는 것이므로, **비법인사단이 타인 간의 금전채무를 보증하는 행위는 총유물 그 자체의 관리·처분이 따르지 아니하는 단순한 채무부담행위에 불과하여 이를 총유물의 관리·처분행위라고 볼 수는 없다. 따라서 비법인사단인 재건축조합의 조합장이 채무보증계약을 체결하면서 조합규약에서 정한 조합 임원회의 결의를 거치지 아니하였다거나 조합원총회 결의를 거치지 않았다고 하더라도 그것만으로 바로 그 보증계약이 무효라고 할 수는 없다(②)**. 다만, 이와 같은 경우에 조합 임원회의의 결의 등을 거치도록 한 조합규약은 조합장의 **대표권을 제한하는 규정에 해당하는 것이므로, 거래상대방이 그와 같은 대표권 제한 및 그 위반 사실을 알았거나 과실로 인하여 이를 알지 못한 때에는 그 거래행위가 무효로 된다(①)**고 봄이 상당하며, 이 경우 그 거래 상대방이 대표권 제한 및 그 위반 사실을 알았거나 알지 못한 데에 과실이 있다는 사정은 그 거래의 무효를 주장하는 측이 이를 주장·입증하여야 한다』〔대판(전합) 2007. 4. 19, 2004다60072〕.

정답 – ① O ② O

30 **법인 아닌 사단의 총회 소집권자가 총회 소집을 철회하는 경우 반드시 총회 소집과 동일한 방식으로 통지해야 할 필요는 없고, 총회 구성원들에게 소집 철회의 결정이 있었음이 알려질 수 있는 적절한 조치를 취하는 것으로 충분하다.** 변호사시험 제6회

해설 『법인이나 법인 아닌 사단의 총회에 있어서 총회의 소집권자가 총회의 소집을 철회·취소하는 경우에는 반드시 총회의 소집과 동일한 방식으로 그 철회·취소를 총회 구성원들에게 통지하여야 할 필요는 없고, 총회 구성원들에게 소집의 철회·취소결정이 있었음이 알려질 수 있는 적절한 조치가 취하여지는 것으로써 충분히 그 소집 철회·취소의 효력이 발생한다』(대판 2007. 4. 12, 2006다77593). 정답 – O

31 **법인 아닌 사단의 채권자가 채권자대위권에 기하여 법인 아닌 사단의 총유재산에 대한 권리를 대위행사하는 경우, 사원총회의 결의 등 법인 아닌 사단의 내부적 의사결정 절차를 거쳐야 한다.** 변호사시험 제6회

해설 『채권자대위권은 채무자가 스스로 자기의 권리를 행사하지 아니하는 때에 채권자가 채무자에 대한 채권을 보전하기 위하여 채무자의 의사와는 상관없이 채무자의 권리를 대위하여 행사할 수 있는 권리로서 그 권리행사에 채무자의 동의를 필요로 하는 것은 아니므로, 비법인사단이 총유재산에 관한 권리를 행사하지 아니하고 있어 **비법인사단의 채권자가 채권자대위권에 기하여 비법인사단의 총유재산에 관한 권리를 대위행사하는 경우에는 사원총회의 결의 등 비법인사단의 내부적인 의사결정절차를 거칠 필요가 없다**』(대판 2014. 9. 25, 2014다211336). 정답 – X

32 **총유재산의 보존행위로서 소를 제기하는 경우, 법인 아닌 사단의 구성원 중 1인에 불과한 甲은 설령 그가 사단의 대표자이거나 사원총회의 결의를 거쳤더라도 그 소송의 당사자가 될 수 없다.** 변호사시험 제2회

해설 『총유물의 보존에 있어서는 공유물의 보존에 관한 민법 제265조의 규정이 적용될 수 없고, 민법 제276조 제1항의 규정에 따른 사원총회의 결의를 거치거나 정관이 정하는 바에 따른 절차를 거쳐야 하므로, 법인 아닌 사단인 교회가 총유재산에 대한 보존행위로서 소송을 하는 경우에도 교인 총회의 결의를 거치거나 정관이 정하는 바에 따른 절차를 거쳐야 한다』(대판 2014. 2. 13, 2012다112299,112305).

특히 총유재산에 관한 소송행위와 관련하여 최근 판례는 『**총유재산에 관한 소송은 법인 아닌 사단이 그 명의로 사원총회의 결의를 거쳐 하거나 또는 그 구성원 전원이 당사자가 되어 필수적 공동소송의 형태로 할 수 있을 뿐 그 사단의 구성원은 설령 그가 사단의 대표자라거나 사원총회의 결의를 거쳤다 하더라도 그 소송의 당사자가 될 수 없고**, 이러한 법리는 **총유재산의 보존행위로서 소를 제기하는 경우에도 마찬가지라** 할 것이다』[대판(전합) 2005. 9. 15, 2004다44971]라고 판시하고 있다. 그럼에도 불구하고 비법인사단의 대표자 개인이 총유재산의 보존행위로서 소를 제기한 때에는 법원은 당사자적격 흠결을 이유로 부적법 각하하여야 한다. 정답 – O

33 **법인 아닌 사단에서 이사의 대표권에 대한 제한이 정관에 기재되어 있는 경우, 그 대표권의 제한은 악의의 제3자에 대해서는 대항할 수 있지만, 선의의 제3자에 대해서는 그에게 과실이 있더라도 대항할 수 없다.** 변호사시험 제2회

해설 『민법 제275조, 제276조 제1항에서 말하는 총유물의 관리 및 처분이라 함은 총유물 그 자체에 관한 이용·개량행위나 법률적·사실적 처분행위를 의미하는 것이므로, 비법인사단이 타인 간의 금전채무를 보증하는 행위는 총유물 그 자체의 관리·처분이 따르지 아니하는 단순한 채무부담행위에 불과하여 이를 총유물의 관리·처분행위라고 볼 수는 없다. 따라서 비법인사단인 재건축조합의 조합장이 채무보증계약을 체결하면서 조합규약에서 정한 조합 임원회의 결의를 거치지 아니하였다거나 조합원총회 결의를 거치지 않았다고 하더라도 그것만으로 바로 그 보증계약이 무효라고 할 수는 없다. 다만, 이와 같은 경우에 **조합 임원회의의 결의 등을 거치도록 한 조합규약은 조합장의 대표권을 제한하는 규정에 해당하는 것이므로, 거래 상대방이 그와 같은 대표권 제한 및 그 위반 사실을 알았거나 과실로 인하여 이를 알지 못한 때에는 그 거래행위가 무효로 된다고 봄이 상당**하며, 이 경우 그 거래 상대방이 대표권 제한 및 그 위반 사실을 알았거나 알지 못한 데에 과실이 있다는 사정은 그 거래의 **무효를 주장하는 측이 이를 주장·입증**하여야 한다』〔대판(전합) 2007. 4. 19, 2004다60072,60089〕.

정답 - X

34 **법인 아닌 사단의 대표자가 당해 법인 아닌 사단이 채무를 부담하게 되는 보증계약을 체결하는 경우에도 이로 인해 총유물에 대한 관리·처분이 따르지 않는 이상 사원총회의 결의를 거치지 않았다는 이유로 그 계약이 무효가 되지는 않는다.** 변호사시험 제7회

해설 『민법 제275조, 제276조 제1항에서 말하는 총유물의 관리 및 처분이라 함은 총유물 그 자체에 관한 이용·개량행위나 법률적·사실적 처분행위를 의미하는 것이므로, 비법인사단이 타인 간의 금전채무를 보증하는 행위는 총유물 그 자체의 관리·처분이 따르지 아니하는 단순한 채무부담행위에 불과하여 이를 총유물의 관리·처분행위라고 볼 수는 없다. 따라서 **비법인사단인 재건축조합의 조합장이 채무보증계약을 체결하면서 조합규약에서 정한 조합 임원회의 결의를 거치지 아니하였다거나 조합원총회 결의를 거치지 않았다고 하더라도 그것만으로 바로 그 보증계약이 무효라고 할 수는 없다.** 다만, 이와 같은 경우에 조합 임원회의의 결의 등을 거치도록 한 조합규약은 조합장의 대표권을 제한하는 규정에 해당하는 것이므로, 거래 상대방이 그와 같은 대표권 제한 및 그 위반 사실을 알았거나 과실로 인하여 이를 알지 못한 때에는 그 거래행위가 무효로 된다고 봄이 상당하며, 이 경우 그 거래 상대방이 대표권 제한 및 그 위반 사실을 알았거나 알지 못한 데에 과실이 있다는 사정은 그 거래의 무효를 주장하는 측이 이를 주장·입증하여야 한다』〔대판(전합) 2007. 4. 19, 2004다60072,60089〕.

정답 - O

35 **법인 아닌 사단의 대표자가 대표권을 행사함에 있어서는 사원총회의 결의를 거쳐야 한다는 정관의 규정이 있는 경우, 이에 대해 과실로 알지 못하고 대표자와 계약을 체결한 상대방에 대해서는 그 법인 아닌 사단은 당해 계약의 체결에 있어 사원총회의 결의가 없었음을 이유로 계약이 무효임을 주장할 수 있다.** 변호사시험 제7회

해설 『비법인사단의 경우에는 대표자의 대표권 제한에 관하여 등기할 방법이 없어 민법 제60조의 규정을 준용할 수 없고, 비법인사단의 대표자가 정관에서 사원총회의 결의를 거쳐야 하도록 규정한 대외적 거래행위에 관하여 이를 거치지 아니한 경우라도, 이와 같은 사원총회 결의사항은 **비법인사단의 내부적 의사결정에 불과**하다 할 것이므로, **그 거래 상대방이 그와 같은 대표권 제한 사실을 알았거나 알 수 있었을 경우가 아니라면 그 거래행위는 유효**하다고 봄이 상당하고, 이 경우 거래의 상대방이 대표권 제한 사실을 알았거나 알 수 있었음은 이를 주장하는 비법인사단측이 주장·입증하여야 한다』(대판 2003. 7. 22, 2002다64780). 정답 – O

36 **재단법인의 기본재산의 변경은 정관의 변경을 초래하기 때문에 주무관청의 허가를 받아야 하는데, 기존의 기본재산을 처분하는 행위는 물론 새로이 기본재산으로 편입하는 행위도 주무관청의 허가가 있어야 유효하다.** 변호사시험 제2회

해설 재단법인을 설립하기 위해 출연한 '기본재산'은 재단법인의 실체를 이루며, 이것은 정관의 필요적 기재사항이다(제43조) 그러나 『재단법인의 기본재산이 아닌 재산의 매각은 정관의 변경을 초래하는 것이 아니므로 주무관청의 허가를 필요로 하는 것이 아니다』(대판 1967. 12. 19, 67다1337)

→ 따라서 **재단법인의 기본재산을 처분하거나 또는 추가로 기본재산에 편입시키는 것(기본재산의 증가)은 모두 정관의 변경사항**이 되므로 **주무관청의 허가를 얻어야 그 효력이 생기고**(제45조 제3항)(처분행위 전에 주무관청의 허가를 얻는 것이 원칙이겠지만, 사후에 허가를 받아도 된다), 그 허가없이 한 처분행위는 무효가 된다(대판 1991. 5. 28, 90다8558). 그리고 주무관청의 허가 없는 기본재산의 처분을 금하는 법의 취지상 채권계약으로서도 그 효력이 없다(대판 1974. 6. 11, 73다1975). 정답 – O

37 **설립자가 그 소유의 부동산을 출연하여 재단법인을 설립하는 경우, 설립등기가 경료되었더라도 그 부동산에 관하여 재단법인 명의의 등기가 경료되기 전이라면, 설립자의 채권자가 그 부동산에 관하여 신청한 강제집행에 대하여 재단법인은 제3자이의의 소를 제기할 수 없다.** 변호사시험 제2회

해설 설립자가 그 소유의 부동산을 출연하여 재단법인을 설립하는 경우 판례는 『출연자와 법인과의 관계를 상대적으로 결정하는 기준에 불과하여 출연재산이 부동산인 경우에도 출연자와 법인 사이에는 법인의 성립 외에 등기를 필요로 하는 것은 아니지만, 제3자에 대

한 관계에 있어서, 출연행위는 법률행위이므로 **출연재산의 법인에의 귀속에는 부동산의 권리에 관한 것일 경우 등기를 필요로 한다**』〔대판(전합) 1979. 12. 11, 78다481,482〕고 판시하고 있다.

→ 따라서 설립등기가 경료되었더라고 그 부동산에 관하여 **재단법인 명의의 등기가 경료되기 전**이라면, **설립자의 채권자가 그 부동산에 관하여 신청한 강제집행에 대하여 재단법인은 제3자이의의 소를 제기할 수 없다.** 왜냐하면 제3자이의의 소는 제3자가 집행목적물에 대하여 소유권 또는 목적물의 양도, 인도를 막을 수 있는 권리를 가진 때, 이를 침해하는 강제집행에 대하여 이의를 주장하여 집행의 배제를 구하는 소인데, 이 소의 원인이 되는 양도나 인도를 막을 수 있는 권리는 집행채권자에게 대항할 수 있는 것이어야 하기 때문이다(민사집행법 제48조). 정답 – O

38 **사단법인의 정관에 그 정관을 변경할 수 없다는 규정이 있더라도 총사원의 동의로 정관을 변경할 수 있다.** 변호사시험 제2회

해설 사단법인은 자율적 법인이므로 그 법인의 '동일성을 유지하는 범위'에서 원칙적으로 정관변경이 가능하다(가령 비영리의 목적을 영리의 목적으로 변경하는 경우와 같이 동일성을 해치거나 사단법인의 본질에 반하는 정관변경은 허용되지 않는다). 즉 사단법인은 ① 사원총회에서 총사원의 3분의 2이상의 동의와 ② 주무관청의 허가를 얻어 정관을 변경할 수 있다(제42조). 특히 정관에 그 정관을 변경할 수 없다고 규정하고 있더라도 모든 사원의 동의가 있으면 정관을 변경할 수 있다고 본다(통설). 정답 – O

39 **재단법인의 대표자가 법인이 채무를 부담하게 되는 계약을 체결하기 위해서는 이사회의 결의를 거치도록 하는 정관의 규정이 등기되어 있지 않은 경우에도 그 법인은 이러한 제한을 알면서 법인의 대표자와 위 제한에 해당하는 계약을 체결한 상대방에 대해서는 계약의 무효를 주장할 수 있다.** 변호사시험 제7회

해설 『법인의 정관에 법인 대표권의 제한에 관한 규정이 있으나 그와 같은 취지가 등기되어 있지 않다면 법인은 그와 같은 정관의 규정에 대하여 **선의냐 악의냐에 관계없이** 제3자에 대하여 대항할 수 없다』(대판 1992. 2. 14, 91다24564). 정답 – X

40 **甲 법인이 丙의 피용자인 丁에 의한 불법행위의 피해자인 경우, 甲 법인의 업무에 관하여 일체의 재판상 또는 재판 외의 행위를 할 수 있는 법률상 대리인 乙이 甲 법인에 대한 관계에서 이른바 배임적 대리행위를 하는 과정에서 丁의 가해행위가 丙의 사무집행행위에 해당하지 않음을 알았다 하더라도 피해자인 甲 법인이 이를 알았다고 볼 수는 없으므로, 이 경우 丙은 甲 법인에 대해 사용자책임을 부담한다.** 변호사시험 제7회

해설 『[1] 피용자의 불법행위가 외관상 사무집행의 범위 내에 속하는 것으로 보이는 경우에도 피용자의 행위가 사용자나 사용자에 갈음하여 그 사무를 감독하는 자의 사무집행행위에 해당하지 않음을 피해자 자신이 알았거나 또는 중대한 과실로 알지 못한 경우에는 사용자 또는 사용자에 갈음하여 그 사무를 감독하는 자에 대하여 사용자책임을 물을 수 없다. [2] **법인이 피해자인 경우 법인의 업무에 관하여 일체의 재판상 또는 재판 외의 행위를 할 권한이 있는 법률상 대리인이 가해자인 피용자의 행위가 사용자의 사무집행행위에 해당하지 않음을 안 때에는 피해자인 법인이 이를 알았다고 보아야** 하고, 이러한 법리는 **그 법률상 대리인이 본인인 법인에 대한 관계에서 이른바 배임적 대리행위를 하는 경우에도 마찬가지**라고 할 것이다』(대판 2005. 12. 23, 2003다30159).

정답 - X

■ 사례 【41~44】

甲 법인의 대표자가 乙에게 대표자의 모든 권한을 포괄적으로 위임하여 乙이 실질적으로 법인의 대표자로서 그 법인의 사무를 집행하고 있었다. 그러던 중 乙이 외관상 직무에 관한 행위로 丙에게 손해를 가하였다. 이에 대한 설명이 타당한가?(다툼이 있는 경우 판례에 의함)

변호사시험 제3회

41 **甲 법인의 대표자가 행한 乙에 대한 업무의 포괄적 위임과 포괄적 수임인 乙의 대행행위는 원칙적으로 甲 법인에 효력이 미친다.**

해설 이사는 원칙적으로 자신이 스스로 대표권을 행사하여야 한다. 다만, 정관 또는 사원총회의 결의로 금지하지 않은 사항에 한하여 타인으로 하여금 **'특정'의 행위를 대리하게 할 수 있다**(제62조). 따라서 이사는 '포괄적인 복임권'은 없다. 만약 대표자가 타인에게 업무를 포괄적으로 위임한 경우 그 포괄적 수임인이 법인의 사무를 행하더라도 이는 **제62조에 위반된 것이어서 그 효력이 법인에는 미치지 아니한다**(대판 2011. 4. 28, 2008다15438).

정답 - X

42 **만약 乙이 대표자로 등기되어 있지 않았다면, 丙은 甲 법인을 상대로 민법 제35조에서 정한 법인의 불법행위책임에 따른 손해배상을 청구할 수 없다.**

해설 민법 제35조 제1항 소정의 '대표자'에는 그 명칭이나 직위 여하, 또는 **대표자로 등기되었는지 여부를 불문**하고 당해 법인을 실질적으로 운영하면서 법인을 사실상 대표하여 법인의 사무를 집행하는 사람을 포함한다(A는 등기부상 대표자이지만, A가 대표자로서의 모든 권한을 B에게 일임하여 B가 실질적으로 법인의 대표자로서의 사무를 집행한 사안에서, B를 위 대표자에 해당하는 것으로 보았다)(대판 2011. 4. 28, 2008다15438).

정답 - X

43 **乙의 행위가 자신의 이익을 도모하기 위한 것이라면 직무관련성이 부정되므로, 丙은 甲 법인을 상대로 민법 제35조에서 정한 법인의 불법행위책임에 따른 손해배상을 청구할 수 있다.**

해설 통설·판례는 **행위의 외형을 기준**으로 직무관련성 여부를 판단한다. '직무에 관한 행위'인지 여부는 **주관적·구체적으로 판단할 것이 아니라 객관적·추상적으로 판단**하여야 하며, 여기에는 외형상 대표기관의 직무집행행위라고 볼 수 있는 행위 및 직무집행행위와 사회관념상의 관련성(견련성)을 가지는 행위를 포함한다.

→ 따라서 실질적인 대표자인 乙의 행위가 자신의 이익을 도모하기 위한 것이라도 외형상 대표기관의 직무집행행위라고 볼 수 있으면 제35조의 책임이 성립될 수 있다. 정답 - X

44 **乙의 행위가 실제로 직무에 관한 행위에 해당하지 아니함을 丙이 알았거나 과실로 알지 못한 경우에는 甲 법인을 상대로 민법 제35조에 정한 법인의 불법행위책임에 따른 손해배상을 청구할 수 없다.**

해설 '직무에 관하여'의 범위를 확장하는 것은 거래의 안전을 도모하기 위한 것이므로, **대표기관의 행위가 직무집행에 관한 것이 아니라는 점**에 대하여 상대방이 **'선의'이고 '중대한 과실'이 없어야 한다**(대판 2003. 7. 25, 2002다27088). 따라서 상대방이 '경과실'로 인하여 몰랐을 경우 상대방은 법인에 대하여 불법행위책임을 물을 수는 있지만, 과실상계를 함으로써 양자의 이익을 보호할 수 있을 것이다(제763조, 제396조). 정답 - X

사례 【45~48】

甲은 A 재단법인의 설립을 위하여 자신의 전 재산을 출연하기로 하였다. 그런데 A 재단법인이 설립되었음에도 출연재산이 현실적으로 이전되지 않고 있는 상황에서 甲이 사망하였다. 출연재산의 귀속시기에 관한 아래의 학설과 관련한 설명이 타당한가?

제1설: 민법 제48조는 민법 제187조의 '기타 법률의 규정'에 해당하므로 현실적인 권리이전절차를 거치지 않더라도 민법 제48조에서 규정하는 시기에 출연재산이 법인에게 귀속된다.

제2설: 법인의 성립시에는 단지 법인에게 그 출연재산의 이전청구권만이 생기고, 현실적으로 권리이전절차를 거쳐야 출연재산이 법인에 귀속된다.

제3설: 출연자와 법인 사이에는 권리이전절차를 요하지 않고, 민법 제48조에서 규정한 시기에 출연재산이 법인에 귀속되나, 법인과 제3자 사이에는 권리이전절차를 거치지 않고는 그 권리취득을 제3자에게 대항하지 못한다. 변호사시험 제3회

45 **출연재산이 지명채권인 경우에는 어느 학설에 의하더라도 민법 제48조에서 규정한 시기에 권리가 귀속된다.**

해설 지명채권의 양도에는 당사자의 합의 외에 다른 요건을 필요로 하지 않으므로, 제48조가 정하는 시기에 법인에 귀속한다는 데 문제가 없다(제450조의 통지나 승낙은 대항요건에 불과하다). 그러나 지시채권, 무기명채권의 경우에는 배서 및 교부(지시채권, 제508조), 교부(무기명채권, 제523조)가 요구되는 바, 부동산과 같은 문제점이 동일하게 발생한다.

정답 – O

46 **① 제1설에 따르면, 민법 제187조에 규정된 '기타 법률의 규정'이란 당사자의 의사에 기하지 않은 경우를 총칭하는 것이다.**

② 제1설에 따르면, 甲의 상속인 乙이 출연재산인 X 부동산에 대해 상속등기를 한 후 丙에게 다시 매도하였으나, 丙이 X 부동산이 출연재산이라는 사실을 알지 못하였다면 乙을 상대로 계약해제 이외에 손해배상을 청구할 수 있다.

해설 **제1설에 따르면**, A 재단법인이 설립되면 제48조 제1항에 따라 출연재산인 X 부동산에 대해 이전등기 없이도 A에게 귀속된다. 따라서 출연자 甲의 상속인 乙이 X 부동산에 대해 상속등기를 한 후 丙에게 다시 매도한 행위는 타인권리매매로서 비록 매매계약 자체는 유효하더라도(제569조 참조), **물권행위는 무권리자의 처분행위로서 무효**이므로 丙은 **선의라 하더라도 X 부동산의 소유권을 취득할 수 없다.** 그렇다면 **선의의 매수인 丙은 채무불이행책임(제390조, 제546조) 또는 담보책임(제570조)을 이유로 乙에게 계약해제 이외에 손해배상을 청구할 수 있다.** 만약 丙이 악의라면 丙은 채무불이행책임(제390조, 제546조)을 이유로 乙에게 계약해제 이외에 손해배상을 청구할 수는 있으나, 담보책임을 이유로는 계약해제만 가능하다(제570조 단서).

정답 – ① O ② O

47 **제3설에 따르면, 출연재산이 부동산이라고 하더라도 다른 이해관계인이 없다면 그 부동산의 소유권은 법인의 성립시에 법인에 귀속된다.**

해설 **제3설은 판례의 태도인바,** 판례는 『출연자와 법인간에는 등기 없이도 제48조에서 규정하는 때에 법인에 귀속되지만, 법인이 그것을 가지고 제3자에게 대항하기 위해서는 제186조의 원칙에 돌아가 그 등기를 필요로 한다』[대판(전합) 1979.12.11, 78다481]고 판시하고 있다. 이러한 판례에 따르면 ㄷ.지문은 맞는 지문이다.

정답 – O

48 **제2설에 따르면, 甲의 상속인 乙이 출연재산인 X 부동산에 대해 상속등기를 한 후 원인 없이 丙 앞으로 소유권이전등기를 마쳐준 경우, A 법인은 丙에 대하여 직접 진정명의회복을 원인으로 한 소유권이전등기청구를 할 수 있다.**

해설 **진정명의회복을 원인으로 하는 이전등기청구권은 물권적 청구권**이므로 이를 행사하기 위해서는 **민법 제214조의 요건을 구비**해야 한다. 따라서 청구권자는 채권자가 아닌 **물권자**, 즉 **현재의 소유권자**이어야 한다. 따라서 **제2설에 따르면**, 법인의 성립시에는 단지 법인에게 그 출연재산의 이전청구권만이 생기는 것뿐이므로 지문에서 A법인은 소유자인 乙을 대위하여 丙에 대하여 진정명의 회복을 원인으로 한 소유권이전등기청구권을 행사할 수 있을 뿐 직접 청구할 수는 없다.

정답 – X

사례

A 회사는 B법인(비영리법인)과 B법인 소유 부동산에 관한 매매계약을 체결하고 2004. 3. 15. 그 이행으로서 B법인에 매매대금 2억 원을 지급하였다. 그 후 B법인을 대표하여 이 매매계약을 체결한 대표자 甲의 선임에 관한 B법인의 이사회 결의가 부존재하는 것으로 2005. 3. 15. 법원에서 확정되었다. 부동산을 아직 인도받지 못한 A회사는 2010. 6. 30. 이 매매계약이 무효가 되었음을 이유로 민법의 관련 규정에 따라 B법인에 이미 지급한 매매대금 상당액의 반환을 청구하였다. 이에 관한 설명이 타당한가?(다툼이 있는 경우에는 판례에 의함)

변호사시험 제3회

49 **만일 甲이 B법인을 실질적으로 운영하면서 법인을 사실상 대표하여 법인의 사무를 집행하는 자이고 B법인이 이를 묵인하였으며 위 부동산 매매계약이 甲의 사기에 의하여 체결된 경우라면, A회사는 B법인과 甲에 대하여 민법 제766조가 정한 불법행위로 인한 손해배상청구권의 소멸시효기간내에 불법행위책임을 물을 수 있다.**

해설 민법 제35조 제1항의 '법인의 대표자'에는 그 명칭이나 직위 여하, 또는 대표자로 등기되었는지 여부를 불문하고 **당해 법인을 실질적으로 운영하면서 법인을 사실상 대표하여 법인의 사무를 집행하는 사람을 포함**한다(대판 2011. 4. 28, 2008다15438). 따라서 **B법인은 민법 제35조에 의하여 불법행위책임을 지며**, 甲도 민법 제750조에 의하여 불법행위책임을 지기 때문에(제35조 제1항 제1문)(이들은 부진정연대관계에 있게 된다), A회사는 B법인과 甲에 대하여 민법 제766조가 정한 불법행위로 인한 손해배상청구권의 소멸시효기간내에 불법행위책임을 물을 수 있다.

정답 – O

제3장 권리의 객체

1 **독립한 물건이라 하더라도 동산이 아닌 경우에는 종물이 될 수 없다.** 변호사시험 제4회

해설 종물은 동산이든 부동산이든 관계없다. 따라서 부동산도 독립성이 있는한 종물이 될 수 있다. 판례는 **낡은 가재도구 등의 보관장소로 사용되고 있는 방과 연탄창고 및 공동변소 등**은 본채에서 떨어져 축조되어 있더라도 **본채의 종물로 인정**한다(대판 1991. 5. 14, 91다2779).

정답 – X

2 **종물은 주물의 상용에 공하는 것이면 족하고, 원칙적으로 주물과 종물이 모두 동일한 소유자에게 속하여야 하는 것은 아니다.** 변호사시험 제4회

해설 『종물은 물건의 소유자가 그 물건의 상용에 공하기 위하여 **자기 소유인 다른 물건을 이에 부속하게 한 것**을 말하므로(제100조 제1항) **주물과 다른 사람의 소유에 속하는 물건은 종물이 될 수 없다**』(대판 2008. 5. 8, 2007다36933,36940).

→ 주물과 종물은 동일한 법률적 운명에 따르므로 타인의 권리를 침해하는 일이 없도록 '원칙적'으로 모두 동일한 소유자에게 속해야 한다. 다만 '예외적'으로 제3자의 권리를 해하지 않는 범위에서는 다른 소유자에 속하는 물건도 종물이 될 수 있다(통설).

정답 – X

3 **부동산 매수인이 매매계약을 체결하고 매도인으로부터 소유권이전등기를 경료받았다고 하여도, 아직 매매대금을 완납하지 않고 부동산을 인도받지 않은 이상 그 부동산으로부터 발생하는 과실은 매도인에게 귀속된다.** 변호사시험 제4회

해설 『부동산매매에 있어 목적부동산을 제3자가 점유하고 있어 인도받지 아니한 매수인이 명도소송제기의 방편으로 미리 소유권이전등기를 경료받았다고 하여도 아직 매매대금을 완급하지 않은 이상 부동산으로부터 발생하는 과실은 매수인이 아니라 매도인에게 귀속되어야 한다』(대판 1992. 4. 28, 91다32527).

〔**제587조 (과실의 귀속, 대금의 이자)**〕 매매계약 있은 후에도 인도하지 아니한 목적물로부터 생긴 과실은 매도인에게 속한다. 매수인은 목적물의 인도를 받은 날로부터 대금의 이자를 지급하여야 한다. 그러나 대금의 지급에 대하여 기한이 있는 때에는 그러하지 아니하다.

→ 제587조는 목적물의 사용이익과 대금의 이자 사이의 등가성을 선언한 것으로 이해되고 있다. 대법원도 민법 제587조는 매매당사자 사이의 형평을 꾀하기 위하여 매매목적물의 인도 시를 기준으로 과실수취권의 귀속을 정하는 것이라고 한다(대판 2004. 4. 23, 2004다8210).

정답 – O

4 분묘에 안치되어 있는 피상속인의 유체·유골은 매장·관리·제사·공양의 대상이 될 수 있는 유체물로서 그 제사주재자에게 승계된다. 변호사시험 제4회

해설 『**사람의 유체·유골은 매장·관리·제사·공양의 대상이 될 수 있는 유체물**로서, **분묘에 안치되어 있는 선조의 유체·유골은 민법 제1008조의3 소정의 제사용 재산인 분묘와 함께 그 제사주재자에게 승계**되고, 피상속인 자신의 유체·유골 역시 위 제사용 재산에 준하여 그 제사주재자에게 승계된다. 피상속인이 생전행위 또는 유언으로 자신의 유체·유골을 처분하거나 매장장소를 지정한 경우에, 선량한 풍속 기타 사회질서에 반하지 않는 이상 그 의사는 존중되어야 하고 이는 제사주재자로서도 마찬가지이지만, 피상속인의 의사를 존중해야 하는 의무는 도의적인 것에 그치고, 제사주재자가 무조건 이에 구속되어야 하는 법률적 의무까지 부담한다고 볼 수는 없다』〔대판(전합) 2008. 11. 20, 2007다27670〕. 정답 – O

제4장 권리변동과 법률행위

1 **대가관계 없는 일방적 급부행위에 대해서는 민법 제104조가 적용되지 않는다.**

변호사시험 제1회

(해설) 『민법 제104조가 규정하는 현저히 공정을 잃은 법률행위라 함은 자기의 급부에 비하여 현저하게 균형을 잃은 반대급부를 하게 하여 부당한 재산적 이익을 얻는 행위를 의미하는 것이므로, 증여계약과 같이 아무런 **대가관계 없이 당사자 일방이 상대방에게 일방적인 급부를 하는 법률행위는 그 공정성 여부를 논의할 수 있는 성질의 법률행위가 아니다**』(대판 2000. 2. 11, 99다56833).

정답 – O

2 **경매에 의한 재산권의 이전에 대해서는 민법 제104조가 적용된다.** 변호사시험 제1회

(해설) 제104조는 사적자치의 원칙에 대한 제한원리이므로 경매에는 적용되지 않는다. 판례도 『**경매에 있어서는** 불공정한 법률행위 또는 채무자에게 불리한 약정에 관한 것으로서 효력이 없다는 **민법 제104조, 제608조는 적용될 여지가 없다**』(대결 1980. 3. 21, 자 80마77)고 한다.

정답 – X

3 **매매계약 등 쌍무계약이 불공정한 법률행위에 해당하여 무효인 경우, 그로 인하여 불이익을 입는 당사자로 하여금 그 불공정성을 이유로 제소하지 못하도록 하는 합의도 특별한 사정이 없는 한 무효이다.** 변호사시험 제1회

(해설) 『매매계약과 같은 **쌍무계약이 급부와 반대급부와의 불균형으로 말미암아 민법 제104조에서 정하는 '불공정한 법률행위'에 해당하여 무효**라고 한다면, 그 계약으로 인하여 불이익을 입는 당사자로 하여금 위와 같은 불공정성을 소송 등 사법적 구제수단을 통하여 주장하지 못하도록 하는 **부제소합의 역시 다른 특별한 사정이 없는 한 무효**이다』(대판 2010. 7. 15, 2009다50308).

정답 – O

4 **대리인에 의한 법률행위에 있어 경솔과 무경험은 대리인을 기준으로 판단하고, 궁박상태에 있었는지의 여부는 본인을 기준으로 판단한다.** 변호사시험 제1회

(해설) 『대리인에 의하여 법률행위가 이루어진 경우 그 법률행위가 민법 제104조의 불공정한 법률행위에 해당하는지 여부를 판단함에 있어서 **경솔과 무경험은 대리인을 기준**으로 하여 판단하고, **궁박은 본인의 입장**에서 판단하여야 한다』(대판 2002. 10. 22, 2002다38927).

정답 – O

5 **민법 제104조에 따라 무효인 법률행위는 원칙적으로 추인에 의해서도 유효로 될 수 없다.** 변호사시험 제1회

해설 제104조에 따른 무효는 절대적 무효이므로 당사자의 추인(제139조)이 허용되지 않는다. 관례도 『**불공정한 법률행위로서 무효인 경우에는 추인에 의하여 무효인 법률행위가 유효로 될 수 없다**』(대판 1994. 6. 24, 94다10900)고 한다. 정답 - O

6 **취득시효 완성 당시 부동산 소유자 甲이 그 완성 사실을 알면서 그 부동산을 제3자 乙에게 처분하였고 乙 역시 이러한 사정을 알면서 위 처분행위에 적극 가담한 경우 乙 명의로 경료된 등기는 甲이 그 처분행위를 추인하여도 무효이다.** 변호사시험 제3회

해설 『부동산 소유자가 취득시효가 완성된 사실을 알고 그 부동산을 제3자에게 처분하여 소유권이전등기를 넘겨줌으로써 취득시효 완성을 원인으로 한 소유권이전등기의무가 이행불능에 빠지게 되어 시효취득을 주장하는 자가 손해를 입었다면 불법행위를 구성한다고 할 것이고, 부동산을 취득한 제3자가 부동산 소유자의 이와 같은 불법행위에 적극 가담하였다면 이는 사회질서에 반하는 행위로서 무효라고 할 것이다. 이와 같이 **취득시효 완성 후 경료된 무효인 제3자 명의의 등기에 대하여 시효완성 당시의 소유자가 무효행위를 추인하여도 그 제3자 명의의 등기는 그 소유자의 불법행위에 제3자가 적극 가담하여 경료된 것으로서 사회질서에 반하여 무효**이다』(대판 2002. 3. 15, 2001다77352). 정답 - O

7 **매매계약서의 계약조항에 "매도인은 어떠한 경우에도 책임을 지지 않고 매수인에게만 모든 책임이 있다."라는 내용이 부동문자로 인쇄되어 있다고 할지라도, 법원은 그 조항에 대하여 구체적인 사안에 따라 계약당사자의 의사를 고려하여 예문에 지나지 않는 것인지 여부를 판단하여야 한다.** 변호사시험 제5회

해설 부동문자로 인쇄된 매매계약서의 계약조항이 매도인은 어떠한 경우에도 책임을 지지 않고 매수인에게만 모든 책임을 지우도록 되어 있다고 하여 그 계약조항의 내용을 일률적으로 예문이라고 단정할 수는 없고 구체적인 사안에 따라 계약당사자의 의사를 고려하여 그 계약 내용의 의미를 파악하고 이것이 예문에 지나지 않는 것인지 여부를 판단하여야 한다(대판 1989. 8. 8, 89다카5628). 정답 - O

8 **법률행위의 해석은 당사자가 그 표시행위에 부여한 객관적인 의미를 명백하게 확정하는 것으로서, 당사자의 내심의 의사가 어떤지에 관계없이 그 문언의 내용에 의하여 당사자가 그 표시행위에 부여한 객관적 의미를 합리적으로 해석하여야 하는 것이다.**

변호사시험 제6회

해설 『**법률행위의 해석은 당사자가 그 표시행위에 부여한 객관적인 의미를 명백하게 확정하는 것으로서**, 당사자가 표시한 문언에 의하여 객관적인 의미가 명확하게 드러나지 않

는 경우에는 그 문언의 내용과 법률행위가 이루어지게 된 동기 및 경위, 당사자가 법률행위에 의하여 달성하려고 하는 목적과 진정한 의사, 거래의 관행 등을 종합적으로 고찰하여 사회정의와 형평의 이념에 맞도록 논리와 경험의 법칙, 그리고 사회일반의 상식과 거래의 통념에 따라 합리적으로 해석하여야 한다』(대판 2009. 10. 29, 2007다6024).

『**법률행위는 당사자의 내심적 의사의 여하에 관계없이 당사자가 그 표시행위에 부여한 객관적 의미를 합리적으로 해석하여야 하고,** 특히 당사자 일방이 주장하는 계약의 내용이 상대방에게 중대한 책임을 부과하게 되는 경우에는 더욱 엄격하게 해석하여야 한다』(대판 2001. 1. 19, 2000다33607). 정답 – O

9 **계약당사자 사이에 계약내용이 처분문서로 작성된 경우 문언의 객관적인 의미가 명확하다면 특별한 사정이 없는 한 문언대로 의사표시의 존재와 내용을 인정하여야 한다.**

변호사시험 제6회

해설 『**계약당사자 간에 어떠한 계약 내용을 처분문서인 서면으로 작성한 경우, 문언의 객관적인 의미가 명확하다면 특별한 사정이 없는 한 문언대로의 의사표시의 존재와 내용을 인정하여야** 하지만, 문언의 객관적인 의미가 명확하게 드러나지 않는 경우에는 당사자의 내심의 의사 여하에 관계없이 문언의 내용과 계약이 이루어지게 된 동기 및 경위, 당사자가 계약에 의하여 달성하려고 하는 목적과 진정한 의사, 거래의 관행 등을 종합적으로 고찰하여 사회정의와 형평의 이념에 맞도록 논리와 경험의 법칙, 그리고 사회일반의 상식과 거래의 통념에 따라 당사자 사이의 계약의 내용을 합리적으로 해석하여야 하고, 특히 당사자 일방이 주장하는 계약의 내용이 상대방에게 중대한 책임을 부과하거나 그가 보유하는 소유권 등 권리의 중요한 부분을 침해 내지 제한하게 되는 경우에는 문언의 내용을 더욱 엄격하게 해석하여야 한다』(대판 2014. 6. 26, 2014다14115). 정답 – O

10 **계약을 체결하는 행위자가 타인의 이름으로 법률행위를 한 경우에 행위자 또는 명의인 가운데 누구를 계약의 당사자로 볼 것인가에 관하여, 행위자와 상대방의 의사가 일치하지 않으면 그 계약 체결 전후의 구체적인 제반 사정을 토대로 상대방이 합리적인 사람이라면 누구를 계약당사자로 이해할 것인가에 의하여 당사자를 결정하여야 한다.**

변호사시험 제6회

해설 『**계약을 체결하는 행위자가 타인의 이름으로 법률행위를 한 경우에 행위자 또는 명의인 가운데 누구를 계약의 당사자로 볼 것인가에 관하여는,** 우선 행위자와 상대방의 의사가 일치한 경우에는 그 일치한 의사대로 행위자 또는 명의인을 계약의 당사자로 확정해야 하고, **행위자와 상대방의 의사가 일치하지 않는 경우에는** 그 계약의 성질·내용·목적·체결 경위 등 그 **계약 체결 전후의 구체적인 제반 사정을 토대로 상대방이 합리적인 사람이라면 행위자와 명의자 중 누구를 계약 당사자로 이해할 것인가에 의하여 당사자를 결정하여야 한다**』(대판 1998. 3. 13, 97다22089). 정답 – O

11 **부동산의 매매계약에 있어 쌍방당사자가 모두 토지 X를 계약의 목적물로 삼았으나 그 목적물의 지번에 관하여 착오를 일으켜 계약서상 그 목적물을 X와는 별개인 토지 Y로 표시하였다 하여도 X를 매매의 목적물로 한다는 쌍방당사자의 의사합치가 있은 이상 위 매매계약은 X에 관하여 성립한 것으로 보아야 한다.** 변호사시험 제6회

해설 『부동산의 매매계약에 있어 쌍방당사자가 모두 특정의 甲 토지를 계약의 목적물로 삼았으나 그 목적물의 지번 등에 관하여 착오를 일으켜 계약을 체결함에 있어서는 계약서상 그 목적물을 甲 토지와는 별개인 乙 토지로 표시하였다 하여도 甲 토지에 관하여 이를 매매의 목적물로 한다는 쌍방당사자의 의사합치가 있은 이상 위 매매계약은 甲 토지에 관하여 성립한 것으로 보아야 할 것이고 乙 토지에 관하여 매매계약이 체결된 것으로 보아서는 안 될 것이며, 만일 乙 토지에 관하여 위 매매계약을 원인으로 하여 매수인 명의로 소유권이전등기가 경료되었다면 이는 원인이 없이 경료된 것으로서 무효이다』(대판 1993. 10. 26, 93다2629). 정답 - O

12 **파산자가 통정허위표시를 통하여 가장채권을 보유하고 있다가 파산이 선고된 경우, 파산관재인은 그 허위표시에 따라 외형상 형성된 법률관계를 토대로 실질적으로 새로운 법률상 이해관계를 가지게 된 제3자에 해당하는데, 이때 선의 여부는 파산관재인을 기준으로 판단한다.** 변호사시험 제1회

해설 『파산관재인이 민법 제108조 제2항의 경우 등에 있어 제3자에 해당하는 것은 **파산관재인은 파산채권자 전체의 공동의 이익을 위하여 선량한 관리자의 주의로써 그 직무를 행하여야 하는 지위**에 있기 때문이므로, 그 선의·악의도 파산관재인 개인의 선의·악의를 기준으로 할 수는 없고 **총파산채권자를 기준**으로 하여 **파산채권자 모두가 악의로 되지 않는 한 파산관재인은 선의의 제3자라고 할 수밖에 없다.** 파산관재인이 파산선고 전에 개인적인 사유로 파산자가 체결한 대출계약이 통정허위표시에 의한 것임을 알게 되었다고 하더라도 그러한 사정만을 가지고 파산선고시 파산관재인이 악의자에 해당한다고 할 수 없다』(대판 2006. 11. 10, 2004다10299). 정답 - X

13 **X 토지에 관하여 甲과 乙 사이의 통정허위표시에 기하여 乙 명의의 가등기가 마쳐지고 甲으로부터 丙에게로의 소유권이전등기가 마쳐진 후 위 가등기에 기한 본등기가 마쳐짐에 따라 丙 명의의 등기가 말소된 경우, 乙로부터 X에 관한 소유권이전등기를 마친 丁이 위 허위표시에 관하여 알지 못했더라도 丙은 丁을 상대로 소유권이전등기의 말소를 청구할 수 있다.** 변호사시험 제1회

해설 가장양도인(甲)으로부터의 양수인(丙)과 가장양수인(乙)으로부터의 양수인(丁)의 우열이 문제되는 사안에서 판례는 『가장양수인으로부터의 양수인이 가장매매로 인한 가등기 및 이에 대한 본등기의 원인이 된 각 의사표시가 허위임을 알지 못하였다면, 가장양도인

으로부터의 양수인은 이러한 선의의 제3자에게 허위표시의 무효를 주장할 수 없고, 따라서 가장양수인으로부터의 양수인 명의의 소유권이전등기는 유효하다』(대판 1996. 4. 26, 94다12074)고 한다. **가장양도인으로부터의 양수인은 새로운 법률관계를 맺은 것이 가장매매를 기초로 한 것이 아닐 뿐만** 아니라, **이미 가등기가 등재되어 있어 가등기에 기한 본등기시 자신의 등기가 말소될 위험을 부담하고 권리를 취득**하였을 것이라는 점에서 판례의 태도가 타당하다. 정답 - X

14 **甲과 乙사이의 허위의 의사표시에 기한 채무를 보증하고 그에 따라 보증채무자로서 그 채무를 이행한 경우, 보증인 丙은 통정허위표시에 관한 민법 제108조 제2항의 '제3자'에 해당한다.** 변호사시험 제3회

해설 대법원은 **채무자와 허위표시에 기초한 채무에 대해 보증을 한 자가 보증채무를 이행하여 채무자에 대해 구상권을 취득한 경우, 그 구상권 취득에는 보증채무의 부종성으로 인하여 주채무가 유효하게 존재할 것이 필요**하므로, **결국 그 보증인은 채무자의 채권자에 대한 채무부담행위라는 허위표시에 기초하여 구상권 취득에 관한 법률상 이해관계를 가지게 되었다고 보아야 하므로** 제3자에 해당한다고 한다(대판 2000. 7. 6, 99다51258 ; 다만, 보증채무부담행위 그 자체만으로는 제108조 제2항의 제3자에 해당하지 않는다). 그러나 가장채무의 보증인이 선의이지만 '중과실'로 가장채권자에게 보증채무를 이행한 사안에서, 보증인은 가장채무자(통정허위표시의 당사자)에게는 구상권을 행사할 수 있지만, 선의의 구상보증인들(통정허위표시의 무효를 주장하는 다른 제3자)에게까지 구상보증채무의 이행을 구하는 것은 권리남용에 해당하여 허용되지 않는다고 한다(위 99다51258의 재상고심 판결). 정답 - O

15 **근로자 甲이 乙회사에 대한 퇴직금채권을 丙에게 가장양도 하였으나, 乙 회사가 아직 퇴직금을 가장양수인 丙에게 지급하지 않고 있던 중, 위 퇴직금채권이 법원의 전부명령에 의하여 丁에게 이전된 경우, 퇴직금채무자 乙 회사는 통정허위표시에 관한 민법 제108조 제2항의 '제3자'에 해당한다.** 변호사시험 제3회

해설 채권의 가장양도에서 채무자는 채권의 양도인이 채무자에게 채무의 이행을 청구할 때 선의의 채무자는 채권 양수인에게 변제하여야 함을 이유로 거절할 수 없다. 이 경우 **채무자는 가장양도에 터 잡아 새로운 이해관계를 맺은 바가 없기 때문**이다(대판 1983.1.18, 82다594 ; 이 판결은 채무자가 가장양수인에게 지급하지 않고 있는 동안에 양도가 허위표시에 기한 것임이 밝혀진 경우를 전제로 하고 있음을 주의해야 한다). 그러나 채권의 가장양도인이 채무자에게 채무의 이행을 청구하였는데 채무자는 이미 채권의 양도가 유효한 것으로 믿고 채권 양수인에게 채무를 이행해 버린 경우, 채무자는 채권의 가장양도에 터 잡아 '채무의 변제'라는 새로운 이해관계를 맺었기 때문에 제3자에 해당하는 것으로 보아야 한다(다수설). 따라서 채무자는 이를 이유로 변제를 거절할 수 있다. 물론 채무자는 그 밖에 제452조 1항에 의한 항변, 채권의 준점유자에 대한 변제(제470조) 항변 등을 할 수도 있다. 정답 - X

16 **甲 금융기관과 乙 사이의 통정한 허위표시에 따라 甲이 乙에 대하여 취득한 외형상의 채권을 한국자산관리공사 丙이 인수한 경우, 채권양수인 丙은 통정허위표시에 관한 민법 제108조 제2항의 '제3자'에 해당한다.** 변호사시험 제3회

해설 가장매매에 기한 대금채권의 양수인 기타 가장채권의 양수인도 제3자에 해당한다고 할 것이다(제548조 제1항 단서와 비교). 이와 관련하여 대법원은 통정허위표시에 의하여 금융기관과의 사이에 대출명의인이 된 자는 제108조 제2항에 의해 그 금융기관으로부터 그 채권을 양수한 한국자산관리공사에 대하여 대출계약의 무효를 주장할 수 없다고 한다(대판 2004. 1. 15, 2002다31537).

정답 - O

17 **甲이 상대방 乙과 통정한 허위의 의사표시를 통하여 가장채권을 보유하고 있다가 파산선고를 받은 경우, 파산관재인 丙은 통정허위표시에 관한 민법 제108조 제2항의 '제3자'에 해당한다.** 변호사시험 제3회

해설 대법원은 『가장소비대차의 대주가 파산한 경우의 파산관재인은 **파산자와는 독립한 지위에서 파산채권자 전체의 공동의 이익을 위하여 직무를 행하게 됨을 이유로** 제3자에 해당한다』고 보고 있다(대판 2005. 5. 12, 2004다68366). 그리고 『파산관재인의 선의는 추정되고, 다만 파산관재인 개인의 선의·악의를 기준으로 할 수는 없고 총파산채권자 중 1인이라도 선의이면 파산관재인은 선의로 다루어진다』고 하는데, 이는 만일 파산관재인 개인을 기준으로 선의 여부를 판단하게 되는 경우 파산관재인이 누가 되는가에 따라 가장채권이 파산재단에 속하는지 여부가 달라지게 되는 불합리가 생기기 때문이다(대판 2006. 11. 10, 2004다10299).

정답 - O

18 **甲이 자신의 소유인 X토지에 관하여 채권자 乙에게 담보가등기를 경료하기로 약정한 상태에서 그 토지를 丙에게 가장양도하고 소유권이전등기를 마친 다음 丙에게 지시하여 乙에게 가등기를 경료케 하여 준 경우, 채권자 乙은 통정허위표시에 관한 민법 제108조 제2항의 '제3자'에 해당한다.** 변호사시험 제3회

해설 甲이 乙로부터 금전을 차용하고 그 담보로 甲의 부동산에 가등기를 하기로 약정하였는데, 채권자들의 강제집행을 우려하여 丙에게 가장양도하고 이를 乙 앞으로 가등기를 해 준 경우, 乙은 **형식상은 가장양수인(丙)으로부터 가등기**를 한 것이지만 **실질적으로 새로운 법률원인에 의한 것이 아니므로** 제3자에 해당하지 않는다(대판 1982. 5. 25, 80다1403). 다만 乙의 가등기는 실체관계에 부합하는 것으로서, 丙 앞으로의 소유권등기가 허위표시임을 乙이 알았건 몰랐건 간에, 실제의 소유자인 甲은 乙에 대한 채무를 이행하지 않고서는 乙 명의의 가등기의 말소를 구할 수 없다(즉 乙이 보호받는 것은 제108조의 선의의 제3자 보호와는 별개의 것이다).

정답 - X

19 **채무자의 법률행위가 가장행위라도 채권자취소권의 대상이 될 수 있고, 채권자취소권의 대상으로 된 채무자의 법률행위라도 통정허위표시의 요건을 갖춘 경우에는 무효이다.** 변호사시험 제2회

해설 통설 및 판례(대판 1984. 7. 24, 84다카68)는 **허위표시도 제406조(채권자취소권)의 '법률행위'에 해당하는 것으로 해석**한다. 왜냐하면 이론적으로 무효와 취소의 이중효를 인정할 수 있고, 현실적으로 통정허위표시가 사해행위의 전형적인 방법으로 이용되고 있을 뿐만 아니라, 통정허위표시의 경우 제3자의 보호법리(제108조 제2항)에 의해 채무자의 재산이 일탈될 가능성이 있어 채권자가 사해행위를 주장하여 그 취소를 구할 실익이 있기 때문이다. 정답 - O

20 **통정한 허위표시에 의하여 외형상 형성된 법률관계로 생긴 채권을 가압류한 경우, 그 가압류권자는 민법 제108조 제2항의 '제3자'에 해당한다.** 변호사시험 제2회

해설 『통정한 허위표시에 의하여 외형상 형성된 법률관계로 생긴 채권을 가압류한 경우, 그 가압류권자는 허위표시에 기초하여 새로운 법률상 이해관계를 가지게 되므로 민법 제108조 제2항의 제3자에 해당한다』(대판 2004. 5. 28, 2003다70041). 정답 - O

21 **파산자 甲이 乙과의 가장소비대차에 기하여 가장채권을 보유하고 있다가 파산이 선고된 경우, 파산관재인은 민법 제108조 제2항의 제3자에 해당하는데, 파산채권자 중 일부라도 악의라면 파산관재인은 '선의의 제3자'라 할 수 없다.** 변호사시험 제2회

해설 대법원은 가장소비대차의 대주가 파산한 경우의 파산관재인은 파산자와는 독립한 지위에서 파산채권자 전체의 공동의 이익을 위하여 직무를 행하게 됨을 이유로 제3자에 해당한다고 보고 있다(대판 2005. 5. 12, 2004다68366). 그리고 **파산관재인의 선의는 추정되고, 파산채권자 중 1인이라도 선의이면 파산관재인은 선의로 다루어진다**고 하는데, 이는 만일 파산관재인 개인을 기준으로 선의 여부를 판단하게 되는 경우 파산관재인이 누가 되는가에 따라 가장채권이 파산재단에 속하는지 여부가 달라지게 되는 불합리가 생기기 때문이다(대판 2006. 11. 10, 2004다10299). 정답 - X

22 **甲이 실제 차주인 丙에 대한 여신제한 등의 규정을 회피하기 위하여 甲 자신 명의로 금융기관 乙과의 소비대차계약서에 서명날인했다 하더라도, 乙과 소비대차에 따른 법률효과를 丙에게 귀속시키기로 약정하거나 乙이 이를 양해하는 등 특별한 사정이 없는 이상, 甲과 乙 사이의 소비대차계약은 통정허위표시가 아니며 甲이 이 소비대차계약에 따른 채무를 부담한다.** 변호사시험 제7회

해설 『통정허위표시가 성립하기 위해서는 의사표시의 진의와 표시가 일치하지 아니하고 그 불일치에 관하여 상대방과 사이에 합의가 있어야 하는데, **제3자가 금전소비대차약정서 등 대출관련서류에 주채무자 또는 연대보증인으로서 직접 서명·날인하였다면 제3자는 자신이 그 소비대차계약의 채무자임을 금융기관에 대하여 표시한 셈**이고, **제3자가 금융기관이 정한 여신제한 등의 규정을 회피하여 타인으로 하여금 제3자 명의로 대출을 받아 이를 사용하도록 할 의사가 있었다거나 그 원리금을 타인의 부담으로 상환하기로 하였더라도, 특별한 사정이 없는** 한 이는 소비대차계약에 따른 **경제적 효과를 타인에게 귀속시키려는 의사에 불과할 뿐, 그 법률상의 효과까지도 타인에게 귀속시키려는 의사로 볼 수는 없으므로 제3자의 진의와 표시에 불일치가 있다고 보기는 어렵다** 할 것인바, 구체적 사안에 있어서 위와 같은 특별한 사정의 존재를 인정하기 위해서는, 실제 차주와 명의대여자의 이해관계의 일치 여부, 대출금의 실제 지급 여부 및 직접 수령자, 대출서류 작성과정에 있어서 명의대여자의 관여 정도, 대출의 실행이 명의대여자의 신용에 근거하여 이루어진 것인지 혹은 실제 차주의 담보제공이 있었는지 여부, 명의대여자에 대한 신용조사의 실시 여부 및 조사의 정도, 대출원리금의 연체에 따라 명의대여자에게 채무이행의 독촉이 있었는지 여부 및 그 독촉 시점 기타 명의대여의 경위와 명의대여자의 직업, 신분 등의 모든 사정을 종합하여, 금융기관이 명의대여자와 사이에 당해 대출에 따르는 법률상의 효과까지 실제 차주에게 귀속시키고 명의대여자에게는 그 채무부담을 지우지 않기로 약정 내지 양해하였음이 적극적으로 입증되어야 할 것이다』(대판 2008. 6. 12, 2008다7772,7789).

정답 - O

23 **甲과 乙은 甲 소유의 부동산에 관하여 통정허위표시로 근저당권설정계약을 체결하고 이에 따른 乙 명의의 근저당권설정등기를 마쳤으나, 위 근저당권의 피담보채권을 성립시키는 법률행위는 없었다. 그 뒤 乙의 채권자 丙이 이 근저당권부 채권을 가압류한 경우, 丙은 위 근저당권설정계약이 통정허위표시임을 몰랐다 하더라도 이 근저당권말소에 대하여 등기상 이해관계인으로서 승낙할 의무가 있다.** 변호사시험 제7회

해설 『근저당권이 있는 채권이 압류되는 경우, 근저당권설정등기에 부기등기의 방법으로 그 피담보채권의 압류사실을 기입등기하는 목적은 근저당권의 피담보채권이 압류되면 담보물권의 수반성에 의하여 종된 권리인 근저당권에도 압류의 효력이 미치게 되어 피담보채권의 압류를 공시하기 위한 것이므로, 만일 **근저당권의 피담보채권이 존재하지 않는다면 그 압류명령은 무효**라고 할 것이고, **근저당권을 말소하는 경우에 압류권자는 등기상 이해관계 있는 제3자**로서 **근저당권의 말소에 대한 승낙의 의사표시를 하여야 할 의무가 있다**』(대판 2009. 12. 24, 2009다72070).

정답 - O

24 **甲 은행이 乙과의 통정허위표시에 의한 가장의 대출채권을 보유하던 중 파산한 경우, 법원에 의해 선임된 파산관재인 丙은 통정허위표시에서의 제3자에 해당하며, 丙의 선의·악의는 丙을 기준으로 하는 것이 아니라 총 파산채권자를 기준으로 하여야 하므로, 파산채권자 모두가 악의가 아닌 이상 乙은 丙을 상대로 자신에게 대출채무가 존재하지 않는다고 주장할 수 없다.** 변호사시험 제7회

해설 『파산관재인이 민법 제108조 제2항의 경우 등에 있어 제3자에 해당하는 것은 파산관재인은 파산채권자 전체의 공동의 이익을 위하여 선량한 관리자의 주의로써 그 직무를 행하여야 하는 지위에 있기 때문이므로, 그 선의·악의도 파산관재인 개인의 선의·악의를 기준으로 할 수는 없고 **총파산채권자를 기준으로 하여** 파산채권자 모두가 악의로 되지 않는 한 파산관재인은 선의의 제3자라고 할 수밖에 없다』(대판 2006. 11. 10, 2004다10299).

정답 – O

25 **甲이 부동산의 매수자금을 乙로부터 차용하고 그 담보조로 乙에게 가등기를 해 주기로 약정하였으나 그 부동산에 대한 자신의 다른 채권자들의 강제집행을 우려하여 丙에게 이 부동산을 가장양도한 다음 丙이 乙에게 가등기를 경료해 준 경우, 乙은 통정허위표시에서의 제3자에 해당하지 않는다.** 변호사시험 제7회

해설 『통정허위표시의 무효를 대항할 수 없는 제3자란 허위표시의 당사자 및 포괄승계인 이외의 자로서 허위표시에 의하여 외형상 형성된 법률관계를 토대로 새로운 법률원인으로써 이해관계를 갖게 된 자를 말한다. 따라서, 소외인 (A)가 부동산의 매수자금을 피고로부터 차용하고 담보조로 가등기를 경료하기로 약정한 후 채권자들의 강제집행을 우려하여 소외인 (B)에게 가장양도한 후 피고 앞으로 가등기를 경료케 한경우에 있어서 **피고는 형식상은 가장 양수인으로부터 가등기를 경료받은 것으로 되어 있으나 실질적인 새로운 법률원인에 의한 것이 아니므로** 통정허위 표시에서의 제3자로 볼 수 없다』(대판 1982. 5. 25, 80다1403).

정답 – O

26 **甲이 통정허위표시로 乙에게 甲 소유의 부동산에 관한 전세권설정등기를 해 준 이후 丙이 이 전세권을 목적으로 한 근저당권설정등기를 마친 다음 丁이 丙의 전세권근저당권부 채권을 가압류한 경우, 설사 丁이 선의라 하더라도 丙이 악의인 이상 甲은 丁에게 위 전세권이 무효임을 주장할 수 있다.** 변호사시험 제7회

해설 『실제로는 전세권설정계약을 체결하지 아니하였으면서도 임대차계약에 기한 임차보증금반환채권을 담보할 목적 또는 금융기관으로부터 자금을 융통할 목적으로 임차인과 임대인 사이의 합의에 따라 임차인 명의로 전세권설정등기를 경료한 경우에, 위 전세권설정계약이 통정허위표시에 해당하여 무효라 하더라도 위 전세권설정계약에 의하여 형성된 법률관계에 기초하여 새로이 법률상 이해관계를 가지게 된 제3자에 대하여는 그 제3자가

그와 같은 사정을 알고 있었던 경우에만 그 무효를 주장할 수 있다. 그리고 여기에서 **선의의 제3자가 보호될 수 있는 법률상 이해관계는 위 전세권설정계약의 당사자를 상대로 하여 직접 법률상 이해관계를 가지는 경우 외에도 그 법률상 이해관계를 바탕으로 하여 다시 위 전세권설정계약에 의하여 형성된 법률관계와 새로이 법률상 이해관계를 가지게 되는 경우도 포함**된다』(대판 2013. 2. 15, 2012다49292). 정답 - X

27 **甲이 제3자의 기망행위에 의하여 신원보증서류에 서명날인한다는 착각에 빠진 상태로 연대보증의 서면에 서명날인하였다면, 甲은 연대보증계약의 상대방이 위 기망행위를 알았거나 알 수 있었을 경우에만 연대보증계약을 취소할 수 있다.** 변호사시험 제5회

해설 『사기에 의한 의사표시란 타인의 기망행위로 말미암아 착오에 빠지게 된 결과 어떠한 의사표시를 하게 되는 경우이므로 거기에는 의사와 표시의 불일치가 있을 수 없고, 단지 **의사의 형성과정 즉 의사표시의 동기에 착오가 있는 것에 불과**하며, 이 점에서 고유한 의미의 착오에 의한 의사표시와 구분되는데, 신원보증서류에 서명날인한다는 착각에 빠진 상태로 연대보증의 서면에 서명날인한 경우, 결국 위와 같은 행위는 강학상 기명날인의 착오(또는 서명의 착오), 즉 어떤 사람이 자신의 의사와 다른 법률효과를 발생시키는 내용의 서면에, **그것을 읽지 않거나 올바르게 이해하지 못한 채 기명날인을 하는 이른바 표시상의 착오에 해당**하므로, 비록 위와 같은 착오가 제3자의 기망행위에 의하여 일어난 것이라 하더라도 그에 관하여는 사기에 의한 의사표시에 관한 법리, 특히 상대방이 그러한 제3자의 기망행위 사실을 알았거나 알 수 있었을 경우가 아닌 한 의사표시자가 취소권을 행사할 수 없다는 민법 제110조 제2항의 규정을 적용할 것이 아니라, **착오에 의한 의사표시에 관한 법리만을 적용하여 취소권 행사의 가부를 가려야 한다**』(대판 2005. 5. 27, 2004다43824). 정답 - X

28 **원고가 피고를 상대로 매매계약의 이행을 청구하는 소송에서 피고가 착오를 이유로 매매계약의 취소를 주장하는 경우, 피고는 착오가 자신의 중대한 과실에 의한 것이 아니라는 점에 대한 증명책임을 진다.** 변호사시험 제5회

해설 **중대한 과실이 있는 가에 대한 증명책임**은 착오자에게 있지 않고 **의사표시를 취소하지 않게 하려는 상대방에게 있다**(대판 2005. 5. 12, 2005다6228). 정답 - X

29 **상대방이 표의자의 착오를 알고 이를 이용한 경우에는 착오가 표의자의 중대한 과실로 인한 것이라고 하더라도 표의자는 의사표시를 취소할 수 있다.** 변호사시험 제5회

해설 표의자의 착오를 상대방이 인식한 경우에는 표의자는 그에게 중대한 과실이 있더라도 취소할 수 있다(통설). 그러한 경우에는 상대방보다 표의자를 보호하는 것이 마땅하기 때문이다. 정답 - O

30 **경과실로 인해 착오에 빠진 표의자가 착오를 이유로 자신의 의사표시를 취소하였더라도 이로 인해 상대방에 대하여 불법행위로 인한 손해배상책임을 지지 않는다.**

변호사시험 제5회

해설 판례는 과실있는 착오자의 불법행위 책임을 부정한다(대판 1997. 8. 22, 97다13023). 『불법행위로 인한 손해배상책임이 성립하기 위하여는 가해자의 고의 또는 과실 이외에 행위의 위법성이 요구되므로, 전문건설공제조합이 계약보증서를 발급하면서 조합원이 수급할 공사의 실제 도급금액을 확인하지 아니한 과실이 있다고 하더라도 민법 제109조에서 중과실이 없는 착오자의 착오를 이유로 한 의사표시의 취소를 허용하고 있는 이상, 전문건설공제조합이 과실로 인하여 착오에 빠져 계약보증서를 발급한 것이나 **그 착오를 이유로 보증계약을 취소한 것이 위법하다고 할 수는 없다**』(대판 1997. 8. 22, 97다13023). 정답 – O

31 **계약당사자 쌍방이 계약의 전제나 기초가 되는 사항에 관하여 같은 내용으로 착오를 하고 이로 인하여 그에 관한 구체적 약정을 하지 않은 경우, 당사자가 그러한 착오가 없을 때에 약정하였을 것으로 보이는 실제 의사 내지 주관적 의사의 내용으로 당사자의 의사를 보충하여 계약을 해석해야 한다.**

변호사시험 제6회

해설 『**계약당사자 쌍방이 계약의 전제나 기초가 되는 사항에 관하여 같은 내용으로 착오가 있고 이로 인하여 그에 관한 구체적 약정을 하지 아니하였다면, 당사자가 그러한 착오가 없을 때에 약정하였을 것으로 보이는 내용으로 당사자의 의사를 보충하여 계약을 해석할 수 있는바**, 여기서 **보충되는 당사자의 의사는 당사자의 실제 의사 또는 주관적 의사가 아니라** 계약의 목적, 거래관행, 적용법규, 신의칙 등에 비추어 객관적으로 추인되는 정당한 이익조정 의사를 말한다』(대판 2006. 11. 23, 2005다13288). 정답 – X

32 **동기의 착오가 상대방의 부정한 방법에 의하여 유발되었거나 상대방으로부터 제공된 경우에는 동기가 표시되지 않았더라도 표의자는 착오를 이유로 의사표시를 취소할 수 있다.**

변호사시험 제2회

해설 판례는 동기를 당해 의사표시의 내용으로 삼을 것을 상대방에게 표시한 경우 그 착오를 이유로 계약을 취소할 수 있다고 보아 기본적으로 동기표시설의 입장이다. 그러나 동기가 상대방으로부터 제공되거나 유발된 경우 판례는 동기의 표시 여부를 묻지 않고 대부분 법률행위내용의 중요부분의 착오로 보아 취소를 인정한다(대판 1997. 8. 26. 97다6063 등)

정답 – O

33 **甲이 乙의 대리인 丙과 매매계약을 체결한 후 丙의 기망행위를 이유로 매매계약을 취소하고자 할 경우, 甲은 乙이 丙의 기망행위를 알았거나 알 수 있었는지의 여부를 불문하고 매매계약을 취소할 수 있다.**

변호사시험 제4회

해설 『민법 제110조 제2항에서 정한 제3자에 해당되지 아니한다고 볼 수 있는자란 **'그 의사표시에 관한 상대방의 대리인 등 상대방과 동일시 할 수 있는자'**만을 의미하고, **단순히 상대방의 피용자이거나 상대방이 사용자책임을 져야 할 관계에 있는 피용자에 지나지 않는 자는 상대방과 동일시할 수는 없어** 이 규정에서 말하는 **제3자에 해당한다고 보아야 한다**』(대판 1998. 1. 23, 96다41496,; 대판 1999. 2. 23, 98다60828 등). 따라서 甲은 본인 乙이 대리인 丙의 기망행위를 알았거나 알 수 있었는지의 여부를 불문하고 제110조 제1항에 따라 매매계약을 취소할 수 있다. 정답 - O

34 **B가 A를 기망하여 A 소유의 토지 X에 관한 매매계약을 체결하여 소유권이전등기를 경료한 후 이를 C에게 매각하고, C 역시 이런 사정을 알 수 없었던 D에게 매각하여 소유권이전등기가 경료된 후 A가 B와의 매매계약을 취소한 경우에 A가 X에 대하여 D에게 행사한 소유권에 기한 물권적 청구권이 인정된다.** 변호사시험 제6회

해설 『부동산의 양도계약이 사기에 의한 의사표시에 해당하는 경우에 있어서는 공시 방법인 소유권이전등기를 마친 **기망행위자와 사이에 새로운 법률원인을 맺어 이해관계를 갖게 된 자만이 민법 제110조 제3항 소정의 제3자에 해당한다고 할 수 없다**』(대판 1997. 12. 26, 96다44860).

〔제110조(사기, 강박에 의한 의사표시)〕 ① 사기나 강박에 의한 의사표시는 취소할 수 있다. ③ **전2항의 의사표시의 취소는 선의의 제삼자에게 대항하지 못한다.**

→ 위 판례에 따라 D 역시 사기취소의 선의의 제3자로서 보호되므로, A는 계약의 취소로 D에게 대항할 수 없고, 따라서 물권적 청구권도 인정되지 않는다. 정답 - X

35 **제3자의 기망행위에 기하여 표의자가 매매계약을 체결한 경우, 그 기망행위가 불법행위를 구성하는 이상 표의자가 불법행위로 인한 손해의 배상을 구하기 위하여 먼저 매매계약을 취소하여야 하는 것은 아니다.** 변호사시험 제2회

해설 제110조는 취소권을 주어서 계약의 구속에서 해방시키는 제도이고 제750조는 피해자에게 손해를 배상시키는 제도라는 점에서 **양자는 고유한 목적을 갖는 별개의 제도**이므로, 사기·강박이 불법행위의 요건을 갖춘 때에는 채권자는 **양자를 선택적으로 행사할 수 있다.** ① 다만, 법률행위를 취소하여 부당이득반환을 받은 때에는 그 반환받은 범위 내에서는 손해가 회복되므로 그 반환받은 범위 내에서는 손해배상청구권을 중첩적으로 행사할 수 없다(대판 1993. 4. 27, 92다56087). ② 그러나 법률행위를 취소하지 않은 경우에도 불법행위를 원인으로 한 손해배상청구권은 가지나, 그 손해액을 계산함에 있어서는 피기망자(피강박자)가 법률행위의 효력으로써 보유하게 된 급부의 가액을 공제하여야 할 것이다(대판 1980. 2. 26, 79다1746). 정답 - O

36 **상대방의 대리인이 표의자를 기망한 경우에는 상대방이 그 사실을 알았거나 알 수 있었는지 여부에 관계없이 표의자는 자신의 의사표시를 취소할 수 있다.** 변호사시험 제2회

해설 『민법 제110조 제2항에서 정한 제3자에 해당되지 아니한다고 볼 수 있는 자란 **그 의사표시에 관한 상대방의 대리인 등 상대방과 동일시할 수 있는 자만을 의미**하고, 단순히 상대방의 피용자이거나 상대방이 사용자책임을 져야 할 관계에 있는 피용자에 지나지 않는 자는 상대방과 동일시할 수는 없어 이 규정에서 말하는 제3자에 해당한다』(대판 1998. 1. 23, 96다41496). 따라서 **상대방의 대리인이 표의자를 기망한 경우**에는 **상대방이 그 사실을 알았거나 알 수 있었는지 여부에 관계없이 표의자는 제110조 제1항에 기해 자신의 의사표시를 취소할 수 있다.** 정답 – O

37 **매매계약의 당사자가 사기 또는 강박 등을 이유로 매매계약을 취소한 경우, 상대방에 대하여 채무불이행으로 인한 손해배상책임을 부담할 수 있다.** 변호사시험 제4회

해설 『매매계약의 당사자가 **사기 또는 강박 등을 이유로 매매계약을 취소한 경우 매매계약의 유효를 전제**로 하는 **채무불이행책임이나 담보책임은 더 이상 물을 수 없다.** 다만 사기 강박이 불법행위의 요건을 갖춘 때에는 채권자는 양자를 선택적으로 행사할 수 있다』(대판 1993.4.27,92다56087 ; 대판 1980.2.26, 79다1746 등). 정답 – X

사례 [38~42]

甲이 X 부동산을 乙에게 매도하기로 약정하고, 계약금 및 중도금을 수령한 뒤 이를 다시 丙에게 매도하고 丙에게 먼저 소유권이전등기를 마쳐주었다. 다음 설명 중 옳지 않은 것은? (다툼이 있는 경우에는 판례에 의함) 변호사시험 제1회

38 **乙이 甲을 상대로 소유권이전등기를 구하는 소를 제기한 경우, 甲은 이행불능의 항변으로 대항할 수 있고, 이에 대하여 乙은 계약해제 없이도 전보배상을 구하는 취지로 청구를 변경할 수 있다.**

해설 이중매매가 유효한 경우에는 제2매수인에게 소유권이전등기를 함으로써 매도인의 제1매수인에 대한 계약은 이행불능이 된다. 따라서 제1매수인은 계약해제 및 손해배상을 청구할 수 있고 또는 계약을 해제하지 않고 이행불능에 기한 전보배상을 청구할 수도 있다. 이 경우 **원채권의 행사(소유권이전등기청구)와 그에 갈음하는 전보배상청구의 행사는 청구기초의 동일성이 인정**되므로 청구의 변경은 적법하다.

[참고판례] 『원래의 청구는 명의신탁해지를 원인으로 한 소유권이전등기청구이고 변경 후의 청구는 피고의 소유권이전등기의무의 이행불능임을 전제로 한 손해배상청구라 하더라도 청구의 기초에 변경이 없다』(대판 1969. 7. 22, 69다413). 정답 – O

39 **乙이 甲에 대하여 채무불이행으로 인한 손해배상청구권과 아울러 불법행위로 인한 손해배상청구권을 취득한 경우, 乙은 그 중 어느 쪽의 손해배상청구권이라도 선택적으로 행사할 수 있다.**

해설 『본래 채무불이행책임과 불법행위책임은 **각각 요건과 효과를 달리하는 별개의 법률관계에서 발생**하는 것이므로 하나의 행위가 계약상 채무불이행의 요건을 충족함과 동시에 불법행위의 요건도 충족하는 경우에는 **두 개의 손해배상청구권이 경합하여 발생**한다고 보는 것이 당연하다』〔대판(전합) 1983. 3. 22, 82다카1533〕. 다만 중첩적으로 행사할 수는 없다.

정답 - O

40 **丙이 甲의 이중매매에 적극 가담한 것으로 인정되는 경우, 乙은 甲을 대위함이 없이 직접 丙을 상대로 소유권이전등기의 말소를 청구할 수 있다.**

해설 판례는 부동산의 이중매매가 반사회적 법률행위로서 무효인 경우(제103조), 등기하지 않은 제1매수인은 아직 소유권자가 아니고 **단순한 채권자에 불과**하므로 **직접 제2매수인에 대하여 그 명의의 소유권이전등기의 말소(제214조)를 구할 수는 없다**고 한다. 다만 채권자대위권(제404조)을 행사하여 제2매수인에게 이를 청구할 수 있다고 한다. 『매도인의 매수인에 대한 배임행위에 가담하여 증여를 받아 이를 원인으로 소유권이전등기를 경료한 수증자에 대하여 매수인은 매도인을 대위하여 위 등기의 말소를 청구할 수는 있으나 **직접 청구할 수는 없다**는 것은 형식주의 아래서의 등기청구권의 성질에 비추어 당연하다』(대판 1983. 4. 26, 83다카57).

정답 - X

41 **乙이 甲에 대한 소유권이전등기청구권의 보전을 위하여 甲과 丙 사이의 매매계약에 대하여 채권자취소권을 행사하는 것은 허용되지 않는다.**

해설 민법 제407조에 따라 '특정채권 자체'의 보전을 위한 경우에는 채권자취소권을 행사할 수 없다(통설). 판례도 『**채권자취소권을 특정물에 대한 소유권이전등기청구권을 보전하기 위하여 행사하는 것은 허용되지 않으므로**, 부동산의 제1양수인은 자신의 **'소유권이전등기청구권' 보전을 위하여 양도인과 제3자 사이에서 이루어진 이중양도행위에 대하여 채권자취소권을 행사할 수 없다』(대판 1999. 4. 27, 98다56690)**고 한다.

정답 - O

42 **만약 丁이 丙 명의의 소유권이전등기를 신뢰하여 丙으로부터 X를 매수하여 소유권이전등기를 마쳤더라도, 甲과 丙 사이의 매매계약이 사회질서에 반하여 무효인 것으로 인정되면, 丁은 선의의 제3자임을 증명하더라도 보호받을 수 없다.**

해설 『**부동산의 이중매매가 반사회적 법률행위에 해당**하는 경우에는 이중매매계약은 **절대적으로 무효**이므로, 당해 부동산을 제2매수인으로부터 다시 취득한 제3자는 설사 제2매수인이 당해 부동산의 소유권을 유효하게 취득한 것으로 믿었더라도 이중매매계약이 유효하다고 주장할 수 없다』(대판 1996. 10. 25, 96다29151).

정답 - O

사례 【43~47】

채무초과 상태인 甲은 유일한 재산인 X 토지에 관하여 채권자 乙이 강제집행할 것을 우려하여 丙과 허위로 매매계약을 체결하고, 丙 명의로 소유권이전등기를 마쳤다. 그 후 丙은 이러한 사정을 모르는 丁에게 X를 매도하고 그에 관한 소유권이전등기를 마쳤다. 한편 丙의 채권자인 戊는 丙이 丁에게 X에 관한 소유권이전등기를 마치기 전에 X에 관하여 근저당권설정등기를 마쳤다. 다음 설명 중 옳지 않은 것은? (다툼이 있는 경우에는 판례에 의함)

변호사시험 제1회

43 甲과 丙 사이의 매매계약은 甲이 계약체결 당시 채무초과 상태가 아니었더라도 무효이다.

해설 甲과 丙 사이의 매매계약은 甲이 계약체결 당시 채무초과 상태였느냐와 상관없이 통정허위표시에 해당하여 무효이다(제108조 제1항).

정답 – O

44 甲과 丙 사이의 매매계약이 강제집행을 면탈할 목적으로 체결된 것이라도 선량한 풍속 기타 사회질서에 위반한 법률행위로 볼 수 없으므로, 甲은 丙에게 부당이득의 반환을 청구할 수 있다.

해설 『불법원인급여를 규정한 민법 제746조 소정의 '불법의 원인'이라 함은 재산을 급여한 원인이 선량한 풍속 기타 사회질서에 위반하는 경우를 가리키는 것으로서, 강제집행을 면할 목적으로 부동산의 소유자명의를 신탁하는 것이 위와 같은 불법원인급여에 해당한다고 볼 수는 없다』(대판 1994. 4. 15, 93다61307).

정답 – O

45 甲과 丙 사이의 매매계약이 무효인 경우, 甲은 丁이 선의라면 그 무효로 丁에게 대항할 수 없고, 丁의 선의는 추정되므로 甲은 丁의 악의를 증명하여야 한다.

해설 『허위표시 매매에 의한 매수인으로부터 부동산상의 권리를 취득한 제3자는 특별한 사정이 없는 한 선의로 추정할 것이므로 허위표시를 한 부동산 양도인이 제3자에 대하여 소유권을 주장하려면 그 제3자의 악의임을 입증하여야 한다』(대판 1970. 9. 29, 70다466).

정답 – O

46 甲과 丙 사이의 매매계약이 무효인 경우, 甲은 戊가 선의인지 여부와 관계없이 그 무효로 戊에게 대항할 수 있다.

해설 戊는 가장매수인 丙으로부터 저당권 취득이라는 실질적으로 새로운 법률상의 이해관계를 맺은 자로서 제108조 2항의 제3자에 해당하며, 선의로 추정된다. 따라서 甲은 戊에게 丙과의 매매계약이 통정허위표시로써 무효임을 주장할 수 없다(제108조 제2항).

정답 – X

47 **甲과 丙 사이의 매매계약이 무효인 경우에도 채권자 乙은 위 매매계약이 사해행위임을 이유로 채권자취소권을 행사할 수 있다.**

해설 이른바 무효와 취소의 이중효에 관한 내용이다. 즉, 통설과 판례는 통정허위표시도 채권자취소권(제406조)의 대상이 될 수 있다고 한다. 왜냐하면 무효와 취소의 '이중효'의 이론적 측면뿐만 아니라 통정허위표시의 경우 제3자의 보호법리(제108조 제2항)에 의해 채무자의 재산이 일탈될 가능성이 있어 채권자가 사해행위를 주장하여 그 취소를 구할 실익이 있기 때문이다.『채무자의 법률행위가 통정허위표시인 경우에도 채권자취소권의 대상이 되고, 한편 **채권자취소권의 대상으로 된 채무자의 법률행위라도 통정허위표시의 요건을 갖춘 경우에는 무효**라고 할 것이다』(대판 1998. 2. 27, 97다50985). 정답 - O

사례

甲은 乙에게 甲 소유의 X 토지를 매도하고 중도금까지 지급받은 상태에서 소유권이전등기를 경료하여 주지 않고 있었는데, 이러한 사실을 알고 있던 丙은 甲에게 위 토지를 자신에게 매도하라고 유인하는 등 甲의 배임행위를 적극적으로 교사하였고, 甲도 이에 응하여 丙과 매매계약을 체결하고 丙 명의로 소유권이전등기를 경료하여 주었다. 이 경우 乙에게 다음 권리가 인정되는가? (다툼이 있는 경우 판례에 의함) 변호사시험 제4회

48

ㄱ. 丙에 대한 부당이득반환청구권
ㄴ. 丙에 대한 소유권이전등기청구권
ㄷ. 丙에 대한 손해배상청구권
ㄹ. 甲을 대위하여 행사하는 丙에 대한 소유권이전등기말소 청구권
ㅁ. 甲과 丙 사이의 매매계약에 대한 채권자취소권

해설 부동산 이중매매와 관련하여 통설과 판례는 '자유경쟁의 원칙'상 단지 이중매매라는 것만으로는 정의에 반한다고 보기 어려우나, 제2매수인이 매도인의 '배임행위에 적극가담'한 경우에는 정의관념에 반하므로 제103조 위반으로 무효라고 한다(대판 1994. 3. 11, 93다55289).

→ 사안의 경우 제2매수인 丙이 매도인 甲의 배임행위를 적극적으로 교사하였으므로, 이러한 매매계약은 제103조 위반으로 무효이며, 그에 따른 丙명의 소유권이전등기도 원인무효의 등기이다.

판례는 부동산의 이중매매가 반사회적 법률행위로서 무효인 경우(제103조),등기하지 않은 제1매수인은 아직 소유권자가 아니고 **매도인에 대한 단순한 채권자에 불과**하므로 **직접 제2매수인에 대하여 그 명의의 소유권이전등기의 말소(제214조)를 구할 수는 없다**(ㄴ)고 한다. 다만 **채권자대위권(제404조)을 행사하여 제2매수인에게 이를 청구할 수 있다**(ㄹ)고 한다. 또한 **제2매수인에 대해 부당이득반환을 청구할 수 있는 것도 아니다**(ㄱ).

[참고판례] 『매도인의 매수인에 대한 배임행위에 가담하여 증여를 받아 이를 원인으로 소유권이전등기를 경료한 수증자에 대하여 매수인은 **매도인을 대위하여 위 등기의 말소를 청구할 수는 있으나 직접 청구할 수는 없다**는 것은 형식주의 아래서의 등기청구권의 성질에 비추어 당연하다』(대판 1983. 4. 26, 83다카57).

ㄷ. 『독립한 경제주체 간의 경쟁적 계약관계에 있어서는 단순히 제3자가 채무자와 채권자 간의 계약내용을 알면서 채무자와 채권자 간에 체결된 계약에 위반되는 내용의 계약을 체결한 것만으로는 제3자의 고의·과실 및 위법성을 인정하기에 부족하고, ① **제3자가 채무자와 적극 공모**하였다거나 또는 ② **제3자가 기망·협박 등 사회상규에 반하는 수단을 사용**하거나 ③ **채권자를 해할 의사로 채무자와 계약을 체결**하였다는 등의 특별한 사정이 있는 경우에 한하여 제3자의 고의·과실 및 위법성을 인정하여야 한다』(대판 2001. 5. 8, 99다38699)고 한다.

→ 사안의 경우 제2매수인 丙은 **매도인 甲의 배임행위에 적극 가담**하여 제103조 위반으로 매매행위가 무효에 이르렀기 때문에 고의 및 위법성이 인정되어 불법행위로 인한 손해배상책임을 진다(제750조).

ㅁ. 민법 제407조에 따라 '특정채권 자체'의 보전을 위한 경우에는 채권자취소권을 행사할 수 없다(통설). 판례도 『**채권자취소권을 특정물에 대한 소유권이전등기청구권을 보전하기 위하여 행사하는 것은 허용되지 않으므로,** 부동산의 제1양수인은 자신의 '소유권이전등기청구권'보전을 위하여 양도인과 제3자 사이에서 이루어진 이중양도행위에 대하여 채권자취소권을 행사할 수 없다』(대판 1999. 4. 27, 98다56690)고 한다.

[관련쟁점] 아울러 이행불능으로 이유로 한 손해배상청구권(금전채권)을 피보전채권으로 하는 채권자취소권의 경우도 판례는 『사해행위라고 주장하는 이 사건 부동산에 관한 매매당시 아직 위 손해배상채권이 발생하지 아니하였고, 그 채권 성립에 관한 고도의 개연성 또한 없어 원고는 피고에 대한 '손해배상채권'을 피보전채권으로 하여 채권자취소권을 행사할 수 없다』(대판 1999. 4. 27, 98다56690)고 한다. 정답 - ㄱ (X), ㄴ (X), ㄷ (O), ㄹ (O), ㅁ (X)

사례 【49~50】

甲은 乙 은행으로부터 1억 원의 신용대출을 받아 사업을 하던 중 사업이 여의치 않아 이를 변제할 수 없게 되었다. 甲은 자신의 유일한 재산인 주택 X에 대한 乙 은행의 강제집행을 회피할 목적으로 이러한 사정을 알고 있는 丙과 통정하여 丙에게 매도한 것으로 가장하여 丙 앞으로 주택 X의 소유권이전등기를 경료하였다. 그 후 丙은 丁에게 위 주택 X에 관하여 저당권을 설정해 주었다. 이에 관한 설명이 타당한가? (다툼이 있는 경우 판례에 의함)

변호사시험 제6회

49 甲과 丙 사이의 매매계약은 통정허위표시로 무효이나 丁이 甲과 丙 사이의 사정에 관하여 선의인 경우, 甲은 丁을 상대로 위 매매계약의 무효를 주장할 수 없다.

해설

〔제108조(통정한 허위의 의사표시)〕 ① 상대방과 통정한 허위의 의사표시는 무효로 한다. ② 전항의 의사표시의 무효는 **선의의 제삼자에게 대항하지 못한다.**

『임대차보증금 반환채권을 담보하기 위하여 전세권설정등기를 경료한 후 그 전세권에 대하여 저당권이 설정된 경우, **임대인과 임차인 사이에 있어서 임대차계약만이 유효하고 외형만 작출된 위 전세권설정계약이 무효**라고 하더라도 **그와 같은 사정을 알지 못한 제3자인 저당권자에 대하여는 그 무효를 주장할 수 없다**』(대판 2006. 2. 9, 2005다59864).

→ 무효인 전세권등기에 저당권을 설정한 경우와 마찬가지로, 매매계약이 통정허위표시로서 무효인 경우에 양수인 丙이 선의인 丁에게 저당권을 설정해준 경우에도, 계약이 무효임을 선의의 제3자인 丁에게 주장할 수 없다(민법 제108조 제2항). 정답 – O

50 乙 은행은 甲과 丙 사이의 위 매매계약이 통정허위표시로서 무효인 경우라도 채권자취소권을 행사하여 위 계약의 취소를 구할 수 있다.

해설 『**채무자의 법률행위가 통정허위표시인 경우에도 채권자취소권의 대상이 되고,** 한편 채권자취소권의 대상으로 된 채무자의 법률행위라도 통정허위표시의 요건을 갖춘 경우에는 무효라고 할 것이다』(대판 1998. 2. 27, 97다50985). 정답 – O

사례 【51~54】

甲은 乙의 기망에 의해 신원보증 서류에 서명날인한다는 착각에 빠져 乙의 丙에 대한 채무를 보증하는 서면에 서명날인하였다. 이에 관한 설명이 타당한가? (각 지문은 독립적이며, 다툼이 있는 경우 판례에 의함) 변호사시험 제7회

51 丙이 乙의 기망사실을 알았거나 알 수 있었다면 甲은 사기에 의한 의사표시를 이유로 丙과의 보증계약을 취소할 수 있다.

해설 『사기에 의한 의사표시란 타인의 기망행위로 말미암아 착오에 빠지게 된 결과 어떠한 의사표시를 하게 되는 경우이므로 거기에는 의사와 표시의 불일치가 있을 수 없고, 단지 의사의 형성과정 즉 의사표시의 동기에 착오가 있는 것에 불과하며, 이 점에서 고유한 의미의 착오에 의한 의사표시와 구분되는데, 신원보증서류에 서명날인한다는 착각에 빠진 상태로 연대보증의 서면에 서명날인한 경우, 결국 위와 같은 행위는 강학상 기명날인의 착오

(또는 서명의 착오), 즉 어떤 사람이 자신의 의사와 다른 법률효과를 발생시키는 내용의 서면에, 그것을 읽지 않거나 올바르게 이해하지 못한 채 기명날인을 하는 이른바 표시상의 착오에 해당하므로, 비록 위와 같은 착오가 제3자의 기망행위에 의하여 일어난 것이라 하더라도 그에 관하여는 사기에 의한 의사표시에 관한 법리, 특히 상대방이 그러한 제3자의 기망행위 사실을 알았거나 알 수 있었을 경우가 아닌 한 의사표시자가 취소권을 행사할 수 없다는 민법 제110조 제2항의 규정을 적용할 것이 아니라, **착오에 의한 의사표시에 관한 법리만을 적용**하여 취소권 행사의 가부를 가려야 한다』(대판 2005. 5. 27, 2004다43824). 정답 - X

52 **乙과 丙이 공모하여 甲을 기망하였다면 甲은 상대방에 의해 유발된 동기의 착오를 이유로 丙과의 보증계약을 취소할 수 있다.**

해설 사안의 착오는 표시상 착오에 불과할 뿐 동기의 착오라고 할 수 없다. **동기의 착오란 의사의 형성과정에 착오가 있는 경우**이나 **표시상 착오는 의사의 형성과정에 착오가 있는 경우가 아니기 때문**이다. 이러한 경우 유발된 동기의 착오를 이유로 보증계약을 취소할 수 있는 것은 아니다. 정답 - X

53 **甲이 착각에 빠진 점에 관하여 설사 중과실이 있다 하더라도 丙이 이를 알고 이용한 경우에는 甲은 착오를 이유로 丙과의 보증계약을 취소할 수 있다.**

해설 『민법 제109조 제1항 단서는 의사표시의 착오가 표의자의 중대한 과실로 인한 때에는 그 의사표시를 취소하지 못한다고 규정하고 있는데, **위 단서 규정은 표의자의 상대방의 이익을 보호하기 위한 것**이므로, **상대방이 표의자의 착오를 알고 이를 이용한 경우에는 착오가 표의자의 중대한 과실로 인한 것**이라고 하더라도 **표의자는 의사표시를 취소할 수 있다**』(대판 2014. 11. 27, 2013다49794). 정답 - O

54 **甲이 착각에 빠진 점에 관하여 경과실이 있는 경우, 甲의 착오를 이유로 한 취소가 허용되어 이로 인해 丙이 손해를 입었다면, 丙은 甲을 상대로 불법행위에 의한 손해배상을 청구할 수 있다.**

해설 『불법행위로 인한 손해배상책임이 성립하기 위하여는 가해자의 고의 또는 과실 이외에 행위의 위법성이 요구되므로, 전문건설공제조합이 계약보증서를 발급하면서 조합원이 수급할 공사의 실제 도급금액을 확인하지 아니한 과실이 있다고 하더라도 **민법 제109조에서 중과실이 없는 착오자의 착오를 이유로 한 의사표시의 취소를 허용하고 있는 이상, 전문건설공제조합이 과실로 인하여 착오에 빠져 계약보증서를 발급한 것이나 그 착오를 이유로 보증계약을 취소한 것이 위법하다고 할 수는 없다**』(대판 1997. 8. 22, 97다13023).

정답 - X

제5장 법률행위의 대리

1 **甲 회사의 상품판매 대리인 乙이 자신의 채권자 丙으로부터 채무독촉에 시달리자, 2010. 8. 5. 평소 거래하던 판매업자 丁에게 甲 회사의 상품을 시가의 반값에 판매하는 매매계약을 甲의 이름으로 체결하고, 2010. 8. 10 판매대금 4억원 중 2억 원을 선불로 받은 후 丙에 대한 자신의 채무를 변제하는 데에 사용하였다. 이러한 사실을 알게 된 甲 회사의 대표이사 戊는 乙을 추궁하여 2010. 10. 20. 乙로부터 2억 원을 받아 1억 원은 甲 회사의 계좌에 입금하고 나머지 1억 원은 개인용도로 소비하였다. 乙이 자신의 이익을 위하여 시가의 반값에 매각하는 배임적 사정을 丁이 알면서 위 매매계약을 체결하였다면, 丁은 甲에 대하여 위 매매목적물의 인도를 청구할 수 없다.** 변호사시험 제3회

해설 甲의 대리인인 乙은 **'형식적'으로는 대리권의 범위 내에서 甲을 대리하여 丁과 매매계약을 체결**하였지만 **'실질적'으로는 자기의 이익을 도모하기 위하여 대리행위**를 하였다. 이러한 대리권남용의 경우 판례는 대리인의 진의가 사익 도모에 있다는 것을 **상대방이 알았거나 알 수 있었을 경우**에는 제107조 제1항 단서를 유추하여 '무효'로 보아야 한다는 입장(제107조 1항 단서 유추적용설)이다.

→ 따라서 상대방 丁이 乙의 배임적 사정을 알았다면 甲과의 매매계약은 무효이므로 丁은 甲에 대하여 위 매매목적물의 인도를 청구할 수 없다. 정답 – O

2 **甲의 대리인 乙은 甲의 지시에 따라 丙과 통모하여 甲 소유의 부동산에 관하여 丙과 가장매매계약을 체결하고 丙 명의로 소유권이전등기를 경료하여 주었는데, 그 후 丙이 위 부동산을 丁에게 매도하고 丁 명의로 소유권이전등기를 경료하여준 경우, 丁이 위 가장매매에 대하여 선의라면 유효하게 위 부동산의 소유권을 취득한다.** 변호사시험 제4회

해설

〔**제116조(대리행위의 하자)**〕 ① 의사표시의 효력이 의사의 흠결, 사기, 강박 또는 어느 사정을 알았거나 과실로 알지 못한 것으로 인하여 영향을 받을 경우에 그 사실의 유무는 대리인을 표준하여 결정한다. ② 특정한 법률행위를 위임한 경우에 대리인이 본인의 지시에 좇아 그 행위를 한 때에는 본인은 자기가 안 사정 또는 과실로 인하여 알지 못한 사정에 관하여 대리인의 부지를 주장하지 못한다.

→ 대리인 乙이 대리권의 범위 내에서 본인 甲의 이름으로 부동산 매매계약을 체결하면서 상대방 丙과 통모하여 허위표시를 한 경우에는 본인 甲의 선의여부를 불문하고 의사표시는

허위표시로서 무효이고(제116조 제1항, 제108조 제1항), 그 후 丙이 丁에게 위 부동산을 양도하였다면 선의의 丁은 제108조 제2항에 의해 유효하게 위 부동산의 소유권을 취득한다. 정답 - O

3 **부동산 소유자 甲으로부터 매매계약 체결에 관한 대리권을 수여받은 대리인 乙은 특별한 사정이 없는 한 계약상대방인 丙으로부터 중도금이나 잔금을 수령할 수 있다.**

변호사시험 제4회

해설 임의대리권의 범위는 수권행위에 의해 정해진다. 따라서 그 구체적인 범위는 '수권행위의 해석'을 통해 결정된다. 판례는『임의대리권은 그 권한에 부수하여 상대방의 의사표시를 수령하는 이른바 수령대리권을 포함하고, 매매계약체결의 대리권을 수여받은 대리인은 중도금과 잔금을 수령할 권한을 가진다고 한다』(대판 1994. 2. 8, 93다39379). 정답 - O

4 **甲으로부터 적법한 대리권을 수여받은 乙이 甲을 대리하여 丙과 거래하면서 甲을 위한 것임을 표시하지 아니한 경우에 乙이 상행위가 아닌 법률행위의 대리인인 경우, 丙이 乙의 행위가 대리인으로서 한 것임을 알지 못하였고 알 수도 없었다면, 丙은 甲과 乙 모두에게 이행의 청구를 할 수 있다.**

변호사시험 제4회

해설

〔**제115조(본인을 위한 것임을 표시하지 아니한 행위)**〕 대리인이 본인을 위한 것임을 표시하지 아니한 때에는 그 의사표시는 **자기를 위한 것으로 본다**. 그러나 상대방이 대리인으로서 한 것임을 알았거나 알 수 있었을 때에는 전조 제1항의 규정을 준용한다.

→ 따라서 丙은 대리인인 乙에게만 이행의 청구를 할 수 있다. 정답 - X

5 **甲으로부터 적법한 대리권을 수여받은 乙이 甲을 대리하여 丙과 거래하면서 甲을 위한 것임을 표시하지 아니한 경우에 乙이 상행위가 아닌 법률행위의 대리인인 경우, 丙이 乙의 행위가 대리인으로서 한 것임을 알지 못하였으나 알 수 있었다면, 丙은 乙에게만 이행의 청구를 할 수 있다.**

변호사시험 제4회

해설

〔**제114조(대리행위의 효력)**〕 ① 대리인이 그 권한내에서 본인을 위한 것임을 표시한 의사표시는 직접 본인에게 대하여 효력이 생긴다. ② 전항의 규정은 대리인에게 대한 제삼자의 의사표시에 준용한다.

〔**제115조(본인을 위한 것임을 표시하지 아니한 행위)**〕 대리인이 본인을 위한 것임을 표시하지 아니한 때에는 그 의사표시는 자기를 위한 것으로 본다. 그러나 상대방이 대리인으로서 한 것임을 **알았거나 알 수 있었을 때**에는 전조 제1항의 규정을 준용한다.

→ 따라서 丙의 과실이 인정되는 경우에는 甲에게만 이행의 청구를 할 수 있다. 정답 - X

6 **甲으로부터 적법한 대리권을 수여받은 乙이 甲을 대리하여 丙과 거래하면서 甲을 위한 것임을 표시하지 아니한 경우에 乙이 상행위가 아닌 법률행위의 대리인인 경우, 丙이 乙의 행위가 대리인으로서 한 것임을 알았다면, 丙은 甲과 乙 모두에게 이행의 청구를 할 수 있다.** 변호사시험 제4회

해설

〔**제114조(대리행위의 효력)**〕 ① 대리인이 그 권한내에서 본인을 위한 것임을 표시한 의사표시는 직접 본인에게 대하여 효력이 생긴다. ② 전항의 규정은 대리인에게 대한 제삼자의 의사표시에 준용한다.
〔**제115조(본인을 위한 것임을 표시하지 아니한 행위)**〕 대리인이 본인을 위한 것임을 표시하지 아니한 때에는 그 의사표시는 자기를 위한 것으로 본다. 그러나 상대방이 대리인으로서 한 것임을 **알았거나 알 수 있었을 때**에는 전조제1항의 규정을 준용한다.

→ 따라서 丙의 악의가 인정되는 경우에는 甲에게만 이행의 청구를 할 수 있다. 정답 – X

7 **대리인이 본인을 대리하여 부동산을 매수함에 있어서 이중매매라는 사정을 잘 알고 매도인의 배임행위에 적극 가담했더라도 본인이 그러한 사정을 몰랐고 알 수도 없었다면 대리인이 한 부동산 매매계약을 반사회적 법률행위라고 볼 수 없다.** 변호사시험 제6회

해설 『**대리인이 본인을 대리하여 매매계약을 체결함에 있어서 매매대상 토지에 관한 저간의 사정을 잘 알고 그 배임행위에 가담하였다면,** 대리행위의 하자 유무는 대리인을 표준으로 판단하여야 하므로, **설사 본인이 미리 그러한 사정을 몰랐거나 반사회성을 야기한 것이 아니라고 할지라도 그로 인하여 매매계약이 가지는 사회질서에 반한다는 장애사유가 부정되는 것은 아니다**』(대판 1998. 2. 27, 97다45532). 정답 – X

8 **어떠한 계약의 체결에 관한 대리권을 수여받은 대리인이 체결된 계약을 해제할 권한까지 가지고 있다고 볼 수는 없다.** 변호사시험 제6회

해설 『법률행위에 의하여 수여된 대리권은 원인된 법률관계의 종료에 의하여 소멸하는 것이므로 특별한 사정이 없는 한, **매수명의자를 대리하여 매매계약을 체결하였다 하여 곧바로 대리인이 매수인을 대리하여 매매계약의 해제 등 일체의 처분권과 상대방의 의사를 수령할 권한까지 가지고 있다고 볼 수는 없다**』(대판 1997. 3. 25, 96다51271). 정답 – O

9 **대주와 차주가 사채알선업자에게 쌍방을 대리하여 금전 소비대차계약을 체결하도록 승낙한 경우, 특별한 사정이 없는 한 차주의 변제를 수령할 권한도 사채알선업자에게 인정된다.** 변호사시험 제6회

해설 『사채알선업자는 채권자측에 대하여는 채무자의 대리인이 되고 채무자측에 대하여는 채권자측의 대리인이 되는 것이므로 **사채알선업자에 대한 채무변제는 채권자 대리인에 대한 변제로서 유효하다**』(대판 1981. 2. 24, 80다1756). 정답 – O

10 **매매계약의 체결과 이행에 관하여 포괄적으로 대리권을 수여받은 대리인이라도 특별한 사정이 없는 한 상대방에 대하여 약정된 매매대금 지급기일을 연기해 줄 권한은 갖지 않는다.** 변호사시험 제2회

해설 『매매계약의 체결과 이행에 관하여 포괄적으로 대리권을 수여받은 대리인은 특별한 다른 사정이 없는 한 상대방에 대하여 약정된 **매매대금지급기일을 연기하여 줄 권한도 가진다**고 보아야 할 것이다』(대판 1992. 4. 14, 91다43107). 정답 – X

11 **부동산입찰절차에서 동일한 물건에 관하여 1인이 이해관계를 달리하는 2인 이상의 대리인이 된 경우, 그 대리인이 한 입찰행위는 원칙적으로 무효이다.** 변호사시험 제2회

해설 『민법 제124조는 "대리인은 본인의 허락이 없으면 본인을 위하여 자기와 법률행위를 하거나 동일한 법률행위에 관하여 당사자 쌍방을 대리하지 못한다."고 규정하고 있으므로 부동산 입찰절차에서 동일물건에 관하여 이해관계가 다른 2인 이상의 대리인이 된 경우에는 그 대리인이 한 입찰은 무효이다』(대결 2004. 2. 13, 자 2003마44). 정답 – O

12 **甲 소유의 X 토지에 관하여 매매계약을 체결할 대리권을 수여받은 乙이 매수인 丙으로부터 잔금을 수령하였다면, 특별한 사정이 없는 한 乙이 잔금을 甲에게 전달하지 않았더라도 丙의 잔금지급채무는 소멸한다.** 변호사시험 제2회

해설 판례는 임의대리권은 그 권한에 부수하여 상대방의 의사표시를 수령하는 이른바 수령대리권을 포함하고, 매매계약체결의 대리권을 수여받은 대리인은 중도금과 잔금을 수령할 권한을 가진다고 한다(대판 1994. 2. 28, 93다39379). 따라서 대리인 乙이 받은 잔금을 본인 甲에게 전달하지 않았더라도 丙의 잔금지급채무는 소멸한다. 정답 – O

13 **미성년자 甲 소유의 부동산에 대해 법정대리인 乙이 자신의 유흥비를 마련하기 위해 시세보다 훨씬 저렴한 가격으로 甲을 대리하여 丙과 매매계약을 체결한 경우, 丙이 그러한 사정을 알았거나 알 수 있었다면 그 매매계약의 효력은 甲에게 미치지 않는다.** 변호사시험 제7회

해설 『진의 아닌 의사표시가 대리인에 의하여 이루어지고 **대리인의 진의가 본인의 이익이나 의사에 반하여 자기 또는 제3자의 이익을 위한 배임적인 것임을 상대방이 알았거나 알 수 있었을 경우**에는 **민법 제107조 제1항 단서의 유추해석상 대리인의 행위에 대하여 본인은 아무런 책임을 지지 않는다**고 보아야 하고, 상대방이 대리인의 표시의사가 진의 아님을 알았거나 알 수 있었는지는 표의자인 대리인과 상대방 사이에 있었던 의사표시 형성 과정과 내용 및 그로 인하여 나타나는 효과 등을 객관적인 사정에 따라 합리적으로 판단하여야 한다. 그리고 미성년자의 법정대리인인 친권자의 법률행위에서도 마찬가지라 할 것이므로, 법정대리인인 친권자의 대리행위가 객관적으로 볼 때 미성년자 본인에게는 경제적인 손실만을 초래하는 반면, 친권자나 제3자에게는 경제적인 이익을 가져오는 행위이고 그 행위

의 상대방이 이러한 사실을 알았거나 알 수 있었을 때에는 민법 제107조 제1항 단서의 규정을 유추 적용하여 행위의 효과가 자에게는 미치지 않는다고 해석함이 타당하다』(대판 2011. 12. 22, 2011다64669).

정답 – O

14 **甲에 의해 대리인으로 선임된 乙이 甲의 승낙 없이 丙을 복대리인으로 선임하더라도, 丙이 甲의 대리인으로 법률행위를 하면 원칙적으로 그 효과는 甲에게 귀속된다.**

변호사시험 제4회

해설

〔**제120조(임의대리인의 복임권)**〕 대리권이 법률행위에 의하여 부여된 경우에는 대리인은 **본인의 승낙이 있거나 부득이한 사유있는 때가 아니면 복대리인을 선임하지 못한다.**

→ 甲에 의해 대리인으로 선임된 '임의대리인' 乙은 **본인 甲의 승낙 없이** 丙을 복대리인을 선임할 수 없으므로, **乙의 복임행위는 무효**이다. 따라서 丙이 甲의 대리인으로 법률행위를 하면 이는 **'무권대리'행위**인바, 본인 甲의 추인이 없는 한 그 효과는 甲에게 귀속되지 않는다(제130조).

정답 – X

15 **甲이 부동산 X의 소유권에 기하여 乙 명의의 소유권이전등기가 원인무효임을 이유로 乙을 상대로 소유권이전등기 말소청구소송을 제기하였다. 甲이 丙에게 부동산 X를 매도할 수 있는 권한을 위임하였다가 이를 철회하였는데, 丙이 甲의 대리인임을 자처하면서 부동산 X를 乙에게 매도하였고, 乙이 선의·무과실로 이를 매수하였으므로 「민법」 제129조의 표현대리가 성립하였다고 주장하여 자기 명의의 등기가 유효하다고 주장한다. 乙의 주장은 타당한가?**

변호사시험 제6회

해설

〔**제129조(대리권소멸후의 표현대리)**〕 대리권의 소멸은 선의의 제삼자에게 대항하지 못한다. 그러나 제삼자가 과실로 인하여 그 사실을 알지 못한 때에는 그러하지 아니하다.

→ 甲이 철회로써 대리권이 소멸된 사실을 선의·무과실인 乙에게 대항할 수 없으면, 매매의 효력이 본인인 甲에게 미쳐 乙이 X 소유권을 취득하므로 타당한 항변이다.

정답 – O

16 **복대리인 선임권이 없는 대리인에 의하여 선임된 복대리인의 권한도 「민법」 제126조의 표현대리의 기본대리권이 될 수 있다.**

변호사시험 제6회

해설 『대리인이 사자 내지 임의로 선임한 복대리인을 통하여 권한 외의 법률행위를 한 경우, 상대방이 그 행위자를 대리권을 가진 대리인으로 믿었고 또한 그렇게 믿는 데에 정당한 이유가 있는 때에는, **복대리인 선임권이 없는 대리인에 의하여 선임된 복대리인의 권한도 기본대리권이 될 수 있을 뿐만 아니라,** 그 행위자가 사자라고 하더라도 대리행위의 주체가 되는 대리인이 별도로 있고 그들에게 본인으로부터 기본대리권이 수여된 이상, 민법 제126조를 적용함에 있어서 기본대리권의 흠결 문제는 생기지 않는다』(대판 1998. 3. 27, 97다48982).

정답 – O

17 **대리인이 대리권 소멸 후 복대리인을 선임하여 복대리인으로 하여금 상대방과 사이에 대리행위를 하도록 한 경우, 상대방이 대리권 소멸 사실을 알지 못하여 복대리인에게 적법한 대리권이 있는 것으로 믿었고, 그와 같이 믿은 데 과실이 없었다면 「민법」 제129조의 표현대리가 성립할 수 있다.** 변호사시험 제6회

해설 『표현대리의 법리는 거래의 안전을 위하여 어떠한 외관적 사실을 야기한 데 원인을 준 자는 그 외관적 사실을 믿음에 정당한 사유가 있다고 인정되는 자에 대하여는 책임이 있다는 일반적인 권리외관 이론에 그 기초를 두고 있는 것인 점에 비추어 볼 때, 대리인이 대리권 소멸 후 직접 상대방과 사이에 대리행위를 하는 경우는 물론 **대리인이 대리권 소멸 후 복대리인을 선임하여 복대리인으로 하여금 상대방과 사이에 대리행위를 하도록 한 경우에도, 상대방이 대리권 소멸 사실을 알지 못하여 복대리인에게 적법한 대리권이 있는 것으로 믿었고 그와 같이 믿은 데 과실이 없다면 민법 제129조에 의한 표현대리가 성립할 수 있다』**(대판 1998. 5. 29, 97다55317). 정답 - O

18 **민법 제126조의 표현대리가 성립하기 위하여는 기본대리권이 존재하여야 하는데, 법정대리권도 기본대리권에 해당할 수 있다.** 변호사시험 제2회

해설 판례는 제한능력자를 위한 법정대리(대판 1997. 6. 27, 97다3828)나 일상가사대리권과 같은 법정대리(대판 1968. 11. 26, 68다1727외 다수)의 경우에도 제126조의 표현대리를 인정하고 있다. 정답 - O

19 **표현대리가 성립하는 경우, 본인은 상대방에 대하여 표현대리행위에 따른 전적인 책임을 져야 하고, 상대방에게 과실이 있다고 하더라도 과실상계의 법리는 유추적용되지 아니한다.** 변호사시험 제7회

해설 『표현대리행위가 성립하는 경우에 그 본인은 표현대리행위에 의하여 전적인 책임을 져야 하고, 상대방에게 과실이 있다고 하더라도 과실상계의 법리를 유추적용하여 본인의 책임을 경감할 수 없다』(대판 1996. 7. 12, 95다49554). 정답 - O

20 **대리권 수여의 표시에 의한 표현대리는 본인이 무권대리인으로 하여금 대리권의 존재를 추단하게 하는 명칭의 사용을 명시적으로 허락한 경우뿐 아니라 이를 알고 묵인한 경우에도 성립할 수 있다.** 변호사시험 제7회

해설 『민법 제125조가 규정하는 대리권 수여의 표시에 의한 표현대리는 본인과 대리행위를 한 자 사이의 기본적인 법률관계의 성질이나 그 효력의 유무와는 직접적인 관계가 없이 어떤 자가 본인을 대리하여 제3자와 법률행위를 함에 있어 본인이 그 자에게 대리권을 수여하였다는 표시를 제3자에게 한 경우에는 성립될 수가 있고, 또 본인에 의한 대리권 수여의 표시는 **반드시 대리권 또는 대리인이라는 말을 사용하여야 하는 것이 아니라** 사회통념상 **대리권을 추단할 수 있는 직함이나 명칭 등의 사용을 승낙 또는 묵인한 경우**에도 대리권 수여의 표시가 있은 것으로 볼 수 있다』(대판 1998. 6. 12, 97다53762). 정답 - O

21 **대리인이 본인으로부터 복대리인 선임권한을 부여받지 않았음에도 불구하고 복대리인을 선임하였다면 그 복대리인의 대리행위와 관련해서는 표현대리가 성립하지 않는다.**

변호사시험 제7회

해설 『대리인이 사자 내지 임의로 선임한 복대리인을 통하여 권한 외의 법률행위를 한 경우, 상대방이 그 행위자를 대리권을 가진 대리인으로 믿었고 또한 그렇게 믿는 데에 정당한 이유가 있는 때에는, **복대리인 선임권이 없는 대리인에 의하여 선임된 복대리인의 권한도 기본대리권이 될 수 있을 뿐만 아니라**, 그 행위자가 사자라고 하더라도 대리행위의 주체가 되는 대리인이 별도로 있고 그들에게 본인으로부터 기본대리권이 수여된 이상, **민법 제126조를 적용함에 있어서 기본대리권의 흠결 문제는 생기지 않는다**』(대판 1998. 3. 27, 97다48982).

정답 – X

22 **「상법」에 의한 등기사항으로 대표이사의 퇴임등기가 이루어진 경우에는 대리권 소멸 후의 표현대리가 성립하지 않는다.**

변호사시험 제7회

해설 『상법에 의하여 등기할 사항은 이를 등기하지 아니하면 선의의 제3자에게 대항하지 못하나, 이를 등기한 경우에는 제3자가 등기된 사실을 알지 못한 데에 정당한 사유가 없는 한 선의의 제3자에게도 대항할 수 있는 점(상법 제37조) 등에 비추어, **대표이사의 퇴임등기가 된 경우에 대하여 민법 제129조의 적용 내지 유추적용이 있다고 한다면 상업등기에 공시력을 인정한 의의가 상실될 것**이어서, 이 경우에는 **민법 제129조의 적용 또는 유추적용을 부정할 것**이다』(대판 2009. 12. 24, 2009다60244).

정답 – O

23 **어음행위자가 대리문구를 어음상에 기재하지 않고 직접 본인 명의로 기명날인을 한 경우에도 제3자가 어음행위를 실제로 한 자에게 그와 같은 어음행위를 할 수 있는 권한이 있다고 믿을 만한 사유가 있고 본인에게 책임을 질 만한 사유가 있는 때에는, 대리방식에 의한 어음행위의 경우와 마찬가지로 「민법」상의 표현대리 규정을 유추적용하여 본인에게 그 책임을 물을 수 있다.**

변호사시험 제7회

해설 『다른 사람이 본인을 위하여 한다는 대리문구를 어음 상에 기재하지 않고 직접 본인 명의로 기명날인을 하여 어음행위를 하는 이른바 기관 방식 또는 서명대리 방식의 어음행위가 권한 없는 자에 의하여 행하여졌다면 이는 어음행위의 무권대리가 아니라 어음의 위조에 해당하는 것이기는 하나, 그 경우에도 **제3자가 어음행위를 실제로 한 자에게 그와 같은 어음행위를 할 수 있는 권한이 있다고 믿을 만한 사유가 있고, 본인에게 책임을 질 만한 사유가 있는 때에는** 대리방식에 의한 어음행위의 경우와 마찬가지로 **민법상의 표현대리 규정을 유추적용**하여 본인에게 그 책임을 물을 수 있다』(대판 2000. 3. 23, 99다50385).

정답 – O

24 **무권대리행위의 추인의 의사표시를 무권대리인에게 한 경우, 상대방은 추인이 있었음을 알지 못하였다고 하더라도 철회할 수 없다.** 변호사시험 제3회

해설

[**제132조(추인, 거절의 상대방)**] 추인 또는 거절의 의사표시는 상대방에 대하여 하지 아니하면 그 상대방에 대항하지 못한다. 그러나 상대방이 그 사실을 안 때에는 그러하지 아니하다.
[**제134조(상대방의 철회권)**] 대리권 없는 자가 한 계약은 본인의 추인이 있을 때까지 상대방은 본인이나 그 대리인에 대하여 이를 철회할 수 있다. 그러나 **계약당시에 상대방이 대리권 없음을 안 때에는 그러하지 아니하다.**

정답 – X

25 **무권대리행위의 추인은 무권대리인 또는 무권대리행위의 직접 상대방에게는 할 수 있지만, 그 무권대리행위로 인한 권리 또는 법률관계의 승계인에 대하여는 할 수 없다.** 변호사시험 제3회

해설 『무권대리의 추인의 의사표시는 무권대리인, 무권대리 행위의 직접의 상대방 및 **그 무권대리 행위로 인한 권리 또는 법률관계의 승계인에 대하여도 할 수 있다**』(대판 1981. 4. 14, 80다2314).

정답 – X

26 **甲이 乙의 무권대리인 丙과 매매계약을 체결한 경우, 乙은 丙의 무권대리행위를 추인할 수 있고, 乙의 추인이 있을 경우 위 매매계약은 계약체결 당시로 소급하여 효력이 발생한다.** 변호사시험 제4회

해설

[**제130조(무권대리)**] 대리권없는 자가 타인의 대리인으로 한 계약은 본인이 이를 추인하지 아니하면 본인에 대하여 효력이 없다.
[**제133조(추인의 효력)**] 추인은 다른 의사표시가 없는 때에는 계약시에 소급하여 그 효력이 생긴다. 그러나 제3자의 권리를 해하지 못한다.

→ 따라서 본인 乙이 무권대리행위를 추인하는 경우 위 매매계약은 계약체결 당시로 소급하여 효력이 발생한다.

정답 – O

사례 【27~29】

甲은 乙로부터 乙 소유인 X 토지를 매도할 수 있는 대리권을 수여받은 후 丙에게 X 토지를 대금 1억 원에 매도하기로 하는 계약(이하 '이 사건 계약'이라고 한다)을 체결하면서 대금지급기일과 소유권이전등기의 이행기일을 2015. 3. 5.로 정하였다. 이에 관한 법률관계에 대한 설명이 타당한가? (각 지문은 독립적이고, 다툼이 있는 경우 판례에 의함)

변호사시험 제5회

27 甲이 乙을 대리할 의사를 가졌으나 乙을 위한 것임을 표시하지는 않고 이 사건 계약을 체결하였다면, 丙이 "甲이 乙의 대리인으로서 본인 乙을 위해 이 사건 계약을 체결하는 것이다."라는 사실을 알 수 있었을 경우에도 乙은 매도인으로서의 의무를 부담하지 않는다.

해설 **대리인이 본인을 위한 것임을 표시하지 않고 한 의사표시는 대리인이 자신을 위하여 한 것으로 본다**(제115조 본문). 그러나 **상대방이 대리인으로서 한 것임을 알았거나 알 수 있었을 경우**에는 그 의사표시는 유효한 대리행위가 된다(제115조 단서).

정답 - X

28 甲이 본인 乙을 위한 것임을 표시하여 이 사건 계약을 체결하였고, 2015. 3. 7. 丙으로부터 대금 1억 원을 수령하였다. 그후 丙은 乙을 상대로 X 토지에 관한 소유권이전등기를 청구하였다. 만일 甲이 아직 위 1억 원을 乙에게 전달하지 않았다면 특별한 사정이 없는 한 乙은 대금이 지급되지 않았음을 이유로 이행을 거절할 수 있다.

해설 매도인으로부터 **매매계약을 체결할 대리권을 수여받은 대리인**은 매매계약에 따른 **중도금이나 잔금을 수령할 권한이 있다**(대판 1991. 1. 29, 90다9247). 따라서 乙은 소유권이전등기 이전의무가 존재한다.

정답 - X

29 甲이 乙로부터 대리권을 수여받았음을 이용하여 매매대금을 乙에게 전달하지 않고 자신의 유흥비로 소비할 의도를 가지고 본인 乙을 위한 것임을 표시하여 이 사건 계약을 체결하였고, 2015. 3. 7. 丙으로부터 대금 1억 원을 수령하여 유흥비로 사용하였다면, 丙이 이 사건 계약 체결 당시 위와 같은 甲의 의도를 알 수 있었다 하더라도 乙은 丙에 대하여 X 토지에 관한 소유권이전등기 의무를 부담한다.

해설 우리 판례는 대리권 또는 대표권의 남용에 관하여 **제107조 제1항 단서 유추적용설**의 입장이다. 따라서 **상대방이 안 경우**에는 대리행위는 무효가 된다(대판 1987. 7. 7, 86다카371).

정답 - X

사례 【30~34】

甲이 乙의 대리인으로서 丙과 매매계약을 체결하였는데, 甲에게는 매매에 관한 대리권이 없었다. 이 경우의 법률관계에 관한 설명 중 옳지 않은 것은? (다툼이 있는 경우에는 판례에 의함) 변호사시험 제1회

30 **甲의 대리행위가 권한을 넘은 표현대리에 해당하는지 여부를 판단함에 있어서 정당한 이유의 존부는 甲의 대리행위시를 기준으로 판단하여야 한다.**

해설 『권한을 넘은 표현대리에 있어서 정당한 이유의 유무는 **대리행위 당시를 기준**으로 하여 판정하여야 하고 매매계약 성립 이후의 사정은 고려할 것이 아니다』(대판 1997. 6. 27, 97다3828).

정답 - O

31 **甲이 乙의 배우자인 경우에는 일상가사대리권을 기본대리권으로 하는 권한을 넘은 표현대리가 성립할 수 있다.**

해설 부부는 일상의 가사에 관하여 서로 대리권이 있다(제827조 제1항). 판례는 이러한 **일상가사대리권은 제126조의 기본대리권이 될 수 있으나,** 『문제된 월권행위에 관하여 **그 권한을 수여받았다고 믿을 만한 정당한 사유가 있는 경우**』에만 제126조의 적용을 인정하고 있다(대판 1998. 7. 10, 98다18988).

정답 - O

32 **丙이 乙을 상대로 제기한 위 매매계약의 이행청구 소송에서 丙이 甲의 행위가 유권대리에 해당한다고 주장한 경우, 그 주장 속에는 甲의 행위가 표현대리에 해당한다는 주장이 포함되어 있는 것으로 볼 수 없다.**

해설 『유권대리에 있어서는 본인이 대리인에게 수여한 대리권의 효력에 의하여 법률효과가 발생하는 반면 표현대리에 있어서는 대리권이 없음에도 불구하고 법률이 특히 거래상대방 보호와 거래안전유지를 위하여 본래 무효인 무권대리행위의 효과를 본인에게 미치게 한 것으로서 **표현대리가 성립된다고 하여 무권대리의 성질이 유권대리로 전환되는 것은 아니므로,** 양자의 구성요건 해당사실 즉 주요사실은 다르다고 볼 수 밖에 없으니 유권대리에 관한 주장 속에 무권대리에 속하는 표현대리의 주장이 포함되어 있다고 볼 수 없다』〔대판(전합) 1983. 12. 13, 83다카1489〕.

정답 - O

33 **만약 甲이 乙의 복대리인인 경우, 甲의 대리행위는 권한을 넘은 표현대리에 해당할 수 없다.**

(해설) 복대리인은 본인의 대리인이므로 직접 본인의 이름으로 대리한다. 임의대리인이 제120조를 위반한 복임행위는 무효이며, 그 복대리인이 한 대리행위는 무권대리이다. 즉, (임의)대리인이 임의로 선임한(무효인 복임행위에 기한) 복대리인이 권한 외의 대리행위를 한 경우 표현대리의 법리가 적용될 수 있는지 문제되는 바, 판례는 『**상대방이 그 행위자를 대리권을 가진 대리인으로 믿었고 또한 그렇게 믿는 데에 정당한 이유가 있는 때에는, 복대리인 선임권이 없는 대리인에 의하여 선임된 복대리인의 권한도 기본대리권이 될 수 있다**』(**대판 1998. 3. 27, 97다48982**)고 판시하여 제126조의 표현대리가 성립할 수 있는 가능성을 열어두고 있다. 정답 – X

34 **甲의 대리행위가 대리권 소멸 후의 표현대리로 인정되는 경우에도 권한을 넘은 표현대리가 성립할 수 있다.**

(해설) 『**과거에 가졌던 대리권이 소멸되어 민법 제129조에 의하여 표현대리로 인정되는 경우**에 그 표현대리의 권한을 넘는 대리행위가 있을 때에는 민법 제126조에 의한 표현대리가 성립할 수 있다』(대판 2008. 1. 31, 2007다4713). 정답 – O

제6장 법률행위의 무효와 취소

1 타인의 생명보험에서 보험계약 체결시 피보험자가 서면으로 동의의 의사표시를 하지 아니하였다면 그 보험계약은 무효이지만, 피보험자가 그 보험계약을 추인한 경우에는 그때부터 유효하게 된다.

변호사시험 제3회

해설 『상법 제731조 제1항에 의하면 타인의 생명보험에서 피보험자가 서면으로 동의의 의사표시를 하여야 하는 시점은 '보험계약 체결시까지'이고, **이는 강행규정으로서 이를 위반한 보험계약은 무효이므로,** 타인의 생명보험계약 성립 당시 피보험자의 서면동의가 없다면 그 보험계약은 확정적으로 무효가 되고, 피보험자가 이미 **무효가 된 보험계약을 추인하였다고 하더라도 그 보험계약이 유효로 될 수 없다**』(대판 2010. 2. 11, 2009다74007).

정답 - X

2 강박에 의한 의사표시임을 이유로 의사표시를 적법하게 취소한 표의자는 강박상태에서 벗어난 후 이미 취소된 의사표시를 무효행위 추인의 요건을 갖추어 추인할 수 있다.

변호사시험 제6회

해설 『**취소한 법률행위는 처음부터 무효인 것으로 간주되므로 취소할 수 있는 법률행위가 일단 취소된 이상 그 후에는** 취소할 수 있는 법률행위의 추인에 의하여 이미 취소되어 무효인 것으로 간주된 당초의 의사표시를 다시 확정적으로 유효하게 할 수는 없고, **다만 무효인 법률행위의 추인의 요건과 효력으로서 추인할 수는 있으나, 무효행위의 추인은 그 무효 원인이 소멸한 후에 하여야** 그 효력이 있고, 따라서 강박에 의한 의사표시임을 이유로 일단 유효하게 취소되어 당초의 의사표시가 무효로 된 후에 추인한 경우 그 추인이 효력을 가지기 위하여는 그 무효 원인이 소멸한 후일 것을 요한다고 할 것인데, 그 무효 원인이란 바로 위 의사표시의 취소사유라 할 것이므로 결국 **무효 원인이 소멸한 후란 것은** 당초의 의사표시의 성립 과정에 존재하였던 취소의 원인이 종료된 후, 즉 **강박 상태에서 벗어난 후**라고 보아야 한다』(대판 1997. 12. 12, 95다38240).

정답 - O

3 불공정한 법률행위는 절대적 무효이므로 무효행위의 전환이 인정되지 않는다.

변호사시험 제6회

해설 『매매계약이 약정된 매매대금의 과다로 말미암아 민법 제104조에서 정하는 **'불공정한 법률행위'에 해당하여 무효인 경우에도 무효행위의 전환에 관한 민법 제138조가 적용될 수 있다**』(대판 2010. 7. 15, 2009다50308).

정답 - X

4 **「국토의 계획 및 이용에 관한 법률」의 토지거래허가구역 내의 토지에 대하여 관할 관청의 허가 없이 체결된 매매계약이 확정적으로 무효인 경우가 아니라면 그 매매계약의 일방 당사자는 상대방 당사자에게 공동으로 관할 관청의 허가를 신청하기 위해 필요한 협력의무의 이행을 요구할 수 있다.** 변호사시험 제6회

해설 『**국토이용관리법상의 토지거래규제구역 내의 토지에 대하여 관할 관청의 허가 없이 체결된 매매계약이라 하더라도 동 매매계약이 처음부터 허가를 배제하거나 잠탈하는 내용의 계약으로서 확정적으로 무효일 경우를 제외하고는** 당사자 사이에 그 계약이 효력 있는 것으로 완성될 수 있도록 서로 협력할 의무가 있으므로 그 매매계약의 쌍방 당사자는 공동으로 관할 관청의 허가를 신청할 의무가 있고, **이러한 의무에 위배하여 허가신청절차에 협력하지 않는 당사자에 대하여 상대방은 협력의무의 이행을 소로써 구할 수 있다**』(대판 1992. 10. 27, 92다34414). 정답 - O

5 **무효인 입양행위라도 그 내용에 맞는 신분관계가 실질적으로 형성되어 당사자 쌍방이 이의 없이 그 신분관계를 계속하여 왔다면 추인의 소급효가 인정될 수 있다.**

변호사시험 제2회

해설 무효행위의 추인에는 원칙적으로 소급효가 없다. 즉 추인한 때부터 새로운 법률행위를 한 것으로 간주될 뿐이다(제139조). 그러나 판례는 입양 등의 '신분행위의 경우'에 대체행위로서의 유효요건을 갖추지 못하여 무효행위의 전환이 인정되지 않더라도(제138조 참조), 그 내용에 맞는 신분관계가 실질적으로 형성되어 당사자 쌍방이 이의없이 그 신분관계를 계속하여 왔다면 '소급적으로' 무효행위의 추인을 인정한다(대판 2000. 6. 9, 99므1633 등).

『**친생자 출생신고 당시 입양의 실질적 요건을 갖추지 못하여 입양신고로서의 효력이 생기지 아니하였더라도 그 후에 입양의 실질적 요건을 갖추게 된 경우에는 무효인 친생자 출생신고는 소급적으로 입양신고로서의 효력을 갖게 된다**고 할 것이나 민법 제139조 본문이 무효인 법률행위는 추인하여도 그 효력이 생기지 않는다고 규정하고 있음에도 불구하고 입양 등의 신분행위에 관하여 이 규정을 적용하지 아니하고 추인에 의하여 소급적 효력을 인정하는 것은 무효인 신분행위 후 그 내용에 맞는 신분관계가 실질적으로 형성되어 쌍방 당사자가 이의 없이 그 신분관계를 계속하여 왔다면, 그 신고가 부적법하다는 이유로 이미 형성되어 있는 신분관계의 효력을 부인하는 것은 당사자의 의사에 반하고 그 이익을 해칠 뿐만 아니라, 그 실질적 신분관계의 외형과 호적의 기재를 믿은 제3자의 이익도 침해할 우려가 있기 때문에 추인에 의하여 소급적으로 신분행위의 효력을 인정함으로써 신분관계의 형성이라는 신분관계의 본질적 요소를 보호하는 것이 타당하다는 데에 그 근거가 있다고 할 것이므로, 당사자 간에 무효인 신고행위에 상응하는 신분관계가 실질적으로 형성되어 있지 아니한 경우에는 무효인 신분행위에 대한 추인의 의사표시만으로 그 무효행위의 효력을 인정할 수 없다』(대판 2000. 6. 9, 99므1633,1640). 정답 - O

6 **무효인 가등기를 유효한 등기로 전용하기로 약정하였더라도 그 가등기가 소급하여 유효한 등기로 되지는 않는다.** 변호사시험 제2회

해설 무효행위의 추인에는 원칙적으로 소급효가 없다. 즉 추인한 때부터 새로운 법률행위를 한 것으로 간주될 뿐이다(제139조). 따라서 판례는 무효인 가등기를 유효한 등기로 전용키로 한 약정도 그 때부터 유효하고 이로써 가등기가 소급하여 유효한 등기로 전환될 수 없다고 한다(대판 1992. 5. 12, 91다26546). 정답 - O

7 **매매계약이 불공정한 법률행위에 해당하여 무효라고 하더라도, 특별한 사정이 없는 한 그 계약에 관한 부제소합의까지 무효로 되는 것은 아니다.** 변호사시험 제2회

해설 『매매계약과 같은 쌍무계약이 급부와 반대급부와의 불균형으로 말미암아 민법 제104조에서 정하는 '불공정한 법률행위'에 해당하여 무효라고 한다면, 그 계약으로 인하여 불이익을 입는 당사자로 하여금 위와 같은 불공정성을 소송 등 사법적 구제수단을 통하여 주장하지 못하도록 하는 **부제소합의 역시 다른 특별한 사정이 없는 한 무효**이다』(대판 2010. 7. 15, 2009다50308). 정답 - X

8 **상속재산 전부를 상속인 중 1인에게 상속시킬 방편으로 나머지 상속인들 전원이 상속포기신고를 하였으나, 그 상속포기가 민법 제1019조 제1항의 기간을 도과한 후에 신고된 것이어서 상속포기로서의 효력이 없는 경우에도 상속재산협의분할로서의 효력은 인정될 수 있다.** 변호사시험 제2회

해설 판례는 제138조의 무효행위의 전환과 관련하여 상속인 중 일부의 상속포기가 무효인 경우에 상속재산의 협의분할로 전환되어 그 효력이 인정될 수 있다고 한다(대판 1989. 9. 12, 88누9305).

『상속재산 전부를 상속인 중 1인(乙)에게 상속시킬 방편으로 그 나머지 상속인들이 상속포기신고를 하였으나 그 상속포기가 민법 제1019조 제1항 소정의 기간을 초과한 후에 신고된 것이어서 상속포기로서의 효력이 없더라도 을과 나머지 상속인들 사이에는 을이 고유의 상속분을 초과하여 상속재산 전부를 취득하고 나머지 상속인들은 그 상속재산을 전혀 취득하지 않기로 하는 의사의 합치가 있었다고 할 것이므로 **그들 사이에 위와 같은 내용의 상속재산의 협의분할이 이루어진 것**이라고 보아야 하고 공동상속인 상호간에 상속재산에 관하여 협의분할이 이루어짐으로써 공동상속인 중 1인이 고유의 상속분을 초과하여 상속재산을 취득하는 것은 상속개시당시에 피상속인으로부터 상속에 의하여 직접 취득한 것으로 보아야 한다』(대판 1989. 9. 12, 88누9305). 정답 - O

9 **미성년자가 법정대리인의 동의 없이 한 법률행위를 법정대리인이 적법하게 추인한 이후에는 그 미성년자는 자신의 법률행위를 취소할 수 없다.** 변호사시험 제6회

해설

〔제143조(추인의 방법, 효과)〕 ① 취소할 수 있는 법률행위는 제140조에 규정한 자가 추인할 수 있고 **추인 후에는 취소하지 못한다.**

정답 - O

10 **甲이 乙을 강박하여 乙 소유 건물을 매수한 후 이를 다시 이런 사정을 잘 아는 丙에게 매도한 경우, 乙이 강박을 이유로 매매계약을 취소하려면 丙이 아니라 甲에게 취소의 의사표시를 해야 한다.** 변호사시험 제6회

해설

〔제142조(취소의 상대방)〕 취소할 수 있는 **법률행위의 상대방**이 확정한 경우에는 그 취소는 **그 상대방에 대한 의사표시로** 하여야 한다.

→ 강박으로 행한 법률행위는 건물 매매이므로, 매매의 상대방인 甲이 취소의 상대방이 된다.

정답 - O

11 **이미 법률행위가 취소된 경우라도 무효행위의 추인의 요건에 따라 추인할 수 있다.** 변호사시험 제2회

해설 『취소한 법률행위는 처음부터 무효인 것으로 간주되므로 취소할 수 있는 법률행위가 일단 취소된 이상 그 후에는 취소할 수 있는 법률행위의 추인에 의하여 이미 취소되어 무효인 것으로 간주된 당초의 의사표시를 다시 확정적으로 유효하게 할 수는 없고, 다만 **무효인 법률행위의 추인의 요건과 효력으로서 추인할 수는 있으나**, 무효행위의 추인은 그 무효원인이 소멸한 후에 하여야 그 효력이 있고, 따라서 강박에 의한 의사표시임을 이유로 일단 유효하게 취소되어 당초의 의사표시가 무효로 된 후에 추인한 경우 그 추인이 효력을 가지기 위하여는 그 무효 원인이 소멸한 후일 것을 요한다고 할 것인데, 그 무효 원인이란 바로 위 의사표시의 취소사유라 할 것이므로 결국 무효 원인이 소멸한 후란 것은 당초의 의사표시의 성립 과정에 존재하였던 취소의 원인이 종료된 후, 즉 강박 상태에서 벗어난 후라고 보아야 한다』(대판 1997. 12. 12, 95다38240).

정답 - O

사례 【12~16】

甲과 乙은 2010. 1. 7. 「국토의 계획 및 이용에 관한 법률」상 토지거래허가구역 내에 있는 甲의 X 토지를 乙에게 매도하는 매매계약을 체결하면서 "甲과 乙은 2010. 2. 7.까지 토지거래허가를 받는다. 乙은 甲에게 계약 당일 계약금을, 2010. 3. 7. 중도금을, 2010. 5. 7. 잔금을 지급한다. 甲은 乙로부터 잔금을 지급받음과 동시에 乙 앞으로 X 토지에 관한 소유권이전등기를 마친다."라는 내용의 약정을 하였다. 이 약정에 따라 乙은 계약 당일 甲에게 계약금을 지급하였다. 다음 설명 중 옳지 않은 것은? (각 지문은 독립적이며, 다툼이 있는 경우 판례에 의함)

변호사시험 제5회

12 甲과 乙이 토지거래허가를 신청하여 관할관청으로부터 토지거래허가를 받은 후에도 甲은 乙이 중도금지급채무의 이행에 착수하기 전에 乙로부터 지급받은 계약금의 배액을 乙에게 지급하고 매매계약을 해제할 수 있다.

해설 『특별한 사정이 없는 한 국토이용관리법상의 토지거래허가를 받지 않아 유동적 무효상태인 매매계약에서 당사자사이의 매매계약은 매도인이 계약금의 배액을 상환하고 계약을 해제함으로써 적법하게 해제된다』(대판 1997. 6. 27, 97다9369).

정답 － O

13 甲과 乙이 2010. 2. 7.까지 토지거래허가를 받지 못하였다고 하더라도, 약정된 기간 내에 토지거래허가를 받지 못할 경우 계약해제 등의 절차 없이 곧바로 당해 매매계약을 무효로 하기로 약정하였다는 등의 특별한 사정이 없는 한, 매매계약이 확정적으로 무효가 되는 것은 아니다.

해설 『허가를 전제로 한 계약을 전제로 한 계약일 경우에는 허가를 받을 때까지는 법률상 미완성의 법률행위로서 유동적 무효상태에 있다』[대판(전합) 1991. 12. 24, 90다12233].

정답 － O

14 매매계약이 乙의 사기에 의해 체결된 경우라도, 甲은 토지거래허가를 신청하기 전 단계에서는 乙의 사기를 이유로 매매계약의 취소를 주장하여 매매계약을 확정적으로 무효화시킬 수 없다.

해설 『거래허가를 받지 아니한 거래계약의 경우에 거래 당사자는 거래허가를 받기 위하여 협력할 의무가 있는 것이나, **그 토지거래가 계약당사자의 표시와 불일치한 의사 또는 사기, 강박과 같은 하자있는 의사에 의하여 이루어진 경우**에 있어서는, 이들 사유에 의하여 그 거래의 무효 또는 취소를 주장할 수 있는 당사자는 그러한 **거래허가를 신청하기 전 단계에서 이러한 사유를 주장하여 그 계약을 확정적으로 무효화 시키고 자신의 협력의무를 면할 수 있다**』(대판 1996. 11. 8, 96다35390).

정답 － X

15 **甲은 토지거래허가를 받기 전에는 乙이 중도금을 2010. 3. 7.이 도과할 때까지 지급하지 않았다 하더라도 이를 이유로 매매계약을 해제할 수 없다.**

해설 『거래계약의 당사자는 허가받기전의 상태에서 상대방의 거래계약상의 채무불이행을 이유로 거래계약을 해제하거나 그로인한 손해배상을 청구할 수도 없다』(대판 1997. 7. 25, 97다4357) 정답 - O

16 **甲과 乙은 상대방에 대하여 공동으로 관할관청의 허가를 신청할 의무를 부담한다. 만일 甲이 이러한 의무에 위배하여 허가신청절차에 협력하지 않으면 乙은 甲에 대하여 협력의무의 이행을 소송으로써 구할 이익이 있다.**

해설 『규제지역 내의 토지에 대하여 거래계약이 체결된 경우에 계약을 체결한 당사자 사이에 있어서는 그 계약이 효력 있는 것으로 완성될 수 있도록 서로 협력할 의무가 있음이 당연하므로, **계약의 쌍방 당사자는 공동으로 관할 관청의 허가를 신청할 의무가 있고, 이러한 의무에 위배하여 허가신청절차에 협력하지 않는 당사자에 대하여 상대방은 협력의무의 이행을 소송으로써 구할 이익이 있다**』[대판(전합) 1991. 12. 24, 90다12243]. 정답 - O

사례

甲 소유의 X 토지를 무단 점유하고 있던 乙은 등기서류를 위조하여 X 토지에 관하여 자기 앞으로 소유권이전등기를 마쳤다. 乙은 2010. 10. 27. 자신이 X 토지의 소유자라고 거짓말하여 이에 속은 丙과 매매계약을 체결하고, 2010. 12. 27. 丙으로부터 매매대금 1억원을 지급받은 다음 丙에게 X 토지에 관한 소유권이전등기를 마쳐주고 X 토지를 인도하였다. 뒤늦게 이와 같은 사실을 알게 된 甲은 2011. 9. 1. 丙을 상대로 X 토지에 관한 소유권이전등기의 말소를 구하는 소를 제기하여 2012. 3. 4. 승소판결을 받았고, 그 판결은 丙의 항소포기로 확정되었다. 다음 설명이 타당한가?(다툼이 있는 경우에는 판례에 의함)

변호사시험 제2회

17 **丙은 사기에 의한 의사표시임을 이유로 乙과 체결한 매매계약을 취소하고, 乙을 상대로 위 매매대금 상당액을 부당이득으로 반환청구할 수 있다.**

해설 사기에 의한 의사표시가 성립하기 위해서는 ① 사기자의 2단의 고의, ② 기망행위(사기), ③ 기망행위의 위법성, ④ 기망행위와 착오 사이에 그리고 착오와 의사표시 사이에 인과관계가 존재하여야 한다(제110조).

사안에서는 위의 요건을 모두 충족하므로 丙은 사기에 의한 의사표시임을 이유로 乙과 체결한 매매계약의 취소하고, 乙을 상대로 위 매매대금 상당액을 부당이득으로 반환청구할 수 있다. 정답 - O

제7장 법률행위의 부관

1 **법률행위 효력의 발생 또는 소멸을 장래의 불확실한 사실의 성부에 의존케 하는 조건을 법률행위에 붙이고자 하는 의사가 있다 하더라도 이를 외부에 표시하지 않으면 법률행위의 동기에 불과한 것이다.** 변호사시험 제4회

해설 조건이란 법률행위의 효력의 발생 또는 소멸을 '장래의 불확실한 사실의 성부(成否)'에 의존케 하는 법률행위의 부관이다. 이러한 조건은 법률행위의 부관으로서 당해 법률행위를 구성하는 의사표시의 일체적인 내용을 이루는 것이므로 『의사표시의 일반원칙에 따라 조건의사와 그 표시가 필요하며 **그것이 표시되지 않으면 법률행위의 동기에 불과하다**』(대판 2003. 5. 13, 2003다10797).

정답 - O

2 **조건의 성취로 불이익을 받을 당사자가 신의성실에 반하여 조건의 성취를 방해할 경우 상대방은 조건이 성취된 것으로 주장할 수 있고, 이 경우 조건이 성취된 것으로 의제되는 시점은 방해행위가 없었더라면 조건이 성취되었을 것으로 추산되는 시점이다.** 변호사시험 제4회

해설

〔**제150조(조건성취, 불성취에 대한 반신의행위)**〕 ① 조건의 성취로 인하여 불이익을 받을 당사자가 신의성실에 반하여 조건의 성취를 방해한 때에는 상대방은 그 조건이 성취한 것으로 주장할 수 있다. ② 조건의 성취로 인하여 이익을 받을 당사자가 신의성실에 반하여 조건을 성취시킨 때에는 상대방은 그 조건이 성취하지 아니한 것으로 주장할 수 있다.
『조건의 성취로 인하여 불이익을 받을 당사자가 신의성실에 반하여 조건의 성취를 방해한 경우, **조건이 성취된 것으로 의제되는 시점은 이러한 신의성실에 반하는 행위가 없었더라면 조건이 성취되었으리라고 추산되는 시점**이다』(대판 1998. 12. 22, 98다42356).

→ 판례는 조건이 성취된 것으로 의제되는 시점은 신의성실에 반하는 행위가 있었던 시점이 아니라 '신의성실에 반하는 행위가 없었더라면 조건이 성취되었으리라고 추산되는 시점'이라고 한다.

정답 - O

3 **이행기가 도래하지 않았거나 조건이 성취되지 않은 청구권에 관하여 채무자가 미리 채무의 존재를 다투기 때문에 이행기가 도래하거나 조건이 성취되었을 때에 임의이행을 기대할 수 없는 경우, 채권자는 장래이행의 소를 제기할 수 있다.** 변호사시험 제4회

해설 『장래이행을 청구하는 소는 미리 청구할 필요가 있는 경우에 한하여 제기할 수 있는바(민사소송법 제251조), 여기서 미리 청구할 필요가 있는 경우라 함은 **이행기가 도래하지 않았거나 조건 미성취의 청구권에 있어서는 채무자가 미리부터 채무의 존재를 다투기 때문에 이행기가 도래되거나 조건이 성취되었을 때에 임의의 이행을 기대할 수 없는 경우**를 말한다』(대판 2004. 9. 3, 2002다37405). 정답 – O

4 **법률행위에 조건이 붙어 있는지 여부에 대한 증명책임은 그 조건의 존재를 주장하는 자에게 있다.** 변호사시험 제4회

해설 법률행위가 조건의 성취시 그 효력이 발생하는 정지조건부 법률행위에 해당한다는 사실은 즉 **조건의 '존재'사실은** 그 법률행위로 인한 법률효과의 발생을 저지하는 사유로서, **그 법률효과의 발생을 다투는 자에게 그 입증책임**이 있다(대판 1993.9. 28, 93다20832). 이에 대해 **그 조건이 '성취'되었다는 사실은 그 효력을 주장하는 자에게 그 입증책임**이 있다(대판 1983. 4. 12, 81다카692 ; 대판1984. 9. 25, 84다카967). 예컨대 甲이 그 소유 자동차를 정지조건부로 乙에게 증여한 경우 乙은 증여의 성립을 이유로 甲에게 자동차의 인도를 청구할 수 있고, 甲이 이를 거절하기 위해서는 조건의 존재를 입증하여야 하며, 이에 대해 乙은 조건의 성취를 입증하여야 자동차의 인도를 청구할 수 있다.

[관련판례] 『원고가 피고에게 증여를 원인으로 부동산의 소유권이전등기를 청구할 때 피고가 항변으로 '위 증여계약에 정지조건이 붙어 있음'을 주장, 증명하면 원고가 재항변으로 '그 정지조건의 성취'를 주장, 증명하여야 한다』(대판 1984. 9. 25, 84다카967). 정답 – O

5 **기한은 채무자의 이익을 위한 것으로 의제되므로 당사자 사이에 기한 이익의 상실에 관한 특약을 하여도 효력이 없다.** 변호사시험 제4회

해설 '기한의 이익'이란 기한이 도래하지 않음으로써 그동안 당사자가 받는 이익을 말하는 것으로 기한은 채무자의 이익을 위한 것으로 '의제'(간주)가 아니라 **'추정'**된다(제153조 제1항). 따라서 당사자 사이에 기한이익의 상실에 관한 특약을 할 수 있다. 정답 – X

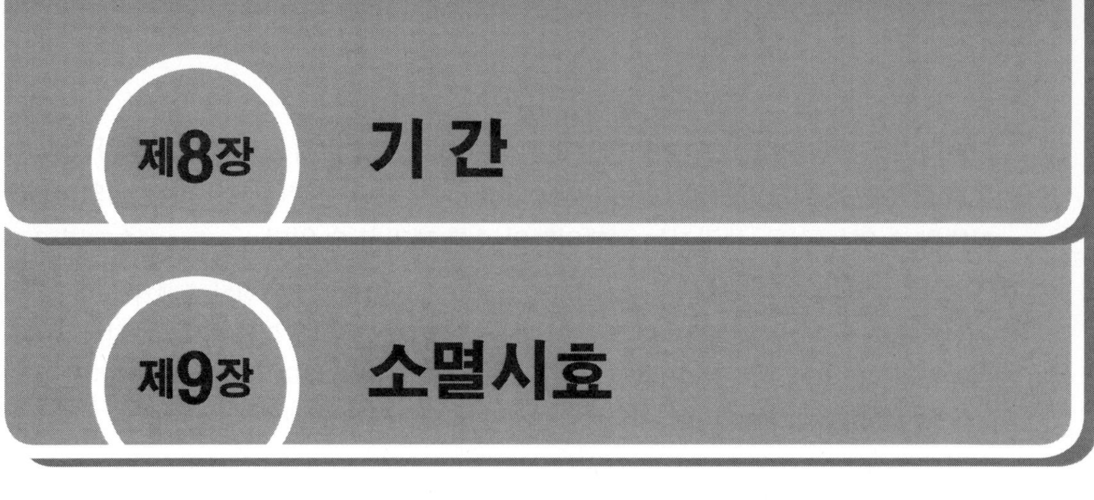

제8장 기 간

제9장 소멸시효

1 **확정기한부 채권은 반대채권과 동시이행관계에 있는 경우에도 그 기한이 도래한 때부터 소멸시효가 진행된다.** 변호사시험 제4회

(해설) '확정기한부 채권'은 그 기한이 도래한 때부터 소멸시효가 진행한다(제166조 제1항 참조). 그리고 그 권리에 대해 상대방이 동시이행의 항변권을 가지고 있더라도, 이러한 법률상의 장애는 권리자의 의사에 의해 제거될 수 있으므로 기한이 도래한 때 소멸시효가 진행한다(아래 90다9797판결).

[관련판례]『매매에서 매도인이 매수인에게 대금을 청구하면 매수인은 매도인에게 재산권 이전에 관한 동시이행의 항변권을 가지므로, 그 한도에서는 대금청구권의 행사가 저지되지만(즉, 법률상의 장애에 해당하지만), 그것은 **매도인이 자기의 의무를 이행함으로써 매수인의 항변권을 소멸시킬 수 있는 것**이므로, **이행기부터 대금청구권의 소멸시효는 진행**한다』(대판 1991. 3. 22, 90다9797).

정답 – O

2 **甲과 乙은 2005. 7. 1. "甲은 그 소유의 X 토지를 乙에게 매도하되, 2005. 7. 8. 甲이 乙 앞으로 X 토지의 소유권이전등기를 마침과 동시에 乙은 甲에게 매매대금을 지급한다."라는 내용의 계약을 체결하였다. 2015. 12. 28. 현재 甲과 乙이 서로 위 계약의 이행을 위한 아무런 조치를 취하지 않은 상태라면 甲의 乙에 대한 매매대금지급 청구권의 소멸시효는 완성되지 않았다.** 변호사시험 제5회

(해설) 동시이행의 항변권은 법률상 장애이지만 그 장애는 **권리자의 의사에 의하여 제거될 수 있으므로**, 그 항변권이 붙은 채권은 소별시효가 **이행기부터 진행**된다. 판례도 같다(대판 1991. 3. 22, 90다9797).

정답 – X

3 **부동산에 대한 매매대금 채권이 소유권이전등기청구권과 동시이행의 관계에 있는 경우, 매수인이 매매목적물인 부동산을 인도받아 점유하고 있어서 소유권이전등기청구권의 소멸시효가 진행되지 않는 이상 매매대금 채권 역시 그 지급기일이 경과했더라도 소멸시효가 진행되지 않는다.** 변호사시험 제6회

해설 『[1] **부동산에 대한 매매대금 채권이 소유권이전등기청구권과 동시이행의 관계에 있다고 할지라도** 매도인은 매매대금의 지급기일 이후 언제라도 그 대금의 지급을 청구할 수 있는 것이며, 다만 매수인은 매도인으로부터 그 이전등기에 관한 이행의 제공을 받기까지 그 지급을 거절할 수 있는 데 지나지 아니하므로 매매대금 청구권은 **그 지급기일 이후 시효의 진행에 걸린다.** [2] 소유권이전등기청구권은 채권적 청구권이므로 10년의 소멸시효에 걸리지만 매수인이 매매목적물인 부동산을 인도받아 점유하고 있는 이상 매매대금의 지급 여부와는 관계없이 그 소멸시효가 진행되지 아니한다』(대판 1991. 3. 22, 90다9797). 정답 - X

4 채무불이행으로 인한 손해배상청구권의 소멸시효기간은 채무불이행시부터 진행하는데, 그 시효기간은 본래의 채권에 적용될 기간에 의한다. 변호사시험 제2회

해설 채권이 '채무불이행'으로 인하여 손해배상청구권으로 바뀐 때에는, 그 동일성이 유지되므로 그 손해배상청구권의 시효기간은 원채권의 시효기간에 따른다(통설, 대판 2010. 9. 9, 2010다28031). 문제는 그 기산점인데, 판례는 채무불이행이 발생한 때로부터 진행하는 것으로 본다(대판 1990. 11. 9, 90다카22513). 정답 - O

5 실제의 소멸시효 기산일과 당사자가 주장하는 기산일이 다른 경우, 법원은 당사자가 주장하는 기산일을 기준으로 삼아야 한다. 변호사시험 제2회

해설 특정시점에서 당해 권리를 행사할 수 있었던 사실은 소멸시효의 기산점에 관한 사실로서 '주요사실'이므로 당사자가 주장하지 않은 때를 기산점으로 하여 소멸시효의 완성을 인정하게 되면 변론주의 원칙에 위배된다. 『**소멸시효의 기산일**은 채무의 소멸이라고 하는 법률효과 발생의 요건에 해당하는 소멸시효 기간 계산의 시발점으로서 소멸시효 항변의 법률요건을 구성하는 구체적인 사실에 해당하므로 이는 **변론주의의 적용 대상**이고, 따라서 **본래의 소멸시효 기산일과 당사자가 주장하는 기산일이 서로 다른 경우**에는 **변론주의의 원칙상 법원은 당사자가 주장하는 기산일을 기준으로 소멸시효를 계산**하여야 하는데, 이는 당사자가 본래의 기산일보다 뒤의 날짜를 기산일로 하여 주장하는 경우는 물론이고 특별한 사정이 없는 한 그 반대의 경우에 있어서도 마찬가지이다』(대판 1995. 8. 25, 94다5886).
[비교판례] 『취득시효의 기산점은 법률효과의 판단에 관하여 직접 필요한 주요사실이 아니고 간접사실에 불과하여 법원으로서는 이에 관한 당사자의 주장에 구속되지 아니하고 소송자료에 의하여 진정한 점유의 시기를 인정하여야 하는 것』(대판 1994. 4. 15, 93다60120) 이라 하여 변론주의의 적용이 없는 간접사실로 보고 있다. 정답 - O

6 수급인인 건설회사의 도급인에 대한 공사대금채권은 상거래에 관한 것으로 5년의 단기소멸시효에 걸린다. 변호사시험 제4회

해설

〔**상법 제64조(상사시효)**〕 상행위로 인한 채권은 본법에 다른 규정이 없는 때에는 5년간 행사하지 아니하면 소멸시효가 완성한다. 그러나 **다른 법령에 이보다 단기의 시효의 규정이 있는 때에는 그 규정에 의한다.**
〔**민법 제163조(3년의 단기소멸시효)**〕 다음 각호의 채권은 3년간 행사하지 아니하면 소멸시효가 완성한다.
3. 도급받은 자, 기사 기타 공사의 설계 또는 감독에 종사하는 자의 공사에 관한 채권

→ 도급받은 자 등의 공사에 관한 채권(제163조 제3호)은 **수급인이 도급인에 대하여 갖는 공사에 관한 채권**을 말하는 것으로(대판 1963. 4. 18, 63다92), 상거래에 관한 것이더라도 **상법 제64조 단서**에 의해 민법 제163조 제3호의 3년의 단기소멸시효에 걸린다. 정답 – X

7 **금전채무의 이행지체로 인하여 발생하는 지연손해금은 그 성질이 손해배상금이지 이자가 아니며, 「민법」 제163조 제1호가 규정한 '1년 이내의 기간으로 정한 채권'도 아니므로 3년간의 단기소멸시효의 대상이 아니다.** 변호사시험 제4회

해설 변제기 이후의 지연손해금은 채무불이행 책임으로서 원칙적으로 상법 제64조 상사시효가 적용된다. 『은행이 영업행위로서 한 대출금에 대한 변제기 이후의 지연손해금은 그 원본채권과 마찬가지로 상행위로 인한 채권으로서 5년의 소멸시효를 규정한 상법 제64조가 적용된다(대판 2008. 3. 14, 2006다2940)』. 『은행이 그 영업행위로서 한 대출금에 대한 **변제기 이후의 지연손해금은** 민법 제163조 제1호 소정의 단기소멸시효 대상인 이자채권도 아니고, 불법행위로 인한 손해배상 채권에 관한 민법 제766조 제1항 소정의 단기소멸시효의 대상도 아니고, **상행위로 인한 채권에 관하여 적용될 5년간의 소멸시효를 규정한 상법 제64조가 적용**되어야 한다』(대판 1979. 11. 13, 79다1453). 정답 – O

8 **유치권이 성립한 부동산의 매수인은 피담보채무의 소멸시효가 완성되면 독자적으로 소멸시효를 원용할 수 있으므로, 유치권의 피담보채권의 소멸시효기간이 확정판결에 의하여 연장되었더라도 종전의 단기소멸시효기간을 원용할 수 있다.** 변호사시험 제2회

해설 판결에 의하여 확정된 채권은 '단기의 소멸시효에 해당한 것'이라도 그 소멸시효는 10년으로 한다(제165조 제1항). 그러나 이러한 주채무의 소멸시효기간의 연장이 '**보증채무**'에 대하여는 미치지 않는다(대판 1986. 11. 25, 86다카1569). 하지만 이와 비교하여 '**담보목적물의 제3취득자 또는 물상보증인**'은 채권자에게 채무자의 채무와는 별개의 독립된 채무를 부담하는 것이 아니라 단지 채무자의 채무를 변제할 책임을 부담한다. 따라서 채권에 관하여 소멸시효가 중단되거나 소멸시효기간이 제165조에 따라 연장되더라도 그 효과가 그대로 미친다. 『유치권이 성립된 부동산의 매수인은 피담보채권의 소멸시효가 완성되면 시효로 인하여 채무가 소멸되는 결과 직접적인 이익을 받는 자에 해당하므로 소멸시효의 완성을 원용할 수 있는 지위에 있다고 할 것이나, 매수인은 유치권자에게 채무자의 채무

와는 별개의 독립된 채무를 부담하는 것이 아니라 단지 채무자의 채무를 변제할 책임을 부담하는 점 등에 비추어 보면, **유치권의 피담보채권의 소멸시효기간이 확정판결 등에 의하여 10년으로 연장된 경우 매수인은 그 채권의 소멸시효기간이 연장된 효과를 부정하고 종전의 단기소멸시효기간을 원용할 수는 없다**』(대판 2009. 9. 24, 2009다39530). 정답 - X

9 **「민법」상 단기소멸시효에 해당하는 주채무의 소멸시효기간이 확정판결에 의하여 10년으로 연장된 상태에서 주채무를 보증한 경우, 특별한 사정이 없는 한 보증채무에 대하여는 「민법」상 단기소멸시효가 적용된다.** 변호사시험 제7회

해설 『보증채무는 주채무와는 별개의 독립한 채무이므로 보증채무와 주채무의 소멸시효기간은 채무의 성질에 따라 각각 별개로 정해진다. 그리고 **주채무자에 대한 확정판결에 의하여 민법 제163조 각 호의 단기소멸시효에 해당하는 주채무의 소멸시효기간이 10년으로 연장된 상태에서 주채무를 보증**한 경우, 특별한 사정이 없는 한 **보증채무에 대하여는 민법 제163조 각 호의 단기소멸시효가 적용될 여지가 없고,** 성질에 따라 보증인에 대한 채권이 민사채권인 경우에는 10년, 상사채권인 경우에는 5년의 소멸시효기간이 적용된다』(대판 2014. 6. 12, 2011다76105). 정답 - X

10 **금전채무의 이행지체로 인하여 발생하는 지연이자채권은 「민법」 제163조 제1호가 규정한 '1년 이내의 기간으로 정한 채권'에 해당하여 3년의 단기소멸시효에 걸린다.** 변호사시험 제7회

해설 『금전채무의 이행지체로 인하여 발생하는 지연손해금은 **그 성질이 손해배상금**이지 이자가 아니며, **민법 제163조 제1호가 규정한 '1년 이내의 기간으로 정한 채권'도 아니므로** 3년간의 단기소멸시효의 대상이 되지 아니한다』(대판 1998. 11. 10, 98다42141). 정답 - X

11 **청구의 대상으로 삼은 채권 중 일부만을 청구한 경우에도 그 취지로 보아 채권 전부에 관하여 판결을 구하는 것으로 해석되는 경우에는 그 동일성의 범위 내에서 그 전부에 관하여 시효중단의 효력이 발생하지만, 이러한 법리는 특정 불법행위로 인한 손해배상채권에 대한 지연손해배상금청구의 경우에는 적용되지 않는다.** 변호사시험 제3회

해설 『청구의 대상으로 삼은 채권 중 **일부만을 청구**한 경우에도 **그 취지로 보아 채권 전부에 관하여 판결을 구하는 것으로 해석**되는 경우에는 **그 동일성의 범위 내에서 그 전부에 관하여 시효중단의 효력이 발생**하고, 이러한 법리는 특정 불법행위로 인한 손해배상채권에 대한 지연손해금청구의 경우에도 마찬가지로 적용된다』(대판 2001.9. 28, 99다72521). 정답 - X

12 **甲이 乙을 상대로 채권자대위권에 기하여 대여금청구를 하다가 당해 피대위채권 자체를 양수하여 양수금청구로 소를 교환적으로 변경하였다 하더라도 당초 채권자대위소송으로 인한 시효중단의 효력은 소멸하지 않는다.** 변호사시험 제3회

해설 『원고가 채권자대위권에 기해 청구를 하다가 당해 피대위채권 자체를 양수하여 양수금청구로 소를 변경한 사안에서, 이는 청구원인의 교환적 변경으로서 채권자대위권에 기한 구 청구는 취하된 것으로 보아야 하나, 그 채권자대위소송의 소송물은 채무자의 제3채무자에 대한 계약금반환청구권인데 위 양수금청구는 원고가 위 계약금반환청구권 자체를 양수하였다는 것이어서 양 청구는 동일한 소송물에 관한 권리의무의 특정승계가 있을 뿐 그 **소송물은 동일한 점**, 시효중단의 효력은 특정승계인에게도 미치는 점, 계속 중인 소송에 소송목적인 권리 또는 의무의 전부나 일부를 승계한 특정승계인이 소송참가하거나 소송인수한 경우에는 소송이 법원에 처음 계속된 때에 소급하여 시효중단의 효력이 생기는 점, 원고는 위 계약금반환채권을 채권자대위권에 기해 행사하다 다시 이를 양수받아 직접 행사한 것이어서 위 계약금반환채권과 관련하여 **원고를 '권리 위에 잠자는 자'로 볼 수 없는 점** 등에 비추어 볼 때, **당초의 채권자대위소송으로 인한 시효중단의 효력이 소멸하지 않는다**』(대판 2010. 6. 24, 2010다17284).

정답 – O

13 **乙은 丙에 대한 대여금채권을 담보하기 위하여 丙 소유 부동산에 관하여 乙 명의의 가등기를 마쳤다. 이후 위 부동산을 취득한 甲이 乙을 상대로 그 가등기가 허위의 매매계약에 기하여 마친 것이라는 주장을 하면서 가등기의 말소를 구하는 소를 제기하였다. 이에 乙이 丙에 대한 대여금채권의 존재를 주장하면서 응소하였더라도 시효중단의 효력 있는 응소행위라고 볼 수 없다.** 변호사시험 제3회

해설 『시효를 주장하는 자의 소 제기에 대한 응소행위가 민법상 시효중단사유로서의 재판상 청구에 준하는 행위로 인정되려면 의무 있는 자가 제기한 소송에서 권리자가 의무 있는 자를 상대로 응소하여야 할 것이므로, **담보가등기가 설정된 후에 그 목적 부동산의 소유권을 취득한 제3취득자**나 물상보증인 등 **시효를 원용할 수 있는 지위에 있으나 직접 의무를 부담하지 아니하는 자가 제기한 소송에서의 응소행위는 권리자의 의무자에 대한 재판상 청구에 준하는 행위에 해당한다고 볼 수 없다**』(대판 2007. 1. 11, 2006다33364). 따라서 丙의 부동산을 취득한 제3취득자 甲이 제기한 소송에서의 乙의 응소행위는 의무자 丙에 대한 권리행사로 볼 수 없으므로 시효중단의 효력이 없다.

정답 – O

14 **채무자 甲이 채권자 겸 근저당권자인 乙을 상대로 피담보채권인 대여금채권이 부존재함을 이유로 근저당권설정등기말소청구의 소를 제기하였다. 이에 乙은 청구기각 판결을 구하면서 위 대여금채권이 유효하게 성립된 것이어서 이를 피담보채권으로 하는 위 근저당권설정등기는 유효하다는 답변을 하였고 위 주장이 받아들여졌다면 위 대여금채권에 대한 소멸시효의 진행은 중단된다.** 변호사시험 제3회

해설 『민법 제168조 제1호, 제170조 제1항에서 시효중단사유의 하나로 규정하고 있는 재판상의 청구라 함은, 통상적으로는 권리자가 원고로서 시효를 주장하는 자를 피고로 하여 소송물인 권리를 소의 형식으로 주장하는 경우를 가리키지만, 이와 반대로 시효를 주장하는 자가 원고가 되어 소를 제기한 데 대하여 **피고로서 응소하여 그 소송에서 적극적으로**

권리를 주장하고 그것이 받아들여진 경우도 마찬가지로 이에 포함되는 것으로 해석함이 타당하다』〔대판(전합) 1993. 12. 21, 92다47861〕. 채권자 乙의 응소행위는 채무자 甲에 대한 것으로서 시효중단의 효력이 있다. 정답 - O

15 채권양도의 대항요건을 갖추기 전에 양도인 甲이 채무자가 乙을 상대로 제기한 재판상 청구가 소송 중에 乙이 채권양도의 효력을 인정함으로써 기각되고 그 후 6월 내에 양수인 丙이 재판상 청구를 한 경우, 甲의 최초의 재판상 청구로 인하여 시효가 중단된다.

변호사시험 제3회

해설 『채권양도 후 대항요건이 구비되기 전의 양도인은 채무자에 대한 관계에서는 여전히 채권자의 지위에 있으므로 채무자를 상대로 시효중단의 효력이 있는 재판상의 청구를 할 수 있고, 이 경우 양도인이 제기한 소송 중에 채무자가 채권양도의 효력을 인정하는 등의 사정으로 인하여 양도인의 청구가 기각됨으로써 민법 제170조 제1항에 의하여 시효중단의 효과가 소멸된다고 하더라도, **양도인의 청구가 당초부터 무권리자에 의한 청구로 되는 것은 아니므로, 양수인이 그로부터 6월 내에 채무자를 상대로 재판상의 청구 등을 하였다면, 민법 제169조 및 제170조 제2항에 의하여 양도인의 최초의 재판상 청구로 인하여 시효가 중단된다**』(대판 2009. 2. 12, 2008두20109). 정답 - O

16 부동산 매수인이 매도인으로부터 부동산을 인도받아 사용· 수익하다가 이를 타인에게 처분하고 그 점유를 승계하여 준 경우에도 위 부동산 매수인의 매도인에 대한 소유권 이전등기청구권에 관한 소멸시효는 진행되지 않는다. 변호사시험 제4회

해설 『부동산의 매수인이 그 부동산을 인도받은 이상 이를 사용·수익하다가 그 부동산에 대한 보다 적극적인 권리행사의 일환으로 다른 사람에게 그 부동산을 처분하고 그 점유를 승계하여 준 경우에도 그 이전등기청구권의 행사 여부에 관하여 **그가 그 부동산을 스스로 계속 사용·수익만 하고 있는 경우와 특별히 다를 바 없으므로 위 두 어느 경우에나 이전등기청구권의 소멸시효는 진행되지 않는다고** 보아야 한다』〔대판(전합) 1999. 3. 18, 98다32175〕.

[비교판례] 점유취득시효 완성에 의한 소유권이전등기청구권의 소멸시효 점유취득시효완성에 의한 등기청구권(제245조 제1항) 역시 채권적 청구권으로 보는 것이 통설적인 입장이나 앞서 검토한 전합98다32175판례의 취지와는 달리 『토지에 대한 취득시효 완성으로 인한 소유권이전등기청구권은 그 토지에 대한 점유가 계속되는 한 시효로 소멸하지 아니하고, 그 후 점유를 상실하였다고 하더라도 이를 시효이익의 포기로 볼 수 있는 경우가 아닌 한 이미 취득한 소유권이전등기청구권은 바로 소멸되는 것은 아니나, 그 점유자가 점유를 상실한 때로부터 10년간 등기청구권을 행사하지 아니하면 소멸시효가 완성한다』(대판 1996. 3. 8, 95다34866)고 보아 점유취득시효 완성자가 부동산의 점유를 이전한 경우 그 자의 등기청구권은 점유상실시로부터 소멸시효가 진행된다고 보고 있다. 즉 전합98다32175판례에서 위 판결을 폐기하지 않아 점유취득시효에 관한 위 판례는 여전히 유지되고 있다. 정답 - O

17 **채권양도의 대항요건이 구비되지 않은 상태에서 양수인이 채무자를 상대로 재판상 청구를 한 경우, 소멸시효는 중단된다.** 변호사시험 제4회

해설 채권양도의 대항요건을 갖추지 못한 상태에서 '채권양수인'이 채무자를 상대로 소를 제기한 경우 『**채권양도에 의하여 채권은 그 동일성을 잃지 않고 양도인으로부터 양수인에게 이전**되며, 이러한 법리는 **채권양도의 대항요건을 갖추지 못하였다고 하더라도 마찬가지**인 점 등에서 비록 '대항요건을 갖추지 못하여'채무자에게 대항하지 못한다고 하더라도 '채권의 양수인'이 채무자를 상대로 재판상의 청구를 하였다면 이는 **소멸시효 중단사유인 재판상의 청구에 해당**한다』(대판 2005. 11. 10, 2005다41818).

[비교판례] 채권양도의 대항요건을 갖추지 못한 상태에서 '채권양도인'이 채무자를 상대로 소를 제기한 경우 이 경우 시효중단이 되는데 『그 소송 중에 채무자가 채권양도의 효력을 인정하는 등의 사정으로 인하여 채권양도인의 청구가 기각된 경우 시효중단의 효력이 없어지나, 이 경우에도 채권양수인이 그로부터 6월 내에 채무자를 상대로 재판상의 청구 등을 하면 채권양도인이 최초의 재판상 청구를 한 때부터 시효가 중단된다』(제169조, 제170조 제2항 ; 대판 2009. 2. 12, 2008두20109). 정답 - O

18 **甲 소유의 X 토지에 丙의 乙에 대한 대여금채무를 피담보채무로 하는 근저당권설정등기가 마쳐진 후 甲은 근저당권자인 乙을 상대로 위 대여금채무가 변제로 인하여 소멸하였음을 이유로 하는 근저당권설정등기 말소청구의 소를 제기하였다. 이 소송에서 乙이 적극적으로 응소하여 위 대여금채무가 변제되지 않았다고 다툰 결과 甲의 청구를 기각하는 판결이 선고되었다면 乙의 응소는 위 대여금채무의 소멸시효 중단을 위한 재판상 청구에 해당한다.** 변호사시험 제5회

해설 응소가 재판상 청구에 포함되지만, 예컨대 **물상보증인이 피담보채무의 존재의 소멸을 주장하고 채권자겸 저당권자가 청구기각을 구하고 피담보채권의 존재를 주장**하였더라도 그것은 **직접 채무자에 대하여 주장한 것이라 할 수 없고** 시효중단사유에 해당하지 않는다(대판 2004. 1. 16, 2003다30890). 정답 - X

19 **甲은 그 소유의 X 토지를 乙에게 매도 및 인도하였고, 乙은 X 토지를 사용·수익하다가 2005. 7. 8. 丙에게 X 토지를 매도 및 인도하였으며, 그 이후 丙이 계속하여 X 토지를 사용·수익하였다면, 2015. 12. 28. 현재 乙의 甲에 대한 X 토지의 소유권이전등기 청구권의 소멸시효는 완성되었다.** 변호사시험 제5회

해설 판례에 의하면 부동산 매수인이 그 부동산을 사용, 수익하다가 그 부동산을 처분하고 그 점유를 1999.3.1. 승계해 준 경우에도 이전등기청구권의 소멸시효는 진행되지 않는다고 한다.

『[1] 시효제도는 일정 기간 계속된 사회질서를 유지하고 시간의 경과로 인하여 곤란해지는 증거보전으로부터의 구제를 꾀하며 자기 권리를 행사하지 않고 소위 권리 위에 잠자는 자는 법적 보호에서 이를 제외하기 위하여 규정된 제도라 할 것인바, 부동산에 관하여 인도,

등기 등의 어느 한 쪽만에 대하여서라도 권리를 행사하는 자는 **전체적으로 보아 그 부동산에 관하여 권리 위에 잠자는 자라고 할 수 없다** 할 것이므로, **매수인이 목적 부동산을 인도받아 계속 점유하는 경우에는 그 소유권이전등기청구권의 소멸시효가 진행하지 않는다.**
[2] [다수의견] 부동산의 매수인이 그 부동산을 인도받은 이상 이를 사용·수익하다가 그 부동산에 대한 보다 적극적인 권리 행사의 일환으로 다른 사람에게 그 부동산을 처분하고 그 점유를 승계하여 준 경우에도 그 이전등기청구권의 행사 여부에 관하여 그가 **그 부동산을 스스로 계속 사용·수익만 하고 있는 경우와 특별히 다를 바 없으므로** 위 두 어느 경우에나 이전등기청구권의 소멸시효는 진행되지 않는다고 보아야 한다』〔대판(전합) 1999. 3. 18, 98다32175〕.

정답 - X

20 **甲은 丙의 乙에 대한 대여금채무를 연대보증하였다. 乙은 丙에 대한 대여금채권을 보전하기 위하여 丙 소유의 X 토지에 대한 가압류신청을 하였고 이에 따른 가압류결정과 가압류기입등기가 이루어졌으나, 乙은 이러한 사정을 연대보증인인 甲에게 알리지 않았다. 이 경우 가압류에 의한 시효중단의 효력은 甲에게 미친다.** 변호사시험 제5회

해설 중단의 효력이 당사자와 그 승계인에게만 미친다는 원칙에는 예외가 있다. 지역권, 연대채무, 보증채무 등에 있어서 그렇다. 압류, 가압류, 가처분을 시효의 이익을 받을 자에게 하지 않은 경우 그 시효이익을 받을 자에게 통지하면 그에게 시효중단의 효력이 미친다(제176조).

정답 - O

21 **채무자가 채권자에게 담보가등기를 경료하고 부동산을 인도하여 준 다음 피담보채권에 대한 이자 또는 지연손해금의 지급에 갈음하여 채권자로 하여금 부동산을 사용·수익하게 한 경우, 채권자가 부동산을 사용·수익하는 동안에도 피담보채권의 소멸시효가 진행된다.** 변호사시험 제6회

해설 『담보가등기를 경료한 부동산을 인도받아 점유하더라도 담보가등기의 피담보채권의 소멸시효가 중단되는 것은 아니지만, 채무의 일부를 변제하는 경우에는 채무 전부에 관하여 시효중단의 효력이 발생하는 것이므로, **채무자가 채권자에게 담보가등기를 경료하고 부동산을 인도하여 준 다음 피담보채권에 대한 이자 또는 지연손해금의 지급에 갈음하여 채권자로 하여금 부동산을 사용수익할 수 있도록 한 경우라면, 채권자가 부동산을 사용수익하는 동안에는** 채무자가 계속하여 이자 또는 지연손해금을 채권자에게 변제하고 있는 것으로 볼 수 있으므로 **피담보채권의 소멸시효가 중단된다고 보아야 한다**』(대판 2009. 11. 12, 2009다51028).

정답 - X

22 **시효중단의 효력있는 승인에는 상대방의 권리에 관한 처분의 능력이나 권한있음을 요하지 아니한다.** 변호사시험 제2회

해설 시효중단사유로서의 승인은 단지 권리의 존재를 인정하는 것에 불과하기 때문에 상대방의 권리에 관한 처분의 능력이나 권한 있음을 요하지 아니한다(제177조).

정답 - O

23 **채무자가 채권자에게 담보가등기를 경료하고 부동산을 인도하여 준 다음 피담보채권의 이자 또는 지연손해금의 지급에 갈음하여 채권자로 하여금 그 부동산을 사용수익할 수 있도록 한 경우, 이로 인해 피담보채권의 소멸시효가 중단되지는 않는다.** 변호사시험 제7회

해설 『담보가등기를 경료한 부동산을 인도받아 점유하더라도 담보가등기의 피담보채권의 소멸시효가 중단되는 것은 아니지만, 채무의 일부를 변제하는 경우에는 채무 전부에 관하여 시효중단의 효력이 발생하는 것이므로, **채무자가 채권자에게 담보가등기를 경료하고 부동산을 인도하여 준 다음 피담보채권에 대한 이자 또는 지연손해금의 지급에 갈음하여 채권자로 하여금 부동산을 사용수익할 수 있도록 한 경우**라면, **채권자가 부동산을 사용수익하는 동안에는 채무자가 계속하여 이자 또는 지연손해금을 채권자에게 변제하고 있는 것으로 볼 수 있으므로 피담보채권의 소멸시효가 중단된다**고 보아야 한다』(대판 2009. 11. 12, 2009다51028).

정답 – X

24 **채권자의 신청에 의한 경매개시결정에 따라 연대채무자 1인 소유의 부동산이 압류된 경우, 이로써 이 연대채무자에 대한 채권의 소멸시효는 중단되지만 다른 연대채무자에 대한 채권의 소멸시효는 중단되지 않는다.** 변호사시험 제7회

해설 『[1] 채권자의 신청에 의한 경매개시결정에 따라 연대채무자 1인의 소유 부동산이 압류된 경우, 이로써 위 채무자에 대한 채권의 소멸시효는 중단되지만, 압류에 의한 시효중단의 효력은 다른 연대채무자에게 미치지 아니하므로, **경매개시결정에 의한 시효중단의 효력을 다른 연대채무자에 대하여 주장할 수 없다.** [2] 채권자가 연대채무자 1인의 소유 부동산에 대하여 경매신청을 한 경우, 이는 최고로서의 효력을 가지고 있고, 연대채무자에 대한 이행청구는 다른 연대채무자에게도 효력이 있으므로, 채권자가 6월 내에 다른 연대채무자를 상대로 재판상 청구를 하였다면 그 다른 연대채무자에 대한 채권의 소멸시효가 중단되지만, 이로 인하여 중단된 시효는 위 경매절차가 종료된 때가 아니라 재판이 확정된 때로부터 새로 진행된다』(대판 2001. 8. 21, 2001다22840).

정답 – O

25 **사실상 권리의 존재나 권리행사 가능성을 알지 못하였고 알지 못함에 과실이 없다고 하더라도 이러한 사유는 소멸시효의 중단사유가 되는 법률상 장애사유에 해당한다고 할 수 없다.** 변호사시험 제7회

해설 『소멸시효는 객관적으로 권리가 발생하고 그 권리를 행사할 수 있는 때로부터 진행하고 그 권리를 행사할 수 없는 동안에는 진행하지 아니한다. 여기서 "권리를 행사할 수 없다."라고 함은 그 권리행사에 **법률상의 장애사유,** 예컨대 기간의 미도래나 조건불성취 등이 있는 경우를 말하는 것이고, **사실상 그 권리의 존부나 권리행사의 가능성을 알지 못하였거나 알지 못함에 과실이 없다고 하여도 이러한 사유는 법률상 장애사유에 해당한다고 할 수 없다**』(대판 2010. 9. 9, 2008다15865).

정답 – O

26 **사해행위취소소송에서 수익자는 취소채권자의 피보전채권에 대하여 시효소멸을 주장할 수 있다.** 변호사시험 제4회

해설 판례는 소멸시효의 완성을 원용할 수 있는 자는 **권리의 소멸에 의하여 직접 이익을 받는 자에 한정**된다고 하는바(대판 1995. 7. 11, 95다12446), 사해행위취소소송의 상대방이 된 **'사해행위의 수익자'는, 사해행위가 취소되면 사해행위에 의해 얻은 이익을 상실하고 사해행위취소권을 행사하는 채권자의 채권이 소멸하면 그와 같은 이익의 상실을 면하는 지위**에 있으므로, 그 채권의 소멸에 의해 직접 이익을 받는 자에 해당한다고 한다(대판 2007. 11. 29, 2007다54849).

[비교판례] '채권자대위권의 행사에서 제3채무자'는 채무자가 채권자에 대하여 가지는 항변(예를 들어 피보전채권의 소멸시효가 완성되었다는 항변)으로 대항할 수 없을 뿐더러 시효이익을 직접 받는 자에도 해당하지 않는다는 이유로 채권자의 채권이 시효로 소멸하였다고 주장할 수 없다(대판 1998.12.8, 97다31472). 다만 채무자가 이미 소멸시효를 원용한 경우에는 피보전채권이 소멸하게 되므로 제3채무자가 그 '효과'를 원용하여 피보전채권의 부존재를 주장하는 것은 허용된다(대판 2008.1. 31, 2007다64471). 정답 – X

27 **甲은 乙로부터 금원을 차용하면서 차용금채무를 담보하기 위하여 甲 소유의 X 토지에 관하여 乙 앞으로 담보가등기를 설정하였고, 그 후 丙이 甲으로부터 X 토지의 소유권을 취득하였다. 이 경우 丙은 甲의 乙에 대한 위 차용금채무의 소멸시효를 원용할 수 없다.** 변호사시험 제5회

해설 『타인의 채무를 담보하기 위하여 자기의 물건에 담보권을 설정한 물상보증인은 채권자에 대하여 **물적 유한책임을 지고 있어 그 피담보채권의 소멸에 의하여 직접 이익을 받는 관계**에 있으므로 **소멸시효의 완성을 주장할 수 있는 것**이지만, 채권자에 대하여는 아무런 채무도 부담하고 있지 아니하므로, 물상보증인이 그 피담보채무의 부존재 또는 소멸을 이유로 제기한 저당권설정등기 말소등기절차이행청구소송에서 채권자 겸 저당권자가 청구기각의 판결을 구하고 피담보채권의 존재를 주장하였다고 하더라도 이로써 직접 채무자에 대하여 재판상 청구를 한 것으로 볼 수는 없는 것이므로 피담보채권의 소멸시효에 관하여 규정한 민법 제168조 제1호 소정의 '청구'에 해당하지 아니한다』(대판 2004. 1. 16, 2003다30890). 정답 – X

28 **소멸시효가 완성된 경우 채무자에 대한 일반 채권자는 채권자의 지위에서 독자적으로 시효소멸의 주장을 할 수 없지만 자기의 채권을 보전하기 위하여 필요한 한도 내에서 채무자를 대위하여 시효소멸의 주장을 할 수 있다.** 변호사시험 제6회

해설 『소멸시효가 완성된 경우 이를 주장할 수 있는 사람은 시효로 인하여 채무가 소멸되는 결과 직접적인 이익을 받는 사람에 한정되므로, **채무자에 대한 일반 채권자는 자기의 채권을 보전하기 위하여 필요한 한도 내에서 채무자를 대위하여 소멸시효 주장을 할 수 있을 뿐 채권자의 지위에서 독자적으로 소멸시효의 주장을 할 수 없다**』(대판 1997. 12. 26, 97다22676). 정답 – O

29 **채무자가 담보가등기가 설정된 자신 소유의 부동산을 양도하여 당해 부동산에 관한 양수인 명의의 소유권이전등기가 경료된 경우, 그 양수인은 채무자를 대위하지 않더라도 그 담보가등기의 피담보채권이 시효로 소멸했다는 주장을 할 수 있다.** 변호사시험 제7회

해설 『소멸시효를 원용할 수 있는 사람은 권리의 소멸에 의하여 직접 이익을 받는 사람에 한정되는바, 채권담보의 목적으로 매매예약의 형식을 빌어 소유권이전청구권 보전을 위한 가등기가 경료된 부동산을 양수하여 소유권이전등기를 마친 제3자는 **당해 가등기담보권의 피담보채권의 소멸에 의하여 직접 이익을 받는 자**이므로, **그 가등기담보권에 의하여 담보된 채권의 채무자가 아니더라도 그 피담보채권에 관한 소멸시효를 원용할 수 있고**, 이와 같은 직접수익자의 소멸시효 원용권은 채무자의 소멸시효 원용권에 기초한 것이 아닌 **독자적인 것으로서 채무자를 대위하여서만 시효이익을 원용할 수 있는 것은 아니며**, 가사 채무자가 이미 그 가등기에 기한 본등기를 경료하여 시효이익을 포기한 것으로 볼 수 있다고 하더라도 그 시효이익의 포기는 상대적 효과가 있음에 지나지 아니하므로 채무자 이외의 이해관계자에 해당하는 담보 부동산의 양수인으로서는 여전히 독자적으로 소멸시효를 원용할 수 있다』(대판 1995. 7. 11, 95다12446). 정답 – O

30 **채권자대위소송에서 피고인 제3채무자는 원고인 채권자가 채무자에 대해 가지는 채권이 시효로 소멸했음을 주장할 수 없으며, 채권자취소소송에서도 피고인 수익자나 전득자는 원고인 채권자가 채무자에 대해 가지는 채권이 시효로 소멸했다는 주장을 할 수 없다.** 변호사시험 제7회

해설 『채권자가 채권자대위권을 행사하여 제3자에 대하여 하는 청구에 있어서, 제3채무자는 채무자가 채권자에 대하여 가지는 항변으로 대항할 수 없고, 채권의 소멸시효가 완성된 경우 이를 원용할 수 있는 자는 원칙적으로는 시효이익을 직접 받는 자뿐이고, 채권자대위소송의 제3채무자는 이를 행사할 수 없다』(대판 1998. 12. 8, 97다31472). 『소멸시효를 원용할 수 있는 사람은 권리의 소멸에 의하여 직접 이익을 받는 자에 한정되는바, 사해행위취소소송의 상대방이 된 **사해행위의 수익자는**, **사해행위가 취소되면 사해행위에 의하여 얻은 이익을 상실하고 사해행위취소권을 행사하는 채권자의 채권이 소멸하면 그와 같은 이익의 상실을 면하는 지위에 있으므로**, 그 **채권의 소멸에 의하여 직접 이익을 받는 자에 해당**하는 것으로 보아야 한다』(대판 2007. 11. 29, 2007다54849). 정답 – X

31 **금전채무가 시효소멸한 후 채무자가 미지급이자를 담보하기 위해 자신이 소유한 부동산에 근저당권을 설정해줌으로써 시효이익을 포기한 경우, 그 후 채무자로부터 그 부동산을 매수한 양수인은 채무자가 한 시효이익 포기의 효력을 부정할 수 있다.** 변호사시험 제6회

해설 『소멸시효 이익의 포기는 상대적 효과가 있을 뿐이어서 다른 사람에게는 영향을 미치지 아니함이 원칙이나, **소멸시효 이익의 포기 당시에는 권리의 소멸에 의하여 직접 이익을 받을 수 있는 이해관계를 맺은 적이 없다가 나중에 시효이익을 이미 포기한 자와의 법률관계를 통하여 비로소 시효이익을 원용할 이해관계를 형성한 자는 이미 이루어진 시효이익 포기의 효력을 부정할 수 없다**』(대판 2015. 6. 11, 2015다200227). 정답 – X

32 **소멸시효 완성 후 시효이익을 받는 당사자인 채무자가 채권자에게 자신의 채무가 있음을 알고 있다는 뜻을 표시하여 채무승인을 한 경우, 시효의 완성으로 인한 법적인 이익을 받지 않겠다는 효과의사가 없더라도 소멸시효 이익의 포기로 인정될 수 있다.** 변호사시험 제6회

해설 『소멸시효 중단사유로서의 채무승인은 시효이익을 받는 당사자인 채무자가 소멸시효의 완성으로 채권을 상실하게 될 자에 대하여 상대방의 권리 또는 자신의 채무가 있음을 알고 있다는 뜻을 표시함으로써 성립하는 이른바 관념의 통지로 여기에 어떠한 효과의사가 필요하지 않다. 이에 반하여 시효완성 후 시효이익의 포기가 인정되려면 시효이익을 받는 채무자가 시효의 완성으로 인한 법적인 이익을 받지 않겠다는 효과의사가 필요하기 때문에 시효완성 후 소멸시효 중단사유에 해당하는 채무의 승인이 있었다 하더라도 그것만으로는 곧바로 소멸시효 이익의 포기라는 의사표시가 있었다고 단정할 수 없다』(대판 2013. 2. 28, 2011다21556).

정답 - X

33 **① 채무자가 소멸시효 완성의 항변을 하기 전에 상계항변을 먼저 한 경우, 채무자는 시효완성으로 인한 법적 이익을 받지 않겠다는 의사를 표시한 것으로 보아야 한다.**
② 소송상 상계항변은 피고의 금전지급의무가 인정되면 자동채권으로 상계하겠다는 예비적 항변의 성격을 갖는다. 변호사시험 제6회

해설 소송에서의 상계항변은 일반적으로 소송상의 공격방어방법으로 피고의 금전지급의무가 인정되는 경우 자동채권으로 상계를 한다는 예비적 항변의 성격을 갖는다(②). 따라서 상계항변이 먼저 이루어지고 그 후 대여금채권의 소멸을 주장하는 소멸시효항변이 있었던 경우에, 상계항변 당시 채무자인 피고에게 수동채권인 대여금채권의 시효이익을 포기하려는 효과의사가 있었다고 단정할 수 없다(①).(대판 2013. 2. 28, 2011다21556).

정답 - ① O ② X

34 **다른 채권자가 신청한 부동산경매절차에서 채무자 소유 부동산이 매각되고 그 대금이 이미 소멸시효가 완성된 채무를 피담보채무로 하는 근저당권을 가진 채권자에게 배당되어 채무 변제에 충당될 때까지 채무자가 아무런 이의를 제기하지 아니하였다면, 경매절차 진행을 채무자가 알지 못하였다는 등 다른 특별한 사정이 없는 한 채무자는 채권에 대한 소멸시효 이익을 포기한 것으로 볼 수 있다.** 변호사시험 제2회

해설 『채무자가 소멸시효 완성 후 채무를 일부 변제한 때에는 그 액수에 관하여 다툼이 없는 한 그 채무 전체를 묵시적으로 승인한 것으로 보아야 하고, 이 경우 시효완성의 사실을 알고 그 이익을 포기한 것으로 추정되므로, 소멸시효가 완성된 채무를 피담보채무로 하는 근저당권이 실행되어 채무자 소유의 부동산이 경락되고 그 대금이 배당되어 채무의 일부 변제에 충당될 때까지 채무자가 아무런 이의를 제기하지 아니하였다면, 경매절차의 진행을 채무자가 알지 못하였다는 등 다른 특별한 사정이 없는 한, 채무자는 시효완성의 사실을 알고 그 채무를 묵시적으로 승인하여 시효의 이익을 포기한 것으로 보아야 한다』(대판 2001. 6. 12, 2001다3580).

정답 - O

35 채무자가 자신 소유의 부동산에 저당권을 설정한 상태에서 당해 부동산을 양도하여 그 부동산에 관한 양수인 명의의 소유권이전등기가 경료된 다음, 채무자가 시효기간 도과 후 자신의 채무를 승인했다 하더라도 이로 인한 시효이익 포기의 효력은 양수인에게 미치지 않는다. 변호사시험 제7회

해설 『채권에 대한 소멸시효가 완성되었다면 그 뒤에는 더 이상 소멸시효의 중단 문제가 생길 여지가 없다. 또한 채무자가 소멸시효 완성 후 채무를 승인하였다면 시효 완성의 사실을 알고 그 이익을 포기한 것이라고 추정할 수 있을 것이나, 그 시효 이익의 포기는 상대적 효과가 있음에 지나지 아니하므로 저당부동산의 제3취득자에게는 효력이 없다 할 것이다』(대판 2010. 3. 11, 2009다100098). 정답 – O

사례 【36~39】

가구상 甲이 乙에게 고가의 가구를 외상으로 판매한 후 乙을 상대로 외상대금의 지급을 청구하는 소를 제기하였다. 다음 설명 중 옳지 않은 것은? (각 지문은 독립적이고, 다툼이 있는 경우에는 판례에 의함) 변호사시험 제1회

36 외상대금채권의 소멸시효가 완성되었더라도, 법원은 乙의 원용이 없는 한 직권으로 외상대금채권의 소멸시효가 완성 되었다고 인정할 수 없다.

해설 제척기간은 직권조사사항으로서 당사자의 주장이 필요 없으나, 소멸시효는 권리의 소멸에 관한 주요사실로서 변론주의 원칙상 당사자의 주장이 필요하다. 『민법상 당사자의 원용이 없어도 시효완성의 사실로서 채무는 당연히 소멸하고, 다만 소멸시효의 이익을 받는 자가 소멸시효 이익을 받겠다는 뜻을 항변하지 않는 이상 그 의사에 반하여 재판할 수 없을 뿐이다』(대판 1979. 2. 13, 78다2157). 정답 – O

37 ① 위 소송에서 乙이 외상대금채권의 변제기를 2006. 4. 2.이라고 주장한 경우, 증거조사결과 변제기가 2005. 4. 2.인 사실이 인정되더라도, 법원은 2005. 4. 2.을 소멸시효의 기산일로 삼아 소멸시효 완성 여부를 판단할 수 없다.

② 위 소송에서 乙이 외상대금채권의 변제기를 2006. 4. 2.이라고 주장한 경우, 증거조사결과 변제기가 2007. 4. 2.인 사실이 인정된다면, 법원은 2007. 4. 2.을 소멸시효의 기산일로 삼아 소멸시효 완성 여부를 판단할 수 있다.

해설 소멸시효의 기산점은 권리를 행사할 수 있는 때로부터 진행하므로(제166조 제1항), 채무의 이행기가 정해진 경우 원칙적으로 소멸시효의 기산점은 이행기(변제기)이다. 그러나 소멸시효의 기산점은 법률효과 발생의 요건으로서 주요사실에 해당하므로 변론주의 원칙상 당사자의 주장에 구속된다. 『**소멸시효의 기산일은** 채무의 소멸이라고 하는 법률효과 발생의 요건에 해당하는 소멸시효 기간 계산의 시발점으로서 **소멸시효 항변의 법률요건을 구성하는 구체적인 사실에 해당**하므로 이는 변론주의의 적용 대상이고, 따라서 본래의 소멸시효 기산일과 당사자가 주장하는 기산일이 서로 다른 경우에는 **변론주의의 원칙상 법원은 당사자가 주장하는 기산일을 기준으로 소멸시효를 계산**하여야 하는데, 이는 당사자가 본래의 기산일보다 뒤의 날짜를 기산일로 하여 주장하는 경우는 물론이고 특별한 사정이 없는 한 그 반대의 경우에 있어서도 마찬가지이다』(대판 1995. 8. 25, 94다35886). 정답 - ① O ② X

38 **외상대금채권의 변제기가 2005. 4. 2.인데, 甲이 2008. 3. 27. 乙에게 외상대금을 지급하라고 최고하였으나, 2008. 4. 14. 乙로부터 그 이행의무의 존부에 관하여 조사할 것이 있으니 기다려달라는 답변을 받고 다시 2008. 4. 20. 乙로부터 그 이행을 거절한다는 통지를 받은 후 2008. 10. 15. 위 소를 제기하였다면, 위 최고시에 외상대금채권의 소멸시효는 중단된다.**

해설 『최고는 6월 내에 재판상의 청구 등을 하지 아니하면 시효중단의 효력이 없으나(제174조), **채무이행을 최고받은 채무자가 그 이행의무의 존부 등에 대하여 조사해 볼 필요가 있다는 이유로 채권자에 대해 그 이행의 유예를 구한 경우**에는, **채권자가 그 회답을 받을 때까지는 최고의 효력이 계속**된다고 보아야 하고, 따라서 **제174조 소정의 6개월의 기간은 채권자가 채무자로부터 회답을 받은 때로부터 기산**된다』(대판 1995. 5. 12, 94다24336).

사안에서 외상대금채권의 변제기가 2005.4.2.이라면 소멸시효 완성일은 2008.4.2. 24:00이다(제163조 6호). 또한 甲의 乙에 대한 최고는 2008.3.27.에 행해졌으나 위 판례에 따르면 乙이 확답을 한 2008.4.20.까지는 최고의 효력이 계속되고, 이로부터 6개월 내인 2008.10.15.에 재판상 청구를 하였으므로 결국 甲이 최초의 최고를 한 2007.3.27.경 소멸시효가 중단되었다. 정답 - O

39 **위 소송에서 甲과 乙이 외상대금채권의 소멸시효기간을 상법이 정한 5년이라고 주장하였더라도, 법원은 그 소멸시효기간을 민법이 정한 3년으로 판단할 수 있다.**

해설 **소멸시효 기간 자체는 법률상의 주장**에 **불과**하고 법률의 해석은 법원의 고유권한이므로 **변론주의가 적용되지 않는다.** 『어떤 권리의 소멸시효기간이 얼마나 되는지에 관한 주장은 단순한 법률상의 주장에 불과하므로 변론주의의 적용대상이 되지 않고 법원이 직권으로 판단할 수 있다 할 것이다』(대판 2008. 3. 27, 2006다70929, 70936). 정답 - O

사례 【40~41】

甲은 친구 소유의 화물차(丙 보험회사의 업무용 자동차 책임보험에 가입되어 있음)의 조수석에 동승하여 가다가 위 화물차의 추돌사고로 상해를 입게 되었다. 한편 甲은 위 사고 이전에 자신 소유의 승용차에 대하여 乙 보험회사와 사이에, 위와 같은 책임보험만으로는 보상되지 않는 손해를 보상하는 내용의 상해담보특약을 포함하는 자동차 종합보험계약을 체결하였다. 이에 기해 甲은 위 사고를 이유로 乙 보험회사를 상대로 보험금('이 사건 보험금')을 청구하고자 한다. 다음 설명 중 밑줄 친 부분에 대한 설명이 타당한가? (각 지문은 독립적이고, 다툼이 있는 경우에는 판례에 의함) 변호사시험 제1회

40 甲이 적법하게 소송고지를 한다면, 그 소송고지가 이 사건 보험금청구권의 소멸시효 완성 전에 행하여졌고, 그 고지서에 피고지자에 대한 채무이행청구의 의사가 나타나 있는 경우, 그 소송고지는 이 사건 보험금청구권에 대한 민법 제174조의 시효중단사유로서의 최고의 효력이 인정된다.

해설 『소송고지의 요건이 갖추어진 경우에 그 **소송고지서에 고지자가 피고지자에 대하여 채무의 이행을 청구하는 의사가 표명되어 있으면 민법 제174조에 정한 시효중단사유로서의 최고의 효력이 인정**된다』(대판 2009. 7. 9, 2009다14340). 정답 - O

41 이 사건 보험금청구권은 책임보험만으로는 전보되지 못하는 손해를 보상하는 것이라고 하더라도 그 소멸시효기간을 일반 불법행위로 인한 손해배상청구권의 경우와 같이 그 손해 및 가해자를 안 날로부터 3년간이라고 볼 것은 아니고, 상법 제662조에서 정한 보험금액의 청구권과 같이 2년간 행사하지 않으면 소멸시효가 완성된다고 보아야 한다.

해설 『무보험자동차에 의한 상해담보특약에 기한 보험이 실질적으로 피보험자가 무보험자동차에 의한 사고로 사망 또는 상해의 손해를 입게 됨으로써 전보되지 못하는 실손해를 보상하는 것이라고 하더라도 **그 보험금청구권은 상법 제662조에 의한 보험금액의 청구권에 다름 아니어서 이를 2년간 행사하지 아니하면 소멸시효가 완성된다**고 할 것이며, 보험금청구권은 보험사고의 발생으로 인하여 구체적으로 확정되어 그때부터 그 권리를 행사할 수 있게 되는 것이므로 그 소멸시효는 달리 특별한 사정이 없는 한 민법 제166조 제1항의 규정에 의하여 보험사고가 발생한 때로부터 진행한다』(대판 2009. 7. 9, 2009다14340). 정답 - O

사례 【42~44】

A 회사는 B법인(비영리법인)과 B법인 소유 부동산에 관한 매매계약을 체결하고 2004. 3. 15. 그 이행으로서 B법인에 매매대금 2억 원을 지급하였다. 그 후 B법인을 대표하여 이 매매계약을 체결한 대표자 甲의 선임에 관한 B법인의 이사회 결의가 부존재하는 것으로 2005. 3. 15. 법원에서 확정되었다. 부동산을 아직 인도받지 못한 A회사는 2010. 6. 30. 이 매매계약이 무효가 되었음을 이유로 민법의 관련 규정에 따라 B법인에 이미 지급한 매매대금 상당액의 반환을 청구하였다. 이에 관한 설명이 타당한가?(다툼이 있는 경우에는 판례에 의함) 변호사시험 제3회

42 소멸시효는 당해 청구권이 성립한 때로부터 진행하고 원칙적으로 권리의 존재나 발생을 알지 못하였다고 하더라도 소멸시효의 진행에 장애가 되지 않는 것이므로, B법인의 이사회 결의가 부존재함에 따라 발생하는 A회사의 부당이득반환청구권처럼 B법인의 내부적인 법률관계가 개입되어 A회사가 그 권리의 발생 여부를 객관적으로 알기 어려운 상황에 있고 A회사가 과실 없이 이를 알지 못한 경우에도 청구권이 성립한 때로부터 소멸시효가 진행된다.

해설 『법인의 이사회결의가 부존재함에 따라 발생하는 「제3자의 부당이득반환청구권」처럼 법인이나 회사의 내부적인 법률관계가 개입되어 있어 청구권자가 권리의 발생 여부를 객관적으로 알기 어려운 상황에 있고 청구권자가 과실 없이 이를 알지 못한 경우에는 이사회결의부존재확인판결의 확정과 같이 객관적으로 청구권의 발생을 알 수 있게 된 때로부터 소멸 시효가 진행된다(대판 2003. 4. 8, 2002다64957,64964)』. 따라서 이사회결의부존재확인판결이 확정된 날인 2005. 3. 15.부터 소멸시효가 진행한다. 정답 – X

43 A회사의 법인에 대한 부당이득반환청구권은 기한의 정함이 없는 채권이므로 B법인은 이행청구를 받은 때로부터 A회사에 대하여 지체책임을 진다.

해설 부당이득반환 채무는 기한의 정함이 없는 채무이므로 수익자는 이행청구를 받은 때로 부터 지체책임이 있다(제387조 제2항; 대판 1995. 11. 21. 94다45753; 대판 2010.1. 28. 2009다24187,24194). 정답 – O

44 **위 사안과 같이 상행위에 해당하는 부동산 매매계약의 무효를 이유로 한 매매대금 상당액 반환청구권을 행사하는 경우 신속하게 해결할 필요성이 있는지 여부와 무관하게 상법 제64조가 정한 상사소멸시효가 적용된다.**

해설 『상행위에 해당하는 부동산 매매계약의 무효를 이유로 이미 지급한 매매대금 상당액을 「부당이득」으로서 반환을 구하는 경우, **그 청구권의 소멸시효기간은 상거래 관계와 같은 정도로 신속하게 해결할 필요성이 없으므로** 위 부당이득반환청구권에는 상법 제64조가 적용되지 아니하고, 그 소멸시효기간은 민법 제162조 제1항에 따라 10년이다』(대판 2003. 4. 8, 2002다64957,64964).

정답 - X

사례

척추 이상으로 허리 통증이 있던 甲은 의료법인 A병원에서 2008. 4. 3. 입원진료계약을 체결하고, 같은 달 30.에 수술을 받았다. 척추수술 직후, 甲에게 하반신마비 장애가 발생하였다. 다음 설명이 타당한가? (각 지문은 독립적이고, 다툼이 있는 경우에는 판례에 의함)

변호사시험 제2회

45 **A병원의 치료비 채권은 특약이 없는 한 개개의 진료가 종료될 때마다 각각의 진료에 필요한 비용의 이행기가 도래하여 그에 대한 소멸시효가 진행된다.**

해설 『민법 제163조 제2호 소정의 '의사의 치료에 관한 채권'에 있어서는 특약이 없는 한 **그 개개의 진료가 종료될 때마다 각각의 당해 진료에 필요한 비용의 이행기가 도래**하여 그에 대한 시효가 진행된다고 해석함이 상당하다』(대판 1998. 2. 13, 97다47675). 따라서 환자가 수술 후 후유증으로 장기간 입원 치료를 받으면서 병원을 상대로 의료과오를 원인으로 한 손해배상청구 소송을 제기하였다 하더라도, 그러한 사정만으로는 환자를 상대로 치료비를 청구하는 데 법률상으로 아무런 장애가 되지 아니하므로 치료비 채권의 소멸시효가 퇴원시부터 진행한다거나 위 손해배상청구 소송이 종결된 날로부터 진행한다고 볼 수는 없다.

정답 - O

제2편
물권법

제1장 물권법 총론
제2장 점유권
제3장 소유권
제4장 용익물권
제5장 담보물권

제1장 물권법 총론

1 물권법정주의를 규정한 「민법」 제185조의 '법률'은 헌법상 의미의 법률뿐만 아니라, 명령, 규칙 등도 포함한다. 변호사시험 제4회

해설 물권의 종류와 내용은 민법 제185조에 의해 **'법률과 관습법'에 의해서만 인정**된다. 즉 제1조와 달리 조리에 의해서는 인정될 수 없고, 또 그 법률에는 '명령이나 규칙'은 포함되지 않는다. **물권과 같이 사유재산제도와 직결되는 재산권을 행정기관의 명령 등에 의해 정하는 것은 부당하기 때문**이다(통설). 정답 - X

2 대체물과 부대체물은 당사자의 의사에 의하여 결정되고, 특정물과 불특정물은 물건의 객관적 성질에 의하여 구별된다. 변호사시험 제4회

해설 대체물과 부대체물은 **물건의 객관적 성질**에 의하여 구별되는바,대체물은 일반거래관념상 물건의 개성이 중시되지 않고 동종·동질·동량의 물건으로 바꾸어도 급부의 동일성이 바뀌지 않는 물건이고(금전·신간서적·술·곡물 등),부대체물은 그 물건의 개성이 중시되어 대체성이 없는 물건이다(그림·골동품·토지·건물 등). 이 구별은 소비대차(제598조 이하)·소비임치(제702조 이하)의 대상이 대체물이라는 점에 있다. 반면 특정물과 불특정물은 **당사자의 의사**에 의하여 결정되는바, 특정물은 구체적인 거래에서 당사자가 특정의 물건을 지정하고 다른 물건으로 바꿀 것을 허용하지 않는 물건이고, 이에 대해 불특정물은 목적물을 종류로만 지정하여 동종·동질·동량의 것이면 어느 것이라도 무방한 것을 말한다. 특정물인지 아니면 불특정물인지에 따라 채권의 목적물의 보관의무(제374조)·특정물의 현상인도(제462조)·채무변제의 장소(제467조)·매도인의 담보책임(제580조와 제581조)등에서 그 적용과 내용을 달리한다.

[보충] 대체물이라도 당사자의 의사에 의해 특정물로 할 수 있고(특정창고에 있는 쌀을 매매의 목적물로 삼은 경우), 부대체물이라도 일정한 종류에 속하는 일정한 양에 주안을 둔다면 역시 당사자의 의사에 의해 불특정물로 삼을 수 있다. 판례는 수임인이 위임사무의 처리로 인하여 대체물(비료)을 받은 경우에도 위임인에 대한 관계에서는 그것을 특정물로 보아야 한다고 한다(제684조 제1항 ; 대판 1962. 12. 16, 67다1525). 정답 - X

3 X 부동산에 대하여 甲에서 乙로, 乙에서 丙으로 순차적으로 소유권이전등기가 경료되었을 경우, 乙이 서류를 위조하여 자신의 명의로 소유권이전등기를 경료하였고, 다시 丙 명의로 소유권이전등기를 경료한 이후 丙이 등기부취득시효에 의해서 소유권을 취득한 경우, 甲은 乙에게 소유권이전등기말소의무의 이행불능을 이유로 한 손해배상을 청구할 수 있다. 변호사시험 제4회

해설 **물권적 청구권의 이행불능으로 인한 전보배상청구가 인정되는지 여부(소극)**

『소유자가 자신의 소유권에 기하여 실체관계에 부합하지 아니하는 등기의 명의인을 상대로 그 등기말소나 진정명의회복 등을 청구하는 경우에 그 권리는 물권적 청구권으로서의 방해배제청구권(제214조)의 성질을 가진다. 그러므로 소유자가 그 후에 소유권을 상실함으로써 이제 등기말소 등을 청구할 수 없게 되었다면, 이를 위와 같은 청구권의 실현이 객관적으로 불능이 되었다고 파악하여 등기말소 등 의무자에 대하여 그 권리의 이행불능을 이유로 민법 제390조상의 손해배상청구권을 가진다고 말할 수 없다.

위 법규정에서 정하는 채무불이행을 이유로 하는 손해배상청구권은 계약 또는 법률에 기하여 이미 성립하여 있는 채권관계에서 본래의 채권이 동일성을 유지하면서 그 내용이 확장되거나 변경된 것으로서 발생한다. 그러나 위와 같은 등기말소청구권 등의 **물권적 청구권**은 그 권리자인 소유자가 **소유권을 상실하면 이제 그 발생의 기반이 아예 없게 되어 더 이상 그 존재 자체가 인정되지 아니하는 것**이다. 이러한 법리는 선행소송에서 소유권보존등기의 말소등기청구가 확정되었다고 하더라도 그 청구권의 법적 성질이 채권적 청구권으로 바뀌지 아니하므로 마찬가지이다』[대판(전합) 2012. 5. 17, 2010다28604]. 정답 – X

4 **타인 소유의 토지 위에 불법으로 건물을 신축하여 소유하고 있는 자로부터 건물을 매수하여 점유·사용하고 있으나 소유권이전등기를 경료받지 못한 자는 법률상 소유자가 아니므로, 토지소유자는 그를 상대로 건물의 철거를 구할 수 없다.** 변호사시험 제4회

해설 판례는 『건물철거는 소유권의 종국적 처분에 해당하는 사실행위이므로 원칙으로는 소유자(등기명의자)에게만 그 철거처분권이 있다고 할 것이나, 건물을 매수하여 점유하고 있는 자는 등기부상 아직 소유자로서의 등기명의가 없다 하더라도 그 권리의 범위내에서 그 점유 중인 건물에 대하여 **법률상 또는 사실상 처분을 할 수 있는 지위』에 있으므로** 그 자를 상대로 건물철거를 구할 수 있다고 한다(대판 1986. 12. 23, 86다카1751).

[보충] 이 경우 건물을 매도하고 퇴거한 매도인(미등기건물사례임)은 철거청구의 상대방이 될 수 없다고 하며(대판 1987. 11. 24, 87다카257,258), 아울러 미등기건물을 '관리'하고 있는 자도 철거청구의 상대방이 될 수 없다고 한다(대판 2003. 1. 24, 2002다61521). 정답 – X

5 **저당권자는 경매가 개시되기 전이라도, 저당목적물의 소유자 또는 제3자가 저당목적물을 물리적으로 멸실·훼손하는 경우 저당권에 기한 방해배제청구권을 행사할 수 있다.** 변호사시험 제4회

해설 **저당목적물의 소유자 또는 제3자가 저당목적물을 물리적으로 멸실·훼손하는 경우** 저당권자는 저당권에 기해 방해의 배제 또는 예방을 청구할 수 있다(제370조, 제214조). 이러한 청구권을 행사하기 위해서는 ① 객관적으로 침해가 있으면 족하고 침해자의 고의·과실을 요하지 않으며, ② 저당권의 불가분성에 의하여 남은 목적물의 교환가치가 피담보채권을 만족시킬 수 있는 경우에도 인정되며, ③ **저당권실행의 착수 여부를 묻지 않고** 침해가 있으면 언제나 행사할 수 있다(통설). 정답 – O

6 **채권담보의 목적으로 이루어지는 부동산 양도담보의 경우에있어서 피담보채무가 변제된 이후에 양도담보권설정자가 행사하는 등기청구권은 소멸시효의 대상이 된다.**

변호사시험 제4회

해설 『채권담보의 목적으로 이루어지는 부동산 양도담보의 경우에 있어서 **피담보채무가 변제된 이후에 양도담보권설정자가 행사하는 등기청구권**은 **양도담보권설정자의 실질적 소유권에 기한 물권적 청구권**이므로 따로이 시효소멸되지 아니한다』(대판 1979. 2. 13, 78다2412; 부동산 양도담보의 본질에 대한 담보물권설에 따른 것으로 평가받는 판례이다).

[참고판례] 동일한 취지의 판례로 『합의해제에 따른 매도인의 원상회복청구권은 소유권에 기한 물권적 청구권이라 할 것이고, 따라서 이는 소멸시효의 대상이 아니다』(대판 1982.7. 27, 80다2968)라고 판시함으로써 적어도 소유권에 기한 물권적 청구권은 소멸시효에 걸리지 않는다고 보고 있다.

정답 – X

7 **B가 A의 주민등록증, 토지 X의 등기관련 서류를 위조한 후 A 소유의 토지 X에 관하여 자신의 명의로 소유권이전등기를 경료하여, 이런 사정을 알 수 없었던 D에게 토지 X를 매각하여 소유권이전등기가 경료된 경우에 A가 X에 대하여 D에게 행사한 소유권에 기한 물권적 청구권이 인정된다.**

변호사시험 제6회

해설 부동산 등기는 공신력이 인정되지 않아 이를 신뢰하여 등기한 선의의 제3자라도 소유권을 취득할 수 없다. 따라서 본래 소유자인 A의 물권적 청구권이 인정된다.

정답 – O

8 **甲으로부터 乙에게로 소유권이전등기가 마쳐진 경우, 乙은 제3자 뿐만 아니라 甲에 대하여도 적법한 등기원인에 의하여 소유권을 취득한 것으로 추정된다.**

변호사시험 제1회

해설 『부동산에 관하여 소유권이전등기가 마쳐져 있는 경우에는 등기명의자는 제3자에 대하여서 뿐 아니라 전소유자에 대하여서도 적법한 등기원인에 의하여 소유권을 취득한 것으로 추정되는 것이므로 이를 다투는 측에서 무효사유를 주장, 입증하여야 한다』(대판 1993. 5. 11, 92다46059).

정답 – O

9 **신축된 건물의 소유권은 특별한 사정이 없는 한 이를 건축한 사람이 원시취득하는 것이므로, 건물 소유권보존등기의 명의자가 이를 신축한 것이 아니라면 그 등기의 권리 추정력은 깨어지고, 등기명의자가 스스로 적법하게 그 소유권을 취득한 사실을 증명하여야 한다.**

변호사시험 제1회

해설 『신축된 건물의 소유권은 이를 건축한 사람이 원시취득하는 것이므로, **건물 소유권보존등기의 명의자가 이를 신축한 것이 아니라면 그 등기의 권리 추정력은 깨어지고, 등기명의자가 스스로 적법하게 그 소유권을 취득한 사실을 입증**하여야 한다』(대판 1996. 7. 30, 95다30734).

[비교판례] 『임야소유권이전등기등에관한특별조치법(실효)에 의한 소유권보존등기가 경료된 임야에 관하여서는 그 임야를 사정받은 사람이 따로 있는 것으로 밝혀진 경우라도 그 등기는 동법 소정의 적법한 절차에 따라 마쳐진 것으로서 실체적 권리관계에 부합하는 등기로 추정된다』[대판(전합) 1987. 10. 13, 86다카2928]   정답 - O

10 **전 등기명의인이 미성년자이고 당해 부동산을 친권자에게 증여하는 행위가 이해상반 행위라면, 일단 친권자에게 이전등기가 마쳐졌더라도 그 이전등기에 관하여 필요한 절차를 적법하게 거친 것으로 추정되지 않는다.**   변호사시험 제1회

해설 등기의 추정력은 절차의 적법도 추정된다. 『어느 부동산에 관하여 등기가 경료되어 있는 경우 특별한 사정이 없는 한 그 원인과 절차에 있어서 적법하게 경료된 것으로 추정된다. 전 등기명의인이 미성년자이고 당해 부동산을 친권자에게 증여하는 행위가 이해상반행위라 하더라도 일단 친권자에게 이전등기가 경료된 이상, 특별한 사정이 없는 한, 그 이전등기에 관하여 필요한 절차를 적법하게 거친 것으로 추정된다』(대판 2002. 2. 5, 2001다72029).   정답 - X

11 **구 「임야소유권이전등기 등에 관한 특별조치법」(실효)에 의하여 소유권이전등기를 마친 자가 보증서나 확인서의 실체적 기재내용이 허위임을 자인한 경우에는 그 소유권이전등기의 추정력은 깨어진다.**   변호사시험 제1회

해설 상대방이 등기의 기초가 된 보증서나 확인서의 실체적 기재내용이 허위임을 자백한 경우 자백에 구속되어 등기의 추정력은 깨진다. 다만 취득원인(등기원인)이 허위임을 자백한 것만으로는 등기의 추정력은 깨지지 않는다. 『구 임야소유권이전등기등에관한특별조치법(실효)에 의한 등기는 같은 법 소정의 적법한 절차에 따라 마쳐진 것으로서 실체관계에 부합하는 등기로 추정되므로 그 등기의 말소를 소구하는 자에게 추정 번복의 주장·입증책임이 있지만, 상대방이 등기의 기초가 된 보증서나 확인서의 실체적 기재 내용이 허위임을 자인하거나 실체적 기재 내용이 진실이 아님을 의심할 만큼 증명이 된 때에는 등기의 추정력은 번복된 것으로 보아야 한다』(대판 1996. 10. 11, 95다47992).

[비교판례] 『구 임야소유권이전등기등에관한특별조치법(실효)에 따라 등기를 마친 자가 보증서나 확인서에 기재된 취득원인이 사실과 다름을 인정하더라도 그가 다른 취득원인에 따라 권리를 취득하였음을 주장하는 때에는, 특별조치법의 적용을 받을 수 없는 시점의 취득원인 일자를 내세우는 경우와 같이 그 주장 자체에서 특별조치법에 따른 등기를 마칠 수 없음이 명백하거나 그 주장하는 내용이 구체성이 전혀 없다든지 그 자체로서 허구임이 명백한 경우 등의 특별한 사정이 없는 한 위의 사유만으로 특별조치법에 따라 마쳐진 등기의 추정력이 깨어진다고 볼 수는 없으며, 그 밖의 자료에 의하여 새로이 주장된 취득원인 사실에 관하여도 진실이 아님을 의심할 만큼 증명되어야 그 등기의 추정력이 깨어진다고 할 것이다』[대판(전합) 2001. 11. 22, 2000다71388, 71395].   정답 - O

12 **환매기간을 제한하는 환매특약이 등기부에 기재되어 있더라도 환매특약이 진정하게 성립된 것으로 추정되지 않는다.** 변호사시험 제1회

해설 『**환매기간을 제한하는 환매특약이 등기부에 기재되어 있는 때**에는 반증이 없는 한 등기부 기재와 같은 **환매특약이 진정하게 성립된 것으로 추정함이 상당**하다』(대판 1991. 10. 11, 91다13700). 정답 – X

13 **X 부동산에 대하여 甲에서 乙로, 乙에서 丙으로 순차적으로 소유권이전등기가 경료되었을 경우, 乙 명의의 소유권이전등기 원인이 매매인 경우, 乙은 甲에게 자신의 등기가 유효하다고 주장하기 위해 甲과의 매매계약이 체결되었음을 증명하여야 한다.** 변호사시험 제4회

해설 등기된 권리는 적법한 것으로 추정되며 그 권리는 등기원인으로부터 연유하는 것이므로 판례는 **등기의 추정력은 등기원인에도 미친다**고 본다(대판 1994. 9. 13, 94다10160).

→ 따라서 乙 명의의 소유권이전등기 원인이 매매인 경우, 적법 유효한 매매계약에 의해 乙 명의로 등기가 경료되었다고 추정되므로 乙은 甲과의 매매계약이 체결되었음을 증명할 필요가 없다. 정답 – X

14 **X 부동산에 대하여 甲에서 乙로, 乙에서 丙으로 순차적으로 소유권이전등기가 경료되었을 경우, 丙이 乙로부터 부동산을 취득함에 있어 등기부상 기재된 등기원인인 증여에 의하지 않고 다른 원인인 매매에 의하여 적법하게 취득하였다고 주장하는 경우, 그 등기의 추정력은 깨진다.** 변호사시험 제4회

해설 판례는 권리취득 원인을 등기부에 기록된 취득원인과 달리 주장한 경우에도 추정이 깨어지지 않는다는 입장이다(아래 94다10160판결).

『부동산등기는 현재의 진실한 권리상태를 공시하면 그에 이른 과정이나 태양을 그대로 반영하지 아니하였어도 유효한 것이므로, 등기명의자가 전소유자로부터 부동산을 취득함에 있어 **등기부상 기재된 등기원인에 의하지 아니하고 다른 원인으로 적법하게 취득하였다고 하면서 등기원인행위의 태양이나 과정을 다소 다르게 주장**한다고 하여 이러한 주장만 가지고 **그 등기의 추정력이 깨어진다고 할 수 없다**』(대판 1994. 9. 13, 94다10160).

[비교판례] 『토지수용절차를 거친 사실이 없음에도 토지수용을 원인으로 소유권이전등기를 경료한 토지개량조합이 토지수용 아닌 다른 원인으로 소유권을 양도받았다거나 다른 원인으로 소유권을 취득한 자로부터 다시 특정승계 또는 포괄승계하였을 수도 있다고만 주장하는 것은 등기원인행위의 태양이나 과정을 무한정하게 확대하여 추상적으로 주장하는 것이어서 등기의 추정력이 유지될 수 없다』(대판 2001. 8. 21, 2001다23195). 정답 – X

15 **X 부동산에 대하여 甲에서 乙로, 乙에서 丙으로 순차적으로 소유권이전등기가 경료되었을 경우, 만약 甲과 乙, 乙과 丙 사이에 순차로 이루어진 각 적법한 매매계약에 근거하여 甲으로부터 丙에게로 직접 등기가 경료되었다면, 중간생략등기에 관한 합의가 없는 한 그 중간생략등기는 무효이다.** 변호사시험 제4회

해설 판례는 **중간생략등기가 경료되어 버린 경우**에는 **합의가 없어도 유효**하다고 보는데 반해(실체관계에 부합하는 등기), **등기청구권**에 대해서는 **중간생략등기의 '합의'가 없는 한 이를 인정하지 아니하는 입장**을 유지하고 있다(대판 1991. 4. 23, 91다5761등). 정답 - X

사례 【16~20】

甲과 乙은 甲 소유의 X 부동산에 관하여 매매대금을 1억 원으로 하여 매매계약을 체결하였고, 그 후 乙과 丙은 X에 관하여 매매대금을 1억 2,000만 원으로 하여 매매계약을 체결하였다. 다음 설명 중 옳은 것은? (다툼이 있는 경우에는 판례에 의함) 변호사시험 제1회

16 **丙이 乙로부터 甲에 대한 소유권이전등기청구권을 양수하고 이 사실을 乙이 甲에게 통지하였다면, 丙은 甲에게 X에 관하여 직접 자기 앞으로 소유권이전등기를 해줄 것을 청구할 수 있다.**

해설 판례는 매매로 인한 소유권이전등기청구권은 그 '이행과정에 신뢰관계'가 따른다는 것을 이유로 (특별한 사정이 없는 이상 권리의 성질상 양도가 제한되어) 통상의 채권양도와 달리 채무자에 대한 통지만으로는 채무자에 대한 대항력이 생기지 않으며 **반드시 채무자의 동의나 승낙을 받아야 대항력이 생긴다**고 판시하고 있다(대판 2001. 10. 9, 2000다51216). 정답 - X

17 **丙이 乙과 甲 사이의 매매계약에 기한 소유권이전등기청구권을 보전하기 위해 乙을 대위하여 X에 대한 처분금지가처분결정을 받았고 乙이 그러한 사실을 알고 있었더라도, 甲과 乙은 위 매매계약의 합의해제로 丙에게 대항할 수 있다.**

해설 채권자가 보존행위 이외의 권리를 행사한 때에는 채무자에게 이를 통지하여야 하고(제405조 제1항), 채무자가 그 통지를 받은 후에는 그 권리를 '처분'하여도 채권자에게 대항하지 못한다(제405조 제2항). 여기서 말하는 금지되는 처분행위에는 **'채권 자체'에 대한 처분행위(예컨대 채무자의 제3자에 대한 권리를 소멸시키는 행위, 제3자에 대한 채권을 양도하는 행위, 권리의 행사)** 뿐만 아니라 **'채권 발생의 기초가 되는 법률관계에 대한 처분행위'(예컨대 합의해제, 제3채무자로 하여금 계약을 해제하게 하는 경우 등)**도 포함된다. 『채권자가 채권자대위권에 기하여 채무자의 권리를 행사하고 있다는 사실을 채무자가 알게 된 후에는 채무자가 그 권리를 처분하여도 이로써 채권자에게 대항하지 못하는 것인바, 채권자가 채무자와 제3채무자 사이에 체결된 부동산매매계약에 기한 소유권이전등기청구권을 보전하기 위해 채무자를 대위하여 제3채무자의 부동산에 대한 처분금지가처분을 신청하여 가처분결정을 받은 경우에는 피보전권리인 소유권이전등기청구권을 행사한 것과 같이 볼 수 있으므로, **채무자가 그러한 채권자대위권 행사 사실을 알게 된 후에 그 매매계약을 합의해제함으로써 채권자대위권의 객체인 부동산 소유권이전등기청구권을 소멸시켰다 하더라도 이로써 채권자에게 대항할 수 없고, 그 결과 제3채무자 또한 그 계약해제로써 채권자에게 대항할 수 없다**』(대판 2007. 6. 28, 2006다85821). 정답 - X

18 **甲, 乙, 丙 사이에 중간생략등기에 관한 합의가 있었다면, 丙은 甲에게 X에 관하여 직접 자기 앞으로 소유권이전등기를 해줄 것을 청구할 수 있고, 그 후 甲은 乙과 매매대금을 인상하기로 합의하였더라도 그 인상분을 지급받지 아니하였음을 이유로 丙에게 소유권이전등기의무의 이행을 거절할 수 없다.**

해설 중간생략등기의 합의만으로 최초 매도인 甲의 乙에 대한 항변권을 상실하는 것은 아니다. 『중간생략등기의 합의란 부동산이 전전 매도된 경우 각 매매계약이 유효하게 성립함을 전제로 그 이행의 편의상 최초의 매도인으로부터 최종의 매수인 앞으로 소유권이전등기를 경료하기로 한다는 당사자 사이의 합의에 불과할 뿐이므로, 이러한 합의가 있다고 하여 최초의 매도인이 자신이 당사자가 된 매매계약상의 매수인인 중간자에 대하여 갖고 있는 매매대금청구권의 행사가 제한되는 것은 아니다. 최초 매도인과 중간 매수인, 중간 매수인과 최종 매수인 사이에 순차로 매매계약이 체결되고 이들 간에 **중간생략등기의 합의가 있은 후에 최초 매도인과 중간 매수인 간에 매매대금을 인상하는 약정이 체결된 경우, 최초 매도인은 인상된 매매대금이 지급되지 않았음을 이유로 최종 매수인 명의로의 소유권이전등기의무의 이행을 거절할 수 있다**』(대판 2005. 4. 29, 2003다66431). 정답 - X

19 **이미 X에 관하여 甲에서 丙 앞으로 소유권이전등기까지 마쳐지고, 甲과 乙, 乙과 丙 사이에 각각 매매대금이 모두 지급되었다면, 위 소유권이전등기가 丙이 甲 명의의 등기신청서류를 위조하여 직접 丙 앞으로 마친 것이고, 甲, 乙, 丙 사이에 중간생략등기의 합의가 없었더라도, 甲은 丙에게 위 소유권이전등기의 말소를 청구할 수 없다.**

해설 실체관계에 부합한 등기로서 유효하므로 甲은 丙에게 소유권이전등기 말소를 청구할 수 없다. 『최종 양수인이 중간생략등기의 합의를 이유로 최초 양도인에게 직접 중간생략등기를 청구하기 위하여는 관계 당사자 전원의 의사합치가 필요하지만, 당사자 사이에 적법한 원인행위가 성립되어 **일단 중간생략등기가 이루어진 이상 중간생략등기에 관한 합의가 없었다는 이유만으로는 중간생략등기가 무효라고 할 수는 없다**』(대판 2005. 9. 29, 2003다40651).

『**위조된 등기신청서류에 의하여 경유된 소유권이전등기**라 할지라도 **그 등기가 실체적 권리관계에 부합되는 경우**에는 **유효**하다(대판 1965. 5. 25, 65다365). 정답 - O

20 **甲, 乙, 丙 사이의 중간생략등기의 합의에 따라 甲이 X에 관하여 직접 丙 앞으로 소유권이전등기를 마쳐주었는데, 그 후 甲과 乙 사이의 매매계약이 사기를 이유로 취소되었다면, 甲은 丙이 선의인지 여부와 관계없이 丙에 대하여 위 소유권이전등기의 말소를 청구할 수 있다.**

해설 **丙이 선의**인 경우 **제110조 제3항(사기의 의사표시의 취소는 선의의 제3자에게 대항하지 못한다)의 제3자에 해당**하므로 이 경우 甲은 丙에게 소유권이전등기의 말소를 청구할 수 없다. 정답 - X

사례 [21~23]

甲 소유의 X 부동산에 관하여 乙의 가등기가 마쳐져 있었는데, 丙은 이를 매수하여 인도받고 그 소유권이전등기를 마친 다음 X를 개량하기 위하여 유익비를 지출하였다. 다음 설명 중 옳은 것은? (다툼이 있는 경우에는 판례에 의함) 변호사시험 제1회

21 乙은 가등기에 기하여 본등기를 하기 전이라도 丙을 상대로 하여 소유권이전등기의 말소를 청구할 수 있다.

해설 판례에 따르면 **가등기만으로는 실체법적인 효력이 없으므로** 본등기 전에는 丙을 상대로 말소등기를 청구할 수 없다(제214조)[대결(전합) 1962. 12. 24, 자 4294민재항675].

정답 – X

22 乙의 본등기로 소유권을 상실한 丙은 그 소유자로 등기되었을 당시에 지출한 유익비에 기하여 유치권을 행사할 수 있다.

해설 『가등기가 되어있는 부동산 소유권을 이전받은 甲이 그 부동산에 대하여 필요비나 유익비를 지출한 것은 가등기에 의한 본등기가 경유됨으로써 가등기 이후의 저촉되는 등기라 하여 직권으로 말소를 당한 소유권이전등기의 명의자 甲 과 본등기 명의자인 乙 내지 그 특별승계인인 丙 과의 법률관계는 **결과적으로 타인의 물건에 대하여 甲이 그 점유기간 내에 비용을 투입한 것이 된다고 보는 것이 상당하다**』(대판 1976. 10. 26, 76다2079). 결국 甲에게 비용상환청구권을 위한 유치권이 인정된다는 뜻이다(유치권의 목적이 될 수 있는 것은 '타인 소유'의 물건이다).

정답 – O

23 丙 명의의 소유권이전등기가 마쳐진 이상 乙이 가등기에 기하여 본등기를 청구하려면 丙을 상대로 하여야 한다.

해설 판례에 따르면 **가등기에 의한 본등기 청구**는 등기명의자인 丙이 아니라 **가등기의무자인 전소유자 甲에게 행사해야 한다**고 한다[대결(전합) 1962. 12. 24, 자 4294민재항675].

정답 – X

사례 【24~26】

A는 甲에게 3억 원을 빌려주면서 甲 소유의 X 토지(시가 2억 원)와 乙 소유의 Y 토지(시가 3억 원)에 제1순위 공동저당권을 설정받았다. 그 후 乙은 丙으로부터 1억 원을 차용하면서 丙에게 Y 토지에 제2순위 저당권을 설정하여 주었다. A는 Y 토지에 대하여 경매를 신청하여 그 경매절차에서 매각대금 3억 원의 배당을 받아 채권 전체의 만족을 얻었다. A는 甲의 요청에 따라 X 토지에 마쳐져 있던 저당권을 말소하여 주었다. 甲은 다시 丁으로부터 1억 원을 차용하고 丁에게 새로 X 토지에 관하여 저당권을 설정하여 주었다. 乙은 X 토지에 관하여 말소된 저당권을 회복하고자 한다. 다음 설명이 타당한가? (각 지문은 독립적이며, 다툼이 있는 경우 판례에 의함) 변호사시험 제5회

24 저당권말소회복등기청구의 소는 A를 상대로 제기하여야 한다.

해설 『부동산에 관한 등기는 법률에 다른 규정이 없는 한 등기권리자와 등기의무자의 신청에 의하는 것인 바 위 **등기의무자라 함은 등기부상의 형식상 신청하는 그 등기에 의하여 권리를 상실하거나 기타 불이익을 받은 자(등기명의인이거나 그 포괄승계인)**를 말한다』(대판 1979.7. 24, 79다345). 따라서 乙은 甲에게 저당권말소회복등기청구의 소를 제기하여야 한다. 정답 - X

25 乙이 등기부상 저당권등기를 회복하기 위해서는 丁의 승낙이 필요하다.

해설 『부동산등기법 제75조는 말소된 등기의 회복을 신청하는 경우에 등기상 이해관계가 있는 제3자가 있는 때에는 신청서에 그 승낙서 또는 이에 대항할 수 있는 재판의 등본을 첨부하여야 한다고 규정하고 있는바, 여기서 말하는 등기상 이해관계가 있는 제3자란 **말소회복등기를 함으로써 손해를 입을 우려가 있는 사람**으로서 **그 손해를 입을 우려가 있다는 것이 기존의 등기부 기재에 의하여 형식적으로 인정되는 사람**이다』(대판 1997. 9. 30, 95다39526). 정답 - O

26 2甲이 丁에 대한 채무를 변제하지 못하여 丁의 경매신청에 따라 X 토지가 매각되어 戊가 소유권을 취득하였고 丁은 매각대금으로부터 채권의 만족을 얻었다. 뒤늦게 乙이 저당권 말소회복등기청구의 소를 제기한 경우 戊로부터 승낙의 의사표시를 받으면 승소할 수 있다.

해설 『**말소회복등기와 양립할 수 없는 등기는 회복의 전제로서 말소의 대상이 될 뿐**이고, **그 등기명의인은 부동산등기법 제75조 소정의 등기상 이해관계 있는 제3자라고 볼 수 없으므로** 그 등기명의인을 상대로 말소회복등기에 대한 승낙의 의사표시를 구하는 청구는 **당사자적격이 없는 자에 대한 청구로서 부적법**하다는 원심 판단을 수긍한 사례』(대판 2004. 2. 27, 2003다35567). 정답 - X

사례 【27~29】

甲은 X 토지를 사정(査定)받은 자의 유일한 상속인이지만 X 토지의 소유자로 등기된 적은 없었다. X 토지에 관하여 乙 명의로 허위의 소유권보존등기가 마쳐져 있고, 그 이후 이 등기에 터잡아 丙 및 丁 앞으로 순차 소유권이전등기가 마쳐져 있다. 이에 관한 법률관계 중 다음 설명이 타당한가? (각 지문은 독립적이며, 다툼이 있는 경우 판례에 의함)

변호사시험 제5회

27 甲이 丁을 상대로 丁 명의 등기의 말소를 청구함에 있어서는 乙과 丙을 대위할 필요가 없다.

해설 丁명의의 등기의 말소를 청구하는 것은 물권적 청구권의 행사로서 乙과 丙을 대위할 필요가 없다. 정답 – O

28 甲은 자기 명의로 등기를 마친 적이 없으므로 丁을 상대로 진정명의회복을 원인으로 한 소유권이전등기청구를 할 수 없다.

해설 법률에 의하여 소유권을 취득한자에 해당하여 청구권자가 된다〔대판(전합) 1980. 11. 27. 89다카12398〕. 정답 – X

29 丁이 등기부 취득시효 항변을 주장하여 법원에서 받아들여진 경우, 甲이 乙 명의의 소유권보존등기의 말소를 청구하는 소송에서 乙이 이를 원용하더라도, 그 때문에 甲의 乙에 대한 청구가 기각되는 것은 아니다.

해설 판례에 의하면 등기부 취득시효 항변을 주장하여 법원에서 받아들여진 경우, 소유권보존등기의 말소를 청구하는 소송에서 이를 원용하면 그 때문에 청구가 기각된다. 정답 – X

사례 【30~32】

원래 甲 소유이던 X 토지에 관하여 1972. 4. 2. 甲 명의로 소유권보존등기가 마쳐진 후 2012. 2. 5. 乙 명의로 상속을 원인으로 한 소유권이전등기가 마쳐졌다. 한편 X 토지에 관하여 1983. 3. 5. 丙 명의로 중복하여 소유권보존등기가 마쳐졌고, 丁은 丙으로부터 X 토지를 매수하여 2013. 10. 5. 丁 명의로 소유권이전등기를 마쳤다. 소유권이전등기청구권의 시효소멸의 문제는 발생하지 않는다고 가정한다. 다음 설명이 타당한가? (각 지문은 독립적이며, 다툼이 있는 경우 판례에 의함)

변호사시험 제5회

30 丙이 甲으로부터 X 토지를 매수하고 대금을 모두 지급한 사실이 증명되면, 丙은 乙에게 소유권이전등기를 청구할 수 있다.

해설 丙이 甲으로부터 X 토지를 매수하고 대금을 모두 지급한 사실이 증명되면, 丙은 甲의 소유권 이전등기의무를 승계한 乙에게 소유권이전등기를 청구할 수 있다. 정답 - O

31 **丙이 甲으로부터 X 토지를 매수하고 대금을 모두 지급한 사실이 증명되면, 丁은 乙을 상대로 진정명의회복을 원인으로 한 소유권이전등기를 청구할 수 있다.**

해설 진정명의회복을 원인으로 하는 소유권이전등기를 청구하기 위해서는 **소유권을 취득한 사실이 있거나 법률의 규정에 의한 소유권을 취득한 사실이 인정**되어야 한다는 점에서 丁은 그러한 사실이 없어 인정할 수 없다(대판 2003. 5. 13, 2002다64148). 정답 - X

32 **乙이 丁을 상대로 소유권이전등기의 말소를 청구하는 경우 丁이 20년간 소유의 의사로 평온·공연하게 점유를 계속한 사실이 밝혀지더라도 乙의 청구는 인용된다.**

해설 『후행 보존등기나 그에 기해 이루어진 소유권이전등기가 실체관계에 부합한다는 이유로 유효로 될 수 없고, **선행보존등기에 기한 소유권을 주장하여 후행 보존등기에 터잡아 이루어진 등기의 말소를 구하는 것이 실체적 권리없는 말소청구에 해당한다고 볼 수 없다**』(대판 1996. 9. 20, 93다20177). 정답 - O

사례 【33~35】

토지 X의 등기부에는 시간 순서대로 甲 명의 소유권이전등기(갑구), 甲과의 매매예약에 기한 乙 명의의 가등기(갑구), 丙 명의의 소유권이전등기(갑구), 丁 명의의 근저당권설정등기(을구)가 기재되어 있다. 이에 관한 설명이 타당한가? (다툼이 있는 경우 판례에 의함)

변호사시험 제6회

33 **乙이 소로써 가등기에 기한 본등기를 청구하려면 그 청구의 상대방은 현재의 소유자 丙이다.**

해설 『[1] **가등기후에 제3자에게 소유권이전의 본등기가 된 경우**에 가등기권리자는 본등기를 경료하지 아니하고는 가등기이후의 본등기의 말소를 청구할 수 없다. [2] 위의 경우에 **가등기권자는 가등기의무자인 전소유자를 상대로 본등기청구권을 행사할 것**이고 제3자를 상대로 할 것이 아니다』(대결 1962. 12. 24, 자 4294민재항675). 정답 - X

34 **乙 명의 가등기에 기하여 본등기가 경료되는 경우 甲구의 丙 명의 소유권이전등기뿐만 아니라 乙구의 丁 명의 근저당권설정등기도 직권으로 말소된다.**

해설 『소유권이전 청구권보전을 위한 가등기는 부동산의 물권변동에 있어 순위보전의 효력이 있는 것이므로 **가등기에 기한 소유권이전의 본등기를 한 경우에는** 가등기 후에 경료된 근저당권설정등기와 경매신청의 기입등기는 가등기권자의 본등기취득으로 인한 등기순위와 물권의 배타성에 의하여 실질적으로 등기의 효력을 상실한다 할 것이니 **등기공무원은** 된 근저당권설정등기와 경매신청의 기입등기는 가등기권자의 본등기취득으로 인한 등기순위와 물권의 배타성에 의하여 실질적으로 등기의 효력을 상실한다 할 것이니 **등기공무원은 부동산등기법 175조 내지 177조 및 55조 2호에 의하여 가등기 후에 한 제3자의 추가근저당권설정등기** 및 경매신청의 가입등기를 **직권으로 말소할 수 있는 것이고** 경매신청의 가입등기가 경매법원의 촉탁에 의하여 하여진 것이라거나 집행법원의 경매시 결정의 취소가 없다 하여도 위 이론에 소장이 없다』(대결 1975. 12. 27, 자74마100). 정답 - O

35 **乙 명의 가등기에 기하여 본등기가 경료되어 丙 명의 소유권이전등기가 직권으로 말소된 후 乙 명의 가등기 및 본등기가 통정허위표시에 의한 것임이 밝혀진 경우, 丙은 乙을 상대로 乙 명의의 가등기 및 본등기의 말소를 청구하는 것 이외에 甲을 상대로 말소된 丙 명의 등기의 회복등기를 청구해야 한다.**

해설 『말소등기의 회복에 있어서 말소된 원등기가 공동신청으로 된 것인 때에는 그 회복등기도 공동신청에 의함이 원칙이나, 다만 **등기공무원이 말소할 수 없는 등기를 직권으로 말소한 경우(가등기에 기한 소유권이전의 본등기가 됨으로써 등기공무원이 직권으로 가등기 후에 경료된 제3자의 소유권이전등기를 말소하였으나 그 후 위 가등기에 기한 본등기가 원인무효의 등기라 하여 말소된 때)에는 부동산등기법 제175조를 준용하여 직권으로 말소회복등기를 하여야 하므로 회복등기절차 이행청구는 등기의무자 아닌 자에 대한 청구로서 부적법하다**』(대판 1982. 1. 26, 81다2329). 정답 - X

사례

미성년자인 甲 명의의 소유권이전등기가 마쳐진 X 토지에 관하여 매매를 원인으로 하여 乙 명의로 소유권이전등기가 마쳐졌다. 甲이 乙을 상대로 X 토지에 관한 乙 명의의 소유권이전등기 말소등기절차의 이행을 구하는 소를 제기하였다. 다음 설명이 타당한가? (각 지문은 독립적이고, 다툼이 있는 경우에는 판례에 의함) 변호사시험 제2회

36 **전(前) 등기명의인인 甲이 미성년자이기는 하나 일단 乙 명의로 소유권이전등기가 마쳐진 이상, 그 이전등기에 관하여 필요한 절차를 적법하게 거친 것으로 추정된다.**

해설 어느 부동산에 관하여 등기가 경료되어 있는 경우 특별한 사정이 없는 한 그 원인과 절차에 있어서 적법하게 경료된 것으로 추정되므로(대판 1995. 4. 28, 94다23524), 전 등기명의인인 미성년자가 자신의 지분을 친권자에게 증여하는 행위가 이해상반행위라 하더라도 일단 이전등기가 경료되어 있는 이상, 특별한 사정이 없는 한, 그 이전등기에 관하여 필요한 절차를 적법하게 거친 것으로 추정된다(대판 2002. 2. 5, 2001다72029). 정답 - O

■ **사례**

甲은 乙에 대한 대여금 채무를 담보하기 위하여 甲 소유의 X 토지에 관하여 근저당권설정등기를 마쳐주었다. 甲은 대여금 채무가 모두 변제되어 소멸되었다고 주장하며 근저당권설정등기 말소등기절차의 이행을 구하는 소를 제기하였다. 다음 설명이 타당한가? (각 지문은 독립적이고, 다툼이 있는 경우에는 판례에 의함) 변호사시험 제2회

37 甲이 乙을 상대로 한 위 소송에서 甲의 승소판결이 확정되었고, 이에 甲이 丁에게 근저당권설정등기를 마쳐주고 이어 乙 명의의 근저당권설정등기 말소등기를 마쳤는데, 乙이 甲을 상대로 위 판결에 대한 재심의 소를 제기하여 "재심대상판결을 취소한다."라는 취지의 조정이 성립한 경우, 丁은 乙에 대하여 乙 명의의 근저당권설정등기의 회복등기절차에 대하여 승낙할 의무를 부담한다.

해설 『"재심대상판결 및 제1심판결을 각 취소한다."는 조정조항은 법원의 형성재판의 대상으로서 원고와 소외인이 자유롭게 처분할 수 있는 권리에 관한 것이 아니어서 **당연무효**라 할 것이고, 확정된 재심대상판결과 제1심판결이 당연무효인 위 조정조항에 의하여 취소되었다고 할 수 없으며, 나머지 조정조항들에 의하여 위 판결들의 효력이 당연히 상실되는 것도 아니므로, **위 판결들에 기한 이 사건 근저당권설정등기의 말소등기는 원인무효인 등기가 아니고,** 따라서 **丁은 이 사건 근저당권설정등기의 말소회복에 대하여 승낙을 하여야 할 실체법상의 의무를 부담하지 않는다**』(대판 2012. 9. 13, 2010다97846). 정답 - X

■ **사례 【38~39】**

甲과 乙은 매도인으로부터 X 토지 중 절반씩을 위치를 특정하여 매수하면서 각자 구분소유하기로 하고, 등기부상 각 1/2 공유지분으로 등기하였다. 甲은 X 토지 중 자신의 매수 부분 지상에 Y 주택을 건축하고 이를 丙에게 임대하여 丙이 전입신고를 하지 아니한 채 입주를 마쳤다. 甲은 Y 주택에 저당권을 설정했는데 그 저당권이 실행되어 A가 Y 주택 소유권을 취득하였다. 이에 관한 설명이 타당한가? (각 지문은 독립적이며, 다툼이 있는 경우 판례에 의함) 변호사시험 제7회

38 인근 토지 소유자 丁이 X 토지 중 乙 매수 부분을 침범하여 건축행위를 하는 경우 甲이 방해배제를 청구할 수 있다.

해설 『1필지의 토지 중 일부를 특정하여 매수하고 다만 그 소유권이전등기는 그 필지 전체에 관하여 공유지분권이전등기를 한 경우에는 그 특정부분 이외의 부분에 관한 등기는 상호 명의신탁을 하고 있는 것으로서, 그 지분권자는 **내부관계에 있어서는 특정부분에 한하여 소유권을 취득하고 이를 배타적으로 사용, 수익할 수 있고, 다른 구분소유자의 방해행위에 대하여는 소유권에 터잡아 그 배제를 구할 수 있으나,** 외부관계에 있어서는 1필지 전체에 관하여 공유관계가 성립되고 공유자로서의 권리만을 주장할 수 있는 것이므로, 제3자의 방해행위가 있는 경우에는 자기의 구분소유 부분뿐 아니라 전체토지에 대하여 공유물의 보존행위로서 그 배제를 구할 수 있다』(대판 1994. 2. 8, 93다42986). 정답 - O

39 乙이 Y 주택을 철거하기 위한 사전작업으로 丙을 상대로 Y 주택에서의 퇴거를 청구할 수 있다.

해설 『1필지의 토지 중 일부를 특정하여 매수하고 다만 그 소유권이전등기는 그 필지 전체에 관하여 공유지분권이전등기를 한 경우에는 그 특정부분 이외의 부분에 관한 등기는 상호 명의신탁을 하고 있는 것으로서, 그 지분권자는 **내부관계에 있어서는 특정부분에 한하여 소유권을 취득하고 이를 배타적으로 사용, 수익할 수 있고, 다른 구분소유자의 방해행위에 대하여는 소유권에 터잡아 그 배제를 구할 수 있으나,** 외부관계에 있어서는 1필지 전체에 관하여 공유관계가 성립되고 공유자로서의 권리만을 주장할 수 있는 것이므로, 제3자의 방해행위가 있는 경우에는 자기의 구분소유 부분뿐 아니라 전체토지에 대하여 공유물의 보존행위로서 그 배제를 구할 수 있다』(대판 1994. 2. 8, 93다42986). 정답 - X

사례 【40~42】

甲은 그 소유인 X 토지에 관하여 乙과 사이에 매매예약을 체결하고 가등기를 경료하여 주었다. 甲과 乙은 매매예약을 합의해제하였으나 가등기는 그대로 남아 있었다. 甲은 다시 丙과 매매예약을 체결하고 甲, 乙, 丙 사이에 위 가등기를 유용하기로 합의하였다. 그 뒤 甲의 채권자 丁이 X 토지를 가압류하여 그 가압류기입등기가 마쳐졌고, 이어서 위 유용합의에 따라 丙 앞으로 가등기이전의 부기등기가 마쳐졌다. 이에 관한 설명이 타당한가? (각 지문은 독립적이며, 다툼이 있는 경우 판례에 의함)

변호사시험 제7회

40 丙은 가압류채권자 丁에게 대항할 수 없다.

해설 『甲과 乙 사이에 乙의 甲에 대한 채무담보조로 乙 소유의 부동산에 이미 경료되어 있던 丙 명의의 원인무효인 근저당권설정등기에 터잡아 이전등기를 경료하는 방법을 취하기로 합의하여 甲 앞으로 근저당권이전의 부기등기를 한 경우 甲과 乙 사이의 위와 같은 합의는원인무효인 丙 명의의 근저당권설정등기에 터잡아 역시 원인무효의 등기가 될 수밖에 없는 甲 명의로 경료될 근저당권이전등기를 유용하기로 하는 합의에 불과한 것으로서, 이러한 **등기 유용에 관한 합의는 그 유용하기로 한 甲 명의의 근저당권이전등기가 경료되기 이전에 이미 위 부동산에 대하여 처분금지가처분을 하여 둠으로써 등기상의 이해관계를 가지게 된 丁에 대한 관계에 있어서는 그 효력이 없다』**(대판 1994. 1. 28, 93다31702). 정답 - O

41 丁은 직접 丙의 가등기의 말소를 청구할 수 있다.

해설 **가압류채권자는 채권자에 불과할 뿐**이므로, 가압류채무자를 대위하여 가등기의 말소를 청구하는 것은 별론으로 하고 직접 가등기의 말소를 청구할 권원은 없다. 정답 - X

42 丁은 甲을 대위하여 丙의 가등기의 말소를 청구할 수 있다.

해설 『채권자대위권은 채무자의 제3채무자에 대한 권리를 행사하는 것이므로, 제3채무자는 채무자에 대해 가지는 모든 항변사유로 채권자에게 대항할 수 있으나, 채권자는 채무자 자신이 주장할 수 있는 사유의 범위 내에서 주장할 수 있을 뿐 **자기와 제3채무자 사이의 독자적인 사정에 기한 사유를 주장할 수는 없다』**(대판 2009. 5. 28, 2009다4787). 정답 - X

사례 【43~45】

A 명의로 1943. 6. 1. 소유권보존등기가 적법·유효하게 마쳐진 X 부동산에 대하여 甲이 등기관계서류를 위조하여 1979. 3. 5. 甲 명의로 소유권이전등기를 마쳤다. 그 후 X 부동산에 대하여 乙이 1980. 2. 7. 乙 명의로 소유권보존등기를 마쳤고, 이에 터 잡아 丙이 1981. 5. 4. 丙 명의로 소유권이전등기를 마쳤다. 甲은 소유권에 기하여 乙, 丙을 상대로 위 각 소유권이전등기말소청구의 소를 제기하였다. 이에 관한 설명이 타당한가? (다툼이 있는 경우 판례에 의함)

변호사시험 제7회

43 甲 명의의 등기는 원인무효의 등기이므로 설령 乙, 丙 명의의 등기가 말소되어야 할 무효의 등기라고 하더라도 특별한 사정이 없는 한 甲은 乙, 丙에게 말소를 청구할 권원이 없다.

해설 『토지조사부에 소유자로 등재되어 있는 자는 재결에 의하여 사정 내용이 변경되었다는 등의 반증이 없는 이상 토지의 소유자로 사정받아 그 사정이 확정된 것으로 추정되어 그 토지를 원시적으로 취득하게 되고, 소유권보존등기의 추정력은 그 보존등기 명의인 이외의 자가 당해 토지를 사정받은 것으로 밝혀지면 깨어지는 것이나(대판 1997. 5. 23, 95다

46654, 46661; 대판 1998. 9. 8, 98다13686 등 참조), 한편 부동산의 소유권에 기한 물권적 방해배제청구권 행사의 일환으로서 그 부동산에 관하여 마쳐진 타인 명의의 소유권보존등기의 말소를 구하려면 먼저 자신에게 그 말소를 청구할 수 있는 권원이 있음을 적극적으로 주장·입증하여야 하며, 만일 그러한 **권원이 있음이 인정되지 않는다면 설사 타인 명의의 소유권보존등기가 말소되어야 할 무효의 등기라고 하더라도 그 청구를 인용할 수 없다**(대판 2005. 9. 28, 2004다50044 참조). 따라서 사정 이후에 사정명의인이 그 토지를 다른 사람에게 처분한 사실이 인정된다면 사정명의인 또는 그 상속인들에게는 소유권보존등기 명의자를 상대로 하여 그 등기의 말소를 청구할 권원이 없게 되므로 그 청구를 인용할 수 없다』(대판 2008. 12. 24, 2007다79718).

정답 - O

44 **乙 명의의 소유권보존등기는 나중에 이루어진 중복등기로서 1부동산 1등기용지주의를 채택하고 있는 「부동산등기법」상 허용될 수 없는 무효의 등기이고, 이에 터 잡아 마쳐진 丙 명의의 소유권이전등기도 무효의 등기이다.**

해설 『동일부동산에 관하여 등기명의인을 달리하여 중복된 소유권보존등기가 경료된 경우에는 먼저 이루어진 소유권보존등기가 원인무효가 되지 아니하는 한 뒤에 된 소유권보존등기는 비록 그 부동산의 매수인에 의하여 이루어진 경우에는 **1부동산1용지주의를 채택하고 있는 부동산등기법 아래에서는 무효**라고 해석함이 상당하다』〔대판(전합) 1990. 11. 27, 87다카2961,87다453〕.

정답 - O

45 **등기부취득시효의 완성을 위한 등기는 원인무효의 등기라도 무방하므로, 丙이 취득시효의 완성을 위한 다른 요건을 모두 갖추었다면 丙 명의의 소유권이전등기는 특별한 사정이 없는 한 실체관계에 부합하여 유효하다.**

해설 『민법 제245조 제2항은 부동산의 소유자로 등기한 자가 10년간 소유의 의사로 평온·공연하게 선의이며 과실 없이 그 부동산을 점유한 때에는 소유권을 취득한다고 규정하고 있는바, **위 법 조항의 '등기'는 부동산등기법 제15조가 규정한 1부동산 1용지주의에 위배되지 아니한 등기를 말하므로,** 어느 부동산에 관하여 등기명의인을 달리하여 소유권보존등기가 2중으로 경료된 경우 먼저 이루어진 소유권보존등기가 원인무효가 아니어서 뒤에 된 소유권보존등기가 무효로 되는 때에는, 뒤에 된 소유권보존등기나 이에 터잡은 소유권이전등기를 근거로 하여서는 등기부취득시효의 완성을 주장할 수 없다』〔대판(전합) 1996. 10. 17, 96다12511〕.

정답 - X

사례 【46~48】

X 토지에 관하여 甲 명의의 소유권보존등기와 乙 명의의 소유권이전등기가 순차로 경료되어 있다는 사실은 아래 각 소송에서 다툼이 없다. 아래 각 소가 모두 적법하다는 전제에서, 이에 관한 설명이 타당한가? (각 지문은 독립적이며, 다툼이 있는 경우 판례에 의함)

변호사시험 제7회

46 **甲은 乙을 상대로 소유권이전등기말소 청구의 소를 제기하였다. 이 소송에서 甲은 乙에게 토지를 매도한 적이 없다고 주장하고, 乙은 甲으로부터 X 토지를 매수하였다고 주장하였다. 甲과 乙 양측의 위 주장 사실이 증명되지 않은 경우 원고 甲이 승소한다.**

해설 『부동산 등기는 현재의 진실한 권리상태를 공시하면 그에 이른 과정이나 태양을 그대로 반영하지 아니하였어도 유효한 것으로서, 등기명의자가 전 소유자로부터 부동산을 취득함에 있어 등기부상 기재된 등기원인에 의하지 아니하고 다른 원인으로 적법하게 취득하였다고 하면서 **등기원인 행위의 태양이나 과정을 다소 다르게 주장한다고 하여 이러한 주장만 가지고 그 등기의 추정력이 깨어진다고 할 수는 없다**』(대판 2005. 9. 29, 2003다40651). 정답 - X

47 **甲은 乙을 상대로 소유권이전등기말소 청구의 소를 제기하였다. 이 소송에서 乙이 X 토지를 甲의 대리인임을 자칭하는 A를 통하여 매수했다는 사실에 대해서는 당사자 사이에 다툼이 없었고, A에게 대리권이 있었는지 여부에 관해서만 다투어졌는데, 이 대리권 존부에 관하여 증명되지 않은 경우 원고 甲이 승소한다.**

해설 『전등기명의인의 직접적인 처분행위에 의한 것이 아니라 제3자가 그 처분행위에 개입된 경우 현등기명의인이 그 제3자가 전등기명의인의 대리인이라고 주장하더라도 현소유명의인의 등기가 적법히 이루어진 것으로 추정된다 할 것이므로 위 등기가 원인무효임을 이유로 그 말소를 청구하는 **전소유명의인으로서는 그 반대사실 즉, 그 제3자에게 전소유명의인을 대리할 권한이 없었다든지, 또는 제3자가 전소유명의인의 등기서류를 위조하였다는 등의 무효사실에 대한 입증책임을 진다**』〔대판 1992. 4. 24, 91다26379,26386(병합)〕. 정답 - X

48 **X 토지의 사정 명의인은 B이고 丙은 B의 유일한 상속인이라는 사실은 아래 소송에서 당사자 사이에 다툼이 없다. 丙이 甲을 상대로 소유권보존등기말소 청구의 소를 제기하였다. 이 소송에서 丙은 甲이 관련서류를 위조하여 등기하였다고 주장하고 甲은 B 생전에 B로부터 X 토지를 매수하고 대금을 모두 지급하였다고 주장하였다. 甲과 丙 양측의 위 주장 사실이 증명되지 않은 경우 원고 丙이 승소한다.**

해설 『토지에 관한 소유권보존등기의 추정력은 그 토지를 사정받은 사람이 따로 있음이 밝혀진 경우에는 깨어지고 등기명의인이 구체적으로 그 승계취득 사실을 주장·입증하지 못하는 한 그 등기는 원인무효이다』(대판 2005. 5. 26, 2003다40651). 정답 - O

제2장 점유권

1 **매매계약이 취소된 경우, 선의의 매수인은 취소 이전에 인도받은 매매목적물로부터 수취한 과실을 반환할 필요가 없다.** 변호사시험 제1회

해설 선의의 점유자는 점유물의 과실을 취득한다(제201조 제1항). 정답 – O

2 **악의의 점유자는 수취한 과실을 반환하여야 하며 소비하였거나 과실로 인하여 훼손 또는 수취하지 못한 경우에는 그 과실의 대가를 보상하여야 한다.** 변호사시험 제3회

해설

〔제201조(점유자와 과실)〕 ② 악의의 점유자는 수취한 과실을 반환하여야 하며 소비하였거나 과실로 인하여 훼손 또는 수취하지 못한 경우에는 그 과실의 대가를 보상하여야 한다.

정답 – O

3 **점유물이 소유의 의사가 있는 선의의 점유자의 책임 있는 사유로 인하여 멸실 또는 훼손된 때에는 그 점유자는 이익이 현존하는 한도에서 배상하여야 한다.** 변호사시험 제3회

해설

〔제202조(점유자의 회복자에 대한 책임〕 점유물이 점유자의 책임있는 사유로 인하여 멸실 또는 훼손한 때에는 악의의 점유자는 그 손해의 전부를 배상하여야 하며 선의의 점유자는 이익이 현존하는 한도에서 배상하여야 한다. 소유의 의사가 없는 점유자는 선의인 경우에도 손해의 전부를 배상하여야 한다.

정답 – O

4 **점유자가 점유물을 반환할 때에는 회복자에 대하여 점유물에 관하여 지출한 필요비의 상환을 청구할 수 있으나 점유자가 과실을 수취한 경우에는 일체의 필요비 상환을 청구하지 못한다.** 변호사시험 제3회

해설

〔제203조(점유자의 상환청구권)〕 ① 점유자가 점유물을 반환할 때에는 회복자에 대하여 점유물을 보존하기 위하여 지출한 금액 기타 필요비의 상환을 청구할 수 있다. 그러나 **점유자가 과실을 취득한 경우에는 통상의 필요비는 청구하지 못한다.**

정답 – X

5 점유자가 점유를 침탈당한 경우, 침탈자의 특별승계인에 대하여 그 물건의 반환을 청구할 수 있을 뿐 손해배상을 청구할 수는 없다. 변호사시험 제3회

해설

〔제204조(점유의 회수)〕 ① 점유자가 점유의 침탈을 당한 때에는 그 물건의 반환 및 손해의 배상을 청구할 수 있다. ② 전항의 청구권은 침탈자의 특별승계인에 대하여는 행사하지 못한다. 그러나 승계인이 악의인 때에는 그러하지 아니하다.

정답 - X

6 점유자가 점유의 침탈을 당한 때에는 간접점유자는 점유자가 그 물건을 반환받기를 원하지 아니하는 경우라도 점유자에게 반환할 것을 청구하여야 한다. 변호사시험 제3회

해설

〔제207조(간접점유의 보호)〕 ② 점유자가 점유의 침탈을 당한 경우에 간접점유자는 그 물건을 점유자에게 반환할 것을 청구할 수 있고 점유자가 그 물건의 반환을 받을 수 없거나 이를 원하지 아니하는 때에는 자기에게 반환할 것을 청구할 수 있다.

정답 - X

사례 【7~8】

甲 소유의 X 토지를 무단 점유하고 있던 乙은 등기서류를 위조하여 X 토지에 관하여 자기 앞으로 소유권이전등기를 마쳤다. 乙은 2010. 10. 27. 자신이 X 토지의 소유자라고 거짓말하여 이에 속은 丙과 매매계약을 체결하고, 2010. 12. 27. 丙으로부터 매매대금 1억 원을 지급받은 다음 丙에게 X 토지에 관한 소유권이전등기를 마쳐주고 X 토지를 인도하였다. 뒤늦게 이와 같은 사실을 알게 된 甲은 2011. 9. 1. 丙을 상대로 X 토지에 관한 소유권이전등기의 말소를 구하는 소를 제기하여 2012. 3. 4. 승소판결을 받았고, 그 판결은 丙의 항소포기로 확정되었다. 다음 설명 중 옳지 않은 것은? (다툼이 있는 경우에는 판례에 의함) 변호사시험 제2회

7 위 소에서 甲이 X 토지에 관한 인도청구를 병합한 경우, 丙이 X 토지의 객관적 가치를 높이기 위하여 비용을 지출하였고 그 이익이 현존한다면, 丙은 반소로써 甲을 상대로 유익비의 상환을 청구할 수 있다.

해설 점유자가 점유물을 개량하기 위하여 지출한 금액 기타 **유익비**에 관하여는 **그 가액의 증가가 현존한 경우**에 한하여 **회복자의 선택에 좇아 그 지출금액이나 증가액의 상환을 청구할 수 있다**(제203조 제2항).

따라서 점유자 丙이 X 토지의 객관적 가치를 높이기 위하여 비용을 지출하였고 그 이익이 현존한다면, 丙은 반소로써 회복자 甲을 상대로 유익비의 상환을 청구할 수 있다.

정답 – O

8 **甲이 2012. 4. 2. 丙을 상대로 2010. 12. 27.부터 X 토지 의 인도 완료일까지 그 사용으로 얻은 부당이득의 반환을 구하는 소를 제기한 경우, 丙은 2012. 4. 2.부터 악의의 점유자로 본다.**

해설 점유자는 선의로 점유한 것으로 추정된다(제197조 제1항). 그런데 선의의 점유자라도 본권에 관한 소에서 패소한 경우, 그 소가 제기된 때부터 악의의 점유자로 간주된다(제197조 제2항). 여기서 '본권에 관한 소'에는 소유권에 기하여 점유물의 인도나 명도를 구하는 소송은 물론, 부당점유자를 상대로 점유로 인한 부당이득의 반환을 구하는 소송도 포함된다(대판 2002. 11. 22. 2001다6213)(민법 제749조 제2항에서의 '그 소'라 함은 부당이득을 이유로 그 반환을 구하는 소를 가리킨다는 점에서 민법 제197조 제2항의 '본권에 관한 소'와 다르다).

따라서 丙은 甲의 X토지에 관한 소유권이전등기의 말소를 구하는 소에서 패소하였으므로, '소가 제기된 때'인 2011. 9. 1.부터 악의의 점유자로 간주된다.

『원고가 이 사건 토지는 원고의 소유이고 피고명의의 소유권이전등기는 원인무효의 등기라 하여 피고를 상대로 1979.9.8. 이사건 토지에 관한 피고명의의 **소유권이전등기의 말소청구소송을 제기한 끝에 그 소송사건이 피고의 패소로 확정되었다면 피고는 민법 제197조 제2항의 규정에 의하여 원고의 위의 소유권이전등기말소 청구소송제기시인 1979.9.8.부터는 이 사건 토지에 대한 악의의 점유자로 간주된다** 할 것이니 원심이 같은 취지에서 피고에 대하여 위 말소청구소송제기 및 이후로서 원고가 구하는 1980.7.1.부터 이 사건 토지의 점유로 인한 부당이득의 반환을 명한 조처는 정당하다』(대판 1987. 1. 20, 86다카1372).

정답 – X

제3장 소유권

1 **부동산에 대한 취득시효가 완성되면, 점유자가 그 명의로 소유권이전등기를 마치지 아니하여 아직 소유권을 취득하지 못하였다고 하더라도, 소유자는 점유자에 대하여 점유로 인한 부당이득반환청구를 할 수 없다.** 변호사시험 제1회

해설 『부동산에 대한 취득시효가 완성되면 점유자는 소유명의자에 대하여 취득시효완성을 원인으로 한 소유권이전등기절차의 이행을 청구할 수 있고 소유명의자는 이에 응할 의무가 있으므로 **점유자가 그 명의로 소유권이전등기를 경료하지 아니하여 아직 소유권을 취득하지 못하였다고 하더라도 소유명의자는 점유자에 대하여 점유로 인한 부당이득반환청구를 할 수 없다**』(대판 1993. 5. 25, 92다51280). 정답 - O

2 **법원은 취득시효의 기산점에 관한 당사자의 주장에 구속되지 아니하고 소송자료에 의하여 점유의 시기(始期)를 인정할 수 있다.** 변호사시험 제5회

해설 취득시효기간을 계산할 때에, 점유기간 중에 해당 부동산의 소유권자가 변동된 경우에는 취득시효를 주장하는 자가 임의로 기산점을 선택하거나 소급하여 20년 이상 점유한 사실만 내세워 시효완성을 주장할 수 없으며, **법원이 당사자의 주장에 구애됨이 없이 소송자료에 의하여 인정되는 바에 따라 진정한 점유의 개시시기를 인정**하고, **그에 터잡아 취득시효 주장의 당부를 판단하여야 한다**(대판 1995. 5. 23, 94다39987 등 참조). 한편 점유가 순차 승계된 경우에는 취득시효의 완성을 주장하는 자가 자기의 점유만을 주장하거나 또는 자기의 점유와 전 점유자의 점유를 아울러 주장할 수 있는 선택권이 있다(대판 1998. 4. 10, 97다56822 등 참조). 소유권의 취득시효에 관한 위와 같은 법리는 지역권의 취득시효에 관한 민법 제294조에 의하여 민법 제245조의 규정이 준용되는 통행지역권의 취득시효에 관하여도 마찬가지로 적용된다(대판 2015. 3. 20, 2012다17479). 정답 - O

3 **부동산에 대한 점유취득시효가 완성된 후 취득시효 완성을 원인으로 한 소유권이전등기를 하지 않고 있는 사이에 그 부동산에 관하여 제3자 명의의 소유권이전등기가 경료된 경우라 하더라도, 당초의 점유자가 계속 점유하고 있고 소유자가 변동된 시점을 기산점으로 삼아도 다시 취득시효의 점유기간이 경과한 경우에는, 점유자로서는 제3자 앞으로의 소유권 변동 시를 새로운 점유취득시효의 기산점으로 삼아 2차의 취득시효의 완성을 주장할 수 있다.** 변호사시험 제5회

해설 부동산에 대한 점유취득시효가 완성된 후 취득시효 완성을 원인으로 한 소유권이전등기를 하지 않고 있는 사이에 그 부동산에 관하여 제3자 명의의 소유권이전등기가 경료된 경우라 하더라도 **당초의 점유자가 계속 점유하고 있고 소유자가 변동된 시점을 기산점으로 삼아도 다시 취득시효의 점유기간이 경과한 경우**에는 **점유자로서는 제3자 앞으로의 소유권 변동시를 새로운 점유취득시효의 기산점으로 삼아 2차의 취득시효의 완성을 주장할 수 있다**〔대판(전합) 2009. 7. 16, 2007다15172〕.

정답 – O

4 **토지공유자 중 1인이 그 토지의 전부를 점유하고 있다면, 그 점유는 특별한 사정이 없는 한 자신의 지분 범위를 초과하는 다른 공유자의 지분에 대하여도 자주점유라고 보아야 한다.** 변호사시험 제5회

해설 『공유토지는 공유자 1인이 그 전부를 점유하고 있다고 하여도 달리 특별한 사정이 없는 한 **다른 공유자의 지분비율의 범위 내에서는 타주점유**라고 볼 수밖에 없다』(대판 1994. 9.9, 94다13190).

정답 – X

5 **점유자가 점유 개시 당시 소유권 취득의 원인이 될 수 있는 법률행위 기타 법률요건이 없이 그와 같은 법률요건이 없다는 사실을 잘 알면서 타인 소유의 부동산을 무단점유한 것임이 증명된 경우, 특별한 사정이 없는 한 자주점유의 추정은 깨어진다.** 변호사시험 제5회

해설 부동산의 점유권원의 성질이 분명하지 않을 때에는 민법 제197조 제1항에 의하여 점유자는 소유의 의사로 선의, 평온 및 공연하게 점유한 것으로 추정되는 것이며, 이러한 추정은 지적공부 등의 관리주체인 국가나 지방자치단체가 점유하는 경우에도 마찬가지로 적용된다. 그리고 **점유자가 점유 개시 당시에 소유권 취득의 원인이 될 수 있는 법률행위 기타 법률요건이 없이 그와 같은 법률요건이 없다는 사실을 잘 알면서 타인 소유의 부동산을 무단점유한 것임이 입증된 경우**에는, 특별한 사정이 없는 한 **점유자는 타인의 소유권을 배척하고 점유할 의사를 갖고 있지 않다고 보아야 할 것**이므로 이로써 **소유의 의사가 있는 점유라는 추정은 깨어진다고 할 것**이나〔대판(전합) 1997. 8. 21, 95다28625 등 참조〕, 한편 국가나 지방자치단체가 취득시효의 완성을 주장하는 토지의 취득절차에 관한 서류를 제출하지 못하고 있다고 하더라도, 그 토지에 관한 지적공부 등이 6·25 전란으로 소실되었거나 기타의 사유로 존재하지 아니함으로 인하여 국가나 지방자치단체가 지적공부 등에 소유자로 등재된 자가 따로 있음을 알면서 그 토지를 점유하여 온 것이라고 단정할 수 없고, 그 점유의 경위와 용도 등을 감안할 때 국가나 지방자치단체가 점유 개시 당시 공공용 재산의 취득절차를 거쳐서 소유권을 적법하게 취득하였을 가능성도 배제할 수 없다고 보이는 경우에는, 국가나 지방자치단체가 소유권 취득의 법률요건이 없이 그러한 사정을 잘 알면서 토지를 무단점유한 것임이 입증되었다고 보기 어려우므로, 위와 같이 토지의 취득절차에 관한 서류를 제출하지 못하고 있다는 사정만으로 그 토지에 관한 국가나 지방자치단체의 자주점유의 추정이 번복된다고 할 수는 없다(대판 2005. 12. 9, 2005다33541 ; 대판 2007. 12. 27, 2007다42112 ; 대판 2010. 10. 14, 2008다92268등 참조).

정답 – O

6 **매도인에게 소유권이 유보된 채 매수인에게 인도된 건축자재가, 매매대금이 모두 지급되지 않은 상태에서 매수인과 제3자 사이에 체결된 도급계약의 이행에 따라 제3자 소유의 신축건물에 부합된 경우, 매도인은 제3자가 소유권 유보에 관하여 과실 없이 알지 못하였더라도 그에게 부당이득의 반환을 청구할 수 있다.** 변호사시험 제1회

해설 부합한 물건의 소유권을 취득한 부동산소유자는 그 물건의 소유자에게 보상을 하여야 한다(제261조). 다만 이러한 보상청구가 인정되기 위해서는 제261조 자체의 요건만이 아니라, 부당이득 법리에 따른 판단에 의하여 부당이득의 요건이 모두 충족되었음이 인정되어야 한다. 『어떠한 동산이 민법 제256조에 의하여 부동산에 부합된 것으로 인정되기 위해서는 그 동산을 훼손하거나 과다한 비용을 지출하지 않고서는 분리할 수 없을 정도로 부착·합체되었는지 여부 및 그 물리적 구조, 용도와 기능면에서 기존 부동산과는 독립한 경제적 효용을 가지고 거래상 별개의 소유권의 객체가 될 수 있는지 여부 등을 종합하여 판단하여야 하고, 이러한 부동산에의 부합에 관한 법리는 건물의 증축의 경우는 물론 건물의 신축의 경우에도 그대로 적용될 수 있다. 민법 제261조에서 첨부로 법률규정에 의한 소유권 취득(민법 제256조 내지 제260조)이 인정된 경우에 '손해를 받은 자는 부당이득에 관한 규정에 의하여 보상을 청구할 수 있다'라고 규정하고 있는바, 이러한 보상청구가 인정되기 위해서는 민법 제261조 자체의 요건만이 아니라, 부당이득 법리에 따른 판단에 의하여 부당이득의 요건이 모두 충족되었음이 인정되어야 한다. **매도인에게 소유권이 유보된 자재가 제3자와 매수인 사이에 이루어진 도급계약의 이행으로 제3자 소유 건물의 건축에 사용되어 부합된 경우 보상청구를 거부할 법률상 원인이 있다고 할 수 없지만, 제3자가 도급계약에 의하여 제공된 자재의 소유권이 유보된 사실에 관하여 과실 없이 알지 못한 경우라면 선의취득의 경우와 마찬가지로 제3자가 그 자재의 귀속으로 인한 이익을 보유할 수 있는 법률상 원인이 있다**고 봄이 상당하므로, **매도인으로서는 그에 관한 보상청구를 할 수 없다**(대판 2009. 9. 24, 2009다15602).

정답 – X

7 **건물의 증축 부분이 기존 건물에 부합하여 기존 건물과 분리해서는 별개의 독립물로서의 효용을 갖지 못하는 경우, 기존 건물에 대한 경매절차에서 경매 목적물로 평가되지 않았더라도 매수인은 부합된 증축 부분의 소유권을 취득한다.** 변호사시험 제4회

해설 『건물의 증축 부분이 기존건물에 부합하여 기존건물과 분리하여서는 별개의 독립물로서의 효용을 갖지 못하는 이상 **기존건물에 대한 근저당권은 민법 제358조에 의하여 부합된 증축 부분에도 효력이 미치는 것**이므로 **기존건물에 대한 경매절차에서 경매목적물로 평가되지 아니하였다고 할지라도 경락인은 부합된 증축 부분의 소유권을 취득한다**』(대판 2002. 10. 25, 2000다63110).

정답 – O

8 **매도인에게 소유권이 유보된 자재가 매수인(수급인)과 제3자(도급인) 사이에 이루어진 도급계약의 이행으로 제3자 (도급인) 소유 건물의 건축에 사용되어 부합된 경우, 제3자**

(도급인)는 소유권유보 사실에 대하여 선의·무과실이라도 매도인의 보상청구에 대해 이를 거부할 수 없다. 변호사시험 제4회

해설 『민법 제261조의 보상청구가 인정되기 위해서는 민법 제261조 자체의 요건만이 아니라, 부당이득 법리에 따른 판단에 의하여 부당이득의 요건이 모두 충족되었음이 인정되어야 한다. 매도인에게 소유권이 유보된 자재가 제3자와 매수인 사이에 이루어진 도급계약의 이행으로 제3자 소유 건물의 건축에 사용되어 부합된 경우 보상청구를 거부할 법률상 원인이 있다고 할 수 없지만, **제3자가 도급계약에 의하여 제공된 자재의 소유권이 유보된 사실에 관하여 과실 없이 알지 못한 경우라면 선의취득의 경우와 마찬가지로 제3자가 그 자재의 귀속으로 인한 이익을 보유할 수 있는 법률상 원인이 있다고 봄이 상당**하므로, **매도인으로서는 그에 관한 보상청구를 할 수 없다**』(대판 2009. 9. 24, 2009다15602). 정답 - X

9 **동산과 동산이 부합하여 훼손하지 아니하면 분리할 수 없거나 그 분리에 과다한 비용을 요할 경우에는 그 합성물의 소유권은 주된 동산의 소유자에게 속하지만, 부합한 동산의 주종을 구별할 수 없는 때에는 동산의 소유자는 현재 가액의 비율로 합성물을 공유한다.** 변호사시험 제4회

해설

〔**제257조(동산간의 부합)**〕 동산과 동산이 부합하여 훼손하지 아니하면 분리할 수 없거나 그 분리에 과다한 비용을 요할 경우에는 그 합성물의 소유권은 주된 동산의 소유자에게 속한다. 부합한 동산의 주종을 구별할 수 없는 때에는 동산의 소유자는 **부합당시의 가액의 비율로 합성물을 공유**한다.

정답 - X

10 **타인이 그 권원에 의하여 부동산에 부속시킨 물건이라 할지라도 그 부속된 물건이 분리되면 경제적 가치가 없게 되는 경우에는 원래의 부동산 소유자의 소유에 귀속된다.** 변호사시험 제4회

해설 『어떠한 동산이 부동산에 부합된 것으로 인정되기 위해서는 그 동산을 훼손하거나 과다한 비용을 지출하지 않고서는 분리할 수 없을 정도로 부착·합체되었는지 여부 및 그 물리적 구조, 용도와 기능면에서 기존 부동산과는 독립한 경제적 효용을 가지고 거래상 별개의 소유권의 객체가 될 수 있는지 여부 등을 종합하여 판단하여야 할 것이고(대판 2003. 5. 16, 2003다14959,14966), 부합물에 관한 소유권 귀속의 예외를 규정한 민법 제256조단서의 규정은 타인이 그 권원에 의하여 부속시킨 물건이라 할지라도 그 부속된 물건이 분리하여 경제적가치가 있는 경우에 한하여 부속시킨 타인의 권리에 영향이 없다는 취지이지 **분리하여도 경제적가치가 없는 경우에는 원래의 부동산 소유자의 소유에 귀속되는 것**이고, **경제적 가치의 판단은 부속시킨 물건에 대한 일반 사회통념상의 경제적 효용의 독립성 유무를 그 기준으로 하여야 한다**』(대판 2007. 7. 27, 2006다39270). 정답 - O

11 **B가 A로부터 소유권유보부 매매에 따라 A 소유의 건축자재 X를 인도받은 후 A에게 대금을 완불하지 못하던 중, 이러한 사정을 알지 못하는 도급인 D 소유의 건물 증축공사에 그 자재 X를 사용하여 X가 건물의 일부로 부합된 경우에 A가 X에 대하여 D에게 행사한 소유권에 기한 물권적 청구권이 인정된다.** 변호사시험 제6회

해설 『[1] 어떠한 동산이 민법 제256조에 의하여 부동산에 **부합된 것으로 인정되기 위해서는 그 동산을 훼손하거나 과다한 비용을 지출하지 않고서는 분리할 수 없을 정도로 부착·합체되었는지 여부 및 그 물리적 구조, 용도와 기능면에서 기존 부동산과는 독립한 경제적 효용을 가지고 거래상 별개의 소유권의 객체가 될 수 있는지 여부 등을 종합하여 판단**하여야 하고, 이러한 부동산에의 부합에 관한 법리는 건물의 증축의 경우는 물론 건물의 신축의 경우에도 그대로 적용될 수 있다. [2] 민법 제261조에서 첨부로 법률규정에 의한 소유권 취득(민법 제256조 내지 제260조)이 인정된 경우에 "손해를 받은 자는 부당이득에 관한 규정에 의하여 보상을 청구할 수 있다."라고 규정하고 있는바, 이러한 보상청구가 인정되기 위해서는 민법 제261조 자체의 요건만이 아니라, 부당이득 법리에 따른 판단에 의하여 부당이득의 요건이 모두 충족되었음이 인정되어야 한다.**매도인에게 소유권이 유보된 자재가 제3자와 매수인 사이에 이루어진 도급계약의 이행으로 제3자 소유 건물의 건축에 사용되어 부합된 경우** 보상청구를 거부할 법률상 원인이 있다고 할 수 없지만, **제3자가 도급계약에 의하여 제공된 자재의 소유권이 유보된 사실에 관하여 과실 없이 알지 못한 경우라면 선의취득의 경우와 마찬가지로** 제3자가 그 자재의 귀속으로 인한 이익을 보유할 수 있는 법률상 원인이 있다고 봄이 상당하므로, 매도인으로서는 그에 관한 보상청구를 할 수 없다』(대판 2009. 9. 24, 2009다15602).

→ 위 판례는 부합으로 원소유자의 소유권이 소멸한다는 전제에서 보상청구에 관해 판단하였다. 따라서 X가 건물에 부합됨에 따라 A는 소유권을 상실하므로 물권적 청구권이 인정되지 않는다.

정답 – X

12 **A 회사는 토지 소유자인 乙의 동의 없이 그 토지의 상공에 고압송전선이 통과하도록 시설을 설치하여 사용하고 있으며, 甲은 이러한 사실을 알면서 乙로부터 그 토지를 매수하여 소유권이전등기를 경료하고 이를 농지로 이용하고 있다. 甲이 토지를 취득한 때부터 13년이 경과한 시점에 A 회사를 상대로 송전선의 철거를 구하고자 한다. 甲이 송전선의 철거를 구하는 것은 소유권에 기한 물권적 청구권을 행사는 것이므로 소멸시효에 걸리지 않는다.** 변호사시험 제3회

해설 소유권은 제162조에 의해 소멸시효에 걸리지 않는다. 그리고 통설은 소유권의 절대성과 항구성을 이유로 소유권은 물론 소유권에 기한 물권적 청구권도 소멸시효에 걸리지 않는다고 본다.

정답 – O

13 **甲이 乙과 함께 1/2의 지분으로 공유하고 있는 X 토지전체를 단독으로 丙에게 임대한 경우에는 乙은 丙을 상대로 X 토지 전체의 인도를 청구할 수 없다.** 변호사시험 제3회

해설

> 〔**제265조 (공유물의 관리, 보존)**〕 공유물의 관리에 관한 사항은 공유자의 지분의 과반수로써 결정한다. 그러나 보존행위는 각자가 할 수 있다.

즉, 공유물의 관리에 관한 사항은 공유자의 '지분의 과반수'로써 결정하는데(제265조 본문), 공유자의 과반수가 아니라 지분의 과반수이다. 따라서 1/2의 지분은 반수이지 과반수는 아니다. 그렇다면 사안에서 **과반수가 아닌 지분권자(1/2 지분권자도 이에 해당한다) 甲의 의사에 의한 경우에는 제3자의 丙의 점유는 부적법**하고, **다른 지분권자 乙은 그 제3자 丙에 대하여 공유물 전체의 인도를 청구할 수 있다.** 다만 근거 및 내용에 관하여 판례는 **보존행위를 근거로** 공유물 전부의 인도를 청구할 수 있다고 하는 반면, 학설은 대체로 지분에 기한 물권적 청구권을 근거로 하며, 불가분채권에 관한 규정(제409조)을 유추하여 자기에게 반환할 것을 청구할 수 있다고 한다. 정답 – X

14 **甲 종중이 종중원 乙의 타인에 대한 대여금반환채무를 보증하는 행위는 장래 乙이 그 채무를 이행하지 아니하면 甲 종중이 보유하고 있는 현금이나 총유물을 처분하여 마련한 자금으로 그 채무를 만족시켜야 한다는 점에서 총유물의 처분행위에 해당한다고 보아야 하므로 甲 종중의 규약에 다른 정함이 없으면 종중총회의 결의가 있어야 유효하다.** 변호사시험 제3회

해설

> 〔**제276조(총유물의 관리, 처분과 사용, 수익)**〕 ① 총유물의 관리 및 처분은 사원총회의 결의에 의한다.

지문은 대판 2007. 4. 19, 전합2004다60072의 반대의견에 따른 논거 및 결론이다. 즉 종중과 같은 비법인사단의 채무보증행위가 총유물의 관리·처분행위에 해당하는지 여부와 관련하여 대판 2007. 4. 19, 전합2004다60072의 다수의견은 『총유물의 관리 및 처분이라 함은 총유물 그 자체에 관한 이용·개량행위나 법률적·사실적 처분행위를 의미하는 것이므로, **"단순한 채무부담행위는 총유물의 관리·처분행위라고 볼 수 없다."**고 한다. 그러나 반대의견은 "채무의 변제기가 도래하면 비법인사단은 자신이 보유하고 있는 현금이나 총유물을 처분하여 그 채무를 만족시켜야 하므로 총유물의 관리·처분을 수반하지 않는 금전채무 부담행위는 생각하기 어려우므로, 금전채무 부담행위는 총유물의 관리·처분에 관한 법리가 적용된다』고 한다. 정답 – X

15 **甲, 乙이 전매차익을 얻으려는 공동의 목적으로 X 토지를 함께 매수하여 소유권을 취득하면 X 토지는 당연히 甲, 乙의 합유에 속하므로 甲이 탈퇴하면 X 토지는 乙의 단독 소유가 된다.** 변호사시험 제3회

해설 『**수인이 부동산을 공동으로 매수한 경우**, 매수인들 사이의 법률관계는 공유관계로서 단순한 공동매수인에 불과할 수도 있고, 수인을 조합원으로 하는 동업체에서 매수한 것일 수도 있는데, **부동산의 공동매수인들이 전매차익을 얻으려는 '공동의 목적 달성'을 위하여 상호 협력한 것에 불과하고 이를 넘어 '공동사업을 경영할 목적'이 있었다고 인정되지**

않는 경우 이들 사이의 법률관계는 공유관계에 불과할 뿐 민법상 조합관계에 있다고 볼 수 없다』(대판 2012. 8. 30, 2010다39918).

『2인 조합에서 조합원 1인이 탈퇴하면 조합관계는 종료되지만 특별한 사정이 없는 한 조합이 해산되지 아니하고, 조합원의 합유에 속하였던 재산은 남은 조합원의 단독 소유에 속하게 되지만, 그 조합재산이 부동산인 경우에는 그 물권변동의 원인은 조합관계에서의 탈퇴라고 하는 법률행위에 의한 것으로서 잔존 조합원의 단독 소유로 하는 내용의 등기를 하여야 비로소 소유권 변동의 효력이 발생한다』(대판 2011. 1. 27, 2008다2807). 정답 - X

16 **공유물의 보존에 관한 민법 제265조의 규정은 총유물의 보존에 관하여도 적용되므로 甲 종중의 종중원 乙은 그 종중원들의 총유에 속하는 X 토지를 무단으로 점유하고 있는 丙을 상대로 총유물의 보존행위를 이유로 단독으로 X 토지의 인도를 구할 수 있다.**

변호사시험 제3회

해설 총유의 경우에는 공유나 합유의 경우처럼 보존행위는 구성원 각자가 할 수 있다(제265조 단서, 제272조)는 규정이 없으므로 보존행위를 함에도 사원총회의 결의를 요한다. 특히 총유재산에 관한 소송행위와 관련(당사자적격의 문제)하여 최근 판례는 『총유재산에 관한 소송은 **법인 아닌 사단이 그 명의로 사원총회의 결의를 거쳐 하거나** 또는 **그 구성원 전원이 당사자가 되어 필수적 공동소송의 형태로 할 수 있을 뿐** 총회의 결의를 거치더라도 (설령 대표자라도)구성원 개인이 할 수는 없다』[대판(전합) 2005. 9. 15, 2004다44971]고 판시하고 있다. 그럼에도 불구하고 비법인사단의 대표자 개인이 총유재산의 보존행위로서 소를 제기한 때에는 법원은 당사자적격 흠결을 이유로 부적법 각하하여야 한다. 정답 - X

17 **甲이 乙, 丙과 함께 토지를 각 1/3 지분으로 공유하고 있는 경우 공유물에 관한 보존행위를 이유로는 乙 명의의 1/3 지분에 관하여 원인 없이 丁 앞으로 마쳐진 소유권이전등기의 말소를 구할 수 없다.**

변호사시험 제3회

해설 제3자 앞으로 원인 무효의 등기가 마쳐져 있는 경우, 지분권자는 공유물에 관한 보존행위로서 '자기의 지분에 관하여서는 물론 그 등기 전부'의 말소를 청구할 수 있다(대판 1993. 5. 11, 92다52870). 이 경우 공유자 중 한 사람이 '공유물에 관하여 마쳐진 원인무효의 등기'에 각 공유자에게 해당 지분별로 진정명의회복을 원인으로 한 소유권이전등기를 이행할 것을 단독으로 청구하는 것도 가능하다(대판 2005. 9. 29, 2003다40651). 그러나 **판례는 부동산 공유자의 1인이 자신의 공유지분이 아닌 '다른 공유자'의 공유지분을 침해하는 원인 무효의 등기가 이루어졌다는 이유로 공유물에 관한 보존행위로서 그 부분 등기의 말소를 구할 수는 없다고 한다**(대판 2009. 2. 26, 2006다71802 ; 대판 2010. 1. 14, 2009다67429). 정답 - O

18 **甲은 乙로부터 乙 소유 나대지인 X 토지 500㎡ 중 (A) 부분 200㎡를 특정하여 매수하고 합의에 따라 X 토지 중 2/5 지분에 관하여 소유권이전등기를 마쳤다. 丙이 무단으로 (A) 부분 토지를 점유하여 사용하는 경우 乙은 甲을 대위하지 않고 직접 丙에게 그 부분 토지의 인도를 청구할 수 있다.**

변호사시험 제5회

해설 대외적으로 공유자가 토지전부를 공유한다. 따라서 제3자가 불법점유하는 경우 각자는 자기소유부분 뿐만 아니라 전체토지에 대하여 보존행위로서 그 배제를 구할 수 있다(대판 1994. 2. 8, 93다42986). 정답 - O

19 **甲은 乙로부터 乙 소유 나대지인 X 토지 500㎡ 중 (A) 부분 200㎡를 특정하여 매수하고 합의에 따라 X 토지 중 2/5 지분에 관하여 소유권이전등기를 마쳤다. 甲으로부터 (A) 부분 토지를 매수하였으나 등기를 마치지 아니한 丁은 甲을 대위하여 乙을 상대로 공유물 분할의 청구를 할 수 있다.** 변호사시험 제5회

해설 내부관계에서는 각자가 특정부분을 소유하며 상호명의신탁관계에 있기 때문에 **공유물분할을 청구할 수 없고,** 상대방에 대하여 **명의신탁을 해지**하고 **특정매수부분에 대하여 소유권확인 및 지분이전을 청구하여야 한다**(대판 1985. 9. 24, 85다카451). 정답 - X

20 **건물공유자 중 일부만이 당해 건물을 점유하고 있더라도 이로써 건물공유자들 전원이 건물부지에 대한 공동점유를 하는 것이 되고, 그 건물부지에 대한 점유취득시효가 완성되면, 그 취득시효 완성을 원인으로 한 소유권이전등기청구권은 당해 건물의 공유지분비율과 같은 비율로 건물공유자들에게 귀속된다.** 변호사시험 제5회

해설 건물 공유자 중 일부만이 당해 건물을 점유하고 있는 경우라도 그 건물의 부지는 건물 소유를 위하여 **공유명의자 전원이 공동으로 이를 점유하고 있는 것으로 볼 것**이며, 건물공유자들이 건물부지의 공동점유로 인하여 건물부지에 대한 소유권을 시효취득하는 경우라면 **그 취득시효 완성을 원인으로 한 소유권이전등기청구권은 당해 건물의 공유지분비율과 같은 비율로 건물 공유자들에게 귀속**된다(대판 2003. 11. 13, 2002다57935). 정답 - O

21 **수인이 전매차익을 얻으려는 공동의 목적 달성을 위해 부동산을 공동으로 매수한 경우, 공동사업을 경영할 목적이 있었다고 인정되지 않으면 위 부동산에 대한 매수인들 사이의 소유 관계는 (A)이다.** 변호사시험 제6회

해설 『수인이 부동산을 공동으로 매수한 경우, 매수인들 사이의 법률관계는 공유관계로서 단순한 공동매수인에 불과할 수도 있고, 수인을 조합원으로 하는 동업체에서 매수한 것일 수도 있는데, **부동산의 공동매수인들이 전매차익을 얻으려는 '공동의 목적 달성'을 위하여** 상호 협력한 것에 불과하고 이를 넘어 **'공동사업을 경영할 목적'이 있었다고 인정되지 않는 경우 이들 사이의 법률관계는 공유관계에 불과**할 뿐 민법상 조합관계에 있다고 볼 수 없다』(대판 2012. 8. 30, 2010다39918). 정답 - **공유관계**

22 **1동의 건물 중 각 일부분의 위치 및 면적이 특정되지 않거나 구조상·이용상 독립성이 인정되지 아니하지만 공유자들 사이에 이를 구분소유하기로 하는 취지의 약정을 하고 공유등기를 한 경우, (B)가 성립한다.** 변호사시험 제6회

해설 『1동의 건물 중 위치 및 면적이 특정되고 구조상·이용상 독립성이 있는 일부분씩을 2인 이상이 구분소유하기로 하는 약정을 하고 등기만은 편의상 각 구분소유의 면적에 해당하는 비율로 공유지분등기를 하여 놓은 경우, 구분소유자들 사이에 공유지분등기의 상호명의신탁관계 내지 건물에 대한 구분소유적 공유관계가 성립하지만, **1동 건물 중 각 일부분의 위치 및 면적이 특정되지 않거나 구조상·이용상 독립성이 인정되지 아니한 경우에는 공유자들 사이에 이를 구분소유하기로 하는 취지의 약정이 있다 하더라도 일반적인 공유관계가 성립할 뿐**, 공유지분등기의 상호명의신탁관계 내지 건물에 대한 구분소유적 공유관계가 성립한다고 할 수 없다』(대판 2014. 2. 27, 2011다42430). 정답 - **공유관계**

23 **구분소유적 공유관계에 있어서, 1필지의 토지 중 특정 부분에 대한 구분소유적 공유관계를 표상하는 공유지분을 목적으로 하는 근저당권이 설정된 후 구분소유자 상호 간에 지분이전등기를 하여 구분소유적 공유관계가 해소된 경우, 그 근저당권은 (C).**

변호사시험 제6회

해설 『1필지의 토지의 위치와 면적을 특정하여 2인 이상이 구분소유하기로 하는 약정을 하고 구분소유자의 공유로 등기하는 이른바 **구분소유적 공유관계에 있어서, 1필지의 토지 중 특정 부분에 대한 구분소유적 공유관계를 표상하는 공유지분을 목적으로 하는 근저당권이 설정된 후** 구분소유하고 있는 특정 부분별로 독립한 필지로 분할되고 나아가 구분소유자 상호 간에 지분이전등기를 하는 등으로 **구분소유적 공유관계가 해소되더라도 그 근저당권은 종전의 구분소유적 공유지분의 비율대로 분할된 토지들 전부의 위에 그대로 존속하는 것이고,** 근저당권설정자의 단독소유로 분할된 토지에 당연히 집중되는 것은 아니다』(대판 2014. 6. 26, 2012다25944).

정답 - **종전의 구분소유적 공유지분의 비율대로 분할된 토지들 전부의 위에 그대로 존속한다**

24 **구분소유적 공유관계에 있는 토지의 특정부분을 구분소유하는 자는 그 부분에 대하여 신탁적으로 지분등기를 가지고 있는 자를 상대로 그 부분에 대한 명의신탁해지를 원인으로 한 지분이전등기절차의 이행을 구할 수 있으나, 그 토지 전체에 대한 공유물분할청구의 소를 제기하는 것은 허용되지 않는다.**

변호사시험 제7회

해설 『공유물분할청구는 공유자의 일방이 그 공유지분권에 터잡아서 하여야 하는 것이므로 공유지분권을 주장하지 아니하고 목적물의 특정부분을 소유한다고 주장하는 자는 그 부분에 대하여 신탁적으로 지분등기를 가지고 있는 자들을 상대로 하여 **그 특정부분에 대한 명의신탁해지를 원인으로 한 지분이전등기절차의 이행만을 구하면 될 것**이고 **공유물분할청구를 할 수 없다** 할 것이다』(대판 1989. 9. 12, 88다카10517). 정답 - O

25 **공유물분할판결이 확정된 후 10년이 경과하면 그 판결로 확정된 공유물분할청구권은 시효완성으로 소멸한다.**

변호사시험 제7회

해설 『**공유물분할청구권은 공유관계에서 수반되는 형성권이므로 공유관계가 존속하는 한 그 분할청구권만이 독립하여 시효소멸될 수 없다.** 민법 제165조의 규정은 단기의 소멸시효에 걸리는 것이라도 확정판결을 받은 권리의 소멸시효는 10년으로 한다는 뜻일 뿐 10년보다 장기의 소멸시효를 10년으로 단축한다는 의미도 아니고 **본래 소멸시효의 대상이 아닌 권리가 확정판결을 받음으로써 10년의 소멸시효에 걸린다는 뜻도 아니다**』(대판 1981. 3. 24, 80다1888,1889).

정답 – X

26 **A 소유의 토지 X에 관하여 B가 A와의 명의신탁 약정에 따라 2013. 5.경 B의 명의로 소유권이전등기를 경료한 후 이런 사정을 알고 있는 D에게 토지 X를 매도하여 D의 명의로 소유권이전등기가 경료된 경우에 A가 X에 대하여 D에게 행사한 소유권에 기한 물권적 청구권이 인정된다.**

변호사시험 제6회

해설

〔**부동산 실권리자명의 등기에 관한 법률 제4조(명의신탁약정의 효력)**〕 ① 명의신탁약정은 무효로 한다. ② 명의신탁약정에 따른 등기로 이루어진 부동산에 관한 물권변동은 무효로 한다. 다만, 부동산에 관한 물권을 취득하기 위한 계약에서 명의수탁자가 어느 한쪽 당사자가 되고 상대방 당사자는 명의신탁약정이 있다는 사실을 알지 못한 경우에는 그러하지 아니하다. ③ **제1항 및 제2항의 무효는 제3자에게 대항하지 못한다.**

→ 명의신탁약정과 물권변동이 무효라는 사실을 제3자인 D에게 대항할 수 없으므로, A에게 물권적 청구권이 인정되지 않는다.

정답 – X

사례 【27~29】

甲은 X 건물의 소유자인데 乙로부터 금원을 차용하고 그 건물에 관하여 乙에게 저당권을 설정해 주었다. 그후 甲은 丙 렌탈회사로부터 X 건물을 위한 냉난방시설, 전화교환기시설을 임차하여 사용하는 계약을 체결하고 위 시설들을 설치하게 하였다. 위 시설 중 냉난방시설은 X 건물 자체에 고착되어 과다한 노력이나 비용을 들이지 아니하고는 분리할 수 없고 분리하더라도 그 경제적 가치가 현저히 감소되어 잔존가치가 거의 없게 되는 형편이었고, 전화교환기시설은 X 건물의 경제적 효용에 직접 이바지하는 것으로서 X 건물과는 독립된 물건이었다. 그후 乙의 신청에 따른 X 건물에 대한 경매절차에서 丁이 이를 매수하여 매각대금을 완납하였으나 아직 丁 명의로 소유권이전등기가 마쳐지지 않았다. 丁은 그 이후에 별도로 丙 렌탈회사와 냉난방시설 및 전화교환기시설에 대한 매매·임차 등 계약을 체결하지 아니한 채 위 시설들을 점유·사용하여 왔다. 丙 렌탈회사는 丁을 상대로 냉난방시설과 전화교환기시설에 대한 차임 상당 부당이득금의 반환을 구하는 소를 제기하였다. 다음 설명이 타당한가? (소유자가 다른 경우 주물과 종물의 관계가 성립하지 아니함을 전제로 하고, 각 지문은 독립적이며, 다툼이 있는 경우 판례에 의함)

변호사시험 제5회

27 **丙 렌탈회사의 소 제기 시점에서 X 건물 소유자는 丁이다.**

해설 경매에 의한 소유권취득은 법률의 규정에 의한 물권취득으로서 등기없어도 소유권을 취득한다(제187조). 정답 – O

28 **丁은 냉난방시설의 사용·수익으로 인한 부당이득반환의무가 없다.**

해설 냉난방시설은 독립성을 잃고 부합되어 경락에 의하여 丁이 소유권을 취득하고 丁은 사용수익에 대해 반환의무가 없다. 정답 – O

29 **丁이 경매 당시 전화교환기시설이 임차한 물건이라는 점을 몰랐고 몰랐던 데에 과실이 없었던 경우 전화교환기시설의 사용·수익으로 인한 부당이득반환의무가 없다.**

해설 타인의 권원에 의하여 설치된 물건이 독립성을 가지는 경우에는 부합되지 않고 종물요건이나 선의취득의 요건도 갖추지 못하여 사용수익으로 인한 부당이득 반환의무를 진다. 정답 – X

사례 【30~34】

甲은 乙 소유의 X 토지를 25년 동안 점유해오고 있다. 甲이 乙을 상대로 취득시효 완성을 원인으로 한 소유권이전등기청구권을 행사하였다. 다음 설명이 타당한가? (다툼이 있는 경우에는 판례에 의함)

변호사시험 제1회

30 **甲이 취득시효 완성 후 乙을 상대로 소유권이전등기청구를 하자 乙이 X의 소유권을 丙에게 양도한 경우, 자기 소유권을 행사한 乙은 甲에 대하여 불법행위책임을 지지 않는다.**

해설 ① 취득시효가 완성된 후 점유자가 그 취득시효를 주장하거나 이로 인한 소유권이전등기를 청구하기 이전에는, 특별한 사정이 없는 한 등기명의인은 그 시효취득사실을 알 수 없으므로 이를 제3자에게 처분하였다고 하더라도 불법행위가 성립하지는 않는다(대판 1995. 7. 11, 94다4509). ② 그러나 등기명의인이 자신의 부동산에 대하여 취득시효가 완성된 사실을 알고도 제3자에게 처분하여 등기명의를 넘겨줌으로써 시효취득자에게 손해를 입혔다면 불법행위를 구성하며, 만약 부동산을 취득한 제3자가 부동산 소유자의 이러한 불법행위에 적극 가담하였다면 이는 사회질서에 반하는 행위로서 무효가 된다(대판 1994. 4. 12, 93다60779).

정답 – X

31 **만약 甲의 X에 대한 취득시효가 완성된 후 甲이 점유를 상실하였다면, 특별한 사정이 없는 한 甲의 소유권이전등기청구권은 점유를 상실한 날로부터 10년간 행사하지 않으면 소멸시효가 완성한다.**

해설 『토지에 대한 취득시효 완성으로 인한 소유권이전등기청구권은 그 토지에 대한 점유가 계속되는 한 시효로 소멸하지 아니하고, 그 후 점유를 상실하였다고 하더라도 이를 시효이익의 포기로 볼 수 있는 경우가 아닌 한 이미 취득한 소유권이전등기청구권은 바로 소멸되는 것은 아니나, 취득시효가 완성된 점유자가 점유를 상실한 경우 취득시효 완성으로 인한 소유권이전등기청구권의 소멸시효는 이와 별개의 문제로서, **그 점유자가 점유를 상실한 때로부터 10년간 등기청구권을 행사하지 아니하면 소멸시효가 완성**한다』(대판 1996. 3. 8, 95다34866, 34873).

정답 - O

32 **취득시효 완성 후 乙이 丙에게 X를 양도하였더라도 이전등기 시점을 기준으로 하여 새로운 취득시효의 완성을 주장할 수 있지만 그 기간 중에는 소유자의 변동이 없어야 한다.**

해설 2차 취득시효기간 중 등기부상 소유명의자가 변경된 경우 2차 취득시효 완성자가 2차 시효완성 당시의 등기부상 소유명의자에게 시효취득을 주장할 수 있는지 여부[대판(전합) 2009. 7. 16, 2007다15172,15189].

(1) **다수의견** : 『① **취득시효기간이 경과하기 전에 등기부상의 소유명의자가 변경**된다고 하더라도 그 사유만으로는 **점유자의 종래의 사실상태의 계속을 파괴한 것이라고 볼 수 없어 취득시효를 중단할 사유가 되지 못하므로**, 새로운 소유명의자는 취득시효 완성 당시 권리의무 변동의 당사자로서 취득시효 완성으로 인한 불이익을 받게 된다 할 것이어서 시효완성자는 그 소유명의자에게 시효취득을 주장할 수 있는바, ② **이러한 법리는 새로이 2차의 취득시효가 개시되어 그 취득시효기간이 경과하기 전에 등기부상의 소유명의자가 다시 변경된 경우에도 마찬가지로 적용된다고 봄이 상당**하다』

(2) **반대의견** : 『① 점유취득시효에 대한 해석에 있어서 부동산에 관한 물권의 득실변경에 관한 형식주의의 대원칙과 공신력이 훼손됨으로써 거래의 안전이 위협받는 것을 최소화할 필요가 있고, ② 점유취득시효 제도를 지나치게 넓게 인정하는 것은 타인의 재산권을 부당히 침해할 요소가 크므로 그 취득요건은 엄격히 해석하여야 한다』

정답 - X

33 **만약 丙이 甲으로부터 X를 양수하여 점유를 승계한 경우, 丙은 甲의 취득시효 완성의 효과를 주장하여 직접 자기에게 소유권이전등기를 해줄 것을 청구할 수 있다.**

해설 점유취득시효 완성 후 등기 전에 목적부동산을 양수받은 제3자가 소유자에 대하여 직접 자기에게 소유권이전등기를 청구할 수 있는지 여부[대판(전합) 1995. 3. 28, 93다47745].

(1) **다수의견** : 『전 점유자의 점유를 승계한 자는 **그 점유 자체와 하자만을 승계하는 것**이지 그 점유로 인한 법률효과까지 승계하는 것은 아니므로……**전 점유자의 취득시효 완성의 효과를 주장하여 직접 자기에게 소유권이전등기를 청구할 권원은 없다**』라고 하여 전 점유자의 소유자에 대한 소유권이전등기청구권을 대위행사할 수 있을 뿐이라고 보고 있다.

(2) **반대의견** : 『점유를 승계한 현 점유자는 민법 제199조 제1항에 의하여 자기의 점유와 전 점유자의 점유를 아울러 주장할 수 있으므로 승계한 점유의 시초부터 현재까지 자기가 점유를 계속한 경우와 동일하게 등기부상 소유자에 대하여 직접 취득시효 완성을 원인으로 한 소유권이전등기를 청구할 수 있다고 봄이 상당하다』라고 판단하고 있다.

정답 - X

34 만약 甲의 점유개시 후 10년이 지났을 때 X의 소유자에 변동이 있었다면, 점유개시시점에 관하여 법원은 당사자의 주장에 구속되지 않고 소송자료에 의하여 진정한 점유의 시기(始期)를 인정하여야 한다.

해설 『취득시효의 기산점은 법률효과의 판단에 관하여 직접 필요한 주요사실이 아니고 간접사실에 불과하므로 법원으로서는 이에 관한 당사자의 주장에 구속되지 아니하고 소송자료에 의하여 점유의 시기를 인정할 수 있다』(대판 1998. 5. 12, 97다34037). 정답 - O

사례【35~37】

乙은 甲의 부탁으로 甲 소유인 고장난 기계를 보관하고 있었다. 다음 설명이 타당한가? (다툼이 있는 경우에는 판례에 의함) 변호사시험 제2회

35 乙은 그 기계가 자신의 것이라고 말하며 기계부품상 丙에게 구입할 의향이 있는지를 타진하였다. 丙은 乙의 무지를 이용하여 사실은 간단한 수리만으로 사용할 수 있음에도 불구하고 그 기계는 고장나서 쓸 수 없다고 속여 헐값으로 매입하고 인도받았다. 그 후 甲과 乙이 함께 丙을 찾아와 기망을 이유로 위 매매계약을 취소하고 인도를 요구하였다. 위 매매 당시 丙은 그 기계가 乙의 소유가 아님을 알지 못했고 알 수도 없었다. 이 경우 丙은 기계의 인도를 거절할 수 있다.

해설 선의취득이 성립하기 위해서는 ① 목적물이 동산이어야 하고, ② 처분자는 점유자이지만 무권리자이어야 하고, ③ 유효한 거래행위에 의해 점유를 승계취득한 것이어야 하며, ④ 선의취득자의 점유는 평온·공연·선의·무과실이어야 한다(제249조).

→ ① 사안에서 목적물은 기계로 동산이며, ② 처분자 乙은 점유자이지만 무권리자이며, ④ 양수인 丙은 설문내용상 선의, 무과실이고, 평온·공연도 추정된다(제197조 제1항). 문제는 ③의 요건인바, 乙과 丙의 매매계약(채권행위)은 원칙적으로 타인권리매매로 유효하나(제569조), 丙의 기망행위에 기한 것으로 乙은 사기를 이유로 취소할 수 있다(제110조 제1항). 따라서 사안에서 乙의 취소로 丙은 유효하지 않은 거래행위에 의해 점유를 승계취득하였으므로 丙에게는 선의취득이 인정되지 않는다. 따라서 丙은 기계의 인도를 거절할 수 없다.

『동산의 선의취득은 양도인이 무권리자라고 하는 점을 제외하고는 아무런 흠이 없는 거래행위이어야 성립한다』(대판 1995. 6. 29. 94다22071). 정답 - X

36 乙은 그 기계를 자신의 소유인 것처럼 丁에게 임대하고 점유를 이전하여 주었다가 丁의 간곡한 요청으로 丁에게 그 기계를 매도하였다. 그 기계는 매매 당시 丁이 점유하고 있었으므로 별도로 인도할 필요가 없었고, 丁은 그 기계가 乙의 소유가 아님을 알지 못했고 알 수도 없었다. 이 경우 丁은 기계의 소유권을 취득한다.

해설

[제188조(동산물권양도의 효력, 간이인도)] ② 양수인이 이미 그 동산을 점유한 때에는 당사자의 의사표시만으로 그 효력이 생긴다.

따라서 사안에서 임차인 丁이 그 동산을 매수하고 있으므로 이는 간이인도에 의한 점유이다. 그리고 판례에 따르면 "**동산의 선의취득에 필요한 점유의 취득은 이미 현실적인 점유를 하고 있는 양수인에게는 간이인도에 의한 점유취득으로 그 요건은 충족**된다."(대법원 1981. 8. 20. 선고 80다2530 판결)고 한다. 따라서 선의, 무과실의 丁에게는 기계에 대한 선의취득이 성립하므로 丁은 기계의 소유권을 취득한다. 정답 – O

37 **① 乙의 채권자 戊는 그 기계가 乙의 소유가 아님을 알지 못했고 알 수도 없었기 때문에 그 기계에 대하여 경매신청을 하여 스스로 경락받고 집행비용을 제외한 매각대금 전액을 乙의 채권자로서 배당받았다. 이러한 사정을 알게 된 甲이 戊를 상대로 부당이득반환을 청구하면, 戊는 甲에게 배당금을 부당이득으로 반환할 의무가 있다.**

② 위 ①에서 甲으로부터 부당이득의 반환을 청구받은 戊는 그 기계의 소유권 취득을 거부하고 甲에게 기계를 반환받아 갈 것을 요구할 수 있다.

해설 『[2] 민법 제249조의 동산 선의취득제도는 동산을 점유하는 자의 권리외관을 중시하여 이를 신뢰한 자의 소유권 취득을 인정하고 진정한 소유자의 추급을 방지함으로써 **거래의 안전을 확보하기 위하여 법이 마련한 제도**이므로, 위 법조 소정의 요건이 구비되어 동산을 선의취득한 자는 권리를 취득하는 반면 종전 소유자는 소유권을 상실하게 되는 법률효과가 법률의 규정에 의하여 발생되므로, **선의취득자가 임의로 이와 같은 선의취득 효과를 거부하고 종전 소유자에게 동산을 반환받아 갈 것을 요구할 수 없다.**

[3] 채무자 이외의 자의 소유에 속하는 동산을 경매하여 그 매득금을 배당받은 채권자가 그 동산을 경락받아 선의취득자의 지위를 겸하고 있는 경우, **배당받은 채권자가 법률상 원인 없이 이득을 한 것은 배당액이지 선의취득한 동산이 아니므로, 동산의 전 소유자가 임의로 그 동산을 반환받아 가지 아니하는 이상 동산 자체를 반환받아 갈 것을 요구할 수는 없고 단지 배당금을 부당이득으로 반환할 수밖에 없다**』(대판 1998. 6. 12, 98다6800). 정답 – ① O ② X

사례 【38~41】

甲은 乙 명의로 소유권보존등기가 마쳐진 X토지를 乙로부터 매수하여 소유권이전등기를 마치지 아니한 채 20년 넘게 점유하고 있다. 다음 중 설명이 타당한가?(각 지문은 독립적이고, 다툼이 있는 경우에는 판례에 의함) 변호사시험 제3회

38 **甲의 점유기간이 20년이 되기 전에 X 토지에 관하여 매매예약을 원인으로 한 丙 명의의 소유권이전청구권가등기가 마쳐졌고, 그 점유기간이 20년이 지난 후에 위 가등기에 기한 丙명의의 본등기가 마쳐진 경우, 특별한 사정이 없는 한 甲은 丙에 대하여 X 토지에 관한 취득시효 완성을 주장할 수 없다.**

해설 『취득시효완성에 의한 등기를 하기 전에 먼저 소유권이전등기를 경료하여 부동산 소유권을 취득한 제3자에 대하여는 그 제3자 명의의 등기가 무효가 아닌 한 시효취득을 주장할 수 없고, 가등기는 그 성질상 본등기의 순위보전의 효력만이 있어 후일 본 등기가 경료된 때에는 본등기의 순위가 가등기한 때로 소급하는 것 뿐이지 본등기에 의한 물권변동의 효력이 가등기한 때로 소급하여 발생하는 것은 아니므로 **취득시효 완성 전에 가등기를 하였다가 취득시효 완성 후 가등기에 기한 본등기를 마친 경우, 점유취득시효 완성자는 이러한 제3자에게 대항할 수 없다**』(대판 1992. 9. 25, 92다21258).

정답 – O

39 **甲이 그 점유기간이 20년이 되기 전에 乙을 상대로 X 토지에 관하여 매매를 원인으로 한 소유권이전등기를 구하는 소를 제기하였다가 패소판결을 받고 그 판결이 확정되었다고 하더라도, 현재 甲이 乙을 상대로 X 토지에 관하여 취득시효 완성을 원인으로 한 소유권이전등기를 구하는 소를 제기하면 승소할 수 있다.**

해설 점유자가 매매나 시효취득을 원인으로 소유권이전등기를 청구하였다가 패소 확정된 경우에도, **점유자가 소유자에 대하여 어떤 의무가 있음이 확정되는 것은 아니므로** 악의의 점유자(제197조 제2항)가 되는데 불과하고 **타주점유로 전환되는 것은 아니다**(대판 1981. 3. 24, 80다2226).

정답 – O

40 **X 토지에 관하여 丙 명의로 유효한 소유권이전등기가 마쳐지게 되면 乙의 甲에 대한 취득시효 완성을 원인으로 한 소유권이전등기의무는 이행불능이 되므로, 甲이 乙을 상대로 그 의무 이행을 구하는 소가 계속되고 있는 중에 丙 명의의 소유권이전등기가 적법하게 말소되더라도 甲은 승소할 수 없다.**

해설 『부동산에 대한 점유로 인한 소유권취득시효가 완성되었다 하더라도 이를 등기하지 않고 있는 사이에 그 부동산에 관하여 제3자에게로 소유권이전등기가 경료되면 점유자가 그 제3자에게는 그 시효취득으로 대항할 수 없으나, 그로 인하여 점유자가 취득시효완성 당시의 소유자에 대한 시효취득으로 인한 소유권이전등기청구권을 상실하게 되는 것은 아니고 위 소유자의 점유자에 대한 소유권이전등기의무가 이행불능으로 된 것이라고 할 것인데, **그 후 어떠한 사유로 취득시효완성 당시의 소유자에게로 소유권이 회복되면 그 소유자에게 시효취득의 효과를 주장할 수 있다**』(대판 1991. 6. 25, 90다14225).

정답 – X

41 **X토지에 관하여 丙 명의로 유효한 소유권이전등기가 마쳐진 경우, 乙의 甲에 대한 취득시효 완성을 원인으로 한 소유권이전등기의무가 이행불능이 되더라도, 甲이 乙을 상대로 그 이행불능을 이유로 채무불이행에 의한 손해배상책임을 묻는 소를 제기하면 승소할 수 없다.**

해설 『부동산 점유자에게 시효취득으로 인한 소유권이전등기청구권이 있다고 하더라도 이로 인하여 부동산 소유자와 시효취득자 사이에 **계약상의 채권·채무관계가 성립하는 것은 아니므로, 그 부동산을 처분한 소유자에게 채무불이행 책임을 물을 수 없다**』(대판 1995. 7. 11, 94다4509). 정답 - O

사례 【42~45】

甲이 부동산 X의 소유권에 기하여 乙 명의의 소유권이전등기가 원인무효임을 이유로 乙을 상대로 소유권이전등기 말소청구소송을 제기하였다. 이에 대해 乙이 다음과 같은 이유를 들어 자기 명의의 등기가 유효하다고 주장한다. 乙의 주장 중 타당한 항변으로 볼 수 없는 것은? (다툼이 있는 경우 판례에 의함) 변호사시험 제6회

42 **乙이 부동산 X를 소유의 의사로 평온, 공연하게 20년 이상 점유하여 왔다고 주장하는 경우**

해설

〔제245조(점유로 인한 부동산소유권의 취득기간)〕 ① 20년간 소유의 의사로 평온, 공연하게 부동산을 점유하는 자는 등기함으로써 그 소유권을 취득한다.

→ 점유취득시효로 X 소유권을 취득할 수 있으므로 타당한 항변이다. 정답 - O

43 **甲이 원인무효가 아닌 자기 명의의 선행 소유권보존등기가 있음에도 乙 명의의 등기가 후행 소유권보존등기에 기초하여 이루어졌다고 주장함에 대하여, 乙이 자기 명의로 소유권이전등기를 경료한 후 부동산 X를 소유의 의사로 평온, 공연하게 선의이며 과실없이 10년 이상 점유하여 왔다고 주장하는 경우**

해설 『[1] **동일 부동산에 관하여 등기명의인을 달리하여 중복된 소유권보존등기가 마쳐진 경우에는 먼저 된 소유권보존등기가 원인무효가 되지 아니하는 한 뒤에 된 소유권보존등기는 1부동산 1등기용지주의를 채택하고 있는 현행 부동산등기법 아래에서는 무효라고 해석함이 상당**하므로, 동일 부동산에 관하여 중복된 소유권보존등기에 터잡아 등기명의인을 달리한 소유권이전등기가 각각 마쳐진 경우에 각 등기의 효력은 소유권이전등기의 선후에 의하여 판단할 것이 아니고, 그 소유권이전등기의 바탕이 된 각 소유권보존등기의 선후를 기준으로 판단하여야 하며, 이러한 법리는 위와 같은 중복된 등기부가 모두 멸실된 후 멸실 전의 등기를 회복재현하는 회복된 소유권이전등기가 중복된 경우에도 마찬가지로 적용된다. [2] 민법 제245조 제2항은 부동산의 소유자로 등기한 자가 10년간 소유의 의사로

평온·공연하게 선의이며 과실 없이 그 부동산을 점유한 때에는 소유권을 취득한다고 규정하고 있는바, **위 법조항의 '등기'는 부동산등기법 제15조가 규정한 1부동산 1용지주의에 위배되지 아니하는 등기를 말한다**』(대판 1998. 7. 14, 97다34693).

→ 乙 명의의 등기는 1부동산 1용지주의에 위배되어 등기취득시효에 기초되는 등기가 될 수 없다. 따라서, 乙은 X 소유권을 취득할 수 없으므로 타당한 항변이 아니다. 정답 - X

44 **甲이 乙 명의 등기의 원인인 매매계약이 무효임에도 乙이 등기서류를 위조하여 등기를 마친 것이라고 주장함에 대하여, 乙이 甲으로부터 증여를 받았다고 주장하는 경우**

해설 乙의 주장에 따라 증여를 받았다면 X 소유권을 취득하므로 타당한 항변이다.

정답 - O

45 **부동산 X는 그 실질적 소유자인 丙 종중이 적법하게 甲에게 명의신탁한 것인데, 乙이 丙 종중으로부터 매수하여 대금을 완납한 후 소유권이전등기를 경료하였다고 주장하는 경우**

해설 『명의신탁한 부동산을 **명의신탁자가 매도하는 경우에 명의신탁자는 그 부동산을 사실상 처분할 수 있을 뿐 아니라 법률상으로도 처분할 수 있는 권원에 의하여 매도한 것**이므로 이를 민법 제569조 소정의 타인의 권리의 매매라고 할 수 없다』(대판 1996. 8. 20, 96다18656).

→ 정당한 권리자인 신탁자 丙으로부터 X를 매수하여 등기한 것이므로 타당한 항변이다.

정답 - O

사례 【46~49】

甲은 1985. 5.경 A 토지(300㎡)와 그 지상 주택을 소유자로부터 매수하여 자신의 명의로 등기하였다. 그런데 그 주택은 A 토지에 인접한 乙 소유의 B 토지(200㎡) 중 X 부분(15㎡)을 침범하여 건축되어 있었는바, 甲은 그 침범사실을 모르고 그 주택에서 거주하다가 1995. 3. 5. 사망하였다. 甲의 유일한 상속인인 丙이 위 주택과 A 토지를 상속하고 X 부분 토지에 대한 점유도 승계하였다. X 부분 토지의 시효취득에 관한 설명 중 옳은 것은? (각 지문은 독립적이고, 다툼이 있는 경우에는 판례에 의함) 변호사시험 제2회

46 **① 丙이 2006. 10.경 乙을 상대로 X 부분 토지에 관하여 취득시효완성을 주장하면서 소유권이전등기청구를 하지 아니한 채로 소유권확인청구소송을 제기한 경우, 丙은 승소할 수 있다.**

② 상속 당시 丙이 소유의 의사로 선의이며 과실없이 점유를 개시했다면 2005. 3. 5.이 경과함으로써 등기부취득시효가 완성된다.

해설 부동산에 관한 점유취득시효가 완성하기 위해서는 20년간 소유의 의사로 평온, 공연하게 부동산을 점유하여야 한다(제245조 제1항). 이 사건 토지는 B토지의 특정한 일부분인데

1필의 토지의 일부도 점유취득시효의 대상이 될 수 있는지와 관련해 판례는 『1필의 토지 일부에 대한 시효취득을 인정하기 위하여는 그 부분이 다른 부분과 구분되어 시효취득자의 점유에 속한다는 것을 인식하기에 족한 객관적인 징표가 계속하여 존재할 것을 요한다』(대판 1997. 3. 11, 96다37428)고 한다. 사안에서 이 사건 B토지의 X부분(15㎡)은 이 사건 건물의 부지이므로, 다른 부분과는 명확히 구분되어 있고 이는 점유취득시효기간 동안 계속되어 왔다. 따라서 이 사건 B토지의 X부분(15㎡)은 점유취득시효의 대상이 될 수 있다.

아울러 '소유의 의사', 즉 자주점유와 관련하여 판례는 『매매대상 대지의 면적이 등기부상의 면적을 상당히 초과하는 경우에는 특별한 사정이 없는 한 계약 당사자들이 이러한 사실을 알고 있었다고 보는 것이 상당하며, 그러한 경우에는 매도인이 그 초과 부분에 대한 소유권을 취득하여 이전하여 주기로 약정하는 등의 특별한 사정이 없는 한, 그 초과 부분은 단순한 점용권의 매매로 보아야 하고 따라서 그 점유는 권원의 성질상 타주점유에 해당한다』(대판 1998. 11. 10, 98다32878 등)고 한다. 사안에서 甲이 매수한 A토지의 등기부상 면적은 300㎡인데 甲이 실제로 인도받응ㄴ 토지의 면적은 315㎡로서, 실제로 인도받은 토지의 면적이 등기부상 면적을 상당히 초과한다고 볼 수 없으므로 이는 착오로 인접 토지의 일부를 그가 매수 취득한 대지에 속하는 것으로 믿고 점유를 하여 왔다고 보아야 한다. 즉 이 사건 B토지의 X부분(15㎡)에 대한 점유는 소유의 의사에 기한 것으로 보는 것이 타당하다.

→ 결국 사안에서 다른 사정이 없는 한 甲의 상속인 丙은 2005. 5경 B토지 중 X부분에 대한 점유취득시효를 완성한다(제245조 제1항). 그리고 사안에서 **B토지 중 X부분에 대한 등기는 乙에게 있으므로 丙의 등기부취득시효는 문제되지 않는다.**(②)

→ 이러한 취득시효에 의한 소유권 취득은 법률행위에 의한 것이 아니므로 원칙적으로 등기를 요하지 않지만(제187조), 그에 대한 유일한 예외로 **제245조 제1항은 등기를 하여야 소유권을 취득하도록 규정**하고 있다. 따라서 **丙이 2006. 10경 乙을 상대로 X부분 토지에 관하여 취득시효완성을 주장하면서 소유권이전등기청구를 하지 아니한 채로 소유권확인청구소송을 제기**한 경우, **丙은 승소할 수 없다.**(①)

『민법 제245조 제1항의 취득시효기간의 완성만으로는 소유권취득의 효력이 바로 생기는 것이 아니라, 다만 이를 원인으로 하여 소유권취득을 위한 등기청구권이 발생할 뿐이고, 미등기 부동산의 경우라고 하여 취득시효기간의 완성만으로 등기 없이도 점유자가 소유권을 취득한다고 볼 수 없다』(대판 2006. 9. 28, 2006다22074,22081). 정답 - ① X ② X

47 **丙이 2004. 3.경 乙을 상대로 취득시효완성을 원인으로 한 소유권이전등기청구소송을 제기하였다가 乙이 응소하여 적극적으로 丙의 주장을 다투자, 2004. 10.경 소를 취하한 후 다시 2007. 3.경 동일한 취지의 소송을 제기한 경우, 丙은 승소할 수 없다.**

해설 『민법 제 168조 제1호, 제170조 제1항에서 시효중단사유의 하나로 규정하고 있는 재판상의 청구라 함은, 통상적으로는 권리자가 원고로서 시효를 주장하는 자를 피고로 하여 소송물인 권리를 소의 형식으로 주장하는 경우를 가리키지만, 이와 반대로 시효를 주장하는 자가 원고가 되어 소를 제기한 데 대하여 피고로서 응소하여 그 소송에서 적극적으로 권리를 주장하고 그것이 받아들여진 경우도 마찬가지로 이에 포함되는 것으로 해석함이 타당하다』[대판(전합) 1993. 12. 21, 92다47861].

→ 따라서 丙이 취득시효가 완성되기 전에 제기한 소에 대해 소유권자 乙이 응소하였으나 丙은 소를 취하한 후 6개월이 지난 2007. 3.경 소송을 다시 제기하였고, 이는 **취득시효가 완성된 후**이므로 **취득시효 중단사유는 없다.** 따라서 丙은 취득시효완성을 원인으로 한 소유권이전등기청구소송에서 승소할 수 있다. 정답 - X

48 **2007. 2.경 B 토지에 관하여 乙의 아들 丁의 명의로 소유권이전등기가 경료되었다. 丁의 등기가 통정허위표시로 인한 등기인 경우, 丙은 丁을 상대로 점유취득시효완성을 원인으로 한 소유권이전등기청구소송을 제기한다면 승소할 수 있다.**

해설 『취득시효가 완성된 후 점유자가 그 등기를 하기 전에 경료된 제3자 명의의 등기가 원인무효인 경우에는 점유자는 **취득시효 완성 당시의 소유자를 대위하여 위 제3자 앞으로 경료된 원인무효인 등기의 말소를 구함**과 아울러 위 소유자에게 취득시효 완성을 원인으로 한 소유권이전등기를 구할 수 있다』(대판 1993. 9. 14, 93다12268). 정답 - X

49 **乙은 2007. 2.경 戊에게 B 토지를 매도하고 소유권이전등기를 경료하여 주었다. 乙이 2007. 10.경 사망한 후 乙의 유일한 상속인 丁이 戊로부터 B 토지를 다시 매수하고 소유권이전등기를 경료한 경우, 丙이 丁을 상대로 점유취득시효완성을 원인으로 한 소유권이전등기청구소송을 제기한다면 특별한 사정이 없는 한 丙은 승소할 수 없다.**

해설 판례에 따르면 시효완성 후 제3자가 등기를 갖춘 경우는 '이중양도의 법리'에 따라 제3자가 설령 악의라 하더라도 그 소유권이전등기가 당연무효가 아닌 한, **종전소유자의 소유권이전등기의무가 이행불능으로 되어 점유취득시효 완성자는 그 제3자에 대하여 시효취득을 주장할 수 없다**고 한다(대판 1993. 9. 28, 93다22883). 원칙적으로 취득시효 완성 후 상속한 경우 상속인은 위 제3자에 해당하지 않지만(대판 1995. 5. 9, 94다22484) 사안의 경우는 점유취득시효완성 후 제3자 戊에게 소유권이 이전되었다가 乙의 상속인 丁에게 다시 매수된 것이므로 **丁의 소유권 취득은 상속과 같은 포괄승계가 아닌 戊에게서 특정승계받은 것**이므로 **丁은 위 제3자에 해당한다**(대판 1999. 2. 12, 98다40688). 따라서 **丙이 丁을 상대로 점유취득시효완성을 원인으로 한 소유권이전등기청구소송을 제기한다면 '이중양도 법리'에 의해 丙은 승소할 수 없다.**

『부동산에 대한 점유취득시효가 완성된 후 이를 등기하지 않고 있는 사이에 그 부동산에 관하여 제3자 명의의 소유권이전등기가 경료되어 점유자가 그 제3자에게 시효취득으로 대항할 수 없게 된 경우에도 점유자가 취득시효 당시의 소유자에 대한 시효취득으로 인한 소유권이전등기청구권을 상실하게 되는 것이 아니라 단지 그 소유자의 점유자에 대한 소유권이전등기의무가 이행불능으로 된 것에 불과하므로, **그 후 어떠한 사유로 취득시효 완성 당시의 소유자에게로 소유권이 회복되면 그 소유자에게 시효취득의 효과를 주장할 수 있으나,** 취득시효 완성 후에 원 소유자가 일시 상실하였던 소유권을 회복한 것이 아니라 **그 상속인이 소유권이전등기를 마쳤을 뿐인 경우에는 그 상속인의 등기가 실질적으로 상속재산의 협의분할과 동일시할 수 있는 등의 특별한 사정이 없는 한 그 상속인은 점유자에 대한 관계에서 종전 소유자와 같은 지위에 있는 자로 볼 수 없고, 취득시효 완성 후의 새로운 이해관계인으로 보아야 하므로 그에 대하여는 취득시효 완성으로 대항할 수 없다**』(대판 1999. 2. 12, 98다40688).

정답 - O

사례 [50~52]

X 토지에 관하여 甲, 乙 명의로 순차 소유권이전등기가 되어 있었다. 乙 명의 등기는 서류를 위조하여 경료한 무효의 등기였다. 甲이 등기를 회복하지 않고 있는 사이에 乙이 丙에게 X 토지를 매도하고 소유권이전등기를 마쳤다. 甲이 乙과 丙을 공동피고로 하여 각 피고들 명의 소유권이전등기말소 청구의 소를 제기하였다. 乙과 丙은, 丙이 등기부취득시효 완성을 원인으로 소유권을 취득했다고 주장하고 있다. 이에 관한 설명이 타당한가? (각 지문은 독립적이며, 다툼이 있는 경우 판례에 의함) 변호사시험 제7회

50 등기부취득시효의 요건인 선의·무과실은 점유개시 시에 존재하면 충분하다.

해설 『민법 제245조 제2항에서 정한 부동산의 등기부시효취득을 인정함에 있어서 점유에 과실이 없다고 함은 그 점유의 개시시에 과실이 없으면 된다는 취지이다』(대판 1993. 11. 23, 93다21132). 정답 – O

51 丙에게 등기부취득시효가 완성되었다는 사실이 증명된 경우에도 법원은 乙에 대한 원고 甲의 청구를 인용해야 한다.

해설 丙의 등기부취득시효가 완성된 때에는 甲은 현재 소유자가 아니므로 甲은 소유권에 기초한 방해배제청구로서 乙에 대한 말소등기청구권을 행사할 수 없다. 甲의 청구는 기각된다. 정답 – X

52 丙에게 등기부취득시효가 완성되었다는 사실이 증명된 경우 甲은 乙에 대하여 등기말소청구권의 이행불능을 이유로 「민법」 제390조 상의 손해배상을 청구할 수 있다.

해설 『소유자가 자신의 소유권에 기하여 실체관계에 부합하지 아니하는 등기의 명의인을 상대로 그 등기말소나 진정명의회복 등을 청구하는 경우에, 그 권리는 **물권적 청구권으로서의 방해배제청구권(민법 제214조)의 성질**을 가진다. 그러므로 소유자가 그 후에 소유권을 상실함으로써 이제 등기말소 등을 청구할 수 없게 되었다면, 이를 위와 같은 청구권의 실현이 객관적으로 불능이 되었다고 파악하여 **등기말소 등 의무자에 대하여 그 권리의 이행불능을 이유로 민법 제390조상의 손해배상청구권을 가진다고 말할 수 없다**. 위 법규정에서 정하는 채무불이행을 이유로 하는 손해배상청구권은 계약 또는 법률에 기하여 이미 성립하여 있는 채권관계에서 본래의 채권이 동일성을 유지하면서 그 내용이 확장되거나 변경된 것으로서 발생한다. 그러나 위와 같은 **등기말소청구권 등의 물권적 청구권은 그 권리자인 소유자가 소유권을 상실하면 이제 그 발생의 기반이 아예 없게 되어 더 이상 그 존재 자체가 인정되지 아니하는 것**이다. 이러한 법리는 선행소송에서 소유권보존등기의 말소등기청구가 확정되었다고 하더라도 그 청구권의 법적 성질이 채권적 청구권으로 바뀌지 아니하므로 마찬가지이다』〔대판(전합) 2012. 5. 17, 2010다28604〕. 정답 – X

사례

甲 소유인 A 토지에 대하여 乙이 등기관계서류를 위조하여 자신의 명의로 소유권이전등기를 마쳤다. 그 후 乙은 丙에게, 丙은 丁에게, 丁은 戊에게 A 토지를 순차로 매도하였고 이를 원인으로 한 각 소유권이전등기가 마쳐졌다. 이에 관한 설명이 타당한가? (다툼이 있는 경우 판례에 의함)

변호사시험 제7회

53 丙 명의로 등기하여 등기부취득시효의 요건을 갖춘 기간이 5년, 丁 명의로 등기하여 등기부취득시효의 요건을 갖춘 기간이 3년, 戊 명의로 등기하여 등기부취득시효의 요건을 갖춘 기간이 3년일 때, 戊가 등기부취득시효의 완성을 주장하는 것은 받아들여질 수 없다.

해설 『등기부취득시효에 관한 민법 제245조 제2항의 규정에 위하여 소유권을 취득하는 자는 10년간 반드시 그의 명의로 등기되어 있어야 하는 것은 아니고 **앞 사람의 등기까지 아울러 그 기간동안 부동산의 소유자로 등기되어 있으면 된다**고 할 것이다』〔대판(전합) 1989. 12. 26, 87다카2176〕.

정답 – X

사례

甲은 건축업자 乙에게 건축자재 1톤을 매도하여 이를 인도하면서 대금은 6개월 후에 지급받기로 하였다. 다음 설명이 타당한가? (다툼이 있는 경우에는 판례에 의함)

변호사시험 제2회

54 乙이 위 건축자재를 사용하여 丙의 주택을 건축함으로써 건축자재의 분리가 불가능하게 된 경우, 건축 당시 丙이 그 건축자재대금이 모두 지급되지 아니한 사실을 알고 있었다면 丙은 甲에게 부당이득반환의무가 있다.

해설 甲과 乙의 동산(건축자재) 매매계약의 경우 특별히 소유권을 매도인 甲에게 유보하겠다는 특약이 없는 이상 비록 매매대금을 매수인 乙이 지급하지 않았다고 하더라도 **'인도'에 의해 건축자재의 소유권은 매수인 乙이 취득**하였다. 따라서 **乙이 위 건축자재를 사용하여 丙의 주택을 건축한 경우** 판례에 따르면 '특약이 없는 한' **자기의 노력과 재료를 들여 건물을 건축한 사람은 그 건물의 소유권을 원시적으로 취득한다**(대판 1990. 2. 13. 89다카11401)고 보아 **수급인이 재료의 전부 또는 주요부분을 제공하는 제작물 공급계약**의 경우에는 **'수급인' 乙에게 소유권이 귀속**한다고 본다. 그렇다면 건축 당시 도급인 丙이 그 건축자재대금이 모두 지급되지 아니한 사실을 알고 있었는지와 상관없이 도급인 丙은 매도인 甲에게 부당이득반환의무가 없다.

정답 – X

사례 【55~59】

甲, 乙, 丙은 X 토지를 공유하고 있으며, 각각의 지분비율은 4:2:1이다. 다음 설명 중 옳지 않은 것은? (다툼이 있는 경우에는 판례에 의함) 변호사시험 제1회

55 **甲은 乙 및 丙과의 협의 없이 X의 특정한 부분을 자신이 배타적으로 사용, 수익할 것을 결정할 수 있다.**

해설 공유물의 관리에 관한 사항은 공유자의 '지분의 과반수'로써 결정한다(민법 제265조). 따라서 공유자 사이에 공유물의 관리방법에 관한 협의가 없더라도, **과반수 공유지분을 가진 자는 그 관리에 관한 사항을 단독으로 결정할 수 있으므로, 그 공유토지의 특정부분을 배타적으로 사용·수익할 것을 정하는 것은 공유물의 관리방법으로 적법**하며, 다른 공유자에 대하여도 그 효력이 있다(대판 1991. 9. 24, 88다카33855). 정답 – O

56 **乙이 甲 및 丙과의 협의 없이 X 위에 Y 건물을 신축한 경우, 丙은 Y의 철거 및 X의 인도를 청구할 수 있다.**

해설 판례에 따르면 소수지분권자가 다른 공유자와의 합의 없이 불법하게 공유물을 점유하고 있는 경우 다른 소수지분권자는 보존행위로서(제265조 단서) 공유물의 인도나 명도를 청구할 수 있다고 한다. 『지분을 소유하고 있는 공유자나 그 지분에 관한 소유권이전등기청구권을 가지고 있는 자라고 할지라도 다른 공유자와의 협의 없이는 공유물을 배타적으로 점유하여 사용 수익할 수 없는 것이므로, 다른 공유권자는 자신이 소유하고 있는 지분이 과반수에 미달되더라도 공유물을 점유하고 있는 자에 대하여 **공유물의 보존행위로서 공유물의 인도나 명도를 청구할 수 있다**』〔대판(전합) 1994. 3. 22, 93다9392, 9408〕. 정답 – O

57 **위의 경우에 丙은 乙에 대하여 자신의 지분에 상응하는 임료 상당의 부당이득반환을 청구할 수 있다.**

해설 『토지의 공유자는 각자의 지분 비율에 따라 토지 전체를 사용·수익할 수 있지만, 그 구체적인 사용·수익 방법에 관하여 공유자들 사이에 지분 과반수의 합의가 없는 이상, 1인이 특정 부분을 배타적으로 점유·사용할 수 없는 것이므로, 공유자 중의 일부가 특정 부분을 배타적으로 점유·사용하고 있다면, 그들은 비록 그 특정 부분의 면적이 자신들의 지분 비율에 상당하는 면적 범위 내라고 할지라도, **다른 공유자들 중 지분은 있으나 사용·수익은 전혀 하지 않고 있는 자에 대하여는 그 자의 지분에 상응하는 부당이득을 하고 있다**고 보아야 할 것인바, 이는 모든 공유자는 공유물 전부를 지분의 비율로 사용·수익할 권리가 있기 때문이다』(대판 2001. 12. 11, 2000다13948). 정답 – O

58 **甲이 단독으로 丁과 X에 대한 대지조성공사계약을 체결하면서 공사비용은 자신이 지급하기로 약정한 경우에도, 乙과 丙은 丁에 대한 관계에서 지분에 상응하는 공사비를 지급할 의무를 부담한다.**

해설 과반수 지분권자인 甲이 단독으로 丁과 공유물인 X에 대한 대지조성공사계약을 체결한 것은 공유물의 관리행위(제265조 본문)로서 유효하나, 계약의 당사자는 甲과 丁이므로 다른 공유자 乙과 丙은 丁에 대한 관계에서 공사비를 지급할 의무를 부담하지 않는다. 『공유토지의 과반수지분권자는 다른 공유자와 협의없이 단독으로 관리행위를 할 수가 있으며 그로 인한 관리비용은 공유자의 지분비율에 따라 부담할 의무가 있으나, 위와 같은 관리비용의 부담의무는 공유자의 내부관계에 있어서 부담을 정하는 것일 뿐, 제3자와의 관계는 당해 법률관계에 따라 결정된다고 할 것이고, 따라서 **과반수지분권자가 관리행위가 되는 정지공사를 시행함에 있어 시공회사에 대하여 공사비용은 자신이 정산하기로 약정하였다면 그 공사비를 직접 부담해야 할 사람은 과반수지분권자만이라 할 것**이고, 다만 그가 그 공사비를 지출하였다면 다른 공유자에게 그의 지분비율에 따른 공사비만을 상환청구할 수 있을 뿐이다』(대판 1991. 4. 12, 90다20220). 정답 - X

59 **만약 甲, 乙, 丙이 위치와 면적을 특정하여 X를 구분소유하기로 약정한 후 乙이 X의 특정부분을 배타적으로 점유·사용하다가 그 부분이 독립한 필지로 분할되면서 그에 관해 단독명의로 소유권이전등기를 마쳤다면, 그 등기는 실체관계에 부합하는 것으로서 유효하고 乙은 위 분할된 부분에 대한 단독소유권을 적법하게 취득한다.**

해설 『내부적으로는 토지의 특정 부분을 소유하나 등기부상으로는 공유지분을 가지는 이른바 **구분소유적 공유관계에서 구분공유자 중 1인이 소유하는 부분이 후에 독립한 필지로 분할되고 그 구분공유자가 그 필지에 관하여 단독 명의로 소유권이전등기를 경료받았다면, 그 소유권이전등기는 실체관계에 부합하는 것으로서 유효**하고, 그 구분공유자는 당해 토지에 대한 단독소유권을 적법하게 취득하게 되어, 결국 당해 구분공유자에 관한 한 이제 구분소유적 공유관계는 해소된다』(대판 2009. 12. 24, 2008다71858). 정답 - O

사례 【60~61】

X 토지의 공유자인 甲 乙 丙 사이에 X 토지의 분할에 관한 협의가 이루어지지 않자, 甲이 乙과 丙을 상대로 법원에 X 토지의 분할을 청구하였다. 다음 설명 중 옳은 것을 모두 고른 것은?(다툼이 있는 경우에는 판례에 의함) 변호사시험 제3회

60 **甲이 현물분할을 청구하였으나 현물로 분할할 수 없는 때에는, 법원은 청구취지의 변경 없이도 경매에 의한 분할을 명할 수 있다.**

해설 『재판에 의하여 공유물을 분할하는 경우에는 법원은 현물로 분할하는 것이 원칙이고, **현물로 분할할 수 없거나 현물로 분할을 하게 되면 현저히 그 가액이 감손될 염려가 있는 때에 비로소 물건의 경매를 명하여 대금분할**을 할 수 있는 것이므로, 위와 같은 사정이 없는 한 법원은 각 공유자의 지분비율에 따라 공유물을 현물 그대로 수개의 물건으로 분할하고 분할된 물건에 대하여 각 공유자의 단독소유권을 인정하는 판결을 하여야 하는 것이고, 그 **분할의 방법은 당사자가 구하는 방법에 구애받지 아니하고 법원의 재량에 따라 공유관계나 그 객체인 물건의 제반 상황에 따라 공유자의 지분비율에 따른 합리적인 분할**을 하면 되는 것이고, 여기에서 공유지분비율에 따른다 함은 지분에 따른 가액비율에 따름을 의미한다』(대판 1993. 12. 7, 93다27819). 따라서 법원은 현물로 분할할 수 없는 때에는 청구취지의 변경 없이도 경매에 의한 분할을 명할 수 있다. 정답 – O

61 **법원은 甲 지분의 일부에 대하여만 공유물분할을 명하고 일부 지분에 대해서는 이를 분할하지 아니한 채 공유관계를 유지하도록 할 수 있다.**

해설 『공유물분할청구의 소는 형성의 소로서 법원은 공유물분할을 청구하는 원고가 구하는 방법에 구애받지 않고 재량에 따라 합리적 방법으로 분할을 명할 수 있으므로, 여러 사람이 공유하는 물건을 현물분할하는 경우에는 분할청구자의 지분 한도 안에서 현물분할을 하고 분할을 원하지 않는 나머지 공유자는 공유로 남게 하는 방법도 허용된다고 할 것이나, 그렇다고 하더라도 공유물분할을 청구한 공유자의 지분한도 안에서는 공유물을 현물 또는 경매·분할함으로써 공유관계를 해소하고 단독소유권을 인정하여야지, 그 **분할청구자 지분의 일부에 대하여만 공유물 분할을 명하고 일부 지분에 대하여는 이를 분할하지 아니한 채 공유관계를 유지하도록 하는 것은 허용될 수 없다**』(대판 2010. 2. 25, 2009다79811). 정답 – X

사례 【62~ 64】

甲, 乙, 丙이 각각 1/6, 1/6, 2/3 지분으로 X 토지를 공유하고 있다. 乙은 甲, 丙과 상의 없이 A와 B에게 X 토지 전체를 무상으로 사용하도록 허락하였다. A와 B는 위와 같은 사정을 알면서 X 토지 지상에 Y 창고를 건축하여 각 1/2 분 비율로 공유하고 있다. C는 Y 창고를 A와 B로부터 임차하여 점유·사용하고 있다. X 토지의 차임 상당액은 월 120만 원이고 Y 창고의 차임 상당액은 월 180만 원이다. 다음 설명이 타당한가? (차임 상당액에 대한 이자나 지연손해금은 고려하지 않고, 각 지문은 독립적이며, 다툼이 있는 경우 판례에 의함)

변호사시험 제5회

62 **甲이 단독으로 A를 상대로 Y 창고 철거를 청구하는 경우 Y 창고 중 1/2 지분에 한하여 승소할 수 있다.**

해설 각 공유자는 제3자가 공유물을 불법으로 점유하는 경우에 그의 지분의 비율에 따른 반환을 청구할 수 있다. 정답 – O

63 **甲이 단독으로 A를 상대로 부당이득반환을 청구하는 경우 최대 월 10만 원의 비율에 의한 금원을 받을 수 있다.**

해설 甲은 **자신의 지분의 비율만큼**인 월 25만원을 청구할 수 있다.
판례는 『공유물에 끼친 불법행위를 이유로 하는 손해배상청구권은 특별한 사유가 없는 한 **각 공유자가 지분에 대응하는 비율의 한도내에서만 이를 행사**할 수 있다』(대판 1970. 4. 14, 70다171)라고 판시하고 있다. 정답 – X

64 **丙이 단독으로 C를 상대로 X 토지 인도를 청구하는 경우 전부 승소할 수 있다.**

해설 乙의 **지분의 범위내에서는 적법한 점유**에 해당한다. 따라서 乙의 지분을 제외한 범위내에서 가능하다. 토지와 그 지상물의 소유자가 다른 경우에는 **건물의 사용자가 아닌 건물의 소유자가 그 부지를 점유하는 것이 원칙이다.** 정답 – X

사례 【65~69】

甲, 乙, 丙은 A토지를 1/3 지분으로 공유하고 있다. 이에 관한 설명 중 옳은 것을 모두 고른 것은? (다툼이 있는 경우 판례에 의함) 변호사시험 제6회

65 **丁 명의로 A토지에 원인무효의 소유권이전등기가 마쳐진 경우, 甲은 丁을 상대로 甲, 乙, 丙에게 각 1/3 지분에 관하여 진정명의회복을 원인으로 한 소유권이전등기청구의 소를 단독으로 제기할 수 있다.**

해설 『부동산의 공유자 중 한 사람은 공유물에 대한 보존행위로서 그 공유물에 관한 원인무효의 등기 전부의 말소를 구할 수 있고, 진정명의회복을 원인으로 한 소유권이전등기청구권과 무효등기의 말소청구권은 어느 것이나 진정한 소유자의 등기명의를 회복하기 위한 것으로서 실질적으로 그 목적이 동일하고 두 청구권 모두 소유권에 기한 방해배제청구권으로서 그 법적 근거와 성질이 동일하므로, **공유자 중 한 사람은 공유물에 경료된 원인무효의 등기에 관하여 각 공유자에게 해당 지분별로 진정명의회복을 원인으로 한 소유권이전등기를 이행할 것을 단독으로 청구할 수 있다**』(대판 2005. 9. 29, 2003다40651). 정답 – O

66 **乙이 甲과 丙의 동의 없이 丁에게 A토지 전부를 매도하여 丁 명의로 소유권이전등기가 마쳐진 경우, 甲은 공유물의 보존행위로서 丁 명의의 등기 전부의 말소를 단독으로 청구할 수 있다.**

해설 『**부동산의 공유자의 1인은** 당해 부동산에 관하여 **제3자 명의로 원인무효의 소유권보존등기가 경료되어 있는 경우** 공유물에 관한 보존행위로서 제3자에 대하여 그 **등기 전부의 말소를 구할 수 있다고 할 것이나, 그 제3자가 당해 부동산의 공유자 중의 1인인 경우에는** 그 소유권보존등기는 동인의 공유지분에 관하여는 실체관계에 부합하는 등기라고 할 것이므로, 이러한 경우 **공유자의 1인은 단독 명의로 등기를 경료하고 있는 공유자에 대하여 그 공유자의 공유지분을 제외한 나머지 공유지분 전부에 관하여만 소유권보존등기 말소등기절차의 이행을 구할 수 있다** 할 것이다』(대판 2006. 8. 24, 2006다32200).

→ 乙 지분에 관한 한 유효한 처분이 되므로 甲은 乙의 지분을 제외한 나머지 부분에 관해서만 말소등기를 청구할 수 있다. 정답 – X

67 **甲은 공유자 전원의 지분을 부인하는 丁에 대하여 특별한 사정이 없는 한 공유물의 보존행위로서 A토지 전부에 관한 소유권확인의 소를 단독으로 제기할 수 없다.**

해설 『공유자의 지분은 다른 공유자의 지분에 의하여 일정한 비율로 제한을 받는 것을 제외하고는 독립한 소유권과 같은 것으로 **공유자는 그 지분을 부인하는 제3자에 대하여** 각자 그 지분권을 주장하여 지분의 확인을 소구하여야 하는 것이고, 공유자 일부가 제3자를 상대로 다른 공유자의 지분의 확인을 구하는 것은 타인의 권리관계의 확인을 구하는 소에 해당한다고 보아야 할 것이므로 그 타인 간의 권리관계가 자기의 권리관계에 영향을 미치는 경우에 한하여 확인의 이익이 있다고 할 것이며, **공유물 전체에 대한 소유관계 확인도 이를 다투는 제3자를 상대로 공유자 전원이 하여야** 하는 것이지 공유자 일부만이 그 관계를 대외적으로 주장할 수 있는 것이 아니므로, 아무런 **특별한 사정이 없이 다른 공유자의 지분의 확인을 구하는 것은 확인의 이익이 없다**』(대판 1994. 11. 11, 94다35008). 정답 – O

68 **甲은 A토지에 인접한 B토지의 소유자인 丁을 상대로 A토지와 B토지의 경계확정을 구하는 소를 단독으로 제기할 수 있다.**

해설 『토지의 경계는 토지소유권의 범위와 한계를 정하는 중요한 사항으로서, 그 경계와 관련되는 인접 토지의 소유자 전원 사이에서 합일적으로 확정될 필요가 있으므로, **인접하는 토지의 한편 또는 양편이 여러 사람의 공유에 속하는 경우에, 그 경계의 확정을 구하는 소송은, 관련된 공유자 전원이 공동하여서만 제소하고 상대방도 관련된 공유자 전원이 공동으로서만 제소될 것을 요건**으로 하는 **고유필요적 공동소송**이라고 해석함이 상당하다』(대판 2001. 6. 26, 2000다24207). 정답 – X

69 甲이 A토지에 관하여 공유물분할의 소를 제기하려면, 乙과 丙을 공동피고로 하여야 한다.

해설 『공유물분할청구의 소는 분할을 청구하는 공유자가 원고가 되어 다른 공유자 전부를 공동피고로 하여야 하는 고유필수적 공동소송이다』(대판 2014. 1. 29, 2013다78556).

정답 – O

사례 【70~74】

甲, 乙, 丙이 각 5/9, 2/9, 2/9의 지분으로 X 토지를 공유하고 있다. 다음 설명 중 옳은 것은? (각 지문은 독립적이고, 다툼이 있는 경우에는 판례에 의함) 변호사시험 제2회

70 甲이 乙, 丙의 동의 없이 X 토지 전체를 자재야적장으로 단독 사용하고 있는 경우, 乙은 X 토지의 2/9에 해당하는 부분의 인도를 청구할 수 있다.

해설 『부동산에 관하여 **과반수 공유지분을 가진 자**는 공유자 사이에 공유물의 관리방법에 관하여 협의가 미리 없었다 하더라도 공유물의 관리에 관한 사항을 단독으로 결정할 수 있으므로 공유토지에 관하여 과반수지분권을 가진 자가 **그 공유토지의 특정된 한 부분을 배타적으로 사용수익할 것을 정하는 것은 공유물의 관리방법으로서 적법**하다』(대판 1991. 9. 24, 88다카33855).

정답 – X

71 제3자인 丁이 X 토지 전체를 무단으로 점유하여 사용하고 있는 경우, 甲은 단독으로 丁을 상대로 X 토지 전체에 대한 사용이익 상당의 부당이득반환청구를 할 수 있다.

해설 제3자가 공유물을 불법으로 점유하고 있는 경우 지분권자는 '보존행위'임을 근거로(제265조 단서) 공유물 전체의 인도를 청구할 수 있다(대판 1993. 5. 11, 92다52870). 그러나 **부당이득반환청구는 지분에 상응하는 범위 내에서만** 할 수 있다(대판 1979. 1. 30, 78다2088).

정답 – X

72 丙이 X 토지 전체를 무단으로 점유하여 사용하고 있는 경우, 乙은 단독으로 丙을 상대로 X 토지 전체를 乙 자신에게 인도하도록 청구할 수 있다.

해설 『지분을 소유하고 있는 공유자나 그 지분에 관한 소유권이전등기청구권을 가지고 있는 자라고 할지라도 **다른 공유자와의 협의 없이는 공유물을 배타적으로 점유하여 사용수익할 수 없는 것**이므로, **다른 공유권자는 자신이 소유하고 있는 지분이 과반수에 미달되더라도 공유물을 점유하고 있는 자에 대하여 공유물의 보존행위로서 공유물의 인도나 명도를 청구할 수 있다**』[대판(전합) 1994. 3. 22, 93다9392,93다9408].

정답 – O

73 **甲이 乙, 丙의 동의 없이 X 토지 전체를 丁에게 임대한 경우, 乙은 丁에게 사용이익의 2/9에 상당하는 부당이득의 반환을 청구할 수 있다.**

해설 『과반수 지분의 공유자는 공유자와 사이에 미리 공유물의 관리방법에 관하여 협의가 없었다 하더라도 공유물의 관리에 관한 사항을 단독으로 결정할 수 있으므로 과반수 지분의 공유자는 그 공유물의 관리방법으로서 그 공유토지의 특정된 한 부분을 배타적으로 사용·수익할 수 있으나, 그로 말미암아 지분은 있으되 그 특정 부분의 사용·수익을 전혀 하지 못하여 손해를 입고 있는 **소수지분권자에 대하여 그 지분에 상응하는 임료 상당의 부당이득을 하고 있다** 할 것이므로 **이를 반환할 의무가 있다** 할 것이나, **그 과반수 지분의 공유자로부터 다시 그 특정 부분의 사용·수익을 허락받은 제3자의 점유는 다수지분권자의 공유물관리권에 터잡은 적법한 점유이므로 그 제3자는 소수지분권자에 대하여도 그 점유로 인하여 법률상 원인 없이 이득을 얻고 있다고는 볼 수 없다**』(대판 2002. 5. 14, 2002다9738).

정답 – X

74 **만약 甲, 乙, 丙이 실제로 X 토지의 각 특정부분을 독립적으로 소유하면서 등기부상으로는 공유지분등기를 마친 경우라면, 甲이 자신이 실제로 소유하는 부분에 대하여 단독 소유의 등기를 마치기 위하여는 공유물분할청구를 하여야 한다.**

해설 『공유물분할청구는 공유자의 일방이 그 공유지분권에 터잡아서 하는 것이므로, **공유지분권을 주장하지 아니하고 목적물의 특정 부분을 소유한다고 주장하는 자**는 그 부분에 대하여 신탁적으로 지분등기를 가지고 있는 자를 상대로 하여 **그 특정 부분에 대한 명의신탁 해지를 원인으로 한 지분이전등기절차의 이행을 구하면 되고, 이에 갈음하여 공유물분할청구를 할 수는 없다**』(대판 2011. 10. 13, 2010다52362).

정답 – X

사례

甲과 乙은 매도인으로부터 X 토지 중 절반씩을 위치를 특정하여 매수하면서 각자 구분소유하기로 하고, 등기부상 각 1/2 공유지분으로 등기하였다. 甲은 X 토지 중 자신의 매수 부분 지상에 Y 주택을 건축하고 이를 丙에게 임대하여 丙이 전입신고를 하지 아니한 채 입주를 마쳤다. 甲은 Y 주택에 저당권을 설정했는데 그 저당권이 실행되어 A가 Y 주택 소유권을 취득하였다. 이에 관한 설명이 타당한가? (각 지문은 독립적이며, 다툼이 있는 경우 판례에 의함)

변호사시험 제7회

75 **甲이 등기부상 공유관계를 해소하고자 하는데 乙이 협조하지 않는 경우 공유물분할 청구의 소를 제기할 수 있다.**

해설 『공유물분할청구는 공유자의 일방이 그 공유지분권에 터잡아서 하여야 하는 것이므로 공유지분권을 주장하지 아니하고 목적물의 특정부분을 소유한다고 주장하는 자는 그 부분에 대하여 신탁적으로 지분등기를 가지고 있는 자들을 상대로 하여 **그 특정부분에 대한 명의신탁해지를 원인으로 한 지분이전등기절차의 이행만을 구하면 될 것**이고 **공유물분할청구를 할 수 없다 할 것**이다』(대판 1989. 9. 12, 88다카10517). 정답 - X

사례 【76~80】

甲은 2006. 10. 5. 친구 乙과 함께 丙 소유의 X 부동산을 매수하기로 하고 매매대금의 2분의 1인 1억 5,000만 원을 乙에게 제공하였다. 이에 乙은 2006. 10. 30. 자신의 명의로 丙과 X에 관하여 매매계약을 체결하고 2007. 1. 4. 자신의 명의로 X의 소유권이전등기를 마쳤는데, 丙은 甲과 乙 사이의 명의신탁약정을 알지 못하였다. 다음 설명 중 옳은 것은? (다툼이 있는 경우에는 판례에 의함) 변호사시험 제1회

76 X에 관한 乙의 소유권이전등기는 전부 무효이다.

해설 사안은 매도인(丙)이 **선의인 계약명의신탁**에 해당하므로 **명의수탁자 乙은 명의신탁자 甲의 지분에 대하여도 유효하게 소유권을 취득**한다(부동산 실권리자명의 등기에 관한 법률 제4조 제2항 단서). 따라서 X에 관한 乙의 소유권이전등기는 전부 유효이다. 정답 - X

77 甲은 乙에 대하여 부당이득으로서 X의 2분의 1 지분에 대한 소유권이전등기청구권을 갖는다.

해설 『부동산실권리자명의등기에관한법률 제4조 제1항, 제2항에 의하면, 명의신탁자와 명의수탁자가 이른바 계약명의신탁약정을 맺고 명의수탁자가 당사자가 되어 명의신탁약정이 있다는 사실을 알지 못하는 소유자와의 사이에 부동산에 관한 매매계약을 체결한 후 그 매매계약에 따라 당해 부동산의 소유권이전등기를 수탁자 명의로 마친 경우에는 명의신탁자와 명의수탁자 사이의 명의신탁약정의 무효에도 불구하고 그 명의수탁자는 당해 부동산의 완전한 소유권을 취득하게 되고, 다만 명의수탁자는 명의신탁자에 대하여 부당이득반환의무를 부담하게 될 뿐이라 할 것인데, 그 계약명의신탁약정이 부동산실권리자명의등기에관한법률 시행 후인 경우에는 명의신탁자는 애초부터 당해 부동산의 소유권을 취득할 수 없었으므로 위 명의신탁약정의 무효로 인하여 명의신탁자가 입은 손해는 당해 부동산 자체가 아니라 **명의수탁자에게 제공한 매수자금**이라 할 것이고, 따라서 명의수탁자는 당해 부동산 자체가 아니라 명의신탁자로부터 제공받은 매수자금을 부당이득하였다고 할 것이다』(대판 2005. 1. 28, 2002다66922).

→ 따라서 甲은 乙에 대하여 X부동산의 2분의 1 지분이 아닌 매매대금의 2분의 1에 대해 부당이득반환청구권을 갖는다. 정답 - X

78 丙으로부터 X를 인도받아 점유하고 있는 甲은 乙에 대한 부당이득반환청구권에 기하여 X를 유치할 수 있다.

해설 부당이득 반환채권과 목적물인 X부동산 사이에 견련관계가 인정될 수 없으므로 유치권이 성립하지 않는다(제320조). 『명의신탁자와 명의수탁자가 이른바 계약명의신탁약정을 맺고 명의수탁자가 당사자가 되어 명의신탁약정이 있다는 사실을 알지 못하는 소유자와 부동산에 관한 매매계약을 체결한 뒤 수탁자 명의로 소유권이전등기를 마친 경우에는, 명의신탁자와 명의수탁자 사이의 명의신탁약정은 무효이지만 그 명의수탁자는 당해 부동산의 완전한 소유권을 취득하게 되고(부동산 실권리자명의 등기에 관한 법률 제4조 제1항, 제2항 참조), 반면 명의신탁자는 애초부터 당해 부동산의 소유권을 취득할 수 없고 다만 그가 명의수탁자에게 제공한 부동산 매수자금이 무효의 명의신탁약정에 의한 법률상 원인 없는 것이 되는 관계로 명의수탁자에 대하여 동액 상당의 부당이득반환청구권을 가질 수 있을 뿐이다. **명의신탁자의 이와 같은 부당이득반환청구권은 부동산 자체로부터 발생한 채권이 아닐 뿐만 아니라 소유권 등에 기한 부동산의 반환청구권과 동일한 법률관계나 사실관계로부터 발생한 채권이라고 보기도 어려우므로,** 결국 민법 제320조 제1항에서 정한 유치권 성립요건으로서의 **목적물과 채권 사이의 견련관계를 인정할 수 없다**』(대판 2009. 3. 26, 2008다34828).

정답 - X

79 乙이 X를 丁에게 매도하고 그 대금을 乙이 지정한 戊에게 지급하도록 한 경우, 甲은 戊에 대하여 부당이득반환을 청구할 수 있다.

해설 『소외 1과 원고와 사이의 이 사건 제1토지 중 원고 지분에 관한 명의신탁 약정이 무효라고 하더라도 원고 지분에 관하여 명의수탁자인 소외 1 앞으로 마쳐진 소유권이전등기에 의한 물권변동 자체는 유효한 것으로 취급되어 명의수탁자인 소외 1은 원고 지분에 관하여도 완전한 소유권을 취득하게 된다고 할 것이므로, 피고가 소외 1로부터 위 토지에 대한 보상금 중 일부를 지급받았다고 하더라도 소외 1에 대하여 **약정금반환청구권과 같은 채권적인 권리만을 갖는 원고에 대한 관계에서 피고가 법률상 원인 없이 타인의 재산으로 인하여 이익을 취득하고 이로 인하여 원고에게 손해를 가하였다고 볼 수 없다**』(대판 2008. 9. 11, 2007다24817). 즉, 판례는 명의신탁자와 계약명의신탁 약정을 맺고 토지를 매수하여 자신 앞으로 소유권이전등기를 경료한 명의수탁자가 그 토지를 지방자치단체에 매도하여 수령하게 된 보상금 중 일부를 제3자에게 지급한 경우, 명의신탁자는 그 제3자에게 부당이득반환청구를 할 수 없다고 한다.

정답 - X

80 乙이 채무초과 상태에서 甲이 지정하는 甲의 일반채권자에게 X를 양도하는 것은 乙의 다른 채권자에 대한 관계에서 사해행위에 해당할 수 있다.

해설 『부동산 실권리자명의 등기에 관한 법률 제4조 제2항 단서에 의하여 그 명의수탁자는 당해 부동산의 완전한 소유권을 취득하게 되고, 다만 명의신탁자에 대하여 그로부터 제공받은 매수자금 상당액의 부당이득반환의무를 부담하게 되는바, 위와 같은 경우에 명의수탁자가 취득한 부동산은 채무자인 명의수탁자의 일반 채권자들의 공동담보에 제공되는 책임재산이 되고, **명의신탁자는 명의수탁자에 대한 관계에서 금전채권자 중 한 명에 지나지 않으므로**, 명의수탁자의 재산이 채무의 전부를 변제하기에 부족한 경우 명의수탁자가 위 부동산을 명의신탁자 또는 그가 지정하는 자에게 양도하는 행위는 특별한 사정이 없는 한 다른 채권자의 이익을 해하는 것으로서 다른 채권자들에 대한 관계에서 사해행위가 된다』(대판 2008. 9. 25, 2007다74874). 정답 - O

사례 [81~85]

甲과 乙은 2013. 10. 17 甲의 자금으로 丙 소유의 토지를 매수하여 乙 명의로 등기하기로 하는 명의신탁약정을 하고, 乙 이 丙과 매매계약을 체결한 후에 丙에게 매매대금을 지급하고 乙 명의로 소유권이전등기를 경료하였다. 다음 설명 중 옳은 것은?(다툼이 있는 경우에는 판례에 의함)

변호사시험 제3회

81 **丙이 甲과 乙 사이의 명의신탁약정이 있다는 사실을 알지 못하였다면, 위 명의신탁약정은 유효하다.**

해설 사안은 신탁자 甲의 위임에 따라 수탁자 乙이 자기 이름으로 매도인 丙으로부터 부동산을 매수하여 그 등기도 수탁자(매수인) 乙 앞으로 마친 계약명의신탁에 해당한다. 이러한 계약명의신탁은 매도인의 선의·악의에 따라 그 효력을 달리한다.

사안에서 **매도인 丙이 선의인 경우 매도인 丙과 명의수탁자 乙 사이의 매매계약은 완전히 유효**하고, 이를 원인으로 명의수탁자 乙 앞으로 소유권이전등기가 되면 명의수탁자 乙은 완전한 소유권을 취득한다(부동산실명법 제4조 제2항 단서). 그러나 **매도인의 선의 여부와 상관없이 신탁자 甲과 수탁자 乙 사이의 계약명의신탁약정은 특별한 사정이 없는 한 무효**이다(부동산실명법 제4조 제1항). 정답 - X

82 **甲이 乙의 남편으로서 자신에 대한 채권자의 강제집행을 면하기 위하여 명의신탁약정을 한 경우에는 그 명의신탁약정 뿐만 아니라 乙 명의의 소유권이전등기도 유효하다.**

해설 부부사이의 명의신탁은 '**탈법의 목적이 없는 한**' 부동산실권리자 명의등기에 관한 법률 의 적용을 받지 않는 것이 원칙이다(동법 제8조 제2호). 사안의 경우 **甲이 乙의 남편으로서 자신에 대한 채권자의 강제집행을 면하기 위하여 명의신탁약정을 한 경우**이므로 **이 명의신탁약정은 탈법의 목적이 있어 부동산실명법 제4조 1항에 따라 무효**이고, **수탁자 乙 명의의 소유권이전등기도 부동산실명법 제4조 제2항 본문에 따라 무효**이다. 정답 - X

83 **丙이 甲과 乙 사이의 명의신탁약정이 있다는 사실을 알지 못한 경우, 甲은 乙을 상대로 乙에게 지급한 매수자금 상당의 부당이득반환을 청구할 수 있다.**

해설 판례는 "계약명의신탁약정이 부동산실명법 시행 후인 경우에는 명의신탁자는 애초부터 당해 부동산의 소유권을 취득할 수 없었으므로 위 명의신탁약정의 무효로 인하여 명의신탁자가 입은 손해는 당해 부동산 자체가 아니라 명의수탁자에게 제공한 매수자금이라 할 것이고, 따라서 명의수탁자는 당해 부동산 자체가 아니라 **명의신탁자로부터 제공받은 매수자금을 부당이득하였다고 할 것**이다"라고 한다(대판 2005.1.28, 2002다66922). 정답 - O

84 **甲이 乙을 상대로 乙에게 지급한 매수자금 상당의 부당이득반환을 청구하는 경우, 甲이 위 토지를 점유하고 있다면 乙에 대한 부당이득반환청구권에 근거하여 유치권을 행사할 수 있다.**

해설 소유권을 취득한 제3자가 명의신탁자에게 목적부동산의 인도를 청구하는 경우 명의신탁자가 명의수탁자에 대한 '부당이득반환채권'에 기하여 유치권을 행사할 수 있는지 여부와 관련하여 앞서 검토한 바와 같이 명의신탁자는 명의수탁자에게 제공한 매매대금을 부당이득으로 반환청구할 수 있는바(대판 2005.1.28, 2002다66922), 판례는 『명의신탁자의 이와 같은 부당이득반환청구권은 ① **부동산 자체로부터 발생한 채권이 아닐 뿐만 아니라** ② **소유권 등에 기한 부동산의 반환청구권과 동일한 법률관계나 사실관계로부터 발생한 채권이라고 보기도 어려우므로**, 결국 민법 제320조 제1항에서 정한 유치권 성립요건으로서의 **목적물과 채권 사이의 견련관계를 인정할 수 없다**』(대판 2009. 3. 26, 2008다34828)고 한다. 따라서 유치권이 인정되지 않는다. 정답 - X

85 **乙이 丁에게 위 토지의 소유권을 이전한 경우, 甲과 乙 사이의 명의신탁약정이 있다는 사실을 알지 못하였던 丙은 이러한 사실에 대하여 악의인 丁에 대하여 소유권이전등기의 말소를 청구할 수 있다.**

해설 앞서 검토한 바와 같이 계약명의수탁자가 선의의 매도인과의 매매계약을 원인으로 목적부동산에 관하여 소유권이전등기를 하면 **대내외적으로 완전한 소유권을 취득**하게 되므로, **제3자에게 목적부동산을 처분하더라도 그 처분행위는 완전히 유효**하다. 이는 부동산실명법 제4조 3항의 제3자 보호규정이 아닌 승계취득법리에 따른 것이다.
따라서 선의의 매도인 丙은 선의뿐만 아니라 악의의 제3자에 대하여도 소유권이전등기의 말소를 청구할 수 없다. 정답 - X

사례 【86~90】

甲과 乙은 2014. 2. 1. 乙이 甲을 대신하여 丙 소유의 X 부동산을 매수하는 내용의 명의신탁약정을 체결한 다음, 甲은 乙에게 매수자금을 제공하였다. 이에 따라 乙은 2014. 2. 10. 丙과 매매계약을 체결하였고, 2014. 4. 10. X 부동산에 대하여 乙 명의로 소유권이전등기를 경료하였다. 다음 설명 중 옳지 않은 것은? (각 지문은 독립적이고, 다툼이 있는 경우 판례에 의함)

변호사시험 제3회

86 **丙이 甲과 乙 사이의 명의신탁약정을 알지 못하였다면, 乙은X 부동산에 대한 소유권을 유효하게 취득한다.**

해설 사안은 신탁자 甲의 위임에 따라 수탁자 乙이 자기 이름으로 매도인 丙으로부터 부동산을 매수하여 그 등기도 수탁자(매수인)乙 앞으로 마친 계약명의신탁에 해당한다. 이러한 계약명의신탁은 매도인의 선의 악의에 따라 그 효력을 달리한다. 사안에서 **매도인 丙이 선의**인 경우 **매도인 丙과 명의수탁자 乙 사이의 매매계약은 완전히 유효**하고, **이를 원인으로 명의수탁자 乙 앞으로 소유권이전등기가 되면 명의수탁자 乙은 완전한 소유권을 취득**한다(부동산실명법 제4조 제2항 단서). 그러나 매도인의 선의 여부와 상관없이 신탁자 甲과 수탁자 乙 사이의 계약명의신탁약정은 특별한 사정이 없는 한 무효이다(부동산실명법 제4조 제1항). 정답 - O

87 **丙이 甲과 乙 사이의 명의신탁약정을 알았더라도, 甲이 X 부동산을 丁에게 매도하고 乙로부터 丁에게 소유권이전등기가 경료되면 丁은 유효하게 소유권을 취득한다.**

해설 계약명의신탁에서 **매도인이 악의**인 경우에는 **매도인으로부터 명의수탁자에게로의 소유권 이전은 무효**가 되나(부동산실명법 제4조 제2항 본문),
명의신탁약정 내지 물권변동의 무효는 제3자에게 대항하지 못한다(동법 제4조 제3항). 여기서 '제3자'라고 함은 선 악을 불문하고 명의신탁 약정의 당사자 및 포괄승계인 이외의 자로서 '명의수탁자가 물권자임'을 기초로 그와의 사이에 '직접'실질적으로 새로운 이해관계를 맺은 자를 말한다(대판 2001. 6. 26, 2001다5371). 한편 판례는, 위 '제3자'는『**명의수탁자가 물권자임을 기초로 그와의 사이에 새로운 이해관계를 맺은 사람**을 말하는 것이므로, 이와 달리 오로지 **'명의신탁자'와 부동산에 관한 물권을 취득하기 위한 계약을 맺고 단지 등기명의만을 명의수탁자로부터 받은 것과 같은 외관을 갖춘 자는 동 조항의 제3자에 해당하지 않는다**』고 한다. 따라서 자신의 등기가실체관계에 부합하여 유효라고 주장하는 것은 별론으로 하더라도, 위 규정을 들어 자신의 등기가 유효하다는 주장은 할 수 없다고 한다(대판 2008. 12. 11, 2008다45187). 정답 - X

88 **乙이 X 부동산을 丁에게 매도하고 丁 명의로 소유권이전등기가 경료되면, 丁은 위 명의신탁약정에 대한 선의·악의를 불문하고 유효하게 소유권을 취득한다.**

해설 만약 **계약명의신탁에서 매도인이 악의**인 경우 **제3자는 선악을 불문하고 소유권을 취득**한다(부동산실명법 제4조 제3항). 그러나 **계약명의신탁에서 매도인이 선의**인 경우에도 **명의수탁자는 대내외적으로 완전한 소유권을 취득**하게 되므로, **제3자에게 목적부동산을 처분하더라도 그 처분행위는 완전히 유효**하다. 이는 부동산실명법 제4조 제3항의 제3자 보호규정이 아닌 승계취득법리에 따른 것이다. 정답 - O

89 **丙이 매매계약 체결 당시 甲과 乙 사이의 명의신탁약정을 안 경우, 甲은 乙에 대하여 부당이득으로서 부동산 자체의 반환을 구할 수 없다.**

해설 일단 매도인의 선의 여부와 상관없이 신탁자 甲과 수탁자 乙 사이의 계약명의신탁약정은 특별한 사정이 없는 한 무효이다(부동산실명법 제4조 제1항).

아울러 판례에 따르면 "계약명의신탁약정이 부동산실명법 시행 후인 경우에는 명의신탁자는 애초부터 당해 부동산의 소유권을 취득할 수 없었으므로 위 명의신탁약정의 무효로 인하여 명의신탁자가 입은 손해는 당해 부동산 자체가 아니라 명의수탁자에게 제공한 매수자금이라 할 것이고, 따라서 명의수탁자는 당해 부동산 자체가 아니라 **명의신탁자로부터 제공받은 매수자금을 부당이득하였다고 할 것이다**"라고 판시하고 있다(대판 2005. 1. 28, 2002다66922). 정답 - O

90 **丙이 乙 명의로 소유권이전등기가 경료되기 전에 甲과 乙 사이의 명의신탁약정이 무효인 사실을 알고 甲이 매매계약의 매수인으로 되는 것에 동의하였다면, 甲은 丙에 대하여 소유권이전등기를 청구할 수 있다.**

해설 『어떤 사람이 타인을 통하여 부동산을 매수함에 있어 매수인 명의 및 소유권이전등기 명의를 타인 명의로 하기로 약정하였고 매도인도 그 사실을 알고 있어서 그 약정이 부동산실권리자 명의등기에 관한 법률 제4조의 규정에 의하여 무효로 되고 이에 따라 매매계약도 무효로 되는 경우에 매매계약상의 매수인의 지위가 당연히 명의신탁자에게 귀속되는 것은 아니지만, **그 무효사실이 밝혀진 후에 계약상대방인 매도인이 계약명의자인 명의수탁자 대신 명의신탁자가 그 계약의 매수인으로 되는 것에 대하여 동의 내지 승낙을 함으로써 부동산을 명의신탁자에게 양도할 의사를 표시**하였다면, 명의신탁약정이 무효로 됨으로써 매수인의 지위를 상실한 명의수탁자의 의사에 관계없이 **매도인과 명의신탁자 사이에는 종전의 매매계약과 같은 내용의 양도약정이 따로 체결된 것으로 봄이 상당**하고, 따라서 이 경우 **명의신탁자는 당초의 매수인이 아니라고 하더라도 매도인에 대하여 별도의 양도약정을 원인으로 하는 소유권이전등기청구를 할 수 있다**』(대판 2003. 9. 5, 2001다32120). 정답 - O

사례 [91~95]

甲은 乙 소유의 부동산 X를 취득하면서 丙과 명의신탁약정을 하여 丙의 명의로 등기하도록 하였다. 다음 상황 (1), (2)에 관한 설명 중 옳지 않은 것은? (다툼이 있는 경우 판례에 의함)

[상황 (1)] 甲은 乙과 부동산 X에 대한 매매계약을 체결한 뒤 대금을 완납하고 소유권이전등기의 명의만을 丙의 명의로 해 두기로 약정하였고, 이에 2012. 5.경 丙이 乙로부터 부동산 X에 대한 이전등기를 경료받았다.
[상황 (2)] 甲은 丙과 사이에 자신이 매매대금과 취득세 등의 취득비용을 부담하기로 하면서 丙이 丙의 명의로 乙과 매매계약을 체결하여 소유권이전등기를 경료받도록 약정하였고, 이에 丙이 이런 사실을 알지 못하는 乙과 2012. 5.경 매매계약을 체결한 후 대금을 완납하여 부동산 X의 이전등기를 경료받았다.

변호사시험 제6회

91 상황 (1)에서 丙이 부동산 X에 대한 소유권이전등기를 경료받은 후 자신의 채권자 丁에게 채무담보를 위하여 부동산 X 위에 저당권을 설정하여 그 등기가 마쳐진 경우, 丁의 저당권은 유효하다.

해설

〔부동산 실권리자명의 등기에 관한 법률 제4조(명의신탁약정의 효력)〕 ① 명의신탁약정은 **무효**로 한다. ② 명의신탁약정에 따른 등기로 이루어진 부동산에 관한 **물권변동은 무효**로 한다. 다만, 부동산에 관한 물권을 취득하기 위한 계약에서 명의수탁자가 어느 한쪽 당사자가 되고 상대방 당사자는 명의신탁약정이 있다는 사실을 알지 못한 경우에는 그러하지 아니하다. ③ 제1항 및 제2항의 **무효는 제3자에게 대항하지 못한다.**

→ 상황 (1)은 신탁자가 매도인과 계약을 하고 수탁자 명의로 등기하기로 하는 3자간 등기명의신탁에 해당한다. 이때 명의신탁약정과 수탁자 명의 등기는 모두 무효이나, 제3자인 丁에게 대항할 수 없어, 저당권은 유효하다. 정답 - O

92 상황 (1)에서 공공용지 협의취득 절차에 의하여 丁이 부동산 X에 대해 소유권이전등기를 경료하고 보상금이 丙에게 지급된 경우, 丙은 취득한 보상금을 甲에게 부당이득으로 반환해야 한다.

해설 『이른바 **3자간 등기명의신탁**에서 부동산 실권리자명의 등기에 관한 법률에서 정한 **유예기간이 경과한 후** 명의수탁자가 신탁부동산을 임의로 처분하거나 강제수용이나 **공공용지 협의취득 등을 원인으로 제3취득자 명의로 이전등기가 마쳐진 경우**, 특별한 사정이 없는 한 제3취득자는 유효하게 소유권을 취득하게 되므로(같은 법 제4조 제3항), 그로 인하여 매도인의 명의신탁자에 대한 소유권이전등기의무는 이행불능으로 되고 그 결과 명의신탁자는 신탁부동산의 소유권을 이전받을 권리를 상실하는 손해를 입게 되는 반면, **명의수탁자는** 신탁부동산의 처분대금이나 **보상금을 취득하는 이익을 얻게 되므로, 명의수탁자는 명의신탁자에게 그 이익을 부당이득으로 반환할 의무가 있다**』(대판 2011. 9. 8, 2009다49193). 정답 - O

93 상황 (2)에서 甲은 丙을 상대로 부동산 X의 소유권을 주장할 수는 없고 매수자금의 부당이득반환을 청구할 수 있을 뿐이고, 그 반환범위는 특별한 사정이 없는 한 매매대금 이외에 취득세 등 취득비용도 포함한다.

해설 『'부동산 실권리자명의 등기에 관한 법률' 제4조 제1항, 제2항에 의하면 명의신탁자와 명의수탁자가 이른바 **계약명의신탁약정을 맺고 명의수탁자가 당사자가 되어 명의신탁약정이 있다는 사실을 알지 못하는 소유자와의 사이에 부동산에 관한 매매계약을 체결한 후 그 매매계약에 따라 당해 부동산의 소유권이전등기를 수탁자 명의로 마친 경우에는** 명의신탁자와 명의수탁자 사이의 명의신탁약정의 무효에도 불구하고 그 **명의수탁자는 당해 부동산의 완전한 소유권을 취득하게 되고, 다만 명의수탁자는 명의신탁자에 대하여 부당이득반환의무를 부담하게 될 뿐이다.** 이 경우 그 계약명의신탁약정이 '부동산 실권리자명의 등기에 관한 법률' 시행 후인 경우에는 명의신탁자는 애초부터 당해 부동산의 소유권을 취득할 수 없었으므로, 위 계약명의신탁약정의 무효로 인하여 명의신탁자가 입은 손해는 당해 부동산 자체가 아니라 명의수탁자에게 제공한 매수자금이고, 따라서 명의수탁자는 당해 부동산 자체가 아니라 명의신탁자로부터 제공받은 매수자금 상당액을 부당이득하였다고 할 것이다. 이때 명의수탁자가 소유권이전등기를 위하여 지출하여야 할 취득세, 등록세 등을 명의신탁자로부터 제공받았다면, 이러한 자금 역시 위 계약명의신탁약정에 따라 명의수탁자가 당해 부동산의 소유권을 취득하기 위하여 매매대금과 함께 지출된 것이므로, 당해 부동산의 매매대금 상당액 이외에 명의신탁자가 명의수탁자에게 지급한 취득세, **등록세 등의 취득비용도 특별한 사정이 없는 한 위 계약명의신탁약정의 무효로 인하여 명의신탁자가 입은 손해에 포함되어 명의수탁자는 이 역시 명의신탁자에게 부당이득으로 반환하여야 한다**』(대판 2010. 10. 14, 2007다90432). 정답 - O

94 **상황 (2)에서 甲은 자신이 부동산 X를 점유하고 있는 한 丙으로부터 부동산 X의 소유권이전등기를 경료받은 丁을 상대로 위「93번의 문제」에서의 丙에 대한 부당이득반환청구권을 기초로 유치권을 행사할 수 있다.**

해설 『명의신탁자와 명의수탁자가 이른바 **계약명의신탁약정을 맺고 명의수탁자가 당사자가 되어 명의신탁약정이 있다는 사실을 알지 못하는 소유자와 부동산에 관한 매매계약을 체결한 뒤 수탁자 명의로 소유권이전등기를 마친 경우에는**, 명의신탁자와 명의수탁자 사이의 명의신탁약정은 무효이지만 그 명의수탁자는 당해 부동산의 완전한 소유권을 취득하게 되고(부동산 실권리자명의 등기에 관한 법률 제4조 제1항, 제2항 참조), 반면 명의신탁자는 애초부터 당해 부동산의 소유권을 취득할 수 없고 다만 그가 명의수탁자에게 제공한 부동산 매수자금이 무효의 명의신탁약정에 의한 법률상 원인 없는 것이 되는 관계로 명의수탁자에 대하여 동액 상당의 부당이득반환청구권을 가질 수 있을 뿐이다. 명의신탁자의 이와 같은 **부당이득반환청구권은 부동산 자체로부터 발생한 채권이 아닐 뿐만 아니라 소유권 등에 기한 부동산의 반환청구권과 동일한 법률관계나 사실관계로부터 발생한 채권이라고 보기도 어려우므로**, 결국 민법 제320조 제1항에서 정한 **유치권 성립요건으로서의 목적물과 채권 사이의 견련관계를 인정할 수 없다**』(대판 2009. 3. 26, 2008다34828). 정답 - X

95 **상황 (2)에서 丙이 채무초과 상태에서 甲의 지정에 따라 丁에게 부동산 X의 소유권을 이전하는 행위는 특별한 사정이 없는 한 丙의 일반 채권자에 대한 관계에서 사해행위가 된다.**

해설 『명의신탁자와 명의수탁자가 이른바 **계약명의신탁 약정을 맺고 명의수탁자가 당사자가 되어 명의신탁 약정이 있다는 사실을 알지 못하는 소유자와 부동산에 관한 매매계약을 체결한 후 그 매매계약에 따라 당해 부동산의 소유권이전등기를 명의수탁자 명의로 마친 경우에는**, 명의신탁자와 명의수탁자 사이의 명의신탁 약정의 무효에도 불구하고 부동산 실권리자 명의 등기에 관한 법률 제4조 제2항 단서에 의하여 그 명의수탁자는 당해 부동산의 완전한 소유권을 취득하게 되고, 다만 명의신탁자에 대하여 그로부터 제공받은 매수자금 상당액의 부당이득반환의무를 부담하게 되는바, 위와 같은 경우에 명의수탁자가 취득한 부동산은 채무자인 명의수탁자의 일반 채권자들의 공동담보에 제공되는 책임재산이 되고, 명의신탁자는 명의수탁자에 대한 관계에서 금전채권자 중 한 명에 지나지 않으므로, **명의수탁자의 재산이 채무의 전부를 변제하기에 부족한 경우 명의수탁자가 위 부동산을 명의신탁자 또는 그가 지정하는 자에게 양도하는 행위는 특별한 사정이 없는 한 다른 채권자의 이익을 해하는 것으로서 다른 채권자들에 대한 관계에서 사해행위가 된다**』(대판 2008. 9. 25, 2007다74874). 정답 - O

사례 [96~97]

甲은 2010. 2.경 친구 乙과 "甲이 매수하고자 하는 X 토지의 소유명의만을 乙 앞으로 해 두되, 세금 등은 모두 甲이 부담한다."고 약정하였다. 그 후 甲은 丙과 丙 소유인 X 토지를 甲이 매수하는 내용의 매매계약을 체결하고, 丙에게 등기는 乙에게 이전하여 줄 것을 부탁하였고 丙이 이를 승낙하여 乙 명의의 소유권이전등기가 경료되었다. 다음 설명이 타당한가? (다툼이 있는 경우에는 판례에 의함) 변호사시험 제2회

96 **乙이 돈이 필요하게 되어 丁에게 위와 같은 사정을 설명하고 X 토지에 저당권을 설정하여 줄 테니 돈을 빌려달라고 부탁하여 丁으로부터 돈을 차용하고 X 토지에 저당권을 설정한 경우, 그 저당권설정등기는 무효의 등기이다.**

해설 3자간 등기명의신탁(중간생략형 명의신탁)이란 신탁자(사안에서 甲)가 계약의 당사자가 되어 매도인(사안에서 丙)과 매매계약을 체결하되, 매도인과의 합의 아래 등기를 매도인으로부터 신탁자와 명의신탁약정을 맺은 수탁자(사안에서 乙) 앞으로 직접 이전하는 경우이다. 이 때 명의신탁약정과 그에 의한 등기가 무효로 되나(부동산실명법 제4조 제1항, 제2항 본문), **명의수탁자가 그 신탁재산을 제3자에게 처분하면 그 처분행위는 제3자의 선악을 불문하고 유효**하다(동법 제4조 제3항). 따라서 사안에서 명의수탁자 乙이 악의의 丁에게 저당권을 설정한 경우, 그 저당권설정등기는 유효하다. 정답 - X

97 **① 甲은 자신의 소유권에 기하여 乙을 피고로 삼아 乙 명의 등기의 말소를 청구할 수 있다.**
② 甲과 丙 사이의 매매계약은 유효하다.

해설 3자간 등기명의신탁약정과 그에 의한 등기가 무효로 되는 결과(부동산실명법 제4조 제1항, 제2항 본문), 명의신탁된 X토지는 매도인 丙소유로 복귀하고, 매도인 丙은 원인무효를 이유로 수탁자 乙명의의 등기의 말소를 구할 수 있다. **부동산실명법은 매도인과 명의신탁자 사이의 매매계약의 효력을 부정하는 규정을 두고 있지 아니하므로 매도인 丙과 명의신탁자 甲 사이의 매매계약은 유효**한 것으로 되어, **명의신탁자 甲은 매도인 丙에 대하여 매매계약에 기한 소유권이전등기를 청구할 수 있고, 그 소유권이전등기청구권을 보전하기 위해 매도인 丙을 대위하여 수탁자 乙명의의 등기의 말소를 구할 수 있다**(대판 2002. 3. 15, 2001다61654). 따라서 명의신탁자 甲이 소유권에 기해 직접 수탁자 乙에게 등기의 말소를 청구할 수 없다. 정답 - ① X ② O

제4장 용익물권

제1절 지상권

1 甲은 乙로부터 乙 소유 나대지인 X 토지 500㎡ 중 (A) 부분 200㎡를 특정하여 매수하고 합의에 따라 X 토지 중 2/5 지분에 관하여 소유권이전등기를 마쳤다. 甲과 乙이 X 토지 전체에 관하여 근저당권을 설정한 후 甲이 (A) 부분 지상에 건물을 건축하여 소유하던 중 위 근저당권이 실행되어 戊가 X 토지의 소유권을 취득한 경우 甲은 법정지상권을 주장할 수 없다. 변호사시험 제5회

해설 구분소유적 공유를 하는 토지 위의 자신의 특정 소유부분에 건물을 신축한 자가 그의 대지지분만을 다른 구분소유자에게 양도하거나 다른 구분소유자가 경락받은 경우 관습법상의 법정지상권이 성립한다(대판 1990. 6. 26, 89다카24,94). 정답 – O

사례 【2~5】

다음의 사건이 순차로 일어났다. (i) A는 그 소유의 X 토지 위에 3층 규모의 다세대 주택을 신축하기 시작하였다. (ii) A는 B로부터 1억 원을 차용하면서 위 차용금채무를 담보하기 위하여 B 앞으로 X토지에 관하여 1번 저당권을 설정하여 주었는데, 그 당시 위 다세대주택은 일부 내부공사만 남겨두고 골조공사를 비롯한 거의 모든 공사가 마쳐진 상태였다. (iii) X 토지 위에는 1층, 2층, 3층으로 구분된 다세대주택 1동이 건축되었고, 각 층에 관하여 A 앞으로 각 소유권보존등기가 마쳐졌다. (iv) 3층에 관하여는 이를 매수한 C 앞으로 소유권이전등기가 마쳐졌다. (v) X 토지에 관하여 강제경매개시결정 기입등기가 마쳐졌고, D는 위 경매절차에서 X 토지를 매수하여 매각대금을 완납하였다. (vi) 1층에 관하여는 이를 매수한 E 앞으로 소유권이전등기가 마쳐졌고, 2층에 관하여는 F가 임차하여 거주하고 있다. 다음 설명 중 옳은 것을 모두 고른 것은?(「집합건물의 소유 및 관리에 관한 법률」은 적용되지 않는다고 가정하고, 다툼이 있는 경우에는 판례에 의함) 변호사시험 제3회

2 A는 2층 구분건물의 소유를 위한 관습상 법정지상권을 취득한다.

해설 [사실관계를 시간순서에 따라 간단히 재구성하면 (i) A가 자신 소유 X토지 위에 3층 건물 거의 완성⇒ (ii) B가 X토지에 1번 저당권 ⇒ (iii) A가 3층 건물 완성 후 각 층에 보존등기 ⇒ (iv) C가 3층을 매수한 후 이전등기 ⇒ (v) D가 '강제경매'에 따라 X토지 취득 ⇒ (vi) E가 1층을 매수한 후 이전등기, F가 2층에 건물임차]

1. 2층에 대한 A의 관습상 법정지상권이 문제되는지 법정지상권이 문제되는지 여부

판례는 토지 또는 그 지상 건물에 관하여 강제경매를 위한 (가)압류가 있기 이전에 저당권이 설정되어 있다가 그 후 **'강제경매'로 인해 그 저당권이 소멸하는 경우**에는 제366조의 법정지상권이 아니라 **관습상의 법정지상권이 문제**된다고 한다(대판 2013. 4. 11, 2009다62059).

→ 사안에서 X토지의 소유권자가 A에게서 D로 바뀐 것은 저당권에 기한 '임의경매'가 아니라 일반적인 '강제경매'에 따른 것이므로 사안은 제366조가 아닌 관습상 법정지상권이 문제되는 사안이다.

2. 2층에 대한 A의 관습상 법정지상권 취득여부

관습법상 법정지상권이 성립되기 위해서는 ① (처분당시) 토지와 건물이 동일인의 소유에 속하였을 것, ② 매매 기타의 적법한 원인으로 소유자가 달라질 것, ③ 당사자 사이에 건물을 철거한다는 특약 또는 토지의 점유·사용에 관하여 다른 약정이 없을 것을 요한다. 아래에서는 문제되는 부분에 대해 살핀다.

(1) 건물의 존재

건물의 완성 정도와 관련하여 판례는 민법 제366조의 법정지상권에서 『**토지에 관한 저당권 설정 당시 그 지상에 건물이 토지 소유자에 의하여 건축중**이었고, **그 건물의 규모, 종류가 외형상 예상할 수 있는 정도까지 건축이 진전**되어 있는 경우 **법정지상권을 인정**함이 상당하다』(대판 1992. 6. 12, 92다7221)고 하며, 이 경우 그 후 경매절차에서 매수인이 매각대금을 다 낸 때까지 최소한의 기둥과 지붕 그리고 주벽이 이루어지는 등 독립된 부동산으로서 건물의 요건을 갖추면 법정지상권이 성립한다(대판 2004. 6. 11, 2004다13533)고 한다.

→ 사안에서 X토지에 저당권 설정 당시 다세대주택은 일부 내부공사만 남겨두고 골조공사를 비롯한 거의 모든 공사가 마쳐진 상태이므로 관습상 법정지상권이 성립될 수 있는 건물이 존재하였던 것으로 볼 수 있다.

(2) 소유자 동일성의 판단 기준시점

1) 원칙

『관습법상의 법정지상권이 성립되기 위하여는 토지와 건물 중 어느 하나가 **'처분될 당시'**에 토지와 그 지상건물이 동일인의 소유에 속하였으면 족하고 원시적으로 동일인의 소유였을 필요는 없다』(대판 1995. 7. 28, 95다9075,9082).

2) 예외…부동산 '강제경매'로 인해 토지와 건물의 소유자가 달라진 경우

판례는 토지 또는 그 지상 건물에 관하여 강제경매를 위한 **(가)압류가 있기 이전에 저당권이 설정되어 있다가 그 후 '강제경매'로 인해 그 저당권이 소멸하는 경우**에는 제366조의 법정지상권이 아니라 관습상의 법정지상권이 문제되며, 이 때 토지와 그 지상 건물이 동일인 소유에 속하였는지는 그 **'저당권 설정 당시'를 기준**으로 판단한다고 한다(대판 2013. 4. 11, 2009다62059).

[보충] 그에 앞서 대법원은 전원합의체 판결을 통해 『부동산강제경매절차에서 목적물을 매수한 사람의 법적 지위는 다른 특별한 사정이 없는 한 그 절차상 '압류의 효력이 발생하는 때'를 기준으로 하여 정하여지므로, 강제경매의 목적이 된 토지 또는 그 지상 건물의 소유권이 강제경매로 인하여 그 절차상의 매수인에게 이전된 경우에 건물의 소유를 위한 관습

상 법정지상권이 성립하는가 하는 문제에 있어서는 그 매수인이 소유권을 취득하는 매각대금의 완납시(과거 판례의 태도)가 아니라 그 압류의 효력이 발생하는 때를 기준으로 하여 토지와 그 지상 건물이 동일인에 속하였는지 여부가 판단되어야 한다. 한편 경매의 목적이 된 부동산에 대하여 **가압류가 있고 그것이 본압류로 이행되어 경매절차가 진행된 경우에는 애초 가압류가 효력을 발생하는 때를 기준으로** 토지와 그 지상 건물이 동일인에 속하였는지 여부를 판단할 것이다』〔대판(전합) 2012. 10. 18, 2010다52140〕고 판시한바 있다.

→ 사안에서 ① X토지에 대한 '저당권 설정 당시' 다세대주택은 독립된 부동산으로서 건물의 요건을 갖추고 있었으므로 신축건물의 소유권은 제187조에 의해 A에게 귀속되고, X토지 또한 A의 소유이었고,② 그 후 '강제경매'에 의해 X토지에 대한 소유권자가 D로 바뀌었으며, ③ 당사자 사이에 건물을 철거한다는 특약 또는 토지의 점유·사용에 관하여 다른 약정이 없었으므로 A는 2층 구분건물의 소유를 위한 관습상 법정지상권을 취득한다. 정답 - O

3 **E는 1층 구분건물을 매수함과 함께 1층 구분건물의 소유를 위한 관습법상 법정지상권도 양수하였다고 보아야 하므로 E는 그 관습상 법정지상권을 취득한다.**

해설 **1. 1층에 대한 A의 관습상 법정지상권 취득여부**

위에서 살펴 본 것과 동일한 이유로 A는 1층 구분건물의 소유를 위한 관습상 법정지상권을 취득하였다.

2. 1층에 대한 E의 관습상 법정지상권 취득 여부

(1) A와 E 사이 채권계약의 내용

관습법상 법정지상권을 취득한 1층 건물소유자 A가 1층 건물에 대한 소유권을 양도하는 경우에는 특별한 사정이 없는 한 **제100조 제2항의 유추적용**에 의해 건물의 소유권과 함께 법정지상권도 양도하기로 하는 채권적 계약이 있었다고 할 것이다(대판 1988. 9. 27, 87다카279).

(2) E의 관습법상 법정지상권 승계취득 여부

E가 법정지상권을 취득하기 위해서 건물소유권 등기 외에 지상권등기를 해야 하는지와 관련하여 ① 제100조 제2항의 취지가 주물·종물의 법률적 운명을 공통되게 하려는데 있다고 보아 종물에는 별도의 공시방법이 필요 없다는 견해도 있으나 ② 본조의 규정은 물건의 경제적 효용이라는 관점에서 종물과 주물을 하나의 집합물로 다루고자 하는 취지이고, 공시방법은 이와 별개인 것으로 해석하는 것이 타당하다(다수설·판례). 따라서 **A의 지상권은 관습법에 의하여 당연히 성립하는 것이므로 제187조에 의하여 등기를 요하지 않으나, 사안과 같이 제3자 E에게 법정지상권을 전득시키려면 제187조 단서에 의하여 등기를 하여야** 한다. 정답 - X

4 **D는 F를 상대로 2층 구분건물에 퇴거하여 달라고 청구할 수 없다.**

해설 『경락에 의하여 건물의 소유자와 그 토지의 소유자가 달라지게 되어 경매 당시의 건물의 소유자가 그 건물의 이용을 위한 **법정지상권을 취득**한 경우, **토지 소유자는 건물을 점유하는 자에 대하여 그 건물로부터의 퇴거를 구할 수 없다**』(대판 1997. 9. 26, 97다10314).

→ A는 2층 구분건물의 소유를 위한 관습상 법정지상권을 취득하였으므로 토지소유자 D는 2층 건물을 점유하는 임차인 F에게 퇴거를 구할 수 없다. 정답 - O

5 **매각대금이 완납될 당시는 물론 강제경매개시결정 기입등기가 마쳐질 당시에도 X 토지의 소유자와 3층 구분건물의 소유자가 다르므로 C는 3층 구분건물의 소유를 위한 관습상 법정지상권을 취득하지 못한다.**

해설 위에서 살펴본 것과 같이 토지와 그 지상 건물이 동일인 소유에 속하였는지는 그 **'저당권 설정 당시'를 기준으로 판단**한다고 한다는 최근 판례에 따르면 C도 3층 구분건물의 소유를 위한 관습상 법정지상권을 취득한다. 정답 - X

사례 【6~8】

X, Y 토지는 모두 甲 소유인데 Y 토지에 관하여 甲의 채권자 A의 가압류등기가 마쳐진 후 甲은 X, Y 토지 양 지상에 걸쳐 Z 건물을 건축하였다. 甲은 X 토지와 Z 건물을 乙에게 매각하고 각 등기를 이전하여 주었다. 그 후 甲의 채권자에 의하여 Z 건물에 관한 매매계약만이 사해행위취소소송을 통하여 취소되고 그에 따라 Z 건물에 마쳐져 있던 乙 명의의 등기가 말소되었다. 그 후 Z 건물은 강제경매절차를 통하여 丙이 소유권을 취득하였다. 한편, A는 집행권원을 확보하여 Y 토지에 관하여 강제경매를 신청하였고, 그 경매절차에서 丁이 소유권을 취득하였다. 乙과 丁은 丙에 대하여 Z 건물 중 각자 자기 토지 지상부분에 대한 철거를 청구하는 소송을 제기하였다. 이에 관한 법률관계 중 다음 설명이 타당한가? (각 지문은 독립적이며, 다툼이 있는 경우 판례에 의함) 변호사시험 제5회

6 **사해행위취소소송을 거쳐 Z 건물에 관한 乙 명의의 등기가 말소된 때, X 토지에 관하여 甲에게 관습상 법정지상권이 발생한다.**

해설 『동일인의 소유에 속하고 있던 토지와 지상 건물이 매매 등으로 인하여 소유자가 다르게 된 경우에 건물을 철거한다는 특약이 없는 한 건물소유자는 건물의 소유를 위한 관습상 법정지상권을 취득한다. 그런데 민법 제406조의 채권자취소권의 행사로 인한 사해행위의 취소와 일탈재산의 원상회복은 **채권자와 수익자 또는 전득자에 대한 관계에 있어서만 효력이 발생할 뿐**이고 채무자가 직접 권리를 취득하는 것이 아니므로, **토지와 지상건물이 함께 양도되었다가 채권자취소권의 행사에 따라 그중 건물에 관하여만 양도가 취소되고 수익자와 전득자 명의의 소유권이전등기가 말소되었다고 하더라도, 이는 관습상법정지상권의 성립요건인 '동일인의 소유에 속하고 있던 토지와 지상 건물이 매매 등으로 인하여 소유자가 다르게 된 경우'에 해당한다고 할 수 없다**』(대판 2014. 12. 24, 2012다73158). 정답 - X

7 丁의 丙에 대한 철거청구는 기각된다.

해설 丁의 丙에 대한 철거청구는 **丙이 건물을 소유할 권리가 없다**는 점에서 인용된다. 판례는 『**강제경매의 목적이 된 토지 또는 그 지상 건물의 소유권이 강제경매로 인하여 그 절차상 매수인에게 이전된 경우, 건물 소유를 위한 관습상 법정지상권의 성립 요건인 '토지와 그 지상 건물이 동일인 소유에 속하였는지'를 판단하는 기준 시기(=압류 또는 가압류의 효력 발생 시)**에 관하여 매각대금의 완납시가 아니라 그 압류의 효력이 발생하는 때를 기준으로 하여 토지와 그 지상건물이 동일인에 속하였는지가 판단되어야 한다』〔대판(전합) 2012. 10. 18, 2010다52140〕라고 판시하고 있다. 정답 – X

8 Z 건물이 강제경매될 당시 X 토지에 관하여 丙에게 관습상 법정지상권이 발생하지 않는다.

해설 **Z 건물이 강제경매 될 당시 소유자가 동일하다는 점**에서 X 토지에 관하여 丙에게 관습상 법정지상권이 발생한다. 정답 – X

사례

甲은 자기 소유인 X 토지에 상가건물을 신축하는 공사를 乙에게 도급하였다. 계약 당시 건축허가와 소유권보존등기는 甲의 명의로 하고, 공사대금은 공정률이 30%, 60%, 100%가 될 때마다 그에 상응하는 대금을 지급하기로 약정하였다. 乙은 자기의 재료와 비용으로 건물을 신축하여 완공하였다. 甲 명의로 건물의 소유권보존등기가 경료되었으나 乙은 甲으로부터 공사대금 중 30%밖에 지급받지 못한 상태이다. 乙은 완공건물을 인도하지 않고 점유하고 있다. 다음 설명이 타당한가? (다툼이 있는 경우에는 판례에 의함) 변호사시험 제2회

9 신축공사가 시작되기 전에 X 토지에 저당권이 설정되어 있었는데 건물완공 후 그 저당권의 실행으로 토지 소유권이 丁에게 이전된 경우, 丁은 乙에게 건물에서의 퇴거를 청구할 수 있다.

해설 제366조의 법정지상권이 성립하기 위해서는 ① 저당권설정 당시부터 건물이 존재하고, ② 저당권이 성정될 당시 토지와 건물의 소유자가 동일하고, ③ 토지나 건물 중 적어도 어느 하나에 저당권이 설정되고, ④ 경매로 인해 건물과 토지에 대한 소유자가 분리될 것을 요한다. 따라서 **X토지에 저당권이 설정된 후 건물이 완공되었다면 건물소유자 甲에게 제366조의 법정지상권은 인정되지 않으므로** 당해 건물은 철거될 운명에 있으며, 乙 또한 '건물'에 관한 유치권으로 토지소유자 丁의 퇴거청구(제214조)에 대항할 수 없다. 정답 – O

사례 【10~13】

甲은 그 소유인 X 토지에 Y 건물을 소유하고 있다가 X 토지의 여유공간에 Z 건물을 신축하여 완공하였으나 소유권보존등기를 마치지 아니하였다. 甲은 X 토지와 2채의 건물을 모두 乙에게 매도하고 인도하였으며, X 토지와 Y 건물에 관하여 소유권이전등기를 마쳐 주었다. 그 후 乙이 은행으로부터 자금을 차용하고 X 토지에 관하여 저당권을 설정하였다가 X 토지가 경매됨에 따라 X 토지의 소유자가 丙으로 변경되었다. 한편 乙은 Y, Z 건물 및 이에 부대하는 일체의 권리를 丁에게 매도하고 인도하면서 Y 건물에 관하여 소유권이전등기를 마쳐 주었다. Z 건물은 아직 미등기 상태이다. 다음 설명이 타당한가? (다툼이 있는 경우에는 판례에 의함) 변호사시험 제2회

10 乙이 甲으로부터 토지의 소유권을 취득할 때 甲은 Z 건물의 소유를 위한 관습상의 법정지상권을 취득하였다.

해설 『관습상의 법정지상권은 동일인의 소유이던 토지와 그 지상건물이 매매 기타 원인으로 인하여 각각 소유자를 달리하게 되었으나 그 건물을 철거한다는 등의 특약이 없으면 건물 소유자로 하여금 토지를 계속 사용하게 하려는 것이 당사자의 의사라고 보아 인정되는 것이므로 토지의 점유·사용에 관하여 당사자 사이에 약정이 있는 것으로 볼 수 있거나 **토지 소유자가 건물의 처분권까지 함께 취득한 경우**에는 관습상의 법정지상권을 인정할 까닭이 없다 할 것이어서, **미등기건물을 그 대지와 함께 매도하였다면 비록 매수인에게 그 대지에 관하여만 소유권이전등기가 경료되고 건물에 관하여는 등기가 경료되지 아니하여 형식적으로 대지와 건물이 그 소유 명의자를 달리하게 되었다 하더라도 매도인에게 관습상의 법정지상권을 인정할 이유가 없다**』[대판(전합) 2002. 6. 20, 2002다9660]. 정답 - X

11 丁은 지상권등기를 하지 아니하였어도 Y 건물의 대지에 관하여 법정지상권을 취득하였다.

해설 제366조의 법정지상권이 성립하기 위해서는 ① 저당권설정 당시부터 건물이 존재하고, ② 저당권이 성정될 당시 토지와 건물의 소유자가 동일하고, ③ 토지나 건물 중 적어도 어느 하나에 저당권이 설정되고, ④ 경매로 인해 건물과 토지에 대한 소유자가 분리될 것을 요한다. 따라서 사안에서 乙은 Y건물을 위한 제366조의 법정지상권을 취득하였다. 그러나 **전득자 丁이 법정지상권을 취득하려면 제187조 단서에 의하여 등기를 하여야 한다.** 그러므로 아직 지상권이전등기를 경료받지 못한 丁은 법정지상권이라는 물권을 취득하지 못하였다. 『법정지상권을 가진 건물소유자로부터 건물을 양수하면서 법정지상권까지 양도받기로 한 자는 채권자대위의 법리에 따라 전건물소유자 및 대지소유자에 대하여 차례로 지상권의 설정등기 및 이전등기절차이행을 구할 수 있다』[대판(전합) 1985. 4. 9, 84다카1131,1132]. 정답 - X

12 **丙은 丁을 상대로 Y 건물의 철거를 청구할 수 있다.**

해설 『법정지상권을 가진 건물소유자로부터 건물을 양수하면서 법정지상권까지 양도받기로 한 자는 채권자대위의 법리에 따라 전건물소유자 및 대지소유자에 대하여 차례로 지상권의 설정등기 및 이전등기절차이행을 구할 수 있다 할 것이므로 이러한 **법정지상권을 취득할 지위에 있는 자에 대하여 대지소유자가 소유권에 기하여 건물철거를 구함은 지상권의 부담을 용인하고 그 설정등기절차를 이행할 의무있는 자가 그 권리자를 상대로 한 청구라 할 것**이어서 **신의성실의 원칙상 허용될 수 없다**』〔대판(전합) 1985. 4. 9, 84다카1131,1132)〕. 정답 - X

13 **丙은 丁을 상대로 Z 건물의 철거를 청구할 수 있다.**

해설 『민법 제366조의 법정지상권은 저당권 설정 당시에 동일인의 소유에 속하는 토지와 건물이 저당권의 실행에 의한 경매로 인하여 각기 다른 사람의 소유에 속하게 된 경우에 건물의 소유를 위하여 인정되는 것이므로, **미등기건물을 그 대지와 함께 매수한 사람이 그 대지에 관하여만 소유권이전등기를 넘겨받고 건물에 대하여는 그 등기를 이전 받지 못하고 있다가, 대지에 대하여 저당권을 설정하고 그 저당권의 실행으로 대지가 경매되어 다른 사람의 소유로 된 경우**에는, 그 저당권의 설정 당시에 이미 대지와 건물이 각각 다른 사람의 소유에 속하고 있었으므로 **법정지상권이 성립될 여지가 없다**』〔대판(전합) 2002. 6. 20, 2002다9660〕. 정답 - O

제2절 지역권

제3절 전세권

1 **전세권이 성립한 후 전세목적물의 소유권이 양도된 경우, 전세권이 소멸하면 전세권자는 전 소유자에 대해서도 전세금반환을 청구할 수 있다.** 변호사시험 제1회

해설 전세권의 존속기간 중 전세목적물의 소유권이 이전된 경우에 신소유자가 전세권설정자의 지위를 승계하는지, 따라서 신 소유자만이 전세금반환의무를 부담하고, 구 소유자는 그 의무를 면하는지에 관해 민법의 명문의 규정이 없어 문제된다. 이에 대해 판례는 승계긍정설의 입장이다. 『전세권이 성립한 후 목적물의 소유권이 이전되는 경우에 전세권은 전세권자와 목적물의 소유권을 취득한 신 소유자 사이에서 계속 동일한 내용으로 존속하게 된다고 보아야 할 것이고, 따라서 **목적물의 신 소유자는 구 소유자와 전세권자 사이에 성립한 전세권의 내용에 따른 권리의무의 직접적인 당사자**가 되어 전세권이 소멸하는 때에 전세권자에 대하여 전세권설정자의 지위에서 전세금반환의무를 부담하게 되고, **구 소유자는 전세권설정자의 지위를 상실하여 전세금반환의무를 면하게 된다**고 보아야 한다』(대판 2006. 5. 11, 2006다6072). 정답 - X

2 **① 전세권의 존속기간이 만료되면, 전세금의 반환을 받지 못하였더라도 제3자에게 전세권을 양도할 수 없다.**
② 전세권설정계약이 합의해지된 경우, 전세권자는 전세권과 분리하여 전세금반환채권만을 확정적으로 양도할 수 없다. 변호사시험 제1회

해설 『전세권이 담보물권적 성격도 가지는 이상 부종성과 수반성이 있는 것이므로 전세권을 그 담보하는 전세금반환채권과 분리하여 양도하는 것은 허용되지 않는다고 할 것이나, 한편 담보물권의 수반성이란 피담보채권의 처분이 있으면 언제나 담보물권도 함께 처분된다는 것이 아니라, 채권 담보라고 하는 담보물권 제도의 존재 목적에 비추어 볼 때 특별한 사정이 없는 한 피담보채권의 처분에는 담보물권의 처분도 포함된다고 보는 것이 합리적이라는 것일 뿐이므로, ① 전세권이 **존속기간의 만료로 소멸**한 경우이거나, ② **전세계약의 합의해지** 또는 ③ 당사자 간의 특약에 의하여 전세권반환채권의 처분에도 불구하고, **전세권의 처분이 따르지 않는 경우 등의 특별한 사정이 있는 때에는 채권양수인은 담보물권이 없는 무담보의 채권을 양수한 것**이 된다』(대판 1997. 11. 25, 97다29790). 정답 - ① X ② X

3 **전세권자의 채권자가 전세권에 저당권을 취득한 경우, 전세권이 기간만료로 소멸하면 전세권설정자는 전세금반환청구권에 대한 저당권자의 압류 등이 없더라도 저당권자에게 전세금을 지급하여야 한다.** 변호사시험 제1회

해설 전세권의 존속기간이 만료된 후의 전세권을 목적으로 하는 저당권(제371조)의 효력과 관련하여 판례는 '전세권에 대하여 저당권이 설정된 경우 그 저당권의 목적물은 물권인 전세권 자체이지 전세금반환채권은 그 목적물이 아니'라는 것을 분명히 하고 있고, 『**전세권이 기간만료로 종료된 경우 전세권은 전세권설정등기의 말소등기 없이도 당연히 소멸**하고, **저당권의 목적물인 전세권이 소멸하면 저당권도 당연히 소멸**하는 것이므로 **전세권을 목적으로 한 저당권자는 전세권의 목적물인 부동산의 소유자에게 더 이상 저당권을 주장할 수 없다**』(대판 1999. 9. 17, 98다31301)라고 판시하여 물상대위설의 입장을 취하고 있다.
→ 이러한 판례에 따르면 전세권의 존속기간이 만료된 후에는 전세권저당권자가 전세금반환청구권을 '압류'하지 않는 이상(제342조 참조) 전세권설정자는 전세권저당권자가 아닌 전세권자에게 전세금을 반환하더라도 그것은 유효하다. 정답 - X

4 **토지와 건물의 소유자가 건물에 전세권을 설정하였으나 그 토지가 경매절차에서 제3자에게 매각되어 건물소유자가 법정지상권을 취득한 후 건물이 다시 타인에게 양도되었다면, 건물의 양수인이 토지 소유자와의 관계에서 법정지상권을 취득할 지위를 포기하더라도 그 포기의 효력은 전세권자에게 미치지 않는다.** 변호사시험 제1회

해설 『토지와 건물을 함께 소유하던 토지·건물의 소유자가 건물에 대하여 전세권을 설정하여 주었는데 그 후 토지가 타인에게 경락되어 민법 제305조 제1항에 의한 법정지상권을 취득한 상태에서 다시 건물을 타인에게 양도한 경우, 그 건물을 양수하여 소유권을 취득한 자는 특별한 사정이 없는 한 법정지상권을 취득할 지위를 가지게 되고, 다른 한편으로는

전세권 관계도 이전받게 되는바, **민법 제304조 등에 비추어 건물 양수인이 토지 소유자와의 관계에서 전세권자의 동의 없이 법정지상권을 취득할 지위를 소멸시켰다고 하더라도, 그 건물 양수인은 물론 토지 소유자도 그 사유를 들어 전세권자에게 대항할 수 없다**』(대판 2007. 8. 24, 2006다14684). 정답 – O

5 전세권의 존속기간이 경과한 후 전세금반환채권을 제3자에게 양도하여 전세권의 부기등기까지 마쳤더라도, 확정일자 있는 증서에 의한 채권양도절차를 거치지 않으면 전세금반환채권에 대한 압류채권자, 전부채권자 등 제3자에게 전세금반환채권의 양도사실로써 대항할 수 없다. 변호사시험 제4회

해설 『전세권의 존속기간이 만료되면 전세권의 용익물권적 권능은 전세권설정등기의 말소 없이도 당연히 소멸하고 단시 전세금반환채권을 담보하는 담보물권적 권능의 범위 내에서 전세금의 반환시까지 그 전세권설정등기의 효력이 존속하고 있다 할 것인데, 이와 같이 존속기간의 경과로서 본래의 용익물권적 권능이 소멸하고 담보물권적 권능만 남은 전세권에 대해서도 그 피담보채권인 전세금반환채권과 함께 제3자에게 이를 양도할 수 있다 할 것이지만 이 경우에는 민법 제450조 제2항 소정의 확정일자 있는 증서에 의한 채권양도절차를 거쳐야 제3자에게 대항할 수 있다. 따라서 **전세기간 만료 이후 전세권양도계약 및 전세권이전의 부기등기가 이루어진 것만**으로는 **전세금반환채권의 양도에 관하여 확정일자 있는 통지나 승낙이 있었다고 볼 수 없어** 이로써 **제3자인 전세금반환채권의 압류·전부 채권자에게 대항할 수 없다**』(대판 2005.3.25., 2003다35659). 정답 – O

6 전세권자는 전세권설정자에게 전세권 목적물의 현상을 유지하기 위해 지출한 필요비의 상환을 청구할 수 있다. 변호사시험 제4회

해설 전세권자는 임차인과 달리 목적물의 현상을 유지하고 **그 통상의 관리에 속한 수선을 하여야 할 유지·수선의무를 부담**하기 때문에(제309조),필요비의 상환은 청구할 수 없고, 일정한 요건하에 유익비상환청구권만 인정된다(제310조). 정답 – X

7 당사자가 주로 채권담보의 목적으로 전세권을 설정하였고 그 설정과 동시에 목적물을 인도하지 아니한 경우라도, 장차 전세권자가 목적물을 사용·수익하는 것을 완전히 배제하는 것이 아니라면 그 전세권도 유효하다. 변호사시험 제4회

해설 『전세권이 용익물권적 성격과 담보물권적 성격을 겸비하고 있다는 점 및 목적물의 인도는 전세권의 성립요건이 아닌 점 등에 비추어 볼 때 당사자가 주로 채권담보의 목적으로 전세권을 설정하였고, **그 설정과 동시에 목적물은 인도하지 아니한 경우**라고 하더라도, **장차 전세권자가 목적물을 사용·수익하는 것을 완전히 배제하는 것이 아니라면, 그 전세권의 효력을 부인할 수는 없다**』(대판 1995. 2. 10, 94다18508). 정답 – O

8 전세권자는 전세권설정계약에 다른 약정이 없는 한 원전세권설정자의 동의 없이 전전세(轉傳貰)할 수 있다. 변호사시험 제4회

해설

〔제306조(전세권의 양도, 임대 등)〕 전세권자는 전세권을 타인에게 양도 또는 담보로 제공할 수 있고 그 존속기간내에서 그 목적물을 타인에게 전전세 또는 임대할 수 있다. 그러나 설정행위로 이를 금지한 때에는 그러하지 아니하다.

정답 – O

9 **전세권이 부동산의 일부에 설정된 경우, 전세권의 목적물이 아닌 나머지 부분에 대해서는 그 전세권에 기한 경매신청을 할 수 없다.** 변호사시험 제4회

해설

〔제318조(전세권자의 경매청구권)〕 전세권설정자가 전세금의 반환을 지체한 때에는 전세권자는 민사집행법의 정한 바에 의하여 전세권의 목적물의 경매를 청구할 수 있다.
판례는 『전세권의 목적물이 아닌 나머지 건물 부분에 대하여는 우선변제권은 별론으로 하고 **경매신청권은 없다**』(대결 1992. 3. 10, 91마256)고 하며, 『**건물의 일부에 대하여 전세권이 설정**되어 있는 경우 **전세권자는 전세권의 목적이 된 부분을 초과하여 건물 전부의 경매를 청구할 수 없다**고 할 것이고, **그 전세권의 목적이 된 부분이 구조상 또는 이용상 독립성이 없어 독립한 소유권의 객체로 분할할 수 없고 따라서 그 부분만의 경매신청이 불가능하다고 하여 달리 볼 것은 아니다**』(대결 2001. 7. 2, 2001마212)라고 판시하고 있다. 즉, 분할이 불가능한 경우에도 전부경매청구가 불가하다고 본다.

정답 – O

사례 【10~13】

甲 소유의 X 주택에 관한 乙의 전세권에 대하여 丙의 저당권이 설정되어 있다. 다음 중 옳지 않은 것은?(다툼이 있는 경우에는 판례에 의함) 변호사시험 제3회

10 **① 丙의 저당권의 목적물은 乙의 전세권이므로 그 전세권이 기간만료로 소멸하면 丙은 더 이상 그 전세권에 대하여 저당권을 실행할 수 없다.**
② 乙의 전세권이 기간만료로 소멸하면 丙의 저당권도 당연히 소멸된다.

해설 『**전세권이 기간만료로 종료된 경우 전세권은 전세권설정등기의 말소등기 없이도 당연히 소멸**하고, **저당권의 목적물인 전세권이 소멸하면 저당권도 당연히 소멸**하는 것이므로 전세권을 목적으로 한 저당권자는 전세권의 목적물인 부동산의 소유자에게 더 이상 저당권을 주장할 수 없다』(대판 1999. 9. 17, 98다31301).

정답 – ① O ② O

11 **乙의 전세권이 기간만료로 소멸하면 甲은 전세금반환채권에 대한 제3자의 압류 등이 없는 한 乙에 대하여만 전세금반환의무를 부담한다.**

해설 『전세권에 대하여 저당권이 설정된 경우 그 저당권의 목적물은 물권인 전세권 자체이지 전세금반환채권은 그 목적물이 아니고, **전세권의 존속기간이 만료되면 전세권은 소멸하므로** 더 이상 전세권 자체에 대하여 저당권을 실행할 수 없게 되고, 이러한 경우에는 민법 제370조, 제342조 및 민사집행법 제273조에 의하여 **저당권의 목적물인 전세권에 갈음하여 존속하는 것으로 볼 수 있는 전세금반환채권에 대하여 압류 및 추심명령 또는 전부명령을 받거나 제3자가 전세금반환채권에 대하여 실시한 강제집행절차에서 배당요구를 하는 등의 방법으로 자신의 권리를 행사하여 비로소 전세권설정자에 대해 전세금의 지급을 구할 수 있게 된다**는 점, 전세권을 목적물로 하는 저당권의 설정은 전세권의 목적물 소유자의 의사와는 상관없이 전세권자의 동의만 있으면 가능한 것이고, 원래 전세권에 있어 전세권설정자가 부담하는 전세금반환의무는 전세금반환채권에 대한 제3자의 압류 등이 없는 한 전세권자에 대해 전세금을 지급함으로써 그 의무이행을 다할 뿐이라는 점에 비추어 볼 때, **전세권저당권이 설정된 경우에도 전세권이 기간만료로 소멸되면 전세권설정자는 전세금반환채권에 대한 제3자의 압류 등이 없는 한 전세권자에 대하여만 전세금반환의무를 부담한다고 보아야 한다**』(대판 1999. 9. 17, 98다31301). 정답 - O

12 **乙의 전세권이 기간만료로 소멸하면 丙은 제3자가 전세금반환채권에 대하여 실시한 강제집행절차에서 배당요구를 하는 방법으로 乙에 대한 일반채권자보다 우선변제를 받을 수 있다.**

해설 『전세권에 대하여 저당권이 설정된 경우 그 저당권의 목적물은 물권인 전세권 자체이지 전세금반환채권은 그 목적물이 아니고, **전세권의 존속기간이 만료되면 전세권은 소멸하므로** 더 이상 전세권 자체에 대하여 저당권을 실행할 수 없게 되고, 이러한 경우에는 민법 제370조, 제342조 및 민사집행법 제273조에 의하여 **저당권의 목적물인 전세권에 갈음하여 존속하는 것으로 볼 수 있는 전세금반환채권에 대하여 압류 및 추심명령 또는 전부명령을 받거나 제3자가 전세금반환채권에 대하여 실시한 강제집행절차에서 배당요구를 하는 등의 방법으로 자신의 권리를 행사하여 비로소 전세권설정자에 대해 전세금의 지급을 구할 수 있게 된다**』(대판 1999. 9. 17, 98다31301). 정답 - O

13 **乙의 전세권이 기간만료로 소멸하면 丙은 전세금반환채권에 대하여 압류 및 전부명령을 받는 등의 방법으로 권리를 행사하여 甲에 대하여 전세금의 지급을 구할 수 있으나 그 전세금반환채권에 대하여 압류가 경합된 상태에서 전부명령을 받았다면 이는 무효이므로 甲에 대하여 전세금의 지급을 구할 수 없다.**

해설 『저당목적물의 변형물인 금전 기타 물건에 대하여 일반 채권자가 물상대위권을 행사하려는 저당채권자보다 단순히 먼저 압류나 가압류의 집행을 함에 지나지 않은 경우에는 저당권자는 그 전은 물론 그 후에도 목적채권에 대하여 물상대위권을 행사하여 일반 채권자보다 우선변제를 받을 수가 있으며(대판 1994. 11. 22, 94다25728), 위와 같이 **전세권부 근저당권자가 우선권 있는 채권에 기하여 전부명령을 받은 경우에는 형식상 압류가 경합되었다 하더라도 그 전부명령은 유효하다**』(대판 2008. 12. 24, 2008다65396). 정답 - X

사례【14~16】

甲은 2012. 2. 10. 乙 소유인 X 주택에 관하여 乙과 사이에 존속기간 3년, 전세금 3억 원으로 하는 전세권설정계약을 체결하고 전세권등기를 한 후 X 주택을 점유·사용하였다. 甲은 2013. 4. 10. 丙으로부터 변제기를 전세기간 만료일로 정하여 3억 원을 차용하고, 같은 날 위 전세권에 관하여 저당권을 설정하여 주었다. 전세기간이 종료한 날부터 1개월 후 丙은 위 저당권에 기한 물상대위권의 행사로써 甲의 전세금반환채권을 압류·전부받은 후 乙을 상대로 전부금 3억 원의 지급을 구하는 소를 제기하였다. 다음 설명이 타당한가? (각 지문은 독립적이며, 다툼이 있는 경우 판례에 의함) 변호사시험 제5회

14 전세기간 중인 2013. 6. 10. 甲의 과실로 X 주택의 일부를 멸실시켜 1,000만 원 상당의 손해를 발생시켰다. 전세기간이 종료된 후 乙은 전세금으로써 위 손해의 배상에 충당하고 그 충당으로 丙에게 대항할 수 있다.

해설

〔제315조(전세권자의 손해배상책임)〕 ① 전세권의 목적물의 전부 또는 일부가 전세권자에 책임있는 사유로 인하여 멸실된 때에는 전세권자는 손해를 배상할 책임이 있다. ② 전항의 경우에 전세권설정자는 전세권이 소멸된 후 전세금으로써 손해의 배상에 충당하고 잉여가 있으면 반환하여야 하며 부족이 있으면 다시 청구할 수 있다.

정답 – O

15 전세기간 중인 2012. 8. 10. 乙이 甲에게 전세기간 만료일 전일을 변제기로 하여 1억 원을 대여한 경우 특별한 사정이 없는 한 乙은 위 대여금채권에 의한 상계로 丙에게 대항할 수 있다.

해설 『민법 제498조는 "지급을 금지하는 명령을 받은 제3채무자는 그 후에 취득한 채권에 의한 상계로 그 명령을 신청한 채권자에게 대항하지 못한다."라고 규정하고 있다. 위 규정의 취지, 상계제도의 목적 및 기능, 채무자의 채권이 압류된 경우 관련 당사자들의 이익상황 등에 비추어 보면, 채권압류명령 또는 채권가압류명령(이하 채권압류명령의 경우만을 두고 논의하기로 한다)을 받은 제3채무자가 압류채무자에 대한 반대채권을 가지고 있는 경우에 상계로써 압류채권자에게 대항하기 위하여는, **압류의 효력 발생 당시에 대립하는 양 채권이 상계적상에 있거나, 그 당시 반대채권(자동채권)의 변제기가 도래하지 아니한 경우에는 그것이 피압류채권(수동채권)의 변제기와 동시에 또는 그보다 먼저 도래하여야 한다**』〔대판(전합) 2012. 2. 16, 2011다45521〕.

정답 – O

16 **전세기간 종료 즉시 乙이 甲에게 전세금을 반환한 경우 乙은 이 반환으로써 丙에게 대항할 수 있다.**

해설 『원래 전세권에 있어 전세권설정자가 부담하는 전세금반환의무는 전세금반환채권에 대한 제3자의 압류 등이 없는 한 전세권자에 대해 전세금을 지급함으로써 그 의무이행을 다할 뿐이라는 점에 비추어 볼 때, 전세권저당권이 설정된 경우에도 전세권이 기간만료로 소멸되면 전세권설정자는 **전세금반환채권에 대한 제3자의 압류 등이 없는 한 전세권자에 대하여만 전세금반환의무를 부담한다**고 보아야 한다』(대판 1999. 9. 17, 98다 31301). 정답 - O

사례 【17~19】

甲은 그 소유인 X 아파트에 관하여 乙에게 전세권을 설정하여 주었다. 丙이 乙에게 금전을 대여하고 위 전세권을 목적으로 한 저당권을 설정받았다. 乙은 전세기간 만료일에 甲에게 X 아파트를 반환하였다. 이에 관한 설명이 타당한가? (각 지문은 독립적이며, 다툼이 있는 경우 판례에 의함)

변호사시험 제7회

17 **甲은 전세금 반환채권에 대한 압류 등이 없는 한 乙에 대하여만 전세금 반환의무를 부담한다.**

해설 『전세권에 대하여 저당권이 설정된 경우 그 저당권의 목적물은 물권인 전세권 자체이지 전세금반환채권은 그 목적물이 아니고, 전세권의 존속기간이 만료되면 전세권은 소멸하므로 더 이상 전세권 자체에 대하여 저당권을 실행할 수 없게 되고, 이러한 경우에는 민법 제370조, 제342조 및 민사소송법 제733조에 의하여 저당권의 목적물인 전세권에 갈음하여 존속하는 것으로 볼 수 있는 전세금반환채권에 대하여 압류 및 추심명령 또는 전부명령을 받거나 제3자가 전세금반환채권에 대하여 실시한 강제집행절차에서 배당요구를 하는 등의 방법으로 자신의 권리를 행사하여 비로소 전세권설정자에 대해 전세금의 지급을 구할 수 있게 된다는 점, 원래 동시이행항변권은 공평의 관념과 신의칙에 입각하여 각 당사자가 부담하는 채무가 서로 대가적 의미를 가지고 관련되어 있을 때 그 이행에 있어서 견련관계를 인정하여 당사자 일방은 상대방이 채무를 이행하거나 이행의 제공을 하지 아니한 채 당사자 일방의 채무의 이행을 청구할 때에는 자기의 채무이행을 거절할 수 있도록 하는 제도인 점, 전세권을목적물로 하는 저당권의 설정은 전세권의 목적물 소유자의 의사와는 상관없이 전세권자의 동의만 있으면 가능한 것이고, 원래 전세권에 있어 전세권설정자가 부담하는 전세금반환의무는 전세금반환채권에 대한 제3자의 압류 등이 없는 한 전세권자에 대해 전세금을 지급함으로써 그 의무이행을 다할 뿐이라는 점에 비추어 볼 때, **전세권저당권이 설정된 경우에도 전세권이 기간만료로 소멸되면 전세권설정자는 전세금반환채권에 대한 제3자의 압류 등이 없는 한 전세권자에 대하여만 전세금반환의무를 부담한다**고 보아야 한다』(대판 1999. 9. 17, 98다31301). 정답 - O

18 丙은 전세금 반환채권에 대한 압류 및 전부명령을 받은 후 甲에게 전세금의 지급을 구하고 있다. 이에 대하여 甲은 전세권이 설정된 후 전세권저당권이 설정되기 전에 乙에게 금전을 대여하였는데 그 채권으로 상계를 주장한다. 그 대여금채권의 변제기가 전세기간 만료 후 위 압류 및 전부명령 송달 전에 도래하는 경우, 甲은 위 상계로 丙에게 대항할 수 있다.

해설 『전세권을 목적으로 한 저당권이 설정된 경우, 전세권의 존속기간이 만료되면 전세권의 용익물권적 권능이 소멸하기 때문에 더 이상 전세권 자체에 대하여 저당권을 실행할 수 없게 되고, 저당권자는 저당권의 목적물인 전세권에 갈음하여 존속하는 것으로 볼 수 있는 전세금반환채권에 대하여 압류 및 추심명령 또는 전부명령을 받거나 제3자가 전세금반환채권에 대하여 실시한 강제집행절차에서 배당요구를 하는 등의 방법으로 물상대위권을 행사하여 전세금의 지급을 구하여야 한다. 전세권저당권자가 위와 같은 방법으로 전세금반환채권에 대하여 물상대위권을 행사한 경우, 종전 저당권의 효력은 물상대위의 목적이 된 전세금반환채권에 존속하여 저당권자가 전세금반환채권으로부터 다른 일반채권자보다 우선변제를 받을 권리가 있으므로, 설령 **전세금반환채권이 압류된 때에 전세권설정자가 전세권자에 대하여 반대채권을 가지고 있고 반대채권과 전세금반환채권이 상계적상에 있다고 하더라도 그러한 사정만으로 전세권설정자가 전세권저당권자에게 상계로써 대항할 수는 없다.** 그러나 전세금반환채권은 전세권이 성립하였을 때부터 이미 발생이 예정되어 있다고 볼 수 있으므로, **전세권저당권이 설정된 때에 이미 전세권설정자가 전세권자에 대하여 반대채권을 가지고 있고 반대채권의 변제기가 장래 발생할 전세금반환채권의 변제기와 동시에 또는 그보다 먼저 도래하는 경우와 같이 전세권설정자에게 합리적 기대 이익을 인정할 수 있는 경우에는 특별한 사정이 없는 한 전세권설정자는 반대채권을 자동채권으로 하여 전세금반환채권과 상계함으로써 전세권저당권자에게 대항할 수 있다**』(대판 2014. 10. 27, 2013다91672). 정답 - X

19 전세권설정이 통정허위표시에 의하여 이루어진 것이고 丙이 저당권을 설정받을 당시 이러한 사정을 과실로 알지 못하였다면, 이 전세권말소에 대하여 丙은 등기상 이해관계인으로서 승낙할 의무가 있다.

해설 『민법 제108조 제2항에 규정된 통정허위표시에 있어서의 제3자는 그 선의 여부가 문제이지 이에 관한 **과실 유무를 따질 것이 아니다**』(대판 2006. 3. 10, 2002다1321). 정답 - X

제5장 담보물권

제1절 총 설

제2절 유치권

1 **甲 소유의 주택의 증축공사를 공사대금의 지급시기를 정하지 않고 도급받은 乙이 경매개시결정의 기입등기가 마쳐지기 전에 甲으로부터 위 주택의 점유를 이전받았으나 그 기입등기가 마쳐진 후에 공사를 완공한 경우, 乙은 그 공사대금채권을 피담보채권으로 한 유치권을 내세워 그 주택에 관한 경매절차의 매수인에게 대항할 수 있다.** 변호사시험 제3회

해설 **피담보채권의 변제기도래는 다른 담보물권에 있어서는 담보권실행의 요건에 불과하나 유치권에 있어서는 성립요건**이다. 이와 같이 하지 않으면 변제기 전에 상대방의 채무이행을 간접적으로 강제하는 결과가 되기 때문이다. 따라서 채무자가 법원으로부터 기한을 허여 받은 경우에는 채권자가 유치권을 잃게 된다(제203조 제3항, 제626조 제2항 단서 등).
『채무자 소유의 부동산에 경매개시결정의 기입등기가 마쳐져 압류의 효력이 발생한 후에 유치권을 취득한 경우에는 그로써 그 부동산에 관한 경매절차의 매수인에게 대항할 수 없는바, 채무자 소유의 건물에 관하여 증·개축 등 공사를 도급받은 수급인이 경매개시결정의 기입등기가 마쳐지기 전에 채무자로부터 그 건물의 점유를 이전받았다 하더라도, **경매개시결정의 기입등기가 마쳐져 압류의 효력이 발생한 후에 공사를 완공하여 공사대금채권을 취득한 경우에는 그때 비로소 유치권이 성립한다고 할 것이므로 수급인은 그 유치권을 내세워 경매절차의 매수인에게 대항할 수 없다**』(대판 2011. 10. 13, 2011다55214). 정답 - X

2 **乙이 공사대금채권을 피담보채권으로 하여 甲 소유의 주택에 대하여 유치권을 행사하면서 스스로 그 주택에 거주하며 사용하더라도 甲은 위 유치권의 소멸을 청구할 수 없다.** 변호사시험 제3회

해설

〔제324조(유치권자의 선관의무)〕 ① 유치권자는 선량한 관리자의 주의로 유치물을 점유하여야 한다. ② 유치권자는 채무자의 승낙없이 유치물의 사용, 대여 또는 담보제공을 하지 못한다. 그러나 유치물의 보존에 필요한 사용은 그러하지 아니하다. ③ 유치권자가 전2항의 규정에 위반한 때에는 채무자는 유치권의 소멸을 청구할 수 있다.

판례에 따르면 공사대금채권에 기하여 주택에 대해 유치권을 행사하는 자가 스스로 유치물인 주택에 거주하며 사용하는 것은 특별한 사정이 없는 한 유치물의 보존에 필요한 사용에 해당한다(대판 2009. 9. 24, 2009다40684). 따라서 이 경우 채무자는 유치권의 소멸을 청구할 수 없다. 정답 - O

3 **甲이 丙으로부터 건물 신축공사를 수급한 乙과 체결한 약정에 따라 그 공사 현장에 시멘트를 공급하여 취득한 물품대금채권을 피담보채권으로 하여서는 甲은 그 신축된 건물에 관하여 유치권을 취득할 수는 없다.** 변호사시험 제3회

해설 『주택건물의 신축공사를 한 수급인이 그 건물을 점유하고 있고 또 그 건물에 관하여 생긴 공사금채권이 있다면, 수급인은 그 채권을 변제받을 때까지 건물을 유치할 권리가 있다』(대판 1995. 9. 15, 95다16202, 16219)고 하였다. 그러나 『**도급인이 수급인과의 약정에 따라 공사현장에 시멘트와 모래 등의 건축자재를 공급**한 경우, **도급인의 건축자재대금채권은** 매매계약에 따른 매매대금채권에 불과할 뿐 **건물 자체에 관하여 생긴 채권이라고 할 수 없다**』(대판 2012. 1. 26, 2011다96208)고 하였다. 정답 - O

4 **甲 소유의 토지에 근저당권이 설정된 후에 甲이 위 토지에 관한 공사대금채권자 乙에게 위 토지의 점유를 이전함으로써 乙로 하여금 유치권을 취득하게 한 경우, 乙은 원칙적으로 위 유치권을 내세워 그 후 위 근저당권 실행을 위한 그 토지에 관한 경매절차의 매수인에게 대항할 수 있다.** 변호사시험 제3회

해설 목적물이 경매절차를 통해 매각된 경우 '유치권'은 소멸하지 않고 인수되는 것이 원칙이나(민사집행법 제91조 제5항 ; 인수주의), '저당권'은 소멸한다(동법 제91조 제2항 ; 소제주의). 따라서 경매로 인한 '압류'의 효력이 발생하기 전에 유치권을 취득한 경우에는 **최선순위의 저당권보다 뒤에 성립한 유치권이더라도 매각으로 유치권은 소멸되지 않고 매수인(경락인)에게 대항할 수 있는 있는 것이 원칙**이다(대판 2009. 1. 15, 2008다70763 ; 대판 2005. 8. 19, 2005다22688).

[보충] 다만 최근 판례에 따르면 '상사유치권'이 저당권보다 뒤에 성립한 경우에는 유치권자는 경락인에게 대항할 수 없다고 한다(대판 2013. 2. 28, 2010다57350). 정답 - O

5 **甲이 乙에게 토지를 매도하고 매매대금을 다 지급받지 않은 상태에서 소유권이전등기를 마쳐주었으나 토지를 계속 점유하고 있다고 하더라도 甲은 그 매매대금채권을 피담보채권으로 하여 乙로부터 토지를 매수한 丁에게 유치권을 주장할 수 없다.** 변호사시험 제3회

해설 판례는 『매도인이 부동산을 점유하고 있고 소유권을 이전받은 매수인에게서 매매대금 일부를 지급받지 못하고 있다고 하여 **매매대금채권을 피담보채권으로 매수인이나 그에게서 부동산 소유권을 취득한 제3자를 상대로 유치권을 주장할 수 없다**』(대결 2012. 1. 12, 2011마2380)고 한다. 왜냐하면 형식주의를 취한 이상 등기 등을 얻은 자에 대항하여 등기 등을 얻지 못한 자의 인도거절권능을 일반적으로 인정하는 것은 타당하지 않기 때문이다. 정답 - O

6 **채무자 소유의 부동산에 강제경매개시결정의 기입등기가 경료되어 압류의 효력이 발생한 이후에 채무자가 그 부동산에 관한 공사대금채권자에게 점유를 이전함으로써 유치권을 취득하게 한 경우, 공사대금채권자가 그 부동산에 관한 경매절차의 매수인에게 「민법」상 유치권 행사가 인정된다.** 변호사시험 제6회

해설 『**채무자 소유의 건물 등 부동산에 강제경매개시결정의 기입등기가 경료되어 압류의 효력이 발생한 이후에 채무자가 위 부동산에 관한 공사대금 채권자에게 그 점유를 이전함으로써 그로 하여금 유치권을 취득하게 한 경우,** 그와 같은 점유의 이전은 목적물의 교환가치를 감소시킬 우려가 있는 처분행위에 해당하여 민사집행법 제92조 제1항, 제83조 제4항에 따른 압류의 처분금지효에 저촉되므로 **점유자로서는 위 유치권을 내세워 그 부동산에 관한 경매절차의 매수인에게 대항할 수 없다**』(대판 2005. 8. 19, 2005다22688). 정답 – X

7 **채무자 소유 건물의 보수공사를 맡은 수급인이 경매개시결정의 기입등기가 경료되기 전에 위 건물의 점유를 이전받고경매개시결정의 기입등기가 경료된 후 공사를 완공하여 공사대금채권을 취득한 경우, 수급인이 그 부동산에 관한 경매절차의 매수인에게 「민법」상 유치권 행사가 인정된다.** 변호사시험 제6회

해설 『유치권은 목적물에 관하여 생긴 채권이 변제기에 있는 경우에 비로소 성립하고(민법 제320조), 한편 채무자 소유의 부동산에 경매개시결정의 기입등기가 마쳐져 압류의 효력이 발생한 후에 유치권을 취득한 경우에는 그로써 부동산에 관한 경매절차의 매수인에게 대항할 수 없는데, **채무자 소유의 건물에 관하여 증·개축 등 공사를 도급받은 수급인이 경매개시결정의 기입등기가 마쳐지기 전에 채무자에게서 건물의 점유를 이전받았다 하더라도 경매개시결정의 기입등기가 마쳐져 압류의 효력이 발생한 후에 공사를 완공하여 공사대금채권을 취득함으로써 그때 비로소 유치권이 성립한 경우에는, 수급인은 유치권을 내세워 경매절차의 매수인에게 대항할 수 없다**』(대판 2011. 10. 13, 2011다55214). 정답 – X

8 **체납처분에 의한 압류가 되어 있는 부동산에 대하여 경매절차가 개시되기 전에 그 부동산에 관한 민사유치권을 취득한 자가 그 후에 진행된 경매절차의 매수인에게 「민법」상 유치권 행사가 인정된다.** 변호사시험 제6회

해설 『부동산에 관한 민사집행절차에서는 경매개시결정과 함께 압류를 명하므로 압류가 행하여짐과 동시에 매각절차인 경매절차가 개시되는 반면, 국세징수법에 의한 체납처분절차에서는 그와 달리 체납처분에 의한 압류(이하 '체납처분압류'라고 한다)와 동시에 매각절차인 공매절차가 개시되는 것이 아닐 뿐만 아니라, 체납처분압류가 반드시 공매절차로 이어지는 것도 아니다. 또한 체납처분절차와 민사집행절차는 서로 별개의 절차로서 공매절차와 경매절차가 별도로 진행되는 것이므로, 부동산에 관하여 체납처분압류가 되어 있다고 하여 경매절차에서 이를 그 부동산에 관하여 경매개시결정에 따른 압류가 행하여진 경우와 마찬가지로 볼 수는 없다. 따라서 **체납처분압류가 되어 있는 부동산이라고 하더라도 그러한 사**

정만으로 경매절차가 개시되어 경매개시결정등기가 되기 전에 부동산에 관하여 민사유치권을 취득한 유치권자가 경매절차의 매수인에게 유치권을 행사할 수 없다고 볼 것은 아니다』[대판(전합) 2014. 3. 20, 2009다60336]. 정답 - O

9 **건물신축 도급계약에서 완성된 건물에 하자가 있고 하자에 상응하는 손해액이 공사잔대금액 이상이어서 도급인이 하자보수청구권에 기하여 수급인의 공사잔대금 채권 전부에 대하여 동시이행항변을 하였으나, 수급인이 도급인에게 하자보수의무의 이행제공을 하지 않은 경우, 건물을 점유하고 있는 수급인이 도급인에게 「민법」상 유치권 행사가 인정된다.** 변호사시험 제6회

해설 『수급인의 공사대금채권이 도급인의 하자보수청구권 내지 하자보수에 갈음한 손해배상채권 등과 동시이행의 관계에 있는 점 및 피담보채권의 변제기 도래를 유치권의 성립요건으로 규정한 취지 등에 비추어 보면, **건물신축 도급계약에서 수급인이 공사를 완성하였더라도, 신축된 건물에 하자가 있고 그 하자 및 손해에 상응하는 금액이 공사잔대금액 이상이어서, 도급인이 수급인에 대한 하자보수청구권 내지 하자보수에 갈음한 손해배상채권 등에 기하여 수급인의 공사잔대금 채권 전부에 대하여 동시이행의 항변을 한 때에는,** 공사잔대금 채권의 변제기가 도래하지 아니한 경우와 마찬가지로 **수급인은 도급인에 대하여 하자보수의무나 하자보수에 갈음한 손해배상의무 등에 관한 이행의 제공을 하지 아니한 이상 공사잔대금 채권에 기한 유치권을 행사할 수 없다고 보아야 한다**』(대판 2014. 1. 16, 2013다30653). 정답 - X

사례 【10~14】

甲은 X 건물의 소유자이다. 乙은 甲에 대하여 X 건물에 관한 공사대금채권을 근거로 X 건물을 점유하면서 유치권을 주장하고 있다. 한편, 이 건물에 대하여 저당권을 설정받았던 丙이 피담보채무가 변제되지 않자 경매를 신청하여 경매절차가 진행되었고, 이에 따라 丁은 X 건물을 매수하였다. 다음 설명 중 옳은 것은? (각 지문은 독립적이고, 다툼이 있는 경우 판례에 의함) 변호사시험 제4회

10 **乙이 X 건물에 대하여 적법한 유치권을 취득한 경우, 乙은 위 경매절차에서 우선변제권을 주장하여 甲의 일반채권자보다 우선하여 배당받을 수 있다.**

해설 유치권자는 채권의 변제를 받기 위하여 **유치물을 경매할 수 있다**(제322조 제1항). 유치권에 기한 경매는 담보권 실행을 위한 경매의 예에 따라 실시한다(민사집행법 제274조 제1항). 다만, 이 경우의 경매는 **환가에 목적이 있는 것일 뿐, 경매에 의한 배당절차에서 우선변제권은 없다.** 다만 간이변제충당(제322조 제2항) 또는 과실수취권(제323조)을 통해 또는 대세적인 인도거절권능의 행사를 통해 '사실상 우선변제권'이 인정된다(아래 2011다84298판결 참고).

[참고판례]『저당권 등의 설정 후에 (민사)유치권을 취득한 자는 그 저당권의 실행절차에서 목적물을 매수한 사람을 포함하여 목적물의 소유자 기타 권리자에 대하여 '대세적인 인도거절권능'을 행사할 수 있다. 따라서 부동산유치권은 대부분의 경우에 '사실상 최우선순위의 담보권'으로서 작용하여, (민사)유치권자는 자신의 채권을 목적물의 교환가치로부터 일반채권자는 물론 저당권자 등에 대하여도 그 성립의 선후를 불문하여 우선적으로 자기 채권의 만족을 얻을 수 있다』(대판 2011. 12. 22, 2011다84298). 정답 - X

11 **乙이 丁에 대하여 유치권을 행사할 수 있는 경우에는 乙은 丁에 대하여 공사대금의 지급을 청구할 수 있다.**

해설 유치권은 물권이기 때문에 채무자뿐만 아니라 모든 자에게 주장할 수 있다. 특히 경매의 경우 **민사집행법상 경락인은 유치권자에게 유치권으로 담보하는 채권을 '변제할 책임이 있다'고 규정**되어 있으나(민사집행법 제91조 제5항), 이는 부동산상의 부담을 승계한다는 취지로서 **인적 채무까지 인수한다는 취지는 아니므로, 유치권자는 경락인에 대하여 그 피담보채권의 변제가 있을 때까지 유치목적물인 부동산의 인도를 거절할 수 있을 뿐이고 그 피담보채권의 변제를 청구할 수는 없다**(대판 1996. 8. 23, 95다8713). 정답 - X

12 **만약 乙이 경매개시결정 기입등기 이전부터 X 건물을 점유하고 있었다면, 그 이후에 공사대금채권을 취득하더라도 乙은 丁에 대하여 유치권으로 대항할 수 있다.**

해설 목적물이 경매절차를 통해 매각된 경우 '유치권'은 소멸하지 않고 인수되는 것이 원칙이나(민사집행법 제91조 제5항 ;인수주의),'저당권'은 소멸한다(동법 제91조 제2항 ; 소제주의). 따라서 **경매로 인한 '압류'의 효력이 발생하기 前에 유치권을 취득한 경우**에는 **최선순위의 저당권보다 뒤에 성립한 유치권이더라도 매각으로 유치권은 소멸되지 않고 매수인(경락인)에게 대항할 수 있는 있는 것이 원칙**이다(대판 2009. 1. 15, 2008다70763; 대판 2005. 8. 19, 2005다22688). 그러나『**경매개시결정의 기입등기가 마쳐져 '압류'의 효력이 발생한 후에 공사를 완공하여 공사대금채권을 취득한 경우**에는 **그때 비로소 유치권이 성립**한다고 할 것이므로 **수급인은 그 유치권을 내세워 경매절차의 매수인에게 대항할 수 없다**』(대판 2011. 10. 13, 2011다55214). 정답 - O

13 **경매개시결정 기입등기 이후에 乙이 甲으로부터 점유를 취득하였더라도 乙은 丁에게 유치권으로 대항할 수 있다.**

해설 『채무자 소유의 건물 등 **부동산에 강제경매개시결정의 기입등기가 경료되어 압류의 효력이 발생한 이후**에 채무자가 위 부동산에 관한 공사대금채권자에게 그 점유를 이전함으로써 그로 하여금 유치권을 취득하게 한 경우, 그와 같은 점유의 이전은 목적물의 교환가치를 감소시킬 우려가 있는 처분행위에 해당하여 민사집행법 제92조 제1항, 제83조 제4항에 따른 **압류의 처분금지효에 저촉되므로 점유자로서는 위 유치권을 내세워 그 부동산에 관한 경매절차의 매수인에게 대항할 수 없다**』(대판 2005. 8. 19, 2005다22688). 정답 - X

14 **유치권을 취득하기 위한 乙의 점유는 직접점유이든 간접점유이든 관계가 없으나, 乙이 직접점유자인 甲으로부터 간접점유를 취득한 경우에는 乙은 유치권을 행사할 수 없다.**

해설 **유치권자의 점유는 직접점유이든 간접점유이든 이를 묻지 않는다.** 다만 유치권은 목적물을 유치함으로써 채무자의 변제를 간접적으로 강제하는 것을 본체적 효력으로 하는 권리인 점 등에 비추어 **그 직접점유자가 채무자인 경우에는 유치권의 요건으로서의 점유에 해당하지 않는다**고 할 것이다(대판 2008. 4. 11, 2007다27236).

→ 즉, 사안에서 채무자 甲을 직접점유자로 하여 채권자 乙이 간접점유하는 경우에는 유치권이 성립하지 않는다.

정답 - O

사례 【15~18】

상인이 아닌 甲은 乙에게 甲 소유의 X 건물을 보수하는 공사를 도급하면서 공사기간은 2개월로 하고, 공사대금의 변제기는 공사완료 시로 약정하였다. 甲은 도급계약 당일 乙에게 보수공사를 위하여 X 건물을 인도하였다. 乙은 보수공사를 마쳤으나 공사대금을 받지 못하여 X 건물을 계속 점유하고 있다. 다음 설명이 타당한가? (각 지문은 독립적이며, 다툼이 있는 경우 판례에 의함) 변호사시험 제5회

15 **X 건물에 관하여 도급계약 전에 제3자의 근저당권이 설정되었다가 보수공사가 완료된 후에 그 근저당권에 기한 경매개시결정의 기입등기가 마쳐져 압류의 효력이 발생한 경우 乙은 유치권을 주장하여 그 경매에서의 매수인에게 인도를 거절할 수 있다.**

해설 근저당권설정 후 경매로 인한 압류의 효력 발생 전에 취득한 유치권으로 경매절차의 매수인에게 대항할 수 있는지 여부에 관하여 판례는 『부동산 경매절차에서의 매수인은 민사집행법 제91조 제5항에 따라 유치권자에게 그 유치권으로 담보하는 채권을 변제할 책임이 있는 것이 원칙이나, **채무자 소유의 건물 등 부동산에 경매개시결정의 기입등기가 경료되어 압류의 효력이 발생한 후에 채무자가 위 부동산에 관한 공사대금 채권자에게 그 점유를 이전함으로써 그로 하여금 유치권을 취득하게 한 경우,** 그와 같은 점유의 이전은 목적물의 교환가치를 감소시킬 우려가 있는 처분행위에 해당하여 민사집행법 제92조 제1항, 제83조 제4항에 따른 **압류의 처분금지효에 저촉되므로 점유자로서는 위 유치권을 내세워 그 부동산에 관한 경매절차의 매수인에게 대항할 수 없다.** 그러나 이러한 법리는 경매로 인한 압류의 효력이 발생하기 전에 유치권을 취득한 경우에는 적용되지 아니하고, 유치권 취득시기가 근저당권설정 후라거나 유치권 취득 전에 설정된 근저당권에 기하여 경매절차가 개시되었다고 하여 달리 볼 것은 아니다』(대판 2009. 1. 15, 2008다70763)라고 판시하고 있다.

정답 - O

16 **X 건물에 관하여 도급계약 전에 제3자의 신청에 의한 강제경매개시결정의 기입등기가 마쳐져 압류의 효력이 발생한 경우 乙은 유치권을 주장하여 그 경매에서의 매수인에게 인도를 거절할 수 있다.**

해설 『유치권은 그 목적물에 관하여 생긴 채권이 변제기에 있는 경우에 비로소 성립하고(민법 제320조), 한편 **채무자 소유의 부동산에 경매개시결정의 기입등기가 마쳐져 압류의 효력이 발생한 후에 유치권을 취득한 경우**에는 **그로써 부동산에 관한 경매절차의 매수인에게 대항할 수 없다.** 따라서 채무자 소유의 건물에 관하여 증·개축 등 공사를 도급받은 수급인이 경매개시결정의 기입등기가 마쳐지기 전에 채무자로부터 건물의 점유를 이전받았다 하더라도 경매개시결정의 기입등기가 마쳐져 압류의 효력이 발생한 후에 공사를 완공하여 공사대금 채권을 취득함으로써 그때 비로소 유치권이 성립한 경우에는, 수급인은 유치권을 내세워 경매절차의 매수인에게 대항할 수 없다』(대판 2013. 6. 27, 2011다50165). 정답 - X

17 **X 건물에 관하여 도급계약 전에 제3자 명의의 가압류등기가 마쳐졌다가 보수공사완료 후에 강제경매개시결정의 기입등기가 마쳐져 압류의 효력이 발생한 경우 乙은 유치권을 주장하여 그 경매에서의 매수인에게 인도를 거절할 수 있다.**

해설 어느 부동산에 관하여 **경매개시결정등기가 된 뒤에 비로소 민사유치권을 취득한 사람은 경매절차의 매수인에 대하여 그의 유치권을 주장할 수 없다**(대판 2005. 8. 19, 2005다22688 등 참조). 이러한 법리는 어디까지나 경매절차의 법적 안정성을 보장하기 위한 것이므로, **경매개시결정등기가 되기 전에 이미 그 부동산에 관하여 민사유치권을 취득한 사람은 그 취득에 앞서 저당권설정등기나 가압류등기 또는 체납처분압류등기가 먼저 되어 있다 하더라도 경매절차의 매수인에게 자기의 유치권으로 대항할 수있다**〔대판(전합) 2014. 3. 20, 2009다60336 등 참조〕. 정답 - O

18 **X 건물에 관하여 보수공사 개시 후 완료 전에 제3자의 신청에 의하여 경매개시결정의 기입등기가 마쳐져 압류의 효력이 발생한 경우 乙은 유치권을 주장하여 그 경매에서의 매수인에게 인도를 거절할 수 있다.**

해설 『부동산 경매절차에서의 매수인은 민사집행법 제91조 제5항에 따라 유치권자에게 그 유치권으로 담보하는 채권을 변제할 책임이 있는 것이 원칙이나, 채무자 소유의 건물 등 부동산에 경매개시결정의 기입등기가 경료되어 압류의 효력이 발생한 후에 채무자가 위 부동산에 관한 공사대금 채권자에게 그 점유를 이전함으로써 그로 하여금 유치권을 취득하게 한 경우, 그와 같은 점유의 이전은 목적물의 교환가치를 감소시킬 우려가 있는 처분행위에 해당하여 민사집행법 제92조 제1항, 제83조 제4항에 따른 **압류의 처분금지효**에 **저촉**되므로 **점유자로서는 위 유치권을 내세워 그 부동산에 관한 경매절차의 매수인에게 대항할 수 없다.** 그러나 이러한 법리는 **경매로 인한 압류의 효력이 발생하기 전에 유치권을 취득한 경우에는 적용되지 아니하고, 유치권 취득시기가 근저당권설정 후라거나 유치권 취득 전에 설정된 근저당권에 기하여 경매절차가 개시되었다고 하여 달리 볼것은 아니다**』(대판 2009. 1. 15, 2008다70763). 정답 - X

사례 【19~20】

甲은 자기 소유인 X 토지에 상가건물을 신축하는 공사를 乙에게 도급하였다. 계약 당시 건축허가와 소유권보존등기는 甲의 명의로 하고, 공사대금은 공정률이 30%, 60%, 100%가 될 때마다 그에 상응하는 대금을 지급하기로 약정하였다. 乙은 자기의 재료와 비용으로 건물을 신축하여 완공하였다. 甲 명의로 건물의 소유권보존등기가 경료되었으나 乙은 甲으로부터 공사대금 중 30%밖에 지급받지 못한 상태이다. 乙은 완공건물을 인도하지 않고 점유하고 있다. 다음 설명 중 옳지 않은 것은? (다툼이 있는 경우에는 판례에 의함) 변호사시험 제2회

19 乙이 신축건물의 경매를 신청한 경우, 乙은 배당절차에서 일반채권자와 동일한 순위로 배당받을 수 있다.

해설 『민법 제322조 제1항에 의하여 실시되는 유치권에 의한 경매도 강제경매나 담보권 실행을 위한 경매와 마찬가지로 목적부동산 위의 부담을 소멸시키는 것을 법정매각조건으로 하여 실시되고 우선채권자뿐만 아니라 일반채권자의 배당요구도 허용되며, **유치권자는 일반채권자와 동일한 순위로 배당을 받을 수 있다**고 봄이 상당하다. 다만 집행법원은 부동산 위의 이해관계를 살펴 위와 같은 법정매각조건과는 달리 매각조건 변경결정을 통하여 목적부동산 위의 부담을 소멸시키지 않고 매수인으로 하여금 인수하도록 정할 수 있다』(대판 2011. 8. 18, 2011다35593).

정답 - O

20 乙이 신축건물의 점유를 계속하는 경우, 甲에 대한 공사대금채권의 소멸시효는 진행하지 않는다.

해설

[제326조(피담보채권의 소멸시효)] 유치권의 행사는 채권의 소멸시효의 진행에 영향을 미치지 아니한다. 따라서 유치권자인 乙이 담보목적물인 신축건물의 점유를 계속한다고 하더라도 甲에 대한 공사대금채권의 소멸시효는 진행한다.

정답 - X

제3절 질 권

1 저당권에 의하여 담보되는 채권 위에 권리질권을 설정하고 저당권등기에 질권설정의 부기등기를 하지 않은 경우 질권의 효력은 저당권에 (A). 변호사시험 제6회

해설

〔제348조(저당채권에 대한 질권과 부기등기)〕 저당권으로 담보한 채권을 질권의 목적으로 한 때에는 그 저당권등기에 질권의 부기등기를 하여야 그 효력이 저당권에 미친다.

정답 – 미치지 않는다

2 질권의 목적인 채권의 양도에 대해서는 질권자의 동의를 (B). 변호사시험 제6회

해설 『질권의 목적인 채권의 양도행위는 민법 제352조 소정의 질권자의 이익을 해하는 변경에 해당되지 않으므로 질권자의 동의를 요하지 아니한다』(대판 2005. 12. 22, 2003다55059).

정답 – 요하지 않는다

3 질권의 목적이 된 채권이 금전채권인 때에는 질권자는 자기채권의 한도 내에서 질권의 목적이 된 채권을 직접 청구할 수 (C). 변호사시험 제6회

해설

〔제353조(질권의 목적이 된 채권의 실행방법)〕 ② 채권의 목적물이 금전인 때에는 질권자는 자기채권의 한도에서 직접 청구할 수 있다.

정답 – 있다

4 질권자가 자기의 권리의 범위 내에서 자기의 책임으로 질물을 전질한 경우, 질권자는 전질을 하지 않았더라면 면할 수 있었을 불가항력으로 인한 손해에 대해 책임을 (D). 변호사시험 제6회

해설

〔제336조(전질권)〕 질권자는 그 권리의 범위내에서 자기의 책임으로 질물을 전질할 수 있다. 이 경우에는 전질을 하지 아니하였으면 면할 수 있는 불가항력으로 인한 손해에 대하여도 책임을 부담한다.

정답 – 진다

5 임대차보증금반환채권에 대해 질권을 설정한 경우 질권자에 대한 임대차계약서의 교부는 질권의 효력발생 (E). 변호사시험 제6회

해설 『민법 제347조는 **채권을 질권의 목적으로 하는 경우에 채권증서가 있는 때에는 질권의 설정은 그 증서를 질권자에게 교부함으로써 효력이 생긴다**고 규정하고 있다. 여기에서 말하는 '채권증서'는 채권의 존재를 증명하기 위하여 채권자에게 제공된 문서로서 특정한 이름이나 형식을 따라야 하는 것은 아니지만, 장차 변제 등으로 채권이 소멸하는 경우에는 민법 제475조에 따라 채무자가 채권자에게 그 반환을 청구할 수 있는 것이어야 한다. 이에 비추어 **임대차계약서와 같이 계약 당사자 쌍방의 권리의무관계의 내용을 정한 서면은 그 계약에 의한 권리의 존속을 표상하기 위한 것이라고 할 수는 없으므로 위 채권증서에 해당하지 않는다**』(대판 2013. 8. 22, 2013다32574). 정답 - 요건이 아니다

사례 【6~8】

저축성보험의 보험계약자인 甲은 乙로부터 금전을 차용하면서 그 담보로 보험회사인 丙에 대하여 가지는 보험금청구권(보험료환급청구권 포함)에 질권을 설정하여 주었다. 한편 甲의 다른 채권자인 丁은 甲에 대한 채권을 청구채권으로 하여 위 보험금청구권을 가압류하였다. 다음 설명이 타당한가? (각 지문은 독립적이고, 다툼이 있는 경우 판례에 의함)

변호사시험 제4회

6 **乙은 위 보험금청구권에 관한 지연손해금에 대하여 질권을 행사할 수 없다.**

해설

〔**제334조(피담보채권의 범위)**〕 질권은 **원본, 이자, 위약금, 질권실행의 비용, 질물보존의 비용 및 채무불이행 또는 질물의 하자로 인한 손해배상의 채권**을 담보한다. 그러나 다른 약정이 있는 때에는 그 약정에 의한다.
〔**제355조(준용규정)**〕 권리질권에는 본절의 규정 외에 동산질권에 관한 규정을 준용한다.

→ 따라서 채권질권자 乙은 위 보험금청구권에 관한 지연손해금(채무불이행으로 인한 손해배상채권)에 대하여도 질권을 행사할 수 있다. 정답 - X

7 **丁의 채권가압류결정이 丙에게 송달되기 전에 丙이 확정일자 있는 서면에 의하여 질권설정에 승낙하였다면, 丁은 乙에 대하여 가압류로 대항할 수 없다.**

해설

[**제346조(권리질권의 설정방법)**] 권리질권의 설정은 법률에 다른 규정이 없으면 그 권리의 양도에 관한 방법에 의하여야 한다.
〔**제349조(지명채권에 대한 질권의 대항요건)**〕 ① 지명채권을 목적으로 한 질권의 설정은 설정자가 제450조의 규정에 의하여 제3채무자에게 질권설정의 사실을 통지하거나 제3채무자가 이를 승낙함이 아니면 이로써 제3채무자 기타 제3자에게 대항하지 못한다. ② 제451조의 규정은 전항의 경우에 준용한다.

→ 따라서 채권질권자 乙이 다른 '제3자'인 채권의 가압류권자 丁에게 대항하기 위해서는 제3채무자 丙에게 확정일자 있는 증서로 통지나 승낙이 이루어져야 하고(제349조 제1항, 제450조 제2항), 이들의 우열은 채무자의 인식을 기준으로 하는바(아래 전합93다24223판결), 사안에서는 丁의 채권가압류결정이 丙에게 송달되기 전에 丙이 확정일자 있는 서면에 의하여 질권 설정에 승낙하였으므로 丁은 乙에 대하여 가압류로 대항할 수 없다.

[참고판례] 판례는 『채권이 이중으로 양도된 경우의 양수인 상호 간의 우열은 통지 또는 승낙에 붙여진 확정일자의 선후에 의하여 결정할 것이 아니라, 채권양도에 대한 채무자의 인식, 즉 **확정일자 있는 양도통지가 채무자에게 도달한 일시 또는 확정일자 있는 승낙일시의 선후에 의하여 결정**하여야 한다』〔대판(전합) 1994. 4. 26, 93다24223〕고 하여 채권양수인과 동일채권에 대하여 가압류명령을 집행한 자 사이의 우열은 확정일자 있는 채권양도통지와 가압류결정정본의 제3채무자에 대한 **도달의 선후에 의하여 결정하여야 한다**고 보아 도달시를 기준으로 우열을 결정한다.

정답 - O

8 **만약 위 보험금청구권의 변제기가 乙의 甲에 대한 위 채권의 변제기보다 먼저 도래하였고 丁의 가압류가 없는 경우라면, 乙은 丙에 대하여 보험금의 공탁을 청구할 수 있다.**

해설

〔**제353조(질권의 목적이 된 채권의 실행방법)**〕 ① 질권자는 질권의 목적이 된 채권을 직접 청구할 수 있다. ② 채권의 목적물이 금전인 때에는 질권자는 자기채권의 한도에서 직접 청구할 수 있다. ③ 전항의 채권의 변제기가 질권자의 채권의 변제기보다 먼저 도래한 때에는 질권자는 제3채무자에 대하여 그 변제금액의 공탁을 청구할 수 있다. 이 경우에 질권은 그 공탁금에 존재한다.

정답 - O

사례

甲은 건축업자 乙에게 건축자재 1톤을 매도하여 이를 인도하면서 대금은 6개월 후에 지급받기로 하였다. 다음 설명이 타당한가? (다툼이 있는 경우에는 판례에 의함)

변호사시험 제2회

9 **乙은 장래의 건축을 위하여 확보하여 둔 위 건축자재에 관하여 화재보험에 가입한 후, 戊로부터 돈을 차용하고 그 건축자재에 관하여 戊에게 질권을 설정하여 주었다. 건축자재가 戊의 과실없이 화재로 소실되어 乙의 다른 채권자 己가 보험금채권에 관하여 압류 및 추심명령을 받은 경우, 戊는 별도의 압류 없이도 적법한 배당요구에 기하여 그 보험금채권에서 己에 우선하여 변제받을 수 있다.**

해설 『저당목적물이 소실되어 저당권설정자가 보험회사에 대하여 화재보험계약에 따른 보험금청구권을 취득한 경우 그 보험금청구권은 저당목적물이 가지는 가치의 변형물이라 할 것이므로 저당권자는 민법 제370조, 제342조에 의하여 **저당권설정자의 보험회사에 대한 보험금청구권에 대하여 물상대위권을 행사할 수 있다**』(대판 2004. 12. 24, 2004다52798). 『민법 제370조, 제342조 단서가 저당권자는 물상대위권을 행사하기 위하여 저당권설정자가 받을 금전 기타 물건의 지급 또는 인도 전에 압류하여야 한다고 규정한 것은 물상대위의 목적인 채권의 특정성을 유지하여 그 효력을 보전함과 동시에 제3자에게 불측의 손해를 입히지 않으려는 데 있는 것이므로, 저당목적물의 변형물인 금전 기타 물건에 대하여 **이미 제3자가 압류하여 그 금전 또는 물건이 특정**된 이상 **저당권자가 스스로 이를 압류하지 않고서도 물상대위권을 행사하여 일반 채권자보다 우선변제를 받을 수 있다**』(대판 2002. 10. 11, 2002다33137). 특정성유지설에 따른 판례로, 질권설정자 乙의 다른 채권자 己가 보험금채권에 관하여 압류 및 추심명령을 받았으므로, 질권자 戊는 별도의 압류 없이도 적법한 배당요구에 기하여 그 보험금채권에서 己에 우선하여 변제받을 수 있다. 정답 - O

사례 [10~12]

甲은 乙에 대하여 1억 원의 대여금채권을 가지고 있다. 위 대여금채권을 담보할 목적으로 乙은 丙에 대하여 갖고 있던 1억 원의 매매대금채권에 관하여 甲에게 채권질권을 설정하여 주었고 丙은 이를 승낙하였다. 甲은 양 채권의 변제기가 도래한 후 丙을 상대로 채권질권을 실행하고자 한다. 이에 관한 설명이 타당한가? (각 지문은 독립적이며, 다툼이 있는 경우 판례에 의함) 변호사시험 제7회

10 **甲이 丙을 상대로 매매대금채권을 직접 청구함에 대하여 乙이 동의하지 않으면 甲은 「민사집행법」에서 정한 절차에 따라 추심해야 한다.**

해설

[제353조(질권의 목적이 된 채권의 실행방법)] ① 질권자는 질권의 목적이 된 채권을 **직접** 청구할 수 있다. ② 채권의 목적물이 금전인 때에는 질권자는 자기채권의 한도에서 **직접** 청구할 수 있다.

정답 - X

11 **甲이 「민사집행법」에 따라 매매대금채권에 대하여 압류 및 전부명령을 받기 위해서는 위 대여금채권에 관한 확정판결 등 집행권원은 필요하지 않다.**

해설 채권질권자는 민사집행법이 정한 방법으로 채권질권을 실행할 수 있고, 이 경우에 집행권원이 필요한 것은 아니다. 정답 - O

12 **甲의 직접 청구에 따라 丙이 甲에게 1억 원을 지급하였는데 후일 乙의 丙에 대한 위 매매대금채권이 부존재한 것으로 밝혀진 경우, 丙은 甲에 대하여 부당이득반환을 청구할 수 있다.**

해설 『금전채권의 질권자가 민법 제353조 제1항, 제2항에 의하여 자기채권의 범위 내에서 직접청구권을 행사하는 경우 질권자는 질권설정자의 대리인과 같은 지위에서 입질채권을 추심하여 자기채권의 변제에 충당하고 그 한도에서 질권설정자에 의한 변제가 있었던 것으로 보므로, 위 범위 내에서는 제3채무자의 질권자에 대한 금전지급으로써 제3채무자의 질권설정자에 대한 급부가 이루어질 뿐만 아니라 질권설정자의 질권자에 대한 급부도 이루어진다. 이러한 경우 **입질채권의 발생원인인 계약관계에 무효 등의 흠이 있어 입질채권이 부존재한다고 하더라도 제3채무자는 특별한 사정이 없는 한 상대방 계약당사자인 질권설정자에 대하여 부당이득반환을 구할 수 있을 뿐이고 질권자를 상대로 직접 부당이득반환을 구할 수 없다.** 이와 달리 제3채무자가 질권자를 상대로 직접 부당이득반환청구를 할 수 있다고 보면 자기 책임하에 체결된 계약에 따른 위험을 제3자인 질권자에게 전가하는 것이 되어 계약법의 원리에 반하는 결과를 초래할 뿐만 아니라 질권자가 질권설정자에 대하여 가지는 항변권 등을 침해하게 되어 부당하기 때문이다』(대판 2015. 5. 29, 2012다92258). 정답 - X

제4절 저당권

1 **A는 甲에게 3억 원을 빌려주면서 甲 소유의 X 토지(시가 2억 원)와 乙 소유의 Y 토지(시가 3억 원)에 제1순위 공동저당권을 설정받았다. 그 후 乙은 丙으로부터 1억 원을 차용하면서 丙에게 Y 토지에 제2순위 저당권을 설정하여 주었다. A는 Y 토지에 대하여 경매를 신청하여 그 경매절차에서 매각대금 3억 원의 배당을 받아 채권 전체의 만족을 얻었다. A는 甲의 요청에 따라 X 토지에 마쳐져 있던 저당권을 말소하여 주었다. 甲은 다시 丁으로부터 1억 원을 차용하고 丁에게 새로 X 토지에 관하여 저당권을 설정하여 주었다. 乙은 X 토지에 관하여 말소된 저당권을 회복하고자 한다. 저당권말소회복등기가 이루어지지 아니한 상태에서도 乙은 X 토지의 제1순위 저당권자이다.** 변호사시험 제5회

해설 『공동저당의 목적인 채무자 소유 부동산과 물상보증인 소유 부동산에 각각 채권자를 달리하는 후순위저당권이 설정되어 있는 경우, 물상보증인 소유 부동산에 먼저 경매가 이루어져 경매대금의 교부에 의하여 1번저당권자가 변제를 받은 때에는 물상보증인은 채무자에 대하여 구상권을 취득함과 동시에 민법 제481조, 제482조의 규정에 의한 변제자대위에 의하여 채무자 소유 부동산에 대한 1번저당권을 취득하고, 이러한 경우 **물상보증인 소유 부동산에 대한 후순위저당권자는 물상보증인에게 이전한 1번저당권으로부터 우선하여 변제를 받을 수 있으며, 자기 소유 부동산이 먼저 경매되어 1번저당권자에게 대위변제를 한 물상보증인은 1번저당권을 대위취득**하고, **물상보증인 소유 부동산의 후순위저당권자는 1번저당권에 대하여 물상대위를 할 수 있다**』(대판 2011. 8. 18, 2011다30666). 정답 - O

2 **부동산에 대하여 가압류등기가 된 후 저당권이 설정되고 이후 강제경매 신청을 한 압류채권자가 있는 경우, 1차로 가압류채권자와 저당권자 및 압류채권자 사이에 채권액에 비례하여 평등배당을 한 후, 저당권자는 자신의 채권액을 전부 변제받을 수 있을 때까지 압류채권자가 받을 배당액으로부터 우선하여 배당받을 수 있다.** 변호사시험 제6회

해설 『[1] 부동산에 대하여 **가압류등기가 먼저 되고 나서 근저당권설정등기가 마쳐진 경우에** 그 근저당권등기는 가압류에 의한 처분금지의 효력 때문에 그 집행보전의 목적을 달성하는 데 필요한 범위 안에서 가압류채권자에 대한 관계에서만 상대적으로 무효이다. [2] **'[1]'의 경우 가압류채권자와 근저당권자 및 근저당권설정등기 후 강제경매신청을 한 압류채권자 사이의 배당관계에 있어서, 근저당권자는 선순위 가압류채권자에 대하여는 우선변제권을 주장할 수 없으므로 1차로 채권액에 따른 안분비례에 의하여 평등배당을 받은 다음, 후순위 경매신청압류채권자에 대하여는 우선변제권이 인정되므로 경매신청압류채권자가 받을 배당액으로부터 자기의 채권액을 만족시킬 때까지 이를 흡수하여 배당받을 수 있다**』 (대결 1994. 11. 29, 자 94마417). 정답 - O

사례 【3~7】

甲은 乙과의 계속적 거래관계에서 발생하는 대여금채권을 담보하기 위하여 乙 소유의 X 토지에 채권자 甲, 채무자 乙, 채권최고액 2억 원의 1번 근저당권을 설정받았다. 다음 설명 중 옳지 않은 것은? (다툼이 있는 경우에는 판례에 의함) 변호사시험 제1회

3 **乙이 나대지 상태에서 X에 근저당권을 설정한 후 그 지상에 건물을 신축하기 시작하였는데, 채무를 변제하지 못하여 근저당권실행이 예상됨에도 불구하고 공사를 계속한다면, 甲은 근저당권에 기한 공사중지청구를 할 수 있다.**

해설 저당권은 목적물에 대한 점유의 이전 없이 그 교환가치를 파악하여 채권의 우선변제를 받는 것을 내용으로 하므로(제356조), 이러한 내용에 장애를 가져오는 것은 저당권의 침해가 된다. 저당토지에 건물을 신축하는 것이 저당권 침해인지와 관련하여 판례는 『**저당권이 실행에 이르렀거나 실행이 예상되는 상황인 경우인데도 저당목적 대지상에 건물신축공사가 진행되고 있다면,** 이는 경매절차에서 매수희망자를 감소시키거나 매각가격을 저감시켜 결국 저당권자가 지배하는 교환가치의 실현을 방해하거나 방해할 염려가 있는 사정에 해당한다』(대판 2006. 1. 27, 2003다58454)고 판시함으로써 **제한적으로 긍정**하는 입장이다. 정답 - O

4 **丙이 乙로부터 나대지 상태에서 X에 대하여 용익권을 설정받고 Y 건물을 축조한 후 乙이 Y의 소유권을 취득한 경우, 甲은 X와 함께 Y에 대해서도 경매를 청구할 수 있다.**

해설 일괄경매청구권이 인정되기 위해서는 원칙적으로 ① 토지에 대하여 저당권설정 당시에 그 지상에 건물이 없을 것, ② 저당권설정 후에 설정자가 당해 토지에 건물을 건축하였을 것, ③ 경매신청시에 토지와 지상건물의 소유자가 동일할 것이 필요하다(제365조). 그러나

판례는 **저당권설정자로부터 저당토지의 용익권을 취득한 자가 건물을 신축하고 저당권설정자가 신축자로부터 그 건물의 소유권을 취득한 경우에 일괄경매청구권을 인정**함으로써(대판 2003. 4. 11, 2003다3850), ② '저당권설정자가 건물을 신축하였을 것'이라는 요건을 완화하고 있다. 정답 - O

5 **확정된 피담보채무액이 2억 2,000만 원인 경우, X의 2번 근저당권자인 丁은 甲에게 채권최고액 2억 원을 변제하고 1번 근저당권의 소멸을 청구할 수 있다.**

해설 『민법 제364조의 규정에 의한 권리를 취득한 제3자는 피담보채무가 확정된 이후에 채권최고액의 범위 내에서 그 확정된 피담보채무를 변제하고 근저당권의 소멸을 청구할 수 있으나, **근저당부동산에 대하여 후순위근저당권을 취득한 자는 민법 제364조에서 정한 권리를 행사할 수 있는 제3취득자에 해당하지 아니하므로** 이러한 후순위근저당권자가 선순위근저당권의 피담보채무가 확정된 이후에 그 확정된 피담보채무를 변제한 것은 민법 제469조의 규정에 의한 이해관계 있는 제3자의 변제로서 유효한 것인지 따져볼 수는 있을지언정 민법 제364조의 규정에 따라 선순위근저당권의 소멸을 청구할 수 있는 사유로는 삼을 수 없다』(대판 2006. 1. 26, 2005다17341). 정답 - X

6 **X가 수용되면서 乙 앞으로 공탁된 수용보상금에 대해 甲이 압류를 하기 전에 乙이 이를 모두 출급하였다면, 甲은 乙에 대하여 수용보상금 중 2억 원을 한도로 하는 피담보채권액을 부당이득으로 반환청구할 수 있다.**

해설 사안은 채무자 겸 근저당권 설정자인 乙이 수용보상금을 수령한 경우인바, 乙은 처음부터 甲에게 채무가 있는 채무자이므로 甲은 乙에 대하여 대여금채권에 기한 강제이행을 청구할 수 있을지언정 부당이득의 반환을 청구할 수는 없다고 보여진다. 물론 수용금을 받은 자가 채무자 아닌 '저당부동산의 제3취득자'라면 옳은 지문이 될 수 있다. 아래 판례는 제3취득자가 수용보상금을 받은 경우를 전제로 하고 있다. 『저당권자는 저당권의 목적이 된 물건의 멸실, 훼손 또는 공용징수로 인하여 저당목적물의 소유자가 받을 저당목적물에 갈음하는 금전 기타 물건에 대하여 물상대위권을 행사할 수 있으나, 다만 그 지급 또는 인도 전에 이를 압류하여야 하며, **저당권자가 위 금전 또는 물건의 인도청구권을 압류하기 전에 저당물의 소유자가 그 인도청구권에 기하여 금전 등을 수령한 경우** 저당권자는 더 이상 물상대위권을 행사할 수 없게 된다. 이 경우 저당권자는 저당권의 채권최고액 범위 내에서 저당목적물의 교환가치를 지배하고 있다가 저당권을 상실하는 손해를 입게 되는 반면에, 저당목적물의 소유자는 저당권의 채권최고액 범위 내에서 저당권자에게 저당목적물의 교환가치를 양보하여야 할 지위에 있다가 마치 그러한 저당권의 부담이 없었던 것과 같은 상태에서의 대가를 취득하게 되는 것이므로, 그 **수령한 금액 가운데 저당권의 채권최고액을 한도로 하는 피담보채권액의 범위 내에서는 이득**을 얻게 된다. 저당목적물 소유자가 얻은 위와 같은 이익은 저당권자의 손실로 인한 것으로서 인과관계가 있을 뿐 아니라, 공평의 관념에 위배되는 재산적 가치의 이동이 있는 경우 수익자로부터 그 이득을 되돌려받아 손실자와 재산상태의 조정을 꾀하는 **부당이득제도의 목적에 비추어 보면 위와 같은 이익을 소유**

권자에게 종국적으로 귀속시키는 것은 저당권자에 대한 관계에서 공평의 관념에 위배되어 법률상 원인이 없다고 봄이 상당하므로, 저당목적물 소유자는 저당권자에게 이를 부당이득으로 반환할 의무가 있다』(대판 2009. 5. 14, 2008다17656). 정답 - X

7 **甲이 X에 대한 근저당권과 함께 그 담보가치가 저감하는 것을 막는 것을 주요한 목적으로 하여 지상권을 취득하였다면, 피담보채무 소멸에 따라 근저당권이 소멸할 때 그 지상권도 부종하여 소멸한다.**

해설 『근저당권 등 담보권 설정의 당사자들이 그 목적이 된 토지 위에 차후 용익권이 설정되거나 건물 또는 공작물이 축조·설치되는 등으로써 그 목적물의 담보가치가 저감하는 것을 막는 것을 주요한 목적으로 하여 채권자 앞으로 아울러 지상권을 설정하였다면, 그 피담보채권이 변제 등으로 만족을 얻어 소멸한 경우는 물론이고 시효소멸한 경우에도 그 지상권은 피담보채권에 부종하여 소멸한다』(대판 2011. 4. 14, 2011다6342). 정답 - O

사례 [8~9]

甲 소유의 X 부동산과 乙 소유의 Y 부동산에 甲의 채권자 丙을 위한 공동저당권이 설정되어 있다. X에는 丁을 위한 후순위 저당권이, Y에는 乙의 채권자인 戊를 위한 후순위 저당권이 각 설정되어 있다. X의 경매대가는 1억 원, Y의 경매대가는 2억 원, 丙의 공동저당권의 피담보채권액은 1억 5,000만 원이다. 다음 설명 중 옳지 않은 것은? (집행비용은 고려하지 않고, 다툼이 있는 경우에는 판례에 의함) 변호사시험 제1회

8 ① Y의 경매대가가 먼저 배당되는 경우, 丙은 1억 5,000만 원 전액을 배당받을 수 있다.
② 위의 경우에 乙은 변제자대위에 의하여 X의 경매대가 1억 원을 배당받을 수 있다.
③ 위의 경우에 戊는 乙이 배당받을 금액에 대하여 물상대위할 수 있다.
④ X의 경매대가가 먼저 배당되는 경우, 丁은 Y의 경매대가에 대하여 丙을 대위할 수 없다.

해설 물상보증인 乙 소유 부동산 Y가 먼저 경매된 '이시배당'에서, 공동저당권자 丙은 제368조 제2항에 의해 자신의 채권 전액인 1억 5,000만 원을 우선 배당받을 수 있다(①번 지문). 이러한 이시배당에서 공동저당의 목적물(X,Y) 중 일부가 물상보증인 소유(Y)인 경우에 그 부동산이 경매되면 물상보증인(乙)은 채무자(甲)에 대하여 구상권을 취득하고 구상권을 확보하기 위하여 채권자(丙)를 대위하여 다른 공동저당 부동산(X) 위의 공동저당권을 취득하게 된다(제481조, 제482조). 이 때 물상보증인의 대위권(제481조, 제482조)과 후순위저당권자 대위권(**제368조 제2항 후단**)이 충돌하는바, 판례는 『채무자 소유의 부동산에 대한 후순위저당권자는 민법 제368조 제2항 후단에 의하여 1번 공동저당권자를 대위하여 물상보증인 소유의 부동산에 대하여 저당권을 행사할 수 없다』(대결 1995. 6. 13, 자 95마500)고 판시

하여 물상보증인을 우선시키고 있다. 따라서 물상보증인 乙은 제482조의 변제자대위에 의하여 채무자 소유 부동산 X의 경매대가 1억 원을 배당받을 수 있으나(②번 지문), 반대로 채무자 소유의 부동산 Y에 대한 후순위저당권자 丁은 물상보증인 소유의 부동산 Y의 경매대가에 대하여 제368조 제2항 후단에 의하여 선순위자 丙을 대위할 수 없다(④번 지문). 아울러 물상보증인 소유 부동산(Y)의 후순위저당권자(戊)와 물상보증인(乙)과의 관계에서 판례는 『공동저당의 목적인 채무자소유의 부동산과 물상보증인소유의 부동산에 각각 채권자를 달리하는 후순위저당권이 설정되어 있는 경우, **자기소유의 부동산이 먼저 경매되어 1번저당권자에게 대위변제를 한 물상보증인은 1번저당권을 대위취득하고 그 물상보증인 소유 부동산의 후순위저당권자는 1번저당권에 대하여 물상대위를 할 수 있다』(대판 1994. 5. 10, 93다25417)**라고 판시하고 있다. 따라서 사안에서 戊는 乙이 배당받을 금액에 대하여 물상대위할 수 있다(③번 지문).

정답 - ① O ② O ③ O ④ O

9 **X와 Y의 경매대가가 동시에 배당되는 경우, 丙은 X의 경매대가로부터 5,000만 원을, Y의 경매대가로부터 1억 원을 각각 배당받는다.**

해설 제368조 제1항의 적용범위와 관련하여 최근 판례는 『제368조 제1항은 채무자 소유의 수 개의 부동산 또는 동일한 물상보증인 소유의 수 개의 부동산에 관하여 공동저당권이 설정된 경우에만 적용되고, **채무자 소유의 부동산과 물상보증인 소유의 부동산에 관하여 공동저당권이 설정된 경우에는 적용되지 않는다**고 한다. 즉 이 경우에는 **채무자 소유 부동산의 경매대가에서 공동저당권자에게 우선적으로 배당**을 하고, 부족분이 있는 경우에 한하여 물상보증인 소유 부동산의 경매대가에서 추가로 배당을 하여야 한다』(대판 2010. 4. 15, 2008다41475)고 한다.

결론적으로 물상보증인 소유 부동산의 경매대가로 피담보채무가 변제되면 물상보증인은 채무자에 대한 구상권으로 공동저당권자를 변제자대위하여 다시 채무자 소유 부동산의 경매대가에서 그 만족을 얻게 될 것이므로 판례의 태도는 타당하다(통설). 따라서 사안에서 주채무자의 부동산 X의 경매대가 1억 원에서 일단 공동저당권자의 1억 5,천만 원의 채권 중 1억원을 배당하고 나머지 5천만 원의 채권으로 물상보증인의 Y부동산에 배당을 받아야 한다. 결국 丙은 X부동산에서는 1억 원을, Y부동산에서는 5천만 원을 각 배당받게 된다.

정답 - X

사례 [10~14]

A는 B 명의의 1번 근저당권이 설정되어 있는 C 소유의 X 주택에 관하여 전세권을 취득하였다. 그 후 X 주택에 관하여 D 명의의 2번 근저당권이 설정되었다. 다음 설명 중 옳지 않은 것은?(각 지문은 독립적이고, 다툼이 있는 경우에는 판례에 의함) 변호사시험 제3회

10 **B의 1번 근저당권 실행을 위한 경매절차가 개시되면 A는 B에게 X 주택으로 담보된 채권을 변제하더라도 민법 제364조(제3취득자의 변제)에 의하여는 1번 근저당권의 소멸을 청구할 수 없다.**

해설

〔**제364조(제3취득자의 변제)**〕 저당부동산에 대하여 소유권, 지상권 또는 전세권을 취득한 제3자는 저당권자에게 그 부동산으로 담보된 채권을 변제하고 저당권의 소멸을 청구할 수 있다.

『민법 제364조의 규정에 의하여 저당권의 소멸을 청구할 수 있는 제3취득자는 **경매신청 전 또는 경매개시결정전에 소유권, 지상권 또는 전세권을 취득한 자에 한하지 않는다**』(대결 1974. 10. 26, 자74마440). 즉, **경매개시 후에 소유권, 전세권 등을 취득한 자도 포함**되므로 경매절차 개시 후 전세권자 A는 제364조의 제3취득자의 변제에 의하여 1번 근저당권의 소멸을 청구할 수 있다. 정답 - X

11 **C로부터 X 주택을 매수하여 소유권이전등기를 마치면서 그 매매대금에서 1번 근저당권의 채권최고액을 공제하고 잔액만을 지급한 E는 원칙적으로 B에게 X 주택으로 담보된 채권을 변제하고 민법 제364조(제3취득자의 변제)에 의하여 1번 근저당권의 소멸을 청구할 수 있다.**

해설 부동산의 양수인이 매매계약을 할 때 피담보채무를 인수한 경우에는, 그 때부터 그는 채권자에 대한 관계에서는 채무자의 지위로 변경되므로 제364조는 적용되지 않는다. 물론 이 경우에는 채무인수의 요건을 갖추어야 하므로 채권자의 승낙이 있어야 한다(제454조). 따라서 그러한 **채권자의 승낙이 없이 단지 매도인이 매매대금에서 피담보채무를 공제한 잔액만을 수수한 사실만으로는 채무인수가 있었다고 할 수 없으므로**(판례는 그러한 경우는 특별한 사정이 없는 한 이행인수로 본다) **이 때의 매수인은 제364조의 제3취득자로서 저당권을 소멸시킬 수 있다**(대판 2002. 5. 24, 2002다7176). 정답 - O

12 **A는 D보다 선순위 전세권자이지만 D의 2번 근저당권 실행을 위한 경매절차에서 X 주택을 매수한 F에게 대항할 수 없다.**

해설 경매를 통해 매각부동산 위의 모든 저당권은 매각으로 소멸하기 때문에(민사집행법 91조), 저당권 이전에 성립된 용익권인지 여부는 경매를 신청하는 저당권자를 기준으로 하는 것이 아니라, **최선순위저당권을 기준으로 하여 결정**된다.

따라서 사안의 경우와 같이 B의 1번 근저당권등기⇒ A의 전세권등기⇒ D의 2번 근저당권등기의 순서로 등기가 되어 있는 X주택에 대해 2번 저당권자 D의 신청으로 경매가 행하여진 때에도 결국 1번 저당권의 실행이 있었던 것으로 되기 때문에, 그 후에 전세권등기를 갖춘 A는 매수인 F에게 인수되지 않고 매각으로 소멸한다. 정답 - O

13 D는 B에게 X 주택으로 담보된 채권을 변제하더라도 민법 제364조(제3취득자의 변제)에 의하여는 1번 근저당권의 소멸을 청구할 수는 없다.

해설 제3취득자의 범위와 관련하여 법문에는 '소유권, 지상권 또는 전세권을 취득한 제3자'라고 규정되어 있는바, 학설은 대체로 제364조를 열거조항으로 이해한다. 판례도 **'후순위 근저당권자'는 제3취득자에 포함되지 않는다**고 한다. 따라서 후순위 근저당권자는 제469조에 따른 (이해관계 있는) 제3자의 변제로서 **피담보채무 전액을 변제해야만** 그 말소를 구할 수 있다(대판 2006. 1. 26, 2005다17341).

정답 - O

14 A가 B에게 X 주택으로 담보된 채권을 변제하면 B의 권리를 대위할 수 있다.

해설 저당부동산의 제3취득자는 변제할 정당한 이익이 있는 자이므로 변제를 하면 당연히 채권자를 대위한다(제481조). 따라서 채권자를 대위한 자는 자기의 권리에 의하여 구상할 수 있는 범위에서 채권 및 그 담보에 관한 권리를 행사할 수 있다(제482조 제1항). 저당권이 설정된 부동산을 매도담보로 취득한 제3취득자의 물상보증인에 대한 대위의 범위에 관하여 판례는 『**저당권이 설정된 부동산을 매도담보로 취득한 제3취득자는 저당채무를 변제할 정당한 이익**이 있고 그 변제를 한 때에는 물상보증인들과는 각 담보재산의 가액에 비례하여 채권자를 대위할 수 있다』(대판 1974. 12. 10, 74다1419)라고 판시하고 있다.

정답 - O

사례 【15~18】

X 토지에는 甲 명의의 1번 저당권(피담보채권액 4,000만원), 乙 명의의 2번 저당권(피담보채권액 1억 5,000만원), 丙 명의의 3번 저당권(피담보채권액 7,000만원)이 각 설정되어 있고, Y 토지에는 乙 명의의 1번 저당권(피담보채권액 1억 5,000만원), 丁 명의의 2번 저당권(피담보채권액 3,000만원)이 각 설정되어 있으며, 위 각 피담보채권의 채무자는 모두 A이고, 乙명의의 저당권은 공동저당권이다. X 토지의 경매대가는 1억 6,000만원, Y 토지의 경매대가는 8,000만 원이다. 다음 설명이 타당한가?(이자, 지연손해금과 집행비용은 고려하지 말고, 다툼이 있는 경우에는 판례에 의함) 변호사시험 제3회

15 X 토지와 Y토지가 모두 채무자(A) 소유인 경우, X 토지와 Y 토지가 동시에 경매되면, 乙은 X 토지의 경매대가에서 1억 원을 배당받는다.

해설

〔**제368조(공동저당과 대가의 배당, 차순위자의 대위)**〕 ① 동일한 채권의 담보로 수개의 부동산에 저당권을 설정한 경우에 그 부동산의 경매대가를 동시에 배당하는 때에는 각 부동산의 경매대가에 비례하여 그 채권의 분담을 정한다.

→ 만약 乙이 X토지와 Y토지에 1번 저당권을 가지고 있다면 X토지(1억 6천만 원)와 Y토지(8천만 원)가 동시배당되는 경우 제368조 제1항에 따라 각 부동산의 경매대가에 비례하여 2 : 1의 비율로 X토지에서 1억 원, Y토지에서 5천만 원을 배당받는다. 그러나 사안의 경우 X토지에는 **甲이 1번 저당권을 가지고 있으므로 甲의 피담보채권액인 4천만 원을 공제한 X토지(1억 2천)와 Y토지(8천만 원)의 경매대가에 비례하여 3 : 2의 비율로 X토지에서 9천만 원, Y토지에서 6천만 원을 배당받는다.** 정답 - X

16 **X 토지와 Y 토지가 모두 채무자(A) 소유인 경우, X 토지가 먼저 경매되면, 丙은 Y 토지의 경매대가에서 5,000만 원을 배당받는다.**

해설

〔**제368조(공동저당과 대가의 배당, 차순위자의 대위)**〕 ② 전항의 저당부동산중 일부의 경매대가를 먼저 배당하는 경우에는 그 대가에서 그 채권전부의 변제를 받을 수 있다. 이 경우에 그 경매한 부동산의 차순위저당권자는 선순위저당권자가 전항의 규정에 의하여 다른 부동산의 경매대가에서 변제를 받을 수 있는 금액의 한도에서 선순위자를 대위하여 저당권을 행사할 수 있다.

→ X토지(1억 6천만 원)가 먼저 경매되면 1번 저당권자 甲의 피담보채권액 4천만 원에 배당되고, 2번 저당권자 乙의 피담보채권액 1억 2천만 원에 배당된다. 따라서 3번 저당권자 丙은 X토지에서는 배당받을 수 있는 금액이 없고 제368조 제2항 제2문에 의해 **선순위저당권자 乙이 동시배당받았더라면 다른 부동산 Y토지에서 배당받을 수 있었던 6천만 원의 범위 내**에서 선순위자 乙을 **대위하여 6천만 원을 배당받을 수 있다.** 정답 - X

17 **① X 토지는 채무자 (A) 소유, Y토지는 물상보증인(B) 소유인 경우 , X 토지가 먼저 경매되면, 丙은 Y 토지의 경매대가에서 3,000만원을 배당받는다.**
② X 토지는 채무자(A) 소유, Y 토지는 물상보증인(B) 소유인 경우, Y 토지가 먼저 경매되면, 丁은 X 토지의 경매대가에서 3,000만 원을 배당 받는다.

해설 제368조 제2항 제2문은 채무자 소유의 수 개의 부동산 또는 동일한 물상보증인 소유의 수 개의 부동산에 관하여 공동저당권이 설정된 경우에만 적용되고, 채무자 소유의 부동산과 물상보증인 소유의 부동산에 관하여 공동저당권이 설정된 경우에는 적용되지 않는다. 즉 이 경우에는 채무자 소유 부동산이 먼저 경매되면 그 부동산의 후순위저당권자는 물상보증인 소유 부동산에 후순위저당권자대위를 하지 못하고(대결 1995. 6. 13, 자95마500), 반대로 물상보증인 소유 부동산이 먼저 경매되면 물상보증인이 채무자 소유 부동산에 '변제자대위'를 하고 물상보증인 소유 부동산의 후순위저당권자는 이에 대하여 다시 '물상대위'를 하게 된다(대판 1994. 5. 10, 93다25417).

→ 따라서 ①번 지문에서 채무자 소유 X토지가 먼저 경매되면, X토지의 후순위저당권자 丙은 **물상보증인 소유 Y토지에 후순위저당권자대위(제368조 제2항 제2문)를 하지 못한다.**

그리고 반대로 ②번 지문에서 물상보증인 소유 Y토지가 먼저 경매되면, 물상보증인 B가 채무자 소유 X토지에 '변제자대위'(제481조, 제482조 제1항)를 하고 물상보증인 소유 Y토지의 후순위저당권자 丁은 이에 대하여 다시 '물상대위'(제370조, 제342조)를 하게 되므로 **丁은 X토지의 경매대가에서 자신의 피담보채권액 3천만 원을 배당받을 수 있다.** 정답 - ① X ② O

18 **X 토지는 채무자(A) 소유, Y 토지는 물상보증인(B) 소유인 경우, X 토지와 Y 토지가 동시에 경매되면, 乙 은 Y 토지의 경매대가에서 6,000만원을 배당받는다.**

해설 최근 판례는 『제368조 제1항은 채무자 소유의 수 개의 부동산 또는 동일한 물상보증인 소유의 수 개의 부동산에 관하여 공동저당권이 설정된 경우에만 적용되고, **채무자 소유의 부동산과 물상보증인 소유의 부동산에 관하여 공동저당권이 설정된 경우에는 적용되지 않는다**고 한다. 즉 이 경우에는 채무자 소유 부동산의 경매대가에서 공동저당권자에게 우선적으로 배당을 하고, 부족분이 있는 경우에 한하여 물상보증인 소유 부동산의 경매대가에서 추가로 배당을 하여야 한다』(대판 2010. 4. 15, 2008다41475)고 한다.

따라서 乙은 채무자 소유 X토지(1억 6천만 원)에서 1순위 저당권자 甲의 피담보채권액 4천만 원이 배당되고 남은 1억 2천만 원을 배당받고, **나머지 3천만 원은 물상보증인 소유 Y토지에서 배당받을 수 있다.**

정답 - X

사례 【19~23】

甲은 乙에 대한 5,000만 원의 채권을 담보하기 위하여 乙 소유 부동산 X(경매대가 6,000만 원)와 丙 소유 부동산 Y(경매대가 4,000만 원)에 각각 1번 저당권을 설정받았다. 그리고 X에는 丁이 피담보채권 4,000만 원의 2번 저당권을, Y에는 戊가 피담보채권 2,000만 원의 2번 저당권을 각각 설정받았다. 이에 관한 설명 중 옳은 것은? (이자, 지연손해금과 집행비용은 고려하지 말 것, 다툼이 있는 경우 판례에 의함) 변호사시험 제6회

19 **X와 Y의 경매대가를 동시에 배당하는 경우, 경매법원은 甲에게 X로부터 3,000만 원, Y로부터 2,000만 원을 각각 배당하여야 한다.**

해설 『공동저당권이 설정되어 있는 수개의 부동산 중 **일부는 채무자 소유이고 일부는 물상보증인의 소유인 경우 위 각 부동산의 경매대가를 동시에 배당하는 때에는**, 물상보증인이 민법 제481조, 제482조의 규정에 의한 변제자대위에 의하여 채무자 소유 부동산에 대하여 담보권을 행사할 수 있는 지위에 있는 점 등을 고려할 때, "동일한 채권의 담보로 수개의 부동산에 저당권을 설정한 경우에 그 부동산의 경매대가를 동시에 배당하는 때에는 각 부동산의 경매대가에 비례하여 그 채권의 분담을 정한다."고 규정하고 있는 **민법 제368조 제1항은 적용되지 아니한다고 봄이 상당하다.** 따라서 이러한 경우 경매법원으로서는 **채무자**

소유 부동산의 경매대가에서 공동저당권자에게 우선적으로 배당을 하고, 부족분이 있는 경우에 한하여 물상보증인 소유 부동산의 경매대가에서 추가로 배당을 하여야 한다』(대판 2010. 4. 15, 2008다41475).

→ 즉, 甲은 채무자 소유 부동산인 X로부터 5천만원을 모두 배당받는다. 정답 - X

20 X에 대한 경매대가가 먼저 배당되어 甲이 5,000만 원을 배당받은 경우, 丁은 Y에 대한 甲의 1번 저당권을 대위행사할 수 있다.

해설 『채권자가 물상보증인 소유 토지와 공동담보로 주채무자 소유 토지에 1번 근저당권을 취득한 후 이와 별도로 주채무자 소유 토지에 2번 근저당권을 취득한 사안에서, **먼저 주채무자의 토지에 대하여 피담보채무의 불이행을 이유로 근저당권이 실행되어 경매대금에서 1번 근저당권의 피담보채권액을 넘는 금액이 배당된 경우에는, 변제자 대위의 법리에 비추어 볼 때 민법 제368조 제2항은 적용되지 않으므로 후순위(2번) 저당권자인 채권자는 물상보증인 소유 토지에 대하여 자신의 1번 근저당권을 대위행사할 수 없고,** 따라서 물상보증인의 근저당권설정등기는 그 피담보채무의 소멸로 인하여 말소되어야 한다』(대판 1996. 3. 8, 95다36596).

→ 판례는 채무자와 물상보증인의 공동저당물에 후순위권리자가 있는 경우 변제자대위와 후순위저당권자대위 관계에 대해서, 기본적으로 변제자대위우선설을 취하고 있다. 따라서 채무자 소유 부동산의 후순위저당권자인 丁은 물상보증인 소유 부동산인 Y의 1번 저당권을 대위행사할 수 없다. 정답 - X

21 Y에 대한 경매대가가 먼저 배당되어 甲이 4,000만 원을 배당받은 경우, 丙은 甲이 배당받은 범위 내에서 X에 대한 甲의 1번 저당권을 취득한다.

해설 『공동저당의 목적인 **채무자 소유 부동산과 물상보증인 소유 부동산에 각각 채권자를 달리하는 후순위저당권이 설정되어 있는 경우, 물상보증인 소유 부동산에 먼저 경매가 이루어져 경매대금의 교부에 의하여 1번저당권자가 변제를 받은 때에는 물상보증인은 채무자에 대하여 구상권을 취득함과 동시에 민법 제481조, 제482조의 규정에 의한 변제자대위에 의하여 채무자 소유 부동산에 대한 1번저당권을 취득**하고, 이러한 경우 물상보증인 소유 부동산에 대한 후순위저당권자는 물상보증인에게 이전한 1번저당권으로부터 우선하여 변제를 받을 수 있으며, 자기 소유 부동산이 먼저 경매되어 1번저당권자에게 대위변제를 한 물상보증인은 1번저당권을 대위취득하고, 물상보증인 소유 부동산의 후순위저당권자는 1번저당권에 대하여 물상대위를 할 수 있다』(대판 2011. 8. 18, 2011다30666). 변제자대위우선설에 따른 결론이다. 정답 - O

22 Y에 대한 경매대가로부터 배당을 받은 甲이 X에 설정된 저당권을 임의로 말소한 후 X에 대한 경매가 실행되어 매각대금이 완납된 경우, 丙은 말소된 저당권등기의 회복등기절차의 이행을 구할 수 있다.

해설 『부동산에 관하여 근저당권설정등기가 마쳐졌다가 등기가 위조된 관계서류에 기하여 아무런 원인 없이 말소되었다는 사정만으로는 곧바로 근저당권이 소멸하는 것은 아니지만, 부동산이 경매절차에서 매각되면 매각부동산에 존재하였던 저당권은 당연히 소멸하는 것이므로(민사집행법 제91조 제2항, 제268조 참조) **근저당권설정등기가 원인 없이 말소된 이후에 근저당목적물인 부동산에 관하여 다른 근저당권자 등 권리자의 신청에 따라 경매절차가 진행되어 매각허가결정이 확정되고 매수인이 매각대금을 완납하였다면, 원인 없이 말소된 근저당권도 소멸한다.**

따라서 **원인 없이 말소된 근저당권설정등기의 회복등기절차 이행과 회복등기에 대한 승낙의 의사표시를 구하는 소송 도중에 근저당목적물인 부동산에 관하여 경매절차가 진행되어 매각허가결정이 확정되고 매수인이 매각대금을 완납하였다면 매각부동산에 설정된 근저당권은 당연히 소멸하므로, 더 이상 원인 없이 말소된 근저당권설정등기의 회복등기절차 이행이나 회복등기에 대한 승낙의 의사표시를 구할 법률상 이익이 없게 된다**』(대판 2014. 12. 11, 2013다28025).

→ 매각대금이 완납되어 甲의 저당권이 소멸하므로 丙은 등기회복청구를 할 수 없다.

정답 – X

23 **甲이 피담보채권을 변제받기 전에 Y에 대한 저당권을 포기한 경우, 甲은 X에 대한 경매절차에서 자신이 Y에 대한 저당권을 포기하지 않았더라면 丁이 대위할 수 있었던 2,000만 원 한도에서 丁에 우선하여 배당받을 수 없다.**

해설 『채무자 소유의 수개 부동산에 관하여 공동저당권이 설정된 경우 민법 제368조 제2항 후문에 의한 후순위저당권자의 대위권은 선순위 공동저당권자가 공동저당의 목적물인 부동산 중 일부의 경매대가로부터 배당받은 금액이 그 부동산의 책임분담액을 초과하는 경우에 비로소 인정되는 것이지만, 후순위저당권자로서는 선순위 공동저당권자가 피담보채권을 변제받지 않은 상태에서도 추후 공동저당 목적 부동산 중 일부에 관한 경매절차에서 선순위 공동저당권자가 부동산의 책임분담액을 초과하는 경매대가를 배당받는 경우 다른 공동저당 목적 부동산에 관하여 선순위 공동저당권자를 대위하여 저당권을 행사할 수 있다는 대위의 기대를 가진다고 보아야 하고, 후순위저당권자의 이와 같은 대위에 관한 정당한 기대는 보호되어야 하므로, **선순위 공동저당권자가 피담보채권을 변제받기 전에 공동저당 목적 부동산 중 일부에 관한 저당권을 포기한 경우에는, 후순위저당권자가 있는 부동산에 관한 경매절차에서, 저당권을 포기하지 아니하였더라면 후순위저당권자가 대위할 수 있었던 한도에서는 후순위저당권자에 우선하여 배당을 받을 수 없다**고 보아야 하고, 이러한 법리는 동일한 채권의 담보를 위하여 공유인 부동산에 공동저당의 관계가 성립된 경우에도 마찬가지로 적용된다고 보아야 한다』(대판 2011. 10. 13, 2010다99132).

→ 변제자대위우선설에 따라 甲이 저당권을 포기하지 않았더라도 丁이 이를 대위할 수 없다.

정답 – X

사례

甲이 2012. 1. 3. 乙, 丙 회사와 각 공급기간을 2년으로 하여 우유를 공급받는 계약을 체결하고, 외상대금을 담보하기 위하여 甲 소유인 X 부동산에 관하여 乙 회사에게 1순위로 채권최고액 3,000만 원의, 丙 회사에게 2순위로 채권최고액 4,000만 원의 각 근저당권을 설정하여 주었다. 2012. 8. 5. 乙 회사에 대한 외상대금 원금이 2,400만 원, 丙 회사에 대한 외상대금 원금이 3,600만 원에 이르게 되자 丙 회사가 경매를 신청하여 X 부동산이 1억 원에 매각되어 대금이 완납되고 매수인 명의로 소유권이전등기가 경료되었다. 외상대금 원금과 지연손해금의 날짜별 금액은 다음과 같고, 甲의 일반채권자 丁이 1억 원의 채권으로 적법하게 배당요구를 한 상태이다. 乙 회사와 丙 회사가 위 근저당권에 기하여 우선적으로 배당받을 금액은? (다툼이 있는 경우에는 판례에 의함) 변호사시험 제2회

24

	乙 회사			丙 회사		
	외상대금 원 금	지연 손해금	합 계	외상대금 원 금	지연 손해금	합 계
2012. 8. 5. (경매신청)	2,400만 원	300만 원	2,700만 원	3,600만 원	300만 원	3,900만 원
2012. 12. 5. (매각대금완납)	2,600만 원	360만 원	2,960만 원	3,600만 원	500만 원	4,100만 원
2013. 1. 5. (배당일)	2,600만 원	390만 원	2,990만 원	3,600만 원	600만 원	4,200만 원

해설 『근저당권자가 그 **피담보채무의 불이행**을 이유로 경매신청한 때에는 **그 경매신청시**에 근저당권은 확정되는 것이다』(대판 1988. 10. 11, 87다카545).

『후순위 근저당권자가 경매를 신청한 경우 선순위 근저당권의 피담보채권은 그 근저당권이 소멸하는 시기, 즉 **경락인이 경락대금을 완납한 때**에 확정된다』(대판 1999. 9. 21, 99다26085).

『근저당권자의 경매신청 등의 사유로 인하여 근저당권의 피담보채권이 확정되었을 경우, 확정 이후에 새로운 거래관계에서 발생한 원본채권은 그 근저당권에 의하여 담보되지 아니하지만, **확정 전에 발생한 원본채권에 관하여 확정 후에 발생하는 이자나 지연손해금 채권은 채권최고액의 범위 내에서 근저당권에 의하여 여전히 담보**되는 것이다』(대판 2007. 4. 26, 2005다38300).

→ 따라서 사안에서 후순위저당권자 丙이 경매를 신청한 경우 ① 丙 자신의 피담보채권액 원본은 경매신청시인 2012. 8. 5. 3,600만원으로 확정되고 근저당권은 채권최고액 4,000만원의 범위 내에서 확정된 피담보채권 원본에 대한 배당일까지의 지연손해금(400만원)을 모두 담보하게 된다. 따라서 丙은 4,000만원에 대해 X부동산을 통해 우선변제받을 수 있다. ② 그리고 선순위저당권자 乙의 피담보채권액 원본은 매각대금

완납시인 2012. 12. 5. 2,600만원으로 확정되고 근저당권은 채권최고액 3,000만원의 범위 내에서확정된 피담보채권 원본에 대한 배당일까지의 지연손해금(390만원)을 모두 담보하게 된다. 따라서 乙은 2,990만원에 대해 X부동산을 통해 우선변제받을 수 있다.

정답 - 乙 회사 2,990만 원, 丙 회사 4,000만 원

사례 【25~29】

甲은 乙, 丙으로부터 금원을 각 차용하고 甲 소유 부동산에 관하여 乙에게 1번 저당권을, 丙에게 2번 저당권을 각 설정하여 주었다. 다음 설명 중 옳지 않은 것은? (다툼이 있는 경우에는 판례에 의함)

변호사시험 제2회

25 乙의 저당권설정등기가 위조된 등기서류에 의하여 원인없이 말소된 경우에도 저당권은 소멸하지 않는다.

해설 『**등기는 물권의 효력 발생 요건이고 존속 요건은 아니어서 등기가 원인 없이 말소된 경우에는 그 물권의 효력에 아무런 영향이 없고**, 그 회복등기가 마쳐지기 전이라도 말소된 등기의 등기명의인은 적법한 권리자로 추정된다』(대판 1997. 9. 30, 95다39526). 따라서 乙의 저당권은 소멸하지 않는다.

정답 - O

26 乙의 저당권설정등기가 원인없이 말소되었고 그 회복등기 전에 丙의 경매신청으로 丁에게 경락되어 대금이 완납된 경우, 乙은 회복등기를 위하여 丁을 상대로 승낙의 의사표시를 구할 수 있다.

해설 『[1] 부동산에 관하여 근저당권설정등기가 경료되었다가 그 등기가 위조된 등기서류에 의하여 아무런 원인 없이 말소되었다는 사정만으로는 곧바로 근저당권이 소멸하는 것은 아니라고 할 것이지만, 부동산이 경매절차에서 경락되면 그 부동산에 존재하였던 근저당권은 당연히 소멸하는 것이므로, **근저당권설정등기가 원인 없이 말소된 이후에 그 근저당 목적물인 부동산에 관하여 다른 근저당권자 등 권리자의 경매신청에 따라 경매절차가 진행되어 경락허가결정이 확정되고 경락인이 경락대금을 완납**하였다면, **원인없이 말소된 근저당권은 이에 의하여 소멸**한다.[2] 근저당권설정등기가 위법하게 말소되어 아직 회복등기를 경료하지 못한 연유로 그 부동산에 대한 경매절차에서 피담보채권액에 해당하는 금액을 전혀 배당받지 못한 근저당권자로서는 위 경매절차에서 실제로 배당받은 자에 대하여 부당이득반환 청구로서 그 배당금의 한도 내에서 그 근저당권설정등기가 말소되지 아니하였더라면 배당받았을 금액의 지급을 구할 수 있을 뿐이고, **이미 소멸한 근저당권에 관한 말소등기의 회복등기를 위하여 현소유자를 상대로 그 승낙의 의사표시를 구할 수는 없다**』(대판 1998. 10. 2, 98다27197).

정답 - X

27 **乙의 저당권설정등기가 원인없이 말소되었고 그 회복등기 전에 丙의 경매신청으로 丁에게 경락되어 배당할 금액의 전부가 丙에게 배당된 경우, 乙은 丙에 대하여 부당이득반환을 청구할 수 있다.**

해설 『근저당권설정등기가 위법하게 말소되어 아직 회복등기를 경료하지 못한 연유로 그 부동산에 대한 경매절차에서 피담보채권액에 해당하는 금액을 전혀 배당받지 못한 근저당권자로서는 **위 경매절차에서 실제로 배당받은 자에 대하여 부당이득반환 청구로서 그 배당금의 한도 내에서 그 근저당권설정등기가 말소되지 아니하였더라면 배당받았을 금액의 지급을 구할 수 있을 뿐**이다』(대판 1998. 10. 2, 98다27197). 정답 - O

28 **甲이 乙에 대한 채무를 전부 변제한 경우, 말소등기를 하지 않아도 1번 저당권은 소멸한다.**

해설 저당권의 부종성'(제369조)에 의해 1번 저당권은 당연히 소멸한다. 정답 - O

29 **甲이 乙에 대한 채무를 모두 변제하였음에도 1번 저당권설정등기를 말소하지 아니한 상태에서 다시 戊로부터 금원을 차용하고 乙의 협조를 얻어 戊에게 1번 저당권 이전의 부기등기를 경료하였는데, 위 부기등기의 기입일자보다 2번 저당권설정등기의 기입일자가 빠른 경우, 戊는 丙에게 1번 저당권설정등기와 그 부기등기의 유효를 주장할 수 없다.**

해설 『부동산의 소유자 겸 채무자가 채권자인 저당권자에게 당해 저당권설정등기에 의하여 담보되는 채무를 모두 변제함으로써 저당권이 소멸된 경우 그 저당권설정등기 또한 효력을 상실하여 말소되어야 할 것이나, 그 부동산의 소유자가 새로운 제3의 채권자로부터 금원을 차용함에 있어 그 제3자와 사이에 새로운 차용금 채무를 담보하기 위하여 잔존하는 종전 채권자 명의의 저당권설정등기를 이용하여 이에 터잡아 새로운 제3의 채권자에게 저당권 이전의 부기등기를 경료하기로 하는 내용의 저당권등기 유용의 합의를 하고 실제로 그 부기등기를 경료하였다면, 그 저당권이전등기를 경료받은 새로운 제3의 채권자로서는 언제든지 부동산의 소유자에 대하여 그 등기 유용의 합의를 주장하여 저당권설정등기의 말소청구에 대항할 수 있다고 할 것이고, 다만 **그 저당권 이전의 부기등기 이전에 등기부상 이해관계를 가지게 된 자에 대하여는 위 등기 유용의 합의 사실을 들어 위 저당권설정등기 및 그 저당권 이전의 부기등기의 유효를 주장할 수는 없다**』(대판 1998. 3. 24, 97다56242). 정답 - O

사례 【30~31】

甲은 乙에게 5,000만 원을 대여하고 채무자 乙이 소유하는 X 부동산(시가 4,000만 원)과 물상보증인 丙이 소유하는 Y 부동산(시가 4,000만 원)에 채권최고액 5,000만 원(피담보채무 5,000만 원)인 공동근저당권을 설정받았다. 그 뒤 乙은 丁으로부터 4,000만 원을 차용하고 X 부동산에 丁 명의의 채권최고액 4,000만 원(피담보채무 4,000만 원)인 2번 근저당권을 설정하여 주었다. 각 부동산이 경매절차에서 시가와 같은 가격으로 매각되어 모두 배당된다고 가정한다. 다음 설명이 타당한가? (지연손해금과 집행비용은 고려하지 아니하고, 다툼이 있는 경우에는 판례에 의함) 변호사시험 제2회

30 **X 부동산과 Y 부동산이 동시에 경매되어 배당되는 경우, 丁은 1,500만 원을 배당받는다.**

해설 『**공동저당권이 설정되어 있는 수개의 부동산 중 일부는 채무자 소유이고 일부는 물상보증인의 소유인 경우** 위 각 부동산의 경매대가를 동시에 배당하는 때에는, 물상보증인이 민법 제481조, 제482조의 규정에 의한 변제자대위에 의하여 채무자 소유 부동산에 대하여 담보권을 행사할 수 있는 지위에 있는 점 등을 고려할 때, "동일한 채권의 담보로 수개의 부동산에 저당권을 설정한 경우에 그 부동산의 경매대가를 동시에 배당하는 때에는 각 부동산의 경매대가에 비례하여 그 채권의 분담을 정한다."고 규정하고 있는 **민법 제368조 제1항은 적용되지 아니한다**고 봄이 상당하다. 따라서 이러한 경우 경매법원으로서는 **채무자 소유 부동산의 경매대가에서 공동저당권자에게 우선적으로 배당**을 하고, 부족분이 있는 경우에 한하여 물상보증인 소유 부동산의 경매대가에서 추가로 배당을 하여야 한다』(대판 2010. 4. 15, 2008다41475). 따라서 채무자 소유 X 부동산과 물상보증인 소유 Y 부동산이 동시에 경매되어 배당되는 경우, 1순위 저당권자 甲은 채무자 소유 X부동산에서 4,000만원, 물상보증인 소유 Y부동산에서 1,000만원을 배당받는다. 그러므로 X부동산의 2순위 저당권자 丁은 배당받을 수 없다. 정답 – X

31 **① X 부동산이 먼저 경매되어 배당된 후 Y 부동산이 경매되는 경우, Y 부동산의 매각대금에서 丁은 배당받지 못한다.**
② Y 부동산이 먼저 경매되어 배당된 후 X 부동산이 경매되어 배당되는 경우, 丙은 3,000만 원을 배당받을 수 있다.

해설 『공동저당의 목적인 채무자 소유의 부동산과 물상보증인 소유의 부동산 중 **채무자 소유의 부동산에 대하여 먼저 경매**가 이루어져 그 경매대금의 교부에 의하여 1번 공동저당권자가 변제를 받더라도 **채무자 소유의 부동산에 대한 후순위 저당권자는 민법 제368조 제2항 후단에 의하여 1번 공동저당권자를 대위하여 물상보증인 소유의 부동산에 대하여 저당권을 행사할 수 없다**. 그리고 이러한 법리는 채무자 소유의 부동산에 후순위 저당권이 설정된 후에 물상보증인 소유의 부동산이 추가로 공동저당의 목적으로 된 경우에도 마찬가지

로 적용된다』(대판 2014. 1. 23, 2013다207996).

『공동저당의 목적인 채무자 소유의 부동산과 물상보증인 소유의 부동산에 각각 채권자를 달리하는 후순위저당권이 설정되어 있는 경우, **물상보증인 소유의 부동산에 대하여 먼저 경매가** 이루어져 그 경매대금의 교부에 의하여 **1번저당권자가 변제를 받은 때에는 물상보증인은 채무자에 대하여 구상권을 취득함과 동시에**, 민법 제481조, 제482조의 규정에 의한 변제자대위에 의하여 **채무자 소유의 부동산에 대한 1번저당권을 취득**하고, 이러한 경우 **물상보증인 소유의 부동산에 대한 후순위저당권자는 물상보증인에게 이전한 1번저당권으로부터 우선하여 변제를 받을 수 있으며**, 물상보증인이 수인인 경우에도 마찬가지라 할 것이므로(이 경우 물상보증인들 사이의 변제자대위의 관계는 민법 제482조 제2항 제4호, 제3호에 의하여 규율될 것이다), 자기 소유의 부동산이 먼저 경매되어 1번저당권자에게 대위변제를 한 물상보증인은 1번저당권을 대위취득하고, 그 물상보증인 소유의 부동산의 후순위저당권자는 1번저당권에 대하여 물상대위를 할 수 있다』(대판 1994. 5. 10, 93다25417).

→ **채무자 乙소유 X부동산이 먼저 경매**되면 **그 X부동산의 후순위저당권자 丁은 물상보증인 丙소유 Y부동산에 후순위저당권자대위를 하지 못하고**(①), **반대로 물상보증인 丙소유 Y부동산이 먼저 경매**되면 **1순위 저당권자 甲이 Y부동산에서 4,000만원 및 X부동산에서 1,000만원을 배당**받고, **물상보증인 丙은 X부동산에서 3,000만원만큼 변제자대위**를 한다(②). 정답 - ① O ② O

사례 [32~34]

甲은 X 토지의 소유자이고 乙은 Y 토지의 소유자이다. 丙은 甲에 대한 채권을 담보하기 위하여 X 토지와 Y 토지에 공동저당권을 갖고 있다. X 토지와 Y 토지가 모두 수용되어 보상금채권이 발생하였다. 이에 관한 설명이 타당한가? (각 지문은 독립적이며, 다툼이 있는 경우 판례에 의함) 변호사시험 제7회

32 **甲의 채권자 丁이 X 토지의 보상금채권을 가압류하였고, 이어 丙이 물상대위권에 기하여 위 보상금채권에 대한 압류 및 전부명령을 받은 경우에도 丙은 보상금채권에 관하여 丁보다 우선변제를 받을 수 있다.**

해설 『**수용되는 토지에 대하여 가압류가 집행되어 있더라도 토지수용으로 기업자가 그 소유권을 원시취득하게 됨에 따라 그 토지 가압류의 효력은 소멸**하는 것이고, 이 경우에 **그 토지 가압류가 수용보상금채권에 당연히 전이되어 그 효력이 미치게 된다고는 할 수 없으므로**, 수용 전 토지에 대한 가압류채권자가 다시 수용보상금채권에 대하여 가압류를 하였다고 하더라도, 수용 전 토지에 대하여 위 토지 가압류 이후 저당권을 취득하였다가 위 수용보상금채권에 대하여 물상대위에 따른 압류를 한 자에 대하여는, 수용 전 토지에 관하여 주장할 수 있었던 사유를 수용보상금채권에 대한 배당절차에서까지 주장할 수는 없다고 보아야 한다』(대판 2004. 4. 16, 2003다64206). 정답 - O

33 **丙이 Y 토지의 보상금채권에 압류 등 조치를 취하지 아니하던 중 물상보증인 乙이 보상금을 수령하였다면 丙은 乙을 상대로 부당이득반환을 청구할 수 있다.**

해설 『저당권자는 저당권의 목적이 된 물건의 멸실, 훼손 또는 공용징수로 인하여 저당목적물의 소유자가 받을 저당목적물에 갈음하는 금전 기타 물건에 대하여 물상대위권을 행사할 수 있으나, 다만 그 지급 또는 인도 전에 이를 압류하여야 하며, 저당권자가 위 금전 또는 물건의 인도청구권을 압류하기 전에 저당물의 소유자가 그 인도청구권에 기하여 금전 등을 수령한 경우 저당권자는 더 이상 물상대위권을 행사할 수 없게 된다. 이 경우 저당권자는 저당권의 채권최고액 범위 내에서 저당목적물의 교환가치를 지배하고 있다가 저당권을 상실하는 손해를 입게 되는 반면에, 저당목적물의 소유자는 저당권의 채권최고액 범위 내에서 저당권자에게 저당목적물의 교환가치를 양보하여야 할 지위에 있다가 마치 그러한 저당권의 부담이 없었던 것과 같은 상태에서의 대가를 취득하게 되는 것이므로, 그 수령한 금액 가운데 저당권의 채권최고액을 한도로 하는 피담보채권액의 범위 내에서는 이득을 얻게 된다. 저당목적물 소유자가 얻은 위와 같은 이익은 저당권자의 손실로 인한 것으로서 인과관계가 있을 뿐 아니라, 공평의 관념에 위배되는 재산적 가치의 이동이 있는 경우 수익자로부터 그 이득을 되돌려받아 손실자와 재산상태의 조정을 꾀하는 부당이득제도의 목적에 비추어 보면 **위와 같은 이익을 소유권자에게 종국적으로 귀속시키는 것은 저당권자에 대한 관계에서 공평의 관념에 위배되어 법률상 원인이 없다고 봄이 상당**하므로, **저당목적물 소유자는 저당권자에게 이를 부당이득으로 반환할 의무가 있다**』(대판 2009. 5. 14, 2008다17656). 정답 - O

34 **丙이 X 토지의 보상금채권에 압류 등 조치를 취하지 아니하던 중 甲의 채권자 戊가 그 보상금채권에 대하여 압류 및 전부 명령을 받아 보상금을 수령하였다면 丙은 戊를 상대로 부당이득반환을 청구할 수 있다.**

해설 『민법 제370조, 제342조 단서가 저당권자는 물상대위권을 행사하기 위하여 저당권설정자가 받을 금전 기타 물건의 지급 또는 인도 전에 압류하여야 한다고 규정한 것은 물상대위의 목적인 채권의 특정성을 유지하여 그 효력을 보전함과 동시에 제3자에게 불측의 손해를 입히지 않으려는 데 있는 것이므로, 저당목적물의 변형물인 금전 기타 물건에 대하여 이미 제3자가 압류하여 그 금전 또는 물건이 특정된 이상 저당권자가 스스로 이를 압류하지 않고서도 물상대위권을 행사하여 일반 채권자보다 우선변제를 받을 수 있으나, 그 행사방법으로는 민사집행법 제273조 {구 민사소송법(2002. 1. 26. 법률 제6626호로 전문 개정되기 전의 것) 제733조}에 의하여 담보권의 존재를 증명하는 서류를 집행법원에 제출하여 채권압류 및 전부명령을 신청하는 것이거나 민사집행법 제247조 제1항 {구 민사소송법(2002. 1. 26. 법률 제6626호로 전문 개정되기 전의 것) 제580조 제1항}에 의하여 **배당요구를 하는 것**이므로, **이러한 물상대위권의 행사에 나아가지 아니한 채 단지 수용대상토지에 대하여 담보물권의 등기가 된 것만으로는 그 보상금으로부터 우선변제를 받을 수 없고, 저당권자가 물상대위권의 행사에 나아가지 아니하여 우선변제권을 상실한 이상 다른 채권자가 그 보상금 또는 이에 관한 변제공탁금으로부터 이득을 얻었다고 하더라도 저당권자는 이를 부당이득으로서 반환청구할 수 없다**』(대판 2002. 10. 11, 2002다33137). 정답 - X

사례 【35~37】

甲 소유인 X 토지에 乙이 대여금채권을 담보하기 위하여 저당권을 가지고 있었다. 甲은 관련 서류를 위조하여 乙의 저당권설정등기를 말소한 후 丙에게 저당권을 설정하여 주었다. 甲은 丁에게 X 토지를 매도하고 소유권이전등기를 경료하여 주었다. 이에 관한 설명이 타당한가? (각 지문은 독립적이며, 다툼이 있는 경우 판례에 의함) 변호사시험 제7회

35 乙이 저당권회복등기 청구의 소를 제기한다면 丁을 피고로 삼아야 한다.

해설 『말소된 등기의 회복등기절차의 이행을 구하는 소에서는 회복등기의무자에게만 피고적격이 있는바, 가등기가 이루어진 부동산에 관하여 제3취득자 앞으로 소유권이전등기가 마쳐진 후 그 가등기가 말소된 경우 그와 같이 말소된 가등기의 회복등기절차에서 회복등기의무자는 **가등기가 말소될 당시의 소유자인 제3취득자**이므로, **그 가등기의 회복등기청구는 회복등기의무자인 제3취득자를 상대로 하여야 한다**』(대판 2009. 10. 15, 2006다43903). 정답 - X

36 丙의 경매신청에 의하여 X 토지가 경매되는 경우 배당이의소송을 통하여 위 사실관계가 모두 밝혀지더라도 乙은 배당받을 수 없다.

해설 『**등기는 물권의 효력발생요건이고 효력존속요건이 아니므로 물권에 관한 등기가 원인없이 말소된 경우에 그 물권의 효력에는 아무런 영향을 미치지 않는다**고 봄이 타당한 바, 등기공무원이 관할지방법원의 명령에 의하여 소유권이전등기를 직권으로 말소하였으나 그 후 동 명령이 취소확정된 경우에는 말소등기는 결국 원인없이 경료된 등기와 같이 되어 말소된 소유권이전등기는 회복되어야 하고 회복등기를 마치기 전이라도 말소된 소유권이전등기의 최종명의인은 적법한 권리자로 추정된다고 하겠으니 동 이전등기가 실체관계에 부합하지 않은 점에 대한 입증책임은 이를 주장하는 자에게 있다』(대판 1982. 9. 14, 81다카923). 정답 - X

37 위 토지가 경매되어 丙이 배당받고 乙이 배당받지 못한 경우 乙은 자신이 선순위 배당권자였음을 주장하여 丙을 상대로 부당이득반환을 청구할 수 있다.

해설 『근저당권설정등기가 위법하게 말소되어 아직 회복등기를 경료하지 못한 연유로 그 부동산에 대한 경매절차에서 피담보채권액에 해당하는 금액을 전혀 배당받지 못한 근저당권자로서는 위 경매절차에서 **실제로 배당받은 자에 대하여 부당이득반환 청구로서 그 배당금의 한도 내에서 그 근저당권설정등기가 말소되지 아니하였더라면 배당받았을 금액의 지급을 구할 수 있을 뿐이고, 이미 소멸한 근저당권에 관한 말소등기의 회복등기를 위하여 현소유자를 상대로 그 승낙의 의사표시를 구할 수는 없다**』(대판 1998. 10. 2, 98다27197).

정답 - O

제5절 비전형담보물권

1 **동산에 대하여 점유개정의 방법으로 이중양도담보를 설정한 경우, 뒤의 양도담보권자가 양도담보의 목적물을 처분함으로써 원래의 양도담보권자로 하여금 양도담보권을 실행할 수 없도록 하는 행위는 원래의 양도담보권자의 양도담보권을 침해하는 위법한 행위가 될 수 있다.** 변호사시험 제4회

해설 『동산에 대하여 점유개정의 방법으로 이중양도담보를 설정한 경우 원래의 양도담보권자는 뒤의 양도담보권자에 대하여 배타적으로 자기의 담보권을 주장할 수 있으므로, 뒤의 양도담보권자가 양도담보의 목적물을 처분함으로써 원래의 양도담보권자로 하여금 양도담보권을 실행할 수 없도록 하는 행위는, 이중양도담보 설정행위가 횡령죄나 배임죄를 구성하는지 여부나 뒤의 양도담보권자가 이중양도담보 설정행위에 적극적으로 가담하였는지 여부와 관계없이, **원래의 양도담보권자의 양도담보권을 침해하는 위법한 행위**이다』(대판 2000 6. 23, 99다65066). 정답 - O

2 **양도담보권 실행을 위한 환가절차에 있어서는 양도담보설정자의 다른 채권자들은 양도담보권자에 대한 관계에 있어서 안분배당을 요구할 수 없다.** 변호사시험 제4회

해설 『동산을 목적으로 하는 유동집합물 양도담보설정계약을 체결함과 동시에 채무불이행시 강제집행을 수락하는 공정증서를 작성한 경우,양도담보권자로서는 그 집행증서에 기하지 아니하고 양도담보계약내용에 따라 이를 사적으로 타에 처분하거나 스스로 취득한 후 정산하는 방법으로 현금화할 수도 있지만, 집행증서에 기하여 담보목적물을 압류하고 강제경매를 실시하는 방법으로 현금화할 수도 있는데, 만약 후자의 방식에 의하여 강제경매를 실시하는 경우, 이러한 방법에 의한 경매절차는 형식상은 강제집행이지만, 그 실질은 일반 강제집행절차가 아니라 동산양도담보권의 실행을 위한 환가절차로서 그 압류절차에 압류를 경합한 양도담보설정자의 다른 채권자는 양도담보권자에 대한 관계에서 압류경합권자나 배당요구권자로 인정될 수 없고, 따라서 **환가로 인한 매득금에서 환가비용을 공제한 잔액은 양도담보권자의 채권변제에 우선적으로 충당하여야 한다**』(대판 2005. 2. 18, 2004다37430). 정답 - O

3 **「가등기담보 등에 관한 법률」은 매매대금채권을 담보하기 위하여 가등기를 한 경우에는 적용되지 않는다.** 변호사시험 제4회

해설

〔**가등기담보 등에 관한 법률 제1조(목적)**〕 이 법은 차용물의 반환에 관하여 차주가 차용물을 갈음하여 다른 재산권을 이전할 것을 예약할 때 그 재산의 예약 당시 가액이 차용액과 이에 붙인 이자를 합산한 액수를 초과하는 경우에 이에 따른 담보계약과 그 담보의 목적으로 마친 가등기 또는 소유권이전등기의 효력을 정함을 목적으로 한다.

→ 가등기담보법은 그 문언상 **금전소비대차 또는 준소비대차로 인한 차용금채무를 담보하기 위하여 소유권이전등기 또는 가등기가 마쳐진 경우에만 적용**되는 것으로 되어 있지만(대판 1997. 3. 11, 96다50797 ; 동법 제1조 참조), 피담보채권이 매매대금채권, 공사대금채권 등인 경우 동법이 유추적용될 수 없는지 문제된다. 이와 관련하여 판례는 『가등기담보법 제1조를 근거로 **피담보채무가 매매대금채권인 경우에는 가담법이 적용되지 않으며**, 주된 목적이 매매대금채권의 확보에 있고 대여금채권의 확보는 부수적 목적인 경우라도 가담법이 적용되지 않는다』고 한다(대판 2002. 12. 24, 2002다50484). 정답 - O

4 채권자가 주관적으로 평가한 청산금의 액수가 정당하게 평가된 청산금의 액수에 미치지 못하여도 담보권 실행 통지로서의 효력이나 청산기간의 진행에는 아무런 영향이 없다. 변호사시험 제4회

해설 변제기 후 채무자 등에게 '통지 당시'의 청산금의 '평가액'을 통지하여야 한다(동법 제3조 제1항 제1문). 청산금이 없다고 인정되는 때에는 그 뜻을 통지하여야 한다(동법 제3조 제1항 제2문). 평가액은 채권자의 주관적인 평가액이다. 통지의 방법에는 제한이 없으나 청산기간의 명확화를 위해 서면으로 하는 것이 바람직하다.
『채권자가 이와 같이 나름대로 평가한 청산금의 액수가 객관적인 청산금의 평가액에 미치지 못한다고 하더라도 담보권 실행의 통지로서의 효력이나 청산기간의 진행에는 아무런 영향이 없다』(대판 1996. 7. 30, 96다6974). 정답 - O

5 채권자는 자신이 통지한 청산금의 금액에 대하여 다툴 수 있다. 변호사시험 제4회

해설 청산기간이 경과한 후, 채권자는 **'통지 당시'를 기준**으로 한 청산금의 **'객관적 가액'**을 채무자 등에게 지급하여야 한다(가등기담보법 제4조 제1항 제1문).
다만 채권자는 그가 통지한 청산금의 '평가액'이 '객관적인 가액'보다 크다는 이유로 **청산금의 수액을 다툴 수 없다**(가등기담보법 제9조 참조).

〔**가등기등에관한법률 제9조(통지의 구속력)**〕 채권자는 제3조 제1항에 따라 그가 통지한 청산금의 금액에 관하여 다툴 수 있다.

정답 - X

6 가등기담보권자와 채무자의 특약으로 청산절차 없이 본등기가 이루어졌다면, 그러한 본등기는 약한 의미의 양도담보로서의 효력도 없다. 변호사시험 제4회

해설 청산금의 지급채무와 가등기에 기한 본등기 및 인도의무의 이행은 동시이행의 관계에 있다(가등기담보법 제4조 제3항). 이에 반하는 특약으로서 채무자등에게 불리한 것은 그 효력이 없다(가등기담보법 제4조 제4항 본문).

따라서 청산금의 지급 없이 담보가등기에 기한 본등기가 이루어진 경우 그 본등기는 무효이고, 이른바 약한 의미의 양도담보로서 존속하는 것이 아니다. 다만, 그 후 동법 소정의 절차에 따라 청산절차를 마치면 그 소유권이전등기는 실체관계에 부합하는 유효한 등기가 된다(아래 2002다42001판결).

[관련판례]『가등기 담보 등에 관한 법률 제3조, 제4조의 각 규정에 비추어 볼 때 **그 각 규정을 위반하여 담보가등기에 기한 본등기가 이루어진 경우에는 그 본등기는 무효**라고 할 것이고, 설령 그와 같은 본등기가 가등기권리자와 채무자 사이에 이루어진 특약에 의하여 이루어졌다고 할지라도 **만일 그 특약이 채무자에게 불리한 것으로서 무효**라고 한다면 **그 본등기는 여전히 무효일 뿐**, 이른바 **약한 의미의 양도담보로서 담보의 목적 내에서는 유효하다고 할 것이 아니고**, 다만 가등기권리자가 가등기담보등에관한법률 제3조, 제4조에 정한 절차에 따라 청산금의 평가액을 채무자 등에게 통지한 후 채무자에게 정당한 청산금을 지급하거나 지급할 청산금이 없는 경우에는 채무자가 그 통지를 받은 날로부터 2월의 청산기간이 경과하면 위 무효인 본등기는 실체적 법률관계에 부합하는 유효한 등기가 될 수 있다』(대판 2002. 12. 10, 2002다42001).

정답 – O

7 **가등기담보권 실행 통지의 상대방이 수인일 때 일부에 대한 통지가 누락될 경우, 청산기간이 진행되지 않는다.** 변호사시험 제4회

해설 변제기 후 채무자 등에게 '통지 당시'의 청산금의 '평가액'을 통지하여야 한다(가등기담보법 제3조 제1항 제1문).

『이때의 채무자 등에는 채무자와 물상보증인 뿐만 아니라 담보가등기 후 소유권을 취득한 제3취득자가 포함되는 것이므로(제2조 제2호), 위 통지는 이들 모두에게 하여야 하는 것으로서 **채무자 등의 전부 또는 일부에 대하여 위 통지를 하지 않으면 청산기간이 진행할 수 없게 되고**, 따라서 가등기담보권자는 그 후 적절한 청산금을 지급하였다 하더라도 가등기에 기한 본등기를 청구할 수 없으며, 양도담보의 경우에는 그 소유권을 취득할 수 없다』(대판 1995. 4. 28, 94다36162).

정답 – O

8 **甲은 乙로부터 금전을 차용하고, 만약 변제기에 채무를 변제하지 못하면 甲이 소유하는 X 토지의 소유권을 乙에게 이전하기로 하는 내용의 약정을 체결하였다. 그 약정 당시 X 토지의 시가는 원금과 변제기까지의 이자의 합산액을 훨씬 상회하고 있었다. 甲은 위 약정시에 위 채무의 담보로 乙에게 X 토지에 관한 소유권이전등기를 마쳤다. 변제기에 甲이 채무를 변제하지 못하자 乙은 변제기 다음 날 청산절차를 거치지 않은 채 이러한 사실을 모르는 丙에게 X 토지를 매도하고 소유권이전등기를 마쳐주었다. 이 경우 甲은 채무액을 변제하고 丙의 등기를 말소할 수 없다.** 변호사시험 제5회

해설 가등기담보에 관한 법률 제11조에 의하면 선의의 제3자가 소유권을 취득하는 경우에는 소유권이전등기의 말소를 청구하지 못한다.

〔가등기담보등에관한법률 제11조(채무자등의 말소청구권)〕 채무자등은 청산금채권을 변제받을 때까지 그 채무액(반환할 때까지의 이자와 손해금을 포함한다)을 채권자에게 지급하고 그 채권담보의 목적으로 마친 소유권이전등기의 말소를 청구할 수 있다. 다만, 그 채무의 변제기가 지난 때부터 10년이 지나거나 선의의 제3자가 소유권을 취득한 경우에는 그러하지 아니하다.

정답 - O

9 **甲은 乙로부터 금전을 차용하고, 만약 변제기에 채무를 변제하지 못하면 甲이 소유하는 X 토지의 소유권을 乙에게 이전하기로 하는 내용의 약정을 체결하였다. 그 약정 당시 X 토지의 시가는 원금과 변제기까지의 이자의 합산액을 훨씬 상회하고 있었다. 甲은 위 약정시에 위 채무를 담보하기 위하여 乙에게 X 토지에 관한 가등기를 마쳐주었다. 변제기에 甲이 채무를 변제하지 못하자 乙은 그 다음 날 甲에게 적법한 청산통지를 하고 정당하게 산정된 청산금을 지급한 다음, 미리 받아둔 서류를 이용하여 본등기를 마쳤다. 그로부터 4개월 후 甲은 채무액을 변제하고 乙의 본등기를 말소할 수 없다.** 변호사시험 제5회

해설 채무자는 청산금을 지급받을 때까지만 소유권이전등기 말소를 청구할 수 있다.

가등기담보등에관한법률 제3조, 제4조의 각 규정에 위반하여 경료된 가등기에 기한 본등기가 사후에 실체적 법률관계에 부합하는 등기로서 유효한 등기가 될 수 있는지 여부에 관하여 판례는 『**가등기담보등에관한법률 제3조, 제4조의 각 규정에 비추어 볼 때 그 각 규정을 위반하여 담보가등기에 기한 본등기가 이루어진 경우에는 그 본등기는 무효**라고 할 것이고, 설령 그와 같은 본등기가 가등기권리자와 채무자 사이에 이루어진 특약에 의하여 이루어졌다고 할지라도 만일 그 특약이 채무자에게 불리한 것으로서 무효라고 한다면 그 본등기는 여전히 무효일 뿐, 이른바 약한 의미의 양도담보로서 담보의 목적 내에서는 유효하다고 할 것이 아니고, 다만 **가등기권리자가 가등기담보등에관한법률 제3조, 제4조에 정한 절차에 따라 청산금의 평가액을 채무자 등에게 통지한 후 채무자에게 정당한 청산금을 지급하거나 지급할 청산금이 없는 경우에는 채무자가 그 통지를 받은 날로부터 2월의 청산기간이 경과하면 위 무효인 본등기는 실체적 법률관계에 부합하는 유효한 등기가 될 수 있다**』(대판 2002. 12. 10, 2002다42001)라고 판시하고 있다.

정답 - O

10 甲은 乙로부터 금전을 차용하고, 만약 변제기에 채무를 변제하지 못하면 甲이 소유하는 X 토지의 소유권을 乙에게 이전하기로 하는 내용의 약정을 체결하였다. 그 약정 당시 X 토지의 시가는 원금과 변제기까지의 이자의 합산액을 훨씬 상회하고 있었다甲은 위 약정시에 위 채무를 담보하기 위하여 乙에게 X 토지에 관한 가등기를 마쳐주었다. 위 가등기 전에 X 토지에 관하여 甲의 채권자 丙 명의로 근저당권이 설정되어 있었다. 甲이 乙에게 채무를 변제하지 못한 상태에서 변제기로부터 6개월이 경과한 시점에 丙의 신청에 따라 위 근저당권에 기한 경매가 개시되자, 乙은 바로 청산통지를 하고정당하게 산정된 청산금을 지급한 다음 가등기에 기한 본등기를 마쳤다. 이 경우 乙의 본등기는 유효하다. 변호사시험 제5회.

해설 담보가등기가 되어 있는 부동산에 경매의 개시결정이 있는 경우에 **그 경매의 신청이 청산금을 지급하기 전에 행하여 진 때에는 가등기담보권자는 가등기에 기한 본등기를 청구할 수 없다**(대판 1992. 2. 11, 91다36932). 정답 - X

11 「동산 · 채권 등의 담보에 관한 법률」상의 동산담보권이 설정된 동산에 대하여 양도담보를 설정하더라도 양도담보는 유효하다. 변호사시험 제4회

해설 동산·채권 등의 담보에 관한 법률 에 의한 담보권과는 별개로 기존의 담보제도는 존속한다. 따라서 동법상의 동산담보권이 설정된 동산에 대하여 양도담보를 설정하더라도 양도담보는 유효하다. 정답 -O

12 「동산 · 채권 등의 담보에 관한 법률」상의 동산담보권이 설정된 담보목적물은 선의취득의 대상이 될 수 없다. 변호사시험 제4회

해설

〔**동산·채권 등의 담보에 관한 법률 제32조(담보목적물의 선의취득)**〕 이 법에 따라 동산담보권이 설정된 담보목적물의 소유권·질권을 취득하는 경우에는 **「민법」 제249조부터 제251조까지의 규정을 준용**한다.

정답 - X

13 「동산 · 채권 등의 담보에 관한 법률」상의 동산담보권은 담보목적물의 매각, 임대, 멸실, 훼손 또는 공용징수 등으로 인하여 담보권설정자가 받을 금전이나 그 밖의 물건에 대하여도 행사할 수 있다. 변호사시험 제4회

해설

〔**동산·채권 등의 담보에 관한 법률 제14조(물상대위)**〕 동산담보권은 담보목적물의 매각, 임대,멸실,훼손 또는 공용징수 등으로 인하여 담보권설정자가 받을 금전이나 그 밖의 물건에 대하여도 행사할 수 있다. 이 경우 그 지급 또는 인도 전에 압류하여야 한다.

→ 주의할 점은 민법(제342조)과는 달리 담보목적물의 멸실·훼손·공용징수외에 '매각 또는 임대'의 경우에까지 물상대위를 인정한 점이다. 설정자가 담보권이 설정된 동산을 제3자에게 매각하여 그가 선의취득하는 경우가 있을 수 있고, 이러한 경우를 대비한 것이다. 정답 - O

사례 【14~15】

甲 소유의 X 부동산에 관하여 乙의 가등기가 마쳐져 있었는데, 丙은 이를 매수하여 인도받고 그 소유권이전등기를 마친 다음 X를 개량하기 위하여 유익비를 지출하였다. 다음 설명이 타당한가? (다툼이 있는 경우에는 판례에 의함) 변호사시험 제1회

14 乙의 가등기가 담보가등기인 경우, X에 대한 예약 당시의 시가가 그 피담보채권액에 미치지 못한다고 하더라도, 乙은 본등기를 하면서 甲에게 「가등기담보 등에 관한 법률」에 따른 청산금평가액의 통지 및 청산금지급 등의 절차를 이행하여야 적법한 소유권을 취득한다.

해설 가등기담보 등에 관한 법률(이하 가담법)은 대상 부동산의 예약 당시 가액이 차용액과 이자를 합산한 액수를 넘는 경우 적용된다(가담법 제1조). 정답 - X

15 乙의 가등기가 담보가등기인 경우, 「가등기담보 등에 관한 법률」의 규정에 따른 청산절차 진행 전에 신청된 강제경매절차에서 丁이 그 소유권을 취득하였다고 하더라도, 乙이 그 후에 위 법률에 따른 청산절차를 마치면 乙은 적법한 소유권을 취득할 수 있다.

해설 담보가등기는 강제경매 개시 결정이 있는 경우 그 경매 신청이 청산급을 지급하기 전에 행하여진 경우에는 가등기에 따른 본등기를 청구할 수 없다(가담법 제14조). 정답 - X

사례 【16~20】

甲은 2008. 7. 10. 乙에게 1억 5,000만 원을 대여하면서 그 채권을 담보하기 위해 이행기인 2009. 7. 10.까지 채무를 이행하지 않으면 乙 소유의 시가 4억 원인 X 부동산을 甲에게 이전하기로 하는 내용의 계약을 체결하고 2008. 7. 15. 소유권이전등기청구권의 가등기를 마쳤다. 다음 설명 중 옳은 것은? (다툼이 있는 경우에는 판례에 의함) 변호사시험 제1회

16 **乙로부터 변제를 받지 못한 甲은 X의 소유권을 취득하는 귀속청산에 의하거나 제3자에 대한 양도를 통한 처분청산에 의하여 가등기담보권을 실행할 수 있다.**

해설 가등기담보등에 관한 법률은 채무불이행이 생긴 때에 이전하기로 한 부동산의 '예약당시의 가액'이 차용액과 그에 붙인 이자의 합산액을 넘는 경우에 관하여 당해 법을 적용하고 있다(동법 제1조). 따라서 담보목적물인 X부동산의 예약당시의 가액이 시가 4억 원으로 피담보채권인 1억 5,000만 원을 초과하므로 가담법의 적용대상이다. 가등기담보권을 실행하는 방법으로는 '귀속청산'(채권자가 목적물의 가액에서 채권액을 공제한 나머지를 반환하고 그 목적물의 소유권을 취득하는 것)과 '처분청산'(채권자가 목적물을 제3자에게 처분하여 그 환가대금에서 자기채권의 만족을 취하는 것)이 있는데, 통설과 판례는 '가담법상의 처분청산'은 경매를 통한 공적실행을 의미하며 사적실행에 따른 처분청산은 인정되지 않는다고 한다. 『**가등기담보등에관한법률이 제3조와 제4조에서 가등기담보권의 사적 실행방법으로 귀속정산의 원칙을 규정함과 동시에 제12조와 제13조에서 그 공적 실행방법으로 경매의 청구 및 우선변제청구권 등 처분정산을 별도로 규정하고 있는 점**, 위 제4조가 제1항 내지 제3항에서 채권자의 청산금 지급의무, 청산기간 경과와 본등기청구, 청산금의 지급의무와 부동산의 소유권이전등기 및 인도 채무의 동시이행관계 등을 순차로 규정한 다음, 제4항에서 제1항 내지 제3항에 반하는 특약으로서 채무자 등에게 불리한 것은 그 효력이 없다(다만, 청산기간 경과 후에 행하여진 특약으로서 제3자의 권리를 해하지 아니하는 경우는 제외된다.)고 규정하고 있는 점, 나아가 제11조는 채무자 등이 청산금 채권을 변제받을 때까지 그 채무액을 채권자에게 지급하고 그 채권담보의 목적으로 경료된 소유권이전등기의 말소를 청구할 수 있다고 규정하고 있는 점 등을 종합하여 보면, **가등기담보권의 사적 실행에 있어서 채권자가 청산금의 지급 이전에 본등기와 담보목적물의 인도를 받을 수 있다거나 청산기간이나 동시이행관계를 인정하지 아니하는 '처분정산'형의 담보권실행은 가등기담보등에관한법률상 허용되지 아니한다**』(대판 2002. 12. 10, 2002다42001). 정답 - X

17 **담보권의 실행통지에 있어서 甲이 주관적으로 평가한 청산금 액수(X의 가액과 피담보채권액의 차액)를 명시하였으나 이것이 객관적인 청산금 액수에 미치지 못하는 때에는 통지로서의 효력이 없다.**

해설 『채권자가 나름대로 평가한 **청산금의 액수가 객관적인 청산금의 평가액에 미치지 못한다고 하더라도 담보권 실행의 통지로서의 효력이나 청산기간의 진행에는 아무런 영향이 없고**, 다만 채무자 등은 정당하게 평가된 청산금을 지급 받을 때까지 목적부동산의 소유권이전등기 및 인도 채무의 이행을 거절하면서 피담보채무 전액을 채권자에게 지급하고 채권담보의 목적으로 마쳐진 가등기의 말소를 구할 수 있을 뿐이다』(대판 1996. 7. 30, 96다6974,6981). 정답 - X

18 **甲이 청산절차를 거치지 않고 행한 본등기는 무효이지만, 당사자의 특약에 의한 때에는 약한 의미의 양도담보로서 담보목적범위 내에서는 효력이 있다.**

해설 『가등기담보등에관한법률 제3조, 제4조의 각 규정에 비추어 볼 때 **그 각 규정을 위반하여 담보가등기에 기한 본등기가 이루어진 경우에는 그 본등기는 무효**라고 할 것이고, 설령 그와 같은 본등기가 가등기권리자와 채무자 사이에 이루어진 **특약에 의하여 이루어졌다고 할지라도 만일 그 특약이 채무자에게 불리한 것으로서 무효라고 한다면 그 본등기는 여전히 무효**일 뿐, 이른바 **약한 의미의 양도담보로서 담보의 목적 내에서는 유효하다고 할 것이 아니고**, 다만 가등기권리자가 가등기담보등에관한법률 제3조, 제4조에 정한 절차에 따라 청산금의 평가액을 채무자 등에게 통지한 후 채무자에게 정당한 청산금을 지급하거나 지급할 청산금이 없는 경우에는 채무자가 그 통지를 받은 날로부터 2월의 청산기간이 경과하면 위 무효인 본등기는 실체적 법률관계에 부합하는 유효한 등기가 될 수 있다』(대판 2002. 12. 10, 2002다42001).

정답 - X

19 **만약 甲, 乙, 丙 3자의 합의에 의해 丙의 명의로 가등기를 한 경우, 비록 丙에게 채권이 실질적으로 귀속되었더라도 이는 담보물권의 부종성에 반하며 실권리자 아닌 자 명의의 등기로서 효력이 없다.**

해설 통설과 판례는 '담보물권의 성립상 부종성'을 완화하여 ① 채권자와 채무자 및 제3자 사이에 합의가 있고, ② 제3자에게 그 채권이 실질적으로 귀속되었다고 볼 수 있는 특별한 사정이 있다면, 제3자 명의의 담보물권(저당권, 전세권, 담보가등기 등)도 유효하다고 한다. 『채권담보의 목적으로 채무자 소유의 부동산을 담보로 제공하여 저당권을 설정하는 경우에는 담보물권의 부종성의 법리에 비추어 원칙적으로 채권과 저당권이 그 주체를 달리할 수 없는 것이지만, **채권자 아닌 제3자의 명의로 저당권등기를 하는 데 대하여 채권자와 채무자 및 제3자 사이에 합의가 있었고, 나아가 제3자에게 그 채권이 실질적으로 귀속되었다고 볼 수 있는 특별한 사정**이 있거나, 거래경위에 비추어 제3자의 저당권등기가 한낱 명목에 그치는 것이 아니라 그 제3자도 채무자로부터 유효하게 채권을 변제받을 수 있고 채무자도 채권자나 저당권 명의자인 제3자 중 누구에게든 채무를 유효하게 변제할 수 있는 관계, 즉 **묵시적으로 채권자와 제3자가 불가분적 채권자의 관계에 있다고 볼 수 있는 경우에는, 그 제3자 명의의 저당권등기도 유효하다고 볼 것인바, 이러한 법리는 저당권의 경우뿐 아니라 채권 담보를 목적으로 가등기를 하는 경우에도 마찬가지로 적용된다고 보아야 할 것이고, 이러한 법리가 부동산실권리자명의등기에관한법률에 규정된 명의신탁약정의 금지에 위반된다고 할 것은 아니다**』(대판 2000. 12. 12, 2000다49879).

정답 - X

20 **만약 위 계약 당시 이미 X 위에 乙의 丁에 대한 3억 원의 채무를 담보하는 저당권이 설정되어 있었다면, 甲이 청산절차를 거치지 않았다는 이유만으로 가등기에 기한 본등기가 무효인 것은 아니다.**

해설 판례에 따르면 가담법 제1조의 '부동산의 예약당시의 가액'을 정함에 있어 차주의 재산에 선순위 근저당권이 설정되어 있는 경우에는 위 피담보채무액을 공제한 가액을 위 법조 소정의 재산가액으로 보는 것이 타당하다고 한다. 따라서 **담보목적물인 X부동산의 예약당시의 가액인 시가 4억 원에서 선순위 저당권자 丁의 피담보채권액 3억 원을 공제한 1억 원을 가담법 제1조의 '부동산의 예약당시의 가액'으로 보아야 한다.** 그러므로 부동산의 예약당시의 가액이 1억원이 되어 담보가등기의 피담보채권액 1억 5천만 원에 미치지 못하게 되어 가담법이 적용되지 않는다. 그렇다면 청산절차를 거치지 않더라도 가등기에 기한 본등기가 무효인 것은 아니다. 『가등기담보 등에 관한 법률은 재산권 이전의 예약에 의한 가등기담보에 있어서 재산의 예약 당시의 가액이 차용액 및 이에 붙인 이자의 합산액을 초과하는 경우에 적용되는바, **재산권 이전의 예약 당시 재산에 대하여 선순위 근저당권이 설정되어 있는 경우에는 재산의 가액에서 피담보채무액을 공제한 나머지 가액이 차용액 및 이에 붙인 이자의 합산액을 초과하는 경우에만 적용된다. 가등기담보 등에 관한 법률이 적용되지 않는 경우**에도 채권자가 채권담보의 목적으로 부동산에 가등기를 경료하였다가 그 후 변제기까지 변제를 받지 못하여 위 **가등기에 기한 소유권이전의 본등기를 경료한 경우**에는, 당사자들 사이에 채무자가 변제기에 피담보채무를 변제하지 아니하면 채권채무관계는 소멸하고 부동산의 소유권이 확정적으로 채권자에게 귀속된다는 명시의 특약이 없는 한, 그 본등기도 채권담보의 목적으로 경료된 것으로서 **정산절차를 예정하고 있는 이른바 '약한 의미의 양도담보'가 된다.** 그리고 이와 같이 약한 의미의 양도담보가 된 경우에는 채무의 변제기가 도과한 후에도 채권자가 담보권을 실행하여 **정산절차를 마치기 전에는 채무자는 언제든지 채무를 변제하고 채권자에게 위 가등기 및 그 가등기에 기한 본등기의 말소를 청구할 수 있다**』(대판 2006. 8. 24, 2005다61140).

정답 - O

사례 [21~24]

甲이 乙에 대한 금전채무를 담보하기 위하여 점유개정의 방법으로 자신의 소유인 공장기계를 乙에게 양도하고, 그 후 甲이 丙에 대한 금전채무를 담보하기 위하여 점유개정의 방법으로 다시 그 기계를 丙에게 양도하였다. 다음 설명이 타당한가?(다툼이 있는 경우에는 판례에 의함)

변호사시험 제3회

21 甲과 乙 사이의 대내적 관계에서 위 기계의 소유권은 乙에게 있다.

해설 **판례는 동산양도담보의 경우 가등기담보 등에 관한 법률의 시행 전후를 불문하고 신탁적 소유권이전설의 입장**이다. 즉 『동산에 관하여 양도담보계약이 이루어지고 양도담보권자가 점유개정의 방법으로 인도를 받았다면 그 청산절차를 마치기 전이라 하더라도 담보목적물에 대한 사용수익권은 없지만 제3자에 대한 관계에 있어서는 그 물건의 소유자임을 주장하고 그 권리를 행사할 수 있다』(대판 1994. 8. 26, 93다44739)고 판시하거나, 『금전채무를 담보하기 위하여 채무자가 그 소유의 동산을 채권자에게 양도하되 점유개정에 의하여 채무자가 이를 계속 점유하기로 한 경우, **특별한 사정이 없는 한 동산의 소유권은 신탁적으로 이전됨에 불과하여 채권자와 채무자 사이의 대내적 관계에서 채무자는 의연히 소유권을 보유하나 대외적인 관계에 있어서 채무자는 동산의 소유권을 이미 채권자에게 양도한 무권리자가 된다**』(대판 2004. 10. 28, 2003다30463)고 판시하고 있다.

→ 따라서 甲과 乙 사이의 대내적 관계에서 위 기계의 소유권은 양도담보권자인 乙에게 있다.

정답 - X

22 甲이 위 기계에 대한 점유를 잃으면, 乙 역시 그에 대한 양도담보권을 상실한다.

해설 양도담보가 설정되면 **대외적인 관계에서 소유권이 양도담보권자에게 넘어간다**. 가령 점유개정의 방법으로 **양도담보를 설정한 후**에 **양도담보권자나 양도담보설정자가 그 동산에 대한 점유를 상실**하더라도 **그 양도담보의 효력에는 아무런 영향이 없다**(대판 2000. 6. 23, 99다65066).

정답 - X

23 丙은 양도담보권을 선의취득한다.

해설 『금전채무를 담보하기 위하여 채무자가 그 소유의 동산을 채권자에게 양도하되 점유개정에 의하여 채무자가 이를 계속 점유하기로 한 경우 특별한 사정이 없는 한 동산의 소유권은 신탁적으로 이전됨에 불과하여 채권자와 채무자 사이의 대내적 관계에서 채무자는 의연히 소유권을 보유하나 대외적인 관계에 있어서 채무자는 동산의 소유권을 이미 채권자에게 양도한 무권리자가 되는 것이어서 다시 다른 채권자와의 사이에 양도담보 설정계약을 체결하고 **점유개정의 방법으로 인도를 하더라도 선의취득이 인정되지 않는 한 나중에 설정계약을 체결한 채권자는 양도담보권을 취득할 수 없는데, 현실의 인도가 아닌 점유개정으로는 선의취득이 인정되지 아니하므로, 결국 뒤의 채권자는 양도담보권을 취득할 수 없다**』(대판 2004. 10. 28, 2003다30463). 그러나 점유개정에 의한 선의취득이 부정된다고 하여, 그것을 종국적인 것으로 볼 것은 아니다. 즉, 그 후에 다른 인도방법(현실인도 또는 반환청구권의 양도)을 갖추면, 선의취득을 부정할 것은 아니다. 다만 이러한 경우에 다른 인도방법을 갖출 때(점유개정시 아님) 특히 선의·무과실의 요건이 구비되어야 한다.

→ 따라서 다른 특별한 사정이 없는 한 점유개정에 따라 점유하고 있는 丙은 양도담보권을 선의취득할 수 없다.

정답 - X

24 **丙이 乙에게 양도담보권이 있다는 사실을 알면서 甲으로부터 위 기계를 현실인도받아 제3자에게 처분함으로써 乙의 담보권실행을 방해하는 행위는 위법하여 손해배상청구의 대상이 된다.**

(해설) 『동산에 대하여 점유개정의 방법으로 이중양도담보를 설정한 경우 원래의 양도담보권자는 뒤의 양도담보권자에 대하여 배타적으로 자기의 담보권을 주장할 수 있으므로, **뒤의 양도담보권자가 양도담보의 목적물을 처분함으로써 원래의 양도담보권자로 하여금 양도담보권을 실행할 수 없도록 하는 행위**는, 이중양도담보 설정행위가 횡령죄나 배임죄를 구성하는지 여부나 뒤의 양도담보권자가 이중양도담보 설정행위에 적극적으로 가담하였는지 여부와 관계없이, **원래의 양도담보권자의 양도담보권을 침해하는 위법한 행위**이다』(대판 2000. 6. 23, 99다65066).

→ 악의가 있어 공장기계에 대한 양도담보권을 취득하지 못한 제2양도담보권자 丙이 양도담보권을 실행하여 공장기계를 인도받은 후 제3자에게 처분한 경우에는 그 제3자가 공장기계를 선의취득할 수 있다. 이 경우에는 반사적으로 제1양도담보권자 乙의 적법, 유효한 양도담보권이 소멸하게 되므로, 제2양도담보권자 丙은 제1양도담보권자 乙에게 불법행위로 인한 손해배상책임을 진다. 정답 – ○

사례

甲은 건축업자 乙에게 건축자재 1톤을 매도하여 이를 인도하면서 대금은 6개월 후에 지급받기로 하였다. 다음 설명이 타당한가? (다툼이 있는 경우에는 판례에 의함)

변호사시험 제2회

25 **乙이 위 건축자재대금이 전혀 지급되지 아니한 사실을 잘 알고 있는 丁에게 건축자재를 양도담보로 제공하였는데 乙의 채권자가 건축자재를 압류하는 경우, 丁은 제3자이의의 소를 제기할 수 있다.**

(해설) 『동산에 관하여 양도담보계약이 이루어지고 양도담보권자가 점유개정의 방법으로 인도를 받았다면 그 청산절차를 마치기 전이라 하더라도 담보목적물에 대한 사용수익권은 없지만 **제3자에 대한 관계에 있어서는 그 물건의 소유자임을 주장하고 그 권리를 행사할 수 있다**』(대판 1994. 8. 26, 93다44739). 따라서 동산양도담보권자 丁은 건축자재의 소유권을 취득하고, 乙의 채권자가 건축자재를 압류하는 경우에 제3자이의의 소를 제기할 수 있다. 정답 – ○

사례 【26~28】

甲은 乙로부터 금전을 차용하면서 만약 변제기에 채무를 변제하지 못하면 甲 소유인 X 토지에 관한 소유권을 乙에게 이전하기로 약정하고, 이를 담보하기 위하여 X 토지에 관하여 乙 명의로 가등기를 경료하여 주었다. 위 약정 당시 X 토지의 시가는 채무 원리금액을 훨씬 초과하였다. 이에 관한 설명이 타당한가? (각 지문은 독립적이며, 다툼이 있는 경우 판례에 의함) 변호사시험 제7회

26 변제기에 甲이 채무원리금을 변제하고자 하였으나 乙이 수령을 거부하자 甲이 가등기 말소에 필요한 서류 일체의 교부를 반대급부로 하여 그때까지의 채무원리금을 변제공탁 하였다면 이 공탁은 적법하다.

해설 『채무의 담보를 위하여 가등기 및 그 가등기에 기한 본등기가 경료된 경우에 채권자는 그 채무변제를 받기 전 또는 받음과 교환으로 그 담보로 된 가등기 및 그 가등기에 기한 본등기를 말소하여야 할 의무는 없다고 할 것이므로, **채권자인 원고가 선급부 또는 동시이행의 의무가 없는데도 채무의 대위변제자가 변제공탁을 함에 있어서 가등기 및 본등기의 말소를 반대급부의 내용으로 하였음은 채무의 본지에 따른 것이라 할 수 없고 원고가 이를 수령하지 않는 한 변제공탁은 채무변제의 효력이 없다** 할 것이다』(대판 1982. 12. 14, 82다카1321,1322).

정답 – X

27 가등기 설정 당시, 이행지체가 발생하는 경우 청산절차 없이 가등기에 기한 본등기를 경료하기로 특약을 맺었는데, 그 후 이행지체가 발생하자 乙은 위 특약에 따라 X 토지에 관하여 乙 앞으로 위 가등기에 기한 소유권이전등기를 경료하였다. 이 경우 乙은 X 토지의 소유권을 취득한 것이 아니지만 이 소유권이전등기는 약한 의미의 양도담보로서의 효력을 갖는다.

해설 『가등기담보등에관한법률 제3조, 제4조의 각 규정에 비추어 볼 때 그 각 규정을 위반하여 담보가등기에 기한 본등기가 이루어진 경우에는 그 본등기는 무효라고 할 것이고, 설령 그와 같은 **본등기가 가등기권리자와 채무자 사이에 이루어진 특약에 의하여 이루어졌다고 할지라도** 만일 그 특약이 채무자에게 불리한 것으로서 무효라고 한다면 그 본등기는 여전히 무효일 뿐, **이른바 약한 의미의 양도담보로서 담보의 목적 내에서는 유효하다고 할 것이 아니고,** 다만 가등기권리자가 가등기담보등에관한법률 제3조, 제4조에 정한 절차에 따라 청산금의 평가액을 채무자 등에게 통지한 후 채무자에게 정당한 청산금을 지급하거나 지급할 청산금이 없는 경우에는 채무자가 그 통지를 받은 날로부터 2월의 청산기간이 경과하면 위 무효인 본등기는 실체적 법률관계에 부합하는 유효한 등기가 될 수 있다』(대판 2002. 12. 10, 2002다42001).

정답 – X

28 **甲이 채무원리금의 지급을 지체하는 경우 乙은 X 토지에 관하여 담보권 실행을 위한 경매를 신청할 수 있다.**

해설

〔**제12조(경매의 청구)**〕 ① 담보가등기권리자는 그 선택에 따라 제3조에 따른 담보권을 실행하거나 담보목적부동산의 경매를 청구할 수 있다. 이 경우 경매에 관하여는 담보가등기권리를 저당권으로 본다.

정답 - O

제3편
채권총론

제1장 서 론
제2장 채권의 목적
제3장 채권의 효력
제4장 채권자치제
제5장 제3자에 의한 채권침해
제6장 책임재산의 보전
제7장 다수당사자의 채권관계
제8장 채권양도와 채무인수
제9장 채권의 소멸

제1장 서 론

1 **상가 내 특정 점포의 분양계약에서 분양자가 수분양자들에 대하여 부담하는 분양 점포에 관한 소유권이전등기의무와 상가 총면적 중 분양 점포면적에 해당하는 비율의 대지 지분에 관한 소유권이전등기의무 중 분양 점포에 관한 소유권이전등기의무의 이행이 불능에 이르렀더라도 그 대지 지분에 관한 소유권이전등기의무의 이행이 가능하다면, 수분양자들은 분양자에 대하여 위 대지 지분에 관한 소유권이전등기 절차의 이행을 구할 수 있다.** 변호사시험 제2회

해설 『장래에 건축될 집합건물인 상가 내의 특정 점포를 분양받기로 하는 계약에 있어서는 분양자인 피고가 피분양자들에 대하여 부담하는 분양 점포에 관한 소유권이전등기 의무와 상가 총면적 중 분양 점포면적에 해당하는 비율의 대지 지분에 관한 소유권이전등기 의무는 불가분의 관계에 있어 분양 점포에 관한 소유권이전등기의무의 이행이 불능에 이르렀다면 **그 대지 지분에 관한 소유권이전등기 의무의 이행이 가능하다고 하더라도 그 이행만으로는 피분양자들이 최초분양계약 당시 의욕하였던 계약의 목적을 달성할 수는 없는 것**이라고 할 것이고, 따라서 **피고의 원고들에 대한 이 사건 분양계약상의 채무는 전부 이행불능 상태에 이르렀다**고 볼 것이므로 **원고들로서는 피고에 대하여 위 대지 지분에 관한 소유권이전등기 절차의 이행만을 구할 수는 없다**』(대판 1995. 7. 25, 95다5929). 정답 – X

2 **업종을 지정하여 상가를 분양한 경우, 수분양자가 경업금지의 약정을 위배하면 분양자는 그 분양계약을 해제하는 등의 조치를 취함으로써 그 기존 점포의 상인들의 영업권이 실질적으로 보호되도록 최선을 다하여야 할 의무를 부담한다.** 변호사시험 제2회

해설 『주택조합이 상가 일부 층의 수분양자들과의 사이에 장차 나머지 층을 분양함에 있어 상가 내의 기존 업종과 중복되지 아니하는 **업종을 지정하여 분양하여 기존의 영업권을 보호하겠다고 한 약정의 의미**는, 주택조합이 상가 일부에 관한 분양계약을 체결함에 있어 단순히 그 수분양자에 대하여 상가 내의 기존 점포의 업종과 다른 영업을 할 것을 구두로 고지하는 정도에 그치지 아니하고, 나아가 그 경업금지를 분양계약의 내용으로 하여 만약 분양계약 체결 이후라도 **수분양자가 경업금지의 약정을 위배하는 경우에는 그 분양계약을 해제하는 등의 조치를 취함으로써 그 기존 점포의 상인들의 영업권이 실질적으로 보호되도록 최선을 다하여야 할 의무를 부담한다는 것**이다』(대판 1995. 9. 5, 94다30867). 정답 – O

3 **업종을 지정하여 상가를 분양한 경우, 분양자의 수분양자에 대한 분양계약상의 의무는 전체 수분양자의 영업권을 실질적으로 보호하기 위한 것이므로, 분양자가 상가의 활성화를 위하여 업종의 일부를 변경하고 매장의 위치를 재조정하여 상가의 구성을 변경한 경우에는 그로 인하여 기존의 영업상 이익을 침해받을 처지에 있지 아니한 수분양자에 대하여도 의무를 위반한 것이다.** 변호사시험 제2회

해설 『대규모 상가를 분양할 경우에 분양자가 수분양자들에게 특정 영업을 정하여 분양하는 이유는 수분양자들이 해당 업종을 독점적으로 운영하도록 보장하는 한편 상가 내의 업종 분포와 업종별 점포 위치를 고려하여 상가를 구성함으로써 적절한 상권이 형성되도록 하고 이를 통하여 분양을 활성화하기 위한 것이고, 수분양자들로서도 해당 업종에 관한 영업이 보장된다는 전제 아래 분양회사와 계약을 체결한 것이므로, 지정업종에 관한 경업금지의무는 수분양자들에게만 적용되는 것이 아니라 분양자에게도 적용된다. 이 경우 분양자의 수분양자에 대한 의무는 수분양자의 영업권을 실질적으로 보호하기 위한 것이므로, **비록 분양자가 상가의 활성화를 위하여 업종의 일부를 변경하고 매장의 위치를 재조정하여 상가의 구성을 변경한다고 하더라도, 그로 인하여 기존의 영업상 이익을 침해받을 처지에 있지 아니한 수분양자에 대하여는 의무를 위반한 것이 아니다**』(대판 2008. 5. 29, 2005다25151).

정답 - X

4 **업종을 지정하여 상가를 분양한 경우, 지정업종에 대한 경업금지의무는 수분양자들에게 적용되는 것이고, 이해를 조정할 위치에 있는 분양자에게는 적용되지 않는다.** 변호사시험 제2회

해설 『상가 분양회사가 수분양자에게 특정영업을 정하여 분양한 이유는 수분양자에게 그 업종을 독점적으로 운영하도록 보장함으로써 이를 통하여 분양을 활성화하기 위한 것이고, 수분양자들 역시 지정품목이 보장된다는 전제 아래 분양회사와 계약을 체결한 것이므로, **지정업종에 대한 경업금지의무는 수분양자들에게만 적용되는 것이 아니라 분양회사에게도 적용**되어 분양회사 역시 상가활성화를 저해하지 않는 범위 내에서만 다른 수분양자들의 업종변경을 승인할 의무가 있을 뿐 그 개점을 자유롭게 승인할 수 있는 것으로 해석할 수는 없다』(대판 2005. 7. 14, 2004다67011).

정답 - X

제2장 채권의 목적

1 **외화채권을 채무자가 우리나라 통화로 변제할 경우, 이행기가 아니라 현실로 이행하는 때의 외국환 시세에 의하여 환산한 우리나라 통화로 변제하여야 한다.** 변호사시험 제5회

해설 채권액이 외국통화로 지정된 금전채권인 외화채권을 채무자가 우리나라 통화로 변제할 경우, 민법 제378조가 그 환산시기에 관하여 외화채권에 관한 민법 제376조, 제377조 제2항의 '변제기'라는 표현과는 다르게 '지급할 때'라고 규정한 취지에 비추어 볼 때, 그 환산시기는 이행기가 아니라 **현실로 이행하는 때, 즉 현실이행 시의 외국환 시세에 의하여 환산한 우리나라 통화로 변제하여야 한다**고 풀이함이 타당하다(대판 2012. 10. 25, 2009다77754). 정답 - O

2 **채권자가 외화채권을 대용급부의 권리를 행사하여 우리나라 통화로 환산하여 청구하는 경우, 제1심 법원은 그 변론종결 당시를 기준으로 채권액을 환산한 금액에 대하여 이행을 명해야 하고, 제1심 판결에 대하여 채무자만 항소한 경우, 채무자의 항소이유나 주장이 이유 없다면 항소심 법원은 항소심 변론종결 당시의 외국환시세를 기준으로 채권액을 다시 환산할 필요는 없다.** 변호사시험 제5회

해설 채권액이 외국통화로 지정된 금전채권인 외화채권을 채권자가 대용급부의 권리를 행사하여 우리나라 통화로 환산하여 청구하는 경우 법원이 채무자에게 그 이행을 명함에 있어서는 채무자가 현실로 이행할 때에 가장 가까운 **사실심 변론종결 당시의 외국환시세를 우리나라 통화로 환산하는 기준시**로 삼아야 하고, 그와 같은 제1심 이행판결에 대하여 채무자만이 불복·항소한 경우, **항소심은 속심**이므로 채무자가 항소이유로 삼거나 심리 과정에서 내세운 주장이 이유 없다고 하더라도 법원으로서는 **항소심 변론종결 당시의 외국환시세를 기준으로 채권액을 다시 환산**해 본 후 불이익변경금지 원칙에 반하지 않는 한 채무자의 항소를 일부 인용하여야 한다(대판 2007.4. 12, 2006다72765). 정답 - X

3 **집행법원이 경매절차에서 외화채권자에 대하여 배당을 할 때에는 특별한 사정이 없는 한 배당기일 당시의 외국환시세를 우리나라 통화로 환산하는 기준으로 삼아야 한다.** 변호사시험 제5회

해설 채권액이 외국통화로 정해진 금전채권인 외화채권을 채무자가 우리나라 통화로 변제하는 경우에 그 환산시기는 이행기가 아니라 현실로 이행하는 때, 즉 현실이행 시의 외국환시세에 의하여 환산한 우리나라 통화로 변제하여야 하고, 이와 같은 법리는 외화채권자가 경매절차를 통하여 변제를 받는 경우에도 동일하게 적용되어야 할 것이므로, 집행법원이 경매절차에서 외화채권자에 대하여 배당을 할 때에는 특별한 사정이 없는 한 **배당기일 당시의 외국환시세를 우리나라 통화로 환산하는 기준으로 삼아야 한다**(대판 2011. 4. 14, 2010다103642). 정답 - O

4 **우리나라 통화를 외화채권에 변제충당할 때 특별한 사정이 없는 한 현실로 변제충당할 당시의 외국환시세에 의하여 환산하여야 한다.** 변호사시험 제5회

해설 채권액이 외국통화로 지정된 금전채권인 외화채권을 채권자가 대용급부의 권리를 행사하여 우리나라 통화로 환산하여 청구하는 경우 법원이 채무자에게 그 이행을 명함에 있어서는 채무자가 **현실로 이행할 때에 가장 가까운 사실심 변론종결 당시의 외국환시세를 우리나라 통화로 환산하는 기준시로 삼아야 한다**(대판 2007. 7. 12, 2007다13640). 정답 - ○

5 **채무불이행으로 인한 손해배상을 규정하고 있는 민법 제394조는 다른 의사표시가 없는 한 손해는 금전으로 배상하여야 한다고 규정하고 있는데, 위 법조 소정의 금전이라 함은 우리나라의 통화를 가리키는 것이어서 채무불이행으로 인한 손해배상을 구하는 채권은 당사자가 외국통화로 지급하기로 약정하였다는 등의 특별한 사정이 없는 한 채권액이 외국통화로 지정된 외화채권이라고 할 수 없다.** 변호사시험 제5회

해설 채무불이행으로 인한 손해배상을 규정하고 있는 민법 제394조는 다른 의사표시가 없는 한 금전으로 배상하여야 한다고 규정하고 있는바, 위 법조 소정의 금전이라 함은 우리나라의 통화를 가리키는 것이어서 채무불이행으로 인한 손해배상을 구하는 채권은 당사자가 외국통화로 지급하기로 약정하였다는 등의 특별한 사정이 없는 한 **채권액이 외국통화로 지정된 외화채권이라고 할 수 없다 는 것이 대법원의 확립된 판례**이다(대판 1995. 9. 15, 94다61120; 대판 1997. 5. 9, 96다48688; 대판 2005. 7. 28, 2003다12083 등 참조). 정답 - ○

사례 【6~10】

甲은 乙에게 乙이 생산한 참외 100상자를 주문하였고, 대금은 100만 원으로 정하였다. 甲과 乙은 품질이나 이행지에 관하여는 달리 약정을 하지 않았다. 乙은 丙에게 자신이 생산한 참외 중에서 100상자를 甲의 주소지로 운송해 줄 것을 부탁하였다. 이에 관한 설명 중 옳지 않은 것은? 변호사시험 제6회

6 **乙은 자신이 생산한 참외 중 중등품 100상자를 甲의 주소지에서 인도하여야 한다.**

해설

> 〔제375조(종류채권)〕 ① 채권의 목적을 종류로만 지정한 경우에 **법률행위의 성질이나 당사자의 의사에 의하여 품질을 정할 수 없는 때에는** 채무자는 **중등품질**의 물건으로 이행하여야 한다.
> 〔제467조(변제의 장소)〕 ① **채무의 성질 또는 당사자의 의사표시로 변제장소를 정하지 아니한 때에는** 특정물의 인도는 채권성립당시에 그 물건이 있던 장소에서 하여야 한다. ② 전항의 경우에 **특정물인도 이외의 채무변제는 채권자의 현주소**에서 하여야 한다. 그러나 영업에 관한 채무의 변제는 채권자의 현영업소에서 하여야 한다.

→ 乙이 생산한 참외를 특정없이 100상자 주문했으므로 甲의 채권은 종류채권에 해당한다. 따라서, 품질이나 이행지에 관해 합의가 없는 경우로 민법 제375조 제1항에 따라 중등품질을, 동법 제467조 제2항에 따라 채권자인 甲의 주소지에서 이행하여야 한다. 정답 - O

7 **丙이 위 참외를 트럭에 싣고 甲의 주소지로 가던 중 丙의 과실 없이 사고를 당하여 참외가 모두 파손된 경우, 乙은 자신이 생산한 다른 참외가 있더라도 참외 100상자를 다시 인도할 필요가 없다.**

해설

> 〔제375조(종류채권)〕 ① 채권의 목적을 종류로만 지정한 경우에 법률행위의 성질이나 당사자의 의사에 의하여 품질을 정할 수 없는 때에는 채무자는 중등품질의 물건으로 이행하여야 한다. ② 전항의 경우에 **채무자가 이행에 필요한 행위를 완료하거나 채권자의 동의를 얻어 이행할 물건을 지정한 때에는 그때로부터 그 물건을 채권의 목적물로 한다.**

→ 종류채권의 목적물이 특정된 경우 특정물 채권과 같이 취급될 수 있다. 그러나, 이행지는 甲의 주소지이므로 이행에 필요한 행위를 완료했다고 볼 수 없고, 甲의 동의로 물건을 지정한 경우도 아니므로 지문은 목적물이 특정되지 않았다. 乙이 달리 채무를 면할 사정이 없으므로, 참외 100상자를 다시 인도할 필요가 있다. 정답 - X

8 **丙이 참외 100상자를 싣고 이행일시에 甲의 주소지에 도착하여 甲에게 적법한 이행제공을 하였으나 甲이 수령을 거절하는 바람에 丙이 되돌아 가다가 그의 과실 없이 교통사고를 당하여 참외가 멸실된 경우, 乙의 위 참외 인도채무는 소멸한다.**

해설 민법 제375조 제2항에 따라 적법한 이행제공으로 채권의 목적물이 특정되었는데, 丙의 과실 없이 목적물이 멸실되었으므로 위험부담이 문제된다. 특정된 목적물의 인도불능으로 인하여 인도채무는 소멸한다. 즉, 급부위험은 채권자가 부담한다. 정답 - O

9 **위 「8번문제」의 경우에 乙은 甲에게 위 참외대금의 지급을 청구할 수 있다.**

해설

〔**제537조(채무자위험부담주의)**〕 쌍무계약의 당사자 일방의 채무가 당사자쌍방의 책임없는 사유로 이행할 수 없게 된 때에는 채무자는 상대방의 이행을 청구하지 못한다.
〔**제538조(채권자귀책사유로 인한 이행불능)**〕 ① 쌍무계약의 당사자 일방의 채무가 채권자의 책임있는 사유로 이행할 수 없게 된 때에는 **채무자는 상대방의 이행을 청구할 수 있다. 채권자의 수령지체 중에 당사자쌍방의 책임없는 사유로 이행할 수 없게 된 때에도 같다.**

→ 대가위험은 채무자부담주의가 원칙이다(민법 제537조). 하지만, 채권자에게 귀책이 있는 경우 예외적으로 채권자가 대가위험을 부담한다(민법 제538조). 지문에서 적법한 이행제공을 甲이 거절하여 수령지체가 성립한다. 丙의 과실 없이 참외가 모두 파손되었으므로, 민법 제538조 제1항 단서에 따라 乙은 참외대금을 청구할 수 있다. 정답 – O

10 **배달된 참외 중의 일부가 배달 중에 파손되었음을 발견한 甲은 乙에게 다시 하자 없는 참외로 급부해 줄 것을 청구할 수 있다.**

해설

〔**제581조(종류매매와 매도인의 담보책임)**〕 ① **매매의 목적물을 종류로 지정한 경우에도** 그 후 특정된 목적물에 하자가 있는 때에는 전조의 규정을 준용한다. ② 전항의 경우에 매수인은 계약의 해제 또는 손해배상의 청구를 하지 아니하고 **하자없는 물건을 청구할 수 있다.**

→ 민법은 목적물의 하자에 대한 담보책임으로 종류매매의 경우 완전물급부청구권을 규정하고 있다. 정답 – O

제3장 채권의 효력

1 **매수인이 매도인으로부터 물품을 공급받은 다음 그들 사이의 물품대금 지급방법에 관한 약정에 따라 그 대금의 지급을 위하여 매도인에게 지급기일이 물품 공급일자 이후로 된 약속어음을 발행·교부한 경우 물품대금 지급채무의 이행기는 그 약속어음의 지급기일이지만, 예외적으로 그 약속어음이 발행인의 지급정지의 사유로 그 지급기일 이전에 지급거절된 때에는 그때 위 물품대금 지급채무의 이행기가 도달한다.** 변호사시험 제5회

해설 『매수인이 매도인으로부터 물품을 공급받은 다음 그들 사이의 물품대금 지급방법에 관한 약정에 따라 대금의 지급을 위하여 물품 매도인에게 지급기일이 물품공급일자 이후로 된 약속어음을 발행·교부한 경우, 물품대금 지급채무의 이행기는 다른 특별한 사정이 없는 한 약속어음의 지급기일이고, 위 약속어음이 발행인에게 발생한 지급정지사유로 지급기일이 도래하기 전에 지급거절되었더라도 지급거절된 때에 물품대금 지급채무의 이행기가 도래하는 것은 아니다』(대판 2014. 6. 26, 2011다101599). 정답 - X

2 **이행기의 정함이 없는 채권을 양수받은 채권양수인이 채무자를 상대로 이행청구를 하면 그 다음 날부터 이행지체 책임이 발생하며, 이는 채무자에 대한 지명채권 양도의 통지가 이행청구 이후에 도달한 경우에도 동일하다.** 변호사시험 제5회

해설 『채무에 이행기의 정함이 없는 경우에는 채무자가 이행의 청구를 받은 다음 날부터 이행지체의 책임을 지는 것이나, 한편 지명채권이 양도된 경우 채무자에 대한 대항요건이 갖추어질 때까지 채권양수인은 채무자에게 대항할 수 없으므로, 이행기의 정함이 없는 채권을 양수한 채권양수인이 채무자를 상대로 그 이행을 구하는 소를 제기하고 소송계속 중 채무자에 대한 채권양도통지가 이루어진 경우에는 특별한 사정이 없는 한 채무자는 채권양도통지가 도달된 다음 날부터 이행지체의 책임을 진다』(대판 2014. 4. 10, 2012다29557). 정답 - X

3 **乙이 甲에게 기존 매매대금 채무의 이행확보를 위해 약속어음을 발행한 경우 약정된 매매대금채무의 변제기가 도과하더라도 甲이 乙에게 위 약속어음을 반환하지 않는 이상 원칙적으로 이행지체가 발생하지 않는다.** 변호사시험 제5회

해설 『채무자가 어음의 반환이 없음을 이유로 원인채무의 변제를 거절할 수 있는 것은 채무자로 하여금 무조건적인 원인채무의 이행으로 인한 이중지급의 위험을 면하게 하려는 데에 그 목적이 있는 것이지, 기존의 원인채권에 터잡은 이행청구권과 상대방의 어음 반환청구권이 민법 제536조에 정하는 쌍무계약상의 채권채무관계나 그와 유사한 대가관계가 있어서 그러는 것은 아니므로, 원인채무 이행의무와 어음 반환의무가 동시이행의 관계에 있

다 하더라도 이는 어음의 반환과 상환으로 하지 아니하면 지급을 할 필요가 없으므로 이를 거절할 수 있다는 것을 의미하는 것에 지나지 아니하는 것이며, 따라서 채무자가 어음의 반환이 없음을 이유로 원인채무의 변제를 거절할 수 있는 권능을 가진다고 하여 **채권자가 어음의 반환을 제공하지 아니하면 채무자에게 적법한 이행의 최고를 할 수 없다고 할 수는 없고, 채무자는 원인채무의 이행기를 도과하면 원칙적으로 이행지체의 책임을 진다**』(대판 1999. 7. 9, 98다47542).

정답 - X

4 **甲의 乙에 대한 매매대금채권의 지급을 금지하는 채권가압류 명령이 乙에게 송달되었다면 그 매매대금채권의 변제기가 도래하더라도 乙은 이행지체 책임을 면한다.** 변호사시험 제5회

해설 『채권의 가압류는 제3채무자에 대하여 **채무자에게 지급하는 것을 금지하는 데 그칠 뿐 채무 그 자체를 면하게 하는 것이 아니고**, 가압류가 있다 하여도 그 채권의 이행기가 도래한 때에는 제3채무자는 그 지체책임을 면할 수 없다고 보아야 할 것이다』(대판 1994. 12. 13, 93다951).

정답 - X

5 **특정물의 매매에 있어서 매수인의 대금지급채무가 이행지체에 빠졌다 하더라도 그 목적물의 인도가 이루어지지 아니하는 한 매도인은 매수인의 대금지급채무의 이행지체를 이유로 매매대금의 이자 상당액의 손해배상청구를 할 수 없다.** 변호사시험 제5회

해설 『특정물의 매매에 있어서 **그 목적물이 매수인에게 인도되지 아니하였으면** 매수인이 대금지급을 지체하여도 매도인은 매수인에게 동인도가 이루어지기 이전의 기간 동안의 **목적물의 관리보존비의 상환이나 매매대금의 이자상당액의 손해배상청구를 할 수 없다**』(대판 1981. 5. 26, 80다211).

정답 - O

6 **채무자가 이행거절의 의사를 명백히 표시하여 채권자가 최고 없이 이행에 갈음하는 손해배상을 청구할 수 있는 경우, 그 손해액의 산정은 청구 당시의 급부목적물의 시가를 표준으로 해야 한다.** 변호사시험 제6회

해설 『이행지체에 의한 전보배상에 있어서의 손해액 산정은 본래의 의무이행을 최고한 후 상당한 기간이 경과한 당시의 시가를 표준으로 하고, 이행불능으로 인한 전보배상액은 이행불능 당시의 시가 상당액을 표준으로 할 것인바, 채무자의 이행거절로 인한 채무불이행에서의 손해액 산정은, 채무자가 **이행거절의 의사를 명백히 표시하여 최고 없이 계약의 해제나 손해배상을 청구할 수 있는 경우에는 이행거절 당시의 급부목적물의 시가를 표준으로 해야 한다**』(대판 2007. 9. 20, 2005다63337).

정답 - O

7 **甲은 乙로부터 건물신축공사를 도급받아 X 건물을 완공하였다. 甲 자신이 직접 X 건물을 완공해야 하는 것은 아니므로, 특별한 사정이 없는 한, 이행대행자 丙을 사용하였더라도 乙에 대한 채무불이행은 아니다.** 변호사시험 제5회

해설 『공사도급계약에 있어서 당사자 사이에 특약이 있거나 일의 성질상 수급인 자신이 하지 않으면 채무의 본지에 따른 이행이 될 수 없다는 등의 특별한 사정이 없는 한 반드시 수급인 자신이 직접 일을 완성하여야 하는 것은 아니고, 이행보조자 또는 이행대행자를 사용하더라도 공사도급계약에서 정한 대로 공사를 이행하는 한 계약을 불이행하였다고 볼 수 없다』(대판 2002. 4. 12, 2001다82545). 정답 - O

8 **정지조건부 기한이익 상실의 특약이 있는 경우, 특별한 사정이 없는 한 그 특약에서 정한 기한이익 상실사유가 발생하였더라도 채권자의 이행청구가 없으면 채무자는 지체책임을 지지 않는다.** 변호사시험 제2회

해설 『채권자의 별도의 의사표시가 없더라도 바로 이행기가 도래한 것과 같은 효과를 발생케 하는 이른바 정지조건부 기한이익 상실의 특약을 하였을 경우에는 그 특약에 정한 기한의 이익 상실사유가 발생함과 동시에 기한의 이익을 상실케 하는 채권자의 의사표시가 없더라도 이행기 도래의 효과가 발생하고, 채무자는 특별한 사정이 없는 한 **그 때부터 이행지체의 상태에 놓이게 된다**』(대판 1999. 7. 9, 99다15184). 정답 - X

9 **확정기한이 있는 금전채권에 대하여 가압류결정이 내려진 경우, 채무자는 기한이 도래하더라도 지체책임을 지지 않는다.** 변호사시험 제2회

해설

가. **채권의 가압류는 제3채무자에 대하여 채무자에게 지급하는 것을 금지하는 데 그칠 뿐 채무 그 자체를 면하게 하는 것이 아니고, 가압류가 있다 하여도 그 채권의 이행기가 도래한 때에는 제3채무자는 그 지체책임을 면할 수 없다**고 보아야 할 것이다.

나. '가'항의 경우 가압류에 불구하고 제3채무자가 채무자에게 변제를 한 때에는 나중에 채권자에게 이중으로 변제하여야 할 위험을 부담하게 되므로 **제3채무자로서는 민법 제487조의 규정에 의하여 공탁을 함으로써 이중변제의 위험에서 벗어나고 이행지체의 책임도 면할 수 있다**고 보아야 할 것이다. 왜냐하면 민법상의 변제공탁은 채무를 변제할 의사와 능력이 있는 채무자로 하여금 채권자의 사정으로 채무관계에서 벗어나지 못하는 경우를 대비할 수 있도록 마련된 제도로서 그 제487조 소정의 변제공탁의 요건인 '채권자가 변제를 받을 수 없는 때'의 변제라 함은 채무자로 하여금 종국적으로 채무를 면하게 하는 효과를 가져다 주는 변제를 의미하는 것이므로 채권이 가압류된 경우와 같이 형식적으로는 채권자가 변제를 받을 수 있다고 하더라도 채무자에게 여전히 이중변제의 위험부담이 남는 경우에는 마찬가지로 '채권자가 변제를 받을 수 없는 때'에 해당한다고 보아야 할 것이기 때문이다. 그리고 제3채무자가 이와 같이 채권의 가압류를 이유로 변제공탁을 한 때에는 **그 가압류의 효력은 채무자의 공탁금출급청구권에 대하여 존속한다**고 할 것이므로 그로 인하여 가압류 채권자에게 어떤 불이익이 있다고도 할 수 없다.

다. '가'항과 '나'항의 법리는 부당이득반환채권이 가압류된 후에 제3채무자가 악의로 되어 그 받은 이익에 덧붙여 반환하여야 할 이자지급책임을 면하기 위한 경우에도 마찬가지

라 할 것이고, 또 채권자의 소재가 불명한 경우에도 채무자로서는 변제공탁을 하지 않는 한 그 이행지체의 책임 내지 부당이득에 대한 이자의 배상책임을 면할 수 없음은 물론이다(대판 1994. 12. 13, 93다951). 정답 – X

10 불법행위로 인한 손해배상의무는 기한의 정함이 없는 채무로서 채무자는 피해자의 이행청구를 받은 때로부터 지체책임이 있다. 변호사시험 제2회

해설 『불법행위로 인한 손해배상채무의 지연손해금의 기산일은 **불법행위 성립일**임이 원칙이다』(대판 2012. 2. 23, 2010다97426). 정답 – X

11 채무자는 확정된 지연손해금채무에 대하여 채권자의 이행청구를 받은 때로부터 지체책임을 부담하게 된다. 변호사시험 제2회

해설 『금전채무의 지연손해금채무는 금전채무의 이행지체로 인한 손해배상채무로서 이행기의 정함이 없는 채무에 해당하므로, 채무자는 확정된 지연손해금채무에 대하여 채권자로부터 이행청구를 받은 때로부터 지체책임을 부담하게 된다』(대판 2004. 7. 9, 2004다11582). 정답 – O

12 토지거래허가를 전제로 하는 매매계약의 경우, 허가가 있기 전이라도 매도인이 소유권이전등기 소요서류의 이행제공을 하였다면 매수인은 계약내용에 따른 대금지급의무를 부담하므로 매수인이 그 의무를 이행하지 아니한 때에는 매도인은 계약을 해제할 수 있다. 변호사시험 제2회

해설 『국토이용관리법상의 토지거래허가를 전제로 하는 매매계약의 경우 **허가가 있기 전에는 매수인에게 그 계약내용에 따른 대금의 지급의무가 없는 것**이므로 **설사 그 전에 매도인이 소유권이전등기 소요서류의 이행제공을 하였다고 하더라도 매수인이 이행지체에 빠지는 것이 아니고** 허가가 난 다음 그 이행제공을 하면서 대금지급을 최고하고 매수인이 이에 응하지 아니한 경우에 비로소 이행지체에 빠져 매도인이 계약을 해제할 수 있다』(대판 1994. 8. 26, 94다23319). 정답 – O

13 기한이익 상실의 특약은 특별한 사정이 없는 이상 위 특약에서 정한 사유가 발생한 후 채권자의 통지나 청구 등 채권자의 의사행위를 기다려 비로소 이행기가 도래하는 것으로 하는 형성권적 기한이익 상실의 특약으로 추정된다. 변호사시험 제7회

해설 『기한이익 상실의 특약은 그 내용에 의하여 일정한 사유가 발생하면 채권자의 청구 등을 요함이 없이 당연히 기한의 이익이 상실되어 이행기가 도래하는 것으로 하는 정지조건부 기한이익 상실의 특약과 일정한 사유가 발생한 후 채권자의 통지나 청구 등 채권자의 의사행위를 기다려 비로소 이행기가 도래하는 것으로 하는 형성권적 기한이익 상실의 특약의 두 가지로 대별할 수 있고, 기한이익 상실의 특약이 위의 양자 중 어느 것에 해당하느냐는 당사자의 의사해석의 문제이지만 일반적으로 기한이익 상실의 특약이 채권자를 위하여

둔 것인 점에 비추어 **명백히 정지조건부 기한이익 상실의 특약이라고 볼 만한 특별한 사정이 없는 이상 형성권적 기한이익 상실의 특약으로 추정하는 것이 타당**하다』(대판 2002. 9. 4, 2002다28340). 정답 - O

14 **이행기의 정함이 없는 채권의 양수인이 채무자를 상대로 그 이행을 구하는 소를 제기하고 소송계속 중 채무자에 대한 채권양도 통지가 이루어진 경우에는 특별한 사정이 없는 한 채무자는 채권양도 통지가 도달된 다음 날부터 이행지체의 책임을 진다.** 변호사시험 제7회

해설 『채무에 이행기의 정함이 없는 경우에는 채무자가 이행의 청구를 받은 다음 날부터 이행지체의 책임을 지는 것이나, 한편 지명채권이 양도된 경우 채무자에 대한 대항요건이 갖추어질 때까지 채권양수인은 채무자에게 대항할 수 없으므로, 이행기의 정함이 없는 채권을 양수한 채권양수인이 채무자를 상대로 그 이행을 구하는 소를 제기하고 소송 계속 중 채무자에 대한 채권양도통지가 이루어진 경우에는 특별한 사정이 없는 한 채무자는 **채권양도통지가 도달된 다음 날부터 이행지체의 책임을 진다**』(대판 2014. 4. 10, 2012다29557). 정답 - O

15 **쌍무계약의 당사자 일방이 먼저 한 번 현실의 제공을 하여 상대방을 수령지체에 빠지게 하였다고 하더라도, 그 이행의 제공이 중지되어 더 이상 그 제공이 계속되지 아니하는 기간 동안에는 상대방의 의무가 이행지체 상태에 빠졌다고 할 수는 없으므로, 그 이행의 제공이 중지된 이후에 상대방의 의무가 이행지체 되었음을 전제로 하는 손해배상청구를 할 수 없다.** 변호사시험 제7회

해설 『쌍무계약의 당사자 일방이 먼저 한 번 현실의 제공을 하고, 상대방을 수령지체에 빠지게 하였다고 하더라도 그 이행의 제공이 계속되지 않는 경우는 과거에 이행의 제공이 있었다는 사실만으로 상대방이 가지는 동시이행의 항변권이 소멸하는 것은 아니므로, **일시적으로 당사자 일방의 의무의 이행 제공이 있었으나 곧 그 이행의 제공이 중지되어 더 이상 그 제공이 계속되지 아니하는 기간 동안에는 상대방의 의무가 이행지체 상태에 빠졌다고 할 수는 없**다고 할 것이고, 따라서 **그 이행의 제공이 중지된 이후에 상대방의 의무가 이행지체되었음을 전제로 하는 손해배상청구도 할 수 없는 것**이다』(대판 1995. 3. 14, 94다26646). 정답 - O

16 **당사자가 불확정한 사실이 발생한 때를 이행기한으로 정한 경우, 그 사실이 발생한 때는 물론 그 사실의 발생이 불가능하게 된 때에도 이행기한은 도래한 것으로 보아야 한다.** 변호사시험 제7회

해설 **불확정한 사실이 발생한 때를 이행기한으로 정한 경우 그 사실의 발생이 불가능하게 된 때에도 이행기한이 도래한 것인지 여부**에 관하여 판례는 『당사자가 불확정한 사실이 발생한 때를 이행기한으로 정한 경우에는 그 사실이 발생한 때는 물론 그 사실의 발생이 불가능하게 된 때에도 이행기한은 도래한 것으로 보아야 한다』(대판 2002. 3. 29, 2001다41766)라고 판시하고 있다. 정답 - O

17 **매수인이 잔금지급을 지체한 경우, 계약을 해제하지 아니한 매도인이 지체된 기간 동안 입은 손해 중 그 미지급 잔금에 대한 법정이율에 따른 이자 상당의 금액은 통상손해이다.** 변호사시험 제1회

해설 『매수인의 잔금지급 지체로 인하여 계약을 해제하지 아니한 매도인이 지체된 기간 동안 입은 손해 중 **그 미지급 잔금에 대한 법정이율에 따른 이자 상당의 금액은 통상손해**라고 할 것이지만, 그 사이에 매매대상 토지의 개별공시지가가 급등하여 매도인의 양도소득세 부담이 늘었다고 하더라도 그 손해는 사회일반의 관념상 매매계약에서의 잔금지급의 이행지체의 경우 통상 발생하는 것으로 생각되는 범위의 통상손해라고 할 수는 없고, 이는 특별한 사정에 의하여 발생한 손해에 해당한다』(대판 2006. 4. 13, 2005다75897). 정답 - ○

18 **금융기관이 약속어음할인을 하고 취득한 어음을 지급기일에 적법하게 지급제시를 하지 아니하여 소구권을 보전하지 아니한 경우, 지급기일 후에 어음발행인의 자력이 악화되는 바람에 어음환매자가 발행인에 대한 어음채권과 원인채권의 어느 것도 받을 수 없게 됨으로 인하여 손해를 입었다면, 이러한 손해는 발행인의 자력의 악화라는 특별사정으로 인한 손해이다.** 변호사시험 제1회

해설 『금융기관이 어음할인을 하고 취득한 어음을 지급기일에 적법하게 지급제시를 하지 아니하여 소구권을 보전하지 아니하였다 할지라도, **지급기일 후에 어음발행인의 자력이 악화되어 무자력이 되는 바람에 어음환매자가 발행인에 대한 어음채권과 원인채권의 어느 것도 받을 수 없게 됨으로 인하여 손해를 입게 된 것**이라면, 이러한 손해는 **어음 주채무자인 발행인의 자력의 악화라는 특별 사정으로 인한 손해**로서 지급제시 의무를 불이행한 금융기관이 그 의무 불이행 당시인 어음의 지급기일에 장차 어음발행인의 자력이 악화될 것임을 알았거나 알 수 있었을 때라야 어음을 환매하는 자에 대하여 손해배상 채무를 진다』(대판 2003. 1. 24, 2002다59849). 정답 - ○

19 **불법행위로 인하여 영업용 물건이 멸실되거나 일부 손괴되어, 이를 대체할 다른 물건을 마련하기 위하여 필요한 합리적인 기간 동안 그 물건을 이용하여 영업을 계속하지 못함으로 인한 손해는 통상의 손해이다.** 변호사시험 제1회

해설 물건멸실의 경우 시가 상당액, 즉 교환가치가 통상손해에 해당하는데, 그로 인한 사용이익(휴업손해)의 상실도 통상손해에 해당하는지 문제된다. 이와 관련하여 대법원은 멸실과 훼손의 경우 모두 교환가치와는 별도로 휴업손해를 배상하여야 하는 것으로 견해를 바꾸었다.『불법행위로 영업용 물건이 멸실된 경우, 이를 대체할 다른 물건을 마련하기 위하여 필요한 합리적인 기간 동안 그 물건을 이용하여 영업을 계속하였더라면 얻을 수 있었던 이익, 즉 **휴업손해는 그에 대한 증명이 가능한 한 통상의 손해로서 그 교환가치와는 별도로 배상**하여야 하고, 이는 영업용 물건이 일부 손괴된 경우, 수리를 위하여 필요한 합리적인 기간 동안의 휴업손해와 마찬가지라고 보아야 할 것이다』〔대판(전합) 2004. 3. 18, 2001다82507〕. 정답 - ○

20 **건물을 신축할 목적으로 토지를 매수한 매수인이 설계비 또는 공사계약금을 지출하였다가 토지매매계약이 해제됨으로 말미암아 이를 회수하지 못하는 손해는 통상손해이다.**

변호사시험 제1회

해설 『매매대금을 완불하지 않은 토지의 매수인이 그 토지 상에 건물을 신축하기 위하여 **설계비 또는 공사계약금을 지출하였다가 계약이 해제됨으로 말미암아 이를 회수하지 못하는 손해를 입게 되었다 하더라도 이는 이례적인 사정에 속하는 것**으로서, 설사 토지의 매도인이 매수인의 취득 목적을 알았다 하더라도 마찬가지라 할 것이므로, 토지의 매도인으로서는 소유권이전의무의 이행기까지 최소한 매수인이 설계계약 또는 공사도급계약을 체결하였다는 점을 알았거나 알 수 있었을 때에 한하여 그 배상책임을 부담한다』(대판 1996. 2. 13, 95다47619).

정답 - X

21 **매수인이 잔금지급을 지체한 경우, 지체된 기간 동안 매매대상토지의 개별공시지가가 급등하여 계약을 해제하지 아니한 매도인의 양도소득세 부담이 늘어났다면, 그 늘어난 부담은 특별한 사정에 의하여 발생한 손해에 해당한다.**

변호사시험 제1회

해설 『매수인의 잔금지급 지체로 인하여 계약을 해제하지 아니한 매도인이 지체된 기간 동안 입은 손해 중 그 미지급 잔금에 대한 법정이율에 따른 이자 상당의 금액은 통상손해라고 할 것이지만, **그 사이에 매매대상 토지의 개별공시지가가 급등하여 매도인의 양도소득세 부담이 늘었다고 하더라도** 그 손해는 사회일반의 관념상 매매계약에서의 잔금지급의 이행지체의 경우 통상 발생하는 것으로 생각되는 범위의 통상손해라고 할 수는 없고, 이는 **특별한 사정에 의하여 발생한 손해에 해당**한다』(대판 2006. 4. 13, 2005다75897).

정답 - O

22 **甲 건설회사는 2013. 1. 2. 乙 유통회사에게 甲 회사 소유인 X토지를 대금 10억 원에 매도하고 계약금 1억 원을 지급받았다. 그 매매계약에서 "매수인은 중도금 지급시까지 계약금을 포기하고 해약할 수 있고, 매도인은 그때까지 계약금의 배액을 지급하고 해약할 수 있다."라고 약정되었다. 같은 날 甲 회사는 乙회사로부터 Y 토지 지상에 유통시설 신축공사를 도급받았는데, 그 계약에서 도급대금은 6억 원, 공사기간은 2013. 1. 11부터 같은 해 11. 10까지 10개월로 정하였다. 위 도급계약에서는 "수급인은 공사가 지체될 경우 도급인에게 지체된 1일당 도급 대금의 1,000분의 1의 비율에 의한 지체상금을 지급한다."라고 약정되었다. 甲 회사가 유통시설 신축공사를 시작하였으나 2013. 5.초경 자금사정 악화로 인하여 공사를 중단하였다. 乙 회사는 2013. 5. 10.에 도급계약을 해제할 수 있었으나 내부 사정으로 인하여 2013. 5. 20.에야 도급계약을 해제하였다. 한편 乙이 해제 후 즉시 새로운 공사업자에게 의뢰하여 나머지 공사를 적절하고 정상적인 속도로 진행하는 경우 2013. 12. 20에 공사를 완공할 수 있었다. 이 경우 甲 회사는 乙 회사에 지체상금을 지급해야 하고 특별한 사정이 없으면 그 금액은 2,400만 원이다.**

변호사시험 제3회

해설 『① 건물신축의 도급계약은 그 건물의 준공이라는 일의 완성을 목적으로 하는 계약으로서 그 지체상금에 관한 약정은 수급인이 이와 같은 일의 완성을 지체한데 대한 손해배상액의 예정이므로 수급인이 약정된 기간내에 그 일을 완성하여 도급인에게 인도하지 않는 한 특별한 사정이 있는 경우를 제외하고는 지체상금을 지급할 의무가 있고, 약정된 기일 이전에 그 공사의 일부만을 완료한 후 공사가 중단된 상태에서 약정기일을 넘기고 그 후에 도급인이 계약을 해제함으로써 일을 완성하지 못한 것이라고 하여 지체상금에 관한 약정이 적용되지 않는다고 할 수는 없다. ② 전항의 경우 **지체상금발생의 시기는 특별한 사정이 없는 한 약정준공일이나 그 종기는 수급인이나 도급인이 건물을 준공할 때까지 무한히 계속되는 것이라고 할 수 없고 수급인이 공사를 중단하거나 기타 해제사유가 있어 도급인이 이를 해제할 수 있었을 때(실제로 해제한 때가 아니고)부터 도급인이 다른 업자에게 의뢰하여 같은 건물을 완성할 수 있었던 시점까지로 제한되어야 하고 또 수급인이 책임질 수 없는 사유로 인하여 공사가 지연된 경우에는 그 기간만큼 공제되어야** 하며, 그렇게 하여 산정된 지체상금액이 부당히 과다하다고 인정되는 경우에는 법원이 민법 제398조 제2항에 의하여 적당히 감액할 수 있다』(대판 1989. 7. 25, 88다카6273).

→ 설문에서 지체상금의 발생시기는 수급인 甲이 공사를 중단하여 도급이 乙이 이를 해제할 수 있었을 때인 2013. 5. 10.로부터 도급인 乙이 다른 업자에게 의뢰하여 같은 건물을 완성할 수 있었던 시점인 2013. 12. 10.까지로 제한되어야 한다. 왜냐하면 설문에서 도급인 乙은 해제할 수 있었던 시점보다 10일 늦은 2013. 5. 20. 해제하였기 때문에 완공시점도 10일 늦은 2013. 12. 20.이 된 것으로 볼 수 있기 때문이다. 따라서 지체상금의 발생시기인 약정준공일 2013. 11. 10.보다 40일이 아닌 30일이 지체된 것이므로 甲이 부담해야 할 지체상금은 2,400만 원(=40일×6억원×1/1,000)이 아닌 1,800만 원(=30일×6억원×1/1,000)이다.

정답 – X

23 손해배상액의 예정은 이행의 청구나 계약의 해제에 영향을 미치지 아니한다. 변호사시험 제4회

해설

〔제398조(배상액의 예정)〕 ① 당사자는 채무불이행에 관한 손해배상액을 예정할 수 있다. ② 손해배상의 예정액이 부당히 과다한 경우에는 법원은 적당히 감액할 수 있다. ③ 손해배상액의 예정은 이행의 청구나 계약의 해제에 영향을 미치지 아니한다. ④ 위약금의 약정은 **손해배상액의 예정으로 추정**한다. ⑤ 당사자가 금전이 아닌 것으로써 손해의 배상에 충당할 것을 예정한 경우에도 전4항의 규정을 준용한다.

정답 – O

24 채권자가 그 채권의 목적인 물건 또는 권리의 가액전부를 손해배상으로 받은 때에는 채무자는 그 물건 또는 권리에 관하여 당연히 채권자를 대위한다. 변호사시험 제4회

해설

〔제399조(손해배상자의 대위)〕 채권자가 그 채권의 목적인 물건 또는 권리의 가액전부를 손해배상으로 받은 때에는 채무자는 그 물건 또는 권리에 관하여 당연히 채권자를 대위한다.

정답 – O

25 **당사자가 금전이 아닌 것으로써 손해의 배상에 충당할 것을 예정한 위약금 약정도 손해배상액의 예정으로 추정된다.** 변호사시험 제4회

해설

〔제398조(배상액의 예정)〕 ① 당사자는 채무불이행에 관한 손해배상액을 예정할 수 있다. ② 손해배상의 예정액이 부당히 과다한 경우에는 법원은 적당히 감액할 수 있다. ③ 손해배상액의 예정은 이행의 청구나 계약의 해제에 영향을 미치지 아니한다. ④ 위약금의 약정은 **손해배상액의 예정으로 추정**한다. ⑤ 당사자가 금전이 아닌 것으로써 손해의 배상에 충당할 것을 예정한 경우에도 전4항의 규정을 준용한다.

정답 - O

26 **금전채무의 지연손해금채무는 금전채무의 이행지체로 인한 손해배상채무로서 이행기의 정함이 없는 채무에 해당하므로, 채무자는 확정된 지연손해금채무에 대하여 채권자로부터 이행청구를 받은 때로부터 지체책임을 부담한다.** 변호사시험 제4회

해설 『금전채무의 지연손해금채무는 금전채무의 이행지체로 인한 손해배상채무로서 이행기의 정함이 없는 채무에 해당하므로, 채무자는 확정된 지연손해금채무에 대하여 채권자로부터 **이행청구를 받은 때부터 지체책임을 부담**하게 된다』(대판 2010. 12. 9, 2009다59237). 정답 - O

27 **특별손해는 채무자가 특별한 사정을 알았거나 알 수 있었을 경우에 한하여 배상할 책임이 인정되는데, 특별한 사정에 대한 채무자의 예견가능성에 대한 증명책임은 채권자가 부담한다.** 변호사시험 제6회

해설

〔제393조(손해배상의 범위)〕 ② 특별한 사정으로 인한 손해는 **채무자가 그 사정을 알았거나 알 수 있었을 때에 한하여** 배상의 책임이 있다.

→ 예견가능성은 민법 제393조 제2항의 요건사실에 해당하므로, 이를 주장하는 채권자에게 증명책임이 있다(법률요건분류설). 정답 - O

28 **계약 당시 당사자 사이에 손해배상액을 예정하는 내용의 약정이 있는 경우 특별한 사정이 없는 한 위 약정은 그 계약과 관련된 불법행위책임에 따른 손해까지 예정한 것이라고 볼 수 없다.** 변호사시험 제6회

해설 『계약 당시 당사자 사이에 손해배상액을 예정하는 내용의 약정이 있는 경우에는 그 것은 **계약상의 채무불이행으로 인한 손해액에 관한 것**이고 이를 **그 계약과 관련된 불법행위상의 손해까지 예정한 것이라고는 볼 수 없다**』(대판 1999. 1. 15, 98다48033). 정답 - O

29 **피해자가 입은 손해 중 일부만을 청구하는 경우 법원이 과실상계를 함에 있어서는 손해의 전액에서 과실비율에 의한 감액을 하고 그 잔액이 청구액을 초과하지 않을 경우에는 그 잔액을 인용하고, 잔액이 청구액을 초과할 경우에는 청구의 전액을 인용하여야 한다.** 변호사시험 제6회

해설 『일개의 손해배상청구권중 일부가 소송상 청구되어 있는 경우에 과실상계를 함에 있어서는 **손해의 전액에서 과실비율에 의한 감액을 하고 그 잔액이 청구액을 초과하지 않을 경우에는 그 잔액을 인용할 것**이고 **잔액이 청구액을 초과할 경우에는 청구의 전액을 인용**하는 것으로 풀이하는 것이 일부청구를 하는 당사자의 통상적 의사라고 할 것이다』(대판 1976. 6. 22, 75다819). 정답 - O

30 **손해배상 예정액이 부당하게 과다한 경우 당사자의 주장이 없더라도 법원은 직권으로 이를 감액할 수 있다.** 변호사시험 제6회

해설 『**손해배상 예정액이 부당하게 과다한 경우에는 법원은 당사자의 주장이 없더라도 직권으로 이를 감액할 수 있으며**, 여기서 '부당히 과다한 경우'라고 함은 채권자와 채무자의 각 지위, 계약의 목적 및 내용, 손해배상액을 예정한 동기, 채무액에 대한 예정액의 비율, 예상 손해액의 크기, 그 당시의 거래관행 등 모든 사정을 참작하여 일반 사회관념에 비추어 그 예정액의 지급이 경제적 약자의 지위에 있는 채무자에게 부당한 압박을 가하여 공정성을 잃는 결과를 초래한다고 인정되는 경우를 뜻하는 것으로 보아야 하고, 한편 위 규정의 적용에 따라 손해배상의 예정액이 부당하게 과다한지 및 그에 대한 적당한 감액의 범위를 판단하는 데 있어서는 법원이 구체적으로 그 판단을 하는 때 즉, 사실심의 변론종결 당시를 기준으로 하여 그 사이에 발생한 위와 같은 모든 사정을 종합적으로 고려하여야 할 것이다』(대판 2002. 12. 24, 2000다54536). 정답 - O

31 **지체상금이 손해배상액의 예정으로 인정되어 이를 감액할 경우, 채권자의 과실이 인정되면 법원은 손해배상의 예정액의 감액에 앞서 이를 이유로 별도로 지체상금을 감액하여야 한다.** 변호사시험 제2회

해설 『**지체상금이 손해배상의 예정으로 인정되어 이를 감액함에 있어서는 채무자가 계약을 위반한 경위 등 제반사정이 참작**되므로 **손해배상액의 감경에 앞서 채권자의 과실 등을 들어 따로 감경할 필요는 없다**』(대판 2002. 1. 25, 99다57126). 정답 - X

32 **채무불이행에 있어 채무자의 귀책사유를 묻지 아니한다는 약정이 없는 한 채무자는 자신의 귀책사유가 없음을 증명함으로써 손해배상의 예정액의 지급책임을 면할 수 있다.** 변호사시험 제2회

해설 『채무자는 채권자와 채무불이행에 있어 채무자의 귀책사유를 묻지 아니한다는 약정을 하지 아니한 이상 자신의 귀책사유가 없음을 주장·입증함으로써 예정배상액의 지급책임을 면할 수 있다』(대판 2007. 12. 27, 2006다9408). 정답 - O

33 **도급계약을 체결하면서 위약금약정을 한 경우, 도급계약이 취소되면 위약금약정도 그 효력을 잃는다.** 변호사시험 제2회

해설 손해배상액의 예정이란 채무불이행의 경우에 채무자가 지급하여야 할 손해배상액을 당사자 사이의 계약으로 '미리' 정하여 두는 것을 말한다(제398조 제1항). 이는 채무불이행을 정지조건으로 하는 '조건부계약'이며 기본채권관계에 '종된 계약'이다. 따라서 주된 계약이 무효이거나 취소되는 경우에는 손해배상액의 예정도 효력을 상실한다. 정답 - O

34 **손해배상의 예정액이 부당히 과다하여 법원이 직권으로 감액한 경우, 감액된 부분은 처음부터 무효인 것으로 본다.** 변호사시험 제2회

해설 『법원이 손해배상의 예정액이 부당히 과다하다고 하여 감액을 한 경우에는 손해배상액의 예정에 관한 약정 중 감액 부분에 해당하는 부분은 처음부터 무효라고 할 것이다』(대판 2004. 12. 10, 2002다73852). 따라서 이미 급부한 부분은 반환청구가 가능하다. 정답 - O

35 **위약벌로 인정되는 위약금이 부당히 과다하더라도 법원은 직권으로 감액할 수 없다.** 변호사시험 제2회

해설 『위약벌의 약정은 채무의 이행을 확보하기 위하여 정해지는 것으로서 손해배상의 예정과는 그 내용이 다르므로 손해배상의 예정에 관한 민법 제398조 제2항을 유추 적용하여 **그 액을 감액할 수는 없는 법리**이고 다만 그 의무의 강제에 의하여 얻어지는 채권자의 이익에 비하여 약정된 벌이 과도하게 무거울 때에는 그 일부 또는 전부가 공서양속에 반하여 무효로 된다』(대판 1993. 3. 23, 92다46905). 정답 - O

36 **표현대리가 성립하여 본인에 대하여 이행청구를 함에 있어서 상대방에게 과실이 있더라도 과실상계의 법리를 적용할 수 없다.** 변호사시험 제2회

해설 **채무내용에 따른 본래의 급부의 이행을 구하는 경우, 과실상계의 가부**에 관하여 판례는 『과실상계는 본래 채무불이행 내지 불법행위로 인한 손해배상책임에 대해 인정되는 것이고, 채무 내용에 따른 본래의 급부의 이행을 구하는 경우에 적용될 것이 아니다』(대판 1996. 5. 10, 96다8468)라고 판시하고 있다. 정답 - O

37 **손해배상청구권 중 일부가 청구된 경우의 과실상계는 전체 손해액에서 과실비율에 의한 감액을 하고, 잔액이 청구액을 초과하면 청구액을 인용하고 잔액이 청구액을 초과하지 않으면 그 잔액을 인용한다.** 변호사시험 제2회

해설 『일개의 손해배상청구권중 일부가 소송상 청구되어 있는 경우에 과실상계를 함에 있어서는 손해의 전액에서 과실비율에 의한 감액을 하고 그 잔액이 청구액을 초과하지 않을 경우에는 그 잔액을 인용할 것이고, 잔액이 청구액을 초과할 경우에는 청구의 전액을 인용하는 것으로 해석하여야 할 것이며 이와같이 풀이하는 것이 일부청구를 하는 당사자의 통상적 의사라고 할 것이다』(대판 1977. 2. 8, 76다2113). 정답 - O

38 **피해자의 손해가 100만 원, 손해야기행위로 인한 이익이 30만 원, 피해자 과실이 30%인 경우, 피해자가 배상받을 수 있는 손해액은 49만 원이다.** 변호사시험 제2회

(해설) 『불법행위로 인하여 손해가 발생하고 그 손해발생으로 이득이 생기고 동시에 그 손해발생에 피해자에게도 과실이 있어 과실상계를 하여야 할 경우에는 **먼저 산정된 손해액에서 과실상계를 한 다음에 위 이득을 공제하여야 한다**』(대판 1990. 5. 8, 89다카29129). 따라서 과실상계 후 손익상계를 하여야 하므로, 피해자가 배상받을 수 있는 손해액은 40만원{70만원(100만원-100만원×0.3;과실상계)-30만원(손익상계)}이다. 정답 - X

39 **배상의무자가 피해자의 과실에 관하여 주장하지 않는 경우에는 법원은 과실상계를 판단할 수 없다.** 변호사시험 제2회

(해설) 『피해자에게 과실이 인정되면 법원은 손해배상의 책임 및 그 금액을 정함에 있어서 이를 참작하여야 하며, **배상의무자가 피해자의 과실에 관하여 주장하지 않는 경우에도 소송자료에 의하여 과실이 인정되는 경우에는 이를 법원이 직권으로 심리·판단하여야 한다**』(대판 1996. 10. 25, 96다30113). 정답 - X

사례 [40~41]

甲과 乙은 공동으로 丙에게 특수한 인쇄기계의 제작을 대금 3억 원에 도급하였다. 그 계약에서 도급대금은 완성된 인쇄기계의 인도와 동시에 지급하기로 약정하고 그 지급에 관하여 甲과 乙이 연대채무를 부담하기로 하였다. 다음 설명이 타당한가?(다툼이 있는 경우에는 판례에 의하고, 각 지문의 모두 독립적이다) 변호사시험 제3회

40 **丙은 인쇄기계 제작을 완성한 후 근거 없이 도급대금을 4억원으로 증액하여 달라고 요구하였다. 甲·乙은 수차례에 걸쳐 도급대금을 지급하고자 시도하면서 인쇄기계 인도를 요구하였으나 丙은 인쇄기계 인도와 대금 수령을 거절하였다. 그러던 중 甲, 乙, 丙의 과실 없이 위 인쇄기계가 멸실되었다. 이 경우 원칙적으로 丙은 甲 乙에 대하여 도급대금의 지급을 청구할 수 없는 대신 손해배상책임을 면한다.**

(해설) **본 사안은 인쇄기계 제작계약의 수급인이자 채무자인 丙의 이행지체 중에 불가항력으로 인하여 이행불능이 된 경우**이다. 채무자의 귀책 없는 이행불능의 경우에는 채무자는 책임을 면하고 위험부담의 문제로 되지만(제537조, 제538조), 이행지체 중에 이행불능이 된 경우에는 이행지체에 대해 채무자의 귀책사유가 존재하는 한 이행불능 자체에는 책임이 없더라도 손해배상책임을 진다(제392조 본문). 그러나 채무자가 이행기에 이행하여도 손해를 면할 수 없는 경우에는 그러하지 아니하다(제392조 단서). 사안의 경우 甲과 乙은 수차례에 걸쳐 도급대금에 대한 변제제공을 하였으나(丙의 동시이행항변권 소멸), **채무자 丙이 인쇄기계 제작을 완성한 후 '근거 없이' 도급대금의 증액을 요구하며 자신의 이행을 미루는**

경우이므로 **이행지체가 일단 성립**하였다. 따라서 이후 甲·乙과 丙의 과실 없이 기계가 멸실되어 급부불능이 되었으므로 채무자 丙은 **제392조 본문**에 따라 甲과 乙에게 손해배상책임을 진다. 그리고 **이행불능이 되더라도 채권관계는 여전히 존속**하므로 본래의 급부의무는 소멸하고 손해배상청구권으로 변경된다(제537조, 제538조의 대가위험부담의 문제가 아님). 즉 **귀책사유 있는 채무자도 손해배상책임을 이행하고 상대방의 채무이행을 청구할 수 있다.** 사안에서 丙은 특수한 인쇄기계의 제작을 완성하였으므로 甲과 乙에 대해 손해배상책임을 지는 것과 동시에 도급대금을 청구할 수 있다. 정답 - X

41 **甲·乙은 인쇄기계가 완성되기 전부터 丙에게 근거 없이 도급대금을 지급할 수 없다는 취지의 확고한 이행거절의사를 표시하였다. 인쇄기계가 완성된 후 丙이 甲·乙에게 대금청구 및 인쇄기계 수령을 최고하기 전에 甲, 乙, 丙의 과실 없이 위 인쇄기계가 멸실되었다. 이 경우 丙은 甲 乙에게 도급대금을 청구할 수 있다.**

해설 **본 사안은 채무자 丙의 귀책사유 없는 이행불능 사안이므로 대가위험부담의 문제이다.** 즉 쌍무계약의 당사자 일방의 채무가 당사자 쌍방의 책임 없는 사유로 이행할 수 없게 된 때에는 채무자는 상대방의 이행을 청구하지 못한다(제537조). 그러나 채권자의 책임 있는 사유로 채무를 이행할 수 없게 된 경우이거나 채권자의 수령지체 중에 당사자 쌍방의 책임 없는 사유로 채무를 이행할 수 없게 된 경우에는 채무자는 상대방인 채권자의 이행을 청구할 수 있다(제538조 제1항). 즉 채무자는 급부의무를 면하는 반면 대가를 청구할 수 있게 된다. 사안의 경우 채권자인 甲과 乙이 인쇄기계가 완성되기 전부터 도급대금지급의 확고한 '이행거절'의사를 표시했던바, 이것이 과연 제538조 제1항 후문상의 수령지체에 해당하는지 여부가 쟁점이 된다. 판례는 『**채권자가 미리 수령을 확고하게 거절**한 경우에는 **채무자는 구두제공조차 하지 않더라도 채무불이행책임을 면하나**(제460조·제461조), **대가위험을 상대방에게 이전시키기 위해서는(제538조 제1항 후문) 채무자의 변제제공(현실제공이나 구두제공)이 필요**』하다고 한다(대판 2004. 3. 12, 2001다79013).

사안에서 채무자인 丙은 아직 대금청구 및 인쇄기계 수령을 최고하지 않았으므로 변제제공을 하지 않은 것이고 이는 판례의 태도에 따를 때 채권자 甲과 乙이 제538조상의 수령지체에 빠진 것이라 볼 수 없다. 그러므로 원칙으로 돌아가 제537조가 적용되어 채무자가 대가위험을 부담하므로 **채무자 丙은 인쇄기계의 인도의무를 면하는 대신 그 대금지급청구권도 상실**한다. 따라서 丙은 甲과 乙에게 도급대금을 청구할 수 없다. 정답 - X

사례 【42~45】

甲은 乙로부터 냉동창고를 임차한 창고업자이다. 甲은 이 냉동창고가 파손되어 乙에게 수선을 요청하였다. 이에 乙은 A에게 보수공사를 맡겼는데 A의 피용자 丙의 과실로 냉동창고에 화재가 발생하여 냉동창고에 보관 중이던 B의 임치물이 소실되었다. 이에 관한 설명이 타당한가? (다툼이 있는 경우 판례에 의함) 변호사시험 제6회

42 乙은 임대차계약에 따른 임대물수선의무를 이행하기 위하여 제3자인 A에게 도급을 주어 공사를 하게 된 것이고 A 및 丙에 대하여 지휘 감독하는 관계가 아니므로 乙은 甲에 대하여 채무불이행책임을 지지 않는다.

해설 『임대인이 임차인과의 임대차계약상의 약정에 따라 제3자에게 도급을 주어 임대차 목적 시설물을 수선한 경우에는 그 수급인도 임대인에 대하여 종속적인지 여부를 불문하고 이행보조자로서의 피용자라고 보아야 할 것이고, 이러한 수급인이 시설물 수선 공사 등을 하던 중 수급인의 과실로 인하여 화재가 발생한 경우에는 임대인은 민법 제391조에 따라 위 화재발생에 귀책사유가 있다 할 것이어서 임차인에 대한 채무불이행상의 손해배상책임이 있다』(대판 2002. 7. 12, 2001다44338).

정답 – X

43 A는 자기의 피용자 丙의 과실에 의한 화재이므로 乙에 대하여 채무불이행책임을 진다.

해설

〔제390조(채무불이행과 손해배상)〕 채무자가 채무의 내용에 좇은 이행을 하지 아니한 때에는 채권자는 손해배상을 청구할 수 있다. 그러나 채무자의 고의나 과실없이 이행할 수 없게 된 때에는 그러하지 아니하다.
〔제391조(이행보조자의 고의, 과실)〕 채무자의 법정대리인이 채무자를 위하여 이행하거나 채무자가 타인을 사용하여 이행하는 경우에는 법정대리인 또는 피용자의 고의나 과실은 채무자의 고의나 과실로 본다.

→ 丙은 A의 이행보조자이므로, 乙에 대하여 채무불이행책임을 진다.

정답 – O

44 A는 자기의 피용자 丙의 과실에 의한 화재이므로 甲에 대하여 「민법」 제756조에 따라 불법행위책임을 진다.

해설

〔제756조(사용자의 배상책임)〕 ① 타인을 사용하여 어느 사무에 종사하게 한 자는 피용자가 그 사무집행에 관하여 제삼자에게 가한 손해를 배상할 책임이 있다. 그러나 사용자가 피용자의 선임 및 그 사무감독에 상당한 주의를 한 때 또는 상당한 주의를 하여도 손해가 있을 경우에는 그러하지 아니하다.

정답 – O

45 A는 자기의 피용자 丙의 과실에 의한 화재이므로 甲에 대하여 채무불이행책임을 진다.

해설 甲과 A 간에 직접적인 계약관계가 없으므로 채무불이행책임이 성립할 여지가 없다.

정답 – X

사례 【46~48】

甲과 乙은 2011. 5. 20. 甲 소유의 X 토지에 관한 매매계약을 체결하면서 계약금 3,000만 원은 당일 지급하였고, 중도금과 잔금 2억 7,000만 원은 같은 해 8. 20. 지급하기로 하였는데, 같은 해 7. 10. X 토지가 수용되어 甲이 보상금으로 4억 원을 받았다. 다음 설명 중 옳은 것을 모두 고른 것은? (다툼이 있는 경우에는 판례에 의함) 변호사시험 제2회

46 乙은 甲에 대하여 보상금의 지급을 구하지 않고, 계약금 3,000만 원에 대한 부당이득반환청구권을 행사할 수 있다.

해설 『민법 제537조는 채무자위험부담주의를 채택하고 있는바, 쌍무계약에서 당사자 쌍방의 귀책사유 없이 채무가 이행불능된 경우 채무자는 급부의무를 면함과 더불어 반대급부도 청구하지 못하므로, 쌍방 급부가 없었던 경우에는 계약관계는 소멸하고 **이미 이행한 급부는 법률상 원인 없는 급부가 되어 부당이득의 법리에 따라 반환청구할 수 있다**』(대판 2009. 5. 28, 2008다98655,98662).

정답 – O

47 X 토지의 수용은 甲의 귀책사유에 의한 것이 아니므로 위험부담의 법리에 따라 乙의 반대급부의무 역시 소멸하고, 이는 乙이 甲에 대하여 보상금의 반환을 청구하더라도 마찬가지이다.

해설 『쌍무계약의 당사자 일방이 상대방의 급부가 이행불능이 된 사정의 결과로 상대방이 취득한 대상에 대하여 급부청구권을 행사할 수 있다고 하더라도, **그 당사자 일방이 대상청구권을 행사하려면 상대방에 대하여 반대급부를 이행할 의무가 있는바**, 이 경우 당사자 일방의 반대급부도 그 전부가 이행불능이 되거나 그 일부가 이행불능이 되고 나머지 잔부의 이행만으로는 상대방의 계약목적을 달성할 수 없는 등 상대방에게 아무런 이익이 되지 않는다고 인정되는 때에는, 상대방이 당사자 일방의 대상청구를 거부하는 것이 신의칙에 반한다고 볼 만한 특별한 사정이 없는 한, 당사자 일방은 상대방에 대하여 대상청구권을 행사할 수 없다』(대판 1996. 6. 25, 95다6601).

정답 – X

48 甲이 지급받은 보상금의 반환을 청구할 수 있는 乙의 권리는 특별한 사정이 없는 한 X 토지가 수용된 시점부터 소멸시효가 진행한다.

해설 **대상청구권의 소멸시효의 기산점**에 관하여 판례는 『대상청구권은 특별한 사정이 없는 한 매매 목적물의 수용 또는 국유화로 인하여 **매도인의 소유권이전등기의무가 이행불능 되었을 때 매수인이 그 권리를 행사할 수 있다**고 보아야 할 것이고 따라서 **그 때부터 소멸시효가 진행**하는 것이 원칙이라 할 것이다』(대판 2002. 2. 8, 99다23901)라고 판시하고 있다.

정답 – O

사례 【49~50】

甲 소유인 A 토지에 대하여 乙이 등기관계서류를 위조하여 자신의 명의로 소유권이전등기를 마쳤다. 그 후 乙은 丙에게, 丙은 丁에게, 丁은 戊에게 A 토지를 순차로 매도하였고 이를 원인으로 한 각 소유권이전등기가 마쳐졌다. 이에 관한 설명 중 옳은 것은? (다툼이 있는 경우 판례에 의함) 변호사시험 제7회

49 丁과 戊 명의의 소유권이전등기의 말소를 명한 판결이 확정됨으로써 丁의 戊에 대한 소유권이전의무가 이행불능되어 戊에게 손해가 발생한 경우, 그 손해배상액 산정의 기준시점은 위 판결이 확정된 때이다.

해설 부동산을 매수하고 소유권이전등기까지 넘겨받았지만 매도인과 매수인 앞으로 경료된 소유권이전등기의 말소를 명한 판결이 확정된 경우, 매도인의 손해배상액 산정의 기준시점(=판결확정시)에 관하여 판례는 『부동산을 매수하고 소유권이전등기까지 넘겨받았지만 진정한 소유자가 제기한 등기말소청구소송에서 매도인과 매수인 앞으로 된 소유권이전등기의 말소를 명한 판결이 확정됨으로써 매도인의 소유권이전의무가 이행불능된 경우, 그 손해배상액 산정의 기준시점은 **위 판결이 확정된 때**이다』(대판 1993. 4. 9, 92다25946)라고 판시하고 있다. 정답 – O

50 위 「49번 문제」와 같이 戊에게 손해가 발생한 경우, 戊는 丁을 대위하여 丙에 대하여 손해배상청구를 할 수 없다.

해설 채권자대위권의 피보전채권은 구체적 청구권으로 변제기가 도래하고 보전필요성이 있는 채권이면 된다. **손해배상청구권은 특별한 사정이 없는 한 금전채권으로 채권자대위권의 피보전채권이나 피대위권리가 될 수 있다.** 戊는 丁에 대한 손해배상청구권을 보전하기 위하여 丁의 丙에 대한 담보책임에 기한 손해배상청구권을 대위행사할 수 있다. 정답 – X

사례 【51~55】

甲은 그 소유의 토지를 乙에게 매도하면서 매매대금채무의 불이행에 관하여 손해배상액의 예정을 하였다. 甲이 乙의 채무불이행을 이유로 그 예정된 손해배상액을 청구하는 경우에 관한 설명 중 옳은 것은? (다툼이 있는 경우에는 판례에 의함) 변호사시험 제1회

51 甲은 乙의 이행지체 및 손해발생사실을 증명하여야 하고, 손해액을 증명할 필요는 없다.

해설 『채권자와 채무자 사이에 채무불이행을 원인으로 한 **손해배상액을 예정한 경우에는 손해발생 및 손해액에 대한 입증은 필요하지 아니하고,** 그 예정액이 과다하여 감액될 사

정이 없는 한 채무불이행 사실만으로 채권자는 채무자에 대하여 손해배상예정액을 지급할 것을 청구할 수 있다』(대판 1991. 1.11, 90다8053). 정답 - X

52 **乙이 甲의 과실을 증명하여 과실상계를 주장하는 경우, 법원은 손해배상액의 산정에 그 과실을 참작하여야 한다.**

해설

〔제398조(배상액의 예정) 제2항〕 손해배상의 예정액이 부당히 과다한 경우에는 법원은 적당히 감액할 수 있다.

『**손실배상액을 예정한 경우에는 과실상계를 적용할 것이 아니다**』(대판 1972. 3. 31, 72다108).

정답 - X

53 **다른 약정이 없는 한 乙은 자신에게 귀책사유가 없다는 것을 주장·증명하더라도 예정배상액의 지급책임을 면할 수 없다.**

해설 『채무불이행으로 인한 손해배상액이 예정되어 있는 경우에는 채권자는 채무불이행 사실만 증명하면 손해의 발생 및 그 액을 증명하지 아니하고 예정배상액을 청구할 수 있고, **채무자는 채권자와 채무불이행에 있어 채무자의 귀책사유를 묻지 아니한다는 약정을 하지 아니한 이상 자신의 귀책사유가 없음을 주장·입증함으로써 예정배상액의 지급책임을 면할 수 있다**』(대판 2007. 12. 27, 2006다9408). 정답 - X

54 **손해배상예정액이 부당하게 과다한지 여부는 손해배상예정의 약정시를 기준으로 판단하여야 한다.**

해설 『손해배상의 예정액이 부당하게 과다한지의 여부 내지 그에 대한 적당한 감액의 범위를 판단하는 데 있어서는, 법원이 구체적으로 그 판단을 하는 때 즉, **사실심의 변론종결 당시를 기준**으로 하여 그 사이에 발생한 위와 같은 모든 사정을 종합적으로 고려하여야 한다』(대판 1999. 4. 23, 98다45546). 정답 - X

55 **甲은 특약이 없는 한 통상의 손해뿐만 아니라 특별한 사정으로 인한 손해에 관하여도 예정된 배상액만을 청구할 수 있다.**

해설 **계약 당시 손해배상액을 예정하였으나 손해가 예정액을 초과하는 경우 초과부분을 청구할 수 있는지 여부**에 관하여 판례는 『계약 당시 손해배상액을 예정한 경우에는 다른 특약이 없는 한 채무불이행으로 인하여 입은 **통상손해는 물론 특별손해까지도 예정액에 포함**되고 채권자의 손해가 예정액을 초과한다 하더라도 초과부분을 따로 청구할 수 없다』(대판 1993. 4. 23, 92다41719)라고 판시하고 있다. 정답 - O

사례 【56~57】

甲 소유의 X 토지를 무단 점유하고 있던 乙은 등기서류를 위조하여 X 토지에 관하여 자기 앞으로 소유권이전등기를 마쳤다. 乙은 2010. 10. 27. 자신이 X 토지의 소유자라고 거짓말하여 이에 속은 丙과 매매계약을 체결하고, 2010. 12. 27. 丙으로부터 매매대금 1억 원을 지급받은 다음 丙에게 X 토지에 관한 소유권이전등기를 마쳐주고 X 토지를 인도하였다. 뒤늦게 이와 같은 사실을 알게 된 甲은 2011. 9. 1. 丙을 상대로 X 토지에 관한 소유권이전등기의 말소를 구하는 소를 제기하여 2012. 3. 4. 승소판결을 받았고, 그 판결은 丙의 항소포기로 확정되었다. 다음 설명이 타당한가? (다툼이 있는 경우에는 판례에 의함) 변호사시험 제2회

56 **丙은 乙을 상대로 불법행위를 원인으로 한 손해배상청구를 할 수 있는데, 위 판결확정 시에 X 토지의 가격이 1억 2,000만 원으로 상승하였더라도 그 가격상승분에 대해서는 손해배상청구를 할 수 없다.**

해설 『타인 소유의 토지에 관하여 매도증서, 위임장 등 등기관계서류를 위조하여 원인무효의 소유권이전등기를 경료하고 다시 이를 다른 사람에게 매도하여 순차로 소유권이전등기가 경료된 후에 토지의 진정한 소유자가 최종 매수인을 상대로 말소등기청구소송을 제기하여 그 소유자 승소의 판결이 확정된 경우 위 불법행위로 인하여 최종 매수인이 입은 손해는 무효의 소유권이전등기를 유효한 등기로 믿고 위 토지를 매수하기 위하여 출연한 금액, 즉 매매대금으로서 이는 기존이익의 상실인 적극적 손해에 해당하고, **최종 매수인은 처음부터 위 토지의 소유권을 취득하지 못한 것이어서 위 말소등기를 명하는 판결의 확정으로 비로소 위 토지의 소유권을 상실한 것이 아니므로 위 토지의 소유권상실이 그 손해가 될 수는 없다**』〔대판(전합) 1992. 6. 23, 91다33070〕. 따라서 무효의 소유권이전등기를 유효한 등기로 믿고 부동산을 매수하기 위하여 출연한 금액 즉, 매매대금상당액(1억원)이 손해액에 해당한다. 정답 - O

57 **丙은 乙을 상대로 매도인의 담보책임을 물을 수 있고, 이때의 손해배상은 이행이익을 그 내용으로 한다.**

해설 『**매매의 목적이 된 권리의 일부가 타인에게 속함으로 인하여 매도인이 그 권리를 취득하여 매수인에게 이전할 수 없게 된 때**에는 **선의의 매수인은 매도인에게 담보책임을 물어 이로 인한 손해배상을 청구**할 수 있는바, 이 경우에 매도인이 매수인에 대하여 배상하여야 할 손해액은 원칙적으로 매도인이 매매의 목적이 된 권리의 일부를 취득하여 매수인에게 이전할 수 없게 된 때의 **이행불능이 된 권리의 시가**, 즉 **이행이익 상당액**이라고 할 것이어서, 불법등기에 대한 불법행위책임을 물어 손해배상청구를 할 경우의 손해의 범위와 같이 볼 수 없다』(대판 1993. 1. 19, 92다37727). 정답 - O

사례 【58~62】

甲과 乙은 甲이 乙에게 건물을 신축해 주기로 하는 도급계약을 체결하면서 "甲이 완공기한을 어길 경우 乙에게 지체 1일당 예정 공사금액의 0.1%에 상당하는 지체상금을 지급한다."라고 약정하였고, 위 약정을 위약벌로 볼 만한 특별한 사정이나 지체상금에 관한 다른 약정은 없었다. 이에 관한 설명 중 옳지 않은 것을 모두 고른 것은? (각 지문은 독립적이며, 다툼이 있는 경우 판례에 의함) 변호사시험 제7회

58 위 약정은 손해배상액의 예정으로 추정되고, 「민법」 제398조에 의한 감액의 대상이 된다 할 것이나, 손해배상 예정액이 부당하게 과다하다고 하더라도 변론주의의 원칙상 법원은 이에 관한 당사자의 주장이 없으면 이를 감액할 수 없다.

해설 『**지체상금에 관한 약정은 수급인이 그와 같은 일의 완성을 지체한 데 대한 손해배상액의 예정**이므로, 수급인이 약정된 기간 내에 그 일을 완성하여 도급인에게 인도하지 아니하여 지체상금을 지급할 의무가 있는 경우, 법원은 민법 제398조 제2항의 규정에 따라 계약 당사자의 지위, 계약의 목적과 내용, 지체상금을 예정한 동기, 실제의 손해와 그 지체상금액의 대비, 그 당시의 거래관행 및 경제상태 등 제반 사정을 참작하여 약정에 따라 산정한 지체상금액이 일반 사회인이 납득할 수 있는 범위를 넘어 부당하게 과다하다고 인정하는 경우에 이를 적당히 감액할 수 있다』(대판 2002. 9. 4, 2001다1386).

〔**제398조(배상액의 예정)**〕 ① 당사자는 채무불이행에 관한 손해배상액을 예정할 수 있다.
② 손해배상의 예정액이 부당히 과다한 경우에는 **법원은 적당히 감액할 수 있다.**

정답 - X

59 乙이 위 약정에 기한 손해배상액을 청구하기 위하여는 甲이 위 약정을 어긴 사실만 증명하면 되고 손해의 발생이나 손해액을 증명할 필요가 없으며, 甲은 자신의 귀책사유가 없음을 주장·증명함으로써 손해배상 예정액의 지급책임을 면할 수 있다.

해설 『채권자와 채무자 사이에 채무불이행을 원인으로 한 손해배상액을 예정한 경우에는 **손해발생 및 손해액에 대한 입증은 필요하지 아니하고,** 그 예정액이 과다하여 감액될 사정이 없는 한 **채무불이행 사실만으로 채권자는 채무자에 대하여 손해배상예정액을 지급할 것을 청구할 수 있다**』(대판 1991. 1. 11, 90다8053). 『채무불이행으로 인한 손해배상액이 예정되어 있는 경우에는 채권자는 채무불이행 사실만 증명하면 손해의 발생 및 그 액을 증명하지 아니하고 예정배상액을 청구할 수 있고, **채무자는 채권자와 채무불이행에 있어 채무자의 귀책사유를 묻지 아니한다는 약정을 하지 아니한 이상 자신의 귀책사유가 없음을 주장·입증함으로써 예정배상액의 지급책임을 면할 수 있다.** 그리고 채무자의 귀책사유를 묻지 아니한다는 약정의 존재 여부는 근본적으로 당사자 사이의 의사해석의 문제로서, 당사자 사이의약정 내용과 그 약정이 이루어지게 된 동기 및 경위, 당사자가 그 약정에 의하여 달성하려고하는 목적과 진정한 의사, 거래의 관행 등을 종합적으로 고찰하여 합리적으로 해석하여야

하지만, 당사자의 통상의 의사는 채무자의 귀책사유로 인한 채무불이행에 대해서만 손해배상액을 예정한 것으로 봄이 상당하므로, 채무자의 귀책사유를 묻지 않기로 하는 약정의 존재는 엄격하게 제한하여 인정하여야 한다』(대판 2007. 12. 27, 2006다9408). 정답 - O

60 **채무불이행으로 인한 손해배상은 통상의 손해를 그 한도로 함이 원칙이므로, 乙은 완공기한 위반으로 인하여 특별한 손해가 발생한 사실과 甲이 그 사정을 알았거나 알 수 있었다는 사실을 증명한다면, 이에 관한 특별한 약정이 없더라도 甲에게 위 약정에 기한 손해배상액을 초과한 금액을 청구할 수 있다.**

해설 『민법 제398조에서 정하고 있는 손해배상액의 예정은 손해의 발생사실과 손해액에 대한 증명의 곤란을 덜고 분쟁의 발생을 미리 방지하여 법률관계를 쉽게 해결하고자 하는 등의 목적으로 규정된 것이고, 계약 당시 손해배상액을 예정한 경우에는 **다른 특약이 없는 한 채무불이행으로 인하여 입은 통상손해는 물론 특별손해까지도 예정액에 포함되고 채권자의 손해가 예정액을 초과한다 하더라도 초과 부분을 따로 청구할 수 없다**』(대판 2010. 7. 15, 2010다10382). 정답 - X

61 **위 약정에 따른 지체상금이 과다한지 여부는 지체상금률 그 자체가 과다한지 여부를 판단하여야 하고 지체상금률 자체는 과다하지 않은데 단순히 지체일수가 증가함에 따라 지체상금 총액이 증가했다고 해서 그 지체상금 총액을 기준으로 판단하여서는 아니된다.**

해설 『민법 제398조 제2항은 손해배상의 예정액이 부당히 과다한 경우에는 법원이 이를 적당히 감액할 수 있다고 규정하고 있는바, 여기서 '부당히 과다한 경우'라고 함은 채권자와 채무자의 각 지위, 계약의 목적 및 내용, 손해배상액을 예정한 동기, 채무액에 대한 예정액의 비율, 예상 손해액의 크기, 그 당시의 거래관행 등 모든 사정을 참작하여 일반 사회관념에 비추어 그 예정액의 지급이 경제적 약자의 지위에 있는 채무자에게 부당한 압박을 가하여 공정성을 잃는 결과를 초래한다고 인정되는 경우를 뜻하는 것으로 보아야 하고, 한편 위 규정의 적용에 따라 손해배상의 예정액이 부당하게 과다한지 및 그에 대한 적당한 감액의 범위를 판단하는 데 있어서는 법원이 구체적으로 그 판단을 하는 때 즉, 사실심의 변론종결 당시를 기준으로 하여 그 사이에 발생한 위와 같은 모든 사정을 종합적으로 고려하여야 할 것이며, 여기의 '손해배상의 예정액'이라 함은 문언상 배상비율 자체를 말하는 것이 아니라 **그 비율에 따라 계산한 예정배상액의 총액을 의미**한다고 해석하여야 한다』(대판 2000. 7. 28, 99다38637). 정답 - X

62 **乙은 위 약정에도 불구하고 위 도급계약에 따른 이행을 청구하거나 도급계약을 해제할 수 있다.**

해설

〔**제398조(배상액의 예정)**〕 ③ 손해배상액의 예정은 이행의 청구나 계약의 해제에 영향을 미치지 아니한다.

정답 - O

제4장 채권자지체

1 채권자지체 중에는 채무자는 고의 또는 중대한 과실이 없으면 불이행으로 인한 모든 책임이 없다. 변호사시험 제4회

해설

〔제401조(채권자지체와 채무자의 책임)〕 채권자지체 중에는 채무자는 고의 또는 중대한 과실이 없으면 불이행으로 인한 모든 책임이 없다.

정답 – O

2 채권자지체 중이라도 채무자는 이자 있는 채권에 대하여는 이자를 지급할 의무가 있다. 변호사시험 제4회

해설

〔제402조(동전)〕 채권자지체 중에는 이자있는 채권이라도 채무자는 이자를 지급할 의무가 없다.

정답 – X

제5장 제3자에 의한 채권침해

제6장 책임재산의 보전

1 **甲은 乙에 대하여 매매대금채권을 가지고 있고, 乙은 丙에 대하여 대여금채권을 가지고 있다. 甲은 乙을 대위하여 丙을 상대로 대여금의 지급을 구하는 소를 제기하였다. 甲이 乙을 상대로 매매대금지급을 구하는 소를 제기하여 이미 승소판결이 확정된 경우라면, 丙은 甲의 매매대금채권의 존재를 다툴 수 없다.** 변호사시험 제5회

해설 민법 제404조의 채권자대위권은 채권자가 채무자에 대한 자기의 채권을 보전하기 위하여 필요한 경우에 채무자의 제3자에 대한 권리를 대위행사할 수 있는 권리를 말하므로 그 보전되는 채권은 보전의 필요성이 인정되고 이행기가 도래한 것이면 되고, 채권의 발생원인이 어떠하든 대위권을 행사함에는 아무런 방해가 되지 아니하며 채무자에 대한 채권이 제3채무자에게 대항할 수 있는 것임을 요하는 것도 아니므로, 채권자대위권을 재판상 행사함에 있어서도 채권자인 원고는 그 채권의 존재와 보전의 필요성, 기한의 도래등을 입증하면 충분하고 채권의 발생원인이나 그 채권이 제3채무자인 피고에게 대항할 수 있는 채권이라는 사실까지 입증할 필요는 없다. 따라서 **채권자가 채무자를 상대로 그 보전되는 청구권에 기한 이행청구의 소를 제기하여 승소판결이 확정되고 채권자가 그 확정판결에 기한 청구권을 피보전채권으로 하여 제3채무자를 상대로 채권자대위소송을 제기한 경우, 제3채무자는 채권자와 채무자 사이에 확정된 그 청구권의 존재를 다툴 수 없다**(대판 2000. 6. 9, 98다18155; 대판 2003. 4. 11, 2003다1250 등 참조).

정답 – ○

2 **채무자가 채권자대위권 행사의 통지를 받은 후에는 채무자의 채무불이행을 이유로 제3채무자가 매매계약을 해제하더라도, 제3채무자는 원칙적으로 계약해제로써 대위권을 행사하는 채권자에게 대항할 수 없다.** 변호사시험 제4회

해설

〔**제405조(채권자대위권행사의 통지)**〕 ① 채권자가 전조 제1항의 규정에 의하여 보전행위 이외의 권리를 행사한 때에는 채무자에게 통지하여야 한다. ② 채무자가 전항의 통지를 받은 후에는 그 권리를 처분하여도 이로써 채권자에게 대항하지 못한다.

『① 채무자의 채무불이행 사실 자체만으로는 권리변동의 효력이 발생하지 않아 이를 채무자가 제3채무자에 대하여 가지는 **채권을 소멸시키는 적극적인 행위로 파악할 수 없는 점,** ② **법정해제는 채무자의 객관적 채무불이행에 대한 제3채무자의 정당한 법적 대응인 점** 등을 고려할 때 채무자가 자신의 채무불이행을 이유로 매매계약이 해제되도록 한 것을 두고 민법 제405조 제2항에서 말하는 **'처분'에 해당한다고 할 수 없다.** 따라서 채무자가 채권자대위권행사의 통지를 받은 후에 채무를 불이행함으로써 통지 전에 체결된 약정에 따라 매매계약이 자동적으로 해제되거나, 채권자대위권행사의 통지를 받은 후에 채무자의 채무불이행을 이유로 제3채무자가 매매계약을 해제한 경우 제3채무자는 계약해제로써 대위권을 행사하는 채권자에게 대항할 수 있다. 다만 형식적으로는 채무자의 채무불이행을 이유로 한 계약해제인 것처럼 보이지만 실질적으로는 채무자와 제3채무자 사이의 합의에 따라 계약을 해제한 것으로 볼 수 있거나, 채무자와 제3채무자가 단지 대위채권자에게 대항할 수 있도록 채무자의 채무불이행을 이유로 하는 계약해제인 것처럼 외관을 갖춘 것이라는 등의 특별한 사정이 있는 경우에는 채무자가 피대위채권을 처분한 것으로 보아 제3채무자는 계약해제로써 대위권을 행사하는 채권자에게 대항할 수 없다』〔대판(전합) 2012. 5. 17, 2011다87235〕.

[비교판례] 『채권자가 채무자를 대위하여 제3채무자의 부동산에 대한 처분금지가처분을 신청하여 처분금지가처분 결정을 받은 경우, 이는 그 부동산에 관한 소유권이전등기청구권을 보전하기 위한 것이므로 피보전권리인 소유권이전등기청구권을 행사한 것과 같이 볼 수 있어, 채무자가 그러한 채권자대위권의 행사 사실을 알게 된 이후에 그 부동산에 대한 매매계약을 '합의해제'함으로써 채권자대위권의 객체인 그 부동산의 소유권이전등기청구권을 소멸시켰다 하더라도 이로써 채권자에게 대항할 수 없다』(대판 1996. 4. 12, 95다54167). 정답 - X

3 채권자대위권은 채무자의 제3채무자에 대한 권리를 행사하는 것이므로, 제3채무자는 채무자에 대해 가지는 모든 항변사유로 채권자에게 대항할 수 있으나, 채권자는 채무자가 주장할 수 있는 사유의 범위 내에서 주장할 수 있을 뿐 자기와 제3채무자 사이의 독자적인 사정에 기한 사유를 주장할 수는 없다. 변호사시험 제4회

해설 채권자는 채무자의 권리를 행사하는 것이므로 제405조에 따른 대위권행사의 통지가 있기 전에 제3채무자는 채무자에 대하여 가지는 모든 항변으로 채권자에게 대항할 수 있다. 그러나 **채무자가 채권자에게 주장할 수 있는 사유**(소멸시효의 완성의 주장, 취소권, 해제권 등 그 권리의 행사가 채무자의 의사에 달려있는 항변을 말한다. 그러나 피보전채권이 이미 변제 등으로 소멸하였다는 항변은 할 수 있다)**를 주장할 수는 없다**(대판 2004. 2. 12, 2001다10151). 또한 **채권자는 제3채무자에 대하여 채무자가 주장할 수 있는 범위 내에서 주장할 수 있을 뿐, 자기와 제3채무자 사이의 독자적인 사정에 기한 사유를 주장할 수는 없다**(대판 2009. 5. 28, 2009다4787).

[사실관계] 위 2009다4787판결은 채권자가 무효인 소유권이전등기청구권 가등기의 유용합의에 따라 부동산 소유자인 채무자로부터 그 가등기 이전의 부기등기를 마친 제3채무자를 상대로 채무자를 대위하여 가등기의 말소를 구한 사안에서 채권자가 그 부기등기 전에

부동산을 가압류한 사실을 주장하는 것은 채무자가 아닌 채권자 자신이 제3채무자에 대하여 가지는 사유에 관한 것이어서 허용되지 않는다고 한 사례이다. 정답 - O

4 유류분반환청구권은 그 행사 여부가 유류분권리자의 인격적 이익을 위하여 그의 자유로운 의사결정에 전적으로 맡겨진 권리로서 행사상의 일신전속성을 가진다고 보아야 하므로, 유류분권리자에게 그 권리행사의 확정적 의사가 있다고 인정되는 경우가 아니라면 채권자대위권의 목적이 될 수 없다. 변호사시험 제4회

해설 『유류분반환청구권은 그 행사 여부가 유류분권리자의 인격적 이익을 위하여 그의 자유로운 의사결정에 전적으로 맡겨진 권리로서 **행사상의 일신전속성**을 가진다고 보아야 하므로, **유류분권리자에게 그 권리행사의 확정적 의사가 있다고 인정되는 경우가 아니라면 채권자대위권의 목적이 될 수 없다**』(대판 2010. 5. 27, 2009다93992). 정답 - O

5 甲은 乙에 대하여 매매대금채권을 가지고 있고, 乙은 丙에 대하여 대여금채권을 가지고 있다. 甲은 乙을 대위하여 丙을 상대로 대여금의 지급을 구하는 소를 제기하였다. 甲의 소장 부본을 송달받은 丙이 乙에게 대여원리금 전액을 변제하였고 乙이 이를 수령한 경우, 乙이 변제수령 당시 이미 甲의 채권자대위소송 제기 사실을 알고 있었다면 丙은 甲에 대하여 채무의 변제사실을 가지고 대항할 수 없다. 변호사시험 제5회

해설 『**채권자가 채무자에게 통지를 하거나 채무자가 채권자의 대위권행사 사실을 안 경우**에는, **그 권리에 대한 채주자의 처분행위가 금지될 뿐 관리보전행위가 금지되는 것은 아니므로** 채무자는 **변제수령을 할 수 있고 또한 같은 이치에서 그의 명의로 소유권이전등기를 할 수 있다**』(대판 1990. 4. 27, 88다카25274,25281). 정답 - X

6 甲은 乙에 대하여 매매대금채권을 가지고 있고, 乙은 丙에 대하여 대여금채권을 가지고 있다. 甲은 乙을 대위하여 丙을 상대로 대여금의 지급을 구하는 소를 제기하였다. 甲이 채권자대위권을 행사함으로써 비용이 발생한 경우 甲은 乙에게 그 비용의 상환을 청구할 수 있다. 변호사시험 제5회

해설 채권자대위는 일종의 법정위임관계이므로 채권자는 대위를 위하여 비용을 지출하였을 경우 그 비용의 상환을 청구할 수 있다(제688조). 정답 - O

7 채무자가 채권자대위권 행사의 통지를 받은 후에 제3채무자가 채무자의 채무불이행을 이유로 채무자에 대하여 매매계약을 해제한 경우, 원칙적으로 제3채무자는 그 계약해제로써 채권자대위권을 행사하는 채권자에게 대항할 수 있다. 변호사시험 제5회

해설 『민법 제405조 제2항은 "채무자가 채권자대위권행사의 통지를 받은 후에는 그 권리를 처분하여도 이로써 채권자에게 대항하지 못한다."고 규정하고 있다. 위 조항의 취지는 채권자가 채무자에게 대위권 행사사실을 통지하거나 채무자가 채권자의 대위권 행사사실을 안 후에

채무자에게 대위의 목적인 권리의 양도나 포기 등 처분행위를 허용할 경우 채권자에 의한 대위권행사를 방해하는 것이 되므로 이를 금지하는 데에 있다. 그런데 채무자의 채무불이행 사실 자체만으로는 권리변동의 효력이 발생하지 않아 이를 채무자가 제3채무자에 대하여 가지는 채권을 소멸시키는 적극적인 행위로 파악할 수 없는 점, 더구나 법정해제는 채무자의 객관적 채무불이행에 대한 제3채무자의 정당한 법적 대응인 점, 채권이 압류·가압류된 경우에도 압류 또는 가압류된 채권의 발생원인이 된 기본계약의 해제가 인정되는 것과 균형을 이룰 필요가 있는 점 등을 고려할 때 채무자가 자신의 채무불이행을 이유로 매매계약이 해제되도록 한 것을 두고 민법 제405조 제2항에서 말하는 '처분'에 해당한다고 할 수 없다. 따라서 채무자가 채권자대위권행사의 통지를 받은 후에 채무를 불이행함으로써 **통지 전에 체결된 약정에 따라 매매계약이 자동적으로 해제**되거나, 채권자대위권행사의 통지를 받은 후에 **채무자의 채무불이행을 이유로 제3채무자가 매매계약을 해제**한 경우 **제3채무자는 계약해제로써 대위권을 행사하는 채권자에게 대항할 수 있다.** 다만 형식적으로는 채무자의 채무불이행을 이유로 한 계약해제인 것처럼 보이지만 실질적으로는 채무자와 제3채무자 사이의 합의에 따라 계약을 해제한 것으로 볼수 있거나, 채무자와 제3채무자가 단지 대위채권자에게 대항할 수 있도록 채무자의 채무불이행을 이유로 하는 계약해제인 것처럼 외관을 갖춘 것이라는 등의 특별한 사정이 있는 경우에는 채무자가 피대위채권을 처분한 것으로 보아 제3채무자는 계약해제로써 대위권을 행사하는 채권자에게 대항할 수 없다』[대판(전합) 2012. 5. 17, 2011다87235]. 정답 - O

8 채권자대위소송에서 대위에 의하여 보전될 채무자에 대한 채권자의 권리가 존재하는지 여부는 소송요건으로서 법원의 직권조사사항이다. 변호사시험 제5회

해설 『채권자대위소송에서 대위에 의하여 보전될 채권자의 채무자에 대한 권리(피보전채권)가 존재하는지 여부는 소송요건으로서 **법원의 직권조사사항**이므로, 법원으로서는 그 판단의 기초자료인 사실과 증거를 직권으로 탐지할 의무까지는 없다 하더라도, 법원에 현출된 모든 소송자료를 통하여 살펴보아 피보전채권의 존부에 관하여 의심할 만한 사정이 발견되면 직권으로 추가적인 심리·조사를 통하여 그 존재 여부를 확인하여야 할 의무가 있다』(대판 2009. 4. 23, 2009다3234). 정답 - O

9 이혼으로 인한 재산분할청구권은 재산권적 성질을 가진 것이므로, 이와 관련한 협의 또는 심판이 제기되기 전이라도 이를 보전하기 위하여 채권자대위권을 행사할 수 있다. 변호사시험 제7회

해설 **이혼으로 인한 재산분할청구권을 보전하기 위하여 채권자대위권을 행사할 수 있는지 여부**에 관하여 판례는 『이혼으로 인한 재산분할청구권은 **협의 또는 심판에 의하여 그 구체적 내용이 형성되기까지는 그 범위 및 내용이 불명확·불확정하기 때문**에 구체적으로 권리가 발생하였다고 할 수 없으므로 이를 보전하기 위하여 채권자대위권을 행사할 수 없다』(대판 1999. 4. 9, 98다58016)라고 판시하고 있다. 정답 - X

10 **수임인이 가지는「민법」제688조 제2항 전단 소정의 대변제청구권은 통상의 금전채권과는 다른 목적을 갖는 것이므로, 수임인이 대변제청구권을 보전하기 위하여 채무자인 위임인의 채권을 대위행사하는 경우에는 채무자의 무자력을 요건으로 하지 아니한다.** 변호사시험 제7회

해설 『수임인이 가지는 민법 제688조 제2항 전단 소정의 대변제청구권은 통상의 금전채권과는 다른 목적을 갖는 것이므로, 수임인이 이 대변제청구권을 보전하기 위하여 채무자인 위임인의 채권을 대위행사하는 경우에는 **채무자의 무자력을 요건으로 하지 아니한다**』(대판 2002. 1. 25, 2001다52506).

〔민법 제688조(수임인의 비용상환청구권 등)〕 ② 수임인이 위임사무의 처리에 필요한 채무를 부담한 때에는 위임인에게 자기에 갈음하여 이를 변제하게 할 수 있고 그 채무가 변제기에 있지 아니한 때에는 상당한 담보를 제공하게 할 수 있다.

정답 - O

11 **채무자가 채권자대위권 행사의 통지를 받은 후에는 피대위권리를 처분하여도 채권자에게 대항하지 못하므로, 채무자가 채무를 불이행함으로써 통지 전에 체결된 약정에 따라 피대위권리의 발생원인인 계약이 자동적으로 해제되었다고 하더라도 특별한 사정이 없는 한 제3채무자는 그 계약해제로써 대위권을 행사하는 채권자에게 대항할 수 없다.** 변호사시험 7회

해설 『민법 제405조 제2항은 "채무자가 채권자대위권행사의 통지를 받은 후에는 그 권리를 처분하여도 이로써 채권자에게 대항하지 못한다."고 규정하고 있다. 위 조항의 취지는 채권자가 채무자에게 대위권 행사사실을 통지하거나 채무자가 채권자의 대위권 행사사실을 안 후에 채무자에게 대위의 목적인 권리의 양도나 포기 등 처분행위를 허용할 경우 채권자에 의한 대위권행사를 방해하는 것이 되므로 이를 금지하는 데에 있다. 그런데 채무자의 채무불이행 사실 자체만으로는 권리변동의 효력이 발생하지 않아 이를 채무자가 제3채무자에 대하여 가지는 채권을 소멸시키는 적극적인 행위로 파악할 수 없는 점, 더구나 법정해제는 채무자의 객관적 채무불이행에 대한 제3채무자의 정당한 법적 대응인 점, 채권이 압류·가압류된 경우에도 압류 또는 가압류된 채권의 발생원인이 된 기본계약의 해제가 인정되는 것과 균형을 이룰 필요가 있는 점 등을 고려할 때 **채무자가 자신의 채무불이행을 이유로 매매계약이 해제되도록 한 것을 두고 민법 제405조 제2항에서 말하는 '처분'에 해당한다고 할 수 없다.** 따라서 채무자가 채권자대위권행사의 통지를 받은 후에 채무를 불이행함으로써 통지 전에 체결된 약정에 따라 매매계약이 자동적으로 해제되거나, 채권자대위권행사의 통지를 받은 후에 채무자의 채무불이행을 이유로 제3채무자가 매매계약을 해제한 경우 제3채무자는 계약해제로써 대위권을 행사하는 채권자에게 대항할 수 있다. 다만 형식적으로는 채무자의 채무불이행을 이유로 한 계약해제인 것처럼 보이지만 실질적으로는 채무자와 제3채무자 사이의 합의에 따라 계약을 해제한 것으로 볼 수 있거나, 채무자와 제3채무자가 단지 대위채권자에게 대항할 수 있도록 채무자의 채무불이행을 이유로 하는 계약해제인 것처

럼 외관을 갖춘 것이라는 등의 특별한 사정이 있는 경우에는 채무자가 피대위채권을 처분한 것으로 보아 제3채무자는 계약해제로써 대위권을 행사하는 채권자에게 대항할 수 없다』[대판(전합) 2012. 5. 17, 2011다87235].

정답 – X

12 **채권자대위권에서 보전되는 채권은 보전의 필요성이 인정되고 이행기가 도래한 것이면 되고, 채권의 발생원인이 어떠하든 대위권을 행사함에는 아무런 방해가 되지 아니하나, 적어도 채무자에 대한 채권이 제3채무자에게 대항할 수 있는 것이어야 한다.** 변호사시험 제7회

해설 『민법 제404조에서 규정하고 있는 채권자대위권은 채권자가 채무자에 대한 자기의 채권을 보전하기 위하여 필요한 경우에 채무자의 제3자에 대한 권리를 대위행사할 수 있는 권리를 말하는 것으로서, 이 때 **보전되는 채권은 보전의 필요성이 인정되고 이행기가 도래한 것이면 족하고,** 그 채권의 발생원인이 어떠하든 대위권을 행사함에는 아무런 방해가 되지 아니하며, 또한 **채무자에 대한 채권이 제3채무자에게까지 대항할 수 있는 것임을 요하는 것도 아니다**』(대판 2003. 4. 11, 2003다1250).

정답 – X

13 **채권을 보전하기 위하여 필요한 경우에는 실체법상 권리뿐만 아니라 소송법상 권리에 대하여도 대위가 허용되기 때문에 채무자와 제3채무자 사이의 소송이 계속된 이후의 그 소송과 관련한 재심의 소 제기는 채권자대위권의 목적이 될 수 있다.** 변호사시험 제7회

해설 『채권을 보전하기 위하여 대위행사가 필요한 경우는 실체법상 권리뿐만 아니라 소송법상 권리에 대하여서도 대위가 허용되나, **채무자와 제3채무자 사이의 소송이 계속된 이후의 소송수행과 관련한 개개의 소송상 행위는 그 권리의 행사를 소송당사자인 채무자의 의사에 맡기는 것이 타당**하므로 **채권자대위가 허용될 수 없다.** 같은 취지에서 볼 때 **상소의 제기와 마찬가지로 종전 재심대상판결에 대하여 불복하여 종전 소송절차의 재개, 속행 및 재심판을 구하는 재심의 소 제기**는 **채권자대위권의 목적이 될 수 없다**』(대판 2012. 12. 27, 2012다75239).

정답 – X

14 **채권자가 전득자를 상대로 하여 사해행위취소의 소를 제기하는 경우, 취소의 대상이 되는 사해행위는 채무자와 수익자 사이에서 행하여진 법률행위에 국한될 뿐 수익자와 전득자 사이의 법률행위는 그 대상이 되지 않는다.** 변호사시험 제4회

해설 『채권자가 전득자를 상대로 하여 사해행위의 취소와 함께 책임재산의 회복을 구하는 사해행위취소의 소를 제기한 경우에 그 취소의 효과는 채권자와 전득자 사이의 상대적인 관계에서만 생기는 것이고 채무자 또는 채무자와 수익자 사이의 법률관계에는 미치지 않는 것이므로, 이 경우 **취소의 대상이 되는 사해행위는 채무자와 수익자 사이에서 행하여진 법률행위에 국한**되고, **수익자와 전득자 사이의 법률행위는 취소의 대상이 되지 않는다**』(대판 2004. 8. 30, 2004다21923).

정답 – O

15 **사해행위가 채권자에 의하여 취소되기 전에 이미 수익자가 배당금을 현실로 지급받은 경우, 채권자는 원상회복방법으로 수익자 또는 전득자를 상대로 배당 또는 변제로 수령한 금원 중 자신의 채권액 상당의 지급을 가액배상의 방법으로 청구할 수 있다.** 변호사시험 제4회

해설 『사해행위가 채권자에 의하여 취소되기 전에 이미 수익자가 배당금을 현실로 지급받은 경우에는, 수익자가 경매절차에서 채무자와의 사해행위로 취득한 근저당권부 채권에 기하여 배당에 참가하여 배당표는 확정되었으나 채권자의 배당금지급금지가처분 등으로 인하여 배당금을 현실적으로 지급받지 못한 경우와 달리, 채권자는 원상회복방법으로 수익자 또는 전득자를 상대로 배당 또는 변제로 수령한 금원 중 **자신의 채권액 상당의 지급을 가액배상의 방법으로 청구할 수 있다 할 것**이나, 채권에 대한 압류가 경합하여 제3채무자가 금전채권을 집행공탁한 경우 비록 제3채무자의 채무가 소멸되는 것이기는 하지만, 제3채무자의 채권자는 현실적으로 채권을 추심한 것이 아니라 공탁금출급청구권을 취득한 것에 불과하고 압류의 효력이 채무자의 공탁금출급청구권에 대하여 존속하게 되는 것이므로 사해행위의 취소에 따른 원상회복은 금전지급에 의한 가액배상이 아니라 **공탁금출급청구권을 채권자에게 양도하는 방법**으로 하여야 한다』(대판 2004. 6. 25, 2004다9398). 정답 – O

16 **가등기에 기하여 본등기가 경료된 경우 가등기의 원인인 법률행위와 본등기의 원인인 법률행위가 명백히 다른 경우가 아닌 한, 사해행위 요건의 구비 여부는 가등기의 원인인 법률행위 당시를 기준으로 하여 판단하여야 한다.** 변호사시험 제4회

해설 『가등기에 기하여 본등기가 경료된 경우 가등기의 원인인 법률행위와 본등기의 원인인 법률행위가 명백히 다른 것이 아닌 한 사해행위 요건의 구비 여부는 **가등기의 원인된 법률행위 당시를 기준**으로 판단하여야 한다』(대판 2014. 3. 27, 2013다1518 등). 정답 – O

17 **채권자취소권을 특정물에 대한 소유권이전등기청구권을 보전하기 위하여 행사하는 것은 허용되지 않으므로 부동산의 제1양수인은 자신의 소유권이전등기청구권 보전을 위하여 양도인과 제2양수인 사이에서 이루어진 이중양도행위에 대하여 채권자취소권을 행사할 수는 없으나, 양도인이 부동산을 제2양수인에게 이중양도하고 소유권이전등기를 마침으로써 제1양수인이 양도인에 대해 취득하는 손해배상채권은 채권자취소권의 피보전채권이 될 수 있다.** 변호사시험 제5회

해설 『부동산을 양도받아 소유권이전등기청구권을 가지고 있는 자가 양도인이 제3자에게 이를 **이중으로 양도하여 소유권이전등기를 경료하여 줌으로써 취득하는 부동산 가액 상당의 손해배상채권은 이중양도행위에 대한 사해행위취소권을 행사할 수 있는 피보전채권에 해당한다고 할 수 없다**』(대판 1999. 4. 27, 98다56690). 정답 – X

18 **채권자취소권을 행사하기 위해서는 처분행위 당시 채권자를 해하는 것이기만 하면 되므로, 사실심 변론종결 당시에 채무자가 자력을 회복하여 채권자를 해하지 않게 된 경우에도 채권자취소권 행사가 가능하다.** 변호사시험 제5회

해설 『사해성의 요건은 **행위 당시**는 물론 채권자가 **취소권을 행사할 당시(사해행위취소소송의 사실심 변론종결시)**에도 갖추고 있어야 하므로, 처분행위 당시에는 채권자를 해하는 것이었더라도 그 후 채무자가 자력을 회복하거나 채무가 감소하여 취소권 행사시에 채권자를 해하지 않게 되었다면, 채권자취소권에 의하여 책임재산을 보전할 필요성이 없으므로 채권자취소권은 소멸한다』(대판 2009. 3. 26, 2007다63102). 정답 - X

19 **수익자 또는 전득자의 악의의 증명책임은 채권자가 부담한다.** 변호사시험 제5회

해설 **채무자의 악의 입증책임은 취소채권자에게 있다**(대판 19966. 10. 4, 66다1535). 수익자와 전득자의 악의는 채무자의 사해의사가 증명되면 추정된다. 따라서 **수익자 등이 자신의 선의임을 증명**해야 한다(대판 1997. 5. 23, 95다51908). 정답 - X

20 **채권자가 채무자의 채권자취소권을 대위행사하는 경우 채권자가 취소원인을 안 지 1년이 지났다면, 채무자가 그 취소원인을 안 날로부터 1년, 법률행위가 있은 날로부터 5년 내라도 채권자취소의 소를 제기할 수 없다.** 변호사시험 제5회

해설 『채권자취소권도 대위행사할 수 있는데, 그 때에 기간의 준수여부는 대위채권자가 아니고 **대위의 목적으로 되는 권리의 채권자인 채무자를 기준**으로 하여 판단하여야 한다』(대판 2001. 12. 27, 2000다73049). 왜냐하면 대위권은 채무자의 권리를 대신행사하는 것이기 때문이다. 정답 - X

21 **채권자는 사해행위의 취소와 원상회복을 청구함에 있어 사해행위의 취소만을 먼저 청구한 다음 원상회복을 나중에 청구할 수 있으며, 이 경우 사해행위 취소 청구가 민법 제406조 제2항에 정하여진 기간 안에 제기되었다면 원상회복의 청구는 그 기간이 지난 뒤에도 할 수 있다.** 변호사시험 제5회

해설 『채권자가 민법 제406조 제1항에 따라 **사해행위의 취소와 원상회복을 청구함에 있어 사해행위의 취소만을 먼저 청구한 다음 원상회복을 나중에 청구할 수 있으며**, 이 경우 **사해행위 취소 청구가 민법 제406조 제2항에 정하여진 기간 안에 제기**되었다면 **원상회복의 청구는 그 기간이 지난 뒤에도 할 수 있다**』(대판 2001. 9. 4, 2001다14108). 정답 - O

22 **채권자의 채권이 사해행위 이전에 성립하였다면 사해행위 이후에 양도되었다고 하더라도 그 채권의 양수인은 채권자취소권을 행사할 수 있다.** 변호사시험 제5회

해설 『사해행위라고 볼 수 있는 행위가 행하여지기 전에 발생한 채권은 원칙적으로 채권자취소권에 의하여 보호될 수 있는 채권이 될 수 있고, 채권자의 채권이 사해행위 이전에 성립한 이상 사해행위 이후에 양도되었다고 하더라도 양수인은 채권자취소권을 행사할 수 있으며, **채권 양수일에 채권자취소권의 피보전채권이 새로이 발생되었다고 할 수 없다**』(대판 2012. 2. 9, 2011다77146). 정답 - O

23 **사해행위 당시 이미 채권 성립의 기초가 되는 법률관계가 발생되어 있고, 가까운 장래에 그 법률관계에 기하여 채권이 성립되리라는 점에 대한 고도의 개연성이 있으며, 실제로 가까운 장래에 그 개연성이 현실화되어 사해행위 이후에 채권이 성립된 경우에는 채권자취소권의 피보전채권이 될 수 있다.** 변호사시험 제5회

해설 『채권자취소권에 의하여 보호될 수 있는 채권은 원칙적으로 사해행위라고 볼 수 있는 행위가 행하여지기 전에 발생된 것을 요하지만, **그 사해행위 당시에 이미 채권 성립의 기초가 되는 법률관계가 발생**되어 있고, 가까운 장래에 **그 법률관계에 터 잡아 채권이 성립되리라는 점에 대한 고도의 개연성**이 있으며, **실제로 가까운 장래에 그 개연성이 현실화되어 채권이 성립**된 경우에는 그 채권도 채권자취소권의 피보전채권이 될 수 있다』(대판 2002. 3. 29, 2001다81870 등 참조). 정답 - O

24 **여러 명의 채권자가 사해행위취소 및 원상회복청구의 소를 제기하여 여러 개의 소송이 계속 중인 경우에는 각 소송에서 채권자의 청구에 따라 사해행위의 취소 및 원상회복을 명하는 판결을 선고하여야 하고, 수익자 또는 전득자가 가액배상을 하여야 할 경우, 수익자 또는 전득자는 채권자들의 채권액에 비례하여 채권자별로 안분한 범위 내에서 이를 반환하여야 한다.** 변호사시험 제5회

해설 『**채권자취소권의 요건을 갖춘 각 채권자는 고유의 권리로서 채무자의 재산처분 행위를 취소하고 그 원상회복을 구할 수 있으므로** 여러 명의 채권자가 사해행위취소 및 원상회복청구의 소를 제기하여 여러 개의 소송이 계속중인 경우에는 각 소송에서 채권자의 청구에 따라 사해행위의 취소 및 원상회복을 명하는 판결을 선고하여야 하고, 수익자 또는 전득자가 가액배상을 하여야 할 경우에도 수익자 등이 반환하여야 할 가액을 채권자의 채권액에 비례하여 채권자별로 안분한 범위 내에서 반환을 명할 것이 아니라, **수익자등이 반환하여야 할 가액 범위 내에서 각 채권자의 피보전채권액 전액의 반환을 명하여야 한다.** 이와 같은 법리는 여러 명의 채권자들이 제기한 각 사해행위취소 및 원상회복청구의 소가 민사소송법 제141조에 의하여 병합되어 하나의 소송절차에서 심판을 받는 경우에도 마찬가지이다』(대판 2008. 6. 12, 2008다8690). 정답 - X

25 **채무자 甲 소유의 X 토지(시가 4,000만 원)와 Y 토지(시가 6,000만 원)에 대해 피담보채권액 3,000만 원의 공동저당권이 설정되어 있는 상태에서 甲이 Y 토지를 매도하여 그에 따른 소유권이전등기를 마쳤다. 甲의 일반 채권자 乙(채권금액 1억 원)에 의해 Y 토지에 대한 매매계약이 사해행위로 취소되어 가액배상을 해야 하는 경우, X, Y 토지의 시가변동이 없다면 사해행위취소에 따른 가액배상 범위는 (A)이다.** 변호사시험 제7회

해설 『공동저당권이 설정된 수개의 부동산 전부의 매매계약이 사해행위에 해당하고 사해행위의 목적 부동산 전부가 하나의 계약으로 동일인에게 일괄 양도된 경우에는 사해행위로 되는 매매계약이 공동저당 부동산의 일부를 목적으로 할 때처럼 부동산 가액에서 공제하여야 할 피담보채권액의 산정이 문제 되지 아니하므로 특별한 사정이 없는 한 취소에 따른 배상액의 산정은 **목적 부동산 전체의 가액에서 공동저당권의 피담보채권 총액을 공제하는 방식**으로 함이 취소채권자의 의사에도 부합하는 상당한 방법이고, 특별한 사정이 없는 한 목적물 전부를 사해행위로 취소하는 경우와 그중 일부를 개별적으로 취소하는 경우 사이에 취소에 따른 배상액 산정기준이 달라져야 할 이유가 없으므로 사해행위인 매매계약의 목적물 중 일부 목적물만을 사해행위로 취소하는 경우 **일부 목적물의 사실심 변론종결 당시 가액에서 공제되어야 할 피담보채권액은 공동저당권의 피담보채권총액을 사실심 변론종결 당시를 기준으로 한 공동저당 목적물의 가액에 비례하여 안분한 금액**이라고 보아야 한다』(대판 2014. 6. 26, 2012다77891).

정답 **- 4,200만원**

26 **채무자 丙과 물상보증인 丁이 공유하는 Z 토지(시가 1억 원, 丙 지분 2/5, 丁 지분 3/5)에 대해 피담보채권액 3,000만 원의 저당권이 설정되어 있는 상태에서 丙이 Z 토지의 지분을 매도하여 그에 따른 지분이전등기를 마쳤다. 丙의 일반 채권자 戊(채권금액 1억 원)에 의해 Z 토지에 관한 丙 소유 지분에 대한 매매계약이 사해행위로 취소되어 가액배상을 해야 하는 경우, 丁이 丙에 대하여 구상권을 행사할 수 없는 특별한 사정이 없고, Z 토지의 시가 변동이 없다면 사해행위취소에 따른 가액배상 범위는 (B)이다.** 변호사시험 제7회

해설 『사해행위취소의 소에서 채무자가 수익자에게 양도한 목적물에 저당권이 설정되어 있는 경우라면 그 목적물 중에서 일반채권자들의 공동담보에 제공되는 책임재산은 피담보채권액을 공제한 나머지 부분만이라고 할 것이고 그 피담보채권액이 목적물의 가액을 초과할 때는 당해 목적물의 양도는 사해행위에 해당한다고 할 수 없다. 그런데 수 개의 부동산에 공동저당권이 설정되어 있는 경우 책임재산을 산정함에 있어 각 부동산이 부담하는 피담보채권액은 특별한 사정이 없는 한 민법 제368조의 규정 취지에 비추어 공동저당권의 목적으로 된 각 부동산의 가액에 비례하여 공동저당권의 피담보채권액을 안분한 금액이라고 보아야 한다. 그러나 그 수 개의 부동산 중 일부는 채무자의 소유이고 다른 일부는 물상보증인의 소유인 경우에는, 물상보증인이 민법 제481조, 제482조의 규정에 따른 변제자대위에 의하여 채무자 소유의 부동산에 대하여 저당권을 행사할 수 있는 지위에 있는 점 등을 고려할 때, **그 물상보증인이 채무자에 대하여 구상권을 행사할 수 없는 특별한 사정이 없는 한 채무자 소유의 부동산에 관한 피담보채권액은 공동저당권의 피담보채권액 전액**으로 봄이

상당하다. 이러한 법리는 하나의 공유부동산 중 일부 지분이 채무자의 소유이고, 다른 일부 지분이 물상보증인의 소유인 경우에도 마찬가지로 적용된다』〔대판(전합) 2013. 7. 18, 2012다5643〕.

정답 - 1,000만원

27 **사해행위인 매매예약에 기하여 수익자 앞으로 가등기를 마친 다음 전득자 앞으로 가등기 이전의 부기등기 후 가등기에 기한 본등기까지 마쳤다면, 채권자는 더 이상 수익자를 상대로 사해행위인 매매예약의 취소를 청구할 수 없다.** 변호사시험 제7회

해설 『사해행위인 매매예약에 기하여 수익자 앞으로 가등기를 마친 후 전득자 앞으로 가등기 이전의 부기등기를 마치고 나아가 가등기에 기한 본등기까지 마쳤다 하더라도, 위 부기등기는 사해행위인 매매예약에 기초한 수익자의 권리의 이전을 나타내는 것으로서 부기등기에 의하여 수익자로서의 지위가 소멸하지는 아니하며, 채권자는 수익자를 상대로 사해행위인 매매예약의 취소를 청구할 수 있다. 그리고 설령 부기등기의 결과 가등기 및 본등기에 대한 말소청구소송에서 수익자의 피고적격이 부정되는 등의 사유로 인하여 수익자의 원물반환의무인 가등기말소의무의 이행이 불가능하게 된다 하더라도 달리 볼 수 없으며, 특별한 사정이 없는 한 **수익자는 가등기 및 본등기에 의하여 발생된 채권자들의 공동담보 부족에 관하여 원상회복의무로서 가액을 배상할 의무를 진다**』〔대판(전합) 2015. 5. 21, 2012다952〕.

정답 - X

28 **채권자는 채무자가 제3자에 대하여 가지고 있는 채권자취소권을 대위행사할 수 있고, 이 경우 채권자는 자신이 그 취소원인을 안 날로부터 1년, 법률행위가 있은 날로부터 5년 내라면 채권자취소의 소를 제기할 수 있다.** 변호사시험 제7회

해설 **채권자가 채무자의 채권자취소권을 대위행사하는 경우, 제소기간의 준수 여부는 채무자를 기준으로 하여 판단하는지 여부**에 관하여 판례는 『민법 제404조 소정의 채권자대위권은 채권자가 자신의 채권을 보전하기 위하여 채무자의 권리를 자신의 이름으로 행사할 수 있는 권리라 할 것이므로, 채권자가 채무자의 채권자취소권을 대위행사하는 경우, **제소기간은 대위의 목적으로 되는 권리의 채권자인 채무자를 기준으로** 하여 그 준수 여부를 가려야 할 것이고, 따라서 채권자취소권을 대위행사하는 채권자가 취소원인을 안 지 1년이 지났다 하더라도 채무자가 취소원인을 안 날로부터 1년, 법률행위가 있은 날로부터 5년 내라면 채권자취소의 소를 제기할 수 있다』(대판 2001. 12. 27, 2000다73049)라고 판시하고 있다.

정답 - X

29 **무자력 상태의 채무자가 소송절차를 통해 수익자에게 자신의 책임재산을 이전하기로 하여, 수익자가 제기한 소송에서 자백하는 등의 방법으로 패소판결을 받아 확정시키고, 이에 따라 수익자 앞으로 그 책임재산에 대한 소유권이전등기가 마쳐진 경우에도, 이러한 채무자와 수익자 사이의 이전합의는 일반 채권자의 이익을 해하는 사해행위가 될 수 있다.** 변호사시험 제7회

해설 『무자력상태의 채무자가 소송절차를 통해 수익자에게 자신의 책임재산을 이전하기로 하여, **수익자가 제기한 소송에서 자백하는 등의 방법으로 패소판결 또는 그와 같은 취지의 화해권고결정 등을 받아 확정시키고, 이에 따라 수익자 앞으로 책임재산에 대한 소유권이전등기 등이** 마쳐졌다면, **이러한 일련의 행위의 실질적인 원인이 되는 채무자와 수익자 사이의 이전합의는 다른 일반채권자의 이익을 해하는 사해행위가 될 수 있다**』(대판 2017. 4. 7, 2016다204783).

정답 – O

30 **채무자가 사해행위취소의 판결에 의하여 등기명의를 회복한 부동산을 제3자에게 처분하였다고 하더라도 위 판결을 받은 취소채권자는 등기 명의인을 상대로 등기의 말소를 청구할 수 있으나, 취소채권자를 제외하고 사해행위 당시의 채무자에 대한 일반 채권자는 등기 명의인을 상대로 등기의 말소를 청구할 수 없다.** 변호사시험 제7회

해설 『채무자가 사해행위 취소로 등기명의를 회복한 부동산을 제3자에게 처분하더라도 이는 무권리자의 처분에 불과하여 효력이 없으므로, 채무자로부터 제3자에게 마쳐진 소유권이전등기나 이에 기초하여 순차로 마쳐진 소유권이전등기 등은 모두 원인무효의 등기로서 말소되어야 한다. 이 경우 취소채권자나 민법 제407조에 따라 사해행위 취소와 원상회복의 효력을 받는 채권자는 **채무자의 책임재산으로 취급되는 부동산에 대한 강제집행을 위하여 원인무효 등기의 명의인을 상대로 등기의 말소를 청구할 수 있다**』(대판 2017. 3. 9, 2015다217980).

정답 – X

31 **채권자가 어느 수익자에 대하여 사해행위취소 및 원상회복 청구를 하여 승소확정판결을 받았다면, 그에 기하여 재산이나 가액의 회복을 마치기 전이라도 그 채권자는 자신의 피보전채권에 기하여 다른 수익자에 대하여 별도로 사해행위취소 및 원상회복 청구를 할 수 없다.** 변호사시험 제7회

해설 『**채권자가 어느 수익자에 대하여 사해행위취소 및 원상회복청구를 하여 승소판결을 받아 그 판결이 확정되었다 하더라도 그에 기하여 재산이나 가액의 회복을 마치지 아니한 이상 채권자는 자신의 피보전채권에 기하여 다른 수익자에 대하여 별도로 사해행위취소 및 원상회복청구를 할 수 있고**, 채권자가 여러 수익자들을 상대로 사해행위취소 및 원상회복청구의 소를 제기하여 여러 개의 소송이 계속 중인 경우에는 각 소송에서 채권자의 청구에 따라 사해행위의 취소 및 원상회복을 명하는 판결을 선고하여야 하며, 수익자가 가액배상을 하여야 할 경우에도 다른 소송의 결과를 참작할 필요 없이 수익자가 반환하여야 할 가액 범위 내에서 채권자의 피보전채권 전액의 반환을 명하여야 한다. 그리고 이러한 법리는 이 사건에서와 같이 채무자가 동시에 수인의 수익자들에게 각기 금원을 증여한 결과 채무초과상태가 되거나 그러한 상태가 악화됨으로써 그와 같은 각각의 증여행위가 모두 사해행위로 되고, 채권자가 그 수익자들을 공동피고로 하여 사해행위취소 및 원상회복을 구하여 각 수익자들이 부담하는 원상회복금액을 합산한 금액이 채권자의 피보전채권액을 초과하는 경우에도 마찬가지라고 할 것이다』(대판 2014. 10. 27, 2014다41575).

정답 – X

사례 【32~36】

甲은 乙에 대하여 1억 원의 대여금 채권을 가지고 있고, 乙은 丙에 대하여 1억 원의 자동차 매매대금 채권을 가지고 있다. 甲은 乙에 대한 채권을 보전하기 위하여 乙을 대위하여 丙에 대하여 매매대금을 직접 자신에게 지급하라는 소송을 제기하고 이러한 사실을 乙에게 통지하였다. 다음 설명 중 옳지 않은 것은? (다툼이 있는 경우에는 판례에 의함)

변호사시험 제1회

32 **甲의 乙에 대한 대여금 채권의 소멸시효가 완성된 경우, 특별한 사정이 없는 한 丙은 위 소멸시효 완성을 원용하여 항변할 수 없다.**

해설 대위권 행사의 통지(제405조)가 있기 전에 제3채무자는 채무자에 대하여 가지는 모든 항변으로 채권자에게 대항할 수 있다. 그러나 채무자가 채권자에게 주장할 수 있는 사유를 주장할 수는 없다. 『채권자대위권에 기한 청구에서 제3채무자는 채무자가 채권자에 대하여 가지는 항변으로 대항할 수 없을뿐더러 **채권의 소멸시효가 완성된 경우 이를 원용할 수 있는 자는 시효이익을 직접 받는 자만이고 제3채무자는 이를 행사할 수 없다**』(대판 1992. 11. 10, 92다35899).

정답 – O

33 **채권자대위권을 행사하는 甲에게 변제수령의 권한을 인정하는 것은 채권자평등의 원칙에 어긋날 뿐만 아니라 丙을 이중변제의 위험에 빠지게 하는 것이므로 丙은 甲의 이행청구를 거절할 수 있다.**

해설 채권자대위권은 채무자의 권리를 채권자가 대위행사하는 것이므로, 그 내용은 제3채무자에 대해 채무자에게 일정한 급부행위를 하라고 청구하는 것이 원칙이다. 다만 금전 기타 물건의 급부를 목적으로 하는 채권과 같이 '변제의 수령'을 요하는 경우에는, 직접 채권자에게 인도 또는 지급할 것을 청구할 수 있다. 『집행채무자의 채권자가 그 집행채권자를 상대로 **부당이득금 반환채권을 대위행사**하는 경우 집행채무자에게 그 반환의무를 이행하도록 청구할 수도 있지만, **직접 대위채권자에게 이행하도록 청구할 수도 있다**고 보아야 하는데, 이와 같이 채권자대위권을 행사하는 채권자에게 변제수령의 권한을 인정하더라도 그것이 채권자 평등의 원칙에 어긋난다거나 제3채무자를 이중 변제의 위험에 빠뜨리게 하는 것이라고 할 수 없다』(대판 2005. 4. 15, 2004다70024).

정답 – X

34 **위 채권자대위소송의 판결의 효력은 乙에게 미친다.**

해설 판례는 『**어느 채권자가 채권자대위권을 행사하는 방법으로 제3채무자를 상대로 소송을 제기하여 판결을 받은 경우, 어떠한 사유로든 채무자가 채권자대위소송이 제기된 사실을 알았을 경우에 한하여 그 판결의 효력이 채무자에게 미치므로**, 이러한 경우에는 그 후 다른 채권자가 동일한 소송물에 대하여 채권자대위권에 기한 소를 제기하면 전소의 기판력을 받게 된다고 할 것이지만, 채무자가 전소인 채권자대위소송이 제기된 사실을 알지 못하였을 경우에는 전소의 기판력이 다른 채권자가 제기한 후소인 채권자대위소송에 미치지 않는다』(대판 1994. 8. 12, 93다52808)라고 판시하고 있다. 정답 - O

35 **위 소가 제기되기 이전에 乙이 丙을 상대로 1억 원의 매매대금 채권의 지급을 구하는 소를 제기하였으나 이미 패소확정판결을 받은 경우, 甲은 乙을 대위하여 권리를 행사할 수 없다.**

해설 **채무자가 제3채무자에게 이미 재판상 행사한 권리를 채권자가 채무자를 대위하여 행사할 수 있는지 여부**에 관하여 판례는 『채권자대위권은 채무자가 제3채무자에 대한 권리를 행사하지 아니하는 경우에 한하여 채권자가 자기의 채권을 보전하기 위하여 행사할 수 있는 것이기 때문에 **채권자가 대위권을 행사할 당시 이미 채무자가 그 권리를 재판상 행사하였을 때에는 설사 패소의 확정판결을 받았더라도 채권자는 채무자를 대위하여 채무자의 권리를 행사할 당사자적격이 없다**』(대판 1993. 3. 26, 92다32876)라고 판시하고 있다. 정답 - O

36 **丙은 乙에게 매매대금 1억 원을 변제하고, 이를 항변사유로 하여 甲에게 대항할 수 있다.**

해설 채권자가 보존행위 이외의 권리를 행사한 때에는 채무자에게 이를 통지하여야 하고(제405조 제1항), 채무자가 그 통지를 받은 후에는 그 권리를 '처분'하여도 채권자에게 대항하지 못한다(제405조 제2항). 한편 **통지 등이 있는 경우에는 처분행위가 금지될 뿐 관리·보존행위까지 금지되는 것은 아니므로 통지 후에도 제3채무자의 변제가 금지되는 것은 아니다**(대판 1991. 4. 12, 90다9407). 정답 - O

사례 【37~39】

甲은 자기의 소유인 X 아파트를 乙에게 대금 3억 원에 매도하였는데 아직 잔대금 1억 원을 지급받지 못함에 따라 등기도 이전 해주지 아니하였다. 乙은 X 아파트를 丙에게 대금 3억 5,000만 원에 전매하였다. 甲은 금전채권자 A는 甲을 대위하여 乙을 상대로 매매 잔대금 청구소송을 제기하였다(제1소송). 한편 丙도 乙을 대위하여 甲을 상대로 乙에게로의 소유권이전등기 청구소송을 제기하고(제2소송), 이를 乙에게 통지하였다. 다음 설명이 타당한가?(다툼이 있는 경우에는 판례에 의하고, 각 지문은 모두 독립적이며 채권자대위소송은 적법하게 제기된 것으로 전제한다) 변호사시험 제3회

37 **제1소송이 제기된 후 甲은 乙로부터 잔대금을 변제받았다. 이 경우 甲이 위 변제 당시 제1소송의 제기사실을 알았다면 乙은 위 변제로 A에게 대항하지 못한다.**

해설 채권자가 보존행위 이외의 권리를 행사한 때에는 채무자에게 이를 통지하여야 하고(제405조 제1항), 채무자가 그 통지를 받은 후에는 그 권리를 '처분'하여도 채권자에게 대항하지 못한다(제405조 제2항). 그리고 통지는 없었지만 채무자가 대위권행사 사실을 안 때에도 통지가 있었던 때와 마찬가지의 효과가 발생한다(대판 2003. 1. 10, 2000다27343).

그러나 통지 등이 있는 경우에는 처분행위가 금지될 뿐 **관리·보존행위까지 금지되는 것은 아니므로 통지 후에도 제3채무자의 변제가 금지되는 것은 아니다**(대판 1991. 4. 12, 90다9407).

→ 따라서 제1소송(채권자대위소송)이 제기된 후 채무자 甲이 제3채무자 乙로부터 잔대금을 변제받은 것은 제405조 제2항의 처분행위가 아니므로, 甲이 위 변제 당시 당해 채권자대위소송의 제기사실을 알았다 하더라도 乙은 위 변제로 채권자 A에게 대항할 수 있다. 정답 - X

38 **제1소송에서, 乙의 甲에 대한 잔대금채무가 시효로 소멸한 경우 乙은 그 시효완성의 이익을 A에게 주장 할 수 있다.**

해설 채권자대위권 행사의 통지가 있기 전에 제3채무자는 채무자에 대하여 가지는 모든 항변으로 채권자에게 대항할 수 있다. 그러나 채무자가 채권자에게 주장할 수 있는 사유(**소멸시효의 완성의 주장**, 취소권, 해제권 등 그 권리의 행사가 채무자의 의사에 달려있는 항변을 말한다. 그러나 피보전채권이 이미 변제 등으로 소멸하였다는 항변은 할 수 있다)를 주장할 수는 없다(대판 2004. 2. 12, 2001다10151).

→ 따라서 제1소송(채권자대위소송)에서 제3채무자 乙의 채무자 甲에 대한 잔대금채무(피대위채권)가 시효로 소멸한 경우 乙은 그 시효완성의 이익을 채권자 A에게 주장할 수 있다.

정답 - O

39 **甲과 乙은 제2소송이 제기되자 그들 사이의 매매계약을 합의해제하였고, 甲은 X 아파트를 이러한 사정을 모르는 丁에게 매도하고 소유권이전등기를 경료하여 주었다. 이 경우 丁 명의의 등기는 무효이다.**

해설 제405조 제2항에서 말하는 금지되는 처분행위에는 **'채권 자체'에 대한 처분행위** 뿐만 아니라 **'채권 발생의 기초가 되는 법률관계에 대한 처분행위'[예컨대 채권발생원인이 된 기본계약의 합의해제(아래 95다54167판결)]도 포함**된다.

따라서 『채권자가 채무자를 대위하여 제3채무자의 부동산에 대한 처분금지가처분을 신청하여 처분금지가처분 결정을 받은 경우, 이는 그 부동산에 관한 소유권이전등기청구권을 보전하기 위한 것이므로 피보전권리인 소유권이전등기청구권을 행사한 것과 같이 볼 수 있어, **채무자가 그러한 채권자대위권의 행사 사실을 알게 된 이후에 그 부동산에 대한 매매계약을 합의해제함으로써 채권자대위권의 객체인 그 부동산의 소유권이전등기청구권을 소멸시켰다 하더라도 이로써 채권자에게 대항할 수 없다**』(대판 1996. 4. 12, 95다54167). 그러나 『계약해제시 계약은 소급하여 소멸하게 되어 해약당사자는 각 원상회복의 의무를 부담하게 되나 이 경우 **계약해제로 인한 원상회복등기 등이 이루어지기 이전에 해약당사자와 양립되지 아니하는 법률관계를 가지게 되었고 계약해제 사실을 몰랐던 제3자에 대하여는**

계약해제를 주장할 수 없고, 이 경우 제3자가 악의라는 사실의 주장·증명책임은 계약해제를 주장하는 자에게 있다』(대판 2005. 6. 9, 2005다6341). 이때 제3자는 계약해제전의 제3자와 같이 등기·인도 등으로 완전한 권리를 취득한 자임을 요한다. 그리고 **이 같은 법리는 계약의 합의해제에 있어서도 똑같이 적용**된다(대판 1991. 4. 12, 91다2601).

→ 따라서 제2소송(채권자대위소송)이 제기된 후 채무자 甲과 제3채무자 乙이 합의해제한 것은 제405조 제2항의 처분행위이므로, 이는 채권자 丙에게 대항할 수 없다. 다만 위 판례와 같이 제548조 제1항 단서 규정은 합의해제의 경우에도 유추적용되므로, 丁은 비록 합의해제 후 새로운 이해관계를 맺은 자이지만, 선의이고 소유권이전등기로 완전한 권리를 갖춘 자이므로 제548조 제1항 단서의 유추적용을 통해 丁 명의 등기는 유효하다. 정답 - X

사례 【40~44】

甲 소유의 X 부동산이 甲→乙→丙→丁 순으로 순차 매도되었으나 甲이 소유권이전등기 절차를 이행하지 않자 丁과 丙과 乙을 순차 대위하여 甲을 상대로 X 부동산에 관한 처분금지가처분결정을 받아 그 등기가 마쳐졌다. 다음 설명이 타당한가?(다툼이 있는 경우에는 판례에 의함) 변호사시험 제3회

40 위 처분 금지가처분의 피보전권리는 오직 乙의 甲에 대한 소유권이전등기청구권이고, 丙의 乙에 대한 소유권이전등기청구권이나 丁의 丙에 대한 소유권이전등기청구권까지 포함하는 것은 아니다.

해설 『**부동산의 전득자가 양수인 겸 전매자에 대한 소유권이전등기청구권을 보전하기 위하여 양수인을 대위하여 양도인을 상대로 처분금지가처분결정을 받아 그 등기를 마쳤다면 그 피보전권리는 양수인의 양도인에 대한 소유권이전등기청구권의 보전이고 전득자의 양수인에 대한 소유권이전등기청구권의 보전까지 포함되는 것은 아닌 것**이며 따라서 그 후 양도인으로부터 양수인 명의로 소유권이전등기가 마쳐졌고 이에 터잡아 다른 등기가 마쳐졌다고 하여도 그 등기는 위 처분금지가처분에 위배되는 것은 아니다』(대판 1988. 9. 27, 84다카2267). 정답 - O

41 위 처분금지가처분은 丁이 자신의 丙에 대한 소유권이전등기청구권 보전을 위하여 甲이 乙 이외의 사람에게 처분행위를 못하게 하는데 그 목적이 있는 것으로서 위 처분금지가처분 이후에 乙이 甲으로부터 소유권이전등기를 넘겨받는 것은 위 처분금지가처분의 효력에 위배되는 것이 아니다.

해설 『부동산의 전득자(채권자)가 양수인 겸 전매인(채무자)에 대한 소유권이전등기청구권을 보전하기 위하여 양수인을 대위하여 양도인(제3채무자)을 상대로 처분금지가처분을 한

경우…, 그 가처분결정에서 제3자에 대한 처분을 금지하였다 하여도 그 제3자 중에는 양수인은 포함되지 아니하므로 **그 가처분 후에 양수인이 양도인으로부터 넘겨받은 소유권이전등기는 위 가처분의 효력에 위배되지 아니하여 유효**하다』(대판 1991. 4. 12, 90다9407). 따라서 甲(양도인)이 乙(양수인)에게 소유권이전등기를 마쳐준 것은 처분금지가처분의 효력에 위배되는 것이 아니고, 乙명의의 소유권이전등기는 무효인 등기가 아니다. 정답 - O

42 **위 처분금지가처분 이후에 乙이 甲으로부터 소유권이전등기를 넘겨받아 丙이 아닌 戊에게 소유권이전등기를 마쳐주더라도 戊 명의의 소유권이전등기는 유효한 등기이다.**

해설 『부동산의 전득자가 양수인 겸 전매자에 대한 소유권이전등기청구권을 보전하기 위하여 양수인을 대위하여 양도인을 상대로 처분금지가처분결정을 받아 그 등기를 마쳤다면 그 피보전권리는 양수인의 양도인에 대한 소유권이전등기청구권의 보전이고 전득자의 양수인에 대한 소유권이전등기청구권의 보전까지 포함되는 것은 아닌 것이며 따라서 **그 후 양도인으로부터 양수인 명의로 소유권이전등기가 마쳐졌고 이에 터잡아 다른 등기가 마쳐졌다고 하여도 그 등기는 위 처분금지가처분에 위배되는 것은 아니다**』(대판 1988. 9. 27, 84다카2267). 정답 - O

43 **위 처분금지가처분 이후에 甲으로부터 직접 丙 앞으로 경료된 소유권이전등기는 丁에 대하여 소유권이전등기의무를 부담하고 있는 자인 丙에게로의 처분이므로 위 처분금지가처분의 효력에 위배되는 것이 아니다.**

해설 그러나 丙은 **가처분결정에서 처분이 금지된 제3자에 해당하므로 丙에게 소유권이**전등기를 경료하는 것은 처분금지가처분의 효력에 위배된다. 정답 - X

44 **丙이 乙을 상대로 乙의 甲에 대한 소유권이전등기청구권의 처분금지가처분결정을 받았다면, 甲이 乙에게 소유권이전등기를 마쳐주더라도 乙명의의 소유권이전등기는 무효인 등기이다.**

해설 『부동산의 전득자(채권자)가 양수인 겸 전매인(채무자)에 대한 소유권이전등기청구권을 보전하기 위하여 양수인을 대위하여 양도인(제3채무자)을 상대로 처분금지가처분을 한 경우…, 그 가처분결정에서 제3자에 대한 처분을 금지하였다 하여도 **그 제3자 중에는 양수인은 포함되지 아니하므로 그 가처분 후에 양수인이 양도인으로부터 넘겨받은 소유권이전등기는 위 가처분의 효력에 위배되지 아니하여 유효**하다』(대판 1991. 4. 12, 90다9407). 따라서 甲(양도인)이 乙(양수인)에게 소유권이전등기를 마쳐준 것은 처분금지가처분의 효력에 위배되는 것이 아니고, 乙명의의 소유권이전등기는 무효인 등기가 아니다. 정답 - X

사례 【45~48】

甲이 자기 소유의 아파트를 乙에게 매도하고 乙이 계약금과 중도금을 지급한 후 잔금을 지급하지 않고 있고 소유권이전등기가 경료되지 않은 상태에서, 다시 乙이 丙에게 위 아파트를 매도하고 丙은 乙에게 매매대금 전액을 지급하였다. 그 후 丙이 乙을 대위하여 甲에게 소유권이전등기청구소송을 제기하여 소가 계속 중에 있다. 이에 관한 설명 중 옳지 않은 것은? (다툼이 있는 경우 판례에 의함) 변호사시험 제6회

45 **위 소송에서 甲은 丙에 대하여 乙로부터 잔금을 받음과 동시에 소유권이전등기를 해 주겠다고 항변할 수 있다.**

해설 『채권자대위권은 채무자의 제3채무자에 대한 권리를 행사하는 것이므로, **제3채무자는 채무자에 대해 가지는 모든 항변사유로 채권자에게 대항할 수 있으나**, 채권자는 채무자 자신이 주장할 수 있는 사유의 범위 내에서 주장할 수 있을 뿐 자기와 제3채무자 사이의 독자적인 사정에 기한 사유를 주장할 수는 없다』(대판 2009. 5. 28, 2009다4787).

→ 제3채무자인 甲은 채무자인 乙에 대해 동시이행항변권이 있으므로, 이를 이유로 채권자인 丙에게 항변할 수 있다. 정답 – O

46 **① 丙이 乙에게 대위행사를 통지하였고 그 후 甲이 乙의 잔금채무불이행을 이유로 매매계약을 해제한 경우, 甲은 丙에게 계약해제로써 대항할 수 없다.**

② 丙이 乙에게 대위행사를 통지하였고 그 후 甲과 乙이 둘 사이의 매매계약을 합의하여 해제한 경우, 甲은 丙에게 계약해제로써 대항할 수 없다.

해설 『민법 제405조 제2항은 "채무자가 채권자대위권행사의 통지를 받은 후에는 그 권리를 처분하여도 이로써 채권자에게 대항하지 못한다."고 규정하고 있다. 위 조항의 취지는 채권자가 채무자에게 대위권 행사사실을 통지하거나 채무자가 채권자의 대위권 행사사실을 안 후에 채무자에게 대위의 목적인 권리의 양도나 포기 등 처분행위를 허용할 경우 채권자에 의한 대위권행사를 방해하는 것이 되므로 이를 금지하는 데에 있다. 그런데 채무자의 채무불이행 사실 자체만으로는 권리변동의 효력이 발생하지 않아 이를 채무자가 제3채무자에 대하여 가지는 채권을 소멸시키는 적극적인 행위로 파악할 수 없는 점, 더구나 법정해제는 채무자의 객관적 채무불이행에 대한 제3채무자의 정당한 법적 대응인 점, 채권이 압류·가압류된 경우에도 압류 또는 가압류된 채권의 발생원인이 된 기본계약의 해제가 인정되는 것과 균형을 이룰 필요가 있는 점 등을 고려할 때 채무자가 자신의 채무불이행을 이유로 매매계약이 해제되도록 한 것을 두고 민법 제405조 제2항에서 말하는 '처분'에 해당한다고 할 수 없다. 따라서 채무자가 채권자대위권행사의 통지를 받은 후에 채무를 불이행함으로써 통지 전에 체결된 약정에 따라 매매계약이 자동적으로 해제되거나, **채권자대위권행사의 통지를 받은 후에 채무자의 채무불이행을 이유로 제3채무자가 매매계약을 해제한 경우**

제3채무자는 계약해제로써 대위권을 행사하는 채권자에게 대항할 수 있다(①). 다만 형식적으로는 채무자의 채무불이행을 이유로 한 계약해제인 것처럼 보이지만 **실질적으로는 채무자와 제3채무자 사이의 합의에 따라 계약을 해제한 것으로 볼 수 있거나**, 채무자와 제3채무자가 단지 대위채권자에게 대항할 수 있도록 채무자의 채무불이행을 이유로 하는 계약해제인 것처럼 외관을 갖춘 것이라는 등의 특별한 사정이 있는 경우에는 **채무자가 피대위채권을 처분한 것으로 보아 제3채무자는 계약해제로써 대위권을 행사하는 채권자에게 대항할 수 없다**(②)』[대판(전합) 2012. 5. 17, 2011다87235]. 정답 - ① X ② O

47 丙이 위 소송계속 중 乙에게 대위행사를 통지한 후 통지를 수령한 乙이 甲에게 소유권이전등기청구소송을 제기한 경우, 乙이 제기한 소송은 부적법하여 각하된다.

해설 **채권자대위소송의 계속중에 채무자와 제3채무자 사이에 소송물을 같이하는 내용의 소송이 제기된 경우 중복제소가 되는지 여부 및 이 경우 전소, 후소의 판별기준**에 관하여 판례는 『**채권자가 채무자를 대위하여 제3채무자를 상대로 제기한 채권자대위소송이 법원에 계속 중 채무자와 제3채무자 사이에 채권자대위소송과 소송물을 같이하는 내용의 소송이 제기된 경우**, 양 소송은 동일소송이므로 **후소는 중복제소금지원칙에 위배되어 제기된 부적법한 소송**이라 할 것이나, 이 경우 전소, 후소의 판별기준은 소송계속의 발생시기의 선후에 의할 것이다』(대판 1992. 5. 22, 91다41187)라고 판시하고 있다.

→ 乙이 제기한 소송은 동일소송으로 부적법하여 각하된다. 정답 - O

48 丙이 乙에게 대위행사를 일반우편으로 통지하여 乙이 알게 된 경우, 그 후 丙이 제기한 소송이 패소로 확정되었다면 그 패소판결의 효력은 乙에게도 미친다.

해설 『**채권자가 채권자대위권을 행사하는 방법으로 제3채무자를 상대로 소송을 제기하고 판단을 받은 경우에는** 채권자가 채무자에 대하여 민법 제405조 제1항에 의한 보존행위 이외의 권리행사의 통지 또는 민사소송법 제77조에 의한 소송고지 혹은 비송사건절차법 제84조 제1항에 의한 재판상대위의 허가를 고지하는 방법 등을 위시하여 **어떠한 사유로 인하였던 적어도 채권자대위권에 의한 소송이 제기된 사실을 채무자가 알았을 경우에 비로소 그 판결의 효력이 채무자에게 미친다**』(대판 1988. 2. 23, 87다카1108). 정답 - O

사례 【49~53】

甲이 채무초과 상태에서 그 소유의 유일한 재산인 X 부동산을 乙에게 증여하였고, 甲의 채권자 丙이 사해행위취소소송을 제기하였다. 다음 설명 중 옳은 것은? (다툼이 있는 경우에는 판례에 의함)

변호사시험 제1회

49 **X에 관하여 채권자를 丁, 채권최고액을 2억 2,000만 원으로 하는 근저당권이 설정되어 있는데, 증여 당시 X의 가액은 2억 원, 피담보채권액은 1억 6,000만 원인 경우에 甲의 증여행위는 사해행위에 해당하지 않는다.**

해설 증여당시 X부동산의 시가(2억 원)가 근저당권의 실제 피담보채권액(1억 6,000만 원)을 초과하므로 나머지 4,000만 원 범위 내에서 사해행위에 해당한다. 『**저당권이 설정되어 있는 부동산이 사해행위로 양도된 경우에 그 사해행위는 부동산의 가액, 즉 시가에서 저당권의 피담보채권액을 공제한 잔액의 범위 내에서 성립**하고, 피담보채권액이 부동산의 가액을 초과하는 때에는 당해 부동산의 양도는 사해행위에 해당한다고 할 수 없는바, 여기서 **피담보채권액이라 함은 근저당권의 경우 채권최고액이 아니라 실제로 이미 발생하여 있는 채권금액**이다』(대판 2001. 10. 9, 2000다42618). 정답 - X

50 **위 증여가 채권자를 해함을 乙이 알았다는 점은 丙이 증명하여야 한다.**

해설 『사해행위취소소송에 있어서 **채무자가 악의라는 점에 대하여는 그 취소를 주장하는 채권자에게 입증책임**이 있으나 **수익자 또는 전득자가 악의라는 점에 관하여는 채권자에게 입증책임이 있는 것이 아니라 수익자 또는 전득자 자신에게 선의라는 사실을 입증할 책임이 있다**고 할 것이다』(대판 2007. 7. 12, 2007다18218 등). 정답 - X

51 **甲이 제소 당시에 채무초과 상태에 있었다면 그 후 甲이 채무초과 상태에서 벗어났더라도 이미 계속된 사해행위취소소송에 영향을 주지 않는다.**

해설 『처분행위 당시에는 채권자를 해하는 것이었다고 하더라도 그 후 채무자가 자력을 회복하여 사해행위취소권을 행사하는 **사실심의 변론종결시에는 채권자를 해하지 않게 된 경우에는 책임재산 보전의 필요성이 없어지게 되어 채권자취소권이 소멸**하는 것으로 보아야 할 것이다』(대판 2007. 11. 29, 2007다54849). 정답 - X

52 **乙이 선의인 戊를 위하여 X에 관한 근저당권을 설정하여 준 경우에, 丙은 乙 명의 등기의 말소에 갈음하여 甲 앞으로 직접 소유권이전등기를 청구할 수 있다.**

해설 『채권자의 사해행위취소 및 원상회복청구가 인정되면, 수익자는 원상회복으로서 사해행위의 목적물을 채무자에게 반환할 의무를 지게 되고, 만일 **원물반환이 불가능하거나 현저히 곤란한 경우에는 원상회복의무의 이행으로서 사해행위 목적물의 가액 상당을 배상**하여야 하는바, 여기에서 원물반환이 불가능하거나 현저히 곤란한 경우라 함은 원물반환이 단순히 절대적, 물리적으로 불능인 경우가 아니라 사회생활상의 경험법칙 또는 거래상의 관념에 비추어 그 이행의 실현을 기대할 수 없는 경우를 말하는 것이므로, **사해행위 후 그 목적물에 관하여 제3자가 저당권이나 지상권 등의 권리를 취득한 경우**에는 수익자가 목적물을 저당권 등의 제한이 없는 상태로 회복하여 이전하여 줄 수 있다는 등의 특별한 사정이 없는 한 **채권자는 수익자를 상대로 원물반환 대신 그 가액 상당의 배상을 구할 수도 있다**고 할 것이나, 그렇다고 하여 채권자가 스스로 위험이나 불이익을 감수하면서 원물반환을 구하는 것까지 허용되지 아니하는 것으로 볼 것은 아니고, 그 경우 채권자는 **원상회복 방법으로 가액배상 대신 수익자 명의의 등기의 말소를 구하거나 수익자를 상대로 채무자 앞으로 직접 소유권이전등기절차를 이행할 것을 구할 수 있다**』(대판 2001. 2. 9, 2000다57139). 정답 – O

53 **X에 관한 등기명의가 甲에게 회복되면, 丙은 X에 관하여 다른 채권자에 우선하여 채권의 만족을 얻을 수 있다.**

해설 『사해행위취소란 채권의 보전을 위하여 일반 채권자들의 공동담보에 제공되고 있는 채무자의 재산이 그의 처분행위로 감소되는 경우, 채권자의 청구에 의해 이를 취소하고, 일탈된 재산을 채무자의 책임재산으로 환원시키는 제도로서, **사해행위의 취소와 원상회복은 모든 채권자의 이익을 위하여 효력이 있으므로(민법 제407조), 취소채권자가 자신이 회복해 온 재산에 대하여 우선권을 가지는 것은 아니라고 할 것**이므로, 사해행위의 수익자 소유의 부동산에 대한 경매절차에서 취소채권자가 수익자에 대한 가액배상판결에 기하여 배당을 요구하여 배당을 받은 경우, 그 배당액은 배당요구를 한 취소채권자에게 그대로 귀속되는 것이 아니라 채무자의 책임재산으로 회복되는 것이며, 이에 대하여 채무자에 대한 채권자들은 채권만족에 관한 일반원칙에 따라 채권 내용을 실현할 수 있는 것이다." 다만 상계를 통해 실질적으로 우선변제 받는 방법은 가능하다』(대판 2005. 8. 25, 2005다14595). 정답 – X

사례 【54~56】

甲은 2012. 10. 1. 乙에게 5,000만 원을 대여하였다. 乙은 2012. 11. 1. A 은행으로부터도 3,000만원을 대출받고 유일한 재산인 X아파트(시가 1억 원이고, 그 후에도 변동이 없다)에 관하여 채권최고액 4,000만 원의 근저당권을 설정한 다음, 같은 날 위와 같은 사정을 잘 아는 아들 丙에게 X 아파트를 증여하고 소유권이전등기를 경료하여 주었다. 甲은 2012. 12. 1. 乙의 증여행위가 사해행위를 알게 되자, 같은 날 丙을 상대로 乙과 丙 사이의 증여계약을 취소하고 丙 명의의 소유권이전등기를 말소하라는 내용의 채권자취소소송을 제기하였다. 다음 설명이 타당한가?(이자, 지연손해금은 없는 것으로 가정한다. 다툼이 있는 경우에는 판례에 의하고, 각 지문은 모두 독립적이다) 변호사시험 제3회

54 **甲이 제기한 소송의 심리과정에서 甲이 2012. 11. 15. 乙로부터 대여금채권을 모두 변제받아 피보전채권이 소멸한 사실이 밝혀졌다. 법원은 甲의 소를 각하하여야 한다.**

해설 채권자취소권의 요건으로서 ① 객관적 요건으로는 (i) (금전)채권이 사해행위 이전에 발생하여야 하고(피보전채권), (ii) 채권자를 해하는 재산권을 목적으로 하는 법률행위가 있어야 하며(사해행위), ② 주관적 요건으로는 채무자 및 수익자(또는 전득자)의 사해의사가 있어야 한다(제406조). 채권자취소권의 피보전채권이 흠결된 경우에는 **채권자취소권이 발생하지 않은 것**이 되어 **원고의 청구는 이유 없게 된다**. 따라서 **법원은 원고의 청구를 '기각'**하

게 된다(대판 1993. 2. 12, 92다25151 ; 이에 비해 채권자대위권에서 피보전채권이 존재하지 않으면 '소각하' 판결을 한다).

→ 따라서 甲이 乙로부터 대여금채권을 모두 변제받아 피보전채권이 소멸한 경우 법원은 甲의 소를 '각하'가 아닌 '기각'하여야 한다. 정답 - X

55 **甲이 제기한 소송이 진행되던 중 丙은 A 은행에 3,000만원을 변제하고 근저당권설정등기를 말소하였다. 이에 甲은 위 소송의 청구를 5,000만 원의 범위 내에서 위 증여계약을 취소하고 5,000만 원의 가액배상을 구하는 것으로 변경하였다. 한편 乙에 대하여 7,000만 원의 물품대금채권을 가지고 있던 다른 채권자 丁은 2013. 10. 5. 별소로 丙을 상대로 7,000만 원의 범위 내에서 위 증여계약을 취소하고 7,000만 원의 가액배상을 구하는 채권자취소소송을 제기하였는데 위 양 소송이 병합되어 심리되었다. 이 소송에서 甲과 丁은 둘 다 전부승소판결을 받을 수 있다.**

해설 1. **사해행위의 범위**

『채무자가 양도한 목적물에 담보권이 설정되어 있는 경우라면 그 목적물 중에서 일반채권자들의 공동담보에 제공되는 책임재산은 피담보채권액을 공제한 나머지 부분만이라 할 것이고, 그 피담보채권이 목적물의 가격을 초과하고 있는 때에는 당해 목적물의 양도는 사해행위에 해당한다고 할 수 없는바, 여기서 피담보채권액이라 함은 근저당권의 경우에 채권최고액이 아니라 실제로 이미 발생하여 있는 채권금액이다』(대판 2001. 10. 9, 2000다42618).

→ 따라서 채무자 乙이 양도한 시가 1억 원의 X아파트에 A의 저당권이 설정되어 있는 본 사안의 경우 X아파트 중에서 일반채권자들의 공동담보에 제공되는 책임재산은 A의 채권최고액 4천만 원이 아닌 실제 피담보채권액 3천만 원을 공제한 7천만 원 부분만이라 할 것이다.

2. **원상회복의 방법**

『부동산에 관한 법률행위가 사해행위에 해당하는 경우에는 그 사해행위를 취소하고 소유권이전등기의 말소 등 부동산 자체의 회복을 명하는 것이 원칙이지만, 저당권이 설정되어 있는 부동산에 관하여 사해행위가 이루어진 경우에 그 사해행위는 부동산의 가액에서 저당권의 피담보채권액을 공제한 잔액의 범위 내에서만 성립한다고 보아야 하므로, **사해행위 후 변제 등에 의하여 저당권설정등기가 말소된 경우**, 사해행위를 취소하여 그 부동산의 자체의 회복을 명하는 것은 당초 일반채권자들의 공동담보로 되어 있지 아니하던 부분까지 회복을 명하는 것이 되어 공평에 반하는 결과가 되므로, **그 부동산의 가액에서 저당권의 피담보채무액을 공제한 잔액의 한도에서 사해행위를 취소하고 그 가액의 배상을 구할 수 있을 뿐이고, 그와 같은 가액 산정은 사실심 변론종결시를 기준으로 하여야 한다**』(대판 1999. 9. 7, 98다41490).

『사해행위취소로 인한 원상회복으로서 가액배상을 명하는 경우에는, 취소채권자는 직접 자기에게 가액배상금을 지급할 것을 청구할 수 있고, 위 지급받은 가액배상금을 분배하는 방법이나 절차 등에 관한 아무런 규정이 없는 현행법 아래에서 **다른 채권자들이 위 가액배상금에 대하여 배당요구를 할 수도 없으므로, 결국 채권자는 자신의 채권액을 초과하여 가액배상을 구할 수는 없다**』(대판 2008. 11. 13, 2006다1442).

→ 따라서 乙의 사해행위 후 수익자 丙이 3,000만 원을 변제하고 저당권설정등기를 말소하였으므로 X부동산의 가액인 1억 원에서 저당권의 피담보채무액 3천만 원을 공제한 7천만 원의 한도에서 ① 甲은 자신의 피보전채권액 5천만 원의 범위내에서 ② 丁은 자신의 피보전채권액 7천만 원의 범위내에서 가액배상을 구할 수 있다.

3. 사해행위 취소소송의 경합(중복소제기 여부) 및 가액반환 주문

『채권자취소권은 채권자대위권과는 달리 채권자 개개인에게 부여된 고유의 권리이므로, 비록 채무자의 같은 법률행위를 대상으로 각각 채권자취소권을 행사하더라도 소송물이 달라 **중복제소에 해당하지 않는다**』(대판 2003. 7. 11, 2003다19558 ; 대판 2005. 11. 25, 2005다51457).

『여러 명의 채권자가 사해행위취소 및 원상회복청구의 소를 제기하여 여러 개의 소송이 계속중인 경우에는 각 소송에서 채권자의 청구에 따라 사해행위의 취소 및 원상회복을 명하는 판결을 선고하여야 하고, 수익자(전득자를 포함)가 가액배상을 하여야 할 경우에도 **수익자가 반환하여야 할 가액을 채권자의 채권액에 비례하여 채권자별로 안분한 범위 내에서 반환을 명할 것이 아니라, 수익자가 반환하여야 할 가액 범위 내에서 각 채권자의 피보전채권액 전액의 반환을 명하여야 한다**』(대판 2005. 11. 25, 2005다51457). 『이와 같은 법리는 여러 명의 채권자들이 제기한 각 사해행위취소 및 원상회복청구의 소가 민사소송법 제141조에 의하여 병합되어 하나의 소송절차에서 심판을 받는 경우에도 마찬가지이다』(대판 2008. 6. 12, 2008다8690). 『이와 같이 여러 개의 소송에서 수익자가 배상하여야 할 가액 전액의 반환을 명하는 판결이 선고되어 확정될 경우 수익자는 이중으로 가액을 반환하게 될 위험에 처할 수 있을 것이나, 수익자가 어느 채권자에게 자신이 배상할 가액의 일부 또는 전부를 반환한 때에는 그 범위 내에서 다른 채권자에 대하여 청구이의 등의 방법으로 이중지급을 거부할 수 있을 것이다』(대판 2005. 11. 25, 2005다51457).

→ 따라서 채권자 甲의 가액반환 취소소송과 채권자 丁의 가액반환 취소소송이 병합되어 심리되었다면 甲과 丁은 둘 다 전부승소판결을 받을 수 있다. 정답 - O

56 **甲은 위 소송에서 승소판결을 받고 그 판결이 확정되었다. 한편, 丙은 위 소송의 변론종결 전인 2012. 12. 10. X 아파트를 악의인 戊에게 매도하고 소유권이전등기를 경료하여 준 상태였다. 이에 甲은 2013. 12. 9. 戊를 상대로 다시 乙과 丙 사이의 증여계약을 취소하고 戊 명의 등기의 말소를 구하는 소를 제기하였다. 甲은 이 소송에서 승소할 수 있다.**

해설 채권자취소의 소는 채권자가 취소원인을 안 날로부터 1년, 법률행위 있은 날로부터 5년 내에 제기하여야 한다(제406조 제2항). 『채권자가 전득자를 상대로 민법 제406조 제1항에 의한 채권자취소권을 행사하기 위해서는, 같은 조 제2항에서 정한 기간 안에 채무자와 수익자 사이의 사해행위의 취소를 소송상 공격방법의 주장이 아닌 법원에 소를 제기하는 방법으로 청구하여야 하는 것이고, **비록 채권자가 수익자를 상대로 사해행위의 취소를 구하는 소를 이미 제기하여 채무자와 수익자 사이의 법률행위를 취소하는 내용의 판결을 선고받아 확정되었더라도 그 판결의 효력은 그 소송의 피고가 아닌 전득자에게는 미칠 수 없는 것**이므로, **채권자가 그 소송과는 별도로 전득자에 대하여 채권자취소권을 행사하여 원**

상회복을 구하기 위해서는 위에서 본 법리에 따라 민법 제406조 제2항에서 정한 기간 안에 전득자에 대한 관계에 있어서 채무자와 수익자 사이의 사해행위를 취소하는 청구를 하지 않으면 아니 된다』(대판 2005. 6. 9, 2004다17535).

→ 사안에서 채권자 甲은 2012. 12. 1. 채무자 乙의 증여행위가 사해행위임을 알게 되었으므로 2013. 12. 1.(수익자인 丙이 전득자인 戊에게 처분행위를 한 2012. 12. 10.로부터 1년인 2013. 12. 10.이 아님)전에 전득자 戊를 상대로 채권자취소권을 행사하였어야 한다(제406조 제2항). 따라서 甲이 2013. 12. 9. 戊를 상대로 채권자취소권을 행사한다면 제소기간 도과로 甲의 소는 '각하'될 것이다. 정답 - X

사례 【57~60】

甲은 乙 은행으로부터 1억 원의 신용대출을 받아 사업을 하던 중 사업이 여의치 않아 이를 변제할 수 없게 되었다. 甲은 자신의 유일한 재산인 주택 X에 대한 乙 은행의 강제집행을 회피할 목적으로 이러한 사정을 알고 있는 丙과 통정하여 丙에게 매도한 것으로 가장하여 丙 앞으로 주택 X의 소유권이전등기를 경료하였다. 그 후 丙은 丁에게 위 주택 X에 관하여 저당권을 설정해 주었다. 이에 관한 설명 중 옳지 않은 것은? (다툼이 있는 경우 판례에 의함) 변호사시험 제6회

57 乙 은행은 甲과 丙 사이의 위 매매계약이 통정허위표시로서 무효인 경우라도 채권자취소권을 행사하여 위 계약의 취소를 구할 수 있다.

해설 통정허위표시에 의한 법률행위가 채권자취소권의 대상이 되는지 여부 및 채권자취소권의 대상으로 된 법률행위가 통정허위표시의 요건을 갖춘 경우의 효력에 관하여 판례는 『채무자의 법률행위가 통정허위표시인 경우에도 채권자취소권의 대상이 되고, 한편 채권자취소권의 대상으로 된 채무자의 법률행위라도 통정허위표시의 요건을 갖춘 경우에는 무효라고 할 것이다』(대판 1998. 2. 27, 97다50985)라고 판시하고 있다. 정답 - O

58 채권자취소권은 채무자와 수익자 사이에서 체결된 사해행위를 취소하는 것이지만, 乙 은행이 채권자취소소송을 제기하는 경우 채무자인 甲은 피고가 되지 아니한다.

해설 『[1] 채권자가 채권자취소권을 행사하려면 사해행위로 인하여 이익을 받은 자나 전득한 자를 상대로 그 법률행위의 취소를 청구하는 소송을 제기하여야 되는 것으로서 **채무자를 상대로 그 소송을 제기할 수는 없다.** [2] 채권자가 전득자를 상대로 하여 사해행위의 취소와 함께 책임재산의 회복을 구하는 사해행위취소의 소를 제기한 경우에 그 취소의 효과는 채권자와 전득자 사이의 상대적인 관계에서만 생기는 것이고 채무자 또는 채무자와 수익자 사이의 법률관계에는 미치지 않는 것이므로, 이 경우 **취소의 대상이 되는 사해행위는 채무자와 수익자 사이에서 행하여진 법률행위에 국한**되고, 수익자와 전득자 사이의 법률행위는 취소의 대상이 되지 않는다』(대판 2004. 8. 30, 2004다21923). 정답 - O

59 **乙 은행은 채권자취소권을 행사하여 甲과 丙 사이의 매매계약을 취소하고, 丙을 상대로 X주택에 관하여 채무자인 甲 앞으로 진정명의회복을 원인으로 한 소유권이전등기를 구할 수 있다.**

해설 『자기 앞으로 소유권을 표상하는 등기가 되어 있었거나 법률에 의하여 소유권을 취득한 자가 진정한 등기명의를 회복하기 위한 방법으로는 그 등기의 말소를 구하는 외에 현재의 등기명의인을 상대로 직접 소유권이전등기절차의 이행을 구하는 것도 허용되어야 하는바, 이러한 법리는 사해행위 취소소송에 있어서 취소 목적 부동산의 등기명의를 수익자로부터 채무자 앞으로 복귀시키고자 하는 경우에도 그대로 적용될 수 있다고 할 것이고, 따라서 **채권자는 사해행위의 취소로 인한 원상회복 방법으로 수익자 명의의 등기의 말소를 구하는 대신 수익자를 상대로 채무자 앞으로 직접 소유권이전등기절차를 이행할 것을 구할 수도 있다**』(대판 2000. 2. 25, 99다53704).

정답 – O

60 **乙 은행의 채권자취소소송에서 법원이 원상회복으로서 원물반환이 아닌 가액배상을 명하는 경우, 그 부동산의 가액은 특별한 사정이 없는 한 사해행위 당시를 기준으로 산정하여야 한다.**

해설 『부동산에 관한 법률행위가 사해행위에 해당하는 경우에는 원칙적으로 그 사해행위를 취소하고 소유권이전등기의 말소 등 부동산 자체의 회복을 명하는 것이 원칙이지만, 저당권이 설정되어 있는 부동산에 관하여 사해행위가 이루어진 경우에 그 사해행위는 부동산의 가액에서 저당권의 피담보채권액을 공제한 잔액의 범위 내에서만 성립한다고 보아야 하므로, 사해행위 후 변제 등에 의하여 저당권설정등기가 말소된 경우, 사해행위를 취소하여 그 부동산 자체의 회복을 명하는 것은 당초 일반 채권자들의 공동담보로 되어 있지 아니하던 부분까지 회복을 명하는 것이 되어 공평에 반하는 결과가 되므로, 그 부동산의 가액에서 저당권의 피담보채무액을 공제한 잔액의 한도에서 사해행위를 취소하고 그 가액의 배상을 구할 수 있을 뿐이고, 그와 같은 **가액 산정은 사실심 변론종결시를 기준으로 하여야 한다**』(대판 2001. 12. 27, 2001다33734).

정답 – X

사례 【61~65】

甲은 乙에 대하여 2010. 1. 20.을 변제기로 하는 1,000만 원의 금전채무를 부담하고 있던 중 2010. 3. 1. 다른 채권자 丙에게 자신의 유일한 재산인 X 토지(시가 4,000만 원)를 대물변제하였다. 이에 乙은 甲의 대물변제에 대하여 채권자취소소송을 제기하였다. 다음 설명 중 옳은 것은? (다툼이 있는 경우에는 판례에 의함) 변호사시험 제2회

61 **채권자취소소송에서 乙은 丙의 악의를 증명하여야 한다.**

해설 『사해행위취소소송에 있어서 채무자의 악의의 점에 대하여는 그 취소를 주장하는 채권자에게 입증책임이 있으나 수익자 또는 전득자가 악의라는 점에 관하여는 입증책임이 채권자에게 있는 것이 아니고 **수익자 또는 전득자 자신에게 선의라는 사실을 입증할 책임이 있다**』(대판 1997. 5. 23, 95다51908).

정답 - X

62 **乙이 취소원인을 2010. 4. 2. 알았다면 乙은 2015. 4. 2.까지 채권자취소권을 재판상 행사할 수 있다.**

해설

〔**제406조(채권자취소권)**〕 ② 전항의 소는 채권자가 취소원인을 **안 날로부터 1년, 법률행위 있은 날로부터 5년내에 제기**하여야 한다.

정답 - X

63 **丙의 채권이 우선변제권 있는 5,000만 원의 임금채권이라면, 甲의 丙에 대한 대물변제는 사해행위가 되지 않는다.**

해설 『채무자의 재산이 채무의 전부를 변제하기에 부족한 경우에 채무자가 그의 유일한 재산을 어느 특정 채권자에게 대물변제로 제공하는 행위는 다른 특별한 사정이 없는 한 다른 채권자들에 대한 관계에서 사해행위가 되지만, **채권자들의 공동담보가 되는 채무자의 총재산에 대하여 다른 채권자에 우선하여 변제를 받을 수 있는 권리를 가지는 채권자**는 처음부터 채무자의 재산에 대한 환가절차에서 **다른 채권자에 우선하여 배당을 받을 수 있는 지위에 있으므로**, 그와 같은 **우선변제권 있는 채권자에 대한 대물변제의 제공행위**는 특별한 사정이 없는 한 **다른 채권자들의 이익을 해한다고 볼 수 없어 사해행위가 되지 않는다**』(대판 2008. 2. 14, 2006다33357).

정답 - O

64 **만약 甲이 2010. 2. 20. 신용카드회사인 丁과 신용카드 가입계약을 체결하여 발급받은 신용카드로 2010. 3. 10. 전자제품을 구입한 후 카드대금을 연체하였다면, 丁은 이 신용카드대금채권을 피보전채권으로 甲의 대물변제에 대해 채권자취소소송을 제기할 수 있다.**

해설 『[1] 채권자취소권에 의하여 보호될 수 있는 채권은 원칙적으로 사해행위라고 볼 수 있는 행위가 행하여지기 전에 발생된 것임을 요하지만, 그 사해행위 당시에 이미 채권 성립의 기초가 되는 법률관계가 발생되어 있고, 가까운 장래에 그 법률관계에 터잡아 채권이 성립되리라는 점에 대한 고도의 개연성이 있으며, 실제로 가까운 장래에 그 개연성이 현실화되어 채권이 성립된 경우에는, 그 채권도 채권자취소권의 피보전채권이 될 수 있다. [2] 신용카드가입계약은 신용카드의 발행 및 관리, 신용카드의 이용과 관련된 대금의 결제에 관한 기본적 사항을 포함하고 있기는 하나 그에 기하여 신용카드업자의 채권이 바로 성립되는 것은 아니고, 신용카드를 발행받은 신용카드회원이 신용카드를 사용하여 신용카드가맹점으로부터 물품을 구매하거나 용역을 제공받음으로써 성립하는 신용카드매출채권을 신용카드가맹점이 신용카드업자에게 양도하거나, 신용카드업자로부터 자금의 융통을 받는 별개의 법률관계에 의하여 비로소 채권이 성립하는 것이므로, **단순히 신용카드가입계약만을 가리켜 여기에서 말하는 '채권성립의 기초가 되는 법률관계'에 해당한다고 할 수는 없다**』(대판 2004. 11. 12, 2004다40955). 정답 – X

65 **乙의 소송이 적법하게 계속된 경우, 甲의 다른 채권자 戊가 위 대물변제에 대하여 제기한 채권자취소소송은 중복소송에 해당하여 각하된다.**

해설 『채권자취소권의 요건을 갖춘 각 채권자는 **고유의 권리**로서 채무자의 재산처분 행위를 취소하고 그 원상회복을 구할 수 있는 것이므로 **여러 명의 채권자가 동시에 또는 시기를 달리하여 사해행위취소 및 원상회복청구의 소를 제기한 경우 이들 소가 중복제소에 해당하지 아니할** 뿐만 아니라, 어느 한 채권자가 동일한 사해행위에 관하여 사해행위취소 및 원상회복청구를 하여 승소판결을 받아 그 판결이 확정되었다는 것만으로는 그 후에 제기된 다른 채권자의 동일한 청구가 권리보호의 이익이 없게 되는 것은 아니고, 그에 기하여 재산이나 가액의 회복을 마친 경우에 비로소 다른 채권자의 사해행위취소 및 원상회복청구는 그와 중첩되는 범위 내에서 권리보호의 이익이 없게 된다』(대판 2005. 11. 25, 2005다51457).

정답 – X

제7장 다수당사자의 채권관계

1 **甲과 乙은 공동으로 丙에게 특수한 인쇄기계의 제작을 대금 3억 원에 도급하였다. 그 계약에서 도급대금은 완성된 인쇄기계의 인도와 동시에 지급하기로 약정하고 그 지급에 관하여 甲과 乙이 연대채무를 부담하기로 하였다. 丙은 인쇄기계 제작을 완성한 후 두 사람 중 보다 자력이 있는 甲에게 계속적으로 이행제공을 하면서 대금청구를 하였으나 乙에게는 한 번도 대금청구를 한 바 없다. 이 경우 乙도 丙에게 도급대금뿐만 아니라 지연손해금도 지급할 의무가 있다.** 변호사시험 제3회

해설

〔제416조(이행청구의 절대적 효력)〕 어느 연대채무자에 대한 이행청구는 다른 연대채무자에게도 효력이 있다.

→ 따라서 연대채무자 甲에 대한 이행제공 및 이행청구는 다른 연대채무자 乙에게도 효력이 있으므로 乙도 丙에게 도급대금 뿐만 아니라 지연손해금도 지급할 의무가 있다. 정답 – O

2 **연대채무자 중 1인에게 발생한 법률행위의 무효나 취소의 원인은 다른 연대채무자의 채무에는 영향이 없다.** 변호사시험 제4회

해설

〔제415조(채무자에 생긴 무효, 취소)〕 어느 연대채무자에 대한 법률행위의 무효나 취소의 원인은 다른 연대채무자의 채무에 영향을 미치지 아니한다.

정답 – O

3 **채권자의 신청에 의한 경매개시결정에 따라 연대채무자 중 1인 소유의 부동산이 압류된 경우, 압류에 의한 시효중단의 효력은 다른 연대채무자에게 미치지 않는다.** 변호사시험 제4회

해설

〔**제416조(이행청구의 절대적 효력)**〕 어느 연대채무자에 대한 이행청구는 다른 연대채무자에게도 효력이 있다.
〔**제423조(효력의 상대성의 원칙)**〕 전7조의 사항외에는 어느 연대채무자에 관한 사항은 다른 연대채무자에게 효력이 없다.

→ **이행청구 이외의 시효중단사유(압류, 가압류, 가처분 등)는 상대적 효력이 있을 뿐**이다. 채권자가 연대채무자 1인의 소유 부동산에 대하여 경매신청을 한 경우에 이는 최고로서의 효력이 있다. 한편 이 최고는 다른 연대채무자에게도 효력이 있으므로(제416조), 채권자가 6개월 내에 '다른 연대채무자'를 상대로 재판상 청구 등을 한 때에는 그 '다른 연대채무자'에 대한 채권의 소멸시효가 중단되지만, 이로 인하여 중단된 시효는 위 경매절차가 종료된 때가 아니라 재판이 확정된 때부터 새로 진행된다. 그리고 연대채무자 1인의 소유 부동산이 경매개시결정에 따라 압류된 경우, '다른 연대채무자'에게는 시효중단의 효력이 없다(제169조 참조; 대판 2001. 8. 21, 2001다22840).

정답 - O

4 **부진정연대채무자 중 1인이 자신의 채권자에 대한 반대채권으로 상계를 한 경우, 그 상계로 인한 채무소멸의 효력은 소멸한 채무 전액에 관하여 다른 부진정연대채무자에 대하여도 미친다.** 변호사시험 제4회

해설 종래 판례의 기본적 입장은 상계의 상대적 효력만 인정하였으나, 최근 전원합의체 판결을 통해 『부진정연대채무자 중 1인이 자신의 채권자에 대한 반대채권으로 상계를 한 경우에도 채권은 변제, 대물변제, 또는 공탁이 행하여진 경우와 동일하게 **현실적으로 만족을 얻어 그 목적을 달성하는 것**이므로, **그 상계로 인한 채무소멸의 효력은 소멸한 채무 전액에 관하여 다른 부진정연대채무자에 대하여도 미친다**고 보아야 한다. 이는 부진정연대채무자 중 1인이 채권자와 상계계약을 체결한 경우에도 마찬가지이다. 나아가 이러한 법리는 채권자가 상계 내지 상계계약이 이루어질 당시 다른 부진정연대채무자의 존재를 알았는지 여부에 의하여 좌우되지 아니한다』[대판(전합) 2010. 9. 16, 2008다97218]고 하여 상계의 절대적 효력을 인정하였다.

[비교판례] 그러나 부진정연대채무자 사이에는 고유한 의미의 부담부분이 존재하지 않으므로 이를 전제로 한 제418조 제2항은 유추적용되지 않는다(대판 1994. 5. 27, 93다21521). 정답 - O

5 **공동불법행위자 중 1인의 손해배상채무가 시효로 소멸한 후 다른 공동불법행위자가 피해자에게 자기의 부담 부분을 넘는 손해를 배상한 경우, 손해를 배상한 공동불법행위자는 손해배상채무가 시효로 소멸한 다른 공동불법행위자에게는 구상권을 행사할 수 없다.** 변호사시험 제4회

해설 『**공동불법행위자 중 1인의 손해배상채무가 시효로 소멸한 후에 다른 공동불법행위자 1인이 피해자에게 자기의 부담 부분을 넘는 손해를 배상**하였을 경우에도, **그 공동불법행위자는 다른 공동불법행위자에게 구상권을 행사할 수 있다**』(대판 2010. 12. 23, 2010다52225).

> **[비교] 〔제421조(소멸시효의 절대적 효력)〕** 어느 연대채무자에 대하여 소멸시효가 완성한 때에는 그 부담부분에 한하여 다른 연대채무자도 의무를 면한다.

정답 – X

6 **부진정연대채무자 중 1인을 위하여 보증인이 된 자가 피보증인을 위하여 채무를 변제하였다면 다른 부진정연대채무자에 대하여 구상권을 행사할 수 있다.** 변호사시험 제4회

해설 『**어느 부진정연대채무자를 위하여 보증인이 된 자가 채무를 이행한 경우에는 다른 부진정연대채무자에 대하여도 직접 구상권을 취득**하게 되고, 그와 같은 구상권을 확보하기 위하여 채권자를 대위하여 채권자의 다른 부진정연대채무자에 대한 채권 및 그 담보에 관한 권리를 구상권의 범위 내에서 행사할 수 있다』(대판 2010. 5. 27, 2009다85861). 정답 – O

7 **공동불법행위자는 채권자에 대한 관계에서 부진정연대책임을 지되, 공동불법행위자 중 1인이 전체 채무를 변제한 경우 특별한 사정이 없는 한 나머지 공동불법행위자들이 부담하는 구상채무의 성질은 각자의 부담부분에 따른 분할채무이다.** 변호사시험 제5회

해설 『공동불법행위자 중 1인에 대하여 구상의무를 부담하는 다른 공동불법행위자가 수인인 경우에는 특별한 사정이 없는 이상 그들의 구상권자에 대한 채무는 각자의 부담 부분에 따른 **분할채무로 보는 것이 타당**하지만, **구상권자인 공동불법행위자 측에 과실이 없는 경우**, 즉 내부적인 부담 부분이 전혀 없는 경우에는 이와 달리 그에 대한 수인의 구상의무를 **부진정연대관계**로 보는 것이 타당하다』(대판 2012. 3. 15, 2011다52727). 정답 – O

8 **공동불법행위자는 자신의 부담부분 이상을 변제하여 공동의 면책을 얻게 하였을 때에 다른 공동불법행위자에 대하여 구상권을 행사할 수 있으나, 연대채무자는 자신의 부담부분 이상을 변제하지 않더라도 다른 연대채무자에 대하여 구상권을 행사할 수 있다.**
변호사시험 제5회

해설 『공동불법행위자는 채권자에 대한 관계에서는 부진정연대채무를 지되, 공동불법행위자들 내부관계에서는 일정한 부담 부분이 있고, 공동불법행위자 중 1인이 자기의 부담 부분 이상을 변제하여 공동의 면책을 얻게 하였을 때에는 다른 공동불법행위자에게 그 부담 부분의 비율에 따라 구상권을 행사할 수 있으므로 공동불법행위자가 구상권을 갖기 위하여는 반드시 피해자의 손해 전부를 배상하여야 할 필요는 없으나, **자기의 부담 부분을 초과하여 배상을 하여야 할 것**이다』(대판 2006. 2. 9, 2005다28426). 정답 – O

9 **부진정연대채무자 중의 1인이 채권자에 대하여 한 상계는 절대적 효력이 있지만, 부진정연대채무자 중의 1인과 채권자 사이의 상계계약의 경우에는 절대적 효력이 인정되지 않는다.** 변호사시험 제5회

해설 『[다수의견] 부진정연대채무자 중 1인이 자신의 채권자에 대한 반대채권으로 상계를 한 경우에도 채권은 변제, 대물변제, 또는 공탁이 행하여진 경우와 동일하게 **현실적으로 만족을 얻어 그 목적을 달성하는 것**이므로, **그 상계로 인한 채무소멸의 효력은 소멸한 채무 전액에 관하여 다른 부진정연대채무자에 대하여도 미친다**고 보아야 한다. 이는 부진정연대채무자 중 1인이 채권자와 **상계계약을 체결한 경우에도 마찬가지**이다. 나아가 이러한 법리는 채권자가 상계 내지 상계계약이 이루어질 당시 다른 부진정연대채무자의 존재를 알았는지 여부에 의하여 좌우되지 아니한다』[대판(전합) 2010. 9. 16, 2008다97218]. 정답 - X

10 **여러 사람이 공동으로 법률상 원인 없이 타인의 재산을 사용한 경우의 부당이득 반환채무는 특별한 사정이 없는 한 불가분적 이득의 반환으로서 불가분채무이고, 불가분채무는 각 채무자가 채무 전부를 이행할 의무가 있으며, 1인의 채무이행으로 다른 채무자도 그 의무를 면하게 된다.** 변호사시험 제5회

해설 『여러 사람이 공동으로 법률상 원인 없이 타인의 재산을 사용한 경우의 부당이득 반환채무는 특별한 사정이 없는 한 불가분적 이득의 반환으로서 불가분채무이고, 불가분채무는 각 채무자가 채무 전부를 이행할 의무가 있으며, 1인의 채무이행으로 다른 채무자도 그 의무를 면하게 된다』(대판 2001. 12. 11, 2000다13948). 정답 - O

11 **A에 대하여 3,000만 원의 연대채무를 부담하고 있는 甲, 乙, 丙이 내부적으로 4:4:2의 비율로 부담부분을 정한 상태에서 甲이 A에게 3,000만 원을 변제하였다. 만약 丙이 자신의 부담부분을 상환할 자력이 없고 A가 乙에게 연대의 면제를 해 주었다면, 甲은 乙에게 1,200만 원을, A에게 300만 원을 각 청구할 수 있다.** 변호사시험 제7회

해설

〔제427조(상환무자력자의 부담부분)〕 ① 연대채무자 중에 상환할 자력이 없는 자가 있는 때에는 그 채무자의 부담부분은 구상권자 및 다른 자력이 있는 채무자가 그 부담부분에 비례하여 분담한다. 그러나 구상권자에게 과실이 있는 때에는 다른 연대채무자에 대하여 분담을 청구하지 못한다.

→ 甲은 乙에게 그의 부담부분 액수인 1천2백만원을 구상할 수 있고, 상환무자력자인 丙의 부담부분인 6백만원은 甲과 乙이 그 부담부분의 비율에 따라 분담하여야 하나 乙이 연대의 면제를 받았으므로 乙이 분담하여야 할 부분은 채권자 A가 부담한다. 결국 A는 3백만원의 구상의무를 부담한다. 정답 - O

12 **연대채무자 중의 한 사람이 공동면책을 이유로 다른 연대채무자에게 구상권을 행사하려면 자기의 부담부분을 넘은 변제를 하여야 한다.** 변호사시험 제7회

해설 『연대보증인들 사이의 내부관계에서는 연대보증인 각자가 자신의 분담금액을 한도로 일부 보증을 한 것과 같이 볼 수 있어서 그 분담금액 범위 내의 출재에 관한 구상관계는 주채무자만을 상대로 해결할 것을 예정하고 있는 반면, 연대채무자들 사이에서는 연대채무자 각자가 행한 모든 출재에 관하여 다른 연대채무자의 공동부담을 기대하는 것이 보통이다. 그리하여 민법은 연대보증인 중의 한 사람이 공동면책을 이유로 다른 연대보증인에게 구상권을 행사하려면 '자기의 부담부분을 넘은' 변제를 하였을 것을 그 요건으로 규정하였으나(제448조 제2항), 연대채무자 중의 한 사람이 공동면책을 이유로 다른 연대채무자에게 구상권을 행사하는 데 있어서는 그러한 제한 없이 '부담부분'에 대하여 구상권을 행사할 수 있는 것으로 규정하고 있다(제425조 제1항). 따라서 **연대채무자 사이의 구상권행사에 있어서 '부담부분'이란 연대채무자가 그 내부관계에서 출재를 분담하기로 한 비율을 말한다**고 봄이 타당하다. 그 결과 변제 기타 자기의 출재로 일부 공동면책되게 한 연대채무자는 역시 변제 기타 자기의 출재로 일부 공동면책되게 한 다른 연대채무자를 상대로 하여서도 자신의 공동면책액 중 다른 연대채무자의 분담비율에 해당하는 금액이 다른 연대채무자의 공동면책액 중 자신의 분담비율에 해당하는 금액을 초과한다면 그 범위에서 여전히 구상권을 행사할 수 있다고 보아야 한다』(대판 2013. 11. 14, 2013다46023). 정답 – X

13 **어느 연대채무자가 다른 연대채무자에게 구상권을 행사할 때 그 부담부분은 균등한 것으로 추정되나, 연대채무자 사이에 부담부분에 관한 특약이 있거나 특약이 없더라도 채무의 부담과 관련하여 각 채무자의 수익비율이 다른 경우에는 그 특약 또는 비율에 따라 부담부분이 결정된다.** 변호사시험 제7회

해설 **변제 기타 자기의 출재로 공동면책을 얻은 연대채무자가 다른 연대채무자에게 구상할 수 있는 부담부분을 결정하는 기준**에 관하여 판례는 『어느 연대채무자가 변제 기타 자기의 출재로 공동면책이 되게 한 때에는 다른 연대채무자의 부담부분에 대하여 구상권을 행사할 수 있고 이 때 부담부분은 균등한 것으로 추정되나, 연대채무자 사이에 부담부분에 관한 특약이 있거나 특약이 없더라도 채무의 부담과 관련하여 각 채무자의 수익비율이 다른 경우에는 그 특약 또는 비율에 따라 부담부분이 결정된다』(대판 2014. 8. 26, 2013다49428,49435)라고 판시하고 있다. 정답 – O

14 **甲과 乙이 공동불법행위책임을 지는 경우, 甲의 손해배상채무가 시효로 소멸한 후에는 乙이 피해자에게 자기의 부담부분을 넘는 손해를 배상하였다고 하더라도 甲을 상대로 구상권을 행사할 수 없다.** 변호사시험 제7회

해설 『공동불법행위자의 다른 공동불법행위자에 대한 구상권은 피해자의 다른 공동불법행위자에 대한 손해배상채권과는 그 발생 원인 및 성질을 달리하는 별개의 권리이고, **연대채무에 있어서 소멸시효의 절대적 효력에 관한 민법 제421조의 규정은 공동불법행위자**

상호간의 부진정연대채무에 대하여는 그 적용이 없으므로, 공동불법행위자 중 1인의 손해배상채무가 시효로 소멸한 후에 다른 공동불법행위자 1인이 피해자에게 자기의 부담 부분을넘는 손해를 배상하였을 경우에도, 그 공동불법행위자는 다른 공동불법행위자에게 구상권을 행사할 수 있다』(대판 1997. 12. 23, 97다42830). 정답 – X

15 **공동불법행위자 중 1인에 대하여 구상의무를 부담하는 다른 공동불법행위자가 수인인 경우에는 특별한 사정이 없는 이상 그들의 구상권자에 대한 채무는 각자의 부담부분에 따른 분할채무로 봄이 상당하지만, 구상권자인 공동불법행위자 측에 과실이 없는 경우, 즉 내부적인 부담부분이 전혀 없는 경우에는 그에 대한 수인의 구상의무 사이의 관계를 부진정연대관계로 보아야 한다.** 변호사시험 제7회

해설 『공동불법행위자 중 1인에 대하여 구상의무를 부담하는 다른 공동불법행위자가 수인인 경우에는 특별한 사정이 없는 이상 그들의 구상권자에 대한 채무는 각자의 부담 부분에 따른 분할채무로 봄이 상당하지만, 구상권자인 공동불법행위자측에 과실이 없는 경우, 즉 내부적인 부담 부분이 전혀 없는 경우에는 이와 달리 그에 대한 수인의 구상의무 사이의 관계를 부진정연대관계로 봄이 상당하다』(대판 2005. 10. 13, 2003다24147). 정답 – O

16 **보증채무에 대한 소멸시효가 중단되었더라도 이로써 주채무에 대한 소멸시효가 중단되는 것은 아니다.** 변호사시험 제4회

해설 주채무가 시효중단되면 보증채무도 당연히 시효중단되나(제440조), 보증채무에 대한 소멸시효가 중단되었다고 하더라도 이로써 주채무에 대한 소멸시효가 중단되는 것은 아니다. 정답 – O

17 **주채무가 소멸시효 완성으로 소멸된 경우 보증채무도 그 자체의 시효중단에 불구하고 당연히 소멸된다.** 변호사시험 제4회

해설 『주채무가 소멸시효 완성으로 소멸된 경우에는 연대보증채무도 그 채무 자체의 시효중단에 불구하고 부종성에 따라 당연히 소멸된다』(대판 1994. 1. 11, 93다21477). 정답 – O

18 **보증채무자는 보증채무 자체의 이행지체로 인한 지연손해금에 대하여는 보증한도액과 별도로 이를 부담한다.** 변호사시험 제4회

해설 보증채무는 채권자와 보증인 사이의 보증계약에 의하여 성립하며, 주채무와는 별개의 독립한 채무이다. 따라서 보증채무에 관해 따로 위약금 기타 손해배상액을 예정할 수 있고(제429조 제2항), 보증채무 자체의 이행지체로 인한 지연손해금은 보증한도액과는 별도로 부담한다. 정답 – O

19 **보증채무의 연체이율에 관하여 특별한 약정이 없으면 주채무에 관하여 약정된 연체이율이 적용된다.** 변호사시험 제4회

해설 『**보증채무는 채권자와 보증인 사이의 보증계약에 의하여 성립하며, 주채무와는 별개의 독립한 채무**이다. 따라서 주채무에 관하여 약정된 연체이율이 당연히 여기에 적용되는 것은 아니다』(대판 2003. 6. 13, 2001다29803). 정답 – X

20 **보증인은 자신의 채권자에 대한 채권으로 채권자의 보증채권과 상계할 수 있을 뿐만 아니라, 주채무자의 채권자에 대한 채권으로도 상계할 수 있다.** 변호사시험 제5회

해설

〔제434조(보증인과 주채무자상계권)〕 보증인은 주채무자의 채권에 의한 상계로 채권자에게 대항할 수 있다.

정답 – O

사례 【21~25】

甲에 대한 乙의 1,000만 원의 금전채무에 대하여 丙과 丁이 연대보증인이 된 경우에 관한 설명 중 옳은 것은? (별도의 특약은 없는 것으로 하고, 다툼이 있는 경우에는 판례에 의함) 변호사시험 제1회

21 **丙이 甲으로부터 청구를 받은 경우, 丙이 乙에게 집행이 용이한 재산이 있음을 증명하면 甲은 우선 乙에게 청구하여야 한다.**

해설 연대보증은 주채무자와 연대하여 보증책임을 부담하므로 보충성 인정되지 않아 **민법 제437조의 최고·검색의 항변은 인정되지 않는다.** 甲은 변제기만 도래하면 주채무자 乙 또는 연대보증인 丙과 丁 누구에게나 선택적으로 채무 이행을 청구할 수 있다. 정답 – X

22 **甲의 丁에 대한 채권포기는 乙에게도 그 효력이 미친다.**

해설 부종성의 결과 주채무자에 관하여 생긴 사유는 모두 연대보증인에게 효력이 미친다. 그러나 반대로 연대보증인에 관하여 생긴 사유는 변제, 대물변제, 경개, 상계 등 채권의 목적을 달성하는 사유를 제외하고는 주채무자에 대하여 효력이 없다.『**연대보증인 1인에 대한 채권포기는 주채무자나 다른 연대보증인에게는효력이 미치지 아니한다**』(대판 1994. 11. 8, 94다37202). 정답 – X

23 **丙이 1,000만 원을 甲에게 변제한 경우, 丙은 乙에 대하여 구상할 수 있지만 丁에 대하여 구상할 수는 없다.**

해설 수인의 보증인이 연대보증인인 경우에 공동보증인들은 분별의 이익을 누리지 못하며 분별의 이익을 갖지 못하는 공동보증인들 중 1인이 **'자기부담부분'(사안에서는 500만원)**

이상을 변제하면 연대채무에 관한 규정에 따라 다른 공동보증인에게 구상할 수 있다(제448조 제2항, 제425조, 제424조). 수인의 연대보증인간의 분별의 이익 유무에 관하여 판례는 『수인의 보증인이 있는 경우에는 그 사이에 분별의 이익이 있는 것이 원칙이나 그 수인이 연대보증인일 때에는 각자가 별개의 법률행위로 보증인이 되었고 또한 보증인 상호간에 연대의 특약(보증연대)이 없었더라도 채권자에 대하여는 분별의 이익을 갖지 못하고 각자가 채무의 전액을 변제해야 하나 **보증인 상호간에는 그 부담부분의 비율에 관하여 그들간에 특약이 있으면 그에 의하고 그 특약이 없는 경우에는 각자 평등한 비율로 부담을 지게 되는 것이다**』(대판 1990. 3. 27, 89다카19337)라고 판시하고 있다. 정답 - X

24 **甲이 丙에 대한 연대보증채권을 피보전권리로 하여 丙 소유의 부동산에 가압류를 한 경우에도 乙에 대한 채권의 소멸시효는 중단되지 않는다.**

해설 주채무자에 대한 시효중단은 보증채무자에게도 효력이 있으나(민법 제440조), 보증인에 대한 시효중단은 보증채무에 관한 것일 뿐이므로 주채무자에 효력이 없다. 다만, 주채무가 시효로 소멸하면 보증채무도 부종성에 의해 소멸한다. 『**보증채무에 대한 소멸시효가 중단되었다고 하더라도 이로써 주채무에 대한 소멸시효가 중단되는 것은 아니고, 주채무가 소멸시효 완성으로 소멸**된 경우에는 보증채무도 그 채무 자체의 시효중단에 불구하고 **부종성에 따라 당연히 소멸된다**』(대판 2002. 5. 14, 2000다62476). 정답 - O

25 **乙이 甲에 대하여 채권을 가지고 있더라도 丙은 이 채권에 의한 상계를 가지고 甲에게 대항할 수 없다.**

해설

〔**제434조(보증인과 주채무자 상계권)**〕 보증인은 주채무자의 채권에 의한 상계로 채권자에게 대항할 수 있다. **보증인 丙은 주채무자 乙의 채권으로 상계가 가능**하다.

정답 - X

사례 [26~28]

甲은 우유대리점을 경영하고 있다. 甲은 乙 우유회사와 우유를 공급받은 계약을 체결하면서 대금 지급을 지체하는 경우 연 12%의 비율에 의한 지연손해금을 지급하기로 약정하였다. 丙은 甲의 부탁을 받고 甲의 乙 회사에 대한 우유대금 지급채무를 담보하기 위하여 乙 회사의 1억 원을 한도로 하는 근보증계약을 체결하였다. 그 후 甲의 乙회사에 대한 우유대금 원금채무가 1억 원 이상이 연체되자 乙 회사는 甲과의 우유공급계약을 해지하였다. 다음 설명이 타당한가?(다툼이 있는 경우에는 판례에 의하고, 각 지문은 독립적이다) 변호사시험 제3회

26 **乙 회사는 丙에게 보증채무의 이행을 청구하였다. 이 경우 丙이 乙 회사에 부담하는 채무는 1억 원 및 이에 대한 연 12%의 비율에 의한 지연손해금이다.**

해설 『**보증채무는 주채무와는 별개의 채무이기 때문에 보증채무 자체의 이행지체로 인한 지연손해금은 보증한도액과는 별도로 부담**하고, 이 경우 보증채무의 연체이율에 관하여 특별한 약정이 있으면 그에 따르고, 특별한 약정이 없는 경우라면 그 거래행위의 성질에 따라 상법 또는 민법에서 정한 법정이율에 따라야 할 것이고, **주채무에 관하여 약정된 연체이율이 당연히 여기에 적용되는 것은 아니다**』(대판 2003. 6. 13, 2001다29803).

→ 따라서 보증인 丙이 채권자 乙에게 부담하는 지연손해금은 특별한 사정이 없는 한 주채무에 관하여 약정된 연 12%의 비율이 아닌 연 6%의 상사이율에 따라야 한다. 정답 - X

27 **甲의 우유대금채무에 관하여 소멸시효 완성이 2개월 남았을 때에 乙 회사는 甲에게 우유대금의 지급을 최고하였고, 이에 甲은 즉시 乙회사에 우유대금채무의 존재를 인정하는 내용의 답변서를 보냈다. 그로부터 1년 후 乙 회사가 丙을 상대로 보증채무의 이행을 구하는 소송을 제기하였고 이에 丙은 甲의 채무인정은 보증인에게는 효력이 없으므로 丙의보증채무는 시효로 소멸하였다고 항변하였다. 乙 회사는 위 소송에서 승소할 수 없다.**

해설 『주채무자에 대한 시효의 중단은 보증인에 대하여 그 효력이 있다(제440조). 시효의 중단은 당사자 및 그 승계인간에만 효력이 있으므로(제169조), 본조는 이에 대한 예외를 규정한 것인데, 판례에 따르면 이는 '보증채무의 부종성' 때문이 아니라 주채무와 별도로 보증채무가 시효로 소멸하는 것을 막아 **'채권자를 보호'하기 위한 것**이라고 한다』(대판 1986. 11. 25, 86다카1569).

→ 채권자 乙이 시효완성 2개월 전에 주채무자 甲에게 최고한 후 1년 후 보증인 丙을 상대로 보증채무의 이행을 구하는 소를 제기한 것은 보증채무에 대한 시효중단사유가 되지 않으나(제174조 참조), **주채무자 甲이 시효완성 전 우유대금채무의 존재를 인정하는 내용의 답변서를 보낸 것은 시효중단 사유로서 '승인'에 해당**하므로(제168조 제3호), 이러한 **주채무자에 대한 시효의 중단은 보증인에 대하여 효력이 있다**(제440조). 따라서 채권자 乙은 보증인 丙을 상대로한 보증채무 이행의 소에서 승소할 수 있다. 정답 - X

28 **甲이 乙 회사에게 연체된 우유대금채무를 모두 변제한 후에도 丙에게 이를 통지하지 아니하였고, 丙의 甲의 채무변제 사실을 모른 채 역시 甲에게 통지하지 아니하고 乙 회사에게 우유대금 보증채무를 이중으로 변제한 경우 丙은 甲에게 구상권을 행사할 수 없다.**

해설 주채무자가 사후통지를 하지 아니하고 보증인이 사전통지를 하지 않은 경우 판례는 『제446조의 규정은 제445조 제1항의 규정을 전제로 하는 것이어서 **제445조 제1항의 사전통지를 하지 아니한 수탁보증인까지 보호하는 취지의 규정은 아니므로**, 수탁보증에 있어서 주채무자가 면책행위를 하고도 그 사실을 보증인에게 통지하지 아니하고 있던 중에 보증인도 사전통지를 하지 아니한 채 이중의 면책행위를 한 경우에는 보증인은 주채무자에 대하여 제446조에 의하여 자기의 면책행위의 유효를 주장할 수 없다고 봄이 상당하다 할 것이다. 따라서 **이 경우에는 이중변제의 기본 원칙으로 돌아가 먼저 이루어진 주채무자의**

면책행위가 유효하고 나중에 이루어진 보증인의 면책행위는 무효로 보아야 한다』(대판 1997. 10. 10, 95다46265)고 판시하고 있다. 따라서 보증인은 주채무자에게 구상권을 행사하지 못하고, 이중으로 변제를 받은 채권자를 상대로 부당이득의 반환을 청구할 수 있을 뿐이다(제748조 제2항).

〔**제445조(구상요건으로서의 통지)**〕 ① 보증인이 주채무자에게 통지하지 아니하고 변제 기타 자기의 출재로 주채무를 소멸하게 한 경우에 주채무자가 채권자에게 대항할 수 있는 사유가 있었을 때에는 이 사유로 보증인에게 대항할 수 있고 그 대항사유가 상계인 때에는 상계로 소멸할 채권은 보증인에게 이전된다. ② 보증인이 변제 기타 자기의 출재로 면책되었음을 주채무자에게 통지하지 아니한 경우에 주채무자가 선의로 채권자에게 변제 기타 유상의 면책행위를 한 때에는 주채무자는 자기의 면책행위의 유효를 주장할 수 있다.
〔**제446조(주채무자의 보증인에 대한 면책통지의무)**〕 주채무자가 자기의 행위로 면책하였음을 그 부탁으로 보증인이 된 자에게 통지하지 아니한 경우에 보증인이 선의로 채권자에게 변제 기타 유상의 면책행위를 한 때에는 보증인은 자기의 면책행위의 유효를 주장할 수 있다.

정답 – O

사례 【29~33】

甲은 乙로부터 금전을 차용하면서 丙에게 부탁하여 자신의 乙에 대한 채무에 대하여 연대보증을 서게 하였다. 이에 관한 설명 중 옳은 것은? (다툼이 있는 경우 판례에 의함)

변호사시험 제6회

29 **甲이 변제기에 기한의 유예를 요청하여 乙이 변제기한을 연장해 준 경우, 그 효력은 원칙적으로 丙에게 미치지 않는다.**

해설 **확정채무의 연대보증인은 자신의 동의 없이 피보증채무의 이행기가 연장된 경우에도 보증채무를 부담하는지 여부**에 관하여 판례는 『채무가 특정되어 있는 확정채무에 대하여 보증한 **연대보증인으로서는 자신의 동의 없이 피보증채무의 이행기를 연장해 주었느냐의 여부에 상관없이 그 연대보증채무를 부담한다**』(대판 1997. 4. 25, 97다2726)라고 판시하고 있다.

정답 – X

30 **甲이 乙에게 변제하고도 이 사실을 丙에게 통지하지 않고 있는 동안 丙이 사전통지를 하지 않고 乙에게 보증채무를 이행한 경우, 丙은 甲에게 구상권을 행사할 수 없다.**

해설 『민법 제446조의 규정은 같은 법 제445조 제1항의 규정을 전제로 하는 것이어서 같은 법 제445조 제1항의 사전 통지를 하지 아니한 수탁보증인까지 보호하는 취지의 규정은 아니므로, 수탁보증에 있어서 **주채무자가 면책행위를 하고도 그 사실을 보증인에게 통지하지 아니하고 있던 중에 보증인도 사전 통지를 하지 아니한 채 이중의 면책행위를 한 경우에**

는 보증인은 주채무자에 대하여 민법 제446조에 의하여 자기의 면책행위의 유효를 주장할 수 없다고 봄이 상당하고 따라서 이 경우에는 이중변제의 기본 원칙으로 돌아가 먼저 이루어진 주채무자의 면책행위가 유효하고 나중에 이루어진 보증인의 면책행위는 무효로 보아야 하므로 **보증인은 민법 제446조에 기하여 주채무자에게 구상권을 행사할 수 없다**』(대판 1997. 10. 10, 95다46265).

정답 - O

31 **乙이 丙에게 변제를 청구한 경우, 丙은 먼저 甲에게 청구할 것을 항변할 수 있다.**

해설

〔**제437조(보증인의 최고, 검색의 항변)**〕 채권자가 보증인에게 채무의 이행을 청구한 때에는 보증인은 주채무자의 변제자력이 있는 사실 및 그 집행이 용이할 것을 증명하여 먼저 주채무자에게 청구할 것과 그 재산에 대하여 집행할 것을 항변할 수 있다. 그러나 보증인이 주채무자와 **연대하여 채무를 부담한 때에는 그러하지 아니하다.**

→ 丙은 연대보증인이므로 최고, 검색의 항변을 할 수 없다.

정답 - X

32 **甲이 자신의 채무에 대한 소멸시효기간이 경과한 후 시효의 이익을 포기한 경우, 丙은 甲의 채무의 시효소멸을 원용하여 자신의 연대보증채무의 소멸을 주장할 수 없다.**

해설

〔**제433조(보증인과 주채무자 항변권)**〕 ① 보증인은 주채무자의 항변으로 채권자에게 대항할 수 있다. ② **주채무자의 항변포기는 보증인에게 효력이 없다.**

→ 甲의 시효이익 포기는 丙에게 영향이 없으므로, 丙은 甲의 채무의 시효소멸을 원용하여 자신의 연대보증채무의 소멸을 주장할 수 있다.

정답 - X

33 **丙의 채무에 대한 소멸시효가 중단되면, 甲의 채무에 대한 소멸시효가 완성되더라도 丙의 채무는 소멸하지 않는다.**

해설 **『보증채무에 대한 소멸시효가 중단되었다고 하더라도 이로써 주채무에 대한 소멸시효가 중단되는 것은 아니고,** 주채무가 소멸시효 완성으로 소멸된 경우에는 **보증채무도 그 채무 자체의 시효중단에 불구하고 부종성에 따라 당연히 소멸된다**』(대판 2002. 5. 14, 2000다62476).

정답 - X

사례 【34~38】

甲은 乙에게 1,000만 원의 채무를 지고 있고, 이에 대해 甲의 부탁을 받은 丙이 연대보증하였다. 다음 설명 중 옳은 것은? (다툼이 있는 경우에는 판례에 의함) 변호사시험 제2회

34 **甲이 1,000만 원의 채무에 대한 소멸시효기간이 경과한 후 시효의 이익을 포기한 경우, 丙은 소멸시효를 원용하여 자신의 연대보증채무의 소멸을 주장할 수 없다.**

해설 『소멸시효를 원용할 수 있는 사람은 권리의 소멸에 의하여 직접 이익을 받는 사람에 한정되는바, 채권담보의 목적으로 매매예약의 형식을 빌어 소유권이전청구권 보전을 위한 가등기가 경료된 부동산을 양수하여 소유권이전등기를 마친 제3자는 당해 가등기담보권의 피담보채권의 소멸에 의하여 직접 이익을 받는 자이므로, 그 가등기담보권에 의하여 담보된 채권의 채무자가 아니더라도 그 피담보채권에 관한 소멸시효를 원용할 수 있고, 이와 같은 직접수익자의 소멸시효 원용권은 채무자의 소멸시효 원용권에 기초한 것이 아닌 독자적인 것으로서 채무자를 대위하여서만 시효이익을 원용할 수 있는 것은 아니며, 가사 **채무자가 이미 그 가등기에 기한 본등기를 경료하여 시효이익을 포기한 것으로 볼 수 있다고 하더라도 그 시효이익의 포기는 상대적 효과가 있음에 지나지 아니하므로** 채무자 이외의 이해관계자에 해당하는 담보 부동산의 양수인으로서는 여전히 독자적으로 소멸시효를 원용할 수 있다』(대판 1995. 7. 11, 95다12446). **상대적 효과로 인해 주채무자의 소멸시효이익의 포기는 연대보증인에게 영향을 미치지 않는다.** 정답 – X

35 **乙이 丙에게 변제를 청구해 온 경우, 丙은 먼저 甲에게 청구할 것을 항변할 수 있다.**

해설 **연대보증에는 '보충성'이 없으므로** 채권자의 청구에 대해 최고·검색의 항변권이 없다(제437조 단서). 정답 – X

36 **甲이 변제기에 기한의 유예를 요청하여 乙이 변제기한을 연장해 준 경우, 그 효력은 원칙적으로 丙에게 미치지 않는다.**

해설 『보증계약 체결 후 채권자가 보증인의 승낙 없이 주채무자에 대하여 변제기를 연장하여 준 경우, **그것이 반드시 보증인의 책임을 가중하는 것이라고는 할 수 없으므로 원칙적으로 보증채무에 대하여도 그 효력이 미친다**』(대판 1996. 2. 23, 95다49141). 정답 – X

37 **甲이 乙에게 위 채무를 변제하고도 이 사실을 丙에게 통지하지 않았고, 그 후 丙이 사전통지를 하지 않은 채 乙에게 보증채무를 이행한 경우, 丙은 甲에게 구상권을 행사할 수 없다.**

해설 『민법 제446조의 규정은 같은 법 제445조 제1항의 규정을 전제로 하는 것이어서 같은 법 제445조 제1항의 **사전 통지를 하지 아니한 수탁보증인까지 보호하는 취지의 규정은 아니므로,** 수탁보증에 있어서 주채무자가 면책행위를 하고도 그 사실을 보증인에게 통지하지 아니하고 있던 중에 보증인도 사전 통지를 하지 아니한 채 이중의 면책행위를 한 경우에는 보증인은 주채무자에 대하여 민법 제446조에 의하여 자기의 면책행위의 유효를 주장할 수 없다고 봄이 상당하고 따라서 이 경우에는 **이중변제의 기본 원칙으로 돌아가 먼저 이루어진 주채무자의 면책행위가 유효하고 나중에 이루어진 보증인의 면책행위는 무효**로 보아야 하므로 **보증인은 민법 제446조에 기하여 주채무자에게 구상권을 행사할 수 없다**』(대판 1997. 10. 10, 95다46265). 정답 – O

38 **만약 丁도 甲의 乙에 대한 채무를 연대보증한 경우라면, 乙에게 400만 원을 변제한 丙은 丁에 대하여 200만 원의 범위에서 구상할 수 있다.**

해설 『수인의 보증인이 있는 경우에는 그 사이에 분별의 이익이 있는 것이 원칙이지만, 그 수인이 연대보증인일 때에는 각자가 별개의 법률행위로 보증인이 되었고 또한 보증인 상호간에 연대의 특약(보증연대)이 없었더라도 채권자에 대하여는 분별의 이익을 갖지 못하고 각자의 채무의 전액을 변제하여야 하나, **연대보증인들 상호간의 내부관계에서는 주채무에 대하여 출재를 분담하는 일정한 금액을 의미하는 부담부분이 있고, 그 부담부분의 비율, 즉 분담비율에 관하여는 그들 사이에 특약이 있으면 당연히 그에 따르되 그 특약이 없는 한 각자 평등한 비율로 부담**을 지게 된다. 그러므로 **연대보증인 가운데 한 사람이 자기의 부담부분을 초과하여 변제하였을 때에는 다른 연대보증인에 대하여 구상을 할 수 있는데**, 다만 다른 연대보증인 가운데 이미 자기의 부담부분을 변제한 사람에 대하여는 구상을 할 수 없으므로 그를 제외하고 아직 자기의 부담부분을 변제하지 아니한 사람에 대하여만 구상권을 행사하여야 한다』(대판 2009. 6. 25, 2007다70155).

[**제448조(공동보증인간의 구상권)**] ② 주채무가 불가분이거나 각 보증인이 상호연대로 또는 주채무자와 연대로 채무를 부담한 경우에 어느 보증인이 **자기의 부담부분을 넘은 변제를 한 때**에는 제425조 내지 제427조의 규정을 준용한다.

정답 - X

사례 【39~43】

甲의 乙에 대한 금전채무에 관하여 丙이 乙과 보증계약을 체결하였다. 이에 관한 설명이 타당한가? (각 지문은 독립적이며, 다툼이 있는 경우 판례에 의함) 변호사시험 제7회

39 **甲의 乙에 대한 채무에 관하여 위약금의 정함이 없는 경우에도 보증계약에서 별도로 위약금을 정할 수 있다.**

해설 『보증서의 보증금액은 보증인이 보증책임을 지게 될 주채무에 관한 한도액을 정한 것으로서 한도액에는 주채무자의 채권자에 대한 원금과 이자 및 지연손해금이 모두 포함되고 합계액이 보증의 한도액을 초과할 수 없지만, **보증채무는 주채무와는 별개의 채무**이기 때문에 **보증채무 자체의 이행지체로 인한 지연손해금은 보증의 한도액과는 별도로 부담**하여야 하고, 이때 보증채무의 연체이율에 관하여 특별한 약정이 없는 경우라면 거래행위의 성질에 따라 상법 또는 민법에서 정한 법정이율에 따라야 한다. 그리고 선급금 반환사유가 발생하였을 경우 선급금 잔액에 대하여 선급금 지급 시부터 이자를 가산하여 반환할지는 주계약 당사자 사이의 약정에 따라야 한다』(대판 2016. 1. 28, 2013다74110). 정답 - O

40 **미성년자 甲이 법정대리인의 동의를 얻지 않고 乙에 대한 채무를 부담하는 행위를 한 경우에, 丙이 보증계약 체결 당시 그러한 사정을 알고 있었고 그 후 甲의 행위가 취소된 때에는, 丙은 甲이 부담하고 있던 채무와 동일한 목적의 독립채무를 부담한 것으로 본다.**

해설 제436조가 삭제되어 주채무가 취소된 경우에는 보증인은 보증책임을 면하고, 별도의 약정이 없는 한 독립채무를 부담한 것으로 의제되지는 않는다. 정답 – X

41 **甲의 乙에 대한 채무액이 500만 원이고 丙이 甲의 부탁을 받아 乙과 보증계약을 체결한 경우에, 甲이 그 후 취득한 乙에 대한 300만 원의 금전채권을 자동채권으로 하여 乙에 대한 채무와 상계하려고 하고 있었는데, 丙이 甲에게 통지함이 없이 乙에게 500만 원을 변제한 때에는 甲은 丙으로부터 구상청구를 받아도 300만 원에 대해서는 상계를 할 수 있었다는 사유로 丙에게 대항할 수 있다.**

해설

〔제445조(구상요건으로서의 통지)〕 ① 보증인이 주채무자에게 통지하지 아니하고 변제 기타 자기의 출재로 주채무를 소멸하게 한 경우에 주채무자가 채권자에게 대항할 수 있는 사유가 있었을 때에는 이 사유로 보증인에게 대항할 수 있고 그 대항사유가 상계인 때에는 상계로 소멸할 채권은 보증인에게 이전된다.

정답 – O

42 **丙이 甲의 부탁을 받아 乙과 보증계약을 체결하였다면, 丙은 사전구상권이 인정되는 경우 甲을 상대로 丙이 부담할 것이 확정된 채무 전액 및 면책비용에 대한 법정이자나 채무의 원본에 대한 장래 도래할 이행기까지의 이자를 청구할 수 있다.**

해설 『수탁보증인이 민법 제442조에 의하여 주채무자에 대하여 미리 구상권을 행사하는 경우에 **사전구상으로서 청구할 수 있는 범위는 주채무인 원금과 사전구상에 응할 때까지 이미 발생한 이자와 기한 후의 지연손해금, 피할 수 없는 비용 기타의 손해액이 포함될 뿐**이고, **주채무인 원금에 대한 완제일까지의 지연손해금은 사전구상권의 범위에 포함될 수 없으며,** 또한 사전구상권은 장래의 변제를 위하여 자금의 제공을 청구하는 것이므로 **수탁보증인이 아직 지출하지 아니한 금원에 대하여 지연손해금을 청구할 수도 없다**』(대판 2004. 7. 9, 2003다46758). 정답 – X

43 **甲의 乙에 대한 채무에 관하여 소멸시효가 완성되었더라도 甲이 시효의 이익을 포기한 이상 보증채무의 부종성에 따라 丙도 더 이상 소멸시효의 완성을 주장할 수 없다.**

해설

〔제433조(보증인과 주채무자 항변권)〕 ① 보증인은 주채무자의 항변으로 채권자에게 대항할 수 있다. ② **주채무자의 항변포기는 보증인에게 효력이 없다.**

정답 – X

제8장 채권양도와 채무인수

1 **주채무자에 대하여 채권양도통지 등 대항요건을 갖추었다면 연대보증인에 대하여 별도의 대항요건을 갖추지 않았더라도 양수인은 연대보증인에게 대항할 수 있다.** 변호사시험 제4회

해설 『보증채무는 주채무에 대한 부종성 또는 수반성이 있어서 주채무자에 대한 채권이 이전되면 당사자 사이에 별도의 특약이 없는 한 보증인에 대한 채권도 함께 이전하고, 이 경우 **채권양도의 대항요건도 주채권의 이전에 관하여 구비하면 족하고, 별도로 보증채권에 관하여 대항요건을 갖출 필요는 없다**』(대판 2002. 9. 10, 2002다21509). 정답 - ○

2 **임대인이 임대차보증금반환채권의 양도통지를 받은 후에는 임대인과 임차인 사이에 임대차계약의 갱신이나 계약기간 연장에 관하여 명시적 또는 묵시적 합의가 있더라도 그 합의의 효과는 임대차보증금반환채권의 양수인에 대하여는 미칠 수 없다.** 변호사시험 제4회

해설 『임대인이 임대차보증금반환청구채권의 양도통지를 받은 후에는 임대인과 임차인 사이에 **임대차계약의 갱신이나 계약기간 연장에 관하여 명시적 또는 묵시적 합의**가 있더라도 **그 합의의 효과는 보증금반환채권의 양수인에 대하여는 미칠 수 없다**』(대판 1989. 4. 25, 88다카4253).

→ 채권의 양도에 의해 양도인에 대한 채무자의 지위가 달라질 것은 아니므로, 채무자는 그 '통지를 받은 때까지'양도인에 대하여 생긴 사유로써 양수인에게 대항할 수 있다(제451조 제2항). 다만, 대항사유 자체(해제, 동시이행의 항변권, 상계적상)는 통지 뒤에 생겼더라도 그 '사유 발생의 기초가 되는 법률관계'가 통지 전에 이미 존재하였다면 이는 '계약 자체에 처음부터 내재하는 고유한 위험'이라고 볼 수 있으므로 그 대항사유로써 양수인에게 대항할 수 있다. 그러나 통지를 받은 후부터는 양수인만이 채권자로 되므로, '통지 이후'에 양도인에 대하여 생긴 사유로는 양수인에게 대항하지 못한다. 그래서 판례는 임차보증금반환채권의 양도 통지 후 임대차계약의 갱신이나 연장에 관한 합의는 양수인에게 그 효력이 없다고 한다(위 88다카4253판결). **왜냐하면** 임대차계약의 합의갱신 등은 채권양도 통지 후에 발생한 '새로운'계약이라고 볼 수 있으므로, 계약 자체에 처음부터 내재하는 고유한 위험이라고 볼 수 없기 때문이다. 정답 - ○

3 **지명채권의 양도통지를 한 후 양도계약이 합의해제된 경우, 채권양도인이 해제를 이유로 다시 원래의 채무자에 대하여 양도채권으로 대항하려면, 채권양도인이 채권양수인의 동의를 받아 양도통지를 철회하거나 채권양수인이 채무자에게 위와 같은 해제 사실을 통지하여야 한다.** 변호사시험 제4회

해설 『지명채권의 양도통지를 한 후 그 양도계약이 해제된 경우에, 양도인이 그 해제를 이유로 다시 원래의 채무자에 대하여 양도채권으로 대항하려면 양수인이 채무자에게 위와 같은 해제사실을 통지하여야 한다』(대판 1993. 8. 27, 93다17379).

『제452조 제2항에 채권양도의 통지는 양수인의 동의가 없으면 철회하지 못한다고 규정되어 있으므로 채권양도인과 양수인과의 채권양도 계약이 해제되었고 채권양도인이 채무자에게 양도철회통지를 하였다고 하더라도 채무자는 이것을 채권양수인에게 대항할 수는 없다』(대판 1978. 6. 13, 78다468). 정답 - O

4 **부동산 매매로 인한 소유권이전등기청구권을 제3자에게 양도하는 경우 매수인이 매도인에게 양도사실을 통지하는 것만으로는 매도인에 대한 대항력이 생기지 않으며 반드시 매도인의 동의나 승낙을 받아야 대항력이 생긴다.** 변호사시험 제5회

해설 『부동산의 매매로 인한 소유권이전등기청구권은 물권의 이전을 목적으로 하는 매매의 효과로서 매도인이 부담하는 재산권이전의무의 한 내용을 이루는 것이고, 매도인이 물권행위의 성립요건을 갖추도록 의무를 부담하는 경우에 발생하는 채권적 청구권으로 그 이행과정에 신뢰관계가 따르므로, 소유권이전등기청구권을 매수인으로부터 양도받은 양수인은 매도인이 그 양도에 대하여 동의하지 않고 있다면 매도인에 대하여 채권양도를 원인으로 하여 소유권이전등기절차의 이행을 청구할 수 없고, 따라서 매매로 인한 소유권이전등기청구권은 특별한 사정이 없는 이상 그 권리의 성질상 양도가 제한되고 그 양도에 채무자의 승낙이나 동의를 요한다고 할 것이므로 통상의 채권양도와 달리 양도인의 채무자에 대한 통지만으로는 채무자에 대한 대항력이 생기지 않으며 **반드시 채무자의 동의나 승낙을 받아야 대항력이 생긴다**』(대판 2001. 10. 9, 2000다51216). 정답 - O

5 **당사자의 의사표시에 의한 채권양도금지 특약은 제3자가 악의인 경우는 물론 제3자가 채권양도금지 특약을 알지 못한 데에 중대한 과실이 있는 경우에도 채권양도금지 특약으로써 대항할 수 있고, 제3자의 악의 내지 중과실은 채권양도금지 특약으로 양수인에게 대항하려는 자가 이를 주장·증명하여야 한다.** 변호사시험 제5회

해설 『민법 제449조 제2항이 채권양도 금지의 특약은 선의의 제3자에게 대항할 수 없다고만 규정하고 있어서 그 문언상 제3자의 과실의 유무를 문제삼고 있지는 아니하지만, **제3자의 중대한 과실은 악의와 같이 취급**되어야 하므로, 양도금지 특약의 존재를 알지 못하고 채권을 양수한 경우에 있어서 그 알지 못함에 중대한 과실이 있는 때에는 악의의 양수인과 같이 양도에 의한 채권을 취득할 수 없다고 해석하는 것이 상당하다』(대판 1996. 6. 28, 96다18281). 정답 - O

6 **당사자의 의사표시에 의한 채권양도금지 특약이 있는 경우 악의의 양수인으로부터 다시 선의로 양수한 전득자는 그 채권을 유효하게 취득하나, 선의의 양수인으로부터 다시 채권을 양수한 악의의 전득자는 그 채권을 유효하게 취득하지 못한다.** 변호사시험 제5회

해설 『당사자 사이에 양도금지의 특약이 있는 채권이더라도 전부명령에 의하여 전부되는 데에는 지장이 없고, 양도금지의 특약이 있는 사실에 관하여 집행채권자가 선의인가 악의인가는 전부명령의 효력에 영향을 미치지 못하는 것인바, 이와 같이 **양도금지특약부채권에 대한 전부명령이 유효한 이상, 그 전부채권자로부터 다시 그 채권을 양수한 자가 그 특약의 존재를 알았거나 중대한 과실로 알지 못하였다고 하더라도 채무자는 위 특약을 근거로 삼아 채권양도의 무효를 주장할 수 없다**』(대판 2003. 12. 11, 2001다3771). 정답 - X

7 **전세금반환채권의 경우, 전세권이 존속하는 동안은 전세권을 존속시키기로 하면서 전세금반환채권만을 전세권과 분리하여 확정적으로 양도하는 것은 허용되지 않으며, 다만 전세권 존속 중에는 장래에 그 전세권이 소멸하는 경우에 전세금 반환채권이 발생하는 것을 조건으로 그 장래의 조건부 채권을 양도할 수 있다.** 변호사시험 제5회

해설 『전세권은 전세금을 지급하고 타인의 부동산을 그 용도에 따라 사용·수익하는 권리로서 전세금의 지급이 없으면 전세권은 성립하지 아니하는 등으로 전세금은 전세권과 분리될 수 없는 요소일 뿐 아니라, 전세권에 있어서는 그 설정행위에서 금지하지 아니하는 한 전세권자는 전세권 자체를 처분하여 전세금으로 지출한 자본을 회수할 수 있도록 되어 있으므로 **전세권이 존속하는 동안은 전세권을 존속시키기로 하면서 전세금반환채권만을 전세권과 분리하여 확정적으로 양도하는 것은 허용되지 않는 것**이며, 다만 **전세권존속 중에는 장래에 그 전세권이 소멸하는 경우에 전세금 반환채권이 발생하는 것을 조건으로 그 장래의 조건부 채권을 양도할 수 있을 뿐**이라 할 것이다』(대판 2002. 8. 23, 2001다69122). 정답 - O

8 **채무자가 채권자에게 채무변제와 관련하여 다른 채권을 양도하는 것은 특단의 사정이 없는 한 채무변제를 위한 담보 또는 변제의 방법으로 양도되는 것으로 추정할 것이지 채무변제에 갈음한 것으로 볼 것은 아니어서, 그 경우 채권양도만 있으면 바로 원래의 채권이 소멸한다고 볼 수는 없고 채권자가 양도받은 채권을 변제받은 때에 비로소 그 범위 내에서 채무자가 면책된다.** 변호사시험 제5회

해설 『채무자가 채권자에게 채무변제와 관련하여 다른 채권을 양도하는 것은 특단의 사정이 없는 한 채무변제를 위한 담보 또는 변제의 방법으로 양도되는 것으로 추정할 것이지 채무변제에 갈음한 것으로 볼 것은 아니어서 채권양도만 있으면 바로 원래의 채권이 소멸한다고 볼 수는 없고 **채권자가 양도받은 채권을 변제받음으로써 그 범위 내에서 채무자가 면책되는 것**이고(대판 1995. 12. 22, 95다16660 등 참조), 채권양도가 채무변제에 갈음하여 이루어진 것이라 하더라도 채권양도의 대항요건까지 갖추어야 비로소 대물변제로서 채무소멸의 효력이 생긴다고 보아야 할 것이다』(대판 2012. 10. 11, 2011다82995). 정답 - O

9 甲은 乙에 대한 3,000만 원의 물품대금채권 중 1,000만 원 부분을 丙에게 양도하고 乙에게 확정일자 있는 증서로 2015. 6. 2. 통지하여 그 통지는 같은 날 도달하였다. 그 후 2015. 6. 30. 甲은 다시 위 물품대금채권 3,000만 원 전부를 丁에게 양도하였고, 같은 날 乙이 이의를 보류하지 않고 이를 구두로 승낙하였다. 한편 甲의 채권자 戊는 甲의 乙에 대한 3,000만 원의 물품대금채권 중 800만 원 부분에 대하여 압류 및 전부명령을 받았고, 그 전부명령은 2015. 7. 4. 乙에게 도달하여 확정되었다. 乙은 丁, 戊에게 각 얼마를 지급하여야 하는가? (다툼이 있는 경우 판례에 의함) 변호사시험 제5회

해설 丙에게 물품대금 1000만원을 양도하였고, 나머지 2000만원중 丁에 대한 양도에 대하여 이의를 보류하지 않는 승낙이 있었다고 하더라도, 제3자에게 대항하기 위해서는 확정일자 있는 증서로 하여야 하는데 존재하지 않고, 戊의 전부명령이 먼저 있었다는 점에서 戊에게 800만원, 그리고 丁에게 1200만원을 지급하여야 한다.

정답 – 丁에게 1,200만 원, 戊에게 800만 원

10 제3채무자가 압류채권자에게 압류된 채권액 상당에 관하여 지체책임을 지는 것은 추심명령이 발령된 후 압류채권자로부터 추심금청구를 받은 다음 날부터이다. 변호사시험 제5회

해설 『추심명령은 압류채권자에게 채무자의 제3채무자에 대한 채권을 추심할 권능을 수여함에 그치고, 제3채무자로 하여금 압류채권자에게 압류된 채권액 상당을 지급할 것을 명하거나 그 지급 기한을 정하는 것이 아니므로, 제3채무자가 압류채권자에게 압류된 채권액 상당에 관하여 지체책임을 지는 것은 집행법원으로부터 추심명령을 송달받은 때부터가 아니라 **추심명령이 발령된 후 압류채권자로부터 추심금 청구를 받은 다음날부터**라고 하여야 한다』(대판 2012. 10. 25, 2010다47117).

정답 – O

11 임대인이 임차인으로부터 임대차보증금반환채권의 양도통지를 받은 후에 임대인과 임차인 사이에 임대차 계약기간 연장에 관하여 합의가 있을 경우 그 합의의 효과는 그 채권의 양수인에 대하여도 미친다. 변호사시험 제5회

해설 『**임대인이 임대차보증금반환청구채권의 양도통지를 받은 후**에는 **임대인과 임차인 사이에 임대차계약의 갱신이나 계약기간 연장에 관하여 명시적 또는 묵시적 합의**가 있더라도 **그 합의의 효과는 보증금반환채권의 양수인에 대하여는 미칠 수 없다**』(대판 1989. 4. 25, 88다카4253).

정답 – X

12 채권양도통지와 채권가압류결정 정본이 같은 날 도달되었는데 그 선후관계에 대하여 달리 증명이 없으면 동시에 도달된 것으로 추정한다. 변호사시험 제5회

해설 **채권양도 통지와 가압류결정 정본이 같은 날 도달된 경우 동시 도달 추정 여부**에 관하여 판례는 『채권양도 통지와 채권가압류결정 정본이 같은 날 도달되었는데 그 선후관계에 대하여 달리 입증이 없으면 동시에 도달된 것으로 추정한다』〔대판(전합) 1994. 4. 26, 93다24223〕라고 판시하고 있다.

정답 – O

13 **채권에 대한 압류 후에 피압류채권이 제3자에게 양도된 경우 그 채권양도는 압류채무자에 대한 다른 채권자와의 관계에서 유효하다.** 변호사시험 제5회

해설 『채권에 대한 압류의 처분금지의 효력은 절대적인 것이 아니고, 이에 저촉되는 채무자의 처분행위가 있어도 압류의 효력이 미치는 범위에서 압류채권자에게 대항할 수 없는 상대적 효력을 가지는 데 그치므로, **압류 후에 피압류채권이 제3자에게 양도된 경우 채권양도는 압류채무자의 다른 채권자 등에 대한 관계에서는 유효**하다. 그리고 채권양도행위가 사해행위로 인정되어 취소 판결이 확정된 경우에도 취소의 효과는 사해행위 이전에 이미 채권을 압류한 다른 채권자에게는 미치지 아니한다』(대판 2015. 5. 14, 2014다12072). 정답 - O

14 **금전채권에 대한 가압류가 있더라도 가압류채무자는 제3채무자를 상대로 그 이행을 구하는 소를 제기할 수 있고, 법원은 가압류가 되어 있음을 이유로 그 청구를 배척할 수 없다.** 변호사시험 제5회

해설 관례에 의하면 금전채권에 대한 가압류가 있더라도 가압류채무자는 제3채무자를 상대로 그 이행을 구하는 소를 제기할 수 있고, 법원은 가압류가 되어 있음을 이유로 그 청구를 배척할 수 없다. 정답 - O

15 **지명채권의 양도통지를 한 후 그 양도계약이 해제된 경우, 양도인이 그 해제를 이유로 다시 원래의 채무자에 대하여 양도채권으로 대항하려면 양수인이 채무자에게 위와 같은 해제사실을 통지하여야 한다.** 변호사시험 제6회

해설 **채권양도통지 후 양도계약이 해제된 경우 양도인이 채무자에게 대항하기 위한 요건**에 관하여 판례는 『지명채권의 양도통지를 한 후 그 양도계약이 해제된 경우에, 양도인이 그 해제를 이유로 다시 원래의 채무자에 대하여 양도채권으로 대항하려면 양수인이 채무자에게 위와 같은 해제사실을 통지하여야 한다』(대판 1993. 8. 27, 93다17379)라고 판시하고 있다. 정답 - O

16 **선순위의 근저당권부채권을 양도하였으나 아직 대항요건을 갖추지 못한 경우, 후순위 근저당권자는 대항요건을 갖추지 못하였음을 이유로 그 채권양도의 효력을 부인할 수 없다.** 변호사시험 제6회

해설 『채권양도의 대항요건의 흠결의 경우 채권을 주장할 수 없는 채무자 이외의 제3자는 양도된 채권 자체에 관하여 양수인의 지위와 양립할 수 없는 법률상 지위를 취득한 자에 한하므로, 선순위의 근저당권부채권을 양수한 채권자보다 **후순위의 근저당권자는 채권양도의 대항요건을 갖추지 아니한 경우 대항할 수 없는 제3자에 포함되지 않는다**』(대판 2005. 6. 23, 2004다29279).

→ 따라서 대항요건을 갖추지 못하였음을 이유로 후순위근저당권자가 채권양도의 효력을 부인할 수 없다. 정답 - O

17 **지명채권양도의 대항요건으로서 채무자의 승낙의 상대방은 양도인 또는 양수인 모두 가능하다.** 변호사시험 제6회

해설 『지명채권 양도의 채무자에 대한 대항요건은 채무자에 대한 채권양도의 통지 또는 채무자의 승낙인데, 채권양도 통지가 채무자에 대하여 이루어져야 하는 것과는 달리 **채무자의 승낙은 양도인 또는 양수인 모두가 상대방이 될 수 있다**』(대판 2011. 6. 30, 2011다8614). 정답 - O

18 **확정일자 있는 채권양도 통지와 채권가압류결정 정본이 같은 날 도달되었는데 그 선후관계에 대하여 달리 증명이 없으면 동시에 도달된 것으로 추정한다.** 변호사시험 제6회

해설 『채권양도 통지와 채권가압류결정 정본이 같은 날 도달되었는데 그 선후관계에 대하여 달리 입증이 없으면 동시에 도달된 것으로 추정한다』[대판(전합) 1994. 4. 26, 93다24223]. 정답 - O

19 **채무자가 채권발생의 원인인 계약을 해제할 수 있는 권리가 있는 상태에서 그 채권이 양도되고 양도인이 양도통지를 한 경우, 채무자는 계약의 해제로써 양수인에게 대항할 수 없다.** 변호사시험 제6회

해설 『**민법 제548조 제1항 단서에서 규정하는 제3자**라 함은 그 해제된 계약으로부터 생긴 법률적 효과를 기초로 하여 새로운 이해관계를 가졌을 뿐 아니라 등기·인도 등으로 완전한 권리를 취득한 자를 지칭하는 것이고, **계약상의 채권을 양도받은 양수인은 특별한 사정이 없는 이상 이에 포함되지 않는다**』(대판 1996. 4. 12, 95다49882).

[제451조(승낙, 통지의 효과)] ② 양도인이 양도통지만을 한 때에는 채무자는 그 **통지를 받은 때까지 양도인에 대하여 생긴 사유로써 양수인에게 대항할 수 있다.**

→ 채무자는 양도통지를 받기 전에 발생한 해제권을 행사할 수 있고, 이 때, 양수인은 민법 제548조 제1항 단서에 의해 보호되지 않으므로, 채무자는 계약의 해제로써 양수인에게 대항할 수 있다. 정답 - X

20 **동일한 채권에 대하여 확정일자 있는 채권양도의 통지와 채권압류 및 추심명령이 제3채무자에게 동시에 송달된 경우, 제3채무자는 채권양수인이나 압류채권자 중 누구에게라도 채무전액을 변제할 수 있다. 다만 제3채무자에 대한 채권액이 양수채권액과 압류채권액의 합계액보다 적은 경우에는 그들 사이에 각 채권액에 안분하여 이를 내부적으로 다시 정산해야 한다.** 변호사시험 제6회

해설 『**채권양도 통지, 가압류 또는 압류명령 등이 제3채무자에 동시에 송달되어** 그들 상호간에 우열이 없는 경우에도 그 채권양수인, 가압류 또는 압류채권자는 모두 제3채무자에 대하여 완전한 대항력을 갖추었다고 할 것이므로, 그 전액에 대하여 채권양수금, 압류전부금 또는 추심금의 이행청구를 하고 적법하게 이를 변제받을 수 있고, **제3채무자로서는 이들 중 누구에게라도 그 채무 전액을 변제하면 다른 채권자에 대한 관계에서도 유효하게 면책되는 것이며, 만약 양수채권액과 가압류 또는 압류된 채권액의 합계액이 제3채무자에 대한 채권액을 초과할 때에는 그들 상호간에는 법률상의 지위가 대등하므로 공평의 원칙상 각 채권액에 안분하여 이를 내부적으로 다시 정산할 의무가 있다**』[대판(전합) 1994. 4. 26, 93다24223]. 정답 - O

21 **동일한 채권에 대하여 확정일자 있는 채권양도의 통지와 채권가압류명령이 제3채무자에게 동시에 도달하여 제3채무자가 변제공탁을 하고 이후 배당이 되는 경우, 위 도달시점 이후 채권압류 및 추심명령을 받은 다른 채권자가 배당요구를 하더라도 채권양수인과 선행가압류채권자 사이에서만 채권액에 안분하여 배당하여야 한다.** 변호사시험 제6회

해설 『확정일자 있는 채권양도 통지와 채권가압류명령이 동시에 도달됨으로써 제3채무자가 변제공탁을 하고, 그 후에 다른 채권압류 또는 가압류가 이루어졌다 하더라도 채권양수인과 선행가압류채권자 사이에서만 채권액에 안분하여 배당하여야 한다』(대판 2004. 9. 3, 2003다22561). 정답 - O

22 **채권자가 채무자의 제3채무자에 대한 채권을 가압류한 후에도 채무자는 제3채무자를 상대로 그 이행의 소를 제기할 수 있다.** 변호사시험 제6회

해설 『일반적으로 **채권에 대한 가압류가 있더라도** 이는 채무자가 제3채무자로부터 현실로 급부를 추심하는 것만을 금지하는 것일 뿐 **채무자는 제3채무자를 상대로 그 이행을 구하는 소송을 제기할 수 있고** 법원은 가압류가 되어 있음을 이유로 이를 배척할 수는 없는 것이 원칙이다』(대판 2002. 4. 26, 2001다59033). 정답 - O

23 **채권가압류결정의 채권자가 본안소송에서 승소하는 등으로 집행권원을 취득하는 경우에도 가압류의 대상인 채권을 양수받은 양수인에 대한 채권양도의 효력에는 영향이 없다.** 변호사시험 제6회

해설 『채권가압류의 처분금지의 효력은 본안소송에서 가압류채권자가 승소하여 채무명의를 얻는 등으로 피보전권리의 존재가 확정되는 것을 조건으로 하여 발생하는 것이므로 **채권가압류결정의 채권자가 본안소송에서 승소하는 등으로 채무명의를 취득하는 경우에는 가압류에 의하여 권리가 제한된 상태의 채권을 양수받는 양수인에 대한 채권양도는 무효가 된다**』(대판 2002. 4. 26, 2001다59033). 정답 - X

24 **채권가압류결정이 제3채무자에게 송달된 후 가압류의 대상인 채권을 양수받은 양수인은 제3채무자를 상대로 그 이행의 소를 제기할 수 있다.** 변호사시험 제6회

해설 **채권가압류결정이 제3채무자에게 송달된 후에 채권을 양도받은 자가 체3채무자를 상대로 이행의 소를 제기할 수 있는지 여부**에 관하여 판례는 『 일반적으로 채권에 대한 가압류가 있더라도 이는 가압류채무자가 제3채무자로부터 현실로 급부를 추심하는 것만을 금지하는 것이므로 가압류채무자는 제3채무자를 상대로 그 이행을 구하는 소송을 제기할 수 있고, 법원은 가압류가 되어 있음을 이유로 이를 배척할 수 없는 것이며, 채권양도는 구 채권자인 양도인과 신 채권자인 양수인 사이에 채권을 그 동일성을 유지하면서 전자로부터 후자에게로 이전시킬 것을 목적으로 하는 계약을 말한다 할 것이고, 채권양도에 의하여 채권은 그 동일성을 잃지 않고 양도인으로부터 양수인에게 이전된다 할 것이며, 가압류된 채권도 이를 양도하는 데 아무런 제한이 없으나, 다만 가압류된 채권을 양수받은 양수인은 그러한 가압류에 의하여 권리가 제한된 상태의 채권을 양수받는다고 보아야 할 것이다』(대판 2000. 4. 11, 99다23888)라고 판시하고 있다. 정답 - O

25 **양도금지특약이 붙은 채권이 양도된 경우에 채무자로서는 양수인의 선의 등 여부를 알 수 없다면 특별한 사정이 없는 한 채권자 불확지를 원인으로 하여 변제공탁을 할 수 있다.** 변호사시험 제6회

해설 **『채권양도금지특약에 반하여 채권양도가 이루어진 경우**, 그 양수인이 양도금지특약이 있음을 알았거나 중대한 과실로 알지 못하였던 경우에는 채권양도는 효력이 없게 되고, 반대로 양수인이 중대한 과실 없이 양도금지특약의 존재를 알지 못하였다면 채권양도는 유효하게 되어 채무자로서는 양수인에게 양도금지특약을 가지고 그 채무이행을 거절할 수 없게 되어 양수인의 선의, 악의 등에 따라 양수채권의 채권자가 결정되는바, 이와 같이 양도금지의 특약이 붙은 채권이 양도된 경우에 양수인의 악의 또는 중과실에 관한 입증책임은 채무자가 부담하지만, 그러한 경우에도 채무자로서는 양수인의 선의 등의 여부를 알 수 없어 과연 채권이 적법하게 양도된 것인지에 관하여 의문이 제기될 여지가 충분히 있으므로 **특별한 사정이 없는 한 민법 제487조 후단의 채권자 불확지를 원인으로 하여 변제공탁을 할 수 있다**』(대판 2000. 12. 22, 2000다55904). 정답 - O

26 **동일한 채권에 대하여 채권가압류명령과 채권양도통지가 동시에 제3채무자에게 송달된 경우, 제3채무자는 자기의 책임과 판단에 따라 채권자 불확지 변제공탁, 집행공탁, 혼합공탁을 선택하여 할 수 있다.** 변호사시험 제6회

해설 **『채권가압류명령과 채권양도통지가 동시에 제3채무자에게 송달된 경우**, 제3채무자는 송달의 선후가 불명한 경우에 준하여 채권자를 알 수 없다는 이유로 **변제공탁을 할 수도 있고**, 또한 민사집행법 제291조, 제248조 제1항에 의하여 가압류에 관련된 금전채권에 대한 **집행공탁을 할 수도 있으며**, 위와 같은 사유를 들어 채권자 불확지 변제공탁과 집행공탁을 합한 **혼합공탁을 할 수도 있다**』(대판 2013. 4. 26, 2009다89436). 정답 - O

27 **동일한 채권에 관하여 확정일자 있는 채권양도 통지, 가압류 또는 압류명령 등이 제3채무자(채권양도의 경우는 채무자, 이하 이 문항에서는 같다)에게 동시에 송달되어 그들 상호간에 우열이 없는 경우, 양수채권액과 가압류 또는 압류된 채권액의 합계액이 제3채무자에 대한 채권액을 초과할 때에는 그들 상호간에는 법률상의 지위가 대등하므로 공평의 원칙상 제3채무자는 위 채권자들의 각 채권액에 안분하여 채무를 변제하여야 한다.**

변호사시험 제7회

해설 『채권양도 통지, 가압류 또는 압류명령 등이 제3채무자에 동시에 송달되어 그들 상호간에 우열이 없는 경우에도 그 채권양수인, 가압류 또는 압류채권자는 모두 제3채무자에 대하여 완전한 대항력을 갖추었다고 할 것이므로, 그 전액에 대하여 채권양수금, 압류전부금 또는 추심금의 이행청구를 하고 적법하게 이를 변제받을 수 있고, **제3채무자로서는 이들 중 누구에게라도 그 채무 전액을 변제하면 다른 채권자에 대한 관계에서도 유효하게 면책되는 것**이며, 만약 양수채권액과 가압류 또는 압류된 채권액의 합계액이 제3채무자에 대한 채권액을 초과할 때에는 그들 상호간에는 법률상의 지위가 대등하므로 공평의 원칙상 **각 채권액에 안분하여 이를 내부적으로 다시 정산할 의무가 있다**』[대판(전합) 1994. 4. 26, 93다24223].

정답 – X

28 **당사자 사이에 양도금지의 특약이 있는 채권이더라도 전부명령에 의하여 전부되는 데에는 지장이 없고, 전부채권자로부터 다시 그 채권을 양수한 자가 그 특약의 존재를 알았다고 하더라도 채무자는 위 특약을 근거로 그 채권양도의 무효를 주장할 수 없다.**

변호사시험 제7회

해설 **양도금지의 특약이 있는 채권에 대한 압류 및 전부명령의 효력**에 관하여 판례는 『당사자 사이에 양도금지의 특약이 있는 채권이라도 압류 및 전부명령에 따라 이전될 수 있고, 양도금지의 특약이 있는 사실에 관하여 압류채권자가 선의인가 악의인가는 전부명령의 효력에 영향이 없다』(대판 2002. 8. 27, 2001다71699)라고 판시하고 있다.

정답 – O

29 **채권양도의 통지는 「민사소송법」상의 송달에 관한 규정에서 송달장소로 정하는 채무자의 주소·거소·영업소 또는 사무소 등에 해당하지 아니하는 장소에서라도 채무자가 사회통념상 그 통지의 내용을 알 수 있는 객관적 상태에 놓여졌다고 인정됨으로써 족하다.**

변호사시험 제7회

해설 『민사소송법상의 송달은 당사자나 그 밖의 소송관계인에게 소송상 서류의 내용을 알 기회를 주기 위하여 법정의 방식에 좇아 행하여지는 통지행위로서, 송달장소와 송달을 받을 사람 등에 관하여 구체적으로 법이 정하는 바에 따라 행하여지지 아니하면 부적법하여 송달로서의 효력이 발생하지 아니한다. 한편 채권양도의 통지는 채무자에게 도달됨으로써 효력이 발생하는 것이고, 여기서 도달이라 함은 **사회통념상 상대방이 통지의 내용을 알 수 있는 객관적 상태에 놓여졌다고 인정되는 상태**를 가리킨다. 이와 같이 도달은 보다 탄력적인 개념으로서 송달장소나 수송달자 등의 면에서 위에서 본 송달에서와 같은 엄격함은 요구되지 아니하며, 이에 송달장소 등에 관한 민사소송법의 규정을 유추적용할 것이 아니다. 따라서 **채권양도의 통지는 민사소송법상의 송달에 관한 규정에서 송달장소로 정하는 채무자의 주소·거소·영업소 또는 사무소 등에 해당하지 아니하는 장소에서라도 채무자가 사회통념상 그 통지의 내용을 알 수 있는 객관적 상태에 놓여졌다고 인정됨으로써 족하다』**(대판 2010. 4. 15, 2010다57).

정답 – O

30 **채권양도에 관한 채무자의 승낙은 채무자가 채권양도 사실에 관한 인식을 표명하는 것으로서 이른바 관념의 통지에 해당하고, 대리인에 의하여도 위와 같은 승낙을 할 수 있다.** 변호사시험 제7회

해설 『민법 제450조 소정의 채무자의 승낙은 채권양도의 사실을 채무자가 승인하는 뜻으로서 동조가 규정하는 채권양도의 대항요건을 구비하기 위하여서는 채무자가 양도의 사실을 양도인 또는 양수인에 대하여 승인함을 요한다』(대판 1986. 2. 25, 85다카1529). 정답 – O

31 **채권양도의 통지는 그 양도인이 채권이 양도되었다는 사실을 채무자에게 알리는 행위에 불과하므로, 그것만으로 도급계약에 관하여 「민법」 제667조 내지 제671조에 규정된 하자담보책임의 제척기간 준수에 필요한 권리의 행사에 해당한다고 할 수 없다.** 변호사시험 제7회

해설 『채권양도의 통지는 그 양도인이 채권이 양도되었다는 사실을 채무자에게 알리는 것에 그치는 행위이므로, 그것만으로 제척기간의 준수에 필요한 권리의 재판외 행사에 해당한다고 할 수 없다』(대판 2012. 4. 12, 2010다65399).

정답 – O

32 **중첩적 채무인수는 채권자와 채무인수인과의 합의가 있는 이상 채무자의 의사에 반하여서도 이루어질 수 있다.** 변호사시험 제6회

해설 **채무자의 의사에 반한 중첩적 채무인수**에 관하여 판례는 『중첩적 채무인수는 채권자와 채무인수인과의 합의가 있는 이상 채무자의 의사에 반하여서도 이루어질 수 있다』(대판 1988. 11. 22, 87다카1836)라고 판시하고 있다.

정답 – O

33 **중첩적 채무인수에서 인수인이 채무자의 부탁으로 인수한 경우 채무자와 인수인은 원칙적으로 연대채무관계에 있다.** 변호사시험 제6회

해설 『**중첩적 채무인수에서 인수인이 채무자의 부탁없이 채권자와의 계약으로 채무를 인수하는 것은 매우 드문 일이므로 채무자와 인수인은 원칙적으로 주관적 공동관계가 있는 연대채무관계에 있고**, 인수인이 채무자의 부탁을 받지 아니하여 주관적 공동관계가 없는 경우에는 부진정연대관계에 있는 것으로 보아야 한다』(대판 2009. 8. 20, 2009다32409).

정답 – O

34 **채권자의 승낙에 의하여 면책적 채무인수의 효력이 생기는 경우, 채권자가 승낙을 거절하면 그 이후에는 채권자가 다시 승낙하여도 채무인수로서의 효력이 생기지 않는다.**

변호사시험 제6회

해설 『[1] 채무인수의 효력이 생기기 위하여 **채권자의 승낙을 요하는 것은 면책적 채무인수의 경우에 한하고,** 채무인수가 면책적인가 중첩적인가 하는 것은 채무인수계약에 나타난 당사자 의사의 해석에 관한 문제이다. [2] **채권자의 승낙에 의하여 채무인수의 효력이 생기는 경우, 채권자가 승낙을 거절하면 그 이후에는 채권자가 다시 승낙하여도 채무인수로서의 효력이 생기지 않는다**』(대판 1998. 11. 24, 98다33765). 정답 – O

35 **채무의 이행인수에 있어 채무자는 인수인이 그 채무를 이행하지 아니하는 경우 인수인에 대하여 채권자에게 이행할 것을 청구할 수 있고, 채권자는 채권자대위권에 의하여 채무자의 인수인에 대한 위와 같은 청구권을 대위행사할 수 있다.** 변호사시험 제6회

해설 『이행인수는 인수인이 채무자에 대하여 그 채무를 이행할 것을 약정하는 채무자와 인수인 간의 계약으로서, 인수인은 채무자와 사이에 채권자에게 채무를 이행할 의무를 부담하는 데 그치고 직접 채권자에 대하여 채무를 부담하는 것이 아니므로 채권자는 직접 인수인에게 채무를 이행할 것을 청구할 수 없으나, **채무자는 인수인이 그 채무를 이행하지 아니하는 경우 인수인에 대하여 채권자에게 이행할 것을 청구할 수 있고,** 그에 관한 승소의 판결을 받은 때에는 금전채권의 집행에 관한 규정을 준용하여 강제집행을 할 수도 있다. 이러한 채무자의 인수인에 대한 청구권은 그 성질상 재산권의 일종으로서 일신전속적 권리라고 할 수는 없으므로, **채권자는 채권자대위권에 의하여 채무자의 인수인에 대한 청구권을 대위행사 할 수 있다**』(대판 2009. 6. 11, 2008다75072). 정답 – O

36 **채무자와 인수인 사이의 면책적 채무인수약정에 대해 채권자의 승낙이 있는 경우, 채무자가 자신의 채무를 담보하기 위해 설정하였던 저당권은 원칙적으로 소멸한다.**

변호사시험 제6회

해설 『**면책적 채무인수**라 함은 채무의 동일성을 유지하면서 이를 종래의 채무자로부터 제3자인 인수인에게 이전하는 것을 목적으로 하는 계약을 말하는바, 채무인수로 인하여 인수인은 종래의 채무자와 지위를 교체하여 새로이 당사자로서 채무관계에 들어서서 종래의 채무자와 동일한 채무를 부담하고 동시에 종래의 채무자는 채무관계에서 탈퇴하여 면책되는 것일 뿐 종래의 채무가 소멸하는 것이 아니므로, **채무인수로 종래의 채무가 소멸하였으니 저당권의 부종성으로 인하여 당연히 소멸한 채무를 담보하는 저당권도 소멸한다는 법리는 성립하지 않는다**』(대판 1996. 10. 11, 96다27476). 정답 – X

사례 【37~40】

甲은 2010. 2. 1. 乙에게 1억 원을 대여한 후 2010. 5. 3. 丙에게 위 대여금채권 전부를 양도하고, 같은 날 乙에게 확정일자 있는 내용증명우편으로 채권양도통지를 하여, 그 통지가 2010. 5. 6. 乙에게 도달하였다. 한편, 甲의 채권자인 丁은 2010. 4. 29. 위 대여금채권 전부에 대하여 압류명령을 받았고, 그 결정이 2010. 5. 6. 乙에게 도달하였다. 다음 설명 중 옳지 않은 것은? (다툼이 있는 경우에는 판례에 의함) 변호사시험 제1회

37 丙과 丁 사이의 우열은 위 확정일자 있는 양도통지와 위 채권압류명령 중 어느 것이 乙에게 먼저 도달하였는지에 따라 결정하여야 한다.

해설 『**채권이 이중으로 양도된 경우의 양수인 상호간의 우열**은 통지 또는 승낙에 붙여진 확정일자의 선후에 의하여 결정할 것이 아니라, 채권양도에 대한 채무자의 인식, 즉 **확정일자 있는 양도통지가 채무자에게 도달한 일시 또는 확정일자 있는 승낙의 일시의 선후에 의하여 결정**하여야 할 것이고, 이러한 법리는 채권양수인과 동일 채권에 대하여 가압류명령을 집행한 자 사이의 우열을 결정하는 경우에 있어서도 마찬가지이므로, 확정일자 있는 채권양도 통지와 가압류결정 정본의 제3채무자(채권양도의 경우는 채무자)에 대한 도달의 선후에 의하여 그 우열을 결정하여야 한다』〔대판(전합) 1994. 4. 26, 93다24223〕. 정답 – O

38 위 확정일자 있는 양도통지가 위 채권압류명령보다 乙에게 먼저 도달하였더라도 위 채권압류명령이 무효로 되는 것은 아니다.

해설 채권이 양도되고 대항력(확정일자)을 구비한 상태에서 그 양도된 채권을 양도인의 채권자들이 압류, 추심명령을 하게 되면 이미 채권은 양수인에게 이전되었으므로(피압류채권은 이미 존재하지 않는 것과 같다) 이러한 압류, 추심은 무효이다. 『채권압류의 효력발생 전에 채무자가 그 채권을 처분한 경우에는 그보다 먼저 압류한 채권자가 있어 그 채권자에게는 대항할 수 없는 사정이 있더라도 그 처분 후에 집행에 참가하는 채권자에 대하여는 처분의 효력을 대항할 수 있는 것이므로, **채무자가 압류 또는 가압류의 대상인 채권을 양도하고 확정일자 있는 통지 등에 의한 채권양도의 대항요건을 갖추었다면, 그 후 채무자의 다른 채권자가 그 양도된 채권에 대하여 압류 또는 가압류를 하더라도** 그 압류 또는 가압류 당시에 피압류채권은 이미 존재하지 않는 것과 같아 **압류 또는 가압류로서의 효력이 없고**, 따라서 그 다른 채권자는 압류 등에 따른 집행절차에 참여할 수 없다』(대판 2010. 10. 28, 2010다57213,57220). 정답 – X

39 ① 위 채권양도통지와 위 채권압류명령 중 어느 것이 乙에게 먼저 도달하였는지 밝혀지지 아니한 경우, 丙은 아직 이행을 하지 않고 있는 乙에게 위 양수금채권 전부의 이행을 청구할 수 있다.

② ①의 경우, 丙이 乙로부터 위 양수금 전부를 변제받았다면, 丁과의 사이에 각자의 채권액에 안분하여 내부적으로 정산할 의무를 부담한다.

해설 『채권양도 통지, 가압류 또는 압류명령 등이 제3채무자에 동시에 송달되어 그들 **상호간에 우열이 없는 경우**에도 그 채권양수인, 가압류 또는 압류채권자는 모두 제3채무자에 대하여 완전한 대항력을 갖추었다고 할 것이므로, 그 전액에 대하여 채권양수금, 압류전부금 또는 추심금의 이행청구를 하고 적법하게 이를 변제받을 수 있고, **제3채무자로서는 이들 중 누구에게라도 그 채무 전액을 변제하면 다른 채권자에 대한 관계에서도 유효하게 면책**되는 것이며, 만약 양수채권액과 가압류 또는 압류된 채권액의 합계액이 제3채무자에 대한 채권액을 초과할 때에는 그들 상호간에는 법률상의 지위가 대등하므로 **공평의 원칙상 각 채권액에 안분하여 이를 내부적으로 다시 정산할 의무가 있다**』〔대판(전합) 1994. 4. 26, 93다24223〕.

정답 - ① O ② O

40 위 채권양도통지와 위 채권압류명령 중 어느 것이 乙에게 먼저 도달하였는지 밝혀지지 아니한 경우, 乙은 위 대여금 채무액을 공탁함으로써 법률관계의 불안으로부터 벗어날 수 있다.

해설 『채권양도의 통지와 가압류 또는 압류명령이 제3채무자에게 동시에 송달되었다고 인정되어 채무자가 채권양수인 및 추심명령이나 전부명령을 얻은 가압류 또는 압류채권자 중 한 사람이 제기한 급부소송에서 전액 패소한 이후에도 다른 채권자가 그 송달의 선후에 관하여 다시 문제를 제기하는 경우 **기판력의 이론상 제3채무자는 이중지급의 위험이 있을 수 있으므로, 동시에 송달된 경우에도 제3채무자는 송달의 선후가 불명한 경우에 준하여 채권자를 알 수 없다는 이유로 변제공탁을 함으로써 법률관계의 불안으로부터 벗어날 수 있다**』〔대판(전합) 1994. 4. 26, 93다24223〕.

정답 - O

사례 【41~43】

甲은 2012. 3. 5. 乙에게 1억 원을 변제기 2012. 12. 4.로 정하여 대여하였다. 甲은 2012. 8. 5. 그 대여금채권을 丙에게 양도하였고, 甲은 같은 날 乙에게 전화로 채권양도를 통지하였다. 다음 설명이 타당한가?(다툼이 있는 경우에는 판례에 의하고, 각 지문은 모두 독립적이다) 변호사시험 제3회

41 **甲은 2012. 12. 3. 丁에게 乙에 대한 위 대여금채권을 이중으로 양도하고 내용증명우편으로 乙에게 채권양도사실을 통지하였고, 그 통지가 2012. 12. 5. 도달되었다. 乙은 2012. 12. 4. 제1양수인 丙에게 위 채권 금액 1억 원을 변제하였다. 이 경우 제2양수인 丁이 乙을 상대로 양수금청구소송을 제기하면 승소할 수 없다.**

해설

〔**제450조(지명채권양도의 대항요건)**〕 ① 지명채권의 양도는 양도인이 채무자에게 통지하거나 채무자가 승낙하지 아니하면 채무자 기타 제3자에게 대항하지 못한다. ② 전항의 통지나 승낙은 확정일자 있는 증서에 의하지 아니하면 채무자 이외의 제3자에게 대항하지 못한다.

여기서 "대항하지 못한다."는 것은 채권이 존재하고 그 채권 위에 양립할 수 없는 권리가 존재하는 경우를 전제로 하는 것이다. 따라서 채무자가 이미 양수인에게 변제한 후에는(단순한 통지에 의한 경우에도), 제2양수인이 확정일자 있는 증서에 의한 통지를 이유로 그 변제를 청구하더라도 대항력의 문제는 발생할 여지가 없고, 이미 한 변제는 유효하다. 판례도 『**양도된 채권이 이미 변제 등으로 소멸한 경우**에는, **그 후에 그 채권에 관한 채권압류 및 추심명령이 송달되더라도 그 채권압류 및 추심명령은 존재하지 아니하는 채권에 대한 것으로서 무효**이고, 위와 같은 **대항요건의 문제는 발생될 여지가 없다**』(대판 2003. 10. 24, 2003다37426)고 한다.

→ 따라서 비록 丙에 대한 제1양도행위는 전화에 의한 단순통지이고 丁에 대한 제2양도행위는 내용증명우편이라는 확정일자 있는 증서에 의한 통지이지만, 후자의 통지도달이 이미 제1양수인 丙에 대한 변제가 이루어진 다음에 있었기 때문에 대항력의 문제는 발생할 여지가 없고, 이미 한 채무자 乙의 변제는 유효하다. 그러므로 제2양수인 丁이 채무자 乙을 상대로 양수금청구소송을 제기하면 승소할 수 없다. 정답 - O

42 **위 대여 당시 A는 乙을 위하여 甲에게 위 대여금 반환채무에 관하여 연대보증을 하였다. 甲은 丙에의 채권양도 당시 A에게는 채권양도의 통지도 하지 않고 승낙도 받지 못했다. 이 경우 丙은 A에게 보증채무의 이행을 구할 수 없다.**

해설 『보증채무는 주채무에 대한 부종성 또는 수반성이 있어서 주채무자에 대한 채권이 이전되면 당사자 사이에 별도의 특약이 없는 한 보증인에 대한 채권도 함께 이전하고, 이 경우 **채권양도의 대항요건도 주채권의 이전에 관하여 구비하면 족하고, 별도로 보증채권에 관하여 대항요건을 갖출 필요는 없다**』(대판 2002. 9. 10, 2002다21509).

→ 따라서 양도인 甲은 양수인 丙에의 채권양도 당시 보증인 A에게 채권양도의 대항요건을 갖추지 않았다 하더라도 주채무자 乙에게 채권양도의 대항요건(통지)을 갖추었으므로 丙은 A에게 보증채무의 이행을 구할 수 있다. 정답 - X

43 **위 대여 당시 甲과 乙은 그 채권에 관하여 양도금지특약을 하였다. 丙이 乙에게 양수금 청구소송을 제기하자 乙은 양도금지특약이 있으므로 채권양도는 무효라고 주장하였다. 이에 丙은 그 특약에 관하여 알지 못했고 알지 못한 데에 중과실도 없다고 주장하였고, 乙은 丙이 알았거나 알지 못한 데에 중과실이 있었다고 주장하였다. 乙과 丙 모두 그 점에 관하여 충분히 증명하지 못한 경우 丙은 승소할 수 없다.**

(해설) 채권은 당사자가 반대의 의사를 표시한 경우에는 양도하지 못한다. 그러나 그 의사표시로써 선의의 제3자에게 대항하지 못한다(제449조 제2항). 이와 관련하여 판례는 『당사자의 의사표시에 의한 채권양도 금지는 제3자가 악의의 경우는 물론 제3자가 채권양도 금지를 알지 못한 데에 중대한 과실이 있는 경우 그 채권양도 금지로써 대항할 수 있다 할 것이나, **제3자의 악의 내지 중과실은 채권양도 금지의 특약으로 양수인에게 대항하려는 자가 이를 주장·입증**하여야 한다』(대판 1999. 12. 28, 99다8834)고 한다.

→ 따라서 채무자 乙이 양수인 丙의 악의 내지 중과실을 증명하지 못하는 한, 丙은 乙에 대한 양수금청구소송에서 승소할 수 있다. (정답) – X

사례 【44~47】

甲은 乙로부터 乙 소유의 X 건물을 10억 원에 매수하는 매매계약을 체결하면서 위 매매대금 중 4억 원은 이미 X 건물에 설정되어 있던 乙의 근저당권부 차용금채무 4억 원을 甲이 인수하는 것으로 하고, 나머지 6억 원은 X 건물의 소유권이전등기서류와 상환으로 지급하기로 약정하였다. 다음 설명이 타당한가? (각 지문은 독립적이고, 다툼이 있는 경우 판례에 의함)

변호사시험 제4회

44 **甲이 乙의 위 근저당권부 차용금채무 4억 원을 乙로부터 인수하기로 약정한 것은, 특별한 사정이 없는 한 매매대금 중 4억 원의 지급에 갈음하기로 한 것이다.**

(해설) 사안에서 乙의 채권자의 승낙이 보이지 않는 상황에서 매수인 甲은 매매대금 10억 원 중 매도인 乙의 차용금채무 4억 원을 인수하는 것으로 하고 나머지 6억 원을 지급하기로 약정하였으므로, 이는 인수인 甲이 채무자 乙과의 관계에서 4억 원의 채무를 인수하기로 하는 '이행인수'가 있었다고 보여지고, 4억 원은 매매대금의 지급에 갈음한 것이다.

[관련판례] 『부동산의 매수인이 매매목적물에 관한 채무(피담보채무, 임대보증금반환채무 등)를 인수하는 한편 그 채무액을 매매대금에서 공제하기로 약정한 경우, 그 인수는 특별한 사정이 없는 한 매도인을 면책시키는 채무인수가 아니라 **이행인수**로 보아야 하고, **면책적 채무인수로 보기 위하여는 이에 대한 채권자의 승낙이 있어야 한다**』(대판 1995. 8. 11, 94다58599).

『부동산매매계약과 함께 이행인수계약이 이루어진 경우, 매수인이 인수한 채무는 매매대금지급채무에 갈음한 것으로서…』(대판 2004. 7. 9, 2004다13083). (정답) – O

45 **甲은 위 근저당권부 차용금채무 4억 원을 현실적으로 당장 변제할 의무는 없고, 특별한 사정이 없는 한 매매대금에서 위 채무액을 공제한 6억 원만 지급함으로써 잔금지급의무를 이행한 것으로 된다.**

해설 판례에 따르면『특별한 사정이 없는 한 매수인은 인수한 채무를 현실적으로 변제할 의무는 없고, **매수인이 매매대금에서 그 채무액을 공제한 나머지를 지급함으로써 잔금지급의무를 다한 것으로 보아야 하고**, 또한 이 약정의 내용은 매도인과 매수인과의 계약으로 매수인이 매도인의 채무를 변제하기로 하는 것으로서 **매수인은 제3자의 지위에서 매도인에 대하여만 그의 채무를 변제할 의무를 부담함에 그친다**』고 한다(대판 2002. 5. 10, 2000다18578).

정답 – O

46 **甲이 인수한 위 근저당권부 차용금채무의 이자를 지급하지 않고 있다면, 특별한 사정이 없더라도 乙은 이를 이유로 甲과의 위 매매계약을 해제할 수 있다.**

해설 전술한 바와 같이 판례에 따르면 **매수인은 매매대금에서 인수채무액을 공제한 나머지를 지급함으로써 잔금지급의무를 다한 것**으로 보아야 하므로, **매수인이 인수채무를 변제하지 않았다고 하여도 매도인이 계약을 해제할 수는 없다**(대판 1993. 6. 29, 93다19108). 이는 인수한 피담보채무의 이자를 지급하지 아니한 경우에도 같다(대판 1998. 10. 27, 98다25184).

[보충] 다만『매수인이 인수채무를 이행하지 아니함으로써 매매대금의 일부를 지급하지 아니한 것과 동일하다고 평가할 수 있는 '특별한 사유'가 있을 때에 한하여 매도인의 계약해제권이 발생한다』고 한다(대판 1993. 2. 12, 92다23193).

이 때 특별한 사유에 대해 판례는『매수인이 인수채무를 이행하지 않음에 따라 ① 매매목적물인 부동산이나 공동담보로 제공된 다른 부동산에 설정된 담보권의 실행으로 임의경매절차가 개시되었다거나 개시될 염려가 있고, ② 또한 매도인 측이 이를 막기 위하여 부득이 피담보채무를 변제할 필요성이 있는 경우』라고 한다(대판 1998. 10. 27, 98다25184).

다만 구체적 사안에서 대체로 판례는 '매도인이 자기의 出捐으로 매수인이 인수한 채무를 대신 변제한 경우'에만 계약해제권의 발생을 인정하는 입장을 취하고 있다.

정답 – X

47 **甲이 위 근저당권부 차용금채무 4억 원의 변제를 불이행하여 乙이 대신 변제한 경우, 甲의 구상채무 이행의무와 乙의 소유권이전등기 이행의무는 동시이행관계에 있지 않다.**

해설 『부동산매매계약과 함께 이행인수계약이 이루어진 경우, 매수인이 인수한 채무는 매매대금지급채무에 갈음한 것으로서 매도인이 매수인의 인수채무불이행으로 말미암아 또는 임의로 인수채무를 대신 변제하였다면, **그로 인한 손해배상채무 또는 구상채무는 인수채무의 변형**으로서 **매매대금지급 채무에 갈음한 것의 변형이므로 매수인의 손해배상채무 또는 구상채무와 매도인의 소유권이전등기의무는 대가적 의미가 있어 이행상 견련관계에 있다고 인정**되고, 따라서 양자는 동시이행의 관계에 있다고 해석함이 공평의 관념 및 신의칙에 합당하다』(대판 2004. 7. 9, 2004다13083).

정답 – X

사례 【48~50】

甲과 乙은 건물신축공사 도급계약을 체결하였는데, 공사대금은 완공된 건물의 인도와 동시에 일괄지급하기로 하였다. 그리고 乙의 甲에 대한 공사대금채무를 담보하기 위하여 丙이 그 소유의 X 부동산에 근저당권을 설정하였고, 丁이 위 채무를 연대보증하였다. 다음 설명 중 옳은 것은? (다툼이 있는 경우에는 판례에 의함) 변호사시험 제2회

48 甲이 채권의 추심을 위하여 공사대금채권을 戊에게 양도하고 그 대항요건을 갖추었으나, 그 후 甲과 戊 사이의 추심위임계약이 해지된 경우, 위 채권이 甲에게 복귀하는데, 이때 戊는 원상회복의무로서 乙에게 이를 통지할 의무를 부담한다.

해설 『종전의 채권자가 채권의 추심 기타 행사를 위임하여 채권을 양도하였으나 **양도의 '원인'이 되는 그 위임이 해지 등으로 효력이 소멸한 경우에 이로써 채권은 양도인에게 복귀**하게 되고, 나아가 **양수인은 그 양도의무계약의 해지로 인하여 양도인에 대하여 부담하는 원상회복의무**(이는 계약의 효력불발생에서의 원상회복의무 일반과 마찬가지로 부당이득반환의무의 성질을 가진다)**의 한 내용으로 채무자에게 이를 통지할 의무를 부담**한다』(대판 2011. 3. 24, 2010다100711). 정답 - O

49 乙의 공사대금채무를 己가 면책적으로 인수한 경우, 丙은 채무인수에 동의하였는지 여부에 상관없이 甲에 대하여 근저당권설정등기의 말소를 구할 수 있다.

해설 면책적 채무인수의 경우, ① **전채무자의 채무에 대한 보증이나 '제3자'가 제공한 담보는 채무인수로 인하여 소멸**하나, **보증인이나 제3자가 채무인수에 '동의'한 경우에는 그러하지 아니하다**(제459조). **채무자의 변경으로 인해 채무자의 자력에 변화가 생김으로써 보증인이나 물상보증인에게 불이익이 발생할 우려가 있기 때문**이다. ② 채무자가 제공한 담보는 인수계약이 채권자와 인수인 사이에 체결된 경우에만 담보가 소멸하고, 그 밖의 경우에는 채무자인 담보제공자가 채무인수에 동의한 것으로 보아 담보는 존속한다고 보는 것이 일반적이다(제459조 단서 유추적용). 정답 - X

50 乙의 공사대금채무를 己가 중첩적으로 인수한 경우, 丁의 보증채무는 소멸한다.

해설 중첩적 채무인수의 경우 **인수인은 종전 채무자와 동일한 내용의 채무를 부담**한다. 따라서 종래의 채무자가 그 채무관계에 있어 가졌던 모든 항변사유로 채권자에게 대항할 수 있고, **기존 채무에 있는 담보나 보증은 존속**한다. 정답 - X

사례 【51~55】

丙은 乙의 甲에 대한 차용금반환채무를 인수하였다. 이에 관한 설명 중 옳지 않은 것은? (각 지문은 독립적이며, 다툼이 있는 경우 판례에 의함) 변호사시험 제7회

51 丙이 위 차용금반환채무를 면책적으로 인수한 경우, 丙은 乙이 甲에게 항변할 수 있었던 사유로 甲에게 대항할 수 없다.

해설

〔제458조(전채무자의 항변사유)〕 인수인은 전채무자의 항변할 수 있는 사유로 채권자에게 대항할 수 있다.

정답 – X

52 乙과 丙 사이에 면책적 채무인수에 관한 약정이 있었던 경우, 乙 또는 丙은 상당한 기간을 정하여 이에 관한 승낙 여부의 확답을 甲에게 최고할 수 있고, 甲이 그 기간 내에 확답을 발송하지 않은 때에는 거절한 것으로 본다.

해설

〔제455조(승낙여부의 최고)〕 ① 전조의 경우에 제삼자나 채무자는 상당한 기간을 정하여 승낙여부의 확답을 채권자에게 최고할 수 있다. ② 채권자가 그 기간내에 확답을 발송하지 아니한 때에는 거절한 것으로 본다.

정답 – O

53 乙과 丙 사이에 면책적 채무인수에 관한 약정이 있었던 경우, 甲이 승낙을 거절하였다면 그 이후에는 다시 승낙하여도 특별한 사정이 없는 한 甲에 대하여 면책적 채무인수로서의 효력이 생기지 않는다.

해설 채무인수에 있어서 승낙을 거절한 채권자가 그 후 다시 승낙할 경우 채무인수의 효력이 생기는지 여부에 관하여 판례는 『채권자의 승낙에 의하여 채무인수의 효력이 생기는 경우, 채권자가 승낙을 거절하면 그 이후에는 채권자가 다시 승낙하여도 채무인수로서의 효력이 생기지 않는다』(대판 1998. 11. 24, 98다33765)라고 판시하고 있다. 정답 – O

54 **丙이 甲과의 계약으로 위 차용금반환채무를 중첩적으로 인수한 경우, 丙이 乙의 부탁을 받지 아니하여 주관적 공동관계가 없었다면, 丙과 乙의 각 채무는 부진정연대관계에 있는 것으로 보아야 한다.**

해설 『중첩적 채무인수에서 인수인이 채무자의 부탁 없이 채권자와의 계약으로 채무를 인수하는 것은 매우 드문 일이므로 채무자와 인수인은 원칙적으로 주관적 공동관계가 있는 연대채무관계에 있고, 인수인이 채무자의 부탁을 받지 아니하여 주관적 공동관계가 없는 경우에는 부진정연대관계에 있는 것으로 보아야 한다』(대판 2014. 8. 20, 2012다97420,97437).

정답 - O

55 **丙이 乙의 부탁을 받아 甲과의 계약으로 위 차용금반환채무를 중첩적으로 인수한 경우, 丙이 甲에 대한 손해배상채권을 자동채권으로 하여 甲의 채권에 대하여 대등액에서 상계의 의사표시를 하였다면, 乙의 甲에 대한 채무도 상계에 의하여 소멸되었다고 보아야 한다.**

해설 『중첩적 채무인수에서 인수인이 채무자의 부탁 없이 채권자와의 계약으로 채무를 인수하는 것은 매우 드문 일이므로 채무자와 인수인은 **원칙적으로 주관적 공동관계가 있는 연대채무관계**에 있고, 인수인이 채무자의 부탁을 받지 아니하여 **주관적 공동관계가 없는 경우에는 부진정연대관계**에 있는 것으로 보아야 한다』(대판 2014. 8. 20, 2012다97420,97437).

→ **연대채무관계**이므로 **연대채무자 1인의 상계로 인한 채무소멸의 효과는 절대적 효력이 있으므로**(제418조 제1항) 다른 연대채무자도 채무를 면한다.

정답 - O

제9장 채권의 소멸

1 **채권양도가 있었으나 아직 대항요건이 갖추어지지 아니하였다면 채무자가 채권양도 사실을 알고서 양도인에게 변제한 경우에도 양수인에 대하여 변제의 유효를 주장할 수 있다.** 변호사시험 제1회

해설 채권양도 사실에 대해 채무자가 악의라는 점만으로 양수인이 대항요건을 갖춘 것은 아니므로, 채무자는 자신의 채무를 채권 양도인에게 변제해도 유효한 변제가 되고, 양도인에 대한 대항사유로서 양수인에게 대항할 수 있다. 『**채무자가 채권양도 통지를 받기 전 채권자(의 대리인)에게 변제**하였으면 이로서 **위 채무는 채무 소멸**한 것이다』(서울고법 1978. 5. 12, 77나462 제5민사부).

정답 - O

2 **채무자 甲이 乙에게 변제한 후 진정한 채권자가 丙으로 밝혀진 경우라도, 乙이 채권의 준점유자이고 甲이 선의·무과실로 변제하였다면, 甲은 乙에게 변제한 것의 반환을 청구할 수 없다.** 변호사시험 제1회

해설 채권의 준점유자에 대한 변제는 변제자가 선의이며 과실 없는 때에 한하여 효력이 있다(제470조). 이 경우 채무소멸의 효과는 절대적이어서, 채권자는 급부를 수령한 채권의 준점유자에 대하여 부당이득반환청구권(제748조 제2항) 또는 불법행위에 기한 손해배상청구권(제750조)을 가지는 반면, 변제자는 채권의 준점유자에 대하여 부당이득으로서 급부의 반환을 청구하지 못한다(절대적 효력설). 『**채권압류가 경합된 경우에 그 압류채권자 중의 한 사람이 전부명령을 얻은 경우** 그 전부명령은 무효이지만 **제3채무자가 선의·무과실로 그 전부채권자에게 전부금을 변제**하였다면 이는 **채권의 준점유자에 대한 변제로서 유효하므로 제3채무자의 채무자에 대한 채무는 소멸**되고 제3채무자는 압류채권자에 대하여 이중 변제의 의무를 부담하지 아니하며 전부채권자에 대하여 전부명령의 무효를 주장하여 부당이득반환청구도 할 수 없다』(대판 1980. 9. 30, 78다1292).

정답 - O

3 **채권자 甲에 대한 乙의 채무를 제3자인 丙이 자신의 채무인 줄 알고 甲에게 변제한 경우에도 乙의 채무는 소멸하고, 丙은 원칙적으로 乙에 대하여 부당이득반환을 청구할 수 있다.** 변호사시험 제1회

해설 **丙은 원칙적으로 甲에게 부당이득 반환을 청구**하여야 하고 특별한 경우 민법 제745조 제2항에 의해 **채무자 乙에게 구상권을 행사**할 수 있다. 채무의 변제는 제3자도 할 수 있으나(민법 제469조 제1항), **착오로 타인에 대한 채무를 이행한 경우 채권자에게 부당이득으로 반환청구할 수 있다(민법 제745조 제1항의 반대해석).**

〔**제745조(타인의 채무의 변제) 제1항**〕 채무자 아닌 자가 착오로 인하여 타인의 채무를 변제한 경우에 채권자가 선의로 증서를 훼멸하거나 담보를 포기하거나 시효로 인하여 그 채권을 잃은 때에는 변제자는 그 반환을 청구하지 못한다.
〔**제745조(타인의 채무의 변제) 제2항**〕 전항의 경우에 변제자는 채무자에 대하여 구상권을 행사할 수 있다.

정답 – X

4 **물상보증인은 채무자의 의사에 반하여 채무를 변제할 수 있다.** 변호사시험 제1회

해설 물상보증인은 채무변제로 자신의 불안한 지위를 해소할 이해관계 있는 제3자에 해당하므로 채무자의 의사에 반해서도 변제할 수 있다(민법 제469조 제2항의 반대해석).

〔**제469조(제3자의 변제) 제2항**〕 이해관계 없는 제3자는 채무자의 의사에 반하여 변제하지 못한다.

『민법 제469조 제2항은 이해관계 없는 제3자는 채무자의 의사에 반하여 변제하지 못한다고 규정하고, 민법 제481조는 변제할 정당한 이익이 있는 자는 변제로 당연히 채권자를 대위한다고 규정하고 있는바, 위 조항에서 말하는 **'이해관계' 내지 '변제할 정당한 이익'이 있는 자는 변제를 하지 않으면 채권자로부터 집행을 받게 되거나 또는 채무자에 대한 자기의 권리를 잃게 되는 지위에 있기 때문에 변제함으로써 당연히 대위의 보호를 받아야 할 법률상 이익을 가지는 자**를 말하고, 단지 **사실상의 이해관계를 가진 자는 제외된다**』(대결 2009. 5. 28, 자2008마109). 정답 – O

5 **① 변제자가 주채무자인 경우로서 다른 조건이 동일하다면, 물상보증인이 제공한 물적 담보가 있는 채무와 그러한 담보가 없는 채무 사이의 변제이익은 같다.**
② 변제자가 주채무자이고 연대보증약정이 있는 경우로서 다른 조건이 동일하다면, 연대보증기간 내의 채무와 연대보증기간 종료 후의 채무 사이의 변제이익은 같다.

변호사시험 제4회

해설 **'주채무자가 변제**할 때**' 보증인이 있는 채무와 보증인이 없는 채무 사이에는 변제이익의 차이가 없다**(왜냐하면 보증인이 있는 채무도 구상의무의 존재로 인해 결국 자기의 채무이기 때문이다).
마찬가지로 **'변제자가 채무자**인 경우**' 물상보증인이 제공한 물적 담보가 있는 채무와 그러한 담보가 없는 채무 사이에도 변제이익의 점에서 차이가 없다**(대판 2014. 4. 30, 2013다8250). 따라서 (주)채무자가 변제한 금원은 이행기가 먼저 도래한 채무부터 (법정변제)충당하여야 한다(제477조 제3호 ; 대판 1999.8.24, 99다26481).
[비교] 그러나 변제자 자신의 채무(주채무)가 보증채무(연대보증채무를 포함한다)보다 변제이익이 더 많다(대판 2002.7.12, 99다68652). 정답 – ① O ② O

6 **① 변제자가 주채무자인 경우로서 다른 조건이 동일하다면, 제3자가 발행 또는 배서한 어음에 의하여 담보되는 채무가 그렇지 않은 채무보다 변제이익이 더 많다.**

② 주채무자 이외의 자가 변제자인 경우로서 다른 조건이 동일하다면, 변제자가 발행 또는 배서한 어음에 의하여 담보되는 채무가 그렇지 않은 채무보다 변제이익이 더 많다.

③ 변제자가 주채무자인 경우로서 다른 조건이 동일하다면, 담보로 주채무자 자신이 발행 또는 배서한 어음에 의하여 담보되는 채무가 그렇지 않은 채무보다 변제이익이 더 많다. 변호사시험 제4회

해설 주채무자가 변제자인 경우에는 담보로 제3자가 발행 또는 배서한 약속어음이 교부된 채무와 다른 채무 사이에 변제이익에서 차이가 없으나, 담보로 주채무자 자신이 발행 또는 배서한 어음으로 교부된 채무는 다른 채무보다 변제이익이 많다(대판 1999. 8. 24, 99다22281,22298). 반대로 주채무자 이외의 자가 변제자인 경우에는 변제자가 발행 또는 배서한 어음에 의하여 담보되는 채무가 다른 채무보다 변제이익이 많다. 정답 - ① X ② O ③ O

7 **1억 원의 채무를 부담하고 있는 甲을 위하여 乙과 丙은 보증인이 되었고, 丁은 자기 소유의 시가 6,000만 원의 부동산에 저당권을 설정하여 물상보증인이 되었으며, 戊도 자기 소유의 시가 4,000만 원의 부동산에 저당권을 설정하여 물상보증인이 되었다. 당사자 사이의 특약 등 다른 특별한 사정이 없다면 乙이 甲의 채무 전액을 변제한 경우, 乙이 丙, 丁, 戊에 대하여 채권자를 대위할 수 있는 범위는? (다툼이 있는 경우 판례에 의함)** 변호사시험 제5회

해설 보증인과 물상보증인 사이에서는 그 인원수에 비례하여 채권자를 대위한다. 그리고 물상보증인이 수인인 경우에는 보증인의 부담부분을 공제한고 그 잔액에 대하여 각 재산의 가액에 비례하여 채권자를 대위한다(제482조 제2항 단서 제5호단서).

정답 - 丙에 대하여 2,500만 원, 丁에 대하여 3,000만 원, 戊에 대하여 2,000만 원

8 **채무의 일부 변제제공은 채무의 본지에 따른 이행의 제공이라 할 수 없어 이행제공의 효력이 발생할 수 없으나, 채무의 일부를 공탁한 경우에는 그 부분에 한해 원칙적으로 변제의 효력이 발생한다.** 변호사시험 제5회

해설 채무일부의 변제공탁의 효력에 관하여 판례는 『채무일부의 공탁은 특별한 사정이 있는 경우를 제외하고는 **채권자가 이를 수락하지 아니하는 한 그에 상응하는 효력을 발생할 수 없다**』(대판 1977. 9. 13, 76다1866)라고 판시하고 있다. 정답 - X

9 **비용, 이자, 원본에 대한 변제충당에 있어서는 민법 제479조에 그 충당 순서가 법정되어 있으므로 당사자 사이에 특별한 합의가 없는 한 비용, 이자, 원본의 순서로 변제에 충당하여야 할 것이나, 채권자는 일방적으로 위 법정 순서와 다르게 충당의 순서를 지정할 수 있다.** 변호사시험 제5회

해설 『**비용, 이자, 원본에 대한 변제충당의 순서는 민법 제479조에 법정**되어 있으므로 당사자 사이에 그와 다른 특별한 합의가 있었다거나 일방의 지정에 대하여 상대방이 지체없이 이의를 제기하지 아니함으로써 묵시적 합의가 되었다고 보여지는 경우 등 특단의 사정이 없는 한 위의 법정순서에 의하여 변제충당이 이루어져야 하는 것이며, **채무자는 물론 채권자라 할지라도 그와 다르게 일방적으로 충당의 순서를 지정할 수 없다**』(대판 1990. 11. 9, 90다카7262).

정답 - X

10 **채무의 성질 또는 당사자의 의사표시로 변제장소를 정하지 아니한 때에는 특정물의 인도는 채권자의 현주소지에서 하여야 한다.** 변호사시험 제5회

해설 제467조에 의하면, 특정물의 인도를 목적으로 하는 채무는 **채권성립 당시에 그 물건이 있던 장소**에서 변제하여야 하며, 특정물채무 이외의 채무는 채권자의 현주소에서 하여야 한다.

정답 - X

11 **채권의 준점유자에 대한 변제는 변제자가 선의이며 과실이 없는 경우에 한해 효력이 있는데, 만약 그 변제를 받은 자에게 변제수령의 권한이 인정된다면 채권의 준점유자에 대한 변제의 법리를 적용할 필요 없이 그에 대한 변제는 유효하다.** 변호사시험 제5회

해설 『민법 제470조에서 정하는 '채권의 준점유자'는 진정한 채권자 등 변제수령의 권한이 있는 자 이외의 자로서 변제자의 입장에서 볼 때 일반의 거래관념상 채권을 행사할 정당한 권한을 가진 것으로 믿을 만한 외관을 가지는 사람을 말한다. 따라서 채무자가 채권의 준점유자에 대한 변제를 가리기 위해서는, 먼저 그 변제를 받은 자가 변제를 수령할 권한이 없는 자임이 전제가 되어야 하고, 만약 **변제수령의 권한이 인정되면 채권의 준점유자에 대한 변제의 법리를 적용할 필요 없이 그에 대한 변제는 유효**하다고 보아야 한다』(대판 2012. 6. 14, 2010다29034).

정답 - O

12 **변제받을 권한 없는 자에 대한 변제의 경우에도 채권자가 이익을 받은 한도에서 효력이 있는데, 여기에서 말하는 '채권자가 이익을 받은' 경우에는 변제의 수령자가 진정한 채권자에게 채무자의 변제로 받은 급부를 직접 전달한 경우는 포함되나, 무권한자의 변제수령을 채권자가 사후에 추인한 경우는 포함되지 않는다.** 변호사시험 제5회

해설 『민법 제472조는 불필요한 연쇄적 부당이득반환의 법률관계가 형성되는 것을 피하기 위하여 변제받을 권한 없는 자에 대한 변제의 경우에도 채권자가 이익을 받은 한도에서 효력이 있다고 규정하고 있는데, 여기에서 말하는 '채권자가 이익을 받은' 경우에는 변제의 수령자가 진정한 채권자에게 채무자의 변제로 받은 급부를 전달한 경우는 물론이고, 그렇지 않더라도 **무권한자의 변제수령을 채권자가 사후에 추인한 때와 같이 무권한자의 변제수령을 채권자의 이익으로 돌릴 만한 실질적 관련성이 인정되는 경우도 포함**된다』(대판 2012. 10. 25, 2010다32214).

정답 - X

13 **담보권 실행을 위한 경매의 배당절차에서는 합의충당과 지정충당은 허용되지 않고 법정변제충당의 방법에 의하여야 한다.** 변호사시험 제6회

해설 『**담보권 실행을 위한 경매에서** 배당된 배당금이 담보권자가 가지는 수개의 피담보채권 전부를 소멸시키기에 부족한 경우에는 민법 제476조에 의한 **지정변제충당은 허용될 수 없고, 채권자와 채무자 사이에 변제충당에 관한 합의가 있었다고 하여 그 합의에 따른 변제충당도 허용될 수 없으며,** 획일적으로 가장 공평타당한 충당방법인 민법 제477조 및 제479조의 규정에 의한 **법정변제충당의 방법에 따라 충당하여야 하는 것**이고, 이러한 법정변제충당은 이자 혹은 지연손해금과 원본 간에는 이자 혹은 지연손해금과 원본의 순으로 이루어지고, 원본 상호간에는 그 이행기의 도래 여부와 도래 시기, 그리고 이율의 고저와 같은 변제이익의 다과에 따라 순차적으로 이루어지나, 다만 그 이행기나 변제이익의 다과에 있어 아무런 차등이 없을 경우에는 각 원본 채무액에 비례하여 안분하게 되는 것이다』(대판 2000. 12. 8, 2000다51339). 정답 - O

14 **변제자가 주채무자인 경우 보증인이 있는 채무와 보증인이 없는 채무 사이에는 변제이익의 차이가 없으나, 변제자가 채무자인 경우 물상보증인이 제공한 물적 담보가 있는 채무와 그러한 담보가 없는 채무 사이에는 물적 담보가 있는 채무의 변제이익이 더 많다.** 변호사시험 제6회

해설 『변제자가 주채무자인 경우 보증인이 있는 채무와 보증인이 없는 채무 사이에 전자가 후자에 비하여 변제이익이 더 많다고 볼 근거는 전혀 없으므로 양자는 변제이익의 점에서 차이가 없다고 보아야 한다. 마찬가지로 **변제자가 채무자인 경우 물상보증인이 제공한 물적 담보가 있는 채무와 그러한 담보가 없는 채무 사이에도 변제이익의 점에서 차이가 없다**』(대판 2014. 4. 30, 2013다8250). 정답 - X

15 **비용, 이자, 원본에 대한 변제충당에 있어 당사자 사이에 특별한 합의가 없는 한 비용, 이자, 원본의 순서로 충당하여야 하고 채무자는 물론 채권자라도 위 법정순서와 다르게 일방적으로 충당의 순서를 지정할 수는 없으나, 상대방의 이의제기가 없어 묵시적인 합의가 있다고 볼 경우에는 그러하지 아니하다.** 변호사시험 제6회

해설 『**비용, 이자, 원본에 대한 변제충당에 있어서는 민법 제479조에 그 충당 순서가 법정되어 있고 지정 변제충당에 관한 민법 제476조는 준용되지 않으므로 원칙적으로 비용, 이자, 원본의 순서로 충당하여야 하고, 채무자는 물론 채권자라 할지라도 위 법정 순서와 다르게 일방적으로 충당의 순서를 지정할 수는 없다.** 그러나 당사자 사이에 특별한 합의가 있는 경우이거나 **당사자의 일방적인 지정에 대하여 상대방이 지체 없이 이의를 제기하지 아니함으로써 묵시적인 합의가 되었다고 보이는 경우에는 그 법정충당의 순서와는 달리 충당의 순서를 인정할 수 있다**』(대판 2009. 6. 11, 2009다12399). 정답 - O

16 **주채무자가 변제자인 경우에는 담보로 제3자가 발행 또는 배서한 약속어음이 교부된 채무와 그러한 담보가 없는 채무는 변제이익이 동일하다.** 변호사시험 제6회

해설 『**주채무자가 변제자인 경우에는, 담보로 제3자가 발행 또는 배서한 약속어음이 교부된 채무와 다른 채무 사이에 변제이익의 점에서 차이가 없다**고 보아야 할 것이나, 담보로 주채무자 자신이 발행 또는 배서한 어음이 교부된 채무는 다른 채무보다 변제이익이 많은 것으로 보아야 한다』(대판 1999. 8. 24, 99다22281). 정답 - O

17 **1,000만 원의 원금과 50만 원의 이자 및 비용을 변제할 채무자가 50만 원을 채권자에게 지급하면서 이를 원금에 충당할 것을 지정한다고 하더라도 원칙적으로 원금의 변제에 충당되지 않으며, 이로 인하여 채권자가 변제의 수령을 거절하더라도 채권자지체에 빠지지 않는다.** 변호사시험 제6회

해설 『비용, 이자, 원본에 대한 변제충당에 있어서는 민법 제479조에 그 충당 순서가 법정되어 있고 지정 변제충당에 관한 민법 제476조는 준용되지 않으므로 원칙적으로 **비용, 이자, 원본의 순서로 충당하여야 하고, 채무자는** 물론 채권자라 할지라도 **위 법정 순서와 다르게 일방적으로 충당의 순서를 지정할 수는 없다**』(대판 2009. 6. 11, 2009다12399).

〔**제460조(변제제공의 방법)**〕 변제는 **채무내용에 좇은** 현실제공으로 이를 하여야 한다. 그러나 채권자가 미리 변제받기를 거절하거나 채무의 이행에 채권자의 행위를 요하는 경우에는 변제준비의 완료를 통지하고 그 수령을 최고하면 된다.

→ 50만 원을 원금에 충당할 것을 지정하였으므로 채무내용에 좇은 이행으로 볼 수 없으므로, 적법한 변제제공이 되지 않는다(민법 제460조). 따라서 이에 대한 거절은 채권자지체가 되지 않는다. 정답 - O

18 **채무자의 변제가 채권자에 대한 모든 채무를 소멸시키기에 부족한 때에는 채권자가 적당하다고 인정하는 순서와 방법에 의하여 충당하기로 하는 약정이 있는 경우, 채무자가 변제를 하면서 위 약정과 달리 특정 채무의 변제에 우선적으로 충당한다고 지정하더라도, 그에 대하여 채권자가 명시적 또는 묵시적으로 동의하지 않는 한 그 지정은 효력이 없어 채무자가 지정한 채무가 변제되어 소멸하는 것은 아니다.** 변호사시험 제2회

해설 『채권자와 채무자 사이에 미리 변제충당에 관한 약정이 있고, 그 약정 내용이 변제가 채권자에 대한 모든 채무를 소멸시키기에 부족한 때에는 채권자가 적당하다고 인정하는 순서와 방법에 의하여 충당하기로 한 것이라면, 변제수령권자가 위 약정에 터잡아 스스로 적당하다고 인정하는 순서와 방법에 좇아 변제충당을 한 이상 그 충당은 효력이 있는 것이므로, 위와 같이 미리 변제충당에 관한 별도의 약정이 있는 경우에는 채무자가 변제를 하면서 위 약정과 달리 **특정 채무의 변제에 우선적으로 충당한다고 지정**하더라도, 그에 대하여 **채권자가 명시적 또는 묵시적으로 동의하지 않는 한 그 지정은 효력이 없어 채무자가 지정한 채무가 변제되어 소멸하는 것은 아니다**』(대판 1999. 11. 26, 98다27517). 정답 - O

19 **변제자의 지정이 없다면 변제받은 자가 그 당시 어느 채무를 지정하여 변제에 충당할 수 있지만, 변제자가 그 충당에 대하여 즉시 이의를 한 때에는 그러하지 아니하다.**

변호사시험 제2회

해설 변제자가 지정권을 행사하지 않은 때에는 2차적으로 '변제받는 자'가 그 당시 변제자에 대한 의사표시로써 변제의 충당을 할 수 있다(제476조 제2항 본문 및 제3항, 제478조). 그러나 변제자가 즉시 이의를 한 때에는 변제수령자의 지정은 효력을 잃고(제476조 제2항 단서), 법정충당의 방법에 따라 변제충당이 이루어진다.

정답 - O

20 **법정변제충당의 경우, 이행기가 도래한 채무와 도래하지 아니한 채무가 있으면 이행기가 도래한 채무의 변제에 충당하는데, 이행기의 도래 여부는 이행기의 유예가 있더라도 본래의 이행기를 기준으로 판단한다.**

변호사시험 제2회

해설 『법정변제충당의 순위를 정함에 있어서 **변제의 유예가 있는 채무에 대하여는 유예기까지 변제기가 도래하지 않은 것과 같게 보아야 한다**』(대판 1999. 8. 24, 99다22281,22298).

정답 - X

21 **변제자가 그 채무 전부를 소멸하게 하지 못한 급여를 한 때에는 특약이 없는 한 비용, 이자, 원본의 순서로 변제에 충당하여야 한다.**

변호사시험 제2회

해설 채무자가 1개 또는 수개의 채무의 비용 및 이자를 지급할 경우에 변제자가 그 전부를 소멸하게 하지 못한 급여를 한 때에는 (총)비용, (총)이자(지연이자도 포함된다), (총)원본의 순서로 변제에 충당하여야 한다(제479조 제1항).

정답 - O

22 **담보권 실행을 위한 경매에서 배당금이 담보권자가 가지는 수개의 피담보채권 전부를 소멸시키기에 부족한 경우에는 채권자와 채무자 사이에 변제충당에 관한 합의가 있었다고 하더라도 그 합의충당은 허용될 수 없고, 획일적으로 민법 제477조 및 제479조에 따른 법정변제충당의 방법에 따라 충당하여야 한다.**

변호사시험 제2회

해설 『담보권의 실행 등을 위한 경매에 있어서 배당금이 동일 담보권자가 가지는 수개의 피담보채권의 전부를 소멸시키기에 부족한 경우, 채권자와 채무자 사이에 변제충당에 관한 합의가 있었다고 하더라도 그 합의에 의한 변제충당은 허용될 수 없고, 이 경우에는 획일적으로 가장 공평·타당한 충당방법인 민법 제477조의 규정에 의한 법정변제충당의 방법에 따라 충당을 하여야 한다』(대판 1996. 5. 10, 95다55504).

정답 - O

23 **채무 전액이 아닌 일부에 대한 변제공탁은 그 부분에 관하여서도 효력이 생기지 않으나, 채권자가 공탁금을 채권의 일부에 충당한다는 유보의 의사표시를 하고 이를 수령한 때에는 그 공탁금은 채권의 일부의 변제에 충당되고, 그 경우 유보의 의사표시는 반드시 명시적으로 하여야 한다.**

변호사시험 제7회

해설 『변제공탁이 유효하려면 채무 전부에 대한 변제의 제공 및 채무 전액에 대한 공탁이 있어야 하고 채무 전액이 아닌 일부에 대한 공탁은 그 부분에 관하여서도 효력이 생기지 않으나, 채권자가 공탁금을 채권의 일부에 충당한다는 유보의 의사표시를 하고 이를 수령한 때에는 그 공탁금은 채권의 일부의 변제에 충당되고, 그 경우 **유보의 의사표시는 반드시 명시적으로 하여야 하는 것은 아니다**』(대판 2014. 8. 20, 2014다30650). 정답 – X

24 **변제자(채무자)와 변제수령자(채권자)는 이해관계 있는 제3자의 이익을 해치지 아니하더라도 이미 급부를 마친 뒤에는 기존의 충당방법을 배제하고 제공된 급부를 어느 채무에 어떤 방법으로 다시 충당할 것인가를 약정할 수 없다.** 변호사시험 제7회

해설 『변제자(채무자)와 변제수령자(채권자)는 변제로 소멸한 채무에 관한 보증인 등 이해관계 있는 제3자의 이익을 해하지 않는 이상 **이미 급부를 마친 뒤에도 기존의 충당방법을 배제하고 제공된 급부를 어느 채무에 어떤 방법으로 다시 충당할 것인가를 약정할 수 있다**』(대판 2013. 9. 12, 2012다118044,118051). 정답 – X

25 **채권자와 채무자 사이에 미리 변제충당에 관한 약정이 있고, 그 약정내용이 변제가 채권자에 대한 모든 채무를 소멸시키기에 부족한 때에는 채권자가 적당하다고 인정하는 순서와 방법에 의하여 충당하기로 한 것이라면, 변제수령권자인 채권자가 그 약정에 따라 스스로 적당하다고 인정하는 순서와 방법에 좇아 변제충당을 한 이상 변제자에 대한 의사표시와 관계없이 그 충당의 효력이 있다.** 변호사시험 제7회

해설 『채권자와 주채무자가, 주채무자의 변제가 채권자에 대한 모든 채무를 소멸시키기에 부족한 때에는 **채권자가 적당하다고 인정하는 순서와 방법에 의하여 충당하기로 약정**하였다면, **변제수령자인 채권자가 위 약정에 기하여 스스로 적당하다고 인정하는 순서와 방법에 좇아 변제충당**한 이상 **변제자에 대한 의사표시와는 관계없이 충당의 효력이 있다**』(대판 1987. 3. 24, 84다카1324). 정답 – O

26 **담보권 실행을 위한 경매에서 배당된 배당금이 담보권자가 가지는 수개의 피담보채권 전부를 소멸시키기에 부족한 경우에도 채권자와 채무자 사이에 변제충당에 관한 합의가 있었다면 이에 따르고, 이에 관한 합의가 없다면 법정변제충당의 방법에 따라 충당하여야 한다.** 변호사시험 제7회

해설 『**담보권 실행을 위한 경매에서 배당된 배당금이 담보권자가 가지는 수개의 피담보채권 전부를 소멸시키기에 부족한 경우**에는 민법 제476조에 의한 지정변제충당은 허용될 수 없고, 채권자와 채무자 사이에 변제충당에 관한 합의가 있었다고 하여 그 합의에 따른 변제충당도 허용될 수 없으며, **획일적으로 가장 공평타당한 충당방법인 민법 제477조 및 제479조의 규정에 의한 법정변제충당의 방법에 따라 충당하여야 하는 것**이고, 이러한 법정변제충당은 이자 혹은 지연손해금과 원본 간에는 이자 혹은 지연손해금과 원본의 순으로 이루어지고, 원본 상호간에는 그 이행기의 도래 여부와 도래 시기, 그리고 이율의 고저와 같은 변제이익의 다과에 따라 순차적으로 이루어지나, 다만 그 이행기나 변제이익의 다과에 있어 아무런 차등이 없을 경우에는 각 원본 채무액에 비례하여 안분하게 되는 것이다』(대판 2000. 12. 8, 2000다51339). 정답 – X

27 **고의의 불법행위로 인한 손해배상채권을 자동채권으로 하는 상계는 허용되지 않는다.**

변호사시험 제1회

해설 고의의 불법행위로 인한 손해배상채권을 수동채권으로 하는 상계가 불허될 뿐(민법 제496조), 자동채권으로 하는 상계는 허용된다. 정답 - X

28 **피용자의 고의의 불법행위로 인하여 사용자책임이 성립하는 경우, 사용자는 피해자의 사용자에 대한 손해배상채권을 수동채권으로 하여 상계할 수 있다.** 변호사시험 제1회

해설 『민법 제756조에 의한 사용자의 손해배상책임은 피용자의 배상책임에 대한 대체적 책임이고, 같은 조 제1항에서 사용자가 피용자의 선임 및 그 사무감독에 상당한 주의를 한 때 또는 상당한 주의를 하여도 손해가 있을 경우에는 책임을 면할 수 있도록 규정함으로써 사용자책임에서 사용자의 과실은 직접의 가해행위가 아닌 피용자의 선임·감독에 관련된 것으로 해석되는 점에 비추어 볼 때, **피용자의 고의의 불법행위로 인하여 사용자책임이 성립하는 경우에 민법 제496조의 적용을 배제하여야 할 이유가 없으므로 사용자책임이 성립하는 경우 사용자는 자신의 고의의 불법행위가 아니라는 이유로 민법 제496조의 적용을 면할 수는 없다**』(대판 2006. 10. 26, 2004다63019). 정답 - X

29 **채권의 일부양도가 이루어진 경우, 그 분할된 채권에 대하여 양도인에 대한 반대채권으로 상계하고자 하는 채무자는 양도인을 비롯한 각 분할채권자 중 어느 누구라도 상계의 상대방으로 지정하여 상계할 수 있다.** 변호사시험 제1회

해설 『채권의 일부 양도가 이루어지면 **특별한 사정이 없는 한 각 분할된 부분에 대하여 독립한 분할채권이 성립**하므로 그 채권에 대하여 양도인에 대한 반대채권으로 상계하고자 하는 채무자로서는 양도인을 비롯한 각 분할채권자 중 어느 누구도 상계의 상대방으로 지정하여 상계할 수 있고, 그러한 채무자의 상계 의사표시를 수령한 분할채권자는 제3자에 대한 대항요건을 갖춘 양수인이라 하더라도 양도인 또는 다른 양수인에 귀속된 부분에 대하여 먼저 상계되어야 한다거나 각 분할채권액의 채권 총액에 대한 비율에 따라 상계되어야 한다는 이의를 할 수 없다』(대판 2002. 2. 8, 2000다50596). 정답 - O

30 **상대방이 제3자에 대하여 가지는 채권을 수동채권으로 하여 상계할 수 있다.**

변호사시험 제1회

해설 『상계는 당사자 쌍방이 서로 같은 종류를 목적으로 한 채무를 부담한 경우에 서로 같은 종류의 급부를 현실로 이행하는 대신 어느 일방 당사자의 의사표시로 그 대등액에 관하여 채권과 채무를 동시에 소멸시키는 것이고, 이러한 상계제도의 취지는 서로 대립하는 두 당사자 사이의 채권·채무를 간이한 방법으로 원활하고 공평하게 처리하려는 데 있으므로, 수동채권으로 될 수 있는 채권은 상대방이 상계자에 대하여 가지는 채권이어야 하고, **상대방이 제3자에 대하여 가지는 채권과는 상계할 수 없다**고 보아야 한다. 그렇지 않고 만약 상대방

이 제3자에 대하여 가지는 채권을 수동채권으로 하여 상계할 수 있다고 한다면, 이는 상계의 당사자가 아닌 상대방과 제3자 사이의 채권채무관계에서 상대방이 제3자에게서 채무의 본지에 따른 현실급부를 받을 이익을 침해하게 될 뿐 아니라, 상대방의 채권자들 사이에서 상계자만 독점적인 만족을 얻게 되는 불합리한 결과를 초래하게 되므로, 상계의 담보적 기능과 관련하여 법적으로 보호받을 수 있는 당사자의 합리적 기대가 이러한 경우에까지 미친다고 볼 수는 없다』(대판 2011. 4. 28, 2010다101394). 정답 - X

31 **상계의 대상이 될 수 있는 자동채권과 수동채권이 서로 동시이행관계에 있다면 특별한 사정이 없는 한 상계가 허용되지 않는다.** 변호사시험 제1회

해설 『상계제도는 서로 대립하는 채권·채무를 간이한 방법에 의하여 결제함으로써 양자의 채권·채무 관계를 원활하고 공평하게 처리함을 목적으로 하고 있으므로, **상계의 대상이 될 수 있는 자동채권과 수동채권이 동시이행관계**에 있다고 하더라도 **서로 현실적으로 이행하여야 할 필요가 없는 경우**라면 **상계로 인한 불이익이 발생할 우려가 없고 오히려 상계를 허용하는 것이 동시이행관계에 있는 채권·채무 관계를 간명하게 해소할 수 있으므로** 특별한 사정이 없는 한 **상계가 허용**된다』(대판 2006. 7. 28, 2004다54633). 정답 - X

32 **채권자가 직접 채무자에게 금전을 대여하여 생긴 대여금채권에 대해 소멸시효가 완성되었다 하더라도 그 완성 전에 상계할 수 있었던 것이면, 그 채권자는 상계할 수 있다.** 변호사시험 제4회

해설

〔제495조(소멸시효완성된 채권에 의한 상계)〕 소멸시효가 완성된 채권이 그 완성전에 상계할 수 있었던 것이면 그 채권자는 상계할 수 있다.

정답 - O

33 **채권압류 및 전부명령 송달 이전에 채무자에 대하여 상계적상에 있었던 반대채권을 가진 제3채무자는 그 명령이 송달된 이후에도 상계로 전부채권자에게 대항할 수 있다.** 변호사시험 제4회

해설 민법 제498조는 『지급을 금지하는 명령을 받은 제3채무자는 그 후에 취득한 채권에 의한 상계로 그 명령을 신청한 채권자에게 대항하지 못한다』고 규정하고 있다. 따라서 채권압류 및 전부명령 송달 이전에 채무자에 대하여 상계적상에 있었던 반대채권을 가진 제3채무자는 그 명령이 송달된 이후에도 상계로 대항할 수 있다. 정답 - O

34 **상계적상 시점 이전에 수동채권의 변제기가 이미 도래하여 지체가 발생하였더라도 법원은 상계에 대하여 판단할 때 상계적상 시점까지의 수동채권의 지연손해금을 고려할 필요가 없다.** 변호사시험 제4회

해설 상계의 의사표시가 있으면 각 채무가 '**상계할 수 있었던 때**'에 소멸한 것으로 본다(민법 제493조 제2항). 따라서 **상계적상 시점 이전까지의 지연손해금은 고려해야 한다.**

정답 – X

35 **채권의 일부 양도가 이루어지면 특별한 사정이 없는 한 각 분할된 부분에 대하여 독립한 분할채권이 성립하므로 그 채권에 대하여 양도인에 대한 반대채권으로 상계하고자 하는 채무자로서는 양도인을 비롯한 각 분할채권자 중 어느 누구도 상계의 상대방으로 지정하여 상계할 수 있다.** 변호사시험 제4회

해설 『채권의 일부 양도가 이루어지면 특별한 사정이 없는 한 각 분할된 부분에 대하여 독립한 분할채권이 성립하므로 그 채권에 대하여 양도인에 대한 반대채권으로 상계하고자 하는 채무자로서는 양도인을 비롯한 **각 분할채권자 중 어느 누구도 상계의 상대방으로 지정하여 상계할 수 있고**, 그러한 채무자의 상계 의사표시를 수령한 분할채권자는 제3자에 대한 대항요건을 갖춘 양수인이라 하더라도 **양도인 또는 다른 양수인에 귀속된 부분에 대하여 먼저 상계되어야 한다거나 각 분할채권액의 채권 총액에 대한 비율에 따라 상계되어야 한다는 이의를 할 수 없다**』(대판 2002. 2. 8, 2000다50596).

정답 – O

36 **甲은 乙에게 7,000만 원의 금전채권(변제기 2015. 5. 8.)이 있고, 乙은 甲에게 5,000만 원의 금전채권(변제기 2015. 8. 24.)이 있다. 甲의 乙에 대한 채권과 乙의 甲에 대한 채권이 모두 대여금채권인 경우, 2015. 7.15. 甲은 상계할 수 있지만 乙은 상계할 수 없다.**

변호사시험 제5회

해설 乙의 채권의 경우 변제기가 도래하지 않아 상계적상상태에 있지 않다. 정답 – O

37 **甲은 乙에게 7,000만 원의 금전채권(변제기 2015. 5. 8.)이 있고, 乙은 甲에게 5,000만 원의 금전채권(변제기 2015. 8. 24.)이 있다. 甲의 채권자 丙이 2015. 8. 20. 甲의 乙에 대한 대여금채권을 가압류하여 그 가압류명령이 乙에게 2015. 8. 21. 송달되었더라도 2015. 8. 25.에는 乙은 甲에 대한 자신의 대여금채권으로 위 가압류된 채권을 상계할 수 있다.**

변호사시험 제5회

해설 『**[다수의견]** 민법 제498조는 "지급을 금지하는 명령을 받은 제3채무자는 그 후에 취득한 채권에 의한 상계로 그 명령을 신청한 채권자에게 대항하지 못한다."라고 규정하고 있다. 위 규정의 취지, 상계제도의 목적 및 기능, 채무자의 채권이 압류된 경우 관련 당사자들의 이익상황 등에 비추어 보면, 채권압류명령 또는 채권가압류명령(이하 채권압류명령의 경우만을 두고 논의하기로 한다)을 받은 제3채무자가 압류채무자에 대한 반대채권을 가지고 있는 경우에 상계로써 압류채권자에게 대항하기 위하여는, **압류의 효력 발생당시에 대립하는 양 채권이 상계적상**에 있거나, **그 당시 반대채권(자동채권)의 변제기가 도래하지 아니한 경우**에는 **그것이 피압류채권(수동채권)의 변제기와 동시에 또는 그보다 먼저 도래**하여야 한다』〔대판(전합) 2012. 2. 16, 2011다45521〕.

정답 – X

38 **甲은 乙에게 7,000만 원의 금전채권(변제기 2015. 5. 8.)이 있고, 乙은 甲에게 5,000만 원의 금전채권(변제기 2015. 8. 24.)이 있다. 甲의 乙에 대한 채권과 乙의 甲에 대한 채권이 모두 대여금채권인 경우, 乙이 2015. 10. 31. 상계의 의사표시를 하여 그 의사표시가 같은 날 甲에게 도달하였다면, 2015. 10. 31.을 기준으로 두 채권은 대등액의 범위 내에서 소멸한 것으로 본다.** 변호사시험 제5회

해설 상계가 있으면 **각 채무가 상계할 수 있는 때**에 대등액에 관하여 소멸한 것으로 본다(제493조 제2항).

정답 – X

39 **甲은 乙에게 7,000만 원의 금전채권(변제기 2015. 5. 8.)이 있고, 乙은 甲에게 5,000만 원의 금전채권(변제기 2015. 8. 24.)이 있다. 甲의 乙에 대한 채권이 이혼한 부부 사이에서 자녀의 양육비의 지급을 구하는 권리인 경우, 가정법원의 심판에 의하여 구체적인 청구권의 내용과 범위가 확정되었고 이미 이행기에 도달하였다면, 이를 상계의 자동채권으로 하는 것이 가능하다.** 변호사시험 제5회

해설 『이혼한 부부 사이에서 자(子)에 대한 양육비의 지급을 구할 권리는 당사자의 협의 또는 가정법원의 심판에 의하여 구체적인 청구권의 내용과 범위가 확정되기 전에는 "상대방에 대하여 양육비의 분담액을 구할 권리를 가진다."라는 추상적인 청구권에 불과하고 당사자의 협의나 가정법원이 당해 양육비의 범위 등을 재량적·형성적으로 정하는 심판에 의하여 비로소 구체적인 액수만큼의 지급청구권이 발생한다고 보아야 하므로, 당사자의 협의 또는 가정법원의 심판에 의하여 구체적인 청구권의 내용과 범위가 확정되기 전에는 그 내용이 극히 불확정하여 상계할 수 없지만, **가정법원의 심판에 의하여 구체적인 청구권의 내용과 범위가 확정된 후의 양육비채권 중 이미 이행기에 도달한 후의 양육비채권은 완전한 재산권(손해배상청구권)으로서 친족법상의 신분으로부터 독립하여 처분이 가능하고, 권리자의 의사에 따라 포기, 양도 또는 상계의 자동채권으로 하는 것도 가능하다**』(대판 2006. 7. 4, 2006므751).

정답 – O

40 **甲은 乙에게 7,000만 원의 금전채권(변제기 2015. 5. 8.)이 있고, 乙은 甲에게 5,000만 원의 금전채권(변제기 2015. 8. 24.)이 있다. 甲의 乙에 대한 채권은 대여금채권이고, 乙의 甲에 대한 채권은 甲의 일방적인 폭행으로 인한 손해배상채권이라면 甲은 상계할 수 없으나, 乙은 상계할 수 있다.** 변호사시험 제5회

해설 『고의의 불법행위 채권이라도 수동채권이 아니고 자동채권으로 하는 것은 가능하다』(대판 1983. 10. 11, 83다카 542).

정답 – O

41 甲과 乙은 甲 소유의 시계를 乙에게 500만 원에 매도하면서 甲의 丙에 대한 채무의 변제에 충당하기 위해 500만 원을 乙이 丙에게 지급하기로 하는 제3자를 위한 계약을 하고 丙도 이를 승낙하였다. 乙이 丙에 대하여 이행기에 있는 300만 원의 금전채권을 가지고 있다고 해도 乙은 이 채권을 가지고 丙에 대한 500만 원 지급채무와 상계할 수 없다. 변호사시험 제6회

해설 대립하는 동종의 두 채권이 변제기에 있으며, 달리 상계가 제한될 사정이 없어 상계할 수 있다. 수동채권인 500만원 지급채권에 동시이행항변권이 붙은 사정은 자동채권이 아니므로 문제되지 않는다.

정답 – X

42 채무가 고의의 불법행위로 인한 것인 경우, 가해자인 채무자는 상계로 채권자에게 대항할 수 있다. 변호사시험 제6회

해설

〔제496조(불법행위채권을 수동채권으로 하는 상계의 금지)〕 채무가 고의의 불법행위로 인한 것인 때에는 그 채무자는 상계로 채권자에게 **대항하지 못한다.**

정답 – X

43 경개계약은 구채무를 소멸시키고 신채무를 성립시키는 처분행위이므로, 경개로 인한 신채무가 당사자가 알지 못한 사유로 인하여 성립되지 아니하더라도 구채무는 소멸된다. 변호사시험 제7회

해설

〔제504조(구채무불소멸의 경우)〕 경개로 인한 신채무가 원인의 불법 또는 당사자가 알지 못한 사유로 인하여 성립되지 아니하거나 취소된 때에는 **구채무는 소멸되지 아니한다.**

정답 – X

사례 【44~48】

甲은 사채업자 乙로부터 1억 2,000만 원을 대출받았는데, 丙과 丁은 甲의 乙에 대한 채무를 연대보증하였고, 위 대출금채무에 대한 담보로 丁은 그 소유의 X 토지(시가 6,000만 원 상당)에, 戊는 그 소유의 Y 토지(시가 4,000만 원 상당)에 각 저당권을 설정하였다. 다음 설명 중 옳지 않은 것은? (각 지문은 독립적이고, 다툼이 있는 경우에는 판례에 의함) 변호사시험 제1회

44 丙은 甲의 의사에 반해서도 변제할 수 있다.

해설 丙은 연대보증인으로서 법률상 이해관계를 가지는 자이므로 주채무자 甲의 의사에 반해서도 변제할 수 있다(민법 제469조 제2항의 반대해석). 정답 - O

45 丁이 甲을 위하여 7,000만 원을 乙에게 변제한 후 乙이 나머지 5,000만 원을 회수하기 위하여 저당권을 실행하여 X가 5,000만 원에 매각되었다면, 乙은 매각대금 5,000만 원 전부를 배당받을 수 있다.

해설 제483조 제1항은 『채권의 일부에 대하여 대위변제가 있는 때에는 대위자는 그 변제한 가액에 비례하여 채권자와 함께 그 권리를 행사한다』고 규정하고 있는바, '변제한 가액에 비례하여 행사'의 의미에 대해 통설과 판례는 일부대위자는 채권자와 함께 그 권리를 행사할 뿐이고, 변제에 관해서는 채권자가 우선한다는 입장이다(채권자 우선설). 따라서 채권자 乙은 7천만 원을 변제받고 5천만 원의 채권이 남아있으므로 X부동산의 경매대가 5천만 원에서 전부 우선변제를 받게 된다.

『**변제할 정당한 이익이 있는 자가 채무자를 위하여 채권의 일부를 대위변제할 경우**에 대위변제자는 변제한 가액의 범위 내에서 종래 채권자가 가지고 있던 채권 및 담보에 관한 권리를 취득하게 되고 따라서 채권자가 부동산에 대하여 저당권을 가지고 있는 경우에는 **채권자는 대위변제자에게 일부 대위변제에 따른 저당권의 일부이전의 부기등기를 경료해 주어야 할 의무가 있으나 이 경우에도 채권자는 일부 대위변제자에 대하여 우선변제권을 가지고**, 다만 일부 대위변제자와 채권자 사이에 변제의 순위에 관하여 따로 약정을 한 경우에는 그 약정에 따라 변제의 순위가 정해진다』(대판 2010. 4. 8, 2009다80460). 정답 - O

46 위의 경우에 丁은 乙의 권리를 대위하여 丙에게 4,000만 원을 청구할 수 있다.

해설 丁은 연대보증인과 물상보증인의 지위를 겸하고 있은 바, 대위비율을 정할 때 통설과 판례는 1인으로 취급하여 이중으로 대위를 당하지 않게 하고 있다. 따라서 1억 2천만 원 채무에 대한 丙, 丁, 戊의 내부적 부담은 1:1:1로서 각 4천만 원이 된다. 따라서 丁은 乙을 대위하여 4천만 원을 丙에게 청구할 수 있다. 『민법 제482조 제2항 제4호, 제5호가 물상보증인 상호간에는 재산의 가액에 비례하여 부담 부분을 정하도록 하면서, 보증인과 물상보증인 상호간에는 보증인의 총 재산의 가액이나 자력 여부, 물상보증인이 담보로 제공한 재산의 가액 등을 일체 고려하지 아니한 채 형식적으로 인원수에 비례하여 평등하게 대위비율을 결정하도록 규정한 것은, 인적 무한책임을 부담하는 보증인과 물적 유한책임을 부담하는 물상보증인 사이에는 보증인 상호간이나 물상보증인 상호간과 같이 상호 이해조정을 위한 합리적인 기준을 정하는 것이 곤란하고, 당사자 간의 특약이 있다는 등의 특별한 사정이 없는 한 오히려 인원수에 따라 대위비율을 정하는 것이 공평하고 법률관계를 간명하게 처리할 수 있어 합리적이며 그것이 대위자의 통상의 의사 내지 기대에 부합하기 때문이다. 이러한 규정 취지는 **동일한 채무에 대하여 보증인 또는 물상보증인이 여럿 있고, 이 중**

에서 보증인과 물상보증인의 지위를 겸하는 자가 포함되어 있는 경우에도 동일하게 참작되어야 하므로, 위와 같은 경우 민법 제482조 제2항 제4호, 제5호 전문에 의한 대위비율은 보증인과 물상보증인의 지위를 겸하는 자도 1인으로 보아 산정함이 상당하다』(대판 2010. 6. 10, 2007다6113, 61120).

정답 - O

47 **乙이 丙의 보증채무를 면제해 주더라도 乙에 대한 戊의 책임에는 영향이 없다.**

해설 변제할 정당한 이익이 있는 자는 변제로 당연히 채권자를 대위한다(제481조). 이 경우에 채권자가 고의나 과실로 '담보'가 상실되거나 감소된 때에는 대위할 자는 그 상실 또는 감소로 인하여 상환을 받을 수 없는 한도에서 그 책임을 면한다(제485조). 한편 채권자가 인적담보인 보증인의 채무를 면제해 주는 경우는 담보의 상실 또는 감소에 해당한다. 따라서 乙이 丙의 보증채무를 면제해 준 경우에 戊는 丙에게 상환을 받을 수 없는 한도에서 그 책임을 면하게 된다. 『여기서의 '담보'라 함은 주된 채무를 담보하기 위한 인적 담보 또는 물적 담보를 말하며, 담보의 상실 또는 감소의 전형적 예는 채권자가 인적 담보인 보증인의 채무를 면제해 주거나 물적 담보인 담보물권을 포기하거나 순위를 불리하게 변경하거나 담보물을 훼손하거나 반환하는 행위 등을 들 수 있다』(대판 2000. 12. 12, 99다13669).

정답 - X

48 **甲의 乙에 대한 채무의 소멸시효가 완성된 후 甲이 변제기한의 유예를 요청하였더라도, 戊는 乙을 상대로 저당권말소등기를 청구할 수 있다.**

해설 시효이익의 포기는 의사표시이므로 시효완성의 사실을 알고서 하여야 하는바, 판례는 시효완성 후에 시효이익을 포기하는 듯한 행위가 있으면 시효완성사실에 대한 악의를 추정한다(대판 1967. 2. 7, 66다2173). 따라서 주채무자 甲의 변제기한의 유예요청은 시효이익의 포기로 볼 수 있다(제184조 제1항의 반대해석).

판례는 소멸시효의 완성을 원용할 수 있는 자는 권리의 소멸에 의하여 직접 이익을 받는 자에 한정된다고 하는바(대판 1995. 7. 11, 95다12446), 물상보증인은 채권자에 대하여 물적 유한책임을 지고 있어 그 피담보채권의 소멸에 의해 직접 이익을 받는 관계에 있으므로 소멸시효의 완성을 주장할 수 있다(대판 2004. 1. 16, 2003다30890).

판례는 직접 이익을 받는 자의 시효원용권은 채무자의 시효원용권에 기초한 것이 아닌 독자적인 것이라고 하여 채무자의 시효이익의 포기는 다른 직접수익자의 시효원용권에 영향을 미치지 않는다고 한다(포기의 상대효). 그러므로 주채무자 甲의 시효이익의 포기는 물상보증인 戊에게 영향을 주지 않는다. 따라서 피담보채권이 소멸시효가 완성되는 경우 저당권도 부종성에 의해 소멸하므로 戊는 乙을 상대로 저당권말소등기를 청구할 수 있다.

정답 - O

사례 【49~51】

甲은 乙에게 1억 원을 대여하면서 乙 소유인 X 토지에 관하여 근저당권을 설정받았다. 丙은 乙의 부탁을 받고 乙의 위 채무를 보증하였다. 변제기가 도래하였음에도 乙이 채무를 변제하지 않고 있다. 다음 설명이 타당한가?(이자, 지연손해금은 없는 것으로 가정한다. 다툼이 있는 경우에는 판례에 의하고, 각 지문은 모두 독립적이다)

변호사시험 제3회

49 **乙이 丙에게 보증채무를 변제하지 말 것을 요구하였음에도 丙은 乙의 의사에 반하여 甲에게 변제하였다. 이 경우 丙은 乙에게 구상권을 행사할 수 있다.**

해설 이해관계 있는 제3자는 채무자의 의사에 반하여 변제할 수 있다(제469조 제2항). 제469조 제2항의 이해관계 있는 제3자란 **변제를 하지 않으면 채권자로부터 집행을 받게 되거나 또는 채무자에 대한 자기의 권리를 잃게 되는 지위에 있기 때문에 변제함으로써 당연히 대위의 보호를 받아야 할 '법률상 이익'을 가지는 자**를 말한다(대결 2009. 5. 28, 2008마109).

→ 따라서 **수탁보증인 丙은 법률상의 이해관계가 있는 제3자**로서 주채무자 乙의 의사에 반하여 변제할 수 있으므로 丙은 乙에게 제441조의 '수탁보증인의 구상권'을 행사할 수 있다.

정답 – O

50 **丙이 甲에게 5,000만 원을 변제하였다. 그 후 X 토지가 경매되어 매각대금 중 배당가능한 금액이 8,000만 원이 된 경우 丙은 4,000만 원을 배당 받을 수 있다.**

해설 제483조 제1항의 해석과 관련한 문제이다.

채권의 일부에 대하여 대위변제가 있는 때에는 대위자는 그 변제한 가액에 비례하여 채권자와 함께 그 권리를 행사해야 하는바(제483조 제1항), '변제한 가액에 비례하여 행사'의 의미와 관련하여 판례는 『**대위변제제도는 구상권을 보호하려는 것뿐이므로 채권자를 해하면서까지 변제자를 보호할 필요가 없고, 그 일부대위의 효력이 채권자가 갖는 담보물권의 불가분성을 해칠 수도 없으므로 채권자는 일부 대위변제자에 대하여 우선변제권을 가지고 있다고 한다**』(대판 1988. 9. 27, 88다카1797 등).

→ 따라서 丙이 甲에게 1억 원 중 일부인 5천만 원을 변제하였다면, 변제할 정당한 이익이 있는 자이므로 변제로 당연히 채권자를 대위한다(제481조, 법정대위). 그러므로 구상할 수 있는 범위에서(제441조 제2항, 제425조 제2항) 채권(5천만 원) 및 그 담보에 관한 권리(X토지 저당권)를 행사할 수 있다(제482조 제1항). 다만 제483조 제1항에 따라 변제한 가액에 비례하여 채권자와 함께 그 권리를 행사할 수 있는바, 채권자 우선설에 따르는 판례에 의하면 X토지 경락대금 8천만 원 중 먼저 채권자 甲에게 5천만 원이 배당되고 남은 3천만 원이 일부대위변제자인 수탁보증인 丙에게 배당될 것이다.

정답 – X

51 丙이 보증채무를 모두 변제하였다. 丙이 X 토지상의 근저당권에 관하여 자신의 명의로 부기등기를 경료하지 않고 있는 사이에 乙은 다시 丁으로부터 금원을 차용하고 丁에게 제2순위 근저당권을 설정하여 주었다. X 토지가 경매되는 경우 丙이 변제사실을 증명하여 배당요구하면 丙은 丁보다 우선하여 배당받을 수 있다.

해설 『변제할 정당한 이익이 있는 사람이 채무자를 위하여 근저당권 피담보채무의 일부를 대위변제한 경우에는 대위변제자는 **근저당권 일부 이전의 부기등기 경료 여부에 관계없이** 변제한 가액 범위 내에서 채권자가 가지고 있던 채권 및 담보에 관한 권리를 법률상 당연히 취득한다』(대판 2011. 6. 10, 2011다9013).

→ 즉, 변제자대위의 경우 채권 및 그 담보에 관한 권리는 법률상 대위자에게 당연히 이전된다(제482조 제1항). 따라서 채권자의 저당권은 등기 없이도 대위자에게 당연히 이전된다. 사안에서 연대보증인 丙이 보증채무를 모두 변제하였으므로 법정대위에 의해 X토지상의 근저당권에 부기등기를 경료하지 않더라도 당연히 甲의 1순위 근저당권을 취득한다. 그러므로 X토지가 경매되는 경우 丙이 변제사실을 증명하여 배당요구하면 丙은 2순위 근저당권자 丁보다 우선하여 배당받을 수 있다. 정답 - O

사례 【52~54】

甲에게 2,000만 원의 대여금채무를 부담하고 있는 乙은 위 채무에 대한 담보로 甲에게 乙 소유의 X 토지에 대하여 피담보채권액 2,000만 원의 저당권을 설정하여 주었다. 丙은 乙의 甲에 대한 위 대여금채무를 주채무로 하여 甲과 연대보증계약을 체결하였다. 丙은 위 대여금채무 중 1,000만 원을 대위변제하였고, 甲은 나머지 대여금채권을 변제받기 위하여 X 토지에 설정된 위 저당권에 기하여 경매를 신청하였으며, 위 경매절차에서 X 토지는 1,500만 원에 매도되었다. 다음 설명이 타당한가? (다툼이 있는 경우 판례에 의함)

변호사시험 제4회

52 丙은 대위변제한 1,000만 원 범위 내에서 甲이 乙에 대하여 가지고 있던 채권 및 담보에 관한 권리를 취득한다.

해설

〔**제481조(변제자의 법정대위)**〕 변제할 정당한 이익이 있는 자는 변제로 당연히 채권자를 대위한다.
〔**제482조(변제자대위의 효과, 대위자간의 관계)**〕 ① 전2조의 규정에 의하여 채권자를 대위한 자는 자기의 권리에 의하여 구상할 수 있는 범위에서 채권 및 그 담보에 관한 권리를 행사할 수 있다.

사안에서 丙은 연대보증인으로 乙의 채무를 변제할 정당한 이익이 있는 자로 변제로 당연히 채권자 甲을 대위하는바(제481조), 丙은 대위변제한 1,000만원의 범위 내에서 甲이 乙에 대하여 가지고 있던 채권 1,000만원 및 X토지에 설정된 저당권에 관한 권리를 당연히 취득한다(제482조 제1항). 예컨대 X토지에 설정된 甲의 저당권은 등기 없이도 丙에게 당연히 일부이전된다. 다만 이와 별개로 丙는 甲에게 저당권 일부 이전의 부기등기를 청구할 수 있다. 정답 - O

53 **甲은 丙에게 X 토지에 설정된 위 저당권 일부 이전의 부기등기를 경료해 줄 의무가 있다.**

해설 『변제할 정당한 이익이 있는 자가 채무자를 위하여 채권의 일부를 대위변제할 경우에 대위변제자는 변제한 가액의 범위내에서 종래 채권자가 가지고 있던 채권 및 담보에 관한 권리를 취득하게 되고 따라서 채권자가 부동산에 대하여 저당권을 가지고 있는 경우에는 **채권자는 대위변제자에게 일부 대위변제에 따른 저당권의 일부이전의 부기등기를 경료해 주어야 할 의무가 있다 할 것**이나 이 경우에도 채권자는 일부 대위변제자에 대하여 우선변제권을 가지고 있다』(대판 1988. 9. 27, 88다카1797). 정답 - O

54 **丙은 X 토지 경매에 따른 배당절차에서 대위변제한 1,000만 원 부분에 한하여 甲에 우선해서 배당받는다.**

해설 『변제할 정당한 이익이 있는 자가 채무자를 위하여 채권의 일부를 대위변제할 경우에 대위변제자는 변제한 가액의 범위 내에서 종래 채권자가 가지고 있던 채권 및 담보에 관한 권리를 취득하게 되고 따라서 채권자가 부동산에 대하여 저당권을 가지고 있는 경우에는 채권자는 대위변제자에게 일부 대위변제에 따른 저당권의 일부이전의 부기등기를 경료해 주어야 할 의무가 있으나 **이 경우에도 채권자는 일부 대위변제자에 대하여 우선변제권을 가진다**』(대판 2009. 11. 26, 2009다57545,57552). 판례는 제483조 제1항의 '변제한 가액에 비례하여 행사'의 의미에 대해 **채권자우선설의 입장**인바, 대위변제제도는 구상권을 보호하려는 것뿐이므로 채권자를 해하면서까지 변제자를 보호할 필요가 없고, 그 일부대위의 효력이 채권자가 갖는 담보물권의 불가분성을 해칠 수도 없으므로 통설도 판례와 동일한 입장이다. 정답 - X

사례

甲과 乙은 건물신축공사 도급계약을 체결하였는데, 공사대금은 완공된 건물의 인도와 동시에 일괄지급하기로 하였다. 그리고 乙의 甲에 대한 공사대금채무를 담보하기 위하여 丙이 그 소유의 X 부동산에 근저당권을 설정하였고, 丁이 위 채무를 연대보증하였다. 다음 설명이 타당한가? (다툼이 있는 경우에는 판례에 의함) 변호사시험 제2회

55 ① 丙이 甲에게 피담보채무를 임의로 변제하였다면 丙은 乙에게 구상권을 행사할 수 있는데, 그 구상권의 확보를 위하여 丙은 甲의 승낙을 얻어야 甲을 대위할 수 있다.
② 丁이 甲에게 보증채무를 이행하였다면 丁은 乙에게 구상권을 행사할 수 있지만, 자기의 채무를 이행하였기 때문에 甲을 대위할 수는 없다.

해설 변제할 정당한 이익이 있는 자는 임의대위(제480조)의 경우와는 달리 채권자의 승낙을 얻을 필요가 없이 법률상 당연히 채권자를 대위한다(제481조). 변제할 정당한 이익이 있는 자란 **변제하지 않으면 채권자로부터 집행을 받거나, 자기의 권리를 잃게 되는 지위에 있는 자**로서 '법률상의 이해관계'를 가지는 자를 말한다(대판 1990. 4. 10, 89다카24832). 가령 사안에서 연대보증인 丁, 물상보증인 丙이 이에 해당한다. 정답 – ① X ② X

사례

甲은 乙에 대한 대여금 채무를 담보하기 위하여 甲 소유의 X 토지에 관하여 근저당권설정등기를 마쳐주었다. 甲은 대여금 채무가 모두 변제되어 소멸되었다고 주장하며 근저당권설정등기 말소등기절차의 이행을 구하는 소를 제기하였다. 다음 설명이 타당한가? (각 지문은 독립적이고, 다툼이 있는 경우에는 판례에 의함) 변호사시험 제2회

56 乙의 신청으로 X 토지에 관하여 담보권 실행을 위한 경매절차가 개시된 경우, 甲이 공탁원인이 있어 공탁에 의하여 채무를 면하고자 한다면 특별한 사정이 없는 한 피담보채권액이 근저당권의 채권최고액을 초과하더라도 채권최고액과 집행비용을 공탁하면 된다.

해설 『근저당권의 물상보증인은 민법 제357조에서 말하는 채권의 최고액만을 변제하면 근저당권설정등기의 말소청구를 할 수 있고 채권최고액을 초과하는 부분의 채권액까지 변제할 의무가 있는 것이 아니다』(대판 1974. 12. 10, 74다998). 『원래 저당권은 원본, 이자, 위약금, 채무불이행으로 인한 손해배상 및 저당권의 실행비용을 담보하는 것이며, 채권최고액의 정함이 있는 근저당권에 있어서 이러한 채권의 총액이 그 채권최고액을 초과하는 경우, 적어도 **근저당권자와 채무자 겸 근저당권설정자와의 관계에 있어서는 위 채권 전액의 변제가 있을 때까지 근저당권의 효력은 채권최고액과는 관계없이 잔존채무에 여전히 미친다**』(대판 2001. 10. 12, 2000다59081). 따라서 사안의 경우 甲은 채무자 겸 근저당권설정자로서 공탁에 의해 채무를 면하기 위해서는 피담보채권액 전액을 공탁하여야 한다. 정답 – X

사례 【57~60】

甲과 乙 사이의 채권 발생 경위는 다음과 같다. 다음 설명이 타당한가?(다툼이 있는 경우에는 판례에 의하고, 각 지문은 모두 독립적이다)

A채권(대여금채권) : 甲은 2012. 12. 31. 乙에게 2,000만 원을 변제기 2013. 3. 5.로 정하여 대여하였다.

B채권(부당이득금채권) : 乙은 2012. 1. 1.부터 2012. 12. 31.까지 사이에 권원 없음을 알면서도 甲의 의사에 반하여 甲소유인 X 아파트를 무단으로 점유하면서 사용하였다. 이로 인한 차임 상당 부당이득금은 2,000만 원이다.

C채권(컴퓨터 대금채권) : 乙은 2012. 12. 5. 甲에게 컴퓨터 10대를 대금 2,000만원, 대금지급일 2013. 2. 5.로 정하여 매도하였고 아직 컴퓨터를 인도하지 않았다.

D채권(양수금채권) : 丙은 2012. 10. 1. 甲에게 2,000만 원을 변제기 2013. 2. 5.로 정하여 대여하였다. 乙은 2012. 12. 1. 丙으로부터 이 채권을 양수하였고, 丙이 양도통지를 보내어 그 통지가 2012. 12. 11 甲에게 도달하였다. 변호사시험 제3회

57 甲의 채권자 丁은 A 채권에 관하여 압류 전부명령을 받았고, 그 명령이 2013. 1. 2. 甲과 乙에게 도달하여 그 무렵 확정되었다. 乙은 2014. 1. 2. D채권을 자동채권으로 A채권을 수동채권으로 하여 丁에게 상계의사표시를 하였다. 이 경우 乙은 상계로 丁에게 대항할 수 있다.

해설 제498조는『지급을 금지하는 명령을 받은 제3채무자는 그 후에 취득한 채권에 의한 상계로 그 명령을 신청한 채권자에게 대항하지 못한다』고 규정하고 있다. 지급금지명령을 받은 채권이란 압류 또는 가압류를 당한 채권으로서, 본조는 압류의 효력을 유지하여 채무자의 재산으로부터 만족을 얻으려는 집행채권자를 보호하려는 데에 그 취지가 있다. **제498조의 반대해석상 지급금지명령을 받기 전에 제3채무자가 채무자에 대해 반대채권을 가지고 있는 경우에는 상계가 허용될 수 있다. 다만 이 경우 자동채권도 그 명령을 받기 전에 이행기가 도래해 있어야 하는지**가 문제된다. 이와 관련하여 판례는『민법 제498조 규정의 취지, 상계제도의 목적 및 기능, 채무자의 채권이 압류된 경우 관련 당사자들의 이익상황 등에 비추어 보면, 채권압류명령 또는 채권가압류명령을 받은 제3채무자가 압류채무자에 대한 반대채권을 가지고 있는 경우에 상계로써 압류채권자에게 대항하기 위하여는, **압류의 효력 발생 당시에 대립하는 양 채권이 상계적상에 있거나, 그 당시 반대채권(자동채권)의 변제기가 도래하지 아니한 경우에는 그것이 피압류채권(수동채권)의 변제기와 동시에 또는 그보다 먼저 도래하여야** 한다』〔대판(전합) 2012. 2. 16, 2011다45521〕고 한다. 사안에서 채권압류명령을 받은 제3채무자 乙은 압류채무자 甲에게 반대채권인 D채권을 가지고 있는바,

압류의 효력 발생 당시(2013. 1. 2.) 자동채권인 D 채권의 변제기는 2013. 2. 5.이므로 아직 자동채권의 변제기가 도래하지는 않았지만, 당해 자동채권의 변제기가 피압류채권(수동채권)인 A채권의 변제기인 2013. 3. 5.보다 먼저 도래하므로 乙은 상계로 압류채권자 丁에게 대항할 수 있다. 정답 - O

58 **乙은 2014. 1. 2. 甲에게 D 채권을 자동채권으로 B 채권을 수동채권으로 하여 상계의사표시를 하였다. 상계는 인정된다.**

해설 채무가 고의의 불법행위로 인한 것인 때에는 그 채무자는 상계로 채권자에게 대항하지 못한다(제496조). 따라서 **피해자가 손해배상채권을 '자동채권'으로 하여 상계하는 것은 무방**하다. 그리고 판례는 **'부당이득'의 원인이 고의의 불법행위였다면 불법행위로 인한 손해배상채권을 청구하는 경우와 다를 바 없다** 할 것이어서, **부당이득의 경우에도 제496조를 유추적용**함이 타당하다고 한다(대판 2002. 1. 25, 2001다52506).

→ 사안에서 B채권은 부당이득의 원인이 고의의 불법행위이므로, 乙이 B채권을 수동채권으로 하는 의사표시는 제496조의 유추적용에 의해 허용되지 않는다.

〔**제496조(불법행위채권을 수동채권으로 하는 상계의 금지)**〕 채무가 고의의 불법행위로 인한 것인 때에는 그 채무자는 상계로 채권자에게 대항하지 못한다.

정답 - X

59 **乙은 2014. 1. 2. 甲에게 C 채권을 자동채권으로 A 채권을 수동채권으로 하여 상계의사표시를 하였다. 상계는 인정된다.**

해설 동시이행의 항변권이 붙어 있는 채권은 이를 '자동채권'으로 하여 상계하지 못한다. **이를 허용하면 상대방은 이유 없이 동시이행의 항변권을 잃기 때문**이다. 그러나 수동채권에 항변권이 붙어 있는 경우에는 채무자가 이를 포기하고 상계하는 것은 무방하다.

→ 사안에서 C채권은 컴퓨터 매매대금지급청구권인바, 이러한 채권에는 컴퓨터인도라는 동시이행의 항변권이 붙어있으므로 乙은 C채권을 자동채권으로 상계할 수 없다.

정답 - X

60 **甲은 2014. 1. 2. 乙에게 B 채궈을 자동채권으로 C 채권을 수동채권으로 하여 상계의사표시를 하였다. 상계는 인정된다.**

해설 앞서 검토한 바와 같이 피해자가 손해배상채권을 '자동채권'으로 하여 상계하는 것은 무방하고, 수동채권에 항변권이 붙어 있는 경우에는 채무자가 이를 포기하고 상계하는 것은 무방하다.

→ 따라서 甲은 乙에게 고의의 불법행위에 기한 손해배상채권에 준하는 부당이득반환채권인 B채권을 자동채권으로 동시이행의 항변권이 붙은 C채권을 수동채권으로 하는 상계의 의사표시를 할 수 있다. 정답 - O

제4편
채권각론

제1장 계약총론

제2장 계약각론

제3장 사무관리

제4장 부당이득

제5장 불법행위

제1장 계약총론

제1절 계약의 자유와 그 제한

제2절 계약의 성립

1 **「민법」에 의하면 청약을 받은 상대방이 계약체결을 원하지 않는 경우 원칙적으로 거절의 의사를 청약자에게 통지할 필요가 없다.** 변호사시험 제5회

해설

〔제528조(승낙기간을 정한 계약의 청약)〕 ① 승낙의 기간을 정한 계약의 청약은 청약자가 그 기간 내에 승낙의 통지를 받지 못한 때에는 그 효력을 잃는다.

정답 – O

제3절 쌍무계약의 일반적 효력

1 **전세권이 소멸한 경우, 전세권자의 목적물 인도의무 및 전세권설정등기 말소의무와 전세권설정자의 전세금반환의무는 동시이행관계에 있다.** 변호사시험 제1회

해설

〔제317조(전세권의 소멸과 동시이행)〕 전세권이 소멸한 때에는 전세권설정자는 전세권자로부터 그 목적물의 인도 및 전세권설정등기의 말소등기에 필요한 서류의 교부를 받는 동시에 전세금을 반환하여야 한다.

정답 – O

2 **부동산매매계약상 매수인이 약정된 중도금지급기일인 2010. 4. 1. 중도금 1억 원의 지급을 지체한 후 계약이 해제되지 않은 상태에서 잔대금 2억 원의 지급기일인 2010. 10. 1. 매수인이 3억 원을 이행제공하였다면, 매수인은 매도인에게 소유권이전등기를 청구하기 위한 자신의 의무를 다 했다고 할 수 있다.** 변호사시험 제1회

해설 잔대금 지급기일 이후에 상대방의 이행이 없으면 그때부터 지체책임을 지지 않는 것일 뿐, 잔대금 지급기일까지 발생한 중도금지급에 관한 이행지체로서 지연손해금은 이행하여야한다. 『매수인이 선이행하여야 할 중도금지급을 하지 아니한 채 잔대금지급일을 경

과한 경우에는 **매수인의 중도금 및 이에 대한 지급일 다음날부터 잔대금지급일까지의 지연손해금과 잔대금의 지급채무**는 매도인의 소유권이전등기의무와 특별한 사정이 없는 한 동시이행관계에 있다』(대판 1991. 3. 27, 90다19930). 정답 - X

3 **근저당권설정등기가 마쳐진 부동산의 매매계약에 있어서, 매도인의 소유권이전의무 외에 근저당권설정등기 말소의무도매수인의 잔대금지급의무와 동시이행관계에 있다.** 변호사시험 제1회

해설 『특별한 사정이 없는 한 완전한 권리의 이전이 필요하므로 **근저당권설정등기 말소의무도 대금지급의무와 동시이행관계**에 있다. 이 때 근저당권설정등기의 말소의무에 관한 이행제공은 그 근저당채무가 변제되었다는 것만으로는 부족하고 근저당권설정등기의 말소에 필요한 서류까지도 준비해야 한다』(대판 1979. 11. 13, 79다1562). 정답 - O

4 **이자부 소비대차계약에서 채무자가 담보목적으로 채무자 소유의 부동산에 근저당권설정등기를 하였는데 변제기에 원리금을 갚지 아니하여 채권자로부터 대여금청구소송을 제기당한 경우, 채무자는 근저당권설정등기 말소등기와 동시에 원리금을 변제하겠다는 항변을 할 수 없다.** 변호사시험 제1회

해설 『**채무담보의 목적으로 경료된 채권자 명의의 소유권이전등기나 그 청구권보전의 가등기의 말소를 구하려면 먼저 채무를 변제**하여야 하고 피담보채무의 변제와 교환적으로 말소를 구할 수는 없다』(대판 1984. 9. 11, 84다카781). 정답 - O

5 **임차인이 임차물을 인도할 의무와 임대인이 임대보증금 중 미지급 월임료 등을 공제한 나머지 보증금을 반환할 의무가 동시이행관계에 있는 이상, 임대인이 임차인에게 위 보증금반환의무를 이행하였다거나 그 현실적인 이행의 제공을 하여 임차인의 임차물 인도의무가 지체에 빠졌다는 사실이 인정되지 않는다면, 임차인은 임대차기간만료 후 인도를 지연할 경우 지급키로 한 약정지연손해금을 지급할 의무가 없다.** 변호사시험 제1회

해설 『임차인이 임차건물을 명도할 의무와 임대인이 임대보증금 중 미지급월임료 등을 공제한 나머지 보증금을 반환할 의무가 동시이행관계에 있는 이상, 임대인이 임차인에게 위 보증금반환의무를 이행하였다거나 그 현실적인 이행의 제공을 하여 임차인의 건물명도의무가 지체에 빠졌다는 사실이 인정되지 않는다면 임차인은 임대차기간만료후 명도를 지연할 경우 지급키로 한 약정지연손해금을 지급할 의무가 없다』(대판 1988. 4. 12, 86다카2476). 정답 - O

6 **기존채무와 어음채무가 병존하는 경우 원인채무의 이행과 어음의 반환은 동시이행관계에 있으므로 원인채무의 이행기가 도래하더라도 채권자가 어음의 반환을 제공할 때까지는 채무자가 원인채무에 대한 이행지체의 책임을 지지 않고, 이러한 효과는 채무**

자가 어음을 반환받지 않았음을 이유로 동시이행의 항변권을 행사하여 지급을 거절하여야만 발생하는 것은 아니다. 변호사시험 제4회

해설 판례는 편면적 동시이행관계를 인정하고 『기존채무와 어음, 수표채무가 병존하는 경우 원인채무의 이행과 어음,수표의 반환이 동시이행의 관계에 있다 하더라도 채권자가 어음, 수표의 반환을 제공을 하지 아니하면 채무자에게 적법한 이행의 최고를 할 수 없다고 할 수는 없고, 채무자는 원인채무의 이행기를 도과하면 원칙적으로 이행지체의 책임을 지고, 채권자로부터 어음, 수표의 반환을 받지 아니하였다 하더라도 **이 어음, 수표를 반환하지 않음을 이유로 위와 같은 항변권을 행사하여 그 지급을 거절하고 있는 것이 아닌 한 이행지체의 책임을 면할 수 없다**있다』〔대판 1993. 11. 9, 93다11203,11210(반소)〕. 정답 – X

7 **부동산매수인이 매매계약을 체결하면서 매매목적물에 관한 근저당권의 피담보채무를 인수하는 한편 그 채무액을 매매대금에서 공제하기로 하는 이행인수계약이 함께 이루어진 경우, 매수인의 인수채무 불이행으로 인한 손해배상채무와 매도인의 소유권이전등기의무는 동시이행의 관계에 있다.** 변호사시험 제6회

해설 **『부동산매매계약과 함께 이행인수계약이 이루어진 경우, 매수인이 인수한 채무는 매매대금지급채무에 갈음한 것으로서 매도인이 매수인의 인수채무불이행으로 말미암아** 또는 임의로 **인수채무를 대신 변제하였다면, 그로 인한 손해배상채무** 또는 구상채무는 인수채무의 변형으로서 매매대금지급채무에 갈음한 것의 변형이므로 매수인의 손해배상채무 또는 구상채무와 **매도인의 소유권이전등기의무는** 대가적 의미가 있어 이행상 견련관계에 있다고 인정되고, 따라서 양자는 **동시이행의 관계에 있다**고 해석함이 공평의 관념 및 신의칙에 합당하다』(대판 2004. 7. 9, 2004다13083). 정답 – O

8 **쌍무계약의 당사자 일방이 먼저 한 번 현실의 제공을 하고 상대방을 수령지체에 빠지게 하였다 하더라도 그 이행의 제공이 계속되지 않는 경우 상대방이 가지는 동시이행의 항변권이 소멸하는 것은 아니다.** 변호사시험 제6회

해설 **쌍무계약의 당사자 일방이 한 번 현실의 제공을 하였으나 상대방이 수령을 지체한 경우 상대방은 동시이행의 항변권을 상실하는지 여부**에 관하여 판례는 『쌍무계약의 당사자 일방이 먼저 한 번 현실의 제공을 하고, 상대방을 수령지체에 빠지게 하였다 하더라도 그 이행의 제공이 계속되지 않는 경우는 과거에 이행의 제공이 있었다는 사실만으로 상대방이 가지는 동시이행의 항변권이 소멸하는 것은 아니다』(대판 1993. 8. 24, 92다56490)라고 판시하고 있다. 정답 – O

9 **원고가 단순이행청구를 함에 대하여 피고가 동시이행의 항변권을 행사하지 않더라도 법원은 직권으로 상환이행판결을 할 수 있다.** 변호사시험 제6회

해설 『매매를 원인으로 한 소유권이전등기청구에 있어 매수인은 매매계약 사실을 주장, 입증하면 특별한 사정이 없는 한 매도인은 소유권이전등기의무가 있는 것이며, 매도인이

매매대금의 일부를 수령한 바 없다면 **동시이행의 항변을 제기하여야 하는 것이고, 법원은 매도인의 이와 같은 항변이 있을 때에 비로소 대금지급 사실의 유무를 심리할 수 있는 것이다**』(대판 1990. 11. 27, 90다카25222).

→ 동시이행항변권은 항변할 때 비로소 심리할 수 있으므로, 법원은 직권으로 동시이행항변권에 근거하여 상환이행판결을 할 수 없다. 정답 – X

10 **"피고는 원고로부터 5,000만 원을 지급받음과 동시에 A토지를 인도하라."라는 판결을 받은 원고는 반대의무의 이행 또는 이행의 제공을 하였다는 것을 증명하여야만 집행을 개시할 수 있다.** 변호사시험 제6회

해설 『**채무명의가 반대의무의 이행과 상환으로 이행을 명하는 판결인 때에는 채권자가 반대의무의 이행 또는 이행의 제공이 있었음을 증명한 경우에 한하여 강제집행을 개시할 수 있다**고 할 것인바, 기록에 의하면, 이 사건의 경우 위 목욕탕의 영업허가명의를 변경하려면 양도계약서 사본, 영업허가증 원본도 제출되어야 하는 것임을 알 수 있으므로 위 김OO이 위에서 본 영업자지위승계서 및 인감증명서를 공탁한 것만으로는 상환이행 판결인 이 사건 채무명의상의 반대의무가 이행되었거나 또는 그 이행의 제공이 있었던 것으로 단정할 수는 없다고 할 것이다』(대결 1996. 2. 14, 자95마950). 정답 – O

제4절 제3자를 위한 계약

사례 [1~2]

甲은 자신의 모교인 학교법인 丙에게 증여할 목적으로 건축업자 乙과 체육관 신축을 위한 도급계약을 체결하면서, 丙을 수익자로 하는 제3자 수익약정을 부가하였다. 다음 설명이 타당한가?(다툼이 있는 경우에는 판례에 의함) 변호사시험 제3회

1 **甲이 약정기일 내에 체육관이 완성되지 아니하여 도급계약을 해제하는 경우, 丙의 동의를 받을 필요가 없다.**

해설 제3자를 위한 계약에서 요약자는 계약당사자로서 취소권·해제권 등을 갖는다. 이와 관련하여 제3자의 권리가 생긴 후에 요약자가 계약을 해제하기 위해서는 수익자의 동의가 필요한지 문제되는바, 판례는 『요약자가 낙약자에게 반대급부 의무를 부담하고 있는 경우에 이러한 해제권을 허용치 아니함은 부당한 결과를 가져온다 할 것이므로 **낙약자의 귀책사유로 인한 이행불능 또는 이행지체가 있을 때에는 요약자는 제3자의 동의 없이 계약당사자로서 계약을 해제할 수 있다**』(대판 1970. 2. 24, 69다1410,1411)고 한다.

→ 사안에서 제3자에 대한 이행을 약속받은 도급인 甲은 요약자이고, 제3자에 대한 급부이행의무를 지는 수급인 乙은 낙약자이며 직접 급부를 받을 권리를 취득한 학교법인 丙은

수익자이다. 이때 요약자 甲이 낙약자 乙의 채무불이행을 이유로 도급계약을 해제하는 경우에는 수익자 丙의 동의를 받을 필요가 없다. 정답 - O

2 **丙이 수익의 의사표시를 한 후에는, 乙의 채무불이행으로 인하여 丙이 입은 손해가 있다면 丙은 乙에 대하여 그 배상을 청구할 수 있고, 丙이 완성된 목적물의 하자로 인하여 손해를 입은 경우에도 乙에 대하여 그 배상을 청구할 수 있다.**

해설 『제3자를 위한 계약에 있어서 수익의 의사표시를 한 **수익자는 낙약자에게 직접 그 이행을 청구할 수 있을 뿐만** 아니라 **요약자가 계약을 해제한 경우에는 낙약자에게 자기가 입은 손해의 배상을 청구할 수 있는 것**이므로, 수익자가 완성된 목적물의 하자로 인하여 손해를 입었다면 (낙약자인) 수급인은 그 손해를 배상할 의무가 있다』(대판 1994. 8. 12, 92다41559). 정답 - O

사례 【3~7】

甲은 乙 소유의 물건을 운송하기로 하면서 A손해보험회사와의 사이에 乙을 피보험자로 하여 그 물건에 대한 손해보험계약을 체결하였다. 상법 보험편에 따른 법률관계와 상법 보험편이 존재하지 않아서 단순히 민법이 적용된다고 가정한 경우의 법률관계를 비교한 다음 설명이 타당한가? 변호사시험 제1회

3 **乙은 위 보험계약으로 인하여 이익을 얻고 있을 뿐이므로, 甲은 乙의 동의가 없더라도 보험계약을 해지할 수 있으며, 이는 민법과 상법이 동일하다.**

해설 민법 제541조「제3자의 권리가 생긴 후에는 당사자는 이를 변경 또는 소멸시키지 못한다.」제3자의 권리가 생긴 후에 채무자(낙약자)의 채무불이행을 이유로 채권자(요약자)가 계약을 해제하여 제3자의 권리를 소급하여 소멸시킬 수 있는지에 대해서 판례는 **계약해제를 긍정**한다.『제3자를 위한 유상 쌍무계약의 경우 **요약자는 낙약자의 채무불이행을 이유로 제3자의 동의 없이 계약을 해제할 수 있다**』(대판 1970. 2. 24, 69다1410, 1411).

> 〔**상법 제649조 (사고발생전의 임의해지) 제1항 단서**〕 타인을 위한 보험계약에서는 보험계약자는 그 타인의 동의를 얻지 않거나 보험증권을 소지하지 않으면 그 계약을 해지하지 못한다.

정답 - X

4 **甲은 위 보험계약으로 특별히 이익을 얻고 있지 않으므로, A보험회사에 대하여 보험료 지급의무를 비롯하여 아무런 의무를 부담하지 않으며, 이는 민법과 상법이 동일하다.**

해설 **민법상 요약자는 계약의 당사자**이므로 **기본관계에 기한 채무를 이행하여야 한다. 상법상 甲은 보험계약의 당사자**로서 보험료지급의무를 진다(상법 제639조 제2항). 정답 - X

5 **민법에 따르면 乙은 A보험회사에 대하여 수익의 의사표시를 해야만 보험사고 발생시 보험금을 청구할 수 있으나, 상법에 따르면 수익의 의사표시를 하지 않은 경우에도 보험금을 청구할 수 있다.**

해설 민법 제539조 제2항 수익자는 수익의 의사표시를 요하나, 상법 제639조 제2항에 의하면 당연히 이익을 받는다. 계약당사자의 개성이 중시되는 민법과 달리 피보험자의 경제적 수요에 중점을 두는 보험계약에 있어서는 수익자의 의사를 특히 문제 삼지 않는 것에 불과하다.

정답 – O

6 **민법에 따르면 甲이 乙로부터 보험계약의 체결을 위임받지 않았더라도 계약이 유효하게 성립하지만, 상법에 따르면 이러한 위임을 받지 않은 경우 甲이 위임이 없었다는 취지를 A 보험회사에게 고지하지 않으면 보험계약이 무효가 된다.**

해설 민법상 요약자는 수익자의 대리인으로서 계약을 체결하는 것은 아니다. 상법상 타인을 위한 보험계약에서 타인의 위임여부는 요건이 아니다. 다만 손해보험관계에서 타인과 보험자의 이익을 조화시키기 위하여, 타인의 위임이 없는 경우 보험계약자가 보험자에게 고지하도록 고지의무를 부과하고 있다.

〔상법 제639조 제1항 단서〕 그러나 손해보험계약의 경우에 그 타인의 위임이 없는 때에는 보험계약자는 이를 보험자에게 고지하여야 하고, 그 고지가 없는 때에는 타인이 그 보험계약이 체결된 사실을 알지 못하였다는 사유로 보험자에게 대항하지 못한다.

정답 – X

7 **甲이 최초 보험료를 지급하지 않은 경우, 민법에 의하면 이러한 사유는 乙이 A 보험회사에 대하여 가지는 보험금청구권에 영향을 미치지만, 상법에 의하면 보험금청구권에 영향을 미치지 않는다.**

해설 민법에 의하면 보험자는 보험계약자와의 계약에서 발생한 항변으로 피보험자나 보험수익자에게 대항할 수 있다(민법 제542조 참조). 한편 상법에 의하면 보험료지급의무자인 보험계약자가 보험료지급의무를 지체한 경우 피보험자 혹은 보험수익자는 권리를 포기하지 않는 한 보험료를 지급할 의무를 지며(상법 제639조 제3항), 보험료 지체의 경우 보험자가 이들에게도 상당기간을 정하여 보험료의 지급을 최고한 후에야 보험계약을 해지 또는 해제할 수 있다(상법 제650조 제3항).

정답 – X

사례 【8~12】

甲과 乙은 甲 소유의 시계를 乙에게 500만 원에 매도하면서 甲의 丙에 대한 채무의 변제에 충당하기 위해 500만 원을 乙이 丙에게 지급하기로 하는 제3자를 위한 계약을 하고 丙도 이를 승낙하였다. 이에 관한 설명 중 옳은 것은? (다툼이 있는 경우 판례에 의함) 변호사시험 제6회

8 **시계가 모조품으로 밝혀져 乙이 사기를 이유로 甲과의 계약을 취소한 경우, 丙이 이러한 사실을 알지 못했다 하더라도 乙은 丙의 대금지급청구를 거절할 수 있다.**

해설 『상대방 있는 의사표시에 관하여 제3자가 사기나 강박을 한 경우에는 상대방이 그 사실을 알았거나 알 수 있었을 경우에 한하여 그 의사표시를 취소할 수 있으나, 상대방의 대리인 등 **상대방과 동일시할 수 있는 자의 사기나 강박은 제3자의 사기·강박에 해당하지 아니한다**』(대판 1999. 2. 23, 98다60828).

→ 제3자를 위한 계약에서 제3자도 상대방과 동일시할 수 있는 자에 포함된다. 따라서 丙이 시계가 모조품임을 몰랐더라도 계약의 취소를 이유로 대금지급청구를 거절할 수 있다.

정답 – O

9 **乙이 丙에 대하여 이행기에 있는 300만 원의 금전채권을 가지고 있다고 해도 乙은 이 채권을 가지고 丙에 대한 500만 원 지급채무와 상계할 수 없다.**

해설 대립하는 동종의 두 채권이 변제기에 있으며, 달리 상계가 제한될 사정이 없어 상계할 수 있다. **수동채권인 500만원 지급채권에 동시이행항변권이 붙은 사정은, 자동채권이 아니므로 문제되지 않는다.** 정답 – X

10 **甲이 시계를 인도하지 않더라도 乙은 丙의 동의 없이 매매계약을 해제할 수 없다.**

해설 『제3자를 위한 계약에 있어서 수익의 의사표시를 한 수익자는 낙약자에게 직접 그 이행을 청구할 수 있을 뿐만 아니라 요약자가 계약을 해제한 경우에는 낙약자에게 자기가 입은 손해의 배상을 청구할 수 있는 것이므로, 수익자가 완성된 목적물의 하자로 인하여 손해를 입었다면 수급인은 그 손해를 배상할 의무가 있다』(대판 1994. 8. 12, 92다41559).

→ 제3자를 위한 계약에서 요약자나 낙약자는 제3자가 수익의 의사표시를 한 이후에도 **계약 당사자의 지위에서 제3자의 의사와 상관없이 법정해제권을 행사할 수 있다.** 위 판례에서도 해제권이 있음을 전제로 판단하였다. 정답 – X

11 **乙이 丙에게 500만 원을 지급하였는데 甲이 이행을 지체하자 乙이 매매계약을 해제한 경우, 乙은 丙에게 500만 원의 반환을 구할 수 있다.**

해설 『제3자를 위한 계약관계에서 낙약자와 요약자 사이의 법률관계(이른바 기본관계)를 이루는 계약이 무효이거나 해제된 경우 그 계약관계의 청산은 계약의 당사자인 낙약자와 요약자 사이에 이루어져야 하므로, 특별한 사정이 없는 한 낙약자가 **이미 제3자에게 급부한 것이 있더라도 낙약자는 계약해제 등에 기한 원상회복 또는 부당이득을 원인으로 제3자를 상대로 그 반환을 구할 수 없다**』(대판 2010. 8. 19, 2010다31860). 정답 – X

12 **甲이 시계를 乙에게 인도하였는데 乙이 丙에게 500만 원을 지급하지 않은 경우, 丙은 채무불이행을 이유로 매매계약을 해제하고 원상회복을 청구할 수 있다.**

해설 제3자를 위한 계약에 있어서 수익자의 계약해제권 또는 해제를 원인으로 한 원상회복청구권의 유무에 관하여 판례는 『제3자를 위한 계약의 당사자가 아닌 수익자는 계약의 해제권이나 해제를 원인으로 한 원상회복청구권이 있다고 볼 수 없다』(대판 1994. 8. 12, 92다41559)라고 판시하고 있다.

정답 – X

제5절 계약의 해제 · 해지

1 **甲이 乙과의 사이에 X 토지를 매매하는 계약을 체결한 후 乙에 대한 매매잔대금채권을 丙에게 양도한 경우, 위 매매계약이 해제되면 丙은 선의라도 乙에 대하여 위 양수금을 청구할 수 없다.** 변호사시험 제1회

해설 『민법 제548조 제1항 단서에서 말하는 제3자란 일반적으로 그 해제된 계약으로부터 생긴 법률효과를 기초로 하여 해제 전에 새로운 이해관계를 가졌을 뿐 아니라 등기, 인도 등으로 완전한 권리를 취득한 자를 말하므로 계약상의 채권을 양수한 자나 그 채권 자체를 압류 또는 전부한 채권자는 여기서 말하는 제3자에 해당하지 아니한다』(대판 2000. 4. 11, 99다51685).

정답 – O

2 **甲이 乙에게 매매를 원인으로 주택의 소유권이전등기를 마쳐주었으나, 매매계약이 적법하게 해제되고 乙 명의의 소유권이전등기가 말소된 경우에도 위 매매계약이 해제되기 전에 乙로부터 위 주택을 임차하여 인도와 주민등록을 마친 丙의 권리를 해하지 못한다.** 변호사시험 제1회

해설 『소유권을 취득하였다가 계약해제로 인하여 소유권을 상실하게 된 임대인으로부터 그 계약이 해제되기 전에 주택을 임차받아 주택의 인도와 주민등록을 마침으로써 같은 법 소정의 대항요건을 갖춘 임차인은 등기된 임차권자와 마찬가지로 제3자에 해당된다』(대판 1996. 8. 20, 96다17653).

정답 – O

3 **丙이 甲과 乙 사이의 매매계약에 기한 甲의 소유권이전등기청구권을 가압류하였다면, 그 후 乙이 甲의 대금지급의무 불이행을 이유로 매매계약을 해제하더라도 丙의 가압류권자로서의 지위는 보호된다.** 변호사시험 제1회

해설 『민법 제548조 제1항 단서에서 말하는 제3자란 일반적으로 그 해제된 계약으로부터 생긴 법률효과를 기초로 하여 해제 전에 새로운 이해관계를 가졌을 뿐 아니라 등기, 인도 등으로 완전한 권리를 취득한 자를 말하므로 계약상의 채권을 양수한 자나 그 채권 자체를 압류 또는 전부한 채권자는 여기서 말하는 제3자에 해당하지 아니한다』(대판 2000. 4. 11, 99다51685).

정답 – X

4 **매매계약이 해제된 경우, 매도인은 수령한 매매대금 및 이에 대한 수령일부터의 법정 이자를 반환하여야 한다.**

변호사시험 제1회

해설 계약이 해제된 경우 해제의 소급효로 인해 계약의 당사자는 원상회복의무로서 자신이 수령한 것을 **이익의 현존 여부, 선·악을 불문하고 받은 급부 전체를 상대방에게 반환하여야 한다**(제548조 제1항). 특히 금전을 수령한 자는 그 '수령한 날'부터 (법정)이자(지연손해금이 아님)를 가산하여 반환하여야 한다(제548조 제2항). 이는 수령한 금전으로부터 실제로 이자를 수취하였는가와 무관하게 인정된다.

정답 - ○

5 **甲 건설회사는 2013. 1. 2. 乙 유통회사에게 甲 회사 소유인 X토지를 대금 10억 원에 매도하고 계약금 1억 원을 지급받았다. 그 매매계약에서 "매수인은 중도금 지급시까지 계약금을 포기하고 해약할 수 있고, 매도인은 그때까지 계약금의 배액을 지급하고 해약할 수 있다."라고 약정되었다. 같은 날 甲 회사는 乙회사로부터 Y 토지 지상에 유통시설 신축공사를 도급받았는데, 그 계약에서 도급대금은 6억 원, 공사기간은 2013. 1. 11부터 같은 해 11. 10까지 10개월로 정하였다. 위 도급계약에서는 "수급인은 공사가 지체될 경우 도급인에게 지체된 1일당 도급 대금의 1,000분의 1의 비율에 의한 지체상금을 지급한다."라고 약정되었다. 甲 회사가 유통시설 신축공사를 시작하였으나 2013. 5.초경 자금사정 악화로 인하여 공사를 중단하였다. 甲 회사가 공사를 중단할 당시까지 투입한 공사비용은 2억 원이고 미시공 부분을 완성할 때까지 추가로 소요될 공사비용은 3억 원으로 추정되었다. 미완성 건축물을 철거하는 경우 중대한 사회적, 경제적 손실을 초래하고 완성된 부분이 乙 회사에게 이익이 된다고 판단되었다. 乙 회사가 미완성 건축물을 인도받으면서 甲 회사에게 지급하여야 할 도급대금은 2억 4,000만원이다.**

변호사시험 제3회

해설 판례는 '건축공사도급계약'에 있어서 수급인의 '채무불이행'을 이유로 계약을 해제한 경우에 ① 공사가 상당한 정도로 진척되어 그 원상회복이 중대한 사회적·경제적 손실을 초래하게 되고, ② 완성된 부분이 도급인에게 이익이 되는 때에는 도급계약은 미완성부분에 대해서만 실효된다고 하여 계약해제의 효과를 장래에 향해서만 소멸시키고 있다(대판 1993. 11. 23, 93다25080). 따라서 이 경우 수급인은 해제한 때의 상태 그대로 그 건물을 도급인에게 인도하고 도급인은 그 건물의 완성도 등을 참작하여 인도받은 건물에 상당한 보수(**당사자 사이에 약정한 총 공사비를 기준으로 하여 그 금액에서 수급인이 공사를 중단할 당시의 공사기성고 비율에 의한 금액이 되는 것이지 수급인이 실제로 지출한 비용을 기준으로 할 것은 아니다**)를 지급하여야 할 의무가 있다(대판 1986. 9. 9, 85다카175 ; 대판 1992. 3. 31, 91다42630).

→ 설문에서 수급인 甲은 총 공사기간 10개월 중 4개월 여 만에 공사를 중단하였으므로 도급인 乙이 지급하여야 할 도급대금은 2억 4천만 원(=6억×4/10) 정도가 될 것이다.

정답 - ○

6 **甲과 乙은 이행기를 정하여 甲 소유의 X 건물에 대한 매매계약을 체결하였으나, 乙의 잔대금채무에 대한 이행지체를 이유로 甲이 위 매매계약을 해제하려고 한다. 甲이 상당한 기간을 정하여 乙에게 잔대금의 지급을 최고하고 그 기간 내에 乙이 이행하지 않는 경우에 계약을 해제할 수 있지만, 특별한 사정이 없는 한 甲이 기간을 정하지 않고 최고하더라도 상당한 기간이 경과한 때에는 甲의 해제권이 인정된다.** 변호사시험 제5회

해설 계약해제의 전제요건인 이행최고에 반드시 일정한 기간을 명시하여야 하는지 여부에 관하여 판례는 『상당기간을 정하지 않고서 최고를 한 경우에도 상당한 기간이 경과하면 해제권이 발생한다』(대판 1990. 3. 27, 89다카14110)라고 판시하고 있다. 정답 – O

7 **甲과 乙은 이행기를 정하여 甲 소유의 X 건물에 대한 매매계약을 체결하였으나, 乙의 잔대금채무에 대한 이행지체를 이유로 甲이 위 매매계약을 해제하려고 한다. 위 매매계약에서 다른 약정 없이 "乙이 잔대금을 지급하지 아니한 상태로 지급기일을 경과하면 매매계약 자체가 자동적으로 해제된다."는 취지의 약정이 있는 경우에는 甲이 자신의 채무에 대한 이행제공을 통하여 乙을 이행지체에 빠뜨리지 않더라도 잔대금 지급기일의 경과만으로 위 매매계약은 자동 해제된 것으로 볼 수 있다.** 변호사시험 제5회

해설 『매도인 甲과 매수인 乙이 체결한 부동산 매매계약에서 乙이 잔금 지급을 연체하며 잔금지급기일의 연장을 요청하자 甲이 이를 받아들여 '연장된 기일까지 잔금과 지연이자를 지급하지 않으면 매매계약이 해제된다'는 취지로 통지한 다음, 을이 연장된 기일에도 잔금을 지급하지 못하자 그 다음날 부동산 소유권을 제3자에 이전해 주었는데, 甲은 연장된 기일에 소유권이전등기에 필요한 서류 중 부동산 매도용 인감증명서만을 발급받지 않고 있었던 사안에서, 甲이 소유권이전등기의무에 관한 이행 제공을 마쳤다고 보아야 하는데도 이와 달리 본 원심판결에 법리오해의 위법이 있다고 한 사례』(대판 2012. 11. 29, 2012다65867). 정답 – X

8 **甲과 乙은 이행기를 정하여 甲 소유의 X 건물에 대한 매매계약을 체결하였으나, 乙의 잔대금채무에 대한 이행지체를 이유로 甲이 위 매매계약을 해제하려고 한다. 甲은 계약해제 전에 그 해제와 양립되지 아니하는 법률관계를 가진 丙에 대해서는 계약의 해제에 따른 법률효과를 주장할 수 없으나, 丙이 그 계약의 해제 전에 해제 가능성이 있다는 것을 알았거나 알 수 있었던 경우에는 해제의 효과를 주장할 수 있다.** 변호사시험 제5회

해설

〔제548조(해제의 효과, 원상회복의무)〕 ① 당사자 일방이 계약을 해제한 때에는 각 당사자는 그 상대방에 대하여 원상회복의 의무가 있다. 그러나 제삼자의 권리를 해하지 못한다.

→ 계약해제로 인한 원상회복의무는 제3자의 권리를 해하지 못한다. 이때 제3자는 선의든 악의든 불문한다. 정답 – X

9 **甲과 乙은 이행기를 정하여 甲 소유의 X 건물에 대한 매매계약을 체결하였으나, 乙의 잔대금채무에 대한 이행지체를 이유로 甲이 위 매매계약을 해제하려고 한다. 위 매매계약의 해제 전에 乙이 X 건물을 사용함으로써 이익을 얻은 경우, 甲이 매매계약의 해제 후 乙에 대한 원상회복을 청구할 때 乙이 취득한 사용이익의 반환을 함께 청구할 수는 없다.** 변호사시험 제5회

해설 제548조 제2항의 **금전의 경우와 균형상** 반환할 물건에는 그 받은 날부터 사용이익을 가산하여 반환하여야 한다(제548조 유추해석). 정답 – X

10 **甲과 乙은 이행기를 정하여 甲 소유의 X 건물에 대한 매매계약을 체결하였으나, 乙의 잔대금채무에 대한 이행지체를 이유로 甲이 위 매매계약을 해제하려고 한다. 甲이 채무불이행을 이유로 매매계약을 해제하고 손해배상을 청구하는 경우에는 그 매매계약의 이행으로 인하여 甲이 얻을 이익, 즉 이행이익의 배상을 청구하는 것이 원칙이나, 신뢰이익이 이행이익보다 큰 경우 신뢰이익의 배상을 구할 수 있다.** 변호사시험 제5회

해설 신뢰이익은 이행이익을 초과할 수 없다(제535조 제1항 단서 참조). 정답 – X

11 **상인이 아닌 당사자 간의 계약에서 계약의 성질 또는 당사자의 의사표시에 의하여 일정한 시일 또는 일정한 기간 내에 이행하지 아니하면 계약의 목적을 달성할 수 없을 경우, 당사자 일방이 그 시기에 이행하지 아니한 때에는 상대방은 이행의 최고 없이도 계약을 해제할 수 있다.** 변호사시험 제5회

해설

〔**제545조(정기행위와 해제)**〕 계약의 성질 또는 당사자의 의사표시에 의하여 일정한 시일 또는 일정한 기간내에 이행하지 아니하면 계약의 목적을 달성할 수 없을 경우에 당사자 일방이 그 시기에 이행하지 아니한 때에는 상대방은 전조의 최고를 하지 아니하고 계약을 해제할 수 있다.

정답 – O

12 **甲이 그 소유건물을 乙에게 매각하는 계약을 체결하고, 乙은 그 건물 일부를 丙에게 분양하는 계약을 체결하였는데, 丙은 분양대금의 일부를 乙의 지시에 따라 甲에게 송금하였다. 乙이 甲에게 매매대금을 지급하지 못하여 丙이 건물을 분양받지 못하자 丙이 乙과의 분양계약을 해제한 경우, 丙은 직접 甲을 상대로 부당이득의 반환을 청구할 수 있다.** 변호사시험 제6회

해설 『**계약상 금전채무를 지는 이가 채권자 갑의 지시에 좇아 갑에 대한 채권자 또는 갑이 증여하고자 하는 이에게 직접 금전을 지급한 경우** 또는 남의 경사를 축하하기 위하여 꽃을 산 사람이 경사의 당사자에게 직접 배달시킨 경우와 같이, **계약상 급부가 실제적으로는**

제3자에게 행하여졌다고 하여도 그것은 계약상 채무의 적법한 이행(이른바 '제3자방 이행')이라고 할 것이다. 이때 계약의 효력이 불발생하였으면, 그와 같이 적법한 이행을 한 계약당사자는 다른 특별한 사정이 없는 한 그 제3자가 아니라 계약의 상대방당사자에 대하여 계약의 효력불발생으로 인한 부당이득을 이유로 자신의 급부 또는 그 가액의 반환을 청구하여야 한다』(대판 2010. 3. 11, 2009다98706). 정답 – X

13 **매매계약의 당사자 사이에 계약해제로 인한 원상회복의무로서 반환할 매매대금에 가산할 이자를 약정하였고 그 약정이율이 법정이율보다 낮은 경우, 위 매매대금 반환의무의 이행지체로 인한 지연손해금에 관하여도 위 약정이율이 적용되어야 한다.** 변호사시험 제6회

해설 『계약해제 시 반환할 금전에 가산할 이자에 관하여 당사자 사이에 약정이 있는 경우에는 특별한 사정이 없는 한 이행지체로 인한 지연손해금도 그 약정이율에 의하기로 하였다고 보는 것이 당사자의 의사에 부합한다. 다만 그 약정이율이 법정이율보다 낮은 경우에는 약정이율에 의하지 아니하고 법정이율에 의한 지연손해금을 청구할 수 있다고 봄이 타당하다』(대판 2013. 4. 26, 2011다50509). 정답 – X

14 **甲이 乙 주택조합을 대리한 丙과 조합가입계약을 체결하고 丙에게 조합원분담금 일부를 송금한 후에 甲이 이행불능을 근거로 조합가입계약을 유효하게 해제한 경우, 丙이 그 해제로 인한 원상회복의무를 부담한다.** 변호사시험 제6회

해설 『계약이 적법한 대리인에 의하여 체결된 경우에 대리인은 다른 특별한 사정이 없는 한 본인을 위하여 계약상 급부를 변제로서 수령할 권한도 가진다. 그리고 대리인이 그 권한에 기하여 계약상 급부를 수령한 경우에, 그 법률효과는 계약 자체에서와 마찬가지로 직접 본인에게 귀속되고 대리인에게 돌아가지 아니한다. 따라서 계약상 채무의 불이행을 이유로 계약이 상대방 당사자에 의하여 유효하게 해제되었다면, 해제로 인한 원상회복의무는 대리인이 아니라 계약의 당사자인 본인이 부담한다. 이는 본인이 대리인으로부터 그 수령한 급부를 현실적으로 인도받지 못하였다거나 해제의 원인이 된 계약상 채무의 불이행에 관하여 대리인에게 책임 있는 사유가 있다고 하여도 다른 특별한 사정이 없는 한 마찬가지라고 할 것이다』(대판 2011. 8. 18, 2011다30871). 정답 – X

15 **부동산 매매계약 해제 시 매매대금 반환의무와 소유권이전등기말소의무가 동시이행관계에 있는지 여부에 관계없이 매도인은 매매대금을 받은 날로부터 법정이자를 가산하여 지급하여야 한다.** 변호사시험 제6회

해설

〔제548조(해제의 효과, 원상회복의무)〕 ① 당사자 일방이 계약을 해제한 때에는 각 당사자는 그 상대방에 대하여 원상회복의 의무가 있다. 그러나 제삼자의 권리를 해하지 못한다.
② 전항의 경우에 반환할 금전에는 그 받은 날로부터 이자를 가하여야 한다.

정답 – O

16 **매매계약의 해제로 인하여 매수인이 반환하여야 할 목적물의 사용이익을 산정함에 있어서 매수인이 투입한 현금자본의 기여분 및 매수인의 영업수완 등 노력으로 인한 운용이익은 원칙적으로 공제하여서는 안 된다.** 변호사시험 제6회

해설 『매매계약의 해제로 인하여 매수인이 반환하여야 할 목적물의 사용이익을 산정함에 있어서 매수인이 목적물을 사용하여 취득한 순수입에는 목적물 자체의 사용이익뿐만 아니라 목적물의 수리비 등 매수인이 투입한 현금자본의 기여도 포함되어 있으므로 매수인의 순수입에서 현금자본의 투입비율을 고려하지 아니하고 단순히 현금자본에 해당하는 금액을 공제하는 방식으로 목적물의 사용이익을 산정할 수 없고, **매수인의 영업수완 등 노력으로 인한 이른바 운용이익이 포함된 것으로 볼 여지가 있는 경우 이러한 운용이익은 사회통념상 매수인의 행위가 개입되지 아니하였더라도 그 목적물로부터 매도인이 당연히 취득하였으리라고 생각되는 범위 내의 것이 아닌 한 매수인이 반환하여야 할 사용이익의 범위에서 공제하여야 한다**』(대판 2006. 9. 8, 2006다26328). 정답 – X

17 **당사자 일방이 계약을 해제한 때에는 각 당사자는 그 상대방에 대하여 원상회복의무가 있고, 반환할 금전에는 그 받은 날로부터 이자를 가하여야 한다.** 변호사시험 제2회

해설

[제548조(해제의 효과, 원상회복의무)] ① 당사자 일방이 계약을 해제한 때에는 각 당사자는 그 상대방에 대하여 원상회복의 의무가 있다. 그러나 제삼자의 권리를 해하지 못한다. ② 전항의 경우에 반환할 금전에는 그 받은 날로부터 이자를 가하여야 한다.

정답 – O

18 **甲이 乙에게 X 토지를 매도하였다가 대금을 지급받지 못하여 그 매매계약을 해제한 경우, 乙로부터 X 토지 위에 신축된 건물을 매수한 丙은 위 계약해제로 권리를 침해당하지 않을 제3자에 해당하지 않는다.** 변호사시험 제2회

해설 『계약당사자의 일방이 계약을 해제하여도 제3자의 권리를 침해할 수 없지만, 여기에서 그 제3자는 계약의 목적물에 관하여 권리를 취득하고 또 이를 가지고 계약당사자에게 대항할 수 있는 자를 말하므로, **토지를 매도하였다가 대금지급을 받지 못하여 그 매매계약을 해제한 경우에 있어 그 토지 위에 신축된 건물의 매수인은 위 계약해제로 권리를 침해당하지 않을 제3자에 해당하지 아니한다**』(대판 1991. 5. 28, 90다카16761). 정답 – O

19 **매도인이 매수인의 중도금 지급채무 불이행을 이유로 매매계약을 적법하게 해제한 경우라도 매수인은 착오를 이유로 한 취소권을 행사하여 위 매매계약 전체를 무효로 돌릴 수 있다.** 변호사시험 제2회

해설 『매도인이 매수인의 중도금 지급채무 불이행을 이유로 매매계약을 적법하게 해제한 후라도 매수인으로서는 상대방이 한 계약해제의 효과로서 발생하는 손해배상책임을 지거

나 매매계약에 따른 계약금의 반환을 받을 수 없는 불이익을 면하기 위하여 **착오를 이유로 한 취소권을 행사하여 매매계약 전체를 무효로 돌리게 할 수 있다**』(대판 1996. 12. 6, 95다24982,24999).

정답 – O

20 **매도인 丁과 매수인 戊 사이의 매매계약 체결 후 매매목적물의 시가 상승을 예상한 丁이 戊에게 금액 제시 없이 매매대금의 증액요청을 하였고, 이에 대하여 戊가 확답하지 않은 상태에서 이행기 전 이행착수금지 특약이 없다는 이유로 중도금을 이행기 전에 제공한 경우, 丁은 계약금의 배액을 공탁하여 해제권을 행사할 수 있다.** 변호사시험 제2회

해설 『민법 제565조가 해제권 행사의 시기를 당사자의 일방이 이행에 착수할 때까지로 제한한 것은 당사자의 일방이 이미 이행에 착수한 때에는 그 당사자는 그에 필요한 비용을 지출하였을 것이고, 또 그 당사자는 계약이 이행될 것으로 기대하고 있는데 만일 이러한 단계에서 상대방으로부터 계약이 해제된다면 예측하지 못한 손해를 입게 될 우려가 있으므로 이를 방지하고자 함에 있고, 이행기의 약정이 있는 경우라 하더라도 **당사자가 채무의 이행기 전에는 착수하지 아니하기로 하는 특약을 하는 등 특별한 사정이 없는 한 이행기 전에 이행에 착수할 수 있다**』(대판 2006. 2. 10, 2004다11599).

정답 – X

21 **매수인이 중도금 지급채무를 불이행하여 매도인이 그 이행을 최고한 경우, 그 최고가 약정된 금액보다 현저하게 과다하고, 청구한 금액을 제공하지 않으면 그것을 수령하지 않을 것이라는 매도인의 의사가 분명하다면, 위와 같은 최고에 터잡은 매도인의 계약해제는 효력이 없다.** 변호사시험 제2회

해설 『채권자의 이행최고가 본래 이행하여야 할 채무액을 초과하는 경우에도 본래 급부하여야 할 수량과의 차이가 비교적 적거나 채권자가 급부의 수량을 잘못 알고 과다한 최고를 한 것으로서 **과다하게 최고한 진의가 본래의 급부를 청구하는 취지**라면, **그 최고는 본래 급부하여야 할 수량의 범위 내에서 유효**하다고 할 것이나, **과다한 정도가 현저하고 채권자가 청구한 금액을 제공하지 않으면 그것을 수령하지 않을 것이라는 의사가 분명한 경우**에는 **그 최고는 부적법하고, 이러한 최고에 터잡은 계약해제는 그 효력이 없다**』(대판 1994. 5. 10, 93다47615).

정답 – O

사례 【22~24】

甲은 乙로부터 1억 원을 차용하였다. 그 후 甲은 丙에게 甲 소유인 X 토지를 1억 원에 매도하고, 아래에 제시된 각 법률관계에 따라 丙은 매매대금을 매매계약의 당사자가 아닌 乙에게 직접 지급하였다. 그 후 甲과 丙 사이의 X 토지 매매계약이 적법하게 해제되었다. 다음 설명이 타당한가?(다툼이 있는 경우에는 판례에 의하고, 각 지문은 모두 독립적이다) 변호사시험 제3회

22 **甲이 丙에게 매매대금을 乙에게 지급하라고 지시하고 丙이 이에 따랐다. 이 경우 매매계약의 해제 후에, 丙 은 지급했던 매매대금을 乙로부터 반환받을 수 있다.**

해설 **대판 2003. 12. 26, 2001다46730에 따르면** A가 B에게 부동산을 매도하고 B가 이를 C에게 매도한 후 C가 매매대금을 "B의 지시에 따라." 직접 A에게 지급하였는데, B와 C의 계약이 해제된 경우 C는 A에게 매매대금을 부당이득으로 반환청구할 수 없고, **B에게 계약해제에 따른 원상회복을 청구해야한다**고 한다[B와 C 사이의 매매계약이 무효·취소된 경우에도 C는 B에게 부당이득반환을 청구할 수 있을 뿐이다(대판 2008. 9. 11, 2006다46278)]. 왜냐하면, C가 A에 대하여 직접 부당이득반환청구를 할 수 있다고 보면, **자기 책임하에 체결된 계약에 따른 위험부담을 제3자 A에게 전가 시키는 것이 되어 계약법의 기본원리에 반하는 결과를 초래할 뿐만 아니라 수익자인 제3자 A가 계약 상대방 B에 대하여 가지는 항변권 등을 침해하게 되어 부당하기 때문**이다(이는 전용물소권을 부정하는 것과 같은 이치이다).

정답 – X

23 **X 토지 매매계약을 제3자를 위한 계약의 형태로 체결하고 乙을 매매대금의 수익자로 정하였다. 이 경우 매매계약의 해제 후에, 丙은 지급했던 매매대금을 乙로부터 반환받을 수 있다.**

해설 이는 제3자를 위한 계약관계에서 낙약자와 요약자 사이의 법률관계(이른바 기본관계)를 이루는 계약이 해제된 경우에도 마찬가지인바, **대판 2005. 7. 22, 2005다7566,7573에 따르면『계약관계의 청산은 계약의 당사자인 낙약자와 요약자 사이에 이루어져야** 하므로, 특별한 사정이 없는 한, 낙약자가 이미 제3자에게 급부한 것이 있더라도 낙약자는 계약해제에 기한 원상회복 또는 부당이득을 원인으로 제3자를 상대로 그 반환을 구할 수 없다』고 한다.

→ 따라서 丙은 乙에게 지급했던 매매대금을 乙로부터 반환받을 수 없고, 매매계약의 당사자인 甲에게 반환받을 수 있다. 정답 – X

24 **X 토지 매매계약에 기한 대금채권을 甲이 乙에게 양도하고 丙에게 이를 통지하였다. 이 경우 매매계약의 해제 후에, 丙은 지급했던 매매대금을 乙로부터 반환받을 수 있다.**

해설 **대판 2003. 1. 24, 2000다22850에 따르면** A가 B에게 상가를 분양하고 B가 상가를 명도받은 후 A가 그 대금채권을 C에게 양도하여 양수인 C가 B로부터 분양대금의 '일부'를 받았으나, A와 B의 분양계약이 해제된 경우, 해제에 의해 소멸하게 되는 채권을 양수한 C는 ① **해제에 따른 제548조 제1항 단서의 제3자로서 보호받을 수 없고,** ② **A의 B에 대한 해제에 따른 동시이행항변권(제549조)을 원용할 수도 없어 자신이 받은 분양대금을 B에게 원상회복으로 반환해야 한다**고 한다.

→ 따라서 丙은 지급했던 매매대금을 채권양수인 乙로부터 반환받을 수 있다. 정답 – O

사례 【25~29】

甲은 甲 소유인 X 토지를 乙에게 매도하는 매매계약을 체결하고, 계약금과 중도금을 지급받은 뒤 X 토지에 대한 소유권이전등기를 乙 명의로 경료해주었다. 그 후 乙이 잔금을 지급하기 전에 甲과 乙이 합의하여 위 매매계약을 해제하고자 할 경우, 다음 설명 중 옳지 않은 것은? (각 지문은 독립적이고, 다툼이 있는 경우 판례에 의함) 변호사시험 제4회

25 **甲이 해제권의 발생 여부에 관계없이 위 매매계약의 효력을 소멸시켜 당초부터 계약이 체결되지 않았던 것과 같은 상태로 복귀시킬 것을 내용으로 하는 새로운 청약을 하고 乙이 이에 승낙하면 위 매매계약은 해제된다.**

해설 합의해제란 **해제권유무와 무관하게** 당사자의 합의로 이미 체결한 계약을 해소하여 원상으로 회복시키는 새로운 '계약'을 말한다. 이는 사적자치의 원칙상 당연히 인정되는바, 합의해제가 성립하기 위해서는 일반적인 계약의 성립요건과 마찬가지로 ① **종전 계약의 소멸을 내용으로 하는 청약과 승낙, ② 표시행위에 나타난 청약과 승낙의 내용이 서로 객관적으로 일치할 것이 필요**하다(대판 1998.8.21, 98다17602). 정답 - O

26 **甲과 乙이 위 매매계약을 해제하기로 합의한 경우, 특별한 약정이 없다면 甲이 乙에게 반환하여야 할 금전에 대하여는 乙로부터 지급받은 다음 날부터 이자를 가산하여 지급하여야 한다.**

해설 합의해제에 따라 당초 계약의 효과가 소급적으로 소멸하며, **계약이므로 단독행위로서의 해제를 전제로 하는 민법 제543조 이하의 규정은 원칙적으로 적용되지 않는다**(대판 1979.10.30, 79다1455). 따라서 제548조 제2항이 적용되지 않으므로, 특약이 없는 이상 합의해제로 인하여 반환할 금전에 **그 받은 날로부터의 이자를 가하여야 할 의무가 없다**(대판 1996.7.30, 95다16011). 결국 합의해제에 따른 당사자간의 효력은 1차적으로 해제계약의 내용에 의해 정해지고, 그 합의에 특별한 약정이 없는 경우에는 부당이득반환규정(제741조 이하)에 의해 반환범위가 정해진다. 정답 - X

27 **甲과 乙이 위 매매계약을 해제하기로 합의하기 전에 乙로부터 X 토지를 매수한 丙은 자신의 명의로 소유권이전등기가 경료되었다면 보호될 수 있다.**

해설 계약의 효력은 원칙적으로 당사자 간에만 미치므로 완전한 권리를 취득한 제3자의 권리관계에는 영향을 미치지 못한다. 즉 **제548조 제1항 단서 규정은 합의해제의 경우에도 유추적용**된다. 판례 역시 『계약의 합의해제에 있어서도 민법 제548조의 계약해제의 경우와 같이 이로써 제3자의 권리를 해할 수 없으나, 그 대상부동산을 전득한 매수자라도 완전한 권리를 취득하지 못한 자는 위 제3자에 해당하지 아니한다』(대판 1991. 4. 12, 91다2601)고 판시하고 있다. 정답 - O

28 **甲이 乙에게 위 매매계약의 해제에 따른 원상회복 및 손해배상에 관한 조건을 제시한 경우, 그 조건에 대한 합의까지 이루어져야 합의해제가 성립된다.**

해설 합의해제가 성립하기 위해서는 일반적인 계약의 성립요건과 마찬가지로 ① 종전 계약의 소멸을 내용으로 하는 청약과 승낙, ② 표시행위에 나타난 청약과 승낙의 내용이 서로 객관적으로 일치할 것이 필요하다(대판 1998. 8. 21, 98다17602). 따라서 **계약당사자의 일방이 계약해제에 따른 원상회복 및 손해배상의 범위에 관한 조건을 제시한 경우 그 조건에 관한 합의까지 이루어져야 합의해제가 성립**된다(대판 1996. 2. 27, 95다43044). 정답 - O

29 **甲이 잔금지급 기일의 경과 후 계약해제를 주장하면서 이미 지급받은 계약금과 중도금의 반환으로 이를 공탁하고 乙이 아무런 이의 없이 그 공탁금을 수령한 경우에는 특단의 사정이 없는 한 합의해제된 것으로 본다.**

해설 **잔대금 지급기일 경과 후 매도인이 계약해제를 주장하고 공탁한 금원을 매수인이 수령한 경우 계약의 합의해제를 인정할 수 있는지 여부**에 관하여 판례는 『매도인이 잔대금 지급기일 경과 후 계약해제를 주장하여 이미 지급받은 계약금과 중도금을 반환하는 공탁을 하였을 때, **매수인이 아무런 이의없이 그 공탁금을 수령하였다면 위 매매계약은 특단의 사정이 없는 한 합의해제된 것으로 봄이 상당**하다』(대판 1979. 10. 10, 79다1457)라고 판시하고 있다. 정답 - O

사례 【30~34】

乙은 2010. 4. 1. 甲으로부터 甲 소유의 X 부동산을 매수하는 계약을 체결하면서 계약금 1,000만 원을 甲에게 지급하였다. 계약에 따르면 매매대금은 1억 원이며, 2010. 5. 1. 乙은 잔대금 9,000만 원을 지급하면서 甲으로부터 X 부동산의 소유권이전등기에 필요한 서류를 교부받기로 하였다. 다음 설명 중 옳지 않은 것은? (다툼이 있는 경우에는 판례에 의함)

변호사시험 제2회

30 **乙은 2010. 4. 15. 계약금 1,000만 원을 포기하면서 위 매매계약을 해제할 수 있다.**

해설 계약금은 다른 약정이 없는 한 해약금으로 추정된다(제565조). 그러나 약정해제권에 기하여 계약을 해제할 수 있는 기간은 '당사자 일방이 이행에 착수할 때'까지인바(제565조), 2010. 4. 15. 이라면 잔대금지급기일인 5. 1. 이 되기 전이므로 다른 특별한 사정이 없는 한 **乙은 계약금 1,000만원을 포기하면서 위 매매계약을 해제할 수 있다.** 정답 - O

31 **특별한 사정이 없는 한, 이행기 도과 후 甲이 乙에게 지연손해금을 청구하기 위해서는 甲이 한 차례 이행제공을 하는 것으로 충분하고, 그 이행제공이 계속되어야 할 필요는 없다.**

해설 『쌍무계약의 당사자 일방이 먼저 한 번 현실의 제공을 하고, 상대방을 수령지체에 빠지게 하였다고 하더라도 그 이행의 제공이 계속되지 않는 경우는 **과거에 이행의 제공이 있었다는 사실만으로 상대방이 가지는 동시이행의 항변권이 소멸하는 것은 아니므로, 일시적으로 당사자 일방의 의무의 이행 제공이 있었으나 곧 그 이행의 제공이 중지되어 더 이상 그 제공이 계속되지 아니하는 기간 동안에는 상대방의 의무가 이행지체 상태에 빠졌다고 할 수는 없다**고 할 것이고, 따라서 그 이행의 제공이 중지된 이후에 상대방의 의무가 이행지체되었음을 전제로 하는 손해배상청구도 할 수 없는 것이다』(대판 1995. 3. 14, 94다26646).

정답 – X

32 **乙이 별다른 근거도 없이 2010. 4. 5.부터 계약의 무효를 주장하면서 甲의 변제제공이 있더라도 그 수령을 거절할 것임을 표시하여 수령거절의사를 번복할 가능성이 없는 경우, 甲은 2010. 4. 15. 이행의 최고 없이 乙의 이행거절을 이유로 계약을 해제할 수 있다.**

해설 『부동산 매도인이 중도금의 수령을 거절하였을 뿐만 아니라 계약을 이행하지 아니할 의사를 명백히 표시한 경우 매수인은 신의성실의 원칙상 소유권이전등기의무 이행기일까지 기다릴 필요 없이 이를 이유로 매매계약을 해제할 수 있다』(대판 1993. 6. 25, 93다11821).

정답 – O

33 **甲이 2010. 5. 1. 乙에게 X 부동산에 관하여 소유권이전등기를 마쳐주고 X 부동산을 인도하였으나 乙이 잔대금을 지급하지 못하자, 甲과 乙이 위 잔대금을 차용금으로 하고 이자율은 연 4%로 약정한 경우, 차용금의 변제기가 도과하면, 甲은 乙의 이행지체로 인한 지연손해금을 법정이율에 따라 乙에게 청구할 수 있다.**

해설 『민법 제397조 제1항은 본문에서 금전채무불이행의 손해배상액을 법정이율에 의할 것을 규정하고 그 단서에서 "그러나 법령의 제한에 위반하지 아니한 약정이율이 있으면 그 이율에 의한다."고 정한다. 이 단서규정은 약정이율이 법정이율 이상인 경우에만 적용되고, **약정이율이 법정이율보다 낮은 경우**에는 **그 본문으로 돌아가 법정이율에 의하여 지연손해금을 정할 것**이다. 우선 금전채무에 관하여 아예 이자약정이 없어서 이자청구를 전혀 할 수 없는 경우에도 채무자의 이행지체로 인한 지연손해금은 법정이율에 의하여 청구할 수 있으므로, 이자를 조금이라도 청구할 수 있었던 경우에는 더욱이나 법정이율에 의한 지연손해금을 청구할 수 있다고 하여야 한다』(대판 2009. 12. 24, 2009다85342).

정답 – O

34 **'乙이 2010. 5. 1. 잔대금을 지급하지 못하면 이 계약은 자동적으로 해제된다'는 취지의 특약이 있는 경우, 특별한 사정이 없는 한 2010. 5. 1.이 도과되었더라도 乙이 이행지체에 빠진 것이 아니라면 잔대금의 미지급으로 이 계약이 자동해제된 것으로 볼 수 없다.**

해설 『부동산 매매계약에 있어서 매수인이 잔대금 지급기일까지 그 대금을 지급하지 못하면 그 계약이 자동적으로 해제된다는 취지의 약정이 있더라도 특별한 사정이 없는 한 매수인의 잔대금 지급의무와 매도인의 소유권이전등기의무는 동시이행의 관계에 있으므로 매도인이 잔대금 지급기일에 소유권이전등기에 필요한 서류를 준비하여 매수인에게 알리는 등 이행의 제공을 하여 매수인으로 하여금 이행지체에 빠지게 하였을 때에 비로소 자동적으로 매매계약이 해제된다고 보아야 하고 매수인이 그 약정 기한을 도과하였더라도 이행지체에 빠진 것이 아니라면 대금 미지급으로 계약이 자동해제된 것으로 볼 수 없다』(대판 1998. 6. 12, 98다505). 정답 - O

사례 [35~37]

甲은 2017. 1. 10. 자신이 소유하는 X 부동산을 乙에게 매도하는 계약을 체결하면서 乙로부터 계약금을 수령하였다. 이 매매계약서에 의하면 乙은 중도금을 2017. 2. 10. 지급하고, 잔금은 2017. 3. 10. 소유권이전등기에 필요한 서류와 상환하여 지급하기로 되어 있었다. 이에 관한 설명이 타당한가? (각 지문은 독립적이며, 다툼이 있는 경우 판례에 의함)

변호사시험 제7회

35 "乙이 중도금을 지급하지 않으면 계약은 자동해제되고 계약금은 甲이 몰취한다."라고 약정한 경우, 乙이 2017. 2. 10.까지 중도금을 지급하지 않았다면 계약은 자동으로 해제된다.

해설 매수인의 중도금 지급의무 불이행시 매매계약을 무효로 한다는 특약이 있는 경우 그 불이행 자체로써 계약이 자동적으로 해제되는지 여부에 관하여 판례는 『매매계약에 있어서 매수인이 중도금을 약정한 일자에 지급하지 아니하면 그 계약을 무효로 한다고 하는 특약이 있는 경우 매수인이 약정한대로 중도금을 지급하지 아니하면(해제의 의사표시를 요하지 않고) 그 불이행 자체로써 계약은 그 일자에 자동적으로 해제된 것이라고 보아야 한다』(대판 1991. 8. 13, 91다13717)라고 판시하고 있다. 정답 - O

36 乙이 2017. 2. 10. 중도금을 지급하려 하였으나 甲이 정당한 사유 없이 그 수령을 거절하였을 뿐만 아니라 계약을 이행하지 아니할 의사를 명백히 표시한 경우, 乙은 2017. 3. 3. 이행을 최고하지 않고 계약을 해제할 수 있다.

해설 채무자가 채무를 이행하지 아니할 의사를 명백히 표시하였는지 여부의 판단기준에 관하여 판례는 『채무자가 채무를 이행하지 아니할 의사를 명백히 표시한 경우에 채권자는 신의성실의 원칙상 이행기 전이라도 이행의 최고 없이 채무자의 이행거절을 이유로 계약을 해제하거나 채무자를 상대로 손해배상을 청구할 수 있고, 채무자가 채무를 이행하지 아니할 의사를 명백히 표시하였는지 여부는 채무 이행에 관한 당사자의 행동과 계약 전후의 구체적인 사정 등을 종합적으로 살펴서 판단하여야 한다』(대판 2007. 9. 20, 2005다63337)라고 판시하고 있다. 정답 - O

37 **"乙이 잔금지급을 지체하면 계약은 자동으로 해제된다."라고 약정한 경우, 乙이 2017. 3. 10.까지 잔금을 지급하지 않았다면 甲이 등기이전에 필요한 서류를 제공하지 않더라도 계약은 자동으로 해제된다.**

해설 『부동산 매매계약에 있어서 **매수인이 잔대금 지급기일까지 그 대금을 지급하지 못하면 그 계약이 자동적으로 해제된다는 취지의 약정이 있더라도** 특별한 사정이 없는 한 매수인의 잔대금 지급의무와 매도인의 소유권이전등기의무는 동시이행의 관계에 있으므로 매도인이 잔대금 지급기일에 소유권이전등기에 필요한 서류를 준비하여 매수인에게 알리는 등 이행의 제공을 하여 **매수인으로 하여금 이행지체에 빠지게 하였을 때에 비로소 자동적으로 매매계약이 해제된다**고 보아야 하고 매수인이 그 약정 기한을 도과하였더라도 이행지체에 빠진 것이 아니라면 대금 미지급으로 계약이 자동해제된 것으로 볼 수 없다』(대판 1998. 6. 12, 98다505).

정답 – X

제2장 계약각론

제1절 증 여

제2절 매 매

1 ① 매매목적물이 인도되지 않고 대금도 완제되지 아니한 경우, 매수인의 대금지급의무의 이행기가 지났더라도 매도인은 매매대금에 대한 지연손해금의 지급을 청구할 수 없다.
② 매매목적물이 인도되지 않고 대금도 완제되지 아니한 경우, 매도인의 인도의무의 이행기가 지났더라도 매수인은 인도의무지체로 인한 손해배상을 청구할 수 없다.

변호사시험 제1회

해설 매도인의 목적물 인도의무와 매수인의 대금지급의무는 동시이행관계에 있으므로(제536조), 동시이행관계에서 서로 이행이 없을 경우에는 이행지체 책임이 발생하지 않으므로 매매대금 또는 목적물 인도와 관련해 손해배상을 청구할 수 없다. 정답 - ① O ② O

2 매수인이 이행기에 대금을 완제하고도 매매목적물을 인도받지 못한 경우, 매도인은 매수인의 매매대금지급 시점 이후부터 매수인에게 그 대금에 대한 이자를 지급하여야 한다.

변호사시험 제1회

해설 매도인은 매매대금에 대한 이자가 아닌 **목적물로부터 발생된 과실**을 반환하여야 한다(제587조). 정답 - X

3 甲 건설회사는 2013. 1. 2. 乙 유통회사에게 甲 회사 소유인 X토지를 대금 10억 원에 매도하고 계약금 1억 원을 지급받았다. 그 매매계약에서 "매수인은 중도금 지급시까지 계약금을 포기하고 해약할 수 있고, 매도인은 그때까지 계약금의 배액을 지급하고 해약할 수 있다."라고 약정되었다. 같은 날 甲 회사는 乙회사로부터 Y 토지 지상에 유통시설 신축공사를 도급받았는데, 그 계약에서 도급대금은 6억 원, 공사기간은 2013. 1. 11부터 같은 해 11. 10까지 10개월로 정하였다. 위 도급계약에서는 "수급인은 공사가 지체될 경우 도급인에게 지체된 1일당 도급 대금의 1,000분의 1의 비율에 의한 지체상금을 지급한다."라고 약정되었다. 甲 회사가 유통시설 신축공사를 시작하였으나 2013. 5.초경 자금사정 악화로 인하여 공사를 중단하였다. 위 매매계약 이후 X 토지의 가격이

폭등하자 甲 회사는 매매대금을 모두 지급받고도 추가적인 금액을 요구하면서 소유권 이전을 거부하였고 이에 乙 회사는 위 매매계약을 적법하게 해제하였다. 이 경우 乙 회사의 실제 손해가 1억 원을 초과하는 경우에도 손해배상은 1억 원을 초과하여 받을 수는 없다. 변호사시험 제3회

해설 계약금은 기본적으로 위약금으로서의 성질을 가지며, 당사자 간에 다른 약정이 없는 한 계약금은 해제권 유보를 위한 **해약금으로 추정**된다(제565조). 이 때 **"위약시에는 교부자는 그것을 몰수당하고 교부받은 자는 그 배액을 상환한다."는 특약이 있는 경우**, 판례는『특별한 사정이 없는 한 그 계약금은 민법 제565조가 규정하는 **해약금으로서의 성질**과 아울러 제398조 제1항의 **손해배상액의 예정의 성질**도 가진다』고 판시하였다(대판 1992. 5. 12, 91다2151).

→ 따라서 설문에서 甲과 乙 사이의 계약금 관련 특약은 제565조가 규정하는 해약금으로서의 성질과 아울러 제398조 제1항의 손해배상액의 예정의 성질도 가진다. 이러한 제565조에 의한 해제는 '이행에 착수할 때'까지 해제할 수 있으므로(제565조 제1항), 이미 乙 회사가 매매대금을 모두 지급하였다면(이행에 착수) 甲이나 乙 모두 계약금을 이유로는 해제할 수 없다. 그러나 사안에서 **甲은 매매대금을 모두 지급받고도 소유권이전의무를 이행하지 않았으므로** 乙은 제565조(해약금)에 기한 것이 아니라 **제544조(이행지체와 해제)에 기하여 적법하게 해제**하였다. 이때 손해액 산정에 있어 **손해배상액의 예정에 따른 청구의 경우에는 채권자가 실제로 발생한 손해액이 예정액보다 많다는 것을 입증하더라도 그의 증액을 청구하지 못하는** 반면 **채무불이행에 따른 해제를 한 경우에는 이러한 제한이 없으므로** 乙 회사의 실제 손해가 1억 원을 초과한다면 乙은 이를 증명하여 전액 배상받을 수 있다(제393조). 정답 – X

4 **매매예약의 완결권은 형성권으로서 10년의 제척기간에 걸리며, 그 행사기간을 당사자가 계약으로 정할 수는 없다.** 변호사시험 제4회

해설 예약완결권이란 매매의 일방예약 또는 쌍방예약에 의하여 예약권리자가 상대방에 대하여 예약완결의 의사표시를 할 수 있는 권리를 '예약완결권'이라한다.

예약완결권의 행사에 의하여 곧바로 본계약인 매매계약이 성립(제564조 제1항)하므로 예약완결권은 '형성권'이다.

『민법 제564조가 정하고 있는 매매의 일방예약에서 예약자의 상대방이 매매완결의 의사를 표시하여 매매의 효력을 생기게 하는 권리(이른바 예약완결권)는 일종의 형성권으로서 **당사자 사이에 그 행사기간을 약정한 때에는 그 기간내**에(제564조 제2항의 반대 해석), **그러한 약정이 없는 때에는 예약이 성립한 때부터 10년 내**에 이를 행사하여야 하고 위 기간을 도과한 때에는 상대방이 예약목적물인 부동산을 인도받은 경우라도 예약완결권은 제척기간의 경과로 인하여 소멸된다』(대판 1992. 7. 28, 91다44766). 정답 – X

5 **당사자가 제척기간의 기산점을 특별히 약정한 경우에는 그 제척기간은 약정한 때부터 10년의 기간이 경과하면 만료된다.** 변호사시험 제4회

해설 『**제척기간의 기산점은 특별한 사정이 없는 한 원칙적으로 권리가 발생한 때**이고, 당사자 사이에 매매예약완결권을 행사할 수 있는 시기를 특별히 약정한 경우에도 **그 제척기간은 당초 권리의 발생일로부터 10년 간의 기간이 경과되면 만료**되는 것이지, 그 기간을 넘어서 그 약정에 따라 권리를 행사할 수 있는 때로부터 10년이 되는 날까지로 연장된다고 볼 수 없다』(대판 1995. 11. 10, 94다22682,22699). 정답 - X

6 **제척기간이 경과하더라도 상대방이 예약목적물을 인도받은 경우에는 예약완결권은 소멸되지 않는다.** 변호사시험 제4회

해설 『민법 제564조가 정하고 있는 매매의 일방예약에서 예약자의 상대방이 매매완결의 의사를 표시하여 매매의 효력을 생기게 하는 권리(이른바 예약완결권)는 일종의 형성권으로서 당사자 사이에 그 행사기간을 약정한 때에는 그 기간내에(제564조 제2항의 반대 해석), 그러한 약정이 없는 때에는 예약이 성립한 때부터 10년 내에 이를 행사하여야 하고 위 기간을 도과한 때에는 **상대방이 예약목적물인 부동산을 인도받은 경우라도 예약완결권은 제척기간의 경과로 인하여 소멸**된다』(대판 1992. 7. 28, 91다44766). 정답 - X

7 **예약완결권자에게 상대방이 최고했음에도 불구하고 예약완결권자가 확답을 하지 않았을 때에는 예약완결권은 행사된 것으로 본다.** 변호사시험 제4회

해설

〔**제564조(매매의 일방예약)**〕 ① 매매의 일방예약은 상대방이 매매를 완결할 의사를 표시하는 때에 매매의 효력이 생긴다. ② 전항의 의사표시의 기간을 정하지 아니한 때에는 예약자는 상당한 기간을 정하여 매매완결여부의 확답을 상대방에게 최고할 수 있다. ③ **예약자가 전항의 기간내에 확답을 받지 못한 때**에는 **예약은 그 효력을 잃는다.**

『민법 제564조가 정하고 있는 매매의 일방예약에서 예약자의 상대방이 매매완결의 의사를 표시하여 매매의 효력을 생기게 하는 권리(이른바 예약완결권)는 일종의 형성권으로서 당사자 사이에 그 행사기간을 약정한 때에는 그 기간내에(제564조 제2항의 반대 해석), 그러한 약정이 없는 때에는 예약이 성립한 때부터 10년 내에 이를 행사하여야 하고 위 기간을 도과한 때에는 상대방이 예약목적물인 부동산을 인도받은 경우라도 예약완결권은 제척기간의 경과로 인하여 소멸된다』(대판 1992. 7. 28, 91다44766). 정답 - X

8 **공동명의로 담보가등기를 마친 수인의 채권자가 각자의 지분별로 별개의 독립적인 매매예약완결권을 가지는 경우, 채권자 중 1인은 단독으로 자신의 지분에 관하여 「가등기담보 등에 관한 법률」이 정한 청산절차를 이행한 후 소유권이전의 본등기절차이행청구를 할 수 있다.** 변호사시험 제4회

해설 최근 전원합의체 판결은 『甲이 乙에게 돈을 대여하면서 담보 목적으로 乙 소유의 부동산 지분에 관하여 乙의 다른 채권자 A와 **공동명의로 매매예약을 체결하고 각자의 채권액 비율에 따라 지분을 특정하여 가등기**를 마쳤다면 **채권자가 각자의 지분별로 별개의 독립적인 매매예약완결권을 갖는 것으로 볼 수 있으므로**, 甲이 단독으로 담보목적물 중 자신의 지분에 관하여 매매예약완결권을 행사할 수 있고, 이에 따라 **단독으로 자신의 지분에 관하여 가등기에 기한 본등기절차의 이행을 구할 수 있다**』(아래 전합2010다82530판결)고 한다. **[보충]** 종래의 판례는 『복수의 채권자 甲과 A는 예약완결권을 준공유하는 관계에 있고 복수채권자가 매매예약 완결권을 행사하는 경우는 매매예약 완결권의 처분행위라 할 것이므로, 매매예약의 의사표시 자체는 복수채권자 전원이 행사하여야 하며, 채권자가 채무자에 대하여 예약이 완결된 매매목적물의 소유권이전의 본등기를 구하는 소는 필요적 공동소송으로서 복수채권자 전원이 제기하여야 할 것이다』라고 하였으나(대판 1984. 6. 12, 83다카2282), 변경된 판례에 따르면 『수인의 채권자가 각기 채권을 담보하기 위하여 채무자와 채무자 소유의 부동산에 관하여 수인의 채권자를 공동매수인으로 하는 1개의 매매예약을 체결하고 그에 따라 수인의 채권자 공동명의로 그 부동산에 가등기를 마친 경우, 수인의 채권자가 공동으로 매매예약완결권을 가지는 관계인지 아니면 채권자 각자의 지분별로 별개의 독립적인 매매예약완결권을 가지는 관계인지는 매매예약의 내용에 따라야 하고, 매매예약에서 그러한 내용을 명시적으로 정하지 않은 경우에는 수인의 채권자가 공동으로 매매예약을 체결하게 된 동기 및 경위,매매예약에 의하여 달성하려는 담보의 목적, 담보 관련 권리를 공동행사하려는 의사의 유무, 채권자별 구체적인 지분권의 표시 여부 및 지분권 비율과 피담보채권 비율의 일치 여부, 가등기담보권 설정의 관행 등을 종합적으로 고려하여 판단하여야 한다』[대판(전합) 2012. 2. 16, 2010다82530]고 한다. 정답 - O

9 **甲은 자기 소유 17필지의 토지에 대하여 일괄하여 매매대금을 정하고 乙에게 매도하였으나 그 중 2필지가 타인 소유로 밝혀진 경우 매도인 甲이 그 2필지만에 대하여 매매계약을 해제할 수 있다.** 변호사시험 제6회

해설 『매매의 목적이 된 권리의 일부가 타인에게 속한 경우의 매도인의 담보책임에 관한 **민법 제572조의 규정은** 단일한 권리의 일부가 타인에 속하는 경우에만 한정하여 적용되는 것이 아니라 **수개의 권리를 일괄하여 매매의 목적으로 정한 경우에도 그 가운데 이전할 수 없게 된 권리부분이 차지하는 비율에 따른 대금산출이 불가능한 경우 등 특별한 사정이 없는 한 역시 적용된다**』(대판 1989. 11. 14, 88다카13547).

〔제572조(권리의 일부가 타인에게 속한 경우와 매도인의 담보책임)〕 ① 매매의 목적이 된 권리의 일부가 타인에게 속함으로 인하여 매도인이 그 권리를 취득하여 매수인에게 이전할 수 없는 때에는 매수인은 **그 부분의 비율로 대금의 감액을 청구할 수 있다.** ② 전항의 경우에 잔존한 부분만이면 매수인이 이를 매수하지 아니하였을 때에는 선의의 매수인은 **계약전부를 해제할 수 있다.** ③ 선의의 매수인은 **감액청구 또는 계약해제외에 손해배상을 청구할 수 있다**

→ 일부에 대한 매매계약을 해제할 수는 없다. 정답 - X

10 **매매목적물의 하자로 인하여 확대손해가 발생하였다는 이유로 매도인에게 그 확대손해에 대한 배상책임을 지우기 위하여는 채무의 내용으로 된 하자 없는 목적물을 인도하지 못한 의무위반사실 외에 그러한 의무위반에 대한 매도인의 귀책사유는 요구되지 않는다.** 변호사시험 제6회

해설 매매목적물의 하자로 인한 확대손해에 대하여 매도인에게 배상책임을 지우기 위해서는 귀책사유가 필요한지 여부에 관하여 판례는『매매목적물의 하자로 인한 확대손해에 대하여 매도인에게 배상책임을 지우기 위해서는 하자 없는 목적물을 인도하지 못한 의무위반 사실 외에 그러한 의무위반에 대하여 매도인에게 **귀책사유가 있어야 한다**』(대판 2003. 7. 22, 2002다35676)라고 판시하고 있다. 정답 - X

11 **매매목적물의 하자가 경미하여 수선 등의 방법으로도 계약의 목적을 달성하는 데 별다른 지장이 없고, 매도인에게 하자 없는 물건의 급부의무를 지우면 다른 구제방법에 비하여 매도인에게 현저한 불이익이 발생되는 경우라도 공평의 원칙상 매수인의 완전물급부청구권의 행사를 제한할 수 없다.** 변호사시험 제6회

해설 『민법의 하자담보책임에 관한 규정은 매매라는 유상·쌍무계약에 의한 급부와 반대급부 사이의 등가관계를 유지하기 위하여 민법의 지도이념인 공평의 원칙에 입각하여 마련된 것인데, 종류매매에서 매수인이 가지는 완전물급부청구권을 제한 없이 인정하는 경우에는 오히려 매도인에게 지나친 불이익이나 부당한 손해를 주어 등가관계를 파괴하는 결과를 낳을 수 있다. 따라서 매매목적물의 하자가 경미하여 수선 등의 방법으로도 계약의 목적을 달성하는 데 별다른 지장이 없는 반면 **매도인에게 하자 없는 물건의 급부의무를 지우면 다른 구제방법에 비하여 지나치게 큰 불이익이 매도인에게 발생되는 경우와 같이 하자담보의무의 이행이 오히려 공평의 원칙에 반하는 경우에는, 완전물급부청구권의 행사를 제한함이 타당하다**』(대판 2014. 5. 16, 2012다72582). 정답 - X

12 **매매의 목적이 된 권리가 타인에게 속하여 매도인이 그 권리를 취득하여 매수인에게 이전할 수 없게 된 경우, 그 권리가 타인에게 속함을 알지 못한 매수인이 매도인에게 배상을 청구할 수 있는 손해에는 매수인이 얻을 수 있었던 이익의 상실은 포함되지 않는다.** 변호사시험 제6회

해설 『매매의 목적이 된 권리가 타인에게 속한 경우에 매도인이 그 권리를 취득하여 매수인에게 이전할수 없을 때에는 매매의 목적이 된 권리가 매도인에게 속하지 아니함을 알지 못한 매수인이 매도인에게 대하여 손해배상을 청구함에는 매도인은 계약이 완전히 이행된 것과 동일한 경제적 이익을 배상함이 상당할 것임으로 **그 손해는 매수인이 입은 손해뿐만 아니라 얻을 수 있었던 이익의 상실도 포함된다**고 해석할 것이다』[대판(전합) 1967. 5. 18, 66다2618].

정답 - X

13 **평형별 세대당 건물 및 공유대지가 일정한 면적을 가지고 있다는 데 주안을 두고 대금을 그 면적을 기준으로 정한 아파트 분양계약에서 분양자가 공유대지 면적의 일부를 이전할 수 없게 되었고, 그 일부 이행불능이 분양계약 체결 당시 존재한 사유에 의한 경우, 수분양자는 분양자에게 부족한 면적비율에 따라 대금감액을 청구할 수 있다.** 변호사시험 제6회

해설 『[1] 목적물이 일정한 면적(수량)을 가지고 있다는 데 주안을 두고 대금도 면적을 기준으로 하여 정하여지는 아파트분양계약은 이른바 수량을 지정한 매매라 할 것이다. [2] 아파트 분양시 공유대지면적을 지정한 아파트 분양계약을 수량지정매매로 보아 공유대지 면적을 부족하게 이전해 준 경우 민법 제574조에 의한 대금감액청구권을 인정한 사례』(대판 2002. 11. 8, 99다58136).

정답 - O

14 **수인의 채권자가 각기 채권을 담보하기 위하여 채무자와 채무자 소유의 부동산에 관하여 수인의 채권자를 공동매수인으로 하는 1개의 매매예약을 체결하고 그에 따라 수인의 채권자 공동명의로 그 부동산에 가등기를 마친 경우, 수인의 채권자가 공동으로 매매예약완결권을 가지는 관계인지 아니면 채권자 각자의 지분별로 별개의 독립적인 매매예약완결권을 가지는 관계인지는 (D)에 따라야 한다.** 변호사시험 제6회

해설 『수인의 채권자가 각기 채권을 담보하기 위하여 채무자와 채무자 소유의 부동산에 관하여 수인의 채권자를 공동매수인으로 하는 1개의 매매예약을 체결하고 그에 따라 수인의 채권자 공동명의로 그 부동산에 가등기를 마친 경우, 수인의 채권자가 공동으로 매매예약완결권을 가지는 관계인지 아니면 채권자 각자의 지분별로 별개의 독립적인 매매예약완결권을 가지는 관계인지는 매매예약의 내용에 따라야 하고, 매매예약에서 그러한 내용을 명시적으로 정하지 않은 경우에는 수인의 채권자가 공동으로 매매예약을 체결하게 된 동기 및 경위, 매매예약에 의하여 달성하려는 담보의 목적, 담보 관련 권리를 공동 행사하려는 의사의 유무, 채권자별 구체적인 지분권의 표시 여부 및 지분권 비율과 피담보채권 비율의 일치 여부, 가등기담보권 설정의 관행 등을 종합적으로 고려하여 판단하여야 한다』[대판(전합) 2012. 2. 16, 2010다82530].

정답 - **매매예약의 내용**

15 **타인의 권리의 매매에서 매도인의 담보책임에 관한 「민법」 제571조 제1항에 따른 계약해제의 효과로 발생하는 매도인의 손해배상의무와 매수인의 토지인도의무 사이에는 동시이행관계가 없다.** 변호사시험 제7회

해설 민법 제571조 (동전-선의의 매도인의 담보책임)에 의한 계약해제의 효과로서 발생하는 매도인의 손해배상의무와 매수인의 대지인도의무 사이에 동시이행관계가 있는지 여부에 관하여 판례는 『민법 제571조에 의한 계약해제의 경우에도 매도인의 손해배상의무와 매수인의 대지인도의무는 발생원인이 다르다 하더라도 이행의 견련관계는 양 의무에도 그대로 존재하므로 양 의무 사이에는 동시이행관계가 있다고 인정함이 공평의 원칙에 합치한다』(대판 1993. 4. 9, 92다25946)라고 판시하고 있다.

정답 – X

사례 【16~19】

甲과 乙은 2013. 9. 20 甲 소유의 토지에 대하여 매매대금을 5억 원으로 하는 매매계약을 체결하면서, 乙이 계약 당일 계약금 5,000만 원을 甲에게 지급하였고, 중도금 2억 원은 2013. 10. 20. 지급하고, 잔금 2억 5,000만 원은 2013. 11. 20. 甲의 소유권이전과 상환하여 지급하기로 하였다. 다음 설명이 타당한가?(다툼이 있는 경우 판례에 의함)

변호사시험 제3회

16 **甲이 乙에 대하여 중도금의 지급을 최고하였으나 乙이 이를 이행하지 않아 甲이 중도금의 지급을 구하는 소송을 제기하였다면, 특별한 사정이 없는 한 乙은 계약금 5,000만 원을 포기하더라도 위 매매계약을 해제할 수 없다.**

해설 『매수인은 민법 제565조 제1항에 따라 본인 또는 매도인이 이행에 착수할 때까지는 계약금을 포기하고 계약을 해제할 수 있는바, 여기에서 이행에 착수한다는 것은 객관적으로 외부에서 인식할 수 있는 정도로 채무의 이행행위의 일부를 하거나 또는 이행을 하기 위하여 필요한 전제행위를 하는 경우를 말하는 것으로서 단순히 이행의 준비를 하는 것만으로는 부족하고, 그렇다고 반드시 계약내용에 들어맞는 이행제공의 정도에까지 이르러야 하는 것은 아니지만, 매도인이 매수인에 대하여 매매계약의 이행을 최고하고 매매잔대금의 지급을 구하는 소송을 제기한 것만으로는 이행에 착수하였다고 볼 수 없다』(대판 2008. 10. 23, 2007다72274).

정답 – X

17 **乙이 2013. 10. 20.을 경과하여 중도금의 이행을 지체하고 있는 중에, 甲 역시 소유권이전등기서류를 乙에게 이행제공 하지 않고, 2013. 11. 20.을 경과하였다면, 乙은 2013. 11. 21. 부터는 중도금에 대한 지체책임을 지지 않는다.**

해설 『매수인이 선이행하여야 할 중도금지급을 하지 아니한 채 잔대금지급일을 경과한 경우에는 매수인의 중도금 및 이에 대한 지급일 다음날부터 잔대금지급일까지의 지연손해금과 잔대금의 지급채무는 매도인의 소유권이전등기의무와 특별한 사정이 없는 한 동시이행관계에 있다』(대판 1991. 3. 27, 90다19930).

→ 따라서 매수인 乙은 2013. 10. 21.부터 2013. 11. 20.까지만 중도금지체책임을 진다.

정답 – O

18 **乙 명의로 소유권이전등기가 이루어지기 전에 乙로부터 위 토지를 매수한 丙의 乙을 대위한 신청으로 위 토지에 대하여 처분금지가처분등기가 된 상태에서 甲과 乙 사이의 매매계약이 적법하게 해제된 경우, 위 가처분등기의 말소와 매도인의 대금반환의무는 동시이행관계에 있다.**

해설 『부동산에 관한 매매계약을 체결한 후 매수인 앞으로 소유권이전등기를 마치기 전에 매수인으로부터 그 부동산을 다시 매수한 제3자의 처분금지가처분신청으로 매매목적부동산에 관하여 가처분등기가 이루어진 상태에서 매도인과 매수인 사이의 매매계약이 해제된 경우, 매도인만이 가처분이의 등을 신청할 수 있을 뿐 매수인은 가처분의 당사자가 아니어서 가처분이의 등에 의하여 가처분등기를 말소할 수 있는 법률상의 지위에 있지 않고, 제3자가 한 가처분을 매도인의 매수인에 대한 소유권이전등기의무의 일부이행으로 평가할 수 없어 **그 가처분등기를 말소하는 것이 매매계약 해제에 따른 매수인의 원상회복의무에 포함된다고 보기도 어려우므로, 위와 같은 가처분등기의 말소와 매도인의 대금반환의무는 동시이행의 관계에 있다고 할 수 없다**』(대판 2009. 7. 9, 2009다18526). 정답 - X

19 **특별한 사정으로 甲이 乙에게 토지의 소유권이전등기를 먼저 해 주었으나, 乙의 잔대금지급채무불이행으로 인하여 甲이 2013. 12. 5. 위 매매계약을 적법하게 해제한 경우, 위 토지에 대한 원상회복의 등기가 되기 전인 2013. 12. 10 丁 앞으로 그 토지에 관한 근저당권설정등기가 이루어졌다면, 甲은 丁이 근저당권 설정 당시 甲의 해제권행사 사실을 알았더라도 丁에 대하여 근저당권설정등기의 말소를 청구할 수 없다.**

해설 계약해제로 인한 원상회복의무는 제3자의 권리를 해하지 못한다(제548조 제1항 단서). 이때 제3자의 범위와 관련하여 판례는 『그 해제된 계약으로부터 생긴 법률효과를 기초로 하여 **'해제 전'에 새로운 이해관계**를 가졌을 뿐 아니라 **등기·인도 등으로 완전한 권리를 취득한 자**』를 말한다고 한다(대판 2002. 10. 11, 2002다33502). 그러나 판례는 **'해제의 의사표시가 있은 후라도 그 등기 등을 말소하지 않은 동안'** 새로운 권리를 취득하게 된 **'선의'**의 제3자도 포함된다고 한다(대판 1985. 4. 9, 84다카130,131).

→ 따라서 丁은 해제의 의사표시가 있은 후 원상회복의 등기가 되기 전에 새로운 권리를 취득하게 된 자이나 악의이므로 제548조 제1항 단서에 의해 보호받지 못한다. 그러므로 甲은 악의의 丁에 대하여 근저당권설정등기의 말소를 청구할 수 있다. 정답 - X

제3절 교 환

제4절 소비대차

사례【1~5】

甲과 乙이 골재채취업을 동업하다가 2005. 3. 20. 甲이 위 동업관계에서 탈퇴하게 되자 乙은 甲에게 정산금으로 3,000만 원을 지급하기로 하되 같은 날 이를 甲으로부터 차용한 것으로 하고 변제기를 2005. 6. 20.로 약정하였다('이 사건 약정'). 그 후 甲은 2011. 9. 27. 乙을 상대로 (1) 위 3,000만 원의 지급을 구하는 대여금청구의 소를 제기하면서, (2) 이 사건 약정 당시 위 3,000만 원에 대하여 연 10%의 이자도 정하였다고 주장하며 위 3,000만 원에 대한 약정이자 및 지연손해금으로 이 사건 약정일인 2005. 3. 20.부터 다 갚는 날까지 연 10%의 비율에 의한 금원의 지급도 아울러 청구하였다. 이에 대하여 乙은, 甲의 청구원인사실 중 (1) 이 사건 약정의 존재에 관하여는 다투지 아니하나 (2) 이자지급 약정의 존재에 관하여는 부인하는 주장을 함과 아울러, 이 사건 약정에 의하여 발생한 甲의 채권은 상사채권으로서 위 소제기시 이미 변제기로부터 5년의 상사시효가 경과하여 소멸하였다고 항변하였다. 한편 甲은 그 주장하는 바와 같은 이자지급 약정의 존재를 증명하지 못하였다. 이 경우 법원이 내려야 할 판단에 관한 설명이 타당한가? (다툼이 있는 경우에는 판례에 의함)

변호사시험 제1회

1 **이 사건 약정을 경개 또는 준소비대차 중 어느 것으로 볼 것인가는 일차적으로 당사자의 의사에 따라 결정되고, 만약 당사자의 의사가 명백하지 않을 때에는 특별한 사정이 없는 한 준소비대차로 보아야 한다.**

해설 『준소비대차는 기존채무를 소멸케 하고 신채무를 성립시키는 계약인 점에 있어서는 경개와 동일하지만, **준소비대차에 있어서는 원칙적으로 기존채무와 신채무 사이에 '동일성'이 인정된다는 점에서 차이가 있다**(민법 제605조). **당사자의 의사가 명확하지 않은 경우** 경개로 보게 되면 채권자는 기존채권의 담보를 잃고 채무자는 항변권을 잃게 되어 모두에게 불리하게 되므로, **준소비대차로 보아야 한다**』(대판 1989. 6. 27, 89다카2957). 정답 - O

2 **이 사건 약정과 같은 동업자 사이의 계산은 상행위라 하더라도 계산상 부담할 채무를 현실로 수수함이 없이 소비대차로 전환한 것인 이상 민사행위가 되어 위 차용금채무에 대하여는 일반 민사채권의 시효기간인 10년이 적용되므로, 乙의 소멸시효 항변은 배척되어야 한다.**

해설 『甲과 乙이 골재채취업을 동업하다가 乙이 탈퇴하고 甲이 乙에게 지급할 정산금을 소비대차의 목적으로 하기로 약정한 경우 甲은 골재채취를 영업으로 하는 자이어서 상인이고 **이 준소비대차계약은 상인인 甲이 그 영업을 위하여 한 상행위로 추정함이 상당**하므로(이 점은 위 약정을 경개라고 하더라도 마찬가지이다), 이에 의하여 새로이 발생한 채권은 상사채권으로서 5년의 상사시효의 적용을 받는다』(대판 1989. 6. 27, 89다카2957). 정답 - X

3 **甲이 주장하는 이자지급 약정이 인정되지 않는 이상, 법원은 甲의 이자 및 지연손해금 청구를 모두 배척할 수밖에 없다.**

해설 금전채무불이행의 손해배상액은 약정이율에 의하여 산정하고, 약정이 없는 때에는 법정이율에 의하여 산정한다(민법 제397조 제1항). 따라서 **이자지급 약정이 인정되지 않아도 상사채무인 점에서 상사법정이율인 연6%에 따른 지연손해금 청구는 인정**될 수 있다. 『대여금에 대한 약정이자의 지급 청구에는 상법 소정의 법정이자의 지급을 구하는 취지도 포함**되어 있다고 보아야 하므로, 법원으로서는 **이자 지급약정이 인정되지 않는다 하더라도** 곧바로 위 청구를 배척할 것이 아니라 **법정이자 청구에 대하여도 판단**하여야 한다』(대판 2007. 3. 15, 2006다73072). 정답 – X

4 **甲이 주장하는 이자지급 약정이 인정되지 않는다 하더라도 법원은 乙에게 3,000만 원의 지급을 명하는 판결을 선고하면서 위 3,000만 원에 대하여 판결 선고 다음날부터는 소송촉진 등에 관한 특례법이 정한 연 20%의 비율에 의한 지연손해금의 지급도 아울러 명하여야 한다.**

해설 **乙의 소멸시효 항변에 의해 3,000만 원의 상사채권은 시효소멸하였으므로** 부존재하는 것으로 다뤄져야 한다(상법 제64조). 정답 – X

5 **만약 甲이 위 소를 제기하기 전에 甲의 채권자 丙의 신청에 의하여 이 사건 약정에 기한 채권 중 1,000만 원 부분에 대한 압류 및 전부명령이 확정되었다면, 甲의 소 중 1,000만 원의 지급을 구하는 부분은 원고적격의 흠결을 이유로 각하되어야 한다.**

해설 **채권양도나 전부명령이 있는 경우**에는 채권양도인이나 전부채권자가 자기가 **이행청구권자임을 주장하는 이상 원고적격을 가지고,** 다만 제3채무자를 상대로 급부를 구하는 이행청구소송은 **실체법상의 이행청구권의 상실**로 인하여 **본안에서 기각**되어야 한다. 정답 – X

제5절 사용대차

제6절 임대차

1 **甲은 乙로부터 그 소유의 X 토지를 임차한 후 그 토지상에 Y 건물을 신축하였다. 乙이 甲을 상대로 X 토지의 인도 및 Y 건물의 철거를 청구할 수 있는 경우에, 丙이 Y 건물에 대한 대항력 있는 임차인이라도 乙은 소유권에 기한 방해배제로서 丙에 대하여 Y 건물로부터의 퇴거를 청구 할 수 있다.** 변호사시험 제3회

해설 『건물이 그 존립을 위한 토지사용권을 갖추지 못하여 토지의 소유자가 건물의 소유자에 대하여 당해 건물의 철거 및 그 대지의 인도를 청구할 수 있는 경우에라도 건물소유자가 아닌 사람이 건물을 점유하고 있다면 토지소유자는 그 건물 점유를 제거하지 아니하는 한 위의 건물 철거 등을 실행할 수 없다. 따라서 그때 토지소유권은 위와 같은 점유에 의하여 그 원만한 실현을 방해당하고 있다고 할 것이므로, **토지소유자는 자신의 소유권에 기한 방해배제로서 건물점유자에 대하여 건물로부터의 퇴출을 청구할 수 있다.** 그리고 **이는 건물점유자가 건물소유자로부터의 임차인으로서 그 건물임차권이 이른바 대항력을 가진다고 해서 달라지지 아니한다.** 건물임차권의 대항력은 기본적으로 건물에 관한 것이고 토지를 목적으로 하는 것이 아니므로 이로써 토지소유권을 제약할 수 없고, 토지에 있는 건물에 대하여 대항력 있는 임차권이 존재한다고 하여도 이를 토지소유자에 대하여 대항할 수 있는 토지사용권이라고 할 수는 없다』(대판 2010. 8. 19, 2010다43801). 정답 - O

2 **주택임대차보호법 은 임대주택의 소유자가 아니더라도 그 주택에 관하여 적법하게 임대차계약을 체결할 수 있는 권한을 가진 임대인과 체결한 임대차계약에 적용된다.**

변호사시험 제4회

해설 『주택임대차보호법이 적용되는 임대차는 반드시 임차인과 주택 소유자인 임대인 사이에 임대차계약이 체결된 경우에 한정되는 것은 아니고,**주택 소유자는 아니더라도 주택에 관하여 적법하게 임대차 계약을 체결할 수 있는 권한을 가진 임대인과 임대차계약이 체결된 경우도 포함**된다』(대판 2012. 7. 26, 2012다45689). 정답 - O

3 **임차인이 임차주택에 대하여 보증금반환 청구소송의 확정판결이나 그 밖에 이에 준하는 집행권원에 따라서 경매를 신청하는 경우에는 반대의무의 이행이나 이행의 제공을 집행개시의 요건으로 하지 아니한다.** 변호사시험 제4회

해설

〔**주택임대차보호법 제3조의2 (보증금의 회수)**〕 ① 임차인이 임차주택에 대하여 보증금반환청구소송의 확정판결이나 그 밖에 이에 준하는 집행권원에 따라서 경매를 신청하는 경우에는 집행개시 요건에 관한 민사집행법 제41조에도 불구하고 반대의무의 이행이나 이행의 제공을 집행개시의 요건으로 하지 아니한다.

정답 - O

4 **임차인이 임대차계약을 체결한 주된 목적이 주택을 사용·수익하려는 것에 있는 것이 아니고, 소액임차인으로 보호받아 선순위 담보권자에 우선하여 채권을 회수하려는 것에 있는 경우에는 주택임대차보호법 상 소액임차인으로 보호받을 수 없다.** 변호사시험 제4회

해설 『주택임대차보호법의 입법목적은 주거용건물에 관하여 민법에 대한 특례를 규정함으로써 국민의 주거생활의 안정을 보장하려는 것이고(동법 제1조), 주택임대차보호법 제8조 제1항에서 임차인이 보증금 중 일정액을 다른 담보물권자보다 우선하여 변제받을 수 있도록 한 것은, 소액임차인의 경우 그 임차보증금이 비록 소액이라고 하더라도 그에게는 큰 재산이므로 적어도 소액임차인의 경우에는 다른 담보권자의 지위를 해하게 되더라도 그 보증금의 회수를 보장하는 것이 타당하다는 사회보장적 고려에서 나온 것으로서 민법의 일반규정에 대한 예외규정인 바, 그러한 입법목적과 제도의 취지 등을 고려할 때, 채권자가 채무자 소유의 주택에 관하여 채무자와 임대차계약을 체결하고 전입신고를 마친 다음 그곳에 거주하였다고 하더라도 실제 임대차계약의 주된 목적이 주택을 사용수익하려는 것에 있는 것이 아니고, **실제적으로는 소액임차인으로 보호받아 선순위 담보권자에 우선하여 채권을 회수하려는 것에 주된 목적이 있었던 경우**에는 **그러한 임차인을 주택임대차보호법상 소액임차인으로 보호할 수 없다**』(대판 2001. 5. 8, 2001다14733).

[참고판례] 『실제 임대차계약의 주된 목적이 주택을 사용·수익하려는 것인 이상, 처음 임대차계약을 체결할 당시에는 보증금액이 많아 주택임대차보호법상 소액임차인에 해당하지 않았지만 그 후 새로운 임대차계약에 의하여 정당하게 보증금을 감액하여 소액임차인에 해당하게 되었다면, 그 임대차계약이 통정허위표시에 의한 계약이어서 무효라는 등의 특별한 사정이 없는 한 그러한 임차인은 같은 법상 소액임차인으로 보호받을 수 있다』(대판 2008. 5. 15, 2007다23203).

정답 – O

5 임대인의 임대차보증금 반환의무와 임차인의 임차권등기 말소의무는 동시이행관계에 있다.

변호사시험 제4회

해설 『주택임대차보호법 제3조의3 규정에 의한 임차권등기는 이미 임대차계약이 종료하였음에도 임대인이 그 보증금을 반환하지 않는 상태에서 경료되게 되므로, 이미 사실상 이행지체에 빠진 임대인의 임대차보증금의 반환의 무와 그에 대응하는 임차인의 권리를 보전하기 위하여 새로이 경료하는 임차권등기에 대한 임차인의 말소의무를 동시이행관계에 있는 것으로 해석할 것은 아니고, 특히 **위 임차권등기는 임차인으로 하여금 기왕의 대항력이나 우선변제권을 유지하도록 해 주는 담보적 기능만을 주목적으로 하는 점** 등에 비추어 볼 때, **임대인의 임대차보증금의 반환의무가 임차인의 임차권등기 말소의무보다 먼저 이행되어야 할 의무**이다』(대판 2005. 6. 9, 2005다4529).

[비교] 이와 달리 전세권설정자의 전세금반환의무와 전세권자의 전세권등기말소의무는 동시이행의 관계에 있다(제317조).

이와 동일하게 일반적인 임차권등기가 마쳐진 경우에도 임대인의 보증금반환의무와 임차인의 임차권등기말소의무는 동시이행의 관계에 있다.

정답 – X

6 **임차인이 임차주택을 직접 점유하여 거주하지 않고 그곳에 주민등록을 하지 아니하였더라도, 임차인이 임대인의 승낙을 받아 적법하게 임차주택을 전대하고 그 전차인이 주택을 인도받아 자신의 주민등록을 마쳤다면 임차인은 적법한 대항요건을 갖추었다고 주장할 수 있다.** 변호사시험 제4회

해설 임차인(A)이 임대인(B)의 승낙을 얻어 C에게 전대를 한 경우, 판례는 A가 이미 대항력을 취득하였는지를 불문하고 C가 (직접)점유를 하고 또 그의 이름으로 주민등록을 하는 것을 통해 A가 대항력을 가지는 것으로 본다.

C를 통해 당해 주택이 임대차의 목적이 되었다는 사실은 충분히 공시될 수 있고, 또 그렇게 보더라도 **제3자에게 불측의 손해를 입힐 염려가 없으며, 임차인으로 하여금 전대에 의한 임차보증금의 회수를 용이하게 하여 주택 임대차보호법의 취지에도 부합**한다는 점을 그 이유로 든다(대판 1994. 6. 24, 94다3155).

[비교] 유의할 것은, A가 임차권의 대항력을 가지게 되는 것은 현재 점유하고 있는 전차인 C의 이름으로 주민등록이 된 경우를 전제로 하는 것이다. 그래서 C에게 전대를 하고서도 C는 주민등록을 하지 않고 실제로 살지 않는 A의 이름으로 주민등록이 된 사안에서, 판례는 A는 주민등록의 대상이 되는 '당해 주택에 주소 또는 거소를 가진 자'(주민등록법 제6조 제1항)가 아니어서 그의 주민등록은 주민등록법 소정의 적법한 주민등록이라 할 수 없고, 이를 통해 A는 임차권의 대항력을 취득할 수 없다고 보았다(대판 2001. 1. 19, 2000다55645). 정답 – O

7 **임대차보증금반환채권에 대한 압류 및 추심명령이 있더라도, 임대인은 임차인에 대하여 가지는 동시이행 항변권을 상실하지 않는다.** 변호사시험 제5회

해설 『부동산 임대차에 있어서 수수된 보증금은 차임채무, 목적물의 멸실·훼손 등으로 인한 손해배상채무 등 임대차에 따른 임차인의 모든 채무를 담보하는 것으로서 그 피담보채무 상당액은 임대차관계의 종료 후 목적물이 반환될 때에 특별한 사정이 없는 한 **별도의 의사표시 없이 보증금에서 당연히 공제되는 것**이므로, 임대보증금이 수수된 임대차계약에서 차임채권에 관하여 압류 및 추심명령이 있었다 하더라도, **당해 임대차계약이 종료되어 목적물이 반환될 때에는 그 때까지 추심되지 아니한 채 잔존하는 차임채권 상당액도 임대보증금에서 당연히 공제**된다』(대판 2004. 12. 23, 2004다56554). 정답 – O

8 **임대할 권한이 없는 자로부터 타인 소유의 건물을 임차하여 점유·사용하고 이로 말미암아 그 건물소유자에게 손해를 입힌 임차인은 비록 그가 선의의 점유자라 하더라도 그 점유·사용으로 인한 이득을 반환할 의무가 있다.** 변호사시험 제5회

해설 『민법 제201조 제1항에 의하면 **선의의 점유자는 점유물의 과실을 취득한다고 규정**하고 있는바, 건물을 사용함으로써 얻는 이득은 그 건물의 과실에 준하는 것이므로, **선의의 점유자는 비록 법률상 원인 없이 타인의 건물을 점유·사용하고 이로 말미암아 그에게 손해를 입혔다**고 하더라도 **그 점유·사용으로 인한 이득을 반환할 의무는 없다**』(대판 1996. 1. 26, 95다44290). 정답 – X

9 부속된 물건이 오로지 임차인의 특수목적에 사용하기 위하여 부속된 것일 때에는 「민법」 제646조가 규정하는 부속물매수청구의 대상이 되는 부속물에 해당하지 않는다.

변호사시험 제5회

해설 『민법 제646조가 규정하는 매수청구의 대상이 되는 부속물이란 건물에 부속된 물건으로서 임차인의 소유에 속하고, 건물의 구성부분으로는 되지 아니한 것으로서 건물의 사용에 객관적인 편익을 가져오게 하는 물건이라고 할 것이므로, **부속된 물건이 오로지 임차인의 특수목적에 사용하기 위하여 부속된 것일 때에는 이에 해당하지 않으며**, 당해 건물의 객관적인 사용목적은 그 건물 자체의 구조와 임대차계약 당시 당사자 사이에 합의된 사용목적, 기타 건물의 위치, 주위환경 등 제반 사정을 참작하여 정하여지는 것이다』(대판 1993. 10. 8, 93다25738).

정답 – O

10 임대차계약 체결 당시 여러 사람이 공동임대인으로서 임차인과 사이에 하나의 임대차계약을 체결한 경우 특별한 사정이 없는 한 공동임대인 전원의 해지의 의사표시에 의하여 임대차계약 전부를 해지하여야 하나, 임대차목적물 중 일부가 양도되어 양수인이 그에 관한 임대인의 지위를 승계함으로써 공동임대인으로 된 경우에는 전원이 해지의 의사표시를 할 필요는 없다.

변호사시험 제6회

해설 『민법 제547조 제1항은 "당사자의 일방 또는 쌍방이 수인인 경우에는 계약의 해지나 해제는 그 전원으로부터 또는 전원에 대하여 하여야 한다."라고 규정하고 있으므로, 여러 사람이 공동임대인으로서 임차인과 하나의 임대차계약을 체결한 경우에는 민법 제547조 제1항의 적용을 배제하는 특약이 있다는 등의 특별한 사정이 없는 한 공동임대인 전원의 해지의 의사표시에 따라 임대차계약 전부를 해지하여야 한다. 이러한 법리는 **임대차계약의 체결 당시부터 공동임대인이었던 경우뿐만 아니라 임대차목적물 중 일부가 양도되어 그에 관한 임대인의 지위가 승계됨으로써 공동임대인으로 되는 경우에도 마찬가지로** 적용된다』(대판 2015. 10. 29, 2012다5537).

정답 – X

11 토지의 매수인이 매매목적물에 관한 임대차보증금 반환채무를 인수하는 한편 그 채무액을 매매대금에서 공제하기로 약정한 경우, 그 인수는 특별한 사정이 없는 한 매도인을 면책시키는 면책적 채무인수로 보아야 한다.

변호사시험 제6회

해설 **매수인이 매매 목적물에 관한 임대차보증금 반환채무 등을 인수하면서 그 채무액을 매매대금에서 공제하기로 한 경우, 그 채무인수의 법적 성질**에 관하여 판례는 『**부동산의 매수인이 매매 목적물에 관한 임대차보증금 반환채무 등을 인수하는 한편, 그 채무액을 매매대금에서 공제하기로 약정한 경우, 그 인수는 특별한 사정이 없는 이상 매도인을 면책시키는 면책적 채무인수가 아니라 이행인수로 보아야 하고**, 면책적 채무인수로 보기 위하여는 이에 대한 채권자 즉, 임차인의 승낙이 있어야 한다』(대판 2001. 4. 27, 2000다69026)라고 판시하고 있다.

정답 – X

12 **보증금이 수수된 임대차계약에서 임대차가 종료되어 목적물을 반환할 때까지 연체한 차임액이 위 보증금에서 전액 공제된 경우, 임차인은 임대차 종료 전에 차임채권을 양수한 자의 양수금청구에 대해 연체된 차임액이 보증금에서 공제되었음을 주장하여 양수금지급을 거절할 수 없다.** 변호사시험 제6회

해설 『부동산 임대차에서 수수된 보증금은 차임채무, 목적물의 멸실·훼손 등으로 인한 손해배상채무 등 임대차에 따른 임차인의 모든 채무를 담보하는 것으로서 피담보채무 상당액은 **임대차관계의 종료 후 목적물이 반환될 때에 특별한 사정이 없는 한 별도의 의사표시 없이 보증금에서 당연히 공제**되므로, 보증금이 수수된 임대차계약에서 **차임채권이 양도되었다고 하더라도, 임차인은 임대차계약이 종료되어 목적물을 반환할 때까지 연체한 차임 상당액을 보증금에서 공제할 것을 주장할 수 있다**』(대판 2015. 3. 26, 2013다77225).

→ 그러므로, 전액 공제되었음을 이유로 양수금지급을 거절할 수 있다. 정답 - X

13 **임대인이 목적물을 사용·수익하게 할 의무를 불이행하여 목적물의 사용·수익에 부분적으로 지장이 생긴 경우뿐 아니라 임대인이 수선의무를 이행함으로써 목적물의 사용·수익에 지장이 생긴 경우에도 임차인은 그 지장의 한도 내에서 차임의 지급을 거절할 수 있다.** 변호사시험 제6회

해설 『임대차계약에서 목적물을 사용·수익하게 할 임대인의 의무와 임차인의 차임지급 의무는 상호 대응관계에 있으므로 **임대인이 목적물을 사용·수익하게 할 의무를 불이행하여 목적물의 사용·수익이 부분적으로 지장이 있는 상태인 경우에는 임차인은 그 지장의 한도 내에서 차임의 지급을 거절할 수 있고, 이는 임대인이 수선의무를 이행함으로써 목적물의 사용·수익에 지장이 초래된 경우에도 마찬가지이다**』(대판 2015. 2. 26, 2014다65724).

정답 - O

14 **「주택임대차보호법」상 대항력을 갖춘 임차인의 임대차보증금반환채권이 가압류된 상태에서 임대주택이 양도된 경우, 양수인이 채권가압류의 제3채무자의 지위를 승계하는 것은 아니므로 가압류권자는 임대주택의 양수인이 아니라 양도인에 대하여 위 가압류의 효력을 주장하여야 한다.** 변호사시험 제6회

해설 『주택임대차보호법 제3조 제3항은 같은 조 제1항이 정한 대항요건을 갖춘 임대차의 목적이 된 임대주택(이하 '임대주택'은 주택임대차보호법의 적용대상인 임대주택을 가리킨다)의 양수인은 임대인의 지위를 승계한 것으로 본다고 규정하고 있는바, 이는 법률상의 당연승계 규정으로 보아야 하므로, 임대주택이 양도된 경우에 양수인은 주택의 소유권과 결합하여 임대인의 임대차 계약상의 권리·의무 일체를 그대로 승계하며, 그 결과 양수인이 임대차보증금반환채무를 면책적으로 인수하고, 양도인은 임대차관계에서 탈퇴하여 임차인에 대한 임대차보증금반환채무를 면하게 된다. 나아가 임차인에 대하여 임대차보증금반환채무를 부담하는 임대인임을 당연한 전제로 하여 임대차보증금반환채무의 지급금지를 명령

받은 제3채무자의 지위는 임대인의 지위와 분리될 수 있는 것이 아니므로, 임대주택의 양도로 임대인의 지위가 일체로 양수인에게 이전된다면 채권가압류의 제3채무자의 지위도 임대인의 지위와 함께 이전된다고 볼 수밖에 없다. 한편 주택임대차보호법상 임대주택의 양도에 양수인의 임대차보증금반환채무의 면책적 인수를 인정하는 이유는 임대주택에 관한 임대인의 의무 대부분이 그 주택의 소유자이기만 하면 이행가능하고 임차인이 같은 법에서 규정하는 대항요건을 구비하면 임대주택의 매각대금에서 임대차보증금을 우선변제받을 수 있기 때문인데, 임대주택이 양도되었음에도 양수인이 채권가압류의 제3채무자의 지위를 승계하지 않는다면 가압류권자는 장차 본집행절차에서 주택의 매각대금으로부터 우선변제를 받을 수 있는 권리를 상실하는 중대한 불이익을 입게 된다. 이러한 사정들을 고려하면, **임차인의 임대차보증금반환채권이 가압류된 상태에서 임대주택이 양도되면 양수인이 채권가압류의 제3채무자의 지위도 승계하고, 가압류권자 또한 임대주택의 양도인이 아니라 양수인에 대하여만 위 가압류의 효력을 주장할 수 있다**고 보아야 한다』〔대판(전합) 2013. 1. 17, 2011다49523〕.

정답 – X

15 B가 소유자 A로부터 주택 X를 임차한 후 D에게 주택 X를 무단전대하고 D가 주택 X를 인도받아 그 주소로 전입신고를 마쳤으나, A가 무단전대를 이유로 B와의 임대차계약을 적법하게 해지한 경우에 A가 X에 대하여 D에게 행사한 소유권에 기한 물권적 청구권이 인정된다.

변호사시험 제6회

해설

〔**제213조(소유물반환청구권)**〕 소유자는 그 소유에 속한 물건을 점유한 자에 대하여 반환을 청구할 수 있다. 그러나 **점유자가 그 물건을 점유할 권리가 있는 때에는 반환을 거부할 수 있다.**
〔**제629조(임차권의 양도, 전대의 제한)**〕 ① **임차인은 임대인의 동의없이** 그 권리를 양도하거나 **임차물을 전대하지 못한다.** ② 임차인이 전항의 규정에 위반한 때에는 임대인은 계약을 해지할 수 있다.

→ 임차인은 임대인의 동의없이 적법하게 전대할 수 없고, 임대차계약이 적법하게 해지되었으므로, D에게 달리 점유할 권리가 인정되지 않는다. 따라서 소유자인 A의 물권적 청구권은 인정된다.

정답 – O

16 동일한 주택에 대항요건을 갖추고 서로 일자를 달리하여 확정일자를 받은 여러 명의 임차인들이 「주택임대차보호법」에 의하여 보증금 중 일정액의 보호를 받는 소액임차인의 지위를 겸하는 경우, 임차인들은 그 주택에 관한 배당절차에서 먼저 소액임차인으로서 보호받는 일정액을 우선 배당받은 후 나머지 임차보증금채권액에 대하여는 채권액에 비례하여 평등배당을 받는다.

변호사시험 제6회

해설 『주택임대차보호법 제3조의2 제2항은 대항요건(주택인도와 주민등록전입신고)과 임대차계약증서상의 확정일자를 갖춘 주택임차인에게 부동산 담보권에 유사한 권리를 인정한다는 취지로서, 이에 따라 **대항요건과 확정일자를 갖춘 임차인들 상호간에는 대항요건과 확정일자를 최종적으로 갖춘 순서대로 우선변제받을 순위를 정하게 되므로,** 만일 대항요건과 확정일자를 갖춘 임차인들이 주택임대차보호법 제8조 제1항에 의하여 보증금 중 일정액의 보호를 받는 소액임차인의 지위를 겸하는 경우, **먼저 소액임차인으로서 보호받는 일정액을 우선 배당하고 난 후의 나머지 임차보증금채권액에 대하여는 대항요건과 확정일자를 갖춘 임차인으로서의 순위에 따라 배당을 하여야 하는 것이다**』(대판 2007. 11. 15, 2007다45562). 정답 – X

17 **주택임대차보호법 제3조의3에 의한 임차권등기가 경료되어 있을 경우, 임대인의 임대차보증금 반환의무는 임차인의 임차권등기 말소의무보다 먼저 이행되어야 한다.**

변호사시험 제2회

해설 『주택임대차보호법 제3조의3 규정에 의한 임차권등기는 **이미 임대차계약이 종료하였음에도 임대인이 그 보증금을 반환하지 않는 상태에서 경료**되게 되므로, 이미 사실상 이행지체에 빠진 임대인의 임대차보증금의 반환의무와 그에 대응하는 임차인의 권리를 보전하기 위하여 새로이 경료하는 임차권등기에 대한 임차인의 말소의무를 동시이행관계에 있는 것으로 해석할 것은 아니고, 특히 위 임차권등기는 임차인으로 하여금 기왕의 대항력이나 우선변제권을 유지하도록 해 주는 담보적 기능만을 주목적으로 하는 점 등에 비추어 볼 때, **임대인의 임대차보증금의 반환의무가 임차인의 임차권등기 말소의무보다 먼저 이행되어야 할 의무이다**』(대판 2005. 6. 9, 2005다4529). 정답 – O

18 **임대차가 종료된 경우, 임대목적물이 임대인의 소유가 아니더라도 특별한 사정이 없는 한 임차인은 임대인에게 그 부동산을 인도하고 임대차 종료일까지의 연체차임을 지급할 의무가 있음은 물론, 인도 완료일까지 그 부동산을 점유·사용함에 따른 차임 상당의 부당이득금을 반환할 의무도 있다.**

변호사시험 제2회

해설 『임대차가 종료된 경우 임대목적물이 타인 소유라고 하더라도 그 타인이 목적물의 반환청구나 임료 내지 그 해당액의 지급을 요구하는 등 특별한 사정이 없는 한 임차인은 임대인에게 그 부동산을 명도하고 임대차 종료일까지의 연체차임을 지급할 의무가 있음은 물론, **임대차 종료일 이후부터 부동산 명도 완료일까지 그 부동산을 점유·사용함에 따른 차임 상당의 부당이득금을 반환할 의무도 있다**』(대판 2001. 6. 29, 2000다68290). 정답 – O

19 **채권양수인이 주택임대차보호법상의 우선변제권을 행사할 수 있는 주택임차인으로부터 임차보증금반환채권을 양수하였더라도 임차권과 분리된 임차보증금반환채권만을 양수하였다면, 그 채권양수인은 위 법상의 우선변제권을 행사할 수 있는 임차인에 해당한다고 볼 수 없다.** 변호사시험 제2회

해설 『주택임대차보호법의 입법목적과 주택임차인의 임차보증금반환채권에 우선변제권을 인정한 제도의 취지, 주택임대차보호법상 관련 규정의 문언 내용 등에 비추어 볼 때, 비록 채권양수인이 우선변제권을 행사할 수 있는 주택임차인으로부터 임차보증금반환채권을 양수하였다고 하더라도 **임차권과 분리된 임차보증금반환채권만을 양수한 이상 그 채권양수인이 주택임대차보호법상의 우선변제권을 행사할 수 있는 임차인에 해당한다고 볼 수 없다**. 따라서 위 채권양수인은 임차주택에 대한 경매절차에서 주택임대차보호법상의 임차보증금 우선변제권자의 지위에서 배당요구를 할 수 없고, 이는 채권양수인이 주택임차인으로부터 다른 채권에 대한 담보 목적으로 임차보증금반환채권을 양수한 경우에도 마찬가지이다. 다만, 이와 같은 경우에도 채권양수인이 일반 금전채권자로서의 요건을 갖추어 배당요구를 할 수 있음은 물론이다』(대판 2010. 5. 27, 2010다10276). 정답 - O

20 **특별한 사정이 없는 한 임대차가 종료되었더라도 목적물이 반환되지 않았다면 임차인은 임대차보증금이 있음을 이유로 임대인에 대하여 연체차임의 지급을 거절할 수 없다.** 변호사시험 제2회

해설 『임대차보증금은 임대차계약이 종료된 후 임차인이 목적물을 인도할 때까지 발생하는 차임 및 기타 임차인의 채무를 담보하는 것으로서 그 피담보채무액은 임대차관계의 종료 후 목적물이 반환될 때에 특별한 사정이 없는 한 별도의 의사표시 없이 임대차보증금에서 당연히 공제되는 것이므로, 특별한 사정이 없는 한 **임대차계약이 종료되었다 하더라도 목적물이 명도되지 않았다면 임차인은 임대차보증금이 있음을 이유로 연체차임의 지급을 거절할 수 없는 것이다**』(대판 2007. 8. 23, 2007다21856,21863). 정답 - O

21 **종전 토지 임차인으로부터 미등기 무허가건물을 매수하여 점유하고 있는 현재의 토지 임차인은 소유자로서의 등기명의가 없더라도 특별한 사정이 없는 한 임대인에 대하여 지상물매수청구권을 행사할 수 있다.** 변호사시험 제7회

해설 『민법 제643조가 정하는 건물 소유를 목적으로 하는 토지 임대차에서 임차인이 가지는 지상물매수청구권은 건물의 소유를 목적으로 하는 토지 임대차계약이 종료되었음에도 그 지상 건물이 현존하는 경우에 임대차계약을 성실하게 지켜온 임차인이 임대인에게 상당한 가액으로 그 지상 건물의 매수를 청구할 수 있는 권리로서 국민경제적 관점에서 지상 건물의 잔존 가치를 보존하고, 토지 소유자의 배타적 소유권 행사로 인하여 희생당하기 쉬운 임차인을 보호하기 위한 제도이므로, 특별한 사정이 없는 한 행정관청의 허가를 받은 적법한 건물이 아니더라도 임차인의 지상물매수청구권의 대상이 될 수 있다. 그리고 건물

을 매수하여 점유하고 있는 사람은 소유자로서의 등기명의가 없다 하더라도 그 권리의 범위 내에서는 그 점유 중인 건물에 대하여 법률상 또는 사실상의 처분권을 가지고 있다. 위와 같은 지상물매수청구청구권 제도의 목적, 미등기 매수인의 법적 지위 등에 비추어 볼 때, **종전 임차인으로부터 미등기 무허가건물을 매수하여 점유하고 있는 임차인은** 특별한 사정이 없는 한 비록 **소유자로서의 등기명의가 없어 소유권을 취득하지 못하였다 하더라도 임대인에 대하여 지상물매수청구권을 행사할 수 있는 지위에 있다**』(대판 2013. 11. 28, 2013다48364,48371).

정답 - O

22 토지 임차인의 지상물매수청구권은 임대차기간이 만료된 경우뿐만 아니라, 기간의 정함이 없는 임대차에서 임대인에 의한 해지통고에 의하여 그 임차권이 소멸된 경우에도 인정된다.

변호사시험 제7회

해설 **토지임차인의 지상물매수청구권이 기간의 정함이 없는 임대차에 있어서 임대인의 해지통고에 의하여 임차권이 소멸된 경우에도 인정되는지 여부**에 관하여 판례는 『토지임차인의 지상물매수청구권은 기간의 정함이 없는 임대차에 있어서 임대인에 의한 해지통고에 의하여 그 임차권이 소멸된 경우에도 마찬가지로 인정된다』[대판(전합) 1995. 7. 11, 94다34265]라고 판시하고 있다.

정답 - O

23 토지 소유자가 아닌 제3자가 임대차계약의 당사자로서 토지를 임대한 경우, 토지 소유자가 임대인의 지위를 승계하였다는 등의 특별한 사정이 없는 한, 임대인이 아닌 토지 소유자가 직접 지상물매수청구권의 상대방이 될 수는 없다.

변호사시험 제7회

해설 『건물의 소유를 목적으로 하는 토지 임차인의 건물매수청구권 행사의 상대방은 원칙적으로 임차권 소멸 당시의 토지소유자인 임대인이고, **임대인이 임차권 소멸 당시에 이미 토지소유권을 상실한 경우에는 그에게 지상건물의 매수청구권을 행사할 수는 없으며, 이는 임대인이 임대차계약의 종료 전에 토지를 임의로 처분하였다 하여 달라지는 것은 아니다**』(대판 1994. 7. 29, 93다59717,93다59724).

정답 - O

24 임차인 소유 건물이 임대차 대상 토지 외에 임차인 또는 제3자 소유의 토지 위에 걸쳐서 건립되어 있는 경우, 임차지에 서 있는 건물 부분 중 구분소유의 객체가 될 수 있는 부분에 한하여 임차인은 지상물매수청구를 할 수 있다.

변호사시험 제7회

해설 **임차인 소유건물이 임차토지 외에 임차인 또는 제3자 소유의 토지 위에 걸쳐 있는 경우, 임차인의 건물매수청구권 행사의 가부**에 관하여 판례는 『무릇 건물 소유를 목적으로 하는 토지임대차에 있어서 임차인 소유 건물이 임대인이 임대한 토지 외에 임차인 또는 제3자 소유의 토지 위에 걸쳐서 건립되어 있는 경우에는, 임차지 상에 서 있는 건물 부분 중 구분소유의 객체가 될 수 있는 부분에 한하여 임차인에게 매수청구가 허용된다』[대판(전합) 1996. 3. 21, 93다42634]라고 판시하고 있다.

정답 - O

25 **토지 임대차 종료 시 임대인의 건물철거와 그 부지인도 청구에는 건물매수대금 지급과 동시에 건물명도를 구하는 청구가 포함되어 있다고 볼 수 있다.** 변호사시험 제7회

해설 당사자가 청구하지 않은 것을 판결한 위법이 있는 예로써 판례는 『원고는 청구취지로서 지상건물의 철거와 동 대지의 인도를 구하고 있음에도 불구하고 원판결이 주문에서 피고는 원고로부터 건물매수대금을 받음과 동시에 위 건물과 대지를 각 명도하라고 한 것은 당사자가 청구하지 아니한 것을 판결한 위법을 범한 것이다』(대판 1966. 5. 24, 66다548)라고 판시하고 있다. 정답 – X

■ **사례 【26~30】**

甲은 건물을 신축할 목적으로 乙로부터 토지를 임차하면서, 임대차 종료시 건물 기타 지상 시설 일체를 포기하기로 약정하였다. 乙은 임대차가 기간만료로 종료되자 甲을 상대로 토지인도 및 건물철거 청구소송을 제기하였다. 다음 설명 중 옳지 않은 것은? (다툼이 있는 경우에는 판례에 의함) 변호사시험 제1회

26 **甲이 임대차 종료시 건물을 포기하겠다는 약정은 특별한 사정이 없는 한 임차인에게 불리한 것이어서 무효이다.**

해설 임차인의 지상물 매수청구권(제643조)은 편면적 강행규정(제652조)이므로 타당하다. 정답 – O

27 **甲이 소송과정에서 건물매수청구권을 행사할 수 있었는데도 이를 행사하지 않았고 그 패소판결이 확정되었다면, 건물철거가 집행되기 전이라도 건물매수청구권이 실권되어 더 이상 별소로써 건물매수청구권을 행사할 수 없다.**

해설 『건물의 소유를 목적으로 하는 토지 임대차에 있어서, 임대차가 종료함에 따라 토지의 임차인이 임대인에 대하여 건물매수청구권을 행사할 수 있음에도 불구하고 이를 행사하지 아니한 채, 토지의 임대인이 임차인에 대하여 제기한 토지인도 및 건물철거청구 소송에서 패소하여 그 패소판결이 확정되었다고 하더라도, 그 확정판결에 의하여 건물철거가 집행되지 아니한 이상 토지의 임차인으로서는 건물매수청구권을 행사하여 별소로써 임대인에 대하여 건물매매대금의 지급을 구할 수 있다』(대판 1995. 12. 26, 95다42195). 정답 – X

28 **甲의 건물매수청구권은 형성권이어서 10년의 제척기간에 걸린다.**

해설 지상물매수청구권은 형성권이다. 형성권은 원칙적으로 제척기간으로 보아야 한다. 다만 기간을 정하지 않는 형성권의 제척기간에 관하여 다수설은 그 형성권을 행사한 결과 발생하는 채권의 소멸시효기간(제162조 제1항)을 고려하여 10년이라고 하고, 판례도 동일한 입장이다(대판 1995. 11. 10, 94다22682,22699 참고). 정답 – O

29 **乙의 토지인도 및 건물철거 청구에는 건물매수대금 지급과 동시에 건물인도 및 소유권 이전등기를 구하는 청구가 포함되어 있다고 볼 수 없다.**

해설 『토지임차인의 지상물매수청구권은 기간의 정함이 없는 임대차에 있어서 임대인에 의한 해지통고에 의하여 그 임차권이 소멸된 경우에도 마찬가지로 인정된다. **토지임대차 종료시 임대인의 건물철거와 그 부지인도 청구에는 건물매수대금 지급과 동시에 건물명도를 구하는 청구가 포함되어 있다고 볼 수 없다**』[대판(전합) 1995. 7. 11, 94다34265]. 정답 - O

30 **만약 위 임대차가 기간의 정함이 없는 것으로서 乙의 해지통고에 의하여 종료되었더라도 甲은 건물매수청구권을 행사할 수 있다.**

해설 『 **토지임차인의 지상물매수청구권은 기간의 정함이 없는 임대차에 있어서 임대인에 의한 해지통고에 의하여 그 임차권이 소멸된 경우에도 마찬가지로 인정**된다. 토지임대차 종료시 임대인의 건물철거와 그 부지인도 청구에는 건물매수대금 지급과 동시에 건물명도를 구하는 청구가 포함되어 있다고 볼 수 없다』[대판(전합) 1995. 7. 11, 94다34265]. 정답 - O

사례 【31~33】

甲은 그 소유인 X 주택에 전입신고를 마치고 거주하다가 2010. 2. 1. 乙에게 X를 대금 3억 원에 매도하면서 같은 날 乙로부터 X를 임대차보증금 1억 원, 기간 2010. 2. 1.부터 2012. 1. 31.까지로 정하여 임차하였고, 같은 날 임대차계약서에 확정일자를 받았다. 甲은 2010. 2. 2. 乙의 요청에 따라 乙의 채권자인 丙에게 X에 관한 저당권설정등기를 마쳤다. 乙은 2010. 2. 10. X에 관하여 위 매매를 원인으로 한 소유권이전등기를 마치고, 같은 날 채권자 丁에게 근저당권설정등기를 마쳤다. 그 후 丙은 위 저당권실행을 위한 경매를 신청하였고, 戊는 그 경매절차에서 X를 매수하고 그 대금을 모두 지급하였으며, 甲은 그 경매절차에서 주택임대차보호법상 우선변제권 있는 임차인임을 이유로 적법하게 배당요구하였다. 다음 설명이 타당한가? (다툼이 있는 경우에는 판례에 의함) 변호사시험 제1회

31 **甲, 丙, 丁 순서로 배당받는다.**

해설 甲은 임대차계약 체결과 확정일자를 2010. 2. 1.에 받았으나 乙 명의의 소유권이전등기가 2010. 2. 10.에 있어 그 다음날인 2010. 2.11. 00:00에 주택임대차보호법상의 대항력을 취득하게 되었다. 丙은 근저당권 설정등기를 마친 2010. 2. 2.부터 우선변제적 효력을 주장할 수 있다. 丁은 근저당권설정등기를 마친 2010. 2. 10.부터 우선변제적 효력을 주장할 수 있다. 따라서 사안에서 등기일자와 대항력의 선후에 의하여 우열이 결정되는바, 丙, 丁, 甲 순으로 배당을 받게 된다. 『甲이 주택에 관하여 소유권이전등기를 경료하고 주민등록 전입신고까지 마친 다음 처와 함께 거주하다가 乙에게 매도함과 동시에 그로부터 이를 다시 임차하여 계속 거주하기로 약정하고 임차인을 甲의 처로 하는 임대차계약을 체결한 후에야

乙 명의의 소유권이전등기가 경료된 경우, 제3자로서는 주택에 관하여 甲으로부터 乙 앞으로 소유권이전등기가 경료되기 전에는 甲의 처의 주민등록이 소유권 아닌 임차권을 매개로 하는 점유라는 것을 인식하기 어려웠다 할 것이므로, 甲의 처의 주민등록은 주택에 관하여 乙 명의의 소유권이전등기가 경료되기 전에는 주택임대차의 대항력 인정의 요건이 되는 적법한 공시방법으로서의 효력이 없고 乙 명의의 **소유권이전등기가 경료된 날에야 비로소 甲의 처와 乙 사이의 임대차를 공시하는 유효한 공시방법이 된다**고 할 것이며, **주택임대차보호법 제3조 제1항에 의하여 유효한 공시방법을 갖춘 다음날인 乙 명의의 소유권이전등기일 익일부터 임차인으로서 대항력을 갖는다**』(대판 2000. 2. 11, 99다59306). 정답 - X

32 丙, 丁 순서로 배당받고, 甲은 주택임대차보호법상 우선변제권 있는 임차인으로서 배당받을 수 없다.

해설 대항요건(주택의 인도와 전입신고)과 임대차계약서상에 확정일자를 갖춘 주택임차인은 후순위 권리자나 일반채권자보다 우선하여 매각대금으로부터 그의 보증금을 변제받을 수 있다(주택임대차보호법 제3조의2 제2항). 정답 - X

33 만약 甲이 위 경매절차에서 배당요구하지 않았다면, 甲은 戊에 대하여 위 임대차보증금의 반환을 청구할 수 있다.

해설 임차인 甲이 배당요구를 하지 않아 甲은 최선순위 저당권자 丙보다 후순위 임차인에 해당하여 경매절차에서 그 대항력이 소멸하게 되었다. 따라서 임차인 甲은 매수인 戊에게 대항할 수 없으므로 甲은 戊에게 임대차보증금의 반환을 청구할 수 없다. 『**주택임대차보호법에 의하여 우선변제청구권이 인정되는 임대차보증금반환채권**은 현행법상 배당요구가 필요한 **배당요구채권에 해당**한다. 따라서 경매에서 적법한 배당요구를 하지 아니한 경우에는 비록 실체법상 우선변제청구권이 있다 하더라도 경락대금으로부터 배당을 받을 수는 없다』(대판 1998. 10. 13, 98다12379). 『**부동산의 경매절차에 있어서 주택임대차보호법 제3조에 정한 대항요건을 갖춘 임차권보다 선순위의 근저당권이 있는 경우에는, 낙찰로 인하여 선순위 근저당권이 소멸하면 그보다 후순위의 임차권도 선순위 근저당권이 확보한 담보가치의 보장을 위하여 그 대항력을 상실하는 것**이지만, 낙찰로 인하여 근저당권이 소멸하고 낙찰인이 소유권을 취득하게 되는 시점인 낙찰대금지급기일 이전에 선순위 근저당권이 다른 사유로 소멸한 경우에는, 대항력이 있는 임차권의 존재로 인하여 담보가치의 손상을 받을 선순위 근저당권이 없게 되므로 임차권의 대항력이 소멸하지 아니한다』(대판 2003. 4. 25, 2002다70075). 정답 - X

사례 [34~37]

甲은 건물의 소유를 목적으로 乙 소유의 토지에 대한 임대차계약을 乙과 체결하였는데, 그 후 甲은 건물을 완성한 다음 이를 丙에게 임대하였다. 다음 설명이 타당한가?(다툼이 있는 경우에는 판례에 의함) 변호사시험 제3회

34 **丙이 甲의 동의를 얻어 기존의 출입문을 제거하고 유리출입문과 새시를 부속물로서 설치한 경우, 甲과 丙 사이의 건물임대차계약이 丙의 차임지급채무불이행으로 인하여 해지되었다면, 丙의 甲에 대한 부속물매수청구는 허용되지 않는다.**

해설 **임차인의 채무불이행으로 임대차계약이 해지된 경우 임차인의 부속물매수청구권 유무**에 관하여 판례는『임대차계약이 임차인의 채무불이행으로 인하여 해지된 경우에는 임차인은 민법 제646조에 의한 부속물매수청구권이 없다』(대판 1990. 1. 23, 88다카7245)라고 판시하고 있다.

정답 - O

35 **甲과 丙 사이에 일정 기간 이상 임대차를 존속시키기로 하는 임차권보장약정에 따라 丙이 甲에게 권리금을 지급하였으나, 甲의 사정으로 임대차계약이 중도 해지되어 丙이 당초 보장된 기간 동안 위 건물을 이용하지 못하였더라도, 甲은 丙에 대하여 권리금반환의무를 부담하지 않는다.**

해설 『영업용 건물의 임대차에 수반되어 행하여지는 권리금의 지급은 임대차계약의 내용을 이루는 것은 아니고 권리금 자체는 거기의 영업시설·비품 등 유형물이나 거래처, 신용, 영업상의 노하우 혹은 점포 위치에 따른 영업상의 이점 등 무형의 재산적 가치의 양도 또는 일정 기간 동안의 이용대가라고 볼 것인바, **권리금이 그 수수 후 일정한 기간 이상으로 그 임대차를 존속시키기로 하는 임차권 보장의 약정하에 임차인으로부터 임대인에게 지급된 경우에는, 보장기간 동안의 이용이 유효하게 이루어진 이상 임대인은 그 권리금의 반환의무를 지지 아니하며,** 다만 임차인은 당초의 임대차에서 반대되는 약정이 없는 한 임차권의 양도 또는 전대차 기회에 부수하여 자신도 일정 기간 이용할 수 있는 권리를 다른 사람에게 양도하거나 또는 다른 사람으로 하여금 일정기간 이용케 함으로써 권리금 상당액을 회수할 수 있을 것이지만, 반면 **임대인의 사정으로 임대차계약이 중도 해지됨으로써 당초 보장된 기간 동안의 이용이 불가능하였다는 등의 특별한 사정이 있을 때에는 임대인은 임차인에 대하여 그 권리금의 반환의무를 진다**고 할 것이고, 그 경우 임대인이 반환의무를 부담하는 권리금의 범위는, 지급된 권리금을 경과기간과 잔존기간에 대응하는 것으로 나누어, 임대인은 임차인으로부터 수령한 권리금 중 임대차계약이 종료될 때까지의 기간에 대응하는 부분을 공제한 잔존기간에 대응하는 부분만을 반환할 의무를 부담한다고 봄이 공평의 원칙에 합치된다』(대판 2002. 7. 26, 2002다25013).

정답 - X

36 **甲과 乙 사이의 토지임대차계약이 기간만료로 종료되는 경우, 甲의 乙에 대한 지상물매수청구의 대상은 계약종료 당시 경제적 가치가 현존하고 임대인의 동의를 얻어 신축한 건물이어야 한다.**

해설 『임차인의 지상물매수청구권은 건물 기타 공작물의 소유 등을 목적으로 한 **토지임대차의 기간이 만료**되었음에도 **그 지상시설 등이 현존**하고, 또한 임대인이 **계약의 갱신에 불응**하는 경우에 임차인이 임대인에게 상당한 가액으로 그 지상시설의 매수를 청구할 수 있는 권리라는 점에서 보면, 위 매수청구권의 대상이 되는 건물은 그것이 토지의 임대목적에 반하여 축조되고, 임대인이 예상할 수 없을 정도의 고가의 것이라는 특별한 사정이 없는 한 **임대차기간 중에 축조**되었다고 하더라도 **그 만료시에 그 가치가 잔존하고 있으면 그 범**

위에 포함되는 것이고, 반드시 임대차계약 당시의 기존건물이거나 임대인의 동의를 얻어 신축한 것에 한정된다고는 할 수 없다』(대판 1993. 11. 12, 93다34589). 정답 - X

37 **甲과 乙 사이의 토지임대차계약이 기간만료로 종료되는 경우, 甲이 乙에 대하여 지상물매수청구권을 행사하기 위해서는 토지 위에 신축된 건물이 행정관청의 허가를 받은 적법한 건물이 아니어도 무관하다.**

해설 『민법 제643조가 정하는 건물 소유를 목적으로 하는 토지 임대차에 있어서 임차인이 가지는 건물매수청구권은 건물의 소유를 목적으로 하는 토지 임대차계약이 종료되었음에도 그 지상 건물이 현존하는 경우에 임대차계약을 성실하게 지켜온 임차인이 임대인에게 상당한 가액으로 그 지상 건물의 매수를 청구할 수 있는 권리로서 국민경제적 관점에서 지상 건물의 잔존 가치를 보존하고, 토지 소유자의 배타적 소유권 행사로 인하여 희생당하기 쉬운 임차인을 보호하기 위한 제도이므로, 임대차계약 종료시에 경제적 가치가 잔존하고 있는 건물은 그것이 토지의 임대목적에 반하여 축조되고 임대인이 예상할 수 없을 정도의 고가의 것이라는 등의 특별한 사정이 없는 한, 비록 행정관청의 허가를 받은 적법한 건물이 아니더라도 그 대상이 된다』(대판 1997. 12. 23, 97다37753). 정답 - O

사례 【38~40】

甲은 X 주택과 인근 Y 창고를 소유하고 있다. Y 창고는 X 주택의 부속물·종물이 아니다. 乙은 甲으로부터 X 주택을 임차하여 전입신고를 하지 아니하고 사용하면서 점유할 권리 없이 Y 창고도 점유·사용하고 있다. 乙은 비용을 들여 X 주택과 Y 창고를 개량하여 가치를 증가시켰고, 지출된 비용만큼의 가치증가가 현존하고 있다. 임대차기간 도중에 甲은 X, Y 건물 모두를 丙에게 매도하고 소유권이전등기를 마쳐 주었다. 임대차기간이 만료되었고 丙은 乙에게 X, Y 건물의 인도를 청구하고 있다. 이에 관한 설명이 타당한가? (각 지문은 독립적이며, 다툼이 있는 경우 판례에 의함) 변호사시험 제7회

38 乙은 X 주택에 들인 유익비를 丙에게 청구할 수 있다.

해설 『민법 제203조 제2항에 의한 점유자의 회복자에 대한 유익비상환청구권은 점유자가 계약관계 등 적법하게 점유할 권리를 가지지 않아 소유자의 소유물반환청구에 응하여야 할 의무가 있는 경우에 성립되는 것으로서, 이 경우 점유자는 그 비용을 지출할 당시의 소유자가 누구이었는지 관계없이 점유회복 당시의 소유자 즉 회복자에 대하여 비용상환청구권을 행사할 수 있는 것이나, 점유자가 유익비를 지출할 당시 계약관계 등 적법한 점유의 권원을 가진 경우에 그 지출비용의 상환에 관하여는 그 계약관계를 규율하는 법조항이나 법리 등이 적용되는 것이어서, 점유자는 그 계약관계 등의 상대방에 대하여 해당 법조항이나 법리에 따른 비용상환청구권을 행사할 수 있을 뿐 계약관계 등의 상대방이 아닌 점유회복

당시의 소유자에 대하여 민법 제203조 제2항에 따른 지출비용의 상환을 구할 수는 없다』(대판 2003. 7. 25, 2001다64752). 정답 - X

39 **乙은 Y 창고에 들인 유익비를 丙에게 청구할 수 있다.**

해설 『민법 제203조 제2항에 의한 점유자의 회복자에 대한 유익비상환청구권은 점유자가 계약관계 등 적법하게 점유할 권리를 가지지 않아 소유자의 소유물반환청구에 응하여야 할 의무가 있는 경우에 성립되는 것으로서, 이 경우 점유자는 그 비용을 지출할 당시의 소유자가 누구이었는지 관계없이 점유회복 당시의 소유자 즉 회복자에 대하여 비용상환청구권을 행사할 수 있는 것이나, 점유자가 유익비를 지출할 당시 계약관계 등 적법한 점유의 권원을 가진 경우에 그 지출비용의 상환에 관하여는 그 계약관계를 규율하는 법조항이나 법리 등이 적용되는 것이어서, **점유자는 그 계약관계 등의 상대방에 대하여 해당 법조항이나 법리에 따른 비용상환청구권을 행사할 수 있을 뿐 계약관계 등의 상대방이 아닌 점유회복 당시의 소유자에 대하여 민법 제203조 제2항에 따른 지출비용의 상환을 구할 수는 없다』**(대판 2003. 7. 25, 2001다64752). 정답 - O

40 **(사안을 달리하여) 乙이 공사업자 丁에게 도급하여 X, Y 건물의 개량공사가 이루어졌고 乙이 공사대금을 지급하지 아니한 경우, 丁은 甲에게 X 주택 가치증가분 상당의 부당이득반환을 청구할 수 있지만, Y 창고 가치증가분 상당의 부당이득반환은 청구할 수 없다.**

해설 『계약상의 급부가 계약의 상대방뿐만 아니라 제3자의 이익으로 된 경우에 급부를 한 계약당사자가 계약 상대방에 대하여 계약상의 반대급부를 청구할 수 있는 이외에 그 제3자에 대하여 직접 부당이득반환청구를 할 수 있다고 보면, 자기 책임하에 체결된 계약에 따른 위험부담을 제3자에게 전가시키는 것이 되어 계약법의 기본원리에 반하는 결과를 초래할 뿐만 아니라, 채권자인 계약당사자가 채무자인 계약 상대방의 일반채권자에 비하여 우대받는 결과가 되어 일반채권자의 이익을 해치게 되고, 수익자인 제3자가 계약 상대방에 대하여 가지는 항변권 등을 침해하게 되어 부당하므로, 위와 같은 경우 **계약상의 급부를 한 계약당사자는 이익의 귀속 주체인 제3자에 대하여 직접 부당이득반환을 청구할 수는 없다**고 보아야 한다』(대판 2002. 8. 23, 99다66564,66571). 정답 - X

제7절 고 용

제8절 도 급

1 **甲은 乙로부터 건물신축공사를 도급받아 X 건물을 완공하였다. 甲이 전적으로 자신의 재료와 노력으로 X 건물을 신축한 경우에는 甲과 乙 사이에 乙 명의로 건축허가를 받아 소유권보존등기를 하기로 하는 등 X 건물의 소유권을 乙에게 귀속시키기로 하는 합의가 있었더라도 그 소유권은 甲에게 있다.** 변호사시험 제5회

해설 『일반적으로 자기의 노력과 재료를 들여 건물을 건축한 사람은 그 건물의 소유권을 원시취득하는 것이고, 다만 **도급계약**에 있어서는 **수급인이 자기의 노력과 재료를 들여 건물을 완성**하더라도 도급인과 수급인 사이에 도급인 명의로 건축허가를 받아 소유권보존등기를 하기로 하는 등 **완성된 건물의 소유권을 도급인에게 귀속시키기로 합의한 것으로 보여질 경우**에는 **그 건물의 소유권은 도급인에게 원시적으로 귀속**된다』(대판 1997. 5. 30, 97다8601). 정답 - X

2 **甲은 乙로부터 건물신축공사를 도급받아 X 건물을 완공하였다. 乙이 민법 제666조에서 정한 甲의 저당권설정청구권의 행사에 따라 공사대금채무의 담보로 X 건물에 저당권을 설정하는 행위는 특별한 사정이 없는 한 사해행위에 해당하지 않는다.** 변호사시험 제5회

해설 『수급인의 저당권설정청구권을 규정하는 민법 제666조는 부동산공사에서 그 목적물이 보통 수급인의 자재와 노력으로 완성되는 점을 감안하여 그 목적물의 소유권이 원시적으로 도급인에게 귀속되는 경우 **수급인에게 목적물에 대한 저당권설정청구권을 부여함으로써 수급인이 사실상 목적물로부터 공사대금을 우선적으로 변제받을 수 있도록 하는 데 그 취지**가 있고, 이러한 **수급인의 지위가 목적물에 대하여 유치권을 행사하는 지위보다 더 강화되는 것은 아니어서 도급인의 일반 채권자들에게 부당하게 불리해지는 것도 아닌 점** 등에 비추어, 신축건물의 도급인이 민법 제666조가 정한 수급인의 저당권설정청구권의 행사에 따라 공사대금채무의 담보로 그 건물에 저당권을 설정하는 행위는 특별한 사정이 없는 한 **사해행위에 해당하지 아니한다**』(대판 2008. 3. 27, 2007다78616). 정답 - O

사례 [3~4]

甲은 자신의 모교인 학교법인 丙에게 증여할 목적으로 건축업자 乙과 체육관 신축을 위한 도급계약을 체결하면서, 丙을 수익자로 하는 제3자 수익약정을 부가하였다. 다음 설명이 타당한가?(다툼이 있는 경우에는 판례에 의함) 변호사시험 제3회

3 **乙의 노력과 재료로 체육관이 신축된 경우, 甲과 乙 사이에 위 체육관의 소유권 귀속에 관하여 특별한 약정이 없다면, 일단 甲이 체육관의 소유권을 원시취득한다.**

해설 판례는 '특약이 없는 한' **자기의 노력과 재료를 들여 건물을 건축한 사람은 그 건물의 소유권을 원시적으로 취득**한다(대판 1990. 2. 13, 89다카11401)고 보아 수급인이 재료의 전부 또는 주요부분을 제공하는 제작물 공급계약의 경우에는 '수급인'에게 소유권이 귀속한다고 본다. 따라서 설문의 경우 수급인 乙이 체육관의 소유권을 원시취득한다. 정답 - X

4 **완성된 체육관에 하자가 있는 경우, 乙이 甲에게 부담하는 담보책임은 무과실책임으로서 과실상계에 관한 민법규정은 준용될 수 없기 때문에, 설령 甲에게 하자의 발생에 대한 과실이 있더라도 이를 고려할 수 없다.**

해설 하자담보책임의 경우 판례는 과실상계의 법리를 적용하지 않고 경우에 따라 '신의칙'에 의해 해결하고 있다. 즉 『하자담보책임에 관한 제580조·제581조·제667조는 **법이 특별히 인정한 무과실책임**으로서 여기에 민법 제396조의 **과실상계 규정이 준용될 수는 없다** 하더라도, **담보책임이 민법의 지도이념인 공평의 원칙에 입각**한 것인 이상 **하자 발생 및 그 확대에 가공한 매수인 또는 도급인의 잘못(하자를 발견하지 못하여 손해를 확대시킨 과실)을 참작하여 손해배상의 범위를 정함이 상당**하다』(대판 1995. 6. 30, 94다23920 ; 대판 1999. 7. 13, 99다12888)고 한다.

정답 – X

사례 [5~6]

甲은 자기 소유인 X 토지에 상가건물을 신축하는 공사를 乙에게 도급하였다. 계약 당시 건축허가와 소유권보존등기는 甲의 명의로 하고, 공사대금은 공정률이 30%, 60%, 100%가 될 때마다 그에 상응하는 대금을 지급하기로 약정하였다. 乙은 자기의 재료와 비용으로 건물을 신축하여 완공하였다. 甲 명의로 건물의 소유권보존등기가 경료되었으나 乙은 甲으로부터 공사대금 중 30%밖에 지급받지 못한 상태이다. 乙은 완공건물을 인도하지 않고 점유하고 있다. 다음 설명 중 옳지 않은 것은? (다툼이 있는 경우에는 판례에 의함)

변호사시험 제2회

5 신축건물의 소유자는 甲이다.

해설 『수급인이 자기의 노력과 출재로 완성한 건물의 소유권은 **도급인과 수급인 사이의 특약에 의하여 달리 정하거나 기타 특별한 사정이 없는 한** 수급인에게 귀속된다』(대판 1990. 2. 13, 89다카11401). 따라서 사안에서는 계약당시 건축허가와 소유권보존등기를 도급인 甲의 명의로 하였으므로 당사자의 합의에 의해 신축건물의 소유자는 도급인 甲이다.

정답 – O

6 丙이 甲으로부터 신축건물을 매수하고 등기를 이전받은 다음 乙에게 건물인도를 청구하는 경우, 乙은 건물인도를 거절할 수 있다.

해설 **수급인의 보수채권은 도급목적물과 견련성이 있는 것이므로 보수채권을 위한 유치권이 인정된다**(제320조). 따라서 해당 건물의 소유권자 甲으로부터 소유권을 승계취득받은 丙이 수급인 乙에게 제213조에 기한 인도청구를 하는 경우 乙은 대세적 효력이 있는 법정담보물권인 '유치권'을 이유로 제213조 단서에 기한 '점유할 권리'를 주장할 수 있다. 즉 건물인도를 거절할 수 있다. 『주택건물의 신축공사를 한 수급인이 그 건물을 점유하고 있고 또 그 건물에 관하여 생긴 공사금 채권이 있다면, **수급인은 그 채권을 변제받을 때까지 건물을 유치할 권리가 있다고 할 것**이고, **이러한 유치권은 수급인이 점유를 상실하거나 피담보채무가 변제되는 등 특단의 사정이 없는 한 소멸되지 않는다**』(대판 1995. 9. 15, 95다16202,95다16219).

정답 – O

제9절 현상광고

제10절 위 임

제11절 임 치

1 **예금계약은 예금자가 예금의 의사를 표시하면서 금융기관에 돈을 제공하고 금융기관이 그 의사에 따라 그 돈을 받아 확인을 하면 그로써 성립하며, 금융기관의 직원이 그 받은 돈을 금융기관에 실제로 입금하였는지 여부는 예금계약의 성립에 아무런 영향을 미치지 아니한다.** 변호사시험 제2회

해설 『예금계약은 예금자가 예금의 의사를 표시하면서 금융기관에 돈을 제공하고 금융기관이 그 의사에 따라 그 돈을 받아 확인을 하면 그로써 성립하며, 금융기관의 직원이 그 받은 돈을 금융기관에 실제로 입금하였는지 여부는 예금계약의 성립에는 아무런 영향을 미치지 아니한다』(대판 2005. 12. 23, 2003다30159). 정답 – O

2 **계좌이체가 된 경우에는 예금원장에 입금기록이 된 때에 예금이 된다고 예금거래기본약관에 정하여져 있더라도, 송금의뢰인이 계좌이체의 원인인 법률관계가 존재하지 아니함에도 착오로 수취인의 예금구좌에 계좌이체를 한 경우, 수취인이 수취은행에 대하여 위 금액 상당의 예금채권을 취득하는 것은 아니다.** 변호사시험 제2회

해설 『계좌이체는 은행 간 및 은행점포 간의 송금절차를 통하여 저렴한 비용으로 안전하고 신속하게 자금을 이동시키는 수단이고, 다수인 사이에 다액의 자금이동을 원활하게 처리하기 위하여, 그 중개 역할을 하는 은행이 각 자금이동의 원인인 법률관계의 존부, 내용 등에 관여함이 없이 이를 수행하는 체제로 되어 있다. 따라서 현금으로 계좌송금 또는 계좌이체가 된 경우에는 예금원장에 입금의 기록이 된 때에 예금이 된다고 예금거래기본약관에 정하여져 있을 뿐이고, 수취인과 은행 사이의 예금계약의 성립 여부를 송금의뢰인과 수취인 사이에 계좌이체의 원인인 법률관계가 존재하는지 여부에 의하여 좌우되도록 한다고 별도로 약정하였다는 등의 특별한 사정이 없는 경우에는, **송금의뢰인이 수취인의 예금구좌에 계좌이체를 한 때에는, 송금의뢰인과 수취인 사이에 계좌이체의 원인인 법률관계가 존재하는지 여부에 관계없이 수취인과 수취은행 사이에는 계좌이체금액 상당의 예금계약이 성립**하고, 수취인이 수취은행에 대하여 위 금액 상당의 예금채권을 취득한다. 이때, 송금의뢰인과 수취인 사이에 계좌이체의 원인이 되는 법률관계가 존재하지 않음에도 불구하고, 계좌이체에 의하여 수취인이 계좌이체금액 상당의 예금채권을 취득한 경우에는, 송금의뢰인은 수취인에 대하여 위 금액 상당의 부당이득반환청구권을 가지게 되지만, 수취은행은 이익을 얻은 것이 없으므로 수취은행에 대하여는 부당이득반환청구권을 취득하지 아니한다』(대판 2007. 11. 29, 2007다51239). 정답 – X

3 **은행이 일반거래약관인 예금거래기본약관에서 각종의 예금채권에 대하여 그 양도를 제한하는 내용의 규정을 둠으로써 예금채권의 양도를 제한하고 있는 사실은 적어도 은행거래의 경험이 있는 자에 대하여는 널리 알려진 사항에 속한다할 것이므로, 은행거래의 경험이 있는 자가 예금채권을 양수한 경우, 특별한 사정이 없는 한 예금채권에 대하여 양도제한의 특약이 있음을 알았다고 할 것이고, 그렇지 않다 하더라도 알지 못한 데에 중대한 과실이 있다고 봄이 상당하다.** 변호사시험 제2회

해설 『은행거래에서 발생하는 채권인 예금채권에 관한 법률관계는 일반거래약관에 의하여 규율되어 은행은 일반거래약관인 예금거래기본약관에 각종의 예금채권에 대하여 그 양도를 제한하는 내용의 규정을 둠으로써 예금채권의 양도를 제한하고 있는 사실은 적어도 은행거래의 경험이 있는 자에 대하여는 널리 알려진 사항에 속한다 할 것이므로, 은행거래의 경험이 있는 자가 예금채권을 양수한 경우 특별한 사정이 없는 한 **예금채권에 대하여 양도제한의 특약이 있음을 알았다고 할 것**이고, 그렇지 않다 하더라도 알지 못한 데에 중대한 과실이 있다고 보아야 한다』(대판 2003. 12. 12, 2003다44370). 정답 - ○

4 **본인인 예금명의자의 의사에 따라 실명확인 절차가 이루어지고 예금명의자를 예금주로 한 예금계약서를 작성한 경우, 금융기관과 출연자 등과 사이에서 실명확인 절차를 거쳐 서면으로 이루어진 예금명의자와의 예금계약을 부정하여 예금명의자의 예금반환청구권을 배제하고 출연자 등과 예금계약을 체결하여 출연자 등에게 예금반환청구권을 귀속시키겠다는 명확한 의사의 합치가 위 예금계약서의 증명력을 번복하기에 충분할 정도의 명확한 증명력을 가진 구체적이고 객관적인 증거에 의하여 인정되는 경우에는 예금명의자가 아닌 출연자 등을 예금계약의 당사자로 볼 수 있다.** 변호사시험 제2회

해설 『금융실명거래 및 비밀보장에 관한 법률에 따라 실명확인 절차를 거쳐 예금계약을 체결하고 그 실명확인 사실이 예금계약서 등에 명확히 기재되어 있는 경우에는, 일반적으로 그 예금계약서에 예금주로 기재된 예금명의자나 그를 대리한 행위자 및 금융기관의 의사는 예금명의자를 예금계약의 당사자로 보려는 것이라고 해석하는 것이 경험법칙에 합당하고, 예금계약의 당사자에 관한 법률관계를 명확히 할 수 있어 합리적이다. 그리고 이와 같은 예금계약 당사자의 해석에 관한 법리는, 예금명의자 본인이 금융기관에 출석하여 예금계약을 체결한 경우나 예금명의자의 위임에 의하여 자금 출연자 등의 제3자(이하 '출연자 등'이라 한다)가 대리인으로서 예금계약을 체결한 경우 모두 마찬가지로 적용된다고 보아야 한다. 따라서 본인인 예금명의자의 의사에 따라 예금명의자의 실명확인 절차가 이루어지고 예금명의자를 예금주로 하여 예금계약서를 작성하였음에도 불구하고, **예금명의자가 아닌 출연자 등을 예금계약의 당사자라고 볼 수 있으려면, 금융기관과 출연자 등과 사이에서 실명확인 절차를 거쳐 서면으로 이루어진 예금명의자와의 예금계약을 부정하여 예금명의자의 예금반환청구권을 배제하고 출연자 등과 예금계약을 체결하여 출연자 등에게 예금반환청구권을 귀속시키겠다는 명확한 의사의 합치가 있는 극히 예외적인 경우로 제한되어야 한**다. 그리고 이러한 의사의 합치는 금융실명거래 및 비밀보장에 관한 법률에 따라 실명확인

절차를 거쳐 작성된 예금계약서 등의 증명력을 번복하기에 충분할 정도의 명확한 증명력을 가진 구체적이고 객관적인 증거에 의하여 매우 엄격하게 인정하여야 한다』〔대판(전합) 2009. 3. 19, 2008다45828〕.

정답 - O

5 **甲, 乙이 각자 분담하여 출연한 돈을 동업 이외의 특정 목적을 위하여 공동명의로 예치해 둠으로써 그 목적이 달성되기 전에는 甲이나 乙이 단독으로 예금을 인출할 수 없도록 방지·감시하고자 하는 목적으로 甲, 乙 공동명의로 예금을 개설한 경우, 甲에 대한 채권자 丙은 甲의 지분에 상응하는 예금채권에 대한 압류 및 추심명령 등을 얻어 이를 집행할 수 있고, 이러한 압류 등을 송달받은 은행은 丙의 압류명령 등에 기초한 단독 예금반환청구에 대하여, 甲, 乙과 약정한 공동반환특약을 들어 그 지급을 거절할 수는 없다.** 변호사시험 제2회

해설 『은행에 공동명의로 예금을 하고 은행에 대하여 그 권리를 함께 행사하기로 한 경우에 만일 동업 자금을 공동명의로 예금한 경우라면 채권의 준합유관계에 있다고 볼 것이나, 공동명의 예금채권자들 각자가 분담하여 출연한 돈을 **동업 이외의 특정 목적**을 위하여 공동명의로 예치해 둠으로써 **그 목적이 달성되기 전에는 공동명의 예금채권자가 단독으로 예금을 인출할 수 없도록 방지·감시하고자 하는 목적으로 공동명의로 예금을 개설한 경우**라면, **하나의 예금채권이 분량적으로 분할되어 각 공동명의 예금채권자들에게 공동으로 귀속**되고, **각 공동명의 예금채권자들이 예금채권에 대하여 갖는 각자의 지분에 대한 관리처분권은 각자에게 귀속**되는 것이고, 다만 은행에 대한 지급 청구만을 공동반환의 특약에 의하여 공동명의 예금채권자들 모두가 공동으로 하여야 하는 것이므로, 공동명의 예금채권자 중 1인에 대한 채권자로서는 그 1인의 지분에 상응하는 예금채권에 대한 압류 및 추심명령 등을 얻어 이를 집행할 수 있고, 한편 이러한 압류 등을 송달받은 은행으로서는 압류채권자의 압류 명령 등에 기초한 단독 예금반환청구에 대하여, **"공동명의 예금채권자가 공동으로 그 반환을 청구하는 절차를 밟아야만 예금청구에 응할 수 있다."는 공동명의 예금채권자들과 사이의 공동반환특약을 들어 그 지급을 거절할 수는 없다**』(대판 2005. 9. 9, 2003다7319).

정답 - O

제12절 조 합

1 **甲과 乙은 상호출자하여 공동으로 나대지를 매수하여 주차장 운영사업을 하기로 약정하고 丙으로부터 X토지를 10억 원에 매수하는 내용의 매매계약을 체결하였다. 甲의 조합원 지분을 압류한 채권자 丁은 甲이 속한 조합에 존속기간이 정하여져 있다거나 기타 甲의 조합탈퇴가 허용되지 아니하는 것과 같은 특별한 사유가 있지 않는 한, 채권자대위권에 의하여 甲의 조합탈퇴의 의사표시를 대위행사할 수 있다.** 변호사시험 제4회

해설 『민법상 조합원은 조합의 존속기간이 정해져 있는 경우 등을 제외하고 는 원칙적으로 언제든지 조합에서 탈퇴할 수 있고(민법 제716조 참조), 조합원이 탈퇴하면 그 당시의 조합 재산상태에 따라 다른 조합원과 사이에 지분의 계산을 하여 지분환급청구권을 가지게 되는바(민법 제719조 참조), **조합원이 조합을 탈퇴할 권리**는 그 성질상 조합계약의 해지권으로서 그의 일반재산을 구성하는 **재산권의 일종**이라 할 것이고 **채권자대위가 허용되지 않는 일신전속적 권리라고는 할 수 없다.** 따라서 채무자의 재산인 조합원 지분을 압류한 채권자는, 당해 채무자가 속한 조합에 존속기간이 정하여져 있다거나 기타 채무자 본인의 조합탈퇴가 허용되지 아니하는 것과 같은 특별한 사유가 있지 않은 한, 채권자대위권에 의하여 채무자의 조합 탈퇴의 의사표시를 대위 행사할 수 있다 할 것이고, 일반적으로 조합원이 조합을 탈퇴하면 조합목적의 수행에 지장을 초래할 것이라는 사정만으로는 이를 불허할 사유가 되지 아니한다』(대결 2007. 11. 30, 2005마1130). 정답 – O

2 **甲과 乙은 상호출자하여 공동으로 나대지를 매수하여 주차장 운영사업을 하기로 약정하고 丙으로부터 X토지를 10억 원에 매수하는 내용의 매매계약을 체결하였다. 乙의 채권자 戊는 특별한 사정이 없는 한 乙에 대한 채권으로써 乙을 집행채무자로 하여 위 계약에 기한 소유권이전등기청구권에 대하여 강제집행을 할 수 없다.** 변호사시험 제4회

해설 민법 제714조는 "조합원의 지분에 대한 압류는 그 조합원의 장래의 이익배당 및 지분의 반환을 받을 권리에 대하여 효력이 있다."고 규정하여 조합원의 지분에 대한 압류를 허용하고 있으나, 『여기에서의 조합원의 지분이 란 전체로서의 조합재산에 대한 조합원 지분을 의미하는 것이고, 이와 달리 **조합재산을 구성하는 개개의 재산에 대한 합유 지분에 대하여는 압류 기타 강제집행의 대상으로 삼을 수 없다** 할 것이다』(대결 2007. 11. 30, 2005마1130). 따라서 조합 재산에 해당하는 소유권이전등기청구권에 대하여 강제집행할 수 없다.

정답 – O

3 **甲과 乙은 상호출자하여 공동으로 나대지를 매수하여 주차장 운영사업을 하기로 약정하고 丙으로부터 X토지를 10억 원에 매수하는 내용의 매매계약을 체결하였다. 乙이 약정한 5억 원의 출자의무를 불이행하여 하는 수 없이 甲이 10억 원 전액을 출자하여 X토지를 매입한 경우, 甲은 연체이자 외에 손해가 발생하더라도 乙에게 손해배상을 청구할 수 없다.** 변호사시험 제4회

해설 조합원이 출자 의무를 불이행하는 경우 조합은 채무불이행 책임을 물어 손해 배상을 청구할 수 있고, 판례도 『**조합원이 그 출자의무를 불이행**하였더라도 이를 이유로 그 조합원이 조합에서 제명되지 아니하고 있는 한, **조합은 조합원에 대한 출자금채권과 그 연체이자채권, 그 밖의 손해배상채권으로 조합원의 이익분배청구권과 직접 상계할 수 있을 뿐**이고, 조합계약에 달리 출자의무의 이행과 이익분배를 직접 연계시키는 특약을 두지 않는 한 출자의무의 불이행을 이유로 이익분배 자체를 거부할 수는 없다고 할 것이다』(대판 2006. 8. 25, 2005다16959)라고 하여 손해 배상 책임을 인정하는 것을 전제로 판단하고 있다. 정답 – X

4 **공동이행 방식의 공동수급체의 구성원들이 상인인 경우 구성원들은 연대하여 도급인에게 하자보수를 이행할 의무가 있다.** 변호사시험 제6회

해설 『**공동이행방식의 공동수급체는 기본적으로 민법상 조합**의 성질을 가지는 것이므로, 공동수급체가 공사를 시행함으로 인하여 도급인에 대하여 가지는 채권은 원칙적으로 공동수급체 구성원에게 합유적으로 귀속하는 것이어서 특별한 사정이 없는 한 구성원 중 1인이 임의로 도급인에 대하여 출자지분 비율에 따른 급부를 청구할 수 없고, 구성원 중 1인에 대한 채권으로써 그 구성원 개인을 집행채무자로 하여 공동수급체의 도급인에 대한 채권에 대하여 강제집행을 할 수 없다』(대판 2013. 2. 28, 2012다107532).

〔**상법 제47조(보조적 상행위)**〕 ① **상인이 영업을 위하여 하는 행위는 상행위**로 본다. ② 상인의 행위는 영업을 위하여 하는 것으로 추정한다.
〔**상법 제57조(다수채무자간 또는 채무자와 보증인의 연대)**〕 ① **수인이 그 1인** 또는 전원에게 **상행위가 되는 행위로 인하여 채무를 부담한 때에는 연대하여** 변제할 책임이 있다.

→ 위 수급체는 조합에 해당하므로 조합채무는 구성원에게 합유적으로 귀속된다. 한편, 구성원들이 상인인 경우, 도급계약은 상행위가 되므로(상법 제47조), 이에 기초한 채무인 하자보수는 연대하여 이행하여야 한다(동법 제57조 제1항). 정답 – O

5 **공동이행 방식의 공동수급체의 채권자가 구성원 중 1인만을 가압류채무자로 한 가압류명령으로써 위 수급체의 재산에 가압류집행을 할 수는 없다.** 변호사시험 제6회

해설 『공동이행방식의 공동수급체는 기본적으로 민법상 조합의 성질을 가지는 것이므로, 공동수급체가 공사를 시행함으로 인하여 도급인에 대하여 가지는 채권은 원칙적으로 공동수급체 구성원에게 합유적으로 귀속하는 것이어서 특별한 사정이 없는 한 구성원 중 1인이 임의로 도급인에 대하여 출자지분 비율에 따른 급부를 청구할 수 없고, **구성원 중 1인에 대한 채권으로써 그 구성원 개인을 집행채무자로 하여 공동수급체의 도급인에 대한 채권에 대하여 강제집행을 할 수 없다**』(대판 2013. 2. 28, 2012다107532). 정답 – O

6 **공동이행 방식의 공동수급체가 공사를 시행함으로 인하여 도급인에 대하여 가지는 채권은 그 구성원들에게 합유적으로 귀속하는 것이어서, 비록 위 수급체와 도급인 사이에 위 수급체가 아닌 개별 구성원으로 하여금 지분비율에 따라 직접 도급인에 대하여 공사대금을 청구할 수 있도록 하는 약정을 한 경우에도, 도급인에 대하여 가지는 채권이 위 수급체 구성원 각자에게 지분비율에 따라 구분하여 귀속될 수는 없다.** 변호사시험 제6회

해설 『**공동이행방식의 공동수급체와 도급인 사이의 공사도급계약에서 공동수급체의 개별 구성원으로 하여금 공사대금채권에 관하여 지분비율에 따라 직접 도급인에 대하여 권리를 취득하게 하는 약정이 이루어진 경우**, 공사도급계약 자체에서 개별 구성원의 실제 공사수행 여부나 정도를 지분비율에 의한 공사대금채권 취득의 조건으로 약정하거나 일부 구성

원의 공사 미이행을 이유로 공동수급체로부터 탈퇴·제명하도록 하여 그 구성원으로서의 자격이 아예 상실되는 것으로 약정하는 등의 특별한 사정이 없는 한, 개별 구성원들은 실제 공사를 누가 어느 정도 수행하였는지에 상관없이 **도급인에 대한 관계에서 공사대금채권 중 각자의 지분비율에 해당하는 부분을 취득하고**, 공사도급계약의 이행에 있어서의 실질적 기여비율에 따른 공사대금의 최종적 귀속 여부는 도급인과는 무관한 공동수급체 구성원들 내부의 정산문제일 뿐이라고 할 것이다』(대판 2013. 2. 28, 2012다107532). 정답 - X

7 **공동이행 방식의 공동수급체의 구성원 중 1인이 그 출자의무를 불이행한 경우, 특별한 사정이 없는 한 출자의무의 불이행을 이유로 그 구성원에 대한 이익분배를 거부할 수 있다.** 변호사시험 제6회

해설 『건설공동수급체는 기본적으로 민법상 조합의 성질을 가지는 것인데, 건설공동수급체의 구성원인 **조합원이 그 출자의무를 불이행하였더라도** 그 조합원을 조합에서 제명하지 않는 한 건설공동수급체는 조합원에 대한 출자금채권과 그 연체이자채권, 그 밖의 손해배상채권으로 조합원의 이익분배청구권과 직접 상계할 수 있을 뿐이고, **조합계약에서 출자의무의 이행과 이익분배를 직접 연계시키는 특약을 두지 않는 한 출자의무의 불이행을 이유로 이익분배 자체를 거부할 수는 없다**』(대판 2006. 8. 25, 2005다16959). 정답 - X

사례 【8~12】

甲, 乙, 丙은 각각 1억 원씩 출자하여 A사업체를 운영하는 「민법」상 조합계약을 체결하였다. 아래 사항들에 대해 조합계약에서 별도의 특약이 없음을 전제로 할 때, 이에 관한 설명 중 옳지 않은 것은? (각 지문은 독립적이며, 다툼이 있는 경우 판례에 의함) 변호사시험 제7회

8 **A사업체가 구입한 부동산에 대하여 甲, 乙, 丙의 명의로 각 지분에 관하여 공유등기를 하였다면 A사업체가 甲, 乙, 丙에게 각 지분에 대하여 명의신탁한 것으로 보아야 한다.**

해설 『**동업 목적의 조합체가 부동산을 조합재산으로 취득하였으나 합유등기가 아닌 조합원들 명의로 공유등기**를 하였다면 **그 공유등기는 조합체가 조합원들에게 각 지분에 관하여 명의신탁한 것에 불과**하므로 부동산실권리자명의등기에관한법률 제4조 제2항 본문이 적용되어 명의수탁자인 조합원들 명의의 소유권이전등기는 무효이어서 그 부동산 지분은 조합원들의 소유가 아니기 때문에 이를 일반채권자들의 공동담보에 공하여지는 책임재산이라고 볼 수 없고, 따라서 조합원들 중 1인이 조합에서 탈퇴하면서 나머지 조합원들에게 그 지분에 관한 소유권이전등기를 경료하여 주었다 하더라도 그로써 채무자인 그 해당 조합원의 책임재산에 감소를 초래한 것이라고 할 수 없으므로, 이를 들어 일반채권자를 해하는 사해행위라고 볼 수는 없으며, 그에게 사해의 의사가 있다고 볼 수도 없다』(대판 2002. 6. 14, 2000다30622). 정답 - O

9 **A사업체에 업무집행자를 두지 않은 경우, 甲과 乙이 A사업체의 명의로 B회사와 매매계약을 체결하였더라도 그 매매계약은 A사업체에 효력이 발생한다.**

해설

〔제706조(사무집행의 방법)〕 ② 조합의 업무집행은 조합원의 과반수로써 결정한다. 업무집행자 수인인 때에는 그 과반수로써 결정한다.

정답 – O

10 **조합계약으로 업무집행자를 정하지 아니한 경우에는 甲과 乙의 찬성으로 甲을 업무집행자로 선임할 수 있다.**

해설

〔제706조(사무집행의 방법)〕 ① 조합계약으로 업무집행자를 정하지 아니한 경우에는 조합원의 3분의 2 이상의 찬성으로써 이를 선임한다.

정답 – O

11 **A사업체의 업무집행자가 甲으로 정해져 있는 경우에 乙의 임의탈퇴는 甲에 대한 의사표시만으로 효력이 발생한다.**

해설 『민법상 조합에 있어서 조합원은 임의로 탈퇴할 수 있고 **그 탈퇴는 다른 조합원 전원에 대한 의사표시로 하여야 하나 조합계약에서 탈퇴의사의 표시 방식을 따로 정하는 특약은 유효하다**고 할 것인바, 원호대상자 정착직업재활조합 서울목공분조합의 경우에는 분조합 운영규약 제6조가 분조합원이 탈퇴하고자 할 때에는 분조합장은 국립직업재활원장의 승인을 얻어 그 분조합원을 탈퇴시킬 수 있다고 규정하고 있고, 이는 민법상 잔존 조합원들이 탈퇴조합원의 탈퇴 의사표시의 상대방이 되어 그 의사표시를 수령하는 것에 갈음하여 분조합장이 탈퇴 의사표시를 수령하도록 하고, 다시 국립직업재활원장의 승인이라고 하는 공법적인 감독을 받도록 한 것이라고 볼 수 있으므로 분조합원이 분조합장 이외의 다른 사람에게 탈퇴 의사표시를 하여도 그로써 탈퇴의 효과는 생기지 않는다』(대판 1997. 9. 9, 96다16896). 정답 – X

12 **甲이 사망한 경우, 甲은 조합을 당연히 탈퇴한 것으로 되고 조합원의 지위가 甲의 상속인에게 승계되지 않는다.**

해설 『조합에 있어서 조합원의 1인이 사망한 때에는 민법 제717조에 의하여 그 조합관계로부터 당연히 탈퇴하고 특히 조합계약에서 사망한 조합원의 지위를 그 상속인이 승계하기로 약정한 바 없다면 사망한 조합원의 지위는 상속인에게 승계되지 아니한다』(대판 1987. 6. 23, 86다카2951).

정답 – O

제13절 종신정기금

제14절 화 해

제3장 사무관리

1 사인이 처리한 국가의 사무가 사인이 국가를 대신하여 처리할 수 있는 것으로서 사무처리의 긴급성 등 국가의 사무에 대한 사인의 개입이 정당화되는 경우라도, 사인이 법령상 근거 없이 국가의 사무를 수행할 수 없다는 점을 고려하면, 사인은 국가에 대하여 국가의 사무를 처리하면서 지출한 비용의 상환을 청구할 수 없다. 변호사시험 제6회

해설 『타인의 사무가 국가의 사무인 경우, 원칙적으로 사인이 법령상 근거 없이 국가의 사무를 수행할 수 없다는 점을 고려하면, 사인이 처리한 국가의 사무가 사인이 국가를 대신하여 처리할 수 있는 성질의 것으로서, **사무 처리의 긴급성 등 국가의 사무에 대한 사인의 개입이 정당화되는 경우에 한하여 사무관리가 성립하고, 사인은 그 범위 내에서 국가에 대하여 국가의 사무를 처리하면서 지출된 필요비 내지 유익비의 상환을 청구할 수 있다**』(대판 2014. 12. 11, 2012다15602). 정답 - X

2 甲이 乙과의 약정에 따라 丙의 사무를 처리한 경우 甲의 사무처리행위는 원칙적으로 丙과의 관계에서 사무관리가 된다. 변호사시험 제6회

해설 『의무 없이 타인의 사무를 처리한 자는 그 타인에 대하여 민법상 사무관리 규정에 따라 비용상환 등을 청구할 수 있으나, **제3자와의 약정에 따라 타인의 사무를 처리한 경우에는 의무 없이 타인의 사무를 처리한 것이 아니므로 이는 원칙적으로 그 타인과의 관계에서는 사무관리가 된다고 볼 수 없다**』(대판 2013. 9. 26, 2012다43539). 정답 - X

3 甲회사가 계약상 의무 없이 乙회사를 위하여 경비사무를 처리한 경우 乙회사에게 이에 따른 비용상환을 청구할 수 있고, 乙회사와의 계약에 의해 경비사무를 담당할 의무가 있었던 丙회사에게도 비용 상당의 부당이득반환을 청구할 수 있다. 변호사시험 제6회

해설 『계약상 급부가 계약 상대방뿐 아니라 제3자에게 이익이 된 경우에 급부를 한 계약 당사자는 계약 상대방에 대하여 계약상 반대급부를 청구할 수 있는 이외에 제3자에 대하여 직접 부당이득반환청구를 할 수는 없다고 보아야 하고, 이러한 법리는 급부가 사무관리에 의하여 이루어진 경우에도 마찬가지이다. 따라서 의무 없이 타인을 위하여 사무를 관리한 자는 타인에 대하여 민법상 사무관리 규정에 따라 비용상환 등을 청구할 수 있는 외에 **사무관리에 의하여 결과적으로 사실상 이익을 얻은 다른 제3자에 대하여 직접 부당이득반환을 청구할 수는 없다**』(대판 2013. 6. 27, 2011다17106).

→ 丙회사는 결과적으로 사실상 이익을 얻은 자에 불과하므로, 甲회사는 丙회사에게 비용 상당의 부당이득반환을 청구할 수 없다. 정답 - X

4 **甲이 乙에 대한 자신의 채권을 보전하기 위하여 乙이 다른 상속인 丙과 공동으로 상속받은 부동산에 관하여 공동상속등기를 대위신청하여 그 등기가 행하여진 경우, 특별한 사정이 없는 한 甲은 자신의 채무자가 아닌 丙에게 사무관리에 기하여 그 등기에 소요된 비용의 상환을 청구할 수 없다.** 변호사시험 제6회

해설 『채무자가 다른 상속인과 공동으로 부동산을 상속받은 경우에는 채무자의 상속지분에 관하여서만 상속등기를 하는 것이 허용되지 아니하고 공동상속인 전원에 대하여 상속으로 인한 소유권이전등기를 신청하여야 한다(부동산등기규칙 제52조 제7호, 대위상속등기에 관한 1994. 11. 5.자 등기선례 제4-274호 참조). 그리고 채권자가 자신의 채권을 보전하기 위하여 채무자가 다른 상속인과 공동으로 상속받은 부동산에 관하여 위와 같이 공동상속등기를 대위신청하여 그 등기가 행하여지는 것과 같이 채권자에 의한 채무자 권리의 대위행사의 직접적인 내용이 제3자의 법적 지위를 보전·유지하는 것이 되는 경우에는, **채권자는 자신의 채무자가 아닌 제3자에 대하여도 다른 특별한 사정이 없는 한 사무관리에 기하여 그 등기에 소요된 비용의 상환을 청구할 수 있다고 할 것이다**』(대판 2013. 8. 22, 2013다30882). 정답 – X

5 **직업에 의하여 유상으로 타인을 위하여 일하는 甲이 향후 계약이 체결될 것을 예정하여 그 직업의 범위 내에서 乙을 위한 행위를 하였으나 그 후 계약이 체결되지 아니함에 따라 타인을 위한 사무를 관리한 것으로 인정되는 경우, 甲이 다른 사람을 고용하지 않고 직접 사무를 처리하였다면 甲은 乙에게 통상의 보수에 상응하는 금액을 필요비 내지 유익비로 청구할 수 있다.** 변호사시험 제6회

해설 『직업 또는 영업에 의하여 유상으로 타인을 위하여 일하는 사람이 향후 계약이 체결될 것을 예정하여 그 직업 또는 영업의 범위 내에서 타인을 위한 행위를 하였으나 그 후 계약이 체결되지 아니함에 따라 타인을 위한 사무를 관리한 것으로 인정되는 경우에 상법 제61조는 상인이 그 영업범위 내에서 타인을 위하여 행위를 한 때에는 이에 대하여 상당한 보수를 청구할 수 있다고 규정하고 있어 직업 또는 영업의 일환으로 제공한 용역은 그 자체로 유상행위로서 보수 상당의 가치를 가진다고 할 수 있으므로 그 관리자는 통상의 보수를 받을 것을 기대하고 사무관리를 하는 것으로 보는 것이 일반적인 거래 관념에 부합하고, 그 관리자가 사무관리를 위하여 다른 사람을 고용하였을 경우 지급하는 보수는 사무관리 비용으로 취급되어 본인에게 반환을 구할 수 있는 것과 마찬가지로, **다른 사람을 고용하지 않고 자신이 직접 사무를 처리한 것도 통상의 보수 상당의 재산적 가치를 가지는 관리자의 용역이 제공된 것으로서 사무관리 의사에 기한 자율적 재산희생으로서의 비용이 지출된 것이라 할 수 있으므로 그 통상의 보수에 상응하는 금액을 필요비 내지 유익비로 청구할 수 있다**고 봄이 타당하고, 이 경우 통상의 보수의 수준이 어느 정도인지는 거래관행과 사회통념에 의하여 결정하되, 관리자의 노력의 정도, 사무관리에 의하여 처리한 업무의 내용, 사무관리 본인이 얻은 이익 등을 종합적으로 고려하여 판단하여야 한다』(대판 2010. 1. 14, 2007다55477). 정답 – O

제4장 부당이득

1 **甲이 乙에 대하여 금전채무를 부담하고 乙이 丙에 대하여 동일한 금액의 채무를 부담하는 경우, 甲이 乙의 지시로 丙에게 직접 변제하였다면 후에 甲과 乙 사이의 계약이 해제되더라도 甲은 丙에 대하여 급부한 것을 부당이득으로 반환청구할 수 없다.**

변호사시험 제1회

해설 이른바 단축급부로서 법률상 원인없는 급부 수령이라고 할 수 없다. 『계약의 일방 당사자가 계약 상대방의 지시 등으로 급부과정을 **단축하여 계약 상대방과 또 다른 계약관계를 맺고 있는 제3자에게 직접 급부한 경우,** 그 급부로써 급부를 한 계약 당사자의 상대방에 대한 급부가 이루어질 뿐 아니라 그 상대방의 제3자에 대한 급부로도 이루어지는 것이므로 계약의 일방 당사자는 제3자를 상대로 법률상 원인 없이 급부를 수령하였다는 이유로 부당이득반환청구를 할 수 없다』(대판 2003. 12. 26, 2001다46730). 정답 - O

2 **배당요구가 필요한 채권자가 실체법상 우선변제청구권이 있다 하더라도 적법한 배당요구를 하지 아니하여 배당에서 제외된 경우, 배당받은 후순위채권자를 상대로 부당이득의 반환을 청구할 수 없다.**

변호사시험 제1회

해설 『민사소송법 제605조 제1항(현 민사집행법 제88조 제1항)에서 규정하는 배당요구가 필요한 배당요구채권자는, 압류의 효력발생 전에 등기한 가압류채권자, 경락으로 인하여 소멸하는 저당권자 및 전세권자로서 압류의 효력발생 전에 등기한 자 등 당연히 배당을 받을 수 있는 채권자의 경우와는 달리, 경락기일까지 배당요구를 한 경우에 한하여 비로소 배당을 받을 수 있고, 적법한 배당요구를 하지 아니한 경우에는 비록 실체법상 우선변제청구권이 있다 하더라도 경락대금으로부터 배당을 받을 수는 없을 것이므로, 이러한 **배당요구채권자가 적법한 배당요구를 하지 아니하여 그를 배당에서 제외하는 것으로 배당표가 작성·확정되고 그 확정된 배당표에 따라 배당이 실시되었다면 그가 적법한 배당요구를 한 경우에 배당받을 수 있었던 금액 상당의 금원이 후순위채권자에게 배당되었다고 하여 이를 법률상 원인이 없는 것이라고 할 수 없다**』(대판 2002. 1. 22, 2001다70702). 정답 - O

3 **타인 소유의 토지 위에 권원 없이 건물을 소유하고 있는 자는 그 건물을 실제로 사용, 수익하고 있지 아니하더라도 특별한 사정이 없는 한 법률상 원인 없이 타인의 재산으로 인하여 토지의 차임에 상당하는 이익을 얻고 이로 인하여 타인에게 동일한 금액 상당의 손해를 주고 있다고 보아야 한다.**

변호사시험 제1회

해설 **타인 소유의 토지 위에 권원 없이 건물을 소유하고 있으나 실제로 이를 사용·수익하지 않고 있는 경우, 부당이득반환의무의 유무**에 관하여 판례는 『타인 소유의 토지 위에 권한 없이 건물을 소유하고 있는 자는 그 자체로써 특별한 사정이 없는 한 법률상 원인 없이 타인의 재산으로 인하여 토지의 차임에 상당하는 이익을 얻고 이로 인하여 타인에게 동액 상당의 손해를 주고 있다고 보아야 한다』(대판 1998. 5. 8, 98다2389)라고 판시하고 있다. 정답 - O

4 **채무자가 횡령한 금전으로 자신의 채권자에 대한 채무를 변제하는 경우, 채권자가 그 변제를 수령함에 있어 악의 또는 중대한 과실이 있다면 채권자의 금전 취득은 피해자에 대한 관계에 있어서 법률상 원인을 결여한 것으로 된다.** 변호사시험 제1회

해설 『부당이득제도는 이득자의 재산상 이득이 법률상 원인을 결여하는 경우에 공평·정의의 이념에 근거하여 이득자에게 그 반환의무를 부담시키는 것인바, 채무자가 피해자로부터 횡령한 금전을 그대로 채권자에 대한 채무변제에 사용하는 경우 피해자의 손실과 채권자의 이득 사이에 인과관계가 있음이 명백하고, 한편 **채무자가 횡령한 금전으로 자신의 채권자에 대한 채무를 변제하는 경우 채권자가 그 변제를 수령함에 있어 악의 또는 중대한 과실이 있는 경우에는 채권자의 금전 취득은 피해자에 대한 관계에 있어서 법률상 원인을 결여한 것**으로 봄이 상당하나, 채권자가 그 변제를 수령함에 있어 단순히 과실이 있는 경우에는 그 변제는 유효하고 채권자의 금전 취득이 피해자에 대한 관계에 있어서 법률상 원인을 결여한 것이라고 할 수 없다』(대판 2003. 6. 13, 2003다8862). 정답 - O

5 **甲 회사의 상품판매 대리인 乙이 자신의 채권자 丙으로부터 채무독촉에 시달리자, 2010. 8. 5. 평소 거래하던 판매업자 丁에게 甲 회사의 상품을 시가의 반값에 판매하는 매매계약을 甲의 이름으로 체결하고, 2010. 8. 10 판매대금 4억원 중 2억 원을 선불로 받은 후 丙에 대한 자신의 채무를 변제하는 데에 사용하였다. 이러한 사실을 알게 된 甲 회사의 대표이사 戊는 乙을 추궁하여 2010. 10. 20. 乙로부터 2억 원을 받아 1억 원은 甲 회사의 계좌에 입금하고 나머지 1억 원은 개인용도로 소비하였다. 丙이 乙의 채무변제가 횡령한 금전에 의한 것임을 알면서 변제받은 경우, 甲은 丙을 상대로 직접 부당이득에 의한 금전반환을 청구할 수 없다.** 변호사시험 제3회

해설 『부당이득제도는 이득자의 재산상 이득이 법률상 원인을 결여하는 경우에 공평·정의의 이념에 근거하여 이득자에게 그 반환의무를 부담시키는 것인바, 채무자가 피해자로부터 횡령한 금전을 그대로 채권자에 대한 채무변제에 사용하는 경우 피해자의 손실과 채권자의 이득 사이에 인과관계가 있음이 명백하고, 한편 채무자가 횡령한 금전으로 자신의 채권자에 대한 채무를 변제하는 경우 **채권자가 그 변제를 수령함에 있어 악의 또는 중대한 과실이 있는 경우에는 채권자의 금전 취득은 피해자에 대한 관계에 있어서 법률상 원인을 결여한 것**으로 봄이 상당하나, 채권자가 그 변제를 수령함에 있어 단순히 과실이 있는 경우에는 그 변제는 유효하고 채권자의 금전 취득이 피해자에 대한 관계에 있어서 법률상 원인을 결여한 것이라고 할 수 없다』(대판 2003. 6. 13, 2003다8862).

→ 따라서 채무자 乙이 피해자 甲으로부터 횡령한 금전을 채권자 丙에 대한 채무변제에 사용한 경우, 채권자 丙이 악의이므로 판례에 따르면 피해자 甲에 대한 관계에서 부당이득이 된다. 따라서 甲은 丙을 상대로 직접 부당이득에 의한 금전반환을 청구할 수 있다.

정답 – X

6 **乙 소유의 토지를 시효취득한 甲이 그 사실을 알지 못하는 乙에 의하여 그 토지에 설정된 丙 명의의 근저당권을 제거하기 위하여 乙의 丙에 대한 피담보채무를 변제한 경우, 甲은 이를 이유로 乙에 대하여 변제액 상당의 부당이득반환을 청구할 수 있다.** 변호사시험 제3회

해설 『시효취득자가 원소유자에 의하여 그 토지에 설정된 근저당권의 피담보채무를 변제하는 것은 시효취득자가 용인하여야 할 그 토지상의 부담을 제거하여 완전한 소유권을 확보하기 위한 것으로서 **그 자신의 이익을 위한 행위**라 할 것이니, 위 변제액 상당에 대하여 원소유자에게 대위변제를 이유로 구상권을 행사하거나 부당이득을 이유로 그 반환청구권을 행사할 수는 없다』(대판 2006. 5. 12, 2005다75910).

정답 – X

7 **丙의 채권자 甲이 丙 소유의 토지를 가압류한 상태에서 丙이 그 토지를 乙에게 양도하였고, 그 토지가 수용되어 乙이 수용보상금 전액을 지급받은 경우, 甲은 가압류의 효력을 근거로 乙에 대하여 부당이득반환을 청구할 수 없다.** 변호사시험 제3회

해설 『공익사업을 위한 토지 등의 취득 및 보상에 관한 법률 제45조 제1항에 의하면, 토지 수용의 경우 사업시행자는 수용의 개시일에 토지의 소유권을 취득하고 그 토지에 관한 다른 권리는 소멸하는 것인바, 수용되는 토지에 대하여 가압류가 집행되어 있더라도 토지 수용으로 사업시행자가 그 소유권을 원시취득하게 됨에 따라 그 토지 가압류의 효력은 절대적으로 소멸하는 것이고, 이 경우 법률에 특별한 규정이 없는 이상 토지에 대한 가압류가 그 수용보상금채권에 당연히 전이되어 효력이 미치게 된다거나 수용보상금채권에 대하여도 토지 가압류의 처분금지적 효력이 미친다고 볼 수는 없으며, 또 가압류는 담보물권과는 달리 목적물의 교환가치를 지배하는 권리가 아니고, 담보물권의 경우에 인정되는 물상대위의 법리가 여기에 적용된다고 볼 수도 없다. 그러므로 **토지에 대하여 가압류가 집행된 후에 제3자가 그 토지의 소유권을 취득함으로써 가압류의 처분금지 효력을 받고 있던 중 그 토지가 공익사업법에 따라 수용됨으로 인하여 기존 가압류의 효력이 소멸되는 한편 제3취득자인 토지소유자는 위 가압류의 부담에서 벗어나 토지수용보상금을 온전히 지급받게 되었다고 하더라도, 이는 위 법에 따른 토지 수용의 효과일 뿐이지 이를 두고 법률상 원인 없는 부당이득이라고 할 것은 아니다**』(대판 2009. 9. 10, 2006다61536).

정답 – O

8 **乙의 화물차량 운전자 丙이 乙 소유의 화물차량을 운전하면서 乙의 지정 주유소가 아닌 다른 주유소를 운영하는 甲과 유류공급계약을 체결한 후 유류를 공급받아 乙의 화물운송사업에 사용하였으나 甲에게 유류대금을 결제하지 않은 경우, 甲은 丙의 유류 사용으로 인한 이익을 얻은 乙을 상대로 유류대금 상당의 부당이득반환을 청구할 수 있다.** 변호사시험 제3회

해설 이른바 전용물소권과 관련한 판례이다.
『① 계약상 급부가 계약의 상대방뿐만 아니라 제3자의 이익으로 된 경우에 급부를 한 계약당사자가 계약 상대방에 대하여 계약상의 반대급부를 청구할 수 있는 이외에 그 제3자에 대하여 직접 부당이득반환청구를 할 수 있다고 보면, **자기 책임하에 체결된 계약에 따른 위험부담을 제3자에게 전가시키는 것이 되어 계약법의 기본원리에 반하는 결과를 초래**할 뿐만 아니라, 채권자인 계약당사자가 채무자인 계약 상대방의 일반채권자에 비하여 우대받는 결과가 되어 **일반채권자의 이익을 해치게 되고, 수익자인 제3자가 계약 상대방에 대하여 가지는 항변권 등을 침해하게 되어 부당**하므로, 위와 같은 경우 **계약상 급부를 한 계약당사자는 이익의 귀속 주체인 제3자에 대하여 직접 부당이득반환을 청구할 수는 없다.** ② 甲 회사의 화물차량 운전자가 甲 회사 소유의 화물차량을 운전하면서 甲 회사의 지정주유소가 아닌 乙이 경영하는 주유소에서 대금을 지급할 의사나 능력이 없음에도 불구하고 상당량의 유류를 공급받아 편취한 다음 甲 회사의 화물운송사업에 사용하고 그 유류대금을 결제하지 않은 사안에서, 비록 위 유류가 甲 회사의 화물운송사업에 사용됨으로써 甲 회사에게 이익이 되었다 하더라도 乙은 계약당사자가 아닌 甲 회사에 대하여 직접 부당이득 반환을 청구할 수 없다』(대판 2010. 6. 24, 2010다9269). 정답 – X

9 **타인의 소유물을 권원 없이 점유함으로써 얻은 사용이익을 반환하는 경우, 악의의 수익자는 받은 이익에 이자를 붙여 반환하여야 하며, 위 이자의 이행지체로 인한 지연손해금도 지급하여야 한다.** 변호사시험 제4회

해설 판례에 따르면 악의의 점유자의 반환에 관한 제201조 제2항은 제748조 제2항의 특칙이 아니어서 악의의 점유자는 제201조 제2항에 따라 과실을 반환하는 외에 다시 제748조 제2항을 적용하여 ① **임료 상당의 부당이익(사용이익)** 및 ② **그에 따른 법정이자**와 ③ **위 부당이득 및 이자액에 대한 지연이자도 지급**해야 한다고 한다(아래 2001다61869판결).
[관련판례] 『타인 소유물을 권원 없이 점유함으로써 얻은 사용이익을 반환하는 경우 민법은 선의 점유자를 보호하기 위하여 제201조 제1항을 두어 선의 점유자에게 과실수취권을 인정함에 대하여, 이러한 보호의 필요성이 없는 악의 점유자에 관하여는 제201조 제2항을 두어 과실수취권이 인정되지 않는다는 취지를 규정하는 것으로 해석되는바, 따라서 악의 수익자가 반환하여야 할 범위는 제748조 제2항에 따라 정하여지는 결과 그는 받은 이익에 이자를 붙여 반환하여야 한다. 위 조문에서 규정하는 이자는 당해 침해행위가 없었더라면 원고가 위 임료로부터 통상 얻었을 법정이자 상당액을 말하는 것이므로, 악의 수익자는 위 이자의 이행지체로 인한 지연손해금도 지급하여야 할 것이다』(대판 2003. 11. 4, 2001다61869). 정답 – O

10 **수익자가 이익을 받은 후 법률상 원인없음을 안 때에는 그 때부터 악의의 수익자로서 이익반환의 책임이 있다.** 변호사시험 제4회

해설

〔제749조(수익자의 악의인정)〕 ① 수익자가 이익을 받은 후 법률상 원인 없음을 안 때에는 그때부터 악의의 수익자로서 이익반환의 책임이 있다. ② 선의의 수익자가 패소한 때에는 그 소를 제기한 때부터 악의의 수익자로 본다.

정답 - O

11 **비채변제와 관련하여, 지급자가 채무 없음을 알고 있었으나 변제를 강요당하거나 변제거절로 인한 사실상의 손해를 피하기 위하여 부득이 변제하게 된 경우에는 지급자가 그 반환청구권을 상실하지 않는다.** 변호사시험 제4회

해설 채무가 없음에도 불구하고 채무자로서 변제하였다면 당연히 부당이득반환채권을 갖는다(제741조). 그러나 ① **채무 없음을 알고 이를 변제**하거나(제742조), ② **그 변제가 도의관념에 적합한 때**(제744조)에는 그 반환을 청구하지 못한다. 주의할 점은 변제를 강제당한 경우나 변제거절로 인한 사실상의 손해를 피하기 위하여 부득이 변제하게 된 경우 등 그 변제가 자기의 자유로운 의사에 반하여 이루어진 것으로 볼 수 있는 사정이 있는 때에는 지급자가 그 반환청구권을 상실하지 않는다(대판 1997. 7. 25, 97다5541)는 점이다. 정답 - O

12 **법률행위의 내용 자체는 반사회질서적인 것이 아니라고 하여도 법률행위 과정에서 표시되거나 상대방에게 알려진 법률행위의 동기가 반사회질서적인 경우에는 불법원인급여에 있어서의 불법원인에 해당한다.** 변호사시험 제4회

해설 『제103조에 의하여 무효로 되는 '법률행위'는 ① 법률행위의 내용이 선량한 풍속 기타 사회질서에 위반되는 경우뿐만 아니라, ② **그 내용 자체는 반사회질서적인 것이 아니라고 하여도** (i) 법률적으로 이를 강제하거나, (ii) 법률행위에 반사회질서적인 조건 또는 (iii) 금전적인 대가가 결부됨으로써 반사회질서적 성질을 띠게 되는 경우 및 (iv) **표시되거나 상대방에게 알려진 법률행위의 동기가 반사회질서적인 경우**를 포함한다』(대판 2001.2.9.,99다38613).

정답 - O

13 **불법원인급여 후 급부를 이행받은 자가 급부의 원인행위와 별도의 약정으로 급부 그 자체 또는 그에 갈음한 대가물을 반환하기로 특약하는 것은 무효이다.** 변호사시험 제4회

해설 판례는 **종래에 급여물을 그대로 반환하기로 한 경우**이든(대판 1995. 7. 14, 94다51994), **급여물이 아닌 다른 물품의 지급을 받기로 한 경우**이든(대판 1964. 7. 21, 64다389) 반환약정은 모두 불법원인급여의 반환을 구하는 범주에 속하는 것으로서 무효라고 하였다. 그런데 최근에는 『**반환약정 자체가 사회질서에 반하여 무효가 되지 않는 한 유효하다**고 할 것이고, 무효여부는 반환약정 그 자체의 목적뿐만 아니라 당초의 불법원인급여가 이루어진 경우, 쌍방당사자의 불법성의 정도, 반환약정의 체결과정 등 제103조 위반 여부를 판단하기 위한 제반요소를 종합적으로 고려하여 결정해야 한다』고 한다(대판 2010. 5. 27, 2009다1258).

[비교판례] 불법원인급여의 수령자가 임의로 급여된 물건이나 이에 갈음하여 다른 물건을 급여자에게 반환하는 것(임의반환)은 선량한 풍속 기타 사회질서에 위배되는 것은 아니다(대판 1964. 10. 27, 64다798,799). 제746조는 불법원인급여자의 반환청구를 법률상 보호하지 않겠다는 것일 뿐이지 수령자의 급부 보유가 정당하다는 것은 아니기 때문이다.

정답 - X

14 **도박자금 채무의 담보를 위하여 근저당권설정등기를 마친 경우, 근저당권설정자는 근저당권설정등기의 말소를 청구할 수 있다.** 변호사시험 제5회

해설 『도박자금으로 금원을 대여함으로 인하여 발생한 채권을 담보하기 위한 근저당권설정등기가 경료되었을 뿐인 경우와 같이 수령자가 그 이익을 향수하려면 경매신청을 하는 등 별도의 조치를 취하여야 하는 경우에는, **그 불법원인급여로 인한 이익이 종국적인 것이 아니므로** 등기설정자는 무효인 근저당권설정등기의 말소를 구할 수 있다』(대판 1995. 8. 11, 94다54108).

정답 - O

15 **불법의 원인으로 소유권을 이전한 경우에 급여자는 부당이득을 이유로 하여 그 반환을 청구할 수는 없으나 특별한 사정이 없는 한 소유권에 기한 반환청구는 가능하다.** 변호사시험 제5회

해설 『민법 제746조는 단지 부당이득제도만을 제한하는 것이 아니라 동법 제103조와 함께 사법의 기본이념으로서, 결국 **사회적 타당성이 없는 행위를 한 사람은 스스로 불법한 행위를 주장하여 복구를 그 형식 여하에 불구하고 소구할 수 없다는 이상을 표현한 것**이므로, 급여를 한 사람은 그 원인행위가 법률상 무효라 하여 상대방에게 부당이득반환청구를 할 수 없음은 물론 급여한 물건의 소유권은 여전히 자기에게 있다고 하여 소유권에 기한 반환청구도 할 수 없고 따라서 **급여한 물건의 소유권은 급여를 받은 상대방에게 귀속**된다』〔대판(전합) 1979. 11. 13, 79다483〕.

정답 - X

16 **급여자와 수익자의 불법성을 비교하여 수익자의 불법성이 급여자의 그것에 비하여 현저히 큰 경우에는 급여자는 수익자에 대하여 이익의 반환을 청구할 수 있다.** 변호사시험 제5회

해설 『**수익자의 불법성이 급여자의 그것보다 현저히 크고,** 그에 비하면 **급여자의 불법성은 미약**한 경우에도 **급여자의 반환청구가 허용되지 않는다고 하는 것은 공평에 반하고 신의성실의 원칙에도 어긋난다**고 할 것이므로, 이러한 경우에는 민법 제746조 본문의 적용이 배제되어 급여자의 반환청구는 허용된다고 해석함이 상당하다』(대판 1993. 12. 10, 93다12947).

정답 - O

17 **불법원인급여가 성립한 경우, 수익자가 그 불법의 원인에 가공하였다면 특별한 사정이 없는 한 급여자는 수익자의 불법행위를 이유로 그 재산의 급여로 말미암아 발생한 자신의 손해의 배상을 구할 수 있다.** 변호사시험 제5회

해설 『불법의 원인으로 재산을 급여한 사람은 상대방 수령자가 그 '불법의 원인'에 가공하였다고 하더라도 상대방에게만 불법의 원인이 있거나 그의 불법성이 급여자의 불법성보다 현저히 크다고 평가되는 등으로 제반 사정에 비추어 급여자의 손해배상청구를 인정하지 아니하는 것이 오히려 사회상규에 명백히 반한다고 평가될 수 있는 특별한 사정이 없는 한 **상대방의 불법행위를 이유로 그 재산의 급여로 말미암아 발생한 자신의 손해를 배상할 것을 주장할 수 없다**고 할 것이다. 그와 같은 경우에 급여자의 위와 같은 손해배상청구를 인용한다면, 이는 **급여자는 결국 자신이 행한 급부 자체 또는 그 경제적 동일물을 환수하는 것과 다름없는 결과**가 되어, **민법 제746조에서 실정법적으로 구체화된 법이념에 반하게 되는 것이다**』(대판 2013. 8. 22, 2013다35412). 정답 - X

18 **민법 제746조가 규정하는 불법원인이라 함은 그 원인되는 행위가 선량한 풍속 기타 사회질서에 위반하는 경우를 말하는 것으로서, 법률의 금지에 위반하는 경우라 할지라도 그것이 선량한 풍속 기타 사회질서에 위반하지 않는다면 위 불법원인에 해당하지 않는다.** 변호사시험 제2회

해설 **불법원인급여 요건으로서의 불법의 의미**에 관하여 판례는 『민법 제746조(불법원인급여)가 규정하는 불법원인이라 함은 그 원인될 행위가 선량한 풍속 기타 사회질서에 위반하는 경우를 말하는 것으로서 설사 법률의 금지에 위반하는 경우라 할지라도 그것이 선량한 풍속 기타 사회질서에 위반하지 않는 경우에는 이에 해당하지 않는 것이다』(대판 1983. 11. 22, 83다430)라고 판시하고 있다. 정답 - O

19 **윤락행위를 할 자를 고용·모집하거나 그 직업을 소개·알선한 자가 성매매의 유인·강요의 수단으로 이용되는 선불금 등 명목으로 제공한 금품은 불법원인급여에 해당하여 그 반환을 청구할 수 없다.** 변호사시험 제2회

해설 『부당이득의 반환청구가 금지되는 사유로 민법 제746조(불법원인급여)가 규정하는 불법원인이라 함은 그 원인되는 행위가 선량한 풍속 기타 사회질서에 위반하는 경우를 말하는 것인바, **윤락행위 및 그것을 유인·강요하는 행위는 선량한 풍속 기타 사회질서에 위반**되므로, 윤락행위를 할 자를 고용·모집하거나 그 직업을 소개·알선한 자가 윤락행위를 할 자를 고용·모집함에 있어 성매매의 유인·강요의 수단으로 이용되는 **선불금 등 명목으로 제공한 금품이나 그 밖의 재산상 이익 등은 불법원인급여에 해당하여 그 반환을 청구할 수 없다**』(대판 2004. 9. 3, 2004다27488, 27495). 정답 - O

20 **불법원인급여 후 급부를 이행받은 자가 급부의 원인행위와 별도의 약정으로 급부 그 자체 또는 그에 갈음한 대가물의 반환을 특약하는 경우, 그 반환약정 자체가 사회질서에 반하여 무효가 되지 않는 한 유효하고, 이때 그 특약이 유효가 됨으로 인하여 이익을 얻는 급부자가 그 반환약정이 사회질서에 반하지 않는다는 점을 증명하여야 한다.**

변호사시험 제2회

해설 『불법원인급여 후 급부를 이행받은 자가 급부의 원인행위와 별도의 약정으로 급부 그 자체 또는 그에 갈음한 대가물의 반환을 특약하는 것은 불법원인급여를 한 자가 그 부당이득의 반환을 청구하는 경우와는 달리 그 반환약정 자체가 사회질서에 반하여 무효가 되지 않는 한 유효하다. 여기서 반환약정 자체의 무효 여부는 반환약정 그 자체의 목적뿐만 아니라 당초의 불법원인급여가 이루어진 경위, 쌍방당사자의 불법성의 정도, 반환약정의 체결과정 등 민법 제103조 위반 여부를 판단하기 위한 제반 요소를 종합적으로 고려하여 결정하여야 하고, 한편 반환약정이 사회질서에 반하여 무효라는 점은 **수익자가 이를 입증하여야 한다**』(대판 2010. 5. 27, 2009다12580).

정답 – X

21 **부동산 실권리자명의 등기에 관한 법률에 의하여 무효인 명의신탁약정에 기하여 타인 명의의 등기가 마쳐졌다는 이유만으로 그것이 당연히 불법원인급여에 해당한다고 볼 수 없다.**

변호사시험 제2회

해설 『부동산실권리자명의등기에관한법률이 규정하는 명의신탁약정은 부동산에 관한 물권의 실권리자가 타인과의 사이에서 대내적으로는 실권리자가 부동산에 관한 물권을 보유하거나 보유하기로 하고 그에 관한 등기는 그 타인의 명의로 하기로 하는 약정을 말하는 것일 뿐이므로, 그 자체로 선량한 풍속 기타 사회질서에 위반하는 경우에 해당한다고 단정할 수 없을 뿐만 아니라, 위 법률은 원칙적으로 명의신탁약정과 그 등기에 기한 물권변동만을 무효로 하고 명의신탁자가 다른 법률관계에 기하여 등기회복 등의 권리행사를 하는 것까지 금지하지는 않는 대신, 명의신탁자에 대하여 행정적 제재나 형벌을 부과함으로써 사적자치 및 재산권보장의 본질을 침해하지 않도록 규정하고 있으므로, 위 법률이 비록 부동산등기제도를 악용한 투기·탈세·탈법행위 등 반사회적 행위를 방지하는 것 등을 목적으로 제정되었다고 하더라도, **무효인 명의신탁약정에 기하여 타인 명의의 등기가 마쳐졌다는 이유만으로 그것이 당연히 불법원인급여에 해당한다고 볼 수 없다**』(대판 2003. 11. 27, 2003다41722).

정답 – O

22 **도박자금을 제공함으로 인하여 발생한 채권의 담보로 부동산에 관하여 근저당권설정등기가 경료되었을 뿐이라면 위 근저당권설정등기로 근저당권자가 받을 이익은 민법 제746조에서 말하는 이익에는 해당하지 아니하므로, 그 부동산의 소유자는 위 등기의 말소를 청구할 수 있다.**

변호사시험 제2회

해설 **도박자금 채무의 담보를 위하여 근저당권설정등기를 경료한 경우, 근저당설정자가 민법 제746조에도 불구하고 그 말소를 청구할 수 있는지 여부**에 관하여 판례는 『도박자금으로 금원을 대여함으로 인하여 발생한 채권을 담보하기 위한 근저당권설정등기가 경료되었을 뿐인 경우와 같이 수령자가 그 이익을 향수하려면 경매신청을 하는 등 별도의 조치를 취하여야 하는 경우에는, 그 불법원인급여로 인한 이익이 종국적인 것이 아니므로 등기설정자는 무효인 근저당권설정등기의 말소를 구할 수 있다』(대판 1995. 8. 11, 94다54108)라고 판시하고 있다.

정답 – O

23 **X 토지의 소유자인 甲이 丙에게 이를 임대하였는데 丙이 甲의 승낙 없이 乙에게 X 토지를 전대하였으나 甲과 丙의 임대차가 존속하는 경우, 乙의 X 토지에 대한 사용이익은 부당이득반환청구권의 대상이 될 수 있다.** 변호사시험 제7회

해설 『임차인이 임대인의 동의를 받지 않고 제3자에게 임차권을 양도하거나 전대하는 등의 방법으로 임차물을 사용·수익하게 하더라도, 임대인이 이를 이유로 임대차계약을 해지하거나 그 밖의 다른 사유로 임대차계약이 적법하게 종료되지 않는 한 **임대인은 임차인에 대하여 여전히 차임청구권을 가지므로, 임대차계약이 존속하는 한도 내에서는 제3자에게 불법점유를 이유로 한 차임상당 손해배상청구나 부당이득반환청구를 할 수 없다**』(대판 2008. 2. 28, 2006다10323).

정답 – X

24 **乙의 강박에 의해 甲이 乙에게 금원을 증여하였는데, 그 증여의 의사표시가 취소되지 않은 상태에서 乙이 甲으로부터 교부받은 금원으로 자신의 채권자 丙에게 채무를 변제함으로써, 乙이 채무의 소멸로 받은 이익은 부당이득반환청구권의 대상이 될 수 있다.** 변호사시험 제7회

해설 취소할 수 있는 법률행위로 인하여 취득한 이익은 법률행위가 취소된 때에 부당이득이 된다. **증여의 의사표시가 취소되지 않았으므로** 부당이득이라고 할 수 없다. 정답 – X

25 **丙 소유의 X 토지를 甲이 매수하면서 乙과 명의신탁약정을 맺고서 그 이전등기를 丙으로부터 직접 乙에게로 경료하였는데 「부동산 실권리자명의 등기에 관한 법률」상 유예기간이 경과하여 甲과 乙 사이의 명의신탁약정이 무효로 된 경우, 乙 명의의 소유권이전등기은 부당이득반환청구권의 대상이 될 수 있다.** 변호사시험 제7회

해설 『이른바 3자간 등기명의신탁의 경우 부동산 실권리자명의 등기에 관한 법률에서 정한 유예기간 경과에 의하여 그 명의신탁 약정과 그에 의한 등기가 무효로 되더라도 **명의신탁자는 매도인에 대하여 매매계약에 기한 소유권이전등기청구권을 보유하고 있어 그 유예기간의 경과로 그 등기 명의를 보유하지 못하는 손해를 입었다고 볼 수 없다.** 또한 명의신탁 부동산의 소유권이 매도인에게 복귀한 마당에 명의신탁자가 무효인 등기의 명의인인

명의수탁자를 상대로 그 이전등기를 구할 수도 없다. 결국 3자간 등기명의신탁에 있어서 **명의신탁자는 명의수탁자를 상대로 부당이득반환을 원인으로 한 소유권이전등기를 구할 수 없다**』(대판 2008. 11. 27, 2008다55290,55306). 정답 – X

26 **甲회사의 경리부 직원 丙이 甲회사의 공금을 횡령하여 자신의 채권자 乙에게 그 횡령한 돈으로 변제하였고 乙이 그러한 사실을 알면서 수령한 경우, 그 변제대금은 부당이득반환청구권의 대상이 될 수 있다.** 변호사시험 제7회

해설 『부당이득제도는 이득자의 재산상 이득이 법률상 원인을 결여하는 경우에 공평·정의의 이념에 근거하여 이득자에게 그 반환의무를 부담시키는 것인바, 채무자가 피해자로부터 횡령한 금전을 그대로 채권자에 대한 채무변제에 사용하는 경우 피해자의 손실과 채권자의 이득 사이에 인과관계가 있음이 명백하고, 한편 채무자가 횡령한 금전으로 자신의 채권자에 대한 채무를 변제하는 경우 **채권자가 그 변제를 수령함에 있어 악의 또는 중대한 과실이 있는 경우**에는 **채권자의 금전 취득은 피해자에 대한 관계에 있어서 법률상 원인을 결여한 것으로 봄이 상당**하나, 채권자가 그 변제를 수령함에 있어 단순히 과실이 있는 경우에는 그 변제는 유효하고 채권자의 금전 취득이 피해자에 대한 관계에 있어서 법률상 원인을 결여한 것이라고 할 수 없다』(대판 2003. 6. 13, 2003다8862). 정답 – O

27 **「부동산 실권리자명의 등기에 관한 법률」 시행 후에 행해진 甲과 乙 사이의 계약명의신탁에 따라, 乙이 명의신탁이 있다는 사실을 알지 못하는 丙으로부터 丙 소유의 X 토지를 매수하고 소유권이전등기까지 경료받은 경우, 그 소유권은 부당이득반환청구권의 대상이 될 수 있다.** 변호사시험 제7회

해설 『부동산실권리자명의등기에관한법률 제4조 제1항, 제2항에 의하면, 명의신탁자와 명의수탁자가 이른바 계약명의신탁약정을 맺고 명의수탁자가 당사자가 되어 **명의신탁약정이 있다는 사실을 알지 못하는 소유자와의 사이에 부동산에 관한 매매계약을 체결한 후 그 매매계약에 따라 당해 부동산의 소유권이전등기를 수탁자 명의로 마친 경우**에는 명의신탁자와 명의수탁자 사이의 명의신탁약정의 무효에도 불구하고 그 **명의수탁자는 당해 부동산의 완전한 소유권을 취득**하게 되고, 다만 **명의수탁자는 명의신탁자에 대하여 부당이득반환의무를 부담**하게 될 뿐이라 할 것인데, 그 **계약명의신탁약정이 부동산실권리자명의등기에관한법률 시행 후인 경우**에는 명의신탁자는 애초부터 당해 부동산의 소유권을 취득할 수 없었으므로 위 명의신탁약정의 무효로 인하여 명의신탁자가 입은 손해는 당해 부동산 자체가 아니라 명의수탁자에게 제공한 매수자금이라 할 것이고, 따라서 명의수탁자는 당해 부동산 자체가 아니라 **명의신탁자로부터 제공받은 매수자금을 부당이득**하였다고 할 것이다』(대판 2005. 1. 28, 2002다66922). 정답 – X

사례 【28~31】

甲 종중은 정기총회에서 종중 소유의 X 토지를 2억 원에 매도하기로 결의한 다음, 乙에게 X 토지를 2억 원에 매도하는 계약을 체결하였다. 乙은 甲 종중의 요구에 따라 계약금 2,000만 원, 중도금 8,000만 원 합계 1억 원을 甲 종중의 채권자인 丙에게 지급하였는데, 그 후 위 종중총회의 결의가 총회 소집절차상의 하자로 인하여 무효라는 판결이 선고되어 그 판결이 확정되었다. 다음 설명이 타당한가? (각 지문은 독립적이고, 다툼이 있는 경우 판례에 의함) 변호사시험 제4회

28 乙이 丙에게 1억 원을 지급한 것은 甲 종중이 丙에게 부담하고 있던 채무의 변제로서 유효하다.

해설 『乙이 제3자인 丙에 대하여 한 급부는 乙의 甲에 대한 추가부담금 등의 납부의무의 이행으로서 이루어진 것임과 동시에 甲의 丙에 대한 공사대금 등 지급채무의 이행으로서도 이루어진 것이고, 다만 **甲의 지시 등으로 그 급부과정을 단축하여 乙이 丙에게 직접 급부한 것으로 평가할 수 있다.** 이러한 경우에 乙이 甲에게 추가부담금 등을 납부한 법률상 원인이 된 이 사건 임시총회와 정산총회가 부존재하거나 무효로 되었다고 하더라도 丙은 甲과 사이의 재건축사업공사계약에 따른 공사대금 등의 변제로서 乙로부터 추가납부금 등을 수령한 것이므로 丙이 그 급부의 수령에 대한 유효한 법률상 원인을 보유하고 있다』(대판 2008. 9. 11, 2006다46278).

→ 따라서 설문 사안에서 乙이 丙에게 1억 원을 지급한 것은 甲 종중이 丙에게 부담하고 있던 채무의 변제로서 유효하다. 정답 – O

29 乙은 丙에게 1억 원의 반환을 청구할 수 있다.

해설 『계약의 일방당사자가 상대방의 지시 등으로 상대방과 또 다른 계약관계를 맺고 있는 제3자에게 직접 급부한 경우(이른바 삼각관계에서의 급부가 이루어진 경우), **그 급부로써 급부를 한 당사자의 상대방에 대한 급부가 이루어질 뿐 아니라 그 상대방의 제3자에 대한 급부도 이루어지는 것**이므로 계약의 일방당사자는 제3자를 상대로 법률상 원인 없이 급부를 수령하였다는 이유로 부당이득반환청구를 할 수 없다. 이러한 경우에 계약의 일방당사자가 상대방에 대하여 급부를 한 원인관계인 법률관계에 무효 등의 흠이 있다는 이유로 제3자를 상대로 직접 부당이득반환청구를 할 수 있다고 보면 **자기 책임하에 체결된 계약에 따른 위험부담을 제3자에게 전가하는 것이 되어 계약법의 원리에 반하는 결과를 초래할 뿐만 아니라 수익자인 제3자가 상대방에 대하여 가지는 항변권 등을 침해하게 되어 부당하기 때문**이다』(대판 2008. 9. 11, 2006다46278). 정답 – X

30 乙은 甲 종중에게 1억 원의 반환을 청구할 수 있다.

해설 『乙은 丙에게 직접 부당이득을 원인으로 그 매매대금의 반환을 청구할 수 없고 계약의 당사자인 甲에게 1억 원의 부당이득반환을 청구할 수 있다[이는 甲과 乙 사이의 계약(기본관계)이 해제된 경우에도 마찬가지이다』(대판 2003. 12. 26, 2001다46730). 정답 - O

31 丙이 乙로부터 1억 원을 받을 당시 甲 종중에 대한 채권이 8,000만 원에 불과하였다면 甲 종중은 丙에게 2,000만 원의 반환을 청구할 수 있다.

해설 乙이 丙에게 1억 원을 지급했다면 이는 甲이 丙에게 1억 원을 지급한 것으로도 볼 수 있으므로(이른바 단축급부), 만약 甲의 丙에 대한 채무액이 8,000만원에 불과하였다면 甲은 丙에게 2,000만원의 반환을 청구할 수 있다. 정답 - O

사례 【32~34】

甲은 자신의 명의로 실명확인을 거친 후 A 은행과 3억 원을 예치하는 계약을 체결하고 그에 관한 계약서를 작성하여 예금원장에 3억 원의 입금사실이 기록되었다. 그후 甲이 乙에 대한 매매대금 3억 원을 지급하기 위하여 A 은행을 통해 乙이 거래하는 B 은행의 乙 계좌로 송금한다는 것이 착오로 계좌번호를 잘못 기재하여 丙이 거래하는 B 은행의 丙 계좌로 송금하고 말았다. 이에 관한 법률관계에 대한 설명이 타당한가? (이자나 지연손해금은 고려하지 않고, 각 지문은 독립적이며, 다툼이 있는 경우 판례에 의함)

변호사시험 제5회

32 甲과 丙 사이에는 급부의 원인관계가 존재하지 않으므로 丙이 B 은행에 대하여 3억 원의 예금채권을 취득하는 것은 아니다.

해설 『계좌이체는 은행 간 및 은행점포 간의 송금절차를 통하여 저렴한 비용으로 안전하고 신속하게 자금을 이동시키는 수단이고, 다수인 사이에 다액의 자금이동을 원활하게 처리하기 위하여, 그 중개 역할을 하는 은행이 각 자금이동의 원인인 법률관계의 존부,내용 등에 관여함이 없이 이를 수행하는 체제로 되어 있다. 따라서 현금으로 계좌송금 또는 계좌이체가 된 경우에는 예금원장에 입금의 기록이 된 때에 예금이 된다고 예금거래기본약관에 정하여져 있을 뿐이고, 수취인과 그 예금거래 은행 사이의 예금계약의 성립여부를 이체의뢰인과 수취인 사이에 계좌이체의 원인인 법률관계가 존재하는지 여부에 의하여 좌우되도록 한다고 별도로 약정하였다는 등의 특별한 사정이 없는 경우에는, 이체의뢰인이 수취인의 예금계좌에 계좌이체를 한 때에는, **이체의뢰인과 수취인 사이에 계좌이체의 원인인 법률관계가 존재하는지 여부에 관계없이** 수취인과 그 예금거래 은행 사이에는 계좌이체금액 상당의 예금계약이 성립하고, **수취인이 그 예금거래 은행에 대하여 위 금액 상당의 예금채권을 취득한다고 해석**하여야 한다. 또한, 이체의뢰인과 수취인 사이에 계좌이체의 원인이 되는 법률관계가 존재하지 않음에도 불구하고, 계좌이체에 의하여 수취인이 계좌이체금액 상당의 예금채권을 취득한 때에는, 이체의뢰인은 수취인에 대하여 위 금액의 부당이득반환청구권을 가지게 되는 것에 그치고, 위 예금채권의 양도를 저지할 권리를 취득하는 것은 아니므로, 수취인의 채권자가 행한 위 예금채권에 대한 강제집행의 불허를 구할 수는 없다고 할 것이다』(대판 2006. 3. 24, 2005다59673; 대판 2007. 11. 29, 2007다51239 등 참조). 정답 – X

33 **甲과 丙 사이에는 급부의 원인관계가 존재하지 않으므로 甲은 丙 계좌가 개설된 B은행에 대하여 3억 원의 부당이득반환청구권을 갖게 된다.**

해설 『이체의뢰인과 수취인 사이에 계좌이체의 원인이 되는 법률관계가 존재하지 않음에도 불구하고, 계좌이체에 의하여 수취인이 계좌이체금액 상당의 예금채권을 취득한 때에는, **이체의뢰인은 수취인에 대하여 위 금액의 부당이득반환청구권을 가지게 되는 것**에 그치고, 위 예금채권의 양도를 저지할 권리를 취득하는 것은 아니므로, 수취인의 채권자가 행한 위 예금채권에 대한 강제집행의 불허를 구할 수는 없다고 할 것이다』(대판 2006. 3. 24, 2005다59673 ; 대판 2007. 11. 29, 2007다51239 등 참조) . 정답 – X

34 **만약 甲이 A 은행에 예치한 3억 원의 실제 출연자가 丁인 경우, 丁을 A 은행에 대한 예금계약자로 보려면, 丁과 A 은행 사이에 甲과의 예금계약을 부정하여 甲의 예금반환청구권을 배제하고, 丁과의 예금계약과 丁의 예금반환청구권을 인정하려는 명확한 의사표시의 합치가 있는 극히 예외적인 경우여야 한다.**

해설 『본인인 예금명의자의 의사에 따라 예금명의자의 실명확인 절차가 이루어지고 예금명의자를 예금주로 하여 예금계약서를 작성하였음에도 예금명의자가 아닌 출연자 등을 예금계약의 당사자라고 볼 수 있으려면, **금융기관과 출연자 등과 사이에서 실명확인 절차를 거쳐 서면으로 이루어진 예금명의자와의 예금계약을 부정하여 예금명의자의 예금반환청구권을 배제하고, 출연자 등과 예금계약을 체결하여 출연자 등에게 예금반환청구권을 귀속시키겠다는 명확한 의사의 합치가 있는 극히 예외적인 경우에 해당하여야 한다.** 한편 금융실명제하의 위와 같은 예금주 확정 원칙에 비추어 보면, 금융기관은 예금명의자와 출연자 등 사이에 예금반환청구권의 귀속을 둘러싼 분쟁이 발생한 경우에 그들 사이의 내부적 법률관계를 알았는지에 관계없이 일단 예금명의자를 예금주로 전제하여 예금거래를 처리하면 되고, 이러한 금융기관의 행위는 특별한 사정이 없는 한 적법한 것으로서 보호되어야 할 것이다』(대판 2013. 9. 26, 2013다2504). 정답 – O

제5장 불법행위

1 甲 회사의 상품판매 대리인 乙이 자신의 채권자 丙으로부터 채무독촉에 시달리자, 2010. 8. 5. 평소 거래하던 판매업자 丁에게 甲 회사의 상품을 시가의 반값에 판매하는 매매계약을 甲의 이름으로 체결하고, 2010. 8. 10 판매대금 4억원 중 2억 원을 선불로 받은 후 丙에 대한 자신의 채무를 변제하는 데에 사용하였다. 이러한 사실을 알게 된 甲 회사의 대표이사 戊는 乙을 추궁하여 2010. 10. 20. 乙로부터 2억 원을 받아 1억 원은 甲 회사의 계좌에 입금하고 나머지 1억 원은 개인용도로 소비하였다. 2013. 11. 20. 戊의 횡령사실이 밝혀져 戊가 해임됨과 동시에 새로운 대표이사가 선임되고, 같은 해 12.23 甲 회사가 戊를 상대로 불법행위에 기한 손해배상청구소송을 제기 한 경우, 위 불법행위가 있었음으로 안 날로부터 3년이 경과하여 소멸시효가 완성되었다는 戊의 항변은 허용되지 않는다. 변호사시험 제3회

해설

> [제766조(손해배상청구권의 소멸시효)] ① 불법행위로 인한 손해배상의 청구권은 피해자나 그 법정대리인이 그 손해 및 가해자를 안 날로부터 3년간 이를 행사하지 아니하면 시효로 인하여 소멸한다. ② 불법행위를 한 날로부터 10년을 경과한 때에도 전항과 같다.

법인의 경우 대표자가 안 날부터 기산될 것이나, 법인의 대표자가 법인에 대해 불법행위를 한 경우에는 다른 임원 등이 안 때부터 기산하여야 한다(아래 2002다11441판결).

『법인의 경우 불법행위로 인한 손해배상청구권의 단기소멸시효의 기산점인 '손해 및 가해자를 안 날'을 정함에 있어서 법인의 대표자가 법인에 대하여 불법행위를 한 경우에는 법인과 그 대표자는 이익이 상반하게 되므로 현실로 그로 인한 손해배상청구권을 행사하리라고 기대하기 어려울 뿐만 아니라 일반적으로 그 대표권도 부인된다고 할 것이므로 단지 그 대표자가 그 손해 및 가해자를 아는 것만으로는 부족하고, **적어도 법인의 이익을 정당하게 보전할 권한을 가진 다른 임원 또는 사원이나 직원 등이 손해배상청구권을 행사할 수 있을 정도로 이를 안 때에 비로소 위 단기소멸시효가 진행**한다』(대판 2002. 6. 14, 2002다11441).

→ 따라서 甲의 戊에 대한 불법행위에 기한 손해배상청구소송의 경우 戊의 횡령사실이 밝혀져 戊가 해임됨과 동시에 새로운 대표이사가 선임된 2013. 11. 20.이 제766조 제1항의 피해자가 '손해 및 가해자를 안 날'이므로, 같은 해 12. 23.의 경우 3년이 경과되지 않아 소멸시효가 완성되었다는 戊의 항변은 허용되지 않는다. 정답 – O

2 **사용자가 피용자와 제3자의 책임비율에 의하여 정해진 피용자의 부담부분을 초과하여 피해자에게 손해를 배상한 경우, 사용자는 제3자에 대하여도 구상권을 행사할 수 있으나 그 구상의 범위는 제3자의 부담부분에 국한된다.** 변호사시험 제4회

해설 『피용자와 제3자가 공동불법행위로 피해자에게 손해를 가하여 그 손해배상채무를 부담하는 경우에 피용자와 제3자는 공동불법행위자로서 서로 부진정연대관계에 있고, 한편 사용자의 손해배상책임은 피용자의 배상책임에 대한 대체적 책임이어서 사용자도 제3자와 부진정연대관계에 있다고 보아야 하므로, **사용자가 피용자와 제3자의 책임비율에 의하여 정해진 피용자의 부담부분을 초과하여 피해자에게 손해를 배상한 경우**에는 **사용자는 제3자에 대하여도 구상권을 행사할 수 있으며, 그 구상의 범위는 제3자의 부담부분에 국한된다고 보는 것이 타당**하다』[대판(전합) 1992. 6. 23, 91다33070]. 정답 - O

3 **화재가 공작물 자체의 설치·보존상의 하자에 의하여 직접 발생한 경우, 간접점유자인 건물의 소유자는 직접점유자가 손해 방지에 필요한 주의를 해태하지 아니한 경우에 한하여 공작물책임을 지게 된다.** 변호사시험 제4회

해설

> 〔**제758조(공작물등의 점유자, 소유자의 책임)**〕 ① 공작물의 설치 또는 보존의 하자로 인하여 타인에게 손해를 가한 때에는 공작물점유자가 손해를 배상할 책임이 있다. 그러나 점유자가 손해의 방지에 필요한 주의를 해태하지 아니한 때에는 그 소유자가 손해를 배상할 책임이 있다.

과거 실화책임법이 면책규정을 두고 있었던바, 판례는 공작물 자체의 설치보존상의 하자에 의하여 직접 발생한 화재로 인한 손해배상책임에 관하여는 민법 제758조 제1항을 적용하고, 그 화재로부터 연소(延燒)한 부분에 대한 손해배상책임에 대하여는 실화 책임에 관한 법률을 적용함이 상당하다고 하였으나(대판 1996. 2. 23, 95다22887), 현행 실화책임법은 경감규정만 두고 있는바, 『**공작물의 설치·보존상 하자에 의하여 직접 발생한 화재로 인한 손해배상책임뿐만 아니라 그 화재로부터 연소한 부분에 대한 손해배상책임에 관하여도 공작물의 설치·보존상 하자와 손해 사이에 상당인과관계가 있는 경우에는 민법 제758조 제1항이 적용**되고, 실화가 중대한 과실로 인한 것이 아닌 한 화재로부터 연소한 부분에 대한 손해의 배상의무자는 개정 실화책임법 제3조에 의하여 손해배상액의 경감을 받을 수 있다』(대판 2012. 6. 28, 2010다58056)고 한다.

『제758조의 공작물책임에서 **간접점유의 경우에는 직접점유자가 1차적인 배상책임을 지고, 그가 손해의 방지에 필요한 주의를 다한 때에 비로소 간접점유자가 그 배상책임을 진다**』(대판 1981. 7. 28, 81다209).

→ 따라서 화재가 공작물 자체의 설치·보존상의 하자에 의하여 직접 발생한 경우, 간접점유자인 건물의 소유자는 직접점유자가 손해 방지에 필요한 주의를 해태하지 아니한 경우에 한하여 제758조의 공작물책임을 지게 된다. 정답 - O

4 **2인 이상의 공동불법행위로 인하여 호의동승한 사람이 피해를 입은 경우, 동승자가 입은 손해에 대한 배상액을 산정할 때에는 먼저 호의동승으로 인한 감액비율을 참작하여 공동불법행위자들이 동승자에 대하여 배상하여야 할 수액을 정하여야 한다.** 변호사시험 제4회

해설 ※ 공동불법행위에 있어 호의동승으로 인한 책임제한이 미치는 범위

[사실관계] A가 운전하던 차량과 B가 운전하던 차량이 두 운전자의 공동과 실로 사고가 발생하였고, 그로 인해 B가 운전하던 차량에 타고 있던 C가 사망하였다. 이 때 B와 C는 연인사이였고 두 사람은 벚꽃구경을 가던 길이었다. 이에 동승차량의 운행목적, 피해자와의 인적 관계, 동승경위 등에 비추어 볼 때 C의 사망에 대해 동승차량 운전자 B에게 전적인 책임을 지우는 것은 신의칙이나 형평의 원칙상 불합리하므로 '호의동승으로 인한 책임제한'을 인정할 수 있는데, 이러한 책임제한이 다른 공동불법행위자인 A에게도 미치는지가 문제되었다. 이에 원심은 호의동승에 의한 책임제한은 인적, 내부적 관계에 기한 것인 만큼 상대적 효력만을 인정하여 부정하였으나 대법원은 아래와 같은 이유로 긍정하였다.

[판시내용] 『2인 이상의 공동불법행위로 인하여 호의동승한 사람이 피해를 입은 경우, 공동불법행위자 상호간의 내부관계에서는 일정한 부담부분이 있으나 피해자에 대한 관계에서는 부진정연대책임을 지므로, 동**승자가 입은 손해에 대한 배상액을 산정함에 있어서는 먼저 호의동승으로 인한 감액 비율을 참작하여 공동불법행위자들이 동승자에 대하여 배상하여야 할 수액을 정하여야 한다.** 그리고 그 당연한 귀결로서 위와 같은 책임제한은 동승 차량 운전자인 B뿐만 아니라 상대방 차량운전자인 A와 그 보험자에게도 적용된다』(대판 2014. 3. 27, 2012다87263).

정답 - O

5 **일반적으로 타인의 불법행위 등에 의하여 재산권이 침해된 경우에 재산적 손해의 배상만으로 회복할 수 없는 정신적 손해가 발생하였다면, 가해자가 그러한 사정을 알았을 경우에 한하여 그 손해에 대한 위자료를 청구할 수 있다.** 변호사시험 제4회

해설

〔**제393조(손해배상의 범위)**〕 ① 채무불이행으로 인한 손해배상은 통상의 손해를 그 한도로 한다. ② 특별한 사정으로 인한 손해는 채무자가 그 사정을 알았거나 알 수 있었을 때에 한하여 배상의 책임이 있다.
〔**제763조(준용규정)**〕 제393조, 제394조, 제396조, 제399조의 규정은 불법행위로 인한 손해배상에 준용한다.

『일반적으로 **타인의 불법행위에 의하여 재산권이 침해**된 경우에는 **그 재산적 손해의 배상에 의하여 정신적 고통도 회복**된다고 보아야 할 것이므로, **재산적 손해의 배상에 의하여 회복할 수 없는 정신적 손해가 발생**하였다면 이는 **특별한 사정으로 인한 손해**로서 가해자가 그러한 사정을 알았거나 알 수 있었을 경우에 한하여 그 손해에 대한 위자료를 인정할 수 있다』(대판 1988. 3. 22, 87다카1096).

정답 - X

6 **사람이 갖는 명예에 관한 권리의 침해에 대하여는 사전 예방적 구제수단으로 침해행위의 정지·방지 등의 금지 청구권이 인정될 수 있다.** 변호사시험 제4회

해설 **비방광고로 인한 인격권 침해에 대한 사전 구제수단으로서 광고중지 청구를 인정한 원심판결을 수긍한 사례**로써 판례는『명예(인격권)는 그 성질상 일단 침해된 후의 구제수단(손해배상이나 명예회복처분)만으로는 그 침해의 완전한 회복이 어렵고 손해전보의 실효성을 기대하기 어려우므로, 사전(예방적)구제수단으로 '침해행위의 정지 방지'등의 청구권도 인정된다』(대판 1996. 4. 12, 93다40614)라고 판시하고 있다. 정답 – O

7 **甲은 乙로부터 건물신축공사를 도급받아 X 건물을 완공하였다. 乙이 甲의 공사에 대하여 그 공정을 조정하고 시공의 정도가 설계도대로 시행되고 있는지를 점검하는 정도의 감리적 감독은 乙이 甲의 불법행위에 대하여 사용자책임을 지기 위하여 필요한 요건인 '구체적이고 직접적인 지시, 감독'에 포함되지 않는다.** 변호사시험 제5회

해설 『사용자 및 피용자관계 인정의 기초가 되는 도급인의 수급인에 대한 지휘감독은 건설공사의 경우에는 현장에서 구체적인 공사의 운영 및 시행을 직접 지시. 지도하고 감시·독려함으로써 시공 자체를 관리함을 말하며, **단순히 공사의 운영 및 시공의 정도가 설계도 또는 시방서대로 시행되고 있는가를 확인하여 공정을 감독하는 데에 불과한 이른바 감리는 여기에 해당하지 않는다**고 할 것이므로 도급인이 수급인의 공사에 대하여 감리적인 감독을 함에 지나지 않을 때에는 양자의 관계를 사용자 및 피용자의 관계와 같이 볼 수 없다』(대판 1988. 6. 14, 88다카102). 정답 – O

8 **甲, 乙, 丙이 공동으로 丁을 폭행하여 상해를 입혔고, 이에 丁은 甲, 乙, 丙을 상대로 손해배상을 청구하고자 한다. 가해행위에 대한 甲의 가담 정도가 乙이나 丙에 비하여 경미하더라도 丁에 대한 관계에서 甲의 책임 범위를 손해배상액의 일부로 제한할 수는 없다.** 변호사시험 제5회

해설 『공동불법행위책임은 가해자 각 개인의 행위에 대하여 개별적으로 그로 인한 손해를 구하는 것이 아니라 그 가해자들이 공동으로 가한 불법행위에 대하여 그 책임을 추궁하는 것이므로, **공동불법행위로 인한 손해배상책임의 범위는 피해자에 대한 관계에서 가해자들 전원의 행위를 전체적으로 함께 평가하여 정하여야 하고**, 그 손해배상액에 대하여는 가해자 각자가 그 금액의 전부에 대한 책임을 부담하는 것이며, 가해자의 1인이 다른 가해자에 비하여 불법행위에 가공한 정도가 경미하다고 하더라도 피해자에 대한 관계에서 그 가해자의 책임 범위를 위와 같이 정하여진 손해배상액의 일부로 제한하여 인정할 수 없다』(대판 1998. 10. 20, 98다31691). 정답 – O

9 **甲, 乙, 丙이 공동으로 丁을 폭행하여 상해를 입혔고, 이에 丁은 甲, 乙, 丙을 상대로 손해배상을 청구하고자 한다. 丁이 甲의 손해배상채무를 면제해 주었더라도, 乙이 丁에 대한 손해배상채무 전액을 변제하였다면, 乙은 甲에 대하여 구상권을 행사할 수 있다.** 변호사시험 제5회

해설 **공동불법행위자 중 1인에 대한 권리포기나 채무면제의 효력이 다른 공동불법행위자에게 미치는지 여부**에 관하여 판례는 『피해자가 부진정연대채무자 중 1인에 대하여 손해배상에 관한 권리를 포기하거나 채무를 면제하는 의사표시를 하였다 하더라도 다른 채무자에 대하여 그 효력이 미친다고 볼 수는 없다』(대판 1997. 12. 12, 96다50896)라고 판시하고 있다.

정답 – O

10 **甲, 乙, 丙이 공동으로 丁을 폭행하여 상해를 입혔고, 이에 丁은 甲, 乙, 丙을 상대로 손해배상을 청구하고자 한다. 丁이 甲을 상대로 손해배상을 청구하더라도 丁의 乙과 丙에 대한 손해배상청구권은 소멸시효가 중단되지 않는다.** 변호사시험 제5회

해설 광범위한 절대적 효력이 인정되는 연대채무와 달리 채권을 만족시키는 사유인 변제, 대물변제, 공탁에 있어서만은 절대적효력이 인정된다. 다만 상계는 견해의 대립이 있다.

정답 – O

11 **甲, 乙, 丙이 공동으로 丁을 폭행하여 상해를 입혔고, 이에 丁은 甲, 乙, 丙을 상대로 손해배상을 청구하고자 한다. 폭행으로 인하여 丁에게 손해발생과 함께 이득이 생긴 한편 그 손해발생에 丁의 과실이 경합하여 과실상계를 해야 할 경우에는 산정된 손해액에 먼저 과실상계를 한 후 이득을 공제해야 한다.** 변호사시험 제5회

해설 『불법행위 또는 채무불이행에 관하여 채권자의 과실이 있고 채권자가 그로 인하여 이익을 받은 경우에 손해배상액을 산정함에 있어서는 과실상계를 한 다음 손익상계를 하여야 하고(대판 1990. 5. 8, 89다카29129 ; 대판 1996. 1. 23, 95다24340 등 참조), 이는 과실상계뿐만 아니라 손해부담의 공평을 기하기 위한 책임제한의 경우에도 마찬가지이다』(대판 2008. 5. 15, 2007다37721).

정답 – O

12 **甲, 乙, 丙이 공동으로 丁을 폭행하여 상해를 입혔고, 이에 丁은 甲, 乙, 丙을 상대로 손해배상을 청구하고자 한다. 丁이 甲, 乙, 丙을 공동피고로 하여 손해배상청구소송을 제기한 경우, 법원이 피해자인 丁의 과실을 들어 과실상계를 할 때 丁의 甲, 乙, 丙에 대한 과실비율이 서로 다르다면 이들을 개별적으로 평가하여 손해액을 정해야 한다.** 변호사시험 제5회

해설 『피해자가 공동불법행위자 중의 일부만을 상대로 손해배상을 청구하는 경우에도 과실상계를 함에 있어 참작하여야 할 쌍방의 과실은 **피해자에 대한 공동불법행위자 전원의 과실과 피해자의 공동불법행위자 전원에 대한 과실을 전체적으로 평가**하여야 하고 공동불법행위자 간의 과실의 경중이나 구상권행사의 가능 여부 등은 고려할 여지가 없다』(대판 1991. 5. 10, 90다14423).

정답 – X

13 **공동불법행위자 중에 피해자의 부주의를 이용하여 고의로 불법행위를 행한 자가 있는 경우에는 모든 불법행위자가 과실상계의 주장을 할 수 없다.** 변호사시험 제6회

해설 『피해자의 부주의를 이용하여 고의로 불법행위를 저지른 자가 바로 그 피해자의 부주의

를 이유로 자신의 책임을 감하여 달라고 주장하는 것은 허용될 수 없는 것이나, 이는 그러한 사유가 있는 자에게 과실상계의 주장을 허용하는 것이 신의칙에 반하기 때문이므로, **불법행위자 중의 일부에게 그러한 사유가 있다고 하여 그러한 사유가 없는 다른 불법행위자까지도 과실상계의 주장을 할 수 없다고 해석할 것은 아니다**』(대판 2010. 10. 14, 2010다48561). 정답 – X

14 **피해자가 공동불법행위자 중의 일부만을 상대로 손해배상을 청구하는 경우, 과실상계를 함에 있어 피해자에 대한 공동불법행위자 전원의 과실과 피해자의 공동불법행위자 전원에 대한 과실을 전체적으로 평가하여야 하고, 공동불법행위자 간의 과실의 경중이나 구상권행사의 가능 여부 등은 고려할 필요가 없다.** 변호사시험 제6회

해설 『피해자가 공동불법행위자 중의 일부만을 상대로 손해배상을 청구하는 경우에도 과실상계를 함에 있어 참작하여야 할 쌍방의 과실은 피해자에 대한 공동불법행위자 전원의 과실과 피해자의 공동불법행위자 **전원에 대한 과실을 전체적으로 평가하여야 하고** 공동불법행위자 간의 과실의 경중이나 구상권행사의 가능 여부 등은 고려할 여지가 없다』(대판 1991. 5. 10, 90다14423). 정답 – O

15 **피해자가 공동불법행위자별로 별개의 소를 제기하여 소송을 진행하는 경우, 피해자가 공동불법행위자들 중 일부를 상대로 한 전소(前訴)에서 승소한 금액을 전부 지급받았다고 하더라도 그 금액이 나머지 공동불법행위자에 대한 후소(後訴)에서 산정된 손해액에 미치지 못한다면 후소(後訴)의 피고는 그 차액을 피해자에게 지급할 의무가 있다.** 변호사시험 제6회

해설 『피해자가 공동불법행위자들을 모두 피고로 삼아 한꺼번에 손해배상청구의 소를 제기한 경우와 달리 **공동불법행위자별로 별개의 소를 제기하여 소송을 진행하는 경우**에는 각 소송에서 제출된 증거가 서로 다르고 이에 따라 교통사고의 경위와 피해자의 손해액산정의 기초가 되는 사실이 달리 인정됨으로 인하여 과실상계비율과 손해액도 서로 달리 인정될 수 있는 것이므로, **피해자가 공동불법행위자들 중 일부를 상대로 한 전소에서 승소한 금액을 전부 지급받았다고 하더라도 그 금액이 나머지 공동불법행위자에 대한 후소에서 산정된 손해액에 미치지 못한다면 후소의 피고는 그 차액을 피해자에게 지급할 의무가 있다**』(대판 2001. 2. 9, 2000다60227). 정답 – O

16 **공동불법행위자 중 1인에 대하여 구상의무를 부담하는 다른 공동불법행위자가 수인(數人)인 경우, 구상권자인 공동불법행위자가 과실이 없어 내부적인 부담 부분이 전혀 없다면 그에 대한 수인(數人)의 구상의무 사이의 관계는 부진정연대관계이다.** 변호사시험 제6회

해설 『공동불법행위자 중 1인에 대하여 구상의무를 부담하는 다른 공동불법행위자가 수인인 경우에는 특별한 사정이 없는 이상 그들의 구상권자에 대한 채무는 각자의 부담 부분에 따른 분할채무로 봄이 상당하지만, **구상권자인 공동불법행위자측에 과실이 없는 경우, 즉 내부적인 부담 부분이 전혀 없는 경우에는 이와 달리 그에 대한 수인의 구상의무 사이의 관계를 부진정연대관계로 봄이 상당하다**』(대판 2005. 10. 13, 2003다24147). 정답 – O

17 **공동불법행위자 중 1인의 손해배상채무가 시효로 소멸한 후에 다른 공동불법행위자 1인이 피해자에게 자기의 부담 부분을 넘는 손해를 배상하였을 경우, 그 공동불법행위자는 손해배상채무가 시효로 소멸한 다른 공동불법행위자에게 구상권을 행사할 수 있다.** 변호사시험 제6회

해설 『공동불법행위자의 다른 공동불법행위자에 대한 구상권은 피해자의 다른 공동불법행위자에 대한 손해배상채권과는 그 발생 원인 및 성질을 달리하는 별개의 권리이고, 연대채무에 있어서 소멸시효의 절대적 효력에 관한 민법 제421조의 규정은 공동불법행위자 상호간의 부진정연대채무에 대하여는 그 적용이 없으므로, **공동불법행위자 중 1인의 손해배상채무가 시효로 소멸한 후에 다른 공동불법행위자 1인이 피해자에게 자기의 부담 부분을 넘는 손해를 배상하였을 경우에도, 그 공동불법행위자는 다른 공동불법행위자에게 구상권을 행사할 수 있다**』(대판 1997. 12. 23, 97다42830). 정답 - O

18 **명의를 대여받은 사람이 업무수행을 함에 있어 고의 또는 과실로 다른 사람에게 손해를 끼쳤고 객관적으로 보아 명의대여자가 명의를 대여받은 사람을 지휘·감독할 지위에 있었다면, 명의대여자는 사용자로서 그 손해를 배상할 책임이 있다.** 변호사시험 제7회

해설 『타인에게 어떤 사업에 관하여 자기의 명의를 사용할 것을 허용한 경우에 그 사업이 내부적으로는 그 타인과 명의자가 이를 공동운영하는 관계로서 그 타인이 명의자의 고용인이 아니라 하더라도 외부적으로는 그 타인이 명의자의 고용인임을 표명한 것과 다름이 없으므로 **명의사용을 허가받은 사람이 업무수행을 함에 있어 고의 또는 과실로 다른 사람에게 손해를 끼쳤다면 명의사용을 허가한 사람은 민법 제756조 제1항에 의하여 그 손해를 배상할 책임이 있다**』(대판 1998. 5. 15, 97다58538). 정답 - O

19 **도급인이 수급인에 대하여 특정한 행위를 지휘하는 이른바 노무도급의 경우에는 수급인의 불법행위에 대하여 비록 도급인이라고 하더라도 사용자로서의 배상책임이 있다.** 변호사시험 제7회

해설 『일반적으로 도급인과 수급인 사이에는 지휘·감독의 관계가 없으므로 도급인은 수급인이나 수급인의 피용자의 불법행위에 대하여 사용자로서의 배상책임이 없는 것이지만, 도급인이 수급인에 대하여 특정한 행위를 지휘하거나 특정한 사업을 도급시키는 경우와 같은 이른바 **노무도급의 경우에는 비록 도급인이라고 하더라도 사용자로서의 배상책임이 있다**』(대판 2005. 11. 10, 2004다37676). 정답 - O

20 **지입차량의 차주가 고용한 운전자의 과실로 타인에게 물적 손해를 가한 경우에 지입회사는 사용자책임을 부담한다.** 변호사시험 제7회

해설 **지입차량의 소유명의자가 사용자책임을 부담하는지 여부**에 관하여 판례는 『소위 지입차량의 소유명의자는 그 지입차량의 운전자를 직접 고용하여 지휘감독을 한 바 없었더

라도 명의대여자로서 뿐만 아니라 객관적으로 지입 차량의 운전자를 지휘 감독할 관계에 있는 사용자의 지위에 있다 할 것이므로 그 운전자의 과실로 타인에게 손해를 가한 경우에는 사용자 책임을 부담한다』(대판 1991. 8. 23, 91다15409)라고 판시하고 있다. 정답 – O

21 **사용자가 피용자의 고의에 의한 불법행위로 인하여 사용자책임을 부담하는 경우에 피해자에게 그 손해의 발생과 확대에 기여한 과실이 있더라도 사용자책임의 범위를 정함에 있어서 이러한 피해자의 과실을 고려하여 그 책임을 제한할 수는 없다.** 변호사시험 제7회

해설 『피해자의 부주의를 이용하여 고의로 불법행위를 저지른 자가 바로 그 피해자의 부주의를 이유로 자신의 책임을 감하여 달라고 주장하는 것은 허용될 수 없으나, 이는 그러한 사유가 있는 자에게 과실상계의 주장을 허용하는 것이 신의칙에 반하기 때문이므로, **중개보조원이 업무상 행위로 거래당사자인 피해자에게 고의로 불법행위를 저지른 경우라 하더라도 중개보조원을 고용하였을 뿐 이러한 불법행위에 가담하지 아니한 중개업자에게 책임을 묻고 있는 피해자에 과실이 있다면, 법원은 과실상계의 법리에 좇아 손해배상책임 및 그 금액을 정하면서 이를 참작하여야 한다**』(대판 2011. 7. 14, 2011다21143). 정답 – X

22 **미성년자 甲이 불법행위의 피해자인 경우에는 다른 특별한 사정이 없는 한 甲의 법정대리인 乙이 甲의 손해 및 그에 대한 가해자를 알아야 甲의 손해배상청구권의 소멸시효가 진행한다.** 변호사시험 제7회

해설 불법행위의 피해자가 미성년자인 경우, 그 법정대리인이 '손해' 및 '가해자'를 알아야 민법 제766조 제1항의 소멸시효가 진행한다고 할 것인지 여부에 관하여 판례는 『불법행위의 피해자가 미성년자로 행위능력이 제한된 자인 경우에는 다른 특별한 사정이 없는 한 그 법정대리인이 손해 및 가해자를 알아야 민법 제766조 제1항의 소멸시효가 진행한다고 할 것이다』(대판 2010. 2. 11, 2009다79897)라고 판시하고 있다.

〔**제766조(손해배상청구권의 소멸시효)**〕 ① 불법행위로 인한 손해배상의 청구권은 피해자나 그 법정대리인이 그 손해 및 가해자를 안 날로부터 3년간 이를 행사하지 아니하면 시효로 인하여 소멸한다. ② 불법행위를 한 날로부터 10년을 경과한 때에도 전항과 같다.

정답 – O

사례 【23~26】

甲과 乙이 과실에 의한 공동불법행위로 丙에게 손해를 가하였는데, 丙이 입은 손해액은 3,000만 원이다. 甲과 乙의 부담부분의 비율은 2:1이고, 甲과 乙에 대한 丙의 과실비율은 20%이며, 丁은 甲의 사용자로서 사용자책임을 부담한다. 다음 설명 중 옳지 않은 것은? (다툼이 있는 경우에는 판례에 의함) 변호사시험 제1회

23 **甲이 丙에 대한 1,000만 원의 대여금채권으로 丙의 손해배상채권과 상계하였다면, 乙도 그 한도에서 손해배상책임을 면한다.**

해설 종래 판례의 기본적 입장은 부진정연대채무자 중 1인이 채권자에 대한 반대채권으로 상계하더라도 상계의 효력이 다른 부진정연대채무자에 대해 미치지 않는다고 하였으나 (상계의 상대적 효력), 최근 전원합의체 판결을 통해 상계의 절대적 효력을 인정하였다. 『부진정연대채무자 중 1인이 자신의 채권자에 대한 반대채권으로 상계를 한 경우에도 채권은 변제, 대물변제, 또는 공탁이 행하여진 경우와 동일하게 **현실적으로 만족을 얻어 그 목적을 달성하는 것이므로, 그 상계로 인한 채무소멸의 효력은 소멸한 채무 전액에 관하여 다른 부진정연대채무자에 대하여도 미친다**고 보아야 한다. 이는 부진정연대채무자 중 1인이 채권자와 상계계약을 체결한 경우에도 마찬가지이다. 나아가 이러한 법리는 채권자가 상계 내지 상계계약이 이루어질 당시 다른 부진정연대채무자의 존재를 알았는지 여부에 의하여 좌우되지 아니한다』(대판 2010. 9. 16, 2008다97218).

정답 - O

24 **만약 甲은 고의로, 乙은 과실로 위 불법행위를 행하였다면, 甲이 과실상계를 주장하지 못하는 경우라도 乙은 과실상계를 주장할 수 있다.**

해설 어느 한 불법행위자가 고의의 불법행위로 인해 상계가 금지된다는 우연한 사정으로 다른 과실에 의한 불법행위자의 과실상계를 금지할 것은 아니다. 『**피해자의 부주의를 이용하여 고의로 불법행위를 저지른 자가 바로 그 피해자의 부주의를 이유로 자신의 책임을 감하여 달라고 주장하는 것은 허용될 수 없으나**, 이는 그러한 사유가 있는 자에게 과실상계의 주장을 허용하는 것이 신의칙에 반하기 때문이므로, 불법행위자 중의 일부에게 그러한 사유가 있다고 하여 그러한 사유가 없는 다른 불법행위자까지도 과실상계의 주장을 할 수 없다고 해석할 것은 아니다』(대판 2007. 6. 14, 2005다32999).

정답 - O

25 **丙의 甲에 대한 소송에서 丙의 과실이 일정한 비율로 인정되었다면, 별소로 제기된 丙의 乙에 대한 소송에서 법원은 丙의 과실비율을 달리 인정할 수 없다.**

해설 『피해자가 공동불법행위자들을 모두 피고로 삼아 한꺼번에 손해배상청구의 소를 제기한 경우와 달리 **공동불법행위자별로 별개의 소를 제기하여 소송을 진행하는 경우에는** 각 소송에서 제출된 증거가 서로 다르고 이에 따라 교통사고의 경위와 피해자의 손해액산정의 기초가 되는 사실이 달리 인정됨으로 인하여 **과실상계비율과 손해액도 서로 달리 인정될 수 있는 것**이므로, 피해자가 공동불법행위자들 중 일부를 상대로 한 전소에서 승소한 금액을 전부 지급받았다고 하더라도 그 금액이 나머지 공동불법행위자에 대한 후소에서 산정된 손해액에 미치지 못한다면 후소의 피고는 그 차액을 피해자에게 지급할 의무가 있다』(대판 2001. 2. 9, 2000다60227).

정답 - X

26 **① 丙에게 2,400만 원을 변제한 丁은 乙에 대하여 800만 원을 구상할 수 있다.**
② 丙에게 1,200만 원을 변제한 丁은 乙에 대하여 구상할 수 없다.

해설 사안에서 甲, 乙, 丁은 공동불법행위자로서 丙에 대해 서로 부진정연대채무관계에 있다〔대판(전합) 1992. 6. 23, 91다33070〕. 판례는 공동불법행위의 경우 형평의 관점에서 공동불법행위자 간에 그 **'과실의 비율'에 따른 부담부분이 있는 것**으로 보아 구상을 인정해 왔다(대판 1997. 12. 12, 96다50896). 아울러 연대채무와는 달리 **자기 부담부분 이상의 면책행위를 해야 구상권을 행사할 수 있다**고 한다(대판 1997. 12. 12, 96다50896). 이에 따라 사안을 판단해 보면 사안은 과실에 의한 공동불법행위(제760조 제1항)로서 채권자 丙의 과실비율이 20%이므로 과실상계 규정(제396조)에 따라 甲, 乙, 丁은 총 2,400만 원의 손해배상채무에 대해 부진정연대채무관계에 있다. 이 때 내부적 부담부분은 가해자인 甲과 乙의 과실비율에 따라 각 1,600만 원(2,400×2/3), 800만원(2,400×1/3)이고, 丁은 甲의 사용자이므로 피용자 甲과 동일하게 1,600만원이다. 따라서 피해자 丙에게 손해배상액 전액인 2,400만 원을 변제한 부진정연대채무자 丁은 다른 부진정연대채무자 乙에 대하여 乙의 부담부분인 800만 원에 대해 구상권을 행사할 수 있다. 丁의 부담부분(1,600만원)에 미달한 1,200만원을 변제한 경우에는 다른 부진정연대채무자에게 구상권을 행사할 수 없다.

『피용자와 제3자가 공동불법행위로 피해자에게 손해를 가하여 그 손해배상채무를 부담하는 경우에 피용자와 제3자는 공동불법행위자로서 서로 부진정연대관계에 있고, 한편 **사용자의 손해배상책임은 피용자의 배상책임에 대한 대체적 책임이어서 사용자도 제3자와 부진정연대관계에 있다**고 보아야 할 것이므로, **사용자가 피용자와 제3자의 책임비율에 의하여 정해진 피용자의 부담부분을 초과하여 피해자에게 손해를 배상한 경우에는 사용자는 제3자에 대하여도 구상권을 행사할 수 있으며, 그 구상의 범위는 제3자의 부담부분에 국한된**다고 보는 것이 타당하다』〔대판(전합) 1992. 6. 23, 91다33070〕. 정답 - ① ○ ② ○

사례 【27~30】

甲 회사는 근로자 파견회사 乙과의 근로자 파견계약에 따라 丙을 파견 받아 丙에게 甲 회사의 자동차 운전을 맡겼는데, 丙이 업무수행 중 丁을 호의로 동승시키고 운전하다가 丙과 戊의 과실로 戊가 운전하던 자동차와 충돌하여 丁과 戊가 부상당하였다. 다음 설명이 타당한가?(다툼이 있는 경우에는 판례에 의함) 변호사시험 제3회

27 **丙이 甲의 구체적인 지시, 감독을 받아 업무를 수행한 경우, 乙이 丙의 선발 및 일반적 지휘, 감독상의 주의를 다하였더라도, 乙은 위 교통사고로 인한 丁과 戊의 손해에 대하여 사용자책임을 면하지 못한다.**

해설 『파견근로자 보호 등에 관한 법률에 의한 근로자 파견은 파견사업주가 근로자를 고용한 후 그 고용관계를 유지하면서 사용사업주와 사이에 체결한 근로자 파견계약에 따라 사용사업주에게 근로자를 파견하여 근로를 제공하게 하는 것으로서, 파견근로자는 사용사업주의 사업장에서 그의 지시·감독을 받아 근로를 제공하기는 하지만 사용사업주와의 사이에는 고용관계가 존재하지 아니하는 반면, 파견사업주는 파견근로자의 근로계약상의 사용자로서 파견근로자에게 임금지급의무를 부담할 뿐만 아니라, 파견근로자가 사용사업자

에게 근로를 제공함에 있어서 사용사업자가 행사하는 구체적인 업무상의 지휘·명령권을 제외한 파견근로자에 대한 파견명령권과 징계권 등 근로계약에 기한 모든 권한을 행사할 수 있으므로 파견근로자를 일반적으로 지휘·감독해야 할 지위에 있게 되고, 따라서 **파견사업주와 파견근로자 사이에는 민법 제756조의 사용관계가 인정되어 파견사업주는 파견근로자의 파견업무에 관련한 불법행위에 대하여 파견근로자의 사용자로서의 책임을 져야 하지만, 파견근로자가 사용사업주의 구체적인 지시·감독을 받아 사용사업주의 업무를 행하던 중에 불법행위를 한 경우에 파견사업주가 파견근로자의 선발 및 일반적 지휘·감독권의 행사에 있어서 주의를 다하였다고 인정되는 때에는 면책된다**고 할 것이다』(대판 2003. 10. 9, 2001다24655).

정답 - X

28 **특별한 사정이 없는 한, 丁이 사고 차량에 단순히 호의로 동승하였다는 사실은 丁에 대해 손해배상액의 감경사유로 삼을 수 없다.**

해설 『차량의 운행자가 아무런 대가를 받지 아니하고 동승자의 편의와 이익을 위하여 동승을 허락하고 동승자도 그 자신의 편의와 이익을 위하여 그 제공을 받은 경우 그 운행 목적, 동승자와 운행자의 인적관계, 그가 차에 동승한 경위, 특히 동승을 요구한 목적과 적극성 등 여러 사정에 비추어 가해자에게 일반 교통사고와 동일한 책임을 지우는 것이 신의칙이나 형평의 원칙으로 보아 매우 불합리하다고 인정될 때에는 그 배상액을 경감할 수 있으나, **사고 차량에 단순히 호의로 동승하였다는 사실만 가지고 바로 이를 배상액 경감사유로 삼을 수 있는 것은 아니다**』(대판 1996. 3. 22, 95다24302)

정답 - O

29 **甲과 丙이 공동으로 丁에게 손해배상책임을 지는 경우, 丁이 丙의 손해배상채무를 면제하였다면, 甲 역시 그 한도에서 채무를 면한다.**

해설 수인이 공동의 불법행위로 타인에게 손해를 가한 때에는 연대하여 그 손해를 배상할 책임이 있는바(제760조 제1항), 이 때 통설과 판례는 이 연대를 '**부진정연대채무**'로 **해석**한다(대판 1983. 5. 24, 83다카208). 왜냐하면 절대적 효력이 미치는 범위가 상당히 넓은 연대채무와 달리 피해자를 두텁게 보호하기 위해서는 부진정연대채무로 함이 유리하기 때문이다. 이런 부진정연대채무에서는 『**채권의 목적을 달성시키는 변제와 같은 사유는 채무자 전원에 대하여 절대적 효력**을 발생하지만 **그 밖의 사유는 상대적 효력**을 발생하는 데에 그치는 것이므로 피해자가 채무자 중의 1인에 대하여 손해배상에 관한 권리를 포기하거나 채무를 면제하는 의사표시를 하였다 하더라도 다른 채무자에 대하여 그 효력이 미친다고 볼 수는 없다』(대판 2006. 1. 27, 2005다19378).

→ 따라서 甲과 丙이 공동으로 丁에게 손해배상책임을 지는 경우 甲과 丙은 丁에게 부진정연대채무를 지게 되고, 丁이 부진정연대채무자 중 1인인 丙에게 손해배상채무를 '면제'하였더라도 다른 부진정연대채무자 甲에게는 그 효력이 미치지 않는다.

정답 - X

30 **丙의 운전을 방해한 丁이 丙과 戊 모두를 상대로 손해배상청구소송을 제기한 경우, 丁의 과실비율이 丙과 戊에 대하여 서로 다르다면 손해액의 산정에서 과실상계 역시 丙과 戊에 대하여 개별적으로 평가하여야 함이 원칙이다.**

해설 공동불법행위에서 과실상계

1. 원칙 : 전체적 평가설

통상 공동불법행위의 경우 과실상계를 함에 있어서는 **피해자에 대한 공동불법행위자 전원의 과실과 피해자의 공동불법행위자 전원에 대한 과실을 '전체적'으로 평가**하여야 하고 공동불법행위자 간의 과실의 경중이나 구상권 행사의 가능 여부 등은 고려할 여지가 없다(대판 1991. 5. 10, 90다14423). 왜냐하면, 공동불법행위책임은 가해자 각 개인의 행위에 대하여 개별적으로 그로 인한 손해를 구하는 것이 아니라 그 가해자들이 공동으로 가한 불법행위에 대하여 그 책임을 추궁하는 것이기 때문이다(대판 2000. 9. 8, 99다48245).

2. 예외 : 개별적 평가설

이에 대한 예외로서 판례는 『피해자의 부주의를 이용하여 고의로 불법행위를 저지른 자가 바로 그 피해자의 부주의를 이유로 자신의 책임을 감하여 달라고 주장하는 것은 허용될 수 없으나, 이는 그러한 사유가 있는 자에게 과실상계의 주장을 허용하는 것이 신의칙에 반하기 때문이므로, **불법행위자 중의 일부에게 그러한 사유가 있다고 하여 그러한 사유가 없는 다른 불법행위자까지도 과실상계의 주장을 할 수 없다고 해석할 것은 아니다**』(대판 2007. 6. 14, 2005다32999)라고 판시한 바 있다. 정답 - X

사례 【31~35】

甲은 乙이 운전하던 택시의 승객인데, 2010. 7. 1. 교차로에서 乙, 丙, 丁이 각 운전하는 차량의 3중 충돌사고로 부상을 입어 1,000만 원의 손해가 발생하였고, 조사결과 乙에게 10%, 丙에게 40%, 丁에게 50%의 과실이 인정되었다. 다음 설명 중 옳지 않은 것은? (다툼이 있는 경우에는 판례에 의함) 변호사시험 제2회

31 **甲은 乙에게 1,000만 원의 손해배상을 청구할 수 있다.**

해설 『채무자가 부담하는 채무불이행으로 인한 손해배상채무와 제3자가 부담하는 불법행위로 인한 손해배상채무의 원인이 동일한 사실관계에 기한 경우에는 하나의 동일한 급부에 관하여 수인의 채무자가 각자 독립해서 그 전부를 급부하여야 할 의무를 부담하는 경우로서 **부진정연대채무관계**에 있다』(대판 2006. 9. 8, 2004다55230). 정답 - O

32 **丙이 甲에 대한 반대채권으로 상계한 경우, 상계의 효력은 乙, 丁에게도 미친다.**

해설 『부진정연대채무자 중 1인이 자신의 채권자에 대한 반대채권으로 상계를 한 경우에도 채권은 변제, 대물변제, 또는 공탁이 행하여진 경우와 동일하게 현실적으로 만족을 얻어 그 목적을 달성하는 것이므로, 그 **상계로 인한 채무소멸의 효력은 소멸한 채무 전액에 관하여 다른 부진정연대채무자에 대하여도 미친다**고 보아야 한다. 이는 부진정연대채무자 중 1인이 채권자와 상계계약을 체결한 경우에도 마찬가지이다. 나아가 이러한 법리는 채권자가 상계 내지 상계계약이 이루어질 당시 다른 부진정연대채무자의 존재를 알았는지 여부에 의하여 좌우되지 아니한다』〔대판(전합) 2010. 9. 16, 2008다97218〕. 정답 - O

33 **甲이 乙에게 손해배상채무를 면제해 준 후 1,000만 원을 배상한 丁이 乙에게 구상권을 행사하는 경우, 乙은 자기의 채무가 면제되었음을 이유로 丁에게 대항할 수 없다.**

해설 『부진정연대채무자 상호간에 있어서 **채권의 목적을 달성시키는 변제와 같은 사유는 채무자 전원에 대하여 절대적 효력을 발생**하지만 **그 밖의 사유는 상대적 효력을 발생하는 데에 그치는 것**이므로 피해자가 채무자 중의 1인에 대하여 손해배상에 관한 권리를 포기하거나 채무를 면제하는 의사표시를 하였다 하더라도 다른 채무자에 대하여 그 효력이 미친다고 볼 수는 없다 할 것이고, 이러한 법리는 채무자들 사이의 내부관계에 있어 1인이 피해자로부터 합의에 의하여 손해배상채무의 일부를 면제받고도 사후에 면제받은 채무액을 자신의 출재로 변제한 다른 채무자에 대하여 다시 그 부담 부분에 따라 구상의무를 부담하게 된다 하여 달리 볼 것은 아니다』(대판 2006. 1. 27, 2005다19378). 정답 - O

34 **만약 위 교통사고가 2005. 1. 7. 발생하였고, 丁이 甲에게 1,000만 원을 배상하였는데, 甲의 丙에 대한 손해배상청구권이 시효로 소멸한 경우, 丁은 丙에게 구상권을 행사할 수 없다.**

해설 『공동불법행위자의 다른 공동불법행위자에 대한 구상권은 피해자의 다른 공동불법행위자에 대한 손해배상채권과는 그 발생 원인 및 성질을 달리하는 별개의 권리이고, **연대채무에 있어서 소멸시효의 절대적 효력에 관한 민법 제421조의 규정은 공동불법행위자 상호간의 부진정연대채무에 대하여는 그 적용이 없으므로**, 공동불법행위자 중 1인의 손해배상채무가 시효로 소멸한 후에 다른 공동불법행위자 1인이 피해자에게 자기의 부담 부분을 넘는 손해를 배상하였을 경우에도, 그 공동불법행위자는 다른 공동불법행위자에게 구상권을 행사할 수 있다』(대판 1997. 12. 23, 97다42830). 정답 - X

35 **만약 乙에게 과실이 전혀 없음에도 乙이 甲에게 500만 원을 배상하고 丙, 丁에게 구상할 경우, 丙, 丁의 구상의무는 부진정연대채무이다.**

해설 『공동불법행위자 중 1인에 대하여 구상의무를 부담하는 다른 공동불법행위자가 수인인 경우에는 특별한 사정이 없는 이상 그들의 구상권자에 대한 채무는 각자의 부담 부분에 따른 분할채무로 봄이 상당하지만, **구상권자인 공동불법행위자측에 과실이 없는 경우**, 즉 내부적인 부담 부분이 전혀 없는 경우에는 이와 달리 그에 대한 **수인의 구상의무 사이의 관계를 부진정연대관계로 봄이 상당**하다』(대판 2005. 10. 13, 2003다24147). 정답 - O

제5편
친족 · 상속법

제1장 서 론
제2장 친족법
제3장 상속법

제1장 서 론

1 **비밀증서에 의한 유언이 방식을 갖추지 못하였더라도 그 증서가 자필증서의 방식에 적합한 때에는 자필증서에 의한 유언으로 본다.** 변호사시험 제1회

해설 비밀증서에 의한 유언이 그 방식에 흠결이 있는 경우에 그 증서가 자필증서의 방식에 적합한 때에는 자필증서에 의한 유언으로 본다(제1071조). 정답 - O

2 **혼인외의 자를 혼인 중의 친생자로 출생신고한 경우, 그 출생신고는 무효이지만 인지신고로서의 효력은 인정할 수 있다.** 변호사시험 제1회

해설 『혼인신고가 위법하여 무효인 경우에도 무효인 혼인중 출생한 자를 그 호적에 출생신고하여 등재한 이상 그 자에 대한 인지의 효력이 있다』(대판 1971. 11. 15, 71다1983).

정답 - O

3 **타인의 자를 자기의 자로 출생신고한 경우, 그 출생신고는 무효이나, 입양의 실질적 요건을 갖추었다면 입양신고로서의 효력은 인정할 수 있다.** 변호사시험 제1회

해설 **입양의 의사로 친생자출생신고를 하고 거기에 입양의 실질적 요건이 모두 구비되어 있는 경우, 입양의 효력발생 여부**에 관하여 판례는『당사자가 양친자관계를 창설할 의사로 친생자출생신고를 하고 거기에 입양의 실질적 요건이 모두 구비되어 있다면 그 형식에 다소 잘못이 있더라도 입양의 효력이 발생한다』[대판(전합) 2001. 5. 24, 2000므1493]라고 판시하고 있다. 정답 - O

4 **공동상속인 전원의 협의에 따라 상속재산 전부를 상속인 중 일부에게 상속시킬 방편으로 나머지 상속인들이 한 상속포기가 법정기간을 경과한 후에 신고된 것이어서 상속포기로서의 효력이 없더라도, 상속인들 사이에 상속재산의 협의분할이 이루어진 것이라고 볼 수 있다.** 변호사시험 제1회

해설 『상속재산을 공동상속인 1인에게 상속시킬 방편으로 나머지 상속인들이 한 상속포기 신고가 민법 제1019조 제1항 소정의 기간을 경과한 후에 신고된 것이어서 상속포기로서의 효력이 없다고 하더라도, 공동상속인들 사이에서는 1인이 고유의 상속분을 초과하여 상속재산 전부를 취득하고 나머지 상속인들은 이를 전혀 취득하지 않기로 하는 내용의 **상속재산에 관한 협의분할이 이루어진 것으로 보아야 한다**』(대판 1996. 3. 26, 95다45545, 45552, 45569). 정답 - O

5 **다음 사안 중 가사소송사건의 대상이 될 수 있는 것을 모두 고른 것은? (다툼이 있는 경우 판례에 의함)** 변호사시험 제4회

ㄱ.사실혼 부당파기로 인한 손해배상청구
ㄴ.협의상 이혼에 따른 재산분할청구권 보전을 위한 사해행위 취소 및 원상회복청구
ㄷ.부부간 명의신탁해지를 원인으로 한 소유권이전등기청구
ㄹ.이혼을 원인으로 하는 배우자 이외의 제3자에 대한 손해배상청구

해설

※ 가사소송과 가사비송사건의 구별

		종 류	성질 등	조정전치주의
가사소송	가류	각종 무효확인소송, 친생자관계존부확인의 소	확인의 소	×
	나류	각종 취소소송, 재판상 이혼·파양, 친양자파양, 친생부인의 소, 父를 정하는 소, 인지청구(인지이의의 소),사실혼관계존부확인의 소	형성의 소	○
	다류	신분관계 해소를 원인으로 한 손해배상의 청구 및 원상 회복의 청구	이행의 소	○
가사비송	라류	제한능력에 관한 사항, 부재자재산관리·실종선고에 관한 사항, 후견 및 친권에 관한 사항	상대방 없음	×
	마류	이혼에 따른 재산분할청구, 상속재산분할청구, 친권자의 지정과 변경, 기여분의 결정	상대방 있음	○
주 의	조정전치주의가 적용되는 나류 사건과 마류 사건 중에도, 당사자가 임의로 결정할 수 없는 사항에 관한 것으로서 조정의 성립만으로 효력이 생기지 않고 가정법원의 판결이 있어야 효력이 생기는 것은 다음과 같다.			
	① 친생부인의 소에서의 조정, ② 父를 정하는 소에서의 조정, ③ 친권상실의 재판에서의 조정, ④ 대리권과 재산관리권의 상실의 재판에서의 조정			

ㄱ. 사실혼 부당파기로 인한 손해배상청구
→ 가사소송법 제2조 제1항 가목 다류사건 1)약혼 해제 또는 사실혼관계 부당 파기로 인한 손해배상청구(제3자에 대한 청구를 포함한다) 및 원상회복의 청구

ㄴ.협의상 이혼에 따른 재산분할청구권 보전을 위한 사해행위 취소 및 원상회복청구
→ 가사소송법 제2조 제1항 가목 다류사건 4)민법 제839조의3에 따른 재산분할 청구권 보전을 위한 사해행위 취소 및 원상회복의 청구

※ 가사소송 다류 사건들은 본래는 민사사건으로 다루어야 할 것이지만 신분관계와 관련된 손해배상이나 채권자취소권 문제이어서 신분관계 소송과 병합하는 등의 편의를 위해 가사사건으로 규정한 것이다.

ㄷ.부부간 명의신탁해지를 원인으로 한 소유권이전등기청구 → 민사사건

『부부간의 명의신탁해지를 원인으로 한 소유권이전등기청구나 민법 제829조 제2항에 의한 부부재산약정의 목적물이 아닌 부부 공유재산의 분할청구는 모두 통상의 민사사건으로 그 소송절차를 달리하는 나류 가사소송사건 또는 마류 가사비송사건인 이혼 및 재산분할청구와는 병합할 수 없다』(대판 2006. 1. 13, 2004므1378).

ㄹ.이혼을 원인으로 하는 배우자 이외의 제3자에 대한 손해배상청구

→ 가사소송법 제2조 제1항 가목 다류사건 2)혼인의 무효·취소, 이혼의 무효·취소 또는 이혼을 원인으로 하는 손해배상청구(제3자에 대한 청구를 포함한다) 및 원상회복의 청구

『이혼을 원인으로 하는 손해배상청구는 제3자에 대한 청구를 포함하여 가사소송법 제2조 제1항 (가)목 (3)다류 제2호의 가사소송사건으로서 가정법원의 전속관할에 속한다. 그런데 배우자의 상간자에 대하여 배우자와 상간자 사이의 간통 등 부정행위로 인하여 혼인관계가 파탄에 이르렀음을 원인으로 한 위자료의 지급을 구하는 손해배상청구는 이혼을 원인으로 하는 제3자에 대한 손해배상청구에 해당하고, 따라서 위 손해배상청구는 가정법원의 전속관할에 속한다』(대판 2008. 7. 10, 2008다17762). 정답 - ㄱ, ㄴ, ㄹ

제2장 친족법

1 **혼인 중에 부부 일방이 사망하여 상대방이 배우자로서 망인의 재산을 상속받은 후에 그 혼인이 중혼을 이유로 취소되었다면, 그 상속재산은 법률상 원인 없이 취득한 것이 된다.** 변호사시험 제1회

해설 혼인 취소는 소급효가 없고(제824조), 재산관계와 신분관계를 구별하지 않는다. 『민법 제824조는 "혼인의 취소의 효력은 기왕에 소급하지 아니한다."고 규정하고 있을 뿐 **재산상속 등에 관해 소급효를 인정할 별도의 규정이 없는바, 혼인 중에 부부 일방이 사망하여 상대방이 배우자로서 망인의 재산을 상속받은 후에 그 혼인이 취소되었다는 사정만으로 그 전에 이루어진 상속관계가 소급하여 무효라거나 또는 그 상속재산이 법률상 원인 없이 취득한 것이라고는 볼 수 없다**』(대판 1996. 12. 23, 95다48308).

정답 – X

2 **사실혼관계에 있었던 당사자들이 생전에 사실혼관계를 해소한 경우 재산분할청구권이 인정될 수 있으나, 사실혼관계가 일방 당사자의 사망으로 인하여 종료된 경우에는 그 상대방에게 재산분할청구권이 인정되지 않는다.** 변호사시험 제4회

해설 『사실혼관계에 있었던 당사자들이 생전에 사실혼관계를 해소한 경우 재산분할청구권을 인정할 수 있으나, 법률상 혼인관계가 일방 당사자의 사망으로 인하여 종료된 경우에도 생존 배우자에게 재산분할청구권이 인정되지 아니하고 단지 상속에 관한 법률 규정에 따라서 망인의 재산에 대한 상속권만이 인정된다는 점 등에 비추어 보면, **사실혼관계가 일방 당사자의 사망으로 인하여 종료된 경우에는 그 상대방에게 재산분할청구권이 인정된다고 할 수 없다**』(대판 2006. 3. 24, 2005두15595).

→ 판례에 의하면 사실혼 배우자의 생명이 위독한 경우 다른 일방배우자는 사실혼을 일방적으로 파기하고 재산분할청구를 할 수 밖에 없는데 이는 사실혼보호라는 관점에서 볼 때 문제가 많다. 다만 이러한 결과는 사실혼 배우자를 상속인에 포함시키지 않는 우리 법제에 기인한 것이므로 입법론은 별론으로 하고 해석론으로서는 어쩔 수 없는 것으로 판단된다.

정답 – O

3 **이혼으로 인한 재산분할청구권이 협의 또는 심판에 의하여 구체화되지 않았다면, 이를 미리 포기하는 행위는 채권자취소권의 대상이 될 수 없다.** 변호사시험 제4회

해설 『이혼으로 인한 재산분할청구권은 이혼을 한 당사자의 일방이 다른 일방에 대하여 재산분할을 청구할 수 있는 권리로서 이혼이 성립한 때에 그 법적 효과로서 비로소 발생하는 것일 뿐만 아니라, **협의 또는 심판에 의하여 구체적 내용이 형성되기까지는 그 범위 및**

내용이 불명확 불확정하기 때문에 구체적으로 권리가 발생하였다고 할 수 없으므로 협의 또는 심판에 의하여 구체화되지 않은 재산분할청구권은 채무자의 책임재산에 해당하지 아니하고, 이를 포기하는 행위 또한 채권자취소권의 대상이 될 수 없다』(대판 2013. 10. 11, 2013다7936).

[참고판례]『이혼으로 인한 재산분할청구권은 협의 또는 심판에 의하여 그 구체적 내용이 형성되기까지는 그 범위 및 내용이 불명확·불확정하기 때문에 구체적으로 권리가 발생하였다고 할 수 없으므로 이를 보전하기 위하여 채권자대위권을 행사할 수 없다』(대판 1999. 4. 9, 98다58016).

정답 - O

4 **부부 일방이 이혼 당시 아직 퇴직하지 아니한 채 직장에 근무하고 있는 경우에도 퇴직급여채권은 재산분할의 대상에 포함될 수 있다.** 변호사시험 제4회

해설 이미 수령한 퇴직금은 재산분할의 대상이 되나(대판 1995. 3. 28, 94므1584 ;대판 2011. 7. 14, 2009므2628,2635), 종래 판례는『향후 수령할 퇴직연금은 여명을 확정할 수 없으므로 이를 바로 분할대상 재산에 포함시킬 수는 없고, 제839조의2 제2항의 '기타 사정'으로 참작하여 분할액수와 방법을 정함이 상당하다』(대판 1997. 3. 14, 96므1533,1540)고 판시하였으나, 최근 전원합의체 판결에 의해 견해를 변경한바,『**부부 일방이 아직 재직 중이어서 실제 퇴직급여를 수령하지 않았더라도 이혼소송의 사실심 변론종결시에 이미 잠재적으로 존재하여 그 경제적 가치의 현실적 평가가 가능한 재산인 퇴직급여채권은 재산분할의 대상에 포함시킬 수 있으며,** 구체적으로는 이혼소송의 사실심 변론종결시를 기준으로 그 시점에서 퇴직할 경우 수령할 수 있을 것으로 예상되는 퇴직급여 상당액의 채권이 그 대상이 된다고 할 것이다』〔대판(전합) 2014. 7. 16, 2013므2250〕라고 판시하고 있다.

정답 - O

5 **혼인 중에 부부가 협력하여 이룩한 재산이 있는 경우에는 혼인관계의 파탄에 대하여 책임이 있는 배우자라도 재산분할을 청구할 수 있다.** 변호사시험 제4회

해설 **부부가 혼인 중에 취득한 실질적인 공동재산에 대하여 유책배우자도 재산분할청구권이 있는지 여부**에 관하여 판례는『이혼에 따른 재산분할청구권의 행사는 이혼의 일방배우자가 청구할 수 있으며 유책배우자라 할지라도 부부가 혼인 중에 취득한 실질적인 공동재산에 대해 재산분할을 청구할 수 있다』(대결 1993. 5. 11, 93스6)라고 판시하고 있다.

정답 - O

6 **이미 채무초과 상태에 있는 채무자가 이혼할 때 자신의 배우자에게 재산분할로 일정한 재산을 양도하게 됨으로써 결과적으로 일반채권자에 대한 공동담보가 감소된 경우, 그 재산분할은 원칙적으로 사해행위에 해당한다.** 변호사시험 제4회

해설 『이혼에 따른 재산분할은 혼인 중 쌍방의 협력으로 형성된 공동재산의 청산이라는 성격에 상대방에 대한 부양적 성격이 가미된 제도임에 비추어, 이미 채무초과 상태에 있는 채무자가 이혼을 하면서 배우자에게 재산분할로 일정한 재산을 양도함으로써 결과적으로 일반 채권자에 대한 공동담보를 감소시키는 결과로 되어도, 그 재산분할이 민법 제839조의2

제2항의 규정취지에 따른 상당한 정도를 벗어나는 과대한 것이라고 인정할 만한 특별한 사정이 없는 한, **사해행위로서 취소되어야 할 것은 아니고,** 다만 **상당한 정도를 벗어나는 초과부분에 대하여는 적법한 재산분할이라고 할 수 없기 때문에 이는 사해행위에 해당하여 취소의 대상으로 될 수 있을 것**이나, 이 경우에도 취소되는 범위는 그 상당한 정도를 초과하는 부분에 한정하여야 하고, 위와 같이 상당한 정도를 벗어나는 과대한 재산분할이라고 볼 만한 특별한 사정이 있다는 점에 관한 입증책임은 채권자에게 있다』(대판 2000. 9. 29, 2000다25569).

[비교판례]『 ① 상속재산의 분할협의는 상속이 개시되어 공동상속인 사이에 잠정적 공유가 된 상속재산에 대하여 그 전부 또는 일부를 각 상속인의 단독소유로 하거나 새로운 공유관계로 이행시킴으로써 상속재산의 귀속을 확정시키는 것으로 그 성질상 재산권을 목적으로 하는 법률행위이므로 사해행위취소권 행사의 대상이 될 수 있다. ② 채무초과 상태에 있는 채무자가 상속재산의 분할협의를 하면서 상속재산에 관한 권리를 포기함으로써 결과적으로 일반 채권자에 대한 공동담보가 감소되었다 하더라도, 그 재산분할결과가 채무자의 구체적 상속분에 상당하는 정도에 미달하는 과소한 것이라고 인정되지 않는 한 사해행위로서 취소되어야 할 것은 아니고, 구체적 상속분에 상당하는 정도에 미달하는 과소한 경우에도 사해행위로서 취소되는 범위는 그 미달하는 부분에 한정하여야 한다. 이때 지정상속분이나 기여분, 특별수익 등의 존부 등 구체적 상속분이 법정상속분과 다르다는 사정은 채무자가 주장·입증하여야 할 것이다』(대판 2001. 2. 9, 2000다51797). 정답 - X

7 **이혼원인 중 '기타 혼인을 계속하기 어려운 중대한 사유'는 다른 일방이 이를 안 날부터 6월, 그 사유가 있은 날부터 (B)년을 경과하면 이혼을 청구하지 못한다.** 변호사시험 제4회

해설 제840조 제6호의 사유는 다른 일방이 이를 안 날로부터 6월, 그 사유 있은 날로부터 2년을 경과하면 이혼을 청구하지 못한다(민법 제842조). 정답 - 2

8 **재판상 이혼시의 재산분할에 있어서 분할의 대상이 되는 재산과 그 액수는 이혼소송의 사실심 변론종결일을 기준으로 정한다.** 변호사시험 제5회

해설 **재판상 이혼시의 재산분할에 있어 분할의 대상이 되는 재산과 그 액수 산정의 기준시기(=이혼소송의 사실심 변론종결일)**에 관하여 판례는『재판상 이혼시의 재산분할에 있어 분할의 대상이 되는 재산과 그 액수는 이혼소송의 사실심 변론종결일을 기준으로 하여 정하여야 하므로, 법원은 변론종결일까지 기록에 나타난 객관적인 자료에 의하여 개개의 공동재산의 가액을 정하여야 한다』(대판 2010. 4. 15, 2009므4297)라고 판시하고 있다.

정답 - O

9 **아직 이혼하지 않은 당사자가 장차 협의상 이혼할 것을 약정하면서 이를 전제로 재산분할에 관한 협의를 하였다면, 그후 재판상 이혼을 한 경우에도 그 협의에 따라야 한다.**

변호사시험 제5회

해설 『재산분할에 관한 협의는 혼인중 당사자 쌍방의 협력으로 이룩한 재산의 분할에 관하여 이미 이혼을 마친 당사자 또는 아직 이혼하지 않은 당사자 사이에 행하여지는 협의를 가리키는 것인바, 그 중 아직 이혼하지 않은 당사자가 장차 협의상 이혼할 것을 약정하면서 이를 전제로 하여 위 재산분할에 관한 협의를 하는 경우에 있어서는, 특별한 사정이 없는 한, **장차 당사자 사이에 협의상 이혼이 이루어질 것을 조건으로 하여 조건부의사표시가 행하여지는 것**이라 할 것이므로, 그 협의 후 당사자가 약정한대로 협의상 이혼이 이루어진 경우에 한하여 그 협의의 효력이 발생하는 것이지, 어떠한 원인으로든지 협의상 이혼이 이루어지지 아니하고 혼인관계가 존속하게 되거나 당사자 일방이 제기한 이혼청구의 소에 의하여 재판상이혼(화해 또는 조정에 의한 이혼을 포함한다)이 이루어진 경우에는, **위 협의는 조건의 불성취로 인하여 효력이 발생하지 않는다**』(대판 2003. 8. 19, 2001다14061). 정답 - X

10 **재산분할의 대상이 되는 소극재산의 총액이 적극재산의 총액을 초과하여, 재산분할을 한 결과가 결국 채무의 분담을 정하는 것이 되는 경우, 법원은 재산분할청구를 받아들여서는 안 된다.** 변호사시험 제5회

해설 『[다수의견] 이혼 당사자 각자가 보유한 적극재산에서 소극재산을 공제하는 등으로 재산상태를 따져 본 결과 **재산분할 청구의 상대방이 그에게 귀속되어야 할 몫보다 더 많은 적극재산을 보유하고 있거나 소극재산의 부담이 더 적은 경우에는 적극재산을 분배하거나 소극재산을 분담하도록 하는 재산분할은 어느 것이나 가능**하다고 보아야 하고, **후자의 경우라고 하여 당연히 재산분할 청구가 배척되어야 한다고 할 것은 아니다.** 그러므로 소극재산의 총액이 적극재산의 총액을 초과하여 재산분할을 한 결과가 결국 채무의 분담을 정하는 것이 되는 경우에도 법원은 채무의 성질, 채권자와의 관계, 물적 담보의 존부 등 일체의 사정을 참작하여 이를 분담하게 하는 것이 적합하다고 인정되면 구체적인 분담의 방법 등을 정하여 재산분할 청구를 받아들일 수 있다 할 것이다. 그것이 부부가 혼인 중 형성한 재산관계를 이혼에 즈음하여 청산하는 것을 본질로 하는 재산분할 제도의 취지에 맞고, 당사자 사이의 실질적 공평에도 부합한다. 다만 재산분할 청구 사건에 있어서는 혼인 중에 이룩한 재산관계의 청산뿐 아니라 이혼 이후 당사자들의 생활보장에 대한 배려 등 부양적 요소 등도 함께 고려할 대상이 되므로, 재산분할에 의하여 채무를 분담하게 되면 그로써 채무초과 상태가 되거나 기존의 채무초과 상태가 더욱 악화되는 것과 같은 경우에는 채무부담의 경위, 용처, 채무의 내용과 금액, 혼인생활의 과정, 당사자의 경제적 활동능력과 장래의 전망 등 제반 사정을 종합적으로 고려하여 채무를 분담하게 할지 여부 및 분담의 방법 등을 정할 것이고, 적극재산을 분할할 때처럼 재산형성에 대한 기여도 등을 중심으로 일률적인 비율을 정하여 당연히 분할 귀속되게 하여야 한다는 취지는 아니라는 점을 덧붙여 밝혀 둔다』〔대판(전합) 2013. 6. 20, 2010므4071〕. 정답 - X

11 **재산분할청구권은 협의 또는 심판에 의하여 그 구체적 내용이 형성되기 전까지는 그 범위 및 내용이 불명확하고 불확정적이기 때문에 구체적으로 권리가 발생하였다고 할 수 없어 이를 보전하기 위한 채권자대위권은 행사할 수 없다.** 변호사시험 제5회

해설 **이혼으로 인한 재산분할청구권을 보전하기 위하여 채권자대위권을 행사할 수 있는지 여부**에 관하여 판례는 『이혼으로 인한 재산분할청구권은 협의 또는 심판에 의하여 그 구체적 내용이 형성되기까지는 그 범위 및 내용이 불명확·불확정하기 때문에 구체적으로 권리가 발생하였다고 할 수 없으므로 이를 보전하기 위하여 채권자대위권을 행사할 수 없다』(대판1999. 4. 9, 98다58016)라고 판시하고 있다.

정답 - O

12 **이혼소송과 재산분할청구가 병합된 경우, 배우자의 일방이 사망하면 이혼의 성립을 전제로 하여 이혼소송에 부대한 재산분할청구 역시 이를 유지할 이익이 상실되어 이혼소송의 종료와 동시에 종료된다.** 변호사시험 제5회

해설 **이혼소송의 계속중 당사자 일방이 사망하면 이혼소송과 병합된 재산분할청구도 종료되는지 여부**에 관하여 판례는 『이혼소송과 재산분할청구가 병합된 경우, 배우자 일방이 사망하면 이혼의 성립을 전제로 하여 이혼소송에 부대한 재산분할청구 역시 이를 유지할 이익이 상실되어 이혼소송의 종료와 동시에 종료된다』(대판 1994. 10. 28, 94므246)라고 판시하고 있다.

정답 - O

13 **부부가 장기간 별거하여 실질적으로 부부공동생활이 파탄되었고 객관적으로 회복할 수 없는 정도에 이르렀으나 아직 이혼이 성립하지 않은 상태에서 부부의 일방과 성적인 행위를 한 제3자는 타방 배우자에게 불법행위책임을 진다.** 변호사시험 제6회

해설 『**비록 부부가 아직 이혼하지 아니하였지만 이처럼 실질적으로 부부공동생활이 파탄되어 회복할 수 없을 정도의 상태에 이르렀다면, 제3자가 부부의 일방과 성적인 행위를 하더라도** 이를 두고 부부공동생활을 침해하거나 유지를 방해하는 행위라고 할 수 없고 또한 그로 인하여 배우자의 부부공동생활에 관한 권리가 침해되는 손해가 생긴다고 할 수도 없으므로 **불법행위가 성립한다고 보기 어렵다**. 그리고 이러한 법률관계는 재판상 이혼청구가 계속 중에 있다거나 재판상 이혼이 청구되지 않은 상태라고 하여 달리 볼 것은 아니다』[대판(전합) 2014. 11. 20, 2011므2997].

정답 - X

14 **부정행위로 인한 재판상 이혼청구의 제척기간이 경과한 경우에는 부부의 일방은 자신의 배우자와 부정행위를 한 제3자를 상대로 위자료 청구를 할 수 없다.** 변호사시험 제6회

해설 **민법 제841조가 배우자로서의 권리침해를 원인으로 한 위자료 청구사건에도 적용되는지 여부**에 관하여 판례는 『**민법 제841조 소정의 제척기간은** 부정행위를 원인으로 한 이혼청구권의 소멸에 관한 규정으로서 이는 부권침해를 원인으로 하여 그 **정신상 고통에 대한 위자료를 청구하고 있는 경우에는 적용될 수 없다**』(대판 1985. 6. 25, 83므18)라고 판시하고 있다.

〔**제841조(부정으로 인한 이혼청구권의 소멸)**〕 전조 제1호의 사유는 다른 일방이 사전동의나 사후 용서를 한 때 또는 이를 안 날로부터 6월, 그 사유있은 날로부터 2년을 경과한 때에는 이혼을 청구하지 못한다.

정답 - X

15 **이혼소송의 원고가 「민법」 제840조 제2호 사유와 제6호 사유를 주장하는 경우 제2호 사유의 존부를 먼저 판단하고, 그것이 인정되지 않는 경우에 비로소 제6호의 원인을 최종적으로 판단하여야 한다.** 변호사시험 제6회

해설 『재판상 이혼사유에 관한 민법 제840조는 동조가 규정하고 있는 각 호 사유마다 각 별개의 독립된 이혼사유를 구성하는 것이고, **원고가 이혼청구를 구하면서 위 각 호 소정의 수개의 사유를 주장하는 경우 법원은 그 중 어느 하나를 받아들여 원고의 청구를 인용할 수 있는 것이다.**

이와 달리 법원은 각 이혼원인을 판단함에 있어 원고가 주장하는 이혼원인 중 제1호 내지 제5호 사유의 존부를 먼저 판단하고, 그것이 인정되지 않는 경우에 비로소 제6호의 원인을 최종적으로 판단할 수 있는 것이라는 주장은 독자적인 견해에 불과하고, 따라서 위와 같은 견해에 입각하여 원심이 민법 제840조 각 호의 지위에 관한 법리를 오해하였다는 상고이유의 주장은 받아들일 수 없다』(대판 2000. 9. 5, 99므1886). 정답 - X

16 **부부의 일방이 동거의무를 위반한 경우 상대방은 손해배상을 청구할 수 없으나 재판상 이혼 청구는 가능하다.** 변호사시험 제6회

해설 『부부의 일방이 상대방에 대하여 동거에 관한 심판을 청구한 결과로 그 심판절차에서 **동거의무의 이행을 위한 구체적인 조치에 관하여 조정이 성립한 경우에 그 조치의 실현을 위하여 서로 협력할 법적 의무의 본질적 부분을 상대방이 유책하게 위반하였다면, 부부의 일방은 바로 그 의무의 불이행을 들어** 그로 인하여 통상 발생하는 **비재산적 손해의 배상을 청구할 수 있고,** 그에 반드시 이혼의 청구가 전제되어야 할 필요는 없다』(대판 2009. 7. 23, 2009다32454).

→ 부부의 일방이 동거의무를 위반한 경우 상대방은 손해배상을 청구할 수 없으나 재판상 이혼 청구는 가능하다. 정답 - X

17 **의사무능력 상태인 피성년후견인을 대리하여 성년후견인이 그 배우자를 상대로 재판상 이혼을 청구하려면 재판상 이혼 사유가 인정될 뿐 아니라 피성년후견인의 이혼의사가 객관적으로 추정되어야 한다.** 변호사시험 제6회

해설 『**의식불명의 식물상태와 같은 의사무능력 상태에 빠져 금치산선고를 받은 자의 배우자에게 부정행위나 악의의 유기 등과 같이 민법 제840조 각 호가 정한 이혼사유가 존재하고 나아가 금치산자의 이혼의사를 객관적으로 추정할 수 있는 경우에는,** 민법 제947조, 제949조에 의하여 금치산자의 요양·감호와 그의 재산관리를 기본적 임무로 하는 **후견인(민법 제940조에 의하여 배우자에서 변경된 후견인이다)으로서는 의사무능력 상태에 있는 금치산자를 대리하여 그 배우자를 상대로 재판상 이혼을 청구할 수 있다**』(대판 2010. 4. 29, 2009므639). 정답 - O

18 **부부 일방의 특유재산은 원칙적으로 분할의 대상이 되지 아니하나 다른 일방이 적극적으로 그 특유재산의 유지에 협력하여 그 감소를 방지하였거나 그 증식에 협력하였다고 인정되는 경우에는 분할의 대상이 될 수 있다.** 변호사시험 제7회

해설 『민법 제839조의2에 규정된 재산분할제도는 혼인 중에 취득한 실질적인 공동재산을 청산 분배하는 것을 주된 목적으로 하는 것이므로, 부부가 이혼을 할 때 쌍방의 협력으로 이룩한 재산이 있는 한, 법원으로서는 당사자의 청구에 의하여 그 재산의 형성에 기여한 정도 등 당사자 쌍방의 일체의 사정을 참작하여 분할의 액수와 방법을 정하여야 하는바, 이 경우 **부부 일방의 특유재산은 원칙적으로 분할의 대상이 되지 아니하나 특유재산일지라도 다른 일방이 적극적으로 그 특유재산의 유지에 협력하여 그 감소를 방지하였거나 그 증식에 협력하였다고 인정되는 경우에는 분할의 대상이 될 수 있다**』(대결 2002. 8. 28, 자2002스36). 정답 - O

19 **재판상 재산분할청구의 경우, 비록 이혼 당시 부부 일방이 아직 재직 중이어서 실제 퇴직급여를 수령하지 않았더라도 퇴직급여채권은 재산분할의 대상이 될 수 있으며, 구체적으로는 이혼소송의 사실심변론종결시 이후 장래 퇴직시까지 예상되는 퇴직급여 상당액의 채권도 포함된다.** 변호사시험 제7회

해설 『위와 같은 재산분할제도의 취지 및 여러 사정들에 비추어 볼 때, 비록 이혼 당시 부부 일방이 아직 재직 중이어서 실제 퇴직급여를 수령하지 않았더라도 **이혼소송의 사실심 변론종결 시에 이미 잠재적으로 존재하여 경제적 가치의 현실적 평가가 가능한 재산인 퇴직급여채권은 재산분할의 대상에 포함시킬 수 있으며, 구체적으로는 이혼소송의 사실심 변론종결 시를 기준으로 그 시점에서 퇴직할 경우 수령할 수 있을 것으로 예상되는 퇴직급여 상당액의 채권이 그 대상이 된다**』[대판(전합) 2014. 7. 16, 2013므2250]. 정답 - X

20 **소극재산의 총액이 적극재산의 총액을 초과하여 재산분할을 한 결과가 결국 채무의 분담을 정하는 것이 되는 경우에도 법원은 이를 분담하게 하는 것이 적합하다고 인정되면 구체적인 분담의 방법 등을 정하여 재산분할청구를 받아들일 수 있다.** 변호사시험 제7회

해설 『이혼 당사자 각자가 보유한 적극재산에서 소극재산을 공제하는 등으로 재산상태를 따져 본 결과 **재산분할 청구의 상대방이 그에게 귀속되어야 할 몫보다 더 많은 적극재산을 보유하고 있거나 소극재산의 부담이 더 적은 경우에는 적극재산을 분배하거나 소극재산을 분담하도록 하는 재산분할은 어느 것이나 가능하다**고 보아야 하고, 후자의 경우라고 하여 당연히 재산분할 청구가 배척되어야 한다고 할 것은 아니다. 그러므로 소극재산의 총액이 적극재산의 총액을 초과하여 재산분할을 한 결과가 결국 채무의 분담을 정하는 것이 되는 경우에도 법원은 채무의 성질, 채권자와의 관계, 물적 담보의 존부 등 일체의 사정을 참작하여 이를 분담하게 하는 것이 적합하다고 인정되면 구체적인 분담의 방법 등을 정하여 재산분할 청구를 받아들일 수 있다 할 것이다. 그것이 부부가 혼인 중 형성한 재산관계를 이혼에 즈음하여 청산하는 것을 본질로 하는 재산분할 제도의 취지에 맞고, 당사자 사이의 실질적 공평에도 부합한다. 다만 재산분할 청구 사건에 있어서는 혼인 중에 이룩한 재산관계의

청산뿐 아니라 이혼 이후 당사자들의 생활보장에 대한 배려 등 부양적 요소 등도 함께 고려할 대상이 되므로, 재산분할에 의하여 채무를 분담하게 되면 그로써 채무초과 상태가 되거나 기존의 채무초과 상태가 더욱 악화되는 것과 같은 경우에는 채무부담의 경위, 용처, 채무의 내용과 금액, 혼인생활의 과정, 당사자의 경제적 활동능력과 장래의 전망 등 제반 사정을 종합적으로 고려하여 채무를 분담하게 할지 여부 및 분담의 방법 등을 정할 것이고, 적극재산을 분할할 때처럼 재산형성에 대한 기여도 등을 중심으로 일률적인 비율을 정하여 당연히 분할 귀속되게 하여야 한다는 취지는 아니라는 점을 덧붙여 밝혀 둔다』[대판(전합) 2013. 6. 20, 2010므4071,4088]. 정답 - O

21 **협의 또는 심판에 따라 구체화되지 않은 재산분할청구권을 혼인이 해소되기 전에 미리 포기하는 것은 성질상 허용되지 아니한다.** 변호사시험 제7회

해설 『민법 제839조의2에 규정된 재산분할제도는 혼인 중에 부부 쌍방의 협력으로 이룩한 실질적인 공동재산을 청산·분배하는 것을 주된 목적으로 하는 것이고, 이혼으로 인한 재산분할청구권은 이혼이 성립한 때에 법적 효과로서 비로소 발생하는 것일 뿐만 아니라 협의 또는 심판에 따라 구체적 내용이 형성되기까지는 범위 및 내용이 불명확·불확정하기 때문에 구체적으로 권리가 발생하였다고 할 수 없으므로, **협의 또는 심판에 따라 구체화되지 않은 재산분할청구권을 혼인이 해소되기 전에 미리 포기하는 것은 성질상 허용되지 아니한다.** 아직 이혼하지 않은 당사자가 장차 협의상 이혼할 것을 합의하는 과정에서 이를 전제로 재산분할청구권을 포기하는 서면을 작성한 경우, 부부 쌍방의 협력으로 형성된 공동재산 전부를 청산·분배하려는 의도로 재산분할의 대상이 되는 재산액, 이에 대한 쌍방의 기여도와 재산분할 방법 등에 관하여 협의한 결과 부부 일방이 재산분할청구권을 포기하기에 이르렀다는 등의 사정이 없는 한 성질상 허용되지 아니하는 '재산분할청구권의 사전포기'에 불과할 뿐이므로 쉽사리 '재산분할에 관한 협의'로서의 '포기약정'이라고 보아서는 아니 된다』(대결 2016. 1. 25, 자2015스451). 정답 - O

22 **부부 일방이 혼인 중 제3자에게 부담한 채무는 일상가사에 관한 것 이외에는 원칙적으로 개인의 채무로서 청산대상이 되지 않으나 공동재산의 형성에 수반하여 부담한 채무인 경우에는 청산대상이 된다.** 변호사시험 제7회

해설 **부부 일방이 혼인 중에 부담한 제3자에 대한 채무가 청산대상이 되는 경우**에 관하여 판례는『부부 일방이 혼인 중 제3자에게 부담한 채무는 일상가사에 관한 것 이외에는 원칙적으로 그 개인의 채무로서 청산의 대상이 되지 않으나 그것이 공동재산의 형성에 수반하여 부담한 채무인 경우에는 청산의 대상이 된다』(대판 2010. 4. 15, 2009므4297)라고 판시하고 있다. 정답 - O

23 **甲이 사망하여 배우자인 乙이 상속받은 후에 甲과 乙의 혼인이 취소된 경우, 乙의 상속은 사망 시에 소급하여 무효로 한다.** 변호사시험 제3회

해설 혼인취소판결이 확정되면 혼인은 장래에 향하여 해소되며, **소급효가 인정되지 않는다**(제824조). 위 조문의 해석과 관련하여, 인격과 불가분의 관계에 있는 신분관계만이 이에 해당하고, 재산관계에서는 소급효를 인정하는 견해도 있으나, 대법원은 배우자 사이에 **재산상속이 있은 후에 그 혼인이 취소되더라도 상속이 무효로 되지 않는다**(대판 1996. 12. 23, 95다48308)고 하여 신분관계, 재산관계를 불문하고 소급효를 부정한다. 정답 – X

24 **친양자가 될 사람은 17세 미만이어야 한다.** 변호사시험 제3회

해설 17세 미만이 아니라 **미성년자**이면 된다(제908조의2 제1항 제2호).

〔제908조의2(친양자 입양의 요건 등)〕 ① 친양자를 입양하려는 사람은 다음 각 호의 요건을 갖추어 가정법원에 친양자 입양을 청구하여야 한다.
2. 친양자가 될 사람이 미성년자일 것

정답 – X

25 **친양자 입양이 취소된 때에는 친양자 관계는 입양한 때로 소급하여 소멸하고 입양 전의 친족관계는 부활한다.** 변호사시험 제3회

해설

〔제908조의7(친양자 입양의 취소·파양의 효력)〕 ① 친양자 입양이 취소되거나 파양된 때에는 친양자관계는 소멸하고 입양 전의 친족관계는 부활한다. ② 제1항의 경우에 친양자 입양의 취소의 효력은 소급하지 아니한다.

정답 – X

26 **친양자 입양에는 친양자가 될 사람의 친생부모의 동의가 필요하지만, 친생부모의 소재를 알 수 없는 경우에는 그의 동의 없이도 친양자 입양이 가능하다.** 변호사시험 제3회

해설

〔제908조의2(친양자 입양의 요건 등)〕 ① 친양자를 입양하려는 사람은 다음 각 호의 요건을 갖추어 가정법원에 친양자 입양을 청구하여야 한다.
3. 친양자가 될 사람의 친생부모가 친양자 입양에 동의할 것. 다만, 부모가 친권상실의 선고를 받거나 소재를 알 수 없거나 그 밖의 사유로 동의할 수 없는 경우에는 그러하지 아니하다.

정답 – O

27 **친양자가 될 사람이 15세 이상인 경우에는 법정대리인의 동의를 받아 입양을 승낙하고, 15세 미만인 경우에는 법정대리인이 그를 갈음하여 입양을 승낙하여야 한다.**

변호사시험 제3회

해설 15세가 아니라 13세이다(제908조의2 제1항 제4호, 제5호).

〔제908조의2(친양자 입양의 요건 등)〕 ① 친양자를 입양하려는 사람은 다음 각 호의 요건을 갖추어 가정법원에 친양자 입양을 청구하여야 한다.
4. 친양자가 될 사람이 **13세 이상**인 경우에는 법정대리인의 동의를 받아 입양을 승낙할 것
5. 친양자가 될 사람이 **13세 미만**인 경우에는 법정대리인이 그를 갈음하여 입양을 승낙할 것

정답 - X

28 **친생부모가 자신에게 책임이 있는 사유로 3년 이상 자녀에 대한 부양의무를 이행하지 아니하고, 면접교섭을 하지 아니한 경우에는 친생부모의 동의나 승낙이 없더라도 가정법원이 친양자 입양청구를 인용할 수 있다.** 변호사시험 제3회

해설

〔제908조의2(친양자 입양의 요건 등)〕 ② 가정법원은 다음 각 호의 어느 하나에 해당하는 경우에는 제1항 제3호·제4호에 따른 동의 또는 같은 항 제5호에 따른 승낙이 없어도 제1항의 청구를 인용할 수 있다. 이 경우 가정법원은 동의권자 또는 승낙권자를 심문하여야 한다.
2. **친생부모가 자신에게 책임이 있는 사유로 3년 이상 자녀에 대한 부양의무를 이행하지 아니하고 면접교섭을 하지 아니한 경우**

정답 - O

29 **혼인 외의 자(子)에 대하여 출생신고를 하지 않은 생부를 상대로 그 자(子)가 법률상의 친자관계를 인정받으려고 하는 경우에 (A)를 제기하여야 한다.** 변호사시험 제4회

해설 자와 그 직계비속 또는 그 법정대리인은 부 또는 모를 상대로 하여 인지청구의 소를 제기할 수 있다(민법 제863조). 정답 - **인지청구의 소**

30 **처가 가출하여 부(夫)와 별거한지 약 2년 2개월 후에 출산한 혼인 중의 출생자에 대해 부(父)가 자신의 친생자가 아니라는 사실을 안 날부터 3년이 지나 친자관계를 부인하는 경우 (C)를 제기하여야 한다.** 변호사시험 제4회

해설 민법 제844조 제1항은 "처가 혼인 중에 포태한 자는 부의 자로 추정한다."고 규정하나, 이는 『부부가 동거하여 처가 부의 자를 포태할 수 있는 상태에서 자를 포태한 경우에 적용되는 것이고 부부의 한쪽이 장기간에 걸쳐 해외에 나가 있거나 사실상의 이혼으로 부부가 별거하고 있는 경우 등 **동서의 결여로 처가 부의 자를 포태할 수 없는 것이 외관상 명백한 사정이 있는 경우에는 그 추정이 미치지 아니하므로**』〔대판(전합) 1983. 7. 12, 82므59〕, 제846조 이하의 친생부인의 소가 아닌 제865조의 친생자관계 부존재 확인의 소를 제기해야 한다. 정답 - **친생자관계 부존재 확인의 소**

31 **친권을 행사하는 부모라도 미성년자를 위한 법률행위의 대리권과 재산관리권이 없는 경우에는 유언으로 미성년후견인을 지정할 수 없다.** 변호사시험 제7회

해설

〔제931조(유언에 의한 미성년후견인의 지정 등)〕 ① 미성년자에게 친권을 행사하는 부모는 유언으로 미성년후견인을 지정할 수 있다. 다만, 법률행위의 대리권과 재산관리권이 없는 친권자는 그러하지 아니하다.

정답 – O

32 **미성년자에게 친권을 행사하는 부모의 유언으로 미성년후견인이 지정된 경우라도 미성년자는 자신의 복리를 위하여 필요하면 가정법원에 후견을 종료하고 생존하는 부 또는 모를 친권자로 지정할 것을 청구할 수 있다.** 변호사시험 제7회

해설

〔제931조(유언에 의한 미성년후견인의 지정 등)〕 ② 가정법원은 제1항에 따라 미성년후견인이 지정된 경우라도 미성년자의 복리를 위하여 필요하면 생존하는 부 또는 모, 미성년자의 청구에 의하여 후견을 종료하고 생존하는 부 또는 모를 친권자로 지정할 수 있다.

정답 – O

33 **미성년자의 신상과 재산에 관한 모든 사정을 고려하여 여러 명의 미성년후견인을 둘 수 있다.** 변호사시험 제7회

해설

〔제930조(후견인의 수와 자격)〕 ① 미성년후견인의 수는 **한 명**으로 한다.

정답 – X

34 **가정법원은 친권의 상실, 일시 정지, 일부 제한의 선고 또는 법률행위의 대리권이나 재산관리권 상실의 선고에 따라 미성년후견인을 선임할 필요가 있는 경우에는 직권으로 미성년후견인을 선임한다.** 변호사시험 제7회

해설

〔제932조(미성년후견인의 선임)〕 ② 가정법원은 제924조, 제924조의2 및 제925조에 따른 친권의 상실, 일시 정지, 일부 제한의 선고 또는 법률행위의 대리권이나 재산관리권 상실의 선고에 따라 미성년후견인을 선임할 필요가 있는 경우에는 직권으로 미성년후견인을 선임한다.

정답 – O

35 **미성년후견인을 지정할 수 있는 사람은 유언으로 미성년후견감독인을 지정할 수 있다.**

변호사시험 제7회

해설

〔**제940조의2(미성년후견감독인의 지정)**〕 미성년후견인을 지정할 수 있는 사람은 유언으로 미성년후견감독인을 지정할 수 있다.

정답 – O

36 **친권자가 친권을 남용하여 자녀의 복리를 현저히 해치거나 해칠 우려가 있는 경우 가정법원은 자녀의 청구에 의하여 친권을 일시적으로 정지시킬 수 있다.** 변호사시험 제6회

해설

〔**제924조(친권의 상실 또는 일시 정지의 선고)**〕 ① **가정법원은 부 또는 모가 친권을 남용하여 자녀의 복리를 현저히 해치거나 해칠 우려가 있는 경우에는 자녀**, 자녀의 친족, 검사 또는 지방자치단체의 장의 **청구에 의하여 그 친권의 상실 또는 일시 정지를 선고할 수 있다.**

정답 – O

37 **법정대리인인 친권자는 정당한 사유가 있는 때에는 가정법원의 허가를 얻어 친권자의 권한 중 법률행위의 대리권과 재산관리권을 사퇴할 수 있다.** 변호사시험 제6회

해설

〔**제927조(대리권, 관리권의 사퇴와 회복)**〕 ① 법정대리인인 친권자는 정당한 사유가 있는 때에는 법원의 허가를 얻어 그 법률행위의 대리권과 재산관리권을 사퇴할 수 있다.

정답 – O

38 **친권자가 공동상속인인 자신과 미성년자녀 사이에 미성년자녀를 대리하여 상속재산분할협의를 한 경우 그 분할협의는 무효이다.** 변호사시험 제6회

해설 민법 제921조에 위반된 공동상속재산분할협의의 효력에 관하여 판례는 『**친권자가 수인의 미성년자의 법정대리인으로서 상속재산분할협의를 한 것**이라면 이는 민법 제921조에 위반된 것으로서 이러한 대리행위에 의하여 성립된 상속재산분할협의는 피대리자 전원에 의한 추인이 없는 한 **무효이다**』(대판 1993. 4. 13, 92다54524)라고 판시하고 있다.

[**제921조(친권자와 그 자간 또는 수인의 자간의 이해상반행위)**] ① 법정대리인인 친권자와 그 자사이에 이해상반되는 행위를 함에는 친권자는 법원에 그 자의 특별대리인의 선임을 청구하여야 한다. ② 법정대리인인 친권자가 그 친권에 따르는 수인의 자 사이에 이해상반되는 행위를 함에는 법원에 그 자 일방의 특별대리인의 선임을 청구하여야 한다.

정답 – O

39 **친권자인 모(母)가 미성년자녀를 대리하여 그 자녀의 유일한 재산인 부동산을 자신의 오빠에게 증여한 경우 이는 「민법」 제921조의 이해상반행위에 해당한다.** 변호사시험 제6회

해설 『민법 제921조의 **이해상반행위란 행위의 객관적 성질상 친권자와 그 자 사이 또는 친권에 복종하는 수인의 자 사이에 이해의 대립이 생길 우려가 있는 행위**를 가리키는 것으로서, 친권자의 의도나 그 행위의 결과 실제로 이해의 대립이 생겼는지의 여부는 묻지 않는다』(대판 1996. 11. 22, 96다10270).

『미성년자의 친권자인 **모가 자기 오빠의 제3자에 대한 채무의 담보로 미성년자 소유의 부동산에 근저당권을 설정하는 행위**가, **채무자를 위한 것으로서 미성년자에게는 불이익만을 주는 것이라고 하더라도**, 민법 제921조 제1항에 규정된 '법정대리인인 친권자와 그 자 사이에 **이해상반되는 행위'라고 볼 수는 없다**』(대판 1991. 11. 26, 91다32466).

→ 판례는 이해상반행위 여부를 행위의 객관적 성질에 따라 형식적으로 판단하는 것이 기본적인 입장이다(첫 번째 판례). 그에 따라 친권자의 오빠를 위한 행위는 친권자와 자의 이해가 상반되는 경우가 아니라고 보았다(두 번째 판례). 같은 논리로, 친권자의 오빠에게 미성년인 자녀의 재산을 증여하는 것은 형식적으로 친권자와 자의 이해가 상반되는 경우가 아니므로 민법 제921조의 이해상반행위에 해당하지 않는다. 정답 - X

40 **이혼 후 미성년자녀의 단독친권자인 모(母)가 사망한 경우, 생존한 부(父)가 자동적으로 미성년자녀의 친권자가 되는 것은 아니다.** 변호사시험 제6회

해설

〔제909조의2(친권자의 지정 등)〕 ① 제909조 제4항부터 제6항까지의 규정에 따라 **단독 친권자로 정하여진 부모의 일방이 사망한 경우** 생존하는 부 또는 모, 미성년자, 미성년자의 친족은 그 사실을 안 날부터 1개월, 사망한 날부터 6개월 내에 **가정법원에 생존하는 부 또는 모를 친권자로 지정할 것을 청구할 수 있다.** ② 입양이 취소되거나 파양된 경우 또는 양부모가 모두 사망한 경우 친생부모 일방 또는 쌍방, 미성년자, 미성년자의 친족은 그 사실을 안 날부터 1개월, 입양이 취소되거나 파양된 날 또는 양부모가 모두 사망한 날부터 6개월 내에 가정법원에 친생부모 일방 또는 쌍방을 친권자로 지정할 것을 청구할 수 있다. 다만, 친양자의 양부모가 사망한 경우에는 그러하지 아니하다. ③ **제1항** 또는 제2항의 **기간 내에 친권자 지정의 청구가 없을 때에는 가정법원은 직권으로 또는 미성년자, 미성년자의 친족, 이해관계인, 검사, 지방자치단체의 장의 청구**에 **의하여 미성년후견인을 선임할 수 있다.** 이 경우 생존하는 부 또는 모, 친생부모 일방 또는 쌍방의 소재를 모르거나 그가 정당한 사유 없이 소환에 응하지 아니하는 경우를 제외하고 그에게 의견을 진술할 기회를 주어야 한다. ④ **가정법원은 제1항** 또는 제2항에 **따른 친권자 지정 청구**나 **제3항에 따른 후견인 선임 청구**가 생존하는 부 또는 모, 친생부모 일방 또는 쌍방의 양육의사 및 양육능력, 청구 동기, 미성년자의 의사, 그 밖의 사정을 고려하여 미성년자의 복리를 위하여 적절하지 아니하다고 인정하면 청구를 **기각할 수 있다. 이 경우 가정법원은 직권으로 미성년후견인을 선임하거나 생존하는 부 또는 모, 친생부모 일방 또는 쌍방을 친권자로 지정하여야**

한다. ⑤ **가정법원은 다음 각 호의 어느 하나에 해당하는 경우에** 직권으로 또는 미성년자, 미성년자의 친족, 이해관계인, 검사, 지방자치단체의 장의 청구에 의하여 **제1항부터 제4항까지의 규정에 따라 친권자가 지정되거나 미성년후견인이 선임될 때까지 그 임무를 대행할 사람을 선임할 수 있다.** 이 경우 그 임무를 대행할 사람에 대하여는 제25조 및 제954조를 준용한다.
1. **단독 친권자가 사망한 경우**
2. 입양이 취소되거나 파양된 경우
3. 양부모가 모두 사망한 경우

정답 - O

41 **임의후견감독인이 선임되기 전에 본인 또는 임의후견인이 후견계약을 철회하고자 하는 경우에 가정법원의 허가를 받아야 한다.** 변호사시험 제4회

해설

[**제959조의18(후견계약의 종료)**] ① **임의후견감독인의 선임 전**에는 본인 또는 임의후견인은 **언제든지 공증인의 인증을 받은 서면으로 후견계약의 의사표시를 철회할 수 있다.** ② 임의후견감독인의 선임 이후에는 본인 또는 임의후견인은 정당한 사유가 있는 때에만 가정법원의 허가를 받아 후견계약을 종료할 수 있다.

정답 - X

42 **성년후견인이 피성년후견인을 대신하여 피성년후견인이 의료행위의 직접적인 결과로 사망하거나 상당한 장애를 입을 위험이 있는 의료행위에 동의하는 경우에 가정법원의 허가를 받아야 한다.** 변호사시험 제4회

해설

[**제947조의2(피성년후견인의 신상결정 등)**] ① 피성년후견인은 자신의 신상에 관하여 그의 상태가 허락하는 범위에서 단독으로 결정한다. ② 성년후견인이 피성년후견인을 치료 등의 목적으로 정신병원이나 그 밖의 다른 장소에 격리하려는 경우에는 가정법원의 허가를 받아야 한다. ③ 피성년후견인의 신체를 침해하는 의료행위에 대하여 피성년후견인이 동의할 수 없는 경우에는 성년후견인이 그를 대신하여 동의할 수 있다. ④ 제3항의 경우 **피성년후견인이 의료행위의 직접적인 결과로 사망하거나 상당한 장애를 입을 위험이 있을 때에는 가정법원의 허가를 받아야 한다.** 다만, 허가절차로 의료행위가 지체되어 피성년후견인의 생명에 위험을 초래하거나 심신상의 중대한 장애를 초래할 때에는 사후에 허가를 청구할 수 있다. ⑤ 성년후견인이 피성년후견인을 대리하여 피성년후견인이 거주하고 있는 건물 또는 그 대지에 대하여 매도, 임대, 전세권 설정, 저당권 설정, 임대차의 해지, 전세권의 소멸, 그 밖에 이에 준하는 행위를 하는 경우에는 가정법원의 허가를 받아야 한다.

정답 - O

43 **성년후견인이 피성년후견인을 대리하여 피성년후견인이 거주하고 있는 건물 또는 그 대지에 대하여 매도, 임대, 저당권 설정 행위를 하는 경우에 가정법원의 허가를 받아야 한다.**

변호사시험 제4회

해설

〔제947조의2(피성년후견인의 신상결정 등)〕 ① 피성년후견인은 자신의 신상에 관하여 그의 상태가 허락하는 범위에서 단독으로 결정한다. ② 성년후견인이 피성년후견인을 치료 등의 목적으로 정신병원이나 그 밖의 다른 장소에 격리하려는 경우에는 가정법원의 허가를 받아야 한다. ③ 피성년후견인의 신체를 침해하는 의료행위에 대하여 피성년후견인이 동의할 수 없는 경우에는 성년후견인이 그를 대신하여 동의할 수 있다. ④ 제3항의 경우 피성년후견인이 의료행위의 직접적인 결과로 사망하거나 상당한 장애를 입을 위험이 있을 때에는 가정법원의 허가를 받아야 한다. 다만, 허가절차로 의료행위가 지체되어 피성년후견인의 생명에 위험을 초래하거나 심신상의 중대한 장애를 초래할 때에는 사후에 허가를 청구할 수 있다. ⑤ 성년후견인이 피성년후견인을 대리하여 **피성년후견인이 거주하고 있는 건물 또는 그 대지에 대하여 매도,임대,전세권 설정,저당권 설정,임대차의 해지,전세권의 소멸, 그 밖에 이에 준하는 행위를 하는 경우에는 가정법원의 허가를 받아야 한다.**

정답 – O

44 **성년후견인이 피성년후견인을 치료 등의 목적으로 정신병원이나 그 밖의 다른 장소에 격리하려는 경우에 가정법원의 허가를 받아야 한다.**

변호사시험 제4회

해설

〔제947조의2(피성년후견인의 신상결정 등)〕 ① 피성년후견인은 자신의 신상에 관하여 그의 상태가 허락하는 범위에서 단독으로 결정한다. ② 성년후견인이 피성년후견인을 **치료 등의 목적으로 정신병원이나 그 밖의 다른 장소에 격리하려는 경우에는 가정법원의 허가를 받아야 한다.** ③ 피성년후견인의 신체를 침해하는 의료행위에 대하여 피성년후견인이 동의할 수 없는 경우에는 성년후견인이 그를 대신하여 동의할 수 있다. ④ 제3항의 경우 피성년후견인이 의료행위의 직접적인 결과로 사망하거나 상당한 장애를 입을 위험이 있을 때에는 가정법원의 허가를 받아야 한다. 다만, 허가절차로 의료행위가 지체되어 피성년후견인의 생명에 위험을 초래하거나 심신상의 중대한 장애를 초래할 때에는 사후에 허가를 청구할 수 있다. ⑤ 성년후견인이 피성년후견인을 대리하여 피성년후견인이 거주하고 있는 건물 또는 그 대지에 대하여 매도,임대,전세권 설정,저당권 설정,임대차의 해지,전세권의 소멸, 그 밖에 이에 준하는 행위를 하는 경우에는 가정법원의 허가를 받아야 한다.

정답 – O

45 후견인으로 선임된 후 2개월 내로 되어 있는 피후견인의 재산목록 작성 기간을 연장하는 경우에 가정법원의 허가를 받아야 한다. 변호사시험 제4회

해설

〔제941조(재산조사와 목록작성)〕 ① 후견인은 지체 없이 피후견인의 재산을 조사하여 2개월 내에 그 목록을 작성하여야 한다. 다만, 정당한 사유가 있는 경우에는 법원의 허가를 받아 그 기간을 연장할 수 있다. ② 후견감독인이 있는 경우 제1항에 따른 재산조사와 목록작성은 후견감독인의 참여가 없으면 효력이 없다.

정답 – O

사례 【46~50】

甲은 乙과 혼인하여 A를 출산하고, 그 후 乙이 사망하자 丙과 재혼하였다. 그런데 甲은 丙으로부터 상습적으로 폭행을 당하자 丙을 상대로 이혼소송을 제기하였다. 다음 설명 중 옳은 것은? (다툼이 있는 경우에는 판례에 의함) 변호사시험 제1회

46 이혼소송 계속 중 甲이 사망하였다면, 甲의 소송상 지위는 A가 승계한다.

해설 이혼소송의 계속중 당사자 일방이 사망하면 소송이 종료되는지 여부에 관하여 판례는 『재판상 이혼청구권은 부부의 일신전속의 권리이므로 이혼소송 계속 중 배우자의 일방이 사망한 때에는 상속인이 그 절차를 수계할 수 없다』(대판 1994. 10. 28, 94므246, 94므253)라고 판시하고 있다. 정답 – X

47 甲이 이혼소송 과정에서 재산분할청구를 병합하였는데 위 소송 계속 중 甲이 사망하였다면, 甲의 소송상 지위는 A가 승계한다.

해설 재산분할청구권은 이혼이 성립한 때에 비로소 발생하므로(대판 2001. 9. 25, 2001므725,732), 이혼이 되기 전에(이혼소송 및 재산분할청구소송 도중에) 배우자 일방이 사망하면 이혼의 성립을 전제로 하여 이혼소송에 부대한 재산분할청구 역시 이를 유지할 이익이 상실되어 이혼소송의 종료와 동시에 종료된다(대판 1994. 10. 28, 94므246,94므253). 정답 – X

48 甲이 이혼소송 과정에서 위자료청구를 병합하였는데 위 소송 계속 중 甲이 사망하였다면, 甲의 소송상 지위는 A가 승계한다.

해설 『이혼에 따른 위자료 청구권은 불법행위책임의 성질을 가지므로 귀속상 일신전속적 권리라 할 수 없다. 따라서 청구권자가 위자료의 지급을 구하는 소송을 제기함으로써 청구권을 행사할 의사가 외부적 객관적으로 명백하게 된 이상 이혼소송이 종료하더라도 소송은 승계될 수 있다』(대판 1993. 5. 27, 92므143). 정답 – O

49 **만약 甲과 丙이 사실혼관계였을 경우, 甲이 丙과의 사실혼관계가 해소되었다고 주장하면서 재산분할심판청구를 제기한 후 심판 계속 중 사망하였다면, 재산분할심판은 종료된다.**

해설 사실혼관계가 당사자 일방의 의사에 의하여 해소될 수 있는지 여부에 관하여 판례는 『사실혼관계는 당사자 일방의 의사에 의해 해소될 수 있고 **재산분할심판청구시 사실혼관계가 이미 해소**되었으므로 사망한 상대방의 상속인이 승계하게 된다』(대결 2009. 2. 9, 자 2008스105)라고 판시하고 있다. 정답 – X

50 **만약 丙이 甲을 축출할 목적으로 허위의 주소를 기재하여 甲을 상대로 제기한 이혼소송에서 승소의 확정판결을 받은 사실이 나중에 밝혀져 甲이 丙을 상대로 위 확정판결에 대한 재심소송을 제기하였으나 그 소송 계속 중 甲이 사망하였다면, 甲의 소송상 지위는 A가 승계한다.**

해설 혼인관계는 신분관계로서 일신전속적인 것으로 재심에 관한 것이라도 상속될 수는 없고, 공익의 대변자인 검사가 수계할 수는 있다. 『**혼인관계와 같은 신분관계는 성질상 상속될 수 없는 것**이고 그러한 **신분관계의 재심당사자의 지위 또한 상속될 성질의 것이 아니므로** 이혼소송의 재심소송에서 당사자의 일방이 사망하였더라도 그 재산상속인들이 그 소송절차를 수계할 까닭이 없는 것이다』(대판 1992. 5. 26, 90므1135). 정답 – X

사례 [51~55]

甲男과 乙女 사이에 자 丙(현재 미성년자임)이 출생하였다. 다음 설명 중 옳지 않은 것은? (다툼이 있는 경우에는 판례에 의함) 변호사시험 제2회

51 **甲과 乙은 부부이며, 소득활동은 甲만이 하고 있는데, 甲이 정당한 사유 없이 乙과의 동거를 거부하고 부양료도 지급하지 않고 있다. 乙은 甲을 상대로 자신에 대한 부양료 지급을 청구할 수 있지만, 부양료 지급을 청구하기 이전의 과거의 부양료에 대해서는 그 지급을 청구할 수 없다.**

해설 『민법 제826조 제1항에 규정된 부부간의 상호부양의무는 부부의 일방에게 부양을 받을 필요가 생겼을 때 당연히 발생하는 것이기는 하지만, **과거의 부양료**에 관하여는 부양을 받을 자가 부양의무자에게 부양의무의 이행을 청구하였음에도 불구하고 부양의무자가 부양의무를 이행하지 아니함으로써 **이행지체에 빠진 이후의 것에 대하여만 부양료의 지급을 청구할 수 있을 뿐**, 부양의무자가 **부양의무의 이행을 청구받기 이전의 부양료의 지급은 청구할 수 없다**고 보는 것이 부양의무의 성질이나 형평의 관념에 합치된다』(대결 2008. 6. 12, 자 2005스50). 정답 – O

52 **甲과 乙이 협의이혼을 하였는데, 협의에 의하여 丙의 친권자는 甲으로, 양육권자는 乙로 분리하여 정하는 것도 가능하다.**

해설 『민법 제837조, 제909조 제4항, 가사소송법 제2조 제1항 제2호 나목의 3) 및 5) 등이 부부의 이혼 후 그 자의 친권자와 그 양육에 관한 사항을 각기 다른 조항에서 규정하고 있는 점 등에 비추어 보면, 이혼 후 부모와 자녀의 관계에 있어서 친권과 양육권이 항상 같은 사람에게 돌아가야 하는 것은 아니며, **이혼 후 자에 대한 양육권이 부모 중 어느 일방에, 친권이 다른 일방에 또는 부모에 공동으로 귀속되는 것으로 정하는 것은, 비록 신중한 판단이 필요하다고 하더라도, 일정한 기준을 충족하는 한 허용된다**고 할 것이다』(대판 2012. 4. 13, 2011므4719). 정답 - O

53 **甲과 乙이 재판상 이혼을 하였는데, 법원은 丙에 대한 양육권을 甲에게 인정하였다. 그런데 乙이 丙을 甲에게 인도하는 것을 거부한 채 자신이 양육하여 왔다. 乙이 丙을 실제로 양육하였더라도 乙은 甲을 상대로 양육비를 청구할 수 없다.**

해설 『청구인과 상대방이 이혼하면서 사건본인의 친권자 및 양육자를 상대방으로 지정하는 내용의 조정이 성립된 경우, 그 조정조항상의 양육방법이 그 후 다른 협정이나 재판에 의하여 변경되지 않는 한 청구인에게 자녀를 양육할 권리가 없고, 그럼에도 불구하고 청구인이 법원으로부터 위 조정조항을 임시로 변경하는 가사소송법 제62조 소정의 사전처분 등을 받지 아니한 채 임의로 자녀를 양육하였다면 이는 **상대방에 대한 관계에서는 상대적으로 위법한 양육**이라고 할 것이니, **이러한 청구인의 임의적 양육에 관하여 상대방이 청구인에게 양육비를 지급할 의무가 있다**고 할 수는 없다』(대결 2006. 4. 17, 자 2005스18,19). 정답 - O

54 **甲과 乙이 재판상 이혼을 하였는데, 법원은 丙에 대한 양육권을 乙에게 인정하고, 甲은 양육비로 매월 50만 원을 지급하라는 결정을 하였다. 그 후 1년 동안 甲은 양육비를 전혀 지급하지 않고 있다. 乙은 甲에 대한 과거 1년 동안의 양육비채권과 甲이 乙에 대해 갖고 있던 대여금채권을 같은 금액 범위에서 상계할 수 있다.**

해설 『이혼한 부부 사이에서 자(子)에 대한 양육비의 지급을 구할 권리는 당사자의 협의 또는 가정법원의 심판에 의하여 구체적인 청구권의 내용과 범위가 확정되기 전에는 "상대방에 대하여 양육비의 분담액을 구할 권리를 가진다."라는 추상적인 청구권에 불과하고 당사자의 협의나 가정법원이 당해 양육비의 범위 등을 재량적·형성적으로 정하는 심판에 의하여 비로소 구체적인 액수만큼의 지급청구권이 발생한다고 보아야 하므로, 당사자의 협의 또는 가정법원의 심판에 의하여 구체적인 청구권의 내용과 범위가 확정되기 전에는 그 내용이 극히 불확정하여 상계할 수 없지만, **가정법원의 심판에 의하여 구체적인 청구권의 내용과 범위가 확정된 후의 양육비채권 중 이미 이행기에 도달한 후의 양육비채권은 완전한 재산권(손해배상청구권)**으로서 친족법상의 신분으로부터 독립하여 처분이 가능하고, **권리자의 의사에 따라 포기, 양도 또는 상계의 자동채권으로 하는 것도 가능**하다』(대판 2006. 7. 4, 2006므751). 정답 - O

55 **丙은 甲과 乙의 혼인 외의 출생자이며, 출생 이후 현재까지 15년간 乙이 양육하여 왔는데, 甲이 丙을 인지하였다. 乙은 인지가 있기 전에 丙을 혼자서 양육한 것에 대해서 甲에게 양육비를 청구할 수 있지만, 인지한 때로부터 10년 이전의 양육비에 대해서는 시효로 소멸하였으므로 청구할 수 없다.**

해설 『양육자가 상대방에 대하여 자녀 양육비의 지급을 구할 권리는 당초에는 기본적으로 친족관계를 바탕으로 하여 인정되는 하나의 추상적인 법적 지위이었던 것이 당사자 사이의 협의 또는 당해 양육비의 내용 등을 재량적·형성적으로 정하는 가정법원의 심판에 의하여 구체적인 청구권으로 전환됨으로써 비로소 보다 뚜렷하게 독립한 재산적 권리로서의 성질을 가지게 된다. 이와 같이 당사자의 **협의 또는 가정법원의 심판에 의하여 구체적인 지급청구권으로서 성립하기 전에는 과거의 양육비에 관한 권리는 양육자가 그 권리를 행사할 수 있는 재산권에 해당한다고 할 수 없고**, 따라서 이에 대하여는 **소멸시효가 진행할 여지가 없다**고 보아야 한다』(대결 2011. 7. 29, 자 2008스67). 정답 – X

사례 【56~60】

甲男과 乙女는 1992. 12. 26. 혼인하였는데, 乙이 2010. 3.경부터 丙과 깊은 관계를 맺게 되면서 부부 사이가 회복할 수 없는 상황에 이르러 이혼하려 한다. 乙은 丙을 만나기 전에는 전업주부로서 혼인생활에 충실하였다. 다음 설명 중 옳지 않은 것은? (다툼이 있는 경우에는 판례에 의함) 변호사시험 제2회

56 **乙에게 책임이 있어 이혼을 하는 경우에도 乙은 甲에 대하여 재산분할을 청구할 수 있다.**

해설 **부부가 혼인 중에 취득한 실질적인 공동재산에 대하여 유책배우자도 재산분할청구권이 있는지 여부**에 관하여 판례는 『혼인 중에 부부가 협력하여 이룩한 재산이 있는 경우에는 혼인관계의 파탄에 대하여 책임이 있는 배우자라도 재산의 분할을 청구할 수 있다』(대결 1993. 5. 11, 자 93스6)라고 판시하고 있다. 정답 – O

57 **乙은 이혼한 날부터 2년 내에 재산분할을 청구하여야 하며, 이때 2년의 기간은 제척기간이다.**

해설 『재산분할청구권은 이혼한 날로부터 2년 내에 행사하여야 하고 그 기간이 경과하면 소멸되어 이를 청구할 수 없는바, 이때의 2년이라는 기간은 일반 소멸시효기간이 아니라 제척기간으로서 그 기간이 도과하였는지 여부는 당사자의 주장에 관계없이 법원이 당연히 조사하여 고려할 사항이다』(대판 1994. 9. 9, 94다17536). 정답 – O

58 **민법 제830조 제1항에 따라 甲이 혼인 중 자기 명의로 취득한 재산은 甲의 특유재산으로 추정되고, 재산을 취득함에 있어 乙의 협력이 있었다거나 혼인생활의 내조의 공이 있었다는 것만으로는 위 추정이 번복될 수 없다.**

해설 『부부의 일방이 혼인 중 그의 명의로 취득한 부동산은 그의 특유재산으로 추정되는 것으로서 그 부동산을 취득함에 있어 상대방의 협력이 있었다거나 혼인생활에 있어 내조의 공이 있었다는 것만으로는 위 추정을 번복할 수 있는 사유가 되지 못하고 그 부동산을 부부 각자가 대금의 일부씩을 분담하여 매수하였다거나 부부가 연대채무를 부담하여 매수하였다는 등의 실질적 사유가 주장입증되는 경우에 한하여 위 추정을 번복하고 그 부동산을 부부의 공유로 인정할 수 있다』(대판 1986. 9. 9, 85다카1337,1338).

정답 - O

59 **甲 명의의 재산이 甲의 상속재산을 기초로 형성된 재산이라면, 그 유지에 乙의 가사노동이 기여한 것으로 인정되더라도 재산분할의 대상이 되지 않는다.**

해설 『민법 제839조의2에 규정된 재산분할 제도는 부부가 혼인 중에 취득한 실질적인 공동재산을 청산 분배하는 것을 주된 목적으로 하는 것이므로 부부가 협의에 의하여 이혼할 때 쌍방의 협력으로 이룩한 재산이 있는 한, 처가 가사노동을 분담하는 등으로 내조를 함으로써 부의 재산의 유지 또는 증가에 기여하였다면 쌍방의 협력으로 이룩된 재산은 재산분할의 대상이 된다』(대결 1993. 5. 11, 자 93스6).

정답 - X

60 **甲이 乙의 재산분할청구권 행사를 해함을 알면서도 甲 명의의 아파트를 처분한 경우, 乙은 그 취소 및 원상회복을 가정법원에 청구할 수 있다.**

해설

〔제839조의3(재산분할청구권 보전을 위한 사해행위취소권)〕 ① 부부의 일방이 다른 일방의 재산분할청구권 행사를 해함을 알면서도 재산권을 목적으로 하는 법률행위를 한 때에는 다른 일방은 제406조 제1항을 준용하여 그 취소 및 원상회복을 가정법원에 청구할 수 있다. ② 제1항의 소는 제406조 제2항의 기간 내에 제기하여야 한다.

정답 - O

사례 【61~62】

甲과 乙은 부부이며 자녀 丙과 丁이 있다. 甲이 사망하고 남긴 재산으로는 X 아파트(시가 5억 원)와 A에게 부담하고 있던 2억 8,000만 원의 채무가 있다. 이에 관한 설명 중 옳지 않은 것은?(다툼이 있는 경우에는 판례에 의함) 변호사시험 제3회

61 丙이 성년자이고 丁이 미성년자인 경우, 乙이 자신의 상속을 포기함과 동시에 丁을 대리하여 丁의 상속을 포기하는 것은 이해상반행위가 아니다.

해설 『제921조 제2항의 경우, 이해상반행위의 당사자는 그 일방이 친권에 복종하는 미성년자이어야 할 뿐만 아니라 상대방 역시 그 친권에 복종하는 미성년자일 경우이어야 하고, 이때에는 친권자가 미성년자 쌍방을 대리할 수는 없는 것이므로 그 어느 미성년자를 위하여 특별대리인을 선임하여야 한다는 것이지 **성년이 되어 친권자의 친권에 복종하지 아니하는 자와 친권에 복종하는 미성년자인 자 사이에 이해상반이 되는 경우가 있다 하여도 친권자는 미성년자를 위한 법정대리인으로서 그 고유의 권리를 행사할 수 있을 것이므로 그러한 친권자의 법률행위는 이해상반행위에 해당한다 할 수 없다**』(대판 1989. 9. 12, 88다카28044).

→ 乙이 자신의 재산상속을 포기함과 동시에 공동상속인이자 미성년자인 丁의 친권자로서 위 丁을 대리하여 丙을 위하여 재산상속을 포기한 행위는 친권자인 乙과 丁 사이에 이해상반되는 행위라고 할 수 없다. 정답 – O

62 丙이 성년자이고 丁이 미성년자인 경우, 乙은 본인 겸 丁의 법정대리인으로서 丙과 상속재산 분할협의를 하여 X 아파트를 자신의 단독소유로 한 후, 이러한 사정을 모르는 戊에게 매도하여 소유권이전등기를 경료하여 준 경우, 戊는 유효하게 X아파트 소유권을 취득한다.

해설 『민법 제921조의 이해상반행위란 행위의 객관적 성질상 친권자와 그 자 사이 또는 친권에 복종하는 수인의 자 사이에 이해의 대립이 생길 우려가 있는 행위를 가리키는 것으로서 친권자의 의도나 그 행위의 결과 실제로 이해의 대립이 생겼는가의 여부는 묻지 아니하는 것 이라 할 것인바 **공동상속재산분할협의는 그 행위의 객관적 성질상 상속인 상호간에 이해의 대립이 생길 우려가 있는 행위**라고 할 것이므로 **공동상속인인 친권자와 미성년인 수인의 자 사이에 상속재산분할협의를 하게 되는 경우**에는 **미성년자 각자마다 특별대리인을 선임하여 그 각 특별대리인이 각 미성년자인 자를 대리하여 상속재산분할의 협의를 하여야** 하고 만약 친권자가 수인의 미성년자의 법정대리인으로서 상속재산분할협의를 한 것이라면 이는 민법 제921조에 위반된 것으로서 이러한 대리행위에 의하여 성립된 상속재산분할협의는 피대리자 전원에 의한 추인이 없는 한 무효라고 할 것이다』(대판 1993. 4. 13, 92다54524).

→ 따라서 적법한 추인이 없는 한 乙이 미성년자 丁을 대리하여 성년자 丙과 상속재산 분할협의를 하여 X아파트를 자신의 단독소유로 한 것은 **무권대리행위에 불과하여 무효**이다. 그렇다면 乙이 X아파트를 戊에게 처분한 것은 '**무권리자의 처분행위**'로서 戊가 선의라고 하더라도 등기에 공신력이 인정되지 않는 현행법하에서는 원칙적으로 戊는 X아파트의 소유권을 취득할 수 없다. 정답 – X

사례 【63~66】

甲과 乙은 혼인신고를 한 지 10년이 지났으나 乙이 아이를 낳지 못하였다. 丁은 자신과 혼인관계 없는 丙과의 사이에서 A를 출산하였다. 甲과 乙은 丙이 A를 인지하기 전에 A를 자신들의 친생자로 출생신고를 하였다. 단, 위 출생신고로 인하여 입양의 효력은 발생하지 않았고, 丙이 A의 생부라는 사실이 객관적으로 명백하게 밝혀졌음을 전제로 한다. 이에 관한 설명이 타당한가? (각 지문은 독립적이며, 다툼이 있는 경우 판례에 의함)

변호사시험 제5회

63 甲의 아버지 戊는 甲, 乙, A를 상대로 친생자관계부존재확인의 소를 제기할 수 있다.

해설

〔제865조(다른 사유를 원인으로 하는 친생관계존부확인의 소)〕 ① 제845조, 제846조, 제848조, 제850조, 제851조, 제862조와 제863조의 규정에 의하여 소를 제기할 수 있는 자는 다른 사유를 원인으로 하여 친생자관계존부의 확인의 소를 제기할 수 있다.

정답 - O

64 A는 곧바로 丙을 상대로 인지청구의 소를 제기할 수 있다.

해설 父가 임의로 인지하지 않을 때에는 재판으로 인지를 강제할 수 있다(제863조).

정답 - O

65 A의 인지청구권은 일신전속적인 신분관계 상의 권리이므로, 이를 포기할 수 없고 포기하더라도 그 의사표시는 효력이 없다.

해설 **인지청구권의 행사에 실효의 법리가 적용되는지 여부**에 관하여 판례는 『**인지청구권은 본인의 일신전속적인 신분관계상의 권리**로서 **포기할 수도 없으며 포기하였더라도 그 효력이 발생할 수 없는 것**이고, 이와 같이 인지청구권의 포기가 허용되지 않는 이상 거기에 **실효의 법리가 적용될 여지도 없다**』(대판 2001. 11. 27, 2001므1353)라고 판시하고 있다.

정답 - O

66 丙이 사망한 후 丁은 A를 상대로 丙과 A 사이의 친생자관계의 존재확인을 구하는 소를 제기할 수 있다.

해설 『민법 제874조 제1항은 부부의 공동입양원칙을 선언하고 있는바, 파양에 관하여는 별도의 규정을 두고 있지는 않고 있으나 부부의 공동입양원칙의 규정 취지에 비추어 보면 양친이 부부인 경우 파양을 할 때에도 부부가 공동으로 하여야 한다고 해석할 여지가 없지 아니하나(양자가 미성년자인 경우에는 양자제도를 둔 취지에 비추어 그와 같이 해석하여야 할 필요성이 크다), 그렇게 해석한다고 하더라도 **양친 부부 중 일방이 사망하거나 또는 양친이**

이혼한 때에는 부부의 공동파양의 원칙이 적용될 여지가 없다고 할 것이고, 따라서 **양부가 사망한 때에는 양모는 단독으로 양자와 협의상 또는 재판상 파양을 할 수 있으되** 이는 **양부와 양자 사이의 양친자관계에 영향을 미칠 수 없는 것**이고, 또 양모가 사망한 양부에 갈음하거나 또는 양부를 위하여 파양을 할 수는 없다고 할 것이며, 이는 친생자부존재확인을 구하는 청구에 있어서 입양의 효력은 있으나 **재판상 파양사유가 있어 양친자관계를 해소할 필요성이 있는 이른바 재판상 파양에 갈음하는 친생자관계부존재확인청구에 관하여도 마찬가지**라고 할 것이다. 왜냐하면 양친자관계는 파양에 의하여 해소될 수 있는 점을 제외하고는 친생자관계와 똑같은 내용을 갖게 되는데, 진실에 부합하지 않는 친생자로서의 호적기재가 법률상의 친자관계인 양친자관계를 공시하는 효력을 갖게 되었고 **사망한 양부와 양자 사이의 이러한 양친자관계는 해소할 방법이 없으므로 그 호적기재 자체를 말소하여 법률상 친자관계를 부인하게 하는 친생자관계존부확인청구는 허용될 수 없는 것이기 때문**이다』[대판(전합) 2001. 5. 24, 2000므1493; 대판 2001. 8. 21, 99므2230 참조]. 정답 - X

사례 【67~69】

甲은 자신의 자력이나 근로에 의하여 생활을 유지할 수 없는 성년자이며, 甲의 친족으로 배우자 乙과 모(母) 丙이 있다. 다음 설명이 타당한가? (다툼이 있는 경우 판례에 의함)

변호사시험 제6회

67 ① 甲에 대한 부양의무 이행의 순위는 乙과 丙의 협정으로 정하고 협정으로 정할 수 없을 때는 법원이 정한다.

② 乙과 丙 모두 자신의 사회적 지위에 상응하는 생활을 하면서 생활에 여유가 있을 때만 甲에 대한 부양의무가 인정된다.

해설 『민법 제826조 제1항에 규정된 **부부간 상호부양의무**는 혼인관계의 본질적 의무로서 **부양을 받을 자의 생활을 부양의무자의 생활과 같은 정도로 보장하여(ㄴ)** 부부공동생활의 유지를 가능하게 하는 것을 내용으로 하는 **제1차 부양의무이고**, 반면 **부모가 성년의 자녀에 대하여 직계혈족으로서 민법 제974조 제1호, 제975조에 따라 부담하는 부양의무는** 부양의무자가 자기의 사회적 지위에 상응하는 생활을 하면서 생활에 여유가 있음을 전제로 하여 부양을 받을 자가 자력 또는 근로에 의하여 생활을 유지할 수 없는 경우에 한하여 그의 생활을 지원하는 것을 내용으로 하는 **제2차 부양의무이다**. 이러한 제1차 부양의무와 제2차 부양의무는 의무이행의 정도뿐만 아니라 의무이행의 순위도 의미하는 것이므로, **제2차 부양의무자는 제1차 부양의무자보다 후순위로 부양의무를 부담한다(ㄱ)**. 따라서 제1차 부양의무자와 제2차 부양의무자가 동시에 존재하는 경우에 제1차 부양의무자는 특별한 사정이 없는 한 제2차 부양의무자에 우선하여 부양의무를 부담하므로, 제2차 부양의무자가 부양받을 자를 부양한 경우에는 소요된 비용을 제1차 부양의무자에 대하여 상환청구할 수 있다』(대판 2012. 12. 27, 2011다96932). 정답 - ① X ② X

68 **甲이 乙이나 丙에게 부양료를 재판상 청구하는 경우 조정전치주의가 적용된다.**

해설

〔**가사소송법 제2조(가정법원의 관장 사항)**〕 ① 다음 각 호의 사항(이하 '가사사건'이라 한다)에 대한 심리(심리)와 재판은 가정법원의 전속관할(전속관할)로 한다.
2. 가사비송사건
나. 마류(류) 사건 1) 「민법」 **제826조** 및 제833조에 따른 **부부**의 동거·**부양**·협조 또는 생활비용의 부담에 관한 처분 8) 「민법」 **제976조부터 제978조까지의 규정에 따른 부양(부양)에 관한 처분**」
〔**가사소송법 제50조(조정 전치주의)**〕 ① 나류 및 다류 가사소송사건과 **마류 가사비송사건에** 대하여 가정법원에 소를 제기하거나 심판을 청구하려는 사람은 먼저 조정을 신청하여야 한다.

→ 가사소송법 제2조 제1항 제2호 나목 마류 사건에 해당하여 조정전치주의가 적용된다.

정답 – O

69 **丙이 甲을 위해 지출한 부양료의 구상을 乙에게 재판상 청구하는 경우 조정전치주의가 적용되지 않는다.**

해설 『가사소송법 제2조 제1항 제2호 나. 마류사건 제1호는 민법 제826조에 따른 부부의 부양에 관한 처분을, 같은 법 제2조 제1항 제2호 나. 마류사건 제8호는 민법 제976조부터 제978조까지의 규정에 따른 부양에 관한 처분을 각각 별개의 가사비송사건으로 규정하고 있다. 따라서 부부간의 부양의무를 이행하지 않은 부부의 일방에 대한 상대방의 부양료 청구는 위 마류사건 제1호의 가사비송사건에 해당하고, 친족간의 부양의무를 이행하지 않은 친족의 일방에 대한 상대방의 부양료 청구는 위 마류사건 제8호의 가사비송사건에 해당한다 할 것이나, **부부간의 부양의무를 이행하지 않은 부부의 일방에 대하여 상대방의 친족이 구하는 부양료의 상환청구는 같은 법 제2조 제1항 제2호 나. 마류사건의 어디에도 해당하지 아니하여 이를 가사비송사건으로 가정법원의 전속관할에 속하는 것이라고 할 수는 없고, 이는 민사소송사건에 해당한다**고 봄이 타당하다』(대판 2012. 12. 27, 2011다96932).

→ 민사소송에 해당하므로 가사소송법상 조정전치주의가 적용되지 않는다. 정답 – O

제3장 상속법

1 **甲의 단독상속인인 乙이 상속을 포기한 경우, 乙의 자 丙은 甲은 재산을 대습상속한다.** 변호사시험 제3회

해설 **상속포기는 법문상 대습상속 사유에 포함되지 않는다**(제1001조). 그러므로 상속포기자의 직계비속이나 배우자가 대습상속을 할 수는 없다.

[보충] 다만 자녀가 모두 상속포기를 하여 다음 순위자인 손자녀가 상속을 하는 것은 가능하나(대판 1995. 4. 7, 94다11835), **이 경우에는 손자녀가 본위상속을 하는 것일 뿐 대습상속을 하는 것은 아니다.** 정답 – X

2 **甲의 사망 후의 甲의 부 丙이 사망한 경우, 甲의 배우자인 乙은 丙의 재산을 대습상속한다. 그리고 丙의 사망 전에 乙이 상속결격자로 된 경우에는 乙에게 甲과의 혼인 전에 A와의 혼인관계에 출생한 자 B가 있으면 다시 B가 대습상속한다.** 변호사시험 제3회

해설 재대습상속도 인정된다. 예컨대 조부, 부, 증조부 순으로 사망한 경우에, 조부의 사망에 따라 부가 증조부의 대습상속인이 되는데, 부 또한 증조부보다 먼저 사망하였기 때문에 결국 자가 증조부를 재대습상속하게 된다. 다만 **판례는 대습자인 피대습자의 배우자가 대습상속 개시 전에 사망한 경우에 재대습상속을 부정**하였다. 즉 『**대습상속이 인정되는 것은 상속인이 될 자(사망자 또는 결격자)가 피상속인의 직계비속 또는 형제자매인 경우에 한한다** 할 것이므로, 상속인이 될 자(사망자 또는 결격자)의 배우자는 제1003조에 기하여 대습자가 될 수는 있으나, 피대습자(사망자 또는 결격자)의 배우자가 대습상속의 상속개시 전에 사망하거나 결격자가 되었다면 그 배우자에게 다시 피대습자로서의 지위가 인정될 수는 없다』(대판 1999. 7. 9, 98다64318,64325)고 한다. 정답 – X

3 **이혼으로 인한 위자료청구권은 원칙적으로 상속되지 않지만, 청구권자가 위자료의 지급을 구하는 소송을 제기한 후 사망한 경우에는 예외적으로 상속된다.** 변호사시험 제4회

해설 위자료청구권은 양도 또는 승계되지 않으나, 당사자간에 이미 그 배상에 관한 계약이 성립되거나 소를 제기한 후에는 승계된다(제843조, 제806조 제3항).

이와 관련하여 판례는 **이혼위자료청구권은 행사상 일신전속권이고 귀속상 일신전속권은 아니라** 할 것인바, 그 청구권자가 위자료의 지급을 구하는 소송을 제기함으로써 **청구권을 행사할 의사가 외부적 객관적으로 명백하게 된 이상 양도나 상속 등 승계가 가능**하다고 한다(대판 1993. 5. 27, 92므143). 즉 **이혼 위자료 청구 소송 중 원고가 사망**한 경우, **이혼소송은 종료되지만 위자료청구소송은 상속인들이 수계할 수 있다.** 정답 – O

4 **유증의 가액이 상속이 개시된 때의 피상속인의 재산가액에서 기여분을 공제한 액을 넘은 경우에는 그 초과분은 반환하여야 한다.** 변호사시험 제3회

해설 『제1008조의2(기여분)』 **기여분은 상속이 개시된 때의 피상속인의 재산가액에서 유증의 가액을 공제한 액을 넘지 못한다.** 정답 - X

5 **구체적 상속분을 산정할 때, 특별수익재산의 평가의 기준시점은 상속개시시이다.** 변호사시험 제3회

해설

〔**제1008조(특별수익자의 상속분)**〕 공동상속인 중에 피상속인으로부터 재산의 증여 또는 유증을 받은 자가 있는 경우에 그 수증재산이 자기의 상속분에 달하지 못한 때에는 그 부족한 부분의 한도에서 상속분이 있다.

상속재산과 특별수익재산 가액의 산정기준시기는 상속개시시이다. 그러나 대금으로 정산하는 경우 구체적 정산액 산정은 분할시를 기준으로 한다(아래96스62판결). 『공동상속인 중에 피상속인으로부터 재산의 증여 또는 유증 등의 특별수익을 받은 자가 있는 경우에는 이러한 특별수익을 고려하여 상속인별로 고유의 법정상속분을 수정하여 구체적인 상속분을 산정하게 되는데, 이러한 **구체적 상속분을 산정함에 있어서는 상속개시시를 기준으로 상속재산과 특별수익재산을 평가하여 이를 기초로 하여야 할 것이고,** 다만 법원이 실제로 상속재산분할을 함에 있어 분할의 대상이 된 상속재산 중 특정의 재산을 1인 및 수인의 상속인의 소유로 하고 그의 상속분과 그 특정의 재산의 가액과의 차액을 현금으로 정산할 것을 명하는 방법(소위 대상분할의 방법)을 취하는 경우에는, 분할의 대상이 되는 재산을 그 분할시를 기준으로 하여 재평가하여 그 평가액에 의하여 정산을 하여야 한다』(대결 1997. 3. 21, 96스62). 정답 - O

6 **기여분이 결정되기 전이라도 유류분반환청구소송에서 피고가 된 기여상속인은 상속재산 중 자신의 기여분을 공제할 것을 항변으로 주장할 수 있다.** 변호사시험 제3회

해설 **기여상속인이 민법 소정의 방식에 따라 기여분이 결정이 되기 전에 유류분반환청구소송에서 상속재산 중 자신의 기여분에 대한 공제항변을 할 수 있는지 여부**에 관하여 판례는 『**기여분이 결정되기 전**에는 피고가 된 기여상속인은 유류분반환청구소송에서 상속재산 중 **자신의 기여분을 공제할 것을 항변으로 주장할 수는 없다**』(대판 1994. 10. 14, 94다8334)라고 판시하고 있다. 정답 - X

7 **공동상속인 중에 특별수익자가 있는 경우 구체적인 상속분의 산정의 기초가 되는 '피상속인이 상속개시 당시에 가지고 있던 재산의 가액'이란 상속재산 가운데 적극재산에서 소극재산을 제외한 순재산을 뜻한다.** 변호사시험 제3회

해설 구체적 상속분의 산정을 위한 계산의 기초가 되는 '피상속인이 상속개시 당시에 가지고 있던 재산의 가액'은 **상속재산 가운데 적극재산의 전액**을 가리킨다(대판 1995. 3. 10, 94다16571). 즉 제1008조는 적극재산에 대해서만 적용되며, 특별수익자가 있더라도 상속채무는 원칙적으로 공동상속인간에 법정상속분(제1009조)에 따라 승계된다(이는 유류분산정의 경우와 다르다). 만일 소극재산을 공제한다면, 자기의 법정상속분을 초과하여 특별이익을 받은 초과특별수익자는 상속채무를 전혀 부담하지 않는 불공평한 결과를 초래할 수 있기 때문이다.

정답 - X

8 **상속재산분할 후에라도 피인지자나 재판의 확정에 의하여 공동상속인이 된 자의 상속분에 상당한 가액의 지급청구가 있는 경우에는 기여분의 결정청구를 할 수 있으나, 상속재산분할의 심판청구가 없는 한 유류분반환청구가 있다는 사유만으로 기여분의 결정청구를 할 수 없다.** 변호사시험 제3회

해설 『**기여분은 상속재산분할의 전제문제로서의 성격을 갖는 것**이므로 상속재산분할의 청구나 조정신청이 있는 경우에 한하여 기여분결정청구를 할 수 있고(제1008조의2 제4항), 다만 예외적으로 상속재산분할 후에라도 피인지자나 재판의 확정에 의하여 공동상속인이 된 자의 상속분에 상당한 가액의 지급청구가 있는 경우에는 기여분의 결정청구를 할 수 있으나, **상속재산분할의 심판청구가 없음에도 단지 유류분반환청구가 있다는 사유만으로는 기여분결정청구가 허용된다고 볼 것은 아니다**』(대결 1999. 8. 24, 99스28).

정답 - O

9 **공동상속인 중 1인이 상속재산인 수 개의 부동산 중 하나의 부동산에 대한 자신의 상속지분을 양도한 것은 「민법」 제1011조 제1항에 규정된 '상속분의 양도'에 해당하지 않으므로, 이에 대하여는 다른 상속인들이 상속분의 양수권을 행사할 수 없다.** 변호사시험 제4회

해설 공동상속의 경우 상속재산분할 전이라도 상속인은 상속채권 및 상속채무를 포함하여 '상속분을 포괄적'으로 제3자에게 양도할 수 있고(상속인지위의 양도), 이 때 다른 공동상속인이 '그 가액과 양도비용'을 상환하고 그 상속분을 양수할 수 있다(제1011조 제1항). 따라서 상속인이 '개별재산에 대한 지분'을 양도하는 것은 상속분 양도가 아니므로 상속분양수의 대상이 되지 않는다(아래 2006다2719 판결). 『민법 제1011조 제1항은 "공동상속인 중 그 상속분을 제3자에게 양도한 자가 있는 때에는 다른 공동상속인은 그 가액과 양도비용을 상환하고 그 상속분을 양수할 수 있다."고 규정하고 있는바, 여기서 말하는 '상속분의 양도'란 상속재산분할 전에 적극재산과 소극재산을 모두 포함한 상속재산 전부에 관하여 공동상속인이 가지는 포괄적 상속분, 즉 상속인 지위의 양도를 의미하므로, **상속재산을 구성하는 개개의 물건 또는 권리에 대한 개개의 물권적 양도는 이에 해당하지 아니한다.** 공동상속인 중 일부가 상속재산인 임야 중 자신들의 상속지분을 양도한 경우, 이는 민법 제1011조 제1항에 규정된 '상속분의 양도'에 해당하지 아니하고 상속받은 임야에 관한 공유지분을 양도한 것에 불과하여, 다른 공동상속인에게 민법 제1011조 제1항에 규정된 상속분 양수권이 있다고 볼 수 없다』(대판2006. 3. 24, 2006다2719).

정답 - O

10 **공동상속인들이 상속재산을 분할한 후 피상속인의 혼인외의 출생자로서 인지된 사람이 다른 공동상속인에게 그 상속분에 상당한 가액의 지급을 청구한 경우, 공동상속인이 분할받은 상속재산으로부터 발생한 과실을 취득하는 것은 피인지자에 대한 관계에서 부당이득이 되므로 이를 반환하여야 한다.** 변호사시험 제4회

해설 상속개시후의 인지 또는 재판의 확정에 의하여 공동상속인이 된 자는 **상속재산분할을 청구하여 분할에 참가할 수 있다**. 그러나 **다른 공동상속인들이 이미 상속재산의 분할 기타 처분을 한 때**에는 상속인들의 분할이나 처분행위의 **무효를 주장할 수 없으나**, 다만 다른 공동상속인에게 그 **상속분에 상당한 가액의 지급을 청구할 권리가 있다**(제1014조).

여기서 **상속재산의 과실**은 제1014조에 따른 상속분 상당 가액청구에서 **가액산정의 대상에 포함되지 않으며**, 따라서 **이에 대한 부당이득반환청구는 허용되지 않는다**(아래 2006므2757, 2764판결).

『인지 전에 공동상속인들에 의해 이미 분할되거나 처분된 상속재산은 이를 분할받은 공동상속인이나 공동상속인들의 처분행위에 의해 이를 양수한 자에게 그 소유권이 확정적으로 귀속되는 것이며, 그 후 그 상속재산으로부터 발생하는 과실은 상속개시 당시 존재하지 않았던 것이어서 이를 상속재산에 해당한다 할 수 없고, 상속재산의 소유권을 취득한 자(분할받은 공동상속인 또는 공동상속인들로부터 양수한 자)가 민법 제102조에 따라 그 과실을 수취할 권능도 보유한다고 할 것이며, 민법 제1014조도 '이미 분할 내지 처분된 상속재산'중 피인지자의 상속분에 상당한 가액의 지급청구권만을 규정하고 있을 뿐 '이미 분할 내지 처분된 상속재산으로부터 발생한 과실'에 대해서는 별도의 규정을 두지 않고 있으므로, 결국 민법 제1014조에 의한 상속분상당가액지급청구에 있어 상속재산으로부터 발생한 과실은 그 가액산정대상에 포함된다고 할 수 없다』(대판 2007. 7. 26, 2006므2757,2764). 정답 - X

11 **甲이 사망하면서 주택과 임야, 그리고 A에 대한 5천만 원의 채무를 남겼다. 甲에게는 상속인으로 자녀 乙, 丙, 丁만 있었는데, 甲은 丙에게 위 임야를 유증하였다. 한편 甲의 사망 직전 B로부터 인지청구의 소가 제기되어 그 사망 후 B가 승소의 확정판결을 받았다. 乙, 丙, 丁의 상속재산 분할협의에 丁을 대신하여 C가 참석한 경우, C의 대리권에 흠결이 있더라도 위 상속재산 분할협의는 유효하다.** 변호사시험 제5회

해설 **공동상속인중 일부의 동의가 없거나 그 의사표시에 대리권의 흠결**이 있다면 **분할은 무효**이다(대판 2001. 6. 9, 2001다28299). 정답 - X

12 **甲이 사망하면서 주택과 임야, 그리고 A에 대한 5천만 원의 채무를 남겼다. 甲에게는 상속인으로 자녀 乙, 丙, 丁만 있었는데, 甲은 丙에게 위 임야를 유증하였다. 한편 甲의 사망 직전 B로부터 인지청구의 소가 제기되어 그 사망 후 B가 승소의 확정판결을 받았다. 상속재산 분할협의는 공동상속인 사이에 잠정적 공유가 된 상속재산의 귀속을 확정시키는 것이므로, 그 협의를 통하여 공동상속인 중 무자력인 1인이 자신의 상속분에 관한 권리를 포기하더라도, 이는 사해행위취소권의 대상이 될 수 없다.** 변호사시험 제5회

해설 **상속재산의 분할협의가 사해행위취소권 행사의 대상이 되는지 여부**에 관하여 판례는 『상속재산의 분할협의는 상속이 개시되어 공동상속인 사이에 잠정적 공유가 된 상속재산에 대하여 그 전부 또는 일부를 각 상속인의 단독소유로 하거나 새로운 공유관계로 이행시킴으로써 상속재산의 귀속을 확정시키는 것으로 **그 성질상 재산권을 목적으로 하는 법률행위**이므로 **사해행위취소권 행사의 대상이 될 수 있다**』(대판 2001. 2. 9, 2000다51797)라고 판시하고 있다. 정답 – X

13 **甲이 사망하면서 주택과 임야, 그리고 A에 대한 5천만 원의 채무를 남겼다. 甲에게는 상속인으로 자녀 乙, 丙, 丁만 있었는데, 甲은 丙에게 위 임야를 유증하였다. 한편 甲의 사망 직전 B로부터 인지청구의 소가 제기되어 그 사망 후 B가 승소의 확정판결을 받았다. 상속재산 분할 후 인지된 B가 자신의 상속분에 상당하는 가액지급을 청구할 때, 상속개시 후 상속재산에서 발생한 과실(果實)은 그 가액산정 대상에 포함된다.** 변호사시험 제5회

해설 『상속개시 후에 인지되거나 재판이 확정되어 공동상속인이 된 자도 그 상속재산이 아직 분할되거나 처분되지 아니한 경우에는 당연히 다른 공동상속인들과 함께 분할에 참여할 수 있을 것이나, 인지 이전에 다른 공동상속인이 이미 상속재산을 분할 내지 처분한 경우에는 인지의 소급효를 제한하는 민법 제860조 단서가 적용되어 사후의 피인지자는 다른 공동상속인들의 분할 기타 처분의 효력을 부인하지 못하게 되는바, 민법 제1014조는 그와 같은 경우에 피인지자가 다른 공동상속인들에 대하여 그의 상속분에 상당한 가액의 지급을 청구할 수 있도록 하여 상속재산의 새로운 분할에 갈음하는 권리를 인정함으로써 피인지자의 이익과 기존의 권리관계를 합리적으로 조정하는 데 그 목적이 있는 것이다. 따라서 인지 이전에 공동상속인들에 의해 이미 분할되거나 처분된 상속재산은 **민법 제860조 단서가 규정한 인지의 소급효 제한**에 따라 **이를 분할받은 공동상속인이 나 공동상속인들의 처분행위에 의해 이를 양수한 자에게 그 소유권이 확정적으로 귀속**되는 것이며, **상속재산의 소유권을 취득한 자는 민법 제102조에 따라 그 과실을 수취할 권능도 보유**한다고 할 것이므로, 피인지자에 대한 인지 이전에 상속재산을 분할한 공동상속인이 **그 분할받은 상속재산으로부터 발생한 과실을 취득하는 것**은 피인지자에 대한 관계에서 **부당이득이 된다고 할 수 없다**』(대판 2007. 7. 26, 2006다83796). 정답 – X

14 **甲이 사망하면서 주택과 임야, 그리고 A에 대한 5천만 원의 채무를 남겼다. 甲에게는 상속인으로 자녀 乙, 丙, 丁만 있었는데, 甲은 丙에게 위 임야를 유증하였다. 한편 甲의 사망 직전 B로부터 인지청구의 소가 제기되어 그 사망 후 B가 승소의 확정판결을 받았다. A에 대한 5천만 원의 채무는 상속개시 당시 상속인에게 법정상속분에 따라 당연히 귀속되므로 상속재산 분할의 대상이 될 수 없다.** 변호사시험 제5회

해설 **금전채무가 공동상속된 경우, 상속재산 분할의 대상이 될 수 있는지 여부**에 관하여 판례는 『금전채무와 같이 급부의 내용이 가분인 채무가 공동상속된 경우, 이는 상속 개시와 동시에 당연히 법정상속분에 따라 공동상속인에게 분할되어 귀속되는 것이므로, 상속재산 분할의 대상이 될 여지가 없다』(대판 1997. 6. 24, 97다8809)라고 판시하고 있다. 정답 – O

15 **공동상속인은 상속재산의 분할에 관하여 공동상속인 사이에 협의가 성립되지 아니하거나 협의할 수 없는 경우, 「가사소송법」이 정하는 바에 따라 가정법원에 상속재산분할심판을 청구할 수 있을 뿐, 상속재산에 속하는 개별 재산에 관하여 「민법」 제268조에 따라 공유물분할청구의 소를 제기하는 것은 허용되지 않는다.** 변호사시험 제7회

해설 공동상속인이 상속재산의 분할에 관하여 공동상속인 사이에 협의가 성립되지 아니하거나 협의할 수 없는 경우, 상속재산에 속하는 개별 재산에 관하여 민법 제268조의 규정에 따라 공유물분할청구의 소를 제기할 수 있는지 여부에 관하여 판례는 『공동상속인은 상속재산의 분할에 관하여 공동상속인 사이에 협의가 성립되지 아니하거나 협의할 수 없는 경우에 가사소송법이 정하는 바에 따라 가정법원에 상속재산분할심판을 청구할 수 있을 뿐이고, 상속재산에 속하는 개별 재산에 관하여 민법 제268조의 규정에 따라 공유물분할청구의 소를 제기하는 것은 허용되지 않는다』(대판 2015. 8. 13, 2015다18367)라고 판시하고 있다.

〔제268조(공유물의 분할청구)〕 ① 공유자는 공유물의 분할을 청구할 수 있다. 그러나 5년 내의 기간으로 분할하지 아니할 것을 약정할 수 있다. ② 전항의 계약을 갱신한 때에는 그 기간은 갱신한 날로부터 5년을 넘지 못한다. ③ 전2항의 규정은 제215조, 제239조의 공유물에는 적용하지 아니한다.

정답 – O

16 **甲의 사망 후 인지 된 乙이 甲의 사망 시에 소급하여 공동상속인이 되어 상속회복을 청구하는 경우, 乙이 상속권의 침해를 안 것으로 되는 시점은 인지판결 확정일부터이다.** 변호사시험 제3회

해설 상속회복청구권은 상속인 또는 그 법정대리인이 침해를 안 날부터 3년, 상속권의 침해행위가 있은 날부터 10년이 경과하면 소멸한다(제999조 제2항). 여기서 '상속권의 침해를 안 날'이라 함은 자기가 진정한 상속인임을 알고 또 자기가 상속에서 제외된 사실을 안 때를 가리키는 것으로서, 단순히 상속권 침해의 추정이나 의문만으로는 충분하지 않다(대판 2007.10. 25, 2007다36223). 특히 강제인지를 통해 피인지된 자의 상속회복청구권의 경우 '침해를 안 날부터 3년'의 기산점은 그 인지판결이 확정된 날로부터 기산한다(대판 1978. 2. 14, 77므21).

정답 – O

17 **甲의 사망 후에 乙이 단독상속인으로 되었으나 참칭상속인 丙이 乙의 상속권을 침해한 경우, 상속회복청구권의 행사기간이 경과한 때에는 乙은 상속인의 지위를 상실하게 되고, 丙은 그 행사기간이 만료한 때로 소급하여 상속인이 된다.** 변호사시험 제3회

해설 판례는 『상속회복청구권 소멸의 반사적 효과로서 참칭상속인의 지위는 확정되어 참칭상속인이 상속개시일로부터 소급하여 상속인으로서의 지위를 취득한 것으로 봄이 상당하므로, 상속재산은 상속개시일로 소급하여 참칭상속인의 소유로 된다』고 한다(대판 1998. 3. 27, 96다37398).

정답 – X

18 **적법하게 공동상속등기가 마쳐진 부동산에 대하여 공동상속인 중 1인이 자기의 단독 명의로 소유권이전등기를 한 경우, 다른 공동상속인들이 그 소유권이전등기의 말소를 청구하는 것은 상속회복청구에 해당한다.** 변호사시험 제5회

해설 『일단 적법하게 공동상속등기가 마쳐진 부동산에 관하여 상속인 중 1인이 자기 단독명의로 소유권이전등기를 한 경우 다른 상속인들이 그 이전등기가 원인 없이 마쳐진 것이라 하여 말소를 구하는 소는 **상속회복청구의 소에 해당하지 아니하여 민법 제999조 제2항이 정하는 소의 제기에 관한 제척기간이 적용되지 아니한다** (대판 1987. 5. 12, 86다카2443 참조). 이는 상속권이 침해되었음을 이유로 그 회복을 구하는 것이 아니라 **상속으로 일단 취득한 소유권이 그 후 위법하게 침해되었다는 이유로 소유권의 회복을 구하는 것이기 때문**이며, 공동상속등기와 그에 이은 이전등기 사이의 시간적 간격이 짧다거나 공동상속등기와 이전등기가 상속인 중 1인에 의하여 동일한 기회에 이루어졌다고 하여 달리 볼 것이 아니다』(대판 2011. 9. 29, 2009다78801). 정답 – X

19 **상속재산의 일부에 대하여 제척기간 내에 상속회복청구권을 행사하여 제소하였다면, 청구의 목적물로 하지 않은 나머지 상속재산에 대해서도 제척기간을 준수한 것으로 본다.** 변호사시험 제5회

해설 **상속재산의 일부에 대한 상속회복청구의 제소기간 준수와 타 상속재산에 관한 소송에의 효력**에 관하여 판례는 『**상속재산의 일부에 대한 상속회복청구의 제소기간을 준수**하였다고 하여 그로써 **다른 상속재산에 대한 소송에 그 기간준수의 효력이 생기지 아니한다**』(대판 1981. 6. 9, 80므84)라고 판시하고 있다. 정답 – X

20 **공동상속인 중 1인이 자신이 단독상속인이라고 주장하였다면, 다른 상속인의 상속권에 대한 침해가 없더라도 그는 참칭상속인에 해당한다.** 변호사시험 제5회

해설 『재산상속회복청구의 소에 있어서 그 상대방이 되는 참칭상속인이라 함은 **재산상속인임을 신뢰하게 하는 외관**을 갖추고 있거나 **상속인이라고 참칭하여 상속재산의 전부 또는 일부를 점유**하는 등의 방법에 의하여 **진정한 상속인의 상속권을 침해하는 자를 가리키는 것**으로서, 상속인 아닌 자가 자신이 상속인이라고 주장하거나 또는 공동상속인 중 1인이 자신이 단독상속인이라고 주장하였다 하더라도 달리 상속권의 침해가 없다면 그러한 자를 가리켜 상속회복청구의 소에서 말하는 참칭상속인이라고 할 수는 없는 것이다』(대판 1994. 11. 18, 92다33701). 정답 – X

21 **상속회복청구권이 제척기간의 경과로 소멸되면 진정상속인은 상속인으로서의 지위를 상실하는 반면, 그 반사적 효과로서 참칭상속인은 상속개시 당시에 소급하여 상속인의 지위를 취득한 것으로 본다.** 변호사시험 제5회

해설 『상속회복청구권이 제척기간의 경과로 소멸하게 되면 상속인은 상속인으로서의 지위 즉 상속에 따라 승계한 개개의 권리의무 또한 총괄적으로 상실하게 되고, 그 반사적 효과로서 참칭상속인의 지위는 확정되어 참칭상속인이 상속개시의 시로부터 소급하여 상속인으로서의 지위를 취득한 것으로 봄이 상당하므로, 상속재산은 상속 개시일로 소급하여 참칭상속인의 소유로 된다』(대판 1998. 3. 27, 96다37398).

정답 - O

22 **채권자가 상속인을 상대로 상속채무의 이행을 구하는 소송에서 상속인이 한정승인을 하고도 이를 주장하지 아니하여 책임의 범위에 관한 유보없는 판결이 선고되고 확정된 경우, 상속인은 그 후 위 한정승인 사실을 내세워 청구이의의 소를 제기할 수 없다.**

변호사시험 제4회

해설 판례는 종래 해석론상 논의되던, 적법하게 한정승인신고를 하고서도 소송과정에서 한정승인의 항변을 하지 않았던 상속인이 집행절차에서 비로소 한정승인주장(청구에 관한 이의의 소)을 할 수 있는지 여부에 관하여 긍정설의 입장이다(아래2006다23138판결).
즉, 대법원은 한정승인제도와 관련하여 상속채권자의 보호에 제한적 태도를 취하고 있다.
이는 우리 민법상의 한정승인 제도가 상속채권자의 보호보다는 **상속인이 피상속인의 채무를 무한정 상속하여 파탄에 빠지는 것을 막아 상속인을 보호하려는 데 본래의 목적**이 있기 때문이다. 『채권자가 피상속인의 금전채무를 상속한 상속인을 상대로 그 상속채무의 이행을 구하여 제기한 소송에서 채무자가 **한정승인 사실을 주장하지 않으면** 책임의 범위는 **현실적인 심판대상으로 등장하지 아니하여 주문에서는 물론 이유에서도 판단되지 않으므로** 그에 관하여 **기판력이 미치지 않는다.** 그러므로 채무자가 한정승인을 하고도 채권자가 제기한 소송의 사실심 변론종결시까지 그 사실을 주장하지 아니하여 **책임의 범위에 관한 유보가 없는 판결이 선고되어 확정**되었다고 하더라도, **채무자는 그 후 위 한정승인 사실을 내세워 청구에 관한 이의의 소를 제기할 수 있다**』(대판 2006.10. 13, 2006다23138).
[비교판례] 그러나 상속포기의 경우에는 다르다. 즉 판례는 채무자가 상속포기를 하였으나 채권자가 제기한 소송에서 사실심변론종결시까지 이를 주장하지 않은 경우, 채권자의 승소판결 확정 후 청구이의의 소를 제기할 수 없다고 하였다(대판 2009. 5. 28, 2008다79876).

정답 - X

23 **상속채권자는 특별한 사정이 없는 한 한정승인자의 고유재산에 대해 강제집행을 할 수 없다.**

변호사시험 제6회

해설 『민법 제1028조는 "상속인은 상속으로 인하여 취득할 재산의 한도에서 피상속인의 채무와 유증을 변제할 것을 조건으로 상속을 승인할 수 있다."라고 규정하고 있다. 상속인이 위 규정에 따라 한정승인의 신고를 하게 되면 피상속인의 채무에 대한 한정승인자의 책임은 상속재산으로 한정되고, 그 결과 **상속채권자는 특별한 사정이 없는 한 상속인의 고유재산에 대하여 강제집행을 할 수 없으며** 상속재산으로부터만 채권의 만족을 받을 수 있다』(대판 2016. 5. 24, 2015다250574).

정답 - O

24 **상속채권자는 상속재산에 관하여 한정승인자로부터 근저당권을 취득한 한정승인자의 고유채권자에 대해, 그 근저당권에 기한 배당절차에서 한정승인의 사유만으로 우선적 지위를 주장할 수 없다.** 변호사시험 제6회

해설 『법원이 한정승인신고를 수리하게 되면 피상속인의 채무에 대한 상속인의 책임은 상속재산으로 한정되고, 그 결과 상속채권자는 특별한 사정이 없는 한 상속인의 고유재산에 대하여 강제집행을 할 수 없다. 그런데 민법은 한정승인을 한 상속인(이하 '한정승인자'라 한다)에 관하여 그가 상속재산을 은닉하거나 부정소비한 경우 단순승인을 한 것으로 간주하는 것(제1026조 제3호) 외에는 상속재산의 처분행위 자체를 직접적으로 제한하는 규정을 두고 있지 않기 때문에, 한정승인으로 발생하는 위와 같은 책임제한 효과로 인하여 한정승인자의 상속재산 처분행위가 당연히 제한된다고 할 수는 없다. 또한 민법은 한정승인자가 상속재산으로 상속채권자 등에게 변제하는 절차는 규정하고 있으나(제1032조 이하), 한정승인만으로 상속채권자에게 상속재산에 관하여 한정승인자로부터 물권을 취득한 제3자에 대하여 우선적 지위를 부여하는 규정은 두고 있지 않으며, 민법 제1045조 이하의 재산분리 제도와 달리 한정승인이 이루어진 상속재산임을 등기하여 제3자에 대항할 수 있게 하는 규정도 마련하고 있지 않다. 따라서 **한정승인자로부터 상속재산에 관하여 저당권 등의 담보권을 취득한 사람과 상속채권자 사이의 우열관계는 민법상의 일반원칙에 따라야 하고, 상속채권자가 한정승인의 사유만으로 우선적 지위를 주장할 수는 없다.** 그리고 이러한 이치는 한정승인자가 그 저당권 등의 피담보채무를 상속개시 전부터 부담하고 있었다고 하여 달리 볼 것이 아니다』[대판(전합) 2010. 3. 18, 2007다77781]. 정답 – O

25 **공동상속인들 중 일부가 한정승인을 한 경우 이에 따른 청산절차가 종료될 때까지는 상속재산분할청구를 할 수 없다.** 변호사시험 제6회

해설 『우리 민법이 한정승인 절차가 상속재산분할 절차보다 선행하여야 한다는 명문의 규정을 두고 있지 않고, 공동상속인들 중 일부가 한정승인을 하였다고 하여 상속재산분할이 불가능하다거나 분할로 인하여 공동상속인들 사이에 불공평이 발생한다고 보기 어려우며, 상속재산분할의 대상이 되는 상속재산의 범위에 관하여 공동상속인들 사이에 분쟁이 있을 경우에는 한정승인에 따른 청산절차가 제대로 이루어지지 못할 우려가 있는데 그럴 때에는 상속재산분할청구 절차를 통하여 분할의 대상이 되는 상속재산의 범위를 한꺼번에 확정하는 것이 상속채권자의 보호나 청산절차의 신속한 진행을 위하여 필요하다는 점 등을 고려하면, **한정승인에 따른 청산절차가 종료되지 않은 경우에도 상속재산분할청구가 가능하다**』(대결 2014. 7. 25, 자 2011스226). 정답 – X

26 **상속부동산에 관하여 담보권 실행을 위한 경매절차가 진행된 경우, 한정승인에 따른 청산절차에서 상속채권자로 신고한 자라고 하더라도 집행권원을 얻어 그 경매절차에서 배당요구를 함으로써 일반채권자로서 배당받을 수 있다.** 변호사시험 제6회

해설 『상속부동산에 관하여 민사집행법 제274조 제1항에 따른 형식적 경매절차가 진행된 것이 아니라 담보권 실행을 위한 경매절차가 진행된 경우에는 비록 한정승인 절차에서 상속채권자로 신고한 자라고 하더라도 집행권원을 얻어 그 경매절차에서 배당요구를 함으로써 일반채권자로서 배당받을 수 있다』(대판 2010. 6. 24, 2010다14599).

〔민사집행법 제274조(유치권 등에 의한 경매)〕 ① 유치권에 의한 경매와 민법·상법, 그 밖의 법률이 규정하는 바에 따른 경매(이하 '유치권등에 의한 경매'라 한다)는 담보권 실행을 위한 경매의 예에 따라 실시한다.

정답 - O

27 **상속채권자가 한정승인자에게 상속채무 전부의 이행을 구하는 소를 제기한 경우, 법원은 상속재산이 상속채무의 변제에 부족하다고 하더라도 상속채무 전부에 대한 이행판결을 선고하면서 이행판결의 주문에 상속재산의 한도에서만 집행할 수 있다는 취지를 명시하여야 한다.** 변호사시험 제6회

해설 『상속의 한정승인은 채무의 존재를 한정하는 것이 아니라 단순히 그 책임의 범위를 한정하는 것에 불과하기 때문에, 상속의 한정승인이 인정되는 경우에도 상속채무가 존재하는 것으로 인정되는 이상, **법원으로서는 상속재산이 없거나 그 상속재산이 상속채무의 변제에 부족하다고 하더라도 상속채무 전부에 대한 이행판결을 선고하여야 하고, 다만, 그 채무가 상속인의 고유재산에 대해서는 강제집행을 할 수 없는 성질을 가지고 있으므로, 집행력을 제한하기 위하여 이행판결의 주문에 상속재산의 한도에서만 집행할 수 있다는 취지를 명시하여야 한다**』(대판 2003. 11. 14, 2003다30968). 정답 - O

28 **사인증여는 원칙적으로 증여자와 수증자의 합의에 의해 성립하지만, 유증은 유언자의 사망 전에 수유자가 유언자에 대하여 승낙의 의사표시를 할 필요가 없다.** 변호사시험 제1회

해설 사인증여는 '계약'으로서 당사자(증여자와 수증자)의 의사합치가 필요하나, 유증은 '단독행위'로서 유언자의 의사표시만 있으면 족하다. 정답 - O

29 **증여자의 사망 전에 사망한 사인증여 수증자의 지위가 상속되는가의 여부는 사인증여의 내용에 의해 정해지고, 유언자의 사망 전에 사망한 유증 수유자의 지위가 상속되는가의 여부는 유언의 취지에 의해 정해진다.** 변호사시험 제1회

해설 **유증은 유언자의 사망전에 수증자가 사망한 때에는 그 효력이 생기지 아니한다(제1089조 제1항)**. 아울러 **사인증여의 경우에는 유증에 관한 규정을 준용**하므로(제562조), 사인증여의 경우에도 수증자가 사인증여의 증여자보다 먼저 사망한 때에는 그 효력이 생기지 않는다. 정답 - X

30 **미성년자가 사인증여를 함에는 원칙적으로 법정대리인의 동의를 얻어야 하지만, 미성년자라도 만 17세에 달한 자가 유증을 함에는 법정대리인의 동의를 얻을 필요가 없다.**

변호사시험 제1회

해설 사인증여도 계약이므로 미성년자가 사인증여를 함에는 원칙적으로 법정대리인의 동의를 얻어야 한다(다만 미성년자가 사인증여를 받는 수증자인 경우에는 부담이 없는 한 단독으로 받을 수 있다; 제5조 제2항 단서). 그러나 만 17세에 달하면 유언을 할 수 있으므로(제1061조), 미성년자라도 만 17세에 달한 자가 유증을 함에는 법정대리인의 동의를 얻을 필요가 없다. 정답 – O

31 **포괄적 유증을 받은 자는 상속인과 동일한 권리의무가 있다고 규정한 민법 제1078조는 포괄적 사인증여에 준용되지 않는다.**

변호사시험 제1회

해설 『포괄적 사인증여에 민법 제1078조가 준용된다면 양자의 효과는 동일하게 되므로, 결과적으로 포괄적 유증에 엄격한 방식을 요하는 요식행위로 규정한 조항들은 무의미하게 된다. 따라서 민법 제1078조가 포괄적 사인증여에 준용된다고 하는 것은 사인증여의 성질에 반하므로 준용되지 아니한다고 해석함이 상당하다』(대판 1996. 4. 12, 94다37714, 37721).

정답 – O

32 **유류분침해액의 반환순서에 있어 사인증여는 유증과 동일시된다.**

변호사시험 제1회

해설 판례는 **유류분반환에 있어 사인증여에 유증과 같은 효과를 인정**한다(대판 2001. 11. 30, 2001다6947). 즉 유류분반환의 순서에 있어 사인증여를 생전증여가 아닌 유증과 동일한 취급을 하게 되며, 따라서 사인증여는 생전증여보다 먼저 반환청구의 대상이 된다(제1116조 참조). 정답 – O

32 **33. 甲이 사망하면서 주택과 임야, 그리고 A에 대한 5천만 원의 채무를 남겼다. 甲에게는 상속인으로 자녀 乙, 丙, 丁만 있었는데, 甲은 丙에게 위 임야를 유증하였다. 한편 甲의 사망 직전 B로부터 인지청구의 소가 제기되어 그 사망 후 B가 승소의 확정판결을 받았다. 丙은 유증의 효력에 의하여 상속개시 당시에 위 임야의 소유권을 취득한다.**

변호사시험 제5회

해설 특정적 수증자는 특정의 재산권에 관하여 **증여계약에 있어서의 수증자와 동일한 지위에 있다. 따라서 등기해야 소유권을 취득**한다. 정답 – X

34 **구수증서에 의해 유언이 작성된 경우에 그 증서보관자는 유언자의 사망 후 지체없이 법원에 그 검인을 청구하여야 한다.** 변호사시험 제7회

해설

〔**제1091조(유언증서, 녹음의 검인)**〕 ① 유언의 증서나 녹음을 보관한 자 또는 이를 발견한 자는 유언자의 사망 후 지체없이 법원에 제출하여 그 검인을 청구하여야 한다. ② 전항의 규정은 공정증서나 **구수증서**에 의한 유언에 적용하지 아니한다.

정답 - X

35 **봉인된 유언증서 개봉에는 유언자의 상속인, 그 대리인 기타 이해관계인이 참여하여야 하며, 적법한 유언이라도 개봉에 필요한 요건을 갖추지 않으면 유언은 효력을 잃는다.** 변호사시험 제7회

해설 『민법 제1091조에서 규정하고 있는 유언증서에 대한 법원의 검인은 유언증서의 형식·태양 등 유언의 방식에 관한 모든 사실을 조사·확인하고 그 위조·변조를 방지하며, 또한 보존을 확실히 하기 위한 일종의 검증절차 내지는 증거보전절차로서, 유언이 유언자의 진의에 의한 것인지 여부나 적법한지 여부를 심사하는 것이 아님은 물론 직접 유언의 유효 여부를 판단하는 심판이 아니고, 또한 민법 제1092조에서 규정하는 **유언증서의 개봉절차는 봉인된 유언증서의 검인에는 반드시 개봉이 필요하므로 그에 관한 절차를 규정한 데에 지나지 아니하므로**, 적법한 유언은 이러한 검인이나 개봉절차를 거치지 않더라도 유언자의 사망에 의하여 곧바로 그 효력이 생기는 것이며, **검인이나 개봉절차의 유무에 의하여 유언의 효력이 영향을 받지 아니한다**』(대판 1998. 6. 12, 97다38510).

정답 - X

36 **유언집행자가 있는 경우 상속인의 상속재산에 대한 처분권이나 원고적격은 제한되지만, 지정된 유언집행자가 자격을 상실한 경우에는 상속인에게 처분권 및 원고적격이 인정된다.** 변호사시험 제7회

해설 『**민법 제1095조는 유언자가 유언집행자의 지정 또는 지정위탁을 하지 아니하거나 유언집행자의 지정을 위탁받은 자가 위탁을 사퇴한 때에 한하여 적용되는 것**이므로, **유언자가 지정 또는 지정위탁에 의하여 유언집행자의 지정을 한 이상** 그 유언집행자가 사망·결격 기타 사유로 자격을 상실하였다고 하더라도 **상속인은 민법 제1095조에 의하여 유언집행자가 될 수는 없다**』(대판 2010. 10. 28, 2009다20840).

정답 - X

37 **제한능력자와 달리 파산선고를 받은 자는 유언집행자가 될 수 있다.** 변호사시험 제7회

해설

〔**제1098조(유언집행자의 결격사유)**〕 제한능력자와 **파산선고를 받은 자**는 유언집행자가 되지 못한다.

정답 - X

38 **유언집행자가 수인인 경우, 유언집행자를 상대로 유증의무의 이행을 구하는 소송은 특별한 사정이 없는 한 유언집행자 전원을 피고로 삼아야 하는 고유필수적 공동소송이다.** 변호사시험 제7회

해설 『상속인이 유언집행자가 되는 경우를 포함하여 유언집행자가 수인인 경우에는, 유언집행자를 지정하거나 지정위탁한 유언자나 유언집행자를 선임한 법원에 의한 임무의 분장이 있었다는 등의 특별한 사정이 없는 한, 유증 목적물에 대한 관리처분권은 유언의 본지에 따른 유언의 집행이라는 공동의 임무를 가진 **수인의 유언집행자에게 합유적으로 귀속되고, 그 관리처분권 행사는 과반수의 찬성으로써 합일하여 결정**하여야 하므로, 유언집행자가 수인인 경우 유언집행자에게 유증의무의 이행을 구하는 소송은 유언집행자 전원을 피고로 하는 **고유필수적 공동소송**으로 봄이 상당하다』(대판 2011. 6. 24, 2009다8345). 정답 – O

39 **공동상속인 중 1인이 자신의 법정상속분 상당의 상속채무 분담액을 초과하여 유류분 권리자의 상속채무 분담액까지 변제한 경우, 그러한 사정은 유류분권리자의 유류분 부족액 산정 시 고려되어야 한다.** 변호사시험 제6회

해설 『금전채무와 같이 급부의 내용이 가분인 채무가 공동상속된 경우, 이는 상속개시와 동시에 당연히 공동상속인들에게 법정상속분에 따라 상속된 것으로 봄이 타당하므로, 법정상속분 상당의 금전채무는 유류분권리자의 유류분 부족액을 산정할 때 고려하여야 할 것이나, **공동상속인 중 1인이 자신의 법정상속분 상당의 상속채무 분담액을 초과하여 유류분권리자의 상속채무 분담액까지 변제한 경우에는** 유류분권리자를 상대로 별도로 구상권을 행사하여 지급받거나 상계를 하는 등의 방법으로 만족을 얻는 것은 별론으로 하고, **그러한 사정을 유류분권리자의 유류분 부족액 산정 시 고려할 것은 아니다**』(대판 2013. 3. 14, 2010다42624). 정답 – X

40 **유류분반환청구권자가 침해를 받은 유증 또는 증여행위를 지정하여 재판 외에서 이에 대한 반환청구의 의사를 표시했더라도 그로부터 6개월 이내에 재판상의 청구 등을 하여야 소멸시효 진행이 중단된다.** 변호사시험 제6회

해설 『**유류분반환청구권의 행사는 재판상 또는 재판 외에서 상대방에 대한 의사표시의 방법으로 할 수 있고, 이 경우 그 의사표시는 침해를 받은 유증 또는 증여행위를 지정하여 이에 대한 반환청구의 의사를 표시하면 그것으로 족하며**, 그로 인하여 생긴 목적물의 이전등기청구권이나 인도청구권 등을 행사하는 것과는 달리 그 목적물을 구체적으로 특정하여야 하는 것은 아니고, 민법 제1117조에 정한 **소멸시효의 진행도 그 의사표시로 중단된다**』(대판 2002. 4. 26, 2000다8878). 정답 – X

41 **공동상속인의 협의 또는 가정법원의 심판으로 유류분반환의무자의 기여분이 인정된 경우, 유류분을 산정함에 있어 그 기여분을 공제하여야 한다.** 변호사시험 제6회

해설 『민법 제1008조의2, 제1112조, 제1113조 제1항, 제1118조에 비추어 보면 기여분은 상속재산분할의 전제 문제로서의 성격을 가지는 것으로서, 상속인들의 상속분을 일정 부분 보장하기 위하여 피상속인의 재산처분의 자유를 제한하는 유류분과는 서로 관계가 없다. 따라서 공동상속인 중에 상당한 기간 동거·간호 그 밖의 방법으로 피상속인을 특별히 부양하거나 피상속인의 재산의 유지 또는 증가에 특별히 기여한 사람이 있을지라도 공동상속인의 협의 또는 가정법원의 심판으로 기여분이 결정되지 않은 이상 유류분반환청구소송에서 기여분을 주장할 수 없음은 물론이거니와, 설령 **공동상속인의 협의 또는 가정법원의 심판으로 기여분이 결정되었다고 하더라도 유류분을 산정함에 있어 기여분을 공제할 수 없고**, 기여분으로 유류분에 부족이 생겼다고 하여 기여분에 대하여 반환을 청구할 수도 없다』(대판 2015. 10. 29, 2013다60753).

정답 – X

42 **유류분반환청구소송에서 유류분반환의무자가 증여 또는 유증대상 재산 그 자체를 반환하는 것이 불가능한 경우에는 사실심 변론종결시를 기준으로 산정한 가액 상당액을 반환해야 한다.** 변호사시험 제6회

해설 『유류분반환범위는 상속개시 당시 피상속인의 순재산과 문제된 증여재산을 합한 재산을 평가하여 그 재산액에 유류분청구권자의 유류분비율을 곱하여 얻은 유류분액을 기준으로 하는 것인바, 이와 같이 유류분액을 산정함에 있어 반환의무자가 증여받은 재산의 시가는 상속개시 당시를 기준으로 산정하여야 하고, 당해 반환의무자에 대하여 반환하여야 할 재산의 범위를 확정한 다음 그 **원물반환이 불가능하여 가액반환을 명하는 경우에는 그 가액은 사실심 변론종결시를 기준으로 산정하여야 한다**』(대판 2005. 6. 23, 2004다51887).

정답 – O

43 **유류분액을 산정함에 있어 유류분반환의무자가 증여받은 재산의 가액은 금전인 경우 증여 당시 받은 금액 자체이고, 그 밖의 재산인 경우 상속개시 당시의 시가이다.**

변호사시험 제6회

해설 『유류분반환범위는 상속개시 당시 피상속인의 순재산과 문제된 증여재산을 합한 재산을 평가하여 그 재산액에 유류분청구권자의 유류분비율을 곱하여 얻은 유류분액을 기준으로 하는 것인바, 그 유류분액을 산정함에 있어 반환의무자가 증여받은 재산의 시가는 상속개시 당시를 기준으로 하여 산정하여야 한다. 따라서 그 **증여받은 재산이 금전일 경우에는 그 증여받은 금액을 상속개시 당시의 화폐가치로 환산하여 이를 증여재산의 가액으로 봄이 상당하고**, 그러한 화폐가치의 환산은 증여 당시부터 상속개시 당시까지 사이의 물가변동률을 반영하는 방법으로 산정하는 것이 합리적이다』(대판 2009. 7. 23, 2006다28126).

정답 – X

사례 【44~48】

아버지 乙, 할아버지 丙과 함께 살던 미성년자 甲이 부부인 A와 B의 양자(친양자 아님)로 입양되었다. A에게는 아버지 C가 생존해 있다. 이에 관한 설명 중 옳지 않은 것은? (각 지문은 독립적이며, 다툼이 있는 경우 판례에 의함) 변호사시험 제7회

44 **A가 사망한 후 甲이 사망하면 甲이 A로부터 상속받은 재산은 乙과 B가 공동 상속한다.**

해설 양자와 생가의 친족관계는 그대로 유지된다. 양부가 사망하면 양자가 양부를 상속하고, 다시 미성년자인 양자가 사망하면 양자의 직계존속 중 가장 근친이 상속인이 된다. 생가의 부와 양모가 가장 근친이므로 공동상속인이 된다. 정답 – O

45 **乙과 A가 모두 사망한 후 甲이 사망하면 甲이 乙과 A로부터 상속받은 재산은 B가 단독 상속한다.**

해설 양자는 생부와 양부를 모두 상속할 수 있다. 생부와 양부를 모두 상속한 甲이 사망한 경우, 가장 근친인 직계존속은 B이므로 B만이 단독상속인이 된다. 정답 – O

46 **甲과 A·B가 동시에 사망하면 甲과 A의 재산은 乙이 상속한다.**

해설 양자인 甲과 양부모인 A와 B가 동시에 사망한 경우, A의 재산은 A의 직계존속인 C가 상속하고, **甲은 A를 상속할 수 없다.** 한편 甲의 재산에 관해서는 甲의 생가 직계존속인 乙이 양가 직계존속인 C보다 근친이므로 乙이 상속한다. 甲의 재산은 乙이 상속하고 A의 재산은 C가 상속한다. 정답 – X

47 **乙과 A·B 모두 사망한 후 甲이 사망하면 甲이 乙과 A·B로부터 상속받은 재산은 丙과 C가 공동 상속한다.**

해설 생부인 乙과 양부모인 A, B가 모두 사망하면 甲은 그들을 모두 상속하고, 그 후 甲이 사망하면 甲의 직계존속이 甲을 상속하는데, 생가 직계존속 丙과 양가 직계존속 C는 촌수가 동일하므로 공동상속인이 된다. 정답 – O

48 **A·B 모두 사망한 후 甲이 사망하면 甲이 A·B로부터 상속받은 재산은 乙이 단독 상속한다.**

해설 양부모인 A, B가 모두 사망하면 양자 甲은 A, B를 상속하고, 그 후 甲이 사망하면 최근친인 직계존속이 甲을 상속하게 되는데, 최근친인 직계존속은 乙이므로 乙이 단독상속인이 된다. 정답 – O

사례 【49~51】

아래의 사실관계를 전제로, 괄호 안에 들어갈 금액이 모두 타당한가? (다툼이 있는 경우에는 판례에 의함) 변호사시험 제2회

피상속인 A는 사망할 당시에 배우자, 직계존속, 직계비속이 없었고 상속재산 10억 원을 보유하고 있었다. A에게는 언니 B와 남동생 C가 있었는데, B는 독신이며 C는 Y와 혼인하여 자녀 D를 두었고, Y는 사별한 전남편 Q와의 사이에서 자녀 E를 두고 있으며 E에게는 자녀인 Z가 있다. (설문에 나타나지 않은 친족 관계는 없는 것으로 간주하고, '물려받는다'라는 표현은 본위상속, 대습상속, 재대습상속 모두를 포함하는 개념으로 이해할 것. 또한 A의 재산 10억 원 이외의 재산은 없는 것으로 간주하고 이자나 비용은 고려하지 말 것)

49 **C, A의 순서로 사망한 후 D와 Y가 함께 여행을 떠났다가 항공기 추락사고로 사망하였으나 사망의 선후가 증명되지 못하였다. 이러한 경우, A의 재산 10억 원 중 E가 궁극적으로 물려받을 수 있는 재산은 ㉠[ ]원이다.**

해설 A의 상속인인 A의 언니인 B와 남동생 C는 동순위의 공동상속인으로 (제1000조 제1항 제3호) A의 상속재산 10억원을 각각 5억원씩 상속할 수 있다(제1000조 제2항). 그러나 상속인 C가 피상속인 A보다 먼저 사망한 경우 C의 직계비속인 D와 배우자인 Y가 각각 2억원, 3억원씩 대습상속한다(제1001조, 제1003조 제2항, 제1009조 제2항). 그러나 사안의 경우 D와 Y가 동시에 사망한 것으로 추정되는 경우이므로(제30조), 동시사망자 상호간에는 상속이 일어나지 않는다. 그러므로 E는 Y의 직계비속으로 1순위 상속인이 되어 Y의 3억원을 상속받고, D의 경우에는 가장 가까운 상속인이 제1000조 제1항 제3호의 '피상속인의 형제, 자매'인 E가 있으므로 E는 D의 상속인으로 2억원도 상속받게 되어, A의 재산 10억원중 E가 궁극적으로 물려받을 수 있는 재산은 [5억]원이다.

정답 - 5억

50 **C, A의 순서로 사망한 경우에 원래 C의 몫이었던 상속재산을 Y와 D가 대습상속한다. 이 상태에서 Y가 사망하면 Y의 직계비속 D와 E가 이 재산을 각 ㉡[ ]원씩 상속한다. 그 후 E가 사망하면 E에게 귀속되었던 ㉡[ ]원은 Z가 물려받는다.**

해설 위의 지문에서 본 바와 같이 상속인 C가 피상속인 A보다 먼저 사망한 경우 C의 직계비속인 D와 배우자인 Y가 각각 2억원, 3억원씩 대습상속한다. 이 상태에서 Y가 사망하면 Y의 직계비속 D와 E가 이 재산(3억원)을 각 [1억 5,000만원]씩 상속한다. 그 후 E가 사망하면 E에게 귀속되었던 [1억 5,000만원]은 Z가 물려받는다..

정답 - 1억 5,000만

51 **위 ㄴ에서 E가 사망한 후 D가 사망한 경우, D에게 대습상속과 본위상속을 통해 귀속되었던 재산 총액 ⓒ[ ]원은 다시 Z가 물려받을 수 있다.**

해설 D에게 A를 피상속인으로 한 대습상속(2억원)과 Y를 피상속인으로 한 본위상속(1억 5,000만원)을 통해 귀속되었던 재산 총액 [3억 5,000만원]은 다시 Z가 물려받을 수 있다. 왜냐하면 E가 사망한 후 D가 사망하게 되면 상속인이 될 형제자매 E가 상속개시 전(D의 사망 전)에 사망한 경우에 해당하므로, Z는 E를 피대습상속인으로 하여 D를 대습상속하게 되기 때문이다(제1001조). 정답 - 3억 5,000만

사례 【52~54】

甲과 乙은 부부이며 자녀 丙과 丁이 있다. 甲이 사망하고 남긴 재산으로는 X 아파트(시가 5억 원)와 A에게 부담하고 있던 2억 8,000만 원의 채무가 있다. 이에 관한 설명이 타당한가?(다툼이 있는 경우에는 판례에 의함) 변호사시험 제3회

52 **X 아파트는 乙, 丙, 丁이 3/7, 2/7, 2/7의 각 지분으로 공유하며, A에 대한 2억 8,000만 원의 분할채무를 부담한다.**

해설 배우자 乙과 직계비속 丙과 丁은 甲의 공동상속인이 된다(제1000조 제1항 제1호, 제1003조 제1항). 상속비율은 乙 : 丙 : 丁이 1.5(3/7) : 1(2/7) : 1(2/7)이 된다(제1009조 2항). 상속인이 수인인 때에는 상속재산은 공유로 하므로(제1006조), X아파트는 乙, 丙, 丁이 3/7 : 2/7 : 2/7의 각 지분으로 공유한다.

아울러 판례는 『금전채무와 같이 급부의 내용이 가분인 채무가 공동상속된 경우, 이는 상속개시와 동시에 당연히 법정상속분에 따라 공동상속인에게 분할되어 귀속되는 것이므로, 상속재산 분할의 대상이 될 여지가 없다』(대판 1997. 6. 24, 97다8809)고 한다.

→ 따라서 A에 대한 2억 8,000만 원의 채무는 법정상속분인 3/7 : 2/7 : 2/7의 비율로 공동상속인 乙, 丙, 丁에게 분할되어 귀속되므로 乙이 1억 2,000만 원의 분할채무를, 丙과 丁이 각 8,000만 원의 분할채무를 부담한다. 정답 - O

53 **乙, 丙, 丁이 상속재산의 분할협의에 의하여 X 아파트를 乙의 단독사유로 할 수 있지만, A에 대한 2억 8,000만 원의 채무는 상속재산 분할협의의 대상이 아니다.**

해설 상속재산의 분할협의가 가능하려면 ① 상속재산에 대하여 공유관계가 존재하여야 하며, ② 공동상속인이 확정되어야 하며, ③ 분할의 금지가 없어야 한다(제1012조). 따라서 앞서 살펴본 판례와 같이 금전채무의 경우 상속 개시와 동시에 당연히 법정상속분에 따라 공동상속인에게 분할되어 귀속되는 것이므로, 상속재산 분할의 대상이 될 여지가 없다.

→ 그렇다면 乙, 丙, 丁이 상속재산의 분할협의에 의하여 X아파트를 乙의 단독소유로 할 수 있지만, A에 대한 2억 8,000만 원의 채무는 상속재산 분할협의의 대상이 아니다. 정답 - O

54 **乙, 丙, 丁이 상속재산의 분할협의에 의하여 X 아파트를 丙의 단독소유로 하였고, 丙은 이를 A에게 매도하고 소유권이전등기를 경료하여 주었다. 그런데 상속개시 1년 후 甲의 혼인 외의 자가 인지청구의 소에서 승소하여 새로이 상속재산분할을 요구하더라도 A는 유효하게 X 아파트의 소유권을 보유한다.**

해설 상속개시후의 인지 또는 재판의 확정에 의하여 공동상속인이 된 자는 상속재산분할을 청구하여 분할에 참가할 수 있다. 그러나 다른 공동상속인들이 이미 상속재산의 분할 기타 처분을 한 때에는 상속인들의 분할이나 처분행위의 무효를 주장할 수 없으나, 다만 다른 공동상속인에게 그 상속분에 상당한 가액의 지급을 청구할 권리가 있다(제1014조).

→ 따라서 이미 상속재산분할을 통하여 X아파트가 A에게 처분되었다면 인지청구의 소에서 승소한 자는 재분할 등을 청구할 수 없고 다른 공동상속인들을 상대로 그 상속분에 상당한 가액의 지급을 청구할 권리만 가진다. 아울러 위 가액청구권은 상속회복청구권의 실질이 있으므로 상속회복청구권의 단기제척기간이 적용된다(대판 1993. 8. 24, 93다12). 결국 A는 X아파트의 소유권을 보유한다.

정답 – O

사례 【55~56】

甲은 乙에 대하여 대여금 반환채권을 갖고 있다. 그런데 乙이 사망하였고, 유일한 상속인 丙은 상속포기기간 내에 상속을 포기하였다. 다음 설명이 타당한가? (다툼이 있는 경우에는 판례에 의함) 변호사시험 제1회

55 **상속을 포기한 丙은 처음부터 상속인이 아니었던 것이 되는데, 상속의 포기는 丙의 채권자의 입장에서 그의 기대를 저버리는 측면이 있더라도 상속인의 재산을 현재의 상태보다 악화시키지 않으므로 사해행위취소의 대상이 되지 않는다.**

해설 **상속포기가 사해행위취소의 대상인지 여부**에 관하여 판례는『상속인의 채권자의 입장에서는 상속의 포기가 그의 기대를 저버리는 측면이 있다고 하더라도 채무자인 상속인의 재산을 현재의 상태보다 악화시키지 아니한다. 이러한 점들을 종합적으로 고려하여 보면, 상속의 포기는 민법 제406조 제1항에서 정하는 '재산권에 관한 법률행위'에 해당하지 아니하여 사해행위취소의 대상이 되지 못한다』(대판 2011. 6. 9, 2011다29307)라고 판시하고 있다 .

〔**제406조(채권자취소권)**〕 ① 채무자가 채권자를 해함을 알고 재산권을 목적으로 한 법률행위를 한 때에는 채권자는 그 취소 및 원상회복을 법원에 청구할 수 있다. 그러나 그 행위로 인하여 이익을 받은 자나 전득한 자가 그 행위 또는 전득당시에 채권자를 해함을 알지 못한 경우에는 그러하지 아니하다.

정답 – O

56 **만약 丙이 한정승인을 하고 상속재산에 대하여 상속을 원인으로 한 소유권이전등기를 마친 뒤 B에게 근저당권을 설정하여 준 경우, 상속채권자 A는 상속재산에 관하여 丙으로부터 담보권을 취득한 B에게 우선적 지위를 주장할 수 있다.**

해설 지문은 대법원 2010. 3. 18. 선고 2007다77781 전원합의체 판결의 반대의견의 입장이다. 『[다수의견] **법원이 한정승인신고를 수리하게 되면 피상속인의 채무에 대한 상속인의 책임은 상속재산으로 한정**되고, 그 결과 상속채권자는 특별한 사정이 없는 한 상속인의 고유재산에 대하여 강제집행을 할 수 없다. 그런데 민법은 한정승인을 한 상속인(이하 '한정승인자'라 한다)에 관하여 그가 상속재산을 은닉하거나 부정소비한 경우 단순승인을 한 것으로 간주하는 것(제1026조 제3호) 외에는 상속재산의 처분행위 자체를 직접적으로 제한하는 규정을 두고 있지 않기 때문에, 한정승인으로 발생하는 위와 같은 책임제한 효과로 인하여 한정승인자의 상속재산 처분행위가 당연히 제한된다고 할 수는 없다. 또한 민법은 한정승인자가 상속재산으로 상속채권자 등에게 변제하는 절차는 규정하고 있으나(제1032조 이하), 한정승인만으로 상속채권자에게 상속재산에 관하여 한정승인자로부터 물권을 취득한 제3자에 대하여 우선적 지위를 부여하는 규정은 두고 있지 않으며, 민법 제1045조 이하의 재산분리 제도와 달리 한정승인이 이루어진 상속재산임을 등기하여 제3자에 대항할 수 있게 하는 규정도 마련하고 있지 않다. 따라서 **한정승인자로부터 상속재산에 관하여 저당권 등의 담보권을 취득한 사람과 상속채권자 사이의 우열관계는 민법상의 일반원칙에 따라야 하고, 상속채권자가 한정승인의 사유만으로 우선적 지위를 주장할 수는 없다. 그리고 이러한 이치는 한정승인자가 그 저당권 등의 피담보채무를 상속개시 전부터 부담하고 있었다고 하여 달리 볼 것이 아니다.**』 정답 – X

사례 [57~61]

甲男과 乙女는 부부였는데, 甲이 사망하였다. 甲에게는 乙 이외에 다른 유족은 없다. 甲은 유산으로 X 아파트(시가 1억 원)를 남겼으며, 생전에 丙에게 2억 원의 채무를 부담하고 있었다. 다음 설명 중 옳지 않은 것은? (다툼이 있는 경우에는 판례에 의함) 변호사시험 제2회

57 **乙이 甲의 사망 및 채무초과 사실을 안 날부터 3개월 내에 상속포기 또는 한정승인 신고를 하지 않은 경우, 乙은 甲의 丙에 대한 2억 원의 채무 전부에 대하여 책임을 진다.**

해설

〔**제1019조(승인, 포기의 기간)**〕 ① 상속인은 상속개시있음을 안 날로부터 3월내에 단순승인이나 한정승인 또는 포기를 할 수 있다.
〔**제1026조(법정단순승인)**〕 다음 각호의 사유가 있는 경우에는 상속인이 단순승인을 한 것으로 본다.
2. 상속인이 제1019조제1항의 기간내에 한정승인 또는 포기를 하지 아니한 때

정답 – O

58 **만약 甲에게 적극재산이 없다면, 丙이 적법하게 한정승인신고를 한 乙을 상대로 2억 원 채무의 이행을 구하는 소를 제기한 경우, 법원은 丙의 청구를 기각하여야 한다.**

해설 『**상속의 한정승인은 채무의 존재를 한정하는 것이 아니라 단순히 그 책임의 범위를 한정하는 것에 불과**하기 때문에, 상속의 한정승인이 인정되는 경우에도 상속채무가 존재하는 것으로 인정되는 이상, 법원으로서는 상속재산이 없거나 그 상속재산이 상속채무의 변제에 부족하다고 하더라도 **상속채무 전부에 대한 이행판결을 선고하여야** 하고, 다만, 그 채무가 상속인의 고유재산에 대해서는 강제집행을 할 수 없는 성질을 가지고 있으므로, **집행력을 제한하기 위하여 이행판결의 주문에 상속재산의 한도에서만 집행할 수 있다는 취지를 명시하여야 한다**』(대판 2003. 11. 14, 2003다30968). 정답 - X

59 **乙이 적법하게 한정승인신고를 하고도 丙이 제기한 소송의 사실심 변론종결시까지 그 사실을 주장하지 아니하여 책임의 범위에 관하여 아무런 유보가 없는 판결이 선고되어 확정되었더라도, 乙은 그 후 위 한정승인사실을 내세워 청구이의의 소를 제기하는 것이 허용된다.**

해설 『채권자가 피상속인의 금전채무를 상속한 상속인을 상대로 그 상속채무의 이행을 구하여 제기한 소송에서 채무자가 한정승인 사실을 주장하지 않으면 **책임의 범위는 현실적인 심판대상으로 등장하지 아니하여 주문에서는 물론 이유에서도 판단되지 않으므로 그에 관하여 기판력이 미치지 않는다**. 그러므로 채무자가 한정승인을 하고도 채권자가 제기한 소송의 사실심 변론종결시까지 그 사실을 주장하지 아니하여 책임의 범위에 관한 유보가 없는 판결이 선고되어 확정되었다고 하더라도, 채무자는 그 후 위 한정승인 사실을 내세워 청구에 관한 이의의 소를 제기할 수 있다』(대판 2006. 10. 13, 2006다23138). 정답 - O

60 **乙이 적법하게 한정승인신고를 한 경우, 상속에 기하여 X 아파트의 소유권을 취득한 乙이 위 아파트에 관하여 丁에게 저당권을 설정하여 주었다면 위 아파트에 대한 경매의 매각대금에 관하여 丙이 丁에게 우선하지 않는다.**

해설 『법원이 한정승인신고를 수리하게 되면 피상속인의 채무에 대한 상속인의 책임은 상속재산으로 한정되고, 그 결과 상속채권자는 특별한 사정이 없는 한 상속인의 고유재산에 대하여 강제집행을 할 수 없다. 그런데 민법은 한정승인을 한 상속인(이하 '한정승인자'라 한다)에 관하여 그가 상속재산을 은닉하거나 부정소비한 경우 단순승인을 한 것으로 간주하는 것(제1026조 제3호) 외에는 **상속재산의 처분행위 자체를 직접적으로 제한하는 규정을 두고 있지 않기 때문에, 한정승인으로 발생하는 위와 같은 책임제한 효과로 인하여 한정승인자의 상속재산 처분행위가 당연히 제한된다고 할 수는 없다**. 또한 민법은 한정승인자가 상속재산으로 상속채권자 등에게 변제하는 절차는 규정하고 있으나(제1032조 이하), 한정승인만으로 상속채권자에게 상속재산에 관하여 한정승인자로부터 물권을 취득한 제3자는 규정도 마련하고 있지 않다. 따라서 **한정승인자로부터 상속재산에 관하여 저당권 등의**

담보권을 취득한 사람과 상속채권자 사이의 우열관계는 민법상의 일반원칙에 따라야 하고, 상속채권자가 한정승인의 사유만으로 우선적 지위를 주장할 수는 없다. 그리고 이러한 이치는 한정승인자가 그 저당권 등의 피담보채무를 상속개시 전부터 부담하고 있었다고 하여 달리 볼 것이 아니다』〔대판(전합) 2010. 3. 18, 2007다77781〕. 정답 - O

61 **乙이 적법하게 상속포기신고를 하였으나 丙이 제기한 소송에서 사실심 변론종결시까지 이를 주장하지 않는 경우, 乙은 丙의 승소판결 확정 후 청구이의의 소를 제기할 수 없다.**

해설 『채무자가 한정승인을 하였으나 채권자가 제기한 소송의 사실심 변론종결시까지 이를 주장하지 아니하는 바람에 책임의 범위에 관하여 아무런 유보 없는 판결이 선고·확정된 경우라 하더라도 채무자가 그 후 위 한정승인 사실을 내세워 청구에 관한 이의의 소를 제기하는 것이 허용되는 것은, 한정승인에 의한 책임의 제한은 상속채무의 존재 및 범위의 확정과는 관계없이 다만 판결의 집행 대상을 상속재산의 한도로 한정함으로써 판결의 집행력을 제한할 뿐으로, 채권자가 피상속인의 금전채무를 상속한 상속인을 상대로 그 상속채무의 이행을 구하여 제기한 소송에서 **채무자가 한정승인 사실을 주장하지 않으면 책임의 범위는 현실적인 심판대상으로 등장하지 아니하여 주문에서는 물론 이유에서도 판단되지 않는 관계로 그에 관하여는 기판력이 미치지 않기 때문**이다. 위와 같은 기판력에 의한 실권효 제한의 법리는 채무의 상속에 따른 책임의 제한 여부만이 문제되는 한정승인과 달리 **상속에 의한 채무의 존재 자체가 문제되어 그에 관한 확정판결의 주문에 당연히 기판력이 미치게 되는 상속포기의 경우에는 적용될 수 없다**』(대판 2009. 5. 28, 2008다79876). 정답 - O

민사소송법

제1편 총 론

제2편 소송의 주체

제3편 제1심 소송절차

제4편 소송의 종료

제5편 병합소송

제6편 상소심절차

제7편 재심절차

제8편 간이소송절차

제9편 전자소송

제1편 총 론

제1장 민사소송

1 **실효의 원칙은 항소권과 같은 소송법상의 권리에 대하여도 적용될 수 있지만, 법원은 구체적으로 권리불행사 기간의 장단·당사자 쌍방의 사정·객관적으로 존재한 사정 등을 모두 고려하여 사회통념에 따라 위 원칙의 적용 여부를 합리적으로 판단하여야 한다.**

변호사시험 제2회

해설 『실효의 원칙이라 함은 권리자가 장기간에 걸쳐 그 권리를 행사하지 아니함에 따라 그 의무자인 상대방이 더 이상 권리자가 권리를 행사하지 아니할 것으로 신뢰할 만한 정당한 기대를 가지게 된 경우에 새삼스럽게 권리자가 그 권리를 행사하는 것은 법질서 전체를 지배하는 신의성실의 원칙에 위반되어 허용되지 아니한다는 것을 의미하고, **항소권과 같은 소송법상의 권리에 대하여도 이러한 원칙은 적용될 수 있다**』(대판 1996. 7. 30, 94다51840).

정답 - O

제2장 민사소송법

제2편 소송의 주체

제1장 법 원

1 **법원의 관할은 ( )를 표준으로 정한다.** 변호사시험 제1회

해설

[민사소송법 제33조(관할의 표준이 되는 시기)] 법원의 관할은 **소를 제기한 때**를 표준으로 정한다.

정답 **- 제소시**

2 **대한민국 법원의 관할을 배제하고 외국의 법원을 관할법원으로 하는 전속적인 국제관할의 합의가 현저하게 불합리하고 불공정하여 공서양속에 반하는 법률행위에 해당하는 경우에는 무효이다.** 변호사시험 제5회

해설 『외국 법원의 관할을 배제하고 대한민국 법원을 관할법원으로 하는 전속적인 국제관할의 합의가 유효하기 위해서는, 당해 사건이 외국 법원의 전속관할에 속하지 아니하고, 대한민국 법원이 대한민국법상 당해 사건에 대하여 관할권을 가져야 하는 외에, 당해 사건이 대한민국 법원에 대하여 합리적인 관련성을 가질 것이 요구되며, 그와 같은 **전속적인 관할 합의가 현저하게 불합리하고 불공정하여 공서양속에 반하는 법률행위에 해당하지 않는 한 그 관할 합의는 유효**하다』(대판 2011. 4. 28, 2009다19093). 정답 - O

3 **관할의 원인이 동시에 본안의 내용과 관련이 있는 경우, 법원은 원고가 주장하는 청구원인사실을 기초로 하여 관할권의 유무를 판단할 것이지, 본안의 심리를 한 후에 관할의 유무를 결정할 것은 아니다.** 변호사시험 제5회

해설 『관할권은 법원이 사건에 관하여 재판권을 행사할 권한으로서 청구의 당부에 관하여 본안판결을 할 수 있는 전제요건을 이루는 것이므로 법원은 우선 사건에 관하여 관할권의 유무를 확인한 후에 본안심리에 들어가야 하는 것이고, **관할의 원인이 동시에 본안의 내용과 관련이 있는 때에는 원고의 청구원인사실을 기초로 하여 관할권의 유무를 판단할 것이지, 본안의 심리를 한 후에 관할의 유무를 결정할 것은 아니다**』(대결 2004. 7. 14, 자 2004무20). 정답 - O

4 **부동산 양수인이 근저당권이 설정된 부동산의 소유권을 취득한 특정승계인에 해당할 경우, 근저당권설정자와 근저당권자 사이에 이루어진 관할합의의 효력은 그 부동산 양수인에게도 미친다.** 변호사시험 제5회

해설 『관할의 합의의 효력은 부동산에 관한 물권의 특정승계인에게는 미치지 않는다고 새겨야 할 것인바, 부동산 양수인이 근저당권 부담부의 소유권을 취득한 특정승계인에 불과하다면(근저당권 부담부의 부동산의 취득자가 그 근저당권의 채무자 또는 근저당권설정자의 지위를 당연히 승계한다고 볼 수는 없다), 근저당권설정자와 근저당권자 사이에 이루어진 관할합의의 효력은 부동산 양수인에게 미치지 않는다』(대결 1994. 5. 26, 자 94마536). 정답 – X

5 **소송목적의 값의 산정은 단순병합의 경우에는 원칙적으로 병합된 청구의 값을 합산하나, 선택적·예비적 병합의 경우에는 병합된 청구의 값 중 다액을 기준으로 한다.**

변호사시험 제2회

해설

> 〔**제27조(청구를 병합한 경우의 소송목적의 값)**〕 ① 하나의 소로 여러 개의 청구를 하는 경우에는 그 여러 청구의 값을 모두 합하여 소송목적의 값을 정한다.

그러나 하나의 소로써 여러 개의 청구를 한 경우라도 **경제적 이익이 동일하거나 중복되는 때에는 합산하지 않으며**, 중복이 되는 범위 내에서 흡수되고 그 중 다액인 청구가액을 소가로 한다. 따라서 청구의 선택적, 예비적 병합, 선택적, 예비적 공동소송 등의 경우 병합된 청구의 값 중 다액을 기준으로 소가를 산정한다. 정답 – O

6 **제소 당시 「소액사건심판법」의 적용대상인 소액사건이 그후 병합심리로 인하여 그 소송목적의 값의 합산액이 2,000만 원을 초과할 경우, 소액사건에 해당하지 아니한다.**

변호사시험 제5회

해설 『소액사건심판법의 적용대상인 소액사건에 해당하는지 여부는 **제소 당시를 기준**으로 정하여지는 것이므로, 병합심리로 그 소가의 합산액이 소액사건의 소가를 초과하였다고 하여도 소액사건임에는 변함이 없다』(대판 1992. 7. 24, 91다43176). 정답 – X

7 **「법원조직법」에서 소송목적의 값에 따라 관할을 정하는 경우 그 값은 소로 주장하는 이익을 기준으로 계산하여 정한다.** 변호사시험 제5회

해설

> 〔**제26조(소송목적의 값의 산정)**〕 ① 법원조직법에서 소송목적의 값에 따라 관할을 정하는 경우 그 값은 소로 주장하는 이익을 기준으로 계산하여 정한다.

정답 – O

8 **특정부동산에 설정된 근저당권등기의 말소를 구하는 소에 있어서 소송목적의 값은 일응 그 피담보채권액에 의할 것이나, 그 근저당권이 설정된 당해 부동산의 가격이 피담보채권액보다 적을 때에는 부동산의 가격에 의한다.** 변호사시험 제5회

해설 『특정부동산에 설정된 근저당권등기의 말소를 구하는 소송에 있어서의 소가는 일응 그 피담보채권액에 의할 것이나 그 근저당권이 설정된 당해 부동산의 가격이 피담보채권액 보다 적을 때는 부동산의 가격이 소가산정의 기준이 되는 것이다』(대판 1976. 9. 28, 75다2064).

정답 – O

9 해고무효확인청구와 그 해고가 무효임을 전제로 한 임금지급청구가 1개의 소로 제기되는 경우 그중 다액인 소송목적의 값에 의한 인지만을 소장에 붙이면 된다. 변호사시험 제5회

해설 『해고무효확인청구와 그 해고가 무효임을 전제로 한 임금지급청구가 1개의 소로 병합된 경우에는 비재산권을 목적으로 하는 소송(민사소송등인지규칙 제15조 제4항)과 그 소송의 원인된 사실로부터 발생하는 재산권상의 소송을 병합한 때에 해당하여 그중 다액인 소가에 의한 인지만을 붙이면 된다』(대결 1994. 8. 31, 자 94마1390).

정답 – O

10 과실(果實)·손해배상·위약금(違約金) 또는 비용의 청구가 소송의 부대목적이 되는 경우에는 그 값은 소송목적의 값에 넣지 아니한다. 변호사시험 제5회

해설

〔**제27조(청구를 병합한 경우의 소송목적의 값)**〕 ② 과실(과실)·손해배상·위약금(위약금) 또는 비용의 청구가 소송의 부대목적(부대목적)이 되는 경우에는 그 값은 소송목적의 값에 넣지 아니한다.

정답 – O

11 소송의 이송이라 함은 일단 소송계속된 사건을 법원의 ( )에 의해 다른 법원으로 이송하는 것을 말한다. 변호사시험 제1회

해설 이송에 관해 변론이 요구되지 않고 결정에 의한다(민사소송법 제34조 등).

〔**제34조(관할위반 또는 재량에 따른 이송)**〕 ① 법원은 소송의 전부 또는 일부에 대하여 관할권이 없다고 인정하는 경우에는 **결정으로** 이를 관할법원에 이송한다. ② 지방법원 단독판사는 소송에 대하여 관할권이 있는 경우라도 상당하다고 인정하면 직권 또는 당사자의 신청에 따른 **결정으로** 소송의 전부 또는 일부를 같은 지방법원 합의부에 이송할 수 있다.

정답 – **결정**

12 전속적 관할의 합의가 유효하더라도 합의한 법원이 아닌 다른 법원에 변론관할이 생길 수 있고, 법원은 사건을 다른 법정관할법원으로 이송할 수 있다. 변호사시험 제2회

해설 합의관할은 **전속적 합의관할의 경우에도 그 성질상 임의관할이며 법정의 전속관할이 아니다.** 따라서 원고가 합의를 무시한 채 다른 법정관할법원에 소를 제기하여도 피고가 이의 없이 본안변론을 하면 변론관할(제30조)이 생기며, 전속적으로 합의된 법원이라도 현저한 지연을 피한다는 공익상의 필요가 있을 때에는 다른 법정관할법원에 이송할 수 있다(제35조).

정답 – O

13 **당사자가 관할위반을 이유로 한 이송신청을 한 경우 이는 단지 법원의 직권발동을 촉구하는 것에 불과하고, 법원은 이 이송신청에 대하여 재판을 할 필요가 없다.** 변호사시험 제5회

해설 『민사소송법 제31조 제1항의 **관할위반에 기한 이송**은 원래 법원의 직권조사사항으로서 같은 법 제31조 제2항, 제32조 소정의 이송의 경우와는 달리 당사자에게 이송신청권이 있는 것이 아니므로 **당사자가 그 이송신청을 한 경우에도 단지 법원의 직권발동을 촉구하는 의미밖에 없는 것**이므로, **그 이송신청에 대한 재판을 할 필요가 없는데도** 원심이 그 이송신청을 기각하는 결정을 하였다면, 그 결정은 그 결정에 대한 특별항고인에게 아무런 불이익을 주는 것이 아니며 그 결정에 대하여 특별항고를 할 어떤 이익도 없는 것이 분명하므로 그 특별항고는 부적법하다』(대결 1996.01.12. 자 95그59). 정답 - O

14 **심급관할을 위반한 이송결정의 효력(기속력)은 상급심 법원에는 미치지 않는다.** 변호사시험5회

해설 『민사소송법 제38조 제1항, 제2항의 규정에 의하면 소송을 이송받은 법원은 이송결정에 따라야 하며 사건을 다시 다른 법원에 이송하지 못하도록 되어 있기는 하나, 심급관할을 위배하여 이송한 경우에도 이송결정의 기속력이 이송받은 상급심법원에 미친다고 한다면 **당사자의 심급 이익을 박탈하여 부당**할 뿐만 아니라, 이송을 받은 법원이 법률심인대법원인 경우에는 직권조사사항을 제외하고는 새로운 소송자료의 수집과 사실확정이 불가능한 관계로 **당사자의 사실에 관한 주장, 입증의 기회가 박탈되는 불합리**가 생기므로 **심급관할을 위배한 이송결정의 기속력은 이송받은 상급심법원에는 미치지 아니한다**』(대결 1995. 5. 15, 자 94마1059, 1060 ; 대결 2007. 11. 15, 자 2007재마26 등 참조). 정답 - O

15 **동일한 지방법원 내에서 합의부와 단독판사의 구별은 사무분담 문제에 불과하므로, 동일한 지방법원 내의 합의부와 단독판사 사이에서는 이송의 여지가 없다.** 변호사시험 제7회

해설 지방법원 단독판사와 합의부는 조직상 별개의 법원은 아니나 **소송상으로 별개의 법원**으로 보기 때문에 양자의 분담관계는 사무분담이 아닌 **관할의 문제**이다. 따라서 이송으로 처리한다. 정답 - X

16 **관할위반을 이유로 한 당사자의 이송신청은 단지 법원의 직권발동을 촉구하는 의미밖에 없으므로 이송신청 기각결정에 대하여는 즉시항고가 허용되지 않으나, 법원이 이송신청에 대하여 재판하지 않은 경우에는 재판에 영향을 미친 헌법위반이 있음을 이유로 한 특별항고가 허용된다.** 변호사시험 제7회

해설 『가. 당사자가 관할위반을 이유로 한 이송신청을 한 경우에도 이는 단지 법원의 직권발동을 촉구하는 의미밖에 없는 것이고, 따라서 법원은 이 이송신청에 대하여는 재판을 할 필요가 없고, 설사 법원이 이 이송신청을 거부하는 재판을 하였다고 하여도 항고가 허용될 수 없으므로 항고심에서는 이를 각하하여야 한다. 나. 위 '가'항의 항고심에서 항고를 각하지 아니하고 항고이유의 당부에 관한 판단을 하여 기각하는 결정을 하였다고 하여도

이 항고기각결정은 항고인에게 불이익을 주는 것이 아니므로 이 항고심결정에 대하여 재항고를 할 아무런 이익이 없는 것이어서 이에 대한 재항고는 부적법한 것이다』[대결(전합) 1993. 12. 6, 자 93마524].

『민사소송법 제31조 제1항의 관할위반에 기한 이송은 원래 법원의 직권조사사항으로서 같은 법 제31조 제2항, 제32조 소정의 이송의 경우와는 달리 당사자에게 이송신청권이 있는 것이 아니므로 당사자가 그 이송신청을 한 경우에도 단지 법원의 직권발동을 촉구하는 의미밖에 없는 것이므로, 그 이송신청에 대한 재판을 할 필요가 없는데도 원심이 그 이송신청을 기각하는 결정을 하였다면, **그 결정은 그 결정에 대한 특별항고인에게 아무런 불이익을 주는 것이 아니며 그 결정에 대하여 특별항고를 할 어떤 이익도 없는 것이 분명하므로 그 특별항고는 부적법**하다』(대결 1996. 1. 12, 자 95그59). 정답 - X

17 **당사자가 즉시항고를 하지 아니하여 이송결정이 확정된 경우, 전속관할의 규정을 위반한 이송결정이라고 하더라도 원칙적으로 기속력이 인정된다.** 변호사시험 제7회

해설 『이송결정의 기속력은 당사자에게 **이송결정에 대한 불복방법으로 즉시항고가 마련되어 있는 점이나 이송의 반복에 의한 소송지연을 피하여야 할 공익적 요청은 전속관할을 위배하여 이송한 경우라고 하여도 예외일 수 없는 점**에 비추어 볼 때, 당사자가 이송결정에 대하여 즉시항고를 하지 아니하여 확정된 이상 원칙적으로 전속관할의 규정을 위배하여 이송한 경우에도 미친다』(대결 1995. 5. 15, 자 94마1059,1060). 정답 - O

18 **심급관할을 위반한 이송결정의 기속력은 이송받은 동일 심급의 법원과 하급심 법원에는 미치지만 상급심 법원에는 미치지 않는다.** 변호사시험 제7회

해설 『심급관할을 위배하여 이송한 경우에 이송결정의 기속력이 이송받은 상급심 법원에도 미친다고 한다면 당사자의 심급의 이익을 박탈하여 부당할 뿐만 아니라, 이송을 받은 법원이 법률심인 대법원인 경우에는 직권조사 사항을 제외하고는 새로운 소송자료의 수집과 사실확정이 불가능한 관계로 당사자의 사실에 관한 주장, 입증의 기회가 박탈되는 불합리가 생기므로, **심급관할을 위배한 이송결정의 기속력은 이송받은 상급심 법원에는 미치지 않는다**고 보아야 하나, 한편 그 기속력이 이송받은 하급심 법원에도 미치지 않는다고 한다면 사건이 하급심과 상급심 법원 간에 반복하여 전전이송되는 불합리한 결과를 초래하게 될 가능성이 있어 이송결정의 기속력을 인정한 취지에 반하는 것일 뿐더러 민사소송의 심급의 구조상 상급심의 이송결정은 특별한 사정이 없는 한 하급심을 구속하게 되는바 이와 같은 법리에도 반하게 되므로, **심급관할을 위배한 이송결정의 기속력은 이송받은 하급심 법원에는 미친다**고 보아야한다』(대결 1995. 5. 15, 자 94마1059,1060). 정답 - O

19 **이송결정이 확정되면 이송결정을 한 법원은 수소법원으로서의 자격을 상실하므로 어떠한 처분도 할 수 없다.** 변호사시험 제7회

해설

〔제37조(이송결정이 확정된 뒤의 긴급처분)〕 법원은 소송의 이송결정이 확정된 뒤라도 **급박한 사정이 있는 때**에는 직권으로 또는 당사자의 신청에 따라 **필요한 처분을 할 수 있다.** 다만, 기록을 보낸 뒤에는 그러하지 아니하다.

정답 - X

사례 [20~22]

甲이 乙을 상대로 제기한 X토지의 소유권이전등기말소 청구의 소의 항소심법원은 甲에게 소유권이 인정되지 않는다는 이유로 甲이 승소한 제1심 판결을 취소하고 甲의 청구를 기각하는 판결을 선고하였다. 이에 대하여 甲이 상고를 제기하였는데, 상고심 법원은 항소심판결을 파기하고 항소심법원에 환송하는 판결을 선고하였다. 다음 설명이 타당한가? (각 지문은 독립적이며, 다툼이 있는 경우 판례에 의함) 변호사시험 제4회

20 **항소심에서 판결 작성에 관여한 A판사가 상고심 재판에 관여한 경우, 乙은 법률상 재판에 관여할 수 없는 법관이 관여하였음을 이유로 위 파기환송판결에 대하여 재심의 소를 제기할 수 있다.**

해설 민사소송법 제41조 5호는 '법관이 불복 사건의 이전 심급의 재판에 관여하였을 때'를 제척 사유로 열거하고 있는 바, 이 때 관여란 『최종 변론, 판결의 합의 작성 등 깊이 관여한 경우를 말하며, 최종변론 전 변론준비·변론·증거조사, 기일지정과 같은 소송지휘 또는 **판결의 선고에만 관여한 것은 제외**한다』(대판 1997. 6. 13, 96다56115). 따라서 항소심에서 판결 작성에만 관여한 경우 상고심의 제척 사유가 아니므로 법률상 재판에 관여할 수 없는 법관이 관여한 때(제451조 제1항 제2호)에 해당하지 않는다.

정답 - X

21 **환송 전과 환송 후의 항소심은 동일한 심급이므로 환송 전의 항소심판결에 관여한 C판사는 환송 후의 항소심재판에 관여할 수 있다.**

해설 민사소송법 제41조 제5호의 '이전 심급'은 하급심 재판을 말하므로 환송·이송되기 전에 원심에 관여한 법관이 환송·이송된 후에 다시 관여하는 경우는 이에 해당되지 않아 제척 사유 아니다. 그러나 민사소송법 제436조 제3항이 별도로 **원심판결에 관여한 판사는 환송된 판결에 관여하지 못하도록 규정**하고 있어 C판사는 환송 후의 항소심 재판에 관여할 수 없다.

정답 - X

22 **이 사건 제1심 법원의 촉탁에 의해 다른 법원의 D판사가 증거조사를 실시한 경우 D판사는 환송 후 항소심의 직무집행에서 제척된다.**

해설 민사소송법 제41조 제5호의 관여란 『최종 변론, 판결의 합의 작성 등 깊이 관여한 경우를 말하며, 최종변론 전 변론준비·변론·**증거조사**, 기일지정과 같은 소송지휘 또는 판결의 선고에만 관여한 것은 제외한다』(대판 1997. 6.13, 96다56115). 따라서 제1심 법원의 촉탁에 의해 증거조사만 실시한 경우 제척 사유에 해당되지 않는다. 정답 - X

사례

甲이 A법원에 乙을 상대로 제기한 대여금반환청구의 제1심 소송절차에 관한 설명이 타당한가? (다툼이 있는 경우 판례에 의함) 변호사시험 제6회

23 **乙이 이 사건에 관하여 B법원에서만 재판을 받기로 甲과 합의하였음에도 변론기일에 출석하여 이를 주장하지 않으면서 변제 주장을 하였다면 A법원은 관할권을 가진다.**

해설

〔**제30조(변론관할)**〕 피고가 제1심 법원에서 **관할위반이라고 항변하지 아니하고 본안에 대하여 변론**하거나 변론준비기일에서 진술하면 **그 법원은 관할권을 가진다.**
민사소송법 〔제31조(전속관할에 따른 제외)〕 전속관할이 정하여진 소에는 제2조, 제7조 내지 제25조, 제29조 및 제30조의 규정을 적용하지 아니한다.

→ 관할위반이라고 항변하지 않고 변제 주장으로 변론을 하였으므로 변론관할이 발생한다. 전속적 합의관할도 임의관할의 일종이므로 민사소송법 제31조 전속관할에 따른 제외는 적용이 없다. 정답 - O

제2장 당사자

1 **피고 경정의 경우에는 경정신청서의 제출 시에 시효중단의 효과가 생기지만, 피고 표시정정의 경우에는 소제기 시에 시효중단의 효과가 생긴다.** 변호사시험 제2회

해설

〔**제265조(소제기에 따른 시효중단의 시기)**〕 시효의 중단 또는 법률상 기간을 지킴에 필요한 재판상 청구는 소를 제기한 때 또는 **제260조 제2항**·제262조 제2항 또는 제264조 제2항의 규정에 따라 **서면을 법원에 제출한 때**에 그 효력이 생긴다.

『채무자 甲의 乙 은행에 대한 채무를 대위변제한 보증인 丙이 채무자 甲의 사망사실을 알면서도 그를 피고로 기재하여 소를 제기한 사안에서, 채무자 甲의 상속인이 실질적인 피고이고 다만 소장의 표시에 잘못이 있었던 것에 불과하므로, 보증인 丙은 채무자 甲의 상속인으로 피고의 표시를 정정할 수 있고, 따라서 **당초 소장을 제출한 때**에 소멸시효중단의 효력이 생긴다고 본 원심판단을 수긍한 사례』(대판 2011. 3. 10, 2010다99040). 정답 - O

2 **실종자를 당사자로 한 판결이 특별한 조건 없이 선고되어 확정된 후에 실종선고가 확정되고 그로 인한 사망간주의 시점이 소 제기 전으로 소급하는 경우, 위 판결은 당사자능력이 없는 사망한 사람에 대한 것이므로 무효이다.** 변호사시험 제7회

해설 『부재자의 재산관리인에 의하여 소송절차가 진행되던중 **부재자 본인에 대한 실종선고가 확정되면 그 재산관리인으로서의 지위는 종료**되는 것이므로 **상속인등에 의한 적법한 소송수계가 있을 때까지는 소송절차가 중단**된다』(대판 1987. 3. 24, 85다카1151). 정답 – X

3 **법인 아닌 사단의 적법한 대표자 자격이 없는 甲이 한 소송행위는 후에 甲이 적법한 대표자 자격을 취득하여 추인을 하더라도 그 행위 시에 소급하여 효력을 가지는 것은 아니다.** 변호사시험 제4회

해설 민사소송법 제60조는 "소송행위에 필요한 권한의 수여에 흠이 있는 사람이 소송행위를 한 뒤에 보정된 당사자나 법정대리인이 이를 추인한 경우에는, 그 소송행위는 **이를 한 때에 소급하여 효력이 생긴다.**"고 규정하여, 원칙적으로 소급효가 없는 민법 제139조의 민법상 무효행위의 추인과 달리, 권한이 흠결된 소송행위의 추인에 원칙적 소급효를 인정한다. 따라서 『적법한 대표자 자격이 없는 비법인 사단의 대표자가 한 소송행위는 후에 대표자 자격을 적법하게 취득한 대표자가 그 소송행위를 추인하면 **행위 시에 소급하여 효력을 갖게 되고**, 이러한 추인은 상고심에서도 할 수 있다』(대판 2010. 6. 10, 2010다5373). 정답 – X

4 **법인 아닌 사단이 당사자인 사건에 있어서 대표자에게 적법한 대표권이 있는지 여부는 법원의 직권조사사항이다.** 변호사시험 제4회

해설 『비법인사단이 당사자인 사건에서 대표자에게 적법한 대표권이 있는지는 소송요건에 관한 것으로서 **법원의 직권조사사항**이므로 비법인사단 대표자의 대표권 유무가 의심스러운 경우에 법원은 이를 직권으로 조사하여야 한다』(대판 2013. 4. 25, 2012다118594). 정답 – O

5 **법인 아닌 사단이 당사자능력이 있는지 여부는 사실심 변론종결시를 기준으로 판단한다.** 변호사시험 제4회

해설 소송요건의 존부는 사실심 변론종결시를 기준으로 하는 바, 『종중이 비법인사단으로서 당사자능력이 있느냐의 문제는 소송요건에 관한 것으로서 **사실심의 변론종결시를 기준으로 판단**하여야 하는 것이다』(대판 2010. 3. 25, 2009다95387). 정답 – O

6 **법인 아닌 사단의 대표자 乙이 특별한 사정이 없음에도 사원총회의 결의 없이 총유물의 처분에 관한 소송행위를 하였다면, 이는 소송행위를 함에 필요한 특별수권을 받지 않은 경우로서 재심사유에 해당한다.** 변호사시험 제4회

해설 민사소송법 제451조 제1항 제3호는 '법정대리권·소송대리권 또는 대리인이 소송행위를 하는 데에 필요한 권한의 수요에 흠이 있는 때'를 재심 사유로 규정하고 있다. 비법인 사단의 대표자가 총유물의 처분에 관한 소송행위를 하려면 특별한 사정이 없는 한 민법 제276조 제1항에 의하여 사원총회의 결의가 있어야 하므로, 그 결의 없이 소송행위를 한 경우에 『이는 **소송행위를 함에 필요한 특별수권을 받지 아니한 경우**로서, **민사소송법 제422조 제1항 제3호소정의 재심사유에 해당**』(대판 1999. 10. 22, 98다46600)한다. 정답 - O

7 **어떤 단체가 소 제기 당시에는 법인 아닌 사단으로서의 실체를 갖추지 못하였으나 사실심 변론종결 시 법인 아닌 사단으로서의 실체를 갖추었다면 그 소는 적법하다.**

변호사시험 제7회

해설 『민사소송법 제48조가 비법인의 당사자능력을 인정하는 것은 법인이 아닌 사단이나 재단이라도 사단 또는 재단으로서의 실체를 갖추고 그 대표자 또는 관리인을 통하여 사회적 활동이나 거래를 하는 경우에는, 그로 인하여 발생하는 분쟁은 그 단체의 이름으로 당사자가 되어 소송을 통하여 해결하게 하고자 함에 있다 할 것이므로 여기서 말하는 사단이라 함은 일정한 목적을 위하여 조직된 다수인의 결합체로서 대외적으로 사단을 대표할 기관에 관한 정함이 있는 단체를 말한다고 할 것이고, 당사자능력이 있는지 여부는 **사실심의 변론종결일을 기준**으로 하여 판단되어야 할 성질의 것이다』(대판 1991. 11. 26, 91다30675).

정답 - O

8 **어떤 사단법인의 하부조직이 스스로 법인 아닌 사단으로서의 실체를 갖추고 독자적인 활동을 하고 있다면, 그 하부조직은 그 사단법인과는 별개의 독립된 법인 아닌 사단으로서의 당사자능력을 가진다.** 변호사시험 제7회

해설 『사단법인의 하부조직의 하나라 하더라도 스스로 단체로서의 실체를 갖추고 독자적인 활동을 하고 있다면 사단법인과는 별개의 독립된 비법인사단으로 볼 수 있다』(대판 2009. 1. 30, 2006다60908). 정답 - O

9 **청산종결등기가 이루어졌다 하더라도 청산사무가 종료되지 않았다면 청산법인은 당사자능력을 가진다.** 변호사시험 제7회

해설 『법인에 관하여 청산종결등기가 경료된 경우에도 청산사무가 종료되었다고 할 수 없는 경우에는 청산법인으로서 당사자능력이 있다』(대판 1997. 4. 22, 97다3408). 정답 - O

10 **법인 아닌 사단의 대표자 자격에 관하여 상대방 당사자가 자백하더라도 이는 법원을 구속하지 않는다.** 변호사시험 제7회

해설 『법인 아닌 사단 또는 재단의 존재 여부 그 대표자의 자격에 관한 사항은 소송당사자능력 또는 소송능력에 관한 사항으로서 직권조사항이고 소송당사자의 자백에 구애되지 않는다』(대판 1971. 2. 23, 70다44,70다45). 정답 - O

11 **원인무효의 근저당권설정등기에 터 잡아 근저당권 이전의 부기등기가 마쳐진 경우, 근저당권의 양수인을 상대로 근저당권설정등기의 말소청구를 하여야 한다.** 변호사시험 제6회

해설 『근저당권의 양도에 의한 부기등기는 기존의 근저당권설정등기에 의한 권리의 승계를 등기부상 명시하는 것뿐으로, 그 등기에 의하여 새로운 권리가 생기는 것이 아닌 만큼 **근저당권설정등기의 말소등기청구는 양수인만을 상대로 하면 족하고**, 양도인은 그 말소등기청구에 있어서 피고적격이 없다』(대판 1995. 5. 26, 95다7550). 정답 - O

12 **주한미군 군인의 공무집행 중 불법행위로 인하여 대한민국 국민에게 손해가 발생한 경우, 그 손해배상청구소송에서 대한민국은 피고인 미군 측을 위하여 소송을 수행할 수 있으나 피고가 될 수 없다.** 변호사시험 제7회

해설 주한미군인 대신 손해배상청구소송에서 피고가 되는 대한민국은 **갈음형 소송담당자로**서 피고가 될 수 있다(한미행정협정 제23조 제5항). 정답 - X

13 **甲은 乙을 상대로 대여금 청구의 소를 제기하였다. 丙은 甲의 채권자이다. 甲이 乙에게 소구하고 있는 채권을 丙이 가압류한 경우 법원은 甲의 소를 각하하여야 한다.** 변호사시험 제4회

해설 채권가압류가 된 경우 제3채무자는 채무자에 대하여 채무의 지급을 하여서는 안 되고, 채무자는 추심, 양도 등의 처분행위를 하여서는 안 되지만, 『채무자가 제3채무자를 상대로 이행의 소를 제기하여 채무명의를 얻더라도 이에 기하여 제3채무자에 대하여 강제집행을 할 수는 없다고 볼 수 있을 뿐이고 **그 채무명의를 얻는 것까지 금하는 것은 아니라고** 할 것이다』(대판 1989.11. 24, 88다카25038). 정답 - X

14 **甲은 乙을 상대로 대여금 청구의 소를 제기하였다. 丙은 甲의 채권자이다. 甲이 乙에게 소구하고 있는 채권에 대하여 丙이 압류 및 전부명령을 받고 그 전부명령이 확정된 경우 법원은 甲의 청구를 기각하여야 한다.** 변호사시험 제4회

해설 전부명령이 있는 때에는 압류된 채권은 지급에 갈음하여 압류채권자에게 이전된다(민사집행법 제229조 제3항). 따라서 채무자의 제3채무자에 대한 권리는 소멸한다. 정답 - O

15 **甲은 乙을 상대로 대여금 청구의 소를 제기하였다. 丙은 甲의 채권자이다. 丙이 甲을 상대로 신청한 파산절차가 개시되어 파산관재인이 선임된 후, 甲의 파산선고 전에 성립한 위 대여금 채권에 기하여 甲이 위 소를 제기한 경우, 법원은 甲의 소를 각하하여야 한다.** 변호사시험 제4회

해설 파산관재인은 채무자의 재산에 관한 소송에서 당사자가 되는(채무자회생 및 파산에 관한 법률 제78조)갈음형의 제3자 소송담당이다. 따라서 채무자는 소송의 당사자적격이 없어 소송은 부적법하다. 정답 - O

16 **甲은 乙을 상대로 대여금 청구의 소를 제기하였다. 丙은 甲의 채권자이다. 丙이 甲을 대위하여 乙을 상대로 위 대여금의 지급을 구하는 소를 제기하고 甲에게 소송고지한 후 그 소송에서 패소판결이 확정된 경우, 법원은 그 후에 제소된 甲의 乙에 대한 위 대여금 청구를 기각하여야 한다.** 변호사시험 제4회

해설 전원합의체 판결의 다수의견은 채권자 대위소송은『어떠한 사유로 인하였던 적어도 채권자대위권에 의한 **소송이 제기된 사실을 채무자가 알았을 경우**에는 그 판결이 채무자에게 미친다』고 보는바, 사안의 채무자 甲에게 丙의 채권자대위소송의 소송 고지가 있었던 이상 패소 판결의 기판력은 甲에게도 미친다.
기판력의 본질에 관해 판례가 취하는 **모순금지설**에 의하면『원고 청구기각판결의 기판력에 의하여 그 내용과 모순되는 판단을 하여서는 안 되는 구속력 때문에 전소판결의 판단을 채용하여 **원고 청구기각판결을 한다**』(대판 1989. 6. 27, 87다카2478).
[비교판례]『전소의 확정판결에서 원고가 승소한 부분에 해당하는 부분은 권리보호의 이익이 없다』(대판 2009. 12. 24, 2009다64215). 정답 – O

17 **甲은 乙을 상대로 대여금 청구의 소를 제기하였다. 丙은 甲의 채권자이다. 甲의 乙에 대한 대여금채권에 대해 丙이 압류 및 추심명령을 받아 그 명령이 甲과 乙에게 송달된 후, 甲이 위와 같이 제소하였다면 법원은 甲의 소를 각하하여야 한다.** 변호사시험 제4회

해설 추심명령이 있는 때에는 압류 채권자는 대위절차 없이 압류 채권을 추심할 수 있다(민사집행법 제229조 제2항).
판례는『채권에 대한 압류 및 추심명령이 있으면 제3채무자에 대한 이행의 소는 추심채권자만이 제기할 수 있고 채무자는 피압류채권에 대한 이행소송을 제기할 **당사자적격을 상실**』(대판 2010. 11. 25, 2010다64877)한다고 하여, 추심명령이 제3채무자에게 송달되어 확정된 경우 채무자의 제3채무자에 대한 소제기는 부적법해진다. 정답 – O

18 **추심명령을 받은 압류채권자는 채무자가 제3채무자를 상대로 제기하여 계속 중인 소에 「민사소송법」 제81조(승계인의 소송참가), 제79조(독립당사자참가)에 따라 언제든지 참가할 수 있다.** 변호사시험 제5회

해설 『압류채권자는 채무자가 제3채무자를 상대로 제기한 이행의 소에 민사소송법 제81조, 제79조에 따라 참가할 수도 있으나, 채무자의 이행의 소가 **상고심에 계속 중인 경우에는 승계인의 소송참가가 허용되지 아니하므로** 압류채권자의 소송참가가 언제나 가능하지는 않으며, 압류채권자가 채무자가 제기한 이행의 소에 참가할 의무가 있는 것도 아니다』[대판(전합) 2013. 12. 18, 2013다202120]. 정답 – X

19 **추심의 소에서 피압류채권의 존재는 채권자인 원고가 증명하여야 한다.** 변호사시험 제5회

해설 『채권압류 및 추심명령에 기한 **추심의 소에서 피압류채권의 존재는 채권자가 증명하여야 하는 점**, 민사집행법 제195조 제3호, 제246조 제1항 제8호, 민사집행법 시행령 제7조의 취지와 형식 등을 종합적으로 고려하여 보면, 채권자가 채권압류 및 추심명령에 기하여 채무자의 제3채무자에 대한 예금채권의 추심을 구하는 소를 제기한 경우 추심 대상채권이 압류금지채권에 해당하지 않는다는 점, 즉 채무자의 개인별 예금 잔액과 민사집행법 제195조 제3호에 의하여 압류하지 못한 금전의 합계액이 150만 원을 초과한다는 사실은 채권자가 증명하여야 한다』(대판 2015. 6. 11, 2013다40476). 정답 – O

20 **추심의 소에서 제3채무자인 피고는 집행채권의 부존재나 소멸을 항변으로 주장하여 집행채무의 변제를 거절할 수 없다.** 변호사시험 제5회

해설 『집행채권의 부존재나 소멸은 집행채무자가 청구이의의 소에서 주장할 사유이지 추심의 소에서 제3채무자가 이를 항변으로 주장하여 집행채무의 변제를 거절할 수 있는 것이 아니다』(대판 1994. 11. 11, 94다34012). 정답 – O

21 **丙이 甲의 乙에 대한 채권에 관하여 압류 및 추심명령을 받은 경우, 甲은 위 채권에 대한 이행의 소를 제기할 당사자적격을 상실한다.** 변호사시험 제6회

해설 『**채권에 대한 압류 및 추심명령이 있으면** 제3채무자에 대한 이행의 소는 추심채권자만이 제기할 수 있고 **채무자는 피압류채권에 대한 이행소송을 제기할 당사자적격을 상실한다**고 하여야 할 것이다』(대판 2008. 9. 25, 2007다60417). 정답 – O

22 **甲이 乙, 丙, 丁을 상대로 제기한 소송에서 乙이 선정당사자로 선정되어 소송을 수행하던 중 甲이 乙에 대한 소를 취하하면 乙은 선정당사자의 지위를 상실한다.** 변호사시험 제6회

해설 『민사소송법 제53조의 선정당사자는 공동의 이해관계를 가진 여러 사람 중에서 선정되어야 하므로, **선정당사자 본인에 대한 부분의 소가 취하**되거나 판결이 확정되는 등으로 **공동의 이해관계가 소멸하는 경우에는 선정당사자는 선정당사자의 자격을 당연히 상실한다**』(대판 2006. 9. 28, 2006다28775). 정답 – O

23 **A주식회사의 정관에 따라 甲을 대표이사로 선출한 주주총회결의의 효력을 다투는 본안소송과 관련하여 甲에 대한 직무집행정지 및 직무대행자선임의 가처분신청을 할 때에는 A주식회사를 피신청인으로 하여야 한다.** 변호사시험 제6회

해설 『민사소송법 제714조 제2항 소정의 임시의 지위를 정하기 위한 **이사직무집행정지 가처분에 있어서** 피신청인이 될 수 있는 자는 그 성질상 당해 이사이고, **회사에게는 피신청인의 적격이 없다**』(대판 1982. 2. 9, 80다2424). 정답 – X

24 **비상장회사의 발행주식총수의 100분의 1 이상에 해당하는 주식을 가진 주주가 회사에 회복할 수 없는 손해가 생길 염려가 없음에도 불구하고, 회사에 대하여 이사의 책임을 추궁할 소의 제기를 청구하지 않고 즉시 회사를 위하여 소를 제기한 경우, 그 소는 부적법하다.** 변호사시험 제7회

해설 『회사에 회복할 수 없는 손해가 생길 염려가 없음에도 불구하고 회사에 대하여 이사의 책임을 추궁할 소의 제기를 청구하지 아니한 채 발행주식 총수의 100분의 1 이상에 해당하는 주식을 가진 주주가 즉시 회사를 위하여 소를 제기하였다면 **그 소송은 부적법한 것으로서 각하**되어야 한다. 여기서 회복할 수 없는 손해가 생길 염려가 있는 경우라 함은 이사에 대한 손해배상청구권의 시효가 완성된다든지 이사가 도피하거나 재산을 처분하려는 때와 같이 이사에 대한 책임추궁이 불가능 또는 무익해질 염려가 있는 경우 등을 의미한다』(대판 2010. 4. 15, 2009다98058). 정답 - O

25 **사해행위의 수익자 또는 전득자에 대하여 회생절차가 개시된 경우에 채권자는 관리인을 상대로 사해행위의 취소 및 그에 따른 원물반환을 구하는 소를 제기할 수 없다.** 변호사시험 제7회

해설 『사해행위취소권은 사해행위로 이루어진 채무자의 재산처분행위를 취소하고 사해행위에 의해 일탈된 채무자의 책임재산을 수익자 또는 전득자로부터 채무자에게 복귀시키기 위한 것이므로 **환취권의 기초가 될 수 있다**. 수익자 또는 전득자에 대하여 회생절차가 개시된 경우 채무자의 채권자가 사해행위의 취소와 함께 회생채무자로부터 사해행위의 목적인 재산 그 자체의 반환을 청구하는 것은 환취권의 행사에 해당하여 회생절차개시의 영향을 받지 아니한다. 따라서 **채무자의 채권자는 사해행위의 수익자 또는 전득자에 대하여 회생절차가 개시되더라도 관리인을 상대로 사해행위의 취소 및 그에 따른 원물반환을 구하는 사해행위취소의 소를 제기할 수 있다**』(대판 2014. 9. 4, 2014다36771). 정답 - X

26 **甲이 乙, 丙의 합유로 소유권이전등기가 마쳐진 부동산에 관하여 명의신탁 해지를 원인으로 한 소유권이전등기절차의 이행을 구할 경우, 乙과 丙 모두를 피고로 하여야 한다.** 변호사시험 제6회

해설 『**합유로 소유권이전등기가 된 부동산에 관하여 명의신탁 해지를 원인으로 한 소유권이전등기절차의 이행을 구하는 소송은** 조합재산인 합유물의 처분에 관한 소송으로서 **합유자 전원을 피고로 하여야** 할 뿐 아니라 합유자 전원에 대하여 합일적으로 확정되어야 하는 고유필수적 공동소송에 해당하며(대판 1996. 12. 10, 96다23238;대판 2011. 2. 10, 2010다82639 등 참조), **그 명의신탁 해지를 구하는 당사자가 합유자 중의 1인이라는 사유만으로 달리 볼 것은 아니다**』(대판 2015. 9. 10, 2014다73794). 정답 - O

27 **공유자는 각자 보존행위를 할 수 있으나, 보존행위가 소송행위인 경우에는 특별한 사정이 없는 한 단독으로 할 수 없다.** 변호사시험 제7회

해설

〔제265조(공유물의 관리, 보존)〕 공유물의 관리에 관한 사항은 공유자의 지분의 과반수로써 결정한다. 그러나 보존행위는 **각자가** 할 수 있다.

정답 – X

28 **소 또는 상소를 제기한 사람이 진술금지의 명령과 함께 변호사선임명령을 받고 새 기일까지 변호사를 선임하지 않은 때에는 법원은 결정으로 소 또는 상소를 각하할 수 있다.** 변호사시험 제2회

해설

〔제144조(변론능력이 없는 사람에 대한 조치)〕 ④ 소 또는 상소를 제기한 사람이 제2항의 규정에 따른 명령을 받고도 제1항의 새 기일까지 변호사를 선임하지 아니한 때에는 법원은 결정으로 소 또는 상소를 각하할 수 있다. ⑤ 제4항의 결정에 대하여는 즉시항고를 할 수 있다.

정답 – O

29 **병원을 운영하는 의료법인이 5,000만 원의 진료비를 청구하는 소송의 항소심에서, 변호사 자격이 없는 위 법인 소속 원무과 담당 직원은 법원의 허가를 얻어 위 법인을 대리하여 소송행위를 할 수 있다.** 변호사시험 제1회

해설 변호사대리원칙의 예외는 단독판사가 심리·재판하는 사건 가운데 일부(민사소송법 제88조 제1항)이므로 항소심은 변호사대리원칙이 적용된다.

〔제87조(소송대리인의 자격)〕 법률에 따라 재판상 행위를 할 수 있는 대리인 외에는 변호사가 아니면 소송대리인이 될 수 없다.
〔제88조(소송대리인의 자격의 예외)〕 ① **단독판사가 심리・재판하는 사건 가운데 그 소송목적의 값이 일정한 금액 이하인 사건**에서, 당사자와 밀접한 생활관계를 맺고 있고 일정한 범위안의 친족관계에 있는 사람 또는 당사자와 고용계약 등으로 그 사건에 관한 통상사무를 처리·보조하여 오는 등 일정한 관계에 있는 사람이 법원의 허가를 받은 때에는 제87조를 적용하지 아니한다.

정답 – X

30 **당사자에게 소송대리인이 선임되어 있는 경우, 그 당사자가 사망하면 소송대리권은 소멸되어 소송절차가 중단된다.** 변호사시험 제1회

해설 **당사자 본인의 사망으로 소송대리권이 소멸하지 않음이 원칙**이다(민사소송법 제95조 제1호). 그리고 소송계속 중 당사자 사망의 경우에도 소송중단에 관한 민사소송법 제233조 제1항은 적용되지 않는다(민사소송법 제238조). 정답 – X

31 **항소심 법원이 원고 소송대리인의 대리권 흠결을 이유로 소 각하 판결을 선고하자, 원고 소송대리인이 상고를 제기한 다음 상고심에서 원고로부터 대리권을 수여받아 자신이 종전에 한 소송행위를 모두 추인하였다면, 대법원은 항소심 판결을 파기하여야 한다.** 변호사시험 제1회

해설 『민사소송법 제97조에 의하여 소송대리인에게 준용되는 같은 법 제60조에 의하면 소송대리권의 흠결이 있는 자의 소송행위는 후에 당사자본인이나 보정된 소송대리인이 그 소송행위를 추인하면 행위시에 소급하여 그 효력을 갖게 되는 것이고, 이러한 추인은 **상고심에서도 할 수 있는 것**이다』(대판 1969. 6. 24, 69다511 등). 정답 - O

32 **무권대리인이 소송행위를 한 사건에 관하여 판결이 확정된 경우, 그 소송에서의 상대방이 이를 재심사유로 삼기 위하여는 그러한 사유를 주장함으로써 이익을 받을 수 있는 경우에 한한다.** 변호사시험 제1회

해설 민사소송법 제451조 제1항 제3호의 재심사유는 대리권의 흠이 있는 쪽 당사자를 보호하기 위한 제도이므로 그 상대방이 재심사유로 삼기 위하여는 그러한 사유를 주장함으로써 이익을 받을 수 있는 경우로 제한된다. 『민사소송법에서 법정대리권 등의 흠결을 재심사유로 규정한 취지는 원래 그러한 대표권의 흠결이 있는 당사자측을 보호하려는 데에 있으므로, **그 상대방이 이를 재심사유로 삼기 위하여는 그러한 사유를 주장함으로써 이익을 받을 수 있는 경우에 한하고**, 여기서 이익을 받을 수 있는 경우란 위와 같은 대표권 흠결 이외의 사유로도 종전의 판결이 종국적으로 상대방의 이익으로 변경될 수 있는 경우를 가리킨다』(대판 2000. 12. 22, 2000재다513). 정답 - O

33 **원고의 소송복대리인으로 변론기일에 출석하여 변론을 하였던 변호사가 같은 사건의 다른 변론기일에 피고의 소송복대리인으로 출석하여 변론한 경우, 원고가 이에 대하여 이의를 제기하지 않았다면 피고의 소송복대리인으로서 한 위 변론은 유효하다.**

변호사시험 제1회

해설 변호사법 제31조 위반한 쌍방대리에 대해 판례는 추인설을 따른 예도 있으나, 주류는 이의설의 입장이다.

[추인설을 따른 판례] 『변호사법 제16조(현 변호사법 제31조)에 위반되는 소송행위가 무권대리행위라고 하여도 추인하면 효력이 발생한다』(대판 1970. 6. 30, 70다809).

[이의설을 따른 판례] 『제1심에서 피고를 대리하여 소송행위를 하였던 변호사가 항소심에서 원고소송복대리인으로 출석하여 변론을 한 경우라도 당사자가 그에 대하여 아무런 이의를 제기하지 아니하면 그 소송행위는 소송법상 완전한 효력이 생긴다』(대판 1990. 11. 23, 90다4037,4044). 정답 - O

34 **혼인하지 않은 미성년자인 주주가 변호사를 소송대리인으로 선임하여 신주발행무효의 소를 제기한 경우, 위 변호사선임에 있어서 부모의 동의를 얻었더라도 그 소는 부적법하다.** 변호사시험 제1회

해설 미성년자가 소송대리인을 선임하는 것은 무효이다. 왜냐하면 소송위임은 소송행위로서 소송능력을 요하는데, 민법상 행위무능력자는 소송능력이 없기 때문이다. 나아가 미성년자는 민법과 달리 법정대리인의 동의가 있더라도 소송능력이 인정되지 않는바(민사소송법 제55조), 미성년자의 법정대리인이 직접 소송위임을 하여야 한다. 정답 – O

35 **업무에 관한 포괄적 대리권을 가진 상법상 지배인은 법률상 인정된 임의대리인이며, 소액사건의 경우 당사자의 배우자는 법원의 허가를 받아 소송대리인이 될 수 있다.** 변호사시험 제2회

해설 업무에 관한 포괄대리권을 가진 상법상 지배인은 소송대리권이 위임에 의하여 발생하지 않고 법률의 규정에 의하여 발생하는 법률상 소송대리인(임의대리인)에 해당한다. 그러나 소액사건의 경우 당사자의 배우자, 직계혈족 또는 형제자매는 **법원의 허가없이** 소송대리인이 될 수 있다(소액사건심판법 제8조 제1항). 정답 – X

사례

甲은 乙에 대하여 대여금 반환채권을 갖고 있다. 그런데 乙이 사망하였고, 유일한 상속인 丙은 상속포기기간 내에 상속을 포기하였다. 다음 설명이 타당한가? (다툼이 있는 경우에는 판례에 의함) 변호사시험 제1회

36 **甲이 乙의 사망사실을 모르고 乙을 피고로 하여 대여금청구의 소를 제기하였다가, 乙의 사망사실을 알고 피고의 표시를 상속인 丙으로 정정하였는데 丙의 상속포기사실을 알게 된 경우, 甲이 의도한 실질적 피고의 동일성이 충족되는 상황이라도 이제는 2순위 상속인인 丁으로 피고의 표시를 정정할 수 없고, 피고의 경정을 하여야 한다.**

해설 사망자에 대한 실질적 상속인이 실질적 피고가 되고, 양자는 동일성이 인정되므로 피고경정이 아닌 표시정정에 의하여야 한다. 『원고가 사망 사실을 모르고 사망자를 피고로 표시하여 소를 제기한 경우에, 청구의 내용과 원인사실, 당해 소송을 통하여 분쟁을 실질적으로 해결하려는 원고의 소제기 목적 내지는 사망 사실을 안 이후의 원고의 피고 표시 정정신청 등 여러 사정을 종합하여 볼 때 **사망자의 상속인이 처음부터 실질적인 피고**이고 다만 그 표시를 잘못한 것으로 인정된다면, **사망자의 상속인으로 피고의 표시를 정정**할 수 있다. 그리고 이 경우에 실질적인 피고로 해석되는 사망자의 상속인은 실제로 상속을 하는 사람을 가리키고, 상속을 포기한 자는 상속 개시시부터 상속인이 아니었던 것과 같은 지위에 놓이게 되므로 제1순위 상속인이라도 상속을 포기한 경우에는 이에 해당하지 아니하며, **후순위 상속인이라도 선순위 상속인의 상속포기 등으로 실제로 상속인이 되는 경우에는 이에 해당**한다』(대결 2006. 7. 4, 자 2005마425). 정답 – X

사례 [37~41]

甲은 乙을 상대로 불법행위에 기한 손해배상청구의 소를 제기하였다. 이에 관한 설명이 타당한가? (다툼이 있는 경우 판례에 의함) 변호사시험 제6회

37 **乙이 소 제기 전에 이미 사망하였음에도 법원이 이를 간과하고 본안판결을 선고하였다면 이 판결은 당연무효이다.**

해설 『**원고가 소제기 이전에 이미 사망한 사실이 인정된다면 이를 간과한 채 본안판단에 나아가 원고 청구를 인용한 원심판결은 당연무효라 할 것**이나 민사소송이 당사자의 대립을 그 본질적 형태로 하는 것임에 비추어 사망한 자를 상대로 한 상고는 허용될 수 없다 할 것이므로, 이미 사망한 자를 상대방으로 하여 제기한 상고는 부적법하다』(대판 1994. 1. 11, 93누9606).

정답 - O

38 **乙이 소송계속 후 변론종결 전에 사망하여 소송절차 중단사유가 발생하였음에도 이를 간과하고 선고한 판결은 당연무효는 아니다.**

해설 『**소송계속 중 어느 일방 당사자의 사망에 의한 소송절차 중단을 간과하고 변론이 종결되어 판결이 선고된 경우에는** 그 판결은 소송에 관여할 수 있는 적법한 수계인의 권한을 배제한 결과가 되는 절차상 위법은 있지만 **그 판결이 당연무효라 할 수는 없고**, 다만 그 판결은 대리인에 의하여 적법하게 대리되지 않았던 경우와 마찬가지로 보아 대리권흠결을 이유로 상소 또는 재심에 의하여 그 취소를 구할 수 있을 뿐이므로, 판결이 선고된 후 적법한 상속인들이 수계신청을 하여 판결을 송달받아 상고하거나 또는 사실상 송달을 받아 상고장을 제출하고 상고심에서 수계절차를 밟은 경우에도 그 수계와 상고는 적법한 것이라고 보아야 하고, 그 상고를 판결이 없는 상태에서 이루어진 상고로 보아 부적법한 것이라고 각하해야 할 것은 아니다』[대판(전합) 1995. 5. 23, 94다28444].

정답 - O

39 **乙이 변론종결 후에 사망한 때에도 판결의 선고는 가능하다.**

해설

[제233조(당사자의 사망으로 말미암은 중단)] ① 당사자가 죽은 때에 소송절차는 중단된다. 이 경우 상속인·상속재산관리인, 그 밖에 법률에 의하여 소송을 계속하여 수행할 사람이 소송절차를 수계(수계)하여야 한다.
[제247조(소송절차 정지의 효과)] ① 판결의 선고는 소송절차가 중단된 중에도 할 수 있다.

『**피고가 변론종결 후에 사망한 상태에서 판결이 선고된 경우**, 망인에 대한 판결정본의 공시송달은 무효이고, 상속인이 소송절차를 수계하여 판결정본을 송달받기 전까지는 그에 대한 항소제기기간이 진행될 수도 없다고 한 사례

(판결이유 중)...이러한 사실관계를 앞에서 본 법리에 비추어 보면, **원고가 위 망인을 상대로 제기한 소송은 위 망인의 사망으로 중단되었고, 다만 판결의 선고는 소송절차가 중단된 중에도 할 수 있으므로 위 법원이 이 사건 재심대상판결을 선고한 것은 적법하다**고 할 것이나...』(대판 2007. 12. 14, 2007다52997). 정답 - O

40 **乙이 소송계속 중 사망하더라도 乙을 위한 소송대리인 丙이 있다면 소송절차는 중단되지 않으며 상속인이 수계절차를 밟지 않더라도 丙은 상속인의 소송대리인이 된다.**

해설 『**당사자가 사망하였으나 그를 위한 소송대리인이 있는 경우에는 소송절차가 중단되지 아니하고, 그 소송대리인은 상속인들 전원을 위하여 소송을 수행하게 되어** 그 사건의 판결은 상속인들 전원에 대하여 효력이 있다고 할 것이며, 다만 심급대리의 원칙상 그 판결정본이 소송대리인에게 송달된 때에는 소송절차가 중단된다』(대판 1996. 2. 9, 94다61649).

정답 - O

41 **甲이 소송대리인 丙에게 소송위임을 한 다음 소 제기 전 사망하였음에도 丙이 이를 모르고 甲을 원고로 표시하여 소를 제기한 경우, 이 소는 부적법하므로 각하되어야 한다.**

해설 『당사자가 사망하더라도 소송대리인의 소송대리권은 소멸하지 아니하므로(민사소송법 제95조 제1호), **당사자가 소송대리인에게 소송위임을 한 다음 소 제기 전에 사망하였는데 소송대리인이 당사자가 사망한 것을 모르고 당사자를 원고로 표시하여 소를 제기하였다면 소의 제기는 적법하고**, 시효중단 등 소 제기의 효력은 상속인들에게 귀속된다. 이 경우 민사소송법 제233조 제1항이 유추적용되어 사망한 사람의 상속인들은 소송절차를 수계하여야 한다』(대판 2016. 4. 2, 2014다210449). 정답 - X

사례

甲은 乙을 상대로 대여금청구의 소를 제기하기 위하여 변호사 X를 소송대리인으로 선임하면서 상소 제기의 권한도 부여하였다. 그 후 甲은 사망하였고 甲의 상속인으로는 A, B, C가 있다. 이에 관한 설명이 타당한가? (다툼이 있는 경우 판례에 의함)

변호사시험 제7회

42 甲이 소 제기 전에 사망하였는데 X가 그 사실을 모른 채 甲 명의로 소를 제기한 경우, 위 소는 부적법하다.

해설 『당사자가 사망하더라도 소송대리인의 소송대리권은 소멸하지 아니하므로(민사소송법 제95조 제1호), 당사자가 소송대리인에게 소송위임을 한 다음 소 제기 전에 사망하였는데 소송대리인이 당사자가 사망한 것을 모르고 당사자를 원고로 표시하여 소를 제기하였다면 **소의 제기는 적법하고**, 시효중단 등 소 제기의 효력은 상속인들에게 귀속된다. 이 경우 **민사소송법 제233조 제1항이 유추적용**되어 사망한 사람의 **상속인들은 소송절차를 수계하여야 한다**』(대판 2016. 4. 2, 2014다210449).

정답 – X

사례 【43~47】

피고의 대표이사이던 甲은 대표이사선임결의 무효확인소송의 제1심이 진행 중 대표이사의 직무집행이 정지되었음에도 원고가 제기한 항소심에 이르러 피고를 대표하여 변호사 乙을 피고 소송대리인으로 선임하면서 그에게 상고제기 권한까지 위임하였다. 이에 乙은 항소심에서 피고를 대리하여 모든 소송행위를 하였고, 피고 패소의 항소심판결이 선고된 후 상고를 제기하였다. 다음 설명 중 옳지 않은 것은?(다툼이 있는 경우에는 판례에 의함)

변호사시험 제3회

43 항소법원은 乙이 소송대리인으로 선임된 후 乙에게 소송대리권의 흠을 보정하도록 명함에 있어 보정이 지연됨으로써 손해가 생길 염려가 있는 경우에는 乙에게 일시적으로 소송행위를 하게 할 수 있다.

해설

〔**제97조(법정대리인에 관한 규정의 준용)**〕 소송대리인에게는 제58조 제2항·제59조·제60조 및 제63조의 규정을 준용한다.
〔**제59조(소송능력 등의 흠에 대한 조치)**〕 소송능력·법정대리권 또는 소송행위에 필요한 권한의 수여에 흠이 있는 경우에는 법원은 기간을 정하여 이를 보정(보정)하도록 명하여야 하며, 만일 보정하는 것이 지연됨으로써 손해가 생길 염려가 있는 경우에는 법원은 보정하기 전의 당사자 또는 법정대리인으로 하여금 일시적으로 소송행위를 하게 할 수 있다.

정답 – O

44 위 상고의 제기는 피고를 대리할 권한이 없는 자에 의하여 제기된 것으로 부적법하다.

해설 직무집행이 정지되어 대표이사 甲에게 피고의 소송행위를 대표할 권한이 없음에도 변호사 乙에게 소송대리권을 수여한 바, 乙은 소송대리권이 없는 무권대리인이다. 무권대리인에 의한 상고제기는 소송요건을 갖추지 못하여 부적법하다.

정답 – O

45 **위 상고가 각하된다면 乙이 그 소송수임에 관하여 중대한 과실이 없는 경우 상고비용은 甲이 부담해야 한다.**

해설

〔제108조(무권대리인의 비용부담)〕 제107조 제2항의 경우에 소가 각하된 경우에는 소송비용은 그 소송행위를 한 대리인이 부담한다.
〔제107조(제3자의 비용상환)〕 ① 법정대리인·소송대리인·법원사무관등이나 집행관이 고의 또는 중대한 과실로 쓸데없는 비용을 지급하게 한 경우에는 수소법원은 직권으로 또는 당사자의 신청에 따라 그에게 비용을 갚도록 명할 수 있다. ② 법정대리인 또는 소송대리인으로서 소송행위를 한 사람이 그 대리권 또는 소송행위에 필요한 권한을 받았음을 증명하지 못하거나, 추인을 받지 못한 경우에 그 소송행위로 말미암아 발생한 소송비용에 대하여는 제1항의 규정을 준용한다.

『소외 성명불상자가 변호사 乙에게 이 사건 소송을 위임하였고, **乙이 그 소송위임에 관하여 중대한 과실이 있었다고는 보이지 아니**하므로, 민사소송법 제99조, 제98조 제2항을 유추적용하여 소송총비용은 **이 사건 소의 제기를 변호사 乙에게 위임한 자의 부담**으로 하기로 관여 법관의 의견이 일치되어 주문과 같이 판결한다』(대판 1997. 7. 25, 96다39301).

정답 – O

46 **상고심에서 피고의 적법한 직무대행자가 丁에 의하여 선임된 피고 소송대리인 丙이 항소심에서 乙이 한 소송행위 중 상고제기 행위만을 추인하고 그 밖의 소송행위는 추인하지 아니하는 것은 허용되지 않는다.**

해설 『무권대리인이 행한 소송행위의 추인은 특별한 사정이 없는 한 **소송행위의 전체를 대상으로 하여야 하고, 그 중 일부의 소송행위만을 추인하는 것은 허용되지 아니한다**』(대판 2008. 8. 21, 2007다79480). 다만 『무권대리인이 행한 소송행위의 추인은 소송행위의 전체를 일괄하여 하여야 하는 것이나 무권대리인이 변호사에게 위임하여 소를 제기하여서 승소하고 상대방의 항소로 소송이 2심에 계속 중 그 소를 취하한 일련의 소송행위 중 소취하 행위만을 제외하고 나머지 소송행위를 추인함은 소송의 혼란을 일으킬 우려없고 소송경제상으로도 적절하여 그 추인은 유효하다』(**대판 1973. 7. 24, 69다60**). 사안에서 상고제기 행위만을 추인하는 것은 소송의 혼란을 일으킬 우려가 있으므로 허용되지 않는다. 정답 – O

47 **이후, 丙은 항소심에서 乙이 한 소송행위 중 이전에 추인하지 아니하였던 소송행위를 다시 추인할 수 있다.**

해설 『**일단 추인거절의 의사표시가 있은 이상** 그 무권대리행위는 **확정적으로 무효**로 귀착되므로 그 후에 다시 이를 추인할 수는 없다』(대판 2008. 8. 21, 2007다79480). 정답 – X

사례 【48~49】

甲이 乙을 상대로 제기한 X토지의 소유권이전등기말소 청구의 소의 항소심법원은 甲에게 소유권이 인정되지 않는다는 이유로 甲이 승소한 제1심 판결을 취소하고 甲의 청구를 기각하는 판결을 선고하였다. 이에 대하여 甲이 상고를 제기하였는데, 상고심 법원은 항소심판결을 파기하고 항소심법원에 환송하는 판결을 선고하였다. 다음 설명 중 옳은 것은? (각 지문은 독립적이며, 다툼이 있는 경우 판례에 의함) 변호사시험 제4회

48 환송 후 항소심의 판결정본이 환송 전 항소심의 甲의 대리인인 변호사 B에게 송달되면 송달로서의 효력이 생기지 않는다.

해설 『상고 전의 항소심의 소송대리인의 대리권은 그 사건이 항소심에 계속되면서 **다시 부활**하므로 **환송 받은 항소심에서 환송 전의 항소심의 소송대리인에게 한 송달은 당사자에게 한 송달과 마찬가지의 효력이 있다**』(대판 1984. 6. 14, 84다카744). 정답 - X

49 환송 후의 항소심판결에 대하여 乙이 적법하게 상고를 제기한 경우 환송 전의 상고심에서 乙을 대리하였던 변호사 E의 소송대리권은 환송 후의 상고심에서 부활하지 않는다.

해설 판례는 『소송대리권 범위는 특별한 사정이 없는 한 당해 심급에 한정되므로, 상고심에서 항소심으로 파기환송된 사건이 다시 상고된 경우에는 항소심의 소송대리인은 그 대리권을 상실하고, 이때 **환송 전 상고심 대리인의 대리권이 그 사건에 다시 상고심에 계속되면서 부활하게 되는 것은 아니라고 할 것**』(대결 1996. 4. 4, 96마148)이라고 하여 새로운 상고심을 별개의 심급으로 본다. 정답 - O

사례 【50~53】

미성년자인 甲 명의의 소유권이전등기가 마쳐진 X 토지에 관하여 매매를 원인으로 하여 乙 명의로 소유권이전등기가 마쳐졌다. 甲이 乙을 상대로 X 토지에 관한 乙 명의의 소유권이전등기 말소등기절차의 이행을 구하는 소를 제기하였다. 다음 설명 중 옳지 않은 것은? (각 지문은 독립적이고, 다툼이 있는 경우에는 판례에 의함) 변호사시험 제2회

50 **甲의 법정대리인이 없는 경우, 이해관계인은 소송절차가 지연됨으로써 손해를 볼 염려가 있음을 소명하여 수소법원에 특별대리인의 선임을 신청할 수 있다.**

해설

〔제62조(제한능력자를 위한 특별대리인)〕 ① 미성년자·피한정후견인 또는 피성년후견인이 당사자인 경우, 그 친족, 이해관계인(미성년자·피한정후견인 또는 피성년후견인을 상대로 소송행위를 하려는 사람을 포함한다), 대리권 없는 성년후견인, 대리권 없는 한정후견인, 지방자치단체의 장 또는 검사는 다음 각 호의 경우에 소송절차가 지연됨으로써 손해를 볼 염려가 있다는 것을 소명하여 수소법원(수소법원)에 특별대리인을 선임하여 주도록 신청할 수 있다.
1. 법정대리인이 없거나 법정대리인에게 소송에 관한 대리권이 없는 경우

정답 - O

51 **법원은 기간을 정하여 甲의 소송능력을 보정하도록 명하여야 하며, 설령 보정하는 것이 지연됨으로써 손해가 생길 염려가 있는 경우에도 甲에게 소송행위를 하게 할 수 없다.**

해설

〔제59조(소송능력 등의 흠에 대한 조치)〕 소송능력·법정대리권 또는 소송행위에 필요한 권한의 수여에 흠이 있는 경우에는 법원은 기간을 정하여 이를 보정(보정)하도록 명하여야 하며, 만일 보정하는 것이 지연됨으로써 손해가 생길 염려가 있는 경우에는 법원은 보정하기 전의 당사자 또는 법정대리인으로 하여금 일시적으로 소송행위를 하게 할 수 있다.

정답 - X

52 **甲이 직접 소송대리인을 선임하여 제1심의 소송수행을 하게 하였으나 항소심에서 甲의 친권자인 丙이 다른 소송대리인을 선임하여 소송행위를 하면서 아무런 이의를 제기한 바 없이 제1심의 소송결과를 진술한 경우에는 무권대리에 의한 소송행위를 묵시적으로 추인한 것으로 보아야 한다.**

해설 『미성년자가 직접 변호인을 선임하여 제1심의 소송수행을 하게 하였으나 제2심에 이르러서는 미성년자의 친권자인 법정대리인이 소송대리인을 선임하여 소송행위를 하면서 아무런 이의를 제기한 바 없이 제1심의 소송결과를 진술한 경우에는 무권대리에 의한 소송행위를 묵시적으로 추인된 것으로 보아야 한다』(대판 1980. 4. 22, 80다308). 정답 - O

53 친권자 丙이 甲을 대리하여 제기한 소송 중에 甲이 성년에 도달하더라도 그 사실을 乙에게 통지하지 아니하면 甲은 丙의 대리권 소멸의 효력을 乙에게 주장하지 못한다.

해설

〔제63조(법정대리권의 소멸통지)〕 ① 소송절차가 진행되는 중에 법정대리권이 소멸한 경우에는 본인 또는 대리인이 **상대방에게 소멸된 사실을 통지하지 아니하면 소멸의 효력을 주장하지 못한다.** 다만, 법원에 법정대리권의 소멸사실이 알려진 뒤에는 그 법정대리인은 제56조 제2항의 소송행위를 하지 못한다.

정답 – O

사례

甲은 乙에 대한 대여금 채무를 담보하기 위하여 甲 소유의 X 토지에 관하여 근저당권설정등기를 마쳐주었다. 甲은 대여금 채무가 모두 변제되어 소멸되었다고 주장하며 근저당권설정등기 말소등기절차의 이행을 구하는 소를 제기하였다. 다음 설명이 타당한가? (각 지문은 독립적이고, 다툼이 있는 경우에는 판례에 의함) 변호사시험 제2회

54 甲의 소제기에 앞서 위 대여금 채권이 양도되어 丙 앞으로 근저당권 이전의 부기등기가 마쳐진 경우에도, 위 소송에서 피고적격을 갖는 자는 근저당권설정등기의 前등기명의인이었던 乙이다.

해설 『**근저당권의 양도에 의한 부기등기는 기존의 근저당권설정등기에 의한 권리의 승계를 등기부상 명시하는 것뿐**으로, 그 등기에 의하여 새로운 권리가생기는 것이 아닌 만큼 **근저당권설정등기의 말소등기청구는 양수인만을 상대로 하면 족하고,** 양도인은 그 말소등기청구에 있어서 피고적격이 없다』(대판 1995. 5. 26, 95다7550).

정답 – X

제3편 제1심 소송절차

제1장 소송의 개시와 심리의 대상

1 **공유부동산을 처분하여 그 대금을 분배하기로 한 재판상 화해조항의 실현을 위하여 그 부동산을 경매에 부쳐 경매대금에서 경매비용 등을 공제한 나머지 대금의 분배를 구하는 소는 허용되지 않는다.** 변호사시험 제7회

해설 『화해조항의 실현을 위하여 부동산을 경매에 붙여 그 경매대금에서 경매비용 등을 공제한 나머지 대금을 원고들 및 피고들에게 배당할 것을 구하는 소는 **그 청구의 성질상 형성의 소**라 할 것인데 **재판상 화해의 실현을 위하여 부동산을 경매에 붙여 대금의 분배를 구하는 소를 제기할 수 있다는 아무런 법률상의 근거가 없으므로** 위와 같은 소는 허용될 수 없다』(대판 1993. 9. 14, 92다35462). 정답 - O

2 **甲은 자신의 소유인 X 부동산에 관하여 乙 명의로 소유권이전등기가 되어 있는 것을 발견하고, 소유권에 기하여 乙을 상대로 소유권이전등기 말소등기청구의 소를 제기하였다. 甲으로부터 丁을 거쳐 乙 명의로 순차 소유권이전등기가 경료되었다면 甲은 丁과 乙 전원을 피고로 삼아야 하고, 그렇지 않을 경우에는 소의 이익을 인정할 수 없어 부적법한 소송이 된다.** 변호사시험 제1회

해설 『원인없이 경료된 최초의 소유권이전등기와 이에 기하여 순차로 경료된 일련의 소유권이전등기의 각 말소를 구하는 소송은 **필요적 공동소송이 아니므로** 그 말소를 청구할 권리가 있는 사람은 각 등기의무자에 대하여 이를 각각 청구할 수 있는 것이어서 위 일련의 소유권이전등기 중 최후의 등기명의자만을 상대로 그 등기의 말소를 구하고 있다 하더라도 그 승소의 판결이 집행불능의 판결이 된다거나 종국적인 권리의 실현을 가져다 줄 수 없게 되어 소의 이익이 없는 것으로 된다고는 할 수 없다』(대판 1987. 10. 13, 87다카1093). 정답 - X

3 **甲은 친구 소유의 화물차(丙 보험회사의 업무용 자동차 책임보험에 가입되어 있음)의 조수석에 동승하여 가다가 위 화물차의 추돌사고로 상해를 입게 되었다. 한편 甲은 위 사고 이전에 자신 소유의 승용차에 대하여 乙 보험회사와 사이에, 위와 같은 책임보험만으로는 보상되지 않는 손해를 보상하는 내용의 상해담보특약을 포함하는 자동차 종합보험계약을 체결하였다. 이에 기해 甲은 위 사고를 이유로 乙 보험회사를 상대로보험금('이 사건 보험금')을 청구하고자 한다. 만약 乙 보험회사가 이미 甲을 상대로**

이 사건 보험금채무부존재확인청구의 소를 제기하여 계속 중, 이에 대해 甲이 乙 보험회사를 상대로 이 사건 보험금청구의 반소를 제기한 경우, 반소가 제기되었다는 사정만으로 위 본소청구에 대한 확인의 이익이 소멸한다고는 볼 수 없다. 변호사시험 제1회

해설 『소송요건을 구비하여 적법하게 제기된 본소가 그 후에 상대방이 제기한 반소로 인하여 소송요건에 흠결이 생겨 다시 부적법하게 되는 것은 아니므로, **원고가 피고에 대하여 손해배상채무의 부존재확인을 구할 이익이 있어 본소로 그 확인을 구하였다면, 피고가 그 후에 그 손해배상채무의 이행을 구하는 반소를 제기하였다 하더라도 그러한 사정만으로 본소청구에 대한 확인의 이익이 소멸하여 본소가 부적법하게 된다고 볼 수는 없다.** 민사소송법 제271조는 본소가 취하된 때에는 피고는 원고의 동의 없이 반소를 취하할 수 있다고 규정하고 있고, 이에 따라 원고가 반소가 제기되었다는 이유로 본소를 취하한 경우 피고가 일방적으로 반소를 취하함으로써 원고가 당초 추구한 기판력을 취득할 수 없는 사태가 발생할 수 있는 점을 고려하면, 위 법리와 같이 반소가 제기되었다는 사정만으로 본소청구에 대한 확인의 이익이 소멸한다고는 볼 수 없다』(대판 2010. 7. 15, 2010다2428,2435). 정답 - O

4 경매절차에서 가장임차인의 배당요구에 따라 배당표가 확정된 후, 후순위 진정채권자가 그 배당금지급청구권을 가압류하고 가장임차인을 상대로 배당금지급청구권 부존재의 확인을 구하는 소를 제기한 경우에 소의 이익이 인정된다. 변호사시험 제4회

해설 확인의 소는 『**원고의 권리 또는 법률상 지위에 현존하는 불안, 위험이 있고 그 불안, 위험을 제거함에는 확인판결을 받는 것이 가장 유효적절한 수단일 때에만 인정**된다』(대판 1991. 12. 10, 91다14420). 따라서 『가장 임차인의 배당요구가 받아 들여져 제1순위로 허위의 임차보증금에 대한 배당이 이루어졌으나 이해관계인들의 배당이의가 없어 그대로 배당표가 확정된 후 그 사실을 알게 된 후순위 진정 채권자에 의해 그 배당금지급청구권이 가압류되어 가장 임차인이 현실적으로 배당금을 추심하지 못한 경우, 배당을 받지못한 후순위 진정 채권자로서는 **배당금지급청구권을 부당이득한 가장 임차인을 상대로 그 부당이득 채권의 반환을 구하는 것이 손실자로서의 권리 또는 지위의 불안·위험을 근본적으로 해소할 수 있는 유효·적절한 방법**이므로, **후순위 진정 채권자가 가장 임차인을 상대로 배당금지급청구권 부존재확인을 구하는 것은 확인의 이익이 없다**』(대판 1996.11. 22, 96다34009).

정답 - X

5 부동산담보권 실행을 위한 경매의 배당절차에서 근저당권자의 채권에 대하여 배당이의를 하며 다투는 물상보증인을 상대로 근저당권자가 피담보채권 존재의 확인을 구하는 소를 제기한 경우에 소의 이익이 인정된다. 변호사시험 제4회

해설 『근저당권자가 근저당권의 피담보채무의 확정을 위하여 스스로 물상보증인을 상대로 확인의 소를 제기하는 것이 부적법하다고 볼 것은 아니며, 물상보증인이 근저당권자의 채권에 대하여 다투고 있을 경우 그 분쟁을 종국적으로 종식시키는 유일한 방법은 근저당권의 피담보채권의 존부에 관한 확인의 소라고 할 것이므로, 근저당권자인 원고가 물상

보증인인 피고들을 상대로 제기한 이 사건 확인의 소는 확인의 이익이 있어 적법하다』(대판 2004. 3. 25, 2002다20742).

정답 - O

6 **협의이혼으로 혼인관계가 해소되었지만 현재의 법률상태에 영향을 미치고 있어 그 이혼당사자의 한 쪽이 다른 쪽을 상대로 과거의 혼인관계 무효확인을 구하는 소를 제기한 경우에 소의 이익이 인정된다.** 변호사시험 제4회

해설 일반적으로 과거의 법률관계의 존부는 독립된 확인의 소의 대상으로 할 수 없고 그 과거의 법률관계의 영향을 받고 있는 현재의 법률상태의 확인을 구해야 하나 혼인 등의 신분관계나 사단적 관계와 같이 **그것을 기본으로 하여 수많은 법률관계가 계속하여 발생하고 그 효과도 일반 제3자에까지 미치게 되는 경우에는 그것이 과거의 것이라 해도 현재의 법률 상태에 영향을 미치고 있는 한 그 확인의 이익이 인정**된다. 판례는 협의이혼으로 혼인관계가 해소되었음에도 과거의 혼인 관계의 무효 확인을 구하는 소에 대하여, 『과거 일정기간 동안의 혼인관계의 존부의 문제라 해도 혼인무효의 효과는 기왕에 소급하는 것이고 그것이 적출자의 추정, 재혼의 금지 등 당사자의 신분법상의 관계 또는 연금관계법에 기한 유족연금의 수급자격, 재산상속권 등 **재산법상의 관계에 있어 현재의 법률상태에 직접적인 중대한 영향을 미치는 이상 그 무효확인을 구할 정당한 법률상의 이익이 있다** 할 것이다』(대판 1978. 7. 11, 78므7)고하며, 혼인관계가 당사자 일방이 사망함으로써 해소된 경우에도 과거의 혼인의 무효 확인을 구할 수 있도록 규정한 인사소송법 제27조 제1항을 근거로 하여 확인의 이익을 긍정하였다.

〔**민사소송법 제27조(청구를 병합한 경우의 소송목적의 값)**〕 ① 하나의 소로 여러 개의 청구를 하는 경우에는 그 여러 청구의 값을 모두 합하여 소송목적의 값을 정한다. ② 과실(과실)·손해배상·위약금(위약금) 또는 비용의 청구가 소송의 부대목적(부대목적)이 되는 경우에는 그 값은 소송목적의 값에 넣지 아니한다.

정답 - O

7 **사해행위인 근저당권설정계약에 기한 근저당권설정등기가 경매절차상 매각으로 인하여 말소된 후, 그 등기로 인하여 해를 입게 되는 채권자가 근저당권설정계약의 취소를 구하는 소를 제기한 경우에 소의 이익이 인정된다.** 변호사시험 제4회

해설 『채무자가 사해행위로 인한 근저당권 실행으로 경매절차가 진행 중인 부동산을 매각하고, 그 대금으로 근저당권자인 수익자에게 피담보채무를 변제함으로써 그 근저당권설정등기가 말소된 경우에 위와 같은 변제는 특별한 사정이 없는 한 근저당권의 우선변제권 이행으로 일반 채권자에 우선하여 된 것이라고 봄이 타당하므로, **근저당권이 실행되어 경매절차에서 근저당권설정등기가 말소된 경우와 마찬가지로 수익자로 하여금 근저당권 말소를 위한 변제 이익을 보유하게 하는 것은 부당**하다. 따라서 **이 경우에도 근저당권설정등기로 말미암아 해를 입게 되는 채권자는 원상회복을 위하여 사해행위인 근저당권설정계약의 취소를 구할 이익이 있다**』(대판 2012. 11. 15, 2012다65058).

정답 - O

8 **채무자의 채무초과가 임박한 상태에서 채권자가 이미 채무자 소유의 목적물에 저당권이 설정되어 있음을 알면서 자기 채권의 우선적 만족을 위하여 채무자와 통모하여 유치권을 성립시킨 후, 저당권자가 경매절차에서 그 유치권을 배제하기 위하여 유치권자를 상대로 그 부존재의 확인을 구하는 소를 제기한 경우에 소의 이익이 인정된다.** 변호사시험 제4회

해설 『채무자가 채무초과의 상태에 이미 빠졌거나 그러한 상태가 임박함으로써 채권자가 원래라면 자기 채권의 충분한 만족을 얻을 가능성이 현저히 낮아진 상태에서 이미 채무자 소유의 목적물에 저당권 기타 담보물권이 설정되어 있어서 **유치권의 성립에 의하여 저당권자 등이 그 채권 만족상의 불이익을 입을 것을 잘 알면서 자기 채권의 우선적 만족을 위하여 위와 같이 취약한 재정적 지위에 있는 채무자와의 사이에 의도적으로 유치권의 성립요건을 충족하는 내용의 거래를 일으키고 그에 기하여 목적물을 점유하게 됨으로써 유치권이 성립**하였다면, 유치권자가 그 유치권을 저당권자 등에 대하여 주장하는 것은 다른 특별한 사정이 없는 한 **신의칙에 반하는 권리행사 또는 권리남용으로서 허용되지 아니한다.** 그리고 **저당권자 등은 경매절차 기타 채권실행절차에서 위와 같은 유치권을 배제하기 위하여 그 부존재의 확인 등을 소로써 청구할 수 있다**고 할 것이다』(대판 2011. 12. 22, 2011다84298). 정답 - O

9 **채무자가 피담보채무 전액을 변제하였음을 이유로 저당권설정등기의 말소등기절차이행을 청구하였지만 피담보채무의 범위에 관한 견해 차이로 피담보채무가 남아있는 경우, 채무자의 청구 중에는 확정된 잔존채무의 변제를 조건으로 그 등기의 말소를 구한다는 취지까지 포함되어 있는 것으로 해석할 여지가 있으나 저당권설정등기의 말소를 미리 청구할 필요가 있다고까지 볼 수는 없다.** 변호사시험 제7회

해설 『채권자와 채무자사이에 피담보채무의 소멸여부에 관하여 다툼이 있고 그 전액변제가 인정되지 아니할 경우에는 피담보채무의 잔존액을 확정한 다음 이를 이행한 후 담보권이 해제되도록 심리를 할 필요가 있으므로 **피담보채무액에 다툼이 있는 사실만으로 장래이행의 소인 담보권의 소멸청구는 소의 이익이 있다**고 할 것이며 위와 같은 분쟁의 경위가 판결이유에 나타나 있다면, 따로 소의 이익에 관하여 판단할 필요가 없다』(대판 1987. 4. 14, 86다카981). 정답 - X

10 **장래의 이행을 명하는 판결을 하기 위해서는 채무의 이행기가 장래에 도래하여야 할 뿐만 아니라 의무불이행사유가 그때까지 존속한다는 것을 소 제기 시에 확정적으로 예정할 수 있어야 하고, 이러한 책임기간이 불확실하여 소 제기 시에 확정적으로 예정할 수 없는 경우에는 장래의 이행을 명하는 판결을 할 수 없다.** 변호사시험 제7회

해설 『장래의 이행을 명하는 판결을 하기 위하여는 채무의 이행기가 장래에 도래하는 것뿐만 아니라 의무불이행사유가 그 때까지 존속한다는 것을 **변론종결 당시에 확정적으로 예정할 수 있는 것이어야 하며** 이러한 책임기간이 불확실하여 변론종결 당시에 확정적으로 예정할 수 없는 경우에는 장래의 이행을 명하는 판결을 할 수 없다』(대판 2002. 6. 14, 2000다37517). 정답 - X

11 **이행보증보험계약에서 구상금채권 발생의 기초가 되는 법률상·사실상 관계가 사실심 변론종결 시까지 존재하고 있고 그러한 상태가 앞으로도 계속될 것으로 예상되며 보험자가 피보험자에게 보험금을 지급하더라도 보험계약자 등의 채무이행을 기대할 수 없음이 명백한 경우, 장래 이행보증보험금 지급을 조건으로 미리 구상금 지급을 구하는 장래이행의 소는 적법하다.** 변호사시험 제7회

해설 『이행보증보험계약에 있어서 구상금채권의 발생의 기초가 되는 법률상·사실상 관계가 변론종결 당시까지 존재하고 있고, 그러한 상태가 앞으로도 계속될 것으로 예상되며, 구상금채권의 존부에 대하여 다툼이 있어 보험자가 피보험자에게 보험금을 지급하더라도 보험계약자와 구상금채무의 연대보증인들의 채무이행을 기대할 수 없음이 명백한 경우 장래 이행보증보험금지급을 조건으로 미리 구상금지급을 구하는 장래이행의 소가 적법하다고 본 사례』(대판 2004. 1. 15, 2002다3891). 정답 - O

12 **양도인이 매매계약의 무효를 주장하면서 양수인에게서 받은 매매대금을 변제공탁하였다면, 양도인이 양도부동산에 관한 소유권이전의무의 존재를 다투고 있는 것이므로 양수인으로서는 소유권이전의무의 이행기 도래 전에도 그 이행을 미리 청구할 필요가 있다.** 변호사시험 제7회

해설 『일반적으로 채무자가 채무의 이행기 도래 전부터 채무의 존재를 다투기 때문에 이행기가 도래하거나 조건이 성취되었을 때에 임의의 이행을 기대할 수 없는 경우에는 장래이행의 소로써 미리 청구할 필요가 인정되는데, **양도인측이 계약이 무효가 되었다고 주장하여 양수인으로부터 받은 매매대금을 변제공탁하였다면 양도인측이 양도 부동산에 관한 소유권이전의무의 존재를 다투고 있는 것이므로 양수인으로서는 위 의무의 이행기 도래 전에도 그 의무의 이행을 미리 청구할 필요가 있다**고 보아야 한다』(대판 1993. 11. 9, 92다43128). 정답 - O

13 **특정채권 중 일부만을 청구한 경우에도 그 취지로 보아 채권 전부에 관하여 판결을 구하는 것으로 해석되는 경우에는 그 채권의 동일성의 범위 내에서 전부에 관하여 시효중단의 효력이 발생한다.** 변호사시험 제6회

해설 『한 개의 채권 중 일부에 관하여만 판결을 구한다는 취지를 명백히 하여 소송을 제기한 경우에는 소제기에 의한 소멸시효중단의 효력이 그 일부에 관하여만 발생하고, 나머지 부분에는 발생하지 아니하지만 **비록 그중 일부만을 청구한 경우에도 그 취지로 보아 채권 전부에 관하여 판결을 구하는 것으로 해석된다면** 그 청구액을 소송물인 채권의 전부로 보아야 하고, 이러한 경우에는 **그 채권의 동일성의 범위 내에서 그 전부에 관하여 시효중단의 효력이 발생한다**고 해석함이 상당하다』(대판 1992. 4. 10, 91다43695). 정답 - O

14 **불법행위의 피해자가 일부청구임을 명시하여 그 손해의 일부만을 청구한 전소가 상고심에 계속 중인 경우, 나머지 치료비를 구하는 손해배상청구의 소는 중복제소에 해당하지 않는다.** 변호사시험 제6회

해설 『전 소송에서 불법행위를 원인으로 치료비청구를 하면서 일부만을 특정하여 청구하고 그 이외의 부분은 별도소송으로 청구하겠다는 취지를 명시적으로 유보한 때에는 그 전소송의 소송물은 그 청구한 일부의 치료비에 한정되는 것이고 전 소송에서 한 판결의 기판력은 유보한 나머지 부분의 치료비에까지는 미치지 아니한다 할 것이므로 전 소송의 계속 중에 동일한 불법행위를 원인으로 유보한 나머지 치료비청구를 별도소송으로 제기하였다 하더라도 중복제소에 해당하지 아니한다』(대판 1985. 4. 9, 84다552). 정답 - ○

15 **불법행위의 피해자가 일부청구임을 명시하여 그 손해의 일부만을 청구한 경우, 그 일부청구에 대한 판결의 기판력은 청구의 인용 여부에 관계없이 그 청구의 범위에 한하여 미친다.** 변호사시험 제6회

해설 『원고가 전 소송과 동일한 불법행위로 인하여 입은 적극적 재산상 손해로서 그 치료비의 청구를 하려면 전 소송에서 원고가 적극적 재산상 손해중 일부의 청구를 유보하고 그 이외의 일부만을 청구한다는 취지를 명시한 때에 한하여 그 청구권이 있다 할 것이고, 전 소송에서 일부 청구라는 취지를 명시하지 아니하고 적극적 재산상 손해의 일부만을 청구하였다면 전소에 대한 판결의 기판력을 청구하지 아니한 부분에까지 미치게 되어 나머지 부분에 대하여는 이를 청구할 수 없으므로, 일부 청구 유보의 취지가 내심의 의사만으로 유보된 것인 때에는 전 소송의 확정판결의 기판력이 후소에 미친다』(대판 1982. 11. 23, 82다카845).

→ 일부만을 청구한다는 취지를 명시한 때에는 청구한 부분에 한해 기판력이 미친다는 취지이다. 정답 - ○

16 **일부청구임을 명시하는 방법으로는 일부청구하는 채권의 범위를 잔부청구와 구별하여 심리의 범위를 특정할 수 있는 정도의 표시를 하여 전체 채권의 일부로서 우선 청구하고 있는 것임을 밝히는 것으로 충분하다.** 변호사시험 제6회

해설 『일부청구임을 명시하는 방법으로는 반드시 전체 채권액을 특정하여 그중 일부만을 청구하고 나머지에 대한 청구를 유보하는 취지임을 밝혀야 할 필요는 없으며, 일부청구하는 채권의 범위를 잔부청구와 구별하여 심리의 범위를 특정할 수 있는 정도의 표시를 하여 전체 채권의 일부로서 우선 청구하고 있는 것임을 밝히는 것으로 충분하다』(대판 2016. 7. 27, 2013다96165). 정답 - ○

17 **가분채권에 대한 이행의 소를 제기하면서 그것이 나머지 부분을 유보하고 일부만 청구하는 것이라는 취지를 명시하지 아니한 경우, 일부 청구에 관하여 전부승소한 채권자는 나머지 부분에 관하여 청구를 확장하기 위한 항소를 제기할 수 없다.** 변호사시험 제6회

해설 『상소는 자기에게 불이익한 재판에 대하여 유리하게 취소 변경을 구하는 것이므로 전부 승소한 판결에 대하여는 항소를 허용하지 아니하는 것이 원칙이고, 재판이 항소인에게 불이익한 것인지 여부는 원칙적으로 재판의 주문을 표준으로 하여 판단해야 하며, 다만 **가분채권에 대한 이행청구의 소를 제기하면서 그것이 나머지 부분을 유보하고 일부만 청구하는 것이라는 취지를 명시하지 아니한 경우에는** 그 확정판결의 기판력은 나머지 부분에까지 미치는 것이어서 별소로써 나머지 부분에 관하여 다시 청구할 수는 없는 것이므로, 일부 청구에 관하여 전부 승소한 채권자는 나머지 부분에 관하여 청구를 확장하기 위한 항소가 허용되지 아니한다면 나머지 부분을 소구할 기회를 상실하는 불이익을 입게 된다 할 것이고, 따라서 이러한 경우에는 예외적으로 **전부 승소한 판결에 대해서도 나머지 부분에 관하여 청구를 확장하기 위한 항소의 이익을 인정함이 상당하다고 할 것이다**』(대판 2010. 11. 11, 2010두14534).

정답 - X

18 소제기에 따른 시효중단은 ( )에 그 효력이 생긴다.

변호사시험 제1회

해설

[민사소송법 제265조(소제기에 따른 시효중단의 시기)] 시효의 중단 또는 법률상 기간을 지킴에 필요한 재판상 청구는 **소를 제기한 때** 또는 제260조 제2항·제262조 제2항 또는 제264조 제2항의 규정에 따라 서면을 법원에 제출한 때에 그 효력이 생긴다.

정답 - **제소시**

19 중복된 소제기임을 법원이 간과하고 본안판결을 하였을 때에는 상소로 다툴 수 있고, 판결이 확정되었다면 당연무효의 판결이라고 할 수 없다.

변호사시험 제3회

해설 중복된 소제기인 경우 법원은 부적법 각하 판결을 하여야 하지만, 이를 **간과하고 본안판결을 한 경우 상소할 수 있다.** 그러나 **간과한 판결이 확정되었다고 해서 당연무효의 판결이라고 할 수는 없고,** 하자가 치유되어 재심사유가 되지 않는다. 다만 전후소 판결이 모두 확정되었으나 판결의 내용이 모순되는 경우에는 전후소(중복소제기여부)와 관계없이 뒤에 확정된 판결이 재심으로 취소된다(제451조 제1항 제10호).

정답 - O

20 전소와 후소의 판결이 모두 확정되었으나 그 내용이 서로 모순 저촉되는 때에는 어느 것이 먼저 제소되었는가에 관계없이 먼저 확정된 종국판결에 대하여 재심의 소를 제기할 수 있다.

변호사시험 제3회

해설 『민사소송법 제422조 제1항 제10호(현행 제451조 제1항 제10호) 소정의 재심을 제기할 판결이 전에 선고한 확정판결과 저촉하는 때라 함은 재심대상이 된 확정판결의 기판력이 그보다 전에 선고한 확정판결의 기판력과 서로 저촉하는 경우를 말하므로 **재심을 제기할 판결이 그보다 늦게 선고 확정된 판결과 저촉되는 경우는 이에 해당하지 아니한다**』(대판 1981. 7. 28, 80다2668).

정답 - X

21 **전 소송에서 피해자 甲이 가해자 乙에게 불법행위를 원인으로 치료비를 청구하면서 일부만을 특정하여 청구하고 그 이외의 부분은 별도소송으로 청구하겠다는 취지를 명시적으로 유보한 경우, 甲이 전 소송의 계속 중 동일 불법행위를 원인으로 나머지 치료비 청구를 별도소송으로 제기하였다 하더라도 중복된 소제기에 해당하지 않는다.** 변호사시험 제3회

해설 『전 소송에서 불법행위를 원인으로 **치료비청구를 하면서 일부만을 특정하여 청구하고 그 이외의 부분은 별도소송으로 청구하겠다는 취지를 명시적으로 유보한 때**에는 그 전소송의 소송물은 그 청구한 일부의 치료비에 한정되는 것이고 전 소송에서 한 판결의 기판력은 유보한 나머지 부분의 치료비에까지는 미치지 아니한다 할 것이므로 **전 소송의 계속중에 동일한 불법행위를 원인으로 유보한 나머지 치료비청구를 별도소송으로 제기**하였다 하더라도 **중복제소에 해당하지 아니한다**』(대판 1985. 4. 9, 84다552). 정답 - O

22 **상계의 항변을 제출할 당시 이미 자동채권과 동일한 채권에 기한 소를 별도로 제기하여 계속 중인 경우, 특별한 사정이 없는 한 별소로 계속 중인 채권을 자동채권으로 하는 소송상 상계의 주장이 허용된다.** 변호사시험 제3회

해설 『상계의 항변을 제출할 당시 이미 자동채권과 동일한 채권에 기한 소송을 별도로 제기하여 계속 중인 경우, 사실심의 담당재판부로서는 전소와 후소를 같은 기회에 심리·판단하기 위하여 이부, 이송 또는 변론병합 등을 시도함으로써 기판력의 저촉·모순을 방지함과 아울러 소송경제를 도모함이 바람직하였다고 할 것이나, 그렇다고 하여 특별한 사정이 없는 한 **별소로 계속 중인 채권을 자동채권으로 하는 소송상 상계의 주장이 허용되지 않는다고 볼 수는 없다**』(대판 2001. 4. 27, 2000다4050). 정답 - O

23 **채권자 丙이 채무자 甲과 수익자 乙 사이의 법률행위의 취소를 구하는 채권자취소소송이 계속 중 甲의 다른 채권자 丁이 甲과 乙 사이의 동일한 법률행위의 취소를 구하는 채권자취소소송을 제기한 경우, 후소는 중복된 소제기가 아니다.** 변호사시험 제3회

해설 『채권자취소권의 요건을 갖춘 각 채권자는 **고유의 권리**로서 채무자의 재산처분 행위를 취소하고 그 원상회복을 구할 수 있는 것이므로 **여러 명의 채권자가 동시에 또는 시기를 달리하여 사해행위취소 및 원상회복청구의 소를 제기한 경우 이들 소가 중복제소에 해당하지 아니한다**』(대판 2008. 4. 24, 2007다84352)한다. 정답 - O

24 **채권추심명령을 받은 압류채권자는 채무자가 피압류채권에 관하여 제기한 이행의 소 계속 중 추심의 소를 별도로 제기할 수 없다.** 변호사시험 제7회

해설 『**채무자가 제3채무자를 상대로 제기한 이행의 소가 법원에 계속되어 있는 경우에도 압류채권자는 제3채무자를 상대로 압류된 채권의 이행을 청구하는 추심의 소를 제기할 수 있고**, 제3채무자를 상대로 압류채권자가 제기한 추심의 소는 채무자가 제기한 이행의 소에 대한 관계에서 민사소송법 제259조가 금지하는 중복된 소제기에 해당하지 않는다고 봄이 타당하다』〔대판(전합) 2013. 12. 18, 2013다202120〕. 정답 - X

25 **치료비의 일부만 특정하여 그 지급을 청구한 경우에 명시적으로 유보한 나머지 치료비 지급청구를 별도 소송으로 제기하더라도 중복된 소 제기에 해당하지 아니한다.**

변호사시험 제4회

해설 『전 소송에서 불법행위를 원인으로 **치료비청구를 하면서 일부만을 특정하여 청구하고 그 이외의 부분은 별도소송으로 청구하겠다는 취지를 명시적으로 유보**한 때에는 그 전소송의 소송물은 그 청구한 일부의 치료비에 한정되는 것이고 전 소송에서 한 판결의 기판력은 유보한 나머지 부분의 치료비에까지는 미치지 아니한다 할 것이므로 **전 소송의 계속중에 동일한 불법행위를 원인으로 유보한 나머지 치료비청구를 별도소송으로 제기하였다 하더라도 중복제소에 해당하지 아니한다**』(대판 1985. 4. 9, 84다552).

정답 - O

26 **법원에 계속되어 있는 전소가 부적법하더라도 동일한 후소의 변론종결시까지 취하·각하 등에 의하여 소송계속이 소멸되지 아니하는 한 그 후소는 중복된 소 제기의 금지에 저촉되는 부적법한 소로서 각하를 면할 수 없다.**

변호사시험 제4회

해설 『중복제소금지는 소송계속으로 인하여 당연히 발생하는 소송요건의 하나로서, 이미 동일한 사건에 관하여 전소가 제기되었다면 설령 그 전소가 소송요건을 흠결하여 부적법하다고 할지라도 **후소의 변론종결시까지 취하각하 등에 의하여 소송계속이 소멸되지 아니하는 한 후소는 중복제소금지에 위배하여 각하를 면치 못하게 된다**』(대판 1998. 2. 27, 97다45532).

정답 - O

27 **중복된 소 제기에 해당하지 않는다는 것은 소극적 소송요건으로 중복된 소 제기에 해당하면 법원은 피고의 항변을 기다릴 필요없이 후소를 부적법 각하하여야 한다.**

변호사시험 제4회

해설 『소가 중복제소에 해당하지 아니한다는 것은 소극적 소송요건으로서 법원의 직권조사 사항이므로』(대판 1990. 4. 27, 88다카25274), 직권조사사항에 해당하여 피고의 항변 유무와 관계없이 직권으로 심리 후 부적법 각하하여야 한다.

정답 - O

28 **계속 중인 전소의 소구채권으로 그 소의 상대방이 청구하는 후소에서 하는 상계항변은 허용된다.**

변호사시험 제4회

해설 『상계의 항변을 제출할 당시 이미 자동채권과 동일한 채권에 기한 소송을 별도로 제기하여 계속 중인 경우, 사실심의 담당재판부로서는 전소와 후소를 같은 기회에 심리·판단하기 위하여 이부, 이송 또는 변론병합 등을 시도함으로써 기판력의 저촉·모순을 방지함과 아울러 소송경제를 도모함이 바람직하였다고 할 것이나, 그렇다고 하여 특별한 사정이 없는 한 **별소로 계속 중인 채권을 자동채권으로 하는 소송상 상계의 주장이 허용되지 않는다고 볼 수는 없다**』(대판 2000. 4. 27, 2000다4050).

정답 - O

29 **중복된 소 제기임을 법원이 간과하고 본안판결을 한 후 그 판결이 확정되었다 하더라도 무효이다.** 변호사시험 제4회

해설 『중복제소금지원칙에 위배되어 제기된 소에 대한 판결이나 그 소송절차에서 이루어진 화해라도 확정된 경우에는 **당연무효라고 할 수는 없고**』(대판 1995. 12. 5, 94다59028), **하자가 치유되어 재심사유도 되지 않는다.** 다만 전·후소 판결이 모두 확정되었으나 판결의 내용이 모순되는 경우에는 뒤에 확정된 판결이 재심으로 취소된다(민사소송법 제451조 제1항 제10호).

정답 – X

30 **甲이 乙을 피고로 3,000만 원의 손해배상청구의 소를 제기하여 제1심에서 승소판결을 받았으나 乙의 항소 제기로 그 항소심 계속 중에 乙이 甲을 피고로 하여 대여금반환청구의 소를 제기한 경우, 甲은 그 소송에서 위 3,000만 원의 손해배상채권을 자동채권으로 하는 소송상 상계 항변을 할 수 있다.** 변호사시험 제5회

해설 『별소로 계속중인 채권을 자동채권으로 하는 소송상 상계의 주장은 허용된다』(대판 1965. 12. 1, 63다848).

정답 – O

31 **채무자가 제3채무자를 상대로 제기한 이행의 소가 법원에 계속되어 있는 경우, 추심명령을 얻은 압류채권자가 제3채무자를 상대로 제기한 추심의 소는 채무자가 제기한 이행의 소에 대한 관계에서 「민사소송법」 제259조가 금지하는 중복된 소제기에 해당하지 않는다.** 변호사시험 제5회

해설 『채무자가 제3채무자를 상대로 제기한 이행의 소가 법원에 계속되어 있는 경우에도 압류채권자는 제3채무자를 상대로 압류된 채권의 이행을 청구하는 추심의 소를 제기할 수 있고, **제3채무자를 상대로 압류채권자가 제기한 추심의 소는 채무자가 제기한 이행의 소에 대한 관계에서 민사소송법 제259조가 금지하는 중복된 소제기에 해당하지 않는다**고 봄이 타당하다』[대판(전합) 2013. 12. 18, 2013다202120].

정답 – O

32 **A소가 제기되어 그 소송계속 중 A소와 당사자 및 소송물이 동일한 B소가 제기되고 양 소에 대한 판결이 선고되어 확정된 경우, 양 판결의 내용이 서로 모순·저촉될 때에는 뒤에 확정된 판결은 무효가 된다.** 변호사시험 제2회

해설 『중복제소금지의 원칙에 위배되어 제기된 소에 대한 판결이나 그 소송절차에서 이루어진 화해라도 확정된 경우에는 **당연무효라고 할 수는 없다**』(대판 1995. 12. 5, 94다59028).

정답 – X

33 **A가 B의 폭행으로 상해를 입고 B를 상대로 이로 인한 손해배상으로 치료비를 청구하는 소송계속 중에 B를 상대로 동일한 상해에 기한 일실임금을 청구하는 별소를 제기한 경우, 후소는 중복된 소제기에 해당하지 않는다.** 변호사시험 제2회

해설 『불법행위로 말미암아 신체의 상해를 입었기 때문에 가해자에게 대하여 손해배상을 청구할 경우에 있어서는 **그 소송물인 손해**는 통상의 치료비 따위와 같은 **적극적 재산상 손해**와 일실수익 상실에 따르는 **소극적 재산상 손해** 및 정신적 고통에 따르는 **정신적 손해**(위자료)의 **3가지로 나누어진다**고 볼 수 있다』(대판 1976. 10. 12, 76다1313). 정답 - O

34 **A소의 소장 제출일은 2012. 11. 5.이고 소장 부본 송달일은 2012. 12. 26.이며, B소의 소장 제출일은 2012. 11. 7.이고 소장 부본 송달일은 2012. 12. 24.인 경우 중복된 소제기에 해당하는 소는 B소이다(단, A소와 B소는 당사자 및 소송물이 동일함).** 변호사시험 제2회

해설 『채권자대위소송의 계속중 다른 채권자가 같은 채무자를 대위하여 같은 제3채무자를 상대로 법원에 출소한 경우 두 개 소송의 소송물이 같다면 나중에 계속된 소는 중복제소금지의 원칙에 위배하여 제기된 부적법한 소가 된다 할 것이고, 이 경우 전소와 후소의 판별기준은 소송계속의 발생시기 즉 **소장이 피고에게 송달된 때의 선후에 의할 것**이며, 비록 소제기에 앞서 가압류, 가처분 등의 보전절차가 선행되어 있다 하더라도 이를 기준으로 가릴 것은 아니다』(대판 1994. 11. 25, 94다12517,94다12524). 정답 - X

35 **동일한 사건에 관하여 전소가 소송계속 중이라면 설령 그 전소가 소송요건을 흠결하여 부적법하다고 할지라도 후소의 변론종결 시까지 취하·각하 등에 의하여 그 소송계속이 소멸되지 아니하는 한 후소는 중복된 소제기에 해당한다.** 변호사시험 제2회

해설 『중복제소금지는 소송계속으로 인하여 당연히 발생하는 소송요건의 하나로서, 이미 동일한 사건에 관하여 전소가 제기되었다면 설령 **그 전소가 소송요건을 흠결하여 부적법하다고 할지라도 후소의 변론종결시까지 취하·각하 등에 의하여 소송계속이 소멸되지 아니하는 한 후소는 중복제소금지에 위배하여 각하를 면치 못하게 되는바**, 이와 같은 법리는 어느 채권자가 채무자를 대위하여 제3채무자를 상대로 제기한 채권자대위소송이 법원에 계속 중 다른 채권자가 같은 채무자를 대위하여 제3채무자를 피고로 하여 동일한 소송물에 관하여 소송을 제기한 경우에도 적용된다』(대판 1998. 2. 27, 97다45532). 정답 - O

36 **甲은 乙에 대하여 매매대금채권을 가지고 있고, 乙은 丙에 대하여 대여금채권을 가지고 있다. 甲은 乙을 대위하여 丙을 상대로 대여금의 지급을 구하는 소를 제기하였다. 甲의 丙에 대한 소송계속 중에 乙에 대한 구상금채권자인 丁이 乙을 대위하여 채권자대위권을 행사하면서 甲의 丙에 대한 위 소송에 공동소송참가신청을 하는 것은 양 청구의 소송물이 동일하다면 적법하다.** 변호사시험 제5회

해설 『채권자대위소송이 계속 중인 상황에서 다른 채권자가 동일한 채무자를 대위하여 채권자대위권을 행사하면서 공동소송참가신청을 할 경우, 양 청구의 소송물이 동일하다면 민사소송법 제83조 제1항이 요구하는 '소송목적이 한쪽 당사자와 제3자에게 합일적으로 확정되어야 할 경우'에 해당하므로 참가신청은 적법하다. 이때 양 청구의 소송물이 동일한지는 채권자들이 각기 대위행사하는 피대위채권이 동일한지에 따라 결정되고, 채권자들이

각기 자신을 이행 상대방으로 하여 금전의 지급을 청구하였더라도 채권자들이 채무자를 대위하여 변제를 수령하게 될 뿐 자신의 채권에 대한 변제로서 수령하게 되는 것이 아니므로 이러한 채권자들의 청구가 서로 소송물이 다르다고 할 수 없다. 여기서 **원고가 일부 청구임을 명시하여 피대위채권의 일부만을 청구한 것으로 볼 수 있는 경우에는 참가인의 청구금액이 원고의 청구금액을 초과하지 아니하는 한 참가인의 청구가 원고의 청구와 소송물이 동일하여 중복된다고 할 수 있으므로** 소송목적이 원고와 참가인에게 합일적으로 확정되어야 할 필요성을 인정할 수 있어 **참가인의 공동소송참가신청을 적법한 것**으로 보아야 한다』(대판 2015. 7. 23, 2013다30301). 정답 – ○

37 **甲은 乙에 대하여 매매대금채권을 가지고 있고, 乙은 丙에 대하여 대여금채권을 가지고 있다. 甲은 乙을 대위하여 丙을 상대로 대여금의 지급을 구하는 소를 제기하였다. 甲의 丙에 대한 위 소송에서 乙의 무자력이 인정되지 않는 경우 법원은 위 소를 각하하여야 한다.** 변호사시험 제5회

해설 『채권자가 채권자대위권의 법리에 의하여 채무자에 대한 채권을 보전하기 위하여 채무자의 제3자에 대한 권리를 대위행사하기 위하여는 채무자에 대한 채권을 보전할 필요가 있어야 할 것이고, 그러한 **보전의 필요가 인정되지 아니하는 경우에는 소가 부적법하므로 법원으로서는 이를 각하하여야 할 것**인바, 만일 채권자가 채무자를 상대로 소를 제기하였으나 패소의 확정판결을 받은 종전 소유권이전등기절차 이행 소송의 청구원인이 채권자대위소송에 있어 피보전권리의 권원과 동일하다면 채권자로서는 위 종전 확정판결의 기판력으로 말미암아 더 이상 채무자에 대하여 위 확정판결과 동일한 청구원인으로는 소유권이전등기청구를 할 수 없게 되었고, 가사 채권자가 채권자대위소송에서 승소하여 제3자 명의의 소유권이전등기가 말소된다 하여도 채권자가 채무자에 대하여 동일한 청구원인으로 다시 소유권이전등기절차의 이행을 구할 수 있는 것도 아니므로, 채권자로 서는 채무자의 제3자에 대한 권리를 대위행사함으로써 위 소유권이전등기청구권을 보전할 필요가 없게 되었다고 할 것이어서 채권자의 채권자대위소송은 부적법한 것으로서 각하되어야 한다』(대판 2002. 5. 10, 2000다55171). 정답 – ○

38 **채권자가 채무자를 대위하여 제3채무자를 상대로 제기한 채권자대위소송이 계속 중 채무자가 제3채무자를 상대로 채권자대위소송과 소송물이 같은 소를 제기하여 소송이 계속된 경우, 후소는 중복된 소제기에 해당한다.** 변호사시험 제2회

해설 『원고가 소유권이전등기말소소송을 제기하기 전에 이미 원고의 채권자가 같은 피고를 상대로 채권자대위권에 의하여 원고를 대위하여 그 소송과 청구취지 및 청구원인을 같이하는 내용의 소송을 제기하여 계속중에 있다면, 양 소송은 비록 그 당사자는 다르다 할지라도 실질상으로는 동일소송이므로, 원고가 제기한 소송은 민사소송법 제234조 소정의 이른바 중복소송 금지규정에 저촉되는 것이다』(대판 1995. 4. 14, 94다29256). 정답 – ○

■ 사례 【39~43】

甲, 乙, 丙, 丁은 X 토지에 관하여 각 지분별로 등기를 마친 공유자이다. 다음 설명이 타당한가? (다툼이 있는 경우에는 판례에 의함) 변호사시험 제1회

39 **甲이 乙, 丙만을 상대로 공유물분할청구의 소를 제기한 경우, 甲은 丁을 상대로 별도의 공유물분할청구의 소를 제기하여 乙, 丙을 상대로 이미 제기한 공유물분할청구소송에 변론병합을 신청할 수 있으나, 乙, 丙을 상대로 이미 제기한 위 소송에 丁을 피고로 추가할 수는 없다.**

해설 공유물분할청구는 고유필수적 공동소송으로서 공동소송인의 추가가 가능하다(민사소송법 제68조). 『공유물분할청구의 소는 분할을 청구하는 공유자가 원고가 되어 다른 공유자 전부를 공동피고로 하여야 하는 **고유필수적 공동소송**이고, 공동소송인과 상대방 사이에 판결의 합일확정을 필요로 하는 고유필수적 공동소송에 있어서는 공동소송인 중 일부가 제기한 상소는 다른 공동소송인에게도 그 효력이 미치는 것이므로 공동소송인 전원에 대한 관계에서 판결의 확정이 차단되고 그 소송은 전체로서 상소심에 이심되며, 상소심판결의 효력은 상소를 하지 아니한 공동소송인에게 미치므로 상소심으로서는 공동소송인 전원에 대하여 심리·판단하여야 한다』(대판 2003. 12. 12, 2003다44615, 44622).

〔**제68조(필수적 공동소송인의 추가)**〕 ① 법원은 제67조 제1항의 규정에 따른 공동소송인 가운데 일부가 누락된 경우에는 제1심의 변론을 종결할 때까지 원고의 신청에 따라 결정으로 원고 또는 피고를 추가하도록 허가할 수 있다. 다만, 원고의 추가는 추가될 사람의 동의를 받은 경우에만 허가할 수 있다.

정답 – X

40 **제3자는 X 토지에 대한 소유권확인 청구의 소를 제기함에 있어 甲, 乙, 丙, 丁 전원을 피고로 하지 않으면 그 소는 부적법하다.**

해설 공유는 각 지분별 처분이 가능하므로 **공유등기자들을 대상으로 하는 소유권확인의 소 내지 소유권이전등기청구의 소는 필수적 공동소송이 아니다.** 『부동산의 공유자인 공동상속인들을 상대로 한 소유권보존등기말소 및 소유권확정청구소송은 권리관계가 합일 확정되어야 할 필수적 공동소송이 아니다』(대판 1972. 6. 27, 72다555). 정답 – X

41 **제3자가 X 토지를 불법으로 점유하는 경우, 甲은 단독으로 제3자를 상대로 X 토지에 대한 인도청구의 소를 제기할 수 없다.**

해설 공유지분은 공유물의 전체에 미치므로 공유의 대외적 효력으로서 **보존행위는 각자 가능**하다(민법 제265조 단서). 따라서 甲은 단독으로 제3자를 상대로 X토지에 대한 인도청구의 소를 제기할 수 있다. 『건물의 공유지분권자는 동 건물 전부에 대하여 보존행위로서 방해배제 청구를 할 수 있다』(대판 1968. 9. 17, 68다1142, 68다1143). 정답 - X

42 **甲, 乙, 丙, 丁이 X 토지를 戊에게 매도하고 소유권이전등기를 마쳐준 후에도 여전히 X 토지를 공동점유하고 있는 경우, 공동점유자 각자는 그 점유물의 일부분씩만을 반환할 수 없기 때문에 戊는 甲, 乙, 丙, 丁 전원을 피고로 하여 토지인도청구의 소를 제기하여야 한다.**

해설 공유는 각 지분별 처분이 가능하므로 공유등기자들을 대상으로 하는 소유권확인의 소 내지 소유권이전등기청구의 소는 필수적 공동소송이 아니다. 『부동산의 공유자인 공동상속인들을 상대로 한 소유권보존등기말소 및 소유권확정청구소송은 권리관계가 합일 확정되어야 할 필수적 공동소송이 아니다』(대판 1972. 6. 27, 72다555). 『**공동점유물의 인도를 청구하는 경우 상반된 판결이 나는 때에는 사실상 인도청구의 목적을 달성할 수 없을 때가 있을 수 있으나 그와 같은 사실상 필요가 있다는 것만으로 그것을 필요적 공동소송이라고는 할 수 없는 것이다**』(대판 1966. 3. 15, 65다2455). 정답 - X

43 **X토지에 대해서 甲, 乙, 丙, 丁으로부터 제3자 앞으로 원인무효의 등기가 마쳐진 경우, 甲은 그 제3자에 대하여 원인무효인 등기 전부의 말소를 구할 수 있을 뿐만 아니라, 각 공유자 앞으로 해당 지분별로 진정명의회복을 원인으로 한 소유권이전등기절차이행을 단독으로 청구할 수 있다.**

해설 『부동산의 공유자 중 한 사람은 공유물에 대한 보존행위로서 그 공유물에 관한 원인무효의 등기 전부의 말소를 구할 수 있고, 진정명의회복을 원인으로 한 소유권이전등기청구권과 무효등기의 말소청구권은 어느 것이나 진정한 소유자의 등기명의를 회복하기 위한 것으로서 실질적으로 그 목적이 동일하고 두 청구권 모두 소유권에 기한 방해배제청구권으로서 그 법적 근거와 성질이 동일하므로, **공유자 중 한 사람은 공유물에 경료된 원인무효의 등기에 관하여 각 공유자에게 해당 지분별로 진정명의회복을 원인으로 한 소유권이전등기를 이행할 것을 단독으로 청구할 수 있다**』(대판 2005. 9. 29, 2003다40651). 정답 - O

사례 【44~48】

甲종중(대표자 乙)은 종중원 丙을 상대로 A토지에 관하여 명의신탁 해지를 원인으로 한 소유권이전등기청구의 소를 제기하였다. 이 소송에서 乙의 대표권에 관한 설명 중 옳지 않은 것은? (다툼이 있는 경우 판례에 의함) 변호사시험 제6회

44 **乙의 대표권의 유무는 소송요건에 해당하여 법원이 직권으로 조사할 사항이다.**

해설 『종중이 당사자인 사건에 있어서 그 종중의 대표자에게 적법한 대표권이 있는지 여부는 소송요건에 관한 것으로서 법원의 직권조사사항이다. 따라서 법원으로서는 그 판단의 기초자료인 사실과 증거를 직권으로 탐지할 의무까지는 없다 하더라도, 이미 제출된 자료들에 의하여 그 대표권의 적법성에 의심이 갈 만한 사정이 엿보인다면 상대방이 이를 구체적으로 지적하여 다투지 않더라도 이에 관하여 심리·조사할 의무가 있다』(대판 2009. 2. 26, 2008다8898).

정답 - O

45 **乙의 대표권의 유무에 관한 사실은 자백의 대상이 될 수 있다.**

해설 『[1] 종중이 당사자인 사건에 있어서 그 종중의 대표자에게 적법한 대표권이 있는지의 여부는 소송요건에 관한 것으로서 법원의 직권조사사항이다. [2] 직권조사사항은 자백의 대상이 될 수 없다』(대판 2002. 5. 14, 2000다42908).

정답 - X

46 **丙이 乙의 대표권의 유무에 관하여 주장하지 않더라도 법원으로서는 이미 제출된 자료에 의하여 그 대표권의 유무에 의심이 갈 만한 사정이 엿보인다면 그에 관하여 심리하여야 한다.**

해설 『종중이 당사자인 사건에 있어서 그 종중의 대표자에게 적법한 대표권이 있는지 여부는 소송요건에 관한 것으로서 법원의 직권조사사항이다. 따라서 법원으로서는 그 판단의 기초자료인 사실과 증거를 직권으로 탐지할 의무까지는 없다 하더라도, 이미 제출된 자료들에 의하여 그 대표권의 적법성에 의심이 갈 만한 사정이 엿보인다면 상대방이 이를 구체적으로 지적하여 다투지 않더라도 이에 관하여 심리·조사할 의무가 있다』(대판 2009. 2. 26, 2008다8898).

정답 - O

47 **丙이 답변서를 제출하지 않았더라도 乙의 대표권의 유무에 의심이 갈 만한 사정이 엿보인다면 법원은 무변론 원고승소판결을 선고할 수 없다.**

해설

〔제257조(변론 없이 하는 판결)〕 ① 법원은 피고가 제256조 제1항의 답변서를 제출하지 아니한 때에는 청구의 원인이 된 사실을 자백한 것으로 보고 변론 없이 판결할 수 있다. 다만, 직권으로 조사할 사항이 있거나 판결이 선고되기까지 피고가 원고의 청구를 다투는 취지의 답변서를 제출한 경우에는 그러하지 아니하다.

→ 乙의 대표권 유무는 직권조사사항이므로 무변론 원고승소판결을 선고할 수 없다.

정답 - O

48 乙의 대표권의 유무에 관하여 그 사실의 존부가 불분명한 경우에는 甲종중이 증명책임을 부담한다.

해설 『직권조사사항에 관하여도 그 사실의 존부가 불명한 경우에는 입증책임의 원칙이 적용되어야 할 것인바, 본안판결을 받는다는 것 자체가 원고에게 유리하다는 점에 비추어 **직권조사사항인 소송요건에 대한 입증책임은 원고에게 있다**』(대판 1997. 7. 25, 96다39301).
→ 乙의 대표권의 유무는 소송요건에 관한 것이므로 그 존부가 불분명한 경우에는 원고인 甲종중이 증명책임을 부담한다.

정답 - O

사례

甲은 乙에 대한 대여금 채무를 담보하기 위하여 甲 소유의 X 토지에 관하여 근저당권설정등기를 마쳐주었다. 甲은 대여금 채무가 모두 변제되어 소멸되었다고 주장하며 근저당권설정등기 말소등기절차의 이행을 구하는 소를 제기하였다. 다음 설명이 타당한가? (각 지문은 독립적이고, 다툼이 있는 경우에는 판례에 의함) 변호사시험 제2회

49 위 소송 중에 위 근저당권설정등기가 경매절차에서의 매각을 원인으로 하여 말소된 경우에는 더 이상 근저당권설정등기의 말소를 구할 법률상 이익이 없게 되어 법원은 甲의 청구를 기각하여야 한다.

해설 『근저당권설정등기의 말소등기절차의 이행을 구하는 소송 도중에 그 근저당권설정등기가 경락을 원인으로 하여 말소된 경우에는 **더 이상 근저당권설정등기의 말소를 구할 법률상 이익이 없게 되므로 법원은 소를 각하하여야 한다**』(대판 2003. 1. 10, 2002다57904).

정답 - X

사례

A 명의로 1943. 6. 1. 소유권보존등기가 적법·유효하게 마쳐진 X 부동산에 대하여 甲이 등기관계서류를 위조하여 1979. 3. 5. 甲 명의로 소유권이전등기를 마쳤다. 그 후 X 부동산에 대하여 乙이 1980. 2. 7. 乙 명의로 소유권보존등기를 마쳤고, 이에 터 잡아 丙이 1981. 5. 4. 丙 명의로 소유권이전등기를 마쳤다. 甲은 소유권에 기하여 乙, 丙을 상대로 위 각 소유권이전등기말소청구의 소를 제기하였다. 이에 관한 설명이 타당한가? (다툼이 있는 경우 판례에 의함) 변호사시험 제7회

50 **甲의 채권자가 甲을 대위하여 乙, 丙을 상대로 제기한 소(전소) 계속 중 甲이 乙, 丙을 상대로 동일한 청구를 하는 소(후소)를 제기한 경우, 전소가 소송요건을 명백히 흠결하여 부적법하다면 후소의 변론종결 전에 전소가 취하 또는 각하되지 않더라도 후소는 적법한 것이 된다.**

해설 『중복제소금지는 소송계속으로 인하여 당연히 발생하는 소송요건의 하나로서, 이미 동일한 사건에 관하여 전소가 제기되었다면 설령 그 전소가 소송요건을 흠결하여 부적법하다고 할지라도 **후소의 변론종결시까지 취하·각하 등에 의하여 소송계속이 소멸되지 아니하는 한 후소는 중복제소금지에 위배하여 각하를 면치 못하게 되는바**, 이와 같은 법리는 어느 채권자가 채무자를 대위하여 제3채무자를 상대로 제기한 채권자대위소송이 법원에 계속 중 다른 채권자가 같은 채무자를 대위하여 제3채무자를 피고로 하여 동일한 소송물에 관하여 소송을 제기한 경우에도 적용된다』(대판 1998. 2. 27, 97다45532). 정답 - X

제2장 변 론

1 **원고가 X 토지를 피고로부터 매수하였다고 주장하였으나, 증인신문을 신청하여 제3자가 원고를 대리하여 피고로부터 위 토지를 매수한 사실을 입증하고 있다면, 원고가 대리행위에 관한 명백한 진술을 하지 않았더라도 법원이 대리행위에 관한 간접적인 진술이 있었다고 보는 것은 변론주의에 위배되지 않는다.** 변호사시험 제1회

해설 판례는 변론주의의 기계적 적용에 따라 발생할 여지가 있는 소송수행 능력 차이로 인한 불합리를 제거하기 위해 간접적 주장을 다수 인정하고 있다. 『甲이 소장에서 토지를 乙로부터 매수하였다고 주장하고 있으나 甲이 위 매매당시 불과 10세 남짓한 미성년이었고 증인신문을 신청하여 甲의 조부인 丙이 甲을 대리하여 위 토지를 매수한 사실을 입증하고 있다면 甲이 그 변론에서 위 대리행위에 관한 명백한 진술을 한 흔적은 없다 하더라도 위 **증인신청으로서 위 대리행위에 관한 간접적인 진술은 있었다고 보아야 할 것**이므로 원심이 위 토지를 甲의 대리인이 매수한 것으로 인정하였다 하여 이를 변론주의에 반하는 것이라고는 할 수 없다』(대판 1987. 9. 8, 87다카982).

[참고판례] 『대리인에 의한 계약체결의 사실은 법률효과를 발생시키는 실체법상의 구성요건 해당사실에 속하므로 법원은 변론에서 당사자의 주장이 없으면 그 사실을 인정할 수가 없는 것이나, 그 주장은 반드시 명시적인 것이어야 하는 것은 아닐 뿐더러 반드시 주장책임을 지는 당사자가 진술하여야 하는 것은 아니고 소송에서 쌍방 당사자 간에 제출된 소송자료를 통하여 심리가 됨으로써 그 주장의 존재를 인정하더라도 상대방에게 불의의 타격을 줄 우려가 없는 경우에는 그 대리행위의 주장은 있는 것으로 보아 이를 재판의 기초로 삼을 수 있다』(대판 1990. 6. 26, 89다카15359). 정답 - O

2 **불법행위로 인한 손해배상책임이 인정되는 경우, 법원은 손해액에 관한 아무런 입증이 없다고 하여 바로 청구기각을 할 것이 아니라 적극적으로 석명권을 발동하여 입증을 촉구할 의무가 있다.** 변호사시험 제1회

해설 『불법행위로 인하여 손해가 발생한 사실이 인정되는 경우에는 법원은 손해액에 관한 당사자의 주장과 입증이 미흡하더라도 **적극적으로 석명권을 행사하여 입증을 촉구하여야 하고**, 경우에 따라서는 직권으로라도 손해액을 심리·판단하여야 한다』(대판 2011. 7. 14, 2010다103451). 정답 – O

3 **증여를 원인으로 한 부동산소유권이전등기청구에 대하여 피고가 시효취득을 주장하였다고 하여도 그 주장 속에 원고의 위 이전등기청구권이 시효소멸하였다는 주장까지 포함되었다고 할 수 없다.** 변호사시험 제1회

해설 『소멸시효의 완성으로 권리소멸의 효과가 발생하였다고 하여도 피고들이 소송상 권리소멸의 항변을 한바 없는 이상 법원으로서는 이에 관하여 판단할 수 없는 것인바, **취득시효와 소멸시효는 그 성립요건을 달리하므로** 피고들이 소론과 같이 취득시효를 주장하였다고 하여 소멸시효의 주장까지 포함한 취지라고 볼 수는 없다』(대판 1982. 2. 9, 81다534). 정답 – O

4 **부동산의 시효취득에 있어서 그 점유가 자주점유인지의 여부를 가리는 기준이 되는 점유의 권원은 주요사실이므로 법원은 당사자의 주장과 달리 증거에 의하여 진정한 점유의 권원을 심리하여 취득시효의 완성 여부를 판단할 수 없다.** 변호사시험 제1회

해설 취득시효에 대한 자주점유의 점유권원에 관한 사실은 주요사실인 자주점유의 존부를 추정케 하는 간접사실에 불과하다. 『부동산의 시효취득에 있어서 점유기간의 산정기준이 되는 **점유개시의 시기나** 그 점유가 자주점유인지의 여부를 가리는 기준이 되는 **점유권원**과 같은 시효취득의 요건인 사실은 그와 같은 사실을 추정할 수 있는 징표 즉 **간접사실**에 의하여 **당사자의 주장에 구애됨이 없이 소송상 나타난 자료에 의하여 이를 인정하여야 한다**』(대판 1982. 11. 9, 82다565). 정답 – X

5 **대여금 채권자가 주채무자와 그 보증인을 공동피고로 하여 대여금청구의 소를 제기하였는데 보증인인 피고가 항변을 전혀 하지 않았다면, 설사 위 채무가 변제되었고 주채무자인 피고가 변제항변을 하였더라도 보증인인 피고에게는 변제항변의 효과가 미치지 않는다.** 변호사시험 제1회

해설 주채무자와 보증인에 대한 대여금 청구는 통상의 공동소송에 해당하므로 공동소송인 독립의 원칙이 적용되고, 공동소송인 사이의 소송행위는 유·불리에 관계없이 다른 공동소송인에 영향을 미치지 않는다(민사소송법 제66조, 소송자료의 불통일). 『민사소송법 제66조의 명문의 규정과 우리 민사소송법이 취하고 있는 변론주의 소송구조 등에 비추어 볼 때, **통상의 공동소송에 있어서 이른바 주장공통의 원칙은 적용되지 아니한다**』(대판 2006. 1. 26, 2005다52504). 정답 – O

6 **유권대리에 관한 주장 가운데 무권대리에 속하는 표현대리의 주장이 포함되어 있다고 볼 수 없고, 별도로 표현대리에 관한 주장이 있어야 법원은 표현대리의 성립여부를 심리 판단할 수 있다.** 변호사시험 제3회

(해설) 『변론에서 당사자가 주장한 주요사실만이 심판의 대상이 되는 것으로서 여기에서 주요사실이라 함은 법률효과를 발생시키는 실체법상의 구성요건 해당사실을 말하는 것인바, 대리권에 기한 대리의 경우나 표현대리의 경우나 모두 제3자가 행한 대리행위의 효과가 본인에게 귀속된다는 점에서는 차이가 없으나 유권대리에 있어서는 본인이 대리인에게 수여한 대리권의 효력에 의하여 위와 같은 법률효과가 발생하는 반면 표현대리에 있어서는 대리권이 없음에도 불구하고 법률이 특히 거래상대방 보호와 거래안전 유지를 위하여 본래 무효인 무권대리의 효과를 본인에게 미치게 한 것으로서 **표현대리가 성립된다고 하여 무권대리의 성질이 유권대리로 전환되는 것은 아니므로, 양자의 구성요건 해당사실 즉 주요사실은 서로 다르다고 볼 수밖에 없다. 그러므로 유권대리에 관한 주장 가운데 무권대리에 속하는 표현대리의 주장이 포함되어 있다고 볼 수 없으며, 따로 표현대리에 관한 주장이 없는 한 법원은 나아가 표현대리의 성립여부를 심리 판단할 필요가 없다.**』[대판(전합) 1983. 12. 13, 83다카1489].

정답 – O

7 **건물의 소유를 목적으로 한 토지임대차에서 임대인이 임차인을 상대로 기간만료를 이유로 그 토지에 현존하는 건물철거 및 토지임도청구의 소를 제기하였다. 위 소송에서 피고가 건물매수청구권을 적법하게 행사하여 원고가 건물에 관한 소유권이전등기절차의 이행 및 건물인도를 구하는 내용으로 청구취지변경을 하였더라도, 법원은 피고가 동시이행항변을 하지 않는 한 건물매매대금을 지급받음과 상환으로 소유권이전등기절차의 이행 및 건물인도를 명하는 판결을 내릴 수 없다.** 변호사시험 제3회

(해설) 『토지 임차인이 건물매수청구권을 행사한 경우, 토지 임차인의 건물명도 및 소유권이전등기의무와 토지 임대인의 건물대금지급의무가 동시이행관계』(대판 1998. 5. 8, 98다2389)에 있다. 그러나 **법원은 주장이 없는 한 항변권의 존재를 고려할 필요가 없으므로**(대판 1990. 11. 27, 90다카25222) **피고가 동시이행항변을 하지 않는 한 건물매매대금을 지급받음과 상환으로 소유권이전등기절차의 이행 및 건물인도를 명하는 판결을 내릴 수 없다.**

정답 – O

8 **국가 명의로 소유권보존등기가 경료된 토지에 관하여 甲 명의의 소유권이전등기가 경료되었는데, 위 토지를 사정받은 乙이 국가와 甲을 상대로 등기말소를 구하는 소를 제기하여, 국가는 乙에게 원인무효인 소유권보존등기의 말소등기절차를 이행할 의무가 있고 甲 명의의 소유권이전등기는 등기부취득시효 완성을 이유로 유효하다는 취지의 판결이 확정되었다. 그 후 乙이 국가를 상대로 국가의 불법행위를 이유로 토지의 소유권 상실로 인한 손해배상을 구한 사안에서, 법원은 국가에 대하여 소유권보존등기 말소등기절차 이행의무의 이행불능으로 인한 손해배상책임을 인정할 수 있다.** 변호사시험 제3회

해설 판례는 『국가 명의로 소유권보존등기가 경료된 토지의 일부 지분에 관하여 甲 등 명의의 소유권이전등기가 경료되었는데, 乙이 등기말소를 구하는 소를 제기하여 국가는 乙에게 원인무효인 등기의 말소등기절차를 이행할 의무가 있고 甲 등 명의의 소유권이전등기는 등기부취득시효 완성을 이유로 유효하다는 취지의 판결이 확정되자, 乙이 국가를 상대로 손해배상을 구한 사안에서, 甲 등의 등기부취득시효 완성으로 토지에 관한 소유권을 상실한 을이 **불법행위를 이유로 소유권 상실로 인한 손해배상을 청구할 수 있음은 별론**으로 하고, 애초 **국가의 등기말소의무 이행불능으로 인한 채무불이행책임을 논할 여지는 없고,** 또한 토지의 소유권 상실로 인한 손해배상을 구하는 을의 청구에 대하여 **당사자가 주장하지 아니한 소유권보존등기 말소등기절차 이행의무의 이행불능으로 인한 손해배상책임을 인정할 수 없음에도, 이와 달리 손해배상책임을 인정한 원심판결에 법리오해와 처분권주의 위반의 위법이 있다**』〔대판(전합) 2012. 5. 17, 2010다28604〕고 보았다. 따라서 법원은 乙의 청구대로 불법행위로 인한 손해배상책임을 인정해야하고, 이행불능으로 인한 손해배상책임을 인정할 수는 없다. 정답 - X

9 **저당권이 설정되어 있는 부동산을 채무자가 사해행위로 수익자에게 매도한 후 수익자의 변제로 위 저당권설정등기가 말소된 경우, 채권자가 위 매매계약의 취소와 부동산 자체의 반환을 청구하였더라도 법원은 원고의 청구취지변경 없이 가액반환을 명할 수 있다.**
변호사시험 제3회

해설 『저당권이 설정되어 있는 부동산이 사해행위로 이전된 후 그 저당권설정등기가 말소되어 그 부동산의 가액에서 저당권의 피담보채무액을 공제한 잔액의 한도에서 사해행위를 취소하고 그 가액의 배상을 구하는 경우, 사해행위인 계약 전부의 취소와 부동산 자체의 반환을 구하는 청구취지 속에는 위와 같이 일부취소를 하여야 할 경우 그 일부취소와 가액배상을 구하는 취지도 포함되어 있다고 볼 수 있으므로 청구취지의 변경이 없더라도 바로 가액반환을 명할 수 있다』(대판 2002. 11. 8, 2002다41589). 정답 - O

10 **원고가 피담보채무 전액을 변제하였고 주장하면서 근저당권설정등기 말소등기절차의 이행을 구하는 소를 제기하였으나 잔존채무가 있는 것으로 밝혀진 경우, 법원은 원고의 반대 의사표시가 없는 한 잔존채무의 지급을 조건으로 근저당권설정등기의 말소를 명하여야 한다.**
변호사시험 제3회

해설 『채무자가 피담보채무 전액을 변제하였다고 하거나 피담보채무의 일부가 남아 있음을 시인하면서 그 변제를 조건으로 저당권설정등기의 말소등기절차 이행을 청구하였지만 피담보채무의 범위에 관한 견해 차이로 그 채무 전액을 소멸시키지 못하였거나 변제하겠다는 금액만으로는 소멸시키기에 부족한 경우에, **그 청구 중에는 확정된 잔존채무의 변제를 조건으로 그 등기의 말소를 구한다는 취지까지 포함되어 있는 것으로 해석**하여야 하고, 이러한 경우에는 **장래 이행의 소로서 그 저당권설정등기의 말소를 미리 청구할 필요가 있다고 보아야 한다**』(대판 1996. 2. 23, 95다9310). 따라서 원고의 반대표시가 없는 한 법원은 잔존채무의 지급을 조건으로 근저당권설정등기의 말소를 명하여야 한다. 정답 - O

11 **甲은 乙로부터 그 소유의 X 토지를 임차한 후 그 토지상에 Y 건물을 신축하였다. 乙이 甲을 상대로 X 토지의 인도 및 Y 건물의 철거를 청구한데 대하여 甲이 적법하게 건물매수청구권을 행사한 경우, 법원은 乙이 종전 청구를 유지할 것인지 아니면 대금지급과 상환으로 건물인도를 청구할 의사가 있는 지를 석명하여야 한다.** 변호사시험 제3회

해설 『토지임대인이 그 임차인에 대하여 지상물철거 및 그 부지의 인도를 청구한 데 대하여 **임차인이 적법한 지상물매수청구권을 행사하게 되면** 임대인과 임차인 사이에는 그 지상물에 관한 매매가 성립하게 되므로 임대인의 청구는 이를 그대로 받아들일 수 없게 된다. 이 경우에 법원으로서는 **임대인이 종전의 청구를 계속 유지할 것인지, 아니면 대금지급과 상환으로 지상물의 명도를 청구할 의사가 있는 것인지(예비적으로라도)를 석명하고** 임대인이 그 석명에 응하여 소를 변경한 때에는 지상물명도의 판결을 함으로써 분쟁의 1회적 해결을 꾀하여야 한다』〔대판(전합) 1995. 7. 11, 94다34265〕. 정답 - ○

12 **甲은 乙로부터 그 소유의 X 토지를 임차한 후 그 토지상에 Y 건물을 신축하였다. 乙이 甲을 상대로 X 토지의 인도 및 Y 건물의 철거를 청구한데 대하여 甲이 건물매수청구권을 제1심에서 행사하였다가 철회한 후에도 항소심에서 다시 행사할 수 있다.** 변호사시험 제3회

해설 甲의 건물매수청구권 행사의 주장은 **취효적 소송행위**로서, **변론주의**가 적용되므로 사실심 변론종결시까지 주장을 자유롭게 철회할 수 있다. 또한 주장에 대해서는 철회의 제한사유도 없다. 따라서 甲은 건물매수청구권을 제1심에서 행사하였다가 철회할 수 있고, 철회한 후에도 항소심에서 다시 행사할 수 있다. 정답 - ○

13 **소멸시효에 대하여 당사자가 본래의 기산일보다 뒤의 날짜를 기산일로 하여 주장할 경우 변론주의의 원칙상 법원은 당사자가 주장하는 기산일을 기준으로 소멸시효를 계산하여야 한다.** 변호사시험 제4회

해설 『소멸시효의 기산일은 채무의 소멸이라고 하는 법률효과 발생의 요건에 해당하는 소멸시효기간 계산의 시발점으로서 소멸시효 항변의 법률요건을 구성하는 구체적인 사실에 해당하므로 이는 변론주의의 적용 대상이라 할 것이고, 따라서 본래의 소멸시효 기산일과 당사자가 주장하는 기산일이 서로 다른 경우에는 **변론주의의 원칙상 법원은 당사자가 주장하는 기산일을 기준으로 소멸시효를 계산**하여야 한다』(대판 2005. 8. 25, 94다35886).

[비교판례] 『취득시효의 기산점은 법률효과의 판단에 관하여 직접 필요한 주요사실이 아니고 간접사실에 불과하므로 법원으로서는 이에 관한 당사자의 주장에 구속되지 아니하고 소송자료에 의하여 점유의 시기를 인정할 수 있다』(대판 1998. 5. 12, 97다34037). 정답 - ○

14 **부동산의 시효취득에 관하여 자주점유인지 여부를 가리는 기준이 되는 점유의 권원은 간접사실에 불과하므로 법원으로서는 이에 관한 당사자의 주장에 구속되지 아니하고 소송자료에 의하여 판단할 수 있다.** 변호사시험 제4회

해설 변론주의란 소송 자료의 제출 책임은 당사자에게 있고 법원은 그 자료만을 판단의 기초로 삼아야 한다는 원칙으로, 『민사소송절차에서의 변론주의 원칙은 권리의 발생·변경·소멸이라는 법률효과 판단의 요건이 되는 주요사실에 대한 주장·입증에 적용되는 것으로서 그 주요사실의 존부를 확인하는데 도움이 되는 간접사실이나 그의 증빙자료에 대하여는 적용되지 않는 것』(대판 대판 2004. 5. 14, 2003다57697)이다. 『시효취득에 있어서 점유기간의 산정기준이 되는 점유개시의 시기나 그 점유가 **자주점유인지의 여부를 가리는 기준이 되는 점유의 권원 같은 사실**은 모두 취득시효의 요건사실인 점유기간이나 자주점유를 추정하는 징표 즉 **간접사실**로서 **법원은 당사자의 주장하는 바에 구애됨이 없이 소송자료에 의하여 인정되는 바에 따라 진정한 점유의 시기와 권원을 인정하여야 한다**』(대판 1982. 6. 22, 80다2671).

정답 – O

15 **채무불이행으로 인한 손해배상청구권에 대한 소멸시효항변이 불법행위로 인한 손해배상청구권에 대한 소멸시효항변을 포함한 것으로 볼 수는 없다.** 변호사시험 제4회

해설 어떤 주장에 묵시적으로 다른 주장도 포함되어 있다고 볼 여지가 있으면 이를 직접 주장하지 않더라도 변론주의에 반하지 않는다. 그러나 『채무불이행으로 인한 손해배상청구권에 대한 소멸시효 항변이 불법행위로 인한 손해배상청구권에 대한 소멸시효 항변을 포함한 것으로 볼 수는 없다』(대판 1998. 5. 29, 96다51110).

정답 – O

16 **법원은 당사자가 시효를 원용하지 않는 경우, 당사자에게 시효를 원용할 의사의 유무를 묻거나 그 원용을 촉구할 의무가 없다.** 변호사시험 제4회

해설 민사소송법 제136조 제1항은 "소송관계를 분명하게 하기 위해 당사자에게 사실상 또는 법률상 사항에 관해 질문할 수 있고, 증명하도록 촉구할 수 있다."고 하여 석명권에 대해 규정한다. 그러나 『법원의 석명권 행사는 당사자의 주장에 모순된 점이 있거나 불완전·불명료한 점이 있을 때에 이를 지적하여 정정·보충할 수 있는 기회를 주고, 계쟁 사실에 대한 증거의 제출을 촉구하는 것을 그 내용으로 하는 것으로, **당사자가 주장하지도 아니한 법률효과에 관한 요건사실이나 독립된 공격방어방법을 시사하여 그 제출을 권유함과 같은 행위를 하는 것은 변론주의의 원칙에 위배되는 것**으로 석명권 행사의 한계를 일탈하는 것이 된다』(대판 1999. 4. 23, 98다61463). 따라서 『원심이 **피고가 주장하지도 아니한 시효취득 항변을 하는 것인지 여부에 관하여 석명하지 않았다고 하여 석명권 불행사의 위법을 저질렀거나, 그로 인하여 심리미진의 위법을 저질렀다고 할 수 없다**』(대판 1996. 2. 9, 95다27998).

정답 – O

17 **원고가 청구원인을 대여금 청구라고 밝히면서 그에 대한 증거로 약속어음을 제출한 데 대하여 피고가 소멸시효항변을 하면서 「어음법」상 3년의 소멸시효가 적용된다고 주장한 경우, 법원은 직권으로 「민법」 등이 정하는 소멸시효 기간을 살펴 소멸시효 완성 여부를 판단할 수 없다.** 변호사시험 제4회

해설 변론주의는 법률이 아닌 사실과 증거의 제출에만 적용된다. 『어떤 권리의 소멸시효기간이 얼마나 되는지에 관한 주장은 **단순한 법률상의 주장에 불과**하므로 **변론주의의 적용대상이 되지 않고 법원이 직권으로 판단할 수 있다**』(대판 2013. 2. 15, 2012다68217). 정답 - X

18 **토지에 대한 임대차계약 종료 시 임대인이 임차인을 상대로 지상물(건물) 철거 및 그 부지의 인도를 청구한 데 대하여 임차인이 지상물매수청구권을 행사하여 그 청구권이 인정되는 경우, 임대인의 위 청구에는 건물매수대금 지급과 동시에 건물인도를 구하는 청구가 포함되어 있다고 볼 수 없다.** 변호사시험 제5회

해설 **토지임대차 종료시 임대인의 건물철거 및 부지인도 청구에는 건물매수대금 지급과 동시에 건물명도를 구하는 청구가 포함된 것인지 여부**에 관하여 판례는 『토지임대차 종료 시 임대인의 건물철거와 그 부지인도 청구에는 건물매수대금 지급과 동시에 건물명도를 구하는 청구가 포함되어 있다고 볼 수 없다』〔대판(전합) 1995. 7. 11, 94다34265〕라고 판시하고 있다. 정답 - O

19 **원고가 소유권에 기한 목적물 반환청구만을 하고 있음이 명백한 경우, 법원이 원고에게 점유권에 기한 반환청구도 구하고 있는지 여부를 석명할 의무가 있는 것은 아니다.** 변호사시험 제5회

해설 『소유권에 기하여 미등기 무허가건물의 반환을 구하는 청구취지 속에는 점유권에 기한 반환청구권을 행사한다는 취지가 당연히 포함되어 있다고 볼 수는 없고, 소유권에 기한 반환청구만을 하고 있음이 명백한 이상 법원에 점유권에 기한 반환청구도 구하는지의 여부를 석명할 의무가 있는 것은 아니다』(대판 1996. 6. 14, 94다53006). 정답 - O

20 **소송상 상계 항변은 상대방의 동의 없이 이를 철회할 수 있고, 그 경우 법원은 이에 대하여 심판할 수 없다.** 변호사시험 제5회

해설 『제1심법원에서 피고가 원고에 대한 불법행위 손해배상채권과 원고가 소로써 구하고 있는 채권을 상계한다고 주장하였다가 원심 제1변론기일에 피고 소송대리인이 그 상계항변을 철회한다고 진술하였는데, 원심법원이 피고의 원고에 대한 손해배상채권은 성립하지 않는다고 판단하여 상계 항변을 배척한 사안에서, **상계 항변이 철회되었음에도 이에 관하여 판단한 것은 당사자가 주장하지 않은 사항에 관하여 심판한 것으로 처분권주의에 위배된다고** 한 사례』(대판 2011. 7. 14, 2011다23323). 정답 - O

21 **피고가 소송상 상계 항변과 소멸시효 완성 항변을 함께 주장한 경우, 법원은 상계 항변을 먼저 판단할 수 있다.** 변호사시험 제5회

해설 상계항변은 예비적 항변이므로 소멸시효 항변을 먼저 심리하여야 한다. 정답 – X

22 **어떤 권리의 소멸시효기간이 얼마나 되는지는 법원이 직권으로 판단할 수 있다.**

변호사시험 제6회

해설 소멸시효기간에 관한 주장에 변론주의가 적용되는지 여부에 관하여 판례는 『어떤 권리의 소멸시효기간이 얼마나 되는지에 관한 주장은 단순한 법률상의 주장에 불과하므로 변론주의의 적용대상이 되지 않고 법원이 직권으로 판단할 수 있다 할 것이다』(대판 2008. 3. 27, 2006다70929)라고 판시하고 있다. 정답 – O

23 **채권자가 동일한 목적을 달성하기 위하여 복수의 채권을 가지고 있더라도 선택에 따라 어느 하나의 채권만을 행사하는 것이 명백한 경우, 채무자의 소멸시효 완성의 항변은 그 채권에 대한 것으로 보아야 한다.** 변호사시험 제6회

해설 『채권자가 동일한 목적을 달성하기 위하여 복수의 채권을 가지고 이를 행사하는 경우 각 채권이 발생시기와 발생원인 등을 달리하는 별개의 채권인 이상 별개의 소송물에 해당하므로, 이에 대하여 채무자가 소멸시효 완성의 항변을 하는 경우에 그 항변에 의하여 어떠한 채권을 다투는 것인지 특정하여야 하고 그와 같이 특정된 항변에는 특별한 사정이 없는 한 청구원인을 달리하는 채권에 대한 소멸시효 완성의 항변까지 포함된 것으로 볼 수는 없다. 그러나 채권자가 동일한 목적을 달성하기 위하여 복수의 채권을 가지고 있더라도 선택에 따라 어느 하나의 채권만을 행사하는 것이 명백한 경우라면 채무자의 소멸시효 완성의 항변은 채권자가 행사하는 당해 채권에 대한 항변으로 봄이 타당하다』(대판 2013. 2. 15, 2012다68217). 정답 – O

24 **원고가 피고에 대하여 부당이득금반환을 구한다는 청구를 하다가, 제3자로부터 그 부당이득반환채권을 양수하였으므로 그 양수금의 지급을 구한다고 주장하여 청구원인을 변경하는 경우, 법원은 청구의 교환적 변경인지 추가적 변경인지를 석명으로 밝혀볼 의무가 있다.** 변호사시험 제2회

해설 『소의 변경이 교환적인가 또는 추가적인가의 여부는 기본적으로 당사자의 의사해석에 의할 것이므로 당사자가 구청구를 취하한다는 명백한 의사표시 없이 새로운 청구원인을 주장하는 등으로 그 변경 형태가 불명할 경우에는 사실심법원으로서는 과연 청구변경의 취지가 무엇인가 즉, 교환적인가 또는 추가적인가의 점에 대하여 석명으로 이를 밝혀 볼 의무가 있다』(대판 1995. 5. 12, 94다6802). 정답 – O

25 **사해행위 취소소송에서 그 소의 제척기간의 경과 여부가 당사자 사이에 쟁점이 된 바가 없음에도 당사자에게 의견진술의 기회를 부여하거나 석명권을 행사하지 않고 제척기간의 경과를 이유로 사해행위 취소의 소를 각하한 것은 법원이 석명의무를 위반한 것이다.** 변호사시험 제2회

해설 『당사자가 부주의 또는 오해로 인하여 증명하지 아니한 것이 분명하거나 쟁점으로 될 사항에 관하여 당사자 사이에 명시적인 다툼이 없는 경우에는 법원은 석명을 구하고 증명을 촉구하여야 하고, 만일 당사자가 전혀 의식하지 못하거나 예상하지 못하였던 법률적 관점을 이유로 법원이 청구의 당부를 판단하려는 경우에는 그 법률적 관점에 대하여 당사자에게 의견진술의 기회를 주어야 하며, 그와 같이 하지 않고 예상외의 재판으로 당사자 일방에게 불의의 타격을 가하는 것은 석명의무를 다하지 아니하여 심리를 제대로 하지 아니한 위법을 범한 것이 된다』 – **사해행위 취소소송에서 그 소의 제척기간의 도과 여부가 당사자 사이에 쟁점이 된 바가 없음에도 당사자에게 의견진술의 기회를 부여하거나 석명권을 행사함이 없이 제척기간의 도과를 이유로 사해행위 취소의 소를 각하한 원심을 파기**한 사례(대판 2006. 1. 26, 2005다37185).

정답 – O

26 **지적의무를 게을리한 채 판결을 한 경우에는 소송절차의 위반으로 절대적 상고이유가 된다.** 변호사시험 제2회

해설 지적의무를 어기고 판결한 경우 소송절차 위반으로 상고이유가 되나 절대적 상고이유가 아니고 **일반적 상고이유(제423조)**가 된다. 즉 의무위반이 판결에 영향을 미칠 것을 요한다.

〔**민사소송법 제423조(상고이유)**〕 상고는 판결에 영향을 미친 헌법·법률·명령 또는 규칙의 위반이 있다는 것을 이유로 드는 때에만 할 수 있다.

정답 – X

27 **증거로 제출된 차용증에 피고는 보증인, 채무자는 제3자로 기재되어 있고, 원고는 피고에 대하여 보증채무의 이행이 아니라 주채무의 이행을 구하고 있는 경우, 이는 당사자의 주장과 그 제출증거 사이에 모순이 있는 경우에 해당하므로 법원이 석명권을 행사하여 이를 밝혀보지 아니하고 원고의 주장사실을 인정하였다면 석명권 불행사로 인한 심리미진의 위법이 있다.** 변호사시험 제2회

해설 『처분문서인 차용증에 피고는 보증인으로 기재되어 있을 뿐이고 제3자가 차용인으로 기재되어 있는 한편, 원고는 피고에 대하여 보증채무의 이행을 구하지 아니하고 주채무의 이행을 구하고 있는 경우, 이는 **당사자의 주장과 그 제출증거 사이에 모순이 있는 경우에 해당**한다 할 것이므로, **법원이 석명권의 행사를 통하여 이를 밝혀 보지 아니하고 원고의 주장사실을 인정하였다면 석명권 불행사로 인한 심리미진의 위법이 있다**』(대판 1994. 9. 30, 94다16700).

정답 – O

28 **당사자가 전혀 주장하지 아니하는 공격방어방법, 특히 독립한 항변사유를 당사자에게 시사하여 그 제출을 권유하는 것과 같은 행위는 변론주의의 원칙에 위배되는 것이어서 석명권의 한계를 일탈한 것이다.** 변호사시험 제2회

해설 『석명권은 당사자의 진술에 모순 흠결이 있거나 애매하여 그 진술의 취지를 알 수 없을 때 또는 입증책임 있는 당사자에게 입증을 촉구하기 위하여 행사하는 것이지 **당사자가 주장하지 아니하는 공격 방어방법 특히 독립한 항변사유를 시사하여 그 제출을 권유함과 같은 행위는 변론주의의 원칙에 위배되는 것이어서 석명권의 한계를 일탈하는 것이다**』(대판 1981. 7. 14, 80다2360). 정답 – O

29 **주요사실에 대하여 당사자가 주장하지 않은 사실을 인정하여 판단하는 것은 변론주의에 위배되지만, 변론을 전체적으로 관찰하여 당사자가 간접적으로 주장한 것으로 볼 수 있는 경우에는 주요사실의 주장이 있는 것으로 보아야 한다.** 변호사시험 제7회

해설 『쌍무계약에서 당사자 일방이 그 채무를 이행하지 아니할 의사를 명백히 표시한 경우에 있어서 계약해제 주장에 필요한 주요사실은 상대방이 이행지체한 사실, 채무자가 미리 이행하지 아니할 의사를 명백히 표시한 사실 및 계약해제의 의사를 표시한 사실이라고 할 것이므로, 당사자가 계약의 해제를 주장하면서 상당한 기간을 정하여 계약이행을 최고하였으나 그 기간 내에 채무를 불이행하였다고만 주장하는 경우에 당사자가 주장하지도 아니한 채무자가 미리 이행하지 아니할 의사를 명백히 표시하였다는 사실을 인정하여 계약해제가 적법하다고 판단하는 것은 변론주의에 위배된다고 할 것이나, 당사자의 이러한 주장은 직접적으로 명백히 한 경우뿐만 아니라 **당사자의 변론을 전체적으로 관찰하여 간접적으로 주장한 것으로 볼 수 있는 경우에도 주장이 있는 것으로 보아 적법한 계약해제가 있었다고 판단하여도 무방**하다』(대판 1995. 4. 28, 94다16083). 정답 – O

30 **국가배상책임에 관한 소송에서 피고 대한민국이 「민법」상 10년의 소멸시효완성을 주장하였음에도 법원이 「국가재정법」상 5년의 소멸시효를 적용하는 것은 변론주의에 위배되지 않는다.** 변호사시험 제7회

해설 『어떤 권리의 소멸시효기간이 얼마나 되는지에 관한 주장은 단순한 법률상의 주장에 불과하므로 변론주의의 적용대상이 되지 않고 법원이 직권으로 판단할 수 있다 할 것이다』(대판 2008. 3. 27, 2006다70929,70936). 정답 – O

31 **본래의 소멸시효 기산일과 당사자가 주장하는 소멸시효 기산일이 서로 다른 경우, 법원은 당사자가 주장하는 기산일에 구속되지 아니하고 본래의 기산일을 기준으로 소멸시효를 계산할 수 있다.** 변호사시험 제7회

해설 **채권소멸시효 완성일을 법원이 인정한 일자보다 후일의 일자를 채무자가 주장함이 착오로 볼 여지가 있는 경우 석명권 행사요부**에 관하여 판례는 『본래의 시효기산일과 당사자가 주장하는 시효기산일이 다른 경우에는 **변론주의의 원칙상** 당사자가 주장하는 기산일

을 기준으로 시효기간을 계산할 수 밖에 없는 것이다』(대판 1983. 7. 12, 83다카437)라고 판시하고 있다. 정답 - X

32 **부동산의 시효취득에서 점유기간의 산정기준이 되는 점유개시의 시기는 간접사실에 불과하므로 이에 대한 자백은 법원이나 당사자를 구속하지 않는다.** 변호사시험 제7회

해설 『취득시효완성으로 인한 소유권이전등기청구소송에 있어서, 전소에서의 대물변제를 받았다는 주장과 후소에서의 증여를 받았다는 주장은 모두 부동산을 소유의 의사로 점유한 것인지를 판단하는 기준이 되는 권원의 성질에 관한 주장으로서 이는 공격방어방법의 차이에 불과하고, **취득시효의 기산점은 법률효과의 판단에 관하여 직접 필요한 주요사실이 아니고 간접사실에 불과하여 법원으로서는 이에 관한 당사자의 주장에 구속되지 아니하고** 소송자료에 의하여 진정한 점유의 시기를 인정하여야 하는 것이므로, 그러한 점유권원, 점유개시 시점과 그로 인한 취득시효완성일을 달리 주장한다고 하더라도, 그러한 주장의 차이를 가지고 별개의 소송물을 구성한다고 할 수 없다』(대판 1994. 4. 15, 93다60120). 정답 - O

33 **소송 외에서 소송당사자가 소 취하 합의를 한 경우 바로 소 취하의 효력이 발생한다.** 변호사시험 제4회

해설 판례는 『소송당사자가 **소송 외에서 그 소송을 취하하기로 합의**한 경우에는 그 합의는 유효하여 원고에게 **권리보호의 이익이 없다**』(대판 1982. 3. 9, 81다1312)고 하여, 소송 외에서의 소 취하 합의에 소 취하의 효력을 인정하지 않고 **소송상 항변권 발생만을 인정**한다. 정답 - X

34 **당사자가 민사소송법 제144조에 의해 진술을 금지당한 경우, 변론속행을 위하여 정한 새 기일에 그 당사자가 출석하더라도 그 기일에 불출석한 것으로 취급될 수 있다.** 변호사시험 제1회

해설 **진술금지로 인해 당사자의 진술이 없는 경우도 불출석에 의한 진술간주로 취급될 수 있다**(민사소송법 제148조). 다만 헌법상 재판청구권을 제한당할 수 있으므로 법원은 적절한 조치를 취해야 한다는 하급심 판례가 있다. 『법원은 소송관계를 분명하게 하기 위하여 필요한 진술을 할 수 없는 당사자의 진술을 금지할 수 있으나(민사소송법 제144조 제1항), 이는 소송절차의 원활·신속한 진행과 사법제도의 능률적인 운용을 기하려는 데 본뜻이 있으므로, 소송관계의 규명을 위하여 필요한 한도에 그쳐야 하고, 헌법상 보장된 재판을 받을 권리를 본질적으로 침해하지 않는 범위 내에서 이루어져야 하며 변호사강제주의를 채택하지 않고 있는 우리 민사소송법의 취지가 존중될 수 있도록 하는 배려가 필요하고, 따라서 만일 당사자가 변론기일 진행중 일시적으로 흥분하여 소송의 원활한 진행을 방해하는 사유로 진술을 금지한 경우에는 새로 지정한 기일에 당사자가 진정이 되었다면 종전 기일에 한 진술금지명령을 취소하여야 할 것이고, 당사자가 법원의 석명에 대하여 사안의 진상을 충분히 해명할 만한 능력이 부족하다는 등의 이유로 진술을 금지한 경우에는 변호사선임명령을 함께 하되, 경제적 능력의 부족

으로 그 명령에 따르지 못한다는 등의 주장이 제기된 경우라면 직권에 의한 소송구조결정 등으로 변호사가 선임되도록 변론을 진행시키는 등 재판을 받을 권리가 봉쇄되지 않도록 하는 조치를 할 필요가 있다』(부산고법 2004. 4. 22, 2003나13734, 13741). 정답 - O

35 **변론기일에 한쪽 당사자가 결석한 경우, 변론을 진행할지 기일을 연기할지는 법원의 재량에 속한다.** 변호사시험 제1회

해설 『민사소송법 제148조 제1항에 의하면, **변론기일에 한쪽 당사자가 불출석한 경우에 변론을 진행하느냐 기일을 연기하느냐는 법원의 재량**에 속한다고 할 것이나, 출석한 당사자만으로 변론을 진행할 때에는 반드시 불출석한 당사자가 그때까지 제출한 소장·답변서, 그 밖의 준비서면에 적혀 있는 사항을 진술한 것으로 보아야 한다』(대판 2008. 5. 8, 2008다2890). 정답 - O

36 **공시송달의 방법으로 기일통지서를 송달받은 당사자가 당해 변론기일에 출석하지 아니하고 아무런 준비서면도 제출하지 않은 경우, 법원은 그 당사자가 상대방의 주장을 자백한 것으로 본다.** 변호사시험 제1회

해설 공시송달의 경우 불출석에 의한 자백간주는 인정되지 않는다(민사소송법 제150조 제3항 단서).

〔**제150조(자백간주)**〕 ① 당사자가 변론에서 상대방이 주장하는 사실을 명백히 다투지 아니한 때에는 그 사실을 자백한 것으로 본다. 다만, 변론 전체의 취지로 보아 그 사실에 대하여 다툰 것으로 인정되는 경우에는 그러하지 아니하다. ② 상대방이 주장한 사실에 대하여 알지 못한다고 진술한 때에는 그 사실을 다툰 것으로 추정한다. ③ 당사자가 변론기일에 출석하지 아니하는 경우에는 제1항의 규정을 준용한다. 다만, **공시송달의 방법으로 기일통지서를 송달받은 당사자가 출석하지 아니한 경우에는 그러하지 아니하다.**

정답 - X

37 **원고가 청구포기의 의사표시가 적혀 있는 준비서면에 공증사무소의 인증을 받아 이를 제출하고 변론기일에 결석한 경우, 변론이 진행되었다면 청구의 포기가 성립된 것으로 본다.** 변호사시험 제1회

해설 제1항의 규정에 따라 당사자가 진술한 것으로 보는 답변서, 그 밖의 준비서면에 청구의 포기 또는 인낙의 의사표시가 적혀 있고 공증사무소의 인증을 받은 때에는 그 취지에 따라 청구의 포기 또는 인낙이 성립된 것으로 본다(민사소송법 제148조 제2항). 정답 - O

38 **제1심에서 당사자 쌍방이 변론기일에 결석하여 법원이 새로운 기일을 정하고 그것을 당사자 쌍방에게 통지하였지만 그 새로운 기일에도 쌍방 모두 결석한 후 1월 이내에 당사자의 기일지정신청이 없으면, 소를 취하한 것으로 본다.** 변호사시험 제1회

해설 양 쪽 당사자가 변론기일에 출석하지 아니하거나 출석하였다 하더라도 변론하지 아니한 때에는 재판장은 다시 변론기일을 정하여 양 쪽 당사자에게 통지하여야 한다(민사소송법 제268조 제1항). 제1항의 새 변론기일 또는 그 뒤에 열린 변론기일에 양 쪽 당사자가 출석하지 아니하거나 출석하였다 하더라도 변론하지 아니한 때에는 1월 이내에 기일지정신청을 하지 아니하면 소를 취하한 것으로 본다(민사소송법 제268조 제2항). 정답 - O

39 **원고와 피고가 제2회 변론기일에 모두 출석하지 아니하였지만 제3회 변론기일에는 모두 출석한 다음 제4회 변론기일에는 피고만이 출석하였으나 변론을 하지 아니한 경우, 당사자의 기일지정신청이 없는데도 재판장이 직권으로 다시 기일을 지정하였다면, 그 기일지정은 무효이다.**

변호사시험 제5회

해설 『구 민사소송법(2002. 1. 26. 법률 제6626호로 전문 개정되기 전의 것) 제241조 제2항의 규정에 의하면, 당사자 쌍방이 2회에 걸쳐 변론기일에 출석하지 아니한 때에는 당사자의 기일지정신청에 의하여 기일을 지정하여야 할 것이나, **법원이 직권으로 신기일을 지정한 때에는 당사자의 기일지정신청에 의한 기일지정이 있는 경우와 마찬가지**로 보아야 할 것이고, 그와 같이 직권으로 정한 기일 또는 그 후의 기일에 당사자 쌍방이 출석하지 아니하거나 출석하더라도 변론하지 아니한 때에는 소의 취하가 있는 것으로 보아야 한다』(대판 2002. 7. 26, 2001다60491). 정답 - X

40 **당사자의 불출석 효과가 발생하는 변론기일에는 법정 외에서 실시하는 증거조사기일도 포함된다.**

변호사시험 제5회

해설 『변론기일에서 당사자가 변론을 하고 증인신문신청을 하므로 법원이 그 증인을 심문하기로 하여 변론을 속행할 기일을 지정 고지하였을 경우에는 **위의 증인조사를 법정외에서 한다는 특별한 조치가 없는 한** 위의 고지된 기일은 변론기일이라 할 것이므로 동 지정 고지 기일이 2회에 걸쳐 출석치 않거나 출석하고서도 변론치 않은 경우에는 민사소송법 제241조 제2항에 의하여 쌍불취하간주로 될 것이다』(대판 1966. 1. 31, 65다2296). 정답 - X

41 **변론기일에 원고만이 출석하여 변론하고 피고는 답변서를 제출하였으나 출석하지 아니하여 위 답변서에 적혀 있는 사항이 진술간주된 경우, 변론관할이 발생한다.**

변호사시험 제5회

해설 『동법 제27조 소정의 응소관할이 생기려면 피고의 본안에 관한 변론이나 준비절차에서의 진술은 **현실적인 것이어야** 하므로 피고의 불출석에 의하여 답변서 등이 법률상 진술 간주되는 경우는 이에 포함되지 아니한다』(대결 1980. 9. 26, 자 80마403). 정답 - X

42 **원고와 피고가 변론기일에 출석하지 아니하였지만 재판장이 기일을 변경하지 아니한 채 지정된 변론기일에서 사건과 당사자를 호명하였다면, 변론조서에 '연기'라고 기재하여도 당사자 불출석의 효과가 발생한다.** 변호사시험 제5회

해설 최초 이후의 변론기일에 기일변경 신청서만 제출하고 불출석한 경우의 효과에 관하여 판례는 『속행기일에 당사자가 기일변경신청을 하고 출석하지 않은 경우 재판장이 기일을 변경하지 아니한 채 지정된 변론기일에서 사건과 당사자를 호명하였다면 불출석의 효과가 발생한다』(대판 1982. 6. 22, 81다791)라고 판시하고 있다. 정답 – O

43 **변론기일에 한 쪽 당사자가 불출석한 경우 법원은 출석한 당사자만으로 변론을 진행하여야 하고, 불출석한 당사자가 그 때까지 제출한 소장·답변서, 그 밖의 준비서면에 적혀 있는 사항을 진술한 것으로 보아야 한다.** 변호사시험 제5회

해설 『민사소송법 제148조 제1항에 의하면, 변론기일에 한쪽 당사자가 불출석한 경우에 변론을 진행하느냐 기일을 연기하느냐는 법원의 재량에 속한다고 할 것이나, 출석한 당사자만으로 변론을 진행할 때에는 반드시 불출석한 당사자가 그때까지 제출한 소장·답변서, 그 밖의 준비서면에 적혀 있는 사항을 진술한 것으로 보아야 한다』(대판 2008. 5. 8, 2008다2890). 정답 – X

44 **원고가 피고의 주소를 허위로 기재하여 피고가 아닌 원고에게 소장부본이 송달되어 자백간주에 의한 원고승소판결이 선고되고 판결정본 역시 위와 같은 방법으로 송달된 것으로 처리되었다면, 판결정본은 피고에게 적법하게 송달되었다고 할 수 없으므로 그 판결은 형식적으로 확정되었다고 할 수 없어 소송행위의 추후보완 문제는 발생하지 않는다.** 변호사시험 제7회

해설 『종국 판결의 기판력은 판결의 형식적확정을 전제로 하여 발생하는 것이므로 공시송달의 방법에 의하여 송달된 것이 아니고 허위로 표시한 주소로 송달하여 상대방 아닌 다른 사람이 그 소송서류를 받아 의제자백의 형식으로 판결이. 선고되고 다른 사람이 판결정본을 수령하였을 때에는 상대방은 아직도 판결정본을 받지 않은 상태에 있는 것으로서 위 사위 판결은 확정 판결이 아니어서 기판력이 없다』[대판(전합) 1978. 5. 9, 75다634].

정답 – O

45 **판결정본이 공시송달의 방법으로 송달된 경우 추후보완항소 제기기간의 기산점인 「민사소송법」 제173조 제1항의 '그 사유가 없어진 날'은 당사자나 소송대리인이 단순히 판결이 있었던 사실만을 안 때가 아니고, 나아가 그 판결이 공시송달의 방법으로 송달된 사실을 안 때를 의미한다.** 변호사시험 제7회

해설 『소장부본과 판결정본 등이 공시송달의 방법에 의하여 송달되었다면 특별한 사정이 없는 한 피고는 과실 없이 판결의 송달을 알지 못한 것이고, 이러한 경우 피고는 책임을 질 수 없는 사유로 인하여 불변기간을 준수할 수 없었던 때에 해당하여 그 사유가 없어진 후 2주일(그 사유가 없어질 당시 외국에 있었던 경우에는 30일) 내에 추완항소를 할 수 있다. 여기에서 '사유가 없어진 후'라고 함은 당사자나 소송대리인이 단순히 판결이 있었던 사실을 안 때가 아니고 나아가 **그 판결이 공시송달의 방법으로 송달된 사실을 안 때**를 가리키는 것으로서, 다른 특별한 사정이 없는 한 당사자나 소송대리인이 사건기록의 열람을 하거나 또는 새로이 판결정본을 영수한 때에 비로소 판결이 공시송달의 방법으로 송달된 사실을 알게 되었다고 보아야 한다』(대판 2015. 6. 11, 2015다8964). 정답 - O

46 추후보완항소를 한 경우에는 확정판결에 의한 집행력이 정지되므로 별도로 집행정지 결정을 받을 필요가 없다.

변호사시험 제7회

해설 **추완신청에 의한 항소제기로 그 항소의 대상이 된 확정판결에 기하여 경료된 소유권 이전등기가 원인무효로 되는지 여부**에 관례는 『확정 판결에 대한 원고의 추완항소제기가 있는 경우에도 그 추완항소에 의하여 불복항소의 대상이 된 판결이 취소될 때까지는 **확정 판결로서의 효력이 배제되는 것은 아니므로** 위 확정 판결에 기하여 경료된 소유권이전등기가 미확정 판결에 의하여 경료된 원인무효의 것이라고 할 수 없다』(대판 1978. 9. 12, 76다2400)라고 판시하고 있다. 정답 - X

47 소장부본이 적법하게 송달되어 소송이 진행되던 중 통상의 방법으로 소송서류를 송달할 수 없게 되어 판결정본을 공시송달의 방법으로 송달한 경우에 당사자가 소송의 진행상황을 조사하지 않아 항소기간이 경과하였다면 항소의 추후보완사유가 되지 않는다.

변호사시험제7회

해설 『민사소송법 제173조 제1항에 규정된 '당사자가 책임질 수 없는 사유'란 당사자가 소송행위를 하기 위하여 일반적으로 하여야 할 주의를 다하였음에도 불구하고 그 기간을 준수할 수 없었던 사유를 가리키는데, **소송의 진행 도중 통상의 방법으로 소송서류를 송달할 수 없게 되어 공시송달의 방법으로 송달한 경우**에는 처음 소장부본의 송달부터 공시송달의 방법으로 소송이 진행된 경우와 달라서 **당사자에게 소송의 진행상황을 조사할 의무가 있으므로, 당사자가 이러한 소송의 진행상황을 조사하지 않아 불변기간을 지키지 못하였다면 이를 당사자가 책임질 수 없는 사유로 말미암은 것이라고 할 수 없다**』(대판 2012. 10. 11, 2012다44730). 정답 - O

48 송달받을 사람의 주소 거소 영업소 또는 사무소를 알지 못하거나 그 장소에서 송달할 수 없는 때에는 송달받을 사람이 고용 위임 그 밖에 법률상 취업하고 있는 다른 사람의 주소 거소 영업소 또는 사무소에서 송달할 수 있다.

변호사시험 제3회

해설

〔제183조(송달장소)〕 ① 송달은 받을 사람의 주소·거소·영업소 또는 사무소(이하 '주소등'이라 한다)에서 한다. 다만, 법정대리인에게 할 송달은 본인의 영업소나 사무소에서도 할 수 있다. ② 제1항의 장소를 알지 못하거나 그 장소에서 송달할 수 없는 때에는 송달받을 사람이 고용·위임 그 밖에 법률상 행위로 취업하고 있는 다른 사람의 주소등(이하 '근무장소'라 한다)에서 송달할 수 있다.

정답 – O

49 **우체국 창구에서 송달받을 자의 동거자에게 송달서류를 교부 한 것은 위 동거자가 송달받기를 거부하지 아니한다 하더라도 보충송달의 방법으로 부적법하다.** 변호사시험 제3회

해설 판례는『송달은 원칙적으로 민사소송법 제170조 제1항(현행 민사소송법 제183조 1항)에서 정하는 송달을 받을 자의 주소, 거소, 영업소 또는 사무실 등의 '송달장소'에서 하여야 하는바, 송달장소에서 송달받을 자를 만나지 못할 때에는 그 사무원, 고용인 또는 동거자로서 사리를 변식할 지능이 있는 자에게 서류를 교부하는 보충송달의 방법에 의하여 송달할 수는 있지만, 이러한 보충송달은 위 법 조항에서 정하는 '송달장소'에서 하는 경우에만 허용되고 **송달장소가 아닌 곳에서 사무원, 고용인 또는 동거자를 만난 경우에는 그 사무원 등이 송달받기를 거부하지 아니한다 하더라도 그 곳에서 그 사무원 등에게 서류를 교부하는 것은 보충송달의 방법으로서 부적법**하다』(대결 2001. 8. 31, 2001마3790)고 하여 우체국 창구에서 송달받을 자의 동거자에게 송달서류를 교부한 것은 부적법한 보충송달이라고 판단하였다.

정답 – O

50 **송달받을 사람 본인이 장기출타로 부재중인 경우에는, 동거인에게 보충송달 또는 유치송달을 하거나 바로 우편송달을 할 수도 있다.** 변호사시험 제3회

해설 우편송달은『보충송달이나 유치송달이 불가능한 경우에 할 수 있는 것이므로(민사소송법 제187조) 폐문부재와 같이 송달을 받을 자는 물론 그 사무원, 고용인 또는 동거자 등 서류를 수령할 만한 자를 만날 수 없는 경우라면 모르거니와 단지 **송달을 받을 자만이 장기출타로 부재중이어서 그 밖의 동거자 등에게 보충송달이나 유치송달이 가능한 경우에는 위 우편송달을 할 수 없다**』(대결 1991. 4. 15, 91마162). 따라서 송달 받을 사람 본인이 장기출타로 부재중인 경우에 동거인에게 보충송달 또는 유치송달을 해야 하고, 바로 우편송달을 할 수는 없다.

정답 – X

51 **당사자 법정대리인 또는 소송대리인이 송달받을 장소를 바꾸고도 그러한 취지의 신고를 하지 아니하고 달리 송달할 장소를 알 수 없는 경우, 그 사람에게 송달할 서류는 종전에 송달받던 장소에 등기우편으로 발송할 수 있다.** 변호사시험 제3회

해설

〔**제185조(송달장소변경의 신고의무)**〕 ① 당사자·법정대리인 또는 소송대리인이 송달받을 장소를 바꿀 때에는 바로 그 취지를 법원에 신고하여야 한다. ② 제1항의 신고를 하지 아니한 사람에게 송달할 서류는 달리 송달할 장소를 알 수 없는 경우 종전에 송달받던 장소에 대법원규칙이 정하는 방법으로 발송할 수 있다.
〔**규칙 제51조(발송의 방법)**〕 법 제185조 제2항과 법 제187조의 규정에 따른 서류의 발송은 등기우편으로 한다.

정답 – O

52 여러 사람이 공동으로 대리권을 행사하는 경우의 송달은 그 가운데 한 사람에게 하면 된다. 변호사시험 제3회

해설

〔**제180조(공동대리인에게 할 송달)**〕 여러 사람이 공동으로 대리권을 행사하는 경우의 송달은 그 가운데 한 사람에게 하면 된다.

정답 – O

53 피고가 변론종결 후에 사망한 상태에서 판결이 선고된 경우, 망인인 피고에 대한 판결정본의 공시송달은 무효이다. 변호사시험 제6회

해설 『**피고가 변론종결 후에 사망한 상태에서 판결이 선고된 경우, 망인에 대한 판결정본의 공시송달은 무효이고,** 상속인이 소송절차를 수계하여 판결정본을 송달받기 전까지는 그에 대한 항소제기기간이 진행될 수도 없다』(대판 2007. 12. 14, 2007다52997). 정답 – O

54 당사자의 주소등 또는 근무장소를 알 수 없는 경우 또는 외국에서 하여야 할 송달에 관하여 「민사소송법」 제191조(외국에서 하는 송달의 방법)의 규정에 따를 수 없거나 이에 따라도 효력이 없을 것으로 인정되는 경우에는 법원사무관등은 당사자의 신청에 의해서만 공시송달을 할 수 있다. 변호사시험 제6회

해설

〔**제194조(공시송달의 요건)**〕 ① 당사자의 주소등 또는 근무장소를 알 수 없는 경우 또는 외국에서 하여야 할 송달에 관하여 제191조의 규정에 따를 수 없거나 이에 따라도 효력이 없을 것으로 인정되는 경우에는 법원사무관등은 **직권으로** 또는 당사자의 신청에 따라 공시송달을 할 수 있다. ④ 재판장은 직권으로 또는 신청에 따라 법원사무관등의 공시송달처분을 **취소할 수 있다.**

정답 – X

55 첫 공시송달은 「민사소송법」 제195조(공시송달의 방법)의 규정에 따라 실시한 날부터 4주가 지나야 효력이 생긴다. 다만, 같은 당사자에게 하는 그 뒤의 공시송달은 실시한 다음 날부터 효력이 생긴다. 변호사시험 제6회

해설

〔제196조(공시송달의 효력발생)〕 ① 첫 공시송달은 제195조의 규정에 따라 실시한 날부터 **2주가 지나야** 효력이 생긴다. 다만, 같은 당사자에게 하는 그 뒤의 공시송달은 실시한 다음 날부터 효력이 생긴다.

정답 - X

56 재판장은 직권으로 법원사무관등의 공시송달처분을 취소할 수 없다. 변호사시험 제6회

해설

〔제194조(공시송달의 요건)〕 ① 당사자의 주소등 또는 근무장소를 알 수 없는 경우 또는 외국에서 하여야 할 송달에 관하여 제191조의 규정에 따를 수 없거나 이에 따라도 효력이 없을 것으로 인정되는 경우에는 법원사무관등은 **직권으로** 또는 당사자의 신청에 따라 공시송달을 할 수 있다. ④ 재판장은 직권으로 또는 신청에 따라 법원사무관등의 공시송달처분을 **취소할 수 있다.**

정답 - X

57 원고가 피고의 주소나 거소를 알고 있었음에도 소장에 소재불명 또는 허위의 주소나 거소를 기재하여 소를 제기한 탓으로 공시송달의 방법에 의하여 판결정본이 송달된 경우, 피고는 소송행위 추후보완에 의한 상소를 할 수 없다. 변호사시험 제6회

해설 『**소장부본과 판결정본 등이 공시송달의 방법에 의하여 송달되었다면 특별한 사정이 없는 한 피고는 과실 없이 판결의 송달을 알지 못한 것이고, 이러한 경우** 피고는 책임을 질 수 없는 사유로 인하여 불변기간을 준수할 수 없었던 때에 해당하여 그 사유가 없어진 후 2주일(그 사유가 없어질 당시 외국에 있었던 경우에는 30일) 내에 **추완항소를 할 수 있다**』(대판 2013. 1. 10, 2010다75044).

→ 원고가 피고의 주소나 거소를 알고 있었음에도 소장에 소재불명 또는 허위의 주소나 거소를 기재하여 소를 제기한 탓에 과실 없이 피고가 판결의 송달을 알지 못한 경우이므로, 피고는 소송행위 추후보완에 의한 상소를 할 수 있다. 정답 - X

58 다른 주된 직업을 가지고 있으면서 A주식회사의 비상근이사, 비상근감사 또는 사외이사의 직을 가지고 있는 사람에 대해서는 A주식회사의 본점이 「민사소송법」 제183조 제2항의 '근무장소'에 해당한다고 할 수 없다. 변호사시험 제7회

해설 『다른 주된 직업을 가지고 있으면서 하이스마텍의 비상근이사, 사외이사 또는 비상근감사의 직에 있는 피고 2 등에게 지속적인 근무장소라고 할 수 없으므로 민사소송법 제183조 제2항에 정한 '근무장소'에 해당한다고 볼 수 없고, 위 소외 1이 피고 2 등에 대한 소장부본을 하이스마텍의 본점 소재지에서 수령한 것을 민사소송법 제186조 제2항의 보충송달로서 효력이 있다고 볼 수도 없다』(대판 2015. 12. 10, 2012다16063). 정답 - O

59 **소송서류를 송달받을 본인과 당해 소송에 관하여 이해의 대립 내지 상반된 이해관계가 있는 수령대행인에 대하여는 보충송달을 할 수 없다.** 변호사시험 제7회

해설 『보충송달제도는 본인 아닌 그의 사무원, 피용자 또는 동거인, 즉 수령대행인이 서류를 수령하여도 그의 지능과 객관적인 지위, 본인과의 관계 등에 비추어 사회통념상 본인에게 서류를 전달할 것이라는 합리적인 기대를 전제로 한다. 그런데 본인과 수령대행인 사이에 당해 소송에 관하여 이해의 대립 내지 상반된 이해관계가 있는 때에는 수령대행인이 소송서류를 본인에게 전달할 것이라고 합리적으로 기대하기 어렵고, 이해가 대립하는 수령대행인이 본인을 대신하여 소송서류를 송달받는 것은 쌍방대리금지의 원칙에도 반하므로, 본인과 당해 소송에 관하여 이해의 대립 내지 상반된 이해관계가 있는 수령대행인에 대하여는 보충송달을 할 수 없다』(대판 2016. 11. 10, 2014다54366). 정답 - O

60 **보충송달에서 수령대행인이 될 수 있는 사무원이란 반드시 송달받을 사람과 고용관계가 있어야 하는 것은 아니고, 평소 본인을 위하여 사무 등을 보조하는 자이면 충분하다.**

변호사시험 제7회

해설 『민사소송법 제186조 제1항에서 규정한 보충송달에서 수령대행인이 될 수 있는 사무원이란 반드시 송달받을 사람과 고용관계가 있어야 하는 것은 아니고, 평소 본인을 위하여 사무 등을 보조하는 자이면 충분하다』(대판 2010. 10. 14, 2010다48455).

〔**민사소송법 제186조(보충송달 · 유치송달)**〕 ① 근무장소 외의 송달할 장소에서 송달받을 사람을 만나지 못한 때에는 그 사무원, 피용자(피용자) 또는 동거인으로서 사리를 분별할 지능이 있는 사람에게 서류를 교부할 수 있다. ② 근무장소에서 송달받을 사람을 만나지 못한 때에는 제183조 제2항의 다른 사람 또는 그 법정대리인이나 피용자 그 밖의 종업원으로서 사리를 분별할 지능이 있는 사람이 서류의 수령을 거부하지 아니하면 그에게 서류를 교부할 수 있다. ③ 서류를 송달받을 사람 또는 제1항의 규정에 의하여 서류를 넘겨받을 사람이 정당한 사유 없이 송달받기를 거부하는 때에는 송달할 장소에 서류를 놓아둘 수 있다.

정답 - O

61 **「환경분쟁 조정법」에 의한 재정의 경우, 재정문서는 재판상 화해와 동일한 효력을 가질 수도 있는 점 등에 비추어 재정문서의 송달은 공시송달의 방법으로 할 수 없다.**

변호사시험 제7회

해설 『환경분쟁 조정법 제40조 제3항, 제42조 제2항, 제64조 및 민사소송법 제231조, 제225조 제2항의 내용과 재정문서의 정본을 송달받고도 당사자가 60일 이내에 재정의 대상인 환경피해를 원인으로 하는 소송을 제기하지 아니하는 등의 경우 **재정문서가 재판상 화해와 동일한 효력**이 있으므로 재정의 대상인 환경피해를 원인으로 한 분쟁에서 당사자의 재판청구권을 보장할 필요가 있는 점 등을 종합하면, **환경분쟁 조정법에 의한 재정의 경우 재정문서의 송달은 공시송달의 방법으로는 할 수 없다**』(대판 2016. 4. 15, 2015다201510).

정답 - O

62 **「민사소송법」 제187조에 정한 우편송달은 같은 법 제186조에 따른 보충송달, 유치송달 등이 불가능할 것을 요건으로 하는바, 일단 위 요건이 구비되어 우편송달이 이루어진 이상 그 이후에 송달할 서류는 위 요건의 구비 여부를 불문하고 위 조문에 정한 우편송달을 할 수 있다.** 변호사시험 제7회

해설 『민사소송법 제173조에 의한 우편송달은 당해 서류에 관하여 교부 또는 보충, 유치송달 등이 불가능한 것임을 요건으로 하는 것이므로 **당해 서류의 송달에 한하여 할 수 있는 것**이지 **그에 이은 별개의 서류 등의 송달에 관하여는 위 요건이 따로 구비되지 않는 한 당연히 우편송달을 할 수 있는 것은 아니라고 보아야 할 것**이다』(대결 1990. 1. 25, 자 89마939).

정답 - X

63 **원칙적으로 송달담당기관과 송달실시기관은 다르다.** 변호사시험 제2회

해설

〔**제175조(송달사무를 처리하는 사람)**〕 ① 송달에 관한 사무는 법원사무관등이 처리한다.
〔**제176조(송달기관)**〕 ① 송달은 우편 또는 집행관에 의하거나, 그 밖에 대법원규칙이 정하는 방법에 따라서 하여야 한다. ② 우편에 의한 송달은 우편집배원이 한다.

정답 - O

64 **소송서류는 특별한 규정이 없는 한 원본으로 송달하여야 하며, 소송대리인이 있는 경우에도 당사자 본인에게 한 송달은 유효하다.** 변호사시험 제2회

해설

〔**제178조(교부송달의 원칙)**〕 ① 송달은 특별한 규정이 없으면 송달받을 사람에게 서류의 **등본 또는 부본**을 교부하여야 한다.

『소송대리인이 있는 경우에도 당사자 본인에게 한 서류의 송달은 유효하고 또 동거하는 고용인(식모)에게 교부한 송달도 유효하다』(대결 1970. 6. 5, 자 70마325).

정답 - X

65 **송달의 방법은 교부송달이 원칙이고, 우편송달의 경우 발송 시에 송달된 것으로 본다.**

변호사시험 제2회

해설

〔**제178조(교부송달의 원칙)**〕 ① 송달은 특별한 규정이 없으면 송달받을 사람에게 서류의 등본 또는 부본을 교부하여야 한다.
〔**제187조(우편송달)**〕 제186조의 규정에 따라 송달할 수 없는 때에는 법원사무관등은 서류를 등기우편 등 대법원규칙이 정하는 방법으로 발송할 수 있다.
〔**제189조(발신주의)**〕 제185조 제2항 또는 제187조의 규정에 따라 서류를 발송한 경우에는 발송한 때에 송달된 것으로 본다.

정답 – O

66 **공시송달은 직권 또는 당사자의 신청에 따라 재판장의 명령으로 한다.** 변호사시험 제2회

해설

〔**제194조(공시송달의 요건)**〕 ① 당사자의 주소등 또는 근무장소를 알 수 없는 경우 또는 외국에서 하여야 할 송달에 관하여 제191조의 규정에 따를 수 없거나 이에 따라도 효력이 없을 것으로 인정되는 경우에는 **법원사무관등은** 직권으로 또는 당사자의 신청에 따라 공시송달을 할 수 있다.

정답 – X

67 **공시송달에 의한 판결편취의 경우, 이로 인해 패소한 당사자는 추후보완상소 또는 재심의 소를 통해 구제받을 수 있다.**

변호사시험 제2회

해설 『청구인이 피청구인의 주거지를 알면서도 청구인의 본적지를 피청구인의 주소로 표시하여 이혼심판청구의 소를 제기하고 송달불능되자 공시송달의 방법으로 심판절차가 진행되어 그 판결이 선고되었다면 이는 민사소송법 제422조 제1항 제11호 소정의 재심사유에 해당한다』(대판 1985. 7. 9, 85므12 판결) 고 하여 **상소추후보완·재심설의 입장**이다.

정답 – O

68 **당사자인 법인이 합병에 의하여 소멸된 때에는 합병에 의하여 설립된 법인 또는 합병한 뒤의 존속법인이 소송절차를 수계하여야 한다.**

변호사시험 제7회

해설

〔**제234조(법인의 합병으로 말미암은 중단)**〕 당사자인 법인이 합병에 의하여 소멸된 때에 소송절차는 중단된다. 이 경우 합병에 의하여 설립된 법인 또는 합병한 뒤의 존속법인이 소송절차를 수계하여야 한다.

정답 – O

사례 【69~70】

척추 이상으로 허리 통증이 있던 甲은 의료법인 A병원에서 2008. 4. 3. 입원진료계약을 체결하고, 같은 달 30.에 수술을 받았다. 척추수술 직후, 甲에게 하반신마비 장애가 발생하였다. 다음 설명 중 옳지 않은 것은? (각 지문은 독립적이고, 다툼이 있는 경우에는 판례에 의함) 변호사시험 제2회

69 甲이 A병원을 상대로 제기한 손해배상청구소송에서 일실이익의 현가산정방식에 관한 甲의 주장은 기초사실에 관한 주장에 속하므로, 법원이 甲의 주장과 다른 산정방식을 채용하는 것은 변론주의에 반한다.

해설 『불법행위로 인한 일실수익의 현가산정에 있어서 기초사실인 수입, 가동연한, 공제할 생활비 등은 **사실상의 주장**이지만 현가 산정방식에 관한 주장(호프만식에 의할 것이냐 또는 라이프니쯔식에 의할 것이냐에 관한 주장)은 **당사자의 평가에 지나지 않는 것**이므로 당사장의 주장에 불구하고 **법원은 자유로운 판단에 따라 채용할 수 있고 이를 변론주의에 반한 것이라 할 수 없다**』(대판 1983. 6. 28, 83다191).

정답 – X

70 甲이 A병원을 상대로 불법행위를 원인으로 한 손해배상청구의 소를 제기하였는데, 법원이 진료계약상의 의무불이행을 원인으로 한 손해배상금을 지급하도록 판결한 것은 처분권주의에 반한다.

해설 『기록을 보면 원고는 한결같이 피고가 정기검사를 받는다는 구실로 이 사건 선박을 원고로부터 인도받아간 후 되돌려 주지 아니하고 계속 점유한 것이 **불법행위에 해당한다고 주장하면서 그로 인한 손해배상을 구하고 있을 뿐**인데도 **원심이 그에 대하여 판단하지 아니하고 위에서 본 바와 같이 채무불이행을 원인으로 하여 피고에게 그 배상을 명하고 있음이 명백**하므로 이는 결국 **당사자가 신청하지 아니한 사항을 판결한 것이 되어 위법**하다고 하지 않을 수 없다』(대판 1989. 11. 28, 88다카9982).

정답 – O

사례

甲은 乙에 대한 대여금 채무를 담보하기 위하여 甲 소유의 X 토지에 관하여 근저당권설정등기를 마쳐주었다. 甲은 대여금 채무가 모두 변제되어 소멸되었다고 주장하며 근저당권설정등기 말소등기절차의 이행을 구하는 소를 제기하였다. 다음 설명이 타당한가? (각 지문은 독립적이고, 다툼이 있는 경우에는 판례에 의함) 변호사시험 제2회

71 **위 소송에서 변제액수에 관한 다툼이 있어 심리한 결과 대여금 채무가 남아 있는 것으로 밝혀지면, 법원은 특별한 사정이 없는 한 甲의 청구를 기각하여서는 아니 되고, 잔존채무의 변제를 조건으로 甲의 청구를 일부 인용하는 판결을 선고하여야 한다.**

해설 『채무자가 피담보채무 전액을 변제하였다고 하거나 피담보채무의 일부가 남아 있음을 시인하면서 그 변제를 조건으로 저당권설정등기의 말소등기절차 이행을 청구하였지만 피담보채무의 범위에 관한 견해 차이로 그 채무 전액을 소멸시키지 못하였거나 변제하겠다는 금액만으로는 소멸시키기에 부족한 경우에, 그 청구 중에는 확정된 잔존채무의 변제를 조건으로 그 등기의 말소를 구한다는 취지까지 포함되어 있는 것으로 해석하여야 하고, 이러한 경우에는 장래 이행의 소로서 그 저당권설정등기의 말소를 미리 청구할 필요가 있다고 보아야 한다. 따라서 **원심으로서는 마땅히 위 근저당권설정등기로 담보되는 경매비용의 범위를 확정하여 그 변제를 조건으로 그 등기말소절차의 이행을 명하였어야 할 것임에도 불구하고 원심이 이에 이르지 아니하고 원고의 청구를 기각한 조치에는 장래 이행의 소에 관한 법리를 오해하여 판결에 영향을 미친 잘못이 있다**고 하겠다』(대판 1996. 2. 23, 95다9310).

정답 – O

사례 【72~75】

甲은 2015. 10. 7. 乙에 대한 3,000만 원의 차용금채무를 피담보채무로 하여 乙에게 甲 소유의 X 부동산을 목적물로 하는 근저당권설정등기를 해주었다. 그 후 甲은 乙에게 2,000만 원을 변제하여 잔존채무가 1,000만 원이라고 주장하고 있는데, 乙은 甲의 잔존채무가 2,000만 원이라고 하면서 다투고 있다. 甲은 乙을 상대로 잔존채무가 1,000만 원임을 주장하며 채무부존재확인의 소를 제기하였다. 이에 관한 설명이 타당한가? (다툼이 있는 경우 판례에 의함) 변호사시험 제5회

72 **甲의 乙에 대한 잔존채무가 乙의 주장대로 2,000만 원임이 인정되는 경우, 법원은 "원고의 피고에 대한 2015. 10. 7. 차용금채무는 2,000만 원을 초과하여서는 존재하지 아니함을 확인한다. 원고의 나머지 청구를 기각한다."라고 판결하여야 한다.**

해설 『원고가 상한을 표시하지 않고 일정액을 초과하는 채무의 부존재의 확인을 청구하는 사건에 있어서 일정액을 초과하는 채무의 존재가 인정되는 경우에는, 특단의 사정이 없는 한, 법원은 그 청구의 전부를 기각할 것이 아니라 존재하는 채무부분에 대하여 일부패소의 판결을 하여야 한다』(대판 1994. 1. 25, 93다9422).

정답 – O

73 **甲의 乙에 대한 잔존채무가 500만 원임이 인정되는 경우, 법원은 "원고의 피고에 대한 2015. 10. 7. 차용금채무는 1,000만 원을 초과하여서는 존재하지 아니함을 확인한다."라고 판결하여야 한다.**

해설 채무부존재확인의 소에서 1,000만원은 청구취지에서 상한을 명시한 것이므로 법원이 이를 초과하여 판결한 것은 처분권주의에 위반되기 때문에 "원고의 피고에 대한 2015. 10. 7. 차용금채무는 500만 원을 초과하여서는 존재하지 아니함을 확인한다."라고 판결할 수 없고 원고의 청구취지대로 "원고의 피고에 대한 2015. 10. 7. 차용금채무는 1,000만 원을 초과하여서는 존재하지 아니함을 확인한다."라고 판결하여야 한다. 정답 – O

74 **만일 乙이 위 소송 계속 중에 잔존채무 2,000만 원의 지급을 구하는 반소를 제기한다면, 甲이 제기한 채무부존재확인의 본소는 확인의 이익이 소멸하여 부적법하게 된다.**

해설 『**소송요건을 구비하여 적법하게 제기된 본소가 그 후에 상대방이 제기한 반소로 인하여 소송요건에 흠결이 생겨 다시 부적법하게 되는 것은 아니므로**, 원고가 피고에 대하여 손해배상채무의 부존재확인을 구할 이익이 있어 본소로 그 확인을 구하였다면, 피고가 그 후에 그 손해배상채무의 이행을 구하는 반소를 제기하였다 하더라도 그러한 사정만으로 **본소청구에 대한 확인의 이익이 소멸하여 본소가 부적법하게 된다고 볼 수는 없다**』(대판 1999. 6. 8, 99다17401,17418). 정답 – X

75 **위 설문과 달리, 甲이 1,000만 원의 잔존채무 변제를 조건으로 X 부동산에 관한 근저당권말소등기청구의 소를 제기하였지만 잔존채무가 2,000만 원이라는 乙의 주장이 받아들여지는 경우, 법원은 특별한 사정이 없는 한 甲의 청구 중 일부를 기각하고 그 확정된 2,000만 원 채무의 변제를 조건으로 그 등기의 말소절차이행을 인용하는 판결을 하여야 한다.**

해설 『원고들의 이 사건 근저당권설정등기의 말소등기절차이행청구는 피담보채무중 잔존채무를 변제하는 것을 조건으로 하여 그 담보로 경료된 위 등기의 말소등기절차이행을 구하는 것이나, **그 청구중에는 구체적인 잔존채무액이 원고 주장의 금액을 초과하는 경우에 그 확정된 잔존채무의 변제를 조건으로 위 등기의 말소등기절차이행을 구하는 취지가 포함되어 있는 것으로 해석**하여야 할 것이므로 이와 같은 경우에는 **법원은 원고들 청구의 일부를 배척하여 그 확정된 채무의 변제를 조건으로 그 등기의 말소절차이행을 명해야 할 것이다**』(대판 1982. 11. 23, 81다393). 정답 – O

사례 [76~78]

甲이 A법원에 乙을 상대로 제기한 대여금반환청구의 제1심 소송절차에 관한 설명이 타당한가? (다툼이 있는 경우 판례에 의함) 변호사시험 제6회

76 **甲과 乙 사이에 금원의 수수가 있다는 사실에 관하여 다툼이 없다고 하여도 대여 사실에 관한 증명책임은 甲에게 있다.**

해설 소비대차(대여 사실), 금전 수수, 변제기 도래는 대여금 청구의 요건사실로서 주요사실에 해당한다(법규기준설). 이에 대한 증명책임은 권리주장자인 원고 甲에게 있으며(법률요건분류설), 일부 주요사실인 금전 수수가 자백간주 되어 불요증사실이라고 하더라도, 대여 사실에 대하여 甲이 증명책임이 있다는 것에는 영향이 없다. 정답 - O

77 **乙이 위 채무의 변제조로 금원을 지급한 사실을 주장함에 대하여 甲이 이를 수령한 사실을 인정하고서 다만 다른 채무의 변제에 충당하였다고 주장하는 경우, 甲은 다른 채권이 존재하는 사실과 다른 채권에 대한 변제충당의 합의가 있었다거나 다른 채권이 법정충당의 우선순위에 있다는 사실을 주장, 증명하여야 한다.**

해설 **채권자가 변제금원의 수령사실을 인정하면서 이를 다른 채무의 변제에 충당하였다고 주장하는 경우, 채권자의 주장·입증책임**에 관하여 판례는 『채무자가 특정한 채무의 변제조로 금원 등을 지급한 사실을 주장함에 대하여, 채권자가 이를 수령한 사실을 인정하고서 다만 타 채무의 변제에 충당하였다고 주장하는 경우에는, 채권자는 타 채권이 존재하는 사실과 타 채권에 대한 변제충당의 합의가 있었다거나 타 채권이 법정충당의 우선순위에 있다는 사실을 주장·입증하여야 한다』(대판 1999. 12. 10, 99다14433)라고 판시하고 있다.

정답 - O

78 **乙의 변제 주장이 인정되지 아니하는 경우, 법원이 판결 이유에서 변제 주장을 배척하는 판단을 하지 않는다면 그 판결은 판단누락의 위법이 있다.**

해설 변제 주장은 甲이 주장한 소비대차, 금전 수수, 변제기 도래 사실을 인정하면서도 새로운 사실을 주장하여 甲의 청구를 배척하려는 것으로 항변에 해당한다. 원고의 청구원인사실이 인정되는 경우에 피고가 이를 부인함에 그치는 경우에는 원고의 주장사실을 인정하는 내용의 판단 가운데 이미 피고의 부인 주장을 배척하는 판단이 포함되어 있다고 볼 수 있기 때문에 그 부인의 주장에 대하여 반드시 따로 판단할 필요가 없다. 반면, 피고가 항변을 한 경우에 **그 항변이 인정되지 아니할 경우에는 일단 원고의 청구원인사실이 인정된다는 판단을 마친 다음, 새로 그 항변을 배척한다는 판단이 판결이유에 설시되어야 한다. 그렇지 않으면 판단누락의 위법이 있다.** 정답 - O

사례 【79~83】

甲은 乙을 상대로 3억 원의 지급을 구하는 대여금청구의 소를 제기하였다. 다음 설명이 타당한가?

변호사시험 제2회

79 법원은 乙이 소장 부본을 송달받은 날부터 30일 이내에 답변서를 제출하지 아니한 때에는 직권으로 조사할 사항이 있더라도 청구의 원인이 된 사실을 자백한 것으로 보고 변론 없이 판결할 수 있다.

해설

〔제257조(변론 없이 하는 판결)〕 ① 법원은 피고가 제256조 제1항의 답변서를 제출하지 아니한 때에는 청구의 원인이 된 사실을 자백한 것으로 보고 변론 없이 판결할 수 있다. 다만, **직권으로 조사할 사항이 있거나** 판결이 선고되기까지 피고가 원고의 청구를 다투는 취지의 답변서를 제출한 경우에는 그러하지 아니하다.

정답 – X

80 乙이 소장 부본을 송달받은 날부터 30일이 지난 뒤라도 판결이 선고되기까지 甲의 청구를 다투는 취지의 답변서를 제출하면 법원은 더 이상 무변론 판결을 할 수 없다.

해설

〔제257조(변론 없이 하는 판결)〕 ① 법원은 피고가 제256조 제1항의 답변서를 제출하지 아니한 때에는 청구의 원인이 된 사실을 자백한 것으로 보고 변론 없이 판결할 수 있다. 다만, 직권으로 조사할 사항이 있거나 판결이 선고되기까지 피고가 원고의 청구를 다투는 취지의 답변서를 제출한 경우에는 그러하지 아니하다.

정답 – O

81 乙이 청구의 원인이 된 사실을 모두 자백하는 취지의 답변서를 제출하고 따로 항변을 하지 아니한 때에도 특별한 사정이 없는 한 법원은 무변론 판결을 할 수 있다.

해설

〔제257조(변론 없이 하는 판결)〕 ① 법원은 피고가 제256조 제1항의 답변서를 제출하지 아니한 때에는 청구의 원인이 된 사실을 자백한 것으로 보고 변론 없이 판결할 수 있다. 다만, 직권으로 조사할 사항이 있거나 판결이 선고되기까지 피고가 원고의 청구를 다투는 취지의 답변서를 제출한 경우에는 그러하지 아니하다. ② 피고가 청구의 원인이 된 사실을 모두 자백하는 취지의 답변서를 제출하고 따로 항변을 하지 아니한 때에는 제1항의 규정을 준용한다.

정답 – O

82 甲이 출석하지 아니한 변론기일에 乙은 자신의 준비서면에 적지 않았다고 하더라도 상계항변을 할 수 있다.

해설

〔제276조(준비서면에 적지 아니한 효과)〕 준비서면에 적지 아니한 사실은 상대방이 출석하지 아니한 때에는 변론에서 주장하지 못한다. 다만, 제272조 제2항 본문의 규정에 따라 준비서면을 필요로 하지 아니하는 경우에는 그러하지 아니하다.

정답 - X

83 乙이 준비서면을 제출한 후 변론기일에 불출석하여도 법원은 乙이 그 준비서면에 적혀 있는 사항을 진술한 것으로 보고 출석한 甲에게 변론을 명할 수 있다.

해설

〔제148조(한 쪽 당사자가 출석하지 아니한 경우)〕 ① 원고 또는 피고가 변론기일에 출석하지 아니하거나, 출석하고서도 본안에 관하여 변론하지 아니한 때에는 그가 제출한 소장·답변서, 그 밖의 준비서면에 적혀 있는 사항을 진술한 것으로 보고 출석한 상대방에게 변론을 명할 수 있다.

정답 - O

사례 【84~87】

甲은 乙을 상대로 대여금청구의 소를 제기하기 위하여 변호사 X를 소송대리인으로 선임하면서 상소 제기의 권한도 부여하였다. 그 후 甲은 사망하였고 甲의 상속인으로는 A, B, C가 있다. 이에 관한 설명이 타당한가? (다툼이 있는 경우 판례에 의함)

변호사시험 제7회

84 甲이 소송계속 중 사망한 경우, 소송절차는 중단되지 않고 X가 A, B, C 모두를 위한 소송대리인이 된다.

해설

〔제95조(소송대리권이 소멸되지 아니하는 경우)〕 다음 각호 가운데 어느 하나에 해당하더라도 소송대리권은 소멸되지 아니한다.
1. 당사자의 사망 또는 소송능력의 상실
〔제238조(소송대리인이 있는 경우의 제외)〕 소송대리인이 있는 경우에는 제233조 제1항, 제234조 내지 제237조의 규정을 적용하지 아니한다.
〔제233조(당사자의 사망으로 말미암은 중단)〕 ① 당사자가 죽은 때에 소송절차는 중단된다. 이 경우 상속인·상속재산관리인, 그 밖에 법률에 의하여 소송을 계속하여 수행할 사람이 소송절차를 수계(수계)하여야 한다.

정답 - O

85 **甲이 소송계속 중 사망하였는데 A와 B만이 상속인인 줄 알았던 X가 A와 B 명의로만 소송수계신청을 하여 A와 B만을 당사자로 표시한 제1심 판결이 선고되고 그 당사자 표시를 신뢰한 X가 A와 B만을 당사자로 표시하여 항소한 경우, A, B, C 모두에게 효력이 미치는 제1심 판결 전부에 대하여 항소가 제기된 것으로 보아야 한다.**

해설 『제1심 소송 계속 중 원고가 사망하자 공동상속인 중 甲만이 수계절차를 밟았을 뿐 나머지 공동상속인들은 수계신청을 하지 아니하여 甲만을 망인의 소송수계인으로 표시하여 원고 패소 판결을 선고한 제1심판결에 대하여 상소제기의 특별수권을 부여받은 망인의 소송대리인이 항소인을 제1심판결문의 원고 기재와 같이 '망인의 소송수계인 甲'으로 기재하여 항소를 제기하였고, 항소심 소송 계속 중에 망인의 공동상속인 중 乙 등이 소송수계신청을 한 사안에서, 수계적격자인 망인의 공동상속인들 전원이 아니라 **제1심에서 실제로 수계절차를 밟은 甲만을 원고로 표시한 제1심판결의 효력은 그 당사자 표시의 잘못에도 불구하고 당연승계에 따른 수계적격자인 망인의 상속인들 모두에게 미치는 것**인데, 위와 같은 **제1심판결의 잘못된 당사자 표시를 신뢰한 망인의 소송대리인이 판결에 표시된 소송수계인을 그대로 항소인으로 표시하여 그 판결에 전부 불복하는 위 항소를 제기한 이상**, 그 항소 역시 소송수계인으로 표시되지 아니한 **나머지 상속인들 모두에게 효력이 미치는 위 제1심판결 전부에 대하여 제기된 것으로 보아야 할 것**이므로, 위 항소로 인하여 제1심판결 전부에 대하여 확정이 차단되고 항소심절차가 개시되었으며, 다만 제1심에서 이미 수계한 甲 외에 망인의 나머지 상속인들 모두의 청구 부분과 관련하여서는 항소제기 이후로 소송대리인의 소송대리권이 소멸함에 따라 민사소송법 제233조에 의하여 그 소송절차는 중단된 상태에 있었다고 보아야 할 것이고, 따라서 원심으로서는 망인의 정당한 상속인인 乙 등의 위 소송수계신청을 받아들여 그 부분 청구에 대하여도 심리 판단하였어야 함에도, 乙 등이 망인의 당사자 지위를 당연승계한 부분의 제1심판결이 이미 확정된 것으로 오인하여 위 소송수계신청을 기각한 원심판결을 파기한 사례』(대판 2010. 12. 23, 2007다22859). 정답 - O

86 **위 2.에서 X는 항소하지 않고 A와 B만이 직접 항소한 경우에도 A, B, C 모두에게 효력이 미치는 제1심 판결 전부에 대하여 항소가 제기된 것으로 보아야 한다.**

해설 『이 사건 **제1심판결의 효력은 당사자표시에서 누락되었음에도 불구하고 위 망 남기열의 정당한 상속인인 위 남국현, 남주현에게도 그들의 상속지분만큼 미치는 것**이고 통상의 경우라면 심급대리의 원칙상 이 판결의 정본이 소송대리인에게 송달된 때에 소송절차는 중단되는 것이며, 소송수계를 하지 아니한 남국현과 남주현에 관하여는 현재까지도 중단상태에 있다고 할 것이나, 기록에 의하면 이 사건의 경우 망 남기열의 소송대리인이었던 임종선변호사는 상소제기의 특별수권을 부여받고 있었으므로(소송대리위임장에 부동문자로 특별수권이 부여되어 있다)항소제기기간은 진행된다고 하지 않을 수 없어 **제1심판결중 위 남국현, 남주현의 상속지분에 해당하는 부분은 그들이나 소송대리인이 항소를 제기하지 아니한 채 항소제기기간이 도과하여 이미 그 판결이 확정되었다**고 하지 않을 수 없다』(대결 1992. 11. 5, 자 91마342). 정답 - X

87 **만일 X에게 상소 제기의 권한이 부여되지 않았다면 심급대리의 원칙상 제1심 판결이 선고될 때 소송절차가 중단된다.**

해설 『당사자가 사망하였으나 그를 위한 소송대리인이 있는 경우에는 소송절차가 중단되지 아니하고, 그 소송대리인은 상속인들 전원을 위하여 소송을 수행하게 되어 그 사건의 판결은 상속인들 전원에 대하여 효력이 있다고 할 것이며, 다만 심급대리의 원칙상 **그 판결정본이 소송대리인에게 송달된 때**에는 소송절차가 중단된다』(대판 1996. 2. 9, 94다61649).

정답 - X

사례 【88~90】

乙은 자동차 사고에 대비하여 丁 보험주식회사와 책임보험계약을 체결하였다. 그 후 甲은 乙이 운전하는 차량에 부딪혀 중상을 입자 변호인 丙을 소송대리인으로 선임하여 乙을 상대로 불법행위를 원인으로 하는 손해배상청구소송을 제기하였다. 甲은 제1심 소송계속 중 사망하였고 상속인으로 A, B 및 가족과 연락을 끊고 미국에 사는 C가 있었으나, 丙은 A, B 만 상속인으로 알고 A, B에 대해서만 수계절차를 밟았다. 위 사건에 관하여 제1심 법원은 청구기각판결을 하였고 상소제기의 특별수권을 받았던 丙은 A, B만을 항소인으로 표시하여 항소를 제기하였다. 다음 설명 중 옳지 않은 것은?(다툼이 있는 경우에는 판례에 의함)

변호사시험 제3회

88 **甲이 사망하였으므로 소송절차가 중단되는 것이 원칙이나, 소송대리인 丙이 있으므로 소송절차는 중단되지 않는다.**

해설

〔**제233조(당사자의 사망으로 말미암은 중단)**〕 ① 당사자가 죽은 때에 소송절차는 중단된다. 이 경우 상속인·상속재산관리인, 그 밖에 법률에 의하여 소송을 계속하여 수행할 사람이 소송절차를 수계(受繼)하여야 한다.
〔**제238조(소송대리인이 있는 경우의 제외)**〕 소송대리인이 있는 경우에는 제233조 제1항, 제234조 내지 제237조의 규정을 적용하지 아니한다.

정답 - O

89 **甲의 사망 후 원고는 상속인인 A, B, C가 되고 甲에 의해 선임된 소송대리인 丙은 상속인들 모두의 대리인이 된다.**

해설 『일응 대립당사자 구조를 갖추고 적법히 소가 제기되었다가 **소송도중 어느 일방의 당사자가 사망**함으로 인해서 그 당사자로서의 자격을 상실하게 된 때에는 그 대립당사자 구조가 없어져 버린 것이 아니고, **그때부터 그 소송은 그의 지위를 당연히 이어 받게 되는**

상속인들과의 관계에서 대립당사자 구조를 형성하여 존재하게 되는 것』(대판 1995. 5. 23, 94다28444)이라고 하여 당연승계긍정설의 입장에서, 『당사자가 사망하였으나 소송대리인이 있어 소송절차가 중단되지 아니한 경우 원칙적으로 소송수계라는 문제가 발생하지 아니하고 **소송대리인은 상속인들 전원을 위하여 소송을 수행하게 되는 것**이며 **그 사건의 판결은 상속인들 전원에 대하여 효력이 있다**』(대결 1992. 11. 5, 91마342). 따라서 ① 甲의 사망 후 원고는 상속인 A, B, C 전원이 되고, ② 甲에 의해 선임된 소송대리인 丙은 상속인 전원을 위해 소송을 수행하는 대리인이 되며(민사소송법 제238조), ③ A, B에 대한 제1심판결의 효력은 누락된 C에게도 미친다. 정답 - O

90 **비록 丙이 A, B만 상속인으로 알고 C를 위하여 항소를 하지 않았다고 하여도, C는 상속이 되었다는 사실을 알기 힘들고 대리인 丙도 마찬가지이므로 당사자가 책임질 수 없는 사유에 의해 항소를 하지 못한 경우에 해당하여 추후보완항소를 할 수 있다.**

해설 A, B, C는 공동상속인으로서 통상공동소송인관계에 있으므로, 공동소송인독립의 원칙에 따라 심리되므로(민사소송법 제66조), 상소불가분의 원칙이 적용되지 않는다. 또한 소송대리인 丙에게 상소제기의 특별수권이 부여되어 있으므로 항소기간이 진행되고, 결국 항소하지 않은 C에 대해서는 항소기간의 경과로 판결은 확정된다. 지문과 같이 누락상속인 C와 소송대리인 丙에게 과실이 없다면, 추후보완항소(민사소송법 제173조 제1항)를 제기하는 방법을 생각해 볼 수 있으나, 이는 판례의 입장은 아니다.

『당사자가 사망하였으나 소송대리인이 있어 소송절차가 중단되지 아니한 경우 원칙적으로 소송수계라는 문제가 발생하지 아니하고 소송대리인은 상속인들 전원을 위하여 소송을 수행하게 되는것이며 그 사건의 판결은 상속인들 전원에 대하여 효력이 있다 할 것이고, 이때 상속인이 밝혀진 경우에는 상속인을 소송승계인으로 하여 신당사자로 표시할 것이지만 상속인이 누구인지 모를 때에는 망인을 그대로 당사자로 표시하여도 무방하며, 가령 신당사자를 잘못표시하였다 하더라도 그 표시가 망인의 상속인, 상속승계인, 소송수계인 등 망인의 상속인임을 나타내는 문구로 되어 있으면 잘못표시된 당사자에 대하여는 판결의 효력이 미치지 아니하고 여전히 **정당한 상속인에 대하여 판결의 효력이 미친다**. 따라서 이 사건 제1심판결의 효력은 누락된 상속인에게도 그들의 상속지분만큼 미치는 것이고 제1심판결 중 **누락된 상속인의 상속지분에 해당하는 부분**은 그들이나 소송대리인이 항소를 제기하지 아니한 채 **항소제기기간이 도과하여 이미 그 판결이 확정**되었다』(대결 1992. 11. 5, 자 91마342). 정답 - X

제3장 증 거

1 **불요증사실로서 법원에 현저한 사실은 판결을 하여야 할 법원의 법관이 직무상 경험으로 그 사실의 존재에 관하여 명확한 기억을 하고 있는 사실뿐만 아니라, 기록 등을 조사하여 곧바로 그 내용을 알 수 있는 사실도 포함한다.** 변호사시험 제1회

해설 『민사소송법 제261조 소정의 '법원에 현저한 사실'이라 함은 법관이 직무상 경험으로 알고 있는 사실로서 그 사실의 존재에 관하여 명확한 기억을 하고 있거나 또는 기록 등을 조사하여 곧바로 그 내용을 알 수 있는 사실을 말한다』〔대판(전합) 1996. 7. 18, 94다20051〕.

정답 - O

2 피해자의 장래수입상실액을 인정하는 데 이용되는 고용형태별근로(직종별임금)실태조사보고서와 한국직업사전의 각 존재 및 그 기재 내용을 법원에 현저한 사실로 보아, 법원은그것을 기초로 피해자의 일실수입을 산정할 수 있다. 변호사시험 제1회

해설 『피해자의 장래수입상실액을 인정하는 데 이용되는 직종별임금실태조사보고서와 한국직업사전의 각 존재 및 그 기재 내용을 법원에 현저한 사실로 보아, 그를 기초로 피해자의 일실수입을 산정한 조치는, 객관적이고 합리적인 방법에 의한 것이라고 보여지므로 옳다』〔대판(전합) 1996. 7. 18, 94다20051〕.

정답 - O

3 원고가 주장한 사실에 대해서 자백간주가 되었다면, 피고는 그 뒤 변론종결시까지 그 사실을 다투더라도 자백간주의 효과를 번복할 수 없다. 변호사시험 제1회

해설 재판상 자백은 법원과 당사자를 구속하나, 자백간주는 **법원에 대해 구속력을 가질 뿐**이고 **당사자를 구속하지 않는다.** 『제1심에서 의제자백이 있었다고 하더라도 항소심에서 변론종결시까지 이를 다투었다면 자백의 의제는 할 수 없다』(대판 1987. 12. 8, 87다368).

정답 - X

4 자백의 취소에 있어 그 자백이 진실에 부합하지 않는 것임이 증명된 경우라도 나머지 요건인 그 자백이 착오로 인한 것이라는 점은 변론 전체의 취지만에 의하여 인정할 수 없다. 변호사시험 제1회

해설 자백이 진실에 반하는 경우 착오는 변론전체의 취지로도 인정이 가능하다. 『재판상 자백은 상대방의 동의가 없는 경우에는 자백을 한 당사자가 그 자백이 진실에 부합되지 않는다는 사실과 자백이 착오에 기인한다는 사실을 증명한 경우에만 이를 취소할 수 있는 것이기는 하나, **증거에 의하여 자백이 진실과 부합되지 않는 사실이 증명되고 변론의 전취지에 의하여 그 자백이 착오에 기인한 것으로 인정되는 경우에는 자백의 취소를 허용하여야 한다**』(대판 1997. 11. 11, 97다30646).

정답 - X

5 당사자가 주장하지 않았음에도, 법원이 당해 법원의 다른 판결에서 인정한 사실관계를 법원에 현저한 사실로 인정한 것은 변론주의를 위반한 것이다. 변호사시험 제1회

해설 현저한 사실은 불요증사실일 뿐, 변론주의가 적용되므로 주요사실인 한 당사자의 주장이 필요하다. 『변론주의가 적용되는 소송절차에서 법원에 현저한 사실도 그 사실이 주요사실인 경우에는 당사자의 주장이 있어야만 비로소 판결의 기초로 할 수 있다』(대판 1965. 3. 2, 64다1761).

정답 - O

6 **당사자가 변론에서 상대방이 주장하기도 전에 스스로 자신에게 불이익한 사실을 진술하였더라도, 상대방이 이를 명시적으로 원용하거나 그 진술과 일치되는 진술을 하게 되면 재판상 자백이 성립된다.** 변호사시험 제6회

해설 『**재판상 자백의 일종인 소위 선행자백은 당사자 일방이 자기에게 불리한 사실상의 진술을 자진하여 한 후 그 상대방이 이를 원용함으로써 그 사실에 관하여 당사자 쌍방의 주장이 일치함을 요하므로** 그 일치가 있기 전에는 전자의 진술을 선행자백이라 할 수 없고 따라서 일단 자기에게 불리한 사실을 진술한 당사자도 그 후 그 상대방의 원용이 있기 전에는 그 자인한 진술을 철회하고 이와 모순되는 진술을 자유로이 할 수 있으며 이 경우 앞의 자인진술은 소송자료로부터 제거된다』(대판 1986. 7. 22, 85다카944). 정답 - O

7 **부동산의 시효취득에서 점유기간의 산정기준이 되는 점유개시의 시기에 관한 자백은 법원이나 당사자를 구속하지 않는다.** 변호사시험 제6회

해설 **부동산의 시효취득에 있어서 점유개시시기에 대한 자백의 구속력 유무**에 관하여 판례는 『**부동산의 시효취득에 있어서 점유기간의 산정기준이 되는 점유개시의 시기는** 취득시효의 요건사실인 점유기간을 판단하는 데 간접적이고 수단적인 구실을 하는 간접사실에 불과하므로, **이에 대한 자백은 법원이나 당사자를 구속하지 않는다**』(대판 2007. 2. 8, 2006다28065)이라고 판시하고 있다. 정답 - O

8 **상대방에게 송달된 준비서면에 자백에 해당하는 내용이 기재되어 있는 경우, 그것이 변론기일에서 진술 또는 진술간주되어야 재판상 자백이 성립한다.** 변호사시험 제6회

해설 『민사소송법 제288조의 규정에 의하여 구속력을 갖는 자백은 재판상의 자백에 한하는 것이고, 재판상 자백이란 변론기일 또는 변론준비기일에서 당사자가 하는 상대방의 주장과 일치하는 자기에게 불리한 사실의 진술을 말하는 것으로서(대판 1996. 12. 20, 95다37988 등 참조), **법원에 제출되어 상대방에게 송달된 답변서나 준비서면에 자백에 해당하는 내용이 기재되어 있는 경우라도 그것이 변론기일이나 변론준비기일에서 진술 또는 진술간주되어야 재판상 자백이 성립한다**』(대판 2015. 2. 12, 2014다229870).

→ 상대방에게 송달된 준비서면에 자백에 해당하는 내용이 기재되어 있는 경우, 그것이 변론기일에서 진술 또는 진술간주되어야 재판상 자백이 성립한다. 정답 - O

9 **재판상 자백이 성립하면 법원이 증거조사의 결과 반대의 심증을 얻었다 하여도 자백과 배치되는 사실을 인정할 수 없다.** 변호사시험 제6회

해설 『재판상의 자백은 변론기일 또는 변론준비기일에 행한 상대방 당사자의 주장과 일치하는 자기에게 불리한 사실의 진술로서, 일단 **재판상의 자백이 성립하면** 그것이 적법하게 취소되지 않는 한 법원도 이에 기속되는 것이므로, **법원은 당사자 사이에 다툼이 없는 사실에 관하여 성립된 자백과 배치되는 사실을 증거에 의하여 인정할 수 없다**』(대판 2010. 2. 11, 2009다84288). 정답 - O

10 **자백이 진실에 반하는 것임이 증명되면 그 자백은 착오로 인한 것이라고 추정된다.**

변호사시험 제2회

해설 『재판상 자백의 취소는 반드시 명시적으로 하여야만 하는 것은 아니고 종전의 자백과 배치되는 사실을 주장함으로써 묵시적으로도 할 수 있는 것이나, 다만 이 경우에도 자백을 취소하는 당사자는 그 자백이 진실에 반한다는 것 외에 착오에 인한 것임을 아울러 증명하여야 하며 **진실에 반하는 것임이 증명되었다고 하여 착오에 인한 자백으로 추정되지는 않는다**』(대판 1994. 6. 14, 94다14797).

정답 – X

11 **일단 자기에게 불리한 사실을 진술한 당사자도 그 후 상대방의 원용이 있기 전에는 그 진술을 철회하고 이와 모순되는 진술을 자유로이 할 수 있으며, 이 경우 앞의 자인사실은 소송자료에서 제거된다.**

변호사시험 제7회

해설 『재판상 자백의 일종인 이른바 선행자백은 당사자 일방이 자진하여 자기에게 불리한 사실상의 진술을 한 후 상대방이 이를 원용함으로써 사실에 관하여 당사자 쌍방의 주장이 일치함을 요하므로 **일치가 있기 전에는 전자의 진술을 선행자백이라 할 수 없고,** 따라서 **일단 자기에게 불리한 사실을 진술한 당사자도 그 후 상대방의 원용이 있기 전에는 자인한 진술을 철회하고 이와 모순되는 진술을 자유로이 할 수 있으며** 이 경우 **앞의 자인사실은 소송자료에서 제거된다**』(대판 2016. 6. 9, 2014다64752).

정답 – O

12 **재판상 자백을 취소하려면 당사자는 그 자백이 진실에 어긋난다는 것 외에 착오로 말미암은 것임을 아울러 증명하여야 하며, 진실에 어긋나는 것임이 증명되었다고 하여 착오로 말미암은 것으로 추정되지는 않는다.**

변호사시험 제7회

해설 **자백의 취소에 있어서 진실에 반한다는 것이 증명되면 착오로 인한 것으로 추정되는지 여부**에 관하여 판례는 『자백을 취소하는 당사자는 그 자백이 진실에 반한다는 것 외에 착오로 인한 것임을 아울러 증명하여야 하고, 진실에 반하는 것임이 증명되었다고 하여 착오로 인한 자백으로 추정되는 것은 아니다』(대판 2010. 2. 11, 2009다84288,84295)라고 판시하고 있다.

정답 – O

13 **재판상 자백을 취소하는 경우, 진실에 어긋난다는 사실에 대한 증명은 그 반대되는 사실을 직접증거로 증명함으로써 할 수 있지만 자백사실이 진실에 어긋남을 추인할 수 있는 간접사실의 증명으로도 가능하다.**

변호사시험 제7회

해설 『재판상의 자백에 대하여 상대방의 동의가 없는 경우에는 자백을 한 당사자가 그 자백이 진실에 부합되지 않는다는 것과 자백이 착오에 기인한다는 사실을 증명한 경우에 한하여 이를 취소할 수 있으나, 이때 **진실에 부합하지 않는다는 사실에 대한 증명**은 그 반대되는 사실을 **직접증거에 의하여 증명함으로써 할 수 있지만** 자백사실이 진실에 부합하지 않음을 추인할 수 있는 **간접사실의 증명에 의하여도 가능하다**고 할 것이고, 또한 자백이 진실에 반한다는 증명이 있다고 하여 그 자백이 착오로 인한 것이라고 추정되는 것은 아니지만 그 자백이 진실과 부합되지 않는 사실이 증명된 경우라면 변론의 전취지에 의하여 그 자백이 착오로 인한 것이라는 점을 인정할 수 있다』(대판 2004. 6. 11, 2004다13533).

정답 – O

14 **타인의 불법행위로 인하여 피해자가 상해를 입거나 사망한 경우, 그 손해배상을 구하는 소에서 피해자의 사고 당시 수입은 재판상 자백의 대상이 된다.** 변호사시험 제7회

해설 **불법행위로 인한 손해배상 청구소송에서 피해자의 사고 당시 수입이 자백의 대상이 되는지 여부**에 관하여 판례는 『타인의 불법행위로 인하여 피해자가 상해를 입게 되거나 사망하게 된 경우, 피해자가 입게 된 소극적 손해인 일실수입은 피해자의 사고 당시 수입을 기초로 하여 산정하게 되므로 피해자의 사고 당시 수입은 자백의 대상이 된다』(대판 1998. 5. 15, 96다24668)라고 판시하고 있다. 정답 – O

15 **「민사소송법」 제150조 제3항 본문의 요건이 구비되어 자백간주의 효과가 발생하였다 하더라도 그 이후의 변론기일에 대한 소환장이 공시송달의 방법으로 송달되었다면 위 조항의 단서에 따라 자백간주의 효과가 상실된다.** 변호사시험 제7회

해설 『민사소송법 제139조 소정의 의제자백의 요건이 구비되어 일단 의제자백으로서의 효과가 발생한 때에는 그 이후의 기일에 대한 소환장이 송달불능으로 되어 공시송달하게 되었다고 하더라도 **이미 발생한 의제자백의 효과가 상실되는 것은 아니라고 할 것**이므로 위 규정에 의하여 자백한 것으로 간주하여야 할 사실을 증거판단하여 의제자백에 배치되는 사실인정을 하는 것은 위법이라고 할 것이다』(대판 1988. 2. 23, 87다카961). 정답 – X

16 **민사집행절차에 관하여 「민사집행법」에 특별한 규정이 없으면 「민사소송법」의 규정이 준용되므로, 강제경매개시결정에 대한 이의의 재판절차에도 「민사소송법」상 재판상 자백이나 자백간주에 관한 규정이 준용된다.** 변호사시험 제7회

해설 『민사집행법 제23조 제1항은 민사집행절차에 관하여 민사집행법에 특별한 규정이 없으면 성질에 반하지 않는 범위 내에서 민사소송법의 규정을 준용한다는 취지인데, 집행절차상 즉시항고 재판에 관하여 변론주의의 적용이 제한됨을 규정한 민사집행법 제15조 제7항 단서 등과 같이 **직권주의가 강화되어 있는 민사집행법하에서** 민사집행법 제16조의 집행에 관한 이의의 성질을 가지는 **강제경매 개시결정에 대한 이의의 재판절차에서는 민사소송법상 재판상 자백이나 의제자백에 관한 규정은 준용되지 아니하고,** 이는 민사집행법 제268조에 의하여 담보권실행을 위한 경매절차에도 준용되므로 경매개시결정에 대한 형식적인 절차상의 하자를 이유로 한 임의경매 개시결정에 대한 이의의 재판절차에서도 민사소송법상 재판상 자백이나 의제자백에 관한 규정은 준용되지 아니한다』(대결 2015. 9. 14, 자 2015마813). 정답 – X

17 **주신문에서는 특별한 경우가 아닌 한 유도신문이 금지되지만, 반대신문에서는 필요한 경우 유도신문이 허용된다.** 변호사시험 제1회

해설 **주신문에서는** 허위증언 유도의 위험성 때문에 **원칙적으로 유도신문이 금지**된다(민사소송규칙 제91조 제2항). 그러나 증인은 반대신문자에게 호의를 갖지 않는 경우가 대부분이

므로 **반대신문에서 필요한 때에는 유도신문을 할 수 있다**(민사소송규칙 제92조 제2항). 다만 재판장은 유도신문의 방법이 상당하지 아니하다고 인정하는 때에는 제한할 수 있다(민사소송규칙 제92조 제3항).

정답 – O

18 **증인진술서가 제출되었으나 그 작성자가 증인으로 출석하지 않고, 당사자가 반대신문권을 포기하여 그 증인진술서의 진정성립을 다투지 않는 경우, 법원은 이를 서증으로 채택할 수 있으나, 그 증인진술서의 내용이 허위라고 하더라도 그 작성자에 대하여 위증죄의 책임을 물을 수 없다.** 변호사시험 제1회

해설 『형법 제152조 제1항의 위증죄는 법률에 의하여 선서한 증인이 허위의 진술을 한 때에 성립하는 것이므로 위증의 경고를 수반하는 법률에 의한 선서절차를 거친 법정에서 구체적으로 이루어진 진술을 그 대상으로 하는바, 민사소송규칙 제79조 제1항은 "법원은 효율적인 증인신문을 위하여 필요하다고 인정하는 때에는 증인을 신청한 당사자에게 증인진술서를 제출하게 할 수 있다."라고 규정함으로써 증인진술서제도를 채택하고 있는데 이러한 증인진술서는 그 자체로는 서증에 불과하여 그 기재내용이 법정에서 진술되지 아니하는 한 여전히 서증으로 남게 되는 점, 민사소송법 제331조가 원칙적으로 증인으로 하여금 서류에 의하여 진술을 하지 못하도록 규정하고 있는 점, 민사소송규칙 제95조 제1항이 증인신문의 방법에 관하여 개별적이고 구체적으로 하여야 한다고 규정하고 있는 점 등의 사정에 비추어 볼 때, **증인이 법정에서 선서 후 증인진술서에 기재된 구체적인 내용에 관하여 진술함이 없이 단지 그 증인진술서에 기재된 내용이 사실대로라는 취지의 진술만을 한 경우**에는 그것이 증인진술서에 기재된 내용 중 특정 사항을 구체적으로 진술한 것과 같이 볼 수 있는 등의 특별한 사정이 없는 한 **증인이 그 증인진술서에 기재된 구체적인 내용을 기억하여 반복 진술한 것으로는 볼 수 없으므로, 가사 거기에 기재된 내용에 허위가 있다 하더라도 그 부분에 관하여 법정에서 증언한 것으로 보아 위증죄로 처벌할 수는 없다**고 할 것이다』(대판 2010. 5. 13, 2007도1397).

정답 – O

19 **법원은 다른 증거방법에 의하여 심증을 얻지 못한 경우에 한하여 직권 또는 당사자의 신청에 따라 당사자 본인을 신문할 수 있다.** 변호사시험 제1회

해설 구 민사소송법이 채택한 **당사자신문의 보충성**(당사자본인신문은 다른 증거방법에 의하여 법원이 심증을 얻지 못한 경우에 한해서 직권 또는 당사자의 신청에 의하여 허용된다)**은 2002년 민사소송법 개정으로 폐지**되었다(신법 제367조 본문에서는 법원은 직권 또는 당사자의 신청에 따라 당사자 본인을 신문할 수 있다고 규정하고 있다).

〔**민사소송법 제367조(당사자신문)**〕 법원은 직권으로 또는 당사자의 신청에 따라 당사자 본인을 신문할 수 있다. 이 경우 당사자에게 선서를 하게 하여야 한다.

정답 – X

20 증인의 신문은 증인신문신청을 한 당사자의 신문, 상대방의 신문, 증인신문신청을 한 당사자의 재신문, 상대방의 재신문의 순서로 하고, 그 신문이 끝난 후에는 당사자는 재판장의 허가를 받은 때에만 다시 신문할 수 있다. 변호사시험 제2회

해설

〔제327조(증인신문의 방식)〕 ① 증인신문은 증인을 신청한 당사자가 먼저 하고, 다음에 다른 당사자가 한다. ② 재판장은 제1항의 신문이 끝난 뒤에 신문할 수 있다.
〔규칙 제89조(신문의 순서)〕 ① 법 제327조 제1항의 규정에 따른 증인의 신문은 다음 각호의 순서를 따른다. 다만, 재판장은 주신문에 앞서 증인으로 하여금 그 사건과의 관계와 쟁점에 관하여 알고 있는 사실을 개략적으로 진술하게 할 수 있다.
1. 증인신문신청을 한 당사자의 신문(주신문)
2. 상대방의 신문(반대신문)
3. 증인신문신청을 한 당사자의 재신문(재주신문)
② 제1항의 순서에 따른 신문이 끝난 후에는 당사자는 재판장의 허가를 받은 때에만 다시 신문할 수 있다.

정답 - X

21 법인이 당사자인 소송에서 법인의 대표자에 대하여 당사자본인신문의 방식에 의하여 증거조사를 하여야 하나, 증인신문방식에 의하여 증거조사를 하였다고 하더라도 상대방이 이에 대하여 지체 없이 이의하지 아니하면 이의권 포기·상실로 인하여 그 하자가 치유된다. 변호사시험 제2회

해설 당사자본인으로 신문해야 함에도 증인으로 신문한 경우 상대방이 지체없이 이의하지 아니하면 책문권 포기, 상실로 인하여 하자가 치유되는지 여부에 관하여 판례는 『당사자본인으로 신문해야 함에도 증인으로 신문하였다 하더라도 상대방이 이를 지체 없이 이의하지 아니하면 책문권 포기, 상실로 인하여 그 하자가 치유된다』(대판 1992. 10. 27, 92다32463)라고 판시하고 있다. 정답 - O

22 법원은 효율적인 증인신문을 위하여 필요하다고 인정하는 때에는 증인에게 증인진술서를 제출하게 할 수 있다. 변호사시험 제7회

해설

〔제79조(증인진술서의 제출 등)〕 ① 법원은 효율적인 증인신문을 위하여 필요하다고 인정하는 때에는 증인을 신청한 당사자에게 증인진술서를 제출하게 할 수 있다.

정답 - X

23 법원이 증언거부권이나 선서거부권을 고지하지 않았다고 하여도 위법은 아니다.

변호사시험 제7회

해설 『형사소송법은 증언거부권에 관한 규정(제148조, 제149조)과 함께 재판장의 증언거부권 고지의무에 관하여도 규정하고 있는 반면(제160조), 민사소송법은 증언거부권 제도를 두면서도(제314조 내지 제316조) 증언거부권 고지에 관한 규정을 따로 두고 있지 않다. 우리 입법자는 1954. 9. 23. 제정 당시부터 증언거부권 및 그 고지 규정을 둔 형사소송법과는 달리 그 후인 1960. 4. 4. 민사소송법을 제정할 때 증언거부권 제도를 두면서도 그 고지 규정을 두지 아니하였고, 2002. 1. 26. 민사소송법을 전부 개정하면서도 같은 입장을 유지하였다. 이러한 입법 경위 및 규정 내용에 비추어 볼 때, 이는 양 절차에 존재하는 목적·적용원리 등의 차이를 염두에 둔 입법적 선택으로 보인다. 더구나 민사소송법은 형사소송법과 달리, '선서거부권 제도'(제324조), '선서면제 제도'(제323조) 등 증인으로 하여금 위증죄의 위험에서 벗어날 수 있도록 하는 이중의 장치를 마련하고 있어 증언거부권 고지 규정을 두지 아니한 것이 입법의 불비라거나 증언거부권 있는 증인의 침묵할 수 있는 권리를 부당하게 침해하는 입법이라고 볼 수도 없다. 그렇다면 **민사소송절차에서 재판장이 증인에게 증언거부권을 고지하지 아니하였다 하여 절차위반의 위법이 있다고 할 수 없다**』(대판 2011. 7. 28, 2009도14928).

정답 – O

24 만 14세인 학생을 증인으로 신문할 때에는 선서를 시키지 못한다.

변호사시험 제7회

해설

〔**제322조(선서무능력)**〕 다음 각호 가운데 어느 하나에 해당하는 사람을 증인으로 신문할 때에는 선서를 시키지 못한다.
1. 16세 미만인 사람
2. 선서의 취지를 이해하지 못하는 사람

정답 – O

25 증인이 자신의 직업의 비밀에 속하는 사항에 대하여 신문을 받을 때에는 해당 사항에 대한 비밀을 지킬 의무가 면제된 경우에도 증언거부권을 가진다.

변호사시험 제7회

해설

〔**제315조(증언거부권)**〕 ① 증인은 다음 각호 가운데 어느 하나에 해당하면 증언을 거부할 수 있다.
1. 변호사·변리사·공증인·공인회계사·세무사·의료인·약사, 그 밖에 법령에 따라 비밀을 지킬 의무가 있는 직책 또는 종교의 직책에 있거나 이러한 직책에 있었던 사람이 직무상 비밀에 속하는 사항에 대하여 신문을 받을 때
2. 기술 또는 직업의 비밀에 속하는 사항에 대하여 신문을 받을 때
② 증인이 비밀을 지킬 의무가 면제된 경우에는 제1항의 규정을 적용하지 아니한다.

정답 – X

26 **당사자나 법정대리인을 증인으로 신문하였다고 하더라도 지체 없이 이의권을 행사하지 않으면 그 흠이 치유된다.** 변호사시험 제7회

해설 증거조사방식이 위배된 경우의 증거능력에 관하여 판례는 『당사자 본인신문의 방식에 의하여야 할 종친회 대표자를 증인으로 조사한데 대하여 지체없이 이의의 진술이 없었다면 그 증언을 채택하여 사실 인정을 하였다 하더라도 위법이라 할 수 없다』(대판 1977. 10. 11, 77다1316)고 판시하고 있다. 정답 - O

27 **감정증인은 특별한 학식과 경험을 통하여 얻은 과거의 구체적 사실을 보고하는 사람을 말하는데, 경험을 보고하는 이상 증인이므로 법원은 증인과 마찬가지의 절차로 조사한다.** 변호사시험 제1회

해설 감정증인은 사실을 알게 되는 과정에서 특별한 학식과 경험을 이용하였다는 것일 뿐 어디까지나 경험한 사실에 관한 진술을 하는 자이므로 증인의 일종이며 감정인이 아니다. 따라서 증인신문에 관한 규정에 의하여야 한다(민사소송법 제340조). 정답 - O

28 **감정사항에 관한 진술이 있기 전부터 감정인이 성실하게 감정할 수 없는 사정이 있다는 것을 당사자가 알았다면, 그 당사자는 감정사항에 관한 진술이 이루어진 뒤에는 감정인을 기피할 수 없다.** 변호사시험 제1회

해설

〔제336조(감정인의 기피)〕 감정인이 성실하게 감정할 수 없는 사정이 있는 때에 당사자는 그를 기피할 수 있다. 다만, 당사자는 감정인이 감정사항에 관한 진술을 하기 전부터 기피할 이유가 있다는 것을 알고 있었던 때에는 감정사항에 관한 진술이 이루어진 뒤에 그를 기피하지 못한다.

정답 - O

29 **① 甲은 乙에게 대여금반환청구의 소를 제기하면서 乙명의의 차용증서를 증거로 제출하였다. 차용증서에 날인된 乙의 인영이 그의 인장에 의하여 현출된 것이라면 특단의 사정이 없는 한 그 인영의 진정성립, 즉 날인행위가 乙의 의사에 기한 것임이 추정되고, 일단 인영의 진정성립이 추정되면 민사소송법 제358조에 의하여 차용증서 전체의 진정성립이 추정된다.**

② 위 ①의 경우, 乙이 반증을 들어 인영의 진정성립에 관하여 법원으로 하여금 의심을 품게 할 수 있는 사정을 증명하면 그 진정성립의 추정은 깨어진다. 변호사시험 제3회

해설 『문서에 날인된 작성명의인의 인영이 작성 명의인의 인장에 의하여 현출된 인영임이 인정되는 경우에는 특단의 사정이 없는 한 그 인영의 성립 즉 날인행위가 작성명의인의 의사에 기하여 진정하게 이루어진 것으로 추정되고 일단 **인영의 진정성립이 추정되면 민사소송법 제329조(현행 민사소송법 제358조)의 규정에 의하여 그 문서전체의 진정성립까지**

추정된다』(대판 1986. 2. 11, 85다카1009). 『인영의 진정성립, 즉 날인행위가 작성 명의인의 의사에 기한 것이라는 추정은 **사실상의 추정**이므로, 인영의 진정성립을 다투는 자가 반증을 들어 **인영의 진정성립, 즉 날인행위가 작성 명의인의 의사에 기한 것임에 관하여 법원으로 하여금 의심을 품게 할 수 있는 사정을 입증하면 그 진정성립의 추정은 깨어진다**』(대판 1997. 6. 13, 96재다462).

정답 - ① O ② O

30 **甲은 乙에게 대여금반환청구의 소를 제기하면서 乙명의의 차용증서를 증거로 제출하였다. 만약 乙이 백지로 된 문서에 날인만 하여 甲에게 교부하였다고 주장한다면, 문서를 백지에 날인만을 하여 교부하여 준다는 것은 이례에 속하는 것이므로 乙이 차용증서의 진정성립의 추정력을 뒤집으려면 그럴만한 합리적인 이유와 이를 뒷받침할 간접반증 등의 증거가 필요하다.** 변호사시험 제3회

해설 **백지에 서명만을 한 채 교부하여 작성된 문서의 증명력**에 관하여 판례는 『문서를 백지에 서명만을 하여 교부하여 준다는 것은 이례에 속하는 것이므로 그 문서의 진정성립의 추정력을 뒤집으려면 그럴 만한 합리적인 이유와 이를 뒷받침할 증거가 필요하다』(대판 1988. 9. 27, 85다카1397)라고 판시하고 있다.

정답 - O

31 **甲은 乙에게 대여금반환청구의 소를 제기하면서 乙명의의 차용증서를 증거로 제출하였다. 甲이 제출한 차용증서가 乙이 백지로 된 문서에 날인한 후 乙이 아닌 자에 의하여 백지부분이 보충되었음이 밝혀진 경우에는 그것이 권한 없는 자에 의하여 이루어진 것이라는 점에 관하여 乙에게 증명책임이 있다.** 변호사시험 제3회

해설 『문서에 날인된 작성명의인의 인영이 작성명의인의 인장에 의하여 현출된 것임이 인정되는 경우에는 특단의 사정이 없는 한 그 인영의 진정성립 및 그 문서 전체의 진정성립까지 추정되는 것이기는 하나, 이는 어디까지나 먼저 내용기재가 이루어진 뒤에 인영이 압날된 경우에만 그러한 것이며 작성명의인의 날인만 되어 있고 그 내용이 백지로 된 문서를 교부받아 후일 그 백지 부분을 작성명의자가 아닌 자가 보충한 문서의 경우에 있어서는 **문서제출자는 그 기재 내용이 작성명의인으로부터 위임받은 정당한 권원에 의한 것이라는 사실을 입증할 책임**이 있으며, 이와 같은 법리는 그 문서가 처분문서라고 하여 달라질 것은 아니다』(대판 2000. 6. 9, 99다37009). 따라서 乙이 아니라, 甲에게 백지부분 보충이 권한 있는 자에 의한 것이라는 점에 관하여 증명책임이 있다.

정답 - X

32 **甲은 乙에게 대여금반환청구의 소를 제기하면서 乙명의의 차용증서를 증거로 제출하였다. 만약 차용증서의 진정성립이 인정되면 법원은 그 기재내용을 부인할 만한 분명하고도 수긍할 수 있는 반증이 없는 한 그 차용증서에 기재되어 있는 문언대로의 의사표시의 존재와 내용을 인정하여야 한다.** 변호사시험 제3회

해설 **진정성립이 인정되는 처문문서의 증명력에** 관하여 판례는 『처분문서의 진정성립이 인정되는 이상 법원은 그 문서의 기재 내용에 따른 의사표시의 존재 및 내용을 인정하여야 하나, 그 기재 내용을 부인할 만한 분명하고도 수긍할 수 있는 반증이 인정될 경우에는 그 기재 내용과 다른 사실을 인정할 수 있다』(대판 2010. 11. 11, 2010다56616)이라고 판시하고 있다.

정답 – O

33 사문서는 그것이 진정한 것임을 증명하여야 한다. 변호사시험 제5회

해설

〔**제357조(사문서의 진정의 증명)**〕 사문서는 그것이 진정한 것임을 증명하여야 한다.

정답 – O

34 원고가 증거로 제출한 사문서에 대하여 피고가 그 진정성립을 다투는 경우, 법원은 변론 전체의 취지만을 참작하여 그 문서가 진정하다고 인정할 수 없다. 변호사시험 제5회

해설 『사문서는 그 진정성립이 증명되어야만 이를 증거로 할 수 있으나 그 증명의 방법에 관하여 특별한 제한이 없고, 당사자가 부지라고 다투는 서증에 관하여 거증자가 특히 그 성립을 증명하지 아니한 경우라 할지라도 법원은 다른 증거에 의하지 아니하고 **변론 전체의 취지를 참작하여 자유심증으로 그 성립을 인정할 수 있다**』(대판 1993. 4. 13, 92다12070등 참조).

정답 – X

35 당사자 또는 그 대리인이 고의나 중대한 과실로 진실에 어긋나게 문서의 진정을 다툰 때에는 법원은 결정으로 과태료에 처한다. 변호사시험 제5회

해설

〔**제363조(문서성립의 부인에 대한 제재)**〕 ① 당사자 또는 그 대리인이 고의나 중대한 과실로 진실에 어긋나게 문서의 진정을 다툰 때에는 법원은 결정으로 200만원 이하의 과태료에 처한다.

정답 – O

36 공증인이 작성한 사서증서인증서가 증거로 제출된 경우, 공증 부분의 진정성립이 인정되면 특별한 사정이 없는 한 공증인이 인증한 사문서 부분의 진정성립도 사실상 추정된다. 변호사시험 제5회

해설 『공증인법에 규정된 사서증서에 대한 인증제도는 당사자로 하여금 공증인의 면전에서 사서증서에 서명 또는 날인하게 하거나 사서증서의 서명 또는 날인을 본인이나 그 대리인으로 하여금 확인하게 한 후 그 사실을 공증인이 증서에 기재하는 것이다(공증인법 제57조 제1항). 공증인이 사서증서의 인증을 함에 있어서는 공증인법에 따라 반드시 촉탁인의 확인(제27조)이나 대리촉탁인의 확인(제30조) 및 그 대리권의 증명(제31조) 등의 절차를 미리 거

치도록 규정되어 있으므로, **공증인이 사서증서를 인증함에 있어서 그와 같은 절차를 제대로 거치지 않았다는 등의 사실이 주장·입증되는 등 특별한 사정이 없는 한, 공증인이 인증한 사서증서의 진정성립은 추정된다**』(대결 2009. 1. 16, 자 2008스119). 정답 – O

37 **문서에 찍힌 인영의 진정함을 인정하였더라도 당사자는 자유롭게 이를 철회할 수 있다.** 변호사시험 제6회

해설 『문서의 성립에 관한 자백은 보조사실에 관한 자백이기는 하나 그 취소에 관하여는 다른 간접사실에 관한 자백취소와는 달리 주요사실의 자백취소와 동일하게 처리하여야 할 것이므로 **문서의 진정성립을 인정한 당사자는 자유롭게 이를 철회할 수 없다고 할 것이고, 이는 문서에 찍힌 인영의 진정함을 인정하였다가 나중에 이를 철회하는 경우에도 마찬가지이다**』(대판 2001. 4. 24, 2001다5654). 정답 – X

38 **문서의 일부를 제출하여 서증을 신청하고자 할 때에는 원칙적으로 그 일부의 원본, 정본 또는 인증이 있는 등본을 제출하여야 한다.** 변호사시험 제2회

해설

〔**규칙 제105조(문서를 제출하는 방식에 의한 서증신청)**〕 ④ 문서의 일부를 증거로 하는 때에도 **문서의 전부**를 제출하여야 한다. 다만, 그 사본은 재판장의 허가를 받아 증거로 원용할 부분의 초본만을 제출할 수 있다.

정답 – X

39 **당사자 또는 제3자가 문서제출명령에 따르지 아니한 때에는 법원은 그 문서의 성질, 내용, 성립의 진정 등에 관한 상대방의 주장을 진실한 것으로 인정할 수 있다.** 변호사시험 제2회

해설

〔**제349조(당사자가 문서를 제출하지 아니한 때의 효과)**〕 당사자가 제347조 제1항·제2항 및 제4항의 규정에 의한 명령에 따르지 아니한 때에는 법원은 문서의 기재에 대한 **상대방의 주장을 진실한 것으로 인정할 수 있다.**
〔**제351조(제3자가 문서를 제출하지 아니한 때의 제재)**〕 제3자가 제347조 제1항·제2항 및 제4항의 규정에 의한 명령에 따르지 아니한 때에는 제318조의 규정을 준용한다.
〔**제318조(증언거부에 대한 제재)**〕 증언의 거부에 정당한 이유가 없다고 한 재판이 확정된 뒤에 증인이 증언을 거부한 때에는 제311조 제1항, 제8항 및 제9항의 규정을 준용한다.
〔**제311조(증인이 출석하지 아니한 경우의 과태료 등)**〕 ① 증인이 정당한 사유 없이 출석하지 아니한 때에 법원은 결정으로 증인에게 이로 말미암은 소송비용을 부담하도록 명하고 500만원 이하의 과태료에 처한다. ⑧ 제1항과 제2항의 결정에 대하여는 즉시항고를 할 수 있다. 다만, 제447조의 규정은 적용하지 아니한다. ⑨ 제2항 내지 제8항의 규정에 따른 재판절차 및 그 집행 그 밖에 필요한 사항은 대법원규칙으로 정한다.

정답 – X

40 **채무불이행으로 인한 손해배상액이 예정되어 있는 경우 채권자는 채무불이행 사실만 증명하면 손해의 발생 및 그 액수를 증명하지 아니하고 예정배상액을 청구할 수 있고, 채무자는 자신의 과실 없음을 항변하지 못한다.** 변호사시험 제3회

해설 『채무불이행으로 인한 손해배상액이 예정되어 있는 경우에는 채권자는 채무불이행 사실만 증명하면 손해의 발생 및 그 액을 증명하지 아니하고 예정배상액을 청구할 수 있고, **채무자는 채권자와 채무불이행에 있어 채무자의 귀책사유를 묻지 아니한다는 약정을 하지 아니한 이상 자신의 귀책사유가 없음을 주장·입증함으로써 예정배상액의 지급책임을 면할 수 있다**』(대판 2007. 12. 27, 2006다9408). 따라서 채무자는 자신의 과실 없음을 항변할 수 있다.

정답 – X

41 **점유자가 점유취득시효를 주장하는 경우 스스로 소유의 의사를 증명할 책임은 없고, 점유자의 점유자가 소유의 의사가 없는 점유임을 주장하여 취득시효 성립을 부정하는 자에게 증명책임이 있다.** 변호사시험3회

해설 **취득시효에서 자주점유 여부에 대한 증명책임의 소재 및 점유가 자주점유인지 타주점유인지의 판단기준**에 관하여 판례는 『민법 제197조 제1항에 의하면, 물건의 점유자는 소유의 의사로 점유한 것으로 추정되므로, 점유자가 취득시효를 주장하는 경우 스스로 소유의 의사를 증명할 책임은 없고, 점유자의 점유가 소유의 의사가 없는 점유임을 주장하여 취득시효 성립을 부정하는 자에게 증명책임이 있다』(대판 2011. 7. 28, 2011다15094)라고 판시하고 있다.

정답 – O

42 **피해자가 가해자를 상대로 대기오염이나 수질오염에 의한 공해로 인한 손해배상을 청구하는 소송에 있어서 가해자가 어떠한 유해한 원인물질을 배출하고 그것이 피해물건에 도달하여 손해가 발생하였음을 피해자가 증명하였다면, 가해자가 그것이 무해하다는 것을 증명하여야 한다.** 변호사시험 제3회

해설 『① 피고공장에서 김의 생육에 악영향을 줄 수 있는 **폐수가 배출**되고 ② 그 폐수중의 일부가 해류를 통하여 이 사건 어장에 **도달**되었으며, ③ 그 후 김에 **피해**가 있었다는 사실이 각 모순 없이 증명되는 이상 피고의 위 폐수의 배출과 원고가 양식하는 김에 병해가 발생하여 입은 손해와의 사이에 일응 인과관계의 증명이 있다고 보아야 할 것이고, 이러한 사정아래서 폐수를 배출하고 있는 피고로서는 **① 피고공장 폐수 중에는 김의 생육에 악영향을 끼칠 수 있는 원인물질이 들어 있지 않으며 또는 ② 원인물질이 들어 있다 하더라도 그 혼합율이 안전농도 범위 내에 속한다는 사실**을 반증을 들어 인과관계를 부정하지 못하는 이상 그 불이익은 피고에게 돌려야 마땅할 것이다』(대판 1984. 6. 12, 81다558).

정답 – O

43 **채무부존재확인소송에서 채무자가 먼저 청구를 특정하여 채무발생원인사실을 부정하는 주장을 하면, 채권자는 권리관계의 요건사실에 관하여 주장·증명책임을 부담한다.**

변호사시험 제3회

해설 **채무부존재확인소송에 있어서 주장·입증책임의 분배**에 관하여 판례는 『금전채무부존재확인소송에 있어서는, 채무자인 원고가 먼저 청구를 특정하여 채무발생원인사실을 부정하는 주장을 하면 채권자인 피고는 권리관계의 요건사실에 관하여 주장·입증책임을 부담한다』(대판 1998. 3. 13, 97다45259)라고 판시하고 있다. 정답 - O

44 **사해행위취소소송에서 사해행위의 취소를 구하는 채권자가 채무자의 수익자에 대한 금원지급행위를 증여라고 주장함에 대하여, 수익자는 이를 기존 채무에 대한 변제로서 받은 것이라고 다투고 있는 경우 그 금원지급행위가 증여에 해당한 다는 사실은 취소를 구하는 채권자가 증명하여야 한다.** 변호사시험 제3회

해설 『사해행위의 취소를 구하는 채권자가 채무자의 수익자에 대한 금원지급행위를 증여라고 주장함에 대하여, 수익자는 이를 기존 채무에 대한 변제로서 받은 것이라고 다투고 있는 경우, 이는 채권자의 주장사실에 대한 부인에 해당할 뿐 아니라, 위 법리에서 보는 바와 같이 채무자의 금원지급행위가 증여인지, 변제인지에 따라 채권자가 주장·입증하여야 할 내용이 크게 달라지게 되므로, 결국 위 금원지급행위가 사해행위로 인정되기 위하여는 그 금전지급행위가 증여에 해당한다는 사실이 입증되거나 변제에 해당하지만 채권자를 해할 의사 등 앞서 본 특별한 사정이 있음이 입증되어야 할 것이고, **그에 대한 입증책임은 사해행위를 주장하는 측에 있다**고 할 것이다』(대판 2007. 5. 31, 2005다28686). 정답 - O

사례 【45~47】

甲은 자신의 소유인 X 부동산에 관하여 乙 명의로 소유권이전등기가 되어 있는 것을 발견하고, 소유권에 기하여 乙을 상대로 소유권이전등기 말소등기청구의 소를 제기하였다. 다음 설명이 타당한가? (각 지문은 독립적이고, 다툼이 있는 경우에는 판례에 의함)

변호사시험 제1회

45 **乙이 甲의 대리인인 丙으로부터 X 부동산을 매수하여 그 이전등기를 마친 것이라고 주장하는 경우, 甲이 丙의 대리권 없음을 증명하여야 한다.**

해설 등기추정력에 의해 등기의 말소를 청구하는 자가 제3자가 무권대리인이라거나 매매계약서가 위조가 되어 적법한 등기원인이 아니라는 것을 증명해야 한다. 만약 그것을 증명하였다면 등기추정력은 번복되고 등기명의인이 적법한 등기원인의 존재를 다시 증명하여야 할 것이다. 『소유권이전등기가 전 등기명의인의 직접적인 처분행위에 의한 것이 아니라 제3자가 그 처분행위에 개입된 경우 현 등기명의인이 그 제3자가 전 등기명의인의 대리인이라고 주장하더라도 **현 소유명의인의 등기가 적법히 이루어진 것으로 추정**되므로, 그 등기가 원인무효임을 이유로 그 **말소를 청구하는 전 소유명의인으로서는 반대사실, 즉 그 제3자에게 전 소유명의인을 대리할 권한이 없었다든가 또는 제3자가 전 소유명의인의 등기**

서류를 위조하는 등 등기절차가 적법하게 진행되지 아니한 것으로 의심할 만한 사정이 있다는 등의 무효사실에 대한 증명책임을 진다』(대판 2009. 9. 24, 2009다37831). 정답 - O

46 **甲이 乙의 등기원인을 증명하는 서면인 매매계약서가 위조된 사실을 증명한 경우, 乙은 다른 적법한 등기원인의 존재를 주장·증명하여야 한다.**

해설 소유권이전등기의 원인으로 주장된 계약서가 진정하지 않은 것으로 증명된 경우, 그 등기의 추정력이 깨어지는지 여부에 관하여 판례는 『소유권이전등기의 원인으로 주장된 계약서가 진정하지 않은 것으로 증명된 이상 그 등기의 적법추정은 복멸되는 것이고 계속 다른 적법한 등기원인이 있을 것으로 추정할 수는 없다』(대판 1998. 9. 22, 98다29568)라고 판시하고 있다.

정답 - O

47 **甲이 변론을 통해 자신이 소유자라는 주장을 하자 乙이 이를 인정하는 진술을 한 경우, 그 진술을 甲의 소유권의 내용을 이루는 사실에 대한 것으로 보아 자백의 구속력을 인정할 수 있다.**

해설 『소유권에 기한 이전등기말소청구소송에 있어서 피고가 원고 주장의 소유권을 인정하는 진술은 그 소 전제가 되는 소유권의 내용을 이루는 사실에 대한 진술로 볼 수 있으므로 이는 재판상 자백이다』(대판 1989. 5. 9, 87다카749). 이 판례에 대해 소유권이라는 선결적 법률관계 자체는 자백의 대상이 될 수 없지만, 그 내용을 이루는 사실에 대한 자백이 될 수 있다는 것으로 해석하는 견해가 있다.

정답 - O

사례 【48~52】

甲은 乙에게 매매계약에 기한 매매대금 청구의 소를 제기하면서 매매계약서를 그 증거로 제출하였다. 乙은 제1회 변론기일에서 甲이 주장하는 매매계약 체결사실과 매매계약서의 진정성립을 인정하였다. 그후 乙은 매매계약 체결사실을 다투고자 한다. 이 사안에 관한 설명 중 옳지 않은 것은? (다툼이 있는 경우 판례에 의함) 변호사시험 제4회

48 **乙이 위 자백을 취소하려면 그 자백이 진실에 어긋나는 것 외에 착오로 인한 것임을 아울러 증명하여야 하고, 진실에 어긋나는 것임이 증명되었다고 하여 착오로 인한 자백으로 추정되지는 않는다.**

해설 진실에 어긋나는 자백은 그것이 착오로 말미암은 것임을 증명한 때에는 취소할 수 있다(민사소송법 제288조 단서). 따라서 『자백을 취소하는 당사자는 그 자백이 진실에 반한다는 것 외에 착오로 인한 것임을 아울러 증명하여야 하고, **진실에 반하는 것임이 증명되었다고 하여 착오로 인한 자백으로 추정되는 것은 아니다**』(대판 2010. 2. 11, 2009다84288).

정답 - O

49 **乙의 자백 취소에 대하여 甲이 동의하면 진실에 어긋나는지 여부나 착오 여부와는 상관없이 자백의 취소는 인정된다.**

해설 『자백은 사적자치의 원칙에 따라 당사자의 처분이 허용되는 사항에 관하여 그 효력이 발생하는 것이므로, **일단 자백이 성립되었다고 하여도 그 후그 자백을 한 당사자가 위 자백을 취소하고 이에 대하여 상대방이 이의를 제기함이 없이 동의하면 반진실, 착오의 요건은 고려할 필요없이 자백의 취소를 인정하여야 할 것**』(대판 1994. 9. 27, 94다22897).

[비교판례]『자백은 진실에 반하고 착오에 의한 것임을 증명한 때 한하여 취소할 수 있는 것이고 자백취소에 대하여 상대방이 아무런 이의를 제기하고 있지 않다는 점만으로 그 취소를 인정할 수는 없다』(대판 1987. 7. 7, 87다카69).

정답 - O

50 **乙의 위 자백이 진실에 어긋난다는 사실이 증명된 경우라면 변론 전체의 취지에 의하여 그 자백이 착오로 인한 것이라는 점을 법원이 인정할 수 있다.**

해설 『자백이 진실에 반한다는 증명이 있다고 하여 그 자백이 착오로 인한 것이라고 추정되는 것은 아니지만 그 자백이 진실과 부합되지 않는 사실이 증명된 경우라면 **변론의 전취지에 의하여** 그 자백이 착오로 인한 것이라는 점을 인정할 수 있다』(대판 2000. 9. 9, 2000다23013).

정답 - O

51 **乙이 매매계약서의 진정성립에 관하여 한 자백은 보조사실에 관한 자백이어서 이를 자유롭게 취소할 수 있다.**

해설 『**문서의 성립에 관한 자백은 보조사실에 관한 자백**이기는 하나 그 취소에 관하여서는 다른 간접사실에 관한 자백의 취소와는 달리 **주요사실의 자백취소와 동일하게 처리하여야 할 것이므로 문서의 진정성립을 인정한 당사자는 자유롭게 이를 철회할 수 없는 것이**다』(대판 1988. 12. 20, 88다카 3083).

[비교판례]『이는 문서에 찍힌 인영의 진정함을 인정하였다가 나중에 이를 철회하는 경우에도 마찬가지로 보아야 할 것』(대판 2001. 4. 24, 2001 다5654).

정답 - X

52 **乙의 위 자백이 진실에 어긋난다는 사실의 증명은 간접사실의 증명에 의하여도 가능하다.**

해설 『재판상의 자백에 대하여 상대방의 동의가 없는 경우에는 자백을 한 당사자가 그 자백이 진실에 부합되지 않는다는 것과 자백이 착오에 기인한다는 사실을 증명한 경우에 한하여 이를 취소할 수 있으나, 이때 진실에 부합하지 않는다는 사실에 대한 증명은 그 반대되는 사실을 직접증거에 의하여 증명함으로써 할 수 있지만 자백사실이 진실에 부합하지 않음을 추인할 수 있는 **간접사실의 증명에 의하여도 가능**하다』(대판 2004. 6. 11, 2004다13533).

정답 - O

사례 【53~57】

甲은 乙을 상대로 대여금반환청구의 소를 제기하고 乙 명의의 차용증을 증거로 제출하였다. 이에 관한 설명 중 옳지 않은 것은? (다툼이 있는 경우 판례에 의함) 변호사시험 제6회

53 **甲이 차용증 원본에 갈음하여 그 사본을 제출하였는데 차용증의 존재 및 원본의 성립의 진정에 관하여 다툼이 있고 사본을 원본에 갈음하는 데 대하여 乙로부터 이의가 있다면 사본으로써 원본에 갈음할 수 없다.**

해설 『**원본의 존재 및 원본의 성립의 진정에 관하여 다툼이 있고 사본을 원본의 대용으로 하는 데 대하여 상대방으로부터 이의가 있는 경우에는 사본으로써 원본을 대신할 수 없고**, 반면에 사본을 원본으로서 제출하는 경우에는 그 사본이 독립한 서증이 되는 것이나, 그 대신 이에 의하여 원본이 제출된 것으로 되지는 아니하고, 이때에는 증거에 의하여 사본과 같은 원본이 존재하고 또 그 원본이 진정하게 성립하였음이 인정되어야 한다』(대판 2009. 3. 12, 2007다56524).

정답 - O

54 **차용증의 진정성립은 제출자인 甲이 증명하여야 한다.**

해설 『문서에 날인된 작성명의인의 인영이 그의 인장에 의하여 현출된 것이라면 특별한 사정이 없는 한 그 인영의 진정성립, 즉 날인행위가 작성명의인의 의사에 기한 것임이 사실상 추정되고, 일단 인영의 진정성립이 추정되면 민사소송법 제329조에 의하여 그 문서전체의 진정성립이 추정되나, 위와 같은 **사실상 추정은 날인행위가 작성명의인 이외의 자에 의하여 이루어진 것임이 밝혀진 경우에는 깨어지는 것이므로, 문서제출자는 그 날인행위가 작성명의인으로부터 위임받은 정당한 권원에 의한 것이라는 사실까지 입증할 책임이 있다**』(대판 1995. 6. 30, 94다41324).

→ 문서의 성립의 진정에 다툼이 있으면 문서를 제출한 거증자가 증명책임을 진다. 위 판례에서도 사실상 추정이 인정되지 않는 경우, 원칙으로 돌아가 문서제출자에게 문서의 진정을 입증할 책임을 지운다.

정답 - O

55 **乙의 날인만 되어 있고 내용이 백지로 된 차용증의 백지부분을 제3자인 丙이 후일 보충하였더라도 그 인영이 乙의 인장에 의한 것이라는 사실이 인정된다면 차용증의 진정성립은 추정된다.**

해설 『인영 부분 등의 진정성립이 인정되는 경우, 그 당시 그 문서의 전부 또는 일부가 미완성된 상태에서 서명날인만을 먼저 하였다는 등의 사정은 이례에 속한다고 볼 것이므로 완성문서로서의 진정성립의 추정력을 뒤집으려면 그럴 만한 합리적인 이유와 이를 뒷받침할 간접반증 등의 증거가 필요하다고 할 것이고, **만일 그러한 완성문서로서의 진정성립의**

추정이 번복되어 백지문서 또는 미완성 부분을 작성명의자가 아닌 자가 보충하였다는 등의 사정이 밝혀진 경우라면, 다시 그 백지문서 또는 미완성 부분이 정당한 권한에 기하여 보충되었다는 점에 관하여는 그 문서의 진정성립을 주장하는 자 또는 문서제출자에게 그 입증책임이 있다』(대판 2003. 4. 11, 2001다11406). 정답 – X

56 **제3자인 丙이 乙의 인장으로 차용증에 날인하였는데 丙에게 乙을 대리할 권한이 있었는지에 관하여 다툼이 있는 경우, 甲은 丙의 날인행위가 정당한 권원에 의한 것이라는 사실을 증명할 책임이 있다.**

해설 『문서에 날인된 작성명의인의 인영이 그의 인장에 의하여 현출된 것이라면 특별한 사정이 없는 한 그 인영의 진정성립, 즉 날인행위가 작성명의인의 의사에 기한 것임이 사실상 추정되고, 일단 인영의 진정성립이 추정되면 민사소송법 제329조에 의하여 그 문서전체의 진정성립이 추정되나, 위와 같은 사실상 추정은 날인행위가 작성명의인 이외의 자에 의하여 이루어진 것임이 밝혀진 경우에는 깨어지는 것이므로, 문서제출자는 그 날인행위가 작성명의인으로부터 위임받은 정당한 권원에 의한 것이라는 사실까지 입증할 책임이 있다』(대판 1995. 6. 30, 94다41324). 정답 – O

57 **법원은 차용증의 기재내용과 다른 명시적, 묵시적 약정사실이 인정될 경우에 그 기재내용과 다른 사실을 인정할 수 있다.**

해설 『처분문서의 진정성립이 인정되는 이상 법원은 반증이 없는 한 그 문서기재 내용에 따른 의사표시의 존재 및 내용을 인정하여야 하나, 처분문서라 할지라도 그 기재내용과 다른 특별한 명시적, 묵시적 약정이 있는 사실이 인정될 경우에는 그 기재내용과 다른 사실을 인정할 수도 있고, 또 작성자의 법률행위를 해석함에 있어서도 경험칙과 논리칙에 어긋나지 않는 범위 내에서 자유로운 심증으로 판단할 수 있다』(대판 1991. 7. 12, 91다8418).

정답 정답 – O

사례 【58~59】

척추 이상으로 허리 통증이 있던 甲은 의료법인 A병원에서 2008. 4. 3. 입원진료계약을 체결하고, 같은 달 30.에 수술을 받았다. 척추수술 직후, 甲에게 하반신마비 장애가 발생하였다. 다음 설명이 타당한가? (각 지문은 독립적이고, 다툼이 있는 경우에는 판례에 의함)

변호사시험 제2회

58 **A병원이 진료기록을 변조할 가능성이 있는 경우, 甲은 소 제기 전이나 후에 증거보전 절차를 신청할 수 있으며, 예외적으로 소송계속 중에는 법원이 증거보전을 직권으로도 결정할 수 있다.**

해설

〔**제375조(증거보전의 요건)**〕 법원은 미리 증거조사를 하지 아니하면 그 증거를 사용하기 곤란할 사정이 있다고 인정한 때에는 당사자의 신청에 따라 이 장의 규정에 따라 증거조사를 할 수 있다.
〔**제379조(직권에 의한 증거보전)**〕 법원은 필요하다고 인정한 때에는 소송이 계속된 중에 직권으로 증거보전을 결정할 수 있다.

정답 - O

59 **A병원이 진료기록을 사후에 변조한 것으로 밝혀진 경우라고 하더라도 곧바로 A병원에 의료상의 과실이 있다는 甲의 주장사실이 증명된 것으로 볼 수는 없다.**

해설 **당사자 일방의 입증방해행위에 대한 소송상의 평가**에 관하여 판례는 『당사자 일방이 입증을 방해하는 행위를 하였더라도 법원으로서는 이를 하나의 자료로 삼아 자유로운 심증에 따라 방해자측에게 불리한 평가를 할 수 있음에 그칠 뿐 입증책임이 전환되거나 곧바로 상대방의 주장 사실이 증명된 것으로 보아야 하는 것은 아니다』(대판 1999. 4. 13, 98다9915)라고 판시하고 있다.

정답 - O

제4편 소송의 종료

제1장 총 설

1 **소송이 종료되었음에도 이를 간과하고 심리를 계속 진행한 사실이 발견된 경우 법원은 직권으로 소송종료선언을 하여야 한다.** 변호사시험 제3회

해설 『소송이 종료되었음에도 이를 간과하고 심리를 계속 진행한 사실이 발견된 경우 법원은 직권으로 소송종료선언을 하여야 한다』(대판 2011. 4. 28, 2010다103048). 정답 – O

제2장 당사자의 행위에 의한 소송종료

1 **변론기일에 불출석하고 원고 또는 피고가 진술한 것으로 보는 답변서, 그 밖의 준비서면에 청구의 포기 또는 인낙의 의사표시가 적혀 있고 공증사무소의 인증을 받은 경우, 상대방 당사자가 변론기일에 출석하여 그 청구의 포기 또는 인낙의 의사표시를 받아들여야만 그 취지에 따라 청구의 포기 또는 인낙이 성립한 것으로 본다.** 변호사시험 제3회

해설 민사소송법 제148조 제2항에 따라 답변서 그 밖의 준비서면에 청구의 포기 또는 인낙의 의사표시가 적혀 있고 공증사무소의 인증을 받았다면 그 취지에 따라 청구의 포기 또는 인낙이 성립된 것으로 보는 것이지, 당사자가 변론기일에 출석하여 그 의사표시를 받아들여야만 하는 것은 아니다.

〔**제148조(한 쪽 당사자가 출석하지 아니한 경우)**〕 ② 제1항의 규정에 따라 당사자가 진술한 것으로 보는 답변서, 그 밖의 준비서면에 **청구의 포기 또는 인낙의 의사표시가 적혀 있고 공증사무소의 인증을 받은 때**에는 그 취지에 따라 청구의 포기 또는 인낙이 성립된 것으로 본다.

정답 – X

2 **당사자는 법원의 화해권고결정에 대하여 그 조서 또는 결정서의 정본을 송달 받은 날부터 2주 이내에 이의를 신청할 수 있고, 그 정본이 송달되기 전에도 이의를 신청할 수 있다.** 변호사시험 제3회

해설

> 〔제226조(결정에 대한 이의신청)〕 ① 당사자는 제225조의 결정에 대하여 그 조서 또는 결정서의 정본을 송달받은 날부터 2주 이내에 이의를 신청할 수 있다. 다만, 그 정본이 송달되기 전에도 이의를 신청할 수 있다.

정답 – O

3 **제1심에서 피고가 주위적으로 소각하판결을, 예비적으로 청구기각판결을 구하는 경우 원고가 소를 취하함에 있어 피고의 동의가 필요없다.** 변호사시험 제3회

해설 상대방이 본안에 관하여 준비서면을 제출하거나 변론준비기일에서 진술하거나 변론을 한 뒤에는 상대방의 동의를 받아야 소를 취하할 수 있는데(민사소송법 제266조 제2항), 피고가 주위적으로 소각하판결을 구했다면 아직 본안에 관하여 변론 등을 한 것으로 볼 수 없으므로 피고의 동의가 필요없다. 정답 – O

4 **소송 진행 중에 원고가 청구금액을 감축하였으나 그 의사가 분명하지 않은 경우 법원은 이를 청구의 일부포기로 보아야 한다.** 변호사시험 제4회

해설 원고가 청구 금액을 감축하여 청구취지를 감축하는 경우 청구의 일부 포기인지, 일부 취하인지 문제된다. 판례는 **당사자의 의사가 분명하지 않은 경우 일부 취하로 보는 바**(대판 1983. 8. 34, 83다카450), 기판력이 미치지 않으므로 청구의 일부 포기로 보는 것보다 원고에게 유리한 해석이다. 정답 – X

5 **소 취하의 특별수권이 있는 원고의 소송대리인인 변호사로부터 소송대리인 사임신고서 제출을 지시받은 사무원이 착오로 소 취하서를 법원에 제출한 후 원고가 소 취하의 효력을 다투면서 기일지정신청을 한 경우, 법원은 변론기일을 열어 소송종료선언을 하여야 한다.** 변호사시험 제4회

해설 『소의 취하는 원고가 제기한 소를 철회하여 소송계속을 소멸시키는 원고의 법원에 대한 소송행위이고 소송행위는 일반 사법상의 행위와는 달리 내심의 의사보다 그 표시를 기준으로 하여 그 효력 유무를 판정할 수밖에 없는 것인바, 원고 소송대리인으로부터 소송대리인 사임신고서 제출을 지시받은 사무원은 원고 소송대리인의 표시기관에 해당되어 그의 착오는 원고 소송대리인의 착오라고 보아야 하므로, 그 **사무원의 착오로 원고 소송대리인의 의사에 반하여 이 사건 소를 취하하였다고 하여도 이를 무효라고 볼 수는 없다**』(대판 1997. 10. 24, 95다11740). 이 때 소의 취하가 부존재 또는 무효라는 것을 주장하는 당사자는 기일지정신청을 할 수 있고(민사소송규칙 제67조 제1항), 법원은 신청이 이유 없으면 소송종료선언해야 한다. 정답 – O

6 **변론준비기일에서의 소 취하는 변론기일이 아니므로 말로 할 수 없다.** 변호사시험 제4회

해설 소의 취하는 변론 또는 **변론준비기일에서** 말로 할 수 있다(민사소송법 제266조 제3항 단서).

정답 - X

7 **본안에 대한 종국판결 후 소를 취하한 경우 다시 전소의 원고가 동일한 소를 제기하였다 하더라도 전소의 피고가 재소금지항변을 하지 않으면 법원이 직권으로 재소 여부를 조사하여 소를 각하할 수는 없다.** 변호사시험 제4회

해설 **재소금지 위반 여부는 소송요건**이므로 당사자의 주장을 불문하고 직권으로 심리·조사해야 하는 **직권조사사항**이다.

정답 - X

사례 【8~12】

甲은 乙에게 1억 원을 대여하면서 그 담보로 약속어음을 받았다. 乙이 변제기에 대여금을 반환하지 않자 甲은 乙을 상대로 1억 원의 대여금청구의 소를 제기하였는데, 제1심 법원이 乙에게 5,000만 원의 지급을 명하는 판결을 하자 甲이 이 판결에 대하여 항소하였다. 甲과 乙은 항소심 계속 중 소송 외에서 '乙이 甲에게 3개월 내에 8,000만 원을 지급하면 甲은 소를 취하하기로 한다'는 내용의 화해를 하였다. 이에 관한 설명 중 옳지 않은 것은? (다툼이 있는 경우 판례에 의함) 변호사시험 제7회

8 **위 화해만으로는 위 소가 당연히 종료되지 않는다.**

해설 『재판상 화해에 있어서 법원에 계속중인 다른 소송을 취하하기로 하는 내용의 화해조서가 작성되었다면 당사자 사이에는 법원에 계속중인 다른 소송을 취하하기로 하는 합의가 이루어졌다 할 것이므로, **다른 소송이 계속중인 법원에 취하서를 제출하지 않는 이상 그 소송이 취하로 종결되지는 않지만** 위 재판상 화해가 재심의 소에 의하여 취소 또는 변경되는 등의 특별한 사정이 없는 한 그 소송의 원고에게는 권리보호의 이익이 없게 되어 그 소는 각하되어야 한다』(대판 2005. 6. 10, 2005다14861).

정답 - O

9 **甲이 乙로부터 3개월 내에 8,000만 원을 지급받았음에도 소를 취하하지 않은 경우, 乙이 변론기일에 출석하여 위 화해사실 및 이에 따른 8,000만 원 지급사실을 주장·증명하면 법원은 甲의 청구를 기각하여야 한다.**

해설 『재판상 화해에 있어서 법원에 계속중인 다른 소송을 취하하기로 하는 내용의 화해조서가 작성되었다면 당사자 사이에는 법원에 계속중인 다른 소송을 취하하기로 하는 합의가 이루어졌다 할 것이므로, 다른 소송이 계속중인 법원에 취하서를 제출하지 않는 이상 그 소송이 취하로 종결되지는 않지만 위 재판상 화해가 재심의 소에 의하여 취소 또는 변경되

는 등의 특별한 사정이 없는 한 그 소송의 원고에게는 **권리보호**의 **이익이 없게 되어** 그 소는 **각하**되어야 한다』(대판 2005. 6. 10, 2005다14861). 정답 – X

10 **乙이 甲에게 3개월 내에 8,000만 원을 지급하지 않은 경우, 위 소송을 계속 유지할 甲의 법률상의 이익을 부정할 수 없다.**

해설 『재판상 화해에 있어서 법원에 계속중인 다른 소송을 취하하기로 하는 내용의 화해조서가 작성되었다면 당사자 사이에는 법원에 계속중인 다른 소송을 취하하기로 하는 합의가 이루어졌다 할 것이므로, 다른 소송이 계속중인 법원에 취하서를 제출하지 않는 이상 그 소송이 취하로 종결되지는 않지만 위 재판상 화해가 재심의 소에 의하여 취소 또는 변경되는 등의 특별한 사정이 없는 한 그 소송의 원고에게는 **권리보호**의 **이익이 없게 되어** 그 소는 **각하**되어야 한다』(대판 2005. 6. 10, 2005다14861). 정답 – O

11 **위 화해는 甲과 乙 사이의 묵시적 합의로 해제될 수 있다.**

해설 『甲과 乙은 4필지의 토지를 둘러싼 그 동안의 분쟁관계를 종식시키기 위하여 그 중 2필지의 토지는 乙이 甲에게 증여하고 다른 2필지의 토지는 乙의 소유로 확정하기로 하는 화해계약을 체결하고, 甲은 乙로부터 그 화해계약의 이행에 필요한 등기권리증과 인감증명서 등을 교부받았음에도 불구하고 그 서류들에 기하여 소유권이전등기를 경료하지 아니한 채 그 화해계약이 성립하기 이전의 종전 주장을 그대로 내세워 화해계약과 양립할 수 없는 소를 제기하였고, 乙은 이를 이유로 甲과의 종전 합의를 모두 철회한다는 통고를 하였으며, 그 후 항소심 재판부가 종전의 화해 약정대로 사건을 해결할 것을 권유하였으나 쌍방 모두 이에 불응하였다면, **그 화해계약은 당사자 쌍방의 묵시적인 합의에 의하여 해제되었다**고 보아야 한다고 한 사례』(대판 1998. 1. 20, 97다43499). 정답 – O

12 **위 화해에 따른 소 취하 후 甲이 다시 乙을 상대로 위 어음금의 지급을 구하는 소를 제기하더라도 재소금지의 원칙에 위배되지 않는다.**

해설 금전지급청구에서 어음채권과 원인채권은 별개의 소송물이므로, 재소금지의 원칙에 위배되지 않는다. 정답 – O

제3장 종국판결에 의한 종료

1 **甲은 자신의 소유인 X 부동산에 관하여 乙 명의로 소유권이전등기가 되어 있는 것을 발견하고, 소유권에 기하여 乙을 상대로 소유권이전등기 말소등기청구의 소를 제기하였다. 甲이 말소등기청구소송에서 패소 확정판결을 받은 후, 乙을 상대로 진정명의회복을 원인으로 하는 소유권이전등기청구의 소를 제기하는 경우, 청구취지가 다르더라도 그 소송물은 실질상 동일하므로 기판력에 저촉된다.** 변호사시험 제1회

해설 『진정한 등기명의의 회복을 위한 소유권이전등기청구는 이미 자기 앞으로 소유권을 표상하는 등기가 되어 있었거나 법률에 의하여 소유권을 취득한 자가 진정한 등기명의를 회복하기 위한 방법으로 현재의 등기명의인을 상대로 그 등기의 말소를 구하는 것에 갈음하여 허용되는 것인데, 말소등기에 갈음하여 허용되는 **진정명의회복을 원인으로 한 소유권이전등기청구권과 무효등기의 말소청구권은 어느 것이나 진정한 소유자의 등기명의를 회복하기 위한 것으로서 실질적으로 그 목적이 동일**하고, 두 청구권 모두 소유권에 기한 방해배제청구권으로서 그 **법적 근거와 성질이 동일**하므로, 비록 전자는 이전등기, 후자는 말소등기의 형식을 취하고 있다고 하더라도 그 소송물은 실질상 동일한 것으로 보아야 하고, 따라서 **소유권이전등기말소청구소송에서 패소확정판결을 받았다면 그 기판력은 그 후 제기된 진정명의회복을 원인으로 한 소유권이전등기청구소송에도 미친다**』〔대판(전합) 2001. 9. 20, 99다37894〕. 정답 - O

2 **甲은 乙로부터 그 소유의 X 토지를 임차한 후 그 토지상에 Y 건물을 신축하였다. 乙이 甲을 상대로 먼저 X 토지의 인도를 구하는 소를 제기하여 승소판결이 확정되었다. 이후 다시 乙이 甲을 상대로 Y 건물의 철거를 구하는 소를 제기하였는데, 이 때 甲이 'Y 건물의 소유를 위하여 X 토지를 임차하였으므로 Y 건물에 관하여 건물매수청구권을 행사한다'고 주장하는 경우 甲 주장의 임차권은 위 토지 인도청구소송의 변론종결일 전부터 존재하던 사유로서 위 확정판결의 기판력에 저촉되는 것이다.** 변호사시험 제3회

해설 판례는 '토지인도청구소송의 승소판결이 확정된 후 그 지상건물에 관한 철거청구소송이 제기된 경우 후소에서 전소의 변론종결일 전부터 존재하던 건물소유 목적의 토지임차권에 기하여 건물매수청구권을 행사하는 것이 전소 확정판결의 기판력에 저촉되는 것인지 여부'에 관하여 『**전소 확정판결의 기판력은 전소에서의 소송물인 토지인도청구권의 존부에 대한 판단에 대하여만 발생**하는 것이고 **토지의 임차권의 존부에 대하여까지 미친다고 할 수는 없으므로**』(대판 1994. 9. 23, 93다37267) 전소 확정판결의 기판력에 저촉되지 않는다고 보았다. 따라서 Y 건물의 철거를 구하는 소에서의 甲의 주장은 기판력에 저촉되지 않는다. 정답 - X

3 **甲은 乙로부터 그 소유의 X 토지를 임차한 후 그 토지상에 Y 건물을 신축하였다. 乙이 甲을 상대로 제기한 X 토지의 인도 및 Y 건물의 철거 청구소송에 승소하여 그 승소판결이 확정되었다고 하더라도, 그 확정판결에 의하여 건물철거가 집행되지 아니한 이상 甲은 건물매수청구권을 행사하여 별소로써 乙에 대하여 건물 매매대금의 지급을 구할 수 있다.** 변호사시험 제3회

해설 『건물의 소유를 목적으로 하는 토지 임대차에 있어서, 임대차가 종료함에 따라 토지의 임차인이 임대인에 대하여 건물매수청구권을 행사할 수 있음에도 불구하고 이를 행사하지 아니한 채, 토지의 임대인이 임차인에 대하여 제기한 토지인도 및 건물철거청구 소송에서 패소하여 그 패소판결이 확정되었다고 하더라도, **그 확정판결에 의하여 건물철거가 집행되지 아니한 이상 토지의 임차인으로서는 건물매수청구권을 행사하여 별소로써 임대인에 대하여 건물매매대금의 지급을 구할 수 있다**』(대판 1995. 12. 26, 95다42195). 정답 - O

4 **X 부동산에 대하여 甲에서 乙로, 乙에서 丙으로 순차적으로 소유권이전등기가 경료되었을 경우, 甲이 丙에 대하여 소유권이전등기말소 청구소송을 제기하였으나 패소한 경우에도, 甲의 乙에 대한 소유권이전등기말소 청구의 소는 소의 이익이 있다.** 변호사시험 제4회

(해설) 기판력은 원칙적으로 당사자 사이에만 미치고 제3자에게는 미치지 않는다(민소법 제218조 제1항). 이를 기판력의 상대성의 원칙이라 한다.

→ 따라서 甲이 丙에 대하여 소유권이전등기말소 청구소송을 제기하였으나 패소한 경우에도, 甲의 乙에 대한 소유권이전등기말소 청구의 소는 소의 이익이 있다.

[참고판례] 『확정판결의 기판력은 소송물로 주장된 법률관계의 존부에 관한 판단의 결론에만 미치고 그 전제가 되는 법률관계의 존부에까지 미치는 것은 아니므로, 계쟁 부동산에 관한 피고 명의의 소유권이전등기가 원인무효라는 이유로 원고가 피고를 상대로 그 등기의 말소를 구하는 소송을 제기하였다가 청구기각의 판결을 선고받아 확정되었다고 하더라도, 그 확정판결의 기판력은 소송물로 주장된 말소등기청구권이나 이전등기청구권의 존부에만 미치는 것이지 그 기본이 된 소유권 자체의 존부에는 미치지 아니하고, 따라서 원고가 비록 위 확정판결의 기판력으로 인하여 계쟁 부동산에 관한 등기부상의 소유 명의를 회복할 방법은 없게 되었다고 하더라도 그 소유권이 원고에게 없음이 확정된 것은 아닐 뿐만 아니라, 등기부상 소유자로 등기되어 있지 않다고 하여 소유권을 행사하는 것이 전혀 불가능한 것도 아닌 이상, **원고로서는 그의 소유권을 부인하는 피고에 대하여 계쟁 부동산이 원고의 소유라는 확인을 구할 법률상 이익이 있으며**, 이러한 법률상의 이익이 있는 이상에는 특별한 사정이 없는 한 소유권확인 청구의 소제기 자체가 신의칙에 반하는 것이라고 단정할 수 없는 것이다』(대판 2002. 9. 24, 2002다11847).

[비교판례] 『전소에서는 피상속인을 후소에서는 상속인들을 상대로 소유권이전등기말소청구를 한 경우 후소는 전소 판결의 기판력에 저촉된다』(대판 1990. 2. 13, 88다4195).

정답 – O

5 **소송에서 다투어지고 있는 권리 또는 법률관계의 존부에 관하여 동일한 당사자 사이에 전소에서 확정된 화해권고결정이 있는 경우, 그 당사자는 이에 반하는 주장을 할 수 없고 법원도 이에 저촉되는 판단을 할 수 없다.** 변호사시험 제4회

(해설)

〔**제231조(화해권고결정의 효력)**〕 화해권고결정은 다음 각호 가운데 어느 하나에 해당하면 재판상 화해와 같은 효력을 가진다.
〔**제220조(화해, 청구의 포기·인낙조서의 효력)**〕 화해, 청구의 포기·인낙을 변론조서·변론준비기일조서에 적은 때에는 그 조서는 **확정판결과 같은 효력**을 가진다.

→ 따라서 기판력이 발생하여 그 당사자는 이에 반하는 주장을 할 수 없고 법원도 이에 저촉되는 판단을 할 수 없다.

정답 – O

6 **채권자가 채권자대위권을 행사하는 방법으로 제3채무자를 상대로 소송을 제기하였다가 채무자를 대위할 피보전채권이 인정되지 않는다는 이유로 소 각하 판결을 받아 확정된 경우, 그 판결의 기판력이 채권자가 채무자를 상대로 위 피보전채권의 이행을 구하는 소송에 미치지 않는다.** 변호사시험 제4회

해설 민사소송법 제218조 제3항은 "다른 사람을 위하여 원고나 피고가 된 사람에 대한 확정판결은 그 다른 사람에 대하여도 효력이 미친다."고 규정하고 있는 바, 『어떠한 사유로 인하였던 적어도 채권자대위권에 의한 소송이 제기된 사실을 채무자가 알았을 때에는 그 판결의 효력이 채무자에게 미친다고 보아야 한다』[대판(전합) 1975. 5. 13, 74다1664].
『이때 채무자에게도 기판력이 미친다는 의미는 채권자대위소송의 소송물인 피대위채권의 존부에 관하여 채무자에게도 기판력이 인정된다는 것이고, **채권자대위소송의 소송요건인 피보전채권의 존부에 관하여 당해 소송의 당사자가 아닌 채무자에 게 기판력이 인정된다는 것은 아니다.** 따라서 채권자가 채권자대위권을 행사하는 방법으로 제3채무자를 상대로 소송을 제기하였다가 채무자를 대위할 피보전채권이 인정되지 않는다는 이유로 소각하 판결을 받아 확정된 경우 그 판결의 기판력이 채권자가 채무자를 상대로 피보전채권의 이행을 구하는 소송에 미치는 것은 아니다』(대판 2014. 1. 23, 2011다108095). 정답 - O

7 **원인무효의 소유권이전등기에 대한 말소청구소송의 확정판결의 기판력은 동일한 당사자 사이의 후소인 진정명의회복을 원인으로 한 소유권이전등기청구소송에 미친다.**
변호사시험 제4회

해설 『진정한 등기명의의 회복을 위한 소유권이전등기청구는 이미 자기 앞으로 소유권을 표상하는 등기가 되어 있었거나 법률에 의하여 소유권을 취득한 자가 진정한 등기명의를 회복하기 위한 방법으로 현재의 등기명의인을 상대로 그 등기의 말소를 구하는 것에 갈음하여 허용되는 것인데, 말소등기에 갈음하여 허용되는 진정명의회복을 원인으로 한 소유권이전등기청구권과 무효등기의 말소청구권은 어느 것이나 진정한 소유자의 등기명의를 회복하기 위한 것으로서 **실질적으로 그 목적이 동일하고 두 청구권 모두 소유권에 기한 방해배제청구권으로서 그 법적근거와 성질이 동일**하므로 그 소송물은 실질상 동일한 것으로 보아야 하는바』(대판 2003. 3. 28, 2000다24856)기판력이 미친다. 정답 - O

8 **소송판결의 기판력은 그 판결에서 확정한 소송요건의 흠결에 관하여 미치는 것이므로, 비록 당사자가 그러한 소송요건의 흠결을 보완하여 다시 소를 제기한 경우에도 그 기판력에 의한 제한을 받게 된다.** 변호사시험 제4회

해설 『소송판결의 기판력은 그 판결에서 확정한 소송요건의 흠결에 관하여 미친다』(대판 1997. 12. 9, 97다25521). 그러나 기판력은 **사실심 변론 종결시를 기준으로 발생**하므로 **그 이후에 발생한 사정에는 기판력 미치지 않는다.** 따라서 **소송요건 흠결을 보완하여 다시 소를 제기한 경우에는 기판력의 제한을 받지 않는다.** 정답 - X

9 **소유권이전등기말소를 구하는 전소에서 한 사기에 의한 매매의 취소 주장과, 동일한 당사자를 상대로 동일한 후소에서 한 매매의 부존재 또는 불성립의 주장은 다 같이 청구원인인 등기원인의 무효를 뒷받침하는 독립된 공격방어방법에 불과하므로 전소 확정판결의 기판력은 후소에 미친다.** 변호사시험 제4회

해설 『말소등기청구사건의 소송물은 당해 등기의 말소등기청구권이고, 그 동일성 식별의 표준이 되는 청구원인, 즉 말소등기청구권의 발생원인은 당해 '등기원인의 무효'에 국한되므로, **전소에서 한 사기에 의한 매매의 취소 주장과 후소에서 한 매매의 부존재 또는 불성립의 주장**은 다 같이 청구원인인 등기원인의 무효를 뒷받침하는, **독립된 공격방어방법에 불과**하고, 후소에서의 주장사실은 전소의 변론종결 이전에 발생한 사유이므로 전소와 후소의 소송물은 동일하다』(대판 1981. 12. 22, 80다1548). 따라서 기판력은 후소에 미친다.

정답 – O

10 **동시이행항변으로 행사된 채권을 수동채권으로 한 상계항변에 대한 판단은 주문에 기재되지 않더라도 기판력이 생긴다.** 변호사시험 제4회

해설 확정판결은 주문에 포함된 것에 한하여 기판력을 가지나(민사소송법 제216조 제1항), 예외적으로 상계를 주장한 청구가 성립되는지 아닌지의 판단은 판결이유 중에 판단하지만 기판력을 가진다(동조 제2항). 그러나 『**만일 상계 주장의 대상이 된 수동채권이 동시이행항변에 행사된 채권일 때는 상계에 대한 판단에는 기판력이 발생하지 않는다**고 보아야 할 것인바, … 이는 제216조가 예정하고 있는 것과 달리 **동시이행항변에 행사된 채권의 존부나 범위에 관한 판결 이유 중의 판단에 기판력이 미치는 결과에 이르기 때문이다**』(대판 2005. 7. 22, 2004다17207).

정답 – X

11 **소송상 상계 항변이 제출되었으나 소송절차 진행 중 조정이 성립됨으로써 수동채권의 존재에 관한 법원의 실질적인 판단이 이루어지지 않은 경우, 상계 항변의 사법상 효과는 발생하지 않는다.** 변호사시험 제5회

해설 『소송상 방어방법으로서의 상계항변은 수동채권의 존재가 확정되는 것을 전제로 하여 행하여지는 일종의 예비적 항변으로서 당사자가 소송상 상계항변으로 달성하려는 목적, 상호양해에 의한 자주적 분쟁해결수단인 조정의 성격 등에 비추어 볼 때, 당해 소송절차 진행 중 당사자 사이에 조정이 성립됨으로써 **수동채권의 존재에 관한 법원의 실질적인 판단이 이루어지지 아니한 경우**에는 **그 소송절차에서 행하여진 소송상 상계항변의 사법상 효과도 발생하지 않는다**고 봄이 타당하다』(대판 2013. 3. 28, 2011다3329).

정답 – O

12 **피고의 소송상 상계 항변에 대하여 원고가 다시 피고의 자동채권을 소멸시키기 위하여 소송상 상계 재항변을 하는 것은 특별한 사정이 없는 한 허용되지 않는다.** 변호사시험 제5회

해설 『소송상 방어방법으로서의 상계항변은 통상 수동채권의 존재가 확정되는 것을 전제로 하여 행하여지는 일종의 예비적 항변으로서 소송상 상계의 의사표시에 의해 확정적으로 효과가 발생하는 것이 아니라 당해 소송에서 수동채권의 존재 등 상계에 관한 법원의 실질적 판단이 이루어지는 경우에 비로소 실체법상 상계의 효과가 발생한다. 이러한 피고의 소송상 상계항변에 대하여 원고가 다시 피고의 자동채권을 소멸시키기 위하여 소송상 상계의 재항변을 하는 경우, **법원이 원고의 소송상 상계의 재항변과 무관한 사유로 피고의 소송상 상계항변을 배척하는 경우에는 소송상 상계의 재항변을 판단할 필요가 없고,** 피고의 소송상 상계항변이 이유 있다고 판단하는 경우에는 원고의 청구채권인 수동채권과 피고의 자동채권이 상계적상 당시에 대등액에서 소멸한 것으로 보게 될 것이므로 **원고가 소송상 상계의 재항변으로써 상계할 대상인 피고의 자동채권이 그 범위에서 존재하지 아니하는 것이 되어 이때에도 역시 원고의 소송상 상계의 재항변에 관하여 판단할 필요가 없게 된다.** 또한, 원고가 소송물인 청구채권 외에 피고에 대하여 다른 채권을 가지고 있다면 소의 추가적 변경에 의하여 그 채권을 당해 소송에서 청구하거나 별소를 제기할 수 있다. 그렇다면 원고의 소송상 상계의 재항변은 일반적으로 이를 허용할 이익이 없다. 따라서 **피고의 소송상 상계항변에 대하여 원고가 소송상 상계의 재항변을 하는 것은 다른 특별한 사정이 없는 한 허용되지 않는다**고 보는 것이 타당하다』(대판 2014. 6. 12, 2013다95964). 정답 - O

13 **원인무효를 이유로 소유권이전등기의 말소를 구하는 전소에서 패소확정판결을 받은 원고는 전소의 사실심 변론종결 전에 주장할 수 있었던 등기원인의 무효사유를 당사자와 청구취지가 동일한 후소에서 주장할 수 없다.** 변호사시험 제6회

해설 『**동일 당사자 사이의 전.후 두 개의 소유권이전등기말소청구사건에 있어서**의 양 소송물은 당해 등기의 말소청구권이고, 그 동일성 식별의 표준이 되는 청구원인 즉 **말소등기청구권의 발생원인은 당해 등기원인의 무효에 국한되므로 전소의 변론종결 전까지 주장할 수 있었던 무효사유는** 그것이 무권대리행위, 불공정한 불법행위이거나 또는 통모허위 표시에 의한 매매 무효를 이유로 하거나 간에 **다같이 청구원인인 등기원인이 무효임을 뒷받침하는 이른바 독립된 공격방어방법에 불과하여 서로 별개의 청구원인을 구성하는 것이 아니므로 기판력의 표준시인 전소의 변론종결 전에 발생한 사유로서 전소에서 주장하지 아니하여 패소한 경우라도 그 사유는 전소의 확정판결의 기판력에 의하여 후소에서 주장하여 확정판결의 내용을 다툴 수 없다**』(대판 1982. 12. 14, 82다카148). 정답 - O

14 **소유권확인을 구하는 전소에서 패소확정판결을 받은 원고는 전소의 사실심 변론종결 전에 주장할 수 있었던 소유권 귀속의 원인이 되는 다른 사유를 당사자와 청구취지가 동일한 후소에서 주장할 수 없다.** 변호사시험 제6회

해설 『특정토지에 대한 **소유권확인의 본안판결이 확정되면** 그에 대한 권리 또는 법률관계가 그대로 확정되는 것이므로 **변론종결전에 그 확인원인이 되는 다른 사실이 있었다 하더라도 그 확정판결의 기판력은 거기까지도 미치는 것이다**』(대판 1987. 3. 10, 84다카2132).
→ 따라서 기판력에 저촉되는 주장을 할 수 없다. 정답 - O

15 **채권자가 채무자를 대위하여 제3채무자를 상대로 소를 제기하였으나 피보전채권이 존재하지 않는다는 이유로 소각하 판결을 받아 확정된 경우, 그 판결의 기판력은 채권자가 채무자를 상대로 피보전채권의 이행을 구하는 후소에 미친다.** 변호사시험 제6회

해설 『민사소송법 제218조 제3항은 "다른 사람을 위하여 원고나 피고가 된 사람에 대한 확정판결은 그 다른 사람에 대하여도 효력이 미친다."고 규정하고 있으므로, 채권자가 채권자대위권을 행사하는 방법으로 제3채무자를 상대로 소송을 제기하고 판결을 받은 경우 채권자가 채무자에 대하여 민법 제405조 제1항에 의한 보존행위 이외의 권리행사의 통지, 또는 민사소송법 제84조에 의한 소송고지 혹은 비송사건절차법 제49조 제1항에 의한 법원에 의한 재판상 대위의 허가를 고지하는 방법 등 어떠한 사유로 인하였든 적어도 채권자대위권에 의한 소송이 제기된 사실을 채무자가 알았을 때에는 그 판결의 효력이 채무자에게 미친다고 보아야 한다. 이때 채무자에게도 기판력이 미친다는 의미는 채권자대위소송의 소송물인 피대위채권의 존부에 관하여 채무자에게도 기판력이 인정된다는 것이고, 채권자대위소송의 소송요건인 피보전채권의 존부에 관하여 당해 소송의 당사자가 아닌 채무자에게 기판력이 인정된다는 것은 아니다. 따라서 **채권자가 채권자대위권을 행사하는 방법으로 제3채무자를 상대로 소송을 제기하였다가 채무자를 대위할 피보전채권이 인정되지 않는다는 이유로 소각하 판결을 받아 확정된 경우 그 판결의 기판력이 채권자가 채무자를 상대로 피보전채권의 이행을 구하는 소송에 미치는 것은 아니다**』(대판 2014. 1. 23, 2011다108095).

정답 – X

16 **매매를 원인으로 한 소유권이전등기를 구하는 전소에서 원고가 패소확정판결을 받았더라도 동일한 당사자 사이에 후소로 취득시효 완성을 원인으로 한 소유권이전등기청구를 할 수 있다.** 변호사시험 제6회

해설 **매매를 원인으로 하는 소유권이전등기 소송의 기판력이 취득시효 완성을 원인으로 한 소유권이전등기 청구소송에 미치는지 여부**에 판례는 『매매를 원인으로 한 소유권이전등기청구소송과 취득시효완성을 원인으로 한 소유권이전등기 청구소송은 이전등기청구권의 발생원인을 달리하는 별개의 소송물이므로 전소의 기판력은 후소에 미치지 아니한다』(대판 1981. 1. 13, 80다204)라고 판시하고 있다.

→ 따라서 후소로 취득시효 완성을 원인으로 한 이전등기청구를 할 수 있다. 정답 – O

17 **원인무효를 이유로 소유권이전등기의 말소를 구하는 전소에서 원고가 패소확정판결을 받았더라도 동일한 당사자 사이에 후소로 소유권확인청구를 할 수 있다.** 변호사시험 제6회

해설 『교환계약이 무효임을 원인으로 하여 **소유권이전등기의 말소등기를 명한 판결이 확정되었다고 하여도, 동 확정판결의 기판력은** 위 교환이 유효함을 전제로 하는 **소유권확인청구소송에는 미치지 아니한다**』(대판 1981. 10. 13, 80다1335).

→ 따라서 후소로 소유권확인청구를 할 수 있다. 정답 – O

18 **피고의 소송상 상계항변에 대하여 원고가 소송상 상계의 재항변을 할 경우, 법원은 피고의 소송상 상계항변의 인용 여부와 관계없이 원고의 소송상 상계의 재항변에 관하여 판단할 필요가 없으므로 원고의 위 재항변은 다른 특별한 사정이 없는 한 허용되지 않는다.** 변호사시험 제6회

해설 『이러한 피고의 **소송상 상계항변에 대하여 원고가 다시 피고의 자동채권을 소멸시키기 위하여 소송상 상계의 재항변을 하는 경우, 법원이 원고의 소송상 상계의 재항변과 무관한 사유로 피고의 소송상 상계항변을 배척하는 경우에는 소송상 상계의 재항변을 판단할 필요가 없고, 피고의 소송상 상계항변이 이유 있다고 판단하는 경우에는** 원고의 청구채권인 수동채권과 피고의 자동채권이 상계적상 당시에 대등액에서 소멸한 것으로 보게 될 것이므로 원고가 소송상 상계의 재항변으로써 상계할 대상인 피고의 자동채권이 그 범위에서 존재하지 아니하는 것이 되어 **이때에도 역시 원고의 소송상 상계의 재항변에 관하여 판단할 필요가 없게 된다.** 또한, 원고가 소송물인 청구채권 외에 피고에 대하여 다른 채권을 가지고 있다면 소의 추가적 변경에 의하여 그 채권을 당해 소송에서 청구하거나 별소를 제기할 수 있다. 그렇다면 원고의 소송상 상계의 재항변은 일반적으로 이를 허용할 이익이 없다. 따라서 피고의 소송상 상계항변에 대하여 원고가 **소송상 상계의 재항변을 하는 것은 다른 특별한 사정이 없는 한 허용되지 않는다**고 보는 것이 타당하다』(대판 2014. 6. 12, 2013다95964).

정답 – O

19 **甲이 乙을 상대로 X 토지의 소유권에 기한 방해배제로써 X 토지에 관하여 乙 명의로 마쳐진 소유권이전등기의 말소를 구하는 소송 중에 甲과 乙 사이에 "乙은 甲에게 X 토지에 관하여 진정명의회복을 원인으로 한 소유권이전등기절차를 이행한다."라는 내용의 화해권고결정이 확정되었다. 그 후 乙이 丙에게 X 토지에 관한 소유권이전등기를 마쳐 준 경우, 위 화해권고결정의 기판력은 丙에 대하여 미치지 아니한다.** 변호사시험 제2회

해설 『소유권에 기한 물권적 방해배제청구로서 소유권등기의 말소를 구하는 소송이나 진정명의 회복을 원인으로 한 소유권이전등기절차의 이행을 구하는 소송 중에 그 소송물에 대하여 화해권고결정이 확정되면 상대방은 여전히 **물권적인 방해배제의무를 지는 것**이고, 화해권고결정에 창설적 효력이 있다고 하여 그 청구권의 법적 성질이 채권적 청구권으로 바뀌지 아니한다』(대판 2012. 5. 10, 2010다2558).

『재판상 화해에 의하여 소유권이전등기를 말소할 **물권적 의무를 부담하는 자로부터 동 화해성립 후에 그 부동산에 관한 담보권인 근저당권설정을 받은 자**는 민사소송법 제204조 제1항 소정 **변론종결후의 승계인에 해당**하고 그 화해조서의 효력은 동법 제206조 및 위 제204조에 의하여 그 화해조서의 존재를 알건 모르건간에 승계인에게 미친다』(대판 1976. 6. 8, 72다1842).

정답 – X

20 **甲이 乙을 상대로 X 토지에 관한 매매계약의 무효를 원인으로 하여 매매대금의 반환을 구하는 소송에서 乙이 甲의 청구를 인낙하는 내용의 인낙조서가 작성된 경우, 위 인낙조서의 기판력은 乙이 甲을 상대로 위 매매계약을 원인으로 한 소유권이전등기절차의 이행을 구하는 소에 미친다.** 변호사시험 제2회

해설 『매매계약의 무효 또는 해제를 원인으로 한 매매대금반환청구에 대한 인낙조서의 기판력은 **그 매매대금반환청구권의 존부에 관하여만 발생할 뿐,** 그 전제가 되는 선결적 법률관계인 매매계약의 무효 또는 해제에까지 발생하는 것은 아니므로 소유권이전등기청구권의 존부를 소송물로 하는 후소는 전소에서 확정된 법률관계와 정반대의 모순되는 사항을 소송물로 하는 것이라 할 수 없으며, **기판력이 발생하지 않는 전소와 후소의 소송물의 각 전제가 되는 법률관계가 매매계약의 유효 또는 무효로 서로 모순된다고 하여 전소에서의 인낙조서의 기판력이 후소에 미친다고 할 수 없다**』(대판 2005. 12. 23, 2004다55698). 정답 – X

21 **甲이 乙에게 X 토지에 관하여 신탁해지를 원인으로 한 소유권이전등기절차를 이행하기로 한 제소전 화해에 기하여 X 토지에 관하여 乙 명의의 소유권이전등기가 마쳐진 경우, 위 제소전 화해의 기판력은 甲이 乙을 상대로 위 소유권이전등기가 원인무효라고 주장하며 그 말소등기절차의 이행을 구하는 소에 미친다.** 변호사시험 제2회

해설 『[1] 전, 후 양소의 소송물이 동일하지 않다고 하더라도, 후소의 소송물이 전소에서 확정된 법률관계와 모순되는 정반대의 사항을 소송물로 삼았다면 이러한 경우에는 전소 판결의 기판력이 후소에 미친다. [2] 제소전 화해조서는 확정판결과 같은 효력이 있어 당사자 사이에 기판력이 생기는 것이므로, 원고가 피고에게 토지에 관하여 신탁해지를 원인으로 한 소유권이전등기절차를 이행하기로 한 제소전 화해가 준재심에 의하여 취소되지 않은 이상, **그 제소전 화해에 기하여 마쳐진 소유권이전등기가 원인무효라고 주장하며 말소등기절차의 이행을 청구하는 것은 제소전 화해에 의하여 확정된 소유권이전등기청구권을 부인하는 것이어서 그 기판력에 저촉된다**』(대판 2002. 12. 6, 2002다44014). 정답 – O

22 **甲이 乙을 대위하여 丙을 상대로 제기한 취득시효 완성을 원인으로 한 소유권이전등기절차의 이행을 구하는 소송에서 乙을 대위할 피보전채권의 부존재를 이유로 한 소각하판결이 확정된 후, 丙이 甲을 상대로 제기한 토지인도청구소송에서 甲이 다시 乙에 대한 위 피보전채권의 존재를 항변사유로 주장하는 것은 위 확정판결의 기판력에 저촉되어 허용될 수 없다.** 변호사시험 제2회

해설 『甲이 乙을 대위하여 丙을 상대로 취득시효 완성을 원인으로 한 소유권이전등기 소송을 제기하였다가 乙을 대위할 피보전채권의 부존재를 이유로 소각하 판결을 선고받고 확정된 후 丙이 제기한 토지인도 소송에서 甲이 다시 위와 같은 권리가 있음을 **항변사유로서 주장하는 것은 기판력에 저촉되어 허용될 수 없다**』(대판 2001. 1. 16, 2000다41349). 정답 – O

23 **甲이 乙을 상대로 X 토지에 관한 임대차계약이 기간만료로 종료되었음을 원인으로 하여 제기한 임대차보증금반환청구소송에서 임대차보증금의 지급을 명하는 판결이 확정된 경우, 위 확정판결의 기판력은 乙이 甲을 상대로 위 임대차계약에 기한 차임의 지급을 구하는 소에 미친다.** 변호사시험 제2회

해설 전소의 소송물은 甲의 乙에 대한 **임차보증금반환청구권**이고 후소의 소송물은 乙의 甲에 대한 **차임지급청구권**으로서, **소송물이 다르고 선결관계나 모순관계에 있는 것이 아니므로** 기판력이 작용하지 아니한다. 정답 - X

24 **확정판결의 변론종결 후 그 확정판결상의 채무자로부터 채무인수 여부에 관한 약정 없이 영업을 양수하여 양도인의 상호를 계속 사용하는 영업양수인은 변론종결 후의 승계인에 해당한다.** 변호사시험 제2회

해설 『확정판결의 변론종결후 동 확정판결상의 채무자로부터 영업을 양수하여 양도인의 상호를 계속 사용하는 영업양수인은 상법 제42조 제1항에 의하여 그 양도인의 영업으로 인한 채무를 변제할 책임이 있다 하여도, **그 확정판결상의 채무에 관하여 이를 면책적으로 인수하는 등 특별사정이 없는 한,** 그 영업양수인을 곧 민사소송법 제204조의 **변론종결후의 승계인에 해당된다고 할 수 없다**』(대판 1979. 3. 13, 78다2330). 정답 - X

25 **① 확정판결의 변론종결 후 그 확정판결상의 채무자인 회사를 흡수합병한 존속회사는 변론종결 후의 승계인에 해당한다.**
② 확정판결의 변론종결 후 그 확정판결상의 채무자인 회사가 신설합병되어 설립된 회사는 변론종결 후의 승계인에 해당한다. 변호사시험 제2회

해설 『구 민사소송법 (2002. 1. 26. 법률 제6626호로 전문 개정되기 전의 것) 제74조에서 규정하고 있는 소송의 목적물인 권리관계의 승계라 함은 소송물인 권리관계의 양도뿐만 아니라 당사자적격 이전의 원인이 되는 실체법상의 권리 이전을 널리 포함하는 것이므로, 신주발행무효의 소 계속중 그 원고 적격의 근거가 되는 주식이 양도된 경우에 그 양수인은 제소기간 등의 요건이 충족된다면 새로운 주주의 지위에서 신소를 제기할 수 있을 뿐만 아니라, 양도인이 이미 제기한 기존의 위 소송을 적법하게 승계할 수도 있다』(대판 2003. 2. 26, 2000다42786).

흡수합병과 신설합병은 소송물인 권리관계에 관한 지위를 당사자로부터 승계하는 것이므로 변론종결 후의 승계인에 해당한다. 정답 - ① O ② O

26 **확정판결의 변론종결 후 그 확정판결상의 채무자로서 금전지급채무만을 부담하고 있는 회사가 그 채무를 면탈할 목적으로 기업의 형태·내용을 실질적으로 동일하게 하여 설립한 신설회사는 변론종결 후의 승계인에 해당한다.** 변호사시험 제2회

해설 『기존회사가 채무를 면탈할 목적으로 기업의 형태·내용이 실질적으로 동일한 신설회사를 설립하였다면, 신설회사의 설립은 기존회사의 채무면탈이라는 위법한 목적달성을 위하여 회사제도를 남용한 것이므로, 기존회사의 채권자에 대하여 위 두 회사가 별개의 법인격을 갖고 있음을 주장하는 것은 신의성실의 원칙상 허용될 수 없다 할 것이어서 기존회사의 채권자는 위 두 회사 어느 쪽에 대하여서도 채무의 이행을 청구할 수 있다』(대판 2004. 11. 12, 2002다66892).

『甲 회사와 乙 회사가 기업의 형태·내용이 실질적으로 동일하고, 甲 회사는 乙 회사의 채무를 면탈할 목적으로 설립된 것으로서 甲 회사가 乙 회사의 채권자에 대하여 乙 회사와는 별개의 법인격을 가지는 회사라는 주장을 하는 것이 신의성실의 원칙에 반하거나 법인격을 남용하는 것으로 인정되는 경우에도, **권리관계의 공권적인 확정 및 그 신속·확실한 실현을 도모하기 위하여 절차의 명확·안정을 중시하는 소송절차 및 강제집행절차에 있어서는 그 절차의 성격상 을 회사에 대한 판결의 기판력 및 집행력의 범위를 갑 회사에까지 확장하는 것은 허용되지 아니한다**』(대판 1995. 5. 12, 93다44531). 정답 – X

27 **채권자취소권은 법원에 소를 제기하는 방법으로 행사하여야 하고, 피고가 소송에서 항변으로 행사할 수는 없다.** 변호사시험 제1회

해설 **사해행위취소청구권의 행사방법**에 관하여 판례는 『채무자가 채권자를 해함을 알고 재산권을 목적으로 한 법률행위를 한 경우, 채권자는 사해행위의 취소를 법원에 소를 제기하는 방법으로 청구할 수 있을뿐 소송상의 공격방어방법으로 주장할 수 없다』(대판 1995. 7. 25, 95다8393)라고 판시하고 있다. 정답 – O

28 **채권자취소소송은 사해행위로 인하여 이익을 받은 자나 그로부터 전득한 자를 피고로 하여야 하고, 채무자는 피고적격이 없다.** 변호사시험 제1회

해설 **사해행위취소청구권의 피고적격**에 관하여 판례는 『채권자가 채권자취소권을 행사하려면 사해행위로 인하여 이익을 받은 자나 전득한 자를 상대로 그 법률행위의 취소를 청구하는 소송을 제기하여야 되는 것으로서, 채무자를 상대로 그 소송을 제기할 수는 없다』(대판 1991. 8. 13, 91다13717)라고 판시하고 있다. 정답 – O

29 **사해행위취소판결의 기판력은 그 취소권을 행사한 채권자와 그 상대방인 수익자 또는 전득자에게 미치고, 채무자에게는 그가 소송계속 사실을 알았을 경우라도 미치지 않는다.** 변호사시험 제1회

해설 **사해행위취소판결의 기판력이 미치는 범위**에 관하여 판례는 『사해행위취소판결의 기판력은 그 취소권을 행사한 채권자와 그 상대방인 수익자 또는 전득자와의 상대적인 관계에서만 미칠 뿐 그 소송에 참가하지 아니한 채무자 또는 채무자와 수익자 사이의 법률관계에는 미치지 아니한다』(대판 1988. 2. 23, 87다카1989)라고 판시하고 있다. 정답 – O

30 **채권자가 사해행위의 취소 및 원상회복을 구함에 대하여 법원이 원상회복으로 원물반환이 아닌 가액배상을 명하고자 할 경우, 청구취지의 변경 없이 곧바로 가액배상을 명하는 것은 처분권주의에 반한다.** 변호사시험 제1회

해설 『저당권이 설정되어 있는 부동산이 사해행위로 이전된 경우에 그 사해행위는 부동산의 가액에서 저당권의 피담보채권액을 공제한 잔액의 범위 내에서만 성립한다고 보아야 하므로, 사해행위 후 변제 등에 의하여 저당권설정등기가 말소된 경우 그 부동산의 가액에서 저당권의 피담보채무액을 공제한 잔액의 한도에서 사해행위를 취소하고 그 가액의 배상을 구할 수 있을 뿐이고, 특별한 사정이 없는 한 변제자가 누구인지에 따라 그 방법을 달리한다고 볼 수는 없는 것이며, 사해행위인 계약 전부의 취소와 부동산 자체의 반환을 구하는 청구취지 속에는 위와 같이 일부취소를 하여야 할 경우 **그 일부취소와 가액배상을 구하는 취지도 포함**되어 있다고 볼 수 있으므로 **청구취지의 변경이 없더라도 바로 가액반환을 명할 수 있다**』(대판 2001. 6. 12, 99다20612). 정답 - X

31 **채무자 乙의 사해행위에 대하여 채권자 甲이 제기한 채권자취소소송의 계속 중, 다른 채권자 丙이 제기한 채권자취소소송은 중복소송에 해당하거나 권리보호의 이익이 없는 것으로 볼 수 없다.** 변호사시험 제1회

해설 『채권자취소권의 요건을 갖춘 각 채권자는 고유의 권리로서 채무자의 재산처분 행위를 취소하고 그 원상회복을 구할 수 있는 것이므로 각 채권자가 동시 또는 이시에 채권자취소 및 원상회복소송을 제기한 경우 **이들 소송이 중복제소에 해당하는 것이 아니다.** 어느 한 채권자가 동일한 사해행위에 관하여 채권자취소 및 원상회복청구를 하여 승소판결을 받아 그 판결이 확정되었다는 것만으로 그 후에 제기된 다른 채권자의 동일한 청구가 권리보호의 이익이 없어지게 되는 것은 아니고, 그에 기하여 재산이나 가액의 회복을 마친 경우에 비로소 다른 채권자의 채권자취소 및 원상회복청구는 그와 중첩되는 범위 내에서 권리보호의 이익이 없게 된다』(대판 2003. 7. 11, 2003다19558). 정답 - X

32 **소송비용에 대한 담보제공이 필요하다고 판단되는 경우에 법원은 피고의 신청이 있으면 원고에게 소송비용에 대한 담보를 제공하도록 명하여야 하고, 직권으로 담보제공을 명할 수도 있다.** 변호사시험 제3회

해설

〔**제117조(담보제공의무)**〕 ① 원고가 대한민국에 주소·사무소와 영업소를 두지 아니한 때 또는 소장·준비서면, 그 밖의 소송기록에 의하여 청구가 이유 없음이 명백한 때 등 소송비용에 대한 담보제공이 필요하다고 판단되는 경우에 피고의 신청이 있으면 법원은 원고에게 소송비용에 대한 담보를 제공하도록 명하여야 한다. 담보가 부족한 경우에도 또한 같다. ② 제1항의 경우에 법원은 직권으로 원고에게 소송비용에 대한 담보를 제공하도록 명할 수 있다.

정답 - O

33 법원은 사정에 따라 승소한 당사자로 하여금 그 권리를 늘리거나 지키는데 필요하지 아니한 행위로 말미암은 소송비용 또는 상대방의 권리를 늘리거나 지키는데 필요한 행위로 말미암은 소송비용의 전부나 일부를 부담하게 할 수 있다. 변호사시험 제3회

해설

〔제99조(원칙에 대한 예외)〕 법원은 사정에 따라 승소한 당사자로 하여금 그 권리를 늘리거나 지키는 데 필요하지 아니한 행위로 말미암은 소송비용 또는 상대방의 권리를 늘리거나 지키는 데 필요한 행위로 말미암은 소송비용의 전부나 일부를 부담하게 할 수 있다.

정답 - O

34 일부패소의 경우에 당사자들이 부담할 소송비용은 법원이 정하며, 사정에 따라 한 쪽 당사자에게 소송비용의 전부를 부담하게 할 수 있다. 변호사시험 제3회

해설

〔제101조(일부패소의 경우)〕 일부패소의 경우에 당사자들이 부담할 소송비용은 법원이 정한다. 다만, 사정에 따라 한 쪽 당사자에게 소송비용의 전부를 부담하게 할 수 있다.

정답 - O

35 소가 취하되면 소송이 재판에 의하지 아니하고 끝난 경우로서 소가 처음부터 계속되지 아니한 것으로 보므로 소송비용의 부담과 수액을 정하는 문제는 발생하지 않는다.

변호사시험 제3회

해설 민사소송법 제114조 제1항에 의하면 소송이 재판에 의하지 아니하고 끝난 경우에는 법원은 당사자의 신청에 따라 결정으로 소송비용의 액수를 정하고 이를 부담하도록 명하여야 하는바, 소가 취하되어 소송이 끝난 경우에도 소송비용의 부담과 수액을 정하는 문제가 발생한다.

〔민사소송법 제114조(소송이 재판에 의하지 아니하고 끝난 경우)〕 ① 제113조의 경우 외에 소송이 재판에 의하지 아니하고 끝나거나 참가 또는 이에 대한 이의신청이 취하된 경우에는 법원은 당사자의 신청에 따라 결정으로 소송비용의 액수를 정하고, 이를 부담하도록 명하여야 한다.

정답 - X

36 공동소송인은 소송비용을 균등하게 부담하는 것이 원칙이나, 법원은 사정에 따라 공동소송인에게 소송비용을 연대하여 부담하게 하거나 다른 방법으로 부담하게 할 수 있다. 변호사시험 제3회

해설

〔제102조(공동소송의 경우)〕 ① 공동소송인은 소송비용을 균등하게 부담한다. 다만, 법원은 사정에 따라 공동소송인에게 소송비용을 연대하여 부담하게 하거나 다른 방법으로 부담하게 할 수 있다.

정답 - O

37 **소송비용의 재판을 누락한 경우에 법원은 직권으로 또는 당사자의 신청에 따라 그 소송비용에 대한 재판을 한다.** 변호사시험 제7회

해설

〔제212조(재판의 누락)〕 ② 소송비용의 재판을 누락한 경우에는 법원은 직권으로 또는 당사자의 신청에 따라 그 소송비용에 대한 재판을 한다. 이 경우 제114조의 규정을 준용한다.

정답 - O

사례 【38~42】

甲은 乙에게 과실로 인한 손해배상으로 3,000만 원을 청구하는 이 사건 소를 제기하였고, 이에 대해 乙은 甲에 대하여 가지는 5,000만 원의 대여금채권으로 상계한다는 항변을 하였다. 다음 설명 중 옳지 않은 것은? (다툼이 있는 경우에는 판례에 의함) 변호사시험 제1회

38 **乙이 이 사건에서 위 상계항변을 제출할 당시 이미 甲을 상대로 위 대여금 5,000만 원의 지급을 구하는 별소를 제기한 경우, 위 상계항변은 중복제소에 해당한다는 이유로는 배척되지 않는다.**

해설 이른바 별소선행형 상계항변으로서 중복소송을 부정하는 것이 판례의 태도이다. 『상계의 항변을 제출할 당시 이미 자동채권과 동일한 채권에 기한 소송을 별도로 제기하여 계속 중인 경우, 사실심의 담당재판부로서는 전소와 후소를 같은 기회에 심리·판단하기 위하여 이부, 이송 또는 변론병합 등을 시도함으로써 기판력의 저촉·모순을 방지함과 아울러 소송경제를 도모함이 바람직하였다고 할 것이나, 그렇다고 하여 특별한 사정이 없는 한 **별소로 계속 중인 채권을 자동채권으로 하는 소송상 상계의 주장이 허용되지 않는다고 볼 수는 없다**』(대판 2001. 4. 27, 2000다4050).

정답 - O

39 **이 사건 소송에서 乙의 상계항변이 인정되어 甲의 전부패소판결이 선고된 경우, 乙은 甲의 3,000만 원의 손해배상채권이 원래부터 부존재함을 이유로 항소할 수 있다.**

해설 **상계는 대가적 출혈인 점에서 예비적 상계항변이 있는 경우 승소한 자도 소구채권의 부존재를 다툴 이익이 인정된다.** 『원고의 청구를 전부 기각한 판결에 대하여는 피고가 판결이유 중의 판단에 불복이 있더라도, 상계를 주장한 청구가 성립되어 원고의 청구가 기각된 때와 같이 예외적으로 기판력이 있는 경우를 제외하고는, 상소를 할 이익이 없다』(대판 1993. 12. 28, 93다47189).

정답 - O

40 **만약 乙의 위 대여금채권 성립 전에 甲의 채권자 丙에 의하여 甲의 위 손해배상채권이 가압류되고 그 가압류결정이 乙에게 송달되었다면, 乙은 丙에게 위와 같은 상계로 대항할 수 없다.**

해설 채권가압류(지급금지채권) 이후 성립한 채권으로 상계를 주장할 수는 없다(민법 제498조).

정답 - O

41 **만약 이 사건 소송에서 乙의 상계항변 없이 甲의 승소판결이 확정된 경우, 그 후 乙의 상계권 행사를 허용한다면 甲이 위 확정판결에 기하여 강제집행할 수 있는 지위가 무너지게 되어 부당하므로, 乙은 상계권을 행사하여 甲의 집행을 저지할 수 없다.**

해설 지문은 판례의 태도인 상계권 비실권설의 입장과 배치된다. 『당사자 쌍방의 채무가 서로 상계적상에 있다 하더라도 그 자체만으로 상계로 인한 채무소멸의 효력이 생기는 것은 아니고, **상계의 의사표시를 기다려 비로소 상계로 인한 채무소멸의 효력이 생기는 것**이므로, 채무자가 채무명의인 확정판결의 변론종결 전에 상대방에 대하여 상계적상에 있는 채권을 가지고 있었다 하더라도 채무명의인 확정판결의 변론종결 후에 이르러 비로소 상계의 의사표시를 한 때에는 **민사소송법 제505조 제2항이 규정하는 '이의원인이 변론종결 후에 생긴 때'에 해당하는 것**으로서, 당사자가 채무명의인 확정판결의 변론종결 전에 자동채권의 존재를 알았는가 몰랐는가에 관계없이 적법한 청구이의 사유로 된다』(대판 1998. 11. 24, 98다25344).

정답 - X

42 **만약 법원이 이 사건 소송의 심리결과 수동채권인 甲의 손해배상채권액은 5,000만 원, 자동채권인 乙의 대여금채권액은 1,000만 원이라는 심증을 형성하였다면, 이 사건 청구에 대하여 3,000만 원 전부를 인용하는 판결을 하게 된다.**

해설 원고의 일부청구에 대하여 피고가 반대채권으로 상계를 하는 경우에 판례는 외측설의 입장이다. 설문의 경우 5,000만 원에 대하여 피고 乙의 자동채권인 1,000만 원을 상계하고 남은 금액은 4,000만 원이므로 원고 甲이 인용받을 수 있는 금액은 4천만원이다. 그러나 민사소송법 제203조의 **처분권주의 원칙**(법원은 당사자가 신청하지 아니한 사항에 대하여는 판결하지 못한다)상 **법관의 심증과 관계없이 당사자의 청구 범위내에서 인용**하여야 하므로, **甲이 청구한 3000만원 한도에서 전부인용을 하게 된다**(양적 상한). 『원고가 피고에게 합계금 5,151,900원의 금전채권 중 그 일부인 금 3,500,000원을 소송상 청구하는 경우에 이를 피고의 반대채권으로써 상계함에 있어서는 위 금전채권 전액에서 상계를 하고 그 잔액이 청구액을 초과하지 아니할 경우에는 그 잔액을 인용할 것이고 그 잔액이 청구액을 초과할 경우에는 청구의 전액을 인용하는 것으로 해석하는 것이 일부 청구를 하는 당사자의 통상적인 의사이고 원고의 청구액을 기초로 하여 피고의 반대채권으로 상계하여 그 잔액만을 인용한 원심판결은 상계에 관한 법리를 오해한 위법이 있다 할 것이다』(대판 1984. 3. 27, 83다323,83다카1037).

정답 - O

사례

甲은 乙에 대하여 대여금 반환채권을 갖고 있다. 그런데 乙이 사망하였고, 유일한 상속인 丙은 상속포기기간 내에 상속을 포기하였다. 다음 설명이 타당한가? (다툼이 있는 경우에는 판례에 의함)

변호사시험 제1회

43 丙이 상속포기를 하였으나, 甲이 丙을 상대로 제기한 대여금청구소송에서 사실심 변론종결시까지 丙이 이를 주장하지 않고 甲의 승소판결이 확정된 경우, 위 상속포기는 적법한 청구이의의 사유가 되지 못한다.

해설 한정승인의 경우 판결확정 후 청구이의의 소를 제기해도 채무의 존부나 범위에 대한 다툼이 아닌 집행력에 대한 제한을 주장하는 것으로 기판력에 반하지 않으나, 상속포기는 채무의 부존재를 주장하는 것이므로 기판력에 반하므로 차단효에 의해 주장할 수 없다. 『**채무자가 한정승인을 하였으나 채권자가 제기한 소송의 사실심 변론종결시까지 이를 주장하지 아니하는 바람에 책임의 범위에 관하여 아무런 유보 없는 판결이 선고·확정된 경우라 하더라도 채무자가 그 후 위 한정승인 사실을 내세워 청구에 관한 이의의 소를 제기하는 것이 허용**되는 것은, 한정승인에 의한 책임의 제한은 상속채무의 존재 및 범위의 확정과는 관계없이 다만 판결의 집행 대상을 상속재산의 한도로 한정함으로써 판결의 집행력을 제한할 뿐으로, 채권자가 피상속인의 금전채무를 상속한 상속인을 상대로 그 상속채무의 이행을 구하여 제기한 소송에서 채무자가 한정승인 사실을 주장하지 않으면 책임의 범위는 현실적인 심판대상으로 등장하지 아니하여 주문에서는 물론 이유에서도 판단되지 않는 관계로 그에 관하여는 기판력이 미치지 않기 때문이다. 위와 같은 기판력에 의한 실권효 제한의 법리는 채무의 상속에 따른 책임의 제한 여부만이 문제되는 한정승인과 달리 상속에 의한 채무의 존재 자체가 문제되어 그에 관한 **확정판결의 주문에 당연히 기판력이 미치게 되는 상속포기의 경우에는 적용될 수 없다**』(대판 2009. 5. 28, 2008다79876).

정답 - O

사례 【44~48】

매수인 甲과 매도인 乙이 2015. 10. 10. X 부동산에 대해 매매계약을 체결한 후, 甲은 乙을 상대로 위 매매계약에 기하여 X 부동산에 관한 소유권이전등기청구의 소를 제기하였다. 이 소송에서 乙은 동시이행 항변으로 甲으로부터 5,000만 원의 지급을 받으면 이 전등기를 하겠다고 주장하였지만, 법원은 "乙은 甲으로부터 3,000만 원을 지급받음과 동시에 甲에게 X 부동산에 관하여 2015. 10. 10. 매매를 원인으로 한 소유권이전등기절차를 이행하라."는 판결을 선고하였다. 이에 관한 설명 중 옳은 것은? (다툼이 있는 경우 판례에 의함) 변호사시험 제5회

44 위 판결 확정 후 乙이 丙에게 X 부동산을 매도하고 丙 앞으로 소유권이전등기를 마쳐 주었다면, 위 판결의 기판력은 丙에게도 미친다.

해설 채권적 청구권에 기한 건물명도소송의 변론종결 후에 피고로부터 건물의 점유를 취득한 자에게 판결의 기판력이나 집행력이 미치는지 여부에 판례는 『건물명도소송에서의 소송물인 청구가 물권적청구 등과 같이 대세적인 효력을 가진 경우에는 그 판결의 기판력이나 집행력이 변론종결 후에 그 재판의 피고로부터 그 건물의 점유를 취득한 자에게도 미치나 그 청구가 대인적인 효력밖에 없는 **채권적 청구만에 그친 때**에는 위와 같은 **점유승계인에게 위의 효력이 미치지 아니한다**』(대판 1991. 1. 15, 90다9964)라고 판시하고 있다. 정답 – X

45 위 판결 확정 후 기판력이 발생하는 부분은 위 동시이행의 조건이 붙은 소유권이전등기절차의 이행을 명한 부분이고, 甲이 乙에게 3,000만 원을 지급하는 부분에 대해서는 기판력이 발생하지 않는다.

해설 『제소전화해의 내용이 채권자 등은 대여금 채권의 원본 및 이자의 지급과 상환으로 채무자에게 부동산에 관한 가등기의 말소등기절차를 이행할 것을 명하고, 채무자는 가등기담보등에관한법률 소정의 청산금 지급과 상환으로 채권자 등에게 가등기에 기한 소유권이전의 본등기절차를 이행할 것과 그 부동산의 인도를 명하고 있는 경우, 그 제소전화해는 가등기말소절차 이행이나 소유권이전의 본등기절차 이행을 대여금 또는 청산금의 지급을 그 조건으로 하고 있는 데 불과하여 **그 기판력은 가등기말소나 소유권이전의 본등기절차 이행을 명한 화해내용이 대여금 또는 청산금 지급의 상환이 조건으로 붙어 있다는 점에 미치는 데 불과**하고, **상환이행을 명한 반대채권의 존부나 그 수액에 기판력이 미치는 것이 아니다**』(대판 1996. 7. 12, 96다19017). 정답 – O

46 위 판결 확정 후 甲이 다시 乙을 상대로 X 부동산에 관하여 2015. 5. 10. 대물변제약정을 원인으로 한 소유권이전등기청구의 소를 제기하였다면, 그 청구는 위 판결의 기판력에 저촉된다.

해설 이 경우에는 **양소의 신청과 권리가 모두 다르므로** 신구이론을 불문하고 **소송물이 다르다.** 따라서 기판력의 객관적 범위에 포함되지 않아 기판력이 저촉되지 않는다. 정답 – X

47 **위 소송에서 甲은 乙에 대한 2,000만 원의 대여금채권을 자동채권으로 하여 乙이 동시이행 항변으로 주장한 채권에 대해 상계 재항변을 하였고, 법원이 판결이유 중에 상계 재항변을 받아들여 동시이행 항변을 배척하는 판단을 하였다면, 2,000만 원의 대여금채권이 존재한다는 판단에도 기판력이 발생한다.**

해설 『상계 주장에 관한 판단에 기판력이 인정되는 경우는, 상계 주장의 대상이 된 수동채권이 소송물로서 심판되는 소구채권이거나 그와 실질적으로 동일하다고 보이는 경우(가령 원고가 상계를 주장하면서 청구이의의 소송을 제기하는 경우 등)로서 상계를 주장한 반대채권과 그 수동채권을 기판력의 관점에서 동일하게 취급하여야 할 필요성이 인정되는 경우를 말한다고 봄이 상당하므로 만일 상계 주장의 대상이 된 수동채권이 동시이행항변에 행사된 채권일 경우에는 그러한 상계 주장에 대한 판단에는 기판력이 발생하지 않는다고 보아야 할 것인바, 위와 같이 해석하지 않을 경우 동시이행항변이 상대방의 상계의 재항변에 의하여 배척된 경우에 그 동시이행항변에 행사된 채권을 나중에 소송상 행사할 수 없게 되어 민사소송법 제216조가 예정하고 있는 것과 달리 **동시이행항변에 행사된 채권의 존부나 범위에 관한 판결 이유 중의 판단에 기판력이 미치는 결과에 이르기 때문**이다』(대판 2005. 7. 22, 2004다17207). 정답 – X

48 **위 판결 선고 후 甲만이 항소를 제기한 경우, 항소심 법원은 乙의 동시이행 항변을 모두 받아들여 "乙은 甲으로부터 5,000만 원을 지급받음과 동시에 甲에게 X 부동산에 관하여 2015. 10. 10. 매매를 원인으로 한 소유권이전등기절차를 이행하라."는 판결을 할 수 있다.**

해설 『항소심은 당사자의 불복신청범위 내에서 제1심판결의 당부를 판단할 수 있을 뿐이므로, 설사 제1심판결이 부당하다고 인정되는 경우라 하더라도 그 판결을 불복당사자의 불이익으로 변경하는 것은 당사자가 신청한 불복의 한도를 넘어 제1심판결의 당부를 판단하는 것이 되어 허용될 수 없다 할 것인바, **원고만이 항소한 경우에 항소심으로서는 제1심보다 원고에게 불리한 판결을 할 수는 없고**, 한편 불이익하게 변경된 것인지 여부는 기판력의 범위를 기준으로 하나 공동소송의 경우 원·피고별로 각각 판단하여야 하고, 동시이행의 판결에 있어서는 원고가 그 반대급부를 제공하지 아니하고는 판결에 따른 집행을 할 수 없어 비록 **피고의 반대급부이행청구에 관하여 기판력이 생기지 아니하더라도 반대급부의 내용이 원고에게 불리하게 변경된 경우에는 불이익변경금지 원칙에 반하게 된다**』(대판 2005. 8. 19, 2004다8197,8203). 정답 – X

제5편 병합소송

제1장 복수청구소송

1 **제1심 법원에서 교환적 변경을 간과하여 신청구에 대하여는 아무런 판단도 아니한 채 구청구만을 판단한 경우 이는 취하되어 재판의 대상이 아닌 것에 대하여 판단한 것이어서 항소법원은 제1심판결을 취소하고 구청구에 대하여는 소송종료선언을 하여야 하며 신청구는 판단누락으로 항소심으로 이심되기에 항소심은 신청구에 판단하여야 한다.** 변호사시험 제3회

해설 판례는 『소의 교환적 변경으로 구청구인 손해배상청구는 취하되고 신청구인 정리채권확정청구가 심판의 대상이 되었음에도 신청구에 대하여는 아무런 판단도 하지 아니한 채 구청구에 대하여 심리·판단한 원심판결을 파기하고 구청구에 대하여 소송종료선언』(대판 2003. 1. 24, 2002다56987)을 한다. 그러나 **누락된 신청구는 원심법원에 계속 중**이므로 **추가판결로써 시정되어야 하는 것**이고, 항소심에서 판단되는 것이 아니다. 정답 – X

2 **제1심 법원에서 청구를 추가하여 단순병합으로 구하였음에도 그 중 일부의 청구에 대하여만 판단한 경우, 나머지 청구는 재판누락으로 제1심에 계속 중이므로 추가판결의 대상이 될 뿐이고 항소심은 이심된 부분에 대하여만 판단한다.** 변호사시험 제3회

해설 민사소송법 제212조 제1항에 의해 법원이 청구의 일부에 대하여 재판을 누락한 경우에 그 청구부분에 대하여는 그 법원이 계속하여 재판하는 것이므로, 단순병합된 청구 중 제1심에서 판단되지 않은 것은 재판누락으로 제1심에서 추가판결을 해야 한다. 정답 – O

3 **제1심 법원에서 청구를 추가하여 선택적 병합으로 구하였음에도 원고 패소판결을 하면서 병합된 청구 중 어느 하나를 판단하지 않은 경우, 이는 판단누락으로 원고가 그 판결에 대하여 항소하였다면 누락된 부분까지 선택적 청구 전부가 항소심으로 인정된다.** 변호사시험 제3회

해설 『제1심법원이 원고의 선택적 청구 중 하나만을 판단하여 기각하고 나머지 청구에 대하여는 아무런 판단을 하지 아니한 조치는 위법한 것이고, 원고가 이와 같이 위법한 제1심판결에 대하여 항소한 이상 원고의 선택적 청구 전부가 항소심으로 이심되었다고 할 것이므로, 선택적 청구 중 판단되지 않은 청구 부분이 재판의 탈루로서 제1심법원에 그대로 계속되어 있다고 볼 것은 아니다』(대판 1998. 7. 24, 96다99). 정답 – O

4 **컴퓨터 관련 부품제조업자인 甲은 화물운송업자인 乙과 甲의 제품을 운송하기로 하는 운송계약을 체결하였고, 乙은 다른 화물운송업자인 丙에게 위 제품을 운송하도록 의뢰하였다. 丙은 운송물을 실은 화물차량을 운전하여 고속도로를 주행하던 중 졸음운전으로 과속하는 바람에 차량이 전복되어 운송물 일부가 훼손되었다. 甲이 乙을 상대로 손해배상청구소송을 제기하면서 채무불이행에 의한 손해배상청구와 불법행위에 의한 손해배상청구를 동시에 주장하였다면 이는 선택적 병합이다.** 변호사시험 제3회

해설 상법 제135조에 의한 손해배상 청구권과『불법행위를 원인으로 하는 손해배상 청구권은 소위 청구권이 경합하는 경우로 위의 두 청구권은 동시에 성립할 수 있는 것이고 서로 표리관계에 있어 하나가 성립하면 다른 것은 성립할 수 없는 것은 아니므로 본건 청구의 병합은 선택적(택일적)인 것』(대판 1962. 6. 21, 62다102)이다. 정답 – O

5 **본소 이혼청구를 기각하고 반소 이혼청구를 인용하는 경우, 본소 이혼청구에 병합된 재산분할청구는 원고의 반대의사표시 등 특별한 사정이 없는 한, 피고의 반소청구에 대한 (D)의 실질을 가지게 되므로 원고의 재산분할청구에 대한 심리에 들어가 액수와 방법을 정해주어야 한다.** 변호사시험 제4회

해설 『원고가 본소의 이혼청구에 병합하여 재산분할청구를 제기한 후 피고가 반소로서 이혼청구를 한 경우, 원고가 반대의 의사를 표시하였다는 등의 특별한 사정이 없는 한, 원고의 재산분할청구 중에는 본소의 이혼청구가 받아들여지지 않고 피고의 반소청구에 의하여 이혼이 명하여지는 경우에도 **재산을 분할해 달라는 취지의 청구가 포함된 것으로 봄이 상당**하다고 할 것이다(이때 원고의 재산분할청구는 피고의 반소청구에 대한 재반소로서의 실질을 가지게 된다). 따라서 이러한 경우 사실심으로서는 원고의 본소 이혼청구를 기각하고 피고의 반소청구를 받아들여 원·피고의 이혼을 명하게 되었다고 하더라도, 마땅히 원고의 재산분할청구에 대한 심리에 들어가 원·피고가 협력하여 이룩한 재산의 액수와 당사자 쌍방이 그 재산의 형성에 기여한 정도 등 일체의 사정을 참작하여 원고에게 재산분할을 할 액수와 방법을 정하여야 할 것이다』(대판 2001. 6. 15, 2001므626). 정답 – **재반소**

6 **매수인인 甲은 매도인인 乙을 상대로 하여 주위적으로 매매계약이 유효하다고 주장하면서 매매를 원인으로 한 소유권이전등기절차의 이행을, 예비적으로 위 매매계약이 무효인 경우 이미 지급한 매매대금의 반환을 구하는 소를 제기하였다. 甲의 매매대금반환청구는 예비적 청구이므로, 제1심 법원은 소유권이전등기청구의 인용을 해제조건으로 하여 이를 심판하여야 한다.** 변호사시험 제5회

해설 **청구의 예비적 병합에 있어서 법원의 심판순서**에 관하여 판례는『청구의 예비적 병합에 있어서 예비적 청구는 주위적 청구가 인용되는 것을 해제조건으로 하는 것이므로 법원의 심판순서는 당사자가 청구한 심판의 순서에 구속을 받게 된다』(대판 1993. 3. 23, 92다51204)라고 판시하고 있다. 정답 – O

7 매수인인 甲은 매도인인 乙을 상대로 하여 주위적으로 매매계약이 유효하다고 주장하면서 매매를 원인으로 한 소유권이전등기절차의 이행을, 예비적으로 위 매매계약이 무효인 경우 이미 지급한 매매대금의 반환을 구하는 소를 제기하였다. 제1심 법원이 甲의 소유권이전등기청구를 인용하였고, 乙이 그 패소 부분에 대하여 항소하자 항소심 법원이 乙의 항소를 받아들여 위 소유권이전등기청구를 전부 배척하는 경우, 항소심 법원은 제1심 법원이 판단하지 않았던 매매대금반환청구에 관하여 반드시 심판을 하여야 한다. 변호사시험 제5회

해설 『청구의 예비적 병합이란 병합된 수개의 청구 중 주위적 청구(제1차 청구)가 인용되지 않을 것에 대비하여 그 인용을 해제조건으로 예비적 청구(제2차 청구)에 관하여 심판을 구하는 병합형태로서, 이와 같은 예비적 병합의 경우에는 원고가 붙인 순위에 따라 심판하여야 하며 주위적 청구를 배척할 때에는 예비적 청구에 대하여 심판하여야 하나 주위적 청구를 인용할 때에는 다음 순위인 예비적 청구에 대하여 심판할 필요가 없는 것이므로, **주위적 청구를 인용하는 판결은 전부판결**로서 **이러한 판결에 대하여 피고가 항소하면 제1심에서 심판을 받지 않은 다음 순위의 예비적 청구도 모두 이심**되고 **항소심이 제1심에서 인용되었던 주위적 청구를 배척할 때에는 다음 순위의 예비적 청구에 관하여 심판을 하여야 하는 것**이다』[대판(전합) 2000. 11. 16, 98다22253].

정답 – O

8 매수인인 甲은 매도인인 乙을 상대로 하여 주위적으로 매매계약이 유효하다고 주장하면서 매매를 원인으로 한 소유권이전등기절차의 이행을, 예비적으로 위 매매계약이 무효인 경우 이미 지급한 매매대금의 반환을 구하는 소를 제기하였다. 제1심 법원이 소유권이전등기청구를 기각하면서 매매대금반환청구에 대하여 판단하지 아니하는 판결을 한 경우, 甲이 그 판결에 대하여 항소하더라도 매매대금반환청구는 항소심으로 이심(移審)되지 않고 제1심 법원에 계속된다. 변호사시험 제5회

해설 『예비적 병합의 경우에는 수개의 청구가 하나의 소송절차에 불가분적으로 결합되어 있기 때문에 주위적 청구를 먼저 판단하지 않고 예비적 청구만을 인용하거나 주위적 청구만을 배척하고 예비적 청구에 대하여 판단하지 않는 등의 일부판결은 **예비적 병합의 성질에 반하는 것**으로서 **법률상 허용되지 아니하며**, 그럼에도 불구하고 주위적 청구를 배척하면서 예비적 청구에 대하여 판단하지 아니하는 판결을 한 경우에는 그 판결에 대한 상소가 제기되면 **판단이 누락된 예비적 청구 부분도 상소심으로 이심**이 되고 **그 부분이 재판의 탈루에 해당하여 원심에 계속중이라고 볼 것은 아니다**』[대판(전합) 2000. 11. 16, 98다22253].

정답 – X

9 **매수인인 甲은 매도인인 乙을 상대로 하여 주위적으로 매매계약이 유효하다고 주장하면서 매매를 원인으로 한 소유권이전등기절차의 이행을, 예비적으로 위 매매계약이 무효인 경우 이미 지급한 매매대금의 반환을 구하는 소를 제기하였다. 제1심 법원이 소유권이전등기청구를 기각하고 매매대금반환청구를 인용하자 乙만이 그 패소 부분에 대하여 항소한 경우, 항소심 법원의 심판범위는 매매대금반환청구를 인용한 제1심 판결의 당부에 그치고 甲의 부대항소가 없는 한 소유권이전등기청구는 심판대상이 될 수 없다.** 변호사시험 제5회

해설 『제1심법원이 주위적 청구인 입양무효확인청구와 예비적 청구인 파양 및 위자료청구를 병합심리한 끝에 주위적 청구는 기각하고 예비적 청구만을 인용하는 판결을 선고한데 대하여 피고만이 항소한 경우, **항소제기에 의한 이심의 효력은 당연히 사건 전체에 미쳐 주위적 청구에 관한 부분도 항소심에 이심**되지만, **항소심의 심판범위는 피고가 불복신청한 범위, 즉 예비적 청구를 인용한 제1심판결의 당부에 한정**되는 것이므로, 원고의 부대항소가 없는 한 주위적 청구는 심판대상이 될 수 없고, 그 판결에 대한 상고심의 심판대상도 예비적 청구 부분에 한정된다』(대판 2002. 12. 26, 2002므852). 정답 - O

10 **매수인인 甲은 매도인인 乙을 상대로 하여 주위적으로 매매계약이 유효하다고 주장하면서 매매를 원인으로 한 소유권이전등기절차의 이행을, 예비적으로 위 매매계약이 무효인 경우 이미 지급한 매매대금의 반환을 구하는 소를 제기하였다. 제1심 법원이 소유권이전등기청구를 기각하고 매매대금반환청구를 인용하자 乙만이 그 패소 부분에 대하여 항소한 후 乙이 항소심에서 소유권이전등기청구를 인낙한 경우, 매매대금반환청구는 심판 없이 종결된다.** 변호사시험 제5회

해설 『제1심 법원이 원고의 주위적 청구와 예비적 청구를 병합심리한 끝에 주위적 청구는 기각하고 예비적 청구만을 인용하는 판결을 선고한 데 대하여 피고만 항소를 하더라도, 항소의 제기에 의한 이심의 효력은 피고의 불복신청의 범위와는 관계없이 사건 전부에 미쳐 주위적 청구에 관한 부분도 항소심에 이심되는 것이므로, **피고가 항소심의 변론에서 원고의 주위적 청구를 인낙하여 그 인낙이 조서에 기재되면 그 조서는 확정판결과 동일한 효력이 있는 것**이고, 따라서 **그 인낙으로 인하여 주위적 청구의 인용을 해제조건으로 병합심판을 구한 예비적 청구에 관하여는 심판할 필요가 없어 사건이 그대로 종결**되는 것이다』(대판 1992. 6. 9, 92다12032). 정답 - O

11 **사해행위의 취소를 구하면서 피보전채권을 추가하거나 교환하는 것은 소의 변경에 해당한다.** 변호사시험 제6회

해설 『채권자가 **사해행위의 취소를 청구하면서 그 보전하고자 하는 채권을 추가하거나 교환하는 것은** 그 사해행위취소권을 이유 있게 하는 공격방법에 관한 주장을 변경하는 것일 뿐이지 소송물 또는 청구 자체를 변경하는 것이 아니므로 **소의 변경이라 할 수 없다**』(대판 2003. 5. 27, 2001다13532). 정답 - X

12 **청구취지변경을 불허한 결정에 대하여는 독립하여 항고할 수 없고 종국판결에 대한 상소로써만 다툴 수 있다.** 변호사시험 제6회

해설 **청구취지변경을 불허한 결정에 대한 항고의 가부**에 관하여 판례는 『청구취지변경을 불허한 결정에 대하여는 독립하여 항고할 수 없고 종국판결에 대한 상소로써만 다툴 수 있다』(대판 1992. 9. 25, 92누5096)라고 판시하고 있다. 정답 - O

13 **항소심에서 청구가 교환적으로 변경된 경우, 항소심 법원은 구청구가 취하된 것으로 보아 교환된 신청구에 대하여만 사실상 제1심으로 재판한다.** 변호사시험 제6회

해설 『피고의 항소로 인한 **항소심에서 소의 교환적 변경이 적법하게 이루어졌다면 제1심 판결은 소의 교환적 변경에 의한 소취하로 실효되고, 항소심의 심판대상은 새로운 소송으로 바뀌어지고 항소심이 사실상 제1심으로 재판하는 것이 되므로**, 그 뒤에 피고가 항소를 취하한다 하더라도 항소취하는 그 대상이 없어 아무런 효력을 발생할 수 없다』(대판 1995. 1. 24, 93다25875). 정답 - O

14 **제1심에서 원고가 전부승소하고 피고만 항소한 경우, 피항소인인 원고는 항소심에서 청구취지를 확장할 수 없다.** 변호사시험 제6회

해설 『제1심에서 승소한 자라도 부대항소의 제기에 의하지 않고 항소심에서 **청구를 확장할 수 있다**』(대판 1969. 10. 28, 68다158). 정답 - X

15 **소장에서 심판을 구하는 대상이 불분명한 경우 이를 명확하게 하기 위하여 청구취지를 보충, 정정하는 것은 청구의 변경에 해당하지 않는다.** 변호사시험 제6회

해설 『소장에서 심판을 구하는 대상이 불분명한 경우 이를 명확하게 하기 위하여 청구취지를 보충·정정하는 것은 민사소송법 제262조가 정하는 청구의 변경에 해당하지 아니한다』(대판 2008. 2. 1, 2005다74863).

> **[민사소송법 제262조(청구의 변경)]** ① 원고는 청구의 기초가 바뀌지 아니하는 한도안에서 변론을 종결할 때(변론 없이 한 판결의 경우에는 판결을 선고할 때)까지 청구의 취지 또는 원인을 바꿀 수 있다. 다만, 소송절차를 현저히 지연시키는 경우에는 그러하지 아니하다. ② 청구취지의 변경은 서면으로 신청하여야 한다. ③ 제2항의 서면은 상대방에게 송달하여야 한다.

정답 - O

16 **甲이 乙에 대한 확정판결에 기하여 X 토지에 관한 소유권이전등기를 마친 경우, 乙이 甲을 상대로 위 확정판결에 대한 재심의 소를 제기하면서 위 소유권이전등기의 말소청구를 병합하는 것은 허용되지 아니한다.** 변호사시험 제2회

해설 『피고들이 재심대상판결의 취소와 그 본소청구의 기각을 구하는 외에, 원고와 승계인을 상대로 재심대상판결에 의하여 경료된 원고 명의의 소유권이전등기와 그 후 승계인의 명의로 경료된 소유권이전등기의 각 말소를 구하는 청구를 병합하여 제기하고 있으나, 그와 같은 청구들은 별소로 제기하여야 할 것이고 재심의 소에 병합하여 제기할 수 없다』(대판 1997. 5. 28, 96다41649).

정답 - O

17 **수 개의 청구가 제1심에서 선택적으로 병합되고 그중 어느 하나의 청구에 대한 인용판결이 선고되어 피고가 항소를 제기한 경우, 항소심에서는 선택적으로 병합된 위 수 개의 청구 중 어느 하나를 임의로 선택하여 인용할 수 있다.** 변호사시험 제2회

해설 『수개의 청구가 제1심에서 처음부터 선택적으로 병합되고 그 중 어느 한 개의 청구에 대한 인용판결이 선고되어 피고가 항소를 제기한 경우는 물론, 원고의 청구를 인용한 판결에 대하여 피고가 항소를 제기하여 항소심에 이심된 후 청구가 선택적으로 병합된 경우에 있어서도 항소심은 제1심에서 인용된 청구를 먼저 심리하여 판단할 필요는 없고, **원심이 한 것처럼 선택적으로 병합된 수개의 청구 중 제1심에서 심판되지 아니한 청구를 임의로 선택하여 심판할 수 있다**고 할 것이나, 심리한 결과 그 청구가 이유 있다고 인정되고 그 결론이 제1심판결의 주문과 동일한 경우에도 피고의 항소를 기각하여서는 안 되며 제1심판결을 취소한 다음 새로이 청구를 인용하는 주문을 선고하여야 한다』(대판 2006. 4. 27, 2006다7587,7594).

정답 - O

18 **제1심에서 이미 충분히 심리된 쟁점과 관련한 반소를 항소심에서 제기하는 것은 상대방의 심급의 이익을 해할 우려가 없는 경우에 해당되므로 허용된다.** 변호사시험 제2회

해설

〔제412조(반소의 제기)〕 ① 반소는 상대방의 심급의 이익을 해할 우려가 없는 경우 또는 상대방의 동의를 받은 경우에 제기할 수 있다.

정답 - O

19 **선택적 병합에서 원고 패소판결을 하면서 병합된 청구 중 어느 하나를 판단하지 않은 경우, 판단되지 않은 청구부분은 재판의 누락으로서 제1심 법원에 그대로 계속되어 있다고 볼 것이다.** 변호사시험 제2회

해설 『제1심판결 선고 전의 명예훼손행위에 관하여 손해배상청구를 하였으나 피고가 그 내용이 진실이라고 믿을 만한 상당한 이유가 있다는 이유로 청구를 기각당한 원고가 그 항소심에서 청구취지를 변경하지 아니한 채 피고가 제1심판결 선고 후 행한 새로운 명예훼손행위를 청구원인으로 추가하였다면 이는 다른 특별한 사정이 없는 한 피고의 새로운 명예훼손행위를 원인으로 하는 손해배상청구를 선택적으로 병합하는 취지라고 볼 것이다. 그러므로 그 항소심이 새로운 명예훼손행위를 원인으로 한 선택적 병합청구에 관하여 아무런

판단도 하지 아니한 채 원고의 청구를 기각하는 것은 **판단누락에 해당**한다』(대판 2010. 5. 13, 2010다8365). 판단누락의 경우 **판단되지 않은 청구부분까지 항소심으로 이심되어 항소심의 심판대상이 된다.** 정답 – X

20 **X 토지의 인도청구에 소유권이전등기말소청구가 단순병합된 소에서 X 토지의 인도청구에 대하여만 판단하고 소유권이전등기말소청구에 대한 재판을 누락한 판결이 확정된 경우, 소유권이전등기말소청구 부분에 대한 상소는 허용되지 않는다.** 변호사시험 제7회

해설 『판결에는 법원의 판단을 분명하게 하기 위하여 결론을 주문에 기재하도록 되어 있으므로 재판의 탈루가 있는지 여부는 오로지 주문의 기재에 의하여 판정하여야 하고, **항소심이 재판을 탈루한 경우에 그 부분은 아직 항소심에 소송이 계속중**이라고 볼 것이므로, **그에 대한 상고는 불복의 대상이 부존재하여 부적법하고 결국 각하를 면할 수 없다**』(대판 2005. 5. 27, 2004다43824). 정답 – O

21 **판결이유에 청구가 이유 없다고 설시되어 있더라도 판결주문에 그 설시가 없으면 특별한 사정이 없는 한 재판이 누락되었다고 보아야 한다.** 변호사시험 제7회

해설 『판결에는 법원의 판단을 분명하게 하기 위하여 결론을 주문에 기재하도록 되어 있어 재판의 누락이 있는지 여부는 주문의 기재에 의하여 판정하여야 하므로, **판결이유에 청구가 이유 없다고 설시되어 있더라도 주문에 그 설시가 없으면 특별한 사정이 없는 한 재판의 누락이 있다고** 보아야 하며, 재판의 누락이 있으면 그 부분 소송은 아직 원심에 계속중이라고 할 것이어서 상고의 대상이 되지 아니하므로 그 부분에 대한 상고는 부적법하다 할 것이다』(대판 2009. 5. 28, 2007다354). 정답 – O

사례 【22~24】

丙은 甲보험회사(이하 甲이라 한다)와 자동차종합보험계약이 체결된 자신의 승용차를 운행하던 중 乙의 차량을 추돌하여 乙에게 10주의 치료가 필요한 상해를 입게 하였다. 乙은 甲에게 1억 원을 직접 청구하였으나, 甲은 乙의 일방적 과실로 인한 사고라고 주장하며 그 지급을 거부하면서 乙을 상대로 위 교통사고로 인한 채무부존재확인의 소를 제기하였고, 乙은 이에 대한 반소로서 교통사고로 입은 손해 1억 원의 배상을 청구하는 소를 제기하였다. 변론의 진행결과 丙의 과실로 인한 乙의 손해를 최종적으로 법원이 4,000만 원으로 인정하였다면, 다음 설명이 타당한가? (다툼이 있는 경우 판례에 의함)

변호사시험 제4회

22 **甲의 본소는 확인의 소의 보충성의 원칙상 소의 이익이 없어 각하될 것이다.**

해설 『**소송요건을 구비하여 적법하게 제기된 본소가 그 후에 상대방이 제기한 반소로 인하여 소송요건에 흠결이 생겨 다시 부적법하게 되는 것은 아니므로**, 원고가 피고에 대하여 손해배상채무의 부존재확인을 구할 이익이 있어 본소로 그 확인을 구하였다면, 피고가 그 후에 그 손해배상채무의 이행을 구하는 반소를 제기하였다 하더라도 그러한 사정만으로 본소청구에 대한 확인의 이익이 소멸하여 본소가 부적법하게 된다고 볼 수는 없다』(대판 2010. 7. 15, 2010다2428). 정답 - X

23 **甲의 본소를 취하하는 것에 乙이 동의한 경우 반소의 소송계속도 소멸한다.**

해설 **본소취하와 반소에 미치는 영향**에 관하여 판례는 『반소가 적법히 제기된 이상 그 후 본소가 취하되더라도 **반소의 소송계속에는 아무런 영향이 없다**』(대판 1970. 9. 22, 69다446)라고 판시하고 있다. 정답 - X

24 **乙은 甲을 상대로 반소를 제기하였기 때문에 丙을 상대로는 별도로 소를 제기할 수 없고, 丙을 상대로 소를 제기할 경우 소가 각하된다.**

해설 『중첩적 채무인수에서 인수인이 채무자의 부탁 없이 채권자와의 계약으로 채무를 인수하는 것은 매우 드문 일이므로 채무자와 인수인은 원칙적으로 주관적 공동관계가 있는 연대채무관계에 있고, 인수인이 채무자의 부탁을 받지 아니하여 주관적 공동관계가 없는 경우에는 **부진정연대관계**에 있는 것으로 보아야 한다』(대판 2009. 8. 20, 2009다32409). 丙은 甲의 부탁을 받아 병존적 채무인수를 한 자로 甲과 연대채무 관계에 있다. 이는 **합일확정의 필요가 없는 통상공동소송**이므로 甲과 丙을 동시에 피고로 하여 소를 제기할 필요도 없으며, 甲과 丙은 별개의 독립된 채무자이므로 중복 소송에 해당하지도 않는다. 따라서 乙이 甲에게 반소를 제기했는지 여부와 관계없이 丙에게 소를 제기할 수 있다. 정답 - X

제2장 다수당사자소송

1 **선정당사자에 대하여는 소송대리인에 관한 규정이 준용되므로, 선정당사자가 소를 취하하려면 선정자들로부터 특별수권을 받아야 한다.** 변호사시험 제1회

해설 선정자는 대리인이 아닌 당사자이므로 소송소행에 있어 소송대리인에 관한 제90조 제2항과 같은 제한은 받지 않는다. 『**선정당사자는 선정자들로부터 소송수행을 위한 포괄적인 수권을 받은 것**으로서 일체의 소송행위는 물론 소송수행에 필요한 사법상의 행위도 할 수 있는 것이고 개개의 소송행위를 함에 있어서 선정자의 개별적인 동의가 필요한 것은 아니다』(대판 2003. 5. 30, 2001다10748). 정답 - X

2 **선정당사자와 선정자들 사이에는 공동의 이해관계가 있어야 하는바, 선정자가 공동의 이해관계가 없는 자를 선정당사자로 선정한 경우, 이는 재심사유에 해당한다.**

변호사시험 제1회

해설 『다수자 사이에 공동소송인이 될 관계에 있기는 하지만 주요한 공격방어방법을 공통으로 하는 것이 아니어서 공동의 이해관계가 없는 자가 선정당사자로 선정되었음에도 법원이 그러한 선정당사자 자격의 흠을 간과하여 그를 당사자로 한 판결이 확정된 경우, **선정자가 스스로 당해 소송의 공동소송인 중 1인인 선정당사자에게 소송수행권을 수여하는 선정행위를 하였다면 그 선정자로서는 실질적인 소송행위를 할 기회 또는 적법하게 당해 소송에 관여할 기회를 박탈당한 것이 아니므로, 비록 그 선정당사자와의 사이에 공동의 이해관계가 없었다고 하더라도 그러한 사정은 민사소송법 제451조 제1항 제3호가 정하는 재심사유에 해당하지 않는 것**으로 봄이 상당하고, 이러한 법리는 그 선정당사자에 대한 판결이 확정된 경우뿐만 아니라 그 선정당사자가 청구를 인낙하여 인낙조서가 확정된 경우에도 마찬가지라 할 것이다』(대판 2007. 7. 12, 2005다10470).

정답 – X

3 **선정당사자가 변경된 때 그 변경사실을 상대방에게 통지하지 않았더라도 그 사실이 법원에 알려진 경우, 종전의 선정당사자는 상대방의 동의를 얻었더라도 소를 취하하지 못한다.**

변호사시험 제1회

해설

〔**제63조(법정대리권의 소멸통지)**〕 ① 소송절차가 진행되는 중에 법정대리권이 소멸한 경우에는 본인 또는 대리인이 상대방에게 소멸된 사실을 통지하지 아니하면 소멸의 효력을 주장하지 못한다. 다만, **법원에 법정대리권의 소멸사실이 알려진 뒤에는 그 법정대리인은 제56조 제2항의 소송행위를 하지 못한다.** ② 제53조의 규정에 따라 당사자를 바꾸는 경우에는 제1항의 규정을 준용한다.
〔**제56조(법정대리인의 소송행위에 관한 특별규정)**〕 ① 미성년후견인, 대리권 있는 성년후견인 또는 대리권 있는 한정후견인이 상대방의 소 또는 상소 제기에 관하여 소송행위를 하는 경우에는 그 후견감독인으로부터 특별한 권한을 받을 필요가 없다. ② 제1항의 법정대리인이 소의 취하, 화해, 청구의 포기·인낙(인낙) 또는 제80조에 따른 탈퇴를 하기 위해서는 후견감독인으로부터 특별한 권한을 받아야 한다. 다만, 후견감독인이 없는 경우에는 가정법원으로부터 특별한 권한을 받아야 한다.

정답 – O

4 **심급을 한정하여 선정을 할 수 없는 것은 아니나, 선정당사자의 지위는 제1심에 한하지 않고 소송이 종결될 때까지 유지되는 것이 원칙이다.**

변호사시험 제1회

해설 선정취소가 자유롭게 인정되는 점에서 심급한정도 가능하다는 것이 판례의 태도이다. 다만 구체적 적용에서 '사건명과 함께 심급에 대한 기술'이 있어도 심급한정으로 볼 수 없다고 본 사안도 있다. 『나. 공동의 이해관계가 있는 다수자가 당사자를 선정한 경우에는 선정된 당사자는 당해 소송의 종결에 이르기까지 총원을 위하여 소송을 수행할 수 있고, 상소와 같은 것도 역시 이러한 당사자로부터 제기되어야 하는 것이지만, **당사자 선정은 총원의 합의로써 장래를 향하여 이를 취소, 변경할 수 있는 만큼 당초부터 특히 어떠한 심급을 한정하여 당사자인 자격을 보유하게끔 할 목적으로 선정을 하는 것도 역시 허용된**다. 다. 선정당사자의 제도가 당사자 다수의 소송에 있어서 소송절차를 간소화, 단순화하여 소송의 효율적인 진행을 도모하는 것을 목적으로 하고, 선정된 자가 당사자로서 소송의 종료에 이르기까지 소송을 수행하는 것이 그 본래의 취지임에 비추어 보면, 제1심에서 제출된 선정서에 사건명을 기재한 다음에 '제1심 소송절차에 관하여' 또는 '제1심 소송절차를 수행하게 한다'라는 문언이 기재되어 있는 경우라 하더라도, 특단의 사정이 없는 한, 그 기재는 사건명 등과 더불어 선정당사자를 선정하는 사건을 특정하기 위한 것으로 보아야 하고, 따라서 **그 선정의 효력은 제1심의 소송에 한정하는 것이 아니라 소송의 종료에 이르기까지 계속하는 것으로 해석함이 상당하다**』(대결 1995. 10. 5, 자 94마2452).

정답 – O

5 **선정은 소송계속 전·후를 불문하고 할 수 있고, 소송계속 후 선정을 하면 선정자는 당연히 소송에서 탈퇴한 것으로 본다.** 변호사시험 제1회

해설 선정은 시기 제한이 없고, 선정이 있으면 선정자는 당연히 소송에서 탈퇴한 것으로 본다.

〔제53조(선정당사자)〕 ② 소송이 법원에 계속된 뒤 제1항의 규정에 따라 당사자를 바꾼 때에는 그 전의 당사자는 당연히 소송에서 탈퇴한 것으로 본다.

정답 – O

6 **乙주식회사는 2010. 8. 1. 임시주주총회를 소집하여, (1) 이사선임의 결의, (2) 영업양도의 결의를 하였는데, 乙주식회사의 주주인 甲은 위 주주총회결의의 효력을 다투려고 한다. 甲이 다른 주주 丙과 공동으로 위 임시주주총회 결의의 취소를 구하는 소를 제기하였는데, 그 후 위 소를 취하하고자 할 때에는 단독으로 취하할 수 없고 丙과 공동으로 하여야 한다.** 변호사시험 제1회

해설 甲과 丙이 총회결의하자를 다투는 소는 **모든 주주에게 합일확정의 필요성이 없다는 점에서 통상의 공동소송(민사소송법 제66조)**에 해당한다. 따라서 甲은 단독으로 소를 취하(민사소송법 제266조)할 수 있다.

〔**민사소송법 제66조(통상공동소송인의 지위)**〕 공동소송인 가운데 한 사람의 소송행위 또는 이에 대한 상대방의 소송행위와 공동소송인 가운데 한 사람에 관한 사항은 다른 공동소송인에게 영향을 미치지 아니한다.

정답 – X

7 甲은 친구 소유의 화물차(丙 보험회사의 업무용 자동차 책임보험에 가입되어 있음)의 조수석에 동승하여 가다가 위 화물차의 추돌사고로 상해를 입게 되었다. 한편 甲은 위 사고 이전에 자신 소유의 승용차에 대하여 乙 보험회사와 사이에, 위와 같은 책임보험만으로는 보상되지 않는 손해를 보상하는 내용의 상해담보특약을 포함하는 자동차 종합보험계약을 체결하였다. 이에 기해 甲은 위 사고를 이유로 乙 보험회사를 상대로 보험금('이 사건 보험금')을 청구하고자 한다. 甲은 乙 보험회사에 대한 이 사건 보험금 청구에 앞서 위 화물차의 책임보험자인 丙 보험회사를 상대로 위 사고로 인한 손해배상청구의 소를 제기하였는데, 丙 보험회사가 부담하여야 할 책임보험금의 한도액에 따라 乙 보험회사의 보험금 지급책임의 범위가 정해지므로 甲은 丙 보험회사를 상대로 한 위 손해배상청구소송 도중 그 소송결과에 이해관계가 있는 乙 보험회사에게 소송고지를 할 수 있다.

변호사시험 제1회

해설 소송고지라 함은 소송계속 중에 당사자가 소송참가를 할 이해관계 있는 제3자에 대하여 일정한 방식에 따라서 소송계속의 사실을 통지하는 것을 말한다. 이는 제3자에게 소송계속의 사실을 알려서 피고지자에게 소송에 참가할 수 있는 기회를 줌과 동시에, 고지에 의하여 피고지자에게 판결의 효력(참가적 효력)을 미치게 하려는 제도이다. 피고지자가 될 수 있는 사람은 당사자 아닌 자로서 그 소송에 참가할 수 있는 제3자이다. 설문의 경우 원고 甲은 乙 보험회사와 사이에 맺은 상해담보특약은 책임보험만으로는 보상되지 않는 손해를 보상하는 내용의 계약이므로, 丙보험회사가 甲에게 부담하여야 할 책임보험금의 한도액에 따라 乙보험회사의 보험금 지급책임의 범위가 정해진다는 에서 乙보험회사는 소송고지의 상대방이 될 수 있다. 『피고(설문의 乙보험회사-강사 주)의 보험금지급의무의 범위는 소외 주식회사(설문의 丙보험회사-강사 주)가 부담하는 책임보험금의 한도액에 따라 정해지는 것이어서 **피고지자인 피고는 소외 주식회사에 대한 위 손해배상청구소송에 참가할 자격이 있는 자에 해당**하므로 **소송고지의 요건을 갖추었다 할 것**이다』(대판 2009. 7. 9, 2009다14340).

정답 - O

8 乙은 자동차 사고에 대비하여 丁 보험주식회사와 책임보험계약을 체결하였다. 그 후 甲은 乙이 운전하는 차량에 부딪혀 중상을 입자 변호인 丙을 소송대리인으로 선임하여 乙을 상대로 불법행위를 원인으로 하는 손해배상청구소송을 제기하였다. 甲은 제1심 소송계속 중 사망하였고 상속인으로 A, B 및 가족과 연락을 끊고 미국에 사는 C가 있었으나, 丙은 A, B 만 상속인으로 알고 A, B에 대해서만 수계절차를 밟았다. 위 사건에 관하여 제1심 법원은 청구기각판결을 하였고 상소제기의 특별수권을 받았던 丙은 A, B만을 항소인으로 표시하여 항소를 제기하였다. 위 손해배상청구소송은 통상공동소송이다.

변호사시험 제3회

해설 **공동상속인들 중의 일부가 공유물에 대한 보존행위로서 공동상속재산에 관한 원인무효등기의 전부말소를 구할 수 있는지 여부**에 관하여 판례는 『공동상속재산은 상속인들의 공유이고, 또 부동산의 공유자인 한 사람은 그 공유물에 대한 보존행위로서 그 공유물에 관한 원인무효의 등기 전부의 말소를 구할 수 있다』(대판 1996. 2. 9, 94다61649)라고 판시하고 있다. 공동상속인 A, B, C는 甲의 손해배상채권을 공유한다. 이 경우 실체법상 관리처분권이 공동귀속되지 않으므로(민법 제263조), 사안의 손해배상청구소송은 통상공동소송이다.

정답 - O

9 **채권자 甲이 연대보증인 丙을 상대로 연대보증채무의 이행을 구하는 소송에서 주채무자 乙이 丙을 위하여 보조참가하여 주채무의 부존재를 주장하였으나 丙이 패소하였다. 그 후 甲이 乙을 상대로 주채무의 이행을 청구한 경우 乙은 전소의 판결이 부당하다고 주장하여 주채무의 존재를 다툴 수 있다.** 변호사시험 제3회

해설 『보조참가인이 피참가인을 보조하여 공동으로 소송을 수행하였으나 피참가인이 그 소송에서 패소한 경우에는 형평의 원칙상 보조참가인이 피참가인에게 그 패소판결이 부당하다고 주장할 수 없도록 구속력을 미치게 하는 이른바 참가적 효력이 있음에 불과하므로 **피참가인과 그 소송상대방간의 판결의 기판력이 참가인과 피참가인의 상대방과의 사이에까지는 미치지 아니한다**』(대판 1988. 12. 13, 86다카2289). 따라서 참가적 효력은 참가인 乙과 피참가인 丙 사이에서만 미치는 것이고, 참가인 乙과 피참가인의 소송상대방 甲 사이에는 미치지 않는다.

정답 - O

10 **甲이 乙을 상대로 제기한 소송에서 乙을 위하여 보조참가한 丙은 乙의 상소기간이 도과하지 않은 한 상소를 제기할 수 있다.** 변호사시험 제3회

해설 민사소송법 제76조 제1항에 의하면 보조참가인은 상소를 할 수 있지만, 동조 동항 단서에 의하면『피고 보조참가인은 참가할 때의 소송의 진행 정도에 따라 피참가인이 할 수 없는 소송행위를 할 수 없으므로, **피고 보조참가인이 상고장을 제출한 경우에 피고 보조참가인에 대하여 판결정본이 송달된 때로부터 기산한다면 상고기간 내의 상고**라 하더라도 **이미 피참가인인 피고에 대한 관계에 있어서 상고기간이 경과한 것**이라면 **피고 보조참가인의 상고 역시 상고기간 경과 후의 것이 되어 피고 보조참가인의 상고는 부적법**하다』(대판 2007. 9. 6, 2007다41966). 따라서 피고 乙의 상소기간이 도과하지 않은 한 보조참가인 乙은 상소를 제기할 수 있다.

정답 - O

11 **甲이 乙을 상대로 제기한 소송에서 丙이 독립당사자참가를 한 경우에 甲과 乙만이 재판상화해를 하는 것은 허용되지 않는다.** 변호사시험 제3회

해설 『민사소송법 제79조에 의한 소송은 동일한 권리관계에 관하여 원고, 피고 및 참가인 상호간의 다툼을 하나의 소송절차로 한꺼번에 모순 없이 해결하려는 소송형태로서 두 당사자 사이의 소송행위는 나머지 1인에게 불이익이 되는 한 두 당사자 간에도 효력이 발생하지 않는다고 할 것이므로, **원·피고 사이에만 재판상 화해를 하는 것은 3자 간의 합일확정의 목적에 반하기 때문에 허용되지 않는다**』(대판 2005. 5. 26, 2004다25901).

정답 - O

12 **甲이 乙을 상대로 근저당권설정등기의 불법말소를 이유로 그 회복등기를 구하는 소를 제기한 경우에 후순위 근저당권자인 丙은 甲과 乙이 당해 소송을 통하여 자신을 해할 의사, 즉 사해의사를 갖고 있다고 객관적으로 인정되고 그 소송의 결과 자신의 권리 또는 법률상의 지위가 침해될 염려가 있다고 인정되면 甲 乙을 상대로 근저당권부존재확인을 구하는 독립당사자참가를 할 수 있다.** 변호사시험 제3회

해설 『사해방지 참가를 하기 위하여는 **본소의 원고와 피고가 당해 소송을 통하여 제3자를 해할 의사를 갖고 있다고 객관적으로 인정**되고 **그 소송의 결과 제3자의 권리 또는 법률상의 지위가 침해될 염려가 있다고 인정**되어야 한다』(대판 1999. 5. 28, 98다48552). 따라서 丙은 민사소송법 제79조 제1항의 사해방지 참가를 할 수 있다. 정답 – O

13 **교통사고 피해자인 甲이 보험회사 丙을 상대로 제기한 손해배상청구의 소에서 소송계속 중, 甲은 교통사고 가해자인 乙을 상대로 丙이 부담하는 책임보험의 한도액을 초과하는 손해에 대하여 이를 청구할 권리가 있다는 취지의 소송고지신청을 하였고 그 소송고지서가 乙에게 송달되었다. 이와 같은 소송고지는 민법 제174조에서 정한 시효중단사유로서의 최고의 효력이 있고, 위 조항에 규정된 6월의 기간은 소송고지된 때부터 기산하여야 한다.** 변호사시험 제3회

해설 『소송고지의 요건이 갖추어진 경우에 그 소송고지서에 고지자가 피고지자에 대하여 채무의 이행을 청구하는 의사가 표명되어 있으면 민법 제174조에 정한 시효중단사유로서의 최고의 효력이 인정된다. 시효중단제도는 그 제도의 취지에 비추어 볼 때 이에 관한 기산점이나 만료점은 원권리자를 위하여 너그럽게 해석하는 것이 상당한데, 소송고지로 인한 최고의 경우 보통의 최고와는 달리 법원의 행위를 통하여 이루어지는 것으로서, 그 소송에 참가할 수 있는 제3자를 상대로 소송고지를 한 경우에 그 피고지자는 그가 실제로 그 소송에 참가하였는지 여부와 관계없이 후일 고지자와의 소송에서 전소 확정판결에서의 결론의 기초가 된 사실상·법률상의 판단에 반하는 것을 주장할 수 없어 그 소송의 결과에 따라서는 피고지자에 대한 참가적 효력이라는 일정한 소송법상의 효력까지 발생함에 비추어 볼 때, 고지자로서는 소송고지를 통하여 당해 소송의 결과에 따라 피고지자에게 권리를 행사하겠다는 취지의 의사를 표명한 것으로 볼 것이므로, 당해 소송이 계속중인 동안은 최고에 의하여 권리를 행사하고 있는 상태가 지속되는 것으로 보아 민법 제174조에 규정된 6월의 기간은 당해 **소송이 종료된 때로부터 기산**되는 것으로 해석하여야 한다』(대판 2009. 7. 9, 2009다14340). 정답 – X

14 **甲과 乙은 상호출자하여 공동으로 나대지를 매수하여 주차장 운영사업을 하기로 약정하고 丙으로부터 X토지를 10억 원에 매수하는 내용의 매매계약을 체결하였다. 甲이 丙을 상대로 매매계약에 기한 소유권이전등기절차의 이행을 구하는 소를 단독으로 제기하는 것은 적법하지 않다.** 변호사시험 제4회

해설 민법 제271조 제1항은 수인이 조합체를 이루어 물건을 소유하는 공동소유의 형태로서 합유를 규정하는 바, 대표적으로 동업계약에 의해 인정된다. 사안의 甲과 乙은 상호 출자하여 주차장 운영사업을 하기로 약정하고 있으므로 동업 계약에 해당하고, X토지에 대한 소유권 이전 등기 청구권을 준합유한다. 민법 제272조는 합유물의 처분은 합유자 전원의 동의를 요한다고 규정하고 있어, 『**합유 재산에 관한 소는 이른바 고유필요적공동소송**이라 할 것이므로, 위 매매계약에 기하여 소유권이전등기의 이행을 구하는 소를 제기하려면 원고와 참가인이 공동으로 하지 않으면 안 된다』(대판 1994. 10. 25, 93다54064). 정답 - O

15 **甲과 乙은 상호출자하여 공동으로 나대지를 매수하여 주차장 운영사업을 하기로 약정하고 丙으로부터 X토지를 10억 원에 매수하는 내용의 매매계약을 체결하였다. 甲과 乙의 丙을 상대로 한 매매계약에 기한 소유권이전등기청구 소송계속 중 甲만이 소 취하를 한 경우, 특별한 사정이 없는 한 丙이 위 소 취하에 동의하더라도 소 취하의 효력은 발생하지 않는다.** 변호사시험 제4회

해설 합유물의 처분·변경에는 합유자 전원의 동의가 필요하므로(민법 제272조), 조합 재산에 관한 소송은 고유필수적 공동소송이다. 민사소송법 제67조 제1항은 "소송목적이 공동소송인 모두에게 합일적으로 확정되어야 할 공동소송의 경우에 공동소송인 가운데 한 사람의 소송행위는 모두의 이익을 위하여서만 효력을 가진다."고 규정하고 있어, 고유필수적 공동소송에서 소 취하와 같이 불리한 행위는 공동 소송인 전원이 하지 않으면 효력이 없다. 판례도 『**고유필수적 공동소송에서는 원고들 일부의 소 취하 또는 피고들 일부에 대한 소 취하는 특별한 사정이 없는 한 그 효력이 생기지 않는다**』(대판 2007. 8. 24, 2006다40980)고 하여 같은 입장이다. 정답 - O

16 **통상공동소송에서 피고 공동소송인 乙, 丙 사이의 주장이 일치하지 아니하면 법원은 석명의무가 있다.** 변호사시험 제4회

해설 통상공동소송에서 일부 피고는 불출석으로 의제 자백되고, 일부 피고는 그 사실에 대해 다툰 사안에서 판례는 『**의제자백이 된 피고들과 원고의 주장을 다툰 피고들 사이에서 동일한 실체관계에 대하여 서로 배치되는 내용의 판단이 내려진다고 하더라도 이를 위법하다고 할 수 없다**』(대판 1997. 2. 28, 96다53789)고 판단하는바, 통상공동소송은 **소송 자료의 독립을 기초**로 하므로 **공동소송인 간에 주장이 일치하지 않아도 법원은 석명 의무 없다.**

정답 - X

17 **유사필수적 공동소송관계에 있는 공동소송인 甲, 乙의 청구를 모두 기각하는 판결이 선고되었고, 이에 대해 乙만이 항소를 제기하였더라도 甲, 乙 모두에 대해 사건이 항소심에 이심된다.** 변호사시험 제4회

해설 판례는『민사소송법 제63조 제1항(저자:현행 민사소송법 제67조 제1항)은 필요적 공동소송에 있어서 공동소송인 중 1인의 소송행위는 공동소송인 전원의 이익을 위하여서만 효력이 있다고 규정하고 있으므로 **공동소송인 중 일부의 상소제기는 전원의 이익에 해당된**다고 할 것이어서 다른 **공동소송인에 대하여도 그 효력이 미칠 것**이며, **사건은 필요적 공동소송인 전원에 대하여 확정이 차단되고 상소심에 이심된다**고 할 것이다』(대판 1991. 12. 27, 91 다23486)고 하여 필수적 공동소송에서의 상소 불가분 원칙을 인정한다. 정답 - O

18 통상공동소송에서 공동소송인 乙, 丙, 丁 중 乙이 자백을 하였다면 법원은 원칙상 乙에 대해서는 증거에 의한 심증이 자백한 내용과 다르더라도 자백한 대로 사실을 인정하여야 하며, 丙과 丁에 대해서는 이를 변론 전체의 취지로 참작할 수 있다. 변호사시험 제4회

해설 법원은 변론주의 원칙상 자백에 구속된다. 다만, 통상 공동 소송에서 공동소송인 가운데 한 사람의 소송행위 또는 이에 대한 상대방의 소송 행위와 공동소송인 가운데 한 사람에 관한 사항은 다른 공동소송인에게 영향을 미치지 아니한다(민사소송법 제66조). 따라서 법원은 **乙에 대해서는 乙의 자백에 기초하여 사실 인정**해야 하나, **丙과 丁에 대해서는 이에 구속되지 않고 변론 전체 취지로 참작할 수 있을 뿐**이다. 정답 - O

19 통상공동소송의 피고 乙, 丙, 丁 중 乙, 丙만이 상고를 제기하고 상고기간이 경과한 상태라면 원고 甲은 丁을 상대로 부대상고를 제기할 수 있다. 변호사시험 제4회

해설 부대항소가 허용되기 위해서는 주된 상소가 적법하게 제기되었어야 하는바, **공동소송인 독립 원칙(민사소송법 제66조)에 의해 통상공동소송인의 상소는 개별적으로 진행**된다. 따라서 상소를 제기하지 않은 통상공동소송인 甲에 대해서는 부대상소 제기할 수 없다. 정답 - X

20 甲은 주식회사 乙을 상대로 "피고가 2014. 6. 10.에 한 액면 금 5,000원의 보통주식 10,000주의 신주발행을 무효로 한다."라는 취지의 소를 2014. 11. 10. 제기하였다. 소송의 계속 중 주주인 甲의 주식이 丙에게 양도되고, 丙이 명의개서절차를 거쳐 승계참가하는 경우에 그 제소기간의 준수 여부는 승계참가 시를 기준으로 판단하여야 한다. 변호사시험 제4회

해설 소송이 법원에 계속되어 있는 동안에 제3자가 소송목적인 권리 또는 의무의 전부나 일부를 승계한 때에 당사자의 신청에 따라 승계인인 제3자를 새로운 당사자로 소송에 끌어들일 수 있고(민사소송법 제82조), 그 참가는 **소송이 법원에 처음 계속된 때에 소급하여** 시효의 중단 또는 법률상 기간준수의 효력이 생긴다(동법 제82조 제3항, 제81조). 정답 - X

21 甲, 乙, 丙, 丁은 甲이 운전하는 자동차를 함께 타고 가다가 A가 중앙선을 침범하여 자동차를 운행한 과실에 의해 발생한 사고로 인하여 A에 대하여 각 1억 원의 손해배상채권을 가지게 되었다. 이에 甲, 乙, 丙, 丁은 A를 상대로 손해배상청구의 소를 제기하면서 甲과 乙을 선정당사자로 선정하였다. 甲과 乙은 丙과 丁으로부터 특별한 권한을 받을 필요 없이 청구를 포기할 수 있다. 변호사시험 제5회

해설

〔제54조(선정당사자 일부의 자격상실)〕 제53조의 규정에 따라 선정된 여러 당사자 가운데 죽거나 그 자격을 잃은 사람이 있는 경우에는 다른 당사자가 모두를 위하여 소송행위를 한다.

정답 – O

22 甲, 乙, 丙, 丁은 甲이 운전하는 자동차를 함께 타고 가다가 A가 중앙선을 침범하여 자동차를 운행한 과실에 의해 발생한 사고로 인하여 A에 대하여 각 1억 원의 손해배상채권을 가지게 되었다. 이에 甲, 乙, 丙, 丁은 A를 상대로 손해배상청구의 소를 제기하면서 甲과 乙을 선정당사자로 선정하였다. 甲과 乙이 선정당사자로 선정되었다는 것은 서면으로 증명하여야 하고, 이를 소송기록에 붙여야 한다. 변호사시험 제5회

해설

〔제58조(법정대리권 등의 증명)〕 ① 법정대리권이 있는 사실 또는 소송행위를 위한 권한을 받은 사실은 서면으로 증명하여야 한다. 제53조의 규정에 따라서 당사자를 선정하고 바꾸는 경우에도 또한 같다. ② 제1항의 서면은 소송기록에 붙여야 한다.

정답 – O

23 甲, 乙, 丙, 丁은 甲이 운전하는 자동차를 함께 타고 가다가 A가 중앙선을 침범하여 자동차를 운행한 과실에 의해 발생한 사고로 인하여 A에 대하여 각 1억 원의 손해배상채권을 가지게 되었다. 이에 甲, 乙, 丙, 丁은 A를 상대로 손해배상청구의 소를 제기하면서 甲과 乙을 선정당사자로 선정하였다. 별도의 소송대리인이 없으면, 甲이 사망한 경우 선정자들이 다시 새로운 선정당사자를 선정할 때까지 소송절차는 중단된다. 변호사시험 제5회

해설

〔제54조(선정당사자 일부의 자격상실)〕 제53조의 규정에 따라 선정된 여러 당사자 가운데 죽거나 그 자격을 잃은 사람이 있는 경우에는 **다른 당사자가 모두를 위하여 소송행위를 한다.**

정답 – X

24 **甲, 乙, 丙, 丁은 甲이 운전하는 자동차를 함께 타고 가다가 A가 중앙선을 침범하여 자동차를 운행한 과실에 의해 발생한 사고로 인하여 A에 대하여 각 1억 원의 손해배상채권을 가지게 되었다. 이에 甲, 乙, 丙, 丁은 A를 상대로 손해배상청구의 소를 제기하면서 甲과 乙을 선정당사자로 선정하였다. 별도의 약정 등이 없는 한 선정의 효력은 소송의 종료 시까지 유지되므로 甲과 乙의 소송수행권은 제1심에 한정되지 않는다.** 변호사시험 제5회

해설 『선정당사자의 권한을 제한하더라도, 위 제한사항을 법원이나 상대방에게 주장하지 못한다. 선정당사자는 당사자로서 모든 권한을 행사할 수 있다. 다만, 예외적으로 선정당사자의 권한을 특정 심급에 한정하는 것은 가능하다. 이 경우에는 그 취지를 명확히 기재하여야 한다. 선정서에 사건명을 기재한 다음에 '제1심 소송절차에 관하여' 또는 "제1심소송절차를 수행하게 한다."라는 문언이 기재되어 있는 경우라 하더라도, 위 기재는 사건명 등과 더불어 선정당사자를 선정하는 사건을 특정하기 위한 것으로 보아야 하고, 따라서 그 선정의 효력은 제1심의 소송에 한정하는 것이 아니라 **소송의 종료에 이르기까지 계속**하는 것으로 해석함이 상당하다』(대결 1995. 10. 5, 자 94마2452).

정답 – O

25 **甲, 乙, 丙, 丁은 甲이 운전하는 자동차를 함께 타고 가다가 A가 중앙선을 침범하여 자동차를 운행한 과실에 의해 발생한 사고로 인하여 A에 대하여 각 1억 원의 손해배상채권을 가지게 되었다. 이에 甲, 乙, 丙, 丁은 A를 상대로 손해배상청구의 소를 제기하면서 甲과 乙을 선정당사자로 선정하였다. 甲과 乙이 자신들의 청구 부분에 대하여 소를 전부 취하하고 A가 이에 동의한 경우, 甲과 乙은 선정당사자 자격을 상실한다.** 변호사시험 제5회

해설 **선정당사자 본인에 대한 부분의 소가 취하되거나 판결이 확정된 경우, 선정당사자가 그 자격을 상실하는지 여부**에 관하여 판례는 『민사소송법 제53조의 선정당사자는 공동의 이해관계를 가진 여러 사람 중에서 선정되어야 하므로, **선정당사자 본인에 대한 부분의 소가 취하되거나 판결이 확정되는 등으로 공동의 이해관계가 소멸하는 경우**에는 선정당사자는 **선정당사자의 자격을 당연히 상실**한다』(대판 2006. 9. 28, 2006다28775)라고 판시하고 있다.

정답 – O

26 **소유권이전등기가 차례로 경료된 경우 최종 명의인을 상대로 그 말소를 구하는 소송과 그 직전 명의인을 상대로 소유권이전등기를 구하는 소송은 통상공동소송이다.**

변호사시험제6회

해설 『**소유권이전등기가 차례로 경료된 경우 최종 명의인을 상대로 그 말소를 구하는 소송과 그 직전 명의인을 상대로 소유권이전등기를 구하는 소송은** 권리관계의 합일적인 확정을 필요로 하는 필수적 공동소송이 아니라 **통상 공동소송이며**, 이와 같은 통상 공동소송에서는 공동당사자들 상호간의 공격방어방법의 차이에 따라 모순되는 결론이 발생할 수 있으므로, 통상 공동소송에서 상소로 인한 확정차단의 효력은 상소인과 그 상대방에 대해서만 생기고, 다른 공동소송인에 대한 청구에 대하여는 미치지 아니한다』(대판 2011. 9. 29, 2009다7076).

정답 – O

27 **통상공동소송에서 이른바 주장공통의 원칙은 적용되지 아니한다.** 변호사시험 제6회

해설 『순차로 경료된 소유권이전등기의 말소를 구하는 소송에서 후순위 등기의 말소등기이행 청구는 배척하면서도 그 전순위 등기의 말소등기이행청구는 인용하는 모순된 결론이 발생할 수 있는지 여부(적극) 및 그 이유(판결이유 중) 그러나 그 이유는, 이러한 소송은 필요적공동소송이 아니라 **통상공동소송으로서 이른바 '주장공통의 원칙'이 적용되지 아니하기** 때문에 공동소송인마다 그 공격방어방법을 달리함에 따라 위와 같이 모순된 결론도 생길 수 있고 이는 변론주의를 원칙으로 하는 소송제도에서는 부득이하다는 데에 있는바...』(대판 1991. 11. 8, 91다15829). 정답 - O

28 **통상공동소송에서 상소로 인한 확정차단의 효력은 상소인과 그 상대방에 대하여만 생기고, 다른 공동소송인에게는 영향을 미치지 아니한다.** 변호사시험 제6회

해설 **통상 공동소송에서 상소로 인한 확정차단의 효력이 다른 공동소송인에 대한 청구에 대하여 미치는지 여부**에 관하여 판례는 『통상 공동소송에서 상소로 인한 확정차단의 효력은 상소인과 그 상대방에 대해서만 생기고, 다른 공동소송인에 대한 청구에 대하여는 미치지 아니한다』(대판 2011. 9. 29, 2009다7076)라고 판시하고 있다. 정답 - O

29 **예비적 공동소송에서 주위적 피고에 대한 예비적 청구와 예비적 피고에 대한 청구가 서로 법률상 양립할 수 있는 관계에 있으면 양 청구를 병합하여 통상공동소송으로 보아 심리, 판단할 수 있다.** 변호사시험 제6회

해설 『민사소송법 제70조 제1항 본문이 규정하는 '공동소송인 가운데 일부에 대한 청구'를 반드시 '공동소송인 가운데 일부에 대한 모든 청구'라고 해석할 근거는 없으므로, 주위적 피고에 대한 주위적·예비적 청구 중 주위적 청구 부분이 인용되지 아니할 경우 그와 법률상 양립할 수 없는 관계에 있는 예비적 피고에 대한 청구를 인용하여 달라는 취지로 결합하여 소를 제기하는 것도 가능하고, 이 경우 **주위적 피고에 대한 예비적 청구와 예비적 피고에 대한 청구가 서로 법률상 양립할 수 있는 관계에 있으면 양 청구를 병합하여 통상의 공동소송으로 보아 심리·판단할 수 있다**』(대판 2009. 3. 26, 2006다47677). 정답 - O

30 **통상공동소송에서 공동당사자 일부만이 항소를 제기한 경우, 피항소인은 항소인인 공동소송인 이외의 다른 공동소송인을 상대로 부대항소를 제기할 수 있다.** 변호사시험 제6회

해설 『통상의 공동소송에 있어 공동당사자 일부만이 항소를 제기한 때에는 피항소인은 항소인인 공동소송인 이외의 다른 공동소송인을 상대방으로 하거나 상대방으로 보태어 **부대항소를 제기할 수는 없다**』(대판 2015. 4. 23, 2014다89287). 정답 - X

31 **상법상 소수주주의 요건을 갖춘 주주 甲이 청산인과 회사를 상대로 제기하는 청산인해임의 소는 고유필수적 공동소송에 해당한다.** 변호사시험 제2회

해설 『상법 제539조 제2항, 제3항 규정의 청산인의 해임은 상대방 회사의 본점 소재지 법원에 **그 회사와 청산인들을 상대로 하는 소에 의하여서만 이를 청구할 수 있을 뿐**이고 다만 위 소가 사정이 있는 때에는 이러한 본안 소송의 제기전에 같은 법 제542조, 제407조에 의하여 가처분으로서 이들 청산인의 직무집행의 정지와 직무대행자의 선임 신청을 할 수 있는 것이므로 소의 방법에 의하지 아니하고 신청으로서 바로 청산인의 해임과 그 해임이 인용될 것을 전제로하여 새로운 청산인의 선인을 각각 구하는 것은 법률상 근거가 없어 부적법하므로 각하하여야 한다』(대결 1976. 2. 11, 자 75마533). 정답 – O

32 **대표이사가 이사회결의 없이 주주총회를 소집한 하자를 이유로 주주 甲이 대표이사와 회사를 상대로 제기하는 주주총회결의취소의 소는 고유필수적 공동소송에 해당한다.** 변호사시험 제2회

해설 주주총회결의취소의 소의 피고에 대해서는 명문의 규정이 없으나, **회사만이 피고적격을 가진다**는 데 이설이 없다. 정답 – X

33 **상법상 소수주주의 요건을 갖춘 주주 甲·乙이 제기하는 주주대표소송은 고유필수적 공동소송에 해당한다.** 변호사시험 제2회

해설 고유필수적 공동소송이란 소송공동이 법률상 강제되고, 합일확정의 필요가 있는 공동소송이다. 주주대표소송의 경우 **소송공동이 법률상 강제되고 합일확정의 필요성이 있는 경우가 아니므로** 고유필수적 공동소송이 아니다. 정답 – X

34 **주주 甲·乙이 제기하는 회사합병무효의 소는 고유필수적 공동소송에 해당한다.** 변호사시험 제2회

해설 고유필수적 공동소송이란 소송공동이 법률상 강제되고, 합일확정의 필요가 있는 공동소송이다. 회사합병무효의 소의 경우 **소송공동이 법률상 강제되고 합일확정의 필요성이 있는 경우가 아니므로** 고유필수적 공동소송이 아니다. 정답 – X

35 **A아파트 입주자대표회의의 대표자를 피고로 삼아 제기한 대표자 지위부존재확인의 제1심 소송 중에 위 아파트 입주자대표회의에 대하여 같은 내용의 확인을 구하기 위하여 위 아파트 입주자대표회의를 예비적 피고로 추가하는 신청은 적법하다.** 변호사시험 제2회

해설 『법인 또는 비법인 등 당사자능력이 있는 단체의 대표자 또는 구성원의 지위에 관한 확인소송에서 그 대표자 또는 구성원 개인뿐 아니라 그가 소속된 단체를 공동피고로 하여 소가 제기된 경우에 있어서는, 누가 피고적격을 가지는지에 관한 법률적 평가에 따라 어느 한 쪽에 대한 청구는 부적법하고 다른 쪽의 청구만이 적법하게 될 수 있으므로 이는 민사소송법 제70조 제1항 소정의 **예비적·선택적 공동소송의 요건인 각 청구가 서로 법률상 양립할 수 없는 관계에 해당**한다』(대결 2007. 6. 26, 자 2007마515). 정답 - O

36 **甲이 주위적으로 B보험회사가 한 공탁이 무효임을 전제로 B보험회사에 대하여 보험금의 지급을 구하고, 예비적으로 위 공탁이 유효임을 전제로 乙에 대하여 공탁금의 출급청구에 관한 승낙의 의사표시와 대한민국에 대한 통지를 구하는 소를 제기한 경우, B보험회사에 대한 판결을 먼저 한 다음 나중에 乙에 대하여 추가판결을 할 수 있다.**

변호사시험 제2회

해설 『[3] 주관적·예비적 공동소송은 동일한 법률관계에 관하여 모든 공동소송인이 서로 간의 다툼을 하나의 소송절차로 한꺼번에 모순 없이 해결하는 소송형태로서 모든 공동소송인에 대한 청구에 관하여 판결을 하여야 하고(민사소송법 제70조 제2항), 그 중 **일부 공동소송인에 대하여만 판결을 하거나 남겨진 자를 위하여 추가판결을 하는 것은 허용되지 않는다.** 그리고 주관적·예비적 공동소송에서 주위적 공동소송인과 예비적 공동소송인 중 어느 한 사람이 상소를 제기하면 다른 공동소송인에 관한 청구 부분도 확정이 차단되고 상소심에 이심되어 심판대상이 되고, 이러한 경우 상소심의 심판대상은 주위적·예비적 공동소송인들 및 상대방 당사자 간 결론의 합일확정 필요성을 고려하여 판단하여야 한다. [4] **공탁이 무효임을 전제로 한 피고 甲에 대한 주위적 청구와 공탁이 유효임을 전제로 한 피고 乙 및 제1심 공동피고들에 대한 예비적 청구가 공탁의 효력 유무에 따라 두 청구가 모두 인용될 수 없는 관계에 있거나 한쪽 청구에 대한 판단 이유가 다른 쪽 청구에 대한 판단 이유에 영향을 주어 각 청구에 대한 판단 과정이 필연적으로 상호 결합되어 있는 주관적·예비적 공동소송의 관계에서 모든 당사자들 사이에 결론의 합일확정을 기할 필요가 인정**되므로, 피고 乙만이 제1심판결에 대하여 적법한 항소를 제기하였다고 하더라도 피고 甲에 대한 주위적 청구 부분과 제1심 공동피고들에 대한 예비적 청구 부분도 함께 확정이 차단되고 원심에 이심되어 심판대상이 되었다고 보아야 함에도, 그 심판대상을 위 예비적 청구 중 제1심이 인용한 부분에 한정된다고 전제하여 그 부분에 관하여만 판단한 원심판결을 직권으로 전부 파기한 사례』(대판 2011. 2. 24, 2009다43355). 정답 - X

37 **甲, 乙, 丙의 합유로 소유권이전등기가 된 X 토지에 관하여 丁이 甲, 乙, 丙을 피고로 명의신탁해지를 원인으로 한 소유권이전등기절차의 이행을 구하는 소를 제기한 경우, 甲만이 변론기일에 출석하더라도 乙과 丙은 기일해태의 불이익을 받지 않는다.** 변호사시험 제2회

해설 **합유재산에 관한 소유권이전등기이행청구 소송의 소송관계**에 관하여 판례는 『피고등의 합유로 소유권이전등기가 마쳐진 부동산에 대하여 원고의 명의신탁해지로 인한 소유권이전등기이행청구소송은 합유재산에 관한 소송으로서 고유필요적 공동소송에 해당된다』(대판 1983. 10. 25, 83다카850)라고 판시하고 있다.

> 〔**제67조(필수적 공동소송에 대한 특별규정)**〕 ① 소송목적이 공동소송인 모두에게 합일적으로 확정되어야 할 공동소송의 경우에 공동소송인 가운데 한 사람의 소송행위는 모두의 이익을 위하여서만 효력을 가진다.

정답 – O

38 **공동상속인 甲, 乙, 丙 중 甲과 乙 사이에 X 토지가 상속재산에 속하는지 여부에 관하여 다툼이 있어, 甲이 乙을 피고로 하여 X 토지가 상속재산임의 확인을 구하는 제1심 소송 중에 丙을 피고로 추가하는 신청은 부적법하다.** 변호사시험 제2회

해설 『공유자의 지분은 다른 공유자의 지분에 의하여 일정한 비율로 제한을 받는 것을 제외하고는 독립한 소유권과 같은 것으로 공유자는 그 지분을 부인하는 제3자에 대하여 각자 그 지분권을 주장하여 지분의 확인을 소구하여야 하는 것이고, 공유자 일부가 제3자를 상대로 다른 공유자의 지분의 확인을 구하는 것은 타인의 권리관계의 확인을 구하는 소에 해당한다고 보아야 할 것이므로 그 타인 간의 권리관계가 자기의 권리관계에 영향을 미치는 경우에 한하여 확인의 이익이 있다고 할 것이며, **공유물 전체에 대한 소유관계 확인도 이를 다투는 제3자를 상대로 공유자 전원이 하여야 하는 것**이지 공유자 일부만이 그 관계를 대외적으로 주장할 수 있는 것이 아니므로, 아무런 특별한 사정이 없이 다른 공유자의 지분의 확인을 구하는 것은 확인의 이익이 없다』(대판 1994. 11. 11, 94다35008).

> 〔**제68조(필수적 공동소송인의 추가)**〕 ① 법원은 제67조 제1항의 규정에 따른 공동소송인 가운데 일부가 누락된 경우에는 제1심의 변론을 종결할 때까지 원고의 신청에 따라 결정으로 **원고 또는 피고를 추가하도록 허가할 수 있다.** 다만, 원고의 추가는 추가될 사람의 동의를 받은 경우에만 허가할 수 있다.

정답 – X

39 **甲, 乙, 丙의 공유인 X 토지에 관하여 甲이 乙, 丙을 피고로 삼아 제기한 공유물분할청구의 소송 중에 丙에 대한 소를 취하하는 것은 허용되지 아니한다.** 변호사시험 제2회

해설 『합유로 소유권이전등기가 된 부동산에 관하여 명의신탁해지를 원인으로 한 소유권이전등기절차의 이행을 구하는 소송은 합유물에 관한 소송으로서 **고유필요적 공동소송**에

해당하여 합유자 전원을 피고로 하여야 할 뿐 아니라 합유자 전원에 대하여 합일적으로 확정되어야 하므로, 합유자 중 일부의 청구인낙이나 합유자 중 **일부에 대한 소의 취하는 허용되지 않는다**』(대판 1996. 12. 10, 96다23238). 정답 - O

40 **예비적·선택적 공동소송에서는 모든 공동소송인에 관한 청구에 대하여 판결을 하여야 하지만, 일부 공동소송인에 관한 청구에 대하여만 판결을 한 경우라도 누락된 공동소송인에게 그 판결이 불리하다고 할 수 없으므로 누락된 공동소송인의 상소는 허용되지 않는다.** 변호사시험 제7회

해설 『**민사소송법 제70조 제2항은 같은 조 제1항의 예비적·선택적 공동소송에서는 모든 공동소송인에 관한 청구에 대하여 판결을 하도록 규정**하고 있으므로, 이러한 공동소송에서 일부 공동소송인에 관한 청구에 대하여만 판결을 하는 경우 이는 일부판결이 아닌 흠이 있는 전부판결에 해당하여 상소로써 이를 다투어야 하고, 그 판결에서 누락된 공동소송인은 이러한 판단유탈을 시정하기 위하여 상소를 제기할 이익이 있다』(대판 2008. 3. 27, 2005다49430). 정답 - X

41 **공유물분할청구의 소가 적법하게 제기되어 계속 중 사실심 변론종결 전에 공유자 중 1인인 甲의 공유지분이 공유자 아닌 乙에게 양도되었다면, 乙은 사실심 변론종결 시까지 「민사소송법」상 승계참가나 소송인수 등의 방식으로 소송의 당사자가 되어야 하며, 만일 그렇게 되지 않은 경우에 위 소는 부적법한 것이 된다.** 변호사시험 제7회

해설 『공유물분할에 관한 소송계속 중 변론종결일 전에 공유자 중 1인인 甲의 공유지분의 일부가 乙 및 丙 주식회사 등에게 이전된 사안에서, **변론종결 시까지 민사소송법 제81조에서 정한 승계참가나 민사소송법 제82조에서 정한 소송인수 등의 방식으로 일부 지분권을 이전받은 자가 소송의 당사자가 되었어야 함에도 그렇지 못하였으므로 위 소송 전부가 부적법**하게 되었다고 한 사례』(대판 2014. 1. 29, 2013다78556).

〔**민사소송법 제81조(승계인의 소송참가)**〕 소송이 법원에 계속되어 있는 동안에 제3자가 소송목적인 권리 또는 의무의 전부나 일부를 승계하였다고 주장하며 제79조의 규정에 따라 소송에 참가한 경우 그 참가는 소송이 법원에 처음 계속된 때에 소급하여 시효의 중단 또는 법률상 기간준수의 효력이 생긴다.
〔**민사소송법 제82조(승계인의 소송인수)**〕 ① 소송이 법원에 계속되어 있는 동안에 제3자가 소송목적인 권리 또는 의무의 전부나 일부를 승계한 때에는 법원은 당사자의 신청에 따라 그 제3자로 하여금 소송을 인수하게 할 수 있다. ② 법원은 제1항의 규정에 따른 결정을 할 때에는 당사자와 제3자를 심문(심문)하여야 한다. ③ 제1항의 소송인수의 경우에는 제80조의 규정 가운데 탈퇴 및 판결의 효력에 관한 것과, 제81조의 규정 가운데 참가의 효력에 관한 것을 준용한다.

정답 - O

42 **청구이의의 소가 제기되기 전에 그 소의 대상이 된 집행권원에 표시된 청구권을 양수하고 대항요건을 갖춘 자가 그 청구이의의 소에 승계참가신청을 하는 것은 특별한 사정이 없는 한 부적법하다.** 변호사시험 제7회

해설 『민사소송법 제74조의 권리승계참가는 소송의 목적이 된 권리를 승계한 경우 뿐만 아니라 채무를 승계한 경우에도 이를 할 수 있으나 다만 그 채무승계는 소송의 계속중에 이루어진 것임을 요함은 위 법조의 규정상 명백하다. 그러므로 청구 이의의 소의 계속중 그 소송에서 집행력배제를 구하고 있는 채무명의에 표시된 청구권을 양수한 자는 소송의 목적이 된 채무를 승계한 것이므로 승계집행문을 부여받은 여부에 관계없이 위 청구 이의의 소에 민사소송법 제74조에 의한 승계참가를 할 수 있으나, 다만 **위 소송이 제기되기 전에 그 채무명의에 표시된 청구권을 양수한 경우**에는 특단의 사정이 없는 한 **승계참가의 요건이 결여된 것으로서 그 참가인정은 부적법한 것이라고 볼 수 밖에 없다**』(대판 1983. 9. 27, 83다카1027). 정답 – O

43 **매매를 원인으로 한 부동산소유권이전등기청구의 소 계속 중 제3자가 그 소송목적인 등기절차이행의무 자체를 승계한 것이 아니라 단순히 그 부동산에 대하여 자신의 명의로 소유권이전등기를 마친 경우, 그 제3자에 대하여 등기말소를 구하기 위한 소송의 인수는 허용된다.** 변호사시험 제7회

해설 **부동산소유권이전등기 청구소송의 계속중 부동산을 양수한 자에 대한 소송인수신청의 허부**에 관하여 판례는 『부동산소유권이전등기 청구소송계속중 그 소송목적이 된 부동산에 대한 이전등기이행채무 자체를 승계함이 없이 단순히 같은 부동산에 대한 소유권이전등기(또는 근저당설정등기)가 제3자 앞으로 경료되었다 하여도 이는 **민사소송법 제75조 제1항 소정의 '그 소송의 목적이 된 채무를 승계한 때' 에 해당한다고 할 수 없으므로** 위 제3자에 대하여 등기말소를 구하기 위한 소송의 인수는 허용되지 않는다』(대결 1983. 3. 22, 자 80마283)라고 판시하고 있다. 정답 – X

44 **甲의 乙에 대한 손해배상청구의 소 계속 중 甲이 丙에게 위 손해배상채권을 양도하고 乙에게 채권양도의 통지를 한 다음 丙이 승계참가신청을 하자 탈퇴를 신청하였으나 乙의 부동의로 탈퇴하지 못한 경우, 甲의 청구와 丙의 청구는 통상의 공동소송으로서 모두 유효하게 존속한다.** 변호사시험 제7회

해설 **원고에 대한 승계참가가 이루어졌으나 피고의 부동의로 원고가 탈퇴하지 못한 경우, 그 소송의 구조 및 법원이 취할 조치**에 관하여 판례는 『원고가 소송의 목적인 손해배상채권을 승계참가인에게 양도하고 피고들에게 채권양도의 통지를 한 다음 승계참가인이 승계참가신청을 하자 탈퇴를 신청하였으나 피고들의 부동의로 탈퇴하지 못한 경우, 원고의 청구와 승계참가인의 청구는 통상의 공동소송으로서 모두 유효하게 존속하는 것이므로 법원은 원고의 청구 및 승계참가인의 청구 양자에 대하여 판단을 하여야 한다』(대판 2004. 7. 9, 2002다16729)라고 판시하고 있다. 정답 – O

사례 【45~46】

비상장 주식회사 A는 공장 건설을 위하여 외부에서 거액의 자금을 빌려 투자하였는데 그 자금이 단기차입금 위주로 구성되어 재무구조가 열악하였다. 한편, 비상장 주식회사 B의 대표이사 甲은 A회사가 위와 같이 상환능력이 미흡하다는 사정을 알면서도 단지 A회사의 대표이사가 고등학교 후배라는 이유로 이사로서의 선관주의의무 내지 충실의무를 위반하여 담보도 없이 A회사에 10억 원의 자금을 빌려 주었다. 이후 甲은 B회사의 대표이사 및 이사직을 사임하고, 乙이 B회사의 새로운 대표이사로 선임되었다. 하지만 A회사는 결국 자금 사정 악화로 B회사에 대여금을 상환할 수 없게 되었고, 이로 인해 B회사에 손해가 발생하자 B회사의 주주 丙은 상법 제403조 대표소송의 요건을 갖추어 甲에 대하여 책임을 추궁하는 소를 제기하였다. 다음 설명 중 옳지 않은 것은? (다툼이 있는 경우에는 판례에 의함) 변호사시험 제2회

45 위 소송의 제1심에서 丙이 상법 제403조 대표소송의 주주요건을 유지하지 못하게 되었더라도 소각하판결이 선고되기 전에 B회사가 공동소송참가를 신청하였다면, 그 참가는 적법하다.

해설 『주주의 대표소송에 있어서 원고 주주가 원고로서 제대로 소송수행을 하지 못하거나 혹은 상대방이 된 이사와 결탁함으로써 회사의 권리보호에 미흡하여 회사의 이익이 침해될 염려가 있는 경우 그 판결의 효력을 받는 권리귀속주체인 회사가 이를 막거나 자신의 권리를 보호하기 위하여 소송수행권한을 가진 정당한 당사자로서 그 소송에 참가할 필요가 있으며, 회사가 대표소송에 당사자로서 참가하는 경우 소송경제가 도모될 뿐만 아니라 판결의 모순·저촉을 유발할 가능성도 없다는 사정과, 상법 제404조 제1항에서 특별히 참가에 관한 규정을 두어 주주의 대표소송의 특성을 살려 회사의 권익을 보호하려한 입법 취지를 함께 고려할 때, **상법 제404조 제1항에서 규정하고 있는 회사의 참가는 공동소송참가를 의미하는 것으로 해석함이 타당**하고, 나아가 이러한 해석이 중복제소를 금지하고 있는 민사소송법 제234조에 반하는 것도 아니다』(대판 2002. 3. 15, 2000다9086). 정답 - O

46 항소심에서 비로소 B회사의 공동소송참가가 이루어진 후 丙이 제기한 소가 소송요건의 흠결로 각하되면, B회사의 위 참가는 심급의 이익을 해할 우려가 있으므로 부적법하게 된다.

해설 『공동소송참가는 항소심에서도 할 수 있는 것이고, 항소심절차에서 공동소송참가가 이루어진 이후에 피참가소가 소송요건의 흠결로 각하된다고 할지라도 **소송의 목적이 당사자 일방과 제3자에 대하여 합일적으로 확정될 경우에 한하여 인정되는 공동소송참가의 특성**에 비추어 볼 때, **심급이익 박탈의 문제는 발생하지 않는다**』(대판 2002. 3. 15, 2000다9086). 정답 - X

사례 【47~49】

X 토지의 공유자인 甲 乙 丙 사이에 X 토지의 분할에 관한 협의가 이루어지지 않자, 甲이 乙과 丙을 상대로 법원에 X 토지의 분할을 청구하였다. 다음 설명이 타당한가?(다툼이 있는 경우에는 판례에 의함) 변호사시험 제3회

47 **제1심 판결에 대하여 乙만 항소하였더라도 丙에 대한 제1심 판결은 확정되지 않는다.**

해설 『공유물분할청구의 소는 분할을 청구하는 공유자가 원고가 되어 다른 공유자 전부를 공동피고로 하여야 하는 고유필수적 공동소송이고, **공동소송인과 상대방 사이에 판결의 합일확정을 필요로 하는 고유필수적 공동소송에 있어서는 공동소송인 중 일부가 제기한 상소는 다른 공동소송인에게도 그 효력이 미치는 것이므로 공동소송인 전원에 대한 관계에서 판결의 확정이 차단**되고 그 소송은 전체로서 상소심에 이심되며, 상소심판결의 효력은 상소를 하지 아니한 공동소송인에게 미치므로 상소심으로서는 공동소송인 전원에 대하여 심리·판단하여야 한다』(대판 2003. 12. 12, 2003다44615,44622). 정답 - O

48 **위 소송계속중 丁 도 X 토지의 공유자임이 밝혀졌을 경우, 甲은 丁을 추가하기 위해 소의 주관적 추가적 병합을 할 수 있다.**

해설 『공유물분할청구의 소는 분할을 청구하는 공유자가 원고가 되어 다른 공유자 전부를 공동피고로 하여야 하는 고유필수적 공동소송』(대판 2003. 12. 12, 2003다44615)이므로, 공유자 丁이 피고에서 누락되었다면 피고로 추가되도록 **필수적 공동소송인의 추가를 할 수 있다**(민사소송법 제68조 제1항). 정답 - O

49 **위의 경우, 丁은 甲이 제기한 소송에서 乙과 丙 측에 공동소송참가할 수 있으며, 이는 상고심에서도 할 수 있다.**

해설 유필수적 공동소송의 경우에도 공동소송참가가 허용되는지 견해가 대립하지만 서울고등법원은 『원고가 제기한 소송이 원고의 당사자적격검차로 부적격하다고 하더라도 그 소송계속이 종료되지 않은 이상 그 소송에 관하여 원고와 합일적으로 확정되어야 할 관계에 있는 자는 민사소송법 제76조에 따라 공동소송참가를 할 수 있다』(서울고법 1987. 12. 9, 85나2783)고 판결한 바 있다. 다만, **상고심에 계속 중인 경우 공동소송참가는 허용되지 않는다**(대판 1691. 5. 4, 4292민상583). 정답 - X

사례 【50~54】

甲이 乙을 상대로 매매를 원인으로 한 소유권이전등기청구의 소를 제기하여 제1심 계속 중 丙이 이 소송에 독립당사자참가를 신청하였다. 이에 관한 설명 중 옳지 않은 것은? (다툼이 있는 경우 판례에 의함) 변호사시험 제6회

50 丙이 자신이 진정한 매수인이라고 주장하면서 乙에 대하여 소유권이전등기절차의 이행을 구함과 동시에 甲에 대하여는 甲이 매매당사자가 아님을 이유로 소유권이전등기청구권의 부존재확인을 구하는 것은 적법하다.

해설 『甲(원고)은 乙(피고)과의 사이에 체결된 매매계약의 매수당사자가 甲이라고 주장하면서 그 소유권이전등기절차이행을 구하고 있고 이에 대하여 丙(참가인)은 자기가 그 매수당사자라고 주장하는 경우라면 丙은 甲에 의하여 자기의 권리 또는 법률상의 지위를 부인당하고 있는 한편 그 불안을 제거하기 위하여서는 매수인으로서의 권리의무가 丙에 있다는 확인의 소를 제기하는 것이 유효적절한 수단이라고 보여지므로 결국 **丙이 乙에 대하여 그 소유권이전등기절차의 이행을 구함과 동시에 甲에 대하여 소유권이전등기청구권 등 부존재확인의 소를 구하는 것은 확인의 이익이 있는 적법한 것**이라고 할 것이다』(대판 1988. 3. 8, 86다148).

정답 - O

51 제1심 법원이 본안판결을 할 때에는 甲, 乙, 丙 3인을 당사자로 하는 하나의 종국판결을 하여야 한다.

해설 『**민사소송법 제72조에 의한 소송은** 동일한 권리관계에 관하여 원고·피고 및 참가인 상호간의 다툼을 하나의 소송절차로 한꺼번에 모순 없이 해결하려는 소송형태로서 원고·피고·참가인 간의 소송절차는 필요적 공동소송에 있어서와 같이 기일을 함께 진행하여야 함은 물론 변론을 분리할 수 없는 것이고, **본안판결을 할 때에도 하나의 종국판결을 하여야 하는 것**이지 그 당사자간의 일부에 관하여서만 판결을 하거나 추가판결을 하는 것은 모두 허용되지 않는 것이므로, 제1심에서 원고 승소, 피고 및 참가인 패소의 판결이 선고된 데 대하여 피고와 참가인이 항소한 이상, 항소심인 원심으로서도 변론을 일체로 진행하여 원고·피고와 참가인 간의 청구를 모두 항소심의 심판대상으로 하여 1개의 판결을 하여야 한다』(대판 1995. 12. 8, 95다44191).

정답 - O

52 **제1심 법원이 甲, 乙, 丙 3인에 대하여 화해권고결정을 하였는데 이에 대하여 丙만이 이의신청을 한 경우, 위 화해권고결정은 세 당사자 사이에서 효력이 발생하지 않는다.**

해설 『[1] **민사소송법 제79조에 의한 소송은** 동일한 권리관계에 관하여 원고, 피고 및 참가인 상호간의 다툼을 하나의 소송절차로 한꺼번에 모순 없이 해결하려는 소송형태로서 **두 당사자 사이의 소송행위는 나머지 1인에게 불이익이 되는 한 두 당사자 간에도 효력이 발생하지 않는다**고 할 것이므로, **원·피고 사이에만 재판상 화해를 하는 것은 3자 간의 합일확정의 목적에 반하기 때문에 허용되지 않는다.** [2] **독립당사자참가인이 화해권고결정에 대하여 이의한 경우, 이의의 효력이 원·피고 사이에도 미친다**고 한 사례』(대판 2005. 5. 26, 2004다25901).

→ 따라서 丙만이 이의신청을 한 경우, 위 화해권고결정은 효력이 발생하지 않는다.

정답 - O

53 **제1심 법원이 甲 승소판결을 하여 이에 대하여 丙만이 항소를 제기한 경우, 항소심 법원은 항소 또는 부대항소를 제기하지 않은 乙에게 결과적으로 제1심 판결보다 유리한 내용으로 판결을 변경할 수 없다.**

해설 『민사소송법 제79조에 의한 독립당사자참가소송은 동일한 권리관계에 관하여 원고, 피고, 참가인이 서로간의 다툼을 하나의 소송절차로 한꺼번에 모순 없이 해결하는 소송형태로서, 독립당사자참가가 적법하다고 인정되어 원고, 피고, 참가인간의 소송에 대하여 본안판결을 할 때에는 위 세 당사자를 판결의 명의인으로 하는 하나의 종국판결을 선고함으로써 위 세 당사자들 사이에서 합일확정적인 결론을 내려야 하고, 이러한 **본안판결에 대하여 일방이 항소한 경우에는** 제1심판결 전체의 확정이 차단되고 사건 전부에 관하여 이심의 효력이 생긴다. 그리고 이러한 경우 항소심의 심판대상은 실제 항소를 제기한 자의 항소취지에 나타난 불복범위에 한정하되 위 세 당사자 사이의 결론의 합일확정의 필요성을 고려하여 그 심판의 범위를 판단하여야 하고, 이에 따라 항소심에서 심리·판단을 거쳐 결론을 내림에 있어 위 세 당사자 사이의 결론의 합일확정을 위하여 필요한 경우에는 그 한도 내에서 **항소 또는 부대항소를 제기한 바 없는 당사자에게 결과적으로 제1심판결보다 유리한 내용으로 판결이 변경되는 것도 배제할 수는 없다**』(대판 2007. 10. 26, 2006다86573).

정답 - X

54 **제1심 법원이 丙의 독립당사자참가신청을 각하하고 甲의 청구를 기각하였는데 丙은 항소를 제기하지 아니하였고 甲만이 항소한 경우, 위 독립당사자참가신청을 각하한 부분은 별도로 확정된다.**

해설 『제1심 판결에서 참가인의 독립당사자참가신청을 각하하고 원고의 청구를 기각한데 대하여 참가인은 항소기간 내에 항소를 제기하지 아니하였고, 원고만이 항소한 경우 위 독립당사자참가신청을 **각하한 부분은 원고의 항소에도 불구하고 피고에 대한 본소청구와는 별도로 이미 확정되었다 할 것이다**』(대판 1992. 5. 26, 91다4669).

정답 - O

사례

甲 소유인 A 토지에 대하여 乙이 등기관계서류를 위조하여 자신의 명의로 소유권이전등기를 마쳤다. 그 후 乙은 丙에게, 丙은 丁에게, 丁은 戊에게 A 토지를 순차로 매도하였고 이를 원인으로 한 각 소유권이전등기가 마쳐졌다. 이에 관한 설명이 타당한가? (다툼이 있는 경우 판례에 의함)

변호사시험 제7회

55 甲이 乙, 丙, 丁, 戊를 상대로 소유권이전등기말소청구의 소를 제기하는 경우, 이는 필수적 공동소송이다.

해설 원인없이 경료된 최초의 소유권이전등기에 기하여 순차로 경료된 일련의 소유권이전등기중 최후의 등기명의자만을 상대로 한 말소등기소송의 적부에 관하여 판례는 『**원인없이 경료된 최초의 소유권이전등기와 이에 기하여 순차로 경료된 일련의 소유권이전등기의 각 말소를 구하는 소송은 필요적 공동소송이 아니므로 그 말소를 청구할 권리가 있는 사람은 각 등기의무자에 대하여 이를 각각 청구할 수 있는 것**이어서 위 일련의 소유권이전등기중 최후의 등기명의자만을 상대로 그 등기의 말소를 구하고 있다 하더라도 그 승소의 판결이 집행불능의 판결이 된다거나 종국적인 권리의 실현을 가져다 줄 수 없게 되어 소의 이익이 없는 것으로 된다고는 할 수 없다』(대판 1987. 10. 13, 87다카1093)라고 판시하고 있다.

정답 – X

제6편 상소심절차

1 원고가 건물인도청구 및 손해배상청구의 소를 제기하여 건물인도청구 인용·손해배상청구 기각의 판결을 받은 후 패소한 손해배상 부분에 대하여 항소한 경우, 승소한 건물인도 부분도 확정이 차단되고 항소심으로 이심된다. 변호사시험 제2회

해설 원고가 건물인도청구 및 손해배상청구의 소를 제기하여 건물인도청구 인용, 손해배상청구기각의 판결을 받은 후 패소한 손해배상부분에 대해서만 항소한 경우, 불이익변경금지의 원칙에 따라 승소부분인 건물인도부분은 비록 항소심의 심판범위에 들어갈 수 없지만, **상소불가분의 원칙**에 따라 패소부분과 같이 항소심에 이심되고 확정이 차단된다.

정답 - O

2 소가 부적법하다는 이유로 각하를 한 제1심 판결에 대하여 원고만이 항소하고 피고는 부대항소를 하지 않은 경우, 항소심이 소 자체는 적법하지만 청구기각할 사안이라고 판단할 때에는 항소기각 판결을 해야 한다. 변호사시험 제2회

해설 『원고들의 불법행위에 기한 주위적 청구를 각하한 원심판결은 파기되어야 할 것이나, 앞서 본 바와 같이 원고들의 위 청구는 기각될 것임이 분명한데 원고들만이 상고한 이 사건에 있어서 **불이익변경금지의 원칙상** 상고인인 원고들에게 불이익하게 **청구기각의 판결을 할 수는 없는 것**이므로, 원심판결을 파기하는 대신 원고들의 이 부분 **상고를 기각하기로 한다**』(대판 2001. 9. 7, 99다50392).

정답 - O

3 손해배상청구소송에서 원고가 재산상 손해에 대해서는 전부승소, 위자료에 대해서는 일부패소하였다. 이에 원고가 위자료 패소부분에 대하여 항소한 경우, 전부승소한 재산상 손해에 대한 청구의 확장도 허용된다. 변호사시험 제2회

해설 『상소는 자기에게 불이익한 재판에 대하여 유리하게 취소변경을 구하기 위하여 하는 것이므로 전부 승소한 판결에 대하여는 항소가 허용되지 않는 것이 원칙이나, 하나의 소송물에 관하여 형식상 전부 승소한 당사자의 상소이익의 부정은 절대적인 것이라고 할 수도 없는바, 원고가 재산상 손해(소극적 손해)에 대하여는 형식상 전부 승소하였으나 위자료에 대하여는 일부 패소하였고, 이에 대하여 원고가 원고 패소부분에 불복하는 형식으로 항소를 제기하여 사건 전부가 확정이 차단되고 소송물 전부가 항소심에 계속되게 된 경우에는, 더욱이 불법행위로 인한 손해배상에 있어 재산상 손해나 위자료는 단일한 원인에 근거한 것인데 편의상 이를 별개의 소송물로 분류하고 있는 것에 지나지 아니한 것이므로 이를 **실질적으로 파악**하여, **항소심에서 위자료는 물론이고 재산상 손해(소극적 손해)에 관하여도 청구의 확장을 허용하는 것이 상당**하다』(대판 1994. 6. 28, 94다3063).

정답 - O

4 **甲이 주채무자 乙과 보증인 丙을 공동피고로 삼아 제기한 소송에서 甲이 전부 승소하자 乙만이 항소한 경우, 丙에 대한 판결은 그대로 확정된다.** 변호사시험 제2회

해설 주채무자와 보증인을 공동피고로 삼아 제기한 소송은 통상공동소송이고, 통상공동소송의 경우 **공동소송인 독립의 원칙** 때문에 공동소송인 중 한사람의 또는 한사람에 대한 상소는 다른 공동소송인에 관한 청구에 상소의 효력이 미치지 않으므로 그 부분은 분리 확정된다.

정답 – O

5 **소송요건과 참가요건을 모두 갖춘 독립당사자참가소송에서 원고 甲 승소, 피고 乙 패소, 참가인 丙 패소의 경우, 丙만이 항소하여 항소심에서 심리한 결과 乙이 권리자로 판단되더라도 불이익변경금지의 원칙상 乙 승소판결을 할 수 없다.** 변호사시험 제2회

해설 『민사소송법 제79조에 의한 독립당사자참가소송은 동일한 권리관계에 관하여 원고, 피고, 참가인이 서로간의 다툼을 하나의 소송절차로 한꺼번에 모순 없이 해결하는 소송형태로서, 독립당사자참가가 적법하다고 인정되어 원고, 피고, 참가인간의 소송에 대하여 본안판결을 할 때에는 위 세 당사자를 판결의 명의인으로 하는 하나의 종국판결을 선고함으로써 위 세 당사자들 사이에서 합일확정적인 결론을 내려야 하고, 이러한 본안판결에 대하여 일방이 항소한 경우에는 제1심판결 전체의 확정이 차단되고 사건 전부에 관하여 이심(이심)의 효력이 생긴다. 그리고 이러한 경우 항소심의 심판대상은 실제 항소를 제기한 자의 항소 취지에 나타난 불복범위에 한정하되 **위 세 당사자 사이의 결론의 합일확정의 필요성을 고려하여 그 심판의 범위를 판단하여야 하고**, 이에 따라 **항소심에서 심리·판단을 거쳐 결론을 내림에 있어 위 세 당사자 사이의 결론의 합일확정을 위하여 필요한 경우에는 그 한도 내에서 항소 또는 부대항소를 제기한 바 없는 당사자에게 결과적으로 제1심판결보다 유리한 내용으로 판결이 변경되는 것도 배제할 수는 없다**』(대판 2007. 10. 26, 2006다86573,86580).

정답 – X

6 **항소는 항소장을 ( ) 법원에 제출함으로써 한다.** 변호사시험 제1회

해설

〔제397조 제1항〕 항소는 항소장을 **제1심 법원**에 제출함으로써 한다.

정답 – **제1심**

7 **피고만이 항소한 항소심에서 원고가 청구취지를 확장한 경우에는 그에 의하여 피고에게 불리하게 되는 한도 내에서 부대항소를 한 취지로 보아 항소법원이 제1심 판결의 인용금액을 초과하여 원고의 청구를 인용하더라도 불이익변경금지의 원칙에 반하는 것은 아니다.** 변호사시험 제3회

해설 『**피고만이 항소한 항소심에서 원고가 청구취지를 확장변경한 경우**에는 그에 의하여 **피고에게 불리하게 되는 한도에서 부대항소를 한 취지**라고 볼 것이므로, **항소심이 1심 판결의 인용금액을 초과하여 원고청구를 인용하더라도 불이익변경금지의 원칙**에 **위배되지 않는다**』(대판 1991. 9. 24, 91다21688). 정답 – O

8 **항소심에서 청구가 교환적으로 변경된 경우 항소법원은 구청구에 대해서는 판단을 해서는 아니되며 신청구에 대하여서만 사실상 제1심으로서 판단한다.** 변호사시험 제3회

해설 **피고의 항소로 인한 항소심에서 소의 교환적 변경이 이루어진 뒤에 한 항소취하의 효력**에 관하여 판례는『피고의 항소로 인한 항소심에서 소의 교환적 변경이 적법하게 이루어졌다면 제1심판결은 소의 교환적 변경에 의한 소취하로 실효되고, **항소심의 심판대상은 새로운 소송으로 바뀌어지고 항소심이 사실상 제1심으로 재판하는 것**이 되므로, 그 뒤에 피고가 항소를 취하한다 하더라도 항소취하는 그 대상이 없어 아무런 효력을 발생할 수 없다』(대판 1995. 1. 24, 93다25875)라고 판시하고 있다. 정답 – O

9 **상고인이 상고장에 상고이유를 적지 아니하였음에도 소송기록 접수통지를 받은 날부터 20일이내에 상고이유서를 제출하지 아니한 경우, 상고법원은 직권으로 조사하여야 할 사유가 있는 때를 제외하고는 변론 없이 판결로 상고를 기각하여야 한다.** 변호사시험 제3회

해설

〔**제429조(상고이유서를 제출하지 아니함으로 말미암은 상고기각)**〕 상고인이 제427조의 규정을 어기어 상고이유서를 제출하지 아니한 때에는 상고법원은 변론 없이 판결로 상고를 기각하여야 한다. 다만, 직권으로 조사하여야 할 사유가 있는 때에는 그러하지 아니하다.

정답 – O

10 **당사자가 주장한 사항에 대한 구체적·직접적인 판단이 판결에 표시되어 있지 않더라도 판결이유의 전반적인 취지에 비추어 그 주장을 인용하였거나 배척하였음을 알 수 있는 정도라면 판단누락이라고 할 수 없다.** 변호사시험 제7회

해설 『판결서의 이유에는 주문이 정당하다는 것을 인정할 수 있을 정도로 당사자의 주장, 그 밖의 공격·방어방법에 관한 판단을 표시하면 되고 당사자의 모든 주장이나 공격·방어방법에 관하여 판단할 필요가 없다(민사소송법 제208조). 따라서 법원의 판결에 당사자가 주장한 사항에 대한 구체적·직접적인 판단이 표시되어 있지 않더라도 **판결 이유의 전반적인 취지에 비추어 그 주장을 인용하거나 배척하였음을 알 수 있는 정도라면 판단누락이라고 할 수 없고**, 설령 실제로 판단을 하지 아니하였다고 하더라도 그 주장이 배척될 경우임이 분명한 때에는 판결 결과에 영향이 없어 판단누락의 위법이 있다고 할 수 없다』(대판 2012. 4. 26, 2011다87174).

정답 - O

사례 【11~12】

甲은 乙을 상대로 불법행위를 원인으로 한 손해배상금 1억 원의 지급을 구함과 동시에 X 토지에 관하여 매매를 원인으로 한 소유권이전등기절차의 이행을 구하는 소를 제기하였다. 제1심 법원은 乙로 하여금 불법행위로 인한 손해배상금 1,000만 원을 甲에게 지급할 것을 명하고, 甲의 나머지 청구는 모두 기각하는 판결을 선고하였다. 甲은 제1심 판결정본을 송달받은 후 항소에 따른 인지대 납부에 부담을 느껴, 기각된 불법행위로 인한 손해배상금 청구(9,000만 원 청구 부분) 중 2,000만 원 부분에 대해서만 항소기간 내에 항소를 제기하였다. 이후 항소심 소송계속 중 甲이 적법하게 할 수 있는 것으로 다음 설명이 타당한가? 변호사시험 제1회

11 **① 甲은 제1심에서 기각된 9,000만 원의 손해배상금 청구 부분 전부에 대하여 다투는 것으로 항소취지를 변경(확장)할 수 있다.**

② 불복하지 않은 청구도 항소심에 함께 이심된다는 입장에 따르면, 甲은 제1심에서 기각된 소유권이전등기청구 부분에 대하여 다투는 것으로 항소취지를 변경(확장)할 수 있다.

해설 **상소불가분원칙**에 의해서 상소인의 불복 범위와 관계없이 **원심판결의 전부에 차단효와 이심효가 발생**한다. 특별한 규정이 없으면 제1심을 준용하는 결과 **항소심에서 청구의 변경도 당연히 허용**된다. 항소심에서 항소취지의 확장은 청구의 추가적 변경이라고 보아야 하는 바, 청구 변경의 요건(청구기초의 동일성이 유지될 것, 소송절차를 현저히 지연시키지 않을 것, 동종절차, 공통관할)을 갖추면 사실심 변론종결 전까지 허용된다.

정답 - ① O ② O

12 **甲은 제1심에서 기각된 9,000만 원 부분뿐만 아니라 동일한 불법행위로 인한 손해배상으로 그 청구액을 2억 원으로 변경(확장)할 수 있다.**

해설 『항소심에서도 청구의 기초에 변경이 없는 한 청구의 확장 변경이 가능하다』(대판 1969. 12. 26, 69다406).

정답 - O

사례 【13~14】

甲은 乙의 주소를 알고 있었음에도 소재불명으로 속여 乙에 대해 대여금 청구의 소를 제기하였다. 乙에 대한 공시송달에 의한 재판진행 결과 甲 일부 승소의 제1심 판결이 공시송달로 확정되었다. 그후 乙은 위 사건기록 열람과 판결정본의 수령으로 위와 같이 공시송달에 의해 재판이 진행된 것을 알게 되었다. 다음 설명이 타당한가? (다툼이 있는 경우 판례에 의함)

변호사시험 제4회

13 **乙의 추후보완항소가 적법하게 계속될 경우 甲은 부대항소를 제기할 수 있다.**

해설 민사소송법 제403조는 "피항소인은 항소권이 소멸된 뒤에도 변론이 종결될 때까지 부대항소를 할 수 있다."고 규정하므로, 추후보완항소가 적법하게 계속되는 경우 변론 종결 전까지 부대항소를 제기할 수 있다.

정답 - O

14 **乙이 추후보완항소를 제기할 경우 판결의 선고 및 송달 사실을 알지 못하여 항소기간을 지키지 못한 데 과실이 없다는 사정은 乙이 주장·증명하여야 한다.**

해설 **민사소송법 제186조 제1항에서 말하는 '송달할 장소'와 '동거인'의 의미 및 판결의 선고 및 송달 사실을 알지 못하여 상소기간을 지키지 못한 데 과실이 없다는 사정에 대한 증명책임의 소재(=상소를 추후보완하고자 하는 당사자 측)**에 관하여 판례는 『판결의 선고 및 송달 사실을 알지 못하여 상소기간을 지키지 못한 데 과실이 없다는 사정은 상소를 추후보완하고자 하는 당사자 측에서 주장·입증하여야 할 것』(대판 2012. 10. 11, 2012다44730)이라고 판시하고 있다.

〔**민사소송법 제186조(보충송달·유치송달)**〕 ① 근무장소 외의 송달할 장소에서 송달받을 사람을 만나지 못한 때에는 그 사무원, 피용자(피용자) 또는 동거인으로서 사리를 분별할 지능이 있는 사람에게 서류를 교부할 수 있다.

정답 - O

제7편 재심절차

1 **확정되지 아니한 판결에 대한 재심의 소는 부적법하지만, 판결 확정 전에 제기된 재심의 소가 각하되지 아니하고 있는 동안에 그 판결이 확정되었다면 재심의 소는 적법한 것이 된다.** 변호사시험 제7회

해설 **재심청구기각 결정 후에 재심대상 판결의 확정과 재심청구의 하자치유 여부**에 관하여 판례는 『상고심에 계속중인 미확정판결에 대한 재심청구는 법률상의 방식에 위배된 부적법한 것이다. **상고심에 계속중인 미확정의 재심대상 판결이 이 사건 재심법원에 의한 재심청구기각 결정 후에 상고취하로 확정**되었다 하여도 **위 재심청구가 적법하게 치유되는 것은 아니다**』(대결 1983. 6. 8, 자 83모28)라고 판시하고 있다. 정답 - X

2 **확정된 재심판결에 재심사유가 있더라도 그 재심판결에 대하여 다시 재심의 소를 제기할 수 없다.** 변호사시험 제7회

해설 『민사소송법 제451조 제1항은 '확정된 종국판결'에 대하여 재심의 소를 제기할 수 있다고 규정하고 있고, **재심의 소에서 확정된 종국판결도 여기서의 '확정된 종국판결'에 해당**하므로, 확정된 재심판결에 민사소송법 제451조 제1항 각 호에 정한 재심사유가 있을 때는 확정된 재심판결에 대하여도 재심의 소를 제기할 수 있다』(대판 2016. 1. 14, 2013다40070). 정답 - X

3 **재심사유와 추후보완항소사유가 동시에 존재하는 경우 추후보완항소기간이 경과하였다 하더라도 재심제기의 기간이 경과하지 않았다면 재심청구를 할 수 있다.** 변호사시험 제7회

해설 『민사소송법 제451조 제1항 단서에 의하면 당사자가 상소에 의하여 재심사유를 주장하였거나 이를 알고 주장하지 아니한 때에는 재심의 소를 제기할 수 없는 것으로 규정되어 있는데, 여기에서 '이를 알고도 주장하지 아니한 때'란 재심사유가 있는 것을 알았음에도 상소를 제기하고도 상소심에서 그 사유를 주장하지 아니한 경우뿐만 아니라, 상소를 제기하지 아니하여 판결이 그대로 확정된 경우까지도 포함하는 것이라고 해석하여야 할 것이다. 그런데 위 단서 조항은 재심의 보충성에 관한 규정으로서, 당사자가 상소를 제기할 수 있는 시기에 재심사유의 존재를 안 경우에는 상소에 의하여 이를 주장하게 하고 상소로 주장할 수 없었던 경우에 한하여 재심의 소에 의한 비상구제를 인정하려는 취지인 점, 추완상소와 재심의 소는 독립된 별개의 제도이므로 추완상소의 방법을 택하는 경우에는 추완상소의 기간 내에, 재심의 방법을 택하는 경우에는 재심기간 내에 이를 제기하여야 하는 것으로 보이는 점을 고려하면, 공시송달에 의하여 판결이 선고되고 판결정본이 송달되어 확정

된 이후에 **추완항소의 방법이 아닌 재심의 방법을 택한 경우에는 추완상소기간이 도과하였다 하더라도 재심기간 내에 재심의 소를 제기할 수 있다**고 보아야 한다』(대판 2011. 12. 22, 2011다73540).

정답 - O

4 **재심사유 중 「민사소송법」 제451조 제1항 제3호의 대리권의 흠은 무권대리인이 실질적인 대리행위를 한 경우만을 말하고, 당사자 본인이나 그의 대리인이 실질적인 소송행위를 하지 못한 경우는 포함하지 않는다.** 변호사시험 제7회

해설 민사소송법 제422조 제1항 제3호 소정의 재심사유의 의미에 관하여 판례는 『민사소송법 제422조 제1항 제3호 소정의 재심사유는 무권대리인이 대리인으로서 본인을 위하여 실질적인 소송행위를 하였을 경우뿐만 아니라 **대리권의 흠결로 인하여 본인이나 그의 소송대리인이 실질적인 소송행위를 할 수 없었던 경우에도 이에 해당**한다』(대판 1999. 2. 26, 98다47290)라고 판시하고 있다.

정답 - X

사례 【5~7】

甲은 乙의 주소를 알고 있었음에도 소재불명으로 속여 乙에 대해 대여금 청구의 소를 제기하였다. 乙에 대한 공시송달에 의한 재판진행 결과 甲 일부 승소의 제1심 판결이 공시송달로 확정되었다. 그후 乙은 위 사건기록 열람과 판결정본의 수령으로 위와 같이 공시송달에 의해 재판이 진행된 것을 알게 되었다. 다음 설명 중 옳지 않은 것은? (다툼이 있는 경우 판례에 의함) 변호사시험 제4회

5 **乙은 위 사실을 알게 된 날부터 30일 이내에 재심을 제기할 수 있다.**

해설 판례는 허위 주소를 이용한 공시송달에 의한 판결 편취의 경우에도 『공시송달의 방법에 의하여 피고에게 판결정본이 송달된 경우 피고의 주소가 허위라고 하여도 그 송달은 유효한 것이고, 그로부터 상소제기기간이 도과하면 그 판결은 확정되는 바, 이때 피고로서는 재심의 소를 제기하거나 추완항소를 제기하여서 그 취소변경을 구할 수밖에 없다』(대판 1980. 7. 8, 79다1528)고 하여 상소가 아닌 재심으로 이를 구제한다. 재심은 **당사자가 재심의 사유를 안 날로부터 30일 이내**에 제기해야 한다(민사소송법 제456조 제1항).

정답 - O

6 **乙이 추후보완항소 제기기간을 도과하였을 경우에는 재심청구 제기기간 내에 있더라도 재심을 제기할 수 없다.**

해설 **추후보완상소**는 "당사자가 책임질 수 없는 사유로 말미암아 불변기간을 지킬 수 없었던 경우에는 그 사유가 없어진 날부터 2주 이내에 게을리 한 소송행위를 보완할 수 있다." 고 규정한 **민사소송법 제173조 1항에 근거한 것**으로, 민사소송법 제451조 이하에 근거하는 **재심과 그 요건과 효과를 달리**한다. 따라서 추후보완상소 제기기간을 도과하였더라도 재심청구의 요건을 만족하는 경우 재심청구가 가능하다. 정답 - X

7 **乙이 재심을 제기할 경우 법원은 재심의 소가 적법한지 여부와 재심사유가 있는지 여부에 관한 심리 및 재판을 본안에 관한 심리 및 재판과 분리하여 먼저 시행할 수 있다.**

해설

〔제454조(재심사유에 관한 중간판결)〕 ① 법원은 재심의 소가 적법한지 여부와 재심사유가 있는지 여부에 관한 심리 및 재판을 본안에 관한 심리 및 재판과 분리하여 먼저 시행할 수 있다.

정답 - O

제8편 간이소송절차

제9편 전자소송

상 법

제1편 상법총칙

제2편 상행위법

제3편 보험법

제4편 어음법 · 수표법

제5편 회사법

제1편 상법총칙

제1장 상법입문

제2장 기업의 인적 요소

1 **어떠한 자가 자기 명의로 상행위를 함으로써 상인 자격을 취득하고자 준비행위를 하는 것이 아니라 다른 상인의 영업을 위한 준비행위를 하는 것에 불과하다면, 그 행위는 그 행위를 한 자의 보조적 상행위가 될 수 없다.** 변호사시험 제4회

해설 『보조적 상행위로서 상법의 적용을 받기 위해서는 그 행위를 하는 자 스스로 상인 자격을 취득하는 것을 당연한 전제로 하므로, 어떠한 자가 자기 명의로 상행위를 함으로써 상인자격을 취득하고자 준비행위를 하는 것이 아니라 **다른 상인의 영업을 위한 준비행위를 하는 것에 불과하다면, 그 행위는 그 행위를 한 자의 보조적 상행위가 될 수 없다**』(대판 2012. 7. 26, 2011다43594).

정답 － O

2 **지배인이 영업주 명의로 한 어음행위는 객관적으로 영업에 관한 행위로서 지배인의 대리권의 범위에 속하는 행위라 할 것이므로 지배인이 개인적 목적을 위하여 어음행위를 한 경우에도 그 행위의 효력은 영업주에게 미친다 할 것이고, 이러한 법리는 표현지배인의 경우에도 동일하다.** 변호사시험 제4회

해설 『지배인의 행위가 영업주의 영업에 관한 것인가의 여부는 지배인의 행위 당시의 주관적인 의사와는 관계없이 그 행위의 객관적 성질에 따라 추상적으로 판단하여야 할 것인바, **지배인이 영업주 명의로 한 어음행위는 객관적으로 영업에 관한 행위로서 지배인의 대리권의 범위에 속하는 행위라** 할 것이므로 **지배인이 개인적 목적을 위하여 어음행위를 한 경우에도 그 행위의 효력은 영업주에게 미친다** 할 것이고, **이러한 법리는 표현지배인의 경우에도 동일하다**』(대판 1998. 8. 21,97다6704).

정답 － O

3 **부분적 포괄대리권을 가진 사용인의 경우에는 표현지배인에 관한 「상법」 제14조의 규정이 유추적용되어야 한다고 할 수 없다.** 변호사시험 제4회

해설 『상법 제14조 제1항은, 실제로는 지배인에 해당하지 않는 사용인이 지배인처럼 보이는 명칭을 사용하는 경우에 그러한 사용인을 지배인으로 신뢰하여 거래한 상대방을 보호하기 위한 취지에서, 본점 또는 지점의 영업주임 기타 유사한 명칭을 가진 사용인은 표현지배인으로서 재판상의 행위에 관한 것을 제외하고는 본점 또는 지점의 지배인과 동일한

권한이 있는 것으로 본다고 규정하고 있으나, 부분적 포괄대리권을 가진 사용인의 경우에는 상법은 그러한 사용인으로 오인될 만한 유사한 명칭에 대한 거래 상대방의 신뢰를 보호하는 취지의 규정을 따로 두지 않고 있는바, 그 대리권에 관하여 지배인과 같은 정도의 획일성, 정형성이 인정되지 않는 부분적 포괄대리권을 가진 사용인들에 대해서까지 그 표현적 명칭의 사용에 대한 거래 상대방의 신뢰를 무조건적으로 보호한다는 것은 오히려 영업주의 책임을 지나치게 확대하는 것이 될 우려가 있으며, 부분적 포괄대리권을 가진 사용인에 해당하지 않는 사용인이 그러한 사용인과 유사한 명칭을 사용하여 법률행위를 한 경우 그 거래 상대방은 민법 제125조의 표현대리나 민법 제756조의 사용자책임 등의 규정에 의하여 보호될 수 있다고 할 것이므로, **부분적 포괄대리권을 가진 사용인의 경우에도 표현지배인에 관한 상법 제14조의 규정이 유추적용되어야 한다고 할 수는 없다**』(대판 2007. 8. 23, 2007다23425). 정답 – O

4 영업의 특정한 종류 또는 특정한 사항에 대한 위임을 받은 상업사용인의 경우 그 업무내용에 영업주를 대리하여 법률행위를 하는 것이 당연히 포함되어 있어야 하는 것은 아니다. 변호사시험 제7회

해설

〔**제15조(부분적 포괄대리권을 가진 사용인)**〕 ① 영업의 특정한 종류 또는 특정한 사항에 대한 위임을 받은 사용인은 이에 관한 **재판외의 모든 행위**를 할 수 있다.

정답 – X

제3장 기업의 물적 요소

1 민법상의 조합은 상호에 회사임을 표시하는 문자를 사용하지 못한다. 변호사시험 제1회

해설

〔**제20조(회사상호의 부당사용의 금지)**〕 회사가 아니면 상호에 회사임을 표시하는 문자를 사용하지 못한다.

정답 – O

2 주식회사가 각기 독립된 수 개의 영업을 하는 경우에 각 영업별로 다른 상호를 사용할 수 있다. 변호사시험 제1회

해설

〔**제21조(상호의 단일성)**〕 ① 동일한 영업에는 단일상호를 사용하여야 한다. 다만 회사의 상호는 영업에 관해서 회사를 나타낼 뿐 아니라, 회사의 전인격을 나타내는 명칭이므로 하나만 있을 수 있다(상호가 달라지면 법인격도 달라진다. 즉 별개의 회사가 된다). 따라서 **회사는 두 개 이상의 영업을 하더라도 하나의 상호를 사용할 수밖에 없다.**

정답 – X

3 **주식회사와 유한회사는 회사의 설립 전에 상호의 가등기를 신청할 수 있다.**

변호사시험 제1회

해설

〔**제22조의2 제1항**〕 주식회사 또는 유한회사를 설립하고자 할 때에는 본점의 소재지를 관할하는 등기소에 상호의 가등기를 신청할 수 있다.

정답 – O

4 **부정한 목적으로 타인의 영업으로 오인될 수 있는 상호를 사용하는 자가 있는 경우, 그러한 상호의 사용으로 인하여 손해를 받을 염려가 있는 자는 그 상호의 폐지를 청구할 수 있으며, 이는 손해배상의 청구에 영향을 미치지 않는다.** 변호사시험 제1회

해설

〔**제23조**〕 ① 누구든지 부정한 목적으로 타인의 영업으로 오인할 수 있는 상호를 사용하지 못한다. ② **제1항의 규정에 위반하여 상호를 사용하는 자가 있는 경우에 이로 인하여 손해를 받을 염려가 있는 자 또는 상호를 등기한 자는 그 폐지를 청구할 수 있다.** ③ 제2항의 규정은 **손해배상의 청구에 영향을 미치지 아니한다.** ④ 동일한 특별시·광역시·시·군에서 동종영업으로 타인이 등기한 상호를 사용하는 자는 부정한 목적으로 사용하는 것으로 추정한다.

정답 – O

5 **양도인의 상호를 계속 사용하는 영업양수인이 영업양도를 받은 후 지체없이 양도인의 채무에 대한 책임이 없음을 등기한 경우에는, 양수인은 양도인의 영업으로 인한 제3자의 채권에 대하여 변제할 책임이 없다.** 변호사시험 제1회

해설

〔**제42조**〕 ① 영업양수인이 양도인의 상호를 계속사용하는 경우에는 양도인의 영업으로 인한 제3자의 채권에 대하여 양수인도 변제할 책임이 있다. ② 전항의 규정은 **양수인이 영업양도를 받은 후 지체없이 양도인의 채무에 대한 책임이 없음을 등기한 때에는 적용하지 아니한다.** 양도인과 양수인이 지체없이 제3자에 대하여 그 뜻을 통지한 경우에 그 통지를 받은 제3자에 대하여도 같다.

정답 – O

6 **부정한 목적으로 타인의 영업으로 오인될 수 있는 상호를 사용하는 자가 있는 경우, 그러한 상호의 사용으로 인하여 손해를 받을 염려가 있는 자는 그 상호의 폐지를 청구할 수 있고, 이와는 별도로 손해배상의 청구가 가능하다.** 변호사시험 제6회

해설

〔제23조(주체를 오인시킬 상호의 사용금지)〕 ① 누구든지 부정한 목적으로 타인의 영업으로 오인할 수 있는 상호를 사용하지 못한다. ② 제1항의 규정에 위반하여 상호를 사용하는 자가 있는 경우에 이로 인하여 손해를 받을 염려가 있는 자 또는 상호를 등기한 자는 그 폐지를 청구할 수 있다. ③ 제2항의 규정은 손해배상의 청구에 영향을 미치지 아니한다.

정답 – O

7 **영업을 폐지하는 경우, 등기되지 아니한 그 영업의 상호는 양도할 수 없다.**

변호사시험 제6회

해설

〔제25조(상호의 양도)〕 ① 상호는 영업을 폐지하거나 영업과 함께 하는 경우에 한하여 이를 양도할 수 있다. ② 상호의 양도는 등기하지 아니하면 제3자에게 대항하지 못한다.

→ 등기는 대항요건에 불과하다. 정답 – X

8 **회사가 수 개의 독립된 영업을 하는 경우, 각 영업별로 다른 상호를 사용할 수 없다.**

변호사시험 제6회

해설

〔제21조(상호의 단일성)〕 ① 동일한 영업에는 단일상호를 사용하여야 한다. ② 지점의 상호에는 본점과의 종속관계를 표시하여야 한다.

→ 상호는 기업의 명칭 내지 상인의 명칭이므로 하나의 회사는 하나의 상호만을 갖는다.

정답 – O

9 **회사가 상호와 목적을 변경하고자 할 때에는 상호의 가등기를 신청할 수 있다.**

변호사시험 제6회

해설

〔제22조의2(상호의 가등기)〕 ② 회사는 상호나 목적 또는 상호와 목적을 변경하고자 할 때에는 본점의 소재지를 관할하는 등기소에 상호의 가등기를 신청할 수 있다.

→ 상호는 기업의 명칭 내지 상인의 명칭이므로 하나의 회사는 하나의 상호만을 갖는다.

정답 – O

10 **명의차용자와 거래한 상대방이 명의대여 사실을 알았거나 알지 못한 데 대하여 중대한 과실이 있을 때에는 명의대여자가 책임을 지지 않는바, 이때 거래의 상대방이 명의대여 사실을 알았거나 알지 못한 데 대한 중대한 과실이 있었는지 여부에 대하여는 면책을 주장하는 명의대여자가 증명책임을 부담한다.** 변호사시험 제3회

해설 『상법 제24조의 규정에 의한 명의대여자의 책임은 명의자를 영업주로 오인하여 거래한 제3자를 보호하기 위한 것이므로 거래 상대방이 명의대여사실을 알았거나 모른 데 대하여 중대한 과실이 있는 때에는 책임을 지지 않는바, 이때 거래의 상대방이 명의대여사실을 알았거나 모른 데 대한 중대한 과실이 있었는지 여부에 대하여는 면책을 주장하는 명의대여자들이 입증책임을 부담한다』(대판 2001. 4. 13, 2000다10512). 정답 – O

11 **영업을 임대함으로서 자신의 상호를 관리하여야 할 의무가 있는 자는 영업의 임차인이 자신의 상호를 그 영업에 사용하고 있는 것을 알면서 묵인한 경우 명의대여자로서 책임을 질 수 있다.** 변호사시험 제3회

해설 『피고는 용당정미소라는 상호를 가지고 경영하던 정미소를 甲에게 임대하고 甲은 같은 상호를 그대로 사용하면서 그 정미소를 경영할 경우 甲이 그 정미소를 경영하는 동안에 원고로부터 백미를 보관하고 보관전표를 발행한 것이며 그 때에 원고가 피고를 용당정미소의 영업주로 오인하였다는 사실이 인정된다면 피고는 그 백미보관으로 인한 책임을 면할 수 없다』(대판 1967. 10. 25, 66다2362). 정답 – O

12 **명의대여가 위법인 경우에는 명의대여자의 책임을 물을 수 없다.** 변호사시험 제3회

해설 『농약관리법 제10조에 의하면 **농약판매업을 하고자 하는 자가 그 등록명의를 다른 사람에게 빌려 준다든지 하는 일은 금지**되고 있다 할 것이다. 그러나 만일 그 등록명의를 대여하였다거나 그 명의로 등록할 것을 다른 사람에게 허락하였다면 농약의 판매업에 관한 한 등록명의자 스스로 영업주라는 것을 나타낸 것이라 할 것이고 **상법 제24조에 의한 명의대여자로서 농약거래로 인하여 생긴 채무를 변제할 책임이 있다**고 할 것이다』(대판 1988. 2. 9, 87다카1304). 정답 – X

13 **명의대여자가 상인이 아닌 경우에도 명의대여자의 책임을 인정할 수 있다.** 변호사시험 제3회

해설 **상법 제24조 명의대여자의 책임에 관한 규정의 취지 및 적용범위**에 관하여 판례는 『명의대여자가 상인이 아니거나, 명의차용자의 영업이 상행위가 아니라 하더라도 위 법리를 적용하는 데에 아무런 영향이 없다』(대판 1987. 3. 24, 85다카2219)라고 판시하고 있다.

[제24조(명의대여자의 책임)] 타인에게 자기의 성명 또는 상호를 사용하여 영업을 할 것을 허락한 자는 자기를 영업주로 오인하여 거래한 제3자에 대하여 그 타인과 연대하여 변제할 책임이 있다.

정답 – O

14 **명의차용자의 거래 상대방에 대한 명의대여자와 명의차용자의 책임은 부진정연대의 관계에 있다.** 변호사시험 제3회

해설 『상법 제24조에 의한 명의대여자와 명의차용자의 책임은 동일한 경제적 목적을 가진 채무로서 서로 중첩되는 부분에 관하여 일방의 채무가 변제 등으로 소멸하면 타방의 채무도 소멸하는 이른바 **부진정연대의 관계**에 있다. 이와 같은 부진정연대채무에 서는 채무자 1인에 대한 이행청구 또는 채무자 1인이 행한 채무의 승인 등 소멸시효의 중단사유나 시효이익의 포기가 다른 채무자에게 효력을 미치지 아니한다』(대판 2011. 4. 14, 2010다91886).

정답 - O

15 **명의대여자가 상인이 아니거나 명의차용자의 영업이 상행위가 아니라도 명의대여자의 책임이 성립할 수 있다.** 변호사시험 제7회

해설 『상법 제24조는 금반언의 법리 및 외관주의의 법리에 따라 타인에게 명의를 대여하여 영업을 하게 한 경우 그 명의대여자가 영업주인 줄로 알고 거래한 선의의 제3자를 보호하기 위하여 그 거래로 인하여 발생한 명의차용자의 채무에 대하여는 그 외관을 만드는데에 원인을 제공한 명의대여자에게도 명의차용자와 같이 변제책임을 지우자는 것으로서 그 **명의대여자가 상인이 아니거나, 명의차용자의 영업이 상행위가 아니라 하더라도 위 법리를 적용하는데에 아무런 영향이 없다**』(대판 1987. 3. 24, 85다카2219). 정답 - O

16 **명의차용자의 불법행위에 대해서도 명의대여자의 책임이 성립한다.** 변호사시험 제7회

해설 『상법 제24조 소정의 명의대여자 책임은 명의차용인과 그 상대방의 거래행위에 의하여 생긴 채무에 관하여 명의대여자를 진실한 상대방으로 오인하고 그 신용·명의 등을 신뢰한 제3자를 보호하기 위한 것으로, **불법행위의 경우에는 설령 피해자가 명의대여자를 영업주로 오인하고 있었더라도 그와 같은 오인과 피해의 발생 사이에 아무런 인과관계가 없으므로**, 이 경우 **신뢰관계를 이유로 명의대여자에게 책임을 지워야 할 이유가 없다**』(대판 1998. 3. 24, 97다55621). 정답 - X

17 **명의대여자의 책임은 명의차용자의 행위에만 한하고 명의차용자의 피용자의 행위에는 미치지 아니한다.** 변호사시험 제7회

해설 『상법 제24조의 명의대여자의 책임규정은 거래상의 외관보호와 금반언의 원칙을 표현한 것으로서 명의대여자가 영업주(여기의 영업주는 상법 제4조 소정의 상인보다는 넓은 개념이다)로서 자기의 성명이나 상호를 사용하는 것을 허락했을 때에는 명의차용자가 그것을 사용하여 법률행위를 함으로써 지게된 거래상의 채무에 대하여 변제의 책임이 있다는 것을 밝히고 있는 것에 그치는 것이므로 여기에 근거한 **명의대여자의 책임은 명의의 사용을 허락받은 자의 행위에 한하고 명의차용자의 피용자의 행위에 대해서까지 미칠 수는 없다**』(대판 1989. 9. 12, 88다카26390). 정답 - O

18 **명의차용자에 대한 이행청구 또는 명의차용자가 행한 채무의 승인 등 소멸시효의 중단사유나 시효이익의 포기는 명의대여자에게 효력을 미치지 아니한다.** 변호사시험 제7회

해설 『상법 제24조에 의한 명의대여자와 명의차용자의 책임은 동일한 경제적 목적을 가진 채무로서 서로 중첩되는 부분에 관하여 일방의 채무가 변제 등으로 소멸하면 타방의 채무도 소멸하는 이른바 **부진정연대의 관계**에 있다. 이와 같은 **부진정연대채무에 서는 채무자 1인에 대한 이행청구 또는 채무자 1인이 행한 채무의 승인 등 소멸시효의 중단사유나 시효이익의 포기가 다른 채무자에게 효력을 미치지 아니한다**』(대판 2011. 4. 14, 2010다91886).

정답 – O

19 **법인 등기부에 이사 또는 감사로 등재되어 있는 경우에는 특단의 사정이 없는 한 정당한 절차에 의하여 선임된 적법한 이사 또는 감사로 추정된다.** 변호사시험 제4회

해설 『법인등기부에 이사 또는 감사로 등재되어 있는 경우에는 특단의 사정이 없는 한 정당한 절차에 의하여 선임된 적법한 이사 또는 감사로 추정된다(대판 1983. 12. 27, 83다카331)』

→상업등기에 등기사항의 존재에 대한 사실상 추정력을 인정한 판례이다.

정답 – O

20 **등기신청권자가 스스로 등기를 하지 아니하였다 하더라도 그의 책임 있는 사유로 등기가 이루어지는 데에 관여하거나 부실등기의 존재를 알고 있음에도 이를 시정하지 않고 방치하는 등 등기신청권자의 고의·과실로 부실등기를 한 것과 동일시할 수 있는 특별한 사정이 있는 경우에는, 등기신청권자에 대하여 「상법」 제39조에 의한 부실등기 책임을 물을 수 있다.** 변호사시험 제4회

해설 『상법 제39조는 고의나 과실로 스스로 사실과 상위한 내용의 등기신청을 함으로써 부실의 사실을 등기하게 한 자는 그 부실등기임을 내세워 선의의 제3자에게 대항할 수 없다는 취지로서 등기신청권자 아닌 제3자가 문서위조등의 방법으로 등기신청권자의 명의를 도용하여 부실등기를 경료한 것과 같은 경우에는 비록 그 제3자가 명의를 도용하여 등기신청을 함에 있어 **등기신청권자에게 과실이 있다 하여도 이로서 곧 등기신청권자 자신이 고의나 과실로 사실과 상위한 등기를 신청한 것과 동일시 할 수는 없는 것**이고, 또 이미 경료되어 있는 부실등기를 등기신청권자가 알면서 이를 방치한 것이 아니고 이를 알지 못하여 부실등기 상태가 존속된 경우에는 비록 **등기신청권자에게 부실등기 상태를 발견하여 이를 시정하지 못한 점에 있어서 과실이 있다 하여도 역시 이로서 곧 스스로 사실과 상위한 등기를 신청한 것과 동일시 할 수 없는 법리**라 할 것이므로 등기신청권자 아닌 제3자의 문서위조등의 방법으로 이루어진 부실등기에 있어서는 **등기신청권자에게 그 부실등기의 경료 및 존속에 있어서 그 정도가 어떠하건 과실이 있다는 사유만 가지고는 상법 제39조를 적용하여 선의의 제3자에게 대항할 수 없다고 볼 수는 없다**』(대판 1975. 5. 27, 74다1366).

정답 – O

21 **주식회사의 법인 등기의 경우 회사는 대표자를 통하여 등기를 신청하지만 등기신청권자는 회사 자체이므로 취소되는 주주총회 결의에 의하여 이사로 선임된 대표이사가 마친 이사 선임 등기는「상법」제39조의 부실등기에 해당되지 않는다.** 변호사시험 제4회

해설 『이사 선임의 주주총회결의에 대한 취소판결이 확정되어 그 결의가 소급하여 무효가 된다고 하더라도 그 선임 결의가 취소되는 대표이사와 거래한 상대방은 상법 제39조의 적용 내지 유추적용에 의하여 보호될 수 있으며, **주식회사의 법인등기의 경우 회사는 대표자를 통하여 등기를 신청하지만 등기신청권자는 회사 자체이므로 취소되는 주주총회결의에 의하여 이사로 선임된 대표이사가 마친 이사 선임 등기는 상법 제39조의 부실등기에 해당된다**』(대판 2004. 2. 27, 2002다19797). 정답 – X

22 **합명회사의 경우 부실등기를 한 사실이나 이를 방치한 사실에 대한 고의 또는 과실의 유무는 대표사원을 기준으로 결정하여야 한다.** 변호사시험 제4회

해설 『상법 제39조 소정의 불실등기에 있어서의 고의 과실은 **피고 합명회사의 대표사원을 기준으로 그 고의 과실의 유무를 결정**하여야 한다 할 것이고, 피고 회사의 정관에 대표사원 유고시는 사원이 업무집행을 할 수 있게 되어 있다 하여 동인을 표준으로 하여 결정할 수는 없다 할 것이며, 위 임병기는 당시 행방불명 상태에 있었으므로 동 불실등기를 피고의 책임으로 돌릴 수 없다』(대판 1981. 1. 27, 79다1618,1619). 정답 – O

23 **영업양도는 조직화된 유기적 일체로서의 기능재산의 동일성이 유지된 일괄이전을 의미하므로, 만약 그 조직을 해체하여 양도하였다면 설령 영업재산의 전부를 양도하였더라도 영업양도가 되지 않는다.** 변호사시험 제2회

해설 『**영업의 양도라 함은 일정한 영업목적에 의하여 조직화된 업체, 즉 인적·물적 조직을 그 동일성은 유지하면서 일체로서 이전하는 것으로서 영업의 일부만의 양도도 가능**하고, 이러한 영업양도가 이루어진 경우에는 원칙적으로 해당 근로자들의 근로관계가 양수하는 기업에 포괄적으로 승계되는바, 여기서 영업의 동일성 여부는 일반 사회관념에 의하여 결정되어져야 할 사실인정의 문제이기는 하지만, 문제의 행위(양도계약관계)가 영업의 양도로 인정되느냐 안되느냐는 단지 어떠한 영업재산이 어느 정도로 이전되어 있는가에 의하여 결정되어져야 하는 것이 아니고 거기에 종래의 영업조직이 유지되어 그 조직이 전부 또는 중요한 일부로서 기능할 수 있는가에 의하여 결정되어져야 하는 것이므로, 예컨대 영업재산의 전부를 양도했어도 **그 조직을 해체하여 양도했다면 영업의 양도는 되지 않는 반면**에 그 일부를 유보한 채 영업시설을 양도했어도 그 양도한 부분만으로도 종래의 조직이 유지되어 있다고 사회관념상 인정되면 그것을 영업의 양도라 볼 것이다』(대판 2001. 7. 27, 99두2680). 정답 – O

24 **양수인이 양도인의 상호를 속용하는 영업양도의 경우 양도인의 영업으로 인한 제3자의 채권에 대하여 양도인과 양수인은 연대채무관계에서 변제책임을 부담하며, 영업양도 후 2년이 경과하면 양수인의 변제책임은 소멸한다.** 변호사시험 제2회

해설

〔**제45조(영업양도인의 책임의 존속기간)**〕 영업양수인이 제42조 제1항 또는 전조의 규정에 의하여 변제의 책임이 있는 경우에는 양도인의 제3자에 대한 채무는 영업양도 또는 광고후 2년이 경과하면 소멸한다.

정답 – X

25 **양수인이 양도인의 상호를 속용하는 영업양도의 경우 양수인이 양도인의 영업으로 인한 제3자에 대한 채무를 변제할 책임을 면하려면, 양도인 또는 양수인이 채권자에게 양수인이 양도인의 채무에 대한 책임이 없음을 통지하여야 한다.** 변호사시험 제2회

해설

〔**제42조(상호를 속용하는 양수인의 책임)**〕 ① 영업양수인이 양도인의 상호를 계속사용하는 경우에는 양도인의 영업으로 인한 제3자의 채권에 대하여 양수인도 변제할 책임이 있다. ② 전항의 규정은 양수인이 영업양도를 받은 후 지체없이 양도인의 채무에 대한 책임이 없음을 등기한 때에는 적용하지 아니한다. **양도인과 양수인**이 지체없이 제3자에 대하여 그 뜻을 통지한 경우에 그 통지를 받은 제3자에 대하여도 같다.

정답 – X

26 **영업을 양도한 경우에 다른 약정이 없으면 양도인은 10년간 동일한 특별시·광역시·시·군과 인접 특별시·광역시·시·군에서 동종영업을 하지 못한다.** 변호사시험 제2회

해설

〔**제41조(영업양도인의 경업금지)**〕 ① 영업을 양도한 경우에 다른 약정이 없으면 양도인은 10년간 동일한 특별시·광역시·시·군과 인접 특별시·광역시·시·군에서 동종영업을 하지 못한다.

정답 – O

27 **영업이 포괄적으로 양도되면 반대의 특약이 없는 한 양도인과 종업원 사이의 근로계약관계는 포괄적으로 양수인에게 승계되므로, 근로자는 근로관계 승계를 거부할 수 없으며 영업양도를 이유로 양수인에 대하여 고용계약을 임의로 해지하지 못한다.** 변호사시험 제2회

해설 『영업양도에 의하여 양도인과 근로자 사이의 근로관계는 **원칙적으로 양수인에게 포괄승계**되는 것이지만 **근로자가 반대의 의사를 표시**함으로써 양수기업에 승계되는 대신 **양도기업에 잔류하거나 양도기업과 양수기업 모두에서 퇴직할 수도 있는 것**이고, 영업이 양도되는 과정에서 근로자가 일단 양수기업에의 취업을 희망하는 의사를 표시하였다고 하더라도 **그 승계취업이 확정되기 전이라면 취업희망 의사표시를 철회하는 방법으로 위와 같은 반대의사를 표시할 수 있는 것**으로 보아야 한다』(대판 2002. 3. 29, 2000두8455). 정답 – X

사례 [28~30]

甲과 乙은 동업계약을 체결하고 공동의 명의로 사업자등록을 한 뒤, 2011. 4. 8. 丙 소유의 호텔(상호는 '반도호텔') 건물 내의 일부 시설을 3년간 임차하여 '반도나이트클럽'이라는 상호로 영업을 하였다. 위 '반도나이트클럽'은 丙의 명의로 영업허가가 난 것이고, 丙은 甲과 乙에게 그 영업허가 명의를 이용할 것을 허락하였다. 그후 乙은 甲과의 동업계약을 해지하고, 2012. 12. 15. 공동사업자 탈퇴신고를 하여 甲 단독명의로 사업자등록을 변경하였다. 甲은 단독으로 위 나이트클럽을 운영하던 중 개업 당시부터 거래관계에 있던 丁에게 2013. 12. 5. 외상으로 공급받은 주류대금을 지급하지 않은 상태에서 임대차 기간이 종료된 2014. 4. 7. 영업을 정리하였다. 이후 2014. 12. 5. 戊가 丙으로부터 위 나이트클럽 시설을 임대받아 현재까지 같은 업종으로 운영하고 있다. 이에 관한 설명이 타당한가? (아래 각 지문은 독립적이며, 다툼이 있는 경우 판례에 의함) 변호사시험 제5회

28 **동업관계가 종결된 이후에도 甲이 '반도나이트클럽'이라는 상호를 계속 사용하는 것에 대하여 乙이 아무런 이의를 제기하지 않았고, 乙이 동업관계로부터 탈퇴한 사실을 丁이 알지 못한 데에 중대한 과실이 없다면, 丁은 위 주류대금채권에 관하여 乙에게 명의대여자의 책임을 물을 수 있다.**

해설 『명의자가 타인과 동업계약을 체결하고 공동 명의로 사업자등록을 한 후 타인으로 하여금 사업을 운영하도록 허락하였고, 거래 상대방도 명의자를 위 사업의 공동사업주로 오인하여 거래를 하여온 경우에는, 그 후 **명의자가 동업관계에서 탈퇴하고 사업자등록을 타인 단독 명의로 변경하였다 하더라도 이를 거래 상대방에게 알리는 등의 조치를 취하지 아니하여 여전히 공동사업주인 것으로 오인**하게 하였다면 **명의자는 탈퇴 이후에 타인과 거래 상대방 사이에 이루어진 거래에 대하여도 상법 제24조에 의한 명의대여자로서의 책임을 부담**한다』(대판 2008. 1. 24, 2006다21330). 정답 – O

29 **甲과 丙이 '반도나이트클럽'을 운영하는 것으로 丁이 중대한 과실 없이 믿은 경우, 丁의 甲에 대한 위 주류대금채무의 이행청구에 대하여 甲이 채무승인을 한 경우에도 그것만으로는 丙의 丁에 대한 명의대여자로서의 책임은 시효중단되지 않는다.**

해설 『상법 제24조에 의한 명의대여자와 명의차용자의 책임은 동일한 경제적 목적을 가진 채무로서 서로 중첩되는 부분에 관하여 일방의 채무가 변제 등으로 소멸하면 타방의 채무도 소멸하는 이른바 **부진정연대의 관계**에 있다. 이와 같은 **부진정연대채무에 서는 채무자 1인에 대한 이행청구 또는 채무자 1인이 행한 채무의 승인 등 소멸시효의 중단사유나 시효이익의 포기가 다른 채무자에게 효력을 미치지 아니한다**』(대판 2011. 4. 14, 2010다91886).

정답 - O

30 **① 戊는 丁의 위 주류대금채권에 대하여 영업양수인으로서 변제할 책임을 진다.**
② 甲이 2015. 6. 6. '반도나이트클럽' 인근에서 종전 영업과 동일한 내용으로 나이트클럽을 개업하여 운영하고 있는 경우라면, 戊는 甲을 상대로 「상법」상의 경업금지의무 위반을 이유로 영업금지를 구하거나 손해배상을 청구할 수 있는 권리를 갖는다.

해설 **戊는 甲으로부터 영업양도를 받은 적도 없으므로** 양수인으로서의 책임이나 甲이 戊에게 경업금지의무위반으로인한 손해배상책임이 발생하지 않는다.

정답 - ① X ② X

제2편 상행위법

제1장 통 칙

1 甲으로부터 적법한 대리권을 수여받은 乙이 甲을 대리하여 丙과 거래하면서 甲을 위한 것임을 표시하지 아니한 경우에 乙이 상행위의 대리인인 경우, 丙이 乙의 행위가 대리인으로서 한 것임을 알지 못하였다면, 丙은 乙에게만 이행의 청구를 할 수 있다.

변호사시험 제4회

해설

〔**제48조(대리의 방식)**〕 상행위의 대리인이 본인을 위한 것임을 표시하지 아니하여도 그 행위는 본인에 대하여 효력이 있다. 그러나 **상대방이 본인을 위한 것임을 알지 못한 때에는 대리인에 대하여도 이행의 청구를 할 수 있다.**

→ 비현명주의 원칙상 丙은 甲에게 대리효과를 주장할 수 있다. 나아가 단서에 의해 乙에게도 이행의 청구를 할 수 있다. 정답 – X

2 甲으로부터 적법한 대리권을 수여받은 乙이 甲을 대리하여 丙과 거래하면서 甲을 위한 것임을 표시하지 아니한 경우에 乙이 상행위의 대리인인 경우, 丙이 乙의 행위가 대리인으로서 한 것임을 알았다면, 丙은 甲에게만 이행의 청구를 할 수 있다. 변호사시험 제4회

해설

〔**제48조(대리의 방식)**〕 상행위의 대리인이 본인을 위한 것임을 표시하지 아니하여도 그 행위는 본인에 대하여 효력이 있다. 그러나 상대방이 본인을 위한 것임을 알지 못한 때에는 대리인에 대하여도 이행의 청구를 할 수 있다.

→ 상법 제48조에 의해 악의의 丙은 甲에 대해서만 주장할 수 있다. 정답 – O

3 「민법」상 대리행위는 대리인이 본인을 위한 것임을 표시하지 아니한 때에는 원칙적으로 그 의사표시는 자기를 위한 것으로 보지만 상행위의 대리행위는 대리인이 본인을 위한 것임을 표시하지 아니한 때에도 본인에 대하여 효력이 발생한다. 변호사시험 제7회

해설

〔**민법 제115조(본인을 위한 것임을 표시하지 아니한 행위)**〕 대리인이 본인을 위한 것임을 표시하지 아니한 때에는 그 의사표시는 자기를 위한 것으로 본다. 그러나 상대방이 대리인으로서 한 것임을 알았거나 알 수 있었을 때에는 전조제1항의 규정을 준용한다.

〔상법 제48조(대리의 방식)〕 상행위의 대리인이 본인을 위한 것임을 표시하지 아니하여도 그 행위는 본인에 대하여 효력이 있다. 그러나 상대방이 본인을 위한 것임을 알지 못한 때에는 대리인에 대하여도 이행의 청구를 할 수 있다.

정답 – O

4 **상행위의 대리인이 본인을 위한 것임을 표시하지 아니한 경우 상대방이 본인을 위한 것임을 알지 못한 때에는 대리인에게도 이행의 청구를 할 수 있다.** 변호사시험 제7회

해설

〔제48조(대리의 방식)〕 상행위의 대리인이 본인을 위한 것임을 표시하지 아니하여도 그 행위는 본인에 대하여 효력이 있다. 그러나 상대방이 본인을 위한 것임을 알지 못한 때에는 대리인에 대하여도 이행의 청구를 할 수 있다.

정답 – O

5 **은행이 영업행위로서 한 대출금에 대한 변제기 이후의 지연손해금은 그 원본채권과 마찬가지로 상행위로 인한 채권에 관하여 적용될 5년간의 소멸시효를 규정한 「상법」 제64조가 적용된다.** 변호사시험 제4회

해설 **사채의 상환청구권에 대한 지연손해금의 소멸시효기간(=10년) 및 사채의 이자에 대한 지연손해금의 소멸시효기간(=5년)**에 관하여 판례는 『금전채무에 대한 변제기 이후의 지연손해금은 금전채무의 이행을 지체함으로 인한 손해의 배상으로 지급되는 것이므로, 그 소멸시효기간은 원본채권의 그것과 같다』(대판 2010. 9. 9, 2010다28031)라고 판시하고 있다.

정답 – O

6 **상사법정이율은 상행위로 인한 채무나 이와 동일성을 가진 채무에 관하여 적용되는 것이고, 상행위가 아닌 불법행위로 인한 손해배상채무에는 적용되지 않는다.** 변호사시험 제4회

해설 『상법 제54조의 상사법정이율은 상행위로 인한 채무나 이와 동일성을 가진 채무에 관하여 적용되는 것이고 상행위가 아닌 불법행위로 인한 손해배상채무에는 적용되지 아니한다』(대판 1985. 5. 28, 84다카966).

정답 – O

7 **상행위인 계약의 해제로 인한 원상회복청구권은 상사시효가 적용되지 않고 일반 민사시효가 적용된다.** 변호사시험 제2회

해설 『상행위인 계약의 해제로 인한 원상회복청구권도 **상법 제64조의 상사시효의 대상이 된다**』(대판 1993. 9. 14, 93다21569).

정답 – X

8 **상행위로부터 생긴 채권뿐만 아니라 이에 준하는 채권에도 일반상사소멸시효에 관한 「상법」 제64조가 적용되거나 유추적용될 수 있다.** 변호사시험 제7회

해설 『당사자 쌍방에 대하여 모두 상행위가 되는 행위로 인한 채권뿐만 아니라 당사자 일방에 대하여만 상행위에 해당하는 행위로 인한 채권도 상법 제64조 소정의 5년의 소멸시효기간이 적용되는 상사채권에 해당한다. 그리고 **상행위로부터 생긴 채권뿐 아니라 이에 준하는 채권에도 상법 제64조가 적용되거나 유추적용된다**』(대판 2014. 7. 24, 2013다214871).

[제64조(상사시효)] 상행위로 인한 채권은 본법에 다른 규정이 없는 때에는 5년간 행사하지 아니하면 소멸시효가 완성한다. 그러나 다른 법령에 이보다 단기의 시효의 규정이 있는 때에는 그 규정에 의한다.

정답 - O

9 **甲재건축조합과 乙주식회사가 주택재건축사업에 관한 공사계약을 체결하였고 乙회사를 실질적으로 경영하는 丙이 그 공사비 충당명목으로 丁으로부터 금원을 차용한 경우 丁의 丙에 대한 대여금반환청구권에 대해서는 일반상사소멸시효가 적용되지 아니한다.** 변호사시험 제7회

해설 『상인은 상행위로 인하여 생기는 권리·의무의 주체로서 상행위를 하는 것이고, 영업을 위하는 행위가 보조적 상행위로서 상법의 적용을 받기 위해서는 행위를 하는 자 스스로 상인 자격을 취득하는 것을 당연한 전제로 하며, 회사가 상법에 의해 상인으로 의제된다고 하더라도 **회사의 기관인 대표이사 개인은 상인이 아니어서 비록 대표이사 개인이 회사 자금으로 사용하기 위해서 차용한다고 하더라도 상행위에 해당하지 아니하여 차용금채무를 상사채무로 볼 수 없다**』(대판 2015. 3. 26, 2014다70184). 정답 - O

10 **甲은행으로부터 대출을 받으면서 근저당권설정비용 등을 부담한 채무자 乙이 그 근거인 대출약관 관련규정의 무효를 주장하면서 대출비용에 관한 부당이득반환청구권을 행사하는 경우 그 소멸시효는 5년이다.** 변호사시험 제7회

해설 『**부당이득반환채권은 피고가 대출거래 등 영업을 위하여 체결하는 근저당권설정계약 중 비용부담에 관한 약관조항에 기하여 지출이 이루어짐에 따라 발생한 것으로서 근본적으로 상행위에 해당하는 대출거래 약정에 기초하여 발생한 것**으로 볼 수 있고, 그 채권 발생의 경위나 원인 등에 비추어 그로 인한 거래관계를 신속하게 해결할 필요가 있으므로, 그 소멸시효 기간에는 상법 제64조가 적용되어 **5년의 소멸시효에 걸리게 된다**고 봄이 타당하다』(대판 2014. 7. 24, 2013다214871). 정답 - O

11 **상사유치권에 관한 규정은 소상인에게 적용되지 아니한다.** 변호사시험 제1회

해설

〔제9조 (소상인)〕 지배인, 상호, 상업장부와 상업등기에 관한 규정은 소상인에게 적용하지 아니한다.

정답 – X

12 **채무자 소유 부동산에 관하여 이미 저당권이 설정되어 있는 상태에서 상법 제58조가 정한 일반상사유치권을 취득한 채권자는 그 저당권에 기한 임의경매절차에서 부동산을 취득한 매수인에게 자신의 상사유치권으로 대항할 수 없다.** 변호사시험 제3회

해설 『채무자 소유의 부동산에 관하여 이미 선행(先行)저당권이 설정되어 있는 상태에서 채권자의 상사유치권이 성립한 경우, 상사유치권자는 채무자 및 그 이후 채무자로부터 부동산을 양수하거나 제한물권을 설정받는 자에 대해서는 대항할 수 있지만, **선행저당권자 또는 선행저당권에 기한 임의경매절차에서 부동산을 취득한 매수인에 대한 관계에서는 상사유치권으로 대항할 수 없다**』(대판 2013. 2. 28, 2010다57350). 정답 – O

13 **상법 제58조가 정한 일반상사유치권은 법정 요건이 충족되면 성립하는 것이지만 채권자와 채무자의 특약으로 이를 배제할 수 있고, 이러한 특약은 명시적인 경우뿐만 아니라 묵시적인 약정에 의해서도 가능하다.** 변호사시험 제3회

해설

〔제58조(상사유치권)〕 상인간의 상행위로 인한 채권이 변제기에 있는 때에는 채권자는 변제를 받을 때까지 그 채무자에 대한 상행위로 인하여 자기가 점유하고 있는 채무자소유의 물건 또는 유가증권을 유치할 수 있다. 그러나 당사자간에 다른 약정이 있으면 그러하지 아니하다.

정답 – O

14 **상법 제58조가 정한 일반상사유치권은 상인간의 상행위로 인한 채권이 변제기에 있을 것을 요건으로 한다.** 변호사시험 제3회

해설

〔제58조(상사유치권)〕 상인간의 상행위로 인한 채권이 변제기에 있는 때에는 채권자는 변제를 받을 때까지 그 채무자에 대한 상행위로 인하여 자기가 점유하고 있는 채무자소유의 물건 또는 유가증권을 유치할 수 있다. 그러나 당사자간에 다른 약정이 있으면 그러하지 아니하다.

정답 – O

15 **상법 제58조가 정한 일반상사유치권과 상법 제111조와 제91조가 정한 위탁매매인의 특별상사유치권은 목적물이 채무자 소유일 것을 요하는 점에서 목적물이 채무자 소유일 것을 요하지 않는 민사유치권과 차이가 있다.** 변호사시험 제3회

해설 상법은 제91조 대리상, 제111조 위탁매매인, 제120조 운송주선인, 제147조 운송인(기타 제807조 제2항 해상운송인, 제844조 선박소유자, 제920조 항공운송인) 등과 같이 주로 타인의 물건에 관한 상거래에 종사하는 자에 대해서 특별상사유치권을 인정하고 있다. 특별상사유치권이 인정되기 위해서는 일반상사유치권과 달리 **채무자 소유일 것을 요하지 않는다**(이 점에서 민사유치권과 동일하다).

정답 - O

16 **민사유치권의 경우에는 피담보채권이 목적물에 관한 것임을 요하지만, 상법 제58조가 정한 일반상사유치권은 이를 요하지 않는다.** 변호사시험 제3회

해설

〔**상법 제58조(상사유치권)**〕 **상인간의 상행위로 인한 채권**이 변제기에 있는 때에는 채권자는 변제를 받을 때까지 그 채무자에 대한 상행위로 인하여 자기가 점유하고 있는 채무자소유의 물건 또는 유가증권을 유치할 수 있다. 그러나 당사자간에 다른 약정이 있으면 그러하지 아니하다.
〔**민법 제320조(유치권의 내용)**〕 ① 타인의 물건 또는 유가증권을 점유한 자는 **그 물건이나 유가증권에 관하여 생긴 채권**이 변제기에 있는 경우에는 변제를 받을 때까지 그 물건 또는 유가증권을 유치할 권리가 있다.

정답 - O

17 **일반상사유치권은 유치물과 피담보채권 사이에 개별적인 견련성이 요구되며, 유치목적물도 채무자 소유이어야 성립한다.** 변호사시험 제2회

해설

〔**제58조(상사유치권)**〕 **상인간의 상행위**로 인한 채권이 **변제기에 있는 때**에는 채권자는 변제를 받을 때까지 그 **채무자에 대한 상행위**로 인하여 자기가 점유하고 있는 **채무자소유의 물건 또는 유가증권**을 유치할 수 있다. 그러나 **당사자간에 다른 약정이 있으면 그러하지 아니하다.**

정답 - X

18 **「상법」 제69조 제1항은 「민법」상의 매도인의 담보책임에 대한 특칙으로 전문적 지식을 가진 매수인에게 신속한 검사와 통지의 의무를 부과함으로써 상거래를 신속하게 결말짓도록 하기 위한 규정으로서 그 성질상 강행규정으로 보아야 한다.** 변호사시험 제4회

해설 **상사매매에 대한 특칙은 임의규정**이므로 당사자간에 이에 관한 다른 특약이 없어야 한다.

정답 - X

19 **상인이 그 영업부류에 속한 계약의 청약을 받은 경우 견품 기타의 물건을 받은 때에는 청약을 거절한 때에도 청약수령자의 비용으로 그 물건을 보관하여야 한다.** 변호사시험 제5회

해설

〔제60조(물건보관의무)〕 상인이 그 영업부류에 속한 계약의 청약을 받은 경우에 견품 기타의 물건을 받은 때에는 그 청약을 거절한 때에도 **청약자의 비용**으로 그 물건을 보관하여야 한다. 그러나 그 물건의 가액이 보관의 비용을 상환하기에 부족하거나 보관으로 인하여 손해를 받을 염려가 있는 때에는 그러하지 아니하다.

정답 - X

20 **상인이 상시 거래관계에 있는 자로부터 그 영업부류에 속한 계약의 청약을 받은 때에는 지체없이 낙부의 통지를 발송하여야 하고 이를 해태한 때에는 승낙한 것으로 본다.**

변호사시험 제5회

해설

〔제53조(청약에 대한 낙부통지의무)〕 상인이 상시 거래관계에 있는 자로부터 그 영업부류에 속한 계약의 청약을 받은 때에는 지체없이 낙부의 통지를 발송하여야 한다. 이를 해태한 때에는 승낙한 것으로 본다.

정답 - O

21 **상인간의 매매에 있어서 매매의 성질 또는 당사자의 의사표시에 의하여 일정한 일시 또는 일정한 기간 내에 이행하지 아니하면 계약의 목적을 달성할 수 없는 경우, 당사자의 일방이 이행시기를 경과한 때에는 상대방은 즉시 그 이행을 청구하지 아니하면 계약을 해제한 것으로 본다.** 변호사시험 제5회

해설

〔제68조(확정기매매의 해제)〕 상인간의 매매에 있어서 매매의 성질 또는 당사자의 의사표시에 의하여 일정한 일시 또는 일정한 기간내에 이행하지 아니하면 계약의 목적을 달성할 수 없는 경우에 당사자의 일방이 이행시기를 경과한 때에는 상대방은 즉시 그 이행을 청구하지 아니하면 계약을 해제한 것으로 본다.

정답 - O

22 **상호계산의 당사자 쌍방은 모두 상인이어야 한다.** 변호사시험 제1회

해설

〔제72조(의의)〕 상호계산은 상인간 또는 **상인과 비상인간**에 상시 거래관계가 있는 경우에 일정한 기간의 거래로 인한 채권채무의 총액에 관하여 상계하고 그 잔액을 지급할 것을 약정함으로써 그 효력이 생긴다.

정답 - X

23 **상호계산에 있어서 상계할 기간을 정하지 아니한 때에는 그 기간은 1년으로 한다.**

변호사시험 제1회

해설

〔제74조 (상호계산기간)〕 당사자가 상계할 기간을 정하지 아니한 때에는 그 기간은 **6월**로 한다.

정답 – X

24 **상계와 달리 상호계산은 반드시 상인간에 상시 거래관계에 있어야 하고, 대상이 될 수 있는 채권과 채무는 원칙적으로 거래로 인한 금전채권이어야 한다.** 변호사시험 제6회

해설

〔72조(의의)〕 상호계산은 상인간 또는 **상인과 비상인간**에 상시 거래관계가 있는 경우에 일정한 기간의 거래로 인한 채권채무의 총액에 관하여 상계하고 그 잔액을 지급할 것을 약정함으로써 그 효력이 생긴다.

정답 – X

25 **상호계산의 당사자가 채권채무의 각 항목을 기재한 계산서를 승인한 때에는 다른 약정이 없는 한, 그 각 항목에 대하여 이의를 제기하지 못하지만 착오나 탈루가 있는 때에는 그러하지 아니하다.** 변호사시험 제6회

해설

〔제75조(계산서의 승인과 이의)〕 당사자가 채권채무의 각 항목을 기재한 계산서를 승인한 때에는 그 각 항목에 대하여 이의를 하지 못한다. 그러나 착오나 탈루가 있는 때에는 그러하지 아니하다.

정답 – O

26 **상호계산의 각 당사자는 다른 약정이 없는 한 언제든지 상호계산을 해지할 수 있고, 이 경우에는 즉시 계산을 폐쇄하고 잔액의 지급을 청구할 수 있다.** 변호사시험 제6회

해설

〔제77조(해지)〕 각 당사자는 언제든지 상호계산을 해지할 수 있다. 이 경우에는 즉시 계산을 폐쇄하고 잔액의 지급을 청구할 수 있다.

정답 – O

27 **익명조합원의 출자가 손실로 인해 감소된 때에는 당사자 간에 다른 약정이 없으면 그 손실을 전보한 후가 아니면 익명조합원은 이익배당을 청구하지 못한다.** 변호사시험 제1회

해설

〔제82조(이익배당과 손실분담) 제1항〕 익명조합원의 출자가 손실로 인하여 감소된 때에는 그 손실을 전보한 후가 아니면 이익배당을 청구하지 못한다.

정답 – O

28 **익명조합원은 원칙적으로 영업자의 거래상대방에 대하여 영업자와 함께 직접 권리와 의무를 부담한다.** 변호사시험 제1회

해설

〔제80조 (익명조합원의 대외관계)〕 익명조합원은 영업자의 행위에 관하여서는 제3자에 대하여 권리나 의무가 없다.

정답 – X

사례 【29~32】

학원을 설립하여 운영하고자 하는 甲은 2013. 4. 1. 영업준비자금으로 사용하기 위하여 상인이 아닌 乙로부터 1억 원을 차용하였다. 乙은 甲이 학원을 운영할 것이라는 점을 알지 못하였고, 이를 인식할 수 있는 객관적 징표도 없었다. 한편, 자기 소유의 X 건물에서 학원을 운영하던 丙은 甲이 학원을 운영하고자 한다는 사실을 알고 2013. 5. 3. 甲에게 X 건물과 학원시설을 매도하였고, 현재 甲은 X 건물에서 학원을 운영하고 있다. 다음 설명이 타당한가? (각 지문은 독립적이고, 다툼이 있는 경우에는 판례에 의함) 변호사시험 제3회

29 **甲이 2013. 4. 1. 乙로부터 1억 원을 차용한 행위는 보조적 상행위이므로 乙의 대여금 채권에는 상법 제64조의 상사소멸시효가 적용된다.**

해설 최초의 보조적 상행위로서 개업준비행위가 인정되기 위해서는 **영업의사를 상대방이 인식할 수 있어야 한다**(객관적 인식가능성설). 설문에서 乙은 甲이 학원을 운영할 것이라는 점을 알지 못하였고, 이를 인식할 수 있는 객관적 징표도 없었다는 점에서 객관적 인식가능성이 없다. 따라서 보조적 상행위가 될 수 없고, 결국 乙의 대여금 채권은 상사시효가 적용될 수 있는 상행위로 인한 채권이 아니다.

정답 – X

30 甲이 자기의 처 丁의 명의로 사업자등록을 하였다면 상인으로 인정되는 자는 甲이 아니라 丁이다.

해설 상인이 되기 위해서는 **자기명의가 요구**되는바, 이때의 명의는 **법률효과의 귀속주체**를 말한다. 설문에서 상인은 甲이지 사업자등록상 등록명의자인 丁이 아니다. 정답 – X

31 매매 당시 X 건물의 보일러 배관에 즉시 발견할 수 없는 하자가 존재한 경우, 甲이 2013. 12. 2. 그 하자를 발견하더라도 매도 당시 丙이 하자의 존재를 알지 못한 이상 甲은 그 하자를 이유로 위 매매계약을 해제할 수 없다.

해설 상법 제69조가 적용되기 위한 전제로서 양 당사자의 상인성과 매매행위의 상행위성을 요한다(쌍방적 상행위). 설문의 경우 매도인 丙은 상인(학원 운영자)이고 선의이다(제69조 제2항). 또한 매수인 甲의 학원 건물 매수행위는 개업준비행위에 해당하고 그 때부터 상인자격을 취득한다. 다만 甲이 2013. 5. 3. 건물매수 후 6개월이 초과한 시점인 2013. 12. 2.에 그 하자를 발견하였다는 점에서 계약해제 가부가 문제된다. 상법 제69조 제1항 후단의 해석상, 즉시 **발견할 수 없는 하자가 있는 경우에 6월이 경과한 후에 하자를 발견한 때에는 매도인에게 담보책임을 추궁할 수 있는지 여부**에 대하여 통설, 판례(대판 1999. 1. 29, 98다1584)는 **적용 부정설**을 취한다. 따라서 甲은 丙에 대하여 매매계약의 해제를 주장할 수 없다. 정답 – O

32 甲이 학원을 운영하던 중 여유자금을 상인이 아닌 戊에게 대여한 경우 甲의 행위는 영업을 위하여 한 것으로 추정되므로 그와 다른 반대사실의 증명이 없는 한 그 대여금 채권에 대해서는 상법 제64조의 상사소멸시효가 적용된다.

해설 상법 제47조 제2항에 의하여 상인의 행위는 영업을 위하여 하는 것으로 추정되므로, 甲이 戊에게 자금대여한 것은 보조적 상행위로 법률상 추정되고, 따라서 그 대여금 채권에 대해서는 상법 제64조에 의해 상사시효가 적용된다. 정답 – O

사례 [33~34]

정육점을 운영하는 甲은 2012. 8. 6. 스포츠용품점을 운영하는 乙에게 스포츠용품점 확장비용 1억 원을 빌려주기로 하는 소비대차계약을 체결하였고, 甲은 2012. 8. 8. 乙에게 1억 원을 지급하였다. 甲과 乙은 변제기를 2013. 8. 5.로 정하였으나, 이자에 관한 약정은 별도로 하지 않았다. 위 대여금채무를 담보하기 위하여, 乙은 甲에게 乙이 소유하고 있는 2011. 3. 2. 설립된 비상장 주식회사 A의 주식에 질권을 설정하여 주기로 약정하였다. 2012. 8. 8. 乙은 약정에 따라 甲에게 질권을 설정하여 주었다. 이와 관련한 설명이 타당한가? (다툼이 있는 경우에는 판례에 의함)

변호사시험 제2회

33 **乙은 2012. 8. 6.부터 변제기인 2013. 8. 5.까지 甲에게 차용금 1억 원에 대하여 연 6%의 비율에 의한 이자를 지급하여야 한다.**

해설 甲은 정육점 영업을 하는 자로서 제46조 제1호 또는 제3호의 기본적 상행위를 하는 당연상인이다(제4조). 이 경우 甲은 대여행위가 영업에 관한 행위가 되면 제55조에 따른 이자청구권이 발생하고 이 경우 이율은 제54조에 따라 연 6%의 상사이자를 청구할 수 있다. 그러나 정육점 영업을 하는 甲이 乙에게 금전을 대여한 행위는 비록 보조적 상행위로서 추정되지만(제47조 제2항) **정육점 영업과 무관하다는 점**에서 **결국 제55조는 적용될 수 없다**고 볼 것이다.

정답 – X

34 **甲과 乙은 주식질권설정에 대한 합의를 하면서, 乙이 변제하지 않을 경우 甲은 대여금의 변제에 갈음하여 A사 주식의 소유권을 취득한다는 내용의 약정을 하였다면, 甲의 소유권 취득에 관한 약정은 유효하다.**

해설 乙이 영업과 관련하여 금전을 차용하였으므로 제59조에 의해 유질계약이 허용된다.

정답 – O

사례 【35~39】

서울에 본점을 둔 A주식회사(이하 'A'라 함)가 부산에 본점을 둔 B주식회사(이하 'B'라 함)와 체결한 계약의 효력에 관한 설명이 타당한가? (각 지문은 독립적이며, 다툼이 있는 경우 판례에 의함)

변호사시험 제7회

35 **A의 등록상표가 인쇄된 특수규격의 포장박스를 B가 제작·공급하기로 하는 계약에 따라 A가 포장박스를 인도받고 그 하자유무에 대하여 지체없이 검사하지 아니한 채 보관하던 중 인쇄가 잘못된 것을 발견한 경우 「상법」 제69조가 적용되어 A는 계약을 해제할 수 없다.**

해설 『당사자의 일방이 상대방의 주문에 따라 자기소유의 재료를 사용하여 만든 물건을 공급할 것을 약정하고 이에 대하여 상대방이 대가를 지급하기로 약정하는 이른바 제작물공급계약은 그 제작의 측면에서는 도급의 성질이 있고 공급의 측면에서는 매매의 성질이 있어 이러한 계약은 대체로 매매와 도급의 성질을 함께 가지고 있는 것으로서 그 적용법률은 계약에 의하여 제작공급하여야 할 물건이 대체물인 경우에는 매매로 보아서 매매에 관한 규정이 적용된다고 할 것이나 **물건이 특정의 주문자의 수요를 만족시키기 위한 불대체물인 경우에는 당해 물건의 공급과 함께 그 제작이 계약의 주목적이 되어 도급의 성질**을 강하게 띠고 있다 할 것이므로 이 경우에는 **매매에 관한 규정이 당연히 적용된다고 할 수 없다**』(대판 1987. 7. 21, 86다카2446).

정답 – X

36 **A가 상시 거래관계에 있는 B에게 승낙기간을 정하여 물품의 공급을 청약하였으나 B가 지체없이 거절의 의사를 표시하지 아니한 경우에는 승낙이 의제된다.**

(해설) 『청약이 **상시거래관계에 있는 자 사이에 그 영업부류에 속한 계약에 관하여 이루어진 것이어서 상법 제53조가 적용될 수 있는 경우가 아니라면, 청약의 상대방에게 청약을 받아들일 것인지 여부에 관하여 회답할 의무가 있는 것은 아니므로,** 청약자가 미리 정한 기간 내에 이의를 하지 아니하면 승낙한 것으로 간주한다는 뜻을 청약시 표시하였다고 하더라도 이는 상대방을 구속하지 아니하고 그 기간은 경우에 따라 단지 **승낙기간을 정하는 의미를 가질 수 있을 뿐**이다』(대판 1999. 1. 29, 98다48903).

정답 – X

37 **매수인 A가 목적물의 수령을 거부하는 경우 매도인 B는 상당한 기간을 정하여 최고한 후 법원의 허가를 얻지 않고 경매할 수 있고 이 경우 지체없이 A에게 그 통지를 발송하여야 한다.**

(해설)

〔**제67조(매도인의 목적물의 공탁, 경매권)**〕 ① 상인간의 매매에 있어서 매수인이 목적물의 수령을 거부하거나 이를 수령할 수 없는 때에는 매도인은 그 물건을 공탁하거나 상당한 기간을 정하여 최고한 후 경매할 수 있다. 이 경우에는 지체없이 매수인에 대하여 그 통지를 발송하여야 한다.

정답 – O

38 **B가 석가탄신일에 사용할 연등을 A에게 공급하기로 하였으나 이행을 지체한 경우 A가 즉시 그 이행을 청구하지 아니하면 계약이 해제된 것으로 본다.**

(해설)

〔**제68조(확정기매매의 해제)**〕 상인간의 매매에 있어서 매매의 성질 또는 당사자의 의사표시에 의하여 일정한 일시 또는 일정한 기간내에 이행하지 아니하면 계약의 목적을 달성할 수 없는 경우에 당사자의 일방이 이행시기를 경과한 때에는 상대방은 즉시 그 이행을 청구하지 아니하면 계약을 해제한 것으로 본다.

정답 – O

39 **부동산임대업을 영위하는 A가 같은 영업을 하는 B로부터 건물을 매수하여 인도받은 후 지체없이 검사를 하였다면 6개월이 지난 후에 건물의 하자를 발견한 경우에도 B에게 하자담보책임을 물을 수 있다.**

(해설) 『상법 제69조는 상거래의 신속한 처리와 매도인의 보호를 위한 규정인 점에 비추어 볼 때, 상인간의 매매에 있어서 매수인은 목적물을 수령한 때부터 지체 없이 이를 검사하여 하자 또는 수량의 부족을 발견한 경우에는 즉시 매도인에게 그 통지를 발송하여야만 그 하자로 인한 계약해제, 대금감액 또는 손해배상을 청구할 수 있고, 설령 매매의 목적물에 상인

에게 통상 요구되는 객관적인 주의의무를 다하여도 **즉시 발견할 수 없는 하자가 있는 경우에도 매수인은 6월 내에 그 하자를 발견하여 지체 없이 이를 통지하지 아니하면 매수인은 과실의 유무를 불문하고 매도인에게 하자담보책임을 물을 수 없다**고 해석함이 상당하다』(대판 1999. 1. 29, 98다1584). 정답 - X

사례 【40~44】

주택의 신축·분양사업을 하려는 당사자들은 다음과 같이 약정하였다. (이하에서 각 사례는 독립적이고, 언급된 것 외에는 다른 약정은 없는 것으로 가정함)

가. X, 甲, 乙은 각각 1억 원을 상호출자하여 공동사업을 경영하고, X를 업무집행자로 정하는 동업계약을 체결하였다.

나. X는 출자를 하지 않고 A와 B가 각각 1억 원을 출자하며, X가 단독으로 X의 성명만이 들어간 상호를 사용하여 영업을 하고, 그 영업으로 인하여 발생한 이익의 25%씩을 A와 B에게 각각 분배하기로 하는 약정을 체결하였다.

다. X, Y, Z는 각각 1억 원을 상호출자하여 공동사업을 경영하고, Y와 Z는 조합의 채무에 대하여 출자가액을 한도로 하여 각각 유한책임을 지며, X는 업무집행조합원으로서 조합의 채무에 대하여 무한책임을 지기로 하는 약정을 체결하고 적법하게 합자조합을 설립하였다.

X는 C주식회사로부터 위 약정에 따라 주택의 신축·분양 사업에 필요한 건축자재를 대금 1천만 원에 외상으로 구매하였다. 이에 대한 설명 중 옳지 않은 것은? (다툼이 있는 경우 판례에 의함) 변호사시험 제6회

40 **가.의 경우, 甲은 위 건축자재 대금채무를 변제할 책임이 있다.**

해설

〔**민법 제703조(조합의 의의)**〕 ① 조합은 **2인 이상이 상호출자**하여 **공동사업을 경영할 것을 약정함**으로써 그 효력이 생긴다.
'가'의 경우, 공동사업을 경영하기로 하고 동업계약을 체결한 것으로 이는 민법상 조합에 해당한다.
〔**민법 제704조(조합재산의 합유)**〕 조합원의 출자 기타 **조합재산은 조합원의 합유**로 한다.
〔**민법 제712조(조합원에 대한 채권자의 권리행사)**〕 조합채권자는 그 채권발생 당시에 조합원의 손실부담의 비율을 알지 못한 때에는 각 조합원에게 균분하여 그 권리를 행사할 수 있다.

『**조합의 채무는 조합원의 채무로서 특별한 사정이 없는 한 조합채권자는 각 조합원에 대하여 지분의 비율에 따라 또는 균일적으로 변제의 청구를 할 수 있을 뿐이나,** 조합채무가 특히 조합원 전원을 위하여 상행위가 되는 행위로 인하여 부담하게 된 것이라면 상법 제57조 제1항을 적용하여 조합원들의 연대책임을 인정함이 상당하다』(대판 1998. 3. 13, 97다6919).

→ X는 업무집행조합원으로써 적법하게 조합 업무를 수행하며, 이에 따라 부담하는 채무는 조합채무로써 조합원 전원에게 합유로 귀속된다. 따라서 甲은 지분의 범위에서 건축자재 대금채무를 변제할 책임이 있다. 정답 - O

41 **나.의 경우, A와 B가 출자한 출자금 2억 원은 X의 재산으로 본다.**

해설

〔제78조(의의)〕 익명조합은 **당사자의 일방이 상대방의 영업을 위하여 출자하고 상대방은 그 영업으로 인한 이익을 분배할 것을 약정함**으로써 그 효력이 생긴다.

→ '나'의 경우는 출자자인 A와 B에 대해, X가 영업으로 인한 이익을 분배할 것을 약정한 것으로 익명조합에 해당한다.

〔제79조(익명조합원의 출자)〕 익명조합원이 출자한 금전 기타의 재산은 **영업자의 재산으로 본다.**

정답 - O

42 **나.의 경우, A는 위 건축자재 대금채무를 변제할 책임이 없다.**

해설

〔제80조(익명조합원의 대외관계)〕 **익명조합원은 영업자의 행위에 관하여서는 제3자에 대하여** 권리나 **의무가 없다.**

→ A는 익명조합원에 해당하여 영업자인 X의 건축자재 구매에 대하여 의무가 없다.

정답 - O

43 **다.의 경우, Y가 출자를 전혀 이행하지 않은 때에는 Y는 위 건축자재 대금채무를 변제할 책임이 없다.**

해설

〔제86조의2(의의)〕 합자조합은 조합의 업무집행자로서 조합의 채무에 대하여 **무한책임을 지는 조합원과 출자가액을 한도로 하여 유한책임을 지는 조합원이 상호출자하여** 공동사업을 경영할 것을 약정함으로써 그 효력이 생긴다.

→ '다'의 경우는, 유한책임을 지는 조합원과 무한책임을 지는 조합원이 공존하는, 표현그대로 합자조합에 해당한다.

〔제86조의6(유한책임조합원의 책임)〕 ① 유한책임조합원은 조합계약에서 정한 출자가액에서 **이미 이행한 부분을 뺀 가액을 한도로 하여 조합채무를 변제할 책임이 있다.**

→ Y는 출자를 전혀 이행하지 않았으므로, 1억 원 한도에서 위 건축자재 대금채무를 변제할 책임이 있다. 정답 - X

44 **다.의 경우, X는 Y와 Z의 동의가 없으면 자기 또는 제3자의 계산으로 조합의 영업부류에 속하는 거래를 하지 못한다.**

해설

〔**제86조의8(준용규정)**〕 ① 합자조합에 대하여는 제182조제1항, 제228조, 제253조, 제264조 및 제285조를 준용한다. ② **업무집행조합원에 대하여는** 제183조의2, **제198조**, 제199조, 제200조의2, 제208조제2항, 제209조, 제212조 및 제287조를 **준용한다**. 다만, 제198조와 제199조는 조합계약에 다른 규정이 있으면 그러하지 아니하다.
〔**제198조(사원의 경업의 금지)**〕 ① **사원은 다른 사원의 동의가 없으면 자기 또는 제3자의 계산으로 회사의 영업부류에 속하는 거래를 하지 못하며** 동종영업을 목적으로 하는 다른 회사의 무한책임사원 또는 이사가 되지 못한다.

정답 - O

제2장 상행위법 각칙

1 **대리상은 일정한 상인의 영업만을 보조한다는 점에서 중개인과 구별된다.** 변호사시험 제1회

해설 대리상은 자기를 위해 상거래를 하는 자가 아니라, 다른 상인(본인)을 위하여 그 상인의 영업거래를 대리 또는 중개하는 방법으로 보조하는 자이다(보조상). 정답 - O

2 **대리상은 상법상 경업금지의무를 지지만, 중개인에 대하여는 상법에 경업금지의무에 관한 규정을 두고 있지 않다.** 변호사시험 제1회

해설

[상법 제89조 제1항] 대리상은 본인의 허락없이 자기나 제3자의 계산으로 본인의 영업부류에 속한 거래를 하거나 동종영업을 목적으로 하는 회사의 무한책임사원 또는 이사가 되지 못한다.

정답 - O

3 **대리상은 본인의 영업부류에 속한 거래만을 보조하지만, 중개인과 위탁매매인은 그에 한정되지 않는다.** 변호사시험 제1회

해설

[상법 제87조] 일정한 상인을 위하여 상업사용인이 아니면서 상시 그 **영업부류에 속하는 거래**의 대리 또는 중개를 영업으로 하는 자를 대리상이라 한다.
[상법 제93조] 타인간의 상행위의 중개를 영업으로 하는 자를 중개인이라 한다.
[상법 제101조] 자기명의로써 타인의 계산으로 물건 또는 유가증권의 매매를 영업으로 하는 자를 위탁매매인이라 한다.

정답 - O

4 **대리상의 본인은 반드시 상인이어야 하지만, 위탁매매인의 위탁자는 상인일 필요는 없다.** 변호사시험 제1회

해설

[상법 제87조] 일정한 상인을 위하여 상업사용인이 아니면서 상시 그 영업부류에 속하는 거래의 대리 또는 중개를 영업으로 하는 자를 대리상이라 한다.
[상법 제101조] 자기명의로써 타인의 계산으로 물건 또는 유가증권의 매매를 영업으로 하는 자를 위탁매매인이라 한다.

정답 - O

5 **대리상, 중개인 및 위탁매매인은 모두 특별상사유치권을 행사할 수 있다는 점에서 공통된다.** 변호사시험 제1회

해설 대리상의 경우 상법 제91조, 위탁매매인의 경우 상법 제111조가 제91조를 준용하고 있으나, 중개인의 경우에는 특별상사유치권에 관한 조문이 없다. 정답 - X

6 **대리상의 유치권은 유치물과 피담보채권 사이에 개별적인 견련성이 요구되지 않고 유치목적물도 채무자 소유가 아니어도 성립할 수 있다.** 변호사시험 제2회

해설

[제58조(상사유치권)] 상인간의 상행위로 인한 채권이 변제기에 있는 때에는 채권자는 변제를 받을 때까지 그 채무자에 대한 상행위로 인하여 자기가 점유하고 있는 채무자소유의 물건 또는 유가증권을 유치할 수 있다. 그러나 당사자간에 다른 약정이 있으면 그러하지 아니하다.

정답 - O

7 **위탁매매에 있어서 위탁물의 소유권은 위탁자와 위탁매매인 또는 위탁매매인의 채권자간의 관계에서는 위탁자에게 귀속한다 할 것이므로, 특별한 사정이 없는 한 위탁매매인이 그 판매대금을 임의로 사용·소비한 때에는 횡령죄가 성립한다.** 변호사시험 제4회

해설

[제103조(위탁물의 귀속)] 위탁매매인이 위탁자로부터 받은 물건 또는 유가증권이나 위탁매매로 인하여 취득한 물건, 유가증권 또는 채권은 위탁자와 위탁매매인 또는 위탁매매인의 채권자간의 관계에서는 이를 위탁자의 소유 또는 채권으로 본다.

정답 - O

사례 【8~12】

甲은 청과물시장의 위탁매매상인 乙에게 자신이 과수원에서 재배한 대추의 판매를 위탁하고, 乙은 이를 대추가공품 제조업자인 상인 丙에게 판매하였다. 甲, 乙, 丙의 법률관계에 관한 설명이 타당한가? (이에 관하여 다른 약정이나 관습이 없다고 가정하고, 다툼이 있는 경우 판례에 의함)

변호사시험 제5회

8 **乙이 丙으로부터 받을 판매대금채권을 甲에게 알리지 않고 자신의 채권자 丁에게 양도하였다면, 丁이 그 채권을 선의취득했다는 등의 특별한 사정이 없는 한 위 채권양도는 甲에 대하여 효력이 없다.**

해설 『甲 주식회사가 국내에서 독점적으로 판권을 보유하고 있는 영화에 관하여 甲 회사와 국내배급대행계약을 체결한 乙 주식회사가 배급대행계약의 이행으로 극장운영자인 丙 주식회사와 영화상영계약을 체결하고 그 계약에 따라 丙 회사에 대하여 가지게 된 부금채권을 자신의 채권자인 丁에게 채권 담보를 위해 양도한 사안에서, **채권양도가 준위탁매매계약상 위탁자의 지위에 있는 甲 회사에 효력이 없다**고 본 원심판단을 정당하다고 한 사례』 (대판 2011. 7. 14, 2011다31645).

정답 – O

9 **乙이 甲으로부터 대추를 인도받은 후 가격이 폭락하는 상황임을 안 때에는 즉시 甲에게 통지를 발송해야 하고, 甲의 지시를 받을 수 없는 경우 적절한 보관을 할 수는 있지만 이를 처분할 수는 없다.**

해설

〔**제108조(위탁물의 훼손, 하자 등의 효과)**〕 ① 위탁매매인이 위탁매매의 목적물을 인도받은 후에 그 물건의 훼손 또는 하자를 발견하거나 그 물건이 부패할 염려가 있는 때 또는 가격저락의 상황을 안 때에는 지체없이 위탁자에게 그 통지를 발송하여야 한다. ② 전항의 경우에 **위탁자의 지시를 받을 수 없거나 그 지시가 지연되는 때**에는 위탁매매인은 위탁자의 이익을 위하여 **적당한 처분을 할 수 있다.**

정답 – X

10 **丙이 매매대금채무를 이행하지 아니하는 경우 乙에게 귀책사유가 없다면, 乙은 甲에게 그 매매대금채무를 이행할 책임이 없다.**

해설

〔**제105조(위탁매매인의 이행담보책임)**〕 위탁매매인은 위탁자를 위한 매매에 관하여 **상대방이 채무를 이행하지 아니하는 경우에는 위탁자에 대하여 이를 이행할 책임이 있다.** 그러나 다른 약정이나 관습이 있으면 그러하지 아니하다.

정답 – X

11 **甲이 乙에게 1kg당 1만 원에 매도할 것을 위탁하였으나 乙이 이를 1kg당 1만 5천원에 매도했다면, 1kg당 차익 5천 원은 甲의 이익으로 한다.**

해설

〔**제106조(지정가액준수의무)**〕 ② 위탁자가 지정한 가액보다 고가로 매도하거나 염가로 매수한 경우에는 그 차액은 다른 약정이 없으면 위탁자의 이익으로 한다.

정답 – O

12 **乙이 丙으로부터 판매대금을 받아 보유하던 중 이를 임의로 사용·소비한 때에는 특별한 사정이 없는 한 횡령죄가 성립한다.**

해설 『위탁매매에 있어서 위탁품의 소유권은 위임자에게 있고 그 판매대금은 이를 수령함과 동시에 위탁자에게 귀속한다 할 것이므로, 특별한 사정이 없는 한 **위탁매매인이 위탁품이나 그 판매대금을 임의로 사용·소비한 때에는 횡령죄가 성립**한다고 할 것이다』(대판 1990. 3. 27, 89도813 등).

정답 – O

사례 【13~15】

전자제품 생산업자인 甲은 위탁매매인인 乙에게 자신이 생산한 전자제품의 매도를 위탁하였고, 乙은 그 실행으로 丙에게 그 전자제품을 외상으로 매도하려고 한다. 이 경우 甲, 乙, 丙의 법률관계에 관한 설명이 타당한가? (다툼이 있는 경우 판례에 의하고, 상법을 제외한 특별법과 약관은 적용되지 않는 것으로 함) 변호사시험 제2회

13 **乙과 丙간에 이루어지는 위탁매매의 성립 또는 효력에 영향을 미치는 사실의 유무 및 그 사실의 인지여부는 甲을 기준으로 판단한다.**

해설

〔**제102조(위탁매매인의 지위)**〕 위탁매매인은 위탁자를 위한 매매로 인하여 상대방에 대하여 직접 권리를 취득하고 의무를 부담한다.

→ 따라서 매매계약의 성립과 효력에 영향을 미칠 사유(착오, 사기의 존부, 항변, 상계의 주장 등)는 모두 **위탁매매인과 상대방과의 사이에 존재하는 사유만을 기준**으로 결정한다.

정답 – X

14 **丙이 乙과 매매계약을 체결한 후 매매대금채무를 이행하지 아니하는 경우, 이에 대하여 乙의 귀책사유가 없다면, 특별한 약정이나 관습이 없는 한 乙은 그 매매대금채무를 甲에게 이행할 책임이 없다.**

해설

〔제105조(위탁매매인의 이행담보책임)〕 위탁매매인은 위탁자를 위한 매매에 관하여 상대방이 채무를 이행하지 아니하는 경우에는 **위탁자에 대하여** 이를 이행할 책임이 있다. 그러나 다른 약정이나 관습이 있으면 그러하지 아니하다.

정답 – X

15 **만일 甲이 乙에게 위 전자제품을 1대당 50만 원에 매도하여 주도록 위탁하였으나 乙이 이를 1대당 60만 원에 매도하였다면, 1대당 차액 10만 원은 특별한 약정이 없다면 乙의 이익으로 한다.**

해설

〔제106조(지정가액준수의무)〕 ① 위탁자가 지정한 가액보다 염가로 매도하거나 고가로 매수한 경우에도 위탁매매인이 그 차액을 부담한 때에는 그 매매는 위탁자에 대하여 효력이 있다. ② 위탁자가 지정한 가액보다 **고가로 매도하거나 염가로 매수**한 경우에는 **그 차액은 다른 약정이 없으면 위탁자의 이익으로 한다.**

정답 – X

사례 【16~19】

컴퓨터 관련 부품제조업자인 甲은 화물운송업자인 乙과 甲의 제품을 운송하기로 하는 운송계약을 체결하였고, 乙은 다른 화물운송업자인 丙에게 위 제품을 운송하도록 의뢰하였다. 丙은 운송물을 실은 화물차량을 운전하여 고속도로를 주행하던 중 졸음운전으로 과속하는 바람에 차량이 전복되어 운송물 일부가 훼손되었다. 다음 설명 중 옳지 않은 것은?(각 지문은 독립적이고, 다툼이 있는 경우에는 판례에 의함) 변호사시험 제3회

16 **乙이 약정된 날짜에 도착지에서 위와 같이 일부 훼손된 운송물을 인도하였다면, 甲이 乙을 상대로 채무불이행에 의한 손해배상청구를 한 경우 乙은 원칙적으로 인도한 날의 도착지에서의 운송물의 가격에 의하여 甲에게 그 손해를 배상할 책임이 있다.**

해설

〔제137조(손해배상의 액)〕 ① 운송물이 전부멸실 또는 연착된 경우의 손해배상액은 인도할 날의 도착지의 가격에 따른다. ② 운송물이 일부 멸실 또는 훼손된 경우의 손해배상액은 인도한 날의 도착지의 가격에 의한다.

→ 상법 제137조 제2항의 일부 멸실 또는 훼손에 해당한다. 정답 – O

17 **甲이 乙에게 운송물이 고가의 물건인 최첨단 반도체임을 명시하지 않았다면, 상법상의 고가물 불고지에 따른 면책규정은 甲의 운송계약상의 채무불이행으로 인한 손해배상청구에는 적용되고 불법행위로 인한 손해배상청구에는 적용되지 않는다.**

해설 甲이 고가물임을 명시하지 않았다면 상법 제136조에 의해 면책규정이 적용된다. 그러나 판례는 『운송약관상의 채무불이행 책임과 불법행위로 인한 책임이 병존하는 경우에 **상법상 소정의 단기소멸시효나 고가물 불고지에 따른 면책 등의 규정 또는 운송약관규정은 운송계약상의 채무불이행으로 인한 청구에만 적용되고 불법행위로 인한 손해배상청구에는 그 적용이 없다**』(대판 1977. 12. 13, 75다107)고 보는바, 불법행위로 인한 손해배상까지 면책되는 것은 아니다. 정답 - O

18 **甲이 丙을 상대로 손해배상청구소송을 제기한 경우, 甲이 위 운송 당시 丙에 대하여까지 운송물이 고가의 물건인 최첨단 반도체임을 알릴 의무가 있다고 할 수 없으므로 이를 이유로 내세운 丙의 과실상계 주장은 받아들여질 수 없다.**

해설 『기계의 소유자가 기계의 운송 및 하역을 운수회사에게 맡기면서 그 운송물의 내용을 알렸는데 운수회사의 의뢰를 받아 크레인으로 위 기계의 하역작업을 하던 중기회사의 크레인 운전업무상 과실로 기계가 파손된 경우 **소유자는 중기회사에 대하여까지 위 기계가 고가물임을 알릴 의무가 있다 할 수 없으므로** 이를 이유로 내세운 과실상계항변은 이유 없다』(대판 1991. 1. 11, 90다8947). 정답 - O

19 **甲의 채무불이행으로 인한 손해배상청구권의 소멸시효는 甲이 운송물을 수령한 날로부터 1년이며, 이 기간은 당사자 사이의 합의에 의하여 단축할 수 없다.**

해설 상법 제147조, 제121조 제1항에 의하여 운송물의 일부 훼손의 경우 운송인의 책임은 운송물을 수령한 날로부터 1년을 경과하면 소멸시효가 완성한다. 그러나 **이 규정은 운송인의 책임을 단기에 종결시켜 운송인을 보호하려는 취지**이므로 **당사자 간의 합의로 단축하는 것은 가능하다.**

『해상운송의 경우에는 구 상법(2007. 8. 3. 법률 제8581호로 개정되기 전의 것) 제811조에서 운송인의 송하인 또는 수하인에 대한 채무는 운송인이 수하인에게 운송물을 인도한 날 등으로부터 1년 내에 재판상 청구가 없으면 소멸하도록 하고 **이를 당사자의 합의에 의하여 연장할 수 있으나 단축할 수는 없도록 규정**하고 있는 반면에, 육상운송의 경우에는 상법 제147조, 제121조에 따라 운송인의 책임은 수하인이 운송물을 수령한 날로부터 1년을 경과하면 소멸시효가 완성하고 **이는 당사자의 합의에 의하여 연장하거나 단축할 수 있다**』(대판 2009. 8. 20, 2008다589780). 정답 - X

사례 【20~22】

甲은 A호텔을 경영하는 숙박업자이다. 乙은 A호텔에 투숙하면서 A호텔직원이 차량출입을 통제하고 관리하는 호텔 지하주차장에 자신의 중저가 소형 자동차를 주차하고 그 직원에게 차량 열쇠를 맡겼다. 乙은 호텔 투숙 중 저가의 카메라를 자신의 객실에 있는 탁자 위에 놓아두었다. A호텔에 도둑이 침입하여 乙은 카메라와 자동차를 모두 도난당하였다. 또한 A호텔에 화재가 발생하였으나 甲과 A호텔직원들이 비상벨로써 투숙객에게 화재발생사실을 알리는 등의 투숙객 보호를 위한 구체적인 주의의무를 다하지 않아서 乙이 화상을 입었다. 甲의 책임에 관한 설명이 타당한가? (다툼이 있는 경우 판례에 의함)

변호사시험 제6회

20 ① 甲은 A호텔에 "보관을 의뢰하지 아니한 물건의 도난이나 손상 등에 대하여 책임을 지지 아니한다."라는 내용의 게시물을 부착한 것만으로도 乙의 카메라 도난으로 인한 손해에 대하여 배상책임을 지지 않는다.

② 甲이 乙로부터 카메라를 임치받지 아니한 경우에도, 甲은 자기 또는 그 사용인의 과실로 인하여 乙이 객실에 놓아둔 카메라를 도난당했을 때에는 그 손해를 배상할 책임이 있다.

해설

〔제152조(공중접객업자의 책임)〕 ① 공중접객업자는 자기 또는 그 사용인이 고객으로부터 임치받은 물건의 보관에 관하여 주의를 게을리하지 아니하였음을 증명하지 아니하면 그 물건의 멸실 또는 훼손으로 인한 손해를 배상할 책임이 있다. ② 공중접객업자는 고객으로부터 임치받지 아니한 경우에도 그 시설 내에 휴대한 물건이 자기 또는 그 사용인의 과실로 인하여 멸실 또는 훼손되었을 때에는 그 손해를 배상할 책임이 있다(②). ③ 고객의 휴대물에 대하여 책임이 없음을 알린 경우에도 공중접객업자는 제1항과 제2항의 책임을 면하지 못한다(①).

정답 - ① X ② O

21 **甲은 자기 또는 그 사용인이 자동차 보관에 관하여 주의를 게을리하지 아니하였음을 증명하지 아니하면 자동차 도난으로 인한 손해를 배상할 책임이 있다.**

해설 『**여관 부설주차장**에 시정장치가 된 출입문이 설치되어 있거나 출입을 통제하는 **관리인이 배치되어 있거나 기타 여관측에서 그 주차장에의 출입과 주차사실을 통제하거나 확인할 수 있는 조치가 되어 있다면,** 그러한 주차장에 여관 투숙객이 주차한 차량에 관하여는 명시적인 위탁의 의사표시가 없어도 **여관업자와 투숙객 사이에 임치의 합의가 있은 것으로 볼 수 있으나,** 위와 같은 주차장 출입과 주차사실을 통제하거나 확인하는 시설이나 조치가 되어 있지 않은 채 단지 주차의 장소만을 제공하는 데에 불과하여 그 주차장 출입과 주차사실을 여관측에서 통제하거나 확인하지 않고 있는 상황이라면, 부설주차장 관리자로서의 주의의무 위배 여부는 별론으로 하고 그러한 주차장에 주차한 것만으로 여관업자와 투숙객 사이에 임치의 합의가 있은 것으로 볼 수 없고, **투숙객이 여관측에 주차사실을 고지하거나 차량열쇠를 맡겨 차량의 보관을 위탁한 경우에만 임치의 성립을 인정할 수 있다』**(대판 1992. 2. 11, 91다21800).

→ 乙과 甲 사이에 자동차 임치의 합의가 있다고 볼 수 있으므로, 상법 제152조 제1항에 따라 甲은 자기 또는 그 사용인이 자동차 보관에 관하여 주의를 게을리하지 아니하였음을 증명하지 아니하면 자동차 도난으로 인한 손해를 배상할 책임이 있다. 정답 – O

22 **甲이 乙에게 객실을 제공하여 사용할 수 있도록 하는 계약상의 의무를 이행하였으므로, 乙은 甲에게 화상으로 인한 손해에 대하여 채무불이행에 기한 손해배상책임을 물을 수는 없으나 불법행위에 기한 손해배상책임을 물을 수 있다.**

해설 『공중접객업인 숙박업을 경영하는 자가 투숙객과 체결하는 숙박계약은 숙박업자가 고객에게 숙박을 할 수 있는 객실을 제공하여 고객으로 하여금 이를 사용할 수 있도록 하고 고객으로부터 그 대가를 받는 일종의 일시 사용을 위한 임대차계약으로서 객실 및 관련 시설은 오로지 숙박업자의 지배 아래 놓여 있는 것이므로 **숙박업자는 통상의 임대차와 같이 단순히 여관 등의 객실 및 관련 시설을 제공하여 고객으로 하여금 이를 사용·수익하게 할 의무를 부담하는 것에서 한 걸음 더 나아가 고객에게 위험이 없는 안전하고 편안한 객실 및 관련 시설을 제공함으로써 고객의 안전을 배려하여야 할 보호의무를 부담하며** 이러한 의무는 숙박계약의 특수성을 고려하여 신의칙상 인정되는 부수적인 의무로서 숙박업자가 **이를 위반하여 고객의 생명·신체를 침해하여 투숙객에게 손해를 입힌 경우 불완전이행으로 인한 채무불이행책임을 부담하고,** 이 경우 피해자로서는 구체적 보호의무의 존재와 그 위반 사실을 주장·입증하여야 하며 숙박업자로서는 통상의 채무불이행에 있어서와 마찬가지로 그 채무불이행에 관하여 자기에게 과실이 없음을 주장·입증하지 못하는 한 그 책임을 면할 수는 없다』(대판 2000. 11. 24, 2000다38718). 정답 – X

제3편 보험법

제1장 보험과 보험법

1 **보험계약이 체결되기 전에 보험사고가 이미 발생하였을 경우, 보험계약의 당사자 쌍방 및 피보험자가 이를 알지 못한 경우를 제외하고는 그 보험계약을 무효로 한다는 상법 제644조의 규정은 강행규정이므로, 당사자 사이의 합의에 의해 이 규정에 반하는 보험계약을 체결하더라도 그 계약은 무효임을 면할 수 없다.** 변호사시험 제1회

해설 『보험계약이 체결되기 전에 보험사고가 이미 발생하였을 경우, 보험계약의 당사자 쌍방 및 피보험자가 이를 알지 못한 경우를 제외하고는 그 보험계약을 무효로 한다는 상법 제644조의 규정은, 보험사고는 불확정한 것이어야 한다는 보험의 본질에 따른 **강행규정으로,** 당사자 사이의 합의에 의해 이 규정에 반하는 보험계약을 체결하더라도 그 계약은 무효임을 면할 수 없다』(대판 2002. 6. 28, 2001다59064).

정답 - O

제2장 보험계약

1 **대리인에 의하여 보험계약을 체결한 경우에 대리인이 안 사유는 그 본인이 안 것과 동일한 것으로 한다.** 변호사시험 제1회

해설

〔**제646조 (대리인이 안 것의 효과)**〕 대리인에 의하여 보험계약을 체결한 경우에 대리인이 안 사유는 그 본인이 안 것과 동일한 것으로 한다.

정답 - O

2 **보험설계사는 보험자를 대리하여 보험계약을 체결할 권한 뿐만 아니라 보험계약자 또는 피보험자로부터 고지를 수령할 권한도 없다.** 변호사시험 제2회

해설 『비록 보험설계사가 소속 보험회사와의 고용계약이나 도급적 요소가 가미된 위임계약에 바탕을 둔 소속보험회사의 사용인으로서 **보험계약의 체결대리권이나 고지수령권이 없는 중개인에 불과**하다 하여도 오늘날의 보험업계의 실정에 비추어 제1회 보험료의 수령권이 있음을 부정할 수는 없다』(대판 1989. 11. 28, 88다카33367).

정답 - O

3 보험자가 보험계약자로부터 보험계약의 청약과 함께 보험료 상당액의 전부 또는 일부를 받은 경우에 그 청약을 승낙하기 전에 보험계약에서 정한 보험사고가 생긴 때에는 청약을 거절할 사유가 없는 한 보험자는 보험계약상의 책임을 지지만, 인보험계약의 피보험자가 신체검사를 받아야 하는 경우에 그 검사를 받지 아니한 때에는 그러하지 아니하다. 변호사시험 제1회

해설

〔제638조의2(보험계약의 성립) 제3항〕 보험자가 보험계약자로부터 보험계약의 청약과 함께 보험료 상당액의 전부 또는 일부를 받은 경우에 그 청약을 승낙하기 전에 보험계약에서 정한 보험사고가 생긴 때에는 그 청약을 거절할 사유가 없는 한 보험자는 보험계약상의 책임을 진다. 그러나 인보험계약의 피보험자가 신체검사를 받아야 하는 경우에 그 검사를 받지 아니한 때에는 그러하지 아니하다.

정답 – O

4 보험사고의 발생으로 보험자가 보험금액을 지급한 때에도 보험금액이 감액되지 아니하는 보험의 경우에는 보험계약자는 그 사고 발생 후에는 보험계약을 해지할 수 없다. 변호사시험 제1회

해설

〔제649조 (사고발생전의 임의해지)〕 ① **보험사고가 발생하기 전**에는 보험계약자는 언제든지 계약의 전부 또는 일부를 해지할 수 있다. ② **보험사고의 발생**으로 보험자가 보험금액을 지급한 때에도 보험금액이 감액되지 아니하는 보험의 경우에는 보험계약자는 그 사고 발생 후에도 보험계약을 **해지할 수 있다.**

정답 – X

5 보험계약 당시에 보험계약자 또는 피보험자가 고의 또는 중대한 과실로 중요한 사항에 대하여 고지하지 않거나 부실의 고지를 하는 경우 고지의무 위반이 된다. 변호사시험 제5회

해설

〔제651조(고지의무위반으로 인한 계약해지)〕 보험계약당시에 보험계약자 또는 피보험자가 고의 또는 중대한 과실로 인하여 중요한 사항을 고지하지 아니하거나 부실의 고지를 한 때에는 보험자는 그 사실을 안 날로부터 1월내에, 계약을 체결한 날로부터 3년내에 한하여 계약을 해지할 수 있다. 그러나 보험자가 계약당시에 그 사실을 알았거나 중대한 과실로 인하여 알지 못한 때에는 그러하지 아니하다.

정답 – O

6 냉동창고에 대한 화재보험계약 체결시에 보험의 목적인 냉동창고 건물이 완성되지 않아 완성된 냉동창고에 비하여 현저히 높은 화재위험에 노출되어 있었던 경우에 잔여공사를 계속하여야 한다는 사정은 고지의무의 대상이 된다. 변호사시험 제5회

해설 『甲이 손해보험업을 영위하는 乙 주식회사와 냉동창고건물에 관한 보험계약을 체결하였는데, 체결 당시 보험의 목적인 건물이 완성되지 않아 잔여공사를 계속하여야 한다는 사정을 乙 회사에 고지하지 않은 사안에서, 위 냉동창고건물은 형식적 사용승인에도 불구하고 냉동설비공사 등 주요 공사가 완료되지 아니하여 잔여공사를 계속하여야 할 상황이었고, 이러한 공사로 인하여 완성된 냉동창고건물에 비하여 현저히 높은 화재 위험에 노출되어 있었으며, **위험의 정도나 중요성에 비추어 甲은 보험계약을 체결할 때 이러한 사정을 고지하여야 함을 충분히 알고 있었거나 적어도 현저한 부주의로 인하여 이를 알지 못하였다고 봄이 타당**하다는 이유로, 이와 달리 본 원심판결에 고지의무 위반에 관한 법리오해의 위법이 있다고 한 사례』(대판 2012. 11. 29, 2010다38663).

정답 - O

7 **생명보험계약에 있어서 고지의무 위반이 있는 경우 보험자는 그 위반사실을 증명하여 보험계약자나 그의 상속인(또는 그들의 대리인)에 대하여 해지의 의사표시를 할 수 있다.** 변호사시험 제5회

해설

〔**제651조(고지의무위반으로 인한 계약해지)**〕 보험계약당시에 보험계약자 또는 피보험자가 고의 또는 중대한 과실로 인하여 중요한 사항을 고지하지 아니하거나 부실의 고지를 한 때에는 보험자는 그 사실을 안 날로부터 1월내에, 계약을 체결한 날로부터 3년내에 한하여 계약을 해지할 수 있다.

정답 - O

8 **고지의무 위반시 보험자는 보험사고 발생 후라도 그 위반사실을 안 날로부터 1월 내에, 보험계약 체결시로부터 3년 내에 한하여 보험계약을 해지할 수 있다.** 변호사시험 제5회

해설

〔**제651조(고지의무위반으로 인한 계약해지)**〕 보험계약당시에 보험계약자 또는 피보험자가 고의 또는 중대한 과실로 인하여 중요한 사항을 고지하지 아니하거나 부실의 고지를 한 때에는 보험자는 **그 사실을 안 날로부터 1월내에, 계약을 체결한 날로부터 3년내에 한하여 계약을 해지**할 수 있다.

정답 - O

9 **고지의무를 위반한 사실이 보험사고 발생에 영향을 미치지 아니하였음이 증명된 경우라 하더라도 보험자는 보험계약을 해지할 수 있을 뿐만 아니라 보험금지급책임도 면한다.** 변호사시험 제5회

해설 『상법 제651조는 고지의무 위반으로 인한 계약해지에 관한 일반적 규정으로 이에 의하면 고지의무에 위반한 사실과 보험사고 발생 사이에 인과관계를 요하지 않는 점, 상법 제655조는 고지의무 위반 등으로 계약을 해지한 때에 보험금액청구에 관한 규정이므로, 그

본문뿐만 아니라 단서도 보험금액청구권의 존부에 관한 규정으로 해석함이 상당한 점, 보험계약자 또는 피보험자가 보험계약 당시에 고의 또는 중대한 과실로 중요한 사항을 불고지·부실고지하면 이로써 고지의무 위반의 요건은 충족되는 반면, 고지의무에 위반한 사실과 보험사고 발생 사이의 인과관계는 '보험사고 발생 시'에 비로소 결정되는 것이므로, 보험자는 고지의무에 위반한 사실과 보험사고 발생 사이의 인과관계가 인정되지 않아 상법 제655조 단서에 의하여 보험금액 지급책임을 지게 되더라도 그것과 별개로 상법 제651조에 의하여 고지의무 위반을 이유로 계약을 해지할 수 있다고 해석함이 상당한 점, 고지의무에 위반한 사실과 보험사고 발생 사이의 인과관계가 인정되지 않는다고 하여 상법 제651조에 의한 계약해지를 허용하지 않는다면, 보험사고가 발생하기 전에는 상법 제651조에 따라 고지의무 위반을 이유로 계약을 해지할 수 있는 반면, 보험사고가 발생한 후에는 사후적으로 인과관계가 없음을 이유로 보험금액을 지급한 후에도 보험계약을 해지할 수 없고 인과관계가 인정되지 않는 한 계속하여 보험금액을 지급하여야 하는 불합리한 결과가 발생하는 점, 고지의무에 위반한 보험계약은 고지의무에 위반한 사실과 보험사고 발생 사이의 인과관계를 불문하고 보험자가 해지할 수 있다고 해석하는 것이 보험계약의 선의성 및 단체성에서 부합하는 점 등을 종합하여 보면, **보험자는 고지의무를 위반한 사실과 보험사고의 발생 사이의 인과관계를 불문하고 상법 제651조에 의하여 고지의무 위반을 이유로 계약을 해지할 수 있다.** 그러나 보험금액청구권에 관해서는 보험사고 발생 후에 고지의무 위반을 이유로 보험계약을 해지한 때에는 **고지의무에 위반한 사실과 보험사고 발생 사이의 인과관계에 따라 보험금액 지급책임이 달라지고,** 그 범위 내에서 계약해지의 효력이 제한될 수 있다』(대판 2010. 7. 22, 2010다25353).

정답 – X

10 **보험청약서에 일정한 사항에 관하여 답변을 구하는 취지가 포함되어 있다면 그 사항은 상법 제651조에서 말하는 '중요한 사항'으로 추정된다.** 변호사시험 제2회

해설

〔**제651조의2(서면에 의한 질문의 효력)**〕 보험자가 서면으로 질문한 사항은 중요한 사항으로 추정한다.

정답 – O

11 **생명보험계약에 있어서 고지의무위반을 이유로 보험계약을 해지하는 경우 보험계약자뿐만 아니라 보험수익자에 대하여도 해지의 의사표시를 하여야 그 효력이 있다.**

변호사시험 제2회

해설 『생명보험계약에 있어서 고지의무위반을 이유로 한 해지의 경우에는 계약의 상대방 당사자인 **보험계약자나 그의 상속인(또는 그들의 대리인)에 대하여 해지의 의사표시를 하여야** 하고, 타인을 위한 보험에 있어서도 **보험금 수익자에게 해지의 의사표시를 하는 것은 특별한 사정(보험약관상의 별도기재 등)이 없는 한 효력이 없다』**(대판 1989. 2. 14, 87다카2973).

정답 – X

12 **고지의무위반 사실과 보험사고 발생 사이의 인과관계 없는 고지의무위반의 경우 보험자는 보험금의 지급여부와 상관없이 장래를 향하여 상법 제651조에 따라 계약해지를 할 수 있다.** 변호사시험 제2회

해설 『상법 제651조는 고지의무 위반으로 인한 계약해지에 관한 일반적 규정으로 이에 의하면 고지의무에 위반한 사실과 보험사고 발생 사이에 인과관계를 요하지 않는 점, 상법 제655조는 고지의무 위반 등으로 계약을 해지한 때에 보험금액청구에 관한 규정이므로, 그 본문뿐만 아니라 단서도 보험금액청구권의 존부에 관한 규정으로 해석함이 상당한 점, 보험계약자 또는 피보험자가 보험계약 당시에 고의 또는 중대한 과실로 중요한 사항을 불고지·부실고지하면 이로써 고지의무 위반의 요건은 충족되는 반면, 고지의무에 위반한 사실과 보험사고 발생 사이의 인과관계는 '보험사고 발생 시'에 비로소 결정되는 것이므로, 보험자는 고지의무에 위반한 사실과 보험사고 발생 사이의 인과관계가 인정되지 않아 상법 제655조 단서에 의하여 보험금액 지급책임을 지게 되더라도 그것과 별개로 상법 제651조에 의하여 고지의무 위반을 이유로 계약을 해지할 수 있다고 해석함이 상당한 점, 고지의무에 위반한 사실과 보험사고 발생 사이의 인과관계가 인정되지 않는다고 하여 상법 제651조에 의한 계약해지를 허용하지 않는다면, 보험사고가 발생하기 전에는 상법 제651조에 따라 고지의무 위반을 이유로 계약을 해지할 수 있는 반면, 보험사고가 발생한 후에는 사후적으로 인과관계가 없음을 이유로 보험금액을 지급한 후에도 보험계약을 해지할 수 없고 인과관계가 인정되지 않는 한 계속하여 보험금액을 지급하여야 하는 불합리한 결과가 발생하는 점, 고지의무에 위반한 보험계약은 고지의무에 위반한 사실과 보험사고 발생 사이의 인과관계를 불문하고 보험자가 해지할 수 있다고 해석하는 것이 보험계약의 선의성 및 단체성에서 부합하는 점 등을 종합하여 보면, **보험자는 고지의무를 위반한 사실과 보험사고의 발생 사이의 인과관계를 불문하고 상법 제651조에 의하여 고지의무 위반을 이유로 계약을 해지할 수 있다**』(대판 2010. 7. 22, 2010다25353). 정답 - O

13 **고지의무위반을 이유로 보험계약을 해지하기 위해서는 고지의무 위반이 보험계약자 또는 피보험자의 고의 또는 중대한 과실에 의한 것임이 증명되어야 하는데 그 증명책임은 보험자에게 있다.** 변호사시험 제2회

해설 고지의무위반의 요건은 고지의무 위반 사실을 주장하여 보험계약을 해지하고자 하는 보험자에게 증명책임이 있다. 정답 - O

14 **보험료를 분납하는 생명보험계약이 무효인 경우 보험료반환청구권의 소멸시효는 각 보험료를 납부한 때로부터 각 보험료에 대하여 진행하는 것이 아니라, 보험료를 마지막으로 납부한 때로부터 전체에 대하여 진행한다.** 변호사시험 제3회

해설 『상법은 보험료반환청구권에 대하여 2년간 행사하지 아니하면 소멸시효가 완성한다는 취지를 규정할 뿐(제662조) 소멸시효의 기산점에 관하여는 아무것도 규정하지 아니하므로, 소멸시효는 민법 일반 법리에 따라 객관적으로 권리가 발생하고 그 권리를 행사할 수

있는 때로부터 진행한다. 그런데 상법 제731조 제1항을 위반하여 무효인 보험계약에 따라 납부한 보험료에 대한 반환청구권은 특별한 사정이 없는 한 보험료를 납부한 때에 발생하여 행사할 수 있다고 할 것이므로, **위 보험료반환청구권의 소멸시효는 특별한 사정이 없는 한 각 보험료를 납부한 때부터 진행**한다』(대판 2011. 3. 24, 2010다92612).

→ 무효인 보험계약에 따라 납부한 보험료에 대한 반환청구권의 소멸시효 기산점이 문제된 사안에서, 보험계약자가 납부한 보험료 전체의 반환청구권 소멸시효가 보험료를 마지막으로 납부한 때부터 진행한다는 전제에서 보험료의 반환청구권이 시효소멸하지 아니하였다고 본 원심판결을 파기한 사례

정답 – X

15 **보험계약자가 계약체결 후 보험료의 전부 또는 제1회 보험료를 지급하지 아니한 경우, 다른 약정이 없는 한 계약성립 후 2개월이 경과하면 그 계약은 해제된 것으로 본다.**

변호사시험 제6회

해설

〔제650조(보험료의 지급과 지체의 효과)〕 ① 보험계약자는 계약체결 후 지체없이 보험료의 전부 또는 제1회 보험료를 지급하여야 하며, 보험계약자가 이를 지급하지 아니하는 경우에는 다른 약정이 없는 한 계약성립후 2월이 경과하면 그 계약은 해제된 것으로 본다.

정답 – O

16 **보험자가 보험계약의 청약에 대하여 승낙을 하지 아니한 동안에 보험계약의 청약인으로부터 제1회 보험료로 선일자수표를 발행받은 경우 보험자가 그 선일자수표를 받은 날로부터 보험자의 책임이 개시된다.**

변호사시험 제6회

해설 보험계약이 성립하지 않은 이상 제1회 보험료가 지급되었다는 사정만으로 보험자의 책임이 개시되는 것은 아니다. 다만, 적격피보험체로 보호받을 가능성은 있다(상법 제638조의2 제3항). 설사, 선일자수표를 수령한 것이 보험계약의 청약에 대한 승낙의 의사표시에 해당한다고 하더라도, 어음이나 수표로 보험료를 지급하는 경우, 보험자의 책임이 개시하는 시점에 관해서는 견해가 대립된다. 해제조건부대물변제설, 유예설, 절충설 등이 있으며, **어음·수표의 교부가 원인관계에 미치는 영향에 관한 일반법리에 따라 해결하자는 견해가 상대적으로 다수설**이다. 이에 의하면, **보험료 지급에 갈음한다는 합의가 인정된다거나 금전과 유사하게 유통되는 자기앞수표가 지급된 사정이 없다면, 바로 책임이 개시된다고 볼 수 없다.**

정답 – X

17 **계속보험료가 약정한 시기에 지급되지 아니하였음을 이유로 상당한 기간을 정하여 보험계약자에게 최고하지 않고 곧바로 보험계약이 해지되거나 실효됨을 규정한 보험약관은 「상법」규정에 위배되어 무효이다.**

변호사시험 제6회

해설 『상법 제650조 제2항은 "계속보험료가 약정한 시기에 지급되지 아니한 때에는 보험자는 상당한 기간을 정하여 보험계약자에게 최고하고 그 기간 내에 지급되지 아니한 때에는

그 계약을 해지할 수 있다."라고 규정하고, 같은 법 제663조는 위의 규정은 당사자 간의 특약으로 보험계약자 또는 피보험자나 보험수익자의 불이익으로 변경하지 못한다고 규정하고 있으므로, **분납 보험료가 소정의 시기에 납입되지 아니하였음을 이유로 그와 같은 절차를 거치지 아니하고 곧바로 보험계약을 해지할 수 있다거나 보험계약이 실효됨을 규정한 약관은 상법의 위 규정에 위배되어 무효라 할 것이다』**(대판 1997. 7. 25, 97다18479). 정답 – O

18 **계속보험료의 지급지체로 보험계약이 적법하게 해지되고 해지환급금이 지급되지 아니한 경우에 보험계약자는 일정한 기간내에 연체보험료에 약정이자를 붙여 보험자에게 지급하고 그 계약의 부활을 청구할 수 있다.** 변호사시험 제6회

해설

〔제650조의2(보험계약의 부활)〕 **제650조 제2항에 따라 보험계약이 해지되고 해지환급금이 지급되지 아니한 경우에 보험계약자는 일정한 기간 내에 연체보험료에 약정이자를 붙여 보험자에게 지급하고 그 계약의 부활을 청구할 수 있다.** 제638조의2의 규정은 이 경우에 준용한다.

정답 – O

19 **보험계약자 또는 피보험자나 보험수익자가 보험사고 발생의 통지의무를 해태함으로 인하여 손해가 증가된 때에는 보험자가 그 증가된 손해를 보상할 책임이 없다.**

변호사시험 제1회

해설

〔제657조 (보험사고발생의 통지의무)〕 ② 보험계약자 또는 피보험자나 보험수익자가 제1항의 통지의무를 해태함으로 인하여 손해가 증가된 때에는 보험자는 그 증가된 손해를 보상할 책임이 없다.

정답 – O

20 **① 보험금청구권의 소멸시효는 다른 특별한 사정이 없는 한 원칙적으로 보험사고가 발생한 때로부터 진행한다.**
② 객관적으로 보아 보험사고가 발생한 사실을 보험금청구권자가 확인할 수 없는 사정이 있는 경우에는 보험금청구권자가 보험사고의 발생을 알았거나 알 수 있었던 때로부터 보험금청구권의 소멸시효가 진행한다. 변호사시험 제3회

해설 『**원칙적으로 보험금액청구권의 소멸시효는 보험사고가 발생한 때로부터 진행**한다고 해석하는 것이 상당하지만, **객관적으로 보아 보험사고가 발생한 사실을 확인할 수 없는 사정이 있는 경우에는, 보험금액청구권자가 보험사고의 발생을 알았거나 알 수 있었던 때로부터 보험금액청구권의 소멸시효가 진행**한다고 해석하는 것이 타당하다』(대판 1993. 7. 13, 92다39822). 정답 – ① O ② O

21 **보험금청구권을 2년간 행사하지 아니하면 소멸시효가 완성한다는 상법 제662조는 달리 특별한 규정이 없는 한 손해보험에도 적용된다.** 변호사시험 제3회

해설 상법 제662조는 **통칙 규정**이다. 『자동차종합보험보통약관(1993. 10. 14.자로 개정되기 전의 것)에 의하여 피해자가 보험회사에 대하여 갖는 보험금의 직접청구권이나 피보험자가 자손사고로 인하여 갖는 보험금청구권은 모두 상법 제662조의 규정에 의한 보험금액의 청구권에 다름 아니어서 어느 것이나 이를 2년간 행사하지 아니하면 소멸시효가 완성된다』(대판 1997. 11. 11, 97다36521).

정답 - O

22 **특정한 타인을 위한 보험의 경우에 보험계약자가 보험료의 지급을 지체한 때에는 보험자는 그 타인에게도 상당한 기간을 정하여 보험료의 지급을 최고한 후가 아니면 그 보험계약을 해제 또는 해지하지 못한다.** 변호사시험 제6회

해설

〔제650조(보험료의 지급과 지체의 효과)〕 ③ 특정한 타인을 위한 보험의 경우에 보험계약자가 보험료의 지급을 지체한 때에는 보험자는 그 타인에게도 상당한 기간을 정하여 보험료의 지급을 최고한 후가 아니면 그 계약을 해제 또는 해지하지 못한다.

정답 - O

사례 【23~27】

甲은 乙 소유의 물건을 운송하기로 하면서 A손해보험회사와의 사이에 乙을 피보험자로 하여 그 물건에 대한 손해보험계약을 체결하였다. 상법 보험편에 따른 법률관계와 상법 보험편이 존재하지 않아서 단순히 민법이 적용된다고 가정한 경우의 법률관계를 비교한 다음 설명 중 옳은 것은? 변호사시험 제1회

23 **乙은 위 보험계약으로 인하여 이익을 얻고 있을 뿐이므로, 甲은 乙의 동의가 없더라도 보험계약을 해지할 수 있으며, 이는 민법과 상법이 동일하다.**

해설

〔민법 제541조(제3자의 권리의 확정)〕 제3자의 권리가 생긴 후에는 당사자는 이를 변경 또는 소멸시키지 못한다.

제3자의 권리가 생긴 후에 채무자(낙약자)의 채무불이행을 이유로 채권자(요약자)가 계약을 해제하여 제3자의 권리를 소급하여 소멸시킬 수 있는지에 대해서 판례는 **계약해제를 긍정**한다. 『제3자를 위한 유상 쌍무계약의 경우 요약자는 낙약자의 채무불이행을 이유로 제3자의 동의 없이 계약을 해제할 수 있다』(대판 1970. 2. 24, 69다1410,1411).

〔상법 제649조 (사고발생전의 임의해지)〕 ① 타인을 위한 보험계약에서는 보험계약자는 그 타인의 동의를 얻지 않거나 보험증권을 소지하지 않으면 그 계약을 해지하지 못한다.

정답 – X

24 **甲은 위 보험계약으로 특별히 이익을 얻고 있지 않으므로, A보험회사에 대하여 보험료 지급의무를 비롯하여 아무런 의무를 부담하지 않으며, 이는 민법과 상법이 동일하다.**

해설 민법상 요약자는 **계약의 당사자**이므로 기본관계에 기한 채무를 이행하여야 한다. 상법상 甲은 **보험계약의 당사자**로서 보험료지급의무를 진다(상법 제639조 2항). 정답 – X

25 **민법에 따르면 乙은 A보험회사에 대하여 수익의 의사표시를 해야만 보험사고 발생시 보험금을 청구할 수 있으나, 상법에 따르면 수익의 의사표시를 하지 않은 경우에도 보험금을 청구할 수 있다.**

해설 민법 제539조 제2항에 의하면 수익자는 수익의 의사표시를 요하나, 상법 제639조 제2항에 의하면 당연히 이익을 받는다. 계약당사자의 개성이 중시되는 민법과 달리 피보험자의 경제적 수요에 중점을 두는 보험계약에 있어서는 수익자의 의사를 특히 문제 삼지 않는 것에 불과하다. 정답 – O

26 **민법에 따르면 甲이 乙로부터 보험계약의 체결을 위임받지 않았더라도 계약이 유효하게 성립하지만, 상법에 따르면 이러한 위임을 받지 않은 경우 甲이 위임이 없었다는 취지를 A 보험회사에게 고지하지 않으면 보험계약이 무효가 된다.**

해설 민법상 요약자는 수익자의 대리인으로서 계약을 체결하는 것은 아니다. 상법상 타인을 위한 보험계약에서 타인의 위임여부는 요건이 아니다. 다만 손해보험관계에서 타인과 보험자의 이익을 조화시키기 위하여, 타인의 위임이 없는 경우 보험계약자가 보험자에게 고지하도록 고지의무를 부과하고 있다.

〔상법 제639조(타인을 위한 보험)제1항 단서〕 그러나 손해보험계약의 경우에 그 타인의 위임이 없는 때에는 보험계약자는 이를 보험자에게 고지하여야 하고, 그 고지가 없는 때에는 타인이 그 보험계약이 체결된 사실을 알지 못하였다는 사유로 보험자에게 대항하지 못한다.

정답 – X

27 **甲이 최초 보험료를 지급하지 않은 경우, 민법에 의하면 이러한 사유는 乙이 A 보험회사에 대하여 가지는 보험금청구권에 영향을 미치지만, 상법에 의하면 보험금청구권에 영향을 미치지 않는다.**

해설 민법에 의하면 보험자는 보험계약자와의 계약에서 발생한 항변으로 피보험자나 보험수익자에게 대항할 수 있다(민법 제542조 참조). 한편 상법에 의하면 보험료지급의무자인 보험계약자가 보험료지급의무를 지체한 경우 **피보험자 혹은 보험수익자는 권리를 포기하지 않는 한 보험료를 지급할 의무를 지며(상법 제639조 제3항), 보험료 지체의 경우 보험자가 이들에게도 상당기간을 정하여 보험료의 지급을 최고한 후에야 보험계약을 해지 또는 해제할 수 있다(상법 제650조 제3항).**

정답 – X

제3장 손해보험

1 **상법 제724조 제2항에 의하여 피해자가 보험자에게 갖는 직접청구권은 민법 제766조 제1항에 따라 피해자 또는 그 법정대리인이 그 손해 및 가해자를 안 날로부터 3년간 이를 행사하지 아니하면 시효로 인하여 소멸한다.** 변호사시험 제3회

해설 판례는 종래 일관된 입장을 보이지 않다가, 최근에는 『상법 제724조 제2항에 의하여 피해자가 보험자에게 갖는 직접청구권은 보험자가 피보험자의 피해자에 대한 **손해배상채무를 병존적으로 인수한 것**으로서 **피해자가 보험자에 대하여 가지는 손해배상청구권**이다』(대판 2005. 10. 7, 2003다6774)라고 계속적으로 판시하여 손해배상청구권설을 취하고 있다.

정답 – O

2 **乙은 자동차 사고에 대비하여 丁 보험주식회사와 책임보험계약을 체결하였다. 그 후 甲은 乙이 운전하는 차량에 부딪혀 중상을 입자 변호인 丙을 소송대리인으로 선임하여 乙을 상대로 불법행위를 원인으로 하는 손해배상청구소송을 제기하였다. 甲은 제1심 소송계속 중 사망하였고 상속인으로 A, B 및 가족과 연락을 끊고 미국에 사는 C가 있었으나, 丙은 A, B 만 상속인으로 알고 A, B에 대해서만 수계절차를 밟았다. 위 사건에 관하여 제1심 법원은 청구기각판결을 하였고 상소제기의 특별수권을 받았던 丙은 A, B만을 항소인으로 표시하여 항소를 제기하였다. 甲의 상속인들은 乙이 책임을 질 사고로 입은 손해에 대하여 보험금액의 한도 내에서 丁에게 직접 보상을 청구할 수 있다.** 변호사시험 제3회

해설

〔**제724조(보험자와 제3자와의 관계)**〕 ② 제3자는 피보험자가 책임을 질 사고로 입은 손해에 대하여 보험금액의 한도내에서 보험자에게 직접 보상을 청구할 수 있다. 그러나 보험자는 피보험자가 그 사고에 관하여 가지는 항변으로써 제3자에게 대항할 수 있다.

정답 – O

3 **보험사고 발생시 또는 보험사고가 발생한 것과 같게 볼 수 있는 경우에 피보험자의 법률상 책임 여부가 판명되지 않은 상태에서 피보험자가 손해확대방지를 위한 긴급한 행위를 하였다면, 이로 인하여 발생한 필요 또는 유익한 비용도 손해확대방지를 위한 비용으로서 보험자가 부담하는 것으로 해석하여야 한다.** 변호사시험 제4회

해설 『보험사고 발생시 또는 보험사고가 발생한 것과 같게 볼 수 있는 경우에 피보험자의 법률상 책임 여부가 판명되지 아니한 상태에서 피보험자가 손해확대방지를 위한 긴급한 행

위를 하였다면 이로 인하여 발생한 필요·유익한 비용도 상법 제680조 제1항의 규정에 따라 보험자가 부담하여야 한다』(대판 2003. 6. 27, 2003다6958)고 하여 적극설의 입장을 취하고 있다.

정답 – O

4 **손해의 방지와 경감을 위하여 필요 또는 유익하였던 비용과 보상액은 보험금액을 한도로 하여 보험자가 이를 부담한다.** 변호사시험 제4회

해설

〔제680조(손해방지의무)〕 ① 보험계약자와 피보험자는 손해의 방지와 경감을 위하여 노력하여야 한다. 그러나 **이를 위하여 필요 또는 유익하였던 비용과 보상액이 보험금액을 초과한 경우라도 보험자가 이를 부담한다.**

정답 – X

5 **피보험자가 제3자의 청구를 방어하기 위하여 지출한 재판상 또는 재판외의 필요비용은 보험의 목적에 포함된 것으로 한다.** 변호사시험 제4회

해설

〔제720조(피보험자가 지출한 방어비용의 부담)〕 ① 피보험자가 제3자의 청구를 방어하기 위하여 지출한 재판상 또는 재판외의 필요비용은 보험의 목적에 포함된 것으로 한다. 피보험자는 보험자에 대하여 그 비용의 선급을 청구할 수 있다.

정답 – O

6 **손해방지비용과 방어비용은 서로 구별되는 것이므로 보험계약에 적용되는 보통약관에 손해방지비용과 관련한 별도의 규정을 두고 있다고 하더라도 그 규정이 당연히 방어비용에 대하여도 적용된다고 할 수는 없다.** 변호사시험 제4회

해설 상법 제680조 제1항의 '손해방지비용'과 같은 법 제720조 제1항의 '방어비용'이 서로 구별되는 것인지 여부 및 보험약관에 손해방지비용과 관련한 별도의 규정을 두고 있는 경우, 그 규정이 당연히 방어비용에 대하여도 적용되는지 여부에 관하여 판례는 『두 비용은 서로 구별되는 것이므로, 보험계약에 적용되는 보통약관에 손해방지비용과 관련한 별도의 규정을 두고 있다고 하더라도, 그 규정이 당연히 방어비용에 대하여도 적용된다고 할 수는 없다』(대판 2006. 6. 30, 2005다21531)라고 판시하고 있다.

정답 – O

7 **피보험자는 보험자에 대하여 방어비용의 선급을 청구할 수 있다.** 변호사시험 제4회

해설

〔제720조(피보험자가 지출한 방어비용의 부담)〕 ① 피보험자가 제3자의 청구를 방어하기 위하여 지출한 재판상 또는 재판외의 필요비용은 보험의 목적에 포함된 것으로 한다. 피보험자는 보험자에 대하여 그 비용의 선급을 청구할 수 있다.

정답 – O

8 **동일한 보험계약의 목적과 동일한 사고에 관하여 수개의 책임보험계약이 동시 또는 순차로 체결되어 보험금액의 총액이 피보험자의 제3자에 대한 손해배상액을 초과하는 경우 보험자는 각자의 보험금액을 한도로 하여 각자의 보험금액의 비율에 따라 연대책임을 부담한다.** 변호사시험 제7회

해설 『두 개의 책임보험계약이 보험의 목적, 즉 피보험이익과 보험사고의 내용 및 범위가 전부 공통되지는 않으나 상당 부분 중복되고, 발생한 사고가 그 중복되는 피보험이익에 관련된 보험사고에 해당된다면, 이와 같은 두 개의 책임보험계약에 가입한 것은 피보험자, 피보험이익과 보험사고 및 보험기간이 중복되는 범위 내에서 상법 제725조의2에 정한 **중복보험에 해당**한다. 이 경우 **각 보험자는 각자의 보험금액의 비율에 따른 보상책임을 연대하여 진다**』(대판 2009. 12. 24, 2009다42819). 정답 – O

9 **피보험자가 보험자의 동의없이 제3자에 대하여 변제, 승인 또는 화해를 한 경우에는 보험자가 그 책임을 면하게 되는 합의가 있는 때에도 그 행위가 현저하게 부당한 것이 아니면 여전히 보험자는 계약에 따른 보상책임을 부담한다.** 변호사시험 제7회

해설 『**책임보험계약의 피보험자가 보험자의 동의 없이 제3자에 대하여 변제, 승인 또는 화해를 한 경우에는 보험자가 그 책임을 면하게 되는 합의가 있는 때에도 그 행위가 현저하게 부당한 것이 아니면 보험자는 보상할 책임을 면하지 못한다**고 규정하고 있는 상법 제723조 제3항의 취지에 비추어 보면, 피보험자가 제3자로부터 재판상 손해배상청구를 받아 그 소송에서 손해배상을 명하는 판결을 선고받고 항소하지 않은 채 이를 확정시켰다고 하더라도 그것이 '현저하게 부당한 경우'로 평가되지 않는 한 보험자는 보상할 책임을 면할 수 없다』(대판 2000. 4. 21, 99다72293). 정답 – O

10 **보험사고 발생시 피보험자의 법률상 책임 여부가 판명되지 않은 상태에서 피보험자가 손해확대방지를 위한 긴급한 행위를 한 경우 이로 인하여 발생한 비용은 손해방지비용에 포함되지 않는다.** 변호사시험 제7회

해설 『손해보험에서 피보험자가 손해의 확대를 방지하기 위하여 지출한 필요유익한 비용을 보험자가 부담하게 되어 있는 경우 이는 원칙적으로 보험사고의 발생을 전제로 하는 것이므로 보험자가 보상책임을 지지 아니하는 사고에 대하여는 손해방지의무가 없고 따라서 이로 인한 보험자의 비용부담 등의 문제도 발생할 수 없는 것이 원칙이지만 다만 사고발생시 피보험자의 법률상 책임 여부가 판명되지 아니한 상태에서 **피보험자가 손해확대방지를 위한 긴급한 행위를 하였다면 이로 인하여 발생한 필요 유익한 비용도 손해확대방지를 위한 비용으로서 보험자가 부담하는 것으로 해석하여야 한다**』(대판 1994. 9. 9, 94다16663). 정답 – X

11 **피보험자가 책임질 사고로 손해를 입은 제3자가 보험금액의 한도 내에서 보험자에게 행사할 수 있는 직접청구권의 법적성질은 보험자에 대한 보험금청구권이 아니라 손해배상청구권이다.** 변호사시험 제7회

해설 『상법 제724조 제2항에 의하여 피해자에게 인정되는 직접청구권의 법적 성질은 보험자가 피보험자의 피해자에 대한 손해배상채무를 병존적으로 인수한 것으로서 피해자가 보험자에 대하여 가지는 **손해배상청구권**이고, 피보험자의 보험자에 대한 보험금청구권의 변형 내지는 이에 준하는 권리가 아니다. 그러나 이러한 피해자의 직접청구권에 따라 보험자가 부담하는 손해배상채무는 보험계약을 전제로 하는 것으로서 보험계약에 따른 보험자의 책임 한도액의 범위 내에서 인정되어야 한다』〔대판(전합) 2017. 5. 18, 2012다86895, 86901〕. 정답 – O

12 **피보험자가 보험자에 대하여 가지는 보험금청구권과 제3자가 보험자에 대하여 가지는 직접청구권이 경합하는 경우에는 제3자의 직접청구권이 우선한다.** 변호사시험 제7회

해설 『상법 제724조 제1항은, 피보험자가 상법 제723조 제1항, 제2항의 규정에 의하여 보험자에 대하여 갖는 보험금청구권과 제3자가 상법 제724조 제2항의 규정에 의하여 보험자에 대하여 갖는 직접청구권의 관계에 관하여, 제3자의 직접청구권이 피보험자의 보험금청구권에 우선한다는 것을 선언하는 규정이므로, **보험자로서는 제3자가 피보험자로부터 배상을 받기 전에는 피보험자에 대한 보험금 지급으로 직접청구권을 갖는 피해자에게 대항할 수 없다**. 그런데 피보험자가 보험계약에 따라 보험자에 대하여 가지는 보험금청구권에 관한 가압류 등의 경합을 이유로 한 집행공탁은 피보험자에 대한 변제공탁의 성질을 가질 뿐이므로, 이러한 집행공탁에 의하여 상법 제724조 제2항에 따른 제3자의 보험자에 대한 직접청구권이 소멸된다고 볼 수는 없으며, 따라서 집행공탁으로써 상법 제724조 제1항에 의하여 직접청구권을 가지는 제3자에게 대항할 수 없다』(대판 2014. 9. 25, 2014다207672). 정답 – O

사례 【13~14】

丙은 甲보험회사(이하 甲이라 한다)와 자동차종합보험계약이 체결된 자신의 승용차를 운행하던 중 乙의 차량을 추돌하여 乙에게 10주의 치료가 필요한 상해를 입게 하였다. 乙은 甲에게 1억 원을 직접 청구하였으나, 甲은 乙의 일방적 과실로 인한 사고라고 주장하며 그 지급을 거부하면서 乙을 상대로 위 교통사고로 인한 채무부존재확인의 소를 제기하였고, 乙은 이에 대한 반소로서 교통사고로 입은 손해 1억 원의 배상을 청구하는 소를 제기하였다. 변론의 진행결과 丙의 과실로 인한 乙의 손해를 최종적으로 법원이 4,000만 원으로 인정하였다면, 다음 설명이 타당한가? (다툼이 있는 경우 판례에 의함)

변호사시험 제4회

13 **甲은 丙이 乙에 대하여 부담하는 채무를 병존적으로 인수한 것으로 볼 수 있다.**

해설 상법 제724조 제2항은 피보험자가 책임을 질 사고로 입은 손해에 대해 제3자가 보험자에게 직접 보상 청구할 수 있다고 규정하는바, 판례는 이 직접청구권의 법적 성질에 대해 『보험자가 피보험자의 피해자에 대한 손해배상채무를 **병존적으로 인수한 것**』이라고 판시하였다(대판 2000. 12. 8, 99다37856).

정답 – O

14 **乙이 甲에 대하여 가지는 권리는 손해배상청구권이 아니라 피보험자 丙이 甲에 대해 가지는 보험금청구권의 변형 내지 이에 준하는 권리이다.**

해설 상법 제724조 제2항은 피보험자가 책임을 질 사고로 입은 손해에 대해 제3자가 보험자에게 직접 보상 청구할 수 있다고 규정하는 바, 판례는 이 직접청구권의 법적 성질에 대해 『보험자가 피보험자의 피해자에 대한 손해배상채무를 병존적으로 인수한 것으로서 **피해자가 보험자에 대하여 가지는 손해배상청구권**』(대판 2000. 12. 8, 99다37856)이라고 판단하였다.

정답 – X

사례 【15~19】

甲은 A보험회사와 자신을 피보험자로 하여 자신의 자동차에 대한 차량보험계약을 체결하고 그 자동차로 도로를 운행하던 중, 무단으로 중앙선을 침범하여 운전한 乙의 자동차에 의해 甲의 자동차가 크게 파손되는 사고를 당하여 A보험회사에 보험금청구권을 갖게 되었다. 이에 관한 설명 중 옳지 않은 것은? (아래 각 지문은 독립적이며, 다툼이 있는 경우 판례에 의함)

변호사시험 제5회

15 **A보험회사가 甲에 대해 차량보험금을 전액 지급하였다면, A보험회사는 그 지급한 금액의 한도에서 甲의 乙에 대한 손해배상청구권을 대위할 수 있다.**

해설

> [제682조(제3자에 대한 보험대위)] ① 손해가 제3자의 행위로 인하여 발생한 경우에 보험금을 지급한 보험자는 그 지급한 금액의 한도에서 그 제3자에 대한 보험계약자 또는 피보험자의 권리를 취득한다.

정답 – O

16 **甲이 보험금을 지급받은 후 乙에 대한 손해배상청구권을 포기한 경우라 하더라도 A보험회사는 여전히 甲의 乙에 대한 손해배상청구권을 대위할 수 있다.**

해설 『화재보험의 피보험자가 보험금을 지급받은 후 화재에 대한 책임 있는 자로부터 손해배상을 받으면서 나머지 손해배상청구권을 포기하였다 하더라도, 피보험자의 화재에 대한 책임 있는 자에 대한 손해배상청구권은 피보험자가 보험자로부터 보험금을 지급받음과 동시에 그 보험금액의 범위 내에서 보험자에게 당연히 이전되므로, **이미 이전된 보험금 상당 부분에 관한 손해배상청구권의 포기는 무권한자의 처분행위로서 효력이 없고,** 따라서 보험자가 이로 인하여 손해를 입었다고 볼 수 없다』(대판 1997. 11. 11, 97다37609). 정답 - O

17 **甲에게 보험금을 지급한 A보험회사가 乙에 대해 대위할 수 있는 손해배상청구권은 甲의 A보험회사에 대한 보험금청구권과 같이 위 사고발생일로부터 3년의 시효로 소멸한다.**

해설 『**구상권의 소멸시효의 기산점과 그 기간은 대위에 의하여 이전되는 권리자체를 기준으로 판단**하여야 하며 위와 같은 구상권은 그 소멸시효에 관하여 법률에 따로 정한 바가 없으므로 **일반원칙으로 돌아가 일반채권과 같이 그 소멸시효는 10년으로 완성된다고 해석함이 상당**하고 그 기산점은 구상권이 발생한 시점, 즉 **구상권자가 현실로 피해자에게 지급한 때이다**』(대판 1994. 1. 11, 93다32958). 정답 - X

18 **甲이 A보험회사로부터 보험금을 지급받은 후, 乙이 A보험회사의 대위권 취득의 사실을 모르고 과실 없이 甲에게 손해배상금을 지급한 때에는 A보험회사는 乙에 대해 대위권을 행사할 수 없다.**

해설 채권의 준점유자에 대한 변제로서 유효하다. 정답 - O

19 **乙이 생계를 같이하는 甲의 배우자인 경우 A보험회사는 甲 의 손해배상청구권을 대위할 수 없지만, 만일 乙이 고의로 위 사고를 일으켰다면 A보험회사는 乙에 대해 대위할 수 있다.**

해설

〔**제682조(제3자에 대한 보험대위)**〕 ② 보험계약자나 피보험자의 제1항에 따른 권리가 그와 생계를 같이 하는 가족에 대한 것인 경우 보험자는 그 권리를 취득하지 못한다. 다만, 손해가 그 가족의 고의로 인하여 발생한 경우에는 그러하지 아니하다.

정답 - O

제4장 인보험

제4편 어음법·수표법

제1장 어음법·수표법 개관

1 **어음은 수취인이 필요적 기재사항이나 수표는 수취인을 기재하지 않아도 수표로서 유효하다.** 변호사시험 제4회

해설 만기와 수취인은 수표요건이 아니다. 수표는 수취인이 없이 소지인출급식으로 발행할 수 있다(수표법 제5조 제1항 제3호). 정답 - O

2 **어음과 달리 수표는 일람출급으로만 발행될 수 있으나, 수표의 발행일을 현실의 발행일보다 후일의 일자로 기재한 선일자수표의 경우에는 그 발행일까지 지급제시를 할 수 없다.** 변호사시험 제4회

해설 수표는 지급증권이므로 성질상 만기가 없고 언제나 일람출급이며, 선일자수표(수표법 제28조 제2항)의 경우에도 **일람출급성이 강제**되고 있다. 따라서 **문면상의 발행일 이전에 이루어진 지급제시의 효력을 인정**한다. 정답 - X

3 **어음은 공정증서로써 지급거절을 증명하여야 하나, 수표의 경우에는 지급인 또는 어음교환소의 선언으로도 이를 증명할 수 있다.** 변호사시험 제4회

해설

〔**어음법 제44조(상환청구의 형식적 요건)**〕 ① 인수 또는 **지급의 거절은 공정증서(인수거절증서 또는 지급거절증서)로 증명**하여야 한다.
〔**수표법 제39조(상환청구의 요건)**〕 적법한 기간 내에 수표를 제시하였으나 지급받지 못한 경우에 소지인이 다음 각 호의 어느 하나의 방법으로 지급거절을 증명하였을 때에는 소지인은 배서인, 발행인, 그 밖의 채무자에 대하여 상환청구권(상환청구권)을 행사할 수 있다.
1. 공정증서(거절증서)
2. 수표에 제시된 날을 적고 날짜를 부기한 **지급인(제31조제2항의 경우에는 지급인의 위임을 받은 제시은행)의 선언**
3. 적법한 시기에 수표를 제시하였으나 지급받지 못하였음을 증명하고 날짜를 부기한 어음교환소의 선언

정답 - O

4 **제시기간 내에 지급제시된 수표에 대하여 그 지급인은 주채무자로서 소지인에 대하여 지급의무를 진다.** 변호사시험 제4회

해설 수표의 경우에는 어음과 달리 **주채무자가 없다**. 또한 환어음의 경우처럼 인수라는 제도도 없다. 정답 – X

5 **「어음법」과 달리 「수표법」에서는 횡선제도가 있으며, 일반횡선수표의 지급인은 은행 또는 지급인의 거래처에만 지급할 수 있다.** 변호사시험 제4회

해설

〔**수표법 제38조(횡선의 효력)**〕 ① 일반횡선수표의 지급인은 은행 또는 지급인의 거래처에만 지급할 수 있다.

정답 – O

제2장 어음 · 수표행위

1 **어음발행인이 그의 어음보증인의 동의를 얻지 않고 수취인 명의를 변경기재하였더라도, 이는 어음보증인에 대해서는 변조에 해당하지 않는다.** 변호사시험 제1회

해설 판례는 수취인란의 변개로 어음법상 변조에 해당됨을 전제로 하여 어음법 제69조의 적용여부는 이해관계인의 동의 여부에 따라 달라진다고 하고 있다. 『甲이 乙을 수취인으로 기재하여 작성한 약속어음에 피고로부터 발행인을 위한 어음보증을 받은 다음, 피고의 동의 없이 멋대로 수취인란의 기재를 삭제하고 원고에게 이를 교부하여 원고가 그 수취인란에 자신의 이름을 써 넣었다면 이와 같은 **약속어음의 수취인란 기재변경은 피고에 대한 관계에 있어서 어음의 변조에 해당**하고, 위 어음보증의 주된 채무는 발행인 甲의 수취인 乙에 대한 채무이며, 원고에 대한 채무가 아니므로 변조된 수취인인 원고에 대하여서까지 어음보증의 책임을 지는 것이 아니다』(대판 1981. 10. 13, 81다726,81다카90). 정답 – X

2 **어음발행 후에 발행인의 상호가 변경되어 어음소지인이 발행인란의 기명 부분 중 발행인의 구 상호를 지우고 신 상호를 기재한 경우에는 변조에 해당하지 않는다.** 변호사시험 제1회

해설 어음행위의 변조란 어음행위자의 어음채무가 성립된 이후에, 기명날인 또는 서명 이외의 어음의 기재사항을 변경하는 것을 말하고, 어음의 기재사항이란 필요적 기재사항인지 임의적 기재사항인지 여부를 불문한다. 발행인의 상호가 변경된 경우, 상호를 정정하는 것은 어음상 채무자인 발행인의 동일성이 유지되므로 채무내용에 변경이 없는 경우이므로 변조라 할 수 없다.

〔**참고 판례**〕 『甲이 어음의 수취인란을 공란으로 하여 乙주식회사 대표이사 丙에게 발행·교부하였고, 乙회사가 丁에게 그 어음을 배서양도한 경우, 丁이 수취인을 '丙'이라고 보충하였다가 '乙 주식회사 대표이사 丙'이라고 정정하는 것은 발행인인 甲이나 제1배서인인

乙회사 등 어음행위자들의 당초의 어음행위의 목적에 부합하고, 그로 말미암아 **어음의 효력이나 어음관계자의 권리의무의 내용에 영향을 미치지 않으므로**, 이는 단순히 착오로 기재된 것을 정정한 것에 불과하고 **어음을 변조한 경우에 해당한다고 볼 수 없다**』(대판 1995. 5. 9, 94다40659). 정답 - O

3 **어음소지인이 변조를 한 후에 이에 기명날인하여 타인에게 양도한 경우, 변조자는 변조 전의 원래 문구에 따라 어음상의 책임을 부담하면 된다.** 변호사시험 제 1회

해설 변조자가 어음면상 어음행위자인 경우에 그 자가 **변조 전 기명날인을 한 경우**이든, **변조 후 기명날인을 한 경우**이든, **변조 후 문언에 따른 어음상 책임을 부담**한다. 정답 - X

4 **변조 여부에 관한 증명책임은 언제나 어음소지인이 부담한다.** 변호사시험 제 1회

해설 판례는 **변조의 사실이 어음면상 명백**한 경우에는 **소지인**이 변조사실을 증명하여야 한다는 것(대판 1987. 3. 24, 86다카37)과, **어음채무자**가 증명하여야 한다는 것(대판 1985. 11. 12, 85다카131)으로 대립하고 있고, **변조의 사실이 어음면상 명백하지 않은 경우**에는 '**어음채무자**'에게 증명책임이 있다고 판시하고 있다(대판 1990. 2. 9, 89다카14165). 한편 다수설은 식별가능설의 입장이다. 정답 - X

5 **변조의 방법은 어음의 기재사항을 바꾸어 기재하는 행위에 한하므로, 권한 없는 제3자가 약속어음에 기재된 지시금지의 문구 위에 고의로 인지를 붙인 경우에는 변조에 해당하지 아니한다.** 변호사시험 제1회

해설 『**제3자가 고의로 인지를 약속어음에 기재된 지시금지의 문구위에 첨부**한 경우에는 이는 **어음의 기재내용을 일부 변조**한 것이므로, 어음발행인은 변조전의 문구에 따라서만 책임을 부담한다』(대판 1980. 3. 25, 80다202). 정답 - X

6 **기명날인 또는 서명은 반드시 자필로 하여야 하므로 기명날인의 대행은 허용되지 않는다.** 변호사시험 제3회

해설 서명은 자필서명이라는 점에서 서명대행은 인정할 수 없다는 견해가 유력하나, **기명행위는 반드시 자필일 필요는 없으며, 기명날인의 대행은 인정**된다. 다만 유권대행과 무권대행에 따라서 그 효과가 달라진다. 정답 - X

7 **기명의 명의와 날인의 명의가 일치하지 않으면 그 기명날인은 무효이다.** 변호사시험 제3회

해설 『어음법상의 기명날인이라는 것은 **기명된 자와 여기에 압날된 인영이 반드시 합치됨을 요구한다고 볼 근거는 없으므로** 약속어음에 기명이 되고 거기에 어떤 인장이 압날되어 있는 이상 외관상 날인이 전혀 없는 경우와는 구별되어야 한다』(대판 1978. 2. 28, 77다2489). 정답 - X

8 **본인 여부를 더욱 확실하게 알 수 있는 기명무인(記名拇印)도 유효한 어음행위가 된다.**

변호사시험 제3회

해설 『**배서날인에는 기명무인은 포함되지 않으므로** 기명무인으로서 한 어음행위는 무효라 할 것이어서 약속어음에 수차 배서가 될 경우에 시초에만 배서가 기명무인이 되었다면 그 어음에는 본조가 규정한 배서의 연속이 없고 위 무효인 배서이후의 어음취득자는 배서의 연속에 의하여 그 권리를 증명한 자라 할 수 없다』(대판 1962. 11. 1, 62다604). 정답 - X

9 **약속어음의 발행에 있어 발행인의 기명이 반드시 그 본명과 일치하여야 하는 것은 아니다.**

변호사시험 제3회

해설 기명(記名)은 행위자의 동일성을 나타낼 수 있으면 족하고 반드시 주민등록부상의 명칭을 기재할 필요는 없으며, 상호·아호·통칭·예명도 무방하다고 본다. 정답 - O

10 **조합의 어음행위는 조합의 성질상 조합원 전원이 기명날인 또는 서명을 하여야 하며, 대표조합원이 그 대표자격을 밝히고 조합원 전원을 대리하여 서명한 경우라도 조합원 전원에 대한 유효한 어음행위가 될 수 없다.**

변호사시험 제3회

해설 『**조합의 대표조합원이 그 대표자격을 밝히고 어음상의 서명**을 하는 경우에는 **그 조합의 대표자격을 밝히기만 하면 유효**한 것이며 반드시 어음행위의 본인이 되는 전조합원을 구체적으로 표시할 필요는 없다 할 것이다. 어음을 여러 사람 공동으로 발행하였을 경우에 공동발행인 전원을 상대로 하여서만 그 어음상의 채무이행을 청구할 수 있는 것이 아니고 그 사람에게 그 전부의 지급을 청구할 수 있는 것이다』(대판 1970. 8. 31, 70다1360). 정답 - X

11 **甲은 乙로부터 물품을 구입하면서 그 대금지급을 목적으로 약속어음 1매를 乙에게 교부하였다. 甲이 교부한 어음의 발행인이 丙으로 되어 있는데, 어음소지인 乙의 丙에 대한 어음금청구에 대하여 丙이 자신의 기명날인이 위조되었다고 주장하면서 어음금지급채무의 존재 여부를 다투는 경우, 丙은 자신의 기명날인이 위조되었다는 점에 대한 증명책임을 부담한다.**

변호사시험 제4회

해설 위조의 증명책임은 소지인이 부담한다. 『어음에 어음채무자로 기재되어 있는 사람이 자신의 기명날인이 위조된 것이라고 주장하는 경우에는 그 사람에 대하여 어음채무의 이행을 청구하는 **어음의 소지인**이 그 기명날인이 진정한 것임을 증명하지 않으면 안된다』〔대판(전합) 1993. 8. 24, 93다4151〕. 정답 - X

12 **어음발행인란에 수인이 공동으로 기명날인 또는 서명을 한 경우, 어음상의 권리자는 공동발행인 전원뿐만 아니라 공동발행인 각자에게도 어음금 전액을 청구할 수 있다.**

변호사시험 제5회

해설 어음발행인란에 수인이 공동으로 기명날인 또는 서명을 한 경우, 어음상의 권리자는 공동발행인 전원뿐만 아니라 공동발행인 각자에게도 어음금 전액을 청구할 수 있다.

정답 – O

13 **어음에서의 기한 후 배서는 지명채권 양도의 효력을 가지므로 「민법」상 지명채권 양도의 대항요건을 구비하여야 한다.** 변호사시험 제5회

해설 『어음법 제77조 제1항 제1호에 따라 약속어음에 준용되는 어음법 제13조 제2항은 "배서는 피배서인을 지명하지 아니하고 할 수 있으며 배서인의 기명날인 또는 서명만으로도 할 수 있다(백지식 배서). 배서인의 기명날인 또는 서명만으로 하는 백지식 배서는 환어음의 뒷면이나 보충지에 하지 아니하면 효력이 없다."고 규정하고 있고, 어음법 제16조 제1항은 "환어음의 점유자가 배서의 연속에 의하여 그 권리를 증명할 때에는 그를 적법한 소지인으로 추정한다. 최후의 배서가 백지식인 경우에도 같다. 말소한 배서는 배서의 연속에 관하여는 배서를 하지 아니한 것으로 본다. 백지식 배서의 다음에 다른 배서가 있는 경우에는 그 배서를 한 자는 백지식 배서에 의하여 어음을 취득한 것으로 본다."고 규정하고 있으며, 어음법 제20조 제1항은 "만기 후의 배서는 만기 전의 배서와 같은 효력이 있다. 그러나 지급거절증서가 작성된 후에 한 배서 또는 지급거절증서 작성기간이 지난 후에 한 배서는 지명채권 양도의 효력만 있다."고 규정하고 있다. 여기서 어음법 제20조 제1항 후문의 지명채권 양도의 효력만 있다는 규정은 단지 **그 효력이 지명채권 양도의 그것과 같다는 취지일 뿐이므로, 민법상 지명채권의 양도·양수절차인 채권양도인의 통지 또는 채무자의 승낙을 필요로 하는 것은 아니다**』(대판 1997. 11. 14, 97다38145등 참조).

정답 – X

14 **어음에 대한 일부의 배서는 그 부분에 한하여 유효하다.** 변호사시험 제5회

해설

〔어음법 제12조(배서의 요건)〕 ② 일부의 배서는 **무효**로 한다.

정답 – X

15 **어음에 있어서 배서의 연속은 어음 기재상 형식적으로 연속되어 있어야 할 뿐만 아니라 실질적으로도 연속되어 있을 것을 요한다.** 변호사시험 제5회

해설 어음에 있어서 배서의 연속은 어음 기재상 **형식적으로 연속되어 있으면 족**하다.

정답 – X

16 **수표에 기재되어야 할 수표행위자의 명칭은 반드시 수표행위자의 본명에 한한다.**

변호사시험 제5회

해설 『수표에 기재되어야 할 수표행위자의 명칭은 **반드시 수표행위자의 본명에 한하는 것은 아니고 상호, 별명 그 밖의 거래상 본인을 가리키는 것으로 인식되는 칭호라면 어느 것이나 다 가능**하다고 볼 것이므로, 비록 그 칭호가 본명이 아니라 하더라도 통상 그 명칭을 자기를 표시하는 것으로 거래상 사용하여 그것이 그 행위자를 지칭하는 것으로 인식되어 온 경우에는 그것을 수표상으로도 자기를 표시하는 칭호로 사용할 수 있다』(대판 1996. 5. 10, 96도527).

정답 - X

17 **위조된 배서를 진정한 것으로 믿고 어음을 유상취득한 경우의 손해액은 그 어음을 취득하기 위하여 지급한 금원이 아니라 해당 어음액면 상당액이다.** 변호사시험 제5회

해설 『위조된 약속어음을 취득함으로써 입은 손해는 다른 특별한 사정이 없는 한 이를 취득하기 위하여 **현실적으로 출연한 할인금 상당액**일 뿐, 그 어음이 진정한 것이었다면 어음소지인이 지급받았을 것이라고 인정되는 그 어음액면 상당액이라고는 할 수 없다』〔대판(전합) 1994. 11. 8, 93다21514〕.

정답 - X

18 **어음상의 피위조자는 귀책사유를 불문하고 선의의 어음소지인에게 어음상의 책임을 진다.** 변호사시험 제5회

해설 어음행위가 위조된 경우 **피위조자는 원칙적으로 어음상 책임이 없다.**

정답 - X

19 **어음상의 피위조자는 위조 사실을 증명하지 못하면 어음상의 책임을 면하지 못한다.** 변호사시험 제5회

해설 판례는 어음행위 위조사실의 입증책임과 관련해서 소지자책임설을 취하고 있다. 『어음에 어음채무자로 기재되어 있는 사람이 자신의 기명날인이 위조된 것이라고 주장하는 경우에는 그 사람에 대하여 어음채무의 이행을 청구하는 **어음의 소지인**이 그 기명날인이 진정한 것임을 증명하지 않으면 안된다』〔대판(전합) 1993. 8. 24, 93다4151〕.

정답 - X

20 **어음이 위조된 후 그 어음을 취득하여 배서양도한 자는 위조된 문언대로 어음상의 책임을 진다.** 변호사시험 제5회

해설 **어음행위 독립의 원칙상** 이 원칙에 의하여 위조어음 위에 기명날인 또는 서명한 자는 어음소지인에게 상환의무를 부담한다.

정답 - O

21 **변조 후에 그 어음에 기명날인하여 어음행위를 한 자는 원칙적으로 원래 문구에 따라 어음상의 책임을 진다.** 변호사시험 제5회

해설 변경된 후에 어음행위자는 변경된 문언에 따라 어음상 책임을 진다(어음법 제69조).

〔**어음법 제69조(변조와 어음행위자의 책임)**〕 환어음의 문구가 변조된 경우에는 그 변조 후에 기명날인하거나 서명한 자는 **변조된 문구에 따라** 책임을 지고 변조 전에 기명날인하거나 서명한 자는 원래 문구에 따라 책임을 진다.

정답 - X

제3장 어음·수표상의 권리의무의 발생

1 **발행일이 보충되지 아니한 백지어음을 지급제시하면, 이는 적법한 지급제시가 아니므로 어음소지인은 상환청구권을 보전할 수 없다.** 변호사시험 제1회

해설 지급제시는 어음요건을 모두 갖춘 완전어음으로써 제시하여야 한다. 따라서 백지어음인 상태에서의 지급제시는 상환청구권보전을 위한 적법한 지급제시가 될 수 없다. 『어음법 제75조 소정의 법정기재사항인 약속어음 **발행일란의 보충 없이 지급제시한 경우는 적법한 지급제시가 되지 못하여 소구권을 상실한다**』(대판 1993. 11. 23, 93다27765). 정답 - O

2 **만기는 기재되어 있으나 지급지와 지급을 받을 자 부분이 백지인 어음의 경우, 그 백지를 보충하지 않은 상태에서 어음금을 재판상 청구하면 어음상의 청구권에 관한 소멸시효가 중단되는 효과가 있다.** 변호사시험 제1회

해설 『만기는 기재되어 있으나 지급지, 지급을 받을 자 등과 같은 **어음요건이 백지인 약속어음의 소지인이 그 백지 부분을 보충하지 않은 상태에서 어음금을 청구하는 것은 어음상의 청구권에 관하여 잠자는 자가 아님을 객관적으로 표명한 것**이고 그 청구로써 어음상의 청구권에 관한 소멸시효는 중단된다』〔대판(전합) 2010. 5. 20, 2009다48312〕. 정답 - O

3 **만기가 2011. 5. 31.인 금액 백지의 약속어음을 2011. 5. 1. 배서한 경우, 그 금액의 보충이 2011. 6. 15.에서야 이루어졌다면 그 배서는 기한후배서에 해당한다.** 변호사시험 제1회

해설 『백지어음에 있어서 백지의 보충시와 어음행위 자체의 성립시기와는 엄격히 구별하여야 할 문제로서 백지의 보충 없이는 어음상의 권리를 행사할 수 없으나 **어음행위의 성립시기를 곧 백지의 보충시기로 의제할 수는 없는 것이며 그 성립시기는 그 어음행위 자체의 성립시기로 결정하여야 할 것이므로 백지어음에 만기 전에 한 배서는 만기 후에 백지가 보충된 때에도 기한후배서로 볼 것이 아니다**』〔대판(전합) 1971. 8. 31, 68다1176〕. 정답 - X

4 **보충권의 남용에 대하여 어음 취득 당시에 어음소지인에게 악의 또는 중과실이 있더라도, 발행인은 자신이 원래 수여한 보충권의 범위 안에서는 책임을 진다.** 변호사시험 제1회

해설 『소지인이 악의 또는 중과실로 부당 보충된 어음을 취득한 경우에도 발행인은 자신이 유효하게 보충권을 수여한 범위 안에서는 당연히 어음상의 책임을 진다』(대판 1999. 2. 9, 98다37736). 정답 - O

5 **금액이 백지인 약속어음에서 양도인으로부터 보충할 수 있는 금액의 범위를 전해 듣고 어음소지인이 직접 금액을 보충하는 경우, 어음소지인이 발행인에게 보충권의 내용에 관하여 조회하지 않았다면, 특별한 사정이 없는 한, 소지인에게 중과실이 있다.** 변호사시험 제1회

해설 『어음금액이 백지인 어음을 취득하면서 보충권한을 부여받은 자의 지시에 의하여 어음금액란을 보충하는 경우 보충권의 내용에 관하여 어음의 기명날인자에게 직접 조회하지 않았다면 특별한 사정이 없는 한 취득자에게 중대한 과실이 있다』(대판 1978. 3. 14, 77다2020).

정답 - O

6 **甲은 乙로부터 물품을 구입하면서 그 대금지급을 목적으로 약속어음 1매를 乙에게 교부하였다. 甲이 교부한 어음에 발행지가 기재되지 않았다 하더라도, 어음면의 기재 자체로 보아 국내어음으로 인정되는 경우에 있어서는 이를 무효의 어음으로 볼 수는 없다.** 변호사시험 제4회

해설 『어음면의 기재자체로 보아 국내어음으로 인정되는 경우에 있어서는 그 어음면상 발행지의 기재가 없는 경우라고 할지라도 이를 무효의 어음으로 볼 수는 없다』[대판(전합) 1998. 4. 23, 95다36466].

정답 - O

7 **甲은 乙로부터 물품을 구입하면서 그 대금지급을 목적으로 약속어음 1매를 乙에게 교부하였다. 甲이 교부한 어음이 백지약속어음인 경우 발행인 丙이 수취인 또는 그 소지인으로 하여금 백지부분을 보충케 하려는 보충권을 줄 의사로서 발행하였는지의 여부에 관하여는 보충권을 줄 의사로 발행한 것이 아니라는 점, 즉 백지어음이 아니고 불완전어음으로서 무효라는 점에 관한 증명책임이 丙에게 있다.** 변호사시험 제4회

해설 판례는 백지어음추정설의 입장이다. 『백지약속어음의 경우 발행인이 수취인 또는 그 소지인으로 하여금 백지부분을 보충케 하려는 보충권을 줄 의사로서 발행하였는지의 여부에 관하여는 **발행인에게** 보충권을 줄 의사로 발행한 것이 아니라는 점, 즉 백지어음이 아니고 불완전어음으로서 무효라는 점에 관한 입증책임이 있다』(대판 2001. 4. 24, 2001다6718).

정답 - O

8 **백지어음이 아니고 불완전 어음으로서 무효라는 점에 대하여 발행인이 증명하여야 한다.** 변호사시험 제6회

해설 『백지약속어음의 경우 발행인이 수취인 또는 그 소지인으로 하여금 백지부분을 보충케 하려는 보충권을 줄 의사로서 발행하였는가 여부의 점에 대하여는 **발행인에게** 보충권을 줄 의사로 발행한 것이 아니라는 점 즉 **백지어음이 아니고 불완전어음으로서 무효라는 점에 관한 입증책임이 있다**』(대판 1984. 5. 22, 83다카1585).

정답 - O

9 **발행일이 백지인 약속어음을 발행일란을 보충하지 않고 지급제시한 경우 적법한 지급제시가 되지 못한다.** 변호사시험 제6회

해설 『입법자가 수취인과 **발행일을 어음의 필요적 기재요건으로 하도록 규정한 것은, 발행일의 경우, 발행일이 발행일자후 정기출급어음의 만기를 정하고 일람출급어음의 지급제시기간을 정하는 표준이 되며, 확정일출급어음의 경우에는 발행인의 능력과 대리권의 유무를 판단함에 있어서 기준이 되고, 장기어음임을 은폐하기 위하여 발행일을 백지로 하여 어음을 발행하는 폐단을 방지해주기 위한 것**이고, 수취인을 필요적 기재사항으로 규정한 것은 수취인을 기재하지 아니한 어음이 '소지인 출급식 어음'이 되어 수표와 다를 바 없게 되기 때문이다』(헌법재판소 2000. 2. 24, 97헌바41 전원재판부 결정)

〔**어음법 제1조(어음의 요건)**〕 환어음(환어음)에는 **다음 각 호의 사항을 적어야** 한다.
7. **발행일**과 발행지(발행지)
〔**어음법 제2조(어음 요건의 흠)**〕 **제1조 각호의 사항을 적지 아니한 증권은 환어음의 효력이 없다.** 그러나 다음 각 호의 경우에는 그러하지 아니하다.
1. 만기가 적혀 있지 아니한 경우: 일람출급(일람출급)의 환어음으로 본다.
2. 지급지가 적혀 있지 아니한 경우: 지급인의 명칭에 부기(부기)한 지(지)를 지급지 및 지급인의 주소지로 본다.
3. 발행지가 적혀 있지 아니한 경우: 발행인의 명칭에 부기한 지(지)를 발행지로 본다.

→ 법에 따르면 발행일자는 어음의 필요적 기재사항으로서 이를 흠결할 경우 어음의 효력이 없다. 따라서 발행일이 백지인 백지어음이더라도 적법한 지급제시를 위해서는 발행일을 보충해야 한다. 다만, 발행일자의 기능을 고려하여 발행일자는 그 기재를 생략하더라도 어음으로서 유효한 것이 아닌지, 따라서 그에 의한 권리행사도 적법한 것으로 볼 수는 없는지 논의가 있다.

발행일자후정기출급어음의 경우에는 만기를 정하는 표준이 되고(어음법 제36조, 제77조 제1항 제2호), 일람출급어음의 경우에는 지급제시기간을 정하는 표준이 된다(어음법 제34조 제1항). 그리고 일람후정기출급의 환어음에서는 인수제시기간을 산정하는 기준이 된다(어음법 제23조 제1항). 한편, 가장 널리 사용되는 확정일출급어음의 경우, 발행인의 능력과 대리권 유무의 판단기준으로서 기능을 갖는다(위 헌법재판소 전원재판부 결정 참고). 따라서 **발행일이 기재되지 않은 어음으로써 권리를 행사하는 것은 부적법**하다. 정답 – O

10 만기는 기재되어 있으나 다른 어음요건이 백지인 약속어음의 소지인이 그 백지 부분을 보충하지 않은 상태에서 어음금을 재판상 청구하는 경우, 그 청구로써 어음상의 청구권에 관한 소멸시효 중단의 효과는 발생하지 않는다. 변호사시험 제6회

해설 『**만기는 기재되어 있으나 지급지, 지급을 받을 자 등과 같은 어음요건이 백지인 약속어음의 소지인이 그 백지 부분을 보충하지 않은 상태에서 어음금을 청구하는 것은** 어음상의 청구권에 관하여 잠자는 자가 아님을 객관적으로 표명한 것이고 **그 청구로써 어음상의 청구권에 관한 소멸시효는 중단된다**』〔대판(전합) 2010. 5. 20, 2009다48312〕. 정답 – X

11 **수취인을 백지로 하여 발행된 어음은 인도에 의하여 유효하게 양도될 수 있다.**

변호사시험 제6회

해설 **수취인 백지의 어음이 인도에 의하여 양도될 수 있는지 여부**에 관하여 판례는 『수취인이 백지인 채로 발행된 어음은 인도에 의하여 어음법적으로 유효하게 양도될 수 있다』(대판 1994. 11. 18, 94다23098)라고 판시하고 있다. 정답 - O

12 **어음금액만을 백지로 발행한 어음의 경우 주채무자에 대하여 그 백지보충권을 행사할 수 있는 시기는 다른 특별한 사정이 없는 한 만기를 기준으로 한다.** 변호사시험 제6회

해설 『**만기 이외의 어음요건이 백지인 경우** 그 백지보충권을 행사할 수 있는 시기는 다른 특별한 사정이 없는 한 **만기를 기준**으로 한다』(대판 2003. 5. 30, 2003다16214). 정답 - O

13 **甲이 乙에게 백지어음을 발행, 교부한 경우에 어음의 만기를 적지 않은 경우 乙에게 그에 관한 백지보충권이 수여되었다면 보충권의 소멸시효기간은 특별한 약정이 없는 한 보충권을 행사할 수 있는 때로부터 3년이다.** 변호사시험 제7회

해설 『만기를 백지로 한 약속어음을 발행한 경우, 그 보충권의 소멸시효는 다른 특별한 사정이 없는 한 그 어음발행의 원인관계에 비추어 어음상의 권리를 행사하는 것이 법률적으로 가능하게 된 때부터 진행하고, 백지약속어음의 보충권 행사에 의하여 생기는 채권은 어음금 채권이며 어음법 제77조 제1항 제8호, 제70조 제1항, 제78조 제1항에 의하면 약속어음의 발행인에 대한 어음금 채권은 만기의 날로부터 3년간 행사하지 아니하면 소멸시효가 완성되는 점 등을 고려하면, **만기를 백지로 하여 발행된 약속어음의 백지보충권의 소멸시효기간은 백지보충권을 행사할 수 있는 때로부터 3년**으로 보아야 한다』(대판 2003. 5. 30, 2003다16214). 정답 - O

14 **甲이 乙에게 백지어음을 발행, 교부한 경우에 어음의 지급지를 적지 않은 경우 乙에게 그에 관한 백지보충권이 수여되지 않았다면 그 어음은 당연히 무효이다.** 변호사시험 제7회

해설

〔**어음법 제2조(어음 요건의 흠)**〕 제1조 각호의 사항을 적지 아니한 증권은 환어음의 효력이 없다. 그러나 다음 각 호의 경우에는 그러하지 아니하다. 2. **지급지**가 적혀 있지 아니한 경우: **지급인의 명칭**에 **부기한 지**를 지급지 및 지급인의 주소지로 본다.

정답 - X

15 **甲이 乙에게 백지어음을 발행, 교부한 경우에 어음의 금액을 적지 않은 경우 乙에게 그에 관한 백지보충권이 수여되었다면 그 어음은 금액을 보충함으로써 어음상 효력이 발생한다.** 변호사시험 제7회

해설 『백지 약속어음은 백지에 대한 보충권과 백지보충을 조건으로 한 어음상의 청구권을 표창하는 유가증권으로서, **후일 어음요건이 보충되어야 비로소 완전한 어음**이 되고 그 보충이 있기까지는 미완성어음에 지나지 아니한다』〔대판(전합) 2010. 5. 20, 2009다48312〕.

정답 – O

16 **甲이 乙에게 백지어음을 발행, 교부한 경우에 乙이 수여된 보충권의 범위를 초과하여 금액을 보충한 경우 甲은 부당보충된 어음을 악의 또는 중과실 없이 양수한 소지인에게 보충권의 남용을 이유로 다투지 못한다.** 변호사시험 제7회

해설

〔어음법 제10조(백지어음)〕 미완성으로 발행한 환어음에 미리 합의한 사항과 다른 내용을 보충한 경우에는 그 합의의 위반을 이유로 소지인에게 대항하지 못한다. 그러나 소지인이 악의 또는 중대한 과실로 인하여 환어음을 취득한 경우에는 그러하지 아니하다.

정답 – O

17 **甲이 乙에게 백지어음을 발행, 교부한 경우에 소지인이 부당보충된 어음을 악의 또는 중과실로 취득한 경우에도 甲은 보충권을 수여한 범위 내에서는 당연히 어음 상의 책임을 부담한다.** 변호사시험 제7회

해설

〔어음법 제10조(백지어음)〕 미완성으로 발행한 환어음에 미리 합의한 사항과 다른 내용을 보충한 경우에는 그 합의의 위반을 이유로 소지인에게 대항하지 못한다. 그러나 소지인이 악의 또는 중대한 과실로 인하여 환어음을 취득한 경우에는 그러하지 아니하다.

정답 – O

제4장 어음 · 수표상의 권리의 이전

1 **甲이 무단으로 생면부지인 乙 명의의 약속어음을 발행한 경우 乙이 이를 추인하지 않는 한 乙은 수취인뿐만 아니라 그 후의 취득자에 대하여도 어음채무를 부담하지 않는다.** 변호사시험 제3회

해설 무권대행 즉 위조의 경우로서 피위조자 乙은 물적항변으로 대항할 수 있다.

정답 – O

2 **甲이 물품매매대금 지급을 위해 乙에게 약속어음을 발행하였으나 그 매매계약이 적법하게 해제되었음에도 乙이 丙에게 그 어음을 배서양도한 경우 丙이 그 계약해제 사실을 중대한 과실로 알지 못한 때에는 甲은 이를 이유로 丙에 대하여도 대항할 수 있다.** 변호사시험 제3회

해설 원인관계가 실효되는 경우 어음법 제17조에 기한 인적항변이 발생하나, 선의·무중과실의 전득자인 丙에 대해서 甲은 악의의 항변으로 대항할 수 없다(어음법 제17조 단서).

[제17조(인적 항변의 절단)] 환어음에 의하여 청구를 받은 자는 발행인 또는 종전의 소지인에 대한 인적 관계로 인한 항변(항변)으로써 소지인에게 대항하지 못한다. 그러나 소지인이 그 채무자를 해할 것을 알고 어음을 취득한 경우에는 그러하지 아니하다.

정답 – X

3 甲회사가 수취하여 보관하던 약속어음을 그 직원이 권한 없이 대리인으로서 양도배서하여 乙로부터 할인받은 경우 乙이 그 무권대리에 관하여 선의이고 중대한 과실이 없는 때에는 乙은 그 어음을 선의취득할 수 있다. 변호사시험 제3회

해설 무권대리와 같은 양도행위의 하자의 경우에도 선의취득이 인정된다는 것이 판례이다. 『어음의 선의취득으로 인하여 치유되는 하자의 범위 즉, 양도인의 범위는 양도인이 무권리자인 경우뿐만 아니라 **대리권의 흠결이나 하자 등의 경우도 포함**된다』(대판 1995. 2. 10, 94다55217).

정답 – O

4 甲이 어음소지인 乙로부터 금액란이 백지인 약속어음을 교부·양도 받으면서 발행인 丙에게 아무런 확인을 하지 않은 채 乙의 지시에 따라 금액란을 보충하고 할인하여 준 경우 발행인 丙은 그가 수여한 보충권한을 넘는 부분에 대하여는 甲에 대하여 어음채무를 부담하지 않는다. 변호사시험 제3회

해설 甲은 금액백지어음의 경우 보충권의 범위를 부당하게 고지하여 스스로 보충한 어음소지인으로서, 어음법 제10조 유추적용의 문제이다. **긍정설이 판례**이지만, 이 경우 **금액보충권의 범위를 조회하지 않은 甲의 중과실이 인정**된다고 보아, 결국 丙은 부당보충된 부분에 대해서는 어음채무를 부담하지 않게 된다.

정답 – O

5 약속어음의 소지인 乙이 만기에 이르러 발행인 甲에게 어음금을 청구하였으나 원인관계상의 사유로 지급을 거절당하자 그로부터 1개월이 경과한 후 丙에게 배서 양도하여 丙이 어음금 지급을 청구하는 경우 甲은 그 원인관계상의 사유로 대항할 수 없다.

변호사시험 제3회

해설 만기에 乙의 甲에 대한 어음금 청구가 어음법 제17조에 의한 인적항변으로 배척된 후 1개월이 경과한 시점에서 한 배서는 **기한후배서**가 되고, 기한후배서의 경우 **지명채권 양도의 효력만이 인정**되므로(어음법 제20조 제1항), 결국 甲은 기한후배서의 피배서인에 대해서도 인적항변으로 대항할 수 있다.

정답 – X

6 만기 후이지만 지급거절증서가 작성되지 않은 상태에서 지급거절증서 작성기간이 경과하기 전에 행해진 배서는 일반배서와 동일한 효력이 있다. 변호사시험 제 3회

해설

> 〔어음법 제20조(기한 후 배서)〕 ① 만기 후의 배서는 만기 전의 배서와 같은 효력이 있다. 그러나 지급거절증서가 작성된 후에 한 배서 또는 지급거절증서 작성기간이 지난 후에 한 배서는 지명채권 양도의 효력만 있다.

정답 – O

7 **지급거절증서가 작성되지 않은 상태에서 지급거절증서 작성기간이 경과하기 전에 백지식배서에 의해 어음을 취득한 자가 그 기간이 경과한 후에 백지를 보충한 경우 이는 기한후배서로 본다.** 변호사시험 제3회

해설 『백지식으로 배서가 된 약속어음의 소지인이 지급거절증서작성기간이 경과되기 전에 배서일이 백지로 된 채 배서에 의하여 그 약속어음을 양도받은 것이라면, 지급거절증서작성기간이 경과된 후에 배서일을 지급거절증서작성기간 경과 전으로, 피배서인을 자신으로 각 보충을 하였다고 하더라도, **기한후배서로 볼 수는 없다**』(대판 1994. 2. 8, 93다54927).

정답 – X

8 **기한후배서는 지명채권양도의 효력이 있는바, 지명채권양도의 방식을 따라야 하므로 어음채무자에 대한 통지·승낙 등 대항요건을 갖추어야 한다.** 변호사시험 제3회

해설 어음법 제77조 제1항 제1호에 따라 약속어음에 준용되는 어음법 제13조 제2항은 “배서는 피배서인을 지명하지 아니하고 할 수 있으며 배서인의 기명날인 또는 서명만으로도 할 수 있다(백지식 배서). 배서인의 기명날인 또는 서명만으로 하는 백지식 배서는 환어음의 뒷면이나 보충지에 하지 아니하면 효력이 없다.”고 규정하고 있고, 어음법 제16조 제1항은 “환어음의 점유자가 배서의 연속에 의하여 그 권리를 증명할 때에는 그를 적법한 소지인으로 추정한다. 최후의 배서가 백지식인 경우에도 같다. 말소한 배서는 배서의 연속에 관하여는 배서를 하지 아니한 것으로 본다. 백지식 배서의 다음에 다른 배서가 있는 경우에는 그 배서를 한 자는 백지식 배서에 의하여 어음을 취득한 것으로 본다.”고 규정하고 있으며, 어음법 제20조 제1항은 “만기 후의 배서는 만기 전의 배서와 같은 효력이 있다. 그러나 지급거절증서가 작성된 후에 한 배서 또는 지급거절증서 작성기간이 지난 후에 한 배서는 지명채권 양도의 효력만 있다.”고 규정하고 있다. 여기서 어음법 제20조 제1항 후문의 지명채권 양도의 효력만 있다는 규정은 단지 **그 효력이 지명채권 양도의 그것과 같다는 취지**일 뿐이므로, **민법상 지명채권의 양도·양수절차인 채권양도인의 통지 또는 채무자의 승낙을 필요로 하는 것은 아니다**(대판 1997. 11. 14, 97다38145등 참조). 기한후배서 역시 양도배서와 마찬가지로 어음법에서 인정한 양도방법으로서, 지명채권양도의 방법을 갖출 필요가 없다. 정답 – X

9 **기한후배서를 한 경우 약속어음의 발행인은 기한후배서 당시까지 배서인에게 대항할 수 있었던 인적 항변으로 피배서인에게 대항할 수 있다.** 변호사시험 제3회

해설

〔어음법 제20조(기한 후 배서)〕 ① 만기 후의 배서는 만기 전의 배서와 같은 효력이 있다. 그러나 지급거절증서가 작성된 후에 한 배서 또는 지급거절증서 작성기간이 지난 후에 한 배서는 지명채권 양도의 효력만 있다.

→기한후배서는 지명채권양도의 효력에 불과하다. 따라서 어음법 제17조 인적항변이 절단되지 않는다.

정답 - O

10 ① 융통어음의 발행인은 피융통자에 대하여 그 어음이 융통어음이므로 어음상의 책임을 부담하지 아니한다고 항변할 수 있고, 융통어음이라는 점에 대한 증명책임은 발행인이 부담한다.

② 융통어음의 발행인은 피융통자로부터 기한 후 배서에 의하여 그 어음을 양수한 제3자에 대하여 대가 없이 발행된 융통어음이라는 항변으로 대항할 수 있다. 변호사시험 제6회

해설 『융통어음의 발행자는 피융통자로부터 그 어음을 양수한 제3자에 대하여는 선의이거나 악의이거나, 또한 그 취득이 기한 후 배서에 의한 것이라 하더라도 대가 없이 발행된 융통어음이라는 항변으로 대항할 수 없으나(②), 피융통자에 대하여는 어음상의 책임을 부담하지 아니한다 할 것이고(①), 약속어음금 청구에 있어 어음의 발행인이 그 어음이 융통어음이므로 피융통자에 대하여 어음상의 책임을 부담하지 아니한다고 항변하는 경우 융통어음이라는 점에 대한 입증책임은 어음의 발행자가 부담한다(①)』(대판 2001. 8. 24, 2001다28176).

정답 - ① O ② X

11 어음에 있어서 형식상 배서의 연속이 끊어진 경우에 다른 방법으로 그 중단된 부분에 관하여 실질적 관계가 있음을 증명한 소지인은 어음상 권리를 행사할 수 있다.

변호사시험 제6회

해설 『어음에 있어서의 배서의 연속은 형식상 존재함으로써 족하고 또 형식상 존재함을 요한다 할 것이나, 형식상 배서의 연속이 끊어진 경우에 딴 방법으로 그 중단된 부분에 관하여 실질적 관계가 있음을 증명한 소지인이 한 어음상의 권리행사는 적법하다』(대판 1995. 9. 15, 95다7024).

정답 - O

사례

甲은 乙이 발행한 액면 금 1억 원, 발행일 2014. 6. 20., 지급기일 2014. 10. 20., 지급장소 주식회사 丙은행, 발행지 서울특별시, 지급지 및 수취인 각 백지, 제1배서인 丁, 제2배서인 戊로 된 약속어음 1장을 소지하고 있다. 甲은 지급지란에는 서울특별시, 수취인란에는 丁으로 보충한 후 2014. 10. 20. 위 지급장소에서 적법한 지급제시를 하였으나 예금 부족을 이유로 지급거절되었다. 다음 설명이 타당한가? (다툼이 있는 경우 판례에 의함) 변호사시험 제4회

12 **甲이 乙을 상대로 어음금 지급을 구하는 소를 제기한 경우, 乙은 丁의 사기에 의해 어음을 발행하였고, 甲이 중대한 과실로 그러한 사실을 알지 못하였다면 乙은 이를 이유로 甲에게 대항할 수 있다.**

해설 원칙적으로 원인관계의 무효 취소와 같은 인적 항변은 당사자가 아닌 제3자에 대한 관계에서는 절단되나, 제3자에게 **해의가 있을 때**에는 어음채무자가 이로써 제3자에게 대항할 수 있다(어음법 제17조). 이 때, 해의란 **항변사유의 존재를 아는 것** 뿐 아니라 어음소지인이 자신이 어음을 취득함으로써 어음채무자의 항변이 절단되어 **어음채무자에게 손해가 발생한다는 사실까지 인식**하는 것을 의미한다. 따라서 甲이 중대한 과실로 乙이 사기에 의해 어음을 발행하였다는 사실을 알지 못하였더라도 해의가 있다고 할 수 없고, 따라서 乙은 이로써 甲에게 대항할 수 없다. 정답 – X

사례 [13~17]

甲은 乙에게 약속어음을 발행하였는데, 乙의 종업원 丙이 乙의 승낙을 받지 않고 이 약속어음에 乙 명의의 배서를 하여 丁에게 교부하였다. 丁은 이 약속어음을 戊에게 배서양도하여 현재 어음은 戊가 소지하고 있다. 丁과 戊는 丙이 乙의 승낙을 받지 않고 위 배서를 하였다는 사실을 알지 못하였고 이에 대하여 중대한 과실도 없다. 약속어음 문면상으로는 戊까지의 배서가 모두 연속되어 있는 상황에서, 법률관계에 관한 다음 설명 중 옳은 것은? (다툼이 있는 경우에는 판례에 의함) 변호사시험 제2회

13 **乙로부터 丁으로의 실질적 권리이전이 없었기 때문에 戊는 어음의 적법한 권리자로 추정되지 않는다.**

해설 본건 어음에 있어서 乙, 丁, 戊에 이르기까지 배서의 연속이 인정된다. 따라서 **어음법 제16조 제1항**에 의하여 戊는 적법한 권리자로 추정된다. 정답 – X

14 **甲은 戊가 어음금을 청구하더라도 乙의 배서가 위조되었다는 이유를 들어 戊의 청구를 거절할 수 있다.**

해설 **甲은 戊에 대한 항변사유가 없는 한 피위조자 乙이 주장할 수 있는 물적항변을 주장할 수는 없고** 발행인으로서 어음상 책임을 진다. 정답 – X

15 **甲이 어음금의 지급을 거절하여 戊가 乙에게 어음금의 상환청구를 하는 경우, 배서의 위조사실에 대한 증명책임은 乙에게 있다.**

해설 『어음에 어음채무자로 기재되어 있는 사람이 자신의 기명날인이 위조된 것이라고 주장하는 경우에는 그 사람에 대하여 어음채무의 이행을 청구하는 **어음의 소지인이** 그 기명날인이 진정한 것임을 증명하지 않으면 안된다』[대판(전합) 1993. 8. 24, 93다4151]. 정답 – X

16 **戊가 甲에게 적법한 지급제시를 하지 아니하여 상환청구권 보전절차를 밟지 않았다고 하더라도 이는 戊가 丙의 사용자 乙에 대하여 민법 제756조의 불법행위책임을 묻는데 있어 장애가 되지 않는다.**

해설 『어음이 위조된 경우에 피위조자는 민법상 표현대리에 관한 규정이 유추적용될 수 있다는 등의 특별한 경우를 제외하고는 원칙적으로 어음상의 책임을 지지 아니하나, 피용자가 어음위조로 인한 불법행위에 관여한 경우에 그것이 사용자의 업무집행과 관련한 위법한 행위로 인하여 이루어졌으면 그 사용자는 민법 제756조에 의한 손해배상책임을 지는 경우가 있고, 이 경우에 사용자가 지는 책임은 어음상의 책임이 아니라 민법상의 불법행위책임이므로 그 책임의 요건과 범위가 어음상의 그것과 일치하는 것이 아니다. 따라서 **민법 제756조 소정의 사용자 책임을 논함에 있어서는 어음소지인이 어음법상 소구권을 가지고 있느냐는 등 어음법상의 권리 유무를 따질 필요가 없으므로,** 어음소지인이 현실적으로 지급제시를 하여 지급거절을 당하였는지의 여부가 어음배서의 위조로 인한 손해배상책임을 묻기 위하여 필요한 요건이라고 할 수 없고, 어음소지인이 적법한 지급제시기간 내에 지급제시를 하지 아니하여 소구권 보전의 절차를 밟지 않았다고 하더라도 이는 어음소지인이 이미 발생한 위조자의 사용자에 대한 불법행위책임을 묻는 것에 장애가 되는 사유라고 할 수 없다』〔대판(전합) 1994. 11. 8, 93다21514〕.

정답 – O

17 **丁은 어음이 위조된 이후에 배서하였으므로 戊에 대하여 상환의무를 부담하지 않는다.**

해설 **위조발행되어 전전된 어음을 분실한 자의 책임**에 관하여 판례는 『위조발행된 어음이라도 **어음행위독립의 원칙상 그 뒤에 유효하게 배서한 배서인에 대하여는 소구권을 행사할 수 있으므로** 이를 보관중 분실한 자에 대하여는 손해배상을 청구할 수 있다』(대판 1977. 12. 13, 77다1753)라고 판시하고 있다.

정답 – X

사례 【18~22】

甲은 만기가 2017. 5. 29.이고 수취인란이 백지인 약속어음을 발행하여 乙에게 교부하였으며, 乙은 배서를 하지 않고 이를 丙에게 교부하였다. 丙은 2017. 5. 30. 수취인란에 자신의 이름을 기재하고 즉시 그 어음을 丁에게 배서·양도하였으며, 丁은 2017. 7. 1. 이를 戊에게 배서·양도하였다. 이에 관한 설명이 타당한가? (다툼이 있는 경우 판례에 의함)

변호사시험 제 7회

18 **丁에게 어음상의 권리가 적법하게 양도되었으나 이는 지명채권양도의 효력만 있다.**

(해설) 『백지어음에 있어서 백지의 보충시와 어음행위 자체의 성립시기와는 엄격히 구별하여야 할 문제로서 백지의 보충없이는 어음상의 권리를 행사할 수 없으나 어음행위의 성립시기를 곧 백지의 보충시기로 의제할 수는 없는 것이며 **그 성립시기는 그 어음행위 자체의 성립시기로 결정**하여야 할 것이므로 백지어음에 **만기 전에 한 배서는 만기 후에 백지가 보충된 때에도 기한후 배서로 볼 것이 아니다**』〔대판(전합) 1971. 8. 31, 68다1176〕. 정답 – X

19 **戊가 甲에 대하여 어음상의 권리를 행사하기 위해서는 丁의 통지 또는 甲의 승낙이 있어야 한다.**

(해설) 『어음법 제20조 제1항 후단에서 지급거절증서 작성 후 또는 지급거절증서 작성기간 경과 후의 배서는 지명채권 양도의 효력만이 있다고 규정하고 있는 것은 단지 그 효력이 지명채권 양도의 그것과 같다는 취지일 뿐이므로, **민법상 지명채권의 양도·양수절차인 채권양도인의 통지 또는 채무자의 승낙을 필요로 하는 것은 아니다**』(대판 1997. 11. 14, 97다38145). 정답 – X

20 **甲은 丁에 대한 인적항변으로 戊에게 대항할 수 있다.**

(해설) 『피배서인이 어음의 지급거절증서 작성기간 경과 후에 피배서인의 명의로 된 배서인란의 기재를 말소하고 그 대신 수취인인 배서인 명의의 기명·날인을 받은 경우, 이는 **지명채권양도의 효력**만이 있어 **어음채무자는 피배서인에 대하여 배서인에 대한 모든 인적 항변으로 대항할 수 있다**』(대판 1997. 7. 22, 96다12757). 정답 – O

21 **丁이 戊로부터 어음을 회수하더라도 乙에 대한 상환청구권은 발생하지 않는다.**

(해설) 어음·수표에 배서한 자 또는 환어음이나 수표를 발행한 자가 부담하는 법정의 담보책임에 대응하는 소지인이 갖는 권리를 상환청구권이라고 할 수 있는데 **乙은 위 어음에 배서한 자가 아니므로 상환의무자가 아니다**. 즉, 환어음, 약속어음, 수표의 배서인과 환어음의 발행인이 상환의무자이다. 정답 – O

22 **戊로부터 어음을 회수한 丙의 어음금청구를 받은 甲은 丙이 甲을 해할 것을 알고 어음을 취득한 경우에도 乙에 대한 인적항변으로 대항할 수 없다.**

(해설)

〔**어음법 제17조(인적 항변의 절단)**〕 환어음에 의하여 청구를 받은 자는 발행인 또는 종전의 소지인에 대한 인적 관계로 인한 항변(항변)으로써 소지인에게 대항하지 못한다. 그러나 소지인이 그 채무자를 **해할 것을 알고 어음을 취득한 경우에는 그러하지 아니하다.**

정답 – X

제5장 어음 · 수표상의 권리의 소멸

1 **원인관계에 있는 채권의 지급을 담보하기 위하여 어음이 발행된 경우, 그 어음상의 권리가 소멸한 후에 원인관계에 있는 채권이 소멸되었다면 이득상환청구권이 생길 수 없다.** 변호사시험 제6회

해설 약속어음채권이 시효완성된 후에 그 원인관계의 채권을 행사할 수 있는 경우에 그 어음소지인의 이득상환청구권의 발생여부에 관하여 판례는 『원인관계에 있는 채권의 지급을 담보하기 위하여 어음이 발행된 경우에 그 어음상의 권리가 소멸한 후에 원인관계에 있는 채권이 소멸되었다면 이득상환청구권이 생길 수 없다』(대판 1963. 5. 15, 63다155)라고 판시하고 있다. 정답 – O

사례 【2~5】

甲은 乙이 발행한 액면 금 1억 원, 발행일 2014. 6. 20., 지급기일 2014. 10. 20., 지급장소 주식회사 丙은행, 발행지 서울특별시, 지급지 및 수취인 각 백지, 제1배서인 丁, 제2배서인 戊로 된 약속어음 1장을 소지하고 있다. 甲은 지급지란에는 서울특별시, 수취인란에는 丁으로 보충한 후 2014. 10. 20. 위 지급장소에서 적법한 지급제시를 하였으나 예금 부족을 이유로 지급거절되었다. 다음 설명이 타당한가? (다툼이 있는 경우 판례에 의함) 변호사시험 제4회

2 **예금 부족을 이유로 지급거절되었기 때문에 甲은 丁과 戊를 상대로만 상환청구권을 행사할 수 있고, 乙을 상대로는 어음금 청구를 할 수 없다.**

해설 만기에 지급이 되지 아니한 어음의 소지인은 **배서인, 발행인, 그 밖의 어음채무자에 대하여** 상환청구권을 행사할 수 있고(어음법 제43조), 예금 부족을 이유로 한 지급거절의 경우에도 주채무자인 발행인에게는 만기로부터 3년 내에 어음금청구를 할 수 있다. 정답 – X

3 **배서인들의 어음금채무는 합동책임이므로 甲이 丁, 戊를 상대로 위 어음금 지급을 구하는 소를 제기할 경우 고유필수적 공동소송에 해당한다.**

해설 동일한 어음 위에 수개의 어음채무가 병존하는 경우 **각 채무는 서로 독립적**이지만 각 어음채무자는 소지인에 대하여 **합동하여 책임을 부담**한다(어음법 제47조). 합동책임은 연대책임과 유사하나 **그 책임의 발생원인 및 범위가 각 채무자마다 다르고, 상환의무자의 1인에 대하여 이행을 청구하더라도 다른 의무자에 대하여 당연히 이행청구의 효력이 미치는 것은 아닌 점** 등의 차이가 있다. 따라서 이는 공동소송인간 합일 확정의 필요성이 없으므로 통상공동소송이다. 정답 – X

4 **만약 甲이 위 각 백지부분을 보충하지 않고 乙에게 소를 제기하였다면 그 소 제기는 시효중단의 효력이 없다.**

(해설) 『만기는 기재되어 있으나 지급지, 지급을 받을 자 등과 같은 어음요건이 백지인 약속어음의 소지인이 그 백지 부분을 보충하지 않은 상태에서 어음금을 청구하는 것은 **어음상의 청구권에 관하여 잠자는 자가 아님을 객관적으로 표명한 것**이고 그 청구로써 어음상의 청구권에 관한 소멸시효는 중단된다』〔대판(전합) 2010. 5. 20, 2009다48312〕. 정답 – X

5 **戊가 甲에게 어음금을 적법하게 지급하고 그 어음을 환수한 경우 戊가 환수한 날부터 6개월간 丁을 상대로 재상환청구권을 행사하지 아니하면 소멸시효가 완성된다.**

(해설)

〔어음법 제70조(시효기간)〕 ③ 배서인의 다른 배서인과 발행인에 대한 청구권은 그 배서인이 어음을 **환수한 날** 또는 그 자가 제소된 날부터 **6개월간** 행사하지 아니하면 소멸시효가 완성된다.
재상환청구권은 배서인이 어음을 환수한 날 또는 그 자가 제소된 날로부터 6개월간 행사하지 아니하면 소멸시효가 완성된다.

정답 – O

제6장 어음 · 수표법의 특수한 쟁점

1 **甲은 乙로부터 물품을 구입하면서 그 대금지급을 목적으로 약속어음 1매를 乙에게 교부하였다. 甲이 물품대금의 '지급을 위하여' 乙에게 어음을 교부한 때에는 乙로서는 어음채권을 우선 행사하고, 그에 의하여 만족을 얻을 수 없을 때 비로소 甲에 대하여 기존의 원인채권을 행사할 수 있다.** 변호사시험 제4회

(해설) 『어음이 '지급을 위하여' 교부된 경우에는 채권자는 어음채권과 원인채권 중 어음채권을 먼저 행사하여 만족을 얻을 것을 당사자가 예정하였다고 할 것이므로 채권자로서는 **어음채권을 우선 행사하고, 그에 의하여서는 만족을 얻을 수 없을 때 비로소 채무자에 대하여 기존의 원인채권을 행사**할 수 있다』(대판 1996. 11. 8, 95다25060). 정답 – O

2 **甲은 乙로부터 물품을 구입하면서 그 대금지급을 목적으로 약속어음 1매를 乙에게 교부하였다. 甲이 물품대금의 '지급을 담보하기 위하여' 乙에게 어음을 교부한 때에는 원인채무와 어음채무는 병존하므로 乙은 어음상 권리와 원인채권 중 어느 것이나 먼저 행사할 수 있다.** 변호사시험 제4회

(해설) 지급을 담보(확보)하기 위하여 어음을 교부한 경우 원인채권이나 어음상권리 중 어느 하나를 선택적으로 행사할 수 있다는 것이 통설이다. 정답 – O

3 **어음할인의 원인채권에 관하여 소를 제기한 것만으로는 그 할인된 어음상의 채권 그 자체를 행사한 것으로 볼 수 없어 이는 어음채권에 관한 소멸시효 중단사유인 재판상 청구에 해당하지 않는다.** 변호사시험 제6회

해설 어음할인의 원인채권에 관한 소의 제기가 어음채권에 관한 소멸시효 중단사유가 되는지 여부에 관하여 판례는 『어음할인의 원인채권에 관하여 소를 제기한 것만으로는 그 할인된 어음상의 채권 그 자체를 행사한 것으로 볼 수 없어 이는 어음채권에 관한 소멸시효 중단사유인 재판상 청구에 해당하지 않는다』(대판 1994. 12. 2, 93다59922)라고 판시하고 있다.

정답 - O

사례 【4~8】

甲은 2012. 3. 2. 乙로부터 물품을 공급받고 그 대금은 2012. 4. 30. 지급하기로 하였다. 그 후 甲은 2012. 4. 1. 乙의 요청에 따라 그 대금의 지급을 위하여 만기가 2012. 5. 31.이고 어음금액이 2,000만 원인 약속어음 1매를 발행하여 주었다. 이와 관련한 설명이 타당한가? (다툼이 있는 경우에는 판례에 의함) 변호사시험 제2회

4 **乙은 甲에 대하여 물품대금채권과 어음채권 중 어느 것이나 먼저 행사할 수 있고, 그 변제로 나머지 채권은 소멸한다.**

해설 '지급을 담보하기 위하여' 어음행위를 한 경우 어음소지인 乙은 원인채권과 어음채권이 병존할 뿐만 아니라 양 채권을 선택적으로 행사할 수 있다. 이 경우 **원인채권을 먼저 행사하였더라도 어음채권은 소멸하지 않고, 어음채무자는 채권자(어음소지인)에게 원인채무소멸을 인적항변으로 주장할 수 있을 뿐**이다. 반대로 어음채권을 먼저 행사하여 어음채무가 이행되면 원인채무는 소멸한다.

정답 - X

5 **이중지급의 위험이 있는 경우 乙이 甲에게 어음을 반환하지 않으면 甲은 어음채무는 물론 물품대금채무의 이행도 거절할 수 있다.**

해설 『채무의 이행확보를 위하여 약속어음이 교부되었을 경우에는 그 약속어음의 반환을 받지 않는 한 그 채무이행을 거절할 수 있다』(대판 1970. 10. 23, 70다2042).

〔민법 제536조(동시이행의 항변권)〕 ① 쌍무계약의 당사자 일방은 상대방이 그 채무이행을 제공할 때 까지 자기의 채무이행을 거절할 수 있다. 그러나 상대방의 채무가 변제기에 있지 아니하는 때에는 그러하지 아니하다. ② 당사자 일방이 상대방에게 먼저 이행하여야 할 경우에 상대방의 이행이 곤란할 현저한 사유가 있는 때에는 전항 본문과 같다.

정답 - O

6 **乙이 甲에 대하여 어음금청구의 소를 제기하여도 물품대금채권의 소멸시효는 중단되지 않는다.**

해설 『시효가 진행하고 있는 기존채권의 청구로 수표금청구를 변경한 경우에 전자에 대한 소송의 제기로 후자인 수표금청구에 대한 소멸시효의 중단의 효과를 발생할 수는 없다고 할 것이다』(대판 1967. 4. 25, 67다75).

『원인채권의 지급을 확보하기 위하여 어음이 수수된 당사자 사이에서 채권자가 **어음채권을 피보전권리로 하여 채무자의 재산을 가압류함으로써 그 권리를 행사한 경우에는 그 원인채권의 소멸시효를 중단시키는 효력이 있고,** 이러한 법리는 채권자가 어음채권을 청구채권으로 하여 채무자의 재산을 압류함으로써 그 권리를 행사한 경우에도 마찬가지이며, 한편 집행력 있는 채무명의 정본을 가진 채권자는 이에 기하여 강제경매를 신청할 수 있으며, 다른 채권자의 신청에 의하여 개시된 경매절차를 이용하여 배당요구를 신청하는 행위도 채무명의에 기하여 능동적으로 그 권리를 실현하려고 하는 점에서는 강제경매의 신청과 동일하다고 할 수 있으므로, 부동산경매절차에서 집행력 있는 채무명의 정본을 가진 채권자가 하는 배당요구는 민법 제168조 제2호의 압류에 준하는 것으로서 배당요구에 관련된 채권에 관하여 소멸시효를 중단하는 효력이 생긴다고 할 것이고, 따라서 원인채권의 지급을 확보하기 위하여 어음이 수수된 당사자 사이에 채권자가 어음채권에 관한 집행력 있는 채무명의 정본에 기하여 한 배당요구는 그 원인채권의 소멸시효를 중단시키는 효력이 있다』(대판 2002. 2. 26, 2000다25484).

정답 – X

7 **물품대금채권은 특별한 사정이 없는 한 약속어음의 만기일까지 이행기가 연기된 것으로 볼 수 있다.**

해설 『기존 채무의 이행을 위하여 발행된 약속어음의 소지인인 금융기관이 어음되막기 방법에 의하여 그 약속어음을 결제된 것으로 처리하는 경우 외관상 그 금융기관에 어음금 상당의 금액이 입금된 것으로 보이지만 기존 **채무는 쌍방간의 약정에 따라 새로운 어음의 지급기일까지 그 지급이 유예**된 것일 뿐 그로써 기존 채무가 소멸되는 것은 아니다』(대판 1999. 9. 7, 98다47283).

정답 – O

8 **乙이 약속어음을 제3자에게 배서하여 양도한 경우에는 甲에 대한 물품대금채권은 소멸한다.**

해설 **양자는 별개의 채권**이기 때문에 어음채권이 배서를 통해 양도되더라도 원인채권은 수반하지 않는다.

정답 – X

제5편 회사법

제1장 통 칙

1 **합명회사와 합자회사의 경우, 회사의 재산으로 회사의 채무를 완제할 수 없는 때에는 각 사원은 다른 사원과 연대하여 회사의 채무를 전부 변제할 책임이 있다.** 변호사시험 제2회

해설

〔제212조(사원의 책임)〕 ① 회사의 재산으로 회사의 채무를 완제할 수 없는 때에는 각 사원은 연대하여 변제할 책임이 있다.
〔제279조(유한책임사원의 책임)〕 ① 유한책임사원은 그 출자가액에서 이미 이행한 부분을 공제한 가액을 한도로 하여 회사채무를 변제할 책임이 있다.

정답 – X

2 **유한회사의 경우에는 정관규정으로 사원은 다른 사원의 동의를 받지 아니하면 그 지분의 전부 또는 일부를 타인에게 양도하지 못하도록 할 수 있지만, 주식회사의 경우에는 정관규정으로도 다른 주주의 동의 없이는 주식을 양도하지 못하도록 제한할 수 없다.** 변호사시험 제2회

해설

〔제335조(주식의 양도성)〕 ① 주식은 타인에게 양도할 수 있다. 다만, 회사는 정관으로 정하는 바에 따라 그 발행하는 주식의 양도에 관하여 이사회의 승인을 받도록 할 수 있다.
〔제556조(지분의 양도)〕 사원은 그 지분의 전부 또는 일부를 양도하거나 상속할 수 있다. 다만, 정관으로 지분의 양도를 제한할 수 있다.

정답 – O

3 **주식회사와 유한회사는 설립 당시 사원이 1인이어도 되지만, 유한책임회사의 경우에는 내부관계에 관하여 합명회사에 관한 규정을 준용하므로 설립 당시에는 2인 이상의 사원이 있어야 한다.** 변호사시험 제2회

해설

〔제288조(발기인)〕 주식회사를 설립함에는 발기인이 정관을 작성하여야 한다.
〔제543조(정관의 작성, 절대적 기재사항)〕 ① 유한회사를 설립함에는 사원이 정관을 작성하여야 한다.
〔제287조의2(정관의 작성)〕 유한책임회사를 설립할 때에는 사원은 정관을 작성하여야 한다.

정답 – X

4 **주식회사와 유한회사의 이사는 각각 주주 또는 사원일 것이 요구되지 않지만, 유한책임회사의 업무집행자는 사원 중에서 정하여야 한다.** 변호사시험 제2회

해설

〔제287조의12(업무의 집행)〕 ① 유한책임회사는 정관으로 사원 또는 사원이 아닌 자를 업무집행자로 정하여야 한다.

정답 － X

5 **주식회사의 자본금 총액은 제한이 없지만, 유한회사의 자본금 총액은 1천만 원 이상이어야 한다.** 변호사시험 제2회

해설 유한회사의 최저자본금도 폐지되었다. 제546조(출자 1좌의 금액의 제한) 출자 1좌의 금액은 100원 이상으로 균일하게 하여야 한다. 정답 － X

6 **甲합명회사와 乙합명회사가 합병하는 경우에 채권자보호절차가 필요하다.** 변호사시험 제7회

해설

〔제232조(채권자의 이의)〕 ① 회사는 합병의 결의가 있은 날부터 2주내에 회사채권자에 대하여 합병에 이의가 있으면 일정한 기간내에 이를 제출할 것을 공고하고 알고 있는 채권자에 대하여는 따로따로 이를 최고하여야 한다. 이 경우 그 기간은 1월 이상이어야 한다.

정답 － O

제2장 주식회사

| 제1절 | 주식회사의 기초

1 **주식 발행사항의 결정권이 이사회에 있는 회사가 무액면주식을 발행한 경우 그 회사의 자본금은 주식 발행가액의 2분의 1 이상의 금액으로서 이사회가 자본금으로 계상하기로 한 금액의 총액이다.** 변호사시험 제5회

해설

〔제451조(자본금)〕 ② 회사가 무액면주식을 발행하는 경우 회사의 자본금은 주식 발행가액의 2분의 1 이상의 금액으로서 이사회(제416조 단서에서 정한 주식발행의 경우에는 주주총회를 말한다)에서 자본금으로 계상하기로 한 금액의 총액으로 한다.

정답 － O

2 **액면주식을 무액면주식으로 전환하는 경우 자본금을 변경할 수 없다.** 변호사시험 제5회

해설

〔**제451조(자본금)**〕 ③ 회사의 자본금은 액면주식을 무액면주식으로 전환하거나 무액면주식을 액면주식으로 전환함으로써 변경할 수 없다.

정답 - O

| 제2절 | 설 립

1 **A주식회사는 자본금 총액이 7억 원이다. A회사를 모집설립하는 경우에는 각 발기인이 정관에 기명날인 또는 서명함으로써 정관의 효력이 생긴다.** 변호사시험 제4회

해설

〔**제292조(정관의 효력발생)**〕 정관은 공증인의 인증을 받음으로써 효력이 생긴다. 다만, 자본금 총액이 10억원 미만인 회사를 **제295조 제1항에 따라 발기설립(발기설립)**하는 경우에는 제289조 제1항에 따라 각 발기인이 정관에 기명날인 또는 서명함으로써 효력이 생긴다.

→ '발기'설립의 경우에만 이러한 예외가 인정된다. 정답 - X

2 **회사설립 당시 납입된 위 회사의 자본금은 반드시 5,000만 원이어야 한다.** 변호사시험 제5회

해설 개정상법에서 삭제되었다. 정답 - X

3 **현물출자를 하려면 회사설립시 뿐만 아니라 신주발행시에도 정관에 그 근거를 두도록 「상법」에 규정하고 있다.** 변호사시험 제6회

해설

〔**제416조(발행사항의 결정)**〕 회사가 그 성립 후에 주식을 발행하는 경우에는 **다음의 사항으로서 정관에 규정이 없는 것은 이사회가 결정한다.** 다만, 이 법에 다른 규정이 있거나 정관으로 주주총회에서 결정하기로 정한 경우에는 그러하지 아니하다.

4. 현물출자를 하는 자의 성명과 그 목적인 재산의 종류, 수량, 가액과 이에 대하여 부여할 주식의 종류와 수

→ 신주발행시 현물출자는 정관에 규정이 없다면 이사회 결의로 정할 수 있다. 정답 - X

4 **회사설립시의 현물출자, 재산인수, 사후설립은 변태설립사항에 해당한다.** 변호사시험 제6회

해설

〔**제290조(변태설립사항)**〕 다음의 사항은 정관에 기재함으로써 그 효력이 있다.
1. 발기인이 받을 특별이익과 이를 받을 자의 성명
2. 현물출자를 하는 자의 성명과 그 목적인 재산의 종류, 수량, 가격과 이에 대하여 부여할 주식의 종류와 수
3. **회사성립후에 양수할 것을 약정한 재산의 종류, 수량, 가격과 그 양도인의 성명**
4. 회사가 부담할 설립비용과 발기인이 받을 보수액

〔**제375조(사후설립)**〕 회사가 그 성립 후 2년 내에 그 성립 전부터 존재하는 재산으로서 영업을 위하여 계속하여 사용하여야 할 것을 자본금의 100분의 5 이상에 해당하는 대가로 취득하는 계약을 하는 경우에는 제374조를 준용한다.

→ 사후설립은 변태설립사항이 아니다.

정답 - X

5 **재산인수는 발기인이 일정한 재산을 회사성립 후에 양수할 것을 특정인과 약정하는 것으로 출자를 목적으로 하는 단체법상의 출자행위이다.** 변호사시험 제6회

해설

〔**제290조(변태설립사항)**〕 다음의 사항은 정관에 기재함으로써 그 효력이 있다.
1. 발기인이 받을 특별이익과 이를 받을 자의 성명
2. 현물출자를 하는 자의 성명과 그 목적인 재산의 종류, 수량, 가격과 이에 대하여 부여할 주식의 종류와 수
3. **회사성립후에 양수할 것을 약정한 재산의 종류, 수량, 가격과 그 양도인의 성명**
4. 회사가 부담할 설립비용과 발기인이 받을 보수액

→ 재산인수란 발기인이 회사의 성립을 조건으로 다른 발기인이나 주식인수인 또는 제3자로부터 일정한 재산을 매매의 형식으로 양수할 것을 약정하는 계약이다(상법 제290조 제3호). 따라서 취득을 위한 출자행위와는 구별된다. 다만, 현물출자에 대한 규제를 회피하기 위하여 재산인수가 약용될 우려가 있어, 상법은 변태설립사항으로 정하고 있다.

정답 - X

6 **사후설립은 회사성립 후 3년 내에 그 성립 전부터 존재하는 재산으로 영업을 위하여 사용하여야 할 것을 자본금의 5% 이상의 대가로 취득함으로써 회사에 손해를 끼치는 계약으로, 이에 대하여 주주총회의 특별결의가 없는 경우에는 무효이다.** 변호사시험 제6회

해설

〔제375조(사후설립)〕 회사가 그 성립 후 2년 내에 그 성립 전부터 존재하는 재산으로서 영업을 위하여 계속하여 사용하여야 할 것을 자본금의 100분의 5 이상에 해당하는 대가로 취득하는 계약을 하는 경우에는 제374조를 준용한다.

정답 – X

7 **회사설립 후 신주발행시, 이행기가 도래하지 않은 출자자의 제3자에 대한 1억 원의 물품대금채권을 현물출자의 목적으로 하는 경우, 이사의 청구에 의하여 법원이 선임한 검사인의 조사를 받거나, 이에 갈음하여 공인된 감정인의 감정을 받아야 한다.** 변호사시험 제6회

해설

〔제422조(현물출자의 검사)〕 ① 현물출자를 하는 자가 있는 경우에는 이사는 제416조 제4호의 사항을 조사하게 하기 위하여 검사인의 선임을 법원에 청구하여야 한다. 이 경우 공인된 감정인의 감정으로 검사인의 조사에 갈음할 수 있다.

정답 – O

사례 【8~12】

창업동아리에서 만난 甲과 乙, 2인은 각각 2,500만 원씩을 출자하여 자본금 5,000만 원인 주식회사를 발기설립하려고 한다. 이 경우 설립될 회사에 관한 설명으로 타당한가?

변호사시험 제1회

8 **주식회사를 설립하려면 적어도 5천만 원의 자본금이 필요하다.**

해설 개정전 상법 제329조 제1항은 「주식회사의 자본은 5천만원 이상이어야 한다」고 하였으나, **현재는 삭제**되었다.

정답 – X

9 **이사회를 구성할 3인 이상의 이사가 반드시 있어야 하므로 甲과 乙이 이사가 되더라도 1명을 더 이사로 영입해야 한다.**

해설 이사는 3인 이상이어야 하지만, 자본금 총액이 10억원 미만인 회사는 1명 또는 2명으로 할 수 있다(제383조 제1항).

〔제383조(원수, 임기)〕 ① 이사는 3명 이상이어야 한다. 다만, **자본금 총액이 10억원 미만인 회사는 1명 또는 2명으로 할 수 있다.**

정답 – X

10 **감사위원회를 둘 여건이 안 된다면 비상근이라도 감사를 반드시 두어야 한다.**

해설 이사는 3인 이상이어야 하지만, 자본금 총액이 10억원 미만인 회사는 1명 또는 2명으로 할 수 있다(제383조 제1항).

〔제409조(선임)〕 ④ 자본금 총액이 10억원 미만인 회사의 경우에는 감사를 선임하지 않을 수 있다.

정답 – X

11 **부족한 사업자금은 회사설립 이후에 사채를 발행하여 조달할 수 있다.**

해설 주식회사의 경우에는 사채발행이 허용된다.

〔제469조(사채의 발행)〕 회사는 이사회의 결의에 의하여 사채를 모집할 수 있다.

정답 – O

12 **甲과 乙이 동의하기만 하면 별도의 소집절차 없이 주주총회를 개최할 수 있다.**

해설

〔제363조(소집의 통지)〕 ⑤ 자본금 총액이 10억원 미만인 회사는 주주 전원의 동의가 있을 경우에는 소집절차 없이 주주총회를 개최할 수 있다.

정답 – O

사례 【13~17】

자본금 1억 원인 A주식회사를 모집설립함에 있어서 인수한 주식에 관하여 甲은 금전으로, 乙은 A회사에 대하여 가지고 있는 채권으로, 丙은 당좌수표로 각 주금을 납입하였다. 또한, 丁은 戊의 승낙을 얻어 戊의 명의로 주식을 인수하였다. 다음 설명 중 옳지 않은 것은? (다툼이 있는 경우에는 판례에 의함) 변호사시험 제1회

13 **발기인은 주식청약서에 주금의 납입을 맡을 은행 기타 금융기관과 납입장소를 기재하여야 한다.**

해설

〔제302조(주식인수의 청약, 주식청약서의 기재사항)〕 ② 주식청약서는 발기인이 작성하고 다음의 사항을 적어야 한다. 9. 납입을 맡을 은행 기타 금융기관과 납입장소

정답 – O

14 **회사설립 시에 발행하는 주식의 총수가 인수된 때에는 발기인은 지체없이 주식인수인에 대하여 각 주식에 대한 인수가액의 전액을 납입시켜야 한다.**

해설

〔제305조(주식에 대한 납입)〕 ① 회사설립시에 발행하는 주식의 총수가 인수된 때에는 발기인은 지체없이 주식인수인에 대하여 각 주식에 대한 인수가액의 전액을 납입시켜야 한다.

정답 - O

15 **乙은 납입에 관하여 A회사에 대한 채권을 자동채권으로 하는 일방적인 상계로써 A회사에 대항하지 못한다.**

해설

〔제421조(주식에 대한 납입)〕 ② 신주의 인수인은 회사의 동의 없이 제1항의 납입채무와 주식회사에 대한 채권을 상계할 수 없다.

정답 - O

16 **丙이 주금으로 납입한 당좌수표가 현실적으로 결제되어 현금화되기 전이라도 수표의 예입만으로 주금의 납입이 인정된다.**

해설 어음수표의 일반법리에 의하면 당좌수표를 수수한 경우 역시 원인채무가 소멸하지 않고 수표상 채무와 병존한다. 따라서 **당좌수표가 현실적으로 결제되어 현금화되어야만** 주금납입의 효력이 인정된다. 정답 - X

17 **丁은 주식인수인으로서 주금납입책임을 진다.**

해설 승낙을 받고 한 타인명의 주식인수에 관하여 통설 및 판례는 실질설을 취했으나, 최근에 형식설로 견해를 변경하였다. 따라서 주주명부상 주주 戊만이 주금납입의무를 부담하고, 나아가 주식인수인의 지위를 갖는다. 『주식을 양수하였으나 아직 주주명부에 명의개서를 하지 아니하여 주주명부에는 양도인이 주주로 기재되어 있는 경우뿐만 아니라, 주식을 인수하거나 양수하려는 자가 타인의 명의를 빌려 회사의 주식을 인수하거나 양수하고 타인의 명의로 주주명부에의 기재까지 마치는 경우에도, 회사에 대한 관계에서는 **주주명부상 주주만이** 주주로서 의결권 등 주주권을 적법하게 행사할 수 있다』〔대판(전합) 2017. 3. 23, 2015다248342〕. 정답 - X

사례 【18~22】

甲과 乙은 자본금 20억 원의 A 주식회사를 발기설립하기로 하고 사채업자 丙으로부터 20억 원을 일시 차입하여 주금을 납입하였다. 이후 甲과 乙은 설립등기를 마친 즉시 납입한 20억 원 전액을 인출하여 丙에게 변제하였다. 이에 관한 다음 설명 중 옳지 않은 것은?(다툼이 있는 경우에는 판례에 의함) 변호사시험 제3회

18 **위 사안에서 20억 원에 대한 주금납입의 효력은 인정된다.**

해설 『일시적인 차입금으로 단지 주금납입의 외형을 갖추고 회사설립이나 증자 후 곧바로 그 납입금을 인출하여 차입금을 변제하는 **주금의 가장납입의 경우에도 금원의 이동에 따른 현실의 불입이 있는 것**이고, 설령 그것이 실제로는 주금납입의 가장 수단으로 이용된 것이라고 할지라도 이는 그 납입을 하는 발기인 또는 이사들의 주관적 의도의 문제에 불과하므로, 이러한 내심적 사정에 의하여 회사의 설립이나 증자와 같은 집단적 절차의 일환을 이루는 주금납입의 효력이 좌우될 수 없다』(대판 1997. 5. 23, 95다5790). - **유효설의 입장**이다. 정답 - O

19 **甲과 乙은 체당납입한 20억 원을 A 회사에 상환할 의무가 있다.**

해설 『가장납입에 있어서 회사는 일시 차입금을 가지고 주주들의 주금을 체당 납입한 것과 같이 볼 수 있으므로 주금납입의 절차가 완료된 후에 회사는 주주에 대하여 체당 납입한 주금의 상환을 청구할 수 있다』(대판 1985. 1. 29, 84다카1823,84다카1824). 정답 - O

20 **甲과 乙은 이후 열린 A 회사의 주주총회에서 의결권을 행사할 수 없다.**

해설 **납입이 유효**한 이상 甲과 乙은 형식적으로나 실질적으로 주주로서 의결권을 행사할 수 있다. 정답 - X

21 **甲과 乙은 공동불법행위자로서 A 회사에 대하여 연대하여 손해배상책임을 질 수 있다.**

해설

〔민법 제760조(공동불법행위자의 책임)〕 ① 수인이 공동의 불법행위로 타인에게 손해를 가한 때에는 연대하여 그 손해를 배상할 책임이 있다.

정답 - O

22 **甲과 乙의 위 행위는 상법상 납입가장죄를 구성하는 외에 별도로 형법상 업무상횡령죄는 구성하지 않는다.**

해설 『상법 제628조 제1항 소정의 납입가장죄는 회사의 자본충실을 기하려는 법의 취지를 유린하는 행위를 단속하려는 데 그 목적이 있는 것이므로, 당초부터 진실한 주금납입으로 회사의 자금을 확보할 의사 없이 형식상 또는 일시적으로 주금을 납입하고 이 돈을 은행에 예치하여 납입의 외형을 갖추고 주금납입증명서를 교부받아 설립등기나 증자등기의 절차를 마친 다음 바로 그 납입한 돈을 인출한 경우에는, 이를 회사를 위하여 사용하였다는 특별한 사정이 없는 한 실질적으로 회사의 자본이 늘어난 것이 아니어서 납입가장죄 및 공정증서원본불실기재죄와 불실기재공정증서원본행사죄가 성립하고, 다만 납입한 돈을 곧바로 인출하였다고 하더라도 그 인출한 돈을 회사를 위하여 사용한 것이라면 자본충실을 해친다고 할 수 없으므로 주금납입의 의사 없이 납입한 것으로 볼 수는 없고, 한편 주식회사의 설립업무 또는 증자업무를 담당한 자와 주식인수인이 사전 공모하여 주금납입취급은행 이외의 제3자로부터 납입금에 해당하는 금액을 차입하여 주금을 납입하고 납입취급은행으로부터 납입금보관증명서를 교부받아 회사의 설립등기절차 또는 증자등기절차를 마친 직후 이를 인출하여 위 차용금채무의 변제에 사용하는 경우, 위와 같은 행위는 실질적으로 회사의 자본을 증가시키는 것이 아니고 등기를 위하여 납입을 가장하는 편법에 불과하여 주금의 납입 및 인출의 전과정에서 회사의 자본금에는 실제 아무런 변동이 없다고 보아야 할 것이므로, 그들에게 회사의 돈을 임의로 유용한다는 불법영득의 의사가 있다고 보기 어렵다 할 것이고, 이러한 관점에서 **상법상 납입가장죄의 성립을 인정하는 이상 회사 자본이 실질적으로 증가됨을 전제로 한 업무상횡령죄가 성립한다고 할 수는 없다**』〔대판(전합) 2004. 6. 17, 2003도7645〕.

정답 – O

사례 【23~27】

甲과 乙은 휴대폰 부품을 제조하여 판매하는 자본금 5억 원인 A주식회사를 발기설립의 방법으로 설립하기로 하고, 발기인으로서 甲은 이 회사의 운영에 필수적인 특허권을 출자하되 이를 2억 원으로 평가하여 액면가 5,000원인 주식 4만 주를 부여받고, 乙이 나머지 3억 원에 해당하는 주식 6만 주를 인수하여 그 전액을 금전으로 납입하기로 하였다. 이 회사의 설립에 관한 설명 중 옳지 않은 것은? (다툼이 있는 경우에는 판례에 의함) 변호사시험 제3회

23 甲과 乙이 정관을 작성하여 상법 제289조가 정한 사항을 적고 기명날인 또는 서명한 때 A 회사의 정관은 공증인의 인증 없이도 그 효력이 생긴다.

해설

〔**제292조(정관의 효력발생)**〕 정관은 공증인의 인증을 받음으로써 효력이 생긴다. 다만, 자본금 총액이 10억원 미만인 회사를 제295조 제1항에 따라 발기설립(발기설립)하는 경우에는 제289조 제1항에 따라 각 발기인이 정관에 기명날인 또는 서명함으로써 효력이 생긴다.

→ 설문의 A회사는 자본금이 10억 원 미만인 회사에 불과하기 때문이다. 정답 – O

24 甲의 성명과 특허권의 내용과 가격, 이에 대하여 주식 4만 주를 부여한다는 내용은 정관에 기재함으로써 그 효력이 있다.

해설

〔**제290조(변태설립사항)**〕 다음의 사항은 정관에 기재함으로써 그 효력이 있다.
1. 발기인이 받을 특별이익과 이를 받을 자의 성명
2. 현물출자를 하는 자의 성명과 그 목적인 재산의 종류, 수량, 가격과 이에 대하여 부여할 주식의 종류와 수
3. 회사성립후에 양수할 것을 약정한 재산의 종류, 수량, 가격과 그 양도인의 성명
4. 회사가 부담할 설립비용과 발기인이 받을 보수액

→ 특허권의 출자는 상법 제290조 변태설립사항 중 제2호 **현물출자**이다. 정답 – O

25 A회사는 감사와 감사위원회 모두를 두지 않을 수 있다.

해설

〔**제409조(선임)**〕 ④ 제1항, 제296조 제1항 및 제312조에도 불구하고 **자본금의 총액이 10억원 미만인 회사의 경우에는 감사를 선임하지 아니할 수 있다.**

→ A 회사는 자본금이 10억 원 미만인 비상장회사이므로 감사와 감사위원회 모두를 두지 않을 수 있다. 정답 – O

26 A회사는 설립등기시 요구되는 납입금을 보관한 은행 또는 그 밖의 금융기관이 발급하는 납입금보관증명서를 은행 또는 그 밖의 금융기관의 잔고증명서로 대체할 수 있다.

해설

〔**제318조(납입금 보관자의 증명과 책임)**〕 ③ 자본금 총액이 10억원 미만인 회사를 제295조 제1항에 따라 발기설립하는 경우에는 제1항의 증명서를 은행이나 그 밖의 금융기관의 잔고증명서로 대체할 수 있다.

정답 – O

27 **A회사의 이사와 감사는 취임 후 지체없이 회사의 설립에 관한 모든 사항이 법령 또는 정관의 규정에 위반되지 아니하는지의 여부를 조사하여 법원에 보고하여야 한다.**

해설

〔**제298조(이사·감사의 조사·보고와 검사인의 선임청구)**〕 ① 이사와 감사는 취임후 지체없이 회사의 설립에 관한 모든 사항이 법령 또는 정관의 규정에 위반되지 아니하는지의 여부를 조사하여 **발기인에게** 보고하여야 한다.

→ 발기설립에 있어서 이사 또는 감사는 법원이 아니라 발기인에게 보고하여야 한다. 이와 달리 모집설립의 경우에는 창립총회에 보고하여야 한다(제313조 제1항). 정답 – X

| 제3절 | 주식과 주주

1 **주식회사는 정관변경을 통하여 이미 발행한 액면주식의 일부를 무액면주식으로 전환할 수 있다.** 변호사시험 제2회

해설

〔**제329조(자본금의 구성)**〕 ① 회사는 정관으로 정한 경우에는 **주식의 전부**를 무액면주식으로 발행할 수 있다. 다만, 무액면주식을 발행하는 경우에는 액면주식을 발행할 수 없다.

정답 – X

2 **액면주식 1주의 금액의 상한과 하한에 대한 제한은 없지만, 액면주식의 금액은 균일하여야 한다.** 변호사시험 제2회

해설

〔**제329조(자본금의 구성)**〕 ③ 액면주식 1주의 금액은 **100원 이상**으로 하여야 한다.

정답 – X

3 **무액면주식을 발행하는 경우 회사의 자본금은 주식 발행가액의 2분의 1 이상의 금액으로서 이사회(또는 신주발행을 주주총회 결의로 정하는 경우에는 주주총회)에서 자본금으로 계상하기로 한 금액의 총액으로 한다.** 변호사시험 제2회

해설

〔**제451조(자본금)**〕 ② 회사가 무액면주식을 발행하는 경우 회사의 자본금은 주식 발행가액의 2분의 1 이상의 금액으로서 이사회(제416조 단서에서 정한 주식발행의 경우에는 주주총회를 말한다)에서 자본금으로 계상하기로 한 금액의 총액으로 한다. 이 경우 주식의 발행가액 중 자본금으로 계상하지 아니하는 금액은 자본준비금으로 계상하여야 한다.

정답 – O

4 **액면주식을 무액면주식으로 전환하거나 무액면주식을 액면주식으로 전환할 때에는 상법상 채권자보호절차를 거쳐야 한다.** 변호사시험 제2회

해설

〔제451조(자본금)〕 ③ 회사의 자본금은 액면주식을 무액면주식으로 전환하거나 무액면주식을 액면주식으로 전환함으로써 변경할 수 없다.

→ 따라서 자본금의 변화가 없는 이상 채권자보호절차를 거칠 필요는 없다. 정답 – X

5 **발행주식 중 일부는 액면주식으로, 나머지는 무액면주식으로 하여 발행할 수 없다.** 변호사시험 제5회

해설

〔제329조(자본금의 구성)〕 ① 회사는 정관으로 정한 경우에는 주식의 전부를 무액면주식으로 발행할 수 있다. 다만, 무액면주식을 발행하는 경우에는 액면주식을 발행할 수 없다.

정답 – O

6 **의결권이 없는 주식으로서 보통주의 배당금액을 기준으로 이에 1%를 추가한 금액을 배당하는 주식을 발행할 수 있다.** 변호사시험 제3회

해설 2011년 상법개정 전에는 배당률에 있어서 우선권을 부여한 주식(설문의 1% 우선주)은 상법상 우선주로 인정하지 않았지만, 현재 상법 제344조에는 최저배당률에 관한 내용이 삭제되고, '배당재산의 가액의 결정방법' 또는 '이익을 배당하는 조건' 등으로 확대하고 있고, **무의결권 보통주도 종류주식으로서 인정**됨으로써 이러한 **1% 우선주도 종류주식으로 인정**된다고 본다(통설). 정답 – O

7 **이익배당에 관한 우선주를 의결권이 없는 주식으로 발행하면서 우선배당을 결의하지 아니한 주주총회의 다음 주주총회에서도 그 주주의 의결권이 부활하지 아니하는 것으로 정할 수 있다.** 변호사시험 제3회

해설 2011년 개정 전 의결권의 부활(의결권의 일반적 회복)에 관한 내용이다(구 상법 제370조 제1항 단서). 현재는 의결권 부활의 인정 여부는 상법이 별도로 규정하지 않으므로, 회사가 자율적으로 정할 수 있다(상법 제344조의3 제1항). 정답 – O

8 **동일한 기회에 신주를 발행하면서 이익배당과 잔여재산분배에 있어서 내용이 다른 우선주와 보통주의 발행가액에 차이를 둘 수 있다.** 변호사시험 제3회

해설 신주발행시 발행가액은 상법 제416조 제2호에 의해 이사회가 결정함이 원칙이다. 이 경우 보통주와 종류주식의 발행가는 동일하지 않을 수 있다. 예컨대 우선주는 보통주에 비해 발행가가 저가인 경우가일반적이다. 정답 – O

9 **이익배당의 내용이 보통주와 동일하면서 의결권이 없는 주식을 발행할 수 없다.**

변호사시험 제3회

해설 상법 제344조의3은 **개정 전 이익배당 우선주를 전제로 의결권 없는 주식을 발행할 수 있다는 내용을 폐지**하였다. 해석상 무의결권 보통주도 종류주식으로 발행이 가능하다.

정답 – X

10 **안건별로 의결권행사의 가부를 달리하여, 이사 선임에 관해서는 의결권을 행사할 수 없지만 정관변경에 관해서는 의결권을 행사할 수 있는 주식을 발행할 수 있다.**

변호사시험 제3회

해설

〔**제344조의3(의결권의 배제·제한에 관한 종류주식)**〕 ① 회사가 의결권이 없는 종류주식이나 의결권이 제한되는 종류주식을 발행하는 경우에는 정관에 의결권을 행사할 수 없는 사항과, 의결권행사 또는 부활의 조건을 정한 경우에는 그 조건 등을 정하여야 한다.

정답 – O

11 **주주의 상환청구권을 배제하고 회사만이 상환권을 갖는 상환주식을 발행할 수 있다.**

변호사시험 제5회

해설

〔**제344조(종류주식)**〕 ① 회사는 이익의 배당, 잔여재산의 분배, 주주총회에서의 의결권의 행사, 상환 및 전환 등에 관하여 내용이 다른 종류의 주식(이하 '종류주식'이라 한다)을 발행할 수 있다.

정답 – O

12 **상환의 대가를 배당가능이익의 범위 내에서 발행회사의 사채(社債)로 지급하는 상환주식을 발행할 수 있다.**

변호사시험 제5회

해설

〔**제344조의3(의결권의 배제·제한에 관한 종류주식)**〕 ① 회사가 의결권이 없는 종류주식이나 의결권이 제한되는 종류주식을 발행하는 경우에는 정관에 의결권을 행사할 수 없는 사항과, 의결권행사 또는 부활의 조건을 정한 경우에는 그 조건 등을 정하여야 한다.

정답 – O

13 **회사의 이익으로써 소각할 수 있는 조건이 붙은 의결권 없는 이익배당우선주를 발행할 수 있다.** 변호사시험 제5회

해설

〔제345조(주식의 상환에 관한 종류주식)〕 ① 회사는 정관으로 정하는 바에 따라 회사의 이익으로써 소각할 수 있는 종류주식을 발행할 수 있다. 이 경우 회사는 정관에 상환가액, 상환기간, 상환의 방법과 상환할 주식의 수를 정하여야 한다.

정답 - O

14 **사채(社債)로의 전환청구권을 행사할 수 있는 전환주식을 발행할 수 있다.** 변호사시험 제5회

해설 전환주식이란 종류주식을 발행한 경우에 **어느 종류의 주식으로부터 다른 종류의 주식으로의 전환권**이 인정되는 주식을 말한다. 정답 - X

15 **"1주당 5개의 의결권을 부여하는 종류주식을 발행할 수 있다."라는 규정은 적법하다.** 변호사시험 제6회

해설 『상법 제369조 제1항에서 주식회사의 주주는 1주마다 1개의 의결권을 가진다고 하는 **1주 1의결권의 원칙을 규정하고 있는바, 위 규정은 강행규정**이므로 법률에서 위 원칙에 대한 예외를 인정하는 경우를 제외하고, **정관의 규정**이나 주주총회의 결의 등으로 **위 원칙에 반하여 의결권을 제한하더라도 효력이 없다**』(대판 2009. 11. 26, 2009다51820). 정답 - X

16 **"정관을 변경함으로써 어느 종류주식의 주주에게 손해를 미치게 될 때에는, 그 정관변경은 주주총회의 결의에 의하고 그 종류주식의 주주의 총회의 결의는 생략할 수 있다." 라는 규정은 적법하다.** 변호사시험 제6회

해설

〔제435조(종류주주총회)〕 ① 회사가 종류주식을 발행한 경우에 **정관을 변경함으로써 어느 종류주식의 주주에게 손해를 미치게 될 때에는** 주주총회의 결의 외에 그 **종류주식의 주주의 총회의 결의가 있어야** 한다.

→ 소수자 보호를 위한 강행규정으로서의 성질을 갖는 제435조 제1항에 반하므로 부적법하다. 정답 - X

17 **"이익배당에 관한 우선주에 대해서는 「상법」 제462조 제1항에 따른 배당 가능한 이익이 없는 경우에도 배당한다."라는 규정은 적법하다.** 변호사시험 제6회

해설 **자본충실의 원칙에 반하여 부적법**하다. 정관의 내용을 주식회사의 본질(자본충실의 이념, 주주평등의 원칙 등)에 반하거나 기타 강행규정에 위반하는 것으로 규정하지는 못한다.

정답 - X

18 **"의결권이 제한된 이익배당 우선주의 경우, 최저배당률은 액면금액을 기준으로 하여 연 3%로 하고 이익배당이 이에 미치지 못할 경우에도 의결권은 부활하지 않는다."라는 규정은 적법하다.** 변호사시험 제6회

해설

〔**제344조(종류주식)**〕 ① 회사는 **이익의 배당**, 잔여재산의 분배, 주주총회에서의 **의결권의 행사**, 상환 및 전환 등에 **관하여 내용이 다른 종류의 주식(이하 '종류주식'이라 한다)을 발행할 수 있다.** ② 제1항의 경우에는 **정관으로 각 종류주식의 내용과 수를 정하여야** 한다.

→ 정관으로 이익의 배당, 의결권의 행사에 관해 다른 종류의 주식을 정할 수 있다.

정답 – O

19 **주주는 소유주식수에 상관없이 영업시간 내에 이사회 의사록의 열람을 청구할 수 있다.** 변호사시험 제6회

해설

〔**제391조의3(이사회의 의사록)**〕 ③ **주주는 영업시간 내에 이사회의사록의 열람** 또는 등사를 **청구할 수 있다.**

→ 이사회 의사록 열람권은 단독주주권이다. 정답 – O

20 **주주는 소유주식수에 상관없이 영업시간 내에 재무제표의 열람청구권을 행사할 수 있다.** 변호사시험 제6회

해설

〔**제448조(재무제표 등의 비치·공시)**〕 ① 이사는 정기총회회일의 1주간 전부터 제447조 및 제447조의2의 서류와 감사보고서를 본점에 5년간, 그 등본을 지점에 3년간 비치하여야 한다. ② **주주**와 회사채권자는 **영업시간 내에 언제든지 제1항의 비치서류를 열람할 수 있으며** 회사가 정한 비용을 지급하고 그 서류의 등본이나 초본의 교부를 청구할 수 있다.

→ 재무제표 열람권은 단독주주권이다. 정답 – O

21 **주권의 효력이 발생하는 시기는 회사가 주권을 작성하여 회사의 의사에 기하여 누구에게라도 주권을 교부한 때이다.** 변호사시험 제5회

해설 『상법 제355조 규정의 주권발행은 동법 제356조 소정의 형식을 구비한 문서를 작성하여 이를 주주에게 교부하는 것을 말하고, 위 문서가 **주주에게 교부된 때**에 비로소 주권으로서의 효력을 발생한다고 해석되므로 피고 회사가 주주권을 표창하는 문서를 작성하여 이를 주주가 아닌 제3자에게 교부하여 주었다 하더라도 위 문서는 아직 피고회사의 주권으로서의 효력을 갖지 못한다고 보아야 할 것이다』(대판 1977. 4. 12, 76다2766). 정답 – X

22 **주식은 타인에게 양도할 수 있으나, 정관이 정하는 바에 따라 주식의 양도에 관하여 이사회의 승인을 얻도록 할 수 있다.** 변호사시험 제1회

해설

〔제335조(주식의 양도성)〕 ① 주식은 타인에게 양도할 수 있다. 다만, 회사는 정관으로 정하는 바에 따라 그 발행하는 주식의 양도에 관하여 이사회의 승인을 받도록 할 수 있다.

정답 – O

23 **정관상 양도제한에 위반하여 이사회의 승인을 얻지 아니한 주식의 양도는 회사에 대하여 효력이 없다.** 변호사시험 제1회

해설

〔제335조(주식의 양도성)〕 ① 주식은 타인에게 양도할 수 있다. 다만, 회사는 정관으로 정하는 바에 따라 그 발행하는 주식의 양도에 관하여 이사회의 승인을 받도록 할 수 있다. ② 제1항 단서의 규정에 위반하여 이사회의 승인을 얻지 아니한 주식의 양도는 회사에 대하여 효력이 없다.

정답 – O

24 **정관상 양도제한이 있는 경우, 이사회의 양도승인거부의 통지를 받은 주주는 통지를 받은 날부터 20일내에 회사에 대하여 양도의 상대방의 지정 또는 그 주식의 매수를 청구할 수 있다.** 변호사시험 제1회

해설

〔제335조의2(양도승인의 청구)〕 ④ 제2항의 양도승인거부의 통지를 받은 주주는 통지를 받은 날부터 20일내에 회사에 대하여 양도의 상대방의 지정 또는 그 주식의 매수를 청구할 수 있다.

정답 – O

25 **정관상 양도제한이 있는 경우, 주주가 양도의 상대방을 지정하여 줄 것을 청구한 경우에는 이사회가 이를 지정하고, 상대방으로 지정된 자는 지정통지를 받은 날부터 10일 이내에 지정청구를 한 주주에 대하여 서면으로 그 주식을 자기에게 매도할 것을 청구할 수 있으며, 이 경우 그 주식의 매도가액은 이사회가 결정한다.** 변호사시험 제1회

해설

〔제335조의4(지정된 자의 매도청구권)〕 제335조의3 제1항의 규정에 의하여 상대방으로 지정된 자는 지정통지를 받은 날부터 10일 이내에 지정청구를 한 주주에 대하여 서면으로 그 주식을 자기에게 매도할 것을 청구할 수 있다.
〔제335조의5(매도가액의 결정)〕 ① 제335조의4의 경우에 그 주식의 매도가액은 **주주와 매도청구인간의 협의**로 이를 결정한다.

정답 – X

26 **주식의 양도에 관하여 이사회의 승인을 얻어야 하는 경우에 주식을 취득한 자는 회사에 대하여 그 주식의 종류와 수를 기재한 서면으로 그 취득의 승인을 청구할 수 있다.**

변호사시험 제1회

해설

〔**제335조의7(주식의 양수인에 의한 승인청구)**〕 ① 주식의 양도에 관하여 이사회의 승인을 얻어야 하는 경우에 주식을 취득한 자는 회사에 대하여 그 주식의 종류와 수를 기재한 서면으로 그 취득의 승인을 청구할 수 있다.

정답 – O

27 **이익배당에 관한 승인권이 이사회에 부여되어 있는 회사는 상법 제341조에 의하여 배당가능이익을 재원으로 자기주식을 취득하는 경우 이사회의 결의로써 주주총회의 결의를 갈음할 수 있다.**

변호사시험 제3회

해설

〔**제341조(자기주식의 취득)**〕 ② 제1항에 따라 자기주식을 취득하려는 회사는 미리 주주총회의 결의로 다음 각 호의 사항을 결정하여야 한다. 다만, **이사회의 결의로 이익배당을 할 수 있다고 정관으로 정하고 있는 경우에는 이사회의 결의로써 주주총회의 결의를 갈음할 수 있다.**

1. 취득할 수 있는 주식의 종류 및 수
2. 취득가액의 총액의 한도
3. 1년을 초과하지 아니하는 범위에서 자기주식을 취득할 수 있는 기간

정답 – O

28 **배당가능이익을 재원으로 하지 않고 상법 제341조의2에 의하여 다른 회사의 영업의 일부를 양수하는 경우 회사는 적법하게 자기주식을 취득할 수 있다.**

변호사시험 제3회

해설

〔**제341조의2(특정목적에 의한 자기주식의 취득)**〕 회사는 다음 각 호의 어느 하나에 해당하는 경우에는 제341조에도 불구하고 자기의 주식을 취득할 수 있다.

1. 회사의 합병 또는 **다른 회사의 영업전부의 양수**로 인한 경우
2. 회사의 권리를 실행함에 있어 그 목적을 달성하기 위하여 필요한 경우
3. 단주(단주)의 처리를 위하여 필요한 경우
4. 주주가 주식매수청구권을 행사한 경우

→ 회사의 영업의 '전부'를 양수하는 경우에 한하여 취득할 수 있다.

정답 – X

29 **주식배당을 할 때 회사는 적법하게 보유한 자기주식으로 배당할 수 있다.** 변호사시험 제3회

해설

> 〔제462조의2(주식배당)〕 ① 회사는 주주총회의 결의에 의하여 이익의 배당을 **새로이 발행하는 주식으로써** 할 수 있다.

→ 회사가 보유하고 있는 자기주식으로 배당하는 것은 **현물배당에 해당**하고 주식배당은 아니다.

정답 - X

30 **배당가능이익을 재원으로 자기주식을 적법하게 취득한 경우 회사는 이를 상당한 기간 내에 처분하여야 한다.** 변호사시험 제3회

해설

> 〔제342조(자기주식의 처분)〕 회사가 보유하는 자기의 주식을 처분하는 경우에 다음 각 호의 사항으로서 정관에 규정이 없는 것은 이사회가 결정한다.
> 1. 처분할 주식의 종류와 수
> 2. 처분할 주식의 처분가액과 납입기일
> 3. 주식을 처분할 상대방 및 처분방법

→ 상법 제342조가 개정되어 이사회 결의로 처분할 수 있게 되어, 현재는 자기주식에 대한 장기보유가 가능하다.

정답 - X

31 **주식회사는 취득한 자기주식을 지체 없이 소각하여야 한다.** 변호사시험 제4회

해설 2011년 상법 개정으로 즉시 소각의무는 삭제되고, 현행 상법 제342조에 의해 자기주식의 장기보유가 가능해졌다.

정답 - X

32 **주식회사가 보유하는 자기주식을 처분하는 경우에 처분할 주식의 처분가액과 납입기일에 관한 사항으로서 정관에 규정이 없는 것은 이사회가 결정한다.** 변호사시험 제4회

해설

> 〔제342조(자기주식의 처분)〕 회사가 보유하는 자기의 주식을 처분하는 경우에 다음 각 호의 사항으로서 정관에 규정이 없는 것은 이사회가 결정한다.
> 1. 처분할 주식의 종류와 수
> 2. 처분할 주식의 처분가액과 납입기일
> 3. 주식을 처분할 상대방 및 처분방법

정답 - O

33 **배당가능이익을 재원으로 하여 자기주식을 취득하려는 회사는 그 취득가액의 총액의 한도를 원칙적으로 주주총회의 결의로 미리 결정하여야 한다.** 변호사시험 제4회

해설

〔제341조(자기주식의 취득)〕 ② 제1항에 따라 자기주식을 취득하려는 회사는 미리 주주총회의 결의로 다음 각 호의 사항을 결정하여야 한다. 다만, 이사회의 결의로 이익배당을 할 수 있다고 정관으로 정하고 있는 경우에는 이사회의 결의로써 주주총회의 결의를 갈음할 수 있다.
1. 취득할 수 있는 주식의 종류 및 수
2. 취득가액의 총액의 한도
3. 1년을 초과하지 아니하는 범위에서 자기주식을 취득할 수 있는 기간

정답 – O

34 **회사는 자기주식을 가지고 의결권을 행사할 수 없다.** 변호사시험 제5회

해설

〔제369조(의결권)〕 ② 회사가 가진 자기주식은 의결권이 없다.

정답 – O

35 **회사는 발행주식총수의 20분의 1을 초과하여 자기주식을 질권의 목적으로 받지 못하나, 회사가 권리를 실행함에 있어서 그 목적을 달성하기 위하여 필요한 경우에는 그 한도를 초과하여 질권의 목적으로 할 수 있다.** 변호사시험 제5회

해설

〔제341조의3(자기주식의 질취)〕 회사는 발행주식총수의 20분의 1을 초과하여 자기의 주식을 질권의 목적으로 받지 못한다. 다만, 제341조의2 제1호 및 제2호의 경우에는 그 한도를 초과하여 질권의 목적으로 할 수 있다.

정답 – O

36 **회사가 보유하는 자기주식을 처분하는 경우에 주식을 처분할 상대방 및 처분방법에 관하여 정관에 규정이 없는 것은 이사회가 결정한다.** 변호사시험 제5회

해설

〔제342조(자기주식의 처분)〕 회사가 보유하는 자기의 주식을 처분하는 경우에 다음 각 호의 사항으로서 정관에 규정이 없는 것은 이사회가 결정한다.

정답 – O

37 **단주를 처리하기 위하여 자기주식을 취득하는 때에도 배당가능한 이익의 존재를 요한다.** 변호사시험 제5회

해설

〔**제341조의2(특정목적에 의한 자기주식의 취득)**〕 회사는 다음 각 호의 어느 하나에 해당하는 경우에는 제341조에도 불구하고 자기의 주식을 취득할 수 있다.
3. **단주의 처리를 위하여 필요한 경우**

정답 – X

38 **당해 회사의 주식이 거래소에서 시세가 있는 주식인 경우에는 그 회사는 상법 제462조 제1항에 따른 배당가능이익의 한도 내에서 주주총회의 결의를 거쳐 자기주식을 거래소에서 취득할 수 있다.** 변호사시험 제2회

해설

〔**제341조(자기주식의 취득)**〕 ① 회사는 다음의 방법에 따라 자기의 명의와 계산으로 자기의 주식을 취득할 수 있다. 다만, 그 취득가액의 총액은 직전 결산기의 대차대조표상의 순자산액에서 제462조제1항 각 호의 금액을 뺀 금액을 초과하지 못한다.
1. **거래소에서 시세(시세)가 있는 주식의 경우에는 거래소에서 취득**하는 방법
2. 제345조제1항의 주식의 상환에 관한 종류주식의 경우 외에 각 주주가 가진 주식 수에 따라 균등한 조건으로 취득하는 것으로서 대통령령으로 정하는 방법
② 제1항에 따라 자기주식을 취득하려는 회사는 미리 **주주총회의 결의**로 다음 각 호의 사항을 결정하여야 한다. 다만, 이사회의 결의로 이익배당을 할 수 있다고 정관으로 정하고 있는 경우에는 이사회의 결의로써 주주총회의 결의를 갈음할 수 있다.
1. 취득할 수 있는 주식의 종류 및 수
2. 취득가액의 총액의 한도
3. 1년을 초과하지 아니하는 범위에서 자기주식을 취득할 수 있는 기간

정답 – O

39 **직전 결산기를 기준으로 상법 제462조 제1항에 따른 배당가능이익이 있더라도, 해당연도 결산기에 결손이 발생할 우려가 있는 경우에는 회사는 거래소에서 시세가 있는 자기주식을 거래소에서 취득하여서는 아니된다.** 변호사시험 제2회

해설

〔**제341조(자기주식의 취득)**〕 ③ 회사는 해당 영업연도의 결산기에 대차대조표상의 순자산액이 제462조 제1항 각 호의 금액의 합계액에 미치지 못할 우려가 있는 경우에는 제1항에 따른 주식의 취득을 하여서는 아니 된다.

정답 – O

40 **상법이 인정하는 특정목적에 의한 자기주식의 취득에 해당하지 아니하더라도, 회사가 타인의 명의로 자기의 계산으로 자기주식을 취득하는 경우에는 상법 제462조 제1항에 따른 배당가능이익의 한도 제한 없이 자기주식을 취득할 수 있다.** 변호사시험 제2회

해설

〔**제341조의2(특정목적에 의한 자기주식의 취득)**〕 회사는 다음 각 호의 어느 하나에 해당하는 경우에는 **제341조에도 불구하고** 자기의 주식을 취득할 수 있다.
1. 회사의 합병 또는 다른 회사의 영업전부의 양수로 인한 경우
2. 회사의 권리를 실행함에 있어 그 목적을 달성하기 위하여 필요한 경우
3. 단주(단주)의 처리를 위하여 필요한 경우
4. 주주가 주식매수청구권을 행사한 경우

정답 – X

41 **주주가 주식매수청구권을 행사한 경우 회사는 상법 제462조 제1항에 따른 배당가능이익이 없더라도 자기주식을 취득할 수 있다.** 변호사시험 제2회

해설

〔**제341조의2(특정목적에 의한 자기주식의 취득)**〕 회사는 다음 각 호의 어느 하나에 해당하는 경우에는 제341조에도 불구하고 자기의 주식을 취득할 수 있다.
4. 주주가 주식매수청구권을 행사한 경우

정답 – O

42 **회사가 자기주식을 처분하는 경우에는 정관에 규정이 없으면 이사회의 결의로 그 처분할 주식의 종류와 수 및 처분방법을 결정할 수 있다.** 변호사시험 제2회

해설

〔**제342조(자기주식의 처분)**〕 회사가 보유하는 자기의 주식을 처분하는 경우에 다음 각 호의 사항으로서 정관에 규정이 없는 것은 이사회가 결정한다.
1. 처분할 주식의 종류와 수
2. 처분할 주식의 처분가액과 납입기일
3. 주식을 처분할 상대방 및 처분방법

정답 – O

42 **회사는 주식매수선택권을 행사하는 자에게 자기주식을 교부할 수 있다.** 변호사시험 제3회

해설

〔제340조의2(주식매수선택권)〕 ① 회사는 정관으로 정하는 바에 따라 제434조의 주주총회의 결의로 회사의 설립·경영 및 기술혁신 등에 기여하거나 기여할 수 있는 회사의 이사, 집행임원, 감사 또는 피용자(피용자)에게 미리 정한 가액(이하 '주식매수선택권의 행사가액'이라 한다)으로 신주를 인수하거나 **자기의 주식을 매수할 수 있는 권리**(이하 '주식매수선택권'이라 한다)를 부여할 수 있다. 다만, 주식매수선택권의 행사가액이 주식의 실질가액보다 낮은 경우에 회사는 그 차액을 금전으로 지급하거나 그 차액에 상당하는 자기의 주식을 양도할 수 있다. 이 경우 주식의 실질가액은 주식매수선택권의 행사일을 기준으로 평가한다. ③ 제1항에 따라 발행할 신주 또는 양도할 자기의 주식은 회사의 발행주식총수의 100분의 10을 초과할 수 없다.

정답 – O

44 **주주가 주식매수청구권을 행사한 경우에는 주식회사가 배당가능이익이 없더라도 자기주식을 취득할 수 있으나, 「상법」은 이를 지체 없이 처분하여야 한다고 규정하고 있다.**

변호사시험 제4회

해설 상법 제341조의2 제4호에 의해 자기주식취득이 허용되지만, **2011년 상법개정으로 상당한 기간 내 처분의무는 삭제되고** 현행 상법 제342조에 의해자기주식의 장기보유가 가능해졌다.

정답 – X

45 **X회사의 발행주식총수의 97%를 자기의 계산으로 보유하고 있는 주주 A가 회사의 경영상의 목적을 달성하기 위하여 X회사의 주주 B에게 「상법」 제360조의24에 의하여 그 보유주식의 매도를 청구하는 경우에 X주식회사의 주주총회 승인결의를 거쳐야 한다.**

변호사시험 제6회

해설

〔제360조의24(지배주주의 매도청구권)〕 ① 회사의 발행주식총수의 100분의 95 이상을 자기의 계산으로 보유하고 있는 주주(이하 이 관에서 '지배주주'라 한다)는 회사의 경영상 목적을 달성하기 위하여 필요한 경우에는 회사의 다른 주(이하 이 관에서 '소수주주'라 한다)에게 그 보유하는 주식의 매도를 청구할 수 있다. ③ 제1항의 매도청구를 할 때에는 미리 주주총회의 승인을 받아야 한다.

정답 – O

46 **자본금의 감소에는 주주총회 특별결의가 있어야 하지만, 결손의 보전을 위한 자본금의 감소는 이사회 결의에 의한다.** 변호사시험 제2회

해설

〔**제438조(자본금 감소의 결의)**〕 ① 자본금의 감소에는 제434조에 따른 결의가 있어야 한다. ② 제1항에도 불구하고 결손의 보전(보전)을 위한 자본금의 감소는 **제368조 제1항의 결의**에 의한다.

정답 - X

47 **감자는 주주의 이해관계에 중대한 영향을 미치므로 회사는 「상법」상 모든 감자에 대하여 채권자 보호절차를 거쳐야 한다.** 변호사시험 제4회

해설

〔**제439조(자본금 감소의 방법, 절차)**〕 ① 자본금 감소의 결의에서는 그 감소의 방법을 정하여야 한다. ② 자본금 감소의 경우에는 제232조를 준용한다. 다만, **결손의 보전을 위하여 자본금을 감소하는 경우에는 그러하지 아니하다.**

→ 결손보전을 위한 자본금감소의 경우에는 채권자보호절차를 거치지 않는다. 정답 - X

48 **취소 또는 무효의 하자가 있는 주주총회의 결의에 기초한 자본금 감소 절차가 실행되어 그 효력이 발생한 후, 주주가 자본금 감소의 효력을 다투고자 한다면, 주주는 주주총회 결의 취소의 소나 무효확인의 소를 제기하는 방식으로도 다툴 수 있고, 감자무효의 소를 제기하는 방식으로도 다툴 수 있다.** 변호사시험 제4회

해설 통설·판례인 흡수설의 입장에 의하면 원칙적으로 감자무효의 소만으로 다툴 수 있고, 결의하자를 이유로 다툴 수 없다. 『상법 제445조는 자본감소의 무효는 주주 등이 자본감소로 인한 변경등기가 있은 날로부터 6월 내에 소만으로 주장할 수 있다고 규정하고 있으므로, 설령 주주총회의 자본감소 결의에 취소 또는 무효의 하자가 있다고 하더라도 그 하자가 극히 중대하여 자본감소가 존재하지 아니하는 정도에 이르는 등의 특별한 사정이 없는 한 **자본감소의 효력이 발생한 후에는 자본감소 무효의 소에 의해서만 다툴 수 있다**』(대판 2010. 2. 11, 2009다83599).

정답 - X

50 **감자무효 판결은 제3자에 대하여도 효력을 미치므로 소송을 제기하지 않은 자들에 대하여도 감자는 무효이다.** 변호사시험 제4회

해설

〔**제446조(준용규정)**〕 제186조 내지 제189조·제190조 본문·제191조·제192조 및 제377조의 규정은 제445조의 소에 관하여 이를 준용한다.
〔**제190조(판결의 효력)**〕 설립무효의 판결 또는 설립취소의 판결은 제3자에 대하여도 그 효력이 있다. 그러나 판결확정전에 생긴 회사와 사원 및 제3자간의 권리의무에 영향을 미치지 아니한다.

정답 - O

51 **자본금 감소규정에 따른 주식소각의 경우 그 효력은 채권자 보호절차가 마쳐지지 않은 때라도 공고된 주권제출기간이 만료한 때에 발생한다.** 변호사시험 제4회

해설 주식소각이나 주식병합은 주권제출기간이 만료된 때 효력이 발생하지만, 자본금감소절차의 하나로 이루어진 경우에는 채권자보호절차가 완료되지 않은 이상 주식소각 또는 주식병합의 효력은 발생하지 않는다(상법 제441조 참조).

〔제441조(동전)〕 주식의 병합은 전조의 기간이 만료한 때에 그 효력이 생긴다. 그러나 제232조의 규정에 의한 절차가 종료하지 아니한 때에는 **그 종료한 때에** 효력이 생긴다.

정답 - X

52 **결손의 보전을 위한 자본금 감소는 주주총회에서 출석한 주주의 의결권의 3분의 2 이상의 수와 발행주식총수의 3분의 1 이상의 수로써 결의하여야 한다.** 변호사시험 제4회

해설

〔제438조(자본금 감소의 결의)〕 ① 자본금의 감소에는 제434조에 따른 결의가 있어야 한다. ② 제1항에도 불구하고 결손의 보전(보전)을 위한 자본금의 감소는 **제368조 제1항의 결의**에 의한다.

→ 보통결의에 의한다. 정답 - X

53 **자본금 감소의 무효는 자본금 감소로 인한 변경등기가 된 날부터 6개월 내에 소(訴)만으로 주장할 수 있고, 이 기간이 경과한 후에는 새로운 무효사유를 추가하여 주장할 수 없다.** 변호사시험 제5회

해설

〔제445조(감자무효의 소)〕 자본금 감소의 무효는 주주·이사·감사·청산인·파산관재인 또는 자본금의 감소를 승인하지 아니한 채권자만이 자본금 감소로 인한 변경등기가 된 날부터 6개월 내에 소만으로 주장할 수 있다.

정답 - O

54 **액면주식의 병합에 의하여 자본금을 감소하는 경우 자본금 감소는 「상법」 제440조의 주권제출기간이 만료한 때에 그 효력이 생기지만, 채권자이의절차가 종료되지 아니한 때에는 그 종료한 때에 자본금 감소의 효력이 발생한다.** 변호사시험 제5회

해설

〔제441조(동전)〕 주식의 병합은 전조의 기간이 만료한 때에 그 효력이 생긴다. 그러나 제232조의 규정에 의한 절차가 종료하지 아니한 때에는 그 종료한 때에 효력이 생긴다.

정답 - O

55 결손의 보전을 위하여 자본금을 감소시키려면 주주총회의 특별결의와 채권자이의절차를 거쳐야 한다. 변호사시험 제5회

해설

〔제438조(자본금 감소의 결의)〕 ① 자본금의 감소에는 제434조에 따른 결의가 있어야 한다. ② 제1항에도 불구하고 결손의 보전(보전)을 위한 자본금의 감소는 **제368조 제1항의 결의**에 의한다.
〔제439조(자본금 감소의 방법, 절차)〕 ② 자본금 감소의 경우에는 제232조를 준용한다. 다만, **결손의 보전을 위하여 자본금을 감소하는 경우에는 그러하지 아니하다.**

정답 – X

사례 [56~60]

X주식회사는 정관에 발행할 주식의 총수 500주, 주식의 액면가 5,000원, 주식의 종류로는 보통주식과 전환주식 2종으로 규정하고 있다. 또한 X회사는 정관에 전환주식에 관하여 전환청구권은 주주가 가지고, 전환주식 1주당 보통주식 2주로 전환할 수 있는 전환권을 부여하며, 전환청구기간은 발행일로부터 5년이 경과한 날부터 3개월간으로 규정하고 있다. X회사는 보통주식 100주를 1주당 발행가액 7,000원에 A에게 발행하고, 전환주식 100주를 1주당 발행가액 1만 원에 B에게 발행하여, 현재까지 발행한 주식은 모두 200주이다. 이에 관한 설명 중 옳지 않은 것은? (위 주식은 적법하게 발행된 것으로 가정함) 변호사시험 제6회

56 X회사의 자본금은 현재 100만 원이다.

해설

〔제451조(자본금)〕 ① 회사의 **자본금**은 이 법에서 달리 규정한 경우 외에는 **발행주식의 액면총액**으로 한다.

→ 액면가가 5,000원이고, 발행주식수는 200주이므로, 자본금은 100만 원(5,000x200 = 100,000)이다.

정답 – O

57 X회사가 주식배당을 하는 경우 A에게는 보통주식으로, B에게는 전환주식으로 각각 신주를 발행하여 배당한다면 이는 적법하다.

해설

〔제462조의2(주식배당)〕 ② 제1항의 배당은 주식의 권면액으로 하며, **회사가 종류주식을 발행한 때에는 각각 그와 같은 종류의 주식으로 할 수 있다.**

정답 – O

58 B가 위 전환청구기간 내에 전환권을 행사한 경우, 전환으로 인하여 새로 발행되는 보통주식의 액면가는 반드시 5,000원이어야 한다.

해설

〔제329조(자본금의 구성)〕 ② 액면주식의 금액은 균일하여야 한다.

정답 – O

59 B가 위 전환청구기간 내에 전환권을 행사하더라도 X회사의 자본금에는 변경이 없다.

해설 전환주식 1주당 보통주식 2주로 전환되므로, B 보유 주식수가 100주에서 200주로 증가한다. 즉, 총 주식수가 증가하므로 자본금도 당연히 증가한다. 정답 – X

60 B가 위 전환청구기간 내에 전환주식 50주에 대하여 전환권을 행사한다면 B는 전환청구를 한 때에 그 전환에 의한 신주의 주주가 된다.

해설

〔제350조(전환의 효력발생)〕 ① 주식의 전환은 주주가 전환을 청구한 경우에는 그 청구한 때에, 회사가 전환을 한 경우에는 제346조 제3항 제2호의 기간이 끝난 때에 그 효력이 발생한다.

정답 – O

사례 【61~65】

비상장회사인 X주식회사가 자금조달을 목적으로 신주를 발행할 때에 A와 B가 이를 인수하였다. A는 주식인수대금을 스스로 납입하였으나, B는 주식인수대금을 납입한 사실이 없고 C가 이를 납입하였다. X회사는 주권을 발행하여 A와 B에게 교부하였고 주주명부에 이를 기재하였다. 그 후 A는 자신이 보유하는 X회사의 주식 전부를 D에게 양도하였으나 아직 D의 명의로 명의개서가 되어 있지 않은 상태에 있다. 이에 관한 설명 중 옳지 않은 것은? (다툼이 있는 경우 판례에 의함) 변호사시험 제6회

61 C가 B의 주식인수대금을 납입하였다는 것만으로는 C를 실질상의 주주라고 단정할 수 없다.

해설 『실제로 주식을 인수하여 그 대금을 납입한 명의차용인만이 실질상의 주식인수인으로 주주가 되고, 단순한 명의대여자에 불과한 자는 주주로 볼 수 없다』(대판 1998. 4. 10, 97다50619)라고 하였으나, 판례를 변경하여 『회사에 대하여 주주권을 행사할 자가 주주명부의 기재에 의하여 확정되어야 한다는 법리는 주식양도의 경우뿐만 아니라 주식발행의 경

우에도 마찬가지로 적용된다. 주식양도의 경우와 달리 주식발행의 경우에는 주식발행 회사가 관여하게 되므로 주주명부에의 기재를 주주권 행사의 대항요건으로 규정하고 있지는 않으나, 그럼에도 상법은 주식을 발행한 때에는 주주명부에 주주의 성명과 주소 등을 기재하여 본점에 비치하도록 하고(제352조 제1항, 제396조 제1항), 주주에 대한 회사의 통지 또는 최고는 주주명부에 기재한 주소 또는 그 자로부터 회사에 통지한 주소로 하면 되도록(제353조 제1항) 규정하고 있다. 이와 같은 상법 규정의 취지는, 주식을 발행하는 단계에서나 주식이 양도되는 단계에서나 회사에 대한 관계에서 주주권을 행사할 자를 주주명부의 기재에 따라 획일적으로 확정하기 위한 것이라고 보아야 한다. 다수의 주주와 관련된 단체법적 법률관계를 형식적이고도 획일적인 기준에 의하여 처리해야 할 필요는 주식을 발행하는 경우라고 하여 다르지 않고, 주주명부상의 기재를 주식의 발행 단계에서 이루어진 것인지 아니면 주식의 양도 단계에서 이루어진 것인지를 구별하여 그에 따라 달리 취급하는 것은 다수의 주주와 관련된 단체법적 법률관계를 혼란에 빠뜨릴 우려가 있다. 회사가 주주명부상 주주를 주식인수인과 주식양수인으로 구별하여, 주식인수인의 경우에는 그 배후의 실질적인 권리관계를 조사하여 실제 주식의 소유자를 주주권의 행사자로 인정하는 것이 가능하고, 주식양수인의 경우에는 그렇지 않다고 하면, 회사와 주주 간의 관계뿐만 아니라 이를 둘러싼 법률관계 전체가 매우 불안정해지기 때문이다. 상법은 회사에 대한 관계에서 주주권을 행사할 자를 일률적으로 정하기 위해 주주명부를 폐쇄하는 경우나 기준일을 설정하는 경우, 회사가 정한 일정한 날에 주주명부에 기재된 주주에게 신주인수권, 무상신주, 중간배당 등의 권리를 일률적으로 귀속시키는 경우에도, 주주명부상의 기재가 주식의 발행단계에서 이루어진 것인지 주식의 양도단계에서 이루어진 것인지를 전혀 구별하지 않고 있다(제354조 제1항, 제418조 제3항, 제461조 제3항, 제462조의3 제1항). 결국, 주식발행의 경우에도 **주주명부에 주주로 기재가 마쳐진 이상** 회사에 대한 관계에서는 **주주명부상 주주만**이 주주권을 행사할 수 있다고 보아야 한다』[대판(전합) 2017. 3. 23, 2015다248342]라고 판시하였다.

정답 – X

62 **X회사의 정관에 주권불소지신고를 금하는 규정이 없으면 B는 X회사에 주권을 제출하면서 주권불소지신고를 할 수 있다.**

해설

〔제358조의2(주권의 불소지)〕 ① 주주는 **정관**에 다른 **정함이 있는 경우를 제외하고는** 그 주식에 대하여 **주권의 소지를 하지 아니하겠다는 뜻을 회사에 신고할 수 있다.**

정답 – O

63 **X회사가 명의개서를 하지 아니한 D의 주주권 행사를 인정하는 것은 가능하다.**

해설 『상법 제337조 제1항의 규정은 기명주식의 취득자가 주주명부상의 주주명의를 개서하지 아니하면 스스로 회사에 대하여 주주권을 주장할 수 없다는 의미이고, **명의개서를 하지 아니한 실질상의 주주를 회사 측에서 주주로 인정하는 것은 무방하다**』(대판 2001. 5. 15, 2001다12973)라고 하였으나, 최근에 판례를 변경하여 『특별한 사정이 없는 한, 주주명부에 적법하게 주주로 기재되어 있는 자는 회사에 대한 관계에서 그 주식에 관한 의결권 등 주주권을 행사할 수 있고, 회사 역시 주주명부상 주주 외에 실제 주식을 인수하거나 양수하고자 하였던 자가 따로 존재한다는 사실을 알았든 몰랐든 간에 주주명부상 주주의 주주권 행사를 부인할 수 없으며, **주주명부에 기재를 마치지 아니한 자의 주주권 행사를 인정할 수도 없다.** 주주명부에 기재를 마치지 않고도 회사에 대한 관계에서 주주권을 행사할 수 있는 경우는 주주명부에의 기재 또는 명의개서청구가 부당하게 지연되거나 거절되었다는 등의 극히 예외적인 사정이 인정되는 경우에 한한다』라고 판시하였다〔대판(전합) 2017. 3. 23, 2015다248342〕.

정답 – X

64 **D가 X회사에 주권을 제시하여 명의개서를 청구하였으나 X회사가 정당한 사유 없이 응하지 않는 경우라면, D는 명의개서를 하지 않고서도 X회사에 대하여 주주의 권리를 행사할 수 있다.**

해설 『주식을 양도받은 주식양수인들이 명의개서를 청구하였는데도 위 주식양도에 입회하여 그 양도를 승낙하였고 더구나 그 후 주식양수인들의 주주로서의 지위를 인정한 바 있는 회사의 대표이사가 **정당한 사유 없이 그 명의개서를 거절한 것이라면 회사는 그 명의개서가 없음을 이유로 그 양도의 효력과 주식양수인의 주주로서의 지위를 부인할 수 없다**』(대판 1993. 7. 13, 92다40952).

정답 – O

65 **X회사가 이후 준비금의 자본금 전입에 의하여 A에게 무상신주를 발행한 경우, A의 채권자가 그 신주에 대하여 한 압류는 효력이 없다.**

해설 『상법 제416조에 의하여 주식회사가 주주총회나 이사회의 결의로 신주를 발행할 경우에 발생하는 구체적 신주인수권은 주주의 고유권에 속하는 것이 아니고 위 상법의 규정에 의하여 주주총회나 이사회의 결의에 의하여 발생하는 구체적 권리에 불과하므로, 그 신주인수권은 주주권의 이전에 수반되어 이전되지 아니하는바, 회사가 신주를 발행하면서 그 권리의 귀속자를 주주총회나 이사회의 결의에 의한 일정 시점에 있어서의 주주명부에 기재된 주주로 한정할 경우, 그 **신주인수권은 그 일정 시점에 있어서의 실질상의 주주인가의 여부와 관계없이 회사에 대하여 법적으로 대항할 수 있는 주주, 즉 주주명부에 기재된 주주에게 귀속된다**』(대판 1995. 7. 28, 94다25735).

→ 신주가 A에게 귀속되므로, 채권자가 그 신주에 대하여 한 압류는 채무자의 재산에 대한 것이므로 효력이 있다.

정답 – X

사례 【66~68】

아래 주권은 비상장회사가 발행한 것이다. 이에 관한 설명 중 옳은 것은? (아래 주권은 형식상의 문제가 없는 것으로 가정하며, 다툼이 있는 경우 판례에 의함) 변호사시험 제5회

주식회사 법토피아 주권
1 주 권

금 5,000원 정

회사의 상호: 주식회사 법토피아
회사의 성립연월일: 2015년 7월 7일
회사가 발행할 주식의 총수: 10,000주
1주의 금액: 금 5,000원 정
주식의 종류: 기명식 보통주식
주권발행 연월일: 2015년 9월 9일

이 주권은 우리 회사의 정관에 의한 주식 1주의 주주임을 증명하기 위하여 이면의 기명자에게 교부함.

주식회사 법토피아
대표이사 홍 익 인

66 회사성립일인 2015. 7. 7. 이전에 위 주권을 발행했더라도 주권이 무효로 되는 것은 아니다.

해설 **회사성립전 주권발행은 무효**이고 선의취득도 성립하지 않는다.

정답 – X

67 위 주식은 기명주식이므로 주식을 양도하기 위해서는 주권에 배서하고 주권을 교부하여야 양도의 효력이 생긴다.

해설

〔제336조(주식의 양도방법)〕 ① 주식의 양도에 있어서는 **주권을 교부**하여야 한다.

정답 – X

68 위 회사는 주주총회의 특별결의를 거쳐 주식을 분할할 수 있고, 이 경우 1주의 액면가는 100원 이상이고 균일하여야 한다.

해설

〔제329조(자본금의 구성)〕 ② 액면주식의 금액은 균일하여야 한다. ③ 액면주식 1주의 금액은 100원 이상으로 하여야 한다.

정답 – O

사례 【69~73】

甲은 비상장회사인 A주식회사의 주주로서 주권을 실물로 소지하고 있다. 甲은 주권의 보관에 부담을 느껴 이를 소지하지 않기를 원하고 있다. A주식회사의 정관에는 주권불소지의 신고에 관하여 아무런 규정을 두고 있지 않고, 甲은 위 주식에 질권을 설정한 바가 없다. 이에 관한 설명 중 옳지 않은 것은? (아래 각 지문은 독립적이며, 다툼이 있는 경우 판례에 의함) 변호사시험 제5회

69 甲이 주권불소지의 신고를 하면 A주식회사는 주권불소지에 관하여 정관에 아무런 근거규정이 없다는 이유로는 이를 거절할 수 없다.

해설

〔제358조의2(주권의 불소지)〕 ① 주주는 정관에 다른 정함이 있는 경우를 제외하고는 그 주식에 대하여 주권의 소지를 하지 아니하겠다는 뜻을 회사에 신고할 수 있다.

→ 정관에 금하는 규정이 없는 경우 허용하여야 한다. 정답 – O

70 甲이 주권불소지의 신고를 하면 A주식회사는 지체없이 주권을 발행하지 아니한다는 뜻을 주주명부와 그 복본에 기재하고 그 사실을 주주에게 통지하여야 한다.

해설

〔제358조의2(주권의 불소지)〕 ② 제1항의 신고가 있는 때에는 회사는 지체없이 주권을 발행하지 아니한다는 뜻을 주주명부와 그 복본에 기재하고, 그 사실을 주주에게 통지하여야 한다. 이 경우 회사는 그 주권을 발행할 수 없다.

정답 – O

71 甲이 주권불소지의 신고를 하려면 주권을 A주식회사에 제출하여야 하고, A주식회사는 제출받은 주권을 무효로 하거나 명의개서대리인에게 임치하여야 한다.

해설

〔제358조의2(주권의 불소지)〕 ③ 제1항의 경우 이미 발행된 주권이 있는 때에는 이를 회사에 제출하여야 하며, 회사는 제출된 주권을 무효로 하거나 명의개서대리인에게 임치하여야 한다.

정답 – O

72 甲이 주권불소지의 신고를 하였다면, 甲의 乙에 대한 주식양도는 주권교부 없이 甲과 乙간의 주식양도에 관한 의사의 합치로 할 수 있다.

해설

〔제358조의2(주권의 불소지)〕 ④ 제1항 내지 제3항의 규정에 불구하고 주주는 언제든지 회사에 대하여 주권의 발행 또는 반환을 청구할 수 있다.
〔제336조(주식의 양도방법)〕 ① 주식의 양도에 있어서는 주권을 교부하여야 한다.

→ 주식양도의 경우에는 주권이 필요하다. 따라서 주주는 언제든지 발행을 청구할 수 있다.

정답 - X

73 **甲은 주권불소지의 신고를 한 경우에도 언제든지 A주식회사에 대하여 주권의 발행 또는 반환을 청구할 수 있다.**

해설

〔제358조의2(주권의 불소지)〕 ④ 제1항 내지 제3항의 규정에 불구하고 주주는 언제든지 회사에 대하여 주권의 발행 또는 반환을 청구할 수 있다.

정답 - O

사례 【74~78】

비상장회사인 A 주식회사는 2012. 5.2. 설립등기를 하였으나 주권을 발행하지 않고 있다. A 회사의 기명주주 甲은 2012. 10. 2. 자신이 소유한 A 회사의 주식을 乙에게 양도하였다. 乙이 명의개서를 하지 않고 있는 사이에, 甲은 2012. 12. 5. 丙에게 그 주식을 다시 양도하였다. 丙은 이 주식에 대하여 A 회사에 명의개서를 청구하여 丙의 명의로 명의개서가 이루어졌고, 2013. 3. 2. 개최된 정기주주총회에 참석하여 의결권을 행사하였다. 이에 관한 다음 설명 중 옳지 않은 것은? (다툼이 있는 경우에는 판례에 의함) 변호사시험 제3회

74 **甲의 乙에 대한 2012. 10. 2. 주식의 양도는 A 회사에 대하여 효력이 없으나, 만일 乙이 2012. 12. 4. 회사에 주식양수의 사실을 증명하여 명의개서를 청구하였다면 이러한 명의개서청구는 적법하다.**

해설 2012. 10. 2.자 甲→乙(명의개서미필주주) 제1양도행위는 상법 제335조 제3항 본문에 의해서 회사에 대해서 효력이 없고, 2012. 12. 5.자 甲→丙 제2양도행위는 동조항 단서에 의해서 甲과 丙 간의 합의만으로 유효하다. 이 경우 **상법 제335조 제3항 본문에 의해 주권발행 전 주식양도가 회사 설립 후 6월이 경과하지 않으면 그러한 주식양도는 회사에 대하여 효력이 없다.** 그러나 **설립 후 6월경과한 시점에 이러한 하자는 자동치유가 되므로 2012. 12. 4. 乙의 명의개서청구는 적법**하다. 이 경우 제2 양수인 丙이 회사에 대하여 양도 통지나 승낙의 요건을 갖추었다 하더라도, 그 통지 또는 승낙 역시 확정일자 있는 증서에 의하지 아니한 것이라면 제2 주식양수인 丙은 그 주식 양수로써 제1 주식양수인 甲에 대한 관계에서 우선적 지위에 있음을 주장할 수 없다(대판 2010. 4. 29, 2009다88631 참조). 정답 - O

75 **甲의 주권불소지 신고에 기하여 A 회사가 주권을 발행하지 않은 경우라면, 甲은 언제든지 주권의 교부에 갈음하여 지명채권양도의 방법으로 주식을 양도할 수 있고, 그 양도는 A 회사에 대하여 유효하다.**

해설

〔제358조의2(주권의 불소지)〕 ④ 제1항 내지 제3항의 규정에 불구하고 주주는 언제든지 회사에 대하여 주권의 발행 또는 반환을 청구할 수 있다.

→ 주권불소지 신고가 있었더라도 甲은 언제든지 회사에 대해서 주권의 발행을 청구할 수 있다. 이 경우 甲은 **회사설립 후 6월이 경과하기 전이라면 주권을 발행 받아 그 주권을 교부함으로써 주식양도를 할 수는 있지만,** 지명채권양도 방법으로 주식을 양도할 수는 없다. 정답 – X

76 **甲이 乙에게 주식양도의 대항요건을 갖추어 주지 아니한 채 丙에게 주식을 이중양도함으로써 乙이 A 회사에 대한 관계에서 주주로서의 권리를 제대로 행사할 수 없게 되었다면, 甲은 乙에 대해 불법행위책임을 질 수 있다.**

해설 『주식 양도의 원인이 된 매매·증여 기타의 채권계약에서 다른 약정이 없는 한 양도인은 그 채권계약에 기하여 양수인이 목적물인 주식에 관하여 완전한 권리 내지 이익을 누릴 수 있도록 할 의무를 진다고 할 것이다. 따라서 양도인이 제1양수인에 대하여 원인계약상의 의무를 위반하여 이미 자신에 속하지 아니하게 된 주식을 다시 제3자에게 양도하고 제2양수인이 주주명부상 명의개서를 받는 등으로 제1양수인이 회사에 대한 관계에서 주주로서의 권리를 제대로 행사할 수 없게 되었다면, 이는 **그 한도에서 이미 제1양수인이 적법하게 취득한 주식에 관한 권리를 위법하게 침해하는 행위**로서 **양도인은 제1양수인에 대하여 그로 인한 불법행위책임을 진다**고 할 것이다』(대판 2012. 11. 29, 2012다38780). 정답 – O

77 **乙이 丙보다 먼저 지명채권양도의 일반원칙에 따라 확정일자 있는 증서에 의한 주식양도의 통지방법으로 대항요건을 갖춘 경우라면, 乙은 주주명부상의 丙의 명의를 말소할 것을 A 회사에 청구할 수 있다.**

해설 『상법 제335조 제2항 소정의 주권발행 전에 한 주식의 양도는 회사성립후 또는 신주의 납입기일 후 6월이 경과한 때에는 회사에 대하여 효력이 있는 것으로서, 이 경우 주식의 양도는 지명채권의 양도에 관한 일반원칙에 따라 당사자의 의사표시만으로 효력이 발생하는 것이고, **상법 제337조 제1항에 규정된 주주명부상의 명의개서는 주식의 양수인이 회사에 대한 관계에서 주주의 권리를 행사하기 위한 대항요건에 지나지 아니하므로,** 주권발행 전 주식을 양수한 사람은 특별한 사정이 없는 한 양도인의 협력을 받을 필요 없이 단독으로 자신이 주식을 양수한 사실을 증명함으로써 회사에 대하여 그 명의개서를 청구할 수 있으므로, **주주명부상의 명의개서가 없어도 회사에 대하여 자신이 적법하게 주식을 양수한 자로서 주주권자임을 주장할 수 있다**』(대판 1995. 5. 23, 94다36421). 정답 – O

78 **丙이 실질적으로 주주가 될 수 없는 특별한 사정이 있었으며 A 회사가 이를 알고 있었고 용이하게 증명할 수 있었는데도 丙에게 소집통지를 하고 의결권을 행사하게 하였다면, 乙은 이를 이유로 그 주주총회 결의의 하자를 다툴 수 있다.**

해설 『주식회사가 주주명부상의 형식주주에 불과하다는 것을 알았거나 중대한 과실로 알지 못하였고 또한 이를 용이하게 증명하여 의결권 행사를 거절할 수 있었음에도 의결권 행사를 용인하거나 의결권을 행사하게 한 경우에는 그 의결권 행사는 위법하다』(대판 1998. 9. 8, 96다45818)라고 하였으나, 최근에 판례를 변경하여 『특별한 사정이 없는 한, 주주명부에 적법하게 주주로 기재되어 있는 자는 회사에 대한 관계에서 그 주식에 관한 의결권 등 주주권을 행사할 수 있고, **회사 역시 주주명부상 주주 외에 실제 주식을 인수하거나 양수하고자 하였던 자가 따로 존재한다는 사실을 알았든 몰랐든 간에 주주명부상 주주의 주주권 행사를 부인할 수 없으며, 주주명부에 기재를 마치지 아니한 자의 주주권 행사를 인정할 수도 없다.** 주주명부에 기재를 마치지 않고도 회사에 대한 관계에서 주주권을 행사할 수 있는 경우는 주주명부에의 기재 또는 명의개서청구가 부당하게 지연되거나 거절되었다는 등의 극히 예외적인 사정이 인정되는 경우에 한한다』〔대판(전합) 2017. 3. 23, 2015다248342〕. 따라서 이 경우 A 회사는 상법 제355조 제1항의 면책력을 주장할 수 있다. 정답 - X

사례 【79~83】

비상장회사 甲주식회사는 설립 즉시 발행주식의 주권을 발행하였다. 그 후 甲회사는 주식 2주를 1주로 병합하는 주식병합을 하였으나 병합 후 신주의 주권은 주식병합의 효력 발생 후 6개월이 경과하도록 발행하지 않았다. 주식병합 전에 주주 A는 B와 주식에 관한 양도약정을 하였으나 그 주권은 교부하지 않았다. 당시 A는 주권을 P에게 보관해 두었고 P는 다시 Q에게 이를 보관해 두었다. 이에 관한 설명 중 옳은 것은? (다툼이 있는 경우 판례에 의함) 변호사시험 제7회

79 **주식병합 전에는 B가 주권을 교부받지 못하여 주식양도의 효력이 발생하지 않았고, 주식병합 후에는 구주권이 실효되므로 A의 B에 대한 주식양도를 위하여는 주식병합 후 새로운 주식양도 합의가 필요하다.**

해설 『상법 제335조 제3항은 "주권발행 전에 한 주식의 양도는 회사에 대하여 효력이 없다. 그러나 회사성립 후 또는 신주의 납입기일 후 6월이 경과한 때에는 그러하지 아니하다." 라고 규정하고 있는바, 주권발행 전의 주식의 양도는 지명채권의 양도에 관한 일반원칙에 따라 당사자의 의사표시만으로 효력이 발생하는 것이고, 한편 **주권발행 전에 한 주식의 양도가 회사성립 후 또는 신주의 납입기일 후 6월이 경과하기 전에 이루어졌다고 하더라도 그 이후 6월이 경과하고 그 때까지 회사가 주권을 발행하지 않았다면, 그 하자는 치유되어 회사에 대하여도 유효한 주식양도가 된다**고 봄이 상당하다』(대판 2002. 3. 15, 2000두1850). 정답 - X

80 **주식병합의 효력발생 후 6개월이 경과한 후에는 신주의 주권 교부가 없더라도 A와 B 사이의 의사표시만으로 주식양도의 효력이 생긴다.**

해설 『주식병합이 있어 구주권이 실효되었음에도 주식병합 후 6월이 경과할 때까지 회사가 신주권을 발행하지 않은 경우에는 주권의 교부가 없더라도 당사자의 의사표시만으로 주식양도의 효력이 생긴다고 볼 것이다. 그리고 이는 당사자 사이의 주식양도에 관한 의사표시가 주권의 발행 후 주식병합이 있기 전에 있었다고 하더라도 마찬가지로서, 주식병합으로 실효되기 전의 구주권의 교부가 없는 상태에서 주식병합이 이루어지고 그로부터 **6월이 경과할 때까지 회사가 신주권을 발행하지 않았다면 주식병합 후 6월이 경과한 때에 주식병합 전의 당사자 사이의 의사표시만으로 주식양도의 효력이 생긴다**고 보아야 할 것이다』(대판 2012. 2. 9, 2011다62076,62083).

정답 – O

81 **주식병합 전 A가 주권을 P에게 보관해 두었으므로 주식병합 후 A의 B에 대한 주식양도의 효력이 발생하려면 그 주권의 교부가 필요하다.**

해설 『주식병합이 있어 구주권이 실효되었음에도 주식병합 후 6월이 경과할 때까지 회사가 신주권을 발행하지 않은 경우에는 주권의 교부가 없더라도 당사자의 의사표시만으로 주식양도의 효력이 생긴다고 볼 것이다. 그리고 이는 당사자 사이의 주식양도에 관한 의사표시가 주권의 발행 후 주식병합이 있기 전에 있었다고 하더라도 마찬가지로서, **주식병합으로 실효되기 전의 구주권의 교부가 없는 상태에서 주식병합이 이루어지고 그로부터 6월이 경과할 때까지 회사가 신주권을 발행하지 않았다면 주식병합 후 6월이 경과한 때에 주식병합 전의 당사자 사이의 의사표시만으로 주식양도의 효력이 생긴다**고 보아야 할 것이다』(대판 2012. 2. 9, 2011다62076,62083).

정답 – X

82 **A가 B에게 주식을 양도하면서 P에 대하여 그 양도약정사실 및 주권을 B에게 반환하라는 취지의 통지를 한 것만으로는 주식양도의 효력이 발생하지 않는다.**

해설 『주권의 점유를 취득하는 방법에는 현실의 인도(교부) 외에 간이인도, 반환청구권의 양도가 있으며, 양도인이 소유자로부터 보관을 위탁받은 주권을 제3자에게 보관시킨 경우에 반환청구권의 양도에 의하여 주권의 선의취득에 필요한 요건인 주권의 점유를 취득하였다고 하려면, **양도인이 그 제3자에 대한 반환청구권을 양수인에게 양도하고 지명채권 양도의 대항요건을 갖추어야 한다**』(대판 2000. 9. 8, 99다58471).

정답 – X

83 **목적물반환청구권의 양도 방식으로 주권을 교부하기 위하여는 A가 B에게 Q에 대한 반환청구권을 양도하고, 그 대항요건으로서 Q의 승낙 또는 Q에 대한 통지를 갖추어야 한다.**

해설 『기명주식의 약식질에 관한 상법 제338조는 기명주식을 질권의 목적으로 하는 때에는 주권을 질권자에게 교부하여야 하고(제1항), 질권자는 계속하여 주권을 점유하지 아니하면 그 질권으로써 제3자에게 대항하지 못한다고(제2항) 규정하고 있다. 여기에서 주식의 질권설정에 필요한 요건인 주권의 점유를 이전하는 방법으로는 현실 인도(교부) 외에 간이인도나 반환청구권 양도도 허용되고, 주권을 제3자에게 보관시킨 경우 주권을 간접점유하고 있는 질권설정자가 반환청구권 양도에 의하여 주권의 점유를 이전하려면 질권자에게 자신의 점유매개자인 제3자에 대한 반환청구권을 양도하여야 하고, 이 경우 대항요건으로서 제3자의 승낙 또는 질권설정자의 제3자에 대한 통지를 갖추어야 한다. 그리고 이러한 법리는 제3자가 다시 타인에게 주권을 보관시킴으로써 점유매개관계가 중첩적으로 이루어진 경우에도 마찬가지로 적용되므로, 최상위 간접점유자인 질권설정자는 질권자에게 자신의 점유매개자인 제3자에 대한 반환청구권을 양도하고 **대항요건으로서 제3자의 승낙 또는 제3자에 대한 통지를 갖추면 충분**하며, **직접점유자인 타인의 승낙이나 그에 대한 질권설정자 또는 제3자의 통지까지 갖출 필요는 없다**』(대판 2012. 8. 23, 2012다34764).

정답 - X

사례 【84~88】

A주식회사와 B주식회사는 모두 비상장회사이고, 보통주만을 발행한 회사이다. A회사는 B회사의 주식을 현재 전혀 소유하고 있지 않지만 B회사는 A회사의 발행주식 총수의 2%를 소유하고, 명의개서를 마친 상태이다. A회사가 B회사의 주식을 A회사의 명의와 계산으로 취득하여 그 보유수량을 늘려가고자 하는 경우에 관한 설명 중 옳지 않은 것은? (각 지문은 독립적임) 변호사시험 제4회

84 **A회사가 B회사의 발행주식총수의 11%를 취득한 경우, A회사는 그 사실을 지체 없이 B회사에 통지하여야 하지만, 통지하지 않았을 경우의 효과에 대해서는 「상법」상 명문의 규정이 없다.**

해설

〔제342조의3(다른 회사의 주식취득)〕 회사가 다른 회사의 발행주식총수의 10분의 1을 초과하여 취득한 때에는 그 다른 회사에 대하여 지체없이 이를 통지하여야 한다.

정답 - O

85 **A회사가 B회사의 발행주식총수의 11%를 취득한 후 이를 B회사에 통지하고 명의개서까지 한 경우, B회사의 주주총회에서 A회사는 B회사 주식 11%의 의결권을 행사할 수 있으나, A회사의 주주총회에서 B회사는 A회사 주식 2%의 의결권을 행사할 수 없다.**

해설

〔제369조(의결권)〕 ③ 회사, 모회사 및 자회사 또는 자회사가 다른 회사의 발행주식의 총수의 10분의 1을 초과하는 주식을 가지고 있는 경우 그 다른 회사가 가지고 있는 회사 또는 모회사의 주식은 의결권이 없다.

정답 - O

86 A회사가 B회사의 발행주식총수의 51%를 취득한 상태에서 B회사가 C주식회사의 발행주식총수의 11%를 취득한 후 이를 C회사에 통지하고 명의개서까지 하였다. 이때 C회사가 A회사 발행주식총수의 5%를 가지고 있는 경우 C회사는 A회사 주식 5%의 의결권을 행사할 수 없다.

해설

〔제369조(의결권)〕 ③ 회사, 모회사 및 자회사 또는 자회사가 다른 회사의 발행주식의 총수의 10분의 1을 초과하는 주식을 가지고 있는 경우 그 다른 회사가 가지고 있는 회사 또는 모회사의 주식은 의결권이 없다.

정답 – O

87 A회사가 B회사의 발행주식총수의 90%를 취득한 상태에서, 주식의 포괄적 교환제도를 이용하여 A회사가 B회사를 완전자회사로 만들기 위하여 요구되는 B회사의 주주총회 승인은 이사회 승인으로 갈음할 수 있다.

해설

〔제360조의9(간이주식교환)〕 ① 완전자회사가 되는 회사의 총주주의 동의가 있거나 그 회사의 발행주식총수의 100분의 90 이상을 완전모회사가 되는 회사가 소유하고 있는 때에는 완전자회사가 되는 회사의 주주총회의 승인은 이를 이사회의 승인으로 갈음할 수 있다.

정답 – O

88 A회사가 B회사의 발행주식총수의 95%를 취득한 상태에서, A회사가 B회사의 다른 주주에게 주식의 매도청구를 하기 위해 요구되는 B회사의 주주총회 승인은 이사회 승인으로 갈음할 수 있다.

해설

〔제360조의24(지배주주의 매도청구권)〕 ① 회사의 발행주식총수의 100분의 95 이상을 자기의 계산으로 보유하고 있는 주주(이하 이 관에서 '지배주주'라 한다)는 회사의 경영상 목적을 달성하기 위하여 필요한 경우에는 회사의 다른 주주(이하 이 관에서 '소수주주'라 한다)에게 그 보유하는 주식의 매도를 청구할 수 있다. ③ 제1항의 매도청구를 할 때에는 미리 **주주총회의 승인**을 받아야 한다.

→ 지배주주의 매도청구권을 위해서는 주주총회를 요한다. 정답 – X

사례 【89~91】

비상장회사인 X주식회사는 이사회 결의에 의하여 신주인수의 청약일을 2016. 3. 4., 주금 납입기일을 2016. 3. 7., 자본금변경 등기일을 2016. 3. 18.로 하여 신주를 발행하였으나, 2017. 1. 13. 현재까지 주권을 발행하지 않고 있다. A는 위 신주발행에 참가하여 X회사로부터 100주의 신주를 배정받고 인수금액 전액을 금전으로 납입하였다. A는 2016. 9. 12. B에게 위 주식 100주 전부를 양도하고, 2016. 10. 4. C에게 이를 이중으로 양도하였다. 이에 관한 설명 중 옳지 않은 것은? (다툼이 있는 경우 판례에 의함) 변호사시험 제6회

89 **A의 B에 대한 주식양도는 신주의 효력발생 후 6개월이 경과하기 전에 주권 교부 없이 행해진 것이므로 효력이 없으나, 그 이후 6개월이 경과함으로써 그 하자가 치유되었다.**

해설 『상법 제335조 제3항은 "주권발행 전에 한 주식의 양도는 회사에 대하여 효력이 없다. 그러나 회사성립 후 또는 신주의 납입기일 후 6월이 경과한 때에는 그러하지 아니하다." 라고 규정하고 있는바, **주권발행 전의 주식의 양도는 지명채권의 양도에 관한 일반원칙에 따라 당사자의 의사표시만으로 효력이 발생하는 것이고,** 한편 주권발행 전에 한 주식의 양도가 회사성립 후 또는 신주의 납입기일 후 6월이 경과하기 전에 이루어졌다고 하더라도 그 이후 6월이 경과하고 그 때까지 회사가 주권을 발행하지 않았다면, 그 하자는 치유되어 회사에 대하여도 유효한 주식양도가 된다고 봄이 상당하다』(대판 2002. 3. 15, 2000두1850). 정답 – X

90 **① B와 C 사이의 우열은 확정일자 있는 증서에 의한 양도의 통지가 X회사에 도달한 일시 또는 확정일자 있는 증서에 의한 X회사의 승낙 일시의 선후에 의하여 결정함이 원칙이다.**
② B는 자신이 A로부터 주식을 양수한 사실을 증명함으로써 X회사에 명의개서를 청구할 수 있다.
③ C가 A의 배임행위에 적극 가담한 경우라면 C에 대한 주식양도는 사회질서에 반하는 행위로 무효가 될 수 있다.

해설 『[1] 주권발행 전 주식의 양도는 당사자의 의사표시만으로 효력이 발생하고, **주권발행 전 주식을 양수한 사람은 특별한 사정이 없는 한 양도인의 협력을 받을 필요 없이 단독으로 자신이 주식을 양수한 사실을 증명함으로써 회사에 대하여 그 명의개서를 청구할 수 있지만(②),** 회사 이외의 제3자에 대하여 양도 사실을 대항하기 위하여는 지명채권의 양도에 준하여 확정일자 있는 증서에 의한 양도통지 또는 승낙을 갖추어야 한다는 점을 고려할 때, 양도인은 회사에 그와 같은 양도통지를 함으로써 양수인으로 하여금 제3자에 대한 대항요건을 갖출 수 있도록 해 줄 의무를 부담한다. 따라서 양도인이 그러한 채권양도의 통지를 하기 전에제3자에게 이중으로 양도하고 회사에게 확정일자 있는 양도통지를 하는 등 대항요건을 갖추어 줌으로써 양수인이 그 제3자에게 대항할 수 없게 되었고, 이러한 **양도인의 배임행위에**

제3자가 적극 가담한 경우라면, 제3자에 대한 양도행위는 사회질서에 반하는 법률행위로서 무효이다(③). [2] 주주명부에 기재된 명의상의 주주는 회사에 대한 관계에 자신의 실질적 권리를 증명하지 않아도 주주의 권리를 행사할 수 있는 자격수여적 효력을 인정받을 뿐이지 주주명부의 기재에 의하여 창설적 효력을 인정받는 것은 아니므로, 실질상 주식을 취득하지 못한 사람이 명의개서를 받았다고 하여 주주의 권리를 행사할 수 있는 것이 아니다. 따라서 주권발행 전 주식의 이중양도가 문제되는 경우, 그 이중양수인 중 일부에 대하여 이미 명의개서가 경료되었는지 여부를 불문하고 누가 우선순위자로서 권리취득자인지를 가려야 하고, 이때 이중양수인 상호간의 우열은 지명채권 이중양도의 경우에 준하여 확정일자 있는 양도통지가 회사에 도달한 일시 또는 확정일자 있는 승낙의 일시의 선후에 의하여 결정하는 것이 원칙이다(①)』(대판 2006. 9. 14, 2005다45537).

정답 - ① O ② O ③ O

91 B와 C 모두가 확정일자 있는 증서에 의한 대항요건을 갖추지 못한 상태에서 C가 X회사에 명의개서를 청구하여 주주명부에 주주로 기재됨으로써 B가 X회사에 대해 주주로서의 권리를 행사할 수 없게 된 경우라면 B는 A에게 민법상의 불법행위책임을 물을 수 있다.

해설 『주식 양도의 원인이 된 매매·증여 기타의 채권계약에서 다른 약정이 없는 한 양도인은 그 채권계약에 기하여 양수인이 목적물인 주식에 관하여 완전한 권리 내지 이익을 누릴 수 있도록 할 의무를 진다고 할 것이다. 그러므로 양도인은 이미 양도한 주식을 제3자에게 다시 양도 기타 처분함으로써 양수인의 주주로서의 권리가 침해되도록 하여서는 아니된다. 나아가 회사 이외의 제3자에 대하여 주식의 양도를 대항하기 위하여는 지명채권의 양도에 준하여 확정일자 있는 증서에 의한 양도의 통지 또는 그와 같은 승낙(이하 단지 '제3자대항요건'이라고 한다)이 있어야 하므로, 양도인은 위와 같은 의무의 일환으로 양수인에 대하여 회사에 그와 같은 양도통지를 하거나 회사로부터 그러한 승낙을 받을 의무를 부담한다. 따라서 양도인이 제1양수인에 대하여 앞서 본 바와 같은 원인계약상의 의무를 위반하여 이미 자신에 속하지 아니하게 된 주식을 다시 제3자에게 양도하고 제2양수인이 주주명부상 명의개서를 받는 등으로 제1양수인이 회사에 대한 관계에서 주주로서의 권리를 제대로 행사할 수 없게 되었다면, 이는 그 한도에서 이미 제1양수인이 적법하게 취득한 주식에 관한 권리를 위법하게 침해하는 행위로서 양도인은 제1양수인에 대하여 그로 인한 불법행위책임을 진다고 할 것이다』(대판 2012. 11. 29, 2012다38780).

정답 - O

사례 【92~94】

정육점을 운영하는 甲은 2012. 8. 6. 스포츠용품점을 운영하는 乙에게 스포츠용품점 확장비용 1억 원을 빌려주기로 하는 소비대차계약을 체결하였고, 甲은 2012. 8. 8. 乙에게 1억 원을 지급하였다. 甲과 乙은 변제기를 2013. 8. 5.로 정하였으나, 이자에 관한 약정은 별도로 하지 않았다. 위 대여금채무를 담보하기 위하여, 乙은 甲에게 乙이 소유하고 있는 2011. 3. 2. 설립된 비상장 주식회사 A의 주식에 질권을 설정하여 주기로 약정하였다. 2012. 8. 8. 乙은 약정에 따라 甲에게 질권을 설정하여 주었다. 이와 관련한 설명이 타당한가? (다툼이 있는 경우에는 판례에 의함) 변호사시험 제2회

92 주식에 대한 질권을 설정하기 위해서는 주권의 교부가 있어야 하므로, 질권설정시까지 A사의 주권이 발행되지 않은 경우 甲은 A사 주식에 대하여 질권을 설정할 수 없다.

해설 『주권발행 전의 주식에 대한 양도도 인정되고, **주권발행 전 주식의 담보제공을 금하는 법률규정도 없으므로 주권발행 전 주식에 대한 질권설정도 가능하다**고 할 것이지만, 상법 제338조 제1항은 기명주식을 질권의 목적으로 하는 때에는 주권을 교부하여야 한다고 규정하고 있으나, 이는 주권이 발행된 기명주식의 경우에 해당하는 규정이라고 해석함이 상당하므로, 주권발행 전의 주식 입질에 관하여는 상법 제338조 제1항의 규정이 아니라 **권리질권설정의 일반원칙인 민법 제346조로 돌아가 그 권리의 양도방법에 의하여 질권을 설정할 수 있다**고 보아야 한다』(대결 2000. 8. 16. 자 99그1).

정답 - X

93 A사의 주권이 발행된 경우, 乙은 점유개정에 의한 인도의 방법으로 甲에게 유효하게 질권을 설정할 수 있다.

해설 점유개정에 의한 인도의 방법으로 질권을 설정하는 것은 **민사질에 관한 규정(민법 제332조)**에 의해 허용되지 않는다.

정답 - X

94 질권설정시 甲이 乙로부터 A사의 주권을 교부받은 경우, A사가 乙의 청구에 따라 甲의 성명과 주소를 주주명부에 덧붙여 쓰고 그 성명을 주권에 적은 경우에만 甲은 질권이 설정된 주식의 소각으로 인하여 乙이 지급받을 금전에 대하여 종전의 주식을 목적으로 한 질권을 행사할 수 있다.

해설 주식소각으로 인하여 乙이 지급받을 금전에 대하여 종전의 주식을 목적으로 한 질권을 행사할 수 있는 **물상대위는 등록질뿐만 아니라 약식질에 대하여도 인정**된다(제339조).

정답 - X

사례 【95~99】

비상장회사인 X주식회사의 주주 A는 B로부터 자금을 차입하면서 그 담보로 B에게 자신이 소유하고 있는 X회사 주식에 질권을 설정하였다. 이에 관한 설명 중 옳지 않은 것은? (X회사는 적법하게 주권을 발행하여 주주에게 교부한 것으로 가정하고, 다툼이 있는 경우 판례에 의함) 변호사시험 제6회

95 A가 B에게 간이인도 또는 목적물반환청구권양도의 방법으로도 주권의 점유를 이전하여 질권을 설정할 수 있다.

해설

〔제338조(주식의 입질)〕 ① 주식을 질권의 목적으로 하는 때에는 **주권을 질권자에게 교부하여야** 한다.

→ 약식질 설정은 질권 설정의 합의와 주권의 교부에 의해서 이루어진다. 주권의 교부는 점유이전방식에 의하므로 민법상 점유이전방식인 간이인도 또는 목적물반환청구권양도의 방법으로 가능하다(민법 제196조 제2항 참고). 정답 – O

96 X회사의 주주총회에서 의결권을 갖는 자는 A이나, 정관에 의결권대리행사에 관한 다른 정함이 없으면 A가 B에게 의결권의 대리행사를 위임할 수 있다.

해설

〔제368조(총회의 결의방법과 의결권의 행사)〕 ② **주주는 대리인으로 하여금 그 의결권을 행사하게 할 수 있다.** 이 경우에는 그 대리인은 대리권을 증명하는 서면을 총회에 제출하여야 한다.

정답 – O

97 B가 등록질권자로 주주명부에 기재되어 있다면 주권을 계속하여 점유하지 않더라도 제3자에게 질권자로서 대항할 수 있다.

해설 **주권의 교부는 질권설정의 효력요건**이므로(상법 제338조 제1항) B가 주권을 계속하여 점유하지 않는다면 제3자에게 질권자로서 대항할 수 없다. 정답 – X

98 X회사가 준비금을 자본금으로 전입함에 따라, A가 질권의 목적으로 된 주식에 대하여 신주를 받는 경우, B의 질권의 효력이 그 신주에 미친다.

해설

〔제339조(질권의 물상대위)〕 주식의 소각, 병합, 분할 또는 전환이 있는 때에는 이로 인하여 종전의 주주가 받을 금전이나 주식에 대하여도 종전의 주식을 목적으로한 질권을 행사할 수 있다.
〔제461조(준비금의 자본금 전입)〕 ① 회사는 이사회의 결의에 의하여 준비금의 전부 또는 일부를 자본금에 전입할 수 있다. 그러나 정관으로 주주총회에서 결정하기로 정한 경우에는 그러하지 아니하다. ② 제1항의 경우에는 주주에 대하여 그가 가진 주식의 수에 따라 주식을 발행하여야 한다. 이 경우 1주에 미달하는 단수에 대하여는 제443조 제1항의 규정을 준용한다. ⑦ 제339조의 규정은 제2항의 규정에 의하여 주식의 발행이 있는 경우에 이를 준용한다.

정답 – O

99 B가 등록질권자라면 B는 X회사로부터 질권의 목적으로 된 주식에 대한 잔여재산의 분배에 따른 금전의 지급을 받아 다른 채권자에 우선하여 자기 채권의 변제에 충당할 수 있다.

해설

〔제340조(주식의 등록질)〕 ① 주식을 질권(질권)의 목적으로 한 경우에 회사가 질권설정자의 청구에 따라 그 성명과 주소를 주주명부에 덧붙여 쓰고 그 성명을 주권(주권)에 적은 경우에는 질권자는 회사로부터 이익배당, 잔여재산의 분배 또는 제339조에 따른 금전의 지급을 받아 다른 채권자에 우선하여 자기채권의 변제에 충당할 수 있다.

정답 – O

| 제4절 | 기 관

1 ‘최대주주가 보유하고 있는 주식 1주에 대해서는 2개의 의결권을 부여한다.’는 내용의 정관 규정을 둘 수 있다. 변호사시험 제5회

해설

〔제369조(의결권)〕 ① 의결권은 1주마다 1개로 한다.

정답 – X

2 주식회사가 주주명부상의 주주가 형식주주에 불과하다는 것을 중대한 과실로 알지 못하였고 또한 이를 용이하게 증명하여 의결권 행사를 거절할 수 있었음에도 의결권 행사를 용인한 경우에는 그 의결권 행사는 위법하게 된다. 변호사시험 제4회

해설 『특별한 사정이 없는 한, 주주명부에 적법하게 주주로 기재되어 있는 자는 회사에 대한 관계에서 그 주식에 관한 의결권 등 주주권을 행사할 수 있고, **회사 역시 주주명부상 주주 외에 실제 주식을 인수하거나 양수하고자 하였던 자가 따로 존재한다는 사실을 알았든 몰랐든 간에 주주명부상 주주의 주주권 행사를 부인할 수 없으며,** 주주명부에 기재를 마치지 아니한 자의 주주권 행사를 인정할 수도 없다』〔대판(전합) 2017. 3. 23, 2015다248342〕.

정답 – X

3 **의결권 불통일행사의 통지가 「상법」 제368조의2 제1항에서 정한 주주총회일의 3일 전이라는 시한보다 늦게 도착하였다고 하더라도 회사가 스스로 총회운영에 지장이 없다고 판단하여 이를 받아들이기로 하고 이에 따라 의결권의 불통일행사가 이루어진 것이라면, 그것이 주주평등의 원칙을 위반하거나 의결권 행사의 결과를 조작하기 위하여 자의적으로 이루어진 것이라는 등의 특별한 사정이 없는 한 그와 같은 의결권의 불통일행사를 위법하다고 볼 수는 없다.** 변호사시험 제4회

해설 『상법 제368조의2 제1항은 "주주가 2 이상의 의결권을 가지고 있는 때에는 이를 통일하지 아니하고 행사할 수 있다. 이 경우 회일의 3일 전에 회사에 대하여 서면으로 그 뜻과 이유를 통지하여야 한다."고 규정하고 있는바, 여기서 3일의 기간이라 함은 의결권의 불통일행사가 행하여지는 경우에 회사 측에 그 불통일행사를 거부할 것인가를 판단할 수 있는 시간적 여유를 주고, 회사의 총회 사무운영에 지장을 주지 아니하도록 하기 위하여 부여된 기간으로서, 그 불통일행사의 통지는 주주총회 회일의 3일 전에 회사에 도달할 것을 요한다. 다만, 위와 같은 3일의 기간이 부여된 취지에 비추어 보면, 비록 **불통일행사의 통지가 주주총회 회일의 3일 전이라는 시한보다 늦게 도착하였다고 하더라도 회사가 스스로 총회운영에 지장이 없다고 판단하여 이를 받아들이기로 하고 이에 따라 의결권의 불통일행사가 이루어진 것이라면, 그것이 주주평등의 원칙을 위반하거나 의결권 행사의 결과를 조작하기 위하여 자의적으로 이루어진 것이라는 등의 특별한 사정이 없는 한, 그와 같은 의결권의 불통일행사를 위법하다고 볼 수는 없다**』(대판 2009. 4. 23, 2005다22701,22718). 정답 – O

4 **대리인의 자격을 주주로 한정하는 정관 규정이 있다 하더라도, 주주인 국가, 지방자치단체 또는 주식회사 소속의 공무원, 직원 또는 피용자 등이 그 주주를 위한 대리인으로서 의결권을 대리행사하는 것은 허용되어야 하고 이를 가리켜 정관 규정에 위반한 무효의 의결권 대리행사라고 할 수는 없다.** 변호사시험 제4회

해설 『상법 제368조 제3항의 규정은 주주의 대리인의 자격을 제한할 만한 합리적인 이유가 있는 경우 정관의 규정에 의하여 상당하다고 인정되는 정도의 제한을 가하는 것까지 금지하는 취지는 아니라고 해석되는바, 대리인의 자격을 주주로 한정하는 취지의 주식회사의 정관 규정은 주주총회가 주주 이외의 제3자에 의하여 교란되는 것을 방지하여 회사 이익을 보호하는 취지에서 마련된 것으로서 합리적인 이유에 의한 상당한 정도의 제한이라고 볼 수 있으므로 이를 무효라고 볼 수는 없다. 그런데 위와 같은 정관규정이 있다 하더라도 주주

인 국가, 지방공공단체 또는 주식회사 등이 그 소속의 공무원, 직원 또는 피용자 등에게 의결권을 대리행사하도록 하는 때에는 특별한 사정이 없는 한 그들의 의결권 행사에는 주주 내부의 의사결정에 따른 대표자의 의사가 그대로 반영된다고 할 수 있고 이에 따라 주주총회가 교란되어 회사 이익이 침해되는 위험은 없는 반면에, 이들의 대리권 행사를 거부하게 되면 사실상 국가, 지방공공단체 또는 주식회사 등의 의결권 행사의 기회를 박탈하는 것과 같은 부당한 결과를 초래할 수 있으므로, **주주인 국가, 지방공공단체 또는 주식회사 소속의 공무원, 직원 또는 피용자 등이 그 주주를 위한 대리인으로서 의결권을 대리행사하는 것은 허용되어야 하고 이를 가리켜 정관 규정에 위반한 무효의 의결권 대리행사라고 할 수는 없다**』(대판 2009. 4. 23, 2005다22701,22718). 정답 – O

5 **회사는 정관에 규정이 없더라도 이사회의 결의로 주주가 총회에 출석하지 아니하고 서면 또는 전자적 방법에 의하여 의결권을 행사할 수 있음을 정할 수 있다.** 변호사시험 제4회

해설 전자적 방법에 의한 의결권 행사(상법 제368조의4)와 달리, 서면에 의한 의결권 행사(상법 제368조의3)는 정관이 정한 바에 따라 할 수 있다.

〔**제368조의3(서면에 의한 의결권의 행사)**〕 ① 주주는 **정관이 정한 바에 따라** 총회에 출석하지 아니하고 서면에 의하여 의결권을 행사할 수 있다.
〔**제368조의4(전자적 방법에 의한 의결권의 행사)**〕 ① 회사는 **이사회의 결의로** 주주가 총회에 출석하지 아니하고 전자적 방법으로 의결권을 행사할 수 있음을 정할 수 있다.

정답 – X

6 **「상법」 제368조 제2항이 규정하는 '대리권을 증명하는 서면'이라 함은 위임장을 일컫는 것으로서 회사가 위임장과 함께 인감증명서, 참석장 등을 제출하도록 요구하는 것은 대리인의 자격을 보다 확실하게 확인하기 위하여 요구하는 것일 뿐, 이러한 서류 등을 지참하지 아니하였다 하더라도 주주 또는 대리인이 다른 방법으로 위임장의 진정성 내지 위임의 사실을 증명할 수 있다면 회사는 그 대리권을 부정할 수 없다.** 변호사시험 제4회

해설 『상법 제368조 제3항이 규정하는 **'대리권을 증명하는 서면'이라 함은 위임장**을 일컫는 것으로서 **회사가 위임장과 함께 인감증명서, 참석장 등을 제출하도록 요구하는 것은 대리인의 자격을 보다 확실하게 확인하기 위하여 요구하는 것일 뿐, 이러한 서류 등을 지참하지 아니하였다 하더라도 주주 또는 대리인이 다른 방법으로 위임장의 진정성 내지 위임의 사실을 증명할 수 있다면 회사는 그 대리권을 부정할 수 없다.** 한편, 회사가 주주 본인에 대하여 주주총회 참석장을 지참할 것을 요구하는 것 역시 주주 본인임을 보다 확실하게 확인하기 위한 방편에 불과하므로, 다른 방법으로 주주 본인임을 확인할 수 있는 경우에는 회사는 주주 본인의 의결권 행사를 거부할 수 없다』(대판 2009. 4. 23, 2005다22701,22718). 정답 – O

7 **의결권 없는 주식을 제외한 발행주식총수의 100분의 3을 초과하는 수의 주식을 가진 주주는 그 초과하는 주식에 관하여 감사의 선임 및 해임에 있어서 의결권을 행사하지 못한다.** 변호사시험 제4회

해설

〔**제409조(선임)**〕 ② 의결권없는 주식을 제외한 발행주식의 총수의 100분의 3을 초과하는 수의 주식을 가진 주주는 그 초과하는 주식에 관하여 제1항의 **감사의 선임**에 있어서는 의결권을 행사하지 못한다.

정답 – X

8 **대리인의 자격을 주주로 한정하는 취지의 주식회사 정관규정이 있는 경우 주주인 국가, 지방공공단체 또는 주식회사 등이 그 소속 공무원, 직원 또는 피용자 등에게 의결권을 대리행사하도록 하는 것은 허용되지 아니한다.** 변호사시험 제7회

해설 『상법 제368조 제3항의 규정은 주주의 대리인의 자격을 제한할 만한 합리적인 이유가 있는 경우 정관의 규정에 의하여 상당하다고 인정되는 정도의 제한을 가하는 것까지 금지하는 취지는 아니라고 해석되는바, 대리인의 자격을 주주로 한정하는 취지의 주식회사의 정관 규정은 주주총회가 주주 이외의 제3자에 의하여 교란되는 것을 방지하여 회사 이익을 보호하는 취지에서 마련된 것으로서 합리적인 이유에 의한 상당한 정도의 제한이라고 볼 수 있으므로 이를 무효라고 볼 수는 없다. 그런데 **위와 같은 정관규정이 있다 하더라도** 주주인 국가, 지방공공단체 또는 주식회사 등이 **그 소속의 공무원, 직원 또는 피용자 등에게 의결권을 대리행사하도록 하는 때**에는 특별한 사정이 없는 한 그들의 의결권 행사에는 주주 내부의 의사결정에 따른 대표자의 의사가 그대로 반영된다고 할 수 있고 이에 따라 주주총회가 교란되어 회사 이익이 침해되는 위험은 없는 반면에, 이들의 대리권 행사를 거부하게 되면 사실상 국가, 지방공공단체 또는 주식회사 등의 의결권 행사의 기회를 박탈하는 것과 같은 부당한 결과를 초래할 수 있으므로, **주주인 국가, 지방공공단체 또는 주식회사 소속의 공무원, 직원 또는 피용자 등이 그 주주를 위한 대리인으로서 의결권을 대리행사하는 것은 허용**되어야 하고 이를 가리켜 정관 규정에 위반한 무효의 의결권 대리행사라고 할 수는 없다』(대판 2009. 4. 23, 2005다22701,22718).

정답 – X

9 **「상법」상 주주총회 의결권의 대리행사시 대리인이 제출하여야 하는 '대리권을 증명하는 서면'은 위조나 변조 여부를 쉽게 식별할 수 있는 원본이어야 하고 특별한 사정이 없는 한 사본은 그 서면에 해당하지 아니한다.** 변호사시험 제7회

해설 『상법 제368조 제3항의 규정은 대리권의 존부에 관한 법률관계를 명확히 하여 주주총회 결의의 성립을 원활하게 하기 위한 데 그 목적이 있다고 할 것이므로 대리권을 증명하는 서면은 위조나 변조 여부를 쉽게 식별할 수 있는 **원본이어야 하고**, 특별한 사정이 없는 한 **사본은 그 서면에 해당하지 아니하고**, 팩스를 통하여 출력된 팩스본 위임장 역시 성질상 원본으로 볼 수 없다』(대판 2004. 4. 27, 2003다29616).

정답 – O

10 **주주총회에서 감사선임결의는 출석한 주주의 의결권의 과반수와 발행주식총수의 4분의 1 이상의 수로써 하여야 하는데 이때 발행주식총수에는 감사선임결의에서 의결권 행사가 제한되는 3% 초과 주식 수도 산입된다.** 변호사시험 제7회

해설

〔제409조(선임)〕 ① 감사는 주주총회에서 선임한다. ② **의결권없는 주식을 제외한 발행주식의 총수의 100분의 3을 초과하는 수**의 주식을 가진 주주는 **그 초과하는 주식에 관하여** 제1항의 감사의 선임에 있어서는 의결권을 행사하지 못한다.

정답 - X

11 **A주식회사는 자본금 총액이 7억 원이다. A회사는 주주 전원의 동의가 있을 경우에는 소집절차 없이 주주총회를 개최할 수 있고, 서면에 의한 결의로써 주주총회의 결의를 갈음할 수 있다.** 변호사시험 제4회

해설

〔제363조(소집의 통지)〕 ④ **자본금 총액이 10억원 미만인 회사**는 주주 전원의 동의가 있을 경우에는 소집절차 없이 주주총회를 개최할 수 있고, 서면에 의한 결의로써 주주총회의 결의를 갈음할 수 있다. 결의의 목적사항에 대하여 주주 전원이 서면으로 동의를 한 때에는 서면에 의한 결의가 있는 것으로 본다.

정답 - O

12 **숙박업을 하는 X회사가 회사의 자산에서 대부분의 비중을 차지하고 있는 호텔 부지를 제3자에게 양도하고, 이로 인하여 해당 영업이 폐지되는 경우에 X주식회사의 주주총회 승인결의를 거쳐야 한다.** 변호사시험 제6회

해설 『주주총회의 특별결의가 있어야 하는 상법 제374조 제1항 제1호 소정의 '영업의 전부 또는 중요한 일부의 양도'라 함은 일정한 영업목적을 위하여 조직되고 유기적 일체로 기능하는 재산의 전부 또는 중요한 일부를 총체적으로 양도하는 것을 의미하는 것으로서, 이에는 양수 회사에 의한 양도 회사의 영업적 활동의 전부 또는 중요한 일부분의 승계가 수반되어야 하는 것이므로 단순한 영업용 재산의 양도는 이에 해당하지 않으나, 다만 **영업용 재산의 처분으로 말미암아 회사 영업의 전부 또는 일부를 양도하거나 폐지하는 것과 같은 결과를 가져오는 경우에는 주주총회의 특별결의가 필요하다**』(대판 2004. 7. 8, 2004다13717).

정답 - O

13 **A 주식회사가 영업의 중요한 일부를 양도한 경우, 이에 반대하는 A 회사의 주주 甲은 A 회사에 자기가 소유하고 있는 주식의 매수를 청구할 수 있다.** 변호사시험 제3회

해설

〔**제374조(영업양도, 양수, 임대등)**〕 ① 회사가 다음 각 호의 어느 하나에 해당하는 행위를 할 때에는 제434조에 따른 결의가 있어야 한다.
1. 영업의 전부 또는 **중요한 일부의 양도**
2. 영업 전부의 임대 또는 경영위임, 타인과 영업의 손익 전부를 같이 하는 계약, 그 밖에 이에 준하는 계약의 체결·변경 또는 해약
3. 회사의 영업에 중대한 영향을 미치는 다른 회사의 영업 전부 또는 일부의 양수
〔**제374조의2(반대주주의 주식매수청구권)**〕 ① **제374조에 따른 결의사항에 반대하는 주주**(의결권이 없거나 제한되는 주주를 포함한다. 이하 이 조에서 같다)는 주주총회 전에 회사에 대하여 서면으로 그 결의에 반대하는 의사를 통지한 경우에는 그 총회의 결의일부터 20일 이내에 주식의 종류와 수를 기재한 서면으로 회사에 대하여 자기가 소유하고 있는 주식의 매수를 청구할 수 있다.

정답 – O

14 **B 주식회사가 정관변경에 의하여 종류주식의 내용을 변경하는 경우, 이에 반대하는 B 회사의 주주 乙은 B 회사에 자기가 소유하고 있는 주식의 매수를 청구할 수 있다.**

변호사시험 제3회

해설 정관변경에 의하여 종류주식의 내용을 변경하는 경우에는 종류주주총회가 필요할 수는 있으나(상법 제435조), **주식매수청구권이 인정되지는 않는다.** 정답 – X

15 **C 주식회사가 D 주식회사와 합병(소규모합병이 아님)을 하는 경우, 이에 반대하는 C 회사의 주주 丙은 C 회사에 자기가 소유하고 있는 주식의 매수를 청구할 수 있다.**

변호사시험 제3회

해설

〔**제522조의3(합병반대주주의 주식매수청구권)**〕 ① 제522조 제1항에 따른 결의사항에 관하여 이사회의 결의가 있는 때에 그 결의에 반대하는 주주(의결권이 없거나 제한되는 주주를 포함한다. 이하 이 조에서 같다)는 주주총회 전에 회사에 대하여 서면으로 그 결의에 반대하는 의사를 통지한 경우에는 그 총회의 결의일부터 20일 이내에 주식의 종류와 수를 기재한 서면으로 회사에 대하여 자기가 소유하고 있는 주식의 매수를 청구할 수 있다.

정답 – O

16 **E 주식회사가 F 주식회사를 흡수합병하는 경우에 소멸하는 F 회사의 발행주식총수의 90% 이상을 이미 E 회사가 소유하고 있는 때에는 합병에 반대하는 F 회사의 주주 丁은 F 회사에 자기가 소유하고 있는 주식의 매수를 청구할 수 있다.** 변호사시험 제3회

해설

〔**제527조의2(간이합병)**〕 ① 합병할 회사의 일방이 합병후 존속하는 경우에 합병으로 인하여 소멸하는 회사의 총주주의 동의가 있거나 그 회사의 발행주식총수의 100분의 90이상을 합병후 존속하는 회사가 소유하고 있는 때에는 합병으로 인하여 소멸하는 회사의 주주총회의 승인은 이를 이사회의 승인으로 갈음할 수 있다. ② 제1항의 경우에 합병으로 인하여 소멸하는 회사는 합병계약서를 작성한 날부터 2주내에 주주총회의 승인을 얻지 아니하고 합병을 한다는 뜻을 공고하거나 주주에게 통지하여야 한다. 다만, 총주주의 동의가 있는 때에는 그러하지 아니하다.

→ 간이합병으로서 주식매수청구권이 인정된다. 정답 - O

17 **주주총회 전에 회사에 대하여 서면으로 반대의 의사를 통지한 주주의 경우 주식매수청구권을 행사하기 위해 주주총회에 출석하여 반대할 필요가 없다.** 변호사시험 제3회

해설 주주는 이사회의 합병 등의 결의에 대하여 반대하는 의사만 통지하면 되고 총회의 참석이나 의결권의 행사는 주식매수청구권의 행사를 위한 요건이 아니다(상법 제522의3 제1항).

〔**제522조의3(합병반대주주의 주식매수청구권)**〕 ① 제522조 제1항에 따른 결의사항에 관하여 이사회의 결의가 있는 때에 그 결의에 반대하는 주주(의결권이 없거나 제한되는 주주를 포함한다. 이하 이 조에서 같다)는 주주총회 전에 회사에 대하여 서면으로 그 결의에 반대하는 의사를 통지한 경우에는 그 총회의 결의일부터 20일 이내에 주식의 종류와 수를 기재한 서면으로 회사에 대하여 자기가 소유하고 있는 주식의 매수를 청구할 수 있다.

정답 - O

18 **甲은 비상장회사인 A 회사의 주식을 3% 소유한 주주이다. 甲은 A 회사의 회계장부를 열람 또는 등사하고자 한다. 甲이 열람 또는 등사를 청구할 수 있는 회계장부에는 A 회사가 보관하고 있고 A 회사의 회계상황을 파악하기 위하여 필요한 A 회사의 子회사의 회계장부가 포함될 수 있다.** 변호사시험 제3회

해설 **상법 제466조 제1항 소정의 회계장부열람등사청구의 대상에 자회사의 회계장부가 포함될 수 있는지 여부**에 관하여 판례는『子회사의 회계장부라 할지라도 그것이 母子관계에 있는 母회사에 보관되어 있고, 또한 母회사의 회계상황을 파악하기 위한 근거자료로서 실질적으로 필요한 경우에는 母회사의 회계서류로서 母회사 소수주주의 열람·등사청구의 대상이 될 수 있다』(대판 2001. 10. 26, 99다58051)라고 판시하고 있다.

〔**제466조(주주의 회계장부열람권)**〕 ① 발행주식의 총수의 100분의 3 이상에 해당하는 주식을 가진 주주는 이유를 붙인 서면으로 회계의 장부와 서류의 열람 또는 등사를 청구할 수 있다.

정답 - O

19 **甲은 비상장회사인 A 회사의 주식을 3% 소유한 주주이다. 甲은 A 회사의 회계장부를 열람 또는 등사하고자 한다. 甲이 회계장부의 열람 또는 등사를 청구하기 위해서는 이유를 붙인 서면으로 하여야 한다.** 변호사시험 제3회

해설

〔**제466조(주주의 회계장부열람권)**〕 ① 발행주식의 총수의 100분의 3 이상에 해당하는 주식을 가진 주주는 이유를 붙인 서면으로 회계의 장부와 서류의 열람 또는 등사를 청구할 수 있다.

정답 – O

20 **甲은 비상장회사인 A 회사의 주식을 3% 소유한 주주이다. 甲은 A 회사의 회계장부를 열람 또는 등사하고자 한다. 甲이 회계장부의 열람 또는 등사를 청구하는 경우 이유를 구체적으로 특정하지 않고 개괄적으로 기재하여도 무방하다.** 변호사시험 제3회

해설 『회계의 장부와 서류를 열람 또는 등사시키는 것은 회계운영상 중대한 일이므로 그 절차를 신중하게 함과 동시에 상대방인 회사에게 열람 및 등사에 응하여야 할 의무의 존부 또는 열람 및 등사를 허용하지 않으면 안 될 회계의 장부 및 서류의 범위 등의 판단을 손쉽게 하기 위하여 **그 이유는 구체적으로 기재하여야 한다**』(대판 1999. 12. 21, 99다137).

정답 – X

21 **甲은 비상장회사인 A 회사의 주식을 3% 소유한 주주이다. 甲은 A 회사의 회계장부를 열람 또는 등사하고자 한다. A 회사는 甲의 회계장부의 열람 또는 등사 청구가 부당함을 증명하지 아니하면 이를 거부하지 못한다.** 변호사시험 제3회

해설 『상법 제391조의3 제3항, 제466조 제1항에서 규정하고 있는 주주의 이사회의 의사록 또는 회계의 장부와 서류 등에 대한 열람·등사청구가 있는 경우, **회사는 그 청구가 부당함을 증명하여 이를 거부할 수 있는바**, 주주의 열람·등사권 행사가 부당한 것인지 여부는 그 행사에 이르게 된 경위, 행사의 목적, 악의성 유무 등 제반 사정을 종합적으로 고려하여 판단하여야 할 것이다』(대결 2004. 12. 24, 자 2003마1575).

정답 – O

22 **甲은 비상장회사인 A 회사의 주식을 3% 소유한 주주이다. 甲은 A 회사의 회계장부를 열람 또는 등사하고자 한다. A 회사는 경쟁관계에 있는 甲이 회계장부의 열람 또는 등사에 의하여 취득한 정보를 경업에 이용할 우려가 있음을 증명하여 열람 또는 등사 청구를 거부할 수 있다.** 변호사시험 제3회

해설 『상법 제391조의3 제3항, 제466조 제1항에서 규정하고 있는 주주의 이사회의 의사록 또는 회계의 장부와 서류 등에 대한 열람·등사청구가 있는 경우, **회사는 그 청구가 부당함을 증명하여 이를 거부할 수 있는바**, 주주의 열람·등사권 행사가 부당한 것인지 여부는 그 행사에 이르게 된 경위, 행사의 목적, 악의성 유무 등 제반 사정을 종합적으로 고려하여

판단하여야 할 것이고, 특히 주주의 이와 같은 열람·등사권의 행사가 회사업무의 운영 또는 주주 공동의 이익을 해치거나 주주가 회사의 경쟁자로서 그 취득한 정보를 **경업에 이용할 우려가 있거나**, 또는 회사에 지나치게 불리한 시기를 택하여 행사하는 경우 등에는 정당한 목적을 결하여 부당한 것이라고 보아야 한다』(대결 2004. 12. 24, 자 2003마1575). 정답 - O

23 주주총회결의에 의하여 선임된 감사들이 모두 그 직에 취임하지 아니하거나 사임하고 그 후 새로운 주주총회에서 후임 감사가 선출되어 선임등기까지 마친 경우, 특별한 사정이 없는 한 설사 당초의 감사선임결의에 어떠한 하자가 있었다고 할지라도 그 결의의 부존재나 무효확인 또는 취소를 구할 소의 이익은 없다. 변호사시험 제3회

해설 『이사가 임원개임의 주주총회결의에 의하여 임기만료 전에 이사직에서 해임당하고 그 후임이사의 선임이 있었다 하더라도 그 후에 적법한 절차에 의하여 후임이사가 선임되었을 경우에는 당초의 이사개임결의가 부존재한다 할지라도 이에 대한 부존재확인을 구하는 것은 **과거의 법률관계 내지 권리관계의 확인을 구하는 것에 귀착되어 확인의 소로서의 권리보호요건을 결여한 것**이라 할 것이나 후임이사 선임결의가 부존재하거나 무효 등의 사유가 있어 상법 제386조 제1항에 의하여 구이사가 계속 권리의무를 가지게 되는 경우에는 당초의 해임결의의 부존재확인을 구할 법률상의 이익이 있다』(대판 1991. 12. 13, 90다카1158). 정답 - O

24 임시주주총회에서 이루어진 이사선임결의 및 정관변경결의 등 여러 안건에 대한 결의 중, 이사선임결의에 대하여 그 결의의 날부터 2개월 내에 주주총회결의 무효확인의 소가 제기되었다. 그 후 위 임시주주총회에서 이루어진 정관변경결의에 대하여 그 결의의 날부터 2개월이 지난 후 주주총회결의의 무효확인의 소가 추가적으로 병합되었고 위 각 결의에 대한 주주총회결의 무효확인의 소가 주주총회결의 취소의 소로 변경되었다. 이 경우 위 정관변경결의의 취소에 관한 부분은 같은 주주총회에서 이루어진 이사선임결의에 대한 소가 제소기간 내에 제기된 이상 적법하다. 변호사시험 제3회

해설 설문에서 이사선임결의에 관한 무효확인의 소가 그 결의의 날부터 2개월 내에 제기되었을 뿐, **정관변경결의의 하자를 이유로 한 무효확인의 소가 병합된 것은 그 결의의 날부터 2개월이 경과 한 것**이므로, **이사선임결의에 관한 무효확인의 소가 취소의 소로 변경되는 것은 제소기간을 준수**한 것으로 볼 수 있으나, **정관변경 결의에 대한 무효확인의 소가 취소의 소로 변경되기 위한 제소기간을 준수한 것으로 볼 수는 없다.** 『주주총회결의 취소의 소는 상법 제376조에 따라 결의의 날로부터 2월 내에 제기하여야 할 것이나, 동일한 결의에 관하여 부존재확인의 소가 상법 제376조 소정의 제소기간 내에 제기되어 있다면, 동일한 하자를 원인으로 하여 결의의 날로부터 2월이 경과한 후 취소소송으로 소를 변경하거나 추가한 경우에도 부존재확인의 소 제기시에 제기된 것과 동일하게 취급하여 제소기간을 준수한 것으로 보아야 한다』(대판 2003. 7. 11, 2001다45584). 정답 - X

25 **주주는 다른 주주에 대한 소집절차상의 하자를 이유로 하여 회사를 상대로 주주총회결의 취소의 소를 제기할 수 있다.** 변호사시험 제3회

해설 **주주가 다른 주주에 대한 소집절차상의 하자를 이유로 주주총회결의 취소의 소를 제기할 수 있는지 여부**에 관하여 판례는 『주주는 다른 주주에 대한 소집절차의 하자를 이유로 주주총회결의의 취소의 소를 제기할 수도 있다』(대판 2003. 7. 11, 2001다45584)라고 판시하고 있다.

〔**제376조(결의취소의 소)**〕 ① 총회의 소집절차 또는 결의방법이 법령 또는 정관에 위반하거나 현저하게 불공정한 때 또는 그 결의의 내용이 정관에 위반한 때에는 주주·이사 또는 감사는 결의의 날로부터 2월내에 결의취소의 소를 제기할 수 있다.

정답 – O

26 **주주총회결의 취소판결과 무효확인판결은 대세적 효력이 있으므로 그와 같은 소송의 피고가 될 수 있는 자는 그 성질상 회사로 한정된다.** 변호사시험 제3회

해설 **주주총회 결의취소 및 결의무효확인의 소에 있어서 피고적격**에 관하여 판례는 『주주총회결의의 취소와 결의무효확인판결은 대세적 효력이 있으므로 그와 같은 소송의 피고가 될수 있는 자는 그 성질상 회사로 한정된다』〔대판(전합) 1982. 9. 14, 80다2425〕라고 판시하고 있다. 정답 – O

27 **주주총회결의의 취소의 소와 무효확인의 소는 회사의 본점소재지의 지방법원의 존속관할에 속한다.** 변호사시험 제3회

해설

〔**제376조(결의취소의 소)**〕 ② 제186조 내지 제188조, 제190조 본문과 제191조의 규정은 제1항의 소에 준용한다.
〔**제380조(결의무효 및 부존재확인의 소)**〕 제186조 내지 제188조, 제190조 본문, 제191조, 제377조와 제378조의 규정은 총회의 결의의 내용이 법령에 위반한 것을 이유로 하여 결의무효의 확인을 청구하는 소와 총회의 소집절차 또는 결의방법에 총회결의가 존재한다고 볼 수 없을 정도의 중대한 하자가 있는 것을 이유로 하여 결의부존재의 확인을 청구하는 소에 이를 준용한다.
〔**제186조(전속관할)**〕 전2조의 소는 본점소재지의 지방법원의 관할에 전속한다.

정답 – O

28 **주주총회결의취소의 소에서 원고패소판결이 확정된 경우, 그 판결은 대세적 효력을 가진다.** 변호사시험 제7회

해설

〔**제376조(결의취소의 소)**〕 ② 제186조 내지 제188조, 제190조 본문과 제191조의 규정은 제1항의 소에 준용한다.

〔**제190조(판결의 효력)**〕 **설립무효의 판결 또는 설립취소의 판결**은 제3자에 대하여도 그 효력이 있다. 그러나 판결확정전에 생긴 회사와 사원 및 제3자간의 권리의무에 영향을 미치지 아니한다.

정답 - X

29 **이사 선임의 주주총회결의에 대한 취소판결이 확정된 경우, 그 결의는 소급하여 무효가 된다.** 변호사시험 제7회

해설

〔**제376조(결의취소의 소)**〕 ② 제186조 내지 제188조, **제190조 본문**과 제191조의 규정은 제1항의 소에 준용한다.
〔**제190조〔(판결의 효력)**〕 설립무효의 판결 또는 설립취소의 판결은 제3자에 대하여도 그 효력이 있다. 그러나 판결확정전에 생긴 회사와 사원 및 제3자간의 권리의무에 영향을 미치지 아니한다.

정답 - O

30 **어느 종류주주에게 손해를 미치는 내용으로 정관을 변경함에 있어서 종류주주총회의 결의는 출석한 주주의 의결권의 3분의 2 이상의 수와 그 종류의 발행주식총수의 3분의 1 이상의 수로써 하여야 하나, 회사는 이 결의요건을 정관으로 가중 또는 감경할 수 있다.** 변호사시험 제7회

해설

〔**제435조(종류주주총회)**〕 ① 회사가 종류주식을 발행한 경우에 정관을 변경함으로써 어느 종류주식의 주주에게 손해를 미치게 될 때에는 주주총회의 결의 외에 그 종류주식의 주주의 총회의 결의가 있어야 한다. ② 제1항의 결의는 출석한 주주의 의결권의 3분의 2 이상의 수와 그 종류의 발행주식총수의 3분의 1 이상의 수로써 하여야 한다.

→ 정관으로 결의요건을 가중 또는 감경할 수 있다는 규정은 없다. 정답 - X

31 **어느 종류주주에게 손해를 미치는 내용으로 정관을 변경함에 있어서 그 정관변경에 관한 주주총회의 결의 외에 추가로 요구되는 종류주주총회의 결의는 정관변경이라는 법률효과가 발생하기 위한 하나의 특별요건이다.** 변호사시험 제7회

해설 『어느 종류 주주에게 손해를 미치는 내용으로 정관을 변경함에 있어서 **그 정관변경에 관한 주주총회의 결의 외에 추가로 요구되는 종류주주총회의 결의는 정관변경이라는 법률효과가 발생하기 위한 하나의 특별요건**이라고 할 것이므로, 그와 같은 내용의 **정관변경에 관하여 종류주주총회의 결의가 아직 이루어지지 않았다면 그러한 정관변경의 효력이 아직 발생하지 않는 데에 그칠 뿐**이고, 그러한 정관변경을 결의한 주주총회결의 자체의 효력에는 아무런 하자가 없다』(대판 2006. 1. 27, 2004다44575,44582). 정답 - O

32 **정관변경에 의한 종류주주의 손해 여부를 판단함에 있어서는 외견상 형식적으로는 평등한 것이라고 하더라도 실질적으로는 불이익한 결과를 가져오는 경우도 포함되며, 어느 종류의 주주의 지위가 정관의 변경에 따라 유리한 면과 불이익한 면을 함께 수반하는 경우도 포함된다.** 변호사시험 제7회

해설 『여기서의 '어느 종류의 주주에게 손해를 미치게 될 때'라 함에는, 어느 종류의 주주에게 직접적으로 불이익을 가져오는 경우는 물론이고, 외견상 형식적으로는 평등한 것이라고 하더라도 실질적으로는 불이익한 결과를 가져오는 경우도 포함되며, 나아가 어느 종류의 주주의 지위가 정관의 변경에 따라 유리한 면이 있으면서 불이익한 면을 수반하는 경우도 이에 해당된다』(대판 2006. 1. 27, 2004다44575,44582). 정답 – O

33 **주식교환, 주식이전 및 회사의 합병으로 인하여 어느 종류의 주주에게 손해를 미치게 될 경우 종류주주총회의 결의가 필요하다.** 변호사시험 제7회

해설

〔**제436조(준용규정)**〕 제344조 제3항에 따라 주식의 종류에 따라 특수하게 정하는 경우와 회사의 분할 또는 분할합병, 주식교환, 주식이전 및 회사의 합병으로 인하여 어느 종류의 주주에게 손해를 미치게 될 경우에는 제435조를 준용한다.

정답 – O

34 **최근 사업연도 말 현재 자산총액 2조 원 이상인 상장회사는 사외이사 후보추천위원회로 하여금 사외이사 후보를 추천하도록 하여야 한다. 이 경우 사외이사 후보추천위원회는 회사의 이사가 아닌 외부인사가 총위원의 과반수가 되도록 구성하여야 한다.**

변호사시험 제2회

해설

〔**제542조의8(사외이사의 선임)**〕 ④ 제1항 단서의 상장회사는 사외이사 후보를 추천하기 위하여 제393조의2의 위원회(이하 이 조에서 '사외이사 후보추천위원회'라 한다)를 설치하여야 한다. 이 경우 사외이사 후보추천위원회는 **사외이사가** 총위원의 과반수가 되도록 구성하여야 한다.

정답 – X

35 **상장회사의 주주는 의결권 없는 주식을 제외한 발행주식총수의 1% 이상의 주식을 6개월 전부터 계속 보유하지 않으면 집중투표에 의한 이사선임을 청구할 수 없다.**

변호사시험 제6회

해설

〔**제542조의7(집중투표에 관한 특례)**〕 ② 자산 규모 등을 고려하여 대통령령으로 정하는 상장회사의 의결권 없는 주식을 제외한 **발행주식총수의 100분의 1 이상에 해당하는 주식을 보유한 자는 제382조의2에 따라 집중투표의 방법으로 이사를 선임할 것을 청구할 수 있다.**

→ 보유기간에 관한 규정은 없다. 정답 – X

36 **"이사의 임기는 3년 이내로 하고, 각 이사별 임기를 다르게 할 수 있다."는 내용의 정관 규정을 둘 수 있다.** 변호사시험 제5회

해설

〔**제383조(원수, 임기)**〕 ② 이사의 임기는 3년을 초과하지 못한다.

→ 이사의 임기는 3년 이내로 하고, 각 이사별 임기를 다르게 할 수 있다. 정답 – O

37 **A주식회사에서 甲은 2012. 1. 30. 주주총회의 결의에 의하여 감사로 선임됨과 동시에 취임을 승낙하였고, 乙은 2013. 2. 15. 주주총회의 결의에 의하여 임기를 2년으로 하여 이사로 선임됨과 동시에 취임을 승낙하였다. A주식회사의 정기주주총회는 2015. 3. 20. 개최되어 당일 종결되었다. A주식회사는 매년 12월 31일을 결산일로 하며, 정관에는 "이사의 임기는 그 임기 중 최종의 결산기에 관한 정기주주총회의 종결에 이르기까지 연장한다."라고 규정되어 있다. 甲과 乙은 연임된 바가 없다. 甲과 乙의 임기가 만료된 날짜는 언제인가? (다툼이 있는 경우 판례에 의함)** 변호사시험 제5회

해설 『상법 제383조 제3항은 이사의 임기는 3년을 초과할 수 없도록 규정한 같은 조 제2항에 불구하고 정관으로 그 임기 중의 최종의 결산기에 관한 정기주주총회의 종결에 이르기까지 이를 연장할 수 있다고 규정하고 있는바, 위 규정은 임기가 만료되는 이사에 대하여는 임기중의 결산에 대한 책임을 지고 주주총회에서 결산서류에 관한 주주들의 질문에 답변하고 변명할 기회를 주는 한편, 회사에 대하여는 정기주주총회를 앞두고 이사의 임기가 만료될 때마다 임시주주총회를 개최하여 이사를 선임하여야 하는 번거로움을 덜어주기 위한 것에 그 취지가 있다. 위와 같은 입법 취지 및 그 규정 내용에 비추어 보면, 위 규정상의 '임기 중의 최종의 결산기에 관한 정기주주총회'라 함은 **임기 중에 도래하는 최종의 결산기에 관한 정기주주총회**를 말하고, 임기 만료 후 최초로 도래하는 결산기에 관한 정기주주총회 또는 최초로 소집되는 정기주주총회를 의미하는 것은 아니므로, 위 규정은 결국 **이사의 임기가 최종결산기의 말일과 당해 결산기에 관한 정기주주총회 사이에 만료되는 경우에 정관으로 그 임기를 정기주주총회 종결일까지 연장할 수 있도록 허용하는 규정**이라고 보아야 한다』(대판 2010. 6. 24, 2010다13541). 정답 – 甲 : 2015. 3. 20. 乙 : 2015. 3. 20.

38 **상장회사의 경우 이사와 감사의 보수액을 합하여 주주총회의 단일 의안으로 상정하여 의결할 수 있다.** 변호사시험 제5회

해설

〔제542조의12(감사위원회의 구성 등)〕 ⑤ 상장회사가 주주총회의 목적사항으로 감사의 선임 또는 감사의 보수결정을 위한 의안을 상정하려는 경우에는 이사의 선임 또는 이사의 보수결정을 위한 의안과는 **별도로 상정**하여 의결하여야 한다.

정답 – X

39 **이사의 보수를 정한 주주총회의 결의에 대하여 주주총회 결의 무효확인의 소가 제기되어 무효의 판결이 확정된 경우, 그 주주총회 결의에 기한 보수청구권의 효력은 부인된다.** 변호사시험 제5회

해설

『상법 제388조에 의하면, 주식회사 이사의 보수는 정관에 그 액을 정하지 아니한 때에는 주주총회의 결의로 이를 정한다고 규정되어 있는바, 이사에 대한 퇴직위로금은 그 직에서 퇴임한 자에 대하여 그 재직 중 직무집행의 대가로 지급되는 보수의 일종으로서 상법 제388조에 규정된 보수에 포함되고, 정관 등에서 이사의 보수 또는 퇴직금에 관하여 주주총회의 결의로 정한다고 규정되어 있는 경우 그 금액·지급방법·지급시기 등에 관한 **주주총회의 결의가 있었음을 인정할 증거가 없는 한 이사의 보수나 퇴직금청구권을 행사할 수 없다**』(대판 2004. 12. 10, 2004다25123).

정답 – O

40 **임기의 정함이 있는 이사가 정당한 이유 없이 임기만료 전에 해임된 경우 회사에 대하여 해임으로 인한 손해배상을 청구하려면, 그 이사는 정당한 이유의 부존재에 관한 증명책임을 진다.** 변호사시험 제5회

해설 『주식회사 이사의 임기를 정한 경우에 주식회사가 정당한 이유 없이 임기만료 전에 이사를 해임한 때에는 그 이사는 회사에 대하여 해임으로 인한 손해의 배상을 청구할 수 있는데(상법 제385조 제1항 후문), 이러한 경우 **'정당한 이유'의 존부에 관한 입증책임은 손해배상을 청구하는 이사가 부담**한다』(대판 2006. 11. 23, 2004다49570). 정답 – O

41 **1인 주주인 회사의 임원퇴직금규정에 관하여 주주총회의 결의가 없더라도 실질적으로 1인 주주의 결재·승인을 거쳐 관행적으로 퇴직금을 지급하여 왔다면, 위 규정에 대하여 주주총회의 결의가 있었던 것으로 볼 수 있다.** 변호사시험 제5회

해설 『임원퇴직금지급규정에 관하여 주주총회 결의가 있거나 주주총회의사록이 작성된 적은 없으나 위 규정에 따른 퇴직금이 **사실상 1인회사의 실질적 1인 주주의 결재·승인을 거쳐 관행적으로 지급되었다면 위 규정에 대하여 주주총회의 결의가 있었던 것으로 볼 수 있다**고 한 사례』(대판 2004. 12. 10, 2004다25123). 정답 – O

42 **주식회사 이사의 직무집행을 정지하고 그 대행자를 선임하는 가처분은 「민사집행법」 제300조 제2항에 의한 임시의 지위를 정하는 가처분의 성질을 가지는 것이다.**

변호사시험 제4회

해설 판례는 이사 직무대행자의 직무 범위와 관련하여 『민사소송법 제714조 제2항(현행 민사집행법 제300조 2항)의 임시의 지위를 정하는 가처분은 권리관계에 다툼이 있는 경우에 권리자가 당하는 위험을 제거하거나 방지하기 위한 잠정적이고 임시적인 조치로서 그 분쟁의 종국적인 판단을 받을 때까지 잠정적으로 법적 평화를 유지하기 위한 비상수단에 불과한 것으로, 가처분결정에 의하여 재단법인의 이사의 직무를 대행하는 자를 선임한 경우에 그 직무대행자는 단지 피대행자의 직무를 대행할 수 있는 임시의 지위에 놓여 있음에 불과하므로, …』(대판 2000. 2. 11, 99다30039)라고 하여 **이사의 직무집행을 정지하고 그 대행자를 선임하는 가처분이 민사집행법 제300조 제2항의 임시의 지위를 정하는 가처분의 성질**임을 밝히고 있다.

정답 – O

43 **대표이사 직무집행정지 및 직무대행자선임 가처분결정이 취소되지 않는 한 새로 선임된 대표이사는 대표이사로서의 권한을 가지지 못하고, 그 대표이사와 거래한 제3자는 선의인 경우에도 그 행위의 유효를 주장할 수 없다.**

변호사시험 제4회

해설 『대표이사의 직무집행정지 및 직무대행자 선임의 가처분이 이루어진 이상, 그 후 대표이사가 해임되고 새로운 대표이사가 선임되었다 하더라도 **가처분결정이 취소되지 아니하는 한 직무대행자의 권한은 유효하게 존속하는 반면 새로이 선임된 대표이사는 그 선임결의의 적법 여부에 관계없이 대표이사로서의 권한을 가지지 못한다** 할 것이고, 한편 위 가처분은 그 성질상 당사자 사이에서 뿐만 아니라 제3자에게도 효력이 미치므로, 새로이 선임된 대표이사가 위 가처분에 반하여 회사 대표자의 자격에서 한 법률행위는 결국 제 3자에 대한 관계에서도 무효이고, 이때 위 **가처분에 위반하여 대표권 없는 대표이사와 법률행위를 한 거래상대방은 자신이 선의였음을 들어 위 법률행위의 유효를 주장할 수는 없다**고 할 것이다』(대판 1992. 5. 12, 92다5638).

정답 – O

44 **직무집행정지 가처분결정에 의해 회사를 대표할 권한이 정지된 대표이사가 그 정지기간 중에 체결한 계약은 절대적으로 무효이고, 그후 가처분신청의 취하에 의하여 보전집행이 취소되었다고 하더라도 무효인 위 계약이 유효하게 되지는 않는다.**

변호사시험 제4회

해설 『**법원의 직무집행정지 가처분결정에 의해 회사를 대표할 권한이 정지된 대표이사가 그 정지 기간 중에 체결한 계약은 절대적으로 무효**이고, **그 후 가처분신청의 취하에 의하여 보전집행이 취소되었다 하더라도 집행의 효력은 장래를 향하여 소멸할 뿐 소급적으로 소멸하는 것은 아니라 할 것**이므로, 가처분신청이 취하되었다 하여 무효인 계약이 유효하게 되지는 않는다 할 것이다』(대판 2008. 5. 2008다4537).

정답 – O

45 **청산인 직무집행정지 및 직무대행자선임 가처분결정이 있은 후 적법하게 소집된 주주총회에서 이루어진 회사계속의 결의 및 새로운 이사선임의 결의에 의하여 위 가처분결정을 더 이상 유지할 필요가 없는 사정변경이 생겼다고 하더라도 위 가처분의 피신청인인 청산인으로서는 그 사정변경을 이유로 한 가처분취소신청을 할 수 없다.** 변호사시험 제4회

해설 『청산 중인 주식회사의 청산인을 피신청인으로 하여 그 직무집행을 정지하고 직무대행자를 선임하는 가처분결정이 있은 후, 그 선임된 청산인 직무대행자가 주주들의 요구에 따라 소집한 주주총회에서 회사를 계속하기로 하는 결의와 아울러 **새로운 이사들과 감사를 선임하는 결의**가 있었다고 하여, **그 주주총회의 결의에 의하여 청산인 직무대행자의 권한이 당연히 소멸하는 것은 아니라**고 할 것이나』(대판 1992. 5. 12, 92다5638), 『특별한 사정이 없는 한 **위 주주총회의 결의에 의하여 위 직무집행정지 및 직무대행자선임의 가처분결정은 더 이상 유지할 필요가 없는 사정변경이 생겼다고 할 것**이므로 **위 가처분에 의하여 직무집행이 정지되었던 피신청인으로서는 위 사정변경을 이유로 가처분이의의 소를 제기하여 위 가처분의 취소를 구할 수 있다**』(대판 1997. 9. 9, 97다12167).

정답 - X

46 **가처분에 의하여 대표이사 직무대행자로 선임된 자는 법원의 허가를 얻어 회사의 상무에 속하지 아니한 행위를 할 수 있다.** 변호사시험 제4회

해설

〔제408조(직무대행자의 권한)〕 ① 전조의 직무대행자는 가처분명령에 다른 정함이 있는 경우외에는 회사의 상무에 속하지 아니한 행위를 하지 못한다. 그러나 법원의 허가를 얻은 경우에는 그러하지 아니하다.

정답 - O

47 **이사해임의 소를 본안의 소로 하는 이사의 직무집행정지 가처분신청은 반드시 본안의 소를 제기하였음을 전제로 하는 것은 아니다.** 변호사시험 제5회

해설

〔제407조(직무집행정지, 직무대행자선임)〕 ① 이사선임결의의 무효나 취소 또는 이사해임의 소가 제기된 경우에는 법원은 당사자의 신청에 의하여 가처분으로써 이사의 직무집행을 정지할 수 있고 또는 직무대행자를 선임할 수 있다. 급박한 사정이 있는 때에는 본안소송의 제기전에도 그 처분을 할 수 있다.

정답 - O

48 **이사를 선임한 주주총회결의에 대한 취소의 소를 제기한 주주는 이를 본안의 소로 하여 그 이사에 대한 직무집행정지 가처분신청을 할 수 없다.** 변호사시험 제5회

해설 『甲 주식회사가 이사회를 개최하여 정기주주총회에서 실시할 임원선임결의에 관한 사전투표 시기를 정관에서 정한 날보다 연장하고 사전투표에 참여하거나 주주총회에서 직

접 의결권을 행사하는 주주들에게 골프장 예약권 등을 제공하기로 결의하여 이에 따라 이루어진 주주총회에서 종전 대표이사 乙 등이 임원으로 선임되자, 주주 丙 등이 주주총회결의 부존재 또는 취소사유가 존재한다고 주장하면서 乙 등에 대한 직무집행정지가처분을 구한 사안에서, **피보전권리가 소명되지 않았다고 보아 가처분신청을 기각한 원심결정에 법리오해의 위법이 있다**고 한 사례』(대결 2014. 7. 11, 자 2013마2397). 정답 - X

49 **이사직무집행정지 가처분결정에는 대세적 효력이 있으므로 그 직무집행정지 가처분신청의 피신청인은 당해 이사가 아닌 회사이다.** 변호사시험 제5회

해설 **이사직무집행정지가처분의 피신청인 적격**에 관하여 판례는 『민사소송법 제714조 제2항 소정의 임시의 지위를 정하기 위한 이사직무집행정지가처분에 있어서 피신청인이 될 수 있는 자는 **그 성질상 당해 이사이고, 회사에게는 피신청인의 적격이 없다**』(대판 1982. 2. 9, 80다2424)라고 판시하고 있다.

〔민사소송법 제714조 (가처분의 목적)〕 ② 가처분은 쟁의있는 권리관계에 대하여 임시의 지위를 정하기 위하여도 할 수 있다. 다만, 이 처분은 특히 계속하는 권리관계에 현저한 손해를 피하거나 급박한 강폭을 방지하기 위하여 또는 기타 필요한 이유에 의하여야 한다.

정답 - X

50 **대표이사와 이사의 직무집행정지 및 직무대행자를 선임하는 법원의 가처분결정이 있더라도, 그 이사가 위 결정 이전에 새로운 대표이사로 선임되었고 그 선임결의에 하자가 없다면 대표이사로서의 권한을 행사할 수 있다.** 변호사시험 제5회

해설 『대표이사의 직무집행정지 및 직무대행자선임의 가처분이 이루어진 이상, 그 후 대표이사가 해임되고 새로운 대표이사가 선임되었다 하더라도 **가처분결정이 취소되지 아니하는 한 직무대행자의 권한은 유효하게 존속**하는 반면 **새로이 선임된 대표이사는 그 선임결의의 적법 여부에 관계없이 대표이사로서의 권한을 가지지 못한다**』(대판 1992. 5. 12, 92다5638). 정답 - X

51 **이사직무집행정지 및 직무대행자선임 가처분결정은 이를 등기하지 아니하면 위 결정으로 제3자의 선의·악의를 불문하고 그에게 대항하지 못한다.** 변호사시험 제5회

해설

〔제408조(직무대행자의 권한)〕 ② 직무대행자가 전항의 규정에 위반한 행위를 한 경우에도 회사는 **선의의 제3자에 대하여** 책임을 진다.

정답 - X

52 **A주식회사는 자본금 총액이 7억 원이다. A회사는 1인 또는 2인의 이사를 둘 수 있는데, 2인의 이사를 두는 경우에는 이사회를 두어야 한다.** 변호사시험 제4회

해설

〔제383조(원수, 임기)〕 ① 이사는 3명 이상이어야 한다. 다만, **자본금 총액이 10억원 미만인 회사는 1명 또는 2명으로 할 수 있다.** ⑥ 제1항 단서의 경우에는 **각 이사**(정관에 따라 대표이사를 정한 경우에는 그 대표이사를 말한다)가 회사를 대표하며 제343조 제1항 단서, 제346조 제3항, 제362조, 제363조의2 제3항, 제366조 제1항, 제368조의4 제1항, 제393조 제1항, 제412조의3 제1항 및 제462조의3 제1항에 따른 **이사회의 기능을 담당**한다.

→ A회사는 자본금이 10억 원 미만인 소규모 회사이다(상법 제383조 제1항 단서). 이 경우에는 이사회를 두지 않고 1명 또는 2명의 이사만 선출하여 그 이사가 업무집행기관이 될 수 있도록 하였다. 정답 – X

53 **이사회 결의의 경우 의결권의 대리행사는 그 위임을 이사에게 하는 한 유효하고, 주주총회 결의의 경우 주주 이외의 자에게도 의결권을 대리행사하게 할 수 있다.**

변호사시험 제1회

해설 이사의 의결권은 대리행사가 인정되지 않는다. 『**이사회는 주주총회의 경우와는 달리 원칙적으로 이사 자신이 직접 출석하여 결의에 참가하여야 하며 대리인에 의한 출석은 인정되지 않고** 따라서 이사가 타인에게 출석과 의결권을 위임할 수도 없는 것이니 이에 위배된 이사회의 결의는 무효이며 그 무효임을 주장하는 방법에는 아무런 제한이 없다』(대판 1982. 7. 13, 80다2441). 정답 – X

54 **이사회의 경우 원칙적으로 회일 1주 전에 각 이사 및 감사에 대하여 소집통지를 발송하여야 하고 구두에 의한 통지도 가능하며, 주주총회의 경우 회일 2주 전에 각 주주에게 서면으로 소집통지를 발송하거나 각 주주의 동의를 받아 전자문서로 통지를 발송하는 것이 원칙이다.**

변호사시험 제1회

해설

제390조(이사회의 소집) ③ 이사회를 소집함에는 회일을 정하고 그 1주간전에 각 이사 및 감사에 대하여 통지를 발송하여야 한다. 그러나 그 기간은 정관으로 단축할 수 있다.
이사회 소집통지의 발송은 서면뿐만 아니라 구두통지도 가능하다는 것이 통설이다. 주주총회의 경우는 상법 제363조 제1항 참조.
〔**제363조(소집의 통지)**〕 ① 주주총회를 소집할 때에는 주주총회일의 2주 전에 각 주주에게 서면으로 통지를 발송하거나 각 주주의 동의를 받아 전자문서로 통지를 발송하여야 한다. 다만, 그 통지가 주주명부상 주주의 주소에 계속 3년간 도달하지 아니한 경우에는 회사는 해당 주주에게 총회의 소집을 통지하지 아니할 수 있다.

정답 – O

55 **주주총회의 소집통지서에는 원칙적으로 회의의 목적사항을 기재하여야 하나, 이사회의 소집통지는 특별한 사정이 없는 한 회의의 목적사항을 기재하지 않아도 된다.** 변호사시험 제1회

해설 주주총회의 경우 목적사항을 반드시 통지서에 기재하여야 하나(제363조 제2항), 이사회의 경우에는 목적사항이 통지내용에 포함되어야 한다는 규정이 없어 학설이 대립한다.

정답 – O

56 **주주총회 결의에 있어서 주주는 정관이 정한 바에 따라 총회에 출석하지 아니하고 서면에 의하여 의결권을 행사할 수 있지만, 이사회 결의에 대해서는 서면에 의한 의결권 행사를 인정하는 규정을 상법에 두고 있지 않다.** 변호사시험 제1회

해설

〔제368조의3(서면에 의한 의결권의 행사)〕 ① 주주는 정관이 정한 바에 따라 총회에 출석하지 아니하고 서면에 의하여 의결권을 행사할 수 있다.

정답 – O

57 **이사회는 원칙적으로 이사 과반수의 출석과 출석이사의 과반수로 결의하며, 주주총회는 원칙적으로 출석한 주주의 의결권의 과반수와 발행주식총수의 4분의 1 이상의 수로써 결의한다.** 변호사시험 제1회

해설 이사회의 정족수는 상법 제391조 제1항, 주주총회의 정족수는 상법 제368조 제1항 참조.

〔제391조(이사회의 결의방법)〕 ① 이사회의 결의는 이사과반수의 출석과 출석이사의 과반수로 하여야 한다. 그러나 정관으로 그 비율을 높게 정할 수 있다.
〔제368조(총회의 결의방법과 의결권의 행사)〕 ① 총회의 결의는 이 법 또는 정관에 다른 정함이 있는 경우를 제외하고는 출석한 주주의 의결권의 과반수와 발행주식총수의 4분의 1 이상의 수로써 하여야 한다.

정답 – O

58 **이사가 이사회 회의장에 직접 출석할 수 없는 경우에는, 전화 회의의 방법으로 이사회 결의에 참가할 수 있고, 대리인에 의한 출석이 허용되므로 타인에게 이사회 출석과 의결권 행사를 위임할 수 있다.** 변호사시험 제4회

해설 『이사회는 주주총회의 경우와는 달리 원칙적으로 이사 자신이 직접 출석하여 결의에 참가하여야 하며 **대리인에 의한 출석은 인정되지 않고 따라서 이사가 타인에게 출석과 의결권을 위임할 수도 없는 것**이니 이에 위배된 이사회의 결의는 무효이며 그 무효임을 주장하는 방법에는 아무런 제한이 없다』(대판 1982. 7. 13, 80다2441).

정답 – X

59 **이사회결의로써 대표이사직에서 해임된 사람이 그 이사회 결의가 있은 후에 개최된 유효한 주주총회결의에 의하여 이사직에서 해임된 경우, 특별한 사정이 없는 한 대표이사 해임에 관한 이사회결의에 어떠한 하자가 있다고 할지라도 그 결의의 부존재나 무효확인을 구하는 것은 과거의 권리관계 내지 법률관계의 확인을 구하는 것이므로 확인의 이익이 없어 부적법하다.** 변호사시험 제2회

해설 『이사가 임원개임의 주주총회결의에 의하여 임기만료 전에 이사직에서 해임당하고 그 후임이사의 선임이 있었다 하더라도 그 후에 적법한 절차에 의하여 후임이사가 선임되었을 경우에는 당초의 이사개임결의가 부존재한다 할지라도 이에 대한 부존재확인을 구하는 것은 **과거의 법률관계 내지 권리관계의 확인을 구하는 것에 귀착되어 확인의 소로서의 권리보호요건을 결여한 것**이라 할 것이나 후임이사 선임결의가 부존재하거나 무효 등의 사유가 있어 상법 제386조 제1항에 의하여 구이사가 계속 권리의무를 가지게 되는 경우에는 당초의 해임결의의 부존재확인을 구할 법률상의 이익이 있다』(대판 1991. 12. 13, 90다카1158). 정답 – O

60 **이사회결의무효확인의 소에서 승소판결을 선고받고 확정되었다고 하더라도 그 판결의 대세적 효력은 인정되지 않는다.** 변호사시험 제2회

해설 『이사회의 결의에 하자가 있는 경우에 관하여 상법은 아무런 규정을 두고 있지 아니하나 그 결의에 무효사유가 있는 경우에는 이해관계인은 언제든지 또 어떤 방법에 의하든지 그 무효를 주장할 수 있다고 할 것이지만 이와 같은 무효주장의 방법으로서 이사회결의무효확인소송이 제기되어 승소확정판결을 받은 경우, **그 판결의 효력에 관하여는 주주총회결의무효확인소송 등과는 달리 상법 제190조가 준용될 근거가 없으므로 대세적 효력은 없다**』(대판 1988. 4. 25, 87누399) 정답 – O

61 **이사회결의가 존재한다고 볼 수 없을 정도의 중대한 하자가 있는 경우, 상법상의 결의부존재확인의 소로 다툴 수 있다.** 변호사시험 제2회

해설 이사회결의 부존재확인의 소에 대해서는 **상법에 명문 규정이 없어** 일반확인의 소로써 다투어야 한다. 정답 – X

62 **이사회의 경우는 이사 개인이 타인에게 출석과 의결권을 위임할 수 없으므로 이에 위배된 이사회결의는 원칙적으로 무효가 된다.** 변호사시험 제2회

해설 이사회는 주주총회(제368조 제3항)와 달리 의결권의 대리행사가 인정되지 않는다. 정답 – O

63 **특별한 사정이 없는 한 주식회사의 이사회결의에 참여한 이사 개인을 상대로 그 이사회결의의 무효확인을 소구할 이익이 없다.** 변호사시험 제7회

해설 『주식회사의 이사회결의는 회사의 의사결정이고 회사는 그 결의의 효력에 관한 분쟁의 실질적인 주체라 할 것이므로 그 효력을 다투는 사람이 회사를 상대로 하여 그 결의의 무효확인을 소구할 있다 할것이나 **그 이사회결의에 참여한 이사들은 그 이사회의 구성원에 불과**하므로 특별한 사정이 없는 한 **이사개인을 상대로 하여 그 결의의 무효확인을 소구할 이익은 없다**』[대판(전합) 1982. 9. 14, 80다2425].

정답 – O

64 **정관에서 달리 정하지 아니하는 한 이사의 일부가 직접 회의에 출석하지 않고 모든 이사가 음성을 동시에 송수신하는 원격통신수단에 의하여 이사회결의를 할 수 있다.**

변호사시험 제2회

해설

> [**제391조(이사회의 결의방법)**] ② 정관에서 달리 정하는 경우를 제외하고 이사회는 이사의 전부 또는 일부가 직접 회의에 출석하지 아니하고 모든 이사가 음성을 동시에 송수신하는 원격통신수단에 의하여 결의에 참가하는 것을 허용할 수 있다. 이 경우 당해 이사는 이사회에 직접 출석한 것으로 본다.

정답 – O

65 **이사회는 정관이 정한 바에 따라 이사회내 위원회를 설치할 수 있다. 이 경우 비상장 주식회사의 위원회는 감사위원회를 제외하고는 2인 이상의 이사로 구성하되 위원회의 위원은 사외이사가 아니어도 된다.**

변호사시험 제2회

해설

> [**제393조의2(이사회내 위원회)**] ③ 위원회는 2인 이상의 이사로 구성한다.
> [**제415조의2(감사위원회)**] ② 감사위원회는 제393조의2 제3항에도 불구하고 3명 이상의 이사로 구성한다. 다만, 사외이사가 위원의 3분의 2 이상이어야 한다.

정답 – O

66 **이사회내 위원회의 결의는 전체 이사회의 결의로 확정되지 않는 한 법적 효력을 인정받지 못한다.**

변호사시험 제2회

해설

> [**제393조의2(이사회내 위원회)**] ② 이사회는 다음 각호의 사항을 제외하고는 **그 권한을 위원회에 위임할 수 있다.**
> 1. 주주총회의 승인을 요하는 사항의 제안
> 2. 대표이사의 선임 및 해임
> 3. 위원회의 설치와 그 위원의 선임 및 해임
> 4. 정관에서 정하는 사항

> ④ 위원회는 결의된 사항을 각 이사에게 통지하여야 한다. 이 경우 이를 통지받은 각 이사는 이사회의 소집을 요구할 수 있으며, 이사회는 위원회가 결의한 사항에 대하여 다시 결의할 수 있다.

정답 – X

67 **임기가 정해진 대표이사를 정당한 이유 없이 그 임기 만료 전에 이사회 결의로 대표이사 직에서 해임하는 경우 그 이사는「상법」제385조 제1항의 유추적용에 의하여 회사에 대하여 대표이사 해임으로 인한 손해의 배상을 청구할 수 있다.** 변호사시험 제4회

해설 『상법 제385조 제1항은 주주총회의 특별결의에 의하여 언제든지 이사를 해임할 수 있게 하는 한편, 임기가 정하여진 이사가 그 임기 전에 정당한 이유 없이 해임당한 경우에는 회사에 대하여 손해배상을 청구할 수 있게 함으로써 주주의 회사에 대한 지배권 확보와 경영자 지위의 안정이라는 주주와 이사의 이익을 조화시키려는 규정이고, **이사의 보수청구권을 보장하는 것을 주된 목적으로 하는 규정이라 할 수 없으므로**, 이를 **이사회가 대표이사를 해임한 경우에도 유추 적용할것은 아니고**, 대표이사가 그 지위의 해임으로 무보수, 비상근의 이사로 되었다고 하여 달리 볼 것도 아니다』(대판 2004. 12. 10, 2004다25123). 정답 – X

68 **회사가 공동대표이사에게 단순한 대표이사라는 명칭을 사용하여 법률행위를 하는 것을 용인 내지 방임한 경우에도 회사는「상법」제395조에 의한 표현책임을 면할 수 없다.** 변호사시험 제4회

해설 판례는 "회사가 공동대표이사에게 단순한 대표이사라는 명칭을 사용하여 법률행위를 하는 것을 용인 내지 방임한 경우에도 회사는 상법 제395조에 의한 표현책임을 면할 수 없다."고 하여 **긍정설 중 확장설**을 취하고 있다(대판 1992. 10. 27, 92다19033 ;대판 1991. 11. 12, 91다19111).

> 〔**제395조(표현대표이사의 행위와 회사의 책임)**〕 사장, 부사장, 전무, 상무 기타 회사를 대표할 권한이 있는 것으로 인정될 만한 명칭을 사용한 이사의 행위에 대하여는 그 이사가 회사를 대표할 권한이 없는 경우에도 회사는 선의의 제삼자에 대하여 그 책임을 진다.

정답 – O

69 **표현대표이사의 행위로 인정이 되는 경우라고 하더라도 만일 그 행위에 이사회의 결의가 필요하고 거래의 상대방인 제3자의 입장에서 이사회의 결의가 없었음을 알았거나 알 수 있었을 경우라면 회사로서는 그 행위에 대한 책임을 면한다.** 변호사시험 제4회

해설 표현대표가 성립된 후라도 전단적 대표행위는 또 다시 문제될 수 있다. 정답 – O

70 **「상법」 제395조가 정한 표현대표이사의 행위에 의한 회사의 책임에 관한 규정은 표현대표이사가 자기의 명칭을 사용하여 법률행위를 한 경우는 물론이고 자기의 명칭을 사용하지 아니하고 다른 대표이사의 명칭을 사용하여 행위를 한 경우에도 적용된다.**

변호사시험 제4회

해설 **제3자가 표현대표이사에게 회사를 대표할 권한이 있다고 믿은 데 중과실이 있는 경우, 회사의 제3자에 대한 책임 유무와 중과실의 의미**에 관하여 판례는 『상법 제395조가 규정하는 표현대표이사의 행위로 인한 주식회사의 책임이 성립하기 위하여 제3자의 선의 이외에 무과실까지도 필요로 하는 것은 아니지만, 그 규정의 취지는 회사의 대표이사가 아닌 이사가 외관상 회사의 대표권이 있는 것으로 인정될 만한 명칭을 사용하여 거래행위를 하고, 이러한 외관이 생겨난 데에 관하여 회사에 귀책사유가 있는 경우에 그 외관을 믿은 선의의 제3자를 보호함으로써 상거래의 신뢰와 안전을 도모하려는 데에 있다 할 것인바, 그와 같은 제3자의 신뢰는 보호할 만한 가치가 있는 정당한 것이어야 할 것이므로, 설령 제3자가 회사의 대표이사가 아닌 이사에게 그 거래행위를 함에 있어 회사를 대표할 권한이 있다고 믿었다 할지라도 그와 같이 믿음에 있어서 중대한 과실이 있는 경우에는 회사는 그 제3자에 대하여는 책임을 지지 아니하고, 여기서 제3자의 중대한 과실이라 함은 제3자가 조금만 주의를 기울였더라면 표현대표이사의 행위가 대표권에 기한 것이 아니라는 사정을 알 수 있었음에도 만연히 이를 대표권에 기한 행위라고 믿음으로써 거래통념상 요구되는 주의의무에 현저히 위반하는 것으로서, 공평의 관점에서 제3자를 구태여 보호할 필요가 없다고 봄이 상당하다고 인정되는 상태를 말한다』(대판 2003. 9. 26, 2002다65073)라고 판시하고 있다.

정답 - O

71 **이사 또는 이사의 자격이 없는 자가 임의로 표현대표이사의 명칭을 사용하고 있는 것을 회사가 알면서도 이에 동조하거나 아무런 조치를 취하지 아니한 채 그대로 방치한 경우도 회사가 표현대표이사의 명칭사용을 묵시적으로 승인한 경우에 해당한다.**

변호사시험 제4회

해설 **이사의 자격이 없는 표현대표이사의 행위에 대한 회사의 책임**에 관하여 판례는 『이사 또는 이사의 자격이 없는 자가 임의로 표현대표자의 명칭을 사용하고 있는 것을 회사가 알면서도 이에 동조하거나 아무런 조치를 취하지 아니한 채 그대로 방치한 경우도 회사가 표현대표자의 명칭사용을 묵시적으로 승인한 경우에 해당한다고 봄이 상당하다』(대판 1992. 7. 28, 91다35816 참조)라고 판시하고 있다.

정답 - O

72 **A주식회사의 이사인 甲이 B주식회사의 의결권 있는 발행주식총수의 50%를 가지고 있는 경우, B회사가 자기의 계산으로 A회사와 거래를 하기 위해서는 A회사 이사회의 승인을 받아야 한다.**

변호사시험 제4회

해설

〔제398조(이사 등과 회사 간의 거래)〕 다음 각 호의 어느 하나에 해당하는 자가 자기 또는 제3자의 계산으로 회사와 거래를 하기 위하여는 미리 이사회에서 해당 거래에 관한 중요사실을 밝히고 이사회의 승인을 받아야 한다. 이 경우 이사회의 승인은 이사 3분의 2 이상의 수로써 하여야 하고, 그 거래의 내용과 절차는 공정하여야 한다.
1. 이사 또는 **제542조의8 제2항 제6호에 따른 주요주주**
4. 제1호부터 제3호까지의 자가 단독 또는 공동으로 의결권 있는 발행주식 총수의 100분의 50 이상을 가진 회사 및 그 자회사
〔제542조의8(사외이사의 선임)〕 ② 상장회사의 사외이사는 제382조제3항 각 호 뿐만 아니라 다음 각 호의 어느 하나에 해당되지 아니하여야 하며, 이에 해당하게 된 경우에는 그 직을 상실한다.
6. 누구의 명의로 하든지 자기의 계산으로 **의결권 없는 주식을 제외한 발행주식총수의 100분의 10 이상의 주식을 소유**하거나 이사·집행임원·감사의 선임과 해임 등 상장회사의 주요 경영사항에 대하여 사실상의 영향력을 행사하는 주주(이하 '주요주주'라 한다) 및 그의 배우자와 직계 존속·비속

→ 甲은 상법 제542조의8 제2항 제6호의 주요주주에 해당한다. 정답 – O

73 **A주식회사의 이사인 甲이 B주식회사의 의결권 있는 발행주식총수의 60%를 가지고 있고, 甲과 B회사가 합하여 C주식회사의 의결권 있는 발행주식총수의 60%를 가지고 있는 경우, C회사가 자기의 계산으로 A회사와 거래를 하기 위해서는 A회사 이사회의 승인을 받아야 한다.** 변호사시험 제4회

해설

〔제398조(이사 등과 회사 간의 거래)〕 다음 각 호의 어느 하나에 해당하는 자가 자기 또는 제3자의 계산으로 회사와 거래를 하기 위하여는 미리 이사회에서 해당 거래에 관한 중요사실을 밝히고 이사회의 승인을 받아야 한다. 이 경우 이사회의 승인은 이사 3분의 2 이상의 수로써 하여야 하고, 그 거래의 내용과 절차는 공정하여야 한다.
1. 이사 또는 **제542조의8 제2항 제6호에 따른 주요주주**
5. **제1호부터 제3호까지의 자가 제4호의 회사와 합하여 의결권 있는 발행주식총수의 100분의 50 이상을 가진 회사**

→ 甲은 B회사의 주요주주이고 甲과 B회사가 합하여 C회사의 주식 50%이상을 가진다.

정답 – O

74 **A주식회사의 이사인 甲과 A회사 사이의 거래가 「상법」 제398조를 위반하였음을 이유로 무효를 주장할 수 있는 자는 A회사에 한정되고 특별한 사정이 없는 한 거래의 상대방이나 제3자는 그 무효를 주장할 이익이 없다.** 변호사시험 제4회

해설 이사회 결의 없는 자기거래의 효과는 상대적 무효설(통설 및 판례)이고, 이때 무효 주장은 회사만 할 수 있다는 것이 통설과 판례이다. 『상법 제398조의 규정 취지에 비추어 이사와 회사 사이의 거래가 **상법 제398조를 위반하였음을 이유로 무효임을 주장할 수 있는 자는 회사에 한정**되고 특별한 사정이 없는 한 **거래의 상대방이나 제3자는 그 무효를 주장할 이익이 없다**고 보아야 하므로, 거래의 상대방인 당해 이사 스스로가 위 규정 위반을 내세워 그 거래의 무효를 주장하는 것은 허용되지 않는다 할 것이다』(대판 2012. 12. 27, 2011다67651).

정답 - O

75 **A주식회사가 상장회사인 경우, 그 주주인 乙이 A회사의 의결권 없는 주식을 제외한 발행주식총수의 10분의 1의 주식을 자기의 계산으로 소유하고 있으나 회사의 주요 경영사항에 대하여 아무런 영향력이 없다면, 乙은 A회사 이사회의 승인을 받을 필요 없이 A회사로부터 금전을 차용할 수 있다.** 변호사시험 제4회

해설

〔제542조의8(사외이사의 선임)〕 ② 상장회사의 사외이사는 제382조 제3항 각 호 뿐만 아니라 다음 각 호의 어느 하나에 해당되지 아니하여야 하며, 이에 해당하게 된 경우에는 그 직을 상실한다.
6. 누구의 명의로 하든지 자기의 계산으로 의결권 없는 주식을 제외한 발행주식총수의 100분의 10 이상의 주식을 소유하거나 이사·집행임원·감사의 선임과 해임 등 상장회사의 주요 경영사항에 대하여 사실상의 영향력을 행사하는 주주(이하 '주요주주'라 한다) 및 그의 배우자와 직계 존속·비속

→ 乙이 A회사의 주요 경영사항에 대하여 아무런 영향력이 없더라도 A회사의 의결권 없는 주식을 제외한 발행주식총수의 10분의 1의 주식을 자기의 계산으로 소유하고 있다면 주요주주에 해당된다.

정답 - X

76 **'대표이사는 이사 전원의 과반수의 승인을 얻어 회사와 거래할 수 있다.'는 내용의 정관 규정을 둘 수 있다.** 변호사시험 제5회

해설

〔제398조(이사 등과 회사 간의 거래)〕 다음 각 호의 어느 하나에 해당하는 자가 자기 또는 제3자의 계산으로 회사와 거래를 하기 위하여는 미리 이사회에서 해당 거래에 관한 중요사실을 밝히고 이사회의 승인을 받아야 한다. 이 경우 이사회의 승인은 **이사 3분의 2 이상의 수**로써 하여야 하고, 그 거래의 내용과 절차는 공정하여야 한다.

→ 개정상법은 재적이사의 3분의 2로 가중하였다.

정답 - X

77 **이사가 경업 대상 회사의 지배주주가 되어 그 회사의 의사결정과 업무집행에 관여할 수 있게 되는 경우, 「상법」 제397조 제1항에 따라 자신이 속한 회사 이사회의 승인을 얻어야 한다.** 변호사시험 제4회

해설 『이사는 경업 대상 회사의 이사, 대표이사가 되는 경우뿐만 아니라 **그 회사의 지배주주가 되어 그 회사의 의사결정과 업무집행에 관여할 수 있게 되는 경우에도 자신이 속한 회사 이사회의 승인을 얻어야 하는 것**으로 볼 것이다』(대판 2013. 9. 12, 2011다57869).

정답 – O

78 **이사는 이사회의 승인이 없으면 자기 또는 제3자의 계산으로 회사의 영업부류에 속하는 거래를 하지 못한다. 이 경우 이사회의 승인은 정관으로 그 비율을 높게 정하지 아니하는 한 이사 과반수의 출석과 출석이사 과반수로 하여야 한다.** 변호사시험 제2회

해설

〔**제397조(경업금지)**〕 ① 이사는 이사회의 승인이 없으면 자기 또는 제삼자의 계산으로 회사의 영업부류에 속한 거래를 하거나 동종영업을 목적으로 하는 다른 회사의 무한책임사원이나 이사가 되지 못한다.
〔**제391조(이사회의 결의방법)**〕 ① 이사회의 결의는 이사과반수의 출석과 출석이사의 과반수로 하여야 한다. 그러나 정관으로 그 비율을 높게 정할 수 있다.

정답 – O

79 **이사는 이사회의 승인 없이 현재 또는 장래에 회사의 이익이 될 수 있는 것으로서 이사가 직무를 수행하는 과정에서 알게 된 사업기회를 자기 또는 제3자의 이익을 위하여 이용하여서는 아니 된다. 이 경우 이사회의 승인은 이사 3분의 2 이상의 수로써 하여야 한다.** 변호사시험 제2회

해설

〔**제397조의2(회사의 기회 및 자산의 유용 금지)**〕 ① 이사는 이사회의 승인 없이 현재 또는 장래에 회사의 이익이 될 수 있는 다음 각 호의 어느 하나에 해당하는 회사의 사업기회를 자기 또는 제3자의 이익을 위하여 이용하여서는 아니 된다. 이 경우 이사회의 승인은 이사 3분의 2 이상의 수로써 하여야 한다.
1. 직무를 수행하는 과정에서 알게 되거나 회사의 정보를 이용한 사업기회
2. 회사가 수행하고 있거나 수행할 사업과 밀접한 관계가 있는 사업기회

정답 – O

80 **이사는 이사회의 승인 없이 자기 또는 제3자의 계산으로 회사와 거래하여서는 아니 된다. 이 경우 이사회의 승인은 이사 3분의 2 이상의 수로써 하여야 한다.** 변호사시험 제2회

해설

〔**제398조(이사 등과 회사 간의 거래)**〕 다음 각 호의 어느 하나에 해당하는 자가 자기 또는 제3자의 계산으로 회사와 거래를 하기 위하여는 미리 이사회에서 해당 거래에 관한 중요사실을 밝히고 이사회의 승인을 받아야 한다. 이 경우 이사회의 승인은 이사 3분의 2 이상의 수로써 하여야 하고, 그 거래의 내용과 절차는 공정하여야 한다.
1. 이사 또는 제542조의8 제2항 제6호에 따른 주요주주

정답 – O

81 **이사가 경업금지의무에 위반하여 자기의 계산으로 거래를 한 경우에 회사는 이를 회사의 계산으로 한 것으로 볼 수 있다.** 변호사시험 제2회

해설

〔**제397조(경업금지)**〕 ② 이사가 제1항의 규정에 위반하여 거래를 한 경우에 회사는 이사회의 결의로 그 이사의 거래가 자기의 계산으로 한 것인 때에는 이를 회사의 계산으로 한 것으로 볼 수 있고 제삼자의 계산으로 한 것인 때에는 그 이사에 대하여 이로 인한 이득의 양도를 청구할 수 있다.

정답 – O

82 **이사가 회사의 기회유용금지의무에 위반하여 자기의 이익을 위하여 회사의 영업부류에 속하지 않는 거래를 한 경우에 회사는 이를 회사의 계산으로 한 것으로 보거나 또는 이사가 얻은 이익의 반환을 청구할 수 있다.** 변호사시험 제2회

해설

〔**제397조의2(회사의 기회 및 자산의 유용 금지)**〕 ① 이사는 이사회의 승인 없이 현재 또는 장래에 회사의 이익이 될 수 있는 다음 각 호의 어느 하나에 해당하는 회사의 사업기회를 자기 또는 제3자의 이익을 위하여 이용하여서는 아니 된다. 이 경우 이사회의 승인은 이사 3분의 2 이상의 수로써 하여야 한다.
1. 직무를 수행하는 과정에서 알게 되거나 회사의 정보를 이용한 사업기회
2. 회사가 수행하고 있거나 수행할 사업과 밀접한 관계가 있는 사업기회
② 제1항을 위반하여 회사에 손해를 발생시킨 이사 및 승인한 이사는 연대하여 손해를 배상할 책임이 있으며 이로 인하여 이사 또는 제3자가 얻은 이익은 손해로 추정한다.

→ 이사가 회사의 기회 및 자산의 유용 금지의무에 위반한 경우에는 회사의 개입권이 인정되지 않는다.

정답 – X

83 **주식회사의 이사가 고의 또는 과실로 그 임무를 게을리하여 회사에게 손해를 끼친 경우, 회사의 이사에 대한 손해배상청구권의 소멸시효기간은 5년이다.** 변호사시험 제2회

해설 『상법 제401조에 기한 이사의 제3자에 대한 손해배상책임이 **제3자를 보호하기 위하여 상법이 인정하는 특수한 책임이라는 점**을 감안할 때, 일반 불법행위책임의 단기소멸시효를 규정한 민법 제766조 제1항은 적용될 여지가 없고, **일반 채권으로서 민법 제162조 제1항에 따라 그 소멸시효기간은 10년이다**』(대판 2006. 12. 22, 2004다63354). 정답 – X

84 **「상법」 제401조의2 제1항 제1호의 '회사에 대한 자신의 영향력을 이용하여 이사에게 업무집행을 지시한 자'에는 자연인뿐만 아니라 법인인 지배회사도 포함된다.** 변호사시험 제4회

해설 『상법 제401조의2 제1항 제1호의 '회사에 대한 자신의 영향력을 이용하여 이사에게 업무집행을 지시한 자'에는 **자연인뿐만 아니라 법인인 지배회사도 포함**되나, 나아가 상법 제401조의 제3자에 대한 책임에서 요구되는 '고의 또는 중대한 과실로 인한 임무해태행위'는 회사의 기관으로서 인정되는 직무상 충실 및 선관의무 위반의 행위로서 위법한 사정이 있어야 하므로, 통상의 거래행위로 부담하는 회사의 채무를 이행할 능력이 있었음에도 단순히 그 이행을 지체하여 상대방에게 손해를 끼치는 사실만으로는 임무를 해태한 위법한 경우라고 할 수 없다』(대판 2006. 8. 25, 2004다26119). 정답 – O

85 **주식회사에 대해 상법 제402조가 정한 위법행위유지청구권과 상법 제424조가 정한 신주발행유지청구권을 비교한 설명 중 옳지 않은 것은?** 변호사시험 제3회

① 위법행위유지청구권과 신주발행유지청구권은 모두 회사에 회복할 수 없는 손해가 생길 염려가 있는 경우에 회사의 손해를 방지하기 위하여 마련된 사전 구제제도라는 점에서 같다.
② 위법행위유지청구권은 소수주주권임에 반해 신주발행유지청구권은 단독주주권이다.
③ 감사는 위법행위유지청구권을 행사할 수 있지만 신주발행유지청구권은 행사할 수 없다.
④ 위법행위유지청구의 상대방은 법령 또는 정관에 위배된 행위를 하는 이사인 반면에 신주발행유지청구의 상대방은 회사가 된다.
⑤ 위법행위유지청구권은 법령 또는 정관에 위배된 행위가 그 대상이나, 신주발행유지청구권은 법령 또는 정관에 위배되거나 현저하게 불공정한 방법으로 주식을 발행한 경우에 행사할 수 있다.

해설 **위법행위유지청구권 vs 신주발행유지청구권**
신주발행유지청구권의 경우에는 회사의 손해 방지를 위한 것이 아니라, 주주가 불이익을 받을 염려가 있을 때 주주의 개인적 손해 방지를 위한 제도이다.

	§ 402 위법행위유지청구권	§ 424 신주발행유지청구권
공통점	주주에게 인정되는 사전적 구제수단 訴(소 제기 또는 가처분) 또는 訴 이외의 방법 대표소송인정?(제403조 이하 vs 명문은 없으나 유추적용 가능성)	
목적	회사의 손해 방지	주주의 개인적인 손해 방지
청구권자	1/100 소수주주권, 감사	단독주주권
상대방	이사	회사
청구원인	이사의 법령·정관에 위반행위로 인하여 회사에 회복할 수 없는 손해가 생길 염려	법령·정관위반 & 현저하게 불공정한 신주발행으로 인하여 주주가 불이익을 받을 염려
성질	共益權	自益權

정답 - ①

86 상장회사는 정관에서 이사에 대한 위법행위 유지청구권 행사요건으로 「상법」 제542조의6 제5항에 규정된 것보다 단기의 주식보유기간을 정하거나 낮은 주식보유비율을 정할 수 있다. 변호사시험 제6회

해설

〔제542조의6(소수주주권)〕 ⑥ 6개월 전부터 계속하여 상장회사 발행주식총수의 1만분의 1 이상에 해당하는 주식을 보유한 자는 제403조(제324조, 제408조의9, 제415조, 제424조의2, 제467조의2 및 제542조에서 준용하는 경우를 포함한다)에 따른 주주의 권리를 행사할 수 있다. ⑦ 상장회사는 정관에서 제1항부터 제6항까지 규정된 것보다 단기의 주식 보유기간을 정하거나 낮은 주식 보유비율을 정할 수 있다.

정답 - O

87 주주의 대표소송에 있어서 주주가 원고로서 제대로 소송수행을 하지 못하거나 상대방이 된 이사와 결탁함으로써 회사의 이익이 침해될 염려가 있는 경우 그 판결의 효력을 받는 권리귀속주체인 회사는 이를 막거나 자신의 권리를 보호하기 위하여 소송수행권한을 가진 정당한 당사자로서 그 소송에 참가할 필요가 있으므로, 상법 제404조 제1항에 따른 회사의 참가는 공동소송참가를 의미한다. 변호사시험 제3회

해설 『주주의 대표소송에 있어서 원고 주주가 원고로서 제대로 소송수행을 하지 못하거나 혹은 상대방이 된 이사와 결탁함으로써 회사의 권리보호에 미흡하여 회사의 이익이 침해될 염려가 있는 경우 그 판결의 효력을 받는 권리귀속주체인 회사가 이를 막거나 자신의 권리를 보호하기 위하여 소송수행권한을 가진 정당한 당사자로서 그 소송에 참가할 필요가

있으며, 회사가 대표소송에 당사자로서 참가하는 경우 소송경제가 도모될 뿐만 아니라 판결의 모순·저촉을 유발할 가능성도 없다는 사정과, 상법 제404조 제1항에서 특별히 참가에 관한 규정을 두어 주주의 대표소송의 특성을 살려 회사의 권익을 보호하려한 입법 취지를 함께 고려할 때, 상법 제404조 제1항에서 규정하고 있는 회사의 참가는 **공동소송참가를 의미**하는 것으로 해석함이 타당하고, 나아가 이러한 해석이 중복제소를 금지하고 있는 민사소송법 제234조에 반하는 것도 아니다』(대판 2002. 3. 15, 2000다9086). 정답 - O

88 **주식을 인수하면서 타인의 승낙을 얻어 그 명의로 출자하여 주식대금을 납입한 경우, 실제로 주식을 인수하여 그 대금을 납입한 명의차용자만이 대표소송을 제기할 수 있는 주주에 해당한다.** 변호사시험 제3회

해설 『주주명부에 기재된 명의상 주주는 회사에 대한 관계에서 자신의 실질적 권리를 증명하지 않아도 주주 권리를 행사할 수 있는 자격수여적 효력을 인정받을 뿐이지 주주명부 기재에 의하여 창설적 효력을 인정받는 것은 아니므로, 주식을 인수하면서 타인의 승낙을 얻어 그 명의로 출자하여 주식대금을 납입한 경우에는 실제로 주식을 인수하여 대금을 납입한 명의차용인만이 실질상 주식인수인으로서 주주가 되고 단순한 명의대여인은 주주가 될 수 없으며, 이는 회사를 설립하면서 타인 명의를 차용하여 주식을 인수한 경우에도 마찬가지이다. 또한 상법 제403조 제1항은 '발행주식의 총수의 100분의 1 이상에 해당하는 주식을 가진 주주'가 주주대표소송을 제기할 수 있다고 규정하고 있을 뿐, 주주의 자격에 관하여 별도 요건을 규정하고 있지 않으므로, 주주대표소송을 제기할 수 있는 주주에 해당하는지는 위 법리에 따라 판단하여야 한다』(대판 2011. 5. 26, 2010다22552)라고 하였으나, 최근에 판례를 변경하여 『특별한 사정이 없는 한, **주주명부에 적법하게 주주로 기재되어 있는 자는 회사에 대한 관계에서 그 주식에 관한 의결권 등 주주권을 행사할 수 있고**, 회사 역시 주주명부상 주주 외에 실제 주식을 인수하거나 양수하고자 하였던 자가 따로 존재한다는 사실을 알았든 몰랐든 간에 주주명부상 주주의 주주권 행사를 부인할 수 없으며, 주주명부에 기재를 마치지 아니한 자의 주주권 행사를 인정할 수도 없다. 주주명부에 기재를 마치지 않고도 회사에 대한 관계에서 주주권을 행사할 수 있는 경우는 주주명부에의 기재 또는 명의개서청구가 부당하게 지연되거나 거절되었다는 등의 극히 예외적인 사정이 인정되는 경우에 한한다』〔대판 2017. 3. 23, 2015다248342〕. 정답 - X

89 **비상장 주식회사가 이사에 대한 책임추궁을 게을리하여 발행주식총수의 100분의 1이상에 해당하는 주식을 가진 주주가 소를 제기한 후 주주의 보유주식이 발행주식총수의 100분의 1미만으로 감소한 경우(발행주식을 보유하지 아니하게 된 경우를 제외)에도 제소의 효력에는 영향이 없다.** 변호사시험 제3회

해설

〔**제403조(주주의 대표소송)**〕 ① 발행주식의 총수의 100분의 1 이상에 해당하는 주식을 가진 주주는 회사에 대하여 이사의 책임을 추궁할 소의 제기를 청구할 수 있다. ② 제1항의 청구는 그 이유를 기재한 서면으로 하여야 한다. ③ 회사가 전항의 청구를 받은 날로부터 30일내에 소를 제기하지 아니한 때에는 제1항의 주주는 즉시 회사를 위하여 소를 제기할 수 있다. ④ 제3항의 기간의 경과로 인하여 회사에 회복할 수 없는 손해가 생길 염려가 있는 경우에는 전항의 규정에 불구하고 제1항의 주주는 즉시 소를 제기할 수 있다. ⑤ 제3항과 제4항의 소를 제기한 주주의 보유주식이 **제소후 발행주식총수의 100분의 1 미만으로 감소한 경우(발행주식을 보유하지 아니하게 된 경우를 제외한다)에도 제소의 효력에는 영향이 없다.**

정답 – O

90 **회사에 대하여 파산선고가 있은 후 주주가 파산관재인에 대하여 이사에 대한 책임을 추궁할 것을 청구하였는데 파산관재인이 이를 거부하였다고 하더라도 주주는 대표소송으로써 이사의 책임을 추궁하는 소를 제기할 수 없다.** 변호사시험 제3회

해설 『파산절차에 있어서 회사의 재산을 관리·처분하는 권리는 파산관재인에게 속하며(파산법 제7조), 파산관재인은 법원의 감독하에 선량한 관리자의 주의로써 그 직무를 수행할 책무를 부담하고 그러한 주의를 해태한 경우에는 이해관계인에 대하여 책임을 부담하게 되기 때문에(파산법 제154조) 이사 또는 감사에 대한 책임을 추궁하는 소에 있어서도 이를 제기할 것인지의 여부는 파산관재인의 판단에 위임되어 있다고 해석하여야 할 것이고, 따라서 회사가 이사 또는 감사에 대한 책임추궁을 게을리 할 것을 예상하여 마련된 주주의 대표소송의 제도는 파산절차가 진행 중인 경우에는 그 적용이 없고, **주주가 파산관재인에 대하여 이사 또는 감사에 대한 책임을 추궁할 것을 청구하였는데 파산관재인이 이를 거부**하였다고 하더라도 주주가 상법 제403조, 제415조에 근거하여 **대표소송으로서 이사 또는 감사의 책임을 추궁하는 소를 제기할 수 없다**고 보아야 할 것이며, 이러한 이치는 주주가 회사에 대하여 책임추궁의 소의 제기를 청구하였지만 회사가 소를 제기하지 않고 있는 사이에 회사에 대하여 파산선고가 있은 경우에도 마찬가지이다』(대판 2002. 7. 12, 2001다2617). 정답 – O

91 **주주대표소송이 제기된 경우에 원고와 피고의 공모로 인하여 소송의 목적인 회사의 권리를 사해할 목적으로써 판결을 하게 한 때에는 회사는 확정된 종국판결에 대하여 재심의 소를 제기할 수 있지만, 주주가 직접 재심의 소를 제기할 수는 없다.** 변호사시험 제3회

해설

〔**제406조(대표소송과 재심의 소)**〕 ① 제403조의 소가 제기된 경우에 원고와 피고의 공모로 인하여 소송의 목적인 회사의 권리를 사해할 목적으로써 판결을 하게 한 때에는 **회사 또는 주주**는 확정한 종국판결에 대하여 재심의 소를 제기할 수 있다.

정답 – X

92 **대표소송을 제기한 주주 중 일부가 주식을 처분하는 등의 사유로 주식을 전혀 보유하지 아니하게 되어 주주의 지위를 상실하면, 특별한 사정이 없는 한 그 주주는 원고적격을 상실하여 그가 제기한 부분의 소는 부적법하게 된다.** 변호사시험 제4회

해설 『상법 제403조 제1항, 제2항, 제3항, 제5항과 구 증권거래법(2007. 8. 3. 법률 제8635호 자본시장과 금융투자업에 관한 법률 부칙 제2조로 폐지, 이하 '구 증권거래법'이라 한다) 제191조의13 제1항을 종합하여 보면, 여러 주주들이 함께 대표소송을 제기하기 위하여는 그들이 회사에 대하여 이사의 책임을 추궁할 소의 제기를 청구할 때와 회사를 위하여 그 소를 제기할 때 보유주식을 합산하여 상법 또는 구 증권거래법이 정하는 주식보유요건을 갖추면 되고, 소 제기 후에는 보유주식의 수가 그 요건에 미달하게 되어도 무방하다. 그러나 **대표소송을 제기한 주주 중 일부가 주식을 처분하는 등의 사유로 주식을 전혀 보유하지 아니하게 되어 주주의 지위를 상실**하면, 특별한 사정이 없는 한 **그 주주는 원고적격을 상실하여 그가 제기한 부분의 소는 부적법**하게 되고, 이는 함께 대표소송을 제기한 다른 원고들이 주주의 지위를 유지하고 있다고 하여 달리 볼 것은 아니다』(대판 2013. 9. 12, 2011다57869). 정답 - O

93 **주주가 대표소송을 제기할 수 있는 주식보유요건을 갖추고 적법하게 소를 제기하였다면 소송계속 중에 주식을 모두 양도하여 주주의 지위를 상실하였더라도 그가 제기한 소가 부적법하게 되는 것은 아니다.** 변호사시험 제5회

해설 『상법 제403조 제1항, 제2항, 제3항, 제5항과 구 증권거래법(2007. 8. 3. 법률 제8635호 자본시장과 금융투자업에 관한 법률 부칙 제2조로 폐지, 이하 '구 증권거래법'이라 한다) 제191조의13 제1항을 종합하여 보면, 여러 주주들이 함께 대표소송을 제기하기 위하여는 그들이 회사에 대하여 이사의 책임을 추궁할 소의 제기를 청구할 때와 회사를 위하여 그 소를 제기할 때 보유주식을 합산하여 상법 또는 구 증권거래법이 정하는 주식보유요건을 갖추면 되고, 소 제기 후에는 보유주식의 수가 그 요건에 미달하게 되어도 무방하다. 그러나 **대표소송을 제기한 주주 중 일부가 주식을 처분하는 등의 사유로 주식을 전혀 보유하지 아니하게 되어 주주의 지위를 상실하면**, 특별한 사정이 없는 한 **그 주주는 원고적격을 상실**하여 그가 제기한 부분의 소는 부적법하게 되고, 이는 함께 대표소송을 제기한 다른 원고들이 주주의 지위를 유지하고 있다고 하여 달리 볼 것은 아니다』(대판 2013. 9. 12, 2011다57869). 정답 - X

94 **대표소송을 제기한 주주가 패소한 때에는 악의인 경우 외에는 회사에 대하여 손해를 배상할 책임이 없다.** 변호사시험 제5회

해설

〔**제405조(제소주주의 권리의무)**〕 ② 제403조 제3항과 제4항의 규정에 의하여 소를 제기한 주주가 패소한 때에는 악의인 경우외에는 회사에 대하여 손해를 배상할 책임이 없다.

정답 - O

95 **주주대표소송에서 승소확정판결을 받은 주주는 위 확정판결을 집행권원으로 한 집행에 있어 집행채권자가 될 수 있다.** 변호사시험 제5회

해설 **주주대표소송의 주주가 집행채권자가 될 수 있는지 여부**에 관하여 판례는 『주주대표소송의 주주와 같이 다른 사람을 위하여 원고가 된 사람이 받은 확정판결의 집행력은 확정판결의 당사자인 원고가 된 사람과 다른 사람 모두에게 미치므로, 주주대표소송의 주주는 집행채권자가 될 수 있다』(대결 2014. 2. 19, 자 2013마2316)라고 판시하고 있다.

정답 - O

96 **원고적격요건을 갖추어 대표소송을 제기한 주주가 그 소송의 사실심 변론종결 시까지 원고적격요건을 유지하지 못하여 종국적으로 소가 각하되는 운명에 있다면, 사실심 변론종결 이전에 회사가 원고 측에 공동소송참가를 신청하더라도 그 참가는 부적법하다.** 변호사시험 제5회

해설 『비록 원고 주주들이 주주대표소송의 사실심 변론종결시까지 대표소송상의 원고 주주요건을 유지하지 못하여 종국적으로 소가 각하되는 운명에 있다고 할지라도 **회사인 원고 공동소송참가인의 참가시점에서는 원고 주주들이 적법한 원고적격을 가지고 있었다고 할 것**이어서 **회사인 원고 공동소송참가인의 참가는 적법**하다고 할 것이고, 뿐만 아니라 원고 주주들의 주주대표소송이 확정적으로 각하되기 전에는 여전히 그 소송계속 상태가 유지되고 있는 것이어서, 그 각하판결 선고 이전에 회사가 원고 공동소송참가를 신청하였다면 그 참가 당시 피참가소송의 계속이 없다거나 그로 인하여 참가가 부적법하게 된다고 볼 수는 없다』(대판 2002. 3. 15, 2000다9086).

정답 - X

97 **비상장회사인 A주식회사의 주주 甲이 대표소송을 제기하였다. A주식회사가 위 대표소송에 참가할 경우에는 공동소송적 보조참가만을 할 수 있다.** 변호사시험 제6회

해설 『주주의 대표소송에 있어서 원고 주주가 원고로서 제대로 소송수행을 하지 못하거나 혹은 상대방이 된 이사와 결탁함으로써 회사의 권리보호에 미흡하여 회사의 이익이 침해될 염려가 있는 경우 그 판결의 효력을 받는 권리귀속주체인 회사가 이를 막거나 자신의 권리를 보호하기 위하여 소송수행권한을 가진 정당한 당사자로서 그 소송에 참가할 필요가 있으며, **회사가 대표소송에 당사자로서 참가하는 경우** 소송경제가 도모될 뿐만 아니라 판결의 모순·저촉을 유발할 가능성도 없다는 사정과, 상법 제404조 제1항에서 특별히 참가에 관한 규정을 두어 주주의 대표소송의 특성을 살려 회사의 권익을 보호하려한 입법 취지를 함께 고려할 때, **상법 제404조 제1항에서 규정하고 있는 회사의 참가는 공동소송참가를 의미하는 것**으로 해석함이 타당하고, 나아가 이러한 해석이 중복제소를 금지하고 있는 민사소송법 제234조에 반하는 것도 아니다』(대판 2002. 3. 15, 2000다9086).

정답 - X

99 **비상장회사인 A주식회사의 주주 甲이 대표소송을 제기하였다. A주식회사가 B주식회사의 주식 전부 또는 대부분을 소유하여 양자 간에 지배종속관계에 있고, B주식회사의 이사 등의 불법행위로 B주식회사가 손해를 입었더라도 甲은 B주식회사를 위해 대표소송을 제기할 수 없다.** 변호사시험 제6회

해설 『**어느 한 회사가 다른 회사의 주식의 전부 또는 대부분을 소유하여 양자간에 지배종속관계에 있고, 종속회사가 그 이사 등의 부정행위에 의하여 손해를 입었다고 하더라도,** 지배회사와 종속회사는 상법상 별개의 법인격을 가진 회사이고, 대표소송의 제소자격은 책임추궁을 당하여야 하는 이사가 속한 당해 회사의 주주로 한정되어 있으므로, 종속회사의 주주가 아닌 **지배회사의 주주는 상법 제403조, 제415조에 의하여 종속회사의 이사 등에 대하여 책임을 추궁하는 이른바 이중대표소송을 제기할 수 없다**』(대판 2004. 9. 23, 2003다49221). 정답 - O

100 **비상장회사인 A주식회사의 주주 甲이 대표소송을 제기하였다. 소제기시 甲이 발행주식총수의 100분의 1 이상을 보유하였더라도 소송 중에 보유주식 전부를 양도한 경우에는 당사자적격을 상실한다.** 변호사시험 제6회

해설 『상법 제403조 제1항, 제2항, 제3항, 제5항과 구 증권거래법(2007. 8. 3. 법률 제8635호 자본시장과 금융투자업에 관한 법률 부칙 제2조로 폐지, 이하 '구 증권거래법'이라 한다) 제191조의13 제1항을 종합하여 보면, 여러 주주들이 함께 대표소송을 제기하기 위하여는 그들이 회사에 대하여 이사의 책임을 추궁할 소의 제기를 청구할 때와 회사를 위하여 그 소를 제기할 때 보유주식을 합산하여 상법 또는 구 증권거래법이 정하는 주식보유요건을 갖추면 되고, 소 제기 후에는 보유주식의 수가 그 요건에 미달하게 되어도 무방하다. 그러나 **대표소송을 제기한 주주 중 일부가 주식을 처분하는 등의 사유로 주식을 전혀 보유하지 아니하게 되어 주주의 지위를 상실하면, 특별한 사정이 없는 한 그 주주는 원고적격을 상실**하여 그가 제기한 부분의 소는 부적법하게 되고, 이는 함께 대표소송을 제기한 다른 원고들이 주주의 지위를 유지하고 있다고 하여 달리 볼 것은 아니다』(대판 2013. 9. 12, 2011다57869). 정답 - O

101 **비상장회사인 A주식회사의 주주 甲이 대표소송을 제기하였다. A주식회사에 파산이 선고된 경우에는 甲은 대표소송을 제기하지 못한다.** 변호사시험 제6회

해설 『상법 제399조, 제414조에 따라 회사가 이사 또는 감사에 대하여 그들이 선량한 관리자의 주의의무를 다하지 못하였음을 이유로 손해배상책임을 구하는 소는 회사의 재산관계에 관한 소로서 회사에 대한 파산선고가 있으면 파산관재인이 당사자 적격을 가진다고 할 것이고(파산법 제152조), 파산절차에 있어서 회사의 재산을 관리·처분하는 권리는 파산관재인에게 속하며(파산법 제7조), 파산관재인은 법원의 감독 하에 선량한 관리자의 주의로써 그 직무를 수행할 책무를 부담하고 그러한 주의를 해태한 경우에는 이해관계인에 대하여 책임을 부담하게 되기 때문에(파산법 제154조) 이사 또는 감사에 대한 책임을 추궁하는 소에 있어서도 이를 제기할 것인지의 여부는 파산관재인의 판단에 위임되어 있다고 해

석하여야 할 것이고, 따라서 회사가 이사 또는 감사에 대한 책임추궁을 게을리 할 것을 예상하여 마련된 **주주의 대표소송의 제도는 파산절차가 진행 중인 경우에는 그 적용이 없고,** 주주가 파산관재인에 대하여 이사 또는 감사에 대한 책임을 추궁할 것을 청구하였는데 파산관재인이 이를 거부하였다고 하더라도 주주가 상법 제403조, 제415조에 근거하여 대표소송으로서 이사 또는 감사의 책임을 추궁하는 소를 제기할 수 없다고 보아야 할 것이며, 이러한 이치는 주주가 회사에 대하여 책임추궁의 소의 제기를 청구하였지만 회사가 소를 제기하지 않고 있는 사이에 회사에 대하여 파산선고가 있은 경우에도 마찬가지이다』(대판 2002. 7. 12, 2001다2617).

정답 - O

102 **비상장회사의 주주가 제기한 대표소송에 그 회사가 「상법」 제404조 제1항에 따라 참가하는 경우, 그 법적 성격은 공동소송참가이다.** 변호사시험 제7회

해설 **상법 제404조 제1항 소정의 회사의 주주대표소송에의 참가의 법적 성격(=공동소송참가)**에 관하여 판례는『주주의 대표소송에 있어서 원고 주주가 원고로서 제대로 소송수행을 하지 못하거나 혹은 상대방이 된 이사와 결탁함으로써 회사의 권리보호에 미흡하여 회사의 이익이 침해될 염려가 있는 경우 그 판결의 효력을 받는 권리귀속주체인 회사가 이를 막거나 자신의 권리를 보호하기 위하여 소송수행권한을 가진 정당한 당사자로서 그 소송에 참가할 필요가 있으며, 회사가 대표소송에 당사자로서 참가하는 경우 소송경제가 도모될 뿐만 아니라 판결의 모순·저촉을 유발할 가능성도 없다는 사정과, 상법 제404조 제1항에서 특별히 참가에 관한 규정을 두어 주주의 대표소송의 특성을 살려 회사의 권익을 보호하려한 입법 취지를 함께 고려할 때, 상법 제404조 제1항에서 규정하고 있는 회사의 참가는 **공동소송참가를 의미**하는 것으로 해석함이 타당하고, 나아가 이러한 해석이 중복제소를 금지하고 있는 민사소송법 제234조에 반하는 것도 아니다』(대판 2002. 3. 15, 2000다9086)라고 판시하고 있다.

정답 - O

103 **대표소송을 제기한 비상장회사 주주의 보유주식이 제소 시 발행주식총수의 100분의 2에서 제소 후 발행주식총수의 1,000분의 5로 감소한 경우에도 제소의 효력에는 영향이 없다.** 변호사시험 제7회

해설

〔**제403조(주주의 대표소송)**〕 ① 발행주식의 총수의 100분의 1 이상에 해당하는 주식을 가진 주주는 회사에 대하여 이사의 책임을 추궁할 소의 제기를 청구할 수 있다. ③ 회사가 전항의 청구를 받은 날로부터 30일내에 소를 제기하지 아니한 때에는 제1항의 주주는 즉시 회사를 위하여 소를 제기할 수 있다. ④ 제3항의 기간의 경과로 인하여 회사에 회복할 수 없는 손해가 생길 염려가 있는 경우에는 전항의 규정에 불구하고 제1항의 주주는 즉시 소를 제기할 수 있다. ⑤ 제3항과 제4항의 소를 제기한 주주의 보유주식이 **제소후 발행주식총수의 100분의 1 미만으로 감소한 경우**(발행주식을 보유하지 아니하게 된 경우를 제외한다)에도 **제소의 효력에는 영향이 없다.**

정답 - O

104 집행임원의 권한에는 이사회의 결의에 의해 위임받은 업무집행에 관한 의사결정이 포함된다. 변호사시험 제2회

해설

〔제408조의4(집행임원의 권한)〕 집행임원의 권한은 다음 각 호의 사항으로 한다.
1. 집행임원 설치회사의 업무집행
2. 정관이나 이사회의 결의에 의하여 위임받은 업무집행에 관한 의사결정

정답 – O

105 집행임원의 선임 · 해임 권한은 주주총회에 있다. 변호사시험 제2회

해설

〔제408조의2(집행임원 설치회사, 집행임원과 회사의 관계)〕 ③ 집행임원 설치회사의 이사회는 다음의 권한을 갖는다.
1. 집행임원과 대표집행임원의 선임 · 해임

정답 – X

106 집행임원 설치회사의 경우 대표집행임원이 회사의 영업에 관하여 재판상 · 재판외의 모든 행위를 할 권한이 있다. 변호사시험 제2회

해설

〔제408조의5(대표집행임원)〕 ② 대표집행임원에 관하여는 이 법에 다른 규정이 없으면 주식회사의 대표이사에 관한 규정을 준용한다.

정답 – O

107 집행임원이 고의 또는 중대한 과실로 그 임무를 게을리한 경우에는 그 집행임원은 제3자에게 손해를 배상할 책임이 있다. 변호사시험 제2회

해설

〔제408조의8(집행임원의 책임)〕 ② 집행임원이 고의 또는 중대한 과실로 그 임무를 게을리한 경우에는 그 집행임원은 제3자에게 손해를 배상할 책임이 있다.

정답 – O

108 비상장 주식회사의 감사위원회 위원을 선임하거나 해임하는 권한은 주주총회에 있다. 변호사시험 제2회

해설

〔제415조의2(감사위원회)〕 ③ 감사위원회의 위원의 해임에 관한 이사회의 결의는 이사 총수의 3분의 2 이상의 결의로 하여야 한다.

정답 – X

109 **상법은 당해 주식회사의 감사와 이사간의 겸임금지를 규정하고 있지만 집행임원과 이사간의 겸임금지를 규정하고 있지 않다.** 변호사시험 제2회

해설 감사와 이사간의 겸임금지는 제411조에서 규정하고 있다. 참고로 겸임금지와 겸직금지(제397조)는 구별하여야 한다.

정답 - O

110 **최근 사업연도 말 현재 자산총액 1,000억 원 이상 2조 원 미만인 상장회사는 1인 이상의 상근감사를 두거나 감사위원회를 설치하여야 한다.** 변호사시험 제4회

해설

〔**제542조의10(상근감사)**〕 ① 대통령령으로 정하는 상장회사는 주주총회 결의에 의하여 회사에 상근하면서 감사업무를 수행하는 감사(이하 '상근감사'라고 한다)를 1명 이상 두어야 한다. 다만, 이 절 및 다른 법률에 따라 감사위원회를 설치한 경우(감사위원회 설치 의무가 없는 상장회사가 이 절의 요건을 갖춘 감사위원회를 설치한 경우를 포함한다)에는 그러하지 아니하다.
〔**시행령 제36조(상근감사)**〕 ① 법 제542조의10 제1항 본문에서 '대통령령으로 정하는 상장회사'란 최근 사업연도 말 현재의 자산총액이 1천억원 이상인 상장회사를 말한다.

정답 - O

111 **비상장회사의 경우 감사가 그 임무를 해태한 때에는 그 감사는 회사에 대하여 연대하여 손해를 배상할 책임이 있으며, 감사의 책임은 발행주식총수의 100분의 1 이상에 해당하는 주식을 가진 주주가 대표소송으로 추궁할 수 있다.** 변호사시험 제4회

해설

〔**제414조(감사의 책임)**〕 ① 감사가 그 임무를 해태한 때에는 그 감사는 회사에 대하여 연대하여 손해를 배상할 책임이 있다.
〔**제415조(준용규정)**〕 제382조 제2항, 제382조의4, 제385조, 제386조, 제388조, 제400조, 제401조와 제403조 내지 제407조의 규정은 감사에 준용한다.
〔**제403조(주주의 대표소송)**〕 ① 발행주식의 총수의 100분의 1 이상에 해당하는 주식을 가진 주주는 회사에 대하여 이사의 책임을 추궁할 소의 제기를 청구할 수 있다. ③ 회사가 전항의 청구를 받은 날로부터 30일내에 소를 제기하지 아니한 때에는 제1항의 주주는 즉시 회사를 위하여 소를 제기할 수 있다.

정답 - O

112 **감사위원회는 3명 이상의 이사로 구성하고, 사외이사가 위원의 3분의 2 이상이어야 한다.** 변호사시험 제4회

해설

〔**제415조의2(감사위원회)**〕 ② 감사위원회는 제393조의2 제3항에도 불구하고 3명 이상의 이사로 구성한다. 다만, 사외이사가 위원의 3분의 2 이상이어야 한다.

정답 - O

113 **감사위원회의 결의는 다른 이사회 내 위원회의 결의와는 달리 이사회에서 다시 결의할 수 없다.** 변호사시험 제4회

해설

〔**제415조의2(감사위원회)**〕 ⑥ 감사위원회에 대하여는 제393조의2 제4항 후단을 적용하지 아니 한다.
〔**제393조의2(이사회내 위원회)**〕 ④ 위원회는 결의된 사항을 각 이사에게 통지하여야 한다. 이 경우 이를 통지받은 각 이사는 이사회의 소집을 요구할 수 있으며, 이사회는 위원회가 결의한 사항에 대하여 다시 결의할 수 있다.

정답 - O

114 **A주식회사는 자본금 총액이 7억 원이다. A회사는 감사를 선임하지 않을 수 있다.** 변호사시험 제4회

해설

〔**제409조(선임)**〕 ④ 제1항, 제296조 제1항 및 제312조에도 불구하고 자본금의 총액이 10억원 미만인 회사의 경우에는 감사를 선임하지 아니할 수 있다.

정답 - O

115 **감사의 재직 중 직무수행 대가로서의 퇴직금에 관하여 정관에 그 액을 정하지 아니한 때에는 주주총회의 결의로 이를 정한다.** 변호사시험 제5회

해설

〔**제415조(준용규정)**〕 제382조 제2항, 제382조의4, 제385조, 제386조, 제388조, 제400조, 제401조와 제403조 내지 제407조의 규정은 감사에 준용한다.
〔**제388조(이사의 보수)**〕 이사의 보수는 정관에 그 액을 정하지 아니한 때에는 주주총회의 결의로 이를 정한다.

정답 - O

116 **감사위원회를 설치한 회사는 기업지배구조의 개선과 이사에 대한 감독을 강화할 필요가 있는 경우 감사도 둘 수 있다.** 변호사시험 제2회

해설

〔**제415조의2(감사위원회)**〕 ① 회사는 정관이 정한 바에 따라 감사에 갈음하여 제393조의2의 규정에 의한 위원회로서 감사위원회를 설치할 수 있다. **감사위원회를 설치한 경우에는 감사를 둘 수 없다.**

정답 - X

117 **법적으로는 감사의 지위를 갖지만 회사와 명시적 또는 묵시적 약정에 따라 감사로서 실질적인 직무를 수행하지 않는 이른바 명목상 감사도 오로지 보수의 지급이라는 형식으로 회사자금을 개인에게 지급하기 위한 방편으로 감사로 선임한 것이라는 특별한 사정이 없는 한, 회사에 대하여 정관규정 또는 주주총회결의에 의하여 결정된 보수의 청구권을 가진다.** 변호사시험 제7회

해설 『법적으로는 주식회사 이사·감사의 지위를 갖지만 회사와의 명시적 또는 묵시적 약정에 따라 이사·감사로서의 실질적인 직무를 수행하지 않는 이른바 **명목상 이사·감사도 법인인 회사의 기관으로서 회사가 사회적 실체로서 성립하고 활동하는 데 필요한 기초를 제공함과 아울러 상법이 정한 권한과 의무를 갖고 의무 위반에 따른 책임을 부담하는 것은 일반적인 이사·감사와 다를 바 없으므로,** 과다한 보수에 대한 사법적 통제의 문제는 별론으로 하더라도, 오로지 보수의 지급이라는 형식으로 회사의 자금을 개인에게 지급하기 위한 방편으로 이사·감사로 선임한 것이라는 등의 특별한 사정이 없는 한, 회사에 대하여 상법 제388조, 제415조에 따라 정관의 규정 또는 주주총회의 결의에 의하여 결정된 **보수의 청구권을 갖는다**』(대판 2015. 7. 23, 2014다236311).

정답 – O

118 **감사가 실질적으로 그 직무를 수행할 의사가 전혀 없으면서 자신의 도장을 이사에게 맡기는 등의 방식으로 그 명의만을 빌려줌으로써 이사로 하여금 어떠한 간섭이나 감독도 받지 않고 재무제표 등에 허위사실을 기재한 다음 분식된 재무제표 등을 이용하여 제3자에게 손해를 입히도록 묵인하거나 방치한 경우 이는 악의 또는 중대한 과실로 인하여 임무를 해태한 때에 해당하여 감사는 그로 말미암아 제3자가 입은 손해를 배상할 책임이 있다.** 변호사시험 제7회

해설 『주식회사의 감사가 실질적으로 감사로서의 직무를 수행할 의사가 전혀 없으면서도 자신의 도장을 이사에게 맡기는 등의 방식으로 그 명의만을 빌려줌으로써 회사의 이사로 하여금 어떠한 간섭이나 감독도 받지 않고 재무제표 등에 허위의 사실을 기재한 다음 그와 같이 분식된 재무제표 등을 이용하여 거래 상대방인 제3자에게 손해를 입히도록 묵인하거나 방치한 경우, **감사는 악의 또는 중대한 과실로 인하여 임무를 해태한 때에 해당**하여 그로 말미암아 **제3자가 입은 손해를 배상할 책임이 있다**』(대판 2008. 2. 14, 2006다82601).

정답 – O

119 **감사는 회계감사를 비롯하여 이사의 업무집행 전반을 감사할 권한을 가지므로 이사가 주주총회에 제출할 의안 및 서류를 조사하여 법령 또는 정관에 위반하거나 현저하게 부당한 사항이 있는지 여부에 관하여 주주총회에 그 의견을 진술하여야 한다.** 변호사시험 제7회

해설

〔**제413조(조사·보고의 의무)**〕 감사는 이사가 주주총회에 제출할 의안 및 서류를 조사하여 법령 또는 정관에 위반하거나 현저하게 부당한 사항이 있는지의 여부에 관하여 주주총회에 그 의견을 진술하여야 한다.

정답 – O

120 감사가 회사 또는 자회사의 이사·지배인 기타의 사용인에 선임되거나 반대로 회사 또는 자회사의 이사·지배인 기타의 사용인이 회사의 감사에 선임된 경우 그 선임행위는 각각의 선임 당시 현직을 사임하는 것을 조건으로 하여 효력을 가지고, 피선임자가 새로이 선임된 지위에 취임할 것을 승낙한 때에는 종전의 직을 사임하는 의사를 표시한 것으로 해석하여야 한다. 변호사시험 제7회

해설 『감사가 회사 또는 자회사의 이사 또는 지배인 기타의 사용인에 선임되거나 반대로 회사 또는 자회사의 이사 또는 지배인 기타의 사용인이 회사의 감사에 선임된 경우에는 그 선임행위는 각각의 선임 당시에 있어 현직을 사임하는 것을 조건으로 하여 효력을 가지고, 피선임자가 새로이 선임된 지위에 취임할 것을 승낙한 때에는 종전의 직을 사임하는 의사를 표시한 것으로 해석하여야 한다』(대판 2007. 12. 13, 2007다60080). 정답 – O

사례

비상장회사 甲주식회사의 발행주식총수 8%를 소유한 주주 乙은 2017. 6. 16. 개최 예정인 주주총회에 상정할 안건으로 이익배당시 현물배당이 가능하도록 정관 개정을 제안하면서 그 제안서를 2017. 5. 15. 甲회사의 대표이사에게 전달하였다. 이에 甲회사는 현물배당을 할 수 있다는 정관 변경안을 주주총회에서 의결하였다. 이에 관한 설명이 타당한가? 변호사시험 제7회

121 乙의 주주제안은 법정요건을 모두 갖춘 것이므로 적법하다.

해설

[제363조의2(주주제안권)] ① 의결권없는 주식을 제외한 발행주식총수의 100분의 3 이상에 해당하는 주식을 가진 주주는 이사에게 주주총회일(정기주주총회의 경우 직전 연도의 정기주주총회일에 해당하는 그 해의 해당일. 이하 이 조에서 같다)의 6주 전에 서면 또는 전자문서로 일정한 사항을 주주총회의 목적사항으로 할 것을 제안(이하 '주주제안''라 한다) 할 수 있다.

정답 – X

사례【122~124】

상장회사로서 자산이 500억 원인 A 회사의 정관에는 "감사의 선임에 관하여 의결권을 행사할 주주 본인과 그의 특수관계인 등이 소유하는 의결권 있는 주식의 합계가 의결권 있는 발행주식총수의 100분의 3을 초과하는 경우, 그 주주는 그 초과하는 주식에 관하여는 의결권을 행사하지 못한다."라고 규정되어 있다. A 회사의 최대주주 甲은 의결권 있는 발행주식총수의 12%에 해당하는 주식을 단독으로 소유하고 있으며, 2대주주 乙이 그의 특수관계인과 함께 소유한 주식은 의결권 있는 발행주식총수의 10%에 해당한다. 다음 설명이 타당한가? (다툼이 있는 경우에는 판례에 의함) 변호사시험 제3회

122 **"의결권은 1주마다 1개로 한다."라고 규정한 상법 제369조 제1항의 내용은 정관으로 달리 정할 수 있으므로 A 회사의 위 정관조항은 유효하다.**

해설 상법 제369조 제1항과 같은 주주평등의 원칙이 발현된 조항은 강행규정으로서, 법률에 다른 규정이 없는 한 정관으로 달리 정할 수 없다. 따라서 A 회사의 위 정관조항은 무효이다. 정답 - X

123 **① 甲은 감사 선임을 위한 주주총회에서 자신이 소유한 주식 가운데 위 정관규정에 따라 3%를 초과하는 주식에 관하여 의결권을 제한받더라도 이를 이유로 결의의 하자를 주장할 수 없다.**
② 乙은 감사 선임을 위한 주주총회에서 자신과 그 특수관계인이 소유한 주식 가운데 위 정관규정에 따라 3%를 초과하는 주식에 관하여 의결권을 제한받더라도 이를 이유로 결의의 하자를 주장할 수 없다.

해설 상법 제409조 제2항에 의해 주식회사의 감사를 선임함에 있어서는 3% 초과보유 주식에 대해 의결권이 제한된다. 또한 상법 제542조의12 제3항에 의해 일정한 상장회사(상법 제542조의11, 시행령 제37조-자산총액 2조원 이상)의 경우에는 감사 선임에 있어서 최대주주 및 최대주주의 특수관계인이 소유하는 3% 초과보유주식에 대해서 의결권이 제한될 수 있다. 설문에서 A 회사는 자산이 500억 원에 불과하므로 **상장회사특례가 적용되지 않고 상법 제409조에 의한다. 결국 甲은 단독으로 3% 주식을 보유하므로 의결권이 제한**되나, **乙은 단독으로 3% 초과보유주주가 아니므로 의결권이 제한되지 않는다.** 따라서 乙은 이를 이유로 결의하자를 주장할 수 있다. 정답 - ① O ② X

124 A 회사가 주주총회의 목적사항으로 감사의 선임 또는 감사의 보수결정을 위한 의안을 상정하려는 경우에는 이사의 선임 또는 이사의 보수결정을 위한 의안과는 별도로 상정하여 의결하여야 한다.

해설

〔제542조의12(감사위원회의 구성 등)〕 ⑤ 상장회사가 주주총회의 목적사항으로 감사의 선임 또는 감사의 보수결정을 위한 의안을 상정하려는 경우에는 이사의 선임 또는 이사의 보수결정을 위한 의안과는 별도로 상정하여 의결하여야 한다.

정답 – O

사례

비상장회사인 X주식회사가 발행한 주식은 모두 의결권이 있는 주식이다. X회사의 주주 중 일부로서 A주식회사(X회사는 A회사 발행주식총수의 15%를 소유하고 있음), B(X회사의 이사), X회사가 있고, 이들은 주주명부에 주주로 기재되어 있다. X회사는 2015. 11. 13. 다음과 같은 안건으로 적법하게 주주총회를 개최하였다. 변호사시험 제6회

– 제1호 안건: 2015. 3. 13.에 개최된 정기주주총회에서 결의한 2014년 영업연도 재무제표의 승인과 관련하여 그 재무제표를 허위로 작성한 당시 대표이사였던 이사 B에 대한 책임추궁의 건

125 위 주주 중, 2015. 11. 13. 주주총회에서 의결권을 행사할 수 없는 자를 모두 고르면? (위에서 언급된 것 외에는 다른 사실관계는 없는 것으로 가정하고, 다툼이 있는 경우 판례에 의함)

해설

〔제368조(총회의 결의방법과 의결권의 행사)〕 ③ 총회의 결의에 관하여 **특별한 이해관계가 있는 자는 의결권을 행사하지 못한다.**
〔제369조(의결권)〕 ② 회사가 가진 **자기주식은 의결권이 없다.** ③ **회사**, 모회사 및 자회사 또는 자회사가 **다른 회사의 발행주식의 총수의 10분의 1을 초과하는 주식을 가지고 있는 경우 그 다른 회사가 가지고 있는 회사** 또는 모회사의 **주식은 의결권이 없다.**

→ X회사는 A회사 발행주식총수의 15%를 소유하고 있으므로 A회사 소유 주식은 상호주에 해당하여 의결권이 없다.(상법 제369조 제3항). 한편, B는 자신의 책임을 추궁하기 위한 안건에서 특별이해관계인에 해당하므로 의결권이 없고(상법 제368조 제3항), X회사 소유 주식은 자기주식에 해당하여 의결권이 없다(상법 제369조 제2항). 정답 – **A회사, B, X회사**

사례 【126~130】

상장회사 A의 주주 甲은 회사의 의결권 있는 주식의 0.5%인 1천 주를 보유하고 있다. A사의 정관에는 의결권의 대리행사에 관한 대리인의 자격을 제한하는 규정이 없다. 다음 중 옳은 것은? (각 지문은 독립적이고, 다툼이 있는 경우에는 판례에 의함) 변호사시험 제2회

126 甲으로부터 1천 주에 대한 의결권을 위임받은 乙이 위임장을 소지하고 주주총회에 입장하려고 하자, 회사의 주주총회 담당직원은 위임장이 원본임을 확인한 후 乙에게만 乙의 신분증과 甲의 인감증명서의 제시를 요구하면서 입장을 거부하였다. 이는 적법한 업무의 수행이다.

해설 『상법 제368조 제3항이 규정하는 '대리권을 증명하는 서면'이라 함은 위임장을 일컫는 것으로서 회사가 위임장과 함께 인감증명서, 참석장 등을 제출하도록 요구하는 것은 대리인의 자격을 보다 확실하게 확인하기 위하여 요구하는 것일 뿐, 이러한 서류 등을 지참하지 아니하였다 하더라도 주주 또는 대리인이 다른 방법으로 위임장의 진정성 내지 위임의 사실을 증명할 수 있다면 회사는 그 대리권을 부정할 수 없다. 한편, 회사가 주주 본인에 대하여 주주총회 참석장을 지참할 것을 요구하는 것 역시 주주 본인임을 보다 확실하게 확인하기 위한 방편에 불과하므로, 다른 방법으로 주주 본인임을 확인할 수 있는 경우에는 회사는 주주 본인의 의결권 행사를 거부할 수 없다』(대판 2009. 4. 23, 2005다22701,22718). 정답 - X

127 甲은 乙에게 1천 주에 대한 의결권을 위임하였다가 마음을 바꾸어 직접 주주총회에 참석하여 의결권을 행사하였다. 그러나 甲으로부터 그런 연락을 받지 못한 乙도 주주총회에 예정대로 참석하여 1천 주에 대한 의결권을 행사하였다면 甲의 의결권행사는 무효이다.

해설 『주주가 일정기간 주주권을 포기하고 타인에게 주주로서의 의결권 행사권한을 위임하기로 약정한 사정만으로는 그 주주가 주주로서의 의결권을 직접 행사할 수 없게 되었다고 볼 수 없다. 甲이 1998. 8. 3. 향후 7년간 주주권 및 경영권을 포기하고 주식의 매매와 양도 등을 하지 아니하며 乙게에 정관에 따라 주주로서의 의결권 행사권한을 위임하기로 약정하였고, 이에 따라 乙이 甲의 주주로서의 의결권을 대리행사할 수 있게 되었지만, 이러한 사정만으로는 甲이 주주로서의 의결권을 직접 행사할 수 없게 되었다고 볼 수 없다』(대판 2002. 12. 24, 2002다54691). 정답 - X

128 甲은 乙에게 1천 주에 대한 의결권을 위임하면서 이사 후보 X에 대해 반대의 투표를 하도록 하였으나 乙은 X에 대해 찬성의 투표를 하였다. 이 경우 乙의 의결권행사는 무효이다.

해설 『주식회사의 주주권 행사는 포괄적으로 위임할 수 있고, 수임자는 위임자나 그 회사 재산에 불리한 영향을 미칠 사항에 관하여도 그 주주권을 행사할 수 있다』(대판 1969. 7. 8, 69다688).

정답 - X

129 甲으로부터 의결권을 위임받은 乙은 주주총회에 참석할 수 없게 되자 丙에게 의결권을 위임하였고 丙은 A사의 주주총회에 참석하여 의결권을 행사하였다. 회사는 丙의 의결권행사를 무효로 처리하였다. 이 경우 회사의 조치는 정당하다.

해설 『대리의 목적인 법률행위의 성질상 대리인 자신에 의한 처리가 필요하지 아니한 경우에는 본인이 복대리금지의 의사를 명시하지 아니하는 한 복대리인의 선임에 관하여 묵시적인 승낙이 있는 것으로 보는 것이 타당하므로, 외국인 주주로부터 의결권 행사를 위임받은 상임대리인은 특별한 사정이 없는 한 그 의결권 행사의 취지에 따라 제3자에게 그 의결권의 대리행사를 재위임할 수 있다』(대판 2009. 4. 23, 2005다22701,22718).

정답 - X

130 甲은 乙을 포함한 용역업체 직원 900명에게 각각 1주씩에 대한 의결권을 위임하고 자신도 그 900명과 함께 주주총회에 참석하려고 하였으나, 회사는 乙을 포함한 900명의 주주총회 입장을 거부하였다. 이 경우 900명에게 의결권을 위임하여 주주총회에 참석하려고 한 목적이 주주총회결의를 실력으로 저지하려는 것이었다면, 회사의 조치는 정당하다.

해설 주주의 의결권 행사를 위한 대리인 선임의 한계에 관하여 판례는 『주주의 의결권 행사를 위한 대리인 선임이 무제한적으로 허용되는 것은 아니고, 그 의결권의 대리행사로 말미암아 주주총회의 개최가 부당하게 저해되거나 혹은 회사의 이익이 부당하게 침해될 염려가 있는 등의 특별한 사정이 있는 경우에는 회사가 이를 거절할 수 있다』(대판 2009. 4. 23, 2005다22701,22718)라고 판시하고 있다.

정답 - O

사례 【131~134】

乙주식회사는 2010. 8. 1. 임시주주총회를 소집하여, (1) 이사선임의 결의, (2) 영업양도의 결의를 하였는데, 乙주식회사의 주주인 甲은 위 주주총회결의의 효력을 다투려고 한다. 다음 설명이 타당한가? (각 지문은 독립적이고, 다툼이 있는 경우에는 판례에 의함)

변호사시험 제1회

131 甲이 2010. 8. 31. 이사선임결의의 부존재확인을 구하는 소를 제기하였다가 2010. 10. 5. 위 이사선임결의의 취소를 구하는 소로 청구를 변경한 경우, 변경된 청구는 제소기간을 준수한 것으로 취급된다.

해설 『주주총회결의 취소의 소는 상법 제376조에 따라 결의의 날로부터 2월내에 제기하여야 할 것이나, 동일한 결의에 관하여 부존재확인의 소가 상법 제376조 소정의 제소기간 내에 제기되어 있다면, **동일한 하자를 원인으로 하여 결의의 날로부터 2월이 경과한 후 취소소송으로 소를 변경하거나 추가한 경우에도 부존재확인의 소 제기시에 제기된 것과 동일하게 취급하여 제소기간을 준수한 것으로 보아야 한다**』(대판 2003. 7. 11, 2001다45584). 정답 - O

132 **甲이 이사선임결의의 무효확인을 구하는 소를 제기하였다가 영업양도결의의 무효확인을 구하는 소를 추가하는 것으로 청구를 변경하는 경우, 제소기간의 제한을 받지 않는다.**

해설 이사선임결의의 무효확인의 소나 영업양도결의 무효확인의 소 **모두 확인의 소로써**, 제소기간의 제한이 없기 때문이다. 정답 - O

133 **甲은 자신 이외의 다른 주주에 대하여 소집통지가 누락되었음을 이유로 위 임시주주총회 결의의 효력을 다툴 수 있다.**

해설 **주주가 다른 주주에 대한 소집절차상의 하자를 이유로 주주총회결의 취소의 소를 제기할 수 있는지 여부**에 관하여 판례는주주는 다른 주주에 대한 소집절차의 하자를 이유로 주주총회결의 취소의 소를 제기할 수도 있다(대판 2003. 7. 11, 2001다45584)라고 판시하고 있다. 정답 - O

134 **위 임시주주총회 결의의 효력을 다투는 소송에서 피고적격자는 乙주식회사이지만, 甲이 이사직무집행정지 가처분신청을 하는 경우에는 당해 이사가 피신청인으로서의 당사자적격을 갖는다.**

해설 『**주주총회결의취소와 결의무효확인판결은 대세적 효력이 있으므로** 그와 같은 소송의 **피고가 될 수 있는 자는 그 성질상 회사로 한정**된다』[대판(전합) 1982. 9. 14, 80다2425]. 주주총회결의부존재확인의 소송에는 그 결의무효확인의 소송에 관한 상법 제380조의 규정이 준용된다 할 것이므로 그 결의부존재확인판결의 효력은 제3자에게 미치고 그 부존재확인소송에 있어서 피고가 될 수 있는 자도 회사로 한정된다. 『민사소송법 제714조 제2항 소정의 임시의 지위를 정하기 위한 **이사직무집행정지가처분에 있어서 피신청인이 될 수 있는 자는 그 성질상 당해 이사**이고, **회사에게는 피신청인의 적격이 없다**』(대판 1982. 2. 9, 80다2424) 정답 - O

사례 【135~138】

甲회사의 정관은 대표이사를 주주총회에서 선임하는 것으로 정하고 있다. 甲회사는 2014. 3. 1. 정기주주총회에서 B를 대표이사로 선임하였고, 2015. 10. 1. 다시 임시주주총회를 개최하여 A를 새로운 대표이사로 선임하였다. 이에 주주 乙은 A를 대표이사로 선임한 위 임시주주총회결의에 대하여 부존재확인의 소를 제기하였다. 이에 관한 설명이 타당한가? (다툼이 있는 경우 판례에 의함) 변호사시험 제5회

135 **위 소송에서 피고가 될 수 있는 자는 甲회사에 한정된다.**

해설 『주주총회결의부존재확인의 소송은 일응 외형적으로는 존재하는 것같이 보이는 주주총회결의가 그 성립과정에 있어서의 흠결이 중대하고도 명백하기 때문에 그 결의자체가 존재하는 것으로 볼 수 없을 때에 법률상 유효한 결의로서 존재하지 아니한다는 것의 확인을 소구하는 것으로서 주주총회결의 무효확인의 소송과는 주주총회결의가 법률상 유효한 결의로서는 존재하지 않는다는 것의 확정을 구하는 것을 목적으로 한다는 점에서 공통의 성질의 가진다 할 것이므로 **주주총회결의부존재확인의 소송에는 그 결의무효확인의 소송에 관한 상법380조의 규정이 준용**된다 할것이므로 **그 결의부존재확인판결의 효력은 제3자에게 미치고 그 부존재확인소송에 있어서 피고가 될수 있는 자도 회사로 한정**된다』〔대판(전합) 1982. 9. 14, 80다2425〕. 정답 – O

136 **A를 대표이사로 선임한 위 임시주주총회결의에 대하여 부존재확인판결이 확정되면, 그 판결에는 소급효가 없으므로 장래를 향해서만 그 효력이 있다.**

해설

〔**제380조(결의무효 및 부존재확인의 소)**〕 제186조 내지 제188조, **제190조 본문**, 제191조, 제377조와 제378조의 규정은 총회의 결의의 내용이 법령에 위반한 것을 이유로 하여 결의무효의 확인을 청구하는 소와 총회의 소집절차 또는 결의방법에 총회결의가 존재한다고 볼 수 없을 정도의 중대한 하자가 있는 것을 이유로 하여 결의부존재의 확인을 청구하는 소에 이를 준용한다.
〔**제190조(판결의 효력)**〕 설립무효의 판결 또는 설립취소의 판결은 제3자에 대하여도 그 효력이 있다. 그러나 판결확정전에 생긴 회사와 사원 및 제3자간의 권리의무에 영향을 미치지 아니한다.

정답 – X

137 **위 부존재확인의 소가 A를 대표이사로 선임한 주주총회의 결의일로부터 2월 이내에 제기되었더라도, 그 결의일로부터 2월이 경과한 후에 乙이 위 소를 주주총회결의취소의 소로 변경하였다면 그 취소의 소는 제소기간을 도과한 것으로 부적법하다.**

해설 『주주총회결의취소의 소는 상법 제376조에 따라 결의의 날로부터 2월 내에 제기하여야 하나, 동일한 결의에 관하여 무효확인의 소가 상법 제376조 소정의 제소기간 내에 제기되어 있다면, 동일한 하자를 원인으로 하여 결의의 날로부터 2월이 경과한 후 취소소송으로 소를 변경하거나 추가한 경우에도 **무효확인의 소 제기시에 제기된 것과 동일하게 취급하여 제소기간을 준수하였다**고 보아야 한다』(대판 2003. 7. 11, 2001다45584 참조). 정답 – X

138 **위 임시주주총회를 종전 대표이사 B가 소집하였는데, B를 대표이사로 선임하였던 2014. 3. 1. 정기주주총회결의가 부존재하는 것으로 확정되었다면 특별한 사정이 없는 한 위 임시주주총회에서 A를 대표이사로 선임한 결의는 부존재 사유에 해당한다.**

해설 **소집권자 아닌 자에 의하여 소집된 주주총회결의의 효력**에 관하여 판례는 『제1주주총회결의가 부존재로 된 이상 이에 기하여 대표이사로 선임된 자들은 적법한 주주총회의 소집권자가 될 수 없어 그들에 의하여 소집된 주주총회에서 이루어진 제2 주주총회결의 역시 법률상 결의부존재라고 볼 것이다』(대판 1993. 10. 12, 92다28235,28242)라고 판시하고 있다.

정답 - O

사례 【139~143】

A주식회사의 주주 甲은 乙을 이사로 선임한 주주총회결의에 대하여 부존재확인의 소를 제기하였다. 이에 관한 설명 중 옳지 않은 것은? (다툼이 있는 경우 판례에 의함)

변호사시험 제6회

139 **법률상 부존재인 주주총회결의에 대하여 결의무효확인을 청구하고 있다고 하여도 이는 부존재확인의 의미로 무효확인을 청구하는 취지라고 풀이할 수 있다.**

해설 『회사의 총회결의에 대한 부존재확인청구나 무효확인청구는 모두 법률상 유효한 결의의 효과가 현재 존재하지 아니함을 확인받고자 하는 점에서 동일한 것이므로 예컨대, 사원총회가 적법한 소집권자에 의하여 소집되지 않았을 뿐 아니라 정당한 사원 아닌 자들이 모여서 개최한 집회에 불과하여 **법률상 부존재로 볼 수 밖에 없는 총회결의에 대하여는 결의무효 확인을 청구하고 있다고 하여도 이는 부존재확인의 의미로 무효확인을 청구하는 취지라고 풀이함이 타당하므로** 적법하다고 할 것이다』〔대판(전합) 1983. 3. 22, 82다카1810〕.

정답 - O

140 **甲은 부존재를 구할 확인의 이익이 있는 한 기간의 제한 없이 위 소를 제기할 수 있다.**

해설 『**주주총회결의부존재확인의 소는 통상의 확인소송이므로 회사의 채권자라도 확인의 이익이 있는 이상 이를 제기할 수 있는 것이지만** 이 경우 확인의 이익이 있다함은 그 주주총회의 결의가 회사채권자의 권리 또는 법적지위를 구체적으로 침해하고 직접적으로 이에 영향을 미치는 경우에 한하는 것이다』(대판 1980. 10. 27, 79다2267). 『권한이 없는 자가 소집한 주주총회는 사실상 총회결의가 있었다 하여도 그 총회의 성립에 현저한 하자가 있다 할 것이므로 누구나 **언제든지 그 결의의 무효확인이 아닌 부존재확인을 구할 수 있다**』(대판 1969. 9. 2, 67다1705).

→ 주주총회 결의에 대한 부존재확인의 소는 확인의 소로서 확인의 이익은 필요하나 기간의 제약은 받지 않는다.

정답 - O

141 **위 소에서 청구의 인낙 또는 화해, 조정이 이루어졌다 하더라도 그 인낙조서나 화해, 조정조서는 효력이 없다.**

해설 『주주총회결의의 부존재·무효를 확인하거나 결의를 취소하는 판결이 확정되면 당사자 이외의 제3자에게도 그 효력이 미쳐 제3자도 이를 다툴 수 없게 되므로, **주주총회결의의 하자를 다투는 소에 있어서** 청구의 인낙이나 그 결의의 부존재·무효를 확인하는 내용의 화해·조정은 할 수 없고, 가사 이러한 내용의 **청구인낙 또는 화해·조정이 이루어졌다 하여도 그 인낙조서나 화해·조정조서는 효력이 없다**』(대판 2004. 9. 24, 2004다28047). 정답 – O

142 **甲은 A주식회사와 乙을 공동피고로 하여야 한다.**

해설 『주주총회결의부존재확인의 소송은 일응 외형적으로는 존재하는 것같이 보이는 주주총회결의가 그 성립과정에 있어서의 흠결이 중대하고도 명백하기 때문에 그 결의자체가 존재하는 것으로 볼 수 없을 때에 법률상 유효한 결의로서 존재하지 아니한다는 것의 확인을 소구하는 것으로서 주주총회결의 무효확인의 소송과는 주주총회결의가 법률상 유효한 결의로서는 존재하지 않는다는 것의 확정을 구하는 것을 목적으로 한다는 점에서 공통의 성질의 가진다 할 것이므로 **주주총회결의부존재확인의 소송에는** 그 결의무효확인의 소송에 관한 상법380조의 규정이 준용된다 할것이므로 그 결의부존재확인판결의 효력은 제3자에게 미치고 그 부존재확인소송에 있어서 **피고가 될수 있는 자도 회사로 한정된다**』〔대판(전합) 1982. 9. 14, 80다2425〕.

→ 따라서 이사인 乙을 공동피고로 할 수 없다. 정답 – X

143 **甲이 승소한 경우에 그 판결은 제3자에 대하여도 효력이 있고, 또한 소급효가 있다.**

해설 『상법 제190조는 "설립무효의 판결 또는 설립취소의 판결은 제3자에 대하여도 그 효력이 있다. 그러나 판결확정 전에 생긴 회사와 사원 및 제3자 간의 권리의무에 영향을 미치지 아니한다."고 규정하고 있는데, 상법 제380조는 "제186조 내지 제188조, 제190조 본문, 제191조, 제377조와 제378조의 규정은 총회의 결의의 내용이 법령에 위반한 것을 이유로 하여 결의무효의 확인을 청구하는 소와 총회의 소집절차 또는 결의방법에 총회결의가 존재한다고 볼 수 없을 정도의 중대한 하자가 있는 것을 이유로 하여 결의부존재의 확인을 청구하는 소에 이를 준용한다."고 규정하여 구 상법(1995. 12. 29. 법률 제5053호로 개정되기 전의 것) 제380조와는 달리 **주주총회결의 부존재확인 판결에 이른바 판결의 불소급효를 규정하고 있는 상법 제190조 단서를 준용하고 있지 않다. 따라서 상법 제190조 단서를 준용하여 주주총회결의 부존재확인 판결의 효력을 제한할 수는 없는 것**이고, 그 결과 발생하는 제3자 보호의 문제는 상법이나 민법상의 선의의 제3자 보호규정 등에 의하여 개별적으로 해결하여야 할 것이다』(대판 2011. 10. 13, 2009다2996). 정답 – O

사례 【144~148】

자본잠식 및 결손 상태에 있는 비상장회사인 A주식회사의 대표이사 甲은 자신이 이사장으로 있는 재단법인 B에게 회사 자금으로 거액을 기부하기로 약정하였다. 한편, A회사의 발행주식총수의 0.1%에 해당하는 주식을 가지고 있는 주주 乙은 신문기사를 통하여 이 사실을 알게 되었다. 이 경우 乙이 취할 수 있는 조치에 관한 설명 중 옳은 것은?

변호사시험 제1회

144 甲이 위 기부약정에 관하여 이사회의 승인을 받았다면 이는 적법한 거래이므로 이에 대하여 乙이 취할 수 있는 조치는 없다.

해설 목적에 의한 권리능력 제한가능성에 관한 판례의 입장인 **제한설**에 따르면 **회사의 목적범위를 벗어난 행위**로서 **절대적 무효**가 될 여지가 있다. 이 경우 출연행위가 절대적 무효인 점에서 이사회 승인 여부는 그 유효성에 영향을 미치지 않는다. 따라서 회사가 제399조의 손해배상청구를 할 수 있고, 주주는 제402조의 유지청구권, 제403조의 대표소송을 청구할 수 있다.

정답 - X

145 A회사가 비영리단체인 재단법인에 기부하는 행위는 기업의 사회적 책임을 다하는 것으로서 이에 대하여 乙이 취할 수 있는 조치는 없다.

해설 회사가 자본잠식 및 결손상태임에도 거액을 기부하는 행위는 **주식회사의 영리성에 반하므로** 기업의 사회적 책임론을 근거로 유효라 할 수 없다.

정답 - X

146 이사회의 승인 없이 한 甲의 기부약정행위는 이사로서의 임무를 해태한 것으로 볼 수 없다.

해설

[제393조(이사회의 권한) 제1항] 중요한 자산의 처분 및 양도, 대규모 재산의 차입, 지배인의 선임 또는 해임과 지점의 설치·이전 또는 폐지 등 회사의 업무집행은 이사회의 결의로 한다.

→ 회사가 자본잠식 및 결손상태임에도 거액을 기부하는 행위는 중요한 자산의 처분 및 양도에 해당하므로 법령을 위배하여 이사로서의 임무를 해태하는 것이다.

정답 - X

147 甲이 위 기부약정에 관하여 이사회의 승인을 받지 않았고 A회사가 위 기부약정을 이행하려고 하는 경우, 乙은 단독으로 회사를 위하여 甲에 대하여 그 행위를 유지할 것을 재판상 청구할 수 있다.

해설

> 〔제402조(유지청구권)〕 이사가 법령 또는 정관에 위반한 행위를 하여 이로 인하여 회사에 회복할 수 없는 손해가 생길 염려가 있는 경우에는 **감사 또는 발행주식의 총수의 100분의 1 이상에 해당하는 주식을 가진 주주**는 회사를 위하여 이사에 대하여 그 행위를 유지할 것을 청구할 수 있다.

→ 단독주주권이 아니고, 乙은 발행주식의 총수의 100분의 1 이하의 주식을 가지고 있으므로 단독으로 청구할 수도 없다.

정답 - X

148 **甲의 행위가 A 회사에 대한 선량한 관리자의 주의의무와 충실의무를 위반한 것이고 이로 인하여 A 회사가 손해를 입었다면, 乙은 발행주식총수의 0.9%에 해당하는 주식을 가진 丙과 함께 A 회사에 대하여 甲의 책임을 추궁하는 소를 제기할 것을 청구할 수 있다.**

해설 주주는 상법 제403조 이하의 100분의 1 소수주주권인 대표소송으로써 이사의 책임을 추궁할 수 있다. 따라서 반드시 甲 혼자서 1% 주식보유비율을 갖출 것을 요하지 않는다.

정답 - O

사례 【149~153】

자동차부품 제조업을 하는 A 주식회사는 상장된 지 3년이 지난 회사로서 매년 높은 배당가능이익을 내고 있고, 최근 사업연도 말 현재 자산총액은 5천억 원이다. A 회사에 관한 다음 설명 중 옳지 않은 것은? 변호사시험 제1회

149 **이사 총수의 4분의 1 이상을 사외이사로 하여야 한다.**

해설 설문의 경우 A주식회사는 상장회사이지만 자산규모 등을 고려하여 대통령령으로 정하는 경우(상법시행령 제13조 제2항 「법 제542조의8 제1항 단서에서 '대통령령으로 정하는 상장회사'란 최근 사업연도 말 현재의 자산총액이 2조원 이상인 상장회사를 말한다」)에 해당하지 않는다.

> 〔제542조의8(사외이사의 선임) 제1항〕 상장회사는 자산규모 등을 고려하여 대통령령으로 정하는 경우를 제외하고는 이사 총수의 4분의 1 이상을 사외이사로 하여야 한다. 다만, 자산규모 등을 고려하여 대통령령으로 정하는 상장회사의 사외이사는 3명이상으로 하되, 이사 총수의 과반수가 되도록 하여야 한다.

정답 - O

150 **사외이사 후보를 추천하기 위한 사외이사 후보추천위원회를 이사회 내 위원회로 설치하여야 한다.**

해설 A주식회사는 상장회사이지만 자산규모 등을 고려하여 대통령령으로 정하는 경우(상법시행령 제13조 제2항 「법 제542조의8 제1항 단서에서 '대통령령으로 정하는 상장회사'란 최근 사업연도 말 현재의 자산총액이 2조원 이상인 상장회사를 말한다.」)에 해당하지 않는다.

〔**제542조의8(사외이사의 선임) 제4항**〕 **제1항 단서의 상장회사**는 사외이사 후보를 추천하기 위하여 제393조의2의 위원회(사외이사 후보추천위원회)를 설치하여야 한다. 이 경우 사외이사 후보추천위원회는 사외이사가 총위원의 2분의 1 이상이 되도록 구성하여야 한다.

→ 따라서 **자산규모가 5천억 원에 불과**한 A회사는 사외이사 후보추천위원회를 설치할 필요가 없다.

정답 – X

151 **명의를 불문하고 자기의 계산으로 의결권 있는 발행주식총수의 100분의 10 이상의 주식을 소유한 자를 사외이사로 하여서는 아니 된다.**

해설

〔**제542조의8(사외이사의 선임)**〕 ② 상장회사의 사외이사는 제382조제3항 각 호 뿐만 아니라 다음 각 호의 어느 하나에 해당되지 아니하여야 하며, 이에 해당하게 된 경우에는 그 직을 상실한다.

6. 누구의 명의로 하든지 자기의 계산으로 의결권 없는 주식을 제외한 발행주식총수의 100분의 10 이상의 주식을 소유하거나 이사·집행임원·감사의 선임과 해임 등 상장회사의 주요 경영사항에 대하여 사실상의 영향력을 행사하는 주주(이하 '주요주주'라 한다) 및 그의 배우자와 직계 존속·비속

정답 – O

152 **사외이사를 대표로 하는 감사위원회를 반드시 두어야 하는 것은 아니다.**

해설

〔**제542조의11(감사위원회) 제1항**〕 자산규모 등을 고려하여 대통령령으로 정하는 상장회사는 감사위원회를 설치하여야 한다.

정답 – O

153 **이사 선임에 관한 사항을 목적으로 하는 주주총회를 소집통지하는 경우에는 이사 후보자의 성명, 약력, 추천인 등 후보자에 관한 사항을 통지하고, 이와 같이 통지한 후보자 중에서 이사를 선임하여야 한다.**

해설

〔**제542조의4(주주총회 소집공고 등)**〕 ② 상장회사가 이사·감사의 선임에 관한 사항을 목적으로 하는 주주총회를 소집통지 또는 공고하는 경우에는 이사·감사 후보자의 성명, 약력, 추천인, 그 밖에 대통령령으로 정하는 후보자에 관한 사항을 통지하거나 공고하여야 한다.

〔**제542조의5(이사·감사의 선임방법)**〕 상장회사가 주주총회에서 이사 또는 감사를 선임하려는 경우에는 제542조의4 제2항에 따라 통지하거나 공고한 후보자 중에서 선임하여야 한다.

정답 – O

사례【154~158】

자본금 20억 원의 비상장회사인 A주식회사의 이사 甲은 개인적 용도로 B은행으로부터 1,000만 원을 차입하였는데, 이때 A회사는 이사회의 결의를 거치지 않고 甲의 채무에 대해 연대보증을 하였다. 이후 甲이 변제하지 않자 B 은행은 연대보증인인 A회사에게 변제를 요구하였다. 다음 설명이 타당한가? (다툼이 있는 경우에는 판례에 의함)

변호사시험 제1회

154 A회사의 연대보증은 이사회의 사전승인 없이 한 것이므로 절대적 무효이다.

해설 이사회의 승인이 없으면 **상대적 무효**가 된다. 다만 승인의 시기에 대해서는 통설이 사전승인에 한한다고 하나, 판례는 사후승인을 인정하고 있다 정답 – X

155 이사회 결의가 없었더라도 만약 A회사의 모든 주주가 사전에 동의했다면 A회사의 연대보증은 유효하다.

해설 총주주의 동의, 1인회사의 경우 1인주주의 동의가 있으면 자기거래는 유효하다는 것이 판례이다.『피고 회사의 대표이사인 甲이 자신의 개인채무를 피고 회사로 하여금 인수하도록 하였더라도 이는 이사의 자기거래에 해당하는데, 피고 회사의 주식이 설립자로서 회사의 경영을 전적으로 책임지고 있는 **대표이사이자 주주인 甲 1인에게 사실상 전부 귀속되어 있다. 결국 甲 1인이 동의한 것으로 주주 전원의 동의가 있었다고 볼 수 있으므로 피고 회사가 이사회의 승인이 없었음을 이유로 그 책임을 회피할 수 없다**』(대판 2002. 7. 12, 2002다20544). 정답 – O

156 A회사가 이사회 결의 없이 연대보증을 한 이후, 이사회가 사후승인을 하더라도 그 보증은 유효하지 않다.

해설 승인의 시기와 관련해서 통설은 사전승인에 한한다고 하지만, 대법원은 사후승인을 인정하고 있다. 한편 2011년 개정상법(2012년 시행)은 사전승인에 한함을 명확히 하고 있다.『이사회의 승인을 얻은 경우 민법 제124조의 적용을 배제하도록 규정한 상법 제398조 후문의 반대해석상 이사회의 승인을 얻지 아니하고 회사와 거래를 한 이사의 행위는 일종의 무권대리인의 행위로 볼 수 있고 무권대리인의 행위에 대하여 추인이 가능한 점에 비추어 보면, **상법 제398조 전문이 이사와 회사 사이의 이익상반거래에 대하여 이사회의 사전 승인만을 규정하고 사후 승인을 배제하고 있다고 볼 수는 없다**』(대판 2007. 5. 10, 2005다4284). 정답 – X

157 A회사가 연대보증계약을 체결한 상대방은 B은행이지만, 이는 상법 제398조에 규정된 이사와 회사 간의 거래에 해당한다.

해설 설문은 A주식회사에게 불리하고 이사 甲에게 유리한 이해상반행위로서, 이사의 자기거래(상법 제398조) 중 자기계약형 간접거래에 해당한다. 정답 – O

158 만약 이사회가 위 연대보증에 관하여 사전승인을 하였다면, 위 보증은 유효하게 되므로 이사 甲은 A회사에 대하여 책임을 지지 않는다.

해설 자기거래에 대한 이사회의 사전승인은 거래행위의 유효요건에 불과하고 적법요건은 아니라는 점에서, 이사는 자기거래행위가 법령위반행위임을 이유로 상법 제399조에 의해 회사에 대한 손해배상책임을 진다. 다만 이는 총주주의 동의로 면제가 가능하다(제400조).

정답 – X

사례 【159~162】

부동산개발업을 하는 A주식회사의 대표이사 甲은 동종업종의 B합자회사의 무한책임사원을 겸하게 되면서 A회사가 乙로부터 매입하기로 되어 있던 부동산에 대한 정보를 B회사에 제공하여 B회사의 업무집행사원 丙이 乙로부터 위 부동산을 매입하였다. 다음의 설명 중 옳지 않은 것은? (다툼이 있는 경우에는 판례에 의하고, 상법상의 소수주주로서의 요건은 충족한 것으로 함) 변호사시험 제1회

159 ① B회사의 부동산 매입으로 인해 A회사에 손해가 발생하지 않은 경우에도 주주총회에서 甲의 해임을 부결한 때에는 A회사의 소수주주는 법원에 甲의 이사 해임을 청구할 수 있다.
② B회사가 아직 개업을 준비하는 단계에 있는 회사이어도 甲이 B회사의 무한책임사원을 겸하게 되면 이사의 겸직금지의무를 위반하게 된다.

해설 『甲주식회사의 이사가 주주총회의 승인이 없이 그 회사와 동종 영업을 목적으로 하는 乙회사를 설립하고 乙회사의 이사 겸 대표이사가 되었다면 설령 乙회사가 영업활동을 개시하기 전에 乙회사의 이사 및 대표이사직을 사임하였다고 하더라도, 이는 분명히 상법 제397조 제1항 소정의 경업금지의무를 위반한 행위로서 특별한 다른 사정이 없는 한 이사의 해임에 관한 상법 제385조 제2항 소정의 '법령에 위반한 중대한 사실'이 있는 경우에 해당한다』(대결 1990. 11. 2, 자90마745). 이사가 그 직무에 관하여 부정행위 또는 법령이나 정관에 위반한 중대한 사실이 있음에도 불구하고 주주총회에서 그 해임을 부결한 때에는 발행주식의 총수의 100분의 3 이상에 해당하는 주식을 가진 주주는 총회의 결의가 있은 날부터 1월내에 그 이사의 해임을 법원에 청구할 수 있다(제385조 제2항).

정답 – ① O ② O

160 A회사는 사전 및 사후의 이사회 결의 없이 개입권을 행사하여 甲이 B회사로부터 얻었을 이득을 자신에게 양도하도록 청구할 수 있다.

해설 이사의 겸직금지의무 위반에 대해서는 개입권은 행사할 수 없고, 해임청구(제385조)나 손해배상청구(제399조)로 해결될 수 있을 뿐이다.

정답 – X

161 **A회사의 손해 발생시 대표이사 甲의 A회사에 대한 손해배상책임은 의결권 없는 주식을 포함한 총주주의 동의가 있어야 면제할 수 있으며, 이때의 동의는 묵시적으로도 가능하다.**

(해설) 대표이사 甲은 겸직금지에 위반하였고, 이때 甲은 법령위반행위임을 이유로 상법 제399조에 의해 회사에 대한 손해배상책임을 진다. 다만 이는 총주주의 동의로 면제가 가능하다(제400조). 이 경우 총주주라 함은 의결권이 없는 주주도 포함된다(통설). 정답 – ○

162 **B회사의 부동산 매입으로 A회사에 발생한 손해에 대하여 A회사가 소수주주로부터 이사의 책임을 추궁하는 소를 제기하라는 청구를 받고도 법정기간 내에 소를 제기하지 아니한 경우, 그 소수주주는 회사를 위하여 대표소송을 제기할 수 있다.**

(해설) 상법 제399조 이사의 손해배상책임에 대해서는 100분의 1 소수주주권으로서 대표소송이 인정된다(제403조). 정답 – ○

사례 【163~167】

비상장회사인 乙주식회사의 이사들은 재임기간 중 거액의 비자금을 조성하여 그중 일부는 횡령하고 나머지는 뇌물 공여에 사용하였는데, 乙주식회사의 새로운 임원진은 종전 이사들의 불법행위를 알면서도 이들에 대하여 손해배상청구를 하지 않고 있다. 이에 乙주식회사의 주주인 甲은 乙주식회사의 종전 이사들을 피고로 하여 주주대표소송을 제기하였다. 다음 설명 중 옳지 않은 것은? (다툼이 있는 경우에는 판례에 의함) 변호사시험 제1회

163 **甲이 제소 당시에 발행주식총수의 100분의 1 이상의 주식을 보유하고 있었다면 그 후 소송계속 중 주식의 일부를 양도하여 그의 보유주식이 100분의 1 미만으로 감소된 경우에도 당사자적격을 상실하지 않는다.**

(해설)

> 〔제403조(주주의 대표소송) 제5항〕 제3항과 제4항의 소를 제기한 주주의 보유주식이 제소 후 발행주식총수의 100분의 1 미만으로 감소한 경우(발행주식을 보유하지 아니하게 된 경우를 제외한다)에도 제소의 효력에는 영향이 없다.

정답 – ○

164 **乙주식회사는 甲이 제기한 소송에 공동소송참가할 수 있고, 이 경우 乙주식회사를 대표할 자는 감사가 아닌 대표이사이다.**

(해설) 『상법 제394조 제1항에서는 이사와 회사 사이의 소에 있어서 양자 간에 이해의 충돌이 있기 쉬우므로 그 충돌을 방지하고 공정한 소송수행을 확보하기 위하여 비교적 객관

적 지위에 있는 감사로 하여금 그 소에 관하여 회사를 대표하도록 규정하고 있는바, 소송의 목적이 되는 권리관계가 이사의 재직중에 일어난 사유로 인한 것이라 할지라도 회사가 그 사람을 이사의 자격으로 제소하는 것이 아니고 이사가 이미 **이사의 자리를 떠난 경우에 회사가 그 사람을 상대로 제소하는 경우**에는 특별한 사정이 없는 한 위 **상법 제394조 제1항은 적용되지 않는다**』(대판 2002. 3. 15, 2000다9086).

→ **전 이사들을 상대로 하는 주주대표소송에 회사가 참가**하는 경우, 상법 제394조 제1항의 적용이 배제되어 **회사를 대표하는 자는 감사가 아닌 대표이사**라고 한 사례. 정답 − O

165 **丙주식회사가 乙주식회사의 발행주식총수의 과반수를 보유하고 있는 지배주주인 경우, 丙주식회사의 주주는 상법상의 소수주주로서의 요건을 갖추었더라도 乙주식회사의 종전 이사들을 상대로 대표소송을 제기할 당사자적격이 없다.**

해설 대법원은 母회사 주주에게 子회사 이사 등을 상대로 이중대표소송을 인정하는 것은 **주주대표소송의 원고적격에 관한 법리를 오해하였다고 하여 각하**하였다. 『**지배회사와 종속회사는 상법상 별개의 법인격을 가진 회사이고, 대표소송의 제소자격은 책임추궁을 당하여야 하는 이사가 속한 당해 회사의 주주로 한정**되어 있으므로, 종속회사의 주주가 아닌 지배회사의 주주는 상법 제403조, 제415조에 의하여 종속회사의 이사 등에 대하여 책임을 추궁하는 이른바 이중대표소송을 제기할 수 없다』(대판 2004. 9. 23, 2003다49221). 정답 − O

166 **甲이 乙주식회사의 본점 소재지를 관할하는 지방법원이 아닌 법원에 위 소를 제기하였는데, 피고들이 이의 없이 본안에 관하여 변론한 경우 그 법원에 변론관할이 생긴다.**

해설

〔**제403조(주주의 대표소송)**〕 ⑦ 제176조 제3항, 제4항과 제186조의 규정은 본조의 소에 준용한다.
〔**제186조(전속관할)**〕 전2조의 소는 본점소재지의 지방법원의 관할에 전속한다.

→ 대표소송은 **본점소재지의 지방법원의 전속관할**이므로 **임의관할을 전제로 인정되는 변론관할이 생기지 않는다.** 정답 − X

167 **甲은 법원의 허가를 받지 아니하고는 소의 취하, 청구의 포기·인낙, 화해를 할 수 없다.**

해설

〔**제403조(주주의 대표소송) 제6항**〕 제3항과 제4항의 소를 제기한 경우 당사자는 **법원의 허가를 얻지 아니하고는 소의 취하, 청구의 포기·인낙·화해를 할 수 없다.**

정답 − O

사례 【168~172】

비상장회사인 X주식회사가 발행한 주식의 액면가는 1만 원이고, 발행주식총수는 10,000주이며, 자본준비금으로 5,000만 원이 적립되어 있다. A와 B는 X회사의 주주가 아니다. 이에 관한 설명이 타당한가? 변호사시험 제6회

168 X회사는 주주총회를 소집할 때에 주주총회일 1주 전에 서면 또는 각 주주의 동의를 받아 전자문서로 통지를 발송하여야 한다.

해설

〔제363조(소집의 통지)〕 ① 주주총회를 소집할 때에는 주주총회일의 **2주 전**에 각 주주에게 서면으로 통지를 발송하거나 각 주주의 동의를 받아 **전자문서로 통지를 발송**하여야 한다. 다만, 그 통지가 주주명부상 주주의 주소에 계속 3년간 도달하지 아니한 경우에는 회사는 해당 주주에게 총회의 소집을 통지하지 아니할 수 있다.

정답 – X

169 X회사는 정관에 "회사의 이사는 3인 이상 7인 이하로 한다."라는 내용의 규정을 둘 수 없다.

해설

〔제383조(원수, 임기)〕 ① 이사는 **3명 이상**이어야 한다. 다만, **자본금 총액이 10억원 미만인 회사는 1명 또는 2명으로 할 수 있다.**
X회사의 자본금 총액은 1억 원(1만 원x10,000주)으로 10억 원 미만이므로 이사를 3명 미만으로 할 수 있는데, 이는 의무사항이 아니다.

정답 – X

170 X회사의 이사가 A와 B 2인인 경우, A의 배우자 C가 X회사 의 부동산을 취득하는 거래에 대해 B가 승인하더라도 효력이 없다.

해설

[상법 제383조(원수, 임기)] ④ **제1항 단서의 경우에는** 제302조제2항제5호의2, 제317조제2항 제3호의2, 제335조제1항 단서 및 제2항, 제335조의2제1항 · 제3항, 제335조의3제1항 · 제2항, 제335조의7제1항, 제340조의3제1항 제5호, 제356조제6호의2, 제397조제1항 · 제2항, 제397조의2제1항, **제398조**, 제416조 본문, 제451조제2항, 제461조제1항 본문 및 제3항, 제462조의3제1항, 제464조의2제1항, 제469조, 제513조제2항 본문 및 제516조의2제2항 본문(준용되는 경우를 포함한다) **중 '이사회'는 각각 '주주총회'로 보며**, 제360조의5제1항 및 제522조의3제1항 중 '이사회의 결의가 있는 때'는 '제363조제1항에 따른 **주주총회의 소집통지가 있는 때**'로 본다.

[상법 제398조(이사 등과 회사 간의 거래)] 다음 각 호의 어느 하나에 해당하는 자가 자기 또는 제3자의 계산으로 회사와 거래를 하기 위하여는 미리 이사회에서 해당 거래에 관한 중요사실을 밝히고 이사회의 승인을 받아야 한다. 이 경우 이사회의 승인은 이사 3분의 2 이상의 수로써 하여야 하고, 그 거래의 내용과 절차는 공정하여야 한다.
1. 이사 또는 제542조의8 제2항 제6호에 따른 주요주주
2. 제1호의 자의 배우자 및 직계존비속

→ A가 특별이해관계인에 해당되나, 이사회 결의가 아니라 주주총회 결의가 필요하므로 주주가 아닌 B가 승인하더라도 거래의 효력이 없다. 정답 – O

171 **X회사의 이사는 A와 B 2인이고 B가 정관에 따라 정한 대표이사인 경우, B가 X회사를 대표하여 제3자로부터 대규모 재산을 차입하려면 A의 동의가 있어야 한다.**

해설

〔제383조(원수, 임기)〕 ⑥ 제1항 단서의 경우에는 각 이사(정관에 따라 대표이사를 정한 경우에는 그 대표이사를 말한다)가 회사를 대표하며 제343조 제1항 단서, 제346조 제3항, 제362조, 제363조의2 제3항, 제366조 제1항, 제368조의4 제1항, 제393조 제1항, 제412조의3 제1항 및 제462조의3 제1항에 따른 이사회의 기능을 담당한다.
〔제393조(이사회의 권한)〕 ① 중요한 자산의 처분 및 양도, 대규모 재산의 차입, 지배인의 선임 또는 해임과 지점의 설치·이전 또는 폐지 등 회사의 업무집행은 이사회의 결의로 한다.

→ 대규모 재산의 차입은 이사회 결의사항이나 자본금 10억 원 미만인 X회사는 대표이사인 B가 이사회의 기능을 담당하므로, 이를 위해 A의 동의가 있어야 하는 것은 아니다. 정답 – X

172 **X회사가 정관변경에 의하여 위 액면주식을 무액면주식으로 전환하는 경우, 그 전환에 의한 자본금은 1억 원이어야 한다.**

해설

〔제451조(자본금)〕 ③ 회사의 자본금은 액면주식을 무액면주식으로 전환하거나 무액면주식을 액면주식으로 전환함으로써 변경할 수 없다.

→ 본래 자본금 총액이 1억 원이었으므로 이를 유지하여야 한다. 정답 – O

사례 【173~177】

상장회사 A(최근 사업연도 말 현재 자산총액이 1,000억 원임)의 주주 甲,乙은 각각 A사의 의결권 있는 주식의 20%, 3%를 보유하고 있다. A사의 의결권 있는 주식의 30%를 보유하는 丙은 대표이사로서 A사를 경영하고 있다. 2인의 이사 선임을 목적으로 하는 A사의 정기주주총회에서 회사는 X와 Y를 이사 후보로 추천할 것이라고 알려져 있다. 그런데 甲,乙은 자신이 원하는 K를 이사로 선임되게 하기 위하여 집중투표의 방법으로 이사를 선임할 것을 청구하였다. A사의 정관은 집중투표제에 관하여 아무런 조항을 두고 있지 않다. 다음 설명이 타당한가? 변호사시험 제2회

173 乙은 회사에 대해 집중투표의 방법으로 이사를 선임할 것을 직전 연도의 정기주주총회일에 해당하는 올해의 해당일 6주 전까지 서면 또는 전자문서로 청구할 수 있다.

해설

〔제382조의2(집중투표)〕 ① 2인 이상의 이사의 선임을 목적으로 하는 총회의 소집이 있는 때에는 의결권없는 주식을 제외한 발행주식총수의 100분의 3 이상에 해당하는 주식을 가진 주주는 정관에서 달리 정하는 경우를 제외하고는 회사에 대하여 집중투표의 방법으로 이사를 선임할 것을 청구할 수 있다. ② 제1항의 청구는 주주총회일의 7일 전까지 서면 또는 전자문서로 하여야 한다.
〔제363조의2(주주제안권)〕 ① 의결권없는 주식을 제외한 발행주식총수의 100분의 3 이상에 해당하는 주식을 가진 주주는 이사에게 주주총회일(정기주주총회의 경우 직전 연도의 정기주주총회일에 해당하는 그 해의 해당일. 이하 이 조에서 같다)의 **6주 전**에 서면 또는 전자문서로 일정한 사항을 주주총회의 목적사항으로 할 것을 제안(이하 '주주제안'이라 한다)할 수 있다.

정답 – O

174 A사의 주주총회에서 이사선임 안건이 상정되자 특별결의 성립에 필요한 수에 해당하는 주주들이 집중투표의 방법에 의하지 않고 이사를 선임하자는 결의를 하였다면 집중투표에 의하지 않고 이사를 선임하여야 한다.

해설 『이사 선임에 있어 집중투표를 정관으로 배제하지 않은 주식회사는 이사 선임에 관한 주주총회의 통지와 공고에 선임할 이사의 원수를 반드시 기재하여야 한다. 왜냐하면 주주는 선임될 이사의 원수에 따라 회사에 대한 집중투표의 청구 여부를 결정할 것이기 때문이다(예컨대, 5인의 이사를 선임한다면 자신의 보유 지분에 의하여 이사 선임에 영향력을 미칠 수 있지만, 2인의 이사를 선임할 경우에는 별다른 영향력을 행사할 수 없는 주주는 선임될 이사의 원수에 따라 집중투표의 청구 여부를 달리 결정할 것이다). 따라서 정관에 의하여 집중투표를 배제하지

않은 주식회사가 주주총회의 소집통지에서 회의의 목적사항으로 '이사선임의 건'이라고 기재하였다면 이는 단수이사의 선임으로 보아야 하고, 복수이사의 선임을 할 경우에는 반드시 '이사 ○인 선임'의 건으로 그 인원수를 표기하여야 한다』(서울고등법원 2010. 11. 15. 자 2010라1065 결정)

정답 – X

175 **A사의 주주총회는 1개의 이사선임결의로 2인의 이사를 선임하여야 한다.**

해설

〔**제382조의2(집중투표)**〕 ① 2인 이상의 이사의 선임을 목적으로 하는 총회의 소집이 있는 때에는 의결권없는 주식을 제외한 발행주식총수의 100분의 3 이상에 해당하는 주식을 가진 주주는 정관에서 달리 정하는 경우를 제외하고는 회사에 대하여 집중투표의 방법으로 이사를 선임할 것을 청구할 수 있다.

정답 – O

176 **丙은 회사가 추천한 이사 후보인 X와 Y에게 자신이 행사할 수 있는 의결권을 분산하여 투표할 수 있다.**

해설

〔**제382조의2(집중투표)**〕 ③ 제1항의 청구가 있는 경우에 이사의 선임결의에 관하여 각 주주는 1주마다 선임할 이사의 수와 동일한 수의 의결권을 가지며, 그 의결권은 이사 후보자 1인 또는 수인에게 집중하여 투표하는 방법으로 행사할 수 있다.

정답 – O

177 **甲 또는 乙은 K를 이사 후보로 추천하는 주주제안을 乙의 집중투표 청구와는 별도로 회사에 제출하여야 한다.**

해설

〔**제363조의2(주주제안권)**〕 ① 의결권없는 주식을 제외한 발행주식총수의 100분의 3 이상에 해당하는 주식을 가진 주주는 이사에게 주주총회일(정기주주총회의 경우 직전 연도의 정기주주총회일에 해당하는 그 해의 해당일. 이하 이 조에서 같다)의 6주 전에 서면 또는 전자문서로 일정한 사항을 주주총회의 목적사항으로 할 것을 제안(이하 '주주제안'이라 한다)할 수 있다.

정답 – O

사례 【178~181】

비상장 주식회사 A는 공장 건설을 위하여 외부에서 거액의 자금을 빌려 투자하였는데 그 자금이 단기차입금 위주로 구성되어 재무구조가 열악하였다. 한편, 비상장 주식회사 B의 대표이사 甲은 A회사가 위와 같이 상환능력이 미흡하다는 사정을 알면서도 단지 A회사의 대표이사가 고등학교 후배라는 이유로 이사로서의 선관주의의무 내지 충실의무를 위반하여 담보도 없이 A회사에 10억 원의 자금을 빌려 주었다. 이후 甲은 B회사의 대표이사 및 이사직을 사임하고, 乙이 B회사의 새로운 대표이사로 선임되었다. 하지만 A회사는 결국 자금 사정 악화로 B회사에 대여금을 상환할 수 없게 되었고, 이로 인해 B회사에 손해가 발생하자 B회사의 주주 丙은 상법 제403조 대표소송의 요건을 갖추어 甲에 대하여 책임을 추궁하는 소를 제기하였다. 다음 설명이 타당한가? (다툼이 있는 경우에는 판례에 의함)

변호사시험 제2회

178 **위 소송 중에 B회사에 대한 파산선고가 있으면 丙은 당사자적격을 상실한다.**

해설 『상법 제399조, 제414조에 따라 회사가 이사 또는 감사에 대하여 그들이 선량한 관리자의 주의의무를 다하지 못하였음을 이유로 손해배상책임을 구하는 소는 회사의 재산관계에 관한 소로서 회사에 대한 파산선고가 있으면 파산관재인이 당사자 적격을 가진다고 할 것이고(파산법 제152조), 파산절차에 있어서 회사의 재산을 관리·처분하는 권리는 파산관재인에게 속하며(파산법 제7조), 파산관재인은 법원의 감독하에 선량한 관리자의 주의로써 그 직무를 수행할 책무를 부담하고 그러한 주의를 해태한 경우에는 이해관계인에 대하여 책임을 부담하게 되기 때문에(파산법 제154조) 이사 또는 감사에 대한 책임을 추궁하는 소에 있어서도 이를 제기할 것인지의 여부는 파산관재인의 판단에 위임되어 있다고 해석하여야 할 것이고, 따라서 회사가 이사 또는 감사에 대한 책임추궁을 게을리 할 것을 예상하여 마련된 주주의 대표소송의 제도는 파산절차가 진행 중인 경우에는 그 적용이 없고, **주주가 파산관재인에 대하여 이사 또는 감사에 대한 책임을 추궁할 것을 청구하였는데 파산관재인이 이를 거부**하였다고 하더라도 **주주가 상법 제403조, 제415조에 근거하여 대표소송으로서 이사 또는 감사의 책임을 추궁하는 소를 제기할 수 없다**고 보아야 할 것이며, 이러한 이치는 주주가 회사에 대하여 책임추궁의 소의 제기를 청구하였지만 회사가 소를 제기하지 않고 있는 사이에 회사에 대하여 파산선고가 있은 경우에도 마찬가지이다』(대판 2002. 7. 12, 2001다2617). 정답 - O

179 **비상장 주식회사 C는 B회사 주식의 70%를 소유하고 있는 데, C회사의 주식 5%를 보유하고 있는 주주 丁은 B회사를 위하여 甲의 책임을 추궁하는 상법 제403조의 대표소송을 제기할 수 없다.**

해설 『어느 한 회사가 다른 회사의 주식의 전부 또는 대부분을 소유하여 양자간에 지배종속관계에 있고, 종속회사가 그 이사 등의 부정행위에 의하여 손해를 입었다고 하더라도, 지배회사와 종속회사는 상법상 별개의 법인격을 가진 회사이고, 대표소송의 제소자격은 책임추궁을 당하여야 하는 이사가 속한 당해 회사의 주주로 한정되어 있으므로, 종속회사의 주주가 아닌 지배회사의 주주는 상법 제403조, 제415조에 의하여 종속회사의 이사 등에 대하여 책임을 추궁하는 이른바 **이중대표소송을 제기할 수 없다**』(대판 2004. 9. 23, 2003다49221). 정답 - O

180 **丙은 B회사의 이익을 위하여 대표기관적 자격에서 소송을 수행하는 것이므로 법정소송담당에 해당하고, 법원의 허가가 있는 경우에만 위 소를 취하할 수 있다.**

해설

〔**제403조(주주의 대표소송)**〕 ⑥ 회사가 제1항의 청구에 따라 소를 제기하거나 주주가 제3항과 제4항의 소를 제기한 경우 당사자는 법원의 허가를 얻지 아니하고는 소의 취하, 청구의 포기·인락·화해를 할 수 없다.

정답 - O

181 **위 소송의 제1심에서 丙이 상법 제403조 대표소송의 주주요건을 유지하지 못하게 되었더라도 소각하판결이 선고되기 전에 B회사가 공동소송참가를 신청하였다면, 그 참가는 적법하다.**

해설 『**주주의 대표소송에 있어서 원고 주주가 원고로서 제대로 소송수행을 하지 못하거나 혹은 상대방이 된 이사와 결탁함으로써 회사의 권리보호에 미흡하여 회사의 이익이 침해될 염려가 있는 경우** 그 판결의 효력을 받는 권리귀속주체인 회사가 이를 막거나 자신의 권리를 보호하기 위하여 **소송수행권한을 가진 정당한 당사자로서 그 소송에 참가할 필요가 있으며**, 회사가 대표소송에 당사자로서 참가하는 경우 소송경제가 도모될 뿐만 아니라 판결의 모순·저촉을 유발할 가능성도 없다는 사정과, 상법 제404조 제1항에서 특별히 참가에 관한 규정을 두어 주주의 대표소송의 특성을 살려 회사의 권익을 보호하려한 입법 취지를 함께 고려할 때, 상법 제404조 제1항에서 규정하고 있는 회사의 참가는 공동소송참가를 의미하는 것으로 해석함이 타당하고, 나아가 이러한 해석이 중복제소를 금지하고 있는 민사소송법 제234조에 반하는 것도 아니다』(대판 2002. 3. 15, 2000다9086). 정답 - O

사례 【182~186】

비상장회사 甲주식회사는 액면주식 3만 주를 발행하였고, 주주인 A가 대표이사, 주주인 B 및 C가 이사를 맡고 있다. A는 B, C와 공모하여 이사회결의를 거쳐 2만 주를 주주배정 방식으로 유상증자하면서 6,000주를 보유하고 있는 X에게 신주배정에 관한 통지를 하지 않은 채 다른 주주들에게만 신주를 배정하고, A, B, C는 각 주금을 차용금으로 납입하였다가 증자등기 직후 납입금을 인출하여 차용금을 변제하였다. X는 A, B, C에 대한 이사해임의 소를 제기하면서 A에 대한 대표이사 직무집행정지 및 직무대행자선임과 B, C에 대한 이사 직무집행정지 및 직무대행자선임 가처분을 각 신청하였다. 이에 관한 설명 중 옳지 않은 것은? (다툼이 있는 경우 판례에 의함) 변호사시험 제7회

182 **타인으로부터 금원을 차용하여 주금을 납입하였다가 증자등기 직후 이를 인출하여 차용금을 변제한 A, B, C의 행위는 특별한 사정이 없는 한 이사해임사유에 해당한다.**

해설 『직무에 관한 부정행위 또는 법령이나 정관에 위반한 중대한 사실이 있어 해임되어야 할 이사가 대주주의 옹호로 그 지위에 그대로 머물게 되는 불합리를 시정함으로써 소수주주 등을 보호하기 위한 상법 제385조 제2항의 입법 취지 및 회사 자본의 충실을 기하려는 상법의 취지를 해치는 행위를 단속하기 위한 상법 제628조 제1항의 납입가장죄 등의 입법 취지를 비롯한 위 각 규정의 내용 및 형식 등을 종합하면, **상법 제628조 제1항에 의하여 처벌 대상이 되는 납입 또는 현물출자의 이행을 가장하는 행위**는 특별한 다른 사정이 없는 한, **상법 제385조 제2항에 규정된 '그 직무에 관하여 부정행위 또는 법령에 위반한 중대한 사실'이 있는 경우에 해당한다**고 보아야 한다』(대판 2010. 9. 30, 2010다35985). 정답 – O

183 **X는 이사해임의 소를 제기하는 것과는 별도로 신주를 발행한 날로부터 6월 내에 회사에 대하여 신주발행무효의 소를 제기할 수 있다.**

해설

〔**제429조(신주발행무효의 소)**〕 신주발행의 무효는 주주·이사 또는 감사에 한하여 신주를 발행한 날로부터 6월내에 소만으로 이를 주장할 수 있다.

정답 – O

184 **X는 급박한 사정이 있는 때에는 이사해임의 소를 제기하기 전에도 직무집행정지 및 직무대행자선임 가처분을 신청할 수 있고 법원은 그 처분을 할 수 있다.**

해설

〔**제407조(직무집행정지, 직무대행자선임)**〕 ① 이사선임결의의 무효나 취소 또는 이사해임의 소가 제기된 경우에는 법원은 당사자의 신청에 의하여 가처분으로써 이사의 직무집행을 정지할 수 있고 또는 직무대행자를 선임할 수 있다. **급박한 사정이 있는 때에는 본안소송의 제기전에도 그 처분을 할 수 있다.** ② 법원은 당사자의 신청에 의하여 전항의 가처분을 변경 또는 취소할 수 있다.

정답 – O

185 **가처분인용결정 전에 A가 대표이사 및 이사직을 사임하고 B가 대표이사로 취임하여 그 임원변경등기를 마친 경우, 가처분인용결정 이후에도 甲회사를 대표할 권한이 있는 자는 B이다.**

해설 『대표이사의 직무집행정지 및 직무대행자선임의 가처분이 이루어진 이상, 그 후 대표이사가 해임되고 새로운 대표이사가 선임되었다 하더라도 가처분결정이 취소되지 아니하는 한 직무대행자의 권한은 유효하게 존속하는 반면 **새로이 선임된 대표이사는 그 선임결의의 적법 여부에 관계없이 대표이사로서의 권한을 가지지 못한다**』(대판 1992. 5. 12, 92다5638). 정답 – X

186 **가처분인용결정은 당사자 사이뿐만 아니라 제3자에 대한 관계에서도 그 효력이 미치고, 그 결정은 상업등기사항이므로 등기를 하지 아니하면 선의의 제3자에게 대항하지 못한다.**

해설 『주식회사 이사의 직무집행을 정지하고 직무대행자를 선임하는 **가처분은 성질상 당사자 사이뿐만 아니라 제3자에 대한 관계에서도 효력이 미치므로** 가처분에 반하여 이루어진 행위는 제3자에 대한 관계에서도 무효이므로 가처분에 의하여 선임된 이사직무대행자의 권한은 법원의 취소결정이 있기까지 유효하게 존속한다. 또한 **등기할 사항인 직무집행정지 및 직무대행자선임 가처분은 상법 제37조 제1항에 의하여 이를 등기하지 아니하면 위 가처분으로 선의의 제3자에게 대항하지 못하지만** 악의의 제3자에게는 대항할 수 있고, 주식회사의 대표이사 및 이사에 대한 직무집행을 정지하고 직무대행자를 선임하는 법원의 가처분결정은 그 결정 이전에 직무집행이 정지된 주식회사 대표이사의 퇴임등기와 직무집행이 정지된 이사가 대표이사로 취임하는 등기가 경료되었다고 할지라도 직무집행이 정지된 이사에 대하여는 여전히 효력이 있으므로 가처분결정에 의하여 선임된 대표이사 및 이사 직무대행자의 권한은 유효하게 존속하고, 반면에 가처분결정 이전에 직무집행이 정지된 이사가 대표이사로 선임되었다고 할지라도 그 선임결의의 적법 여부에 관계없이 대표이사로서의 권한을 가지지 못한다』(대판 2014. 3. 27, 2013다39551).

정답 - O

사례【187~191】

A와 B가 발행주식총수의 각 50%를 보유하고 있는 비상장회사 甲주식회사는 B, D를 이사로, C를 대표이사로 선임하는 등기를 마쳤다. 그런데 A는 주주총회 및 이사회 의사록 등 관련서류를 허위로 작성한 후 이에 터잡아 C 대신 E를 새로운 이사 및 대표이사로, D 대신 F를 새로운 이사로 선임하는 등기를 마쳤다. E와 F는 기존의 이사인 B, C, D를 배제한 채 주주총회 소집을 결의한 후, B에 대한 주주총회 소집통지 없이 주주총회를 개최하여 기존 이사들을 전부 해임하고 다시 새로운 이사들을 선임하였다. 새로 선임된 이사들로 구성된 이사회에서 G는 甲회사의 대표이사로 선임되어 등기까지 마쳤고, 이 과정에서 C는 이러한 사실을 모두 알고도 아무런 조치를 취하지 않았다. 대표이사로 선임등기된 이후 G는 회사의 대출금을 갚기 위해 H에게 회사사옥을 처분하였다. 이러한 경우 회사의 부실등기 책임에 관한 설명 중 옳지 않은 것은? (다툼이 있는 경우 판례에 의함) 변호사시험 제7회

187 H가 선의·무과실인 경우 회사는 사실과 상위한 사항이 등기되었다는 이유로 H에 대하여 G의 사옥처분행위의 무효를 주장할 수 없다.

해설

〔제39조(불실의 등기)〕 고의 또는 과실로 인하여 사실과 상위한 사항을 등기한 자는 그 상위를 선의의 제3자에게 대항하지 못한다.

정답 - O

188 **회사에 대해 부실등기책임을 묻기 위해서는 원칙적으로 등기가 등기신청권자인 회사에 의하여 고의·과실로 마쳐진 것임을 요한다.**

해설 『등기신청권자에 대하여 상법 제39조에 의한 불실등기(부실등기) 책임을 묻기 위하여는 **원칙적으로 그 등기가 등기신청권자에 의하여 마쳐진 것임을 요하지만**, 등기신청권자가 스스로 등기를 하지 아니하였다 하더라도 그 등기가 이루어지는 데 관여하거나 그 불실등기의 존재를 알고 있음에도 이를 시정하지 않고 방치하는 등 등기신청권자의 고의 또는 과실로 불실등기를 한 것과 동일시할 수 있는 특별한 사정이 있는 경우에는 그 등기신청권자에 대하여 상법 제39조에 의한 불실등기 책임을 물을 수 있다』(대판 2008. 7. 24, 2006다24100).

정답 - O

189 **회사의 부실등기책임을 묻기 위해 필요한 등기신청권자의 고의·과실의 유무는 대표이사를 기준으로 판단한다.**

해설 **상법 제39조 소정의 부실등기에 있어서의 고의과실의 판단기준**에 관하여 판례는 『합명회사에 있어서 상법 제39조 소정의 부실등기에 대한 고의 과실의 유무는 그 **대표사원을 기준**으로 판정하여야 하고 대표사원의 유고로 회사정관에 따라 업무를 집행하는 사원이 있다고 하더라도 그 사원을 기준으로 판정하여서는 아니된다』(대판 1981. 1. 27, 79다1618,1619)라고 판시하고 있다.

〔**제39조(불실의 등기)**〕 고의 또는 과실로 인하여 사실과 상위한 사항을 등기한 자는 그 상위를 선의의 제3자에게 대항하지 못한다.

정답 - O

190 **대표이사의 선임등기에 있어 회사가 고의·과실로 부실등기를 한 것과 동일시할 수 있는 사정이 없는 경우 결의의 외관이 존재하는 것만으로 회사에 대해 부실등기책임을 물을 수 없다.**

해설 『회사의 적법한 대표이사가 그 불실등기가 이루어지는 것에 협조·묵인하는 등의 방법으로 관여하였다거나 회사가 그 불실등기의 존재를 알고 있음에도 시정하지 않고 방치하는 등 이를 **회사의 고의 또는 과실로 불실등기를 한 것과 동일시할 수 있는 특별한 사정이 없는 한, 회사에 대하여 상법 제39조에 의한 불실등기 책임을 물을 수 없다**』(대판 2008. 7. 24, 2006다24100).

정답 - O

191 **甲회사의 상당한 지분을 가진 주주인 A가 허위의 주주총회의 결의 등의 외관을 만들어 부실등기를 마친 것은 그 자체로 회사의 고의·과실로 볼 수 있다.**

해설 『**허위의 주주총회결의 등의 외관을 만들어 불실등기를 마친 사람이 회사의 상당한 지분을 가진 주주**라고 하더라도 **그러한 사정만으로는 회사의 고의 또는 과실로 불실등기를 한 것과 동일시할 수는 없다**』(대판 2008. 7. 24, 2006다24100).

정답 - X

| 제5절 | 기업재무

1 **대표이사가 이사회의 결의를 거치지 아니하고 신주를 발행한 경우, 그 신주를 인수한 자가 이사회결의가 없음을 알았거나 알 수 있었다면 신주발행은 효력이 없다.** 변호사시험 제1회

해설 『주식회사의 신주발행은 주식회사의 **업무집행에 준하는 것**으로서 대표이사가 그 권한에 기하여 신주를 발행한 이상 신주발행은 유효하고, 설령 **신주발행에 관한 이사회의 결의가 없거나 이사회의 결의에 하자가 있더라도 이사회의 결의는 회사의 내부적 의사결정에 불과하므로 신주발행의 효력에는 영향이 없다. [2] 신주발행무효의 소의 출소기간이 경과한 후에 위와 같이 새로운 무효사유를 추가하여 주장하는 것은 허용되지 않는다』(대판 2007. 2. 22, 2005다77060,77077).** 정답 - X

2 **신주발행의 무효는 제소기간을 준수하여 소로써만 이를 주장할 수 있다고 상법이 규정하고 있는바, 위 규정의 취지에 비추어 제소기간을 경과한 후에는 새로운 무효사유를 추가하여 주장할 수 없다.** 변호사시험 제1회

해설 『**신주발행무효의 소의 출소기간이 경과한 후에 위와 같이 새로운 무효사유를 추가하여 주장하는 것은 허용되지 않는다(대판 2007. 2. 22, 2005다77060,77077).** 『상법 제429조는 신주발행의 무효는 주주·이사 또는 감사에 한하여 신주를 발행한 날로부터 6월 내에 소만으로 이를 주장할 수 있다고 규정하고 있는바, 이는 **신주발행에 수반되는 복잡한 법률관계를 조기에 확정하고자 하는 것**이므로, **새로운 무효사유를 출소시간의 경과 후에도 주장할 수 있도록 하면 법률관계가 불안정하게 되어 위 규정의 취지가 몰각**된다는 점에 비추어 위 규정은 무효사유의 주장시기도 제한하고 있는 것이라고 해석함이 상당하다』(대판 2004. 6. 25, 2000다37326). 정답 - O

3 **① 신주발행무효소송의 계속 중 그 원고적격의 근거가 되는 주식이 양도된 경우, 양수인이 법률상의 제소기간 도과 후 위 소송에 참가하였더라도 양도인의 소제기시 제소기간 요건이 충족되었다면, 양수인은 소송을 적법하게 승계할 수 있다.**
② 주식의 양수인이 명의개서절차를 거치지 않은 채 신주발행무효의 소에 승계참가를 신청하여 소송절차가 진행되었더라도, 변론종결 이전에 주주명부에 명의개서를 마친 후 명의개서 이전의 소송행위를 추인할 수 있다. 변호사시험 제1회

해설 신주발행의 효력발생 후 주식을 양수한 자도 소를 제기할 수 있다. 이 경우 양수인이 승계참가(민사소송법 제81조)를 할 수 있는데, 이는 제소기간 경과 전후를 불문하고 원래의 소가 제기된 대에 소급하여 기간준수의 효력이 발생한다. 『**소송의 목적물인 권리관계의 승계라 함은** 소송물인 권리관계의 양도뿐만 아니라 **당사자적격 이전의 원인이 되는 실체법상의 권리 이전을 널리 포함**하는 것이므로, 신주발행무효의 소 계속중 그 원고적격의 근거가 되는 주식이 양도된 경우에 그 양수인은 제소기간 등의 요건이 충족된다면 새로운 주주의 지위에서 신소를 제기할 수 있을 뿐만 아니라, **양도인이 이미 제기한 기존의 위 소송을 적법하게 승계할 수도 있다. 승계참가가 인정되는 경우에는 그 참가시기에 불구하고 소가 제기된**

당초에 소급하여 법률상의 기간준수의 효력이 발생하는 것이므로, 신주발행무효의 소에 승계참가하는 경우에 그 제소기간의 준수 여부는 승계참가시가 아닌 원래의 소 제기시를 기준으로 판단하여야 한다. 주식의 양수인이 이미 제기된 신주발행무효의 소에 승계참가하는 것을 피고 회사에 대항하기 위하여는 주주명부에 주주로서 명의개서를 하여야 하는바, 주식 양수인이 명의개서절차를 거치지 않은 채 승계참가를 신청하여 피고 회사에 대항할 수 없는 상태로 소송절차가 진행되었다고 할지라도, 승계참가가 허용되는 사실심 변론종결 이전에 주주명부에 명의개서를 마친 후 소송관계를 표명하고 증거조사의 결과에 대하여 변론을 함으로써 그 이전에 행하여진 승계참가상의 소송절차를 그대로 유지하고 있다면 명의개서 이전의 소송행위를 추인한 것으로 봄이 상당하여 그 이전에 행하여진 소송절차상의 하자는 모두 치유되었다고 보아야 한다(대판 2003. 2. 26, 2000다42786). 정답 - ① O ② O

4 **주식회사가 신주를 발행함에 있어 신기술의 도입, 재무구조의 개선 등 회사의 경영상 목적을 달성하기 위하여 필요한 범위 안에서 정관이 정한 사유가 없더라도, 회사의 경영권 분쟁이 현실화된 상황에서 경영진의 경영권이나 지배권 방어라는 목적을 달성하기 위하여 제3자에게 신주를 배정하는 것이라면, 그러한 신주발행은 「상법」 제418조 제2항을 위반하여 주주의 신주인수권을 침해하는 것이라 할 수 없다.** 변호사시험 제4회

해설 상법 제418조 제2항은 제3자배정의 요건으로 정관의 근거규정과 경영상 목적을 요한다. 따라서 정관의 근거규정이 없이 제3자에 대한 신주발행을 할 수 없고, 나아가 경영권 방어는 경영상 목적에도 해당되지 않는 것으로 무효라는 것이 판례이다(대판 2009. 1. 30, 2008다50776). 정답 - X

5 **신주 등의 발행에서 주주배정방식과 제3자배정방식을 구별하는 기준은 회사가 신주 등을 발행할 때에 신주 등의 인수권을 부여받은 주주들이 실제로 인수권을 행사함으로써 신주 등을 배정받았는지 여부에 좌우되는 것이지, 주주들에게 그들의 지분비율에 따라 신주 등을 우선적으로 인수할 기회를 부여하였는지 여부에 따라 객관적으로 결정되는 성질의 것은 아니다.** 변호사시험 제4회

해설 『신주 등의 발행에서 주주 배정방식과 제3자 배정방식을 구별하는 기준은 회사가 신주 등을 발행하는 때에 주주들에게 그들의 지분비율에 따라 신주 등을 우선적으로 인수할 기회를 부여하였는지 여부에 따라 객관적으로 결정되어야 할 성질의 것이지, 신주 등의 인수권을 부여받은 주주들이 실제로 인수권을 행사함으로써 신주 등을 배정받았는지 여부에 좌우되는 것은 아니다』[대판(전합) 2009. 5. 29, 2007도4949]. 정답 - X

6 **신주의 인수인은 회사가 동의하더라도 그 인수한 주식에 대한 인수가액의 납입채무와 주식회사에 대한 채권을 상계할 수 없다.** 변호사시험 제4회

해설

〔제421조(주식에 대한 납입)〕 ① 이사는 신주의 인수인으로 하여금 그 배정한 주수(주수)에 따라 납입기일에 그 인수한 주식에 대한 인수가액의 전액을 납입시켜야 한다. ② 신주의 인수인은 **회사의 동의 없이** 제1항의 납입채무와 주식회사에 대한 채권을 **상계할 수 없다.**

정답 – X

7 **주주배정방식으로 신주를 발행함에 있어 기존 주주가 신주인수를 포기함에 따라 발생한 실권주를 제3자에게 배정한 경우, 발행가액이 시가보다 현저하게 낮아 기존 주식의 가치가 희석되었다면 이사가 회사에 대한 관계에서 임무를 위배하여 회사에 손해를 끼친 것으로 볼 수 있다.** 변호사시험 제4회

해설 『회사가 주주 배정의 방법, 즉 주주가 가진 주식 수에 따라 신주, 전환사채나 신주인수권부사채의 배정을 하는 방법으로 신주 등을 발행하는 경우에는 발행가액 등을 **반드시 시가에 의하여야 하는 것은 아니다.** 주주배정으로 전환사채를 발행하는 경우에 주주가 인수하지 아니하여 실권된 부분에 관하여 이를 주주가 인수한 부분과 별도로 취급하여 전환가액 등 발행조건을 변경하여 발행할 여지가 없다. **전환사채 발행을 위한 이사회 결의에는 하자가 있었다** 하더라도 **실권된 전환사채를 제3자에게 배정하기로 의결한 이사회 결의에는 하자가 없는 경우, 전환사채의 발행절차를 진행한 것이 재산보호의무 위반으로서의 임무위배에 해당하지 않는다**』〔대판(전합) 2009. 5. 29, 2007다4949〕.

정답 – X

8 **회사가 정관이나 이사회의 결의로 신주인수권의 양도에 관한 사항을 결정하지 아니하였다 하여 신주인수권의 양도가 전혀 허용되지 않는 것은 아니고, 회사가 그와 같은 양도를 승낙한 경우에는 회사에 대하여도 그 효력이 있다.** 변호사시험 제4회

해설 『**회사가 정관이나 이사회의 결의로 신주인수권의 양도에 관한 사항을 결정하지 아니하였다 하여 신주인수권의 양도가 전혀 허용되지 아니하는 것은 아니고, 회사가 그와 같은 양도를 승낙한 경우에는 회사에 대하여도 그 효력이 있다.** 주권발행 전의 주식의 양도는 지명채권 양도의 일반원칙에 따르고, 신주인수권증서가 발행되지 아니한 신주인수권의 양도 또한 주권발행전의 주식양도에 준하여 지명채권 양도의 일반원칙에 따른다고 보아야 한다』(대판 1995. 5. 23, 94다36421).

정답 – O

9 **甲은 주식회사 乙을 상대로 "피고가 2014. 6. 10.에 한 액면 금 5,000원의 보통주식 10,000주의 신주발행을 무효로 한다."라는 취지의 소를 2014. 11. 10. 제기하였다. 甲은 주주·이사 또는 감사에 한한다.** 변호사시험 제4회

해설 신주발행무효의 소의 원고가 될 수 있는 자는 주주·이사·감사에 한한다(상법 제429조).

정답 – O

10 甲은 주식회사 乙을 상대로 "피고가 2014. 6. 10.에 한 액면 금 5,000원의 보통주식 10,000주의 신주발행을 무효로 한다."라는 취지의 소를 2014. 11. 10. 제기하였다. 법령이나 정관의 중대한 위반 또는 현저한 불공정이 있어 그것이 주식회사의 본질이나 회사법의 기본원칙에 반하거나 기존 주주들의 이익과 회사의 경영권 내지 지배권에 중대한 영향을 미치는 경우로서 신주와 관련된 거래의 안전, 주주 기타 이해관계인의 이익 등을 고려하더라도 도저히 묵과할 수 없는 정도라고 평가되는 경우에 한하여 신주의 발행을 무효로 할 수 있다. 변호사시험 제4회

해설 『신주발행을 사후에 무효로 하는 것은 거래의 안전과 법적 안정성을 고려하여 그 사유를 가급적 엄격하게 해석하여야 한다. … 다만 **신주발행에 법령·정관의 위반이 있고 그것이 주식회사의 본질 또는 회사법의 기본원칙에 반하거나 기존 주주들의 이익과 회사의 경영권·지배권에 중대한 영향을 미치는 경우로서 주식거래의 안전, 주주 등의 이익을 고려하더라도 도저히 묵과할 수 없는 정도라고 평가되는 경우**에는 그 신주의 발행을 무효로 할 것이다』(대판 2009. 1. 30, 2008다50776). 정답 - O

11 甲은 주식회사 乙을 상대로 "피고가 2014. 6. 10.에 한 액면 금 5,000원의 보통주식 10,000주의 신주발행을 무효로 한다."라는 취지의 소를 2014. 11. 10. 제기하였다. 甲은 위 소송의 계속 중 2015. 1. 8.에 이르러 새로운 무효사유를 추가하여 주장할 수 없다. 변호사시험 제4회

해설 『상법 제429조는 신주발행의 무효는 주주·이사 또는 감사에 한하여 신주를 발행한 날로부터 6월 내에 소만으로 이를 주장할 수 있다고 규정하고 있는바, 이는 신주발행에 수반되는 복잡한 법률관계를 조기에 확정하고자 하는 것이므로, **새로운 무효사유를 출소시간의 경과 후에도 주장할 수 있도록 하면 법률관계가 불안정하게 되어 위 규정의 취지가 몰각된다는 점**에 비추어 **위 규정은 무효사유의 주장시기도 제한하고 있는 것**이라고 해석함이 상당하다』(대판 2004. 6. 25, 2000다37326). 정답 - O

12 甲은 주식회사 乙을 상대로 "피고가 2014. 6. 10.에 한 액면 금 5,000원의 보통주식 10,000주의 신주발행을 무효로 한다."라는 취지의 소를 2014. 11. 10. 제기하였다. 신주발행에 관한 이사회의 결의가 없거나 이사회의 결의에 하자가 있더라도 대표이사가 그 권한에 의하여 신주를 발행한 이상 신주발행의 효력에는 영향이 없다. 변호사시험 제4회

해설 『주식회사의 신주발행은 주식회사의 업무집행에 준하는 것으로서 대표이사가 그 권한에 기하여 신주를 발행한 이상 신주발행은 유효하고, 설령 신주발행에 관한 이사회의 결의가 없거나 이사회의 결의에 하자가 있더라도 **이사회의 결의는 회사의 내부적 의사결정에 불과**하므로 **신주발행의 효력에는 영향이 없다**고 할 것이다』(대판 2007. 2. 22, 2005다77060). 정답 - O

13 **"회사경영에 공로가 지대한 대주주가 인수하는 주식에 대해서는 납입책임을 면제할 수 있다."는 내용의 정관 규정을 둘 수 있다.** 변호사시험 제5회

해설

〔**제421조(주식에 대한 납입)**〕 ① 이사는 신주의 인수인으로 하여금 그 배정한 주수에 따라 납입기일에 **그 인수한 주식에 대한 인수가액의 전액을 납입시켜야 한다.**

정답 – X

14 **회사의 감사가 제기한 신주발행무효의 소가 신주발행일로부터 2개월이 지나 제기된 것이라면 그 소는 부적법하다.** 변호사시험 제5회

해설

〔**제429조(신주발행무효의 소)**〕 신주발행의 무효는 주주·이사 또는 감사에 한하여 **신주를 발행한 날로부터 6월내**에 소만으로 이를 주장할 수 있다.

정답 – X

15 **신주발행무효의 소가 제기된 경우, 회사는 지체 없이 소가 제기되었음을 공고하여야 한다.** 변호사시험 제5회

해설

〔**제430조(준용규정)**〕 제186조 내지 제189조·제190조 본문·제191조·제192조 및 제377조의 규정은 제429조의 소에 관하여 이를 준용한다.
〔**제187조(소제기의 공고)**〕 설립무효의 소 또는 설립취소의 소가 제기된 때에는 회사는 지체없이 공고하여야 한다.

정답 – O

16 **신주의 질권자는 신주발행무효판결 확정으로 인하여 신주의 주주가 회사로부터 반환받을 납입금액에 대하여 물상대위할 수 있다.** 변호사시험 제5회

해설

〔**제432조(무효판결과 주주에의 환급)**〕 ③ 제339조와 제340조 제1항, 제2항의 규정은 제1항의 경우에 준용한다.
〔**제339조(질권의 물상대위)**〕 주식의 소각, 병합, 분할 또는 전환이 있는 때에는 이로 인하여 종전의 주주가 받을 금전이나 주식에 대하여도 종전의 주식을 목적으로한 질권을 행사할 수 있다.

정답 – O

17 신주발행무효의 판결이 확정되면 그 신주는 소급하여 효력을 잃으며, 그 효력은 제3자에게도 미친다. 변호사시험 제5회

해설

> 〔제431조(신주발행무효판결의 효력)〕 ① 신주발행무효의 판결이 확정된 때에는 신주는 장래에 대하여 그 효력을 잃는다.

정답 - X

18 회사가 법령 또는 정관에 위반하여 신주를 발행함으로써 주주가 불이익을 받을 염려가 있는 경우에는 그 주주는 회사에 대하여 그 발행을 유지할 것을 청구할 수 있다. 변호사시험 제6회

해설

> 〔제424조(유지청구권)〕 회사가 법령 또는 정관에 위반하거나 현저하게 불공정한 방법에 의하여 주식을 발행함으로써 주주가 불이익을 받을 염려가 있는 경우에는 그 주주는 회사에 대하여 그 발행을 유지할 것을 청구할 수 있다.

정답 - O

19 신주발행무효의 소 계속 중 원고적격의 근거가 되는 주식이 전부 양도된 경우에 그 양수인은 제소기간 등의 요건이 충족된다면 새로운 주주의 지위에서 신소를 제기할 수도 있고, 양도인이 이미 제기한 위 소송을 적법하게 승계할 수도 있다. 변호사시험 제7회

해설 신주발행무효의 소 계속중 원고적격의 근거가 되는 주식이 양도된 경우에 주식양수인이 소송에 승계참가할 수 있는지 여부에 관하여 판례는 『신주발행무효의 소 계속중 그 원고 적격의 근거가 되는 주식이 양도된 경우에 그 양수인은 제소기간 등의 요건이 충족된다면 새로운 주주의 지위에서 신소를 제기할 수 있을 뿐만 아니라, 양도인이 이미 제기한 기존의 위 소송을 적법하게 승계할 수도 있다』(대판 2003. 2. 26, 2000다42786)라고 판시하고 있다.

정답 - O

20 정관에 주주 외의 자에 대하여 전환사채를 발행할 수 있다는 규정이 있는 경우, 그 발행할 수 있는 전환사채의 액, 전환의 조건 등에 관한 사항은 정관의 규정이 없으면 주주총회의 보통결의로 이를 정하여야 한다. 변호사시험 제1회

해설

> 〔제513조(전환사채의 발행) 제3항〕 주주 외의 자에 대하여 전환사채를 발행하는 경우에 그 발행할 수 있는 전환사채의 액, 전환의 조건, 전환으로 인하여 발행할 주식의 내용과 전환을 청구할 수 있는 기간에 관하여 정관에 규정이 없으면 제434조(정관변경의 특별결의)의 결의로써 이를 정하여야 한다.

정답 - X

21 **'법정준비금의 자본금 전입은 주주총회에서 결정한다.'는 내용의 정관 규정을 둘 수 있다.** 변호사시험 제5회

해설

〔제461조(준비금의 자본금 전입)〕 ① 회사는 이사회의 결의에 의하여 준비금의 전부 또는 일부를 자본금에 전입할 수 있다. 그러나 정관으로 주주총회에서 결정하기로 정한 경우에는 그러하지 아니하다.

정답 - O

22 **회사는 그 자본금의 2분의 1이 될 때까지 매 결산기 이익배당액의 10분의 1 이상을 이익준비금으로 적립하여야 한다.** 변호사시험 제7회

해설

〔제458조(이익준비금)〕 회사는 그 자본금의 2분의 1이 될 때까지 매 결산기 이익배당액의 10분의 1 이상을 이익준비금으로 적립하여야 한다. 다만, 주식배당의 경우에는 그러하지 아니하다.

정답 - O

23 **회사는 적립된 자본준비금 및 이익준비금의 총액이 자본금의 1.5배를 초과하는 경우에 주주총회의 결의에 따라 그 초과한 금액 범위에서 자본준비금과 이익준비금을 감액할 수 있다.** 변호사시험 제7회

해설

〔제461조의2(준비금의 감소)〕 회사는 적립된 자본준비금 및 이익준비금의 총액이 자본금의 1.5배를 초과하는 경우에 주주총회의 결의에 따라 그 초과한 금액 범위에서 자본준비금과 이익준비금을 감액할 수 있다.

정답 - O

24 **이익준비금 및 자본준비금은 자본금의 결손 보전에 충당하는 경우 외에는 처분하지 못한다.** 변호사시험 제7회

해설

〔제460조(법정준비금의 사용)〕 제458조 및 제459조의 준비금은 자본금의 결손 보전에 충당하는 경우 외에는 처분하지 못한다.

정답 - O

25 **회사가 상법 제462조 제1항에 따른 배당가능이익을 초과하여 이익배당을 한 경우, 회사채권자는 배당한 이익을 자신에게 반환할 것을 청구할 수 있다.** 변호사시험 제2회

해설

〔제462조(이익의 배당)〕 ③ 제1항을 위반하여 이익을 배당한 경우에 회사채권자는 배당한 이익을 **회사에 반환할 것을 청구**할 수 있다.

정답 – X

26 **연 1회의 결산기를 정한 회사의 경우 정관에 정함에 따라 영업연도 중 1회에 한하여 이사회 결의로 중간배당을 할 수 있다.** 변호사시험 제2회

해설

〔제462조의3(중간배당)〕 ① 년 1회의 결산기를 정한 회사는 **영업년도 중 1회에 한하여 이사회의 결의**로 일정한 날을 정하여 그 날의 주주에 대하여 이익을 배당(이하 이 조에서 '중간배당'이라 한다)할 수 있음을 정관으로 정할 수 있다.

정답 – O

27 **회사는 주주총회 결의에 의하여 이익배당총액의 3분의 2의 범위 안에서 새로이 발행하는 주식으로써 이익의 배당을 할 수 있다.** 변호사시험 제2회

해설

〔제462조의2(주식배당)〕 ① 회사는 주주총회의 결의에 의하여 이익의 배당을 새로이 발행하는 주식으로써 할 수 있다. 그러나 주식에 의한 배당은 **이익배당총액의 2분의 1에 상당하는 금액을 초과하지 못한다.**

정답 – X

28 **회사의 정관으로 금전 외의 재산으로 배당을 할 수 있도록 정한 경우에 회사는 현물로 배당을 할 수 있다.** 변호사시험 제2회

해설

〔제462조의4(현물배당)〕 ① 회사는 정관으로 금전 외의 재산으로 배당을 할 수 있음을 정할 수 있다.

정답 – O

29 **상법 제462조 제1항에 따른 배당가능이익이 발생하였음에도 주주총회 또는 이사회가 배당을 결의하지 않은 경우 주주는 이익배당청구권에 의하여 회사에 대하여 배당의 결의를 청구할 수 있다.** 변호사시험 제2회

해설 『**주주의 이익배당청구권은 주주총회의 배당결의전에는 추상적인것에 지나지않아 주주에게 확정적인 이익배당청구권이 없으며** 배당결의가 없다하여 상법상 회사의 채무불이행이나 불법행위가 될 수 없다』(서울고등법원 1976. 6. 11, 75나1555). 정답 – X

30 **주식회사의 주주총회 또는 이사회가 이익배당의 결의를 한 경우, 주주의 배당금 지급 청구권의 소멸시효기간은 10년이다.** 변호사시험 제2회

해설

〔제464조의2(이익배당의 지급시기)〕 ① 회사는 제464조에 따른 이익배당을 제462조 제2항의 주주총회나 이사회의 결의 또는 제462조의3 제1항의 결의를 한 날부터 1개월 내에 하여야 한다. 다만, 주주총회 또는 이사회에서 배당금의 지급시기를 따로 정한 경우에는 그러하지 아니하다. ② 제1항의 배당금의 지급청구권은 **5년간 이를 행사하지 아니하면 소멸시효가 완성**한다.

정답 – X

31 **회사의 주식배당은 이익배당총액의 2분의 1에 상당하는 금액을 초과하지 못한다.** 변호사시험 제7회

해설

〔제462조의2(주식배당)〕 ① 회사는 주주총회의 결의에 의하여 이익의 배당을 새로이 발행하는 주식으로써 할 수 있다. 그러나 주식에 의한 배당은 이익배당총액의 2분의 1에 상당하는 금액을 초과하지 못한다.

정답 – O

32 **주식으로 배당을 받은 주주는 배당받은 주식의 주권이 발행된 날로부터 신주의 주주가 된다.** 변호사시험 제7회

해설

〔제462조의2(주식배당)〕 ④ 주식으로 배당을 받은 주주는 **제1항의 결의가 있는 주주총회가 종결한 때부터** 신주의 주주가 된다. 이 경우 제350조 제3항 후단의 규정을 준용한다.

정답 – X

사례 【33~36】

A주식회사는 최대주주 X가 경영하고 있는데, X와 2대주주 Y가 경영권 분쟁을 벌이고 있다. 정기주주총회를 앞두고 A회사의 이사회는 Y의 경영권 위협에 대응하기 위하여 A회사의 주주가 아닌 甲에게 신주를, 주주가 아닌 乙에게 전환사채를 각각 발행하기로 결의하였다. A회사의 이사회는 신주와 전환사채의 발행목적을 신규사업에 필요한 자금의 조달이라고 공시하였으나 A회사는 추진 중이거나 계획한 신규사업이 없다. 다음 설명이 타당한가? (다툼이 있는 경우에는 판례에 의함) 변호사시험 제1회

33 **A회사가 정관의 규정에 따라 甲에게 신주를 배정하기 위해서는 신기술의 도입, 재무구조의 개선 등 회사의 경영상 목적을 달성하기 위하여 필요한 범위 안에서 하여야 한다.**

해설

〔제418조(신주인수권의 내용 및 배정일의 지정·공고)〕 ① 주주는 그가 가진 주식 수에 따라서 신주의 배정을 받을 권리가 있다. ② 회사는 제1항의 규정에 불구하고 정관에 정하는 바에 따라 주주 외의 자에게 신주를 배정할 수 있다. 다만, 이 경우에는 신기술의 도입, 재무구조의 개선 등 회사의 경영상 목적을 달성하기 위하여 필요한 경우에 한한다.

정답 – O

34 **X와 Y간에 경영권 분쟁이 현실화 된 상황에서 정관에 정한 사유가 없는데도 X의 A회사에 대한 지배권 방어라는 목적을 달성하기 위해 甲에게 신주를 발행하는 것은 Y의 신주인수권을 침해하는 것이다.**

해설 지배권 방어 목적은 상법 제418조 제2항 단서의 경영상 목적에 포함되지 않는다. 『주식회사가 신주를 발행함에 있어 신기술의 도입, 재무구조의 개선 등 회사의 경영상 목적을 달성하기 위하여 필요한 범위 안에서 정관이 정한 사유가 없는데도, **회사의 경영권 분쟁이 현실화된 상황에서 경영진의 경영권이나 지배권 방어라는 목적을 달성하기 위하여 제3자에게 신주를 배정하는 것은 상법 제418조 제2항을 위반하여 주주의 신주인수권을 침해하는 것이다**』(대판 2009. 1. 30, 2008다50776).

정답 – O

35 **신주발행 전이라면, 甲에 대한 신주발행으로 Y가 불이익을 받을 염려가 있는 때에는 Y는 A회사에 대하여 신주발행유지청구를 할 수 있다.**

해설

〔제424조(유지청구권)〕 회사가 법령 또는 정관에 위반하거나 현저하게 불공정한 방법에 의하여 주식을 발행함으로써 주주가 불이익을 받을 염려가 있는 경우에는 그 주주는 회사에 대하여 그 발행을 유지할 것을 청구할 수 있다.

정답 – O

36 **신주발행 무효의 사유가 있다면, Y는 신주가 발행된 날로부터 6월 내에 A 회사를 상대로 신주발행 무효의 소를 제기할 수 있다.**

해설

〔제429조(신주발행무효의 소)〕 신주발행의 무효는 주주·이사 또는 감사에 한하여 신주를 발행한 날로부터 6월내에 소만으로 이를 주장할 수 있다.

정답 – O

사례 【37~41】

비상장회사 甲주식회사는 주주배정 방식으로 10만 주의 신주를 발행하였다. 甲회사의 정관에 의하면 신주발행에는 이사회결의가 필요하다. 그런데 甲회사는 정관, 이사회 또는 주주총회의 결의로 주주의 신주인수권을 양도할 수 있음을 정한 바 없으며, 실권주의 처리에 관하여 정관의 규정도 없다. 이에 관한 설명 중 옳지 않은 것은? (다툼이 있는 경우 판례에 의함) 변호사시험 제7회

37 신주인수권자의 청약에 대하여 甲회사는 신주를 배정할 의무가 있으며 이를 임의로 거절할 수 없다.

해설

〔제418조(신주인수권의 내용 및 배정일의 지정·공고)〕 ① 주주는 그가 가진 주식 수에 따라서 신주의 배정을 받을 권리가 있다.

정답 – O

38 신주인수권자가 그 신주인수권을 양도한 경우 甲회사가 승낙하면 그 양도는 유효하다.

해설 『상법 제416조 제5호에 의하면, 회사의 정관 또는 이사회의 결의로 주주가 가지는 신주인수권을 양도할 수 있는 것에 관한 사항을 결정하도록 되어있는바, 신주인수권의 양도성을 제한할 필요성은 주로 회사측의 신주발행사무의 편의를 위한 것에서 비롯된 것으로 볼 수 있고, 또 상법이 주권발행 전 주식의 양도는 회사에 대하여 효력이 없다고 엄격하게 규정한 것과는 달리 신주인수권의 양도에 대하여는 정관이나 이사회의 결의를 통하여 자유롭게 결정할수 있도록 한 점에 비추어 보면, **회사가 정관이나 이사회의 결의로 신주인수권의 양도에 관한 사항을 결정하지 아니하였다 하여 신주인수권의 양도가 전혀 허용되지 아니하는 것은 아니고, 회사가 그와 같은 양도를 승낙한 경우에는 회사에 대하여도 그 효력이 있다**』(대판 1995. 5. 23, 94다36421).

정답 – O

39 신주인수인은 甲회사의 동의가 있으면 그 납입채무와 甲회사에 대한 채권을 상계할 수 있다.

해설

〔제421조(주식에 대한 납입)〕 ② 신주의 인수인은 **회사의 동의 없이** 제1항의 납입채무와 주식회사에 대한 채권을 상계할 수 없다.

정답 – O

40 실권주가 발생한 경우 甲회사는 이를 이사회결의로 제3자에게 처분할 수 없다.

해설 『회사가 주주배정방식에 의하여 신주를 발행하려는데 주주가 인수를 포기하거나 청약을 하지 아니함으로써 그 인수권을 잃은 때에는 회사는 **이사회 결의로 인수가 없는 부분에**

대하여 자유로이 이를 제3자에게 처분할 수 있고, 이 경우 실권된 신주를 제3자에게 발행하는 것에 관하여 정관에 반드시 근거 규정이 있어야 하는 것은 아니다』(대판 2012. 11. 15, 2010다49380).

정답 - X

41 **甲회사의 대표이사가 그 권한에 의하여 신주를 발행한 경우 신주발행에 관한 이사회결의가 없더라도 신주발행의 효력에는 영향이 없다.**

해설 『주식회사의 신주발행은 주식회사의 업무집행에 준하는 것으로서 대표이사가 그 권한에 기하여 신주를 발행한 이상 신주발행은 유효하고, 설령 신주발행에 관한 이사회의 결의가 없거나 이사회의 결의에 하자가 있더라도 **이사회의 결의는 회사의 내부적 의사결정에 불과하므로 신주발행의 효력에는 영향이 없다**』(대판 2007. 2. 22, 2005다77060,77077).

정답 - O

사례 【42~44】

비상장회사 甲주식회사의 발행주식총수 8%를 소유한 주주 乙은 2017. 6. 16. 개최 예정인 주주총회에 상정할 안건으로 이익배당시 현물배당이 가능하도록 정관 개정을 제안하면서 그 제안서를 2017. 5. 15. 甲회사의 대표이사에게 전달하였다. 이에 甲회사는 현물배당을 할 수 있다는 정관 변경안을 주주총회에서 의결하였다. 이에 관한 설명이 타당한가?

변호사시험 제7회

42 **정관에 현물배당이 가능하다는 근거규정이 없더라도 주주총회 또는 이사회의 결의만으로 현물배당이 가능하다.**

해설

〔제462조의4(현물배당)〕 ① 회사는 **정관으로** 금전 외의 재산으로 배당을 할 수 있음을 정할 수 있다.

정답 - X

43 **현물배당 대신 금전배당을 요구할 수 있는 주주의 권리를 인정하는 정관변경은 「상법」상 허용된다.**

해설

〔제462조의4(현물배당)〕 ① 회사는 정관으로 금전 외의 재산으로 배당을 할 수 있음을 정할 수 있다. ② 제1항에 따라 배당을 결정한 회사는 다음 사항을 정할 수 있다.
1. 주주가 배당되는 금전 외의 재산 대신 금전의 지급을 회사에 청구할 수 있도록 한 경우에는 그 금액 및 청구할 수 있는 기간
2. 일정 수 미만의 주식을 보유한 주주에게 금전 외의 재산 대신 금전을 지급하기로 한 경우에는 그 일정 수 및 금액

정답 - O

44 **일정 수 미만의 주식을 보유한 주주에게 현물 대신 금전을 지급하기로 한 경우, 회사는 그 일정 수 및 금액을 정할 수 있다.**

해설

〔제462조의4(현물배당)〕 ① 회사는 정관으로 금전 외의 재산으로 배당을 할 수 있음을 정할 수 있다. ② 제1항에 따라 배당을 결정한 회사는 다음 사항을 정할 수 있다.
1. 주주가 배당되는 금전 외의 재산 대신 금전의 지급을 회사에 청구할 수 있도록 한 경우에는 그 금액 및 청구할 수 있는 기간
2. 일정 수 미만의 주식을 보유한 주주에게 금전 외의 재산 대신 금전을 지급하기로 한 경우에는 그 일정 수 및 금액

정답 – O

| 제6절 | 기업구조조정

1 **A주식회사는 B주식회사의 의결권 있는 발행주식총수의 92%를 소유하고 있는데, B주식회사를 흡수합병하고자 한다. 이에 의하여 A주식회사가 B주식회사의 주주에게 발행하는 신주는 A주식회사 발행주식총수의 12%이다. 이 경우에 「상법」 상 생략할 수 있는 절차는?** 변호사시험 제5회

해설

〔제527조의2(간이합병)〕 ① 합병할 회사의 일방이 합병후 존속하는 경우에 합병으로 인하여 소멸하는 회사의 총주주의 동의가 있거나 그 회사의 발행주식총수의 100분의 90이상을 합병후 존속하는 회사가 소유하고 있는 때에는 합병으로 인하여 **소멸하는 회사의 주주총회의 승인**은 이를 **이사회의 승인으로 갈음**할 수 있다.

정답 – B주식회사의 주주총회 특별결의

2 **A주식회사(비상장회사)는 합병을 위하여 합병계약서를 작성하여 주주총회의 승인을 얻고자 한다. A주식회사의 주주 甲은 이에 반대하여 주식매수청구권을 행사하려고 한다. 甲이 주식매수청구권을 행사하기 위해서는 합병 주주총회일 전에 A주식회사에 합병에 반대한다는 의사를 서면으로 통지하여야 한다.** 변호사시험 제5회

해설

〔제522조의3(합병반대주주의 주식매수청구권)〕 ① 제522조 제1항에 따른 결의사항에 관하여 이사회의 결의가 있는 때에 그 결의에 반대하는 주주(의결권이 없거나 제한되는 주주를 포함한다. 이하 이 조에서 같다)는 주주총회 전에 회사에 대하여 서면으로 그 결의에 반대하는 의사를 통지한 경우에는 그 총회의 결의일부터 20일 이내에 주식의 종류와 수를 기재한 서면으로 회사에 대하여 자기가 소유하고 있는 주식의 매수를 청구할 수 있다.

정답 – O

3 **A주식회사(비상장회사)는 합병을 위하여 합병계약서를 작성하여 주주총회의 승인을 얻고자 한다. A주식회사의 주주 甲은 이에 반대하여 주식매수청구권을 행사하려고 한다. 甲이 주식매수청구권을 행사하기 위해서는 합병을 승인하는 주주총회의 결의일로부터 20일 이내에 주식의 종류와 수를 기재한 서면으로 A주식회사에 청구하여야 한다.** 변호사시험 제5회

해설

〔제522조의3(합병반대주주의 주식매수청구권)〕 ① 제522조 제1항의 규정에 의한 결의사항에 관하여 이사회의 결의가 있는 때에 그 결의에 반대하는 주주는 주주총회전에 회사에 대하여 서면으로 그 결의에 반대하는 의사를 통지한 경우에는 그 총회의 결의일부터 20일 이내에 주식의 종류와 수를 기재한 서면으로 회사에 대하여 자기가 소유하고 있는 주식의 매수를 청구할 수 있다.

정답 – O

4 **A주식회사(비상장회사)는 합병을 위하여 합병계약서를 작성하여 주주총회의 승인을 얻고자 한다. A주식회사의 주주 甲은 이에 반대하여 주식매수청구권을 행사하려고 한다. 甲이 주식매수청구권을 행사하는 경우 A주식회사가 주식매수청구를 받은 날로부터 2개월 이내에 주식매수가액이 확정되지 않았다면, 그 2개월이 경과한 후에도 A주식회사는 이행지체책임을 지지 않는다.** 변호사시험 제5회

해설 『영업양도에 반대하는 주주의 주식매수청구권에 관하여 규율하고 있는 상법 제374조의2 제1항 내지 제4항의 규정 취지에 비추어 보면, 영업양도에 반대하는 주주의 주식매수청구권은 이른바 형성권으로서 그 행사로 회사의 승낙 여부와 관계없이 주식에 관한 매매계약이 성립하고, 상법 제374조의2 제2항의 '회사가 주식매수청구를 받은 날로부터 2월'은 **주식매매대금 지급의무의 이행기를 정한 것**이라고 해석된다. 그리고 이러한 법리는 **위 2월 이내에 주식의 매수가액이 확정되지 아니하였다고 하더라도 다르지 아니하다**』(대판 2011. 4. 28, 2010다94953).

정답 – X

5 **A주식회사(비상장회사)는 합병을 위하여 합병계약서를 작성하여 주주총회의 승인을 얻고자 한다. A주식회사의 주주 甲은 이에 반대하여 주식매수청구권을 행사하려고 한다. 주식의 매수가액은 A주식회사와 甲의 협의에 의하되, 만일 A주식회사가 주식매수청구를 받은 날부터 30일 이내에 협의가 이루어지지 아니하면, 甲 또는 A주식회사는 법원에 매수가액의 결정을 청구할 수 있다.** 변호사시험 제5회

해설

〔제374조의2(반대주주의 주식매수청구권)〕 ④ 제1항의 청구를 받은 날부터 30일 이내에 제3항의 규정에 의한 협의가 이루어지지 아니한 경우에는 회사 또는 주식의 매수를 청구한 주주는 법원에 대하여 매수가액의 결정을 청구할 수 있다.

정답 – O

6 **A주식회사(비상장회사)는 합병을 위하여 합병계약서를 작성하여 주주총회의 승인을 얻고자 한다. A주식회사의 주주 甲은 이에 반대하여 주식매수청구권을 행사하려고 한다. 법원이 주식의 매수가액을 결정하는 경우, 법원은 위 주식에 관하여 객관적 교환가치가 적정하게 반영된 정상적인 거래의 실례가 있으면 그 거래가격을 시가로 보아 주식의 매수가액을 정한다.** 변호사시험 제5회

해설 『회사의 합병 또는 영업양도 등에 반대하는 주주가 회사에 대하여 비상장주식의 매수를 청구하는 경우, 그 주식에 관하여 **객관적 교환가치가 적정하게 반영된 정상적인 거래의 실례가 있으면 그 거래가격을 시가로 보아 주식의 매수가액을 정하여야 할 것**이나, 그러한 거래사례가 없으면 비상장주식의 평가에 관하여 보편적으로 인정되는 시장가치방식, 순자산가치방식, 수익가치방식 등 여러 가지 평가방법을 활용하되, 비상장주식의 평가방법을 규정한 관련 법규들은 그 제정 목적에 따라 서로 상이한 기준을 적용하고 있으므로, 어느 한 가지 평가방법(예컨대, 증권거래법 시행령 제84조의7 제1항 제2호의 평가방법이나 상속세 및 증여세법 시행령 제54조의 평가방법)이 항상 적용되어야 한다고 단정할 수는 없고, 당해 회사의 상황이나 업종의 특성 등을 종합적으로 고려하여 공정한 가액을 산정하여야 한다. 한편, 비상장주식에 관하여 객관적 교환가치가 적정하게 반영된 정상적인 거래의 실례가 있더라도, 거래 시기, 거래 경위, 거래 후 회사의 내부사정이나 경영상태의 변화, 다른 평가방법을 기초로 산정한 주식가액과의 근접성 등에 비추어 위와 같은 거래가격만에 의해 비상장주식의 매수가액으로 결정하기 어려운 경우에는 위와 같은 거래가액 또는 그 거래가액을 합리적인 기준에 따라 조정한 가액을 주식의 공정한 가액을 산정하기 위한 요소로 고려할 수 있다』 (대결 2006. 11. 23, 자 2005마958).

정답 – O

7 **X회사의 발행주식총수의 91%를 소유하고 있는 Y주식회사가 X회사를 흡수합병하는 경우에 X주식회사의 주주총회 승인결의를 거쳐야 한다.** 변호사시험 제7회

해설

〔제527조의2(간이합병)〕 ① 합병할 회사의 일방이 합병 후 존속하는 경우에 **합병으로 인하여 소멸하는 회사의 총주주의 동의가 있거나 그 회사의 발행주식총수의 100분의 90이상을 합병 후 존속하는 회사가 소유하고 있는 때에는** 합병으로 인하여 **소멸하는 회사의 주주총회의 승인은 이를 이사회의 승인으로 갈음할 수 있다.**

→ Y회사가 흡수합병할 X회사의 주식을 100분의 90이상을 소유하고 있어 간이합병에 해당하므로, 소멸하는 회사인 X회사의 주주총회 승인을 이사회 승인으로 갈음할 수 있다.

정답 – X

8 **A주식회사가 A회사의 완전자회사인 B주식회사를 흡수합병하는 경우에 채권자보호절차가 필요하다.** 변호사시험 제7회

해설

〔제527조의5(채권자보호절차)〕 ① 회사는 제522조의 주주총회의 승인결의가 있은 날부터 2주내에 채권자에 대하여 합병에 이의가 있으면 1월이상의 기간내에 이를 제출할 것을 공고하고 알고 있는 채권자에 대하여는 따로따로 이를 최고하여야 한다.

정답 – O

9 **X회사가 교부금 지급 없이 자기주식과 신주를 합하여 발행주식총수의 9%를 Y주식회사의 주주에게 배정하고 Y회사의 주주가 소유하고 있는 Y회사의 발행주식총수를 X회사에 이전하는 주식의 포괄적 교환을, X회사 발행주식총수의 90%를 소유하는 주주가 동의하는 경우에 X주식회사의 주주총회 승인결의를 거쳐야 한다.** 변호사시험 제6회

해설

〔제360조의10(소규모 주식교환)〕 ① 완전모회사가 되는 회사가 주식교환을 위하여 발행하는 신주 및 이전하는 자기주식의 총수가 그 회사의 발행주식총수의 100분의 10을 초과하지 아니하는 경우에는 그 회사에서의 제360조의3 제1항의 규정에 의한 주주총회의 승인은 이를 이사회의 승인으로 갈음할 수 있다. 다만, 완전자회사가 되는 회사의 주주에게 제공할 금전이나 그 밖의 재산을 정한 경우에 그 금액 및 그 밖의 재산의 가액이 제360조의4 제1항 제3호에서 규정한 최종 대차대조표에 의하여 완전모회사가 되는 회사에 현존하는 순자산액의 100분의 5를 초과하는 때에는 그러하지 아니하다. ⑤ 완전모회사가 되는 회사의 발행주식총수의 100분의 20 이상에 해당하는 주식을 가지는 주주가 제4항에 따른 공고 또는 통지를 한 날부터 2주 내에 회사에 대하여 서면으로 제1항 본문에 따른 주식교환에 반대하는 의사를 통지한 경우에는 이 조에 따른 주식교환을 할 수 없다.

→ 별도의 교부금 지급이 없는 소규모 주식교환에 해당하며, 완전모회사가 되는 X회사의 발행주식총수의 90%가 동의하고 있어, 주주총회 승인을 이사회 승인으로 갈음할 수 있다.

정답 – X

10 **C주식회사의 모든 주주가 동의하며 C회사 주주가 자신이 소유하는 회사 주식의 전부를 완전모회사가 되는 D주식회사에 이전하고 D회사가 발행하는 신주를 배정받는 주식의 포괄적 교환의 경우에 채권자보호절차가 필요하다.** 변호사시험 제7회

해설 주식교환을 하게 되면 완전모회사는 자본금이 증가하므로 그 채권자에게 불리한 것이 없고, 완전자회사 역시 주주가 변경될 뿐이므로 그 채권자의 이익을 침해하지 않는다. 합병의 경우와 달리 주식교환에 대해서는 상법상 채권자보호절차가 없는 것이다.

정답 – X

11 **E주식회사가 E회사의 완전모회사가 되는 F주식회사를 설립하면서 E회사 주주가 소유하는 그 회사 주식은 F회사에 이전하고 F회사가 그 주식이전을 위해 발행하는 주식을 E회사의 주주가 배정받는 주식의 포괄적 이전의 경우에 채권자보호절차가 필요하다.**

변호사시험 제7회

해설 주식의 포괄적 이전은 **완전자회사가 되는 회사의 주주가 변경되는 데 불과하므로 회사채권자를 해할 우려가 없고,** 따라서 채권자보호절차는 요하지 아니한다. 정답 - X

12 **X회사가 영업의 일부를 분할하여 Y주식회사를 신설하고 그 Y회사의 주식총수를 취득하는 형식으로 회사분할을 하는 경우에 X주식회사의 주주총회 승인결의를 거쳐야 한다.**

변호사시험 제6회

해설

〔제530조의3(분할계획서·분할합병계약서의 승인)〕 ① **회사가 분할** 또는 분할합병을 **하는 때에는** 분할계획서 또는 분할합병계약서를 작성하여 **주주총회의 승인을 얻어야 한다.** 〔제530조의12(물적 분할)〕 이 절의 규정은 **분할되는 회사가 분할** 또는 **분할합병으로 인하여 설립되는 회사의 주식의 총수를 취득하는 경우에 이를 준용**한다.

→ 회사분할 중 물적 분할에 해당하며(상법 제530조의12), 주주총회 승인결의를 거쳐야 한다.

정답 - O

13 **X주식회사가 분할하여 Y주식회사를 설립하면서 분할회사인 X회사와 단순분할신설회사인 Y회사가 분할 전의 X회사 채무에 관하여 연대책임을 부담하는 분할의 경우에 채권자보호절차가 필요하다.**

변호사시험 제7회

해설

〔제530조의9(분할 및 분할합병 후의 회사의 책임)〕 ① 분할회사, 단순분할신설회사, 분할승계회사 또는 분할합병신설회사는 분할 또는 분할합병 전의 분할회사 채무에 관하여 연대하여 변제할 책임이 있다. ② 제1항에도 불구하고 분할회사가 제530조의3 제2항에 따른 결의로 분할에 의하여 회사를 설립하는 경우에는 단순분할신설회사는 분할회사의 채무 중에서 분할계획서에 승계하기로 정한 채무에 대한 책임만을 부담하는 것으로 정할 수 있다. 이 경우 분할회사가 분할 후에 존속하는 경우에는 단순분할신설회사가 부담하지 아니하는 채무에 대한 책임만을 부담한다. ④ **제2항의 경우**에는 제439조 제3항 및 **제527조의5**를 준용한다.

정답 - X

사례 【14~18】

비상장회사인 A회사와 B회사는, A회사를 존속회사로 하고 B회사를 소멸회사로 하는 합병을 하였다. A회사는 B회사가 발행한 주식 90%를 보유하고 있다. B회사는 甲에 대하여 채권을 가지고 있는데, 甲은 A회사가 발행한 주식 5%를 가지고 있는 외에는 별다른 재산이 없다. 다음 설명 중 옳지 않은 것은? (위 합병은 소규모합병에 해당하지 않는다고 상정하고, 다툼이 있는 경우에는 판례에 의함) 변호사시험 제1회

14 **B 회사는 위 합병에 대하여 주주총회 결의 없이 이사회 결의만으로 승인할 수 있다.**

해설 A회사는 합병으로 흡수되는 B회사가 발행한 주식 90%를 보유하고 있으므로, 흡수합병 중 상법 제527의2 간이합병에 해당한다. 흡수되는 B회사는 위 합병에 대하여 주주총회 결의 없이 이사회 결의만으로 승인할 수 있다.

〔**제527조의3(소규모합병)**〕 ① 합병 후 존속하는 회사가 합병으로 인하여 발행하는 신주 및 이전하는 자기주식의 총수가 그 회사의 발행주식총수의 **100분의 10을 초과하지 아니하는 경우에는 그 존속하는 회사의 주주총회의 승인은 이를 이사회의 승인으로 갈음할 수 있다.** 다만, 합병으로 인하여 소멸하는 회사의 주주에게 제공할 금전이나 그 밖의 재산을 정한 경우에 그 금액 및 그 밖의 재산의 가액이 존속하는 회사의 최종 대차대조표상으로 현존하는 순자산액의 100분의 5를 초과하는 경우에는 그러하지 아니하다.

정답 – O

15 **A 회사는 위 합병에 대하여 주주총회의 특별결의를 거쳐야 한다.**

해설 존속하는 A회사는 위 합병에 대하여 주주총회의 특별결의를 거쳐야 한다.

정답 – O

16 **B 회사의 주주 乙은 법정기간 내에 위 합병에 반대하는 서면통지를 한 경우에도 B 회사에 대하여 주식매수청구권을 행사할 수 없다.**

해설 **간이합병**의 경우 상법 제522의3(합병반대주주의 주식매수청구권)의 **주식매수청구권**이 **인정**된다. 소규모합병과의 차이점이다(제527조의3 제5항 참조).

〔**제527조의3(소규모합병)**〕 ⑤ 제1항 본문의 경우에는 제522조의3의 규정은 이를 적용하지 아니한다.

정답 – X

17 **A 회사의 주주인 丙이 A 회사에 대하여 주식매수청구권을 행사하기 위해서는 법정기간 내에 위 합병에 반대하는 서면통지를 하여야 한다.**

해설

> 〔제522조의3(합병반대주주의 주식매수청구권)〕 ① 제522조 제1항에 따른 결의사항에 관하여 이사회의 결의가 있는 때에 그 결의에 반대하는 주주(의결권이 없거나 제한되는 주주를 포함한다. 이하 이 조에서 같다)는 주주총회 전에 회사에 대하여 서면으로 그 결의에 반대하는 의사를 통지한 경우에는 그 총회의 결의일부터 20일 이내에 주식의 종류와 수를 기재한 서면으로 회사에 대하여 자기가 소유하고 있는 주식의 매수를 청구할 수 있다.

정답 – O

18 **합병 이후 A 회사가 甲에 대한 채권의 대물변제로서 자신이 발행한 위 주식 5%를 甲으로부터 취득하더라도 이는 적법하다.**

해설 합병은 포괄승계이므로 B회사의 甲에 대한 채권은 별도의 이전절차(채권양도) 없이도 A회사로 귀속된다. 이 경우 A회사는 자기주식을 취득할 수 없으나, 상법 제341조 제3호에 의하여 예외적 취득이 인정된다. 『주식회사가 자기 주식을 취득할 수 있는 경우로서 상법 제341조 제3호가 규정한 회사의 권리를 실행함에 있어서 그 목적을 달성하기 위하여 필요한 때라 함은 회사가 그의 권리를 실행하기 위하여 강제집행, 담보권의 실행 등에 당하여 **채무자에 회사의 주식 이외에 재산이 없는 때에 한하여 회사가 자기 주식을 경락 또는 대물변제 등으로 취득할 수 있다**고 해석되며 따라서 채무자의 무자력은 회사의 자기 주식취득이 허용되기 위한 요건사실로서 **자기주식 취득을 주장하는 회사에게 그 무자력의 입증책임**이 있다』(대판 1977. 3. 8, 76다1292).

정답 – O

사례 【19~23】

전자제품을 생산·판매하는 주식회사 A는 전자제품의 생산부문과 판매부문을 별개의 법인으로 분리하기 위해서, 전자제품의 생산부문에 관한 재산을 출자하여 신설회사를 설립하고 A사는 나머지 판매부문을 가지고 존속하는 형태의 분할을 하고자 한다. 이에 관한 설명 중 옳지 않은 것은? 변호사시험 제2회

19 **A사가 물적 분할을 하는 경우 신설회사의 주식은 A사에게 귀속되나, 소위 인적 분할을 하는 경우 신설회사의 주식은 A사의 주주에게 귀속된다.**

해설

> 〔제530조의12(물적 분할)〕 이 절의 규정은 분할되는 회사가 분할 또는 분할합병으로 인하여 설립되는 회사의 주식의 총수를 취득하는 경우에 이를 준용한다.

정답 – O

20 **A사가 회사분할을 하기 위해서는 주주총회의 특별결의에 의한 승인을 얻어야 하는데, 이 경우 의결권이 배제되는 종류주식을 보유한 주주도 의결권이 있다.**

(해설)

〔제530조의3(분할계획서·분할합병계약서의 승인)〕 ③ 제2항의 결의에 관하여는 제344조의3 제1항에 따라 의결권이 배제되는 주주도 의결권이 있다.

정답 – O

21 **분할 전의 A사의 채무 중에서 신설회사가 생산부문과 관련하여 출자받은 재산에 관한 채무만을 부담하도록 그 책임을 제한하고자 하는 경우에는 상법상 채권자보호절차를 거쳐야 한다.**

(해설)

〔제530조의9(분할 및 분할합병 후의 회사의 책임)〕 ② 제1항에도 불구하고 분할회사가 제530조의3 제2항에 따른 결의로 분할에 의하여 회사를 설립하는 경우에는 단순분할신설회사는 분할회사의 채무 중에서 분할계획서에 승계하기로 정한 채무에 대한 책임만을 부담하는 것으로 정할 수 있다. 이 경우 분할회사가 분할 후에 존속하는 경우에는 단순분할신설회사가 부담하지 아니하는 채무에 대한 책임만을 부담한다. ④ 제2항의 경우에는 제439조 제3항 및 제527조의5를 준용한다.

정답 – O

22 **분할의 공고 또는 통지를 한 날로부터 2주 내에 A사에 대하여 서면으로 반대하는 의사를 통지한 주주는 A사에 대하여 자기가 소유하고 있는 주식의 매수를 청구할 수 있다.**

(해설) 합병(또는 분할합병)과 달리 단순분할의 경우에는 주식매수청구권이 인정되지 않는다. 단순분할의 경우에는 종전의 회사재산과 영업이 물리적, 기능적으로 나누어질 뿐 **주주의 권리는 신설회사에 그대로 미치므로 주주의 권리에 구조적인 변화가 생기는 것은 아니기 때문**이다.

정답 – X

24 **A사의 분할절차에 하자가 있다고 하더라도 분할등기일로부터 6개월이 경과한 경우, A사의 주주는 분할무효의 소를 제기할 수 없다.**

(해설)

〔제530조의11(준용규정)〕 ① 분할 또는 분할합병의 경우에는 제234조, 제237조부터 제240조까지, 제329조의2, 제440조부터 제443조까지, 제526조, 제527조, 제527조의6, 제528조 및 제529조를 준용한다. 다만, 제527조의 설립위원은 대표이사로 한다.
〔제529조(합병무효의 소)〕 ① 합병무효는 각 회사의 주주·이사·감사·청산인·파산관재인 또는 합병을 승인하지 아니한 채권자에 한하여 소만으로 이를 주장할 수 있다. ② 제1항의 소는 제528조의 등기가 있은 날로부터 6월내에 제기하여야 한다.

정답 – O

제3장 주식회사 이외의 회사

선택형 **민사법**(민법/민사소송법/상법)

초 판 인 쇄 2018년 5월 10일
초 판 발 행 2018년 5월 21일

편 저 고시계사
발 행 인 정상훈
디 자 인 신아름
발 행 처 考試界社
서울특별시 관악구 봉천로 472
코업레지던스 B1층 102호
대 표 817-2400 팩 스 817-8998
考試界 · 고시계사 · 미디어북 817-0418~9
www.gosi-law.com
E-mail : goshigye@chollian.net

파본은 바꿔드립니다. 본서의 무단복제행위를 금합니다.

정가 35,000원 ISBN 978-89-5822-562-1 93360

법치주의의 길잡이 63년 月刊 考試界